2024

기출이 답이다

[국회직 8급 공무원 채용 대비]

✓ 2023년 국회직 8급 기출문제 수록
✓ 최근 6개년 36회분 기출문제 수록
✓ 핵심을 파악하는 실속있는 해설 수록

8급 공무원

국회직

한권으로 끝내기

문제편

6 개년 기출

SD에듀
(주)시대고시기획

공무원 수험생이라면 주목!

2024년 대비 SD에듀가 준비한
과목별 *기출이 답이다* 시리즈!

국어
국가직 · 지방직 · 법원직 등 공무원 채용 대비

영어
국가직 · 지방직 · 법원직 등 공무원 채용 대비

한국사
국가직 · 지방직 · 법원직 등 공무원 채용 대비

행정학개론
국가직 · 지방직 · 국회직 등 공무원 채용 대비

행정법총론
국가직 · 지방직 · 국회직 등 공무원 채용 대비

합격의 길! 공무원 합격은 역시 기출이 답이다!

※ 도서의 이미지는 변동될 수 있습니다.

기출이
답이다

8급 공무원

국회직

6개년 기출

SD에듀
(주)시대고시기획

국회직 2023 출제경향

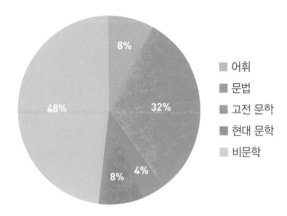

국어

전반적으로 평이한 수준으로 출제되었다. 작년과 비교해 문법과 비문학, 문학의 출제 비중은 동일하나 어휘의 출제 비중이 소폭 하락하였다. 특히나 문법의 난도가 높아져서 고득점을 받기 위해서는 기출문제를 반복해시 풀이본 수험생들에게 유리한 시험이었다. 비문학 같은 경우 지문의 길이가 짧고 논리적 추론보다는 사실적 읽기를 바탕으로 한 문제들이 출제되어 상대적으로 체감 난도가 낮아졌고, 문학 또한 익숙한 작품들이 출제되어 쉽게 접근할 수 있었다.

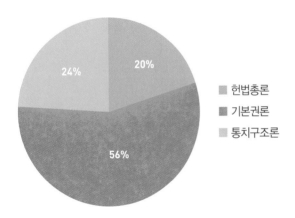

헌법

지문과 문항의 내용이 다소 까다로워 시간 관리에 어려움이 있었을 것이다. 반복적인 기출 학습과 문제풀이를 통해 정답을 빨리 찾아내는 능력이 요구되는 시험이었다. 평소 빈출되는 판례와 헌법 조항을 학습한 수험생들은 당황하지 않고 빠르게 풀 수 있었을 것이다.

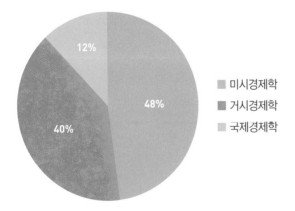

경제학

작년에 비해 다소 쉽게 출제되었다. 영역별로는 미시경제학 12문제, 거시경제학 10문제, 국제경제학 3문제로 구성되었고, 이 중 계산문제가 11문제로 반 이상을 차지해 계산문제를 잘 푸는 것이 고득점에 유리했다. 특히나 국제경제학의 난도가 낮아지면서 수험생들이 문제를 푸는데 큰 어려움은 없었을 것이다. 또 탄력성, 외부효과, 환율 등은 반드시 출제되는 부분이므로 놓치지 않는 것이 중요했고, 평소 기출 학습을 통해 문제에 대한 다양한 접근법과 풀이법을 습득하는 것이 필요한 시험이었다.

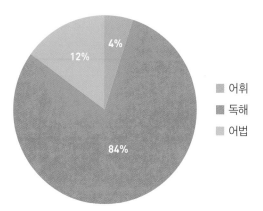

- 어휘
- 독해
- 어법

영어

전반적으로 평이한 수준으로 출제되었다. 기본적인 어휘와 사실적 독해를 요구하는 문항들이 많이 출제되었다. 어법 또한 독해력만 있으면 풀 수 있는 수준의 문제들로 구성되었다.

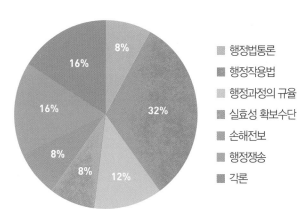

- 행정법통론
- 행정작용법
- 행정과정의 규율
- 실효성 확보수단
- 손해전보
- 행정쟁송
- 각론

행정법

전반적으로 어렵게 출제되었다. 총론은 평이한 수준으로 출제되었으나 각론에서 지엽적인 개별법 문제가 많이 출제되어 수험생들이 어려움을 느꼈을 것이다.

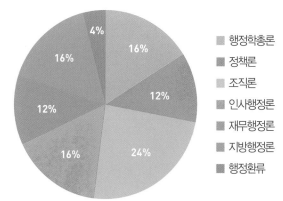

- 행정학총론
- 정책론
- 조직론
- 인사행정론
- 재무행정론
- 지방행정론
- 행정환류

행정학

전반적으로 매우 어렵게 출제되었다. 특히나 정책론과 인사행정론 문제를 세부 법령으로 많이 물어봤고, 행정학 이론도 자세하고 지엽적으로 출제되었다.

눈 크게 뜨고 국회직 파악하기

국어

어휘	혼동 어휘, 한자성어 등이 출제되었다.
문법	한글 맞춤법, 표준어 규정, 로마자 표기법, 외래어 표기법 등이 출제되었다.
고전 문학	고전 운문(「조발」)이 출제되었다.
현대 문학	현대시(「광고의 나라」, 「단단한 고요」)가 출제되었다.
비문학	글의 전개 방식, 글의 순서 파악, 사실적·추론적 독해 등의 유형이 출제되었다.

헌법

헌법총론	정당해산심판, 정당제도, 헌정사, 헌법개정 등이 출제되었다.
기본권론	기본권 총론, 정치적 기본권, 표현의 자유, 평등권, 재산권 등이 출제되었다.
통치구조론	위헌법률심판, 탄핵심판, 권한쟁의심판, 대통령, 국회 등이 출제되었다.

경제학

미시경제학	탄력성, 게임이론, 한계효용균등의 법칙, 가격규제정책, 효용함수와 최적 소비량, 복점시장과 쿠르노 모형·슈타켈버그 모형, 시장의 형태 등이 출제되었다.
거시경제학	총수요와 총공급, 재정정책과 통화정책, 균형국민소득과 승수효과, 화폐수요, 균형경기변동이론, 솔로우 모형·균제상태와 황금률 등이 출제되었다.
국제경제학	교역 조건, 변동환율제도하 재정정책, 외환시장과 국제수지 등이 출제되었다.

영어

어휘	동의어, 빈칸 완성 등의 유형이 출제되었다.
독해	내용 (불)일치, 빈칸 완성, 문장 삽입, 글의 순서 등의 유형이 출제되었다.
어법	비문 · 정문 찾기의 유형이 출제되었다.

행정법

행정법통론	행정상 법률관계의 원인, 행정 · 행정법 등이 출제되었다.
행정작용법	행정행위, 기타 행정작용, 행정입법 등이 출제되었다.
행정과정의 규율	행정절차, 정보공개와 개인정보보호 등이 출제되었다.
실효성 확보수단	경찰관 직무집행법, 행정조사 등이 출제되었다.
손해전보	행정상 손해배상, 행정상 손실보상 등이 출제되었다.
행정쟁송	행정소송, 행정심판 등이 출제되었다.
각론	급부행정법, 경찰행정법, 공무원법, 지방자치법 등이 출제되었다.

행정학

행정학총론	행정학의 이론전개, 행정국가와 신행정국가시장, 행정의 이념 등이 출제되었다.
정책론	정책결정모형, 정책학의 기초 등이 출제되었다.
조직론	조직의 변동, 조직의 양태와 조직유형, 조직관리, 조직연구의 기초, 전자정부와 지식정부론 등이 출제되었다.
인사행정론	인사행정의 기초이론, 임용과 능력발전 등이 출제되었다.
재무행정론	예산제도가 출제되었다.
지방행정론	지방재정, 지방자치단체와 국가, 지방자치단체와 주민 등이 출제되었다.
행정환류	행정책임과 통제가 출제되었다.

이 책의 구성과 특징

문제편

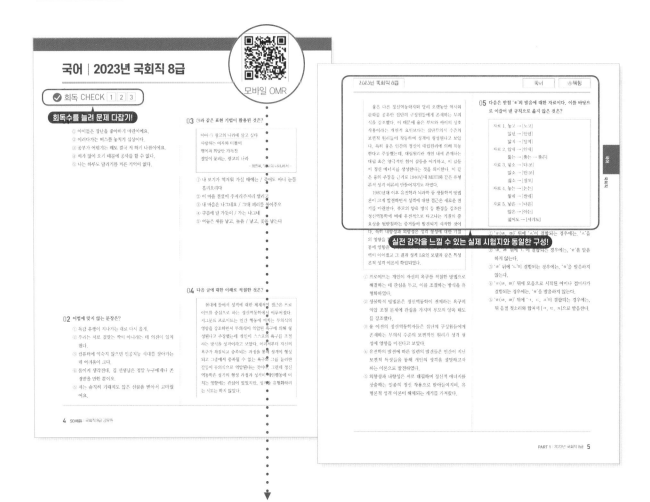

실전 감각을 느낄 수 있는 실제 시험지와 동일한 구성!

OMR 입력 | **채점결과** | **성적분석**

풀이 시간 측정, 자동 채점 그리고 결과 분석까지!

모바일 OMR 답안분석 서비스

문제편에 수록된 기출문제에 대한 객관적인
결과(점수, 순위)를 종합적으로 분석

❶ 스마트폰을 활용하여 QR코드 접속
❷ 시험 시간에 맞춰 풀고, 모바일 OMR로 답안 입력
　(3회까지 가능)
❸ 종합적 결과 분석으로 현재 나의 합격 가능성 예측

QR코드 찍기 ▶ 로그인 ▶ 시작하기 ▶ 응시하기 ▶ 모바일 OMR 카드에 답안 입력 ▶ 채점결과&성적분석 ▶ 내 실력 확인하기

해설편

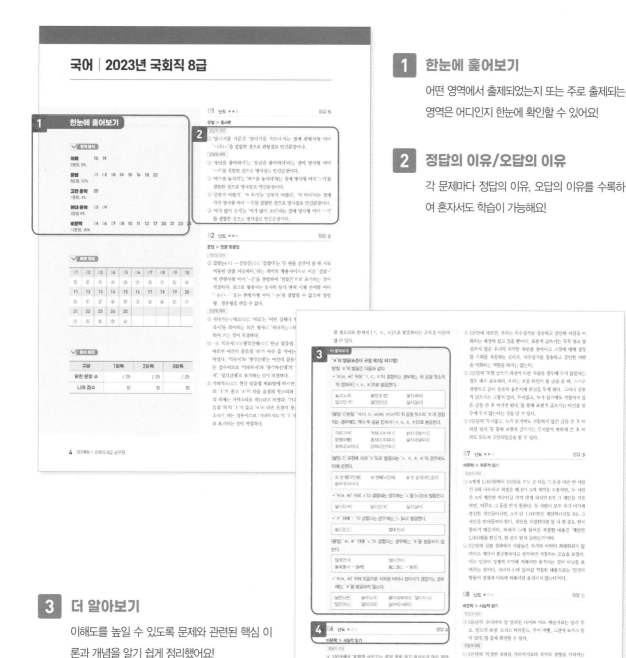

1 한눈에 훑어보기

어떤 영역에서 출제되었는지 또는 주로 출제되는 영역은 어디인지 한눈에 확인할 수 있어요!

2 정답의 이유/오답의 이유

각 문제마다 정답의 이유, 오답의 이유를 수록하여 혼자서도 학습이 가능해요!

3 더 알아보기

이해도를 높일 수 있도록 문제와 관련된 핵심 이론과 개념을 알기 쉽게 정리했어요!

4 난도와 영역

난도와 문항별 세분화된 출제 영역 분석을 통해 부족한 영역을 확인하고 보충할 수 있어요!

이 책의 목차

국회직

문제편

PART 1

국어

출제경향

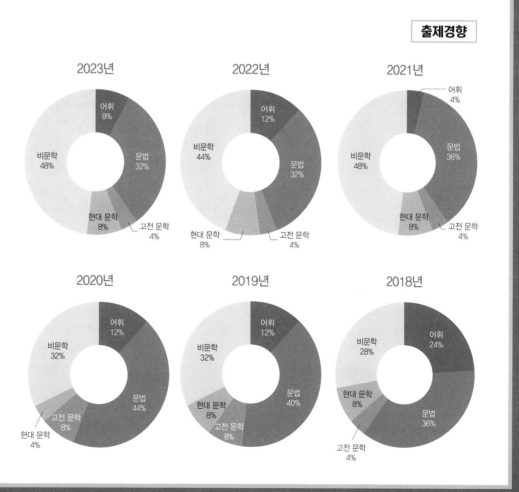

✅ 회독 CHECK 1 2 3

01 안긴문장의 유형이 다른 것은?

① 아이들은 장난을 좋아하기 마련이에요.
② 이러다가는 버스를 놓치기 십상이다.
③ 공부가 어렵기는 해도 결국 저 하기 나름이에요.
④ 비가 많이 오기 때문에 공사를 할 수 없다.
⑤ 나는 하루도 달리기를 거른 기억이 없다.

02 어법에 맞지 않는 문장은?

① 독감 유행이 지나가는 대로 다시 올게.
② 우리는 서로 걸맞는 짝이 아니라는 데 의견이 일치했다.
③ 컴퓨터에 익숙지 않으면 인공지능 시대를 살아가는 데 어려움이 크다.
④ 돌이켜 생각건대, 김 선생님은 정말 누구에게나 존경받을 만한 분이오.
⑤ 저는 솔직히 기대치도 않은 선물을 받아서 고마웠어요.

03 ㉠과 같은 표현 기법이 활용된 것은?

> 아아 ㉠광고의 나라에 살고 싶다
> 사랑하는 여자와 디불이
> 행복과 희망만 가득찬
> 절망이 꽃피는, 광고의 나라
>
> – 함민복, 「광고의 나라」에서 –

① 나 보기가 역겨워 가실 때에는 / 죽어도 아니 눈물 흘리오리다
② 이 마을 전설이 주저리주저리 열리고
③ 내 마음은 나그네요 / 그대 피리를 불어주오
④ 구름에 달 가듯이 / 가는 나그네
⑤ 어둠은 새를 낳고, 돌을 / 낳고, 꽃을 낳는다

04 다음 글에 대한 이해로 적절한 것은?

> 현대에 들어서 성격에 대한 체계적인 접근은 프로이트를 중심으로 하는 성신역동학에서 이루어졌다. 지그문트 프로이트는 인간 행동에 미치는 무의식의 영향을 강조하면서 무의식이 억압된 욕구에 의해 형성된다고 주장했는데 개인이 스스로의 욕구를 조절하는 방식을 성격이라고 보았다. 어려서부터 자신의 욕구가 좌절되고 충족되는 과정을 통해 성격이 형성되고 그중에서 충족될 수 없는 욕구와 그를 둘러싼 갈등이 무의식으로 억압된다는 것이다. 그런데 정신역동학은 성격의 형성 과정과 성격이 개인행동에 미치는 영향에는 관심이 있었지만, 성격을 유형화하려는 시도는 하지 않았다.

융은 다른 정신역동학자와 달리 오랫동안 역사와 문화를 공유한 집단의 구성원들에게 존재하는 무의식을 강조했다. 이 때문에 융은 부모와 아이의 상호작용이라는 개인적 요인보다는 집단무의식 수준의 보편적 원리들이 작동하여 성격이 형성된다고 보았다. 특히 융은 인간의 정신이 대립원리에 의해 작동한다고 주장했는데, 대립원리란 개인 내에 존재하는 대립 혹은 양극적인 힘이 갈등을 야기하고, 이 갈등이 정신 에너지를 생성한다는 것을 의미한다. 이 같은 융의 주장을 근거로 1940년대 MBTI와 같은 유형론적 성격 이론이 만들어지기도 하였다.

1980년대 이후 유전학과 뇌과학 등 생물학적 방법론이 크게 발전하면서 성격에 대한 접근은 새로운 전기를 마련한다. 부모의 양육 방식 등 환경을 강조한 정신역동학에 비해 유전적으로 타고나는 기질의 중요성을 뒷받침하는 증거들이 발견되기 시작한 것이다. 특히 내향성과 외향성은 성격 형성에 대한 기질의 영향을 잘 보여 주는 특성이다. 이처럼 인간의 행동에 영향을 미치는 보편적인 특성을 발견하려는 노력이 이어졌고 그 결과 성격 5요인 모델과 같은 특성론적 성격 이론이 확립되었다.

① 프로이트는 개인이 자신의 욕구를 적절한 방법으로 해결하는 데 관심을 두고, 이를 조절하는 방식을 유형화하였다.

② 생물학적 방법론은 정신역동학이 전제하는 욕구의 억압 조절 문제에 관심을 가지며 부모의 양육 태도를 강조했다.

③ 융 이전의 정신역동학자들은 집단의 구성원들에게 존재하는 무의식 수준의 보편적인 원리가 성격 형성에 영향을 미친다고 보았다.

④ 유전학의 발전에 따른 일련의 발견들은 인간이 지닌 보편적 특성들을 통해 개인의 성격을 설명하고자 하는 이론으로 발전하였다.

⑤ 외향성과 내향성은 서로 대립하며 정신적 에너지를 창출하는 일종의 정신 작용으로 받아들여지며, 유형론적 성격 이론이 해체되는 계기를 가져왔다.

05 다음은 받침 'ㅎ'의 발음에 대한 자료이다. 이를 바탕으로 이끌어 낸 규칙으로 옳지 않은 것은?

> 자료 1. 놓고 → [노코]
>   않던 → [안턴]
>   닳지 → [달치]
> 자료 2. 않네 → [안네]
>   뚫는 → [뚤는 → 뚤른]
> 자료 3. 닿소 → [다ː쏘]
>   많소 → [만ː쏘]
>   싫소 → [실쏘]
> 자료 4. 놓는 → [논는]
>   쌓네 → [싼네]
> 자료 5. 낳은 → [나은]
>   않은 → [아는]
>   싫어도 → [시러도]

① 'ㅎ(ㄶ, ㅀ)' 뒤에 'ㅅ'이 결합되는 경우에는, 'ㅅ'을 [ㅆ]으로 발음한다.

② 'ㄶ, ㅀ' 뒤에 'ㄴ'이 결합되는 경우에는, 'ㅎ'을 발음하지 않는다.

③ 'ㅎ' 뒤에 'ㄴ'이 결합되는 경우에는, 'ㅎ'을 발음하지 않는다.

④ 'ㅎ(ㄶ, ㅀ)' 뒤에 모음으로 시작된 어미나 접미사가 결합되는 경우에는, 'ㅎ'을 발음하지 않는다.

⑤ 'ㅎ(ㄶ, ㅀ)' 뒤에 'ㄱ, ㄷ, ㅈ'이 결합되는 경우에는, 뒤 음절 첫소리와 합쳐서 [ㅋ, ㅌ, ㅊ]으로 발음한다.

06 다음 글에 대한 이해로 적절한 것은?

> 표현적 글쓰기는 왜 그렇게 효과가 있을까? 우리가 흔히 경시하는 고통스러운 감정을 마주해야 되기 때문이다. 우리는 자수성가를 칭송하고 강인한 사람을 미화하는 세상에 살고 있다. 이 문화적 메시지와 그것이 우리에게 가하는 모든 압박 때문에 우리는 우리의 욕구를 간과하도록 배운다. 심지어 나약하다는 느낌을 갖거나 힘든 감정을 품었다고 스스로를 혐오하기도 한다. 표현적 글쓰기는 종일 꾹꾹 참고 발설하지 않은 취약한 측면을 찾아내고 그것에 대해 경청할 기회를 주기 때문에 효과가 있는 것이다.
>
> 또한 글쓰기 과정이 다른 사람을 염두에 두지 않았다는 점도 매우 중요하다. 우리는 보통 타인이 볼 글을 쓸 때, 스스로 검열하고 글이 충분히 좋은지에 관심을 두게 된다. 그러나 표현적 글쓰기는 그렇지 않다. 두서없고, 누가 읽기에도 적합하지 않은 글을 쓴 후 버리면 된다. 이것은 자신이 가진 모든 감정과 교감하는 데 도움을 줄 수 있다.

① 표현적 글쓰기는 고통스러운 감정을 피하는 데 효과가 있다.
② 표현적 글쓰기는 자수성가를 칭송하고 강인한 사람을 미화하는 데 필요하다.
③ 표현적 글쓰기는 타인을 의식하여 스스로 검열하는 특징을 지닌다.
④ 표현적 글쓰기는 참고 발설하지 않은 것에 대해 경청할 기회를 준다.
⑤ 표현적 글쓰기는 두서없이 편하게 써서 간직하도록 고안되었다.

07 ㉠, ㉡에 들어갈 내용으로 적절한 것은?

> 최후통첩 게임에서 두 참가자는 일정한 액수의 돈을 어떻게 분배할지를 놓고 각각 나름의 결정을 내리게 된다. 먼저 A에게 1,000원짜리 100장을 모두 준 다음 그 돈을 다른 한 사람인 B와 나누라고 지시한다. 이때 A는 자기가 제안하는 액수를 받아들일지 말지 결정할 권리가 B에게 있다는 사실을 알고 있다. 만약 B가 그 제안을 수용하면, 두 사람은 A가 제안한 액수만큼 각각 받는다. 만약 B가 그 제안을 거절하면, 아무도 그 돈을 받지 못한다. 이는 일회적 상호작용으로서, 결정할 수 있는 기회는 단한번뿐이고 두 사람은 서로에 대해서 전혀 모르는 사이이다. 그들은 어떤 결정을 내릴 것인가? 만약 두 사람이 모두 자기 이익에 충실한 개인들이라면, A는 아주 적은 액수의 돈을 제안하고 B는 그 제안을 받아들일 것이다. A가 단 1,000원만 제안하더라도, B는 그 제안을 받아들여야 한다. 왜냐하면 B는 (㉠) 둘 중 하나를 선택해야 하기 때문이다. 만약 상대방이 합리적 자기 이익에 충실하다고 확신한다면, A는 결코 1,000원 이상을 제안하지 않을 것이다. 그 이상을 제안하는 일은 상대방의 이익을 배려한 것으로 자신의 이익을 불필요하게 줄이기 때문이다. 이것이 이기적인 개인들에게서 일어날 상황이다.
>
> 하지만 현실에서는 이런 상황은 절대 일어나지 않는다. 실험결과에 따르면, 사람들은 낮은 액수의 제안을 받으면 거절하는 경향이 있다. 이 연구에서 나타난 명백한 결과에 따르면 총액의 25% 미만을 제안할 경우 그 제안은 거절당할 가능성이 상당히 높다. 비록 자기의 이익이 최대화되지 않더라도 제안이 불공평하다고 생각하면 거절하는 것으로 보인다. 액수를 반반으로 나누고자 하는 사람이 제일 많다는 점은 이를 지지해 준다. 결과적으로 이 실험은 (㉡)는 것을 보여 준다.

① ㉠: 제안한 1,000원을 받든가, 한 푼도 받지 못하든가
　㉡: 인간의 행동이 경제적 이득에 의해서 움직인다
② ㉠: 1,000원보다 더 적은 금액을 받든가, 제안한 1,000원을 받든가
　㉡: 인간이 공정성과 상호 이득을 염두에 두고 행동한다

③ ㉠: 제안한 1,000원을 받든가, 한 푼도 받지 못하든가
  ㉡: 인간의 행동이 경제적 이득에 의해서만 움직이지 않는다
④ ㉠: 1,000원보다 더 적은 금액을 받든가, 제안한 1,000원을 받든가
  ㉡: 인간의 행동이 경제적 이득에 의해서만 움직이지 않는다
⑤ ㉠: 제안한 1,000원을 받든가, 한 푼도 받지 못하든가
  ㉡: 인간이 공정성과 상호 이득을 염두에 두고 행동하지 않는다

08 다음 글에 서술된 '나이브 아트'에 대한 설명으로 적절한 것만을 〈보기〉에서 모두 고르면?

> 정규 미술 교육을 받지 않고, 어떤 화파에도 영향을 받지 않은 예술 경향을 나이브 아트라고 한다. 우리말로 소박파라고도 불리지만 특정한 유파를 가리키기보다 작가의 경향을 가리키는 말이다.
>
> 나이브 아트는 개인적인 즐거움을 주제로 형식에 얽매이지 않는 특징을 보인다. 우리에게 잘 알려진 나이브 아트 예술가로는 앙리 루소, 앙드레 보샹, 모리스 허쉬필드, 루이 비뱅, 그랜마 모지스 등이 있다. 이들은 서양 미술의 기본 규칙인 원근법, 명암법, 구도 등에 구속되지 않는 평면적 화면, 단순하지만 강렬한 색채, 자세한 묘사 등을 특징으로 보여 준다.
>
> 전업 화가가 아닌 본업이 따로 있어 낮은 취급을 받던 아웃사이더 예술이었지만, 독일 출신의 컬렉터이자 비평가 빌헬름 우데가 루소, 보샹 등의 화가들을 발굴하며 하나의 예술 영역으로 자리 잡는다. 이후 나이브 아트는 피카소와 같은 기존 미술의 권위와 전통에 반하는 그림을 그리려는 화가들의 주목을 받으며 현대미술의 탄생에도 적지 않은 영향을 끼쳤다.

〈보 기〉
㉠ 나이브 아트에 속하는 화가로 루소, 보샹 등이 있다.
㉡ 나이브 아트는 특정한 유파를 가리킨다.
㉢ 나이브 아트 작가들은 서양 미술의 기본 규칙을 따르고자 한다.
㉣ 현대미술은 나이브 아트의 탄생에 결정적인 영향을 끼쳤다.

① ㉠
② ㉢
③ ㉠, ㉡
④ ㉡, ㉢
⑤ ㉠, ㉢, ㉣

09 다음 시에 대한 이해로 적절하지 않은 것은?

> 마른 잎사귀에 도토리알 얼굴 부비는 소리 후두둑
> 뛰어내려 저마다 멍드는 소리 멍석 위에 나란히 잠든
> 반들거리는 몸 위로 살짝살짝 늦가을 햇볕 발 디디는
> 소리 먼 길 날아온 늦은 잠자리 채머리 떠는 소리 맷
> 돌 속에서 껍질 타지며 가슴 동당거리는 소리 사그락
> 사그락 고운 뼛가루 저희끼리 소근대며 어루만져 주
> 는 소리 보드랍고 찰진 것들 물속에 가라앉으며 안녕
> 안녕 가벼운 것들에게 이별 인사하는 소리 아궁이 불
> 위에서 가슴이 확 열리며 저희끼리 다시 엉기는 소리
> 식어 가며 단단해지며 서로 핥아 주는 소리
>
> 　도마 위에 다갈빛 도토리묵 한 모
>
> 　모든 소리들이 흘러 들어간 뒤에 비로소 생겨난 저
> 고요
> 　저토록 시끄러운, 저토록 단단한,
>
> 　　　　　　　　　　　　　　　－ 김선우, 「단단한 고요」 －

① '도토리묵'이 만들어지는 과정을 청각적 이미지를
중심으로 형상화하고 있다.

② 나무에 매달린 도토리에서부터 묵으로 엉길 때까지
의 과정을 형상화하고 있다.

③ 상반된 시어인 '고요'와 '시끄러운'을 병치시켜 역설
의 미학을 보여 주고 있다.

④ 시적 대상인 도토리를 의인화하여 표현하고 있다.

⑤ 자연과의 교감을 통한 인간에 대한 이해를 보여 주
고 있다.

10 (가)~(라)를 논리적 순서에 맞게 나열한 것은?

> (가) 아동 정신의학자 존 볼비는 엄마와 아이 사이의
> 애착을 연구하면서 처음으로 이 현상에 관심을
> 갖게 되었다. 그가 처음 연구를 시작할 때만 해
> 도 아이가 엄마와 계속 붙어 있으려고 하는 이유
> 는 먹을 것을 얻기 위해서라는 생각이 지배적이
> 었다.
>
> (나) 아동 정신의학자로 활동하며 연구를 이어간 끝
> 에, 볼비는 엄마와의 애착관계가 불안정한 아이
> 는 정서 발달과 행동발달에 큰 문제가 생길 수
> 있음을 알게 됐다. 또한 아이가 애착을 느끼는
> 대상이 아이를 세심하게 돌보고 보살필 때 아이
> 는 보호받는 기분, 안전함, 편안함을 느끼고, 이
> 는 아이가 건강하게 발달해서 생존할 확률을 높
> 이는 요소라는 사실을 밝혀냈다.
>
> (다) 애착이란 시간이 흐르고 멀리 떨어져 있어도 유
> 지되는 강력한 정서적 유대감으로 정의할 수 있
> 다. 특정한 사람과 어떻게든 가까이 있고 싶은
> 감정이 애착의 핵심이지만 상대가 반드시 똑같
> 이 느껴야 하는 것은 아니다.
>
> (라) 하지만 볼비는 아이가 엄마와 분리되면 엄청나
> 게 괴로워하며, 다른 사람이 돌봐 주거나 먹을
> 것을 줘도 그러한 고통이 해소되지 않는다는 사
> 실을 발견했다. 엄마와 아이의 유대에 뭔가 특별
> 한 것이 있다는 의미였다.

① (가) － (나) － (다) － (라)
② (가) － (다) － (나) － (라)
③ (나) － (가) － (다) － (라)
④ (다) － (가) － (라) － (나)
⑤ (다) － (라) － (가) － (나)

11 다음 글에 대한 이해로 적절하지 않은 것은?

오픈AI사에서 개발해 내놓은 '챗지피티(chatGPT)'의 열기가 뜨겁다. 챗지피티는 인터넷에 존재하는 다양한 텍스트 데이터를 학습해 구축된 인공지능으로, 사용자와 채팅을 통해 상호작용하는 형식으로 사용자의 요구에 응답한다. 예를 들어 "3+4를 계산하는 파이썬 코드를 짜 줘"라고 요구하면, 챗지피티는 실제로 작동하는 코드를 출력해서 알려 준다. 뒤이어 "같은 작업을 R에서 사용하는 코드로 짜 줘"라고 말하면, 대화의 맥락을 파악하고 같은 기능의 R 코드를 제공한다.

우리는 어떻게 시시각각 신기술로 무장하는 인공지능과 '함께' 살아갈 수 있을까? 첫째, '인공지능이 해 줄 수 있는 일'과 '인간이 할 필요가 없는 일'이 동의어가 아니라는 점을 명확히 인지해야 한다. 다시 말해, 인공지능이 잘 할 수 있는 일이라고 해서 인간이 그것을 할 줄 몰라도 된다는 것이 아니라는 것이다. 둘째, 인공지능을 지혜롭게 사용하려면 인공지능이 가진 성찰성의 한계를 이해해야 한다. 챗지피티의 흥미로운 특징은 매우 성찰적인 인공지능인 척하지만, 사실은 매우 형편없는 자기반성 능력을 갖추고 있다는 데 있다.

인공지능의 기능에 대해 성찰하는 것은 결국 인간의 몫이지, 기계의 역할이 아니다. 물론 인공지능은 다양한 상호작용을 통해 스스로의 오류를 교정하고 최적화하는 기능을 탑재하고 있다. 머신러닝(machine learning)이라는 개념이 바로 그것이다. 그러나 이 메커니즘은 명백하게도 인간 사용자의 특성과 의사에 따라 좌우될 수 있다. 사용자 경험을 통해 성능을 향상시켜 가고있는 구글 번역기는 영어-스페인어 사이의 전환은 훌륭하게 수행하지만 영어-한국어 사이의 전환은 그만큼 잘하지 못한다. 그 사용자의 수가 적기 때문이다. 사회의 소수자는 인공지능의 메커니즘에서도 소수자이다. 다시 말해, 인공지능에 대해 성찰하는 역할만큼은 인간이 인공지능에게 맡기지 말아야 할 영역이다.

인공지능의 범람 속에서 살아남는 방법은, 인공지능과 '함께 살아가는 인간'이 되는 것이다. 인공지능을 과소평가하지 않고, 또한 인간 스스로의 가치와 주체성도 과소평가하지 않는, 용감하고 당당한 인간으로 살아가고자 하는 태도가 필요하다.

① 인간은 인공지능과 공존하는 방법을 모색해 인공지능을 지혜롭게 사용해야 한다.
② 인공지능을 활용한 머신러닝에도 인간 사용자의 특성이 반영된다.
③ 인공지능이 글쓰기를 잘 수행하더라도 인간은 글쓰기 능력을 길러야 한다.
④ 인공지능을 지혜롭게 사용할 수 있으려면 인공지능이 가진 성찰성의 한계를 이해해야 한다.
⑤ 인공지능은 스스로 양질의 정보를 가려낼 수 있어 자신의 오류를 교정하고 최적화한다.

12 다음 글은 글쓰기의 자세에 대한 것이다. (가)~(마)에 대한 이해로 적절하지 않은 것은?

> (가) 이 세상 모든 사물 가운데 귀천과 빈부를 기준으로 높고 낮음을 정하지 않는 것은 오직 문장뿐이다. 그리하여 가난한 선비라도 무지개같이 아름다운 빛을 후세에 드리울 수 있으며, 아무리 부귀하고 세력 있는 자라도 문장에서는 모멸당할 수 있다.
>
> (나) 배우는 자는 마땅히 자기 역량에 따라 알맞게 쓸 뿐이다. 억지로 남을 본떠서 자기 개성을 잃어버리지 않도록 하는 것이야말로 글쓰기의 본령이다.
>
> (다) 글이란 것은 뜻을 나타내면 그만일 뿐이다. 제목을 놓고 붓을 잡은 다음 갑자기 옛말을 생각하고 억지로 고전의 사연을 찾으며 뜻을 근엄하게 꾸미고 글자마다 장중하게 만드는 것은 마치 화가를 불러서 초상을 그릴 적에 용모를 고치고 나서는 것과 같다.
>
> (라) 문장에 뜻을 두는 사람들이 첫째로 주의할 것은 자기를 속이지 않는 것이다. 자기를 속이지 않는 것에서 출발하면 마음이 이치에 통하고 온갖 관찰력이 환하게 밝아질 것이다.
>
> (마) 대체 글이란 조화다. 마음속에서 이루어진 문장은 반드시 정교하게 되나 손끝으로 이루어진 문장은 정교하게 되지 않으니, 진실로 그러하다.

① (가): 글쓰기에서 훌륭한 문장은 빈부귀천에 따라 높고 낮음이 정해진다.

② (나): 글쓰기에서 중요한 것은 남과는 다른 자기만의 개성을 표현하는 것이다.

③ (다): 글에서 중요한 것은 꾸미는 것보다 뜻을 정확하게 나타내는 것이다.

④ (라): 글쓰기에서 중요한 것은 진솔하게 표현하는 것이다.

⑤ (마): 글은 마음으로부터 이뤄져 조화를 이루는 것이 중요하다.

13 밑줄 친 동사의 쓰임이 옳지 않은 것은?

① 씻어 놓은 상추를 채반에 <u>받쳤다</u>.

② 마을 이장이 소에게 <u>받쳐서</u> 꼼짝을 못 한다.

③ 그녀는 세운 무릎 위에 턱을 <u>받치고</u> 앉아 있었다.

④ 양복 속에 두꺼운 내복을 <u>받쳐서</u> 입으면 옷맵시가 나지 않는다.

⑤ 고추가 워낙 값이 없어서 백 근을 시장 상인에게 <u>받혀도</u> 변변한 옷 한 벌 사기가 힘들다.

14 밑줄 친 피동 표현이 옳지 않은 것은?

① 이 글은 두 문단으로 <u>나뉜다</u>.

② 들판이 온통 눈으로 <u>덮인</u> 광경이 장관이었다.

③ 벌목꾼에게 <u>베인</u> 나무가 여기저기에 쌓여 있다.

④ 아무리 생각해 보아도 <u>짚히는</u> 바가 없다.

⑤ 안개가 <u>걷히고</u> 파란 하늘이 나타났다.

15 밑줄 친 부분의 띄어쓰기가 맞는 것은?

① 일이 있어서 숙제를 <u>못했다</u>.

② 총금액이 <u>얼마 되지 않는다</u>.

③ <u>한달간</u> 전국 일주 여행을 하고 돌아왔다.

④ 현대사회의 <u>제문제</u>에 대한 토론을 하였다.

⑤ 이번 방학에 무엇을 <u>해야 할 지</u> 모르겠다.

16 다음 단어의 로마자 표기로 옳은 것은?

	종로	여의도	신라
①	Jongro	Yeouido	Silla
②	Jongno	Yeouido	Silla
③	Jongro	Yeoeuido	Sinla
④	Jongno	Yeoeuido	Silla
⑤	Jongno	Yeoeuido	Sinla

17 다음 글에 대한 이해로 적절한 것은?

> 환경 보호는 정도의 차이는 있을지라도 모든 사람의 이익에 도움이 되는 일이라고 주장하는 사람도 있다. 초창기 환경 운동의 목표는 전통적인 자연 보호, 곧 특정 습지의 특정 조류를 보호하려는 좁은 생각을 극복하는 것이었다. 그렇지만 특정 종의 동물이나 식물에 대한 사랑에서는 열정적 투쟁 욕구가 생겨나는 반면, 대상을 특정하지 않은 자연 사랑은 어딘지 모르게 산만한 게 사실이다. 바로 그래서 생겨나는 것이 올슨 패러독스이다. 이것은 특별한 공동 이해관계로 묶인 소규모 그룹이 얼굴을 맞대고 단호히 일을 추진할 때, 대단히 애매한 일반적 이해를 가진 익명의 대규모 집단보다 훨씬 더 뛰어난 추진력을 보인다는 것이다. 이런 역설대로 소규모 그룹에는 로비할 좋은 기회가 주어지며, 마찬가지로 특정 사안을 반대하는 지역 저항 운동이 성공을 거둔다. 그렇기 때문에 포괄적 의미에서 환경 정책이 아주 까다로워진다.
>
> 무조건적인 타당성을 갖는 환경법을 요구하는 환경 정책은 애초부터 좌절될 수밖에 없다. 비록 나라와 문화마다 정도가 매우 다르기는 하지만, 현대화 과정에서 족벌에 대한 충성심을 넘어서서 다른 가치를 더욱 중시하는 충성심이 발달했다. 환경 정책은 이 과정에서 중요한 기회를 얻는다. 이기적 이해관계를 넘어서서 환경 전체를 바라보는 안목이 현대화 과정에서 발달했기 때문이다. 동시에 물론 자신의 직접적인 생활 환경을 지키려는 각오도 환경 정책에 결정

> 적 영향을 미친다. 이처럼 환경 운동은 완전히 보편적 방향으로 발달하기는 힘들다. 우선 자신의 이해관계부터 생각하는 인간의 본성 탓에 근본적 긴장은 항상 사라지지 않기 때문이다.

① 현대화 과정에서 부각된 인간의 이기적 이해관계는 인간이 가진 자연 지배권에 대한 인식과 함께 발달하게 되었다.
② 환경 운동은 특정 생물 집단의 번식과 지속성을 보전하는 것에서 시작하여 궁극적으로 자연 경관의 보호를 목적으로 한다.
③ 환경 운동에서 발생하는 올슨 패러독스는 근본적으로 해소되기 어렵다.
④ 환경 운동은 대규모 집단의 이해관계가 소규모 집단의 이해관계와 일치할 때 이루어지는 과정이라고 할 수 있다.
⑤ 환경 운동은 생물학적 다양성을 위한 공리주의 원칙에 따라 진행되어야 하며, 이 과정에서 개인의 이기심은 환경 운동을 위한 직접적인 동기로 작용하지 않는다.

18 밑줄 친 단어의 표기가 맞지 않는 것은?

① 그들은 서로 인사말을 주고받았다.
② 아이들은 등굣길이 마냥 즐거웠다.
③ 빨랫줄에 있는 빨래를 걷어라.
④ 마굿간에는 말 두 마리가 있다.
⑤ 요즘은 셋방도 구하기 힘들다.

19 ㉠, ㉡에 들어갈 한자성어로 적절한 것은?

> 　김 첨지도 이 불길한 침묵을 짐작했는지도 모른다. 그렇지 않으면 대문에 들어서자마자 전에 없이, "이 난장맞을 년, 남편이 들어오는데 나와 보지도 않아, 이 오라질 년."이라고 고함을 친 게 수상하다. 이 고함이야말로 제 몸을 엄습해 오는 무시무시한 증을 쫓아 버리려는 (　㉠　)인 까닭이다.
> 　하여간 김 첨지는 방문을 왈칵 열었다. 구역을 나게 하는 추기 — 떨어진 삿자리 밑에서 나온 먼지내, 빨지 않은 기저귀에서 나는 똥내와 오줌내, 가지각색 때가 켜켜이 앉은 옷 내, 병인의 땀 섞은 내가 섞인 추기가 무딘 김 첨지의 코를 찔렀다.
> 　방 안에 들어서며 설렁탕을 한구석에 놓을 사이도 없이 주정꾼은 목청을 있는 대로 다 내어 호통을 쳤다. "이런 오라질 년. (　㉡　) 누워만 있으면 제일이야! 남편이 와도 일어나지를 못해?"라는 소리와 함께 발길로 누운 이의 다리를 몹시 찼다. 그러나 발길에 차이는 건 사람의 살이 아니고 나뭇등걸과 같은 느낌이 있었다.
>
> 　　　　　　　　　　　　　　－ 현진건, 「운수 좋은 날」에서 －

	㉠	㉡
①	노심초사(勞心焦思)	주야불식(晝夜不息)
②	허장성세(虛張聲勢)	전전반측(輾轉反側)
③	절치부심(切齒腐心)	전전반측(輾轉反側)
④	노심초사(勞心焦思)	주야장천(晝夜長川)
⑤	허장성세(虛張聲勢)	주야장천(晝夜長川)

20 ㉠에 들어갈 내용으로 적절한 것은?

> 　신석기 시대에 들어 농사가 시작되면서 여성의 역할은 더욱 증대되었다. 농사는 야생 곡물이 밀집한 지역에서 이를 인위적으로 재생산함으로써 시작되었다. 이처럼 농사는 채집 활동의 연장선상에서 발생하였기 때문에 처음에는 주로 여성이 담당하였다. 더욱이 당시 농업 기술은 보잘것없었고, 이를 극복할 별다른 방법도 없었다. 이러한 단계에서 인간들이 풍요로운 생활을 누리기 위해서는 종족 번식, 곧 여성의 출산력이 무엇보다 중요하였다.
> 　그러나 신석기 시대 중후반에는 농경이 본격적으로 발전하면서 광활한 대지의 개간이나 밭갈이에는 엄청난 노동력과 강한 근력이 요구되었다. 농사는 더 이상 여성의 섬세함만으로 해낼 수 없는 아주 고된 일로 바뀌었다. 마침 이 무렵, 집짐승 기르기가 시작되면서 남성들은 더 이상 사냥감을 찾아 산야를 헤맬 필요가 없게 되었다. 사냥 활동에서 벗어난 남성들은 생산 활동의 새로운 주인공이 되었다. 그리고 여성들은 보조자로 밀려나서 주로 집안일이나 육아를 담당하게 되었다. 이로써 남성이 주요 생산 활동을 담당하게 되고, (　㉠　)

① 남성과 여성의 사회적 위상과 역할이 달라지게 되었다.
② 여성은 생산 활동에서 완전히 배제되기 시작하였다.
③ 남성이 남성으로서의 제 역할을 하게 되었다.
④ 남성은 여성을 씨족 공동체의 일원으로 인정하지 않게 되었다.
⑤ 사냥 활동에서 여성이 남성의 역할을 대체하게 되었다.

21 ㉠에 대한 설명으로 적절한 것은?

> 일본 문학의 세계가 여자들에게 열려 있긴 했어도 ㉠ 헤이안 시대의 여성들은 그 시대 대부분의 책에서는 자신들의 목소리를 발견할 수 없었을 것이다. 그리하여 한편으로는 읽을거리를 늘리기 위해, 그리고 다른 한편으로는 그들만의 독특한 취향에 상응하는 읽을거리를 손에 넣기 위해 여성들은 그들만의 고유한 문학을 창조해 냈다. 그 문학을 기록하기 위해 여성들은 그들에게 허용된 언어를 음성으로 옮긴 가나분카쿠를 개발하기에 이르렀는데, 이 언어는 한자 구조가 거의 배제된 것이 특징이다. 이는 여성들에게만 국한되어 쓰이면서 '여성들의 글자'로 알려지게 되었다.
>
> 발터 벤야민은 "책을 획득하는 방법 중에서도 책을 직접 쓰는 것이야말로 가장 칭송할 만한 방법으로 평가받을 수 있다"라고 논평했던 적이 있다. 헤이안 시대의 여자들도 깨달았듯이 어떤 경우에는 책을 직접 쓰는 방법만이 유일한 길일 수가 있다. 헤이안 시대의 여자들은 그들만의 새로운 언어로 일본 문학사에서, 아마도 전 시대를 통틀어 가장 중요한 작품 몇 편을 남겼다. 무라사키 부인이 쓴 『겐지 이야기』와 작가 세이 쇼나곤의 『마쿠라노소시』가 그 예이다.
>
> 『겐지 이야기』, 『마쿠라노소시』 같은 책에서는 남자와 여자의 문화적 · 사회적 삶이 소상하게 나타나지만, 그 당시 궁정의 남자 관리들이 대부분 시간을 할애했던 정치적 술책에 대해서는 거의 관심을 보이지 않는다. 언어와 정치 현장으로부터 유리되어 있었기 때문에 세이 쇼나곤과 무라사키 부인조차도 이런 활동에 대해서는 풍문 이상으로 묘사할 수 없었다. 어떤 예이든 이런 여성들은 근본적으로 그들 자신을 위해 글을 쓰고 있었다. 다시 말해 그들 자신의 삶을 향해 거울을 받쳐 들고 있었던 셈이다.

① 읽을거리에 대한 열망을 문학 창작의 동력으로 삼았다.

② 창작 국면에서 자신들의 언어를 작품에 그대로 담아내지 못했다.

③ 궁정에서 일어나는 정치적 행위에 대하여 치밀하게 묘사하였다.

④ 한문학에 대한 지식을 바탕으로 문학 창작에 참여하였다.

⑤ 문필 활동은 남성의 전유물이었기 때문에 남성적 취향의 문학 독서를 수행하였다.

22 밑줄 친 외래어 표기가 옳은 것은?

① 송년(送年) 모임이 회사 앞 부페 식당에서 있을 예정이다.

② 저 남자 배우는 애드립에 능해서 연기가 자연스럽게 느껴진다.

③ 점심시간이 끝나자 사람들은 재스민 차를 마시기 시작했다.

④ 여행 정보 팜플렛을 얻으러 회사 근처의 여행사 사무실에 다녀왔다.

⑤ 유머가 있고 내용이 가벼운 꽁트 프로그램을 한 편 보기로 했다.

[23~24] 다음 글을 읽고 물음에 답하시오.

사람과 상황이 서로 영향을 미치는 방식들을 몇 가지 소개해 보도록 하겠다.

첫째는 상황이 사람을 선택하는 경우다. 모든 사람이 자신이 원하는 상황에 놓일 수는 없다. 제한된 상황은 우리로 하여금 '무엇'을 할 수 있는 기회를 박탈하기도 한다. 예를 들어 아무것도 선택할 수 없는 경제적 어려움에 처해 있거나 부모의 학대로 인해 지속적인 피해를 입고 있는 상황처럼 자신의 의지나 책임이 아닌 절대적 상황이 그런 경우다. 이때 사람들은 상대적 박탈감이나 무력감을 경험하게 된다.

둘째는 사람이 상황을 선택하는 경우다. 이때는 자신의 욕망이나 목표에 맞는 기회를 제공하는 상황을 선택할 수 있다. 우리는 일상을 살아가면서 굉장히 합리적인 판단을 한다. 예를 들어 몸이 아프면 상황을 설명하고 조퇴를 할 수도 있다. 그런데 사회적 압력이나 압박들이 단순히 직장에서 일어나는 상황이 아니고 보다 더 본질적인 경우가 있다.

예를 들어 경제적 불균형처럼 자기가 가지고 있는 아주 왜곡된 관념들로 치닫기 시작하면 상황이 사람을 지배할 수도 있다. 자신의 자존감을 지키기 위해서는 타인에게 해를 가해서라도 그런 상황을 유지하려는 것이다. 그러나 대부분의 사람들은 스스로 상황을 지배해 나가기 때문에 범죄를 저지르지 않는다. 그래서 상황이 사람을 선택하느냐, 아니면 사람이 상황을 선택하느냐에 따라 결과는 엄청나게 달라진다.

상황에 따라 사람의 다른 측면이 점화되기도 한다. 사람들이 공통적으로 갖고 있는 공손함이나 공격성 등은 상황에 따라 점화되는 것이 다르다. 우리가 읽거나 들었던 단어 또는 정보가 우리의 생각이나 행동에 미묘한 변화를 일으킬 수 있고 이러한 현상을 '점화 효과'라고 한다.

23 윗글의 서술 방식에 대한 설명으로 적절하지 않은 것은?

① 설명하는 내용에 대한 예를 제시하고 있다.
② 서로 다른 내용을 대비하여 제시하고 있다.
③ 설명하는 내용에 대한 개념을 제시하고 있다.
④ 설명하는 내용을 병렬적 구조로 제시하고 있다.
⑤ 설명하는 내용에 대한 실험 결과를 제시하고 있다.

24 윗글에 대한 이해로 적절하지 않은 것은?

① 사람과 상황은 서로 영향을 끼친다.
② 경제적 불균형에 처하면 대부분의 사람들은 스스로 상황을 지배할 수 없다.
③ 부모의 학대와 같은 상황은 선택할 수 없는 절대적 상황이다.
④ 몸이 아플 때 상황을 설명하고 조퇴하는 것은 합리적 판단의 일종이다.
⑤ 사람들이 공통적으로 가진 공격성이라도 상황에 따라 다르게 점화된다.

25 다음 시에 대한 이해로 적절한 것만을 〈보기〉에서 모두 고르면?

1
첫닭 울고 둘째 닭 울더니
작은 별 큰 별 떨어지는데
문을 들락거리며
살짝이 살짝이 행인은 길 떠날 채비하네

2
나그네 새벽 틈타 떠나렸더니
주인은 안 된다며 보내질 않네
채찍을 손에 쥔 채 못 이긴 척 돌아서니
닭만 괜스레 번거롭게 했구나

― 이병연, 「조발(早發)」 ―

〈보 기〉

㉠ '첫닭'은 시간적 배경을 드러낸다.
㉡ '나그네'와 '주인'의 관계가 닭 울음으로 인해 달라진다.
㉢ '살짝이 살짝이'는 '행인'의 조심스러운 심리를 나타내고 있다.
㉣ 화자는 '나그네'와 '주인'을 관찰의 대상으로 삼고 있다.

---

① ㉠
② ㉡
③ ㉡, ㉢
④ ㉠, ㉢, ㉣
⑤ ㉠, ㉡, ㉢, ㉣

✔ 회독 CHECK 1 2 3

01 〈보기〉의 ㉠~㉤에 대한 설명 중 옳지 않은 것은?

― 〈보 기〉 ―

㉠ 우리 사무실은 도심에 있어 비교적 교통이 편리하다.

㉡ 천세나 만세를 누리소서!

㉢ 그 일은 어제 끝냈어야 했다.

㉣ 넷에 넷을 더하면 여덟이다.

㉤ 한창 크는 분야라서 지원자가 많다.

① ㉠의 '비교적'은 관형사이다.

② ㉡의 '만세'는 명사이다.

③ ㉢의 '어제'는 부사이다.

④ ㉣의 '여덟'은 수사이다.

⑤ ㉤의 '크는'은 동사이다.

02 밑줄 친 말 중 문법적 기능이 다른 것은?

① 그것참, 신기하군그래.

② 그를 만나야만 모든 원인을 밝힐 수 있다.

③ 그것이 금덩이라도 나는 안 가진다.

④ 얼마 되겠느냐마는 살림에 보태어 쓰도록 해.

⑤ 용서해 주시기만 하면요 정말 감사하겠습니다.

03 밑줄 친 단어의 뜻풀이가 옳지 않은 것은?

① 그는 줄목을 무사히 넘겼다.

→ 일의 진행 과정에서 가장 중요한 대목

② 그 사람들도 선걸음으로 그리 내달았다.

→ 이미 내디뎌 걷고 있는 그대로의 걸음

③ 겨울 동안 갈무리를 했던 산나물을 팔았다.

→ 물건 따위를 잘 정리하거나 간수함

④ 그는 인물보다 맨드리가 쓰레기꾼 축에 섞이기는 아까웠다.

→ 옷을 입고 매만진 맵시

⑤ 그녀는 잔입으로 출근 시간이 되기만을 기다렸다.

→ 음식을 조금만 먹음

04 어법에 맞는 문장은?

① 그 회사는 품질 면에서 세계 최고이다.

② 내 생각은 네가 잘못을 인정하면 해결될 것이다.

③ 지도자는 자유 수호와 인권을 보장하는 것을 목표로 삼아야 한다.

④ 이사회는 재무 지표 현황과 개선 계획을 수립, 다음 달부터 시행하기로 하였다.

⑤ 이 여론조사 결과는 현재 무엇을 시급히 개선해야 한다는 점을 말해주고 있다.

05 다음 글의 논지와 가까운 것은?

> 괴테는 인간의 목표가 각자의 개성과 존엄성을 통해 보편성에 이르는 데 있다고 보았다. 즉 그는 자연이라는 근원에서 나온 개체에 대해서는 자연과 동일한 권리를 부여하였지만, 개체와 근원 사이에 존재하는 중간 단계에 대해서는 상대적으로 관심이 적었다. 그리하여 나폴레옹이 그의 조국을 점령하였을 때에 그는 피히테만큼 열성적으로 활동하지는 않았다. 물론 그도 자기 민족의 자유를 원했고 조국에 대해 깊은 애정을 표시했지만, 그의 마음을 더욱 사로잡은 것은 인간성이나 인류와 같은 관념이었다. 이런 점에서 볼 때, 괴테는 집단의식보다는 개인의 존엄성을 더 중시했다고 할 수 있다.
>
> 그런데 이전보다 훨씬 다양한 집단에 속한 채 살아야 하는 현대인에게는 개인과 집단의 관계를 어떻게 설정하느냐 하는 문제가 더욱 중요하게 떠오른다. 이러한 문제가 발생할 때 다수의 논리를 내세워 개인의 의지를 배제한다면 그것은 바람직한 해결책이라 할 수 없다. 현대사회가 추구하는 효율성의 원칙만을 내세워 집단을 개인의 우위에 두면 '진정한 인간성'이 계발되기 어렵다. 그러므로 우리는 개인이 조직 사회에 종속됨으로써 정신적 독립성을 잃게 되는 위험성을 항상 경계해야 한다.
>
> 오늘날 우리는 괴테의 의미를 새롭게 발견한다. 그는 현대의 공기를 마셔 보지 않았지만 대단히 현대적인 시각에서 우리에게 충고를 하고 있다. 지금 진행되고 있는 이 무서운 드라마를 끝내기 위해서는 모든 사람이 다 함께 '진정한 인간성'을 추구해야 한다. 물질적 편리함을 위해 정신적 고귀함을 간단히 양보해 버리고, 집단의 목적을 위해 개인의 순수성을 쉽게 배제해 버리는 세태 속에서 우리는 자신의 혼을 가진 인간으로 살기 위해 노력해야 한다. 이런 점에서, 순수하고 고결한 인간성을 부르짖는 괴테의 외침은 사람 자체를 존중하는 마음이 사라져 가는 오늘날의 심각한 병폐를 함께 치유하자는 세계사적 선서의 의미를 지닌다. 모든 사람들이 각자 '진정한 인간성'을 행동으로 실천한다면, 현대 사회의 비인간화 현상은 극복될 수 있을 것이다.

① 개인과 집단 사이에는 갈등이 있을 수 없다. 집단의 이익이 개인의 이익이며, 개인의 이익이 집단의 이익이다.

② 개인이 집단의 목적에 맹목적으로 따르는 것은 민주 시민의 올바른 자세가 아니다. 비판이 없는 집단은 자기 발전이 없다.

③ 개인의 존엄성은 상대적인 것이다. 따라서 개인도 자기 목소리만을 높일 것이 아니라 집단의 목표에 부합하도록 노력해야 한다.

④ 진정한 인간성은 이기주의와는 다르다. 개인의 독립성을 지나치게 주장하여 운영에 차질을 주면 그것도 바람직하지 않다.

⑤ 다수의 논리를 내세워 개인의 의지를 꺾는 것도 잘못이지만, 개인의 의지가 다수의 논리를 무시하는 것은 더 큰 문제이다.

06 〈보기〉의 관점에서 ㉠을 비판한 것으로 적절한 것은?

원칙적으로 사람들은 제1 언어 습득 연구에 대한 양극단 중 하나의 입장을 취할 수 있을 것이다. ㉠ 극단적 행동주의자적 입장은 어린이들이 백지 상태, 즉 세상이나 언어에 대해 아무런 전제된 개념을 갖지 않은 깨끗한 서판을 갖고 세상에 나오며, 따라서 어린이들은 환경에 의해 형성되고 다양하게 강화된 예정표에 따라 서서히 조건화된다고 주장하였다. 또 반대쪽 극단에 있는 구성주의의 입장은 어린이들이 매우 구체적인 내재적 지식과 경향, 생물학적 일정표를 갖고 세상에 나온다는 인지주의적 주장을 할 뿐만 아니라 주로 상호 작용과 담화를 통해 언어 기능을 배운다고 주장한다. 이 두 입장은 연속선상의 양극단을 나타내며, 그 사이에는 다양한 입장들이 있을 수 있다.

─────〈보 기〉─────

생득론자는 언어 습득이 생득적으로 결정되며, 우리는 주변의 언어에 대해 체계적으로 인식할 수 있도록 되어 있어서 결과적으로 언어의 내재화된 체계를 구축하는 유전적 능력을 타고난다고 주장한다.

① 언어 습득에 대한 연구에서 실제적 언어 사용의 양상이 무시될 가능성이 크다.
② 아동의 언어 습득을 관장하는 유전자의 실체가 확인될 때까지는 행동주의는 불완전한 가설일 뿐이다.
③ 아동은 단순히 문법적으로 정확한 문장을 만드는 방법을 배우는 것이 아니라 의사소통 방법을 배우는 것이다.
④ 아동의 언어 습득은 특정 언어공동체의 일원이 되는 핵심 과정인데, 행동주의는 공동체 구성원들과의 상호 작용이 차지하는 중요성을 간과하고 있다.
⑤ 아동의 언어 습득이 외적 자극인 환경에 의해 전적으로 형성된다고 보는 행동주의 모델은 배우거나 들어본 적 없는 표현을 만들어내는 어린이 언어의 창조성을 설명하지 못한다.

07 '도산 노인'의 생각에 대한 이해로 옳지 않은 것은?

「도산십이곡」은 도산 노인이 지은 것이다. 노인이 이를 지은 것은 무엇 때문인가. 우리나라의 가곡은 대체로 음란하여 족히 말할 것이 없으니 「한림별곡」과 같은 것도 문인의 입에서 나왔으나, 교만하고 방탕하며 겸하여 점잖지 못하고 장난기가 있어 더욱 군자가 숭상해야 할 바가 아니다. 다만 근세에 이별의 「육가」라는 것이 있어 세상에 성대하게 전해지는데, 저것보다 낫기는 하나 또한 세상을 희롱하는 불공한 뜻만 있으며, 온유돈후의 실질이 적은 것을 애석하게 여겼다.

노인은 평소 음악을 이해하지는 못하나 오히려 세속의 음악이 듣기 싫은 것을 알아, 한가히 살면서 병을 돌보는 여가에 무릇 성정에서 느낌이 일어나는 것을 매양 시로 나타내었다. 그러나 지금의 시는 옛날의 시와는 달라서 읊을 수는 있어도 노래로 부를 수는 없다. 만약 노래로 부르려면 반드시 시속의 말로 엮어야 되니, 대개 우리나라 음절이 그렇게 하지 않고서는 안 되기 때문이다.

그래서 내가 일찍이 대략 이별의 노래를 본떠 도산육곡이란 것을 지은 것이 둘이니, 그 하나는 언지(言志)이고 다른 하나는 언학(言學)이다. 아이들로 하여금 아침저녁으로 익혀서 노래하게 하여 안석에 기대어 이를 듣고자 했다. 또한 아이들로 하여금 스스로 노래하고 춤추고 뛰게 한다면, 비루하고 더러운 마음을 깨끗이 씻어버리고, 느낌이 일어나 두루 통하게 될 것이니 노래하는 자와 듣는 자가 서로 유익함이 없지 않을 것이다.

돌이켜보면 나의 자취가 자못 어그러졌으니, 이 같은 한가한 일이 혹시나 시끄러운 일을 야기하게 될지 모르겠고, 또 곡조에 얹었을 때 음절이 맞을는지도 알 수 없어 우선 한 부를 베껴 상자 속에 담아 두고, 때때로 꺼내 완상하여 스스로를 반성하며, 또 훗날에 보는 자가 이를 버리거나 취하기를 기다릴 따름이다.

– 이황, 「도산십이곡발」 –

① 우리말 노래가 대체로 품격이 떨어진다고 보아 만족하지 못하고 있었다.

② 우리나라에서 한시를 노래로 부르는 전통을 되살리려고 한다.

③ 자신이 지은 노래를 부르는 아이들에게도 유익함이 있을 것이라 생각한다.

④ 자신이 노래를 지은 것을 불만스럽게 생각할 사람이 있을 수 있다고 예상한다.

⑤ 자신이 지은 노래가 후세에 전해져서 평가의 대상이 될 것을 기대한다.

08 다음 시에 대한 이해로 적절하지 않은 것은?

> 아버지는 두 마리의 두꺼비를 키우셨다
>
> 해가 말끔하게 떨어진 후에야 퇴근하셨던 아버지는 두꺼비부터 씻겨 주고 늦은 식사를 했다 동물 애호가도 아닌 아버지가 녀석에게만 관심을 갖는 것 같아 나는 녀석을 시샘했었다 한번은 아버지가 녀석을 껴안고 주무시는 모습을 보았는데 기회는 이때다 싶어서 살짝 만져 보았다 그런데 녀석이 독을 뿜어내는 통에 내 양 눈이 한동안 충혈되어야 했다 아버지, 저는 두꺼비가 싫어요
>
> 아버지는 이윽고 식구들에게 두꺼비를 보여주는 것조차 꺼리셨다 칠순을 바라보던 아버지는 날이 새기 전에 막일판으로 나가셨는데 그때마다 잠들어 있던 녀석을 깨워 자전거 손잡이에 올려놓고 페달을 밟았다
>
> 두껍아 두껍아 헌집 줄게 새집 다오
>
> 아버지는 지난 겨울, 두꺼비집을 지으셨다 두꺼비와 아버지는 그 집에서 긴 겨울잠에 들어갔다 봄이 지났으나 잔디만 깨어났다
>
> 내 아버지 양 손엔 우툴두툴한 두꺼비가 살았었다
>
> — 박성우, 「두꺼비」 —

① 화자가 '아버지, 저는 두꺼비가 싫어요'라고 말한 것은 아버지의 고생스러운 삶에서 서러움과 연민을 느꼈기 때문이다.

② 이 시는 아이의 시선과 동요의 가사를 활용하여 아버지의 희생적인 삶을 돌아보게 하면서 감동을 주고 있다.

③ 이 시는 첫 줄과 마지막 줄에 제시된 아버지와 두꺼비의 호응 관계를 통해 시적 의미를 강조하고 있다.

④ 이 시에서 '두꺼비'는 아버지를 기다리는 자식들을 의미한다.

⑤ '아버지는 그 집에서 긴 겨울잠에 들어갔다'는 표현에서 아버지가 돌아가셨다는 것을 알 수 있다.

09 다음 글에 대한 이해로 적절하지 않은 것은?

　　정신에 대한 전통적인 설명에 따르면, 인간의 육체는 비물질적 실체인 영혼으로 가득 차 있으며 그 영혼이 때때로 유령이나 귀신의 모습으로 나타난다. 그러나 이 이론은 극복할 수 없는 문제에 부딪힌다. 그 유령이 어떻게 유형의 물질과 상호 작용하는가? 무형의 비실체가 어떻게 번쩍이고 쿡 찌르고 삑 소리를 내는 외부 세계에 반응하고 팔다리를 움직이게 만드는가? 그뿐 아니라 정신은 곧 뇌의 활동임을 보여 주는 엄청난 증거들도 극복할 수 없는 문제다. 오늘날 밝혀진 바에 따르면, 비물질적이라 생각했던 영혼도 칼로 해부되고, 화학물질로 변질되고, 전기로 나타나거나 사라지고, 강한 타격이나 산소 부족으로 인해 소멸되곤 한다. 현미경으로 보면 뇌는 풍부한 정신과 완전히 일치하는 대단히 복잡한 물리적 구조를 갖고 있다.

　　정신을 어떤 특별한 형태의 물질에서 발생하는 것으로 보는 견해도 있다. 피노키오는 목수 제페토가 발견한, 말하고 웃고 움직이는 마법의 나무에서 생명력을 얻는다. 그러나 애석한 일이지만 그런 신비의 물질은 어디에서도 발견되지 않았다. 우선 뇌 조직이 그 신비의 물질이 아닌가 생각해 볼 수 있다. 다윈은 뇌가 정신을 '분비한다'고 적었고, 최근에 철학자 존 설은 유방의 세포 조직이 젖을 만들고 식물의 세포 조직이 당분을 만드는 것처럼, 뇌 조직의 물리화학적 특성들이 정신을 만들어 낸다고 주장했다. 그러나 뇌 종양 조직이나 접시 안의 배양 조직은 물론이고 모든 동물의 뇌 조직에도 똑같은 종류의 세포막, 기공, 화학물질들이 존재한다는 사실을 생각해 보라. 그 모든 신경세포 조직이 동일한 물리화학적 특성들을 갖고 있지만, 그것들 모두가 인간과 같은 지능을 보이진 않는다. 물론 인간 뇌를 구성하는 세포 조직의 어떤 측면이 우리의 지능에 필수적인 것은 사실이지만, 그 물리적 특성들로는 충분하지 않다. 벽돌의 물리적 특성으로는 음악을 설명하기에 불충분한 것과 같다. 중요한 것은 신경세포 조직의 '패턴' 속에 존재하는 어떤 것이다.

① 다윈과 존 설은 뇌 조직이 인간 정신의 근원이라고 주장했다.
② 인간의 뇌를 구성하는 세포 조직의 물리적 특성은 인간 지능의 필요충분조건이다.
③ 지능에 대한 전통적 설명 방식은 내적 모순으로부터 자유롭지 않다.
④ 뇌의 물리적 특성보다 신경세포 조직의 '패턴' 속에 존재하는 어떤 것이 중요하다.
⑤ 뇌의 정신이 밀접하게 연결되어 있음을 시각적으로 확인할 수 있는 물리적 증거가 있다.

10 〈보기〉는 국어 단모음 체계의 변화를 보여 주고 있다. 〈보기〉에 대한 설명으로 적절하지 않은 것은?

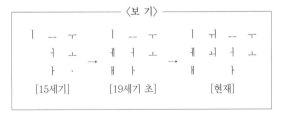

① 모음들이 연쇄적으로 조음 위치의 변화를 겪는 현상이 발견된다.
② 국어 역사에서 후설 저모음이 존재했던 것으로 추측된다.
③ 단모음의 개수는 점차 늘어난 것으로 보인다.
④ 모음 중에서 음소 자체가 소멸된 것이 있다.
⑤ 일부 이중모음의 단모음화가 발견된다.

11 (가)~(마)를 논리적 순서에 맞게 나열한 것은?

(가) 작센의 아우구스투스 2세는 독일 마이센 성의 연금술사인 요한 프리드리히 뵈트거를 가두고 황금을 만들라 명한다. 하지만 실패를 거듭하자 아우구스투스는 화학 반응으로 금을 만들 수 없다는 결론을 내리고 금과 맞먹는 대체품으로 백자를 만들라 명령한다. 뵈트거는 백자를 만들기 위해 대리석이나 뼛가루를 사용했지만 번번이 실패한다. 그는 1708년, 3년 만에 마이센에서 고령토 광산을 발견했고 장석 성분을 추가해 백자의 성분 문제를 해결한다.

(나) 18세기 대항해 시대가 열리면서 유럽은 상류층에서 살롱 문화가 급속하게 번진다. 살롱에서 담론을 펼칠 때 아프리카 커피와 중국 차를 마시는 게 최고의 호사였으며, 백자는 거기에 품격을 더했다. 하지만 백자를 만드는 기술은 중국인들만의 비밀이었기 때문에 유럽은 비싼 가격을 중국에 지불하면서 백자를 수입할 수밖에 없었다.

(다) 또 발터 폰 치른하우스의 도움으로 렌즈와 거울을 이용한 1400도 가마가 가능해졌다. 하늘에서의 고온과 땅에서의 고령토, 그러니까 천지의 조화를 통해 백자가 만들어졌고, 뵈트거는 이 결과를 기록에 남겼다. 이후 마이센의 백자기술이 오스트리아 빈, 프랑스 스트라스부르, 덴마크 코펜하겐, 이탈리아 피렌체, 영국 런던 등으로 유출되면서 백자의 유럽 생산 시대가 열렸다.

(라) 이탈리아의 메디치 포슬린을 비롯하여 유럽 각지에서 백자를 만들려는 다양한 시도가 있었다. 흰색을 내는 온갖 재료를 사용했지만 유리를 섞어 만드는 수준이었다. 실패의 원인은 백자의 주원료인 고령토를 알지 못했고, 1100도 이상의 가마를 만들지 못했던 데 있다. 중국 백자의 제조 비밀은 유럽의 과학기술도 밝혀내지 못했던 것이다.

(마) 17세기 유럽 전역에 백자의 인기가 폭발적이었다. 중국의 백자가 유럽에 들어오자 '하얀 금'이라 불리며 비싼 가격에 거래되었다. 유럽의 왕실과 귀족들은 백자를 비롯한 중국적 취향을 '시누아즈리'라면서 바로크나 로코코 양식과 결합시킨다.

① (가) – (다) – (나) – (라) – (마)
② (가) – (다) – (마) – (나) – (라)
③ (가) – (마) – (라) – (나) – (다)
④ (마) – (가) – (다) – (라) – (나)
⑤ (마) – (나) – (라) – (가) – (다)

[12~13] 다음 글을 읽고 물음에 답하시오.

(가) '테라포밍'은 지구가 아닌 다른 외계의 천체 환경을 인간이 살 수 있도록 변화시키는 것을 말하는데 현재까지 최적의 후보로 꼽히는 행성은 바로 화성이다. 화성은 육안으로도 붉은 빛이 선명하기에 '火(불 화)' 자를 써서 화성(火星)이라고 부르며, 서양에서는 정열적인 전쟁의 신이기도 한 '마르스'와 함께 '레드 플래닛', 즉 '붉은 행성'으로도 일컬어진다. 화성이 이처럼 붉은 이유는 표면의 토양에 철과 산소의 화합물인 산화철이 많이 포함돼 있기 때문인데, 녹슨 쇠가 불그스름해지는 것과 같은 원리로 보면 된다. 그렇다면 이런 녹슨 행성인 화성을 왜 '테라포밍' 1순위로 선정했을까? 또한 어떤 과정을 통해서 이 화성을 인간이 살 수 있는 푸른 별로 바꿀 수 있을까?

(나) 영화 「레드 플래닛」을 보면 이런 '테라포밍'의 계획이 잘 나타나 있다. 21세기 초, 자원 고갈과 생태계 오염 등으로 지구의 환경이 점점 악화되자, 화성을 새로운 인류의 터전으로 바꾸기 위해서 이끼 종자를 가득 담은 무인 로켓이 화성으로 발사된다. 이끼가 번식해 화성 표면을 덮으면 그들이 배출하는 산소가 모여 궁극적으로는 인간이 호흡할 수 있는 대기층이 형성되기 때문이다. 그로부터 50여 년 후, 마침내 화성에 도착한 선발대는 희박하기는 하지만 화성의 공기가 사람이 숨 쉴 수 있을 정도로 바뀌었음을 알게 된다.

(다) 그렇다면 영화가 아닌 현실에서 화성을 변화시키는 일은 가능할까? 시간이 걸리고 힘든 일이지만 가능성은 있다. 화성의 극지방에는 '극관'이라고 부르는 드라이아이스로 추정되는 하얀 막 같은 것이 존재하는데, 이것을 녹여 화성에 공기를 공급한다는 것이다. 극관에 검은 물질을 덮어 햇빛을 잘 흡수하게 만든 후 온도가 상승하면 극관이 자연스럽게 녹을 수 있도록 하는 방법인 것이다. 이 검은 물질을 자기 복제가 가능한 것

으로 만들면 소량을 뿌려도 시간이 지나면서 극관 전체를 덮게 될 것이다.

(라) 자기 복제가 가능한 검은 물질이 바로 「레드 플래닛」에 나오는 이끼이다. 유전 공학에 의해 화성처럼 혹독한 환경에서도 성공적으로 번식할 수 있는, 지의류 같은 이끼의 변종을 만들어 내어 화성의 극관 지역에 투하한다. 그들이 뿌리를 내리고 성공적으로 번식할 경우 서서히 태양광선 흡수량이 많아지고 극관은 점점 녹게 될 것이나. 그러나 이런 방법을 택하더라도 인간이 직접 호흡하며 돌아다니게 될 때까지는 최소 몇 백 년의 시간이 걸릴 것이다.

(마) 지금은 거의 불가능하다고 여겨지는 일들이지만 인류는 언제나 불가능한 일들을 불굴의 의지로 해결해 왔다. 화성 탐사선이 발사되고 반세기가 안 된 오늘날 인류는 화성을 지구 환경으로 만들 꿈을 꾸고 있다. 최소 몇 백 년이 걸릴 수도 있는 이 '테라포밍'도 언젠가는 인류의 도전 앞에 무릎을 꿇게 될 것이 분명하다. 그래서 아주 먼 훗날 우리의 후손들은 화성을 볼 때, 붉게 빛나는 별이 아니라 지구와 같은 초록색으로 반짝이는 화성을 볼 수 있게 될지도 모른다. 그렇다면 그때에는 화성을 '녹성(綠星)' 또는 '초록별'이라 이름을 바꿔 부르게 되지 않을까?

12 (가)~(마)에 대한 설명으로 적절하지 않은 것은?

① (가): 대상의 특성을 설명하고 화제를 제시하고 있다.
② (나): 예를 통해 화제에 대한 이해를 돕고 있다.
③ (다): 화제를 현실화할 수 있는 방법을 제시하고 있다.
④ (라): 귀납을 통해 화제의 실현 가능성을 증명하고 있다.
⑤ (마): 화제에 대한 긍정적 전망으로 글을 마무리하고 있다.

13 '테라포밍' 계획의 핵심이 되는 최종적인 작업은?

① 화성의 극관을 녹이는 일
② 인류가 화성에 이주하는 일
③ 화성에 대기층을 만드는 일
④ 화성의 온도를 상승시키는 일
⑤ 극관을 검은 물질로 덮는 일

14 ㉠~㉤의 외래어 표기법 규정 중 〈보기〉의 내용과 관련성이 높은 것은?

제1장 표기의 기본 원칙
　제2항 ㉠ 외래어의 1 음운은 원칙적으로 1 기호로 적는다.
　제4항 ㉡ 파열음 표기에는 된소리를 쓰지 않는 것을 원칙으로 한다.

제2장 표기 일람표

제3장 표기 세칙

제4장 인명, 지명 표기의 원칙
　제1절 표기 원칙
　제2항 ㉢ 제3장에 포함되어 있지 않은 언어권의 인명, 지명은 원지음을 따르는 것을 원칙으로 한다.
　제3항 ㉣ 원지음이 아닌 제3국의 발음으로 통용되고 있는 것은 관용을 따른다.
　제4항 ㉤ 고유 명사의 번역명이 통용되는 경우 관용을 따른다.

〈보 기〉

안녕하십니까? 12시 뉴스입니다. 오늘부터는 우크라이나 지명을 러시아어가 아닌 우크라이나어를 기준으로 전해드립니다. 대표적으로 수도인 키예프는 '키이우'로, 제2의 도시 하리코프는 '하르키우'로, 서부의 리비프는 '르비우'로 바꿔 부릅니다.

① ㉠   ② ㉡
③ ㉢   ④ ㉣
⑤ ㉤

15 밑줄 친 부분의 띄어쓰기가 옳지 않은 것은?

① 비가 올성싶다.
② 자네가 이야기를 좀 하게나그려.
③ 집을 떠나온 지 어언 3년이 지났다.
④ 복도에서 친구가 먼저 나에게 알은척했다.
⑤ 그는 불황을 타개하기 위해 사업 차 외국에 나갔다.

16 밑줄 친 용언의 활용이 옳은 것은?

① 벼가 익으니 들판이 <u>누래</u>.

② 그는 시장에 <u>드르지</u> 않고 집에 왔다.

③ 아이들은 <u>기단</u> 작대기 끝에 헝겊을 매달았다.

④ 추위에 손이 <u>고와서</u> 글씨를 제대로 쓸 수가 없다.

⑤ 그가 내 옆구리를 냅다 <u>질르는</u> 바람에 눈을 떴다.

17 〈보기〉의 밑줄 친 부분을 한자성어로 바꾸었을 때 적절하지 않은 것은?

─── 〈보 기〉 ───

무릇 지도자는 항상 귀를 열어 두어야 한다. 만약 정치를 행하는 데 ㉠ <u>문제가 있는데도 주위의 충고를 귀 기울여 듣지 않는다면</u> 아집의 정치를 행하는 잘못을 저지를 수 있다. 만약 자신의 아집으로 잘못을 저지르게 된다면 자신의 과오를 인정하고 이를 바로잡도록 노력해야 한다. 왜냐하면 ㉡ <u>진실은 숨길 수 없고 거짓은 드러나기</u> 마련이기 때문이다.

자신의 과오를 인정하지 않고 주변의 충고를 듣지 않는 지도자는 결국 ㉢ <u>순리와 정도에서 벗어나 잘못된 판단을 내리거나 시대착오적인 결정을 강행하는</u> 우를 범하기가 쉽다. 대개 이런 지도자 주변에는 충직한 사람이 별로 없고, ㉣ <u>지도자의 눈을 가린 채 지도자에게 제멋대로 조작되거나 잘못된 내용을 전달하고 지도자의 힘을 빌려 권세를 휘두르려고만 하는</u> 무리만이 판을 칠 뿐이다. 만약 이런 상태가 지속된다면 결국 그 나라는 ㉤ <u>혼란과 무질서와 불의만이 판을 치는 혼탁한</u> 상태가 될 것임이 자명하다.

① ㉠: 호질기의(護疾忌醫)

② ㉡: 장두노미(藏頭露尾)

③ ㉢: 도행역시(倒行逆施)

④ ㉣: 지록위마(指鹿爲馬)

⑤ ㉤: 파사현정(破邪顯正)

18 다음 글에서 말하는 '그릇' 도식의 사례로 적절하지 않은 것은?

존슨의 상상력 이론은 '영상 도식(Image Schema)'과 '은유적 사상(Metaphorical Mapping)'이라는 두 축을 중심으로 전개된다. 영상 도식이란 신체적 활동을 통해 직접 발생하는 소수의 인식 패턴들이며, 시대와 문화를 넘어 거의 보편적으로 나타나는 인식의 기본 패턴들이다. 존슨은 '그릇(Container)', '균형(Balance)', '강제(Compulsion)', '연결(Link)', '원-근(Near-Far)', '차단(Blockage)', '중심-주변(Center-Periphery)', '경로(Path)', '부분-전체(Part-Whole)' 등의 영상 도식을 예로 들고 있다. 우리는 영상 도식들을 물리적 대상은 물론 추상적 대상들에 '사상(Mapping)'함으로써 사물을 구체적 대상으로 식별하며, 동시에 추상적 개념들 또한 구체화할 수 있다. 예를 들어 우리는 '그릇' 도식을 방이나 건물같은 물리적 대상에 사상함으로써 그것들을 안과 밖이 있는 대상으로 인식하게 된다. 또 '그릇' 도식을 꿈이나 역사 같은 추상적 대상에 사상함으로써 '꿈속에서'나 '역사 속으로'와 같은 표현을 사용하고 이해할 수 있다.

① 사랑받는 사람의 심장은 기쁨으로 가득 차 있다.

② 원수를 기다리는 그의 눈에는 분노가 담겨 있었다.

③ 전화기에서 들려온 말은 나를 두려움 속에 몰아넣었다.

④ 우리의 관계는 더 이상의 진전 없이 막다른 길에 부딪쳤다.

⑤ 지구의 반대편에서 출발한 비행기가 드디어 시야에 들어오고 있다.

19 다음 글에 대한 이해로 적절한 것은?

　　이순신 장군의 동상이 보이는 거리의 나무 의자에 앉아서도 마찬가지였다. 처음 얼마 동안 말을 하지 않았다. 토요일 오후의 인파가 동생과 동생 친구의 옆으로 흘러넘쳤다. 나무 의자들 앞쪽, 공중전화 부스도 전부 사람들로 메워졌다. 둘의 기분은 아주 우울했다. 즐거운 일이 없었다. 둘은 아직도 많은 사람들이 어떤 치명적인 질병에 걸려 헤어나지 못한다고 믿고 있었다.

　　그날 친구는 한참 만에야 입을 열었다.

　　"나는 협박과 유혹을 받고 있다."

　　그의 표정은 굳어져 있었다. 얼굴을 들 때는 지나치게 심각해 보였다.

　　"왜 그래?"

　　동생이 물었다. 친구는 바짝 다가앉으며 말했다.

　　"박쥐 때문야."

　　"박쥐라니?"

　　"벌써 잊었니?"

　　동생은 소스라치듯 물었다.

　　"그는 대학에 있잖아."

　　"그가 나를 협박하고 있어."

　　"어디서?"

　　"신문을 봐야 알지. 그가 우두머리가 돼 왔어."

　　"빌어먹을!"

　　동생이 소리쳤다.

　　전화 차례를 기다리던 몇 사람이 둘을 돌아보았다. 그들은 이내 아무 일도 아니라는 듯 고개를 돌렸다.

　　"사실, 놀랄 일은 아닌데."

　　동생도 친구의 얼굴을 닮아 가며 말했다.

　　"그다운 결정 아냐?"

　　"물론 그래."

　　"그런데 네가 그에게서 받는 협박은 어떤 거야?"

　　"나를 자기와 가까운 자리에 앉히겠다는 거야."

　　침울한 목소리였다. 동생은 할 말을 잃었다. 친구가 이야기했다.

　　"그가 나를 불렀을 때 나는 참을 수 없었어. 과장이 오히려 놀라워하며 급히 가보라고 해 나는 그의 방으로 갔었지. 다들 부러워하는 눈치였어. 그런데도 나는 붉은 카펫이 깔려 있는 그의 방 바로 그 앞에서 마음 문은 더욱 굳게 닫히고, 하늘처럼 높아야 할 제일 우두머리는 위선적인 인간, 기회주의자, 그리고 우리를 짓밟은 끄나풀이라는 생각밖에는 할 수가 없었어. 그는 웃고 있었어. 나의 손을 잡아 흔들면서 말야. '지난 얘기지만 나는 대학에 있을 때부터 자네가 훌륭한 젊은이라는 점을 인정했었지. 물론 자네의 약점이 어떤 건지도 잘 알고 있었지만. 지난 이야기는 그만하고, 다음 주부터 이 옆방으로 와 일해 주게.' 알겠니? 그러면 자기가 나를 끌어주겠다는 거야."

　　이때이 친구는 아주 짧은 동안 동생이 처음 보는 표정을 지었다.

　　"간단히 말해 한편이 되자는 거야."

　　하고 동생의 친구는 말했다.

　　"그는 너의 이용 가치를 생각한 거다."

　　이번에는 동생이 말했다.

　　"학교에서 우리를 괴롭힌 인간이 밖에서 달라져야 될 까닭은 없잖아?"

　　"없지."

　　"그는 너에게서 뭘 원하는 걸까?"

　　"그야 충성이지. 자기가 못 갖고 있는 것을 내가 갖고 있다고 믿었을지도 모를 테구."

－ 조세희, 「육교 위에서」에서 －

① 동생과 동생의 친구는 공중전화 부스 앞에서 순서를 기다리고 있다.

② 동생과 동생의 친구는 대학에 다닐 때부터 '박쥐'로 불리는 '그'를 알고 있었다.

③ '박쥐'로 불리는 '그'는 대학에 있을 때 동생과 동생의 친구에게 인간적으로 대해주었다.

④ 동생은 자신의 친구가 '박쥐'로 불리는 '그'의 제안에 동의하는 것이 좋겠다고 생각하였다.

⑤ 동생은 '박쥐'로 불리는 '그'가 동생의 친구가 다니는 회사에 우두머리로 부임해 온 것을 신문에서 보았다.

20 어문 규범에 맞는 문장은?

① 다음 주에 뵈요.

② 아이들이 오순도순 이야기를 나누었다.

③ 이 자리를 빌어 감사의 말씀을 드립니다.

④ 술을 마신 다음날 그는 북어국을 먹었다.

⑤ 네가 그 내용을 요약토록 해라.

[21~22] 다음 글을 읽고 물음에 답하시오.

그것은 알렉산드르 2세가 통치하던 최근의, 우리 시대의 일이었다. 그 시대는 문명과 진보의 시대이고, ㉠ 제반 문제점들의 시대, 그리고 러시아의 ㉡ 부흥 등등의 시대였다. 또한 불패의 러시아 군대가 적군에게 내어준 세바스토폴에서 돌아오고, 전 러시아가 흑해 함대의 괴멸에 축전을 거행하고, 하얀 돌벽의 모스크바가 이 기쁜 사건을 맞이하여 이 함대 승무원들의 생존자들을 영접하고 경축하며, 그들에게 러시아의 좋은 보드카 술잔을 대령하며, 러시아의 훌륭한 풍습에 따라 빵과 소금을 대접하며 그들의 발 앞에 엎드려 절하던 때였다. 또한 그때는 ㉢ 형안의 신인 정치가와 같은 러시아가 소피아 사원에서 기도를 올리겠다는 꿈이 깨어짐에 슬퍼하고, 전쟁 중에 사망하여 조국의 가슴을 가장 미어지도록 아프게 한 위대한 두 인물(한 사람은 위에 언급된 사원에서 가능한 한 신속히 기도를 하고자 하는 열망에 불탔던 사람으로 발라히야 들판에서 전사했는데, 그 벌판에 두 기병중대를 남겼다. 다른 한 사람은 부상자들에게 차와 타인의 돈과 시트를 나누어주었지만 아무것도 훔친 것은 없었던 훌륭한 사람이었다.)의 상실을 슬퍼하고 있을 때였다. 또한 그것은 위대한 인물들이, 이를테면 사령관들, 행정관들, 경제학자들, 작가들, 웅변가들, 그리고 특별한 사명이나 목적은 없지만 그래도 위대한 사람들이 사방에서, 인간 활동의 모든 분야에서 러시아에 버섯처럼 자라나고 있을 때였다. 또 모든 범죄자들을 ㉣ 응징하기 시작한 사회 여론이 모스크바의 배우를 기념하는 자리에서 축배사로 울려 퍼질 만큼 확고히 된 때이다. 페테르부르크에서 구성된 ㉤ 준엄한 위원회가 악덕 위원들을 잡아서 그들의 죄상을 폭로하고 처벌하기 위해 남쪽으로 달려가던 때이고, 모든 도시에서 세바스토폴의 영웅들에게 연설을 곁들여 오찬을 대접하고 팔과 다리를 잃은 그들을 다리 위나 거리에서 마주치면 코페이카 은화를 주곤 하던 때였다.

— 톨스토이, 「데카브리스트들」에서 —

21 윗글의 서술 방식에 대한 설명으로 적절한 것은?

① 두 개의 특수한 대상에서 어떤 징표가 일치하고 있음을 드러내고 있다.
② 시대적 상황을 서술하기 위해 다양한 사건을 나열하고 있다.
③ 어떤 일이나 내용을 이해시키기 위해서 구체적 사례를 들고 있다.
④ 인물의 행동 변화 과정을 통해서 사건의 진행 과정을 이야기하고 있다.
⑤ 저자의 판단이 참임을 구체적 근거를 들어 논리적으로 보여주고 있다.

22 밑줄 친 ㉠~㉤의 뜻풀이로 적절하지 않은 것은?

① ㉠: 어떤 것과 관련된 모든 것
② ㉡: 쇠퇴하였던 것이 다시 일어남
③ ㉢: 빛나는 눈
④ ㉣: 잘못을 깨우쳐 뉘우치도록 징계함
⑤ ㉤: 태도나 상황 따위가 튼튼하고 굳음

23 다음 글을 토대로 하여 인물 간의 관계를 예상한 것으로 적절하지 않은 것은?

> 오행에서 상생이란 기르고, 북돋우고, 촉진한다는 의미를 지닌다. 상극이란 억압하고, 구속하고, 통제한다는 의미를 지닌다. 오행 사이에는 모두 상생과 상극의 관계가 존재한다. 상생 관계가 성립되지 않으면 사물의 발전과 성장은 기대할 수 없다. 상극 관계가 없으면 사물이 발전하고 성장하는 중에 균형과 조화를 유지할 수 없다. 상생 관계는 목생화, 화생토, 토생금, 금생수, 수생목이고 상극 관계는 목극토, 토극수, 수극화, 화극금, 금극목이다.
> 「서유기」의 등장인물은 오행의 생극 관계로 형상화되어 있다. 작품에서 삼장은 오행 가운데 수에 속한다. 삼장과 상생 관계에 있는 인물은 목인 저팔계이고 상극 관계에 있는 인물은 화인 손오공이다. 삼장이 제자들 가운데 특별히 저팔계를 편애하는 것은 그들이 상생 관계에 있기 때문이고, 손오공에게 각박한 것은 상극 관계에 있기 때문이다. 그런데 삼장과 손오공 사이에는 상극 관계만 존재하는 것이 아니라 상생 관계도 존재한다. 손오공은 화인 동시에 금이기도 하기 때문이다. 금이 수를 낳는 상생 관계이므로 손오공과 삼장 사이는 상호 보완의 관계이기도 하다. 그러므로 손오공은 서행 길을 가는 동안 삼장의 앞길을 가로막는 요괴들을 물리칠 뿐만 아니라 삼장이 미망에 갇혀 빠져나오지 못하고 불안해할 때마다 그를 정신적으로 인도하여 깨달음에 이르게 한다. 마지막으로 사오정은 오행에서 토에 속한다. 사오정은 참을성 많고 침착하며 사려 깊은 인물로 형상화되고 있으며 갈등을 조정하는 역할을 맡고 있다.

① 손오공과 저팔계 사이에는 상생 관계가 존재한다.
② 손오공과 저팔계 사이에는 상극 관계가 존재한다.
③ 손오공과 사오정 사이에는 상극 관계가 존재한다.
④ 삼장과 저팔계 사이에는 상생 관계가 존재한다.
⑤ 사오정과 저팔계 사이에는 상극 관계가 존재한다.

24 다음 글에 대한 이해로 적절한 것은?

> 데이터 권력은 역사의 객관적이고 원본에 입각한 사실 기록의 방식과 해석에도 심각한 변화를 일으킨다. 디지털 기록은 알고리즘 분석을 위해 축적되는 재료에 불과하고, 개별의 구체적 가치와 질감을 거세한 무색무취의 건조한 데이터가 된다. 이용자들의 정서 데이터는 데이터베이스 어딘가에 데이터 조각으로 저장되지만, 누군가에 의해 알고리즘 명령으로 호출되기 진까지 그 어떤 사건사적·사회사적 의미도 만들어내지 못한다. 어떤 데이터를 선별적으로 남기고 무엇을 포기할 것인가에 대한 고민이나, 왜 특정의 데이터가 사회적 의미를 지니는지 등에 관한 역사성과 객관성을 중시하는 역사기록학적 물음들은, 오늘날 인간 활동으로 뿜어져 나오는 비정형 데이터에 의존한 많은 닷컴 기업들에 그리 중요하지 않다. 데이터 취급을 통해 생존을 도모하는 데이터 기업 자본은 거대한 데이터 센터를 구축해 인간의 움직임과 활동, 감정의 흐름 모두를 실시간으로 저장해 필요에 의해 잘 짜인 알고리즘으로 원하는 정보 패턴이나 관계를 찾는 데 골몰한다. 진본성이나 공공성을 담지한 공식 기록을 선별해 남기려는 역사학적 관심사는, 이 새로운 무차별적인 기억과 감정적 흐름의 공장을 돌리는 데이터 권력 질서와 자주 경합하거나 때론 데이터 권력에 의해 억압당한다.
> 새로운 데이터 권력의 질서 속에서는 개별적 기록이 지닌 가치와 진실 등 그 사회사적 사건의 특수한 흔적들이 거의 완전히 지워진다. 지배적 알고리즘의 산식에는 개인적 차이, 감수성, 질감들이 무시되고 이리저리 움직이고 부유하는 집단 욕망들의 경향과 패턴을 포착하는 것만이 중요하다.

① 공적이고 질적으로 의미 있는 데이터를 선별하려는 역사기록학적 시도는 데이터 권력에 의해 방해받는다.
② 거대한 기업을 경영하는 데이터 권력은 개인들의 섬세한 차이를 기록한 데이터의 가치를 높이 평가한다.
③ 데이터 가공을 통해 생존하는 데이터 기업은 알고리즘 산식을 이용하여 데이터를 체계적으로 저장한다.
④ 데이터 권력의 지배적 알고리즘을 수용함으로써 역사학은 개인과 사회의 관계를 더 잘 파악할 수 있다.
⑤ 역사학은 데이터 센터에 저장된 비정형 데이터를 활용함으로써 집단의 움직임을 파악하려 시도한다.

25 다음 글에 대한 이해로 적절한 것은?

한나라 무제는 춘추학자 동중서의 헌책을 받아들여, 도가나 법가의 사상을 멀리하고 그때까지 제자백가의 하나에 지나지 않았던 유가의 사상을 한나라의 정통 사상으로 인정했다.

그렇다면 무엇 때문에 제자백가 중에서 유가가 정통 사상의 지위를 얻을 수 있었을까? 당시 유가 외의 유력한 사상으로는 도가와 법가가 있었다. 법가는 법률에 의한 강제 지배를 국가 통치의 최상 형태라고 주장한다. 이러한 사상은 전국 시대 한비에 의해 이론화되고, 이사에 의해 시황제 치하 진나라의 통치에 실제로 이용되었다. 그러나 법에 의한 지배가 실효성을 갖기 위해서는 그것을 뒷받침할 만한 국가 권력, 구체적으로는 강대한 군사력이나 용의주도하게 구축된 경찰 조직을 필요로 한다. 진나라의 시황제는 그것을 실현하여 중국 최초의 중앙집권적 국가를 만들었으나, 진나라는 곧 붕괴해 버리고 말았다. 법에 의한 지배를 유지하는 일이 국가의 경제적인 측면에서는 대단히 큰 부담이 되었던 것이다.

한나라 초기의 위정자나 사상가는 이러한 역사를 반성하는 인식을 공통적으로 갖고 있었다. 가의는 「과진론」을 통해 진나라가 실행한 법치주의의 가혹함을 혹독하게 비난하였다. 그리고 항우와 치열한 천하 쟁탈의 싸움을 벌인 끝에 한나라를 세운 고조 유방은 비용이 많이 드는 법가 사상을 채용할 만한 국가적 여유를 갖고 있지 못했다.

한편 무위자연을 주창하는 도가는 전란으로 피폐해진 한나라 초기의 국가 정세 및 백성들의 사정에 가장 적합한 사상이었다. 사실 문제 시대에 도가 사상이 일세를 풍미했던 적도 있었다. 그렇지만 결국 외부적 강제를 부정하는 도가 사상은 국가의 지배 이데올로기가 될 수 없었다. 한나라가 국력을 회복하고 국가의 여러 가지 제도를 정비함에 따라 도가 사상은 결국 후퇴하지 않을 수 없었던 것이다.

여기에서 등장한 것이 효제충신의 가족 도덕을 근간으로 하는 유가 사상이다. 당시 '리(里)'라고 불린 촌락 공동체는 생활관습이나 가치관을 구현하는 '부로(父老)'와 일반 촌락민인 '자제(子弟)'로 구성되어 있었는데, 공동체 내부의 인간관계는 흡사 가족생활이 연장된 것 같은 모습을 보여주고 있었다. 즉, 촌락 공동체에서는 자연 발생적으로 유교적인 윤리나 규범이 지켜지고 있었던 것이다.

여기에서 만약 국가가 유교적 권위를 승인하고 촌락공동체에서 행해지고 있는 윤리나 규범을 국가 차원에까지 횡적으로 확대 적용한다면 절대주의적인 황제 권력을 확립하는 가장 유효한 수단이 될 것이었다. 부로를 존경하는 향리의 자제는 동시에 황제를 숭배하는 국가의 좋은 백성이 될 것이 틀림없었다. 무제는 가족 도덕이 국가의 지배 이데올로기로서 그대로 기능할 수 있는 점에 매력을 느껴 유교를 국교로 정했던 것이다.

① 도가를 통치 이념으로 채택할 경우 비용이 많이 드는 약점이 있었다.
② 한나라 초기에는 법가의 경제 정책에 대한 비판적 논의가 활발했다.
③ 한나라 가의에 의해 도가 사상이 사상계를 주도하게 되었다.
④ 유교가 국교로 지정되기 이전부터 한나라의 촌락 공동체는 유교의 도덕규범을 준수하고 있었다.
⑤ 도가의 무정부주의적 성격은 한나라의 국가 정비를 정면에서 가로막았다.

✅ 회독 CHECK 1 2 3

01 〈보기〉에서 밑줄 친 어휘의 의미가 유사한 것끼리 묶인 것은?

─── 〈보 기〉 ───

㉠ 농촌 생활에 제법 길이 들었다.

㉡ 그 먼 길을 뚫고 고향으로 돌아가겠다고?

㉢ 길이 많이 막혀서 대중교통을 이용하는 편이 빠르다.

㉣ 서랍은 길이 들지 않아 잘 열리지 않았다.

㉤ 통나무 굵기가 한 아름이 넘고, 길이는 열 길이 넘었다.

① (㉠, ㉡), (㉢, ㉣, ㉤)

② (㉠, ㉢), (㉡, ㉣, ㉤)

③ (㉠, ㉣), (㉡, ㉢), (㉤)

④ (㉠, ㉣), (㉡, ㉢), (㉤)

⑤ (㉠, ㉣), (㉡, ㉤), (㉢)

02 ㉠~㉤ 중 〈보기〉의 문장이 들어가기에 가장 적절한 곳은?

(㉠) 서구에서는 고대부터 인간을 정신과 신체로 양분하여 탐구하였다. 정신은 이성계로서 지식에 관여하는 반면, 신체는 경험계로서 행위에 관계되는 것으로 간주했다. (㉡) 플라톤은 정신계와 물질계를 본질계와 현상계로 구분한다. (㉢) 전자는 이데아계로서 이성적인 영역이고 후자는 경험계로서 감각적 영역이라고 보았다. (㉣) 그러나 그의 이데아론을 기반으로 신체를 경시하거나 배척하던 경향과는 달리, 최근에는 신체에 가치를 부여하여 그것을, 영혼을 보호하는 공간으로 인식하는 경향이 대두되었다. (㉤)

─── 〈보 기〉 ───

여기서 참된 실체는 이데아계로서 경험계가 추구해야 할 궁극적 대상이며, 경험계는 이데아의 그림자, 허상, 모사에 불과하다고 간주했다.

① ㉠

② ㉡

③ ㉢

④ ㉣

⑤ ㉤

03 〈보기〉에서 맞춤법에 맞는 문장은 모두 몇 개인가?

> ───── 〈보 기〉 ─────
> ㉠ 앞집 사는 노부부는 여전히 금실이 좋다.
> ㉡ 빈칸을 다 메워서 제출하세요.
> ㉢ 언덕바지에서 뛰놀던 꿈을 꾸었다.
> ㉣ 동생은 부모님의 주의에도 불구하고 여전히 짖궂은 장난을 친다.
> ㉤ 실내에서는 흡연을 삼가하시기 바랍니다.

① 1개
② 2개
③ 3개
④ 4개
⑤ 5개

04 띄어쓰기가 옳지 않은 것은?

① 부모님의∨염려를∨뒤로∨하고∨유학길에∨올랐다.
② 낡은∨그림∨하나가∨한쪽∨맞은편∨벽에∨걸려∨있었다.
③ 그∨밖에∨공∨모양으로∨굳은∨용암의∨흔적∨등이∨있었다.
④ 성안에는∨여러∨곳에∨건물∨터와∨연못∨터가∨남아∨있다.
⑤ 200∨미터나∨되는∨줄을∨10여∨일간∨만든다.

05 외래어 표기가 모두 맞는 것은?

① 바통, 기브스, 디렉터리
② 도너츠, 래디오, 리포트
③ 리모콘, 렌트카, 메세지
④ 배터리, 바베큐, 심포지엄
⑤ 앙코르, 부티크, 앙케트

06 다음 글에 대한 이해로 적절하지 않은 것은?

> 인간은 주로 언어를 통해 마음을 표현하고 상대방의 마음을 이해한다. 그래서 정신적인 문제를 지닌 사람을 치료하는 정신 치료에서도 언어가 주된 수단이다. 그러나 언어는 인간의 마음을 표현하기에는 불완전하고 제한된 도구이다. 사실, 인간은 과거 기억의 많은 부분을 언어적 명제의 형태보다는 시각적 이미지의 형태로 기억 속에 담고 살아간다. 이러한 시각적 이미지 속에 포함되어 있는 풍부하고 생생하며 미묘한 경험들은 언어로 표현되는 과정에서 왜곡될 수 있다. 이에 정신 치료에서는 언어가 아닌 다른 치료수단을 모색해 왔으며, 그 결과 미술 치료가 하나의 대안으로 제시되었다.
>
> 미술 치료는 미술과 심리학의 결합이다. 언어로 온전하게 표현할 수 없는 심리상태를 그림으로 표현하고, 그 과정에서 감정의 이완을 유도하는 방법이다. 미술 치료는 심리적으로 큰 충격을 경험한 아동들에게 큰 도움이 될 수 있다. 고통스러운 일을 겪은 아이들은 그림을 그리거나 만들기를 통해 심리적인 안정을 얻을 뿐만 아니라, 자신이 경험한 것에 대해 더 자세히 전달할 수 있다. 학대를 받거나 폭력적인 사건을 경험했을 때 말하는 것 자체가 공포나 불안을 일으킬 수 있는데, 미술은 그러한 아동의 불안을 감소시키면서 감정을 표현할 수 있게 한다. 말로써 자신의 어려움을 표현하는 것을 어려워하거나 꺼릴 경우, 미술은 성인에게도 유용한 매개체가 될 수 있다. 단지, 아동은 발달학적으로 미숙한 부분이 있으므로 이를 고려한 미술 활동이 진행되어야 한다는 점에서 차이가 있을 뿐이다. 미술 치료가 작용하는 원리는 성인과 아동 모두에게 근본적으로 같다고 할 수 있다.

① 대화만을 통한 정신치료는 온전한 효과를 얻을 수 없다.
② 인간은 미술을 통해 자신의 경험을 거리낌 없이 표현할 수 있다.
③ 인간이 언어를 통해 감정을 표현하는 데에는 한계가 있다.
④ 인간의 시각적 경험은 언어로 전환되는 과정에서 사실과 달라질 수 있다.
⑤ 아동과 성인의 미술 치료 원리는 근본적으로 동일하다.

07 다음 글에 대한 이해로 적절한 것은?

> "주인 마누라 하는 말이, 우리 내외 종살이하면 250냥 준다고 하니 그렇게 합시다. 나는 부엌일하고 서방님은 머슴이 되어, 다섯 해 작정만 하고 보면 만금을 못 벌까? 만 냥 돈만 번다면 그런대로 고향 가서, 이전만큼은 못 살아도 남에게 천대는 안 받으리다. 서방님도 허락하시고 지성으로 돈 벌어봅시다."
>
> "이 사람아, 내 말 듣게. 돈도 돈도 좋지마는 내사 내사 못하겠네. 그런대로 다니면서 빌어먹다가 죽고 말지! 아무리 신세가 곤궁하나 군노(軍奴) 놈의 사환(使喚) 되어, 한 손만 까딱 잘못하면 무지한 욕을 어찌 볼꼬? 내 심사도 할 말 없고 자네 심사 어떠할꼬?"
>
> "어찌 평생을 빌어먹겠다 하시오! 집 지키는 사나운 개가 무섭기도 하고, 누가 우리에게 좋다고 밥을 주랴? 밥은 빌어먹는다치고, 옷은 누구에게 빌어 입소? 서방님아! 그런 말 말고 이전 일도 생각해 보시오. 우리도 돈 벌어 고향 가면, 이방을 못 하며 호장을 못하겠소? 부러울 게 무엇이오?"
>
> "나는 하자면 하지만, 자네는 여인이라 나는 끝내 모르겠네."
>
> "나는 조금도 염려 말고 그렇게 결정합시다."
>
> 주인 불러 말한다.
>
> "우리 사환 일할 것이니, 이백 냥은 우선 주고 쉰 냥일랑 한 달 지날 때 주오."
>
> 행주치마 떨쳐입고 부엌으로 내달려, 사발 대접 종지 접시 몇 죽 몇 개 헤아려서 날마다 정돈하여 솜씨 나게 잘도 한다. 우리 서방님 거동 보소! 돈 이백 냥 받아놓고, 일수 월수 체계(遞計)놀이 제 손으로 적어 가며 주머니 속에 간수하고, 석 자 수건 머리에 두르고 마죽 쑤기, 소죽 쑤기, 마당 쓸기, 봉당 쓸기, 평생 않던 일 눈치 보아 잘도 하네. 3년을 나고 보니 만 여 금 돈 되었구나! 다섯 해까지 갈 것 없이 빌려준 돈 추심(推尋)을 알뜰히 하여 내년에는 돌아가세.
>
> 그런데 병술년(1886년) 괴질이 닥쳤구나! 안팎 식솔 30여 명이 모두 병들었다가 사흘 만에 깨어나 보니, 다 죽고서 주인 하나 나 하나뿐이라. 수천 호가 다 죽고서 살아난 이 몇 없다네. 이 세상 천지간에 이런 일이 또 있는가?

① 주인공 부부는 과거에 고향에서 빈곤하게 살았다.

② 주인공 부부는 육체노동 외에도 틈틈이 장사를 하여 돈을 모았다.

③ 남편은 무슨 일이든 해서 돈을 벌어 고향에 가서 살고 싶어 한다.

④ 남편은 남의 집 종살이하는 것이 여자로서 감당하기 어려운 일이라고 생각하여 망설였다.

⑤ 반복되는 자연 재해로 주인공 부부의 꿈이 좌절되었다.

08 다음 글의 전개 방식에 대한 설명으로 적절한 것은?

> 부여의 정월 영고, 고구려의 10월 동맹, 동예의 10월 무천 등은 모두 하늘에 제사를 지내고, 나라 안 사람들이 모두 모여서 음주가무를 하였던 일종의 공동 의례였다. 이것은 상고 시대 부족들의 종교·예술 생활이 담겨 있는 제정일치의 표현이라고 볼 수 있다. 제천행사는 힘든 농사일과 휴식의 관계 속에서 형성된 농경사회의 풍속이다. 씨뿌리기가 끝나는 5월과 추수가 끝난 10월에 각각 하늘에 제사를 지냈는데, 이때는 온 나라 사람이 춤추고 노래 부르며 즐겼다. 농사일로 쌓인 심신의 피로를 풀며 모든 사람들이 마음껏 즐겼던 일종의 공동체적 축제이자 동시에 풍년을 기원하고 추수를 감사하는 의식이었던 것이다.
>
> 이러한 고대의 축제는 국가적 공의(公儀)와 민간인들의 마을굿으로 나뉘어 전해 내려오게 되었다. 이것은 사졸들의 위령제였던 신라의 '팔관회'를 거쳐 고려조에서는 일종의 추수감사제 성격의 공동체 신앙으로 10월에 개최된 '팔관회'와, 새해 농사의 풍년을 기원하는 성격으로 정월 보름에 향촌 사회를 중심으로 향촌 구성원을 결속시켰던 '연등회'라는 두 개의 형식으로 구분되어서 전해 내려오게 되었다. 팔관회는 지배 계층의 결속을 강화하는 역할을 하였고, 연등회는 농경의례적인 성격의 종교집단행사였다고 볼 수 있다. 오늘날의 한가위 추석도 이런 제천의식에서 그 유래를 찾을 수 있다.
>
> 조선조에서는 연등회나 팔관회가 사라지고 중국의 영향을 받아 산대잡극이 성행했다. 즉 광대줄타기, 곡예, 재담, 음악 등이 연주되었다. 즉 공연자와 관람자가 분명히 구분되었고, 직접 연행을 벌이는 사람들의 사회적 지위는 그들을 관람하는 사람들보다 낮은 것으로 평가되었다. 그러나 민간 차원에서는 마을굿이나 두레가 축제적 고유 성격을 유지하였다. 즉 도당굿, 별신굿, 단오굿, 동제 등이 지역민을 묶어주는 역할을 하였다는 것이다.

① 두 개념의 장단점을 비교하여 서술하고 있다.

② 시대별로 비판을 제시하며 대안을 서술하고 있다.

③ 다양한 사례를 제시하여 개념을 정당화하고 있다.

④ 두 개의 이론을 제시하고 새로운 이론을 도출하고 있다.

⑤ 시대별로 중심 화제의 성격 변화를 서술하고 있다.

09 다음 글의 내용이 참일 때, 반드시 참인 것만을 〈보기〉에서 모두 고르면?

> 모든 섬의 주민들은 항상 진실만을 말하는 기사이거나, 항상 거짓만을 말하는 건달이다.
>
> • 첫 번째 섬
> 갑: 을이 기사이거나, 혹은 이 섬은 마야섬이다.
> 을: 갑이 건달이거나, 혹은 이 섬은 마야섬이다.
>
> • 두 번째 섬
> 갑: 우리 둘은 모두 건달이고, 이 섬은 마야섬이다.
> 을: 갑의 말은 옳다.
>
> • 세 번째 섬
> 갑: 우리 둘은 모두 건달이고, 이 섬은 마야섬이다.
> 을: 우리 둘 가운데 적어도 한 사람은 건달이고, 이 섬은 마야섬이 아니다.
>
> ※ 단, 갑과 을은 각 섬의 주민이며, 갑과 을 이외의 주민은 없다.

――――――〈보 기〉――――――

㉠ 첫 번째 섬에서 갑과 을은 모두 건달이며, 첫 번째 섬은 마야섬이 아니다.

㉡ 두 번째 섬에서 갑과 을은 모두 건달이며, 두 번째 섬은 마야섬이 아니다.

㉢ 세 번째 섬에서 갑과 을 중 적어도 한 사람은 건달이며, 세 번째 섬은 마야섬이 아니다.

① ㉠

② ㉡

③ ㉠, ㉡

④ ㉠, ㉢

⑤ ㉡, ㉢

10 다음 글에 대한 이해로 적절하지 않은 것은?

> "워싱턴:1=링컨:x(단, x는 1, 5, 16, 20 가운데 하나)"라는 유추 문제를 가정해보자. 심리학자 스턴버그는 유추 문제의 해결 과정을 다음과 같이 제시하였다. 첫 번째, '부호화'는 유추 문제의 각 항들이 어떠한 의미인지 파악하는 과정이다. '워싱턴', '1', '링컨' 등의 단어가 무슨 뜻인지 이해하는 것이 부호화이다. 두 번째, '추리'는 앞의 두 항이 어떠한 연관성을 갖는지 규칙을 찾는 과정이다. 조지 워싱턴이 미국의 초대 대통령이라는 지식을 갖고 있는 사람이라면, '워싱턴'과 숫자 '1'로부터 연관성을 찾아낼 수 있을 것이다. 세 번째, '대응'은 유추의 근거 영역의 요소들과 대상 영역의 요소들을 연결하는 단계이다. '워싱턴'과 '링컨'을 연결하고, 숫자 '1'과 미지항 x를 연결하는 과정이 이에 해당한다. 네 번째, '적용'은 자신이 찾아낸 규칙을 대상 영역에 적용하는 과정이다. 조지 워싱턴이 미국의 초대 대통령이며 아브라함 링컨이 미국의 열여섯 번째 대통령임을 안다면, 적용의 단계에서 미지항 x의 답이 '16'이라고 생각할 것이다. 다섯 번째, '비교'는 자신이 찾아낸 미지항 x의 값과 다른 선택지들을 비교하는 과정이다. 만약 '16'을 답으로 찾은 사람에게 조지 워싱턴이 1달러 지폐의 인물이고 아브라함 링컨이 5달러 지폐의 인물이라는 정보가 있다면, 정답의 가능성이 있는 두 개의 선택지 사이에서 비교를 진행하게 될 것이다. 여섯 번째, '정당화'는 비교의 결과 더 적합하다고 생각되는 답을 선택하는 과정이며, 마지막으로 '반응'은 자신이 찾아낸 최종적인 결론을 말하거나 기록하는 과정이다.

① 미국과 관련된 어떠한 정보도 갖고 있지 않은 사람이라면, '부호화' 단계에서 실패할 것이다.

② '워싱턴'이 미국의 도시 이름이라는 정보만 갖고 있는 사람이라면, '추리'의 단계에서 실패할 것이다.

③ '링컨'이 몇 번째 대통령인지에 대한 정보와 미국의 화폐에 대한 정보가 없는 사람이라면, '대응'의 단계에서 실패할 것이다.

④ 미국의 화폐에 대한 정보는 갖고 있지만 미국 역대 대통령의 순서에 대한 정보가 없는 사람이라면, '적용'의 단계에서 '5'를 선택할 것이다.

⑤ 'x'에 들어갈 수 있는 답으로 '5'와 '16'을 찾아낸 사람이라면, 'x는 순서를 나타낸다'라는 새로운 기준을 제시했을 때 '정당화'의 단계에서 '16'을 선택할 것이다.

11 〈보기〉의 밑줄 친 부분에 해당하는 어휘로 옳은 것은?

> ─〈보 기〉─
>
> 관형사는 뒤에 오는 체언을 수식하는 단어이다. 그러나 뒤에 오는 단어를 한정하고 꾸미는 직능을 보이더라도 그 단어가 <u>격 조사나 어미를 취할 수 있는 단어</u>라면 관형사가 될 수 없다.

① 그는 <u>모든</u> 욕심을 버리기로 다짐했다.

② <u>무슨</u> 일이 생겼는지 연락이 되지 않는다.

③ 그는 자기 일 밖의 <u>다른</u> 일에는 관심이 없다.

④ 오늘따라 교실에서 <u>뛰는</u> 학생들이 많다.

⑤ 진수는 자동차를 <u>어느</u> 곳에 세워두었는지 기억나지 않았다.

12 (가)~(마)를 논리적 순서에 맞게 나열한 것은?

> (가) 내일 날씨는 못 맞히어도 다음 계절 기후는 맞힐 수 있다. 즉, 오늘 날짜로부터 정확히 1개월 혹은 2개월 뒤에 한반도에 비가 올지 말지의 여부는 맞히지 못하지만 계절 평균 강수량이 평년에 비해 많을지 적을지 정도는 예측할 수 있다는 얘기이다. 주가로 치면 하루하루의 등락은 맞히지 못하더라도 수개월의 추세 정도는 맞힐 수 있다는 것이다.

(나) 그렇다면 다음 계절의 기후를 정확하게 예측하기 위해서는 3개월간의 날씨를 모두 정확히 맞히어야만 하는 것인가? 내일부터 3개월 후의 미래까지 매일매일의 날씨를 정확히 맞힌다는 것은 현재의 기상 예측 기술로는 절대 불가능하다. 내일의 날씨 정도야 이제는 어느 정도 정확하게 맞히고 있지만, 사나흘 이후의 강수 예보가 정확하지 않다는 것은 특별한 설명이 필요 없지 않은가?

(다) 더구나 이론적으로도 날씨 예측은 2주일 정도가 한계라고 알려져 있다. 그렇다면 기후 예측은 모두 허구일까? 기후 예측 관련 기사에 단골로 달리는 댓글 말마따나 내일 비가 올지 말지도 모르면서 다음 계절에 비가 많이 올지 말지를 맞히겠다는 헛소리를 하고 있는 것인가? 그것은 기상 예측과 기후 예측의 차이를 정확히 이해하지 못하는 데서 오는 착각이다.

(라) 기상청에서는 매일의 날씨 예측 정보를 제공하는 일 외에도 올 여름이 평년에 비해 더 더울지 혹은 올 겨울이 평년에 비해 추울지 등에 대한 예측 정보도 정기적으로 제공한다. 전자는 기상 예측이라고 하며, 후자는 기후 예측이라고 한다.

(마) 기후는 짧게는 한 달, 통상적으로는 약 세 달 동안의 평균 날씨라고 이해하면 되는데, 기상 현상들의 누적이 기후로서 정의가 되다 보니 기상과 기후는 어느 정도 관련성이 있다. 특정 해 여름철에 폭염인 날들이 많았다면 그해 여름철 평균 온도도 높은 식이다. 따라서 날씨 예측이 정확하면 기후 예측도 정확하리라는 것은 쉽게 예상할 수 있다.

① (가) – (다) – (나) – (라) – (마)
② (가) – (마) – (라) – (나) – (다)
③ (라) – (나) – (마) – (가) – (다)
④ (라) – (마) – (나) – (다) – (가)
⑤ (마) – (라) – (나) – (다) – (가)

13 ㉠에 들어갈 말로 적절한 것은?

(㉠) 따라서 인생의 본질은 목표의 설정과 성취가 아니라 유지와 지속이다. 목표 성취가 주는 짧은 행복감이 지나가고 나면 특별한 일 없이 반복되는 무수한 나날들이 기다리고 있다. 학창 시절에 이 사실을 깨닫기 어려운 이유는 인생 초반에는 목표의 설정과 성취가 짧은 주기로 반복되기 때문이다.

3~4년이면 졸업을 할 수 있고 졸업하면 새로운 목표가 기다린다. 대학 졸업 후에도 취업과 결혼, 출산 등은 비교적 가까운 시일 안에 달성 가능한 목표다. 그러나 그런 종류의 이벤트들은 대개 인생의 초반에 한정되어 있다. 따라서 그러한 사건들이 한 차례 마무리되는 30대 후반에서 40대 초반에 이르면 삶이 급격히 무의미해진다는 느낌이 든다.

짧은 사이클에 익숙해져 있는 이들은 중노년의 삶이 지루하고 의미 없어 보이기 쉽다. 모두가 똑같아 보이는 저런 삶을 사느니 나만의 특별하고 새로운, 하루하루가 설레는 삶을 살고 싶을 것이다. 그러나 어떤 식으로든, 신선함은 익숙함이 되고 설렘은 가라앉는다. 사람들은 빠르게 상황에 적응하고 즐거움의 강도는 점점 줄어들기 마련이다.

관건은 생각보다 긴 내 삶을 지속해 나갈 방법을 찾는 것이다. 그냥 지속하는 것은 의미가 없다. 기왕에 주어진 삶을 어떻게 의미 있고 행복하게 살아낼 것인가를 고민해야 한다. 불행히도 학교는 그 방법을 가르쳐주지 않는다. 애초에 학교는 삶의 의미를 찾아주거나 행복해지는 법을 가르치도록 만들어진 기관이 아니기 때문이다. 그때그때의 고민을 해결해주거나 위로해줄 수는 있어도 삶의 의미와 행복을 느끼는 지점은 사람마다 다른데 누가 이렇게 그걸 일일이 맞춰줄 수 있을까.

① 삶은 생각보다 지루하다.
② 삶은 생각보다 행복하다.
③ 삶은 생각보다 짧다.
④ 삶은 생각보다 고통스럽다.
⑤ 삶은 생각보다 길다.

14 〈보기〉의 속담과 유사한 의미의 사자성어를 연결한 것으로 옳지 않은 것은?

〈보 기〉

㉠ 도랑 치고 가재 잡고.

㉡ 달면 삼키고 쓰면 뱉는다.

㉢ 낫 놓고 기역자도 모른다.

㉣ 같은 값이면 다홍치마.

㉤ 원님 덕에 나팔 분다.

① ㉠: 일거양득(一擧兩得)

② ㉡: 고진감래(苦盡甘來)

③ ㉢: 목불식정(目不識丁)

④ ㉣: 동가홍상(同價紅裳)

⑤ ㉤: 호가호위(狐假虎威)

15 밑줄 친 관형절의 성격이 다른 것은?

① 우리는 급히 학교로 돌아오라는 연락을 받았다.

② 내가 어제 책을 산 서점은 바로 우리 집 앞에 있다.

③ 충무공이 만든 거북선은 세계 최초의 철갑선이었다.

④ 우리는 사람이 살지 않는 그 섬에서 하룻밤을 지냈다.

⑤ 수양버들이 서 있는 돌각담에 올라가 아득히 먼 수평선을 바라본다.

16 밑줄 친 단어의 표준 발음이 옳은 것만을 〈보기〉에서 모두 고르면?

〈보 기〉

㉠ 마치 계절병[계:절뼝]을 앓는 것 같았다.

㉡ 신윤복[신뉸복]은 조선 후기의 풍속화가이다.

㉢ 이 신문의 논조[논쪼]는 매우 보수적이다.

㉣ 참석자의 과반수[과:반쑤]가 그 안건에 찬성하였다.

㉤ 정부는 수입 상품에 높은 관세[관세]를 물렸다.

① ㉠, ㉡

② ㉠, ㉢

③ ㉠, ㉤

④ ㉡, ㉣

⑤ ㉡, ㉤

17 〈로마자 표기법〉의 각 조항에 들어갈 예를 바르게 짝지은 것은?

제3장 표기상의 유의점

제1항 음운 변화가 일어날 때는 변화의 결과에 따라 다음 각호와 같이 적는다.

1. 자음 사이에서 동화 작용이 일어나는 경우

예: ㉠

2. 'ㄴ, ㄹ'이 덧나는 경우

예: ㉡

3. 구개음화가 되는 경우

예: ㉢

4. 'ㄱ, ㄷ, ㅂ, ㅈ'이 'ㅎ'과 합하여 거센소리가 나는 경우

다만, 체언에서 'ㄱ, ㄷ, ㅂ' 뒤에 'ㅎ'이 따를 때에는 'ㅎ'을 밝혀 적는다.

예: ㉣

[붙임] 된소리되기는 표기에 반영하지 않는다.

예: ㉤

① ㉠: '학여울'은 [항녀울]로 발음되므로 'Haknyeoul'로 쓴다.

② ㉡: '왕십리'는 [왕심니]로 발음되므로 'Wangsimni'로 쓴다.

③ ㉢: '해돋이'는 [해도지]로 발음되므로 'haedoji'로 쓴다.

④ ㉣: '집현전'은 [지편전]으로 발음되므로 'Jipyeonjeon'으로 쓴다.

⑤ ㉤: '팔당'은 [팔땅]으로 발음되므로 'Palddang'으로 쓴다.

18 다음 글에 대한 이해로 적절하지 않은 것은?

> 학습심리학에서 '전이'란 이전에 수행되었던 학습 및 훈련의 경험이 이후의 학습 및 훈련에 영향을 미치는 것을 말한다. 전이가 이루어질 때, 두 경험이 어떠한 영역에 속하는가에 따라 전이의 종류를 구분할 수 있다. '동종 전이'는 기존의 경험과 새로운 경험이 동일한 영역에 속하는 것이다. 예컨대 새로운 인간면역결핍바이러스(HIV)의 실험을 설계하기 위해 기존의 HIV 실험 설계를 참조한다면 이는 동종 전이에 해당한다. 기존의 경험과 새로운 경험이 인접한 영역에 해당한다면 이는 '계열 전이'이다. HIV 실험 설계를 또 다른 미생물 실험의 설계에 참조하는 것이 그 예가 될 수 있다. 마지막으로 기존의 경험과 새로운 경험이 전혀 다른 영역에 속하는 경우가 '원거리 전이'이다. 화학자 케쿨레는 꿈속에서 본 뱀의 모습으로부터 벤젠의 화학적 결합 구조에 대한 아이디어를 얻은 것으로 알려져 있는데, 이것이 원거리 전이이다.
>
> 한편, 전이는 영향 관계에 있는 두 경험의 위계 수준에 따라 구분할 수도 있다. 기존의 경험이 새로운 경험을 위해 필수적이며 기본적인 전제 조건이 될 때, '수직적 전이'가 발생한다. 반면 두 경험이 유사한 구조를 띠고 있어 기존의 경험이 새로운 경험에 유의미한 영향을 미치지만, 새로운 경험을 위해 기존의 경험이 필수적으로 전제되어야 하는 것은 아닐 경우 '수평적 전이'에 해당한다.

① 의사가 대장암에 대한 의학적 지식을 적용하여 대장암 환자를 치료해낸다면 동종 전이라고 볼 수 있다.
② 천문학자가 물체의 운동에 대한 공식을 활용하여 혜성이 이동 속도를 계산해낸다면 계열 전이라고 볼 수 있다.
③ 문학 비평가가 아동심리학 이론을 인용하여 동화 속 인물의 심리 현상을 분석한다면 원거리 전이라고 볼 수 있다.
④ 초등학생이 사각형의 넓이 계산법을 이용하여 사각형인 교실의 면적을 구한다면 수직적 전이라고 볼 수 있다.
⑤ 수직적 전이와 수평적 전이를 구분하는 기준은 영향 관계에 있는 두 경험의 위계 수준이라고 볼 수 있다.

19 다음 글의 제목으로 적절한 것은?

> 철로 옆으로 이사를 가면 처음 며칠 밤은 기차가 지나갈 때마다 잠에서 깨지만 시간이 흘러 기차 소리에 친숙해지면 그러지 않는다. 왜 그럴까? 귀에서 포착한 소리 정보가 뇌에 전달되는 과정에서 물리학적인 음파의 속성은 서서히 의미를 가진 정보로 바뀐다. 이 과정에서 감정을 담당하는 변연계에도 정보가 전달되어 모든 소리는 의식적이든 무의식적이든 감정을 유발한다. 또 소리 정보 전달 과정은 기억중추에도 연결되어 있어서 현재 들리는 모든 소리는 기억된 소리와 비교된다. 친숙하며 해가 없는 것으로 기억되어 있는 소리는 우리의 의식에 거의 도달하지 않는다. 그래서 이미 익숙해진 기차 소음은 뇌에 전달은 되지만 의미 없는 자극으로 무시된다. 동물들은 생존하려면 자기에게 중요한 소리를 들을 수 있어야 한다. 특히 즉각적인 반응을 보여야 하는 경우에는 더욱 그렇다. 그래서 동물들은 자신의 천적이나 먹이 또는 짝짓기 상대방이 내는 소리는 매우 잘 듣는다. 사람도 같은 방식으로 반응한다. 아무리 시끄러운 소리에도 잠에서 깨지 않는 사람이라도 자기 아기의 울음소리에는 금방 깬다. 이는 인간이 소리를 듣는다는 것은 외부의 소리가 귀에 전달되는 것을 그대로 듣는 수동적인 과정이 아니라 소리가 뇌에서 재해석되는 과정임을 의미한다. 자기 집을 청소할 때 들리는 청소기의 소음은 견디지만 옆집 청소기 소음은 참기 어려운 것도 그 때문이다.

① 소리의 선택적 지각
② 소리 자극의 이동 경로
③ 소리의 감정 유발 기능
④ 인간의 뇌와 소리와의 관계
⑤ 동물과 인간의 소리 인식 과정 비교

20 다음은 훈민정음의 제자 방법에 대한 설명이다. 이에 대한 예로 옳지 않은 것은?

> 훈민정음의 글자를 만드는 방법은 상형을 기본으로 하였다. 초성 글자의 경우 발음기관을 상형의 대상으로 삼아 ㄱ, ㄴ, ㅁ, ㅅ, ㅇ 기본 다섯 글자를 만들고 다른 글자들 중 일부는 '여(厲: 소리의 세기)'를 음성자질(音聲資質)로 삼아 기본 글자에 획을 더하여 만들었는데 이를 가획자라 한다.

① 아음 ㄱ에 획을 더해 가획자 ㅋ을 만들었다.
② 설음 ㄴ에 획을 더해 가획자 ㄷ을 만들었다.
③ 순음 ㅁ에 획을 더해 가획자 ㅂ을 만들었다.
④ 치음 ㅅ에 획을 더해 가획자 ㅈ을 만들었다.
⑤ 후음 ㅇ에 획을 더해 가획자 ㆁ(옛이응)을 만들었다.

21 '무진'에 살고 있는 사람들에 대한 설명으로 적절한 것은?

> 버스가 산모퉁이를 돌아갈 때 나는 '무진 Mujin 10km'라는 이정비를 보았다. 그것은 옛날과 똑같은 모습으로 길가의 잡초 속에서 튀어나와 있었다.
> 무진에 명산물이 없는 게 아니다. 나는 그것이 무엇인지 알고 있다. 그것은 안개다. 아침에 잠자리에서 일어나서 밖으로 나오면, 밤사이에 진주해온 적군들처럼 안개가 무진을 뺑 둘러싸고 있는 것이었다. 무진을 둘러싸고 있던 산들도 안개에 의하여 보이지 않는 먼 곳으로 유배 당해버리고 없었다. 안개는 마치 이승에 한(恨)이 있어서 매일 밤 찾아오는 여귀(女鬼)가 뿜어내놓은 입김과 같았다. 해가 떠오르고, 바람이 바다 쪽에서 방향을 바꾸어 불어오기 전에는 사람들의 힘으로써는 그것을 헤쳐버릴 수가 없었다. 손으로 잡을 수 없으면서도 그것은 뚜렷이 존재했고 사람들을 둘러쌌고 먼 곳에 있는 것으로부터 사람들을 떼어 놓았다. 안개, 무진의 안개, 무진의 아침에 사람들이 만나는 안개, 사람들로 하여금 해를 바람을 간절히 부르게 하는 무진의 안개, 그것이 무진의 명산물이 아닐 수 있을까!
> 그들은 이제 점점 수군거림의 소용돌이 속으로 끌려들어 가고 있으리라. 자기 자신조차 잊어버리면서, 나중에 그 소용돌이 밖으로 내던져졌을 때 자기들이 느낄 공허감도 모른다는 듯이 그들은 수군거리고 수군거리고 또 수군거리고 있으리라.
> 무진에서는 누구나 그렇게 생각하는 것이다. 타인은 모두 속물들이라고. 나 역시 그렇게 생각하는 것이다. 타인이 하는 모든 행위는 무위(無爲)와 똑같은 무게밖에 가지고 있지 않은 장난이라고.

① 실체를 알 수 없는 존재에 대한 공포를 갖고 있다.
② 자연과 합일된 삶을 꿈꾸고 있다.
③ 다른 사람의 삶에 대해 포용적 자세를 지니고 있다.
④ 자기 세계에 갇혀 있다.
⑤ 과거의 삶을 그리워하고 있다.

22 다음 시에 대한 독자의 반응으로 적절한 것은?

> 어느 머언 곳의 그리운 소식이기에
> 이 한밤 소리 없이 흩날리느뇨
>
> 처마 끝에 호롱불 여위어가며
> 서글픈 옛 자췬 양 흰 눈이 내려
>
> 하이얀 입김 절로 가슴이 메어
> 마음 허공에 등불을 켜고
> 내 홀로 밤 깊어 뜰에 내리면
>
> 머언 곳에 여인의 옷 벗는 소리
>
> 희미한 눈발
> 이는 어느 잃어진 추억의 조각이기에
> 싸늘한 추회(追悔) 이리 가쁘게 설레이느뇨
>
> 한줄기 빛도 향기도 없이
> 호올로 차단한 의상을 하고
> 흰 눈은 내려 내려서 쌓여
> 내 슬픔 그 위에 고이 서리다

① 이 시는 눈 내리는 아침의 정경 속에 피어오르는 추억을 그리고 있어.

② 눈발이 세차게 날리는 것은 화자의 슬픔이 벅차게 되살아오기 때문이지.

③ 이 시에서 눈이 '그리운 소식', '서글픈 옛 자취', '잃어진 추억의 조각', '차단한 의상'으로 비유되어 있음에 유의해야 해.

④ 이 시에서 '나'를 슬프게 하는 추억, 과거의 경험은 아마도 친구와 관계가 있겠지.

⑤ 마지막 두 줄, '흰 눈은 내려 내려서 쌓여 / 내 슬픔 그 위에 고이 서리다'에서 '눈'은 해소된 슬픔을 의미하지.

23 ㉠에 들어갈 말로 적절한 것은?

> 우리가 이용하는 디지털화된 정보들은 대다수가 아날로그 기반에서 생성된 것이다. 온라인에서 보는 텍스트 정보, 사진, 동영상 대부분이 기존의 종이 매체나 필름에 기록된 것들이다. 온라인 게임을 정보 통신 시대의 독특한 문화양상이라고 하지만, 인기를 끌고 있는 많은 게임은 오래전부터 독자들로부터 사랑받던 판타지 문학에서 유래했다.
>
> 아날로그가 디지털과 결합해 더욱 활성화되기도 한다. 동양의 전통 놀이 중 하나인 바둑과 장기도 그렇다. 전형적인 아날로그 문화의 산물인 바둑이 인터넷 바둑 사이트 덕분에 더욱 대중화된 놀이가 되었다. 예전에는 바둑을 두기 위해 친구와 약속을 잡거나 기원을 찾아야 했지만, 지금은 인터넷에 접속하면 언제든 대국을 즐길 수 있다.
>
> 따라서 (㉠   )

① 디지털 문화와 아날로그 문화를 수직적인 것으로 파악하는 것은 본질과 거리가 멀다.

② 디지털 문화와 아날로그 문화를 수평적인 것으로 파악하는 것은 본질과 거리가 멀다.

③ 디지털 문화와 아날로그 문화를 상호 보완적인 것으로 파악하는 것은 본질과 거리가 멀다.

④ 디지털 문화와 아날로그 문화를 입체적인 것으로 파악하는 것은 본질과 거리가 멀다.

⑤ 디지털 문화와 아날로그 문화를 대립적인 것으로 파악하는 것은 본질과 거리가 멀다.

24 다음 글의 ㉠~㉤에 들어갈 문장으로 적절하지 않은 것은?

처칠이 영국 총리였을 때 제2차 세계대전의 개전 위험성이 극도로 고조되면서, 그는 '해안가에서 맞서 싸울' 필요성에 관한 유명한 방송 연설을 했다. (㉠) 당시는 매우 위험한 상황이었으나, 처칠은 그럴 수 없을 때라도 완벽하게 승전에 자신이 있다는 투로 말해야 한다는 것을 알고 있었다. 이것은 거짓말인가, 대중의 사기를 높이기 위한 설득인가?

'거짓말', '신뢰', '거짓된 행동' 등의 용어는 선출된 지도자들이 수행해야 할 다른 많은 정책들을 설명하기에도 그리 적절하지 않다. 사건의 심각성, 정보기관의 오류, 정치인의 성격과 정치적 배경 등이 원인이 되어 잘못된 정치적 판단이나 의도하지 않은 거짓말을 하기도 했다. (㉡) 신뢰와 불신은 거의 모든 주류 정치지도자에 대한 인식의 기준이 되었고, 때로는 진짜 부패와 정치적 판단에 따른 거짓말을 구분하는 것이 급격히 어려워질 정도였다. (㉢) 우리는 유권자의 이런 혐오를 이해할 수 있다. 정치에서 경멸 어린 불신을 받을 만한 진짜 부패는 항상 그랬던 것처럼 계속 이어진다. (㉣) 마찬가지로 그들에게 가해지는 엄격한 정밀 검증을 고려했을 때, 이들이 더 부도덕하다고 평가할 이유도 없다.

그렇지만 많은 나라에서 여러 정당과 정치인은 통렬하게 불신 받을 만한 부패 혐의에 빠지곤 한다. (㉤) 그들의 부패 덕분에 아웃사이더들이 유권자의 호응을 대신 얻어 활동하는 동안, 주류는 번성하는 데 실패하곤 했다.

① ㉠: 처칠은 진실하지 않았다.

② ㉡: 정치지도자는 유권자의 일시적 신뢰에 연연하지 않고, 불행한 진실이라도 전달해야 한다.

③ ㉢: 부패는 유권자를 민주주의 정치에 등 돌리게 하고 선출된 지도자를 혐오하게 만든다.

④ ㉣: 선출된 정치인이 다른 나머지 사람보다 더 깨끗하다고 단정할 이유는 없다.

⑤ ㉤: 주류였던 세력은 부패 때문에 쇠락하기도 한다.

25 밑줄 친 ㉠~㉳에 대한 이해로 적절한 것은?

용(龍)은 한반도 곳곳에서 풍요의 신으로 숭배되곤 하였다. 해안 지역의 경우, 물을 관리하는 용의 능력은 곧 어획량을 좌우하는 능력으로 인식되었다. 충남 서산에는 ㉠ 황금산 앞바다의 황룡과 ㉡ 칠산 앞바다의 청룡이 조기 떼를 두고 경쟁하였다는 전설이 있다. 황룡은 공씨 성을 가진 청년에게 청룡을 쏘아 줄 것을 부탁하는데, 이 청년이 실수로 황룡을 쏘는 바람에 황금산 앞바다에서 조기가 잡히지 않게 되었다는 이야기이다. 한편 농경 지역에서도 물의 많고 적음은 농사의 성패로 이어지는 중요한 문제였기에, 용이 풍흉을 결정지을 수 있는 존재로 인식되었다. 황해도 장연군 용정리에는 연못을 두고 ㉢ 젊은 청룡과 싸우던 ㉣ 늙은 황룡을 ㉤ 활 잘 쏘는 청년이 도와준 뒤 기름진 논을 얻었다는 전설이 있으며, 전북 김제에는 ㉥ 벽골제를 수호하는 백룡과 대립하며 ㉦ 가뭄을 발생시키던 청룡이 스스로를 제물로 바친 태수의 외동딸에게 감동하여 물러났다는 전설이 있다.

한 가지 눈여겨볼 점은 용과 관련된 전설들에서 종종 용들의 대립에 개입하거나 용을 도와주는 인간 존재의 모습이 나타난다는 점이다. 비범한 재주를 지닌 이 인물들은 종종 실패하는 경우도 있지만, 대개의 경우 용을 도와주는 데 성공하고 그 대가로 옥토를 일구거나 높은 지위에 오른다. 이때 용은 풍요의 신에서 권력의 신으로 변형된다. 고려를 건국한 왕건의 경우, 그의 할아버지 ㉧ 작제건이 ㉨ 서해 용왕을 괴롭히던 ㉩ 늙은 여우를 제거하고 용왕의 딸을 아내로 맞이하였다는 전설이 있다. 용이 영웅의 강력한 힘에 대한 증거로, 나아가 왕권의 신성성을 나타내는 상징으로 변화하게 된 것이다.

① ㉠과 ㉩은 선한 용과 대립하는 악한 존재이다.

② ㉡과 ㉦은 풍요의 신에서 권력의 신으로 변형된 존재이다.

③ ㉢과 ㉥은 영웅의 권력을 뒷받침하는 존재이다.

④ ㉣과 ㉧은 인간 존재의 도움을 받은 신적 존재이다.

⑤ ㉤과 ㉧은 용을 도와준 대가로 옥토를 얻는 영웅적 존재이다.

모바일 OMR

✅ 회독 CHECK 1 2 3

01 밑줄 친 부분의 표준 발음이 옳지 않은 것은?

① 그래도 일사병[일사뼝]에 쓰러진 대원이 없었다.
② 올여름에는 납량[남냥] 드라마가 줄을 잇고 있다.
③ 그는 시조 한 수를 처량하게 읊고[읍꼬] 길을 떠났다.
④ 그들은 불법적[불뻡쩍] 방법으로 돈을 엄청나게 벌었다.
⑤ 아직 저학년의 글이라 띄어쓰기[띠여쓰기]가 미흡하다.

02 문장 부호의 사용이 옳지 않은 것은?

① '1919년 3월 1일'은 '1919. 3. 1.'로도 쓸 수 있다.
② 놀이공원 입장료는 4,000원/명이다.
③ 그는 최선을 다했다. 그러나 성공할지는…….
④ 저번 동창회의 불참자는 이○○, 박○○ 등 4명이었다.
⑤ 나라들이 무역 장벽을 제거하여 무역을 자유롭게 하는 협정이 자유 무역 협정(FTA)이다.

03 〈보기〉에서 외래어 표기가 옳은 것은 모두 몇 개인가?

─── 〈보 기〉 ───

㉠ 앰풀(ampoule)
㉡ 리조토(risotto)
㉢ 마오쩌둥(Mao Zedong)
㉣ 포퓔리슴(populisme)
㉤ 캐시밀론(Cashmilon)

① 1개
② 2개
③ 3개
④ 4개
⑤ 5개

04 밑줄 친 ㉠~㉤ 중 한자어의 한글 표기로 옳지 않은 것은?

그렇기 때문에 사회 전체가 어떤 실리적 목적을 위하여 ㉠ 狂奔하는 시대엔 개인의 교양이라는 것은 어느 정도까지 저지되지 않을 수 없다. 가령 일례를 든다면 産業革命時代의 구라파, 더욱이 19세기 후반의 英國社會 같은 것이다. 社會 全體가 眞理를 사랑치 아니하고 精神的 價値를 돌보지 않고 다만 물질적 이득만을 위하여 ㉡ 汲汲하던 당시에 있어 교양은 흙에 파묻히고 말았다. 아놀드의 유명한 『敎養論』이 씌어진 것은 이러한 시대에 있어서이다. 學理보다는 관습과 先例에 의하여 처리하려 하고 理想보다는 편의주의적 임기응변에 의하여 처세하려 하고, 진리와 美보다는 세속적 성공과 物質的 利得을 취하려는 英國人의 특성을 그는 '필리스티니즘'이라 하여 그에 대립되는 ㉢ 淸澄하고 ㉣ 宏闊하며 ㉤ 高邁한 희랍정신을 고취하였다.

① ㉠: 광분
② ㉡: 급급
③ ㉢: 청징
④ ㉣: 광활
⑤ ㉤: 고매

05 중세 국어의 문법적 특징에 대한 설명으로 옳지 않은 것은?

① 중세 국어의 객체 높임 선어말 어미 '-습-'은 현대 국어의 '하옵고' 등에 그 용법이 남아 있다.

② 중세 국어에서는 주격 조사로 주로 'ㅣ'를 사용하였는데, '너'에 주격 조사가 결합하면 '네'가 된다.

③ 중세 국어에서는 '네 겨집 그려 가던다'에서 보듯이 주어가 2인칭일 때에는 '-ㄴ다'를 의문형 종결 어미로 사용하였다.

④ 중세 국어에서는 주어가 1인칭 화자일 경우에는 '우리들히 毒藥을 그르 머구니'와 같이 선어말 어미 '-오/우-'를 사용하였다.

⑤ 중세 국어에서 명사절을 만드는 방법은 '날로 뿌메'에서 보듯 현대 국어와 다르다.

06 〈보기〉에서 중의성을 유발하는 요인이 같은 것으로만 묶인 것은?

──── 〈보 기〉 ────
㉠ 길이 있다.
㉡ 영수가 보고 싶은 친구들이 많다.
㉢ 어머니는 아버지보다 딸을 더 사랑한다.
㉣ 시내에서 가까운 곳에 우리 집이 있다.

① (㉠), (㉡, ㉢, ㉣)
② (㉡), (㉠, ㉢, ㉣)
③ (㉠, ㉡), (㉢, ㉣)
④ (㉠, ㉢), (㉡, ㉣)
⑤ (㉠, ㉣), (㉡, ㉢)

07 (가)~(라)를 논리적 순서에 맞게 나열한 것은?

도로 교통에서는 자명한 법칙인 것이 의학에서는 반드시 동일하지는 않지만 추론의 단초가 되었다.
(가) 의학은 이런 현상의 원인을 규명하려 애쓰면서 오랫동안 별로 가망 없는 곳들을 탐색했다.
(나) 흥미롭게도 몸속에서 벌어지는 몇몇 상황은 휴가철에 고속도로에서 일어나는 일에 빗댈 만하다. 뇌-당김에 장애가 생기면, 곧바로 뇌로 공급하는 포도당의 흐름이 정체된다.
(다) 에너지는 휴가철에 바다로 향하는 차량 행렬처럼 뇌로 향한다. 정체가 생긴다면, 그것은 뇌에서 일어나 몸으로 확산된다.
(라) 지방 세포, 근육 세포, 췌장, 간 등을 살펴본 것이다. 그러나 정체의 원인은 항상 앞에 있다는 원리를 받아들인다면, 가능한 대답은 단 하나, 그 원인은 뇌에 있다는 것이다.

① (가) - (나) - (다) - (라)
② (가) - (다) - (나) - (라)
③ (나) - (가) - (라) - (다)
④ (나) - (다) - (라) - (가)
⑤ (다) - (나) - (라) - (가)

08 다음 글을 파악한 내용으로 옳은 것은?

> 근대가 전근대의 틈이자 균열이라는 말은 단순히 메타포만은 아니다. 연암 박지원은 말 거간꾼들 사이에 벌어지는 일대 우정 논쟁을 해학적으로 그린 「마장전(馬駔傳)」의 끝부분에서 골계선생(滑稽先生)이라는 페르소나로 출연하여 다음과 같은 우정론을 개진하고 있다.
>
> 저 성안후(成安侯)와 상산왕(常山王)은 그 사귐에 틈이 없었다. 그래서 한번 틈이 생기자 이 틈을 어떻게 해볼 도리가 없었다. 그러므로 사랑할 만한 것도 틈을 두지 않는 것이지만 두려워할 만한 것도 틈을 두지 않는 것이다. 아첨은 틈으로 말미암아 딱 맞아떨어지고 모함도 틈으로 말미암아 이간질되는 것이다. 그러므로 다른 사람과 잘 사귀는 사람은 먼저 그 틈을 돌보며 다른 사람과 잘 사귀지 못하는 사람은 틈을 돌보지 못한다.
>
> 언뜻 아리송해 보이기 짝이 없는 은어 같은 말들로 중언부언되어 있는 「마장전(馬駔傳)」의 속내가 이 부분에서 폭로되고 있다. 즉, 우정은 전근대의 문법에서처럼 틈새 없는 인격의 결합이 아니라 인격 사이의 거리, 다시 말해 틈에 의해 구성되는 심리전의 양태로 화한 것이다.

① 전근대에 비해 근대의 '우정'은 서로 간의 경계가 없는 긴밀한 관계라기보다는 일정한 거리를 두고 지속되는 평행선과 같은 것이다.
② 전근대의 '우정'은 메타포라기보다는 해학에 근거하여 형성되었다고 볼 수 있다.
③ 전근대 시기의 '우정'은 아첨으로 말미암아 틈이 생기고 모함으로 말미암아 이간질된다.
④ 성안후(成安侯)와 상산왕(常山王)의 사귐은 근대적 사귐의 단초라 할 수 있다.
⑤ 연암 박지원의 관점에서는 틈이 없는 밀접한 관계의 우정이나 일정한 거리를 두고 갖게 되는 우정이나 다를 바가 없다.

09 다음 글은 방송에서의 경어 사용에 대한 것이다. 각 문단의 앞에 올 내용으로 옳지 않은 것은?

> (㉠) 하대어가 없는 방송언어의 특징을 알아야 한다. 어린이 방송에서 유념해야 할 일이다. 아이들이라고 해서 함부로 하대어를 쓰면 시청자를 무시하는 듯한 느낌을 받는다.
> (㉡) 시청자가 왕이라는 생각, 시청자가 바로 국민이라는 생각을 항상 가져야 한다. 국가원수일지라도 방송언어에서는 지나친 경칭이나 경어를 사용할 수 없다. 그래서 방송언어는 가장 민주적인 말이라야 한다.
> (㉢) 문법에 소홀하면 상대방을 존경하는 의미를 가진 선어말 어미 '-시-'가 자신의 말에 들어가기도 한다. '내가 부르시면 대답하세요.'와 같은 경우이다.
> (㉣) 나를 생각하기에 앞서 남을 생각하는 말이라야 한다. '곰보처럼 파인 길, 절름발이 행정, 애꾸눈이 된 차량' 등은 불특정 다수에게, 아니면 주인공의 인격을 모독하여 피해를 입히는 결과가 된다.
> (㉤) 억양도 그러하고, 화면에 비친 몸의 동작도 정중해야 한다. 지나치게 빠른 말투의 방송, 말끝이 터무니없이 올라간 설득조가 담긴 말투의 방송도 문제다. 신체언어(body language)라는 말도 있거니와 말을 사용하지 않는 커뮤니케이션(nonverbal communication)에도 세심한 배려가 있어야 한다.

① ㉠: 방송언어는 누구든지 존중하는 경어라야 한다.
② ㉡: 방송언어는 민주주의 이념에 맞는 경어라야 한다.
③ ㉢: 방송언어는 문법에 맞는 경어라야 한다.
④ ㉣: 방송언어는 타인의 처지를 고려하는 경어라야 한다.
⑤ ㉤: 방송언어는 정중한 자세를 가진 경어라야 한다.

10 밑줄 친 ㉠~㉤의 함축적 의미가 유사한 것으로 묶인 것은?

德으란 곰비예 받줍고 福으란 림비예 받줍고
德이여 福이라 호늘 나ᅀᆞ라 오소이다
아으 動動다리

正月ㅅ 나릿 므른 아으 어져 녹져 ᄒᆞ논ᄃᆡ
누릿 가온ᄃᆡ 나곤 몸하 ᄒᆞ올로 녈셔
아으 動動다리

二月ㅅ 보로매 아으 노피 현 ㉠ 燈ㅅ블 다호라
萬人 비취실 즈시샷다
아으 動動다리

三月 나며 開ᄒᆞᆫ 아으 滿春 ᄃᆞᆯ욋고지여
ᄂᆞ미 브롤 즈슬 디녀 나샷다
아으 動動다리

四月 아니 니저 아으 오실셔 ㉡ 곳고리 새여
므슴다 錄事니믄 녯 나ᄅᆞᆯ 닛고신뎌
아으 動動다리

五月 五日애 아으 수릿날 아춤 藥은
즈믄 힐 長存ᄒᆞ샬 藥이라 받줍노이다
아으 動動다리

六月ㅅ 보로매 아으 별해 ᄇᆞ룐 ㉢ 빗 다호라
도라보실 니믈 적곰 좃니노이다
아으 動動다리

七月ㅅ 보로매 아으 百種 排ᄒᆞ야 두고
니믈 ᄒᆞᆫ ᄃᆡ 녀가져 願을 비ᅀᆞᆸ노이다
아으 動動다리

八月ㅅ 보로ᄆᆞᆫ 아으 嘉俳나리마ᄅᆞᆫ
니믈 뫼셔 녀곤 오ᄂᆞᆯ낤 嘉俳샷다
아으 動動다리

九月 九日애 아으 藥이라 먹논
黃花고지 안해 드니 새셔 가만ᄒᆞ얘라
아으 動動다리

十月애 아으 져미연 ㉣ ᄇᆞ룻 다호라
것거 ᄇᆞ리신 後에 디니실 ᄒᆞᆫ 부니 업스샷다
아으 動動다리

ㅣ 月ㅅ 봉당 지리예 아으 汗衫 두퍼 누워
슬홀ᄉᆞ라온뎌 고우닐 스싀옴 녈셔
아으 動動다리

十二月ㅅ 분디남ᄀᆞ로 갓곤 아으 나ᅀᆞᆯ 盤잇 져 다호라
니믜 알ᄑᆡ 드러 얼이노니 ㉤ 소니 가재다 므ᄅᆞᆸ노이다
아으 動動다리

---

① ㉠, ㉡

② ㉠, ㉤

③ ㉡, ㉢

④ ㉢, ㉣

⑤ ㉣, ㉤

11 〈보기〉의 ㉠~㉤에 대한 설명 중 옳지 않은 것은?

─── 〈보 기〉 ───

㉠ 나는 <u>봄꽃</u>이 좋다.

㉡ 그 사람은 <u>감발</u>을 벗었다.

㉢ 그는 진짜 <u>거짓말</u>을 못한다.

㉣ 그 <u>왕고집</u>을 누가 당하겠어?

㉤ 나는 가슴을 <u>두근두근하며</u> 발표를 기다렸다.

① ㉠의 '봄꽃'과 ㉢의 '거짓말'은 단어 형성 방법이 같다.

② ㉡의 '감발'과 '독서', '검붉다'는 단어 형성 방법이 같다.

③ ㉢의 '진짜'와 '코뚜레', '집게'는 단어 형성 방법이 같다.

④ ㉣의 '왕고집'과 '범민족', '최고참'은 단어 형성 방법이 같다.

⑤ ㉤의 '두근두근하며'와 '빛나다', '잘되다'는 단어 형성 방법이 같다.

12 다음 글을 읽고 알 수 있는 내용으로 가장 적절한 것은?

1597년 9월 16일 맑음

이른 아침 적을 살피고 온 정탐대가 '수없이 많은 적선이 명량으로부터 지금 우리가 있는 곳으로 오고 있다.'고 알려 왔다.

나는 곧 여러 배에 명령하여 출전하였더니, 적선 130여 척이 우리 배를 에워쌌다. 여러 장수들은 중과부적이라 스스로 낙심하여 도망갈 꾀만 내고 있었다. 나는 노를 빨리 저어 적진으로 쫓아 나가며 지자포, 현자포 등 여러 대포를 마구 쏘아댔더니 탄환은 마치 폭풍우같이 쏟아졌다. 게다가 군관들이 배 위에 총총히 나가 서서 화살을 빗발처럼 쏘니 적들은 감히 달려들지 못하고 우왕좌왕했다. 그러나 적에 의해 여러 겹으로 둘러싸인 군사들은 겁에 질려 있었다. 그래서 나는 부드럽게,

"적선이 아무리 많다 해도 우리 배를 바로 쳐부수지 못할 것이니 조금도 마음을 움직이지 말고 힘을 다해서 적을 쏴라!"

하고, 다른 여러 장수들의 배를 돌아보니 우리 배들은 먼 바다에 물러나 있었다. 나는 호각을 불어 중군에게 명령을 내리는 깃발을 세우게 하고 군대를 부르는 초요기를 세우게 했더니, 중군장 김응함의 배가 가까이 왔으며 거제 현령 안위의 배도 왔다. 나는 배 위에 서서 안위와 김응함에게,

"너희는 중군으로서 멀리 도망가고 위기에 빠진 대장을 구하지 않았으니 그 죄를 어떻게 할 셈이냐? 당장 처형할 것이지만 싸움이 급하니 우선 공을 세워라."

하였다. 그래서 두 배가 적진을 향해 앞장서 나가자 적장이 탄 배가 다른 두 배에 명령하여 한꺼번에 안위의 배에 개미 떼처럼 붙어 서로 먼저 올라가려고 하니, 안위와 그 부하들이 죽을 힘을 다해 몽둥이로, 창으로, 혹은 돌멩이로 치고 막다가 배 위에 있는 사람들이 기진맥진하므로 나는 뱃머리를 돌려 바로 쫓아 들어가 마구 적을 향해 쏘았다. 적선 세 척이 거의 다 엎어지고 넘어졌을 때, 녹도 만호 송여종과 평산도 대장 정응두의 배가 뒤쫓아 와서 적을 쏘아 죽여 적은 한 놈도 남지 않았다.

– 이순신, 『난중일기』에서 –

① 적들은 정당하지 않은 방법으로 싸움에 임하고 있다.

② 이순신 장군은 부드러움과 강인함을 함께 가진 장수이다.

③ 해전(海戰)에서는 신호에 의해서만 의사소통이 가능하다.

④ 이순신 장군 휘하의 장수들은 솔선하여 싸움에 임하고 있다.

⑤ 이 해전(海戰)은 적선 130여 척을 모두 격침시킨 대첩이다.

13 밑줄 친 관용 표현의 쓰임이 옳지 않은 것은?

① 그녀는 바쁘다는 말이 입에 붙었다.

② 그는 입이 되어 무엇이든 잘 먹는다.

③ 저 아이가 저렇게 마른 것은 다 입이 밭기 때문이지.

④ 그녀는 야무지게 생긴 얼굴 못지않게 입이 여물어 함께 일하기에 편하다.

⑤ 좋은 사람으로 비쳤던 김 씨가 사실 엄청난 사기꾼이었다는 말을 듣고 모두들 입이 썼다.

14 밑줄 친 부분의 띄어쓰기가 옳지 않은 것은?

① 그 일은 할만하다.

② 그들은 2 시간 동안 줄곧 걸었다.

③ 나에게만이라도 행운이 찾아오면 좋겠다.

④ 우리는 마을에서 불량배들을 쫓아내버렸다.

⑤ 유가의 문학 사상은 주로 철학적 문제나 사회와 관련지어 논의되었다.

15 의미의 중복이 없이 자연스러운 문장은?

① 나는 오늘 저녁에 역전 앞에서 선이를 만나기로 했다.

② 그 문제에 대해서는 더 이상 다시 재론할 필요가 없다.

③ 요즘 들어 여러 가지 제반 문제들이 우리를 난처하게 한다.

④ 민수는 단풍이 울긋불긋하게 물든 설악산으로 여행을 떠났다.

⑤ 언어의 의미 변화가 왜 일어나는가의 원인을 살펴보기로 한다.

16 〈보기〉의 〈표준어 규정〉에 해당하는 사례로만 묶인 것은?

> ── 〈보 기〉 ──
>
> 제21항 고유어 계열의 단어가 널리 쓰이고 그에 대응되는 한자어 계열의 단어가 용도를 잃게 된 것은, 고유어 계열의 단어만을 표준어로 삼는다.

① 푼돈, 밥소라, 사래밭

② 벽지다, 움파, 흰말

③ 박달나무, 성냥, 두껍창

④ 목발, 솟을무늬, 구들장

⑤ 잎초, 가루약, 메찰떡

17 밑줄 친 ㉠~㉣의 한자어 표기가 모두 옳은 것은?

> ㉠ 대장부가 세상에 나서 공맹을 본받지 못할 바에야, 차라리 병법이라도 익혀 대장인을 허리춤에 비스듬히 차고 ㉡ 동정서벌하여 나라에 큰 공을 세우고 이름을 만대에 빛내는 것이 장부의 통쾌한 일이 아니겠는가. 나는 어찌하여 일신이 적막하고, 부형이 있는데도 아버지를 아버지라 부르지 못하고 형을 형이라 부르지 못하니 ㉢ 심장이 터질지라, 이 어찌 ㉣ 통탄할 일이 아니겠는가!

	㉠	㉡	㉢	㉣
①	大將夫	東征西伐	心臟	通歎
②	大將夫	東征西罰	心臟	痛歎
③	大丈夫	東征西罰	深藏	痛歎
④	大丈夫	東征西伐	深藏	通歎
⑤	大丈夫	東征西伐	心臟	痛歎

18 밑줄 친 ㉠~㉤의 현대어가 옳은 것은?

> 나라히 破亡ᄒᆞ니 뫼콰 ㉠ ᄀᆞ롬쑌 잇고 잣 앉 보미
> 플와 나모쑌 ㉡ 기펫도다 時節을 感歎ᄒᆞ니 고지 눈
> 믈롤 쓰리게코 여희여슈믈 ㉢ 슬ᄒᆞ니 새 ᄆᆞᅀᆞ믈 놀
> 래노다 烽火ㅣ 석 ᄃᆞᆯ롤 니어시니 지빗 音書ᄂᆞᆫ 萬金
> 이 ㉣ ᄉᆞ도다 셴 머리롤 글구니 ᄯᅩ 뎌르니 다 ㉤ 빈
> 혀롤 이긔디 몯홀 ᄃᆞᆺᄒᆞ도다
>
>   – 17C.「두시언해 중간본」에서 –

① ㉠: ᄀᆞ롬쑌–갈래만
② ㉡: 기펫도다–기뻤구나
③ ㉢: 슬ᄒᆞ니–슬퍼하니
④ ㉣: ᄉᆞ도다–싸구나
⑤ ㉤: 빈혀롤–텅 빈 혀를

19 밑줄 친 단어의 쓰임이 옳지 않은 것은?

① 그들은 신에게 제물을 바쳐 부락의 안녕을 빌었다.
② 횡단보도 앞에서 신호를 기다리던 아이가 승용차에 받쳐 크게 다쳤다.
③ 아침에 먹은 것이 자꾸 받쳐서 아무래도 점심은 굶어야겠다.
④ 사공은 신부에게 빨리 뛰어내리라고 짜증 어린 성화를 바쳤다.
⑤ 고추가 워낙 값이 없어서 백 근을 시장 상인에게 받혀도 변변한 옷 한 벌 사기가 힘들다.

20 글 전체의 맥락을 고려할 때, ㉠에 들어갈 내용으로 옳은 것은?

> 후발주자들이 (㉠) 신기술 투자는 일종의 모험이다. 생소한 영역을 개척하는 일이다. 미래가치를 창출하기 위해 생소한 영역에서 위험을 감수하고 모험을 감행하는 것이 기업가 정신이다. 이러한 기업가 정신을 발휘하려면 모험하는 대상을 충분히 이해해야 한다. 나는 게으름은 대부분 이해 부족에서 비롯된다고 생각한다. 미리 준비하지 않은 사람들은 대부분 "그렇게 중요한지 몰랐다."라면서 자신의 이해 부족을 후회한다. 인공 지능에 대한 불충분한 이해가 더딘 도입의 근본적인 원인이다.

① 인공 지능을 생소하게 여기는 이유는 무엇일까?
② 인공 지능을 이해하지 못하는 이유는 무엇일까?
③ 인공 지능을 도입하지 못하는 이유는 무엇일까?
④ 인공 지능을 모험이라고 보지 않는 이유는 무엇일까?
⑤ 인공 지능에 대해 미리 준비하지 못하는 이유는 무엇일까?

21 '사이버 윤리 규범의 필요성'을 논제로 하여 글의 서론을 〈보기〉와 같은 방법에 따라 썼을 때, 적절한 문장은?

```
─────── 〈보 기〉 ───────
         사건이나 현상 제시하기
                ↓
         문제점 이끌어 내기
                ↓
         논제 제시하기
```

① 최근 들어 사이버 공간에서의 비윤리적 행동들이 문제가 되고 있다. 허위 사실 유포, 인신공격 등이 그것이다.

② 사이버 윤리 규범의 필요성이 강하게 제기되고 있다. 사이버 공간의 익명성으로 인해 비윤리적 행동들이 나타나기 때문이다. 그렇다면 사이버 윤리 규범은 어떤 내용이 되어야 하는가?

③ 사이버 공간에 대한 관심이 높아지고 있다. 그러나 사이버 공간에 대한 높은 관심은 일부 젊은 계층에 한정된 것이다. 이러한 사이버 공간에 대한 관심을 바람직한 현상으로만 보아야 하는지에 대해 논의할 필요가 있다.

④ 최근 인터넷 사용 인구가 늘어나면서 여러 가지 부작용이 나타나고 있다. 왜냐하면 사이버 공간은 현실 세계와 달리 행동이 자유롭고 규제가 적기 때문이다. 사이버 공간의 중요성을 생각해 볼 때, 이러한 상황의 개선이 필요하다.

⑤ 사이버 공간이 새로운 자유 공간으로 환영받고 있다. 그런데 사이버 공간에서 무제한의 자유로 인해 여러 비윤리적 행동이 나타나고 있다. 이를 막기 위해서는 사이버 공간에서의 자유를 적절히 제한할 수 있는 장치가 필요하다.

22 다음 글을 파악한 내용으로 옳은 것은?

> 느낌은 어떻게 우리 마음을 유리한 쪽으로 몰고 갈 수 있는 것일까? 느낌이 우리 마음속에서 그리고 마음에 대해 한 일에서 그 질문에 대한 답의 일부를 찾을 수 있다. 일반적인 상황에서 느낌은 어떤 언어의 도움도 없이, 우리 몸의 생명 작용이 좋은 방향으로 향하는지 나쁜 방향으로 향하는지를 마음에 알려준다. 그렇게 함으로써 느낌은 자연스럽게 생명 작용이 우리의 안녕과 풍요에 이로운지 그렇지 않은지를 판단한다.
>
> 이성이 제대로 기능하지 못하는 경우에도 느낌이 성공할 수 있는 이유는 그 독특한 특성 때문이다. 느낌은 뇌 혼자서 만드는 것이 아니라 수많은 화학 분자와 신경 회로의 상호작용으로 뇌와 신체가 같이 만들어 내는 현상이다. 그동안 간과되었던 느낌의 이 독특한 특성은 평상시 무심히 진행되는 마음의 흐름에 제동을 걸고 방향을 바꾼다. 느낌의 근원은 삶과 죽음 사이에서 균형을 잡으며 외줄타기를 한다. 그렇기 때문에 느낌은 우리 마음속에서 고통스럽거나 찬란하고, 부드럽거나 강렬한 음을 내는 현악기의 줄과 같다. 느낌은 알아차리기 힘들 만큼 미묘하게 우리 마음을 휘젓기도 하고 때로는 너무도 강렬하고 분명하게 우리의 마음을 사로잡기도 한다. 때로는 가장 좋은 상태에서도 우리 마음의 평정심을 흔들어 놓고 고요함을 무너뜨린다.
>
> 그러니까 간단하게 말해서 편안하고 행복한 상태에서 괴롭고 아픈 상태에 이르기까지, 고통과 즐거움에 대한 느낌은, 질문을 던지고 대상을 이해하고 문제를 해결해 나가는 과정의 촉매제가 되었다. 그리고 그것은 다른 동물의 마음과 구별되는 인간만이 가진 마음의 특성이다. 인간은 질문을 던지고 대상을 이해하고 문제를 해결해 나감으로써, 자신이 처한 곤경을 해결할 기발한 방법을 개발해 나갔고 만족과 풍요를 이루어 왔다. 인간은 의식주를 해결하는 방법을 점차로 발전시켰고 상처와 질병을 치료하는 과정에서 의학을 발명했다. 한편 인간은 타인에 의해 아픔과 고통을 겪을 때가 있다. 타인에 공감하기도 하고, 다른 이들이 자신을 어떻게 느끼는지에 대한 각성으로 고통스러워하기도 한다. 그뿐만 아니라 궁극적으로는 죽음을 맞을 수밖에 없는 인간의 조건을 자각하면서

고통을 겪기도 한다. 이를 통해서 인간은 개인이나 집단의 자원을 확장하여 도덕 규칙과 정의의 원칙을 만들고 사회조직과 통치 체계, 예술적 창조물, 종교적 믿음을 만들어 냈다.

① 느낌이 마음에 무엇을 알릴 때 일반적으로 언어의 도움을 받는다.

② 느낌이 성공하기 위해서는 이성이 제대로 작동해야 한다.

③ 느낌은 뇌의 독자적 활동에 의해서 만들어지는 현상이다.

④ 고통과 즐거움에 대한 느낌은 문제 해결 과정에 관여한다.

⑤ 동물의 마음도 느낌을 통해 대상을 이해하는 특성을 갖고 있다.

23 다음 시의 밑줄 친 ㉠~㉤에 대한 설명으로 옳은 것은?

나는 일손을 멈추고 잠시 무엇을 생각하게 된다
─살아있는 보람이란 이것뿐이라고─
하루살이의 ㉠ 광무여

하루살이는 지금 나의 일을 방해한다
─나는 확실히 하루살이에게 졌다고 생각한다─
하루살이의 유희여

너의 모습과 너의 몸짓은
어쩌면 이렇게 자연스러우냐
소리없이 기고 소리없이 날으다가
되돌아오고 되돌아가는 무수한 하루살이
─그러나 나의 머리 위의 ㉡ 천장에서는 너의 소리가 들린다─
㉢ 하루살이의 반복이여

불 옆으로 모여드는 하루살이여
㉣ 벽을 사랑하는 하루살이여
감정을 잊어버린 시인에게로
모여드는 모여드는 하루살이여
─나의 시각을 쉬게 하라─
하루살이의 ㉤ 황홀이여

– 김수영, 「하루살이」–

① ㉠: 화자를 성찰하게 하는 춤

② ㉡: 화자가 추구하는 긍정적 공간

③ ㉢: 화자가 처한 부정적 현실

④ ㉣: 비애와 애환의 공간

⑤ ㉤: 구체적인 화자의 내면

24 밑줄 친 ㉠~㉢을 설명할 수 있는 예시로 옳은 것은?

> 언어는 통시적으로 꾸준히 변화하고, 음운, 어휘, 문법, 의미 등 언어를 구성하는 모든 부분에서 변화가 일어난다. 그 중 의미 변화는 어떤 말의 중심 의미가 새로 생겨난 다른 의미와 함께 사용되다가 마침내 다른 의미로 바뀌는 현상이다. 단어가 의미 변화를 겪고 난 후의 결과를 보면 단어가 지시하는 범위, 곧 의미 영역에 변화가 일어나는데, ㉠ 의미가 확대되는 경우와 ㉡ 축소되는 경우, 그리고 ㉢ 제3의 다른 의미로 바뀌는 경우를 볼 수 있다.

	㉠	㉡	㉢
①	마누라	놈	식구
②	놀부	짐승	언니
③	온	메	인정(人情)
④	어리다	외도(外道)	손
⑤	무릉도원	방송(放送)	말씀

25 다음 글을 파악한 내용으로 옳은 것은?

> 소득과 부에 대한 불균등한 접근 기회는 국가의 형성보다 앞서 존재했고, 국가가 발전하는 데 기여했다. 하지만 통치 체제가 일단 구축되고 나자 결과적으로 기존의 불평등이 더욱 심화되고 나아가 새로운 불평등도 생성되기에 이르렀다. 전근대 국가들은 상업 활동에 대한 보호 조치를 마련함으로써, 그리고 동시에 정치권력 행사와 가장 밀접하게 연관된 자들을 위해 개인적 이득이 생겨날 새로운 출처를 가능케 함으로써 소수의 손안에 물질 자원이 축적 및 집중될 수 있는 전례 없는 기회를 창출했다. 결국 정치적·물질적 불평등은 하나의 변수가 증가하면 다른 변수에도 그에 상응하는 증가를 초래할 가능성이 높은 상향 나선형 상호 작용 효과라고 일컫는 것 안에서 나란히 진화했다.

> 현대 학자들은 국가라는 지위의 본질적 특징을 정확히 포착하기 위해 매우 다양한 정의를 제시해 왔다. 그 중 몇 가지 요소를 차용하면, 국가란 영토와 그곳의 인구 및 자원에 대한 지휘권을 주장하고, 구속력 있는 명령과 규칙을 공포하고, 이러한 명령과 규칙을 위협이나 물리적 폭력을 포함한 합법적인 강압 조치의 행사로 뒷받침함으로써 통치 기능을 수행하는 일련의 제도와 인력을 갖춘 정치 조직을 나타낸다고 할 수 있다. 최초의 국가 출현을 설명하는 이론은 아주 많다. 내재적 추진력은 모두 어떤 면에서는 경제 발전과 그것의 사회적·인구학적 결과에 입각해 있다. 즉 유리한 위치를 점한 자들이 교역의 흐름을 통제함으로써 거둬들이는 이득, 지도자들에게 인구 밀도 증가 및 생산과 교환의 더욱 복잡한 관계에서 유발되는 문제를 처리할 권한을 부여할 필요성, 생산 수단에 대한 접근 기회를 둘러싼 계층 갈등, 그리고 규모 확장과 위계 및 중앙 집권화한 지휘 체계를 선호하는 자원 부족을 둘러싼 무력 충돌이 생성하는 압력 등이 그것이다.

① 소득과 부에 대한 불균등은 국가 형성 전부터 존재하다가 국가가 성립한 후 없어졌다.

② 전근대 국가들이 상업 활동에 대해 내린 보호 조치는 특정 개인이 부를 쌓기 어렵게 하는 요소였다.

③ 정치적 불평등은 물질적 불평등과 함께 상향 나선형 상호 작용 효과를 보이며 발달했다.

④ 국가라는 지위의 본질적 특징을 정의할 때 영토보다는 조직이 우선하는 요소로 적용된다.

⑤ 인구수에 대한 철저한 강압적 통제는 최초의 국가의 출현에 가장 중요한 요인이 되었다.

✔ 회독 CHECK 1 2 3

01 밑줄 친 부분의 표준 발음이 옳은 것만을 〈보기〉에서 모두 고르면?

― 〈보 기〉 ―

㉠ 이번 일을 계기[계:기]로 삼자.

㉡ 퇴임하는 직원을 위한 송별연[송:벼련]을 열다.

㉢ 그의 넓죽한[널쭈칸] 얼굴이 그리웠다.

㉣ 낙엽을 밟고[밥:꼬] 지나가다.

㉤ 월드컵 때문에 축구의 열병[열뼝]이 전국을 휩쓸었다.

① ㉠, ㉡, ㉢

② ㉠, ㉡, ㉣

③ ㉠, ㉢, ㉣

④ ㉡, ㉣, ㉤

⑤ ㉢, ㉣, ㉤

02 밑줄 친 부분의 띄어쓰기가 옳은 것은?

① 전국 단위 민방위 훈련이 <u>21년만에</u> 실시된다.

② 최근 개성공단은 공장 가동률이 <u>30%가량</u> 떨어진 것으로 알려졌다.

③ ○○백화점 명품관도 올해 <u>3월말까지</u> 1년간 20~30대가 구매 고객의 52%를 차지했다.

④ 소방청은 대피 훈련을 <u>20분내에</u> 마쳐야 한다고 밝혔다.

⑤ <u>600여개</u> 부스는 수많은 관람객들로 북적였다.

03 표준어로만 이루어진 문장을 〈보기〉에서 모두 고르면?

― 〈보 기〉 ―

㉠ 그는 총부리 앞에서 두 손을 번쩍 추켜올렸다.

㉡ 구하기 힘든 약이라 윗돈을 주고 특별히 주문해서 사 왔다.

㉢ 늘 그랬었지만 오늘따라 더욱 따라나서기가 께름직하다.

㉣ 거짓말을 한 피노키오의 코가 기다래졌다.

① ㉠, ㉡

② ㉠, ㉣

③ ㉢, ㉣

④ ㉠, ㉢, ㉣

⑤ ㉠, ㉡, ㉢, ㉣

04 다음 글에 따를 때, ㉠~㉢에 들어갈 말로 옳은 것은?

　일반적으로 중세국어에서는 체언에 처소를 나타내는 부사격조사가 붙을 때 모음의 종류에 따라 그에 맞는 조사가 선택된다. 먼저 체언의 모음이 양성모음 'ㆍ, ㅗ, ㅏ' 중의 하나이면 '애'가 쓰였다.

· 世尊이 象頭山애(상두산+애) 가샤 (세존이 상두산에 가시어)

　체언의 모음이 음성모음 'ㅡ, ㅜ, ㅓ' 중의 하나이면 '에'가 쓰였다.

· 기픈 굴헝에(굴헝+에) 싸디여 (깊은 구렁에 빠져)

　그리고 체언의 모음이 중성모음 'ㅣ'나 반모음 'ㅣ'일 때는 '예'가 쓰였다.

· 齒頭ㅅ소리예(소리+예) 쓰고 (치두의 소리에 쓰고)

· 귀예(귀+예) 듣논가 너기ᅀᆞᄫᆞ쇼셔 (귀로 듣는 것처럼 여기시옵소서)

㉠ (블+[ ]) 믈릐야 (불에 말리어)

㉡ (웃닛머리+[ ])다 ᄂᆞ니라 (윗니의 머리에 닿느니라)

㉢ (ᄆᆞᅀᆞᆷ+[ ])사기며 (마음에 새기며)

	㉠	㉡	㉢
①	브래	웃닛머리에	ᄆᆞᅀᆞ매
②	브레	웃닛머리예	ᄆᆞᅀᆞ매
③	브래	웃닛미리애	ᄆᆞᅀᆞ메
④	브레	웃닛머리예	ᄆᆞᅀᆞ메
⑤	브레	웃닛머리에	ᄆᆞᅀᆞ메

05 다음 글에 따라 판단할 때, 옳지 않은 것은?

동사나 형용사의 어간이 어미와 결합하여 활용을 할 때, 어간과 어미가 일정한 모습을 보이는 경우도 있지만 환경에 따라 모습을 달리하는 경우도 있다. 전자를 규칙 활용, 후자를 불규칙 활용이라 부른다.

어간이나 어미가 항상 일정한 모습으로 유지된다면 당연히 규칙 활용이지만, 어간이나 어미의 모습이 달라진다 해도 그 현상을 일정한 규칙으로 설명할 수 있으면 규칙 활용이다. '쓰고~써, 따르고~따라'는 '으'로 끝나는 용언 어간이 모음으로 시작하는 어미 앞에서 '으'가 탈락하는 것이다. 비록 용언 어간이 활용을 할 때 바뀌기는 하지만 '으'로 끝나는 용언들은 모두 동일한 환경에서 예외 없이 자동적으로 바뀌므로 규칙 활용으로 볼 수 있는 예들이다.

불규칙 활용은 어간의 변화가 불규칙한 것, 어미의 변화가 불규칙한 것, 어간과 어미가 모두 불규칙하게 변하는 것의 세 가지 유형으로 나누어 볼 수 있다. 먼저 어간의 변화가 불규칙한 것을 살펴보기로 하자. '짓-'의 활용을 보면, '짓다, 짓지'처럼 자음으로 시작하는 어미 앞에서는 '짓-'이 유지되지만, '지어, 지으니'처럼 모음으로 시작하는 어미 앞에서는 'ㅅ'이 탈락하여 '지-'로 나타난다. 이것은 모든 어미 앞에서 'ㅅ'이 유지되는 규칙 활용을 하는 '웃-'과는 다른 모습이다.

다음으로 어미의 변화가 불규칙한 것을 살펴보기로 하자. '하다'의 활용을 보면 자음으로 시작하는 어미와 결합하면 어미가 변하지 않으나, 모음으로 시작하는 어미와 결합하면 불규칙적으로 변한다. 즉 '하-'는 어간의 끝소리가 '아'이므로 규칙 활용을 한다면 '가-'처럼 '가, 가라, 갔다' 등으로 나타나야 하는데 실제로는 '하여, 하여라, 하였다'처럼 나타나는 것이다.

마지막으로 어간과 어미가 모두 불규칙하게 변하는 예를 들기로 하자. '파랗-'은 자음으로 시작하는 어미 앞에서는 국어의 일반적인 규칙인 'ㅎ'축약이 일어나지만 모음으로 시작하는 어미 앞에서는 '파란, 파라면'처럼 'ㅎ'이 탈락하는 어간의 불규칙 현상과 '파래서, 파랬다'처럼 어미 '-아서', '-았-'이 '-애서', '-앴-'으로 변하는 어미의 불규칙 현상을 동시에 보여 준다.

① '씻다'는 어간 '씻-'이 모든 어미 앞에서 유지되는 규칙 활용을 보인다.

② '구르다'는 모음 어미 '-어' 앞에서 '_'가 탈락하고 'ㄹ'이 새롭게 들어가는 불규칙 활용을 보인다.

③ '듣다'는 모음 어미 앞에서 'ㄷ'이 'ㄹ'로 바뀌는 불규칙 활용을 보인다.

④ '좋다'는 특정한 조건에서 'ㅎ'이 축약되거나 탈락하는 불규칙 활용을 보인다.

⑤ '날다'는 특정한 조건에서 'ㄹ'이 탈락하지만 'ㄹ'로 끝나는 용언들이 모두 같은 환경에서 예외 없이 바뀌므로 규칙 활용을 보인다.

06 밑줄 친 ㉠~㉤에 대한 설명으로 옳은 것은?

> 미국에서 자취하던 시절, 먹고사는 문제를 해결하기 위해 한국의 요리책을 사 읽은 적이 있다. "㉠ 한 소끔 끓어오르면 어슷 썬 대파를 적당량 집어넣으라."는 서술에 어이없어 했던 시절이다. 그때 나는 '설소식간'의 순서로 넣어야 한다는 사실보다 왜 설탕, 소금, 식초, 간장의 그 순서로 넣어야 하느냐가 궁금했다. 분명 요리는 ㉡ 화학적 변화이거늘, 그 원리가 무엇이냐는 것이다. 당시에는 답을 찾지 못했는데, 얼마 전 읽은 책이 바로 그 질문에 대한 답이다. 방대한 답.
>
> 모든 동물은 입을 달고 있다. 생존의 전제가 먹어야 한다는 것이기 때문이다. 인간도 그러한 동물이고, 먹어야 할 대상이 다양하니 '음식과 요리'라는 두 단어가 지칭하는 대상도 방대할 수밖에 없다. 그래서 본문만 해도 무려 1,200쪽이 넘는다. 두께로 보면 ㉢ 통독(統讀)을 위한 책이라기보다는 곁에 두고 필요할 때 찾아보는 참고서에 가깝다. 그러나 요리 과정에서 그 재료가 도대체 어떤 화학적 작용을 거쳐 음식에 이르는지를 설명한 이 '과학책'은 한번 붙들면 통독의 나라로 빠져들게 만든다. 펼쳐들려면 작심을 해야 한다.
>
> 화학, 역사, 언어를 종횡무진 넘나들고 번역하고 ㉣ 감수하는 데 세 사람이나 필요했던 이 책의 저자가 단 한 명인 것이 신기하다. 어정쩡한 귀동냥을 근거로 우물쭈물하는 수준을 넘어서는 길이와 명쾌에 감탄하게 된다. 어느 책과 비교하면 대단히 비싼 축이다. 그러나 이런 정도의 정보와 가치를 지닌 책에 그 값은 정말 ㉤ 헐가(歇價)에 지나지 않는다. 고기 일 인분, 소주 한 병 값으로 이 정도의 좋은 정보를 알려준 저자와 출판사에게 고맙다고 할 일이다.

① ㉠: '한소끔'은 표기가 잘못되었으니 '한소금'으로 수정해야 한다.

② ㉡: '화학적 변화'에서 '화학적'의 품사는 명사이다.

③ ㉢: '통독'은 한자 표기가 잘못되어서 '統'을 '通'으로 수정해야 한다.

④ ㉣: '감수하는 데'의 '-는데'는 어미이므로 '감수하는데'와 같이 붙여 써야 한다.

⑤ ㉤: '헐가(歇價)'라는 단어는 없기 때문에 '헐값'으로 고쳐 써야 한다.

07 밑줄 친 한자어의 한글 표기로 옳지 않은 것은?

> ㉠ 滔滔히 밀려오는 亡國의 濁流一이 金力과 權力, 邪惡 앞에 목숨으로써 防波堤를 이루고 있는 사람들은 志操의 ㉡ 喊聲을 높이 외치라. 그 知性 앞에는 사나운 물결도 물러서지 않고는 못 배길 것이다. 天下의 ㉢ 大勢가 바른 것을 향하여 다가오는 때에 變節이란 무슨 어처구니없는 말인가. 李完用은 나라를 팔아먹어도 자기를 위한 36년의 ㉣ 先見之明은 가졌었다. 무너질 날이 얼마 남지 않은 權力에 뒤늦게 팔리는 行色은 딱하기 짝없다. 배고프고 욕된 것을 조금 더 참으라. 그보다 더한 욕이 ㉤ 變節 뒤에 기다리고 있다.

① ㉠ 담담

② ㉡ 함성

③ ㉢ 대세

④ ㉣ 선견지명

⑤ ㉤ 변절

[08~09] 다음 글을 읽고 물음에 답하시오.

(가) 이 듕에 시름 업스니 漁父의 生涯이로다.
　　一葉片舟를 萬頃波에 띄워 두고
　　人世를 다 니젯거니 날 가는 줄를 안가.

(나) 구버는 千尋綠水 도라보니 萬疊靑山
　　十丈紅塵이 언매나 フ롓는고
　　江湖에 月白호거든 더옥 無心하얘라.

(다) 靑荷에 바블 ᄡ고 綠流에 고기 꿰여,
　　蘆荻花叢애 빅 미아두고,
　　一般淸意味를 어늬 부니 아ᄅ 실고.

(라) 山頭에 閒雲이 起호고 水中에 白鷗ㅣ 飛이라.
　　無心코 多情호니 이 두 거시로다.
　　一生에 시르믈 닛고 너를 조차 노로리라.

(마) 長安을 도라보니 北闕이 千里로다.
　　魚舟에 누어신들 니즌 스치 이시랴.
　　두어라 내 시름 안이라 濟世賢이 업스랴.

08 밑줄 친 시어 가운데 이미지가 나머지와 다른 하나는?

① 千尋綠水
② 十丈紅塵
③ 蘆荻花叢
④ 閒雲
⑤ 白鷗

09 유교적 이념을 현실 속에서 실현하려는 속마음이 드러난 것은?

① (가)
② (나)
③ (다)
④ (라)
⑤ (마)

10 (가)~(마)의 글을 논리적 순서에 맞게 나열한 것은?

(가) 흔히 방언에 따라 발음이 다르다고 하는 것은 이러한 상황을 가리키는 것에 불과하다.

(나) 그런데 언어 변화는 지역에 따라 차이를 보이기도 하고, 동일한 지역이라도 성별이나 연령, 계층 등의 사회적 변수에 따라 달리 진행되기도 한다.

(다) 만약 언어 변화가 모든 지역의 모든 언중에게서 같은 모습으로 나타난다면 발음의 변이란 생길 수가 없다.

(라) 발음의 변이가 나타나는 가장 중요한 이유는 언어 변화가 일률적으로 일어나지 않은 데 있다.

(마) 이처럼 언어 변화가 여러 조건들에 따라 상이하게 이루어지기 때문에 그와 더불어 발음의 변이도 발생하게 된다.

① (가) – (나) – (라) – (마) – (다)
② (다) – (나) – (마) – (라) – (가)
③ (다) – (라) – (나) – (가) – (마)
④ (라) – (가) – (다) – (나) – (마)
⑤ (라) – (다) – (나) – (마) – (가)

11 다음 글에 따라 추론한 내용으로 옳지 않은 것은?

> 어떤 타입의 사람에게 "소설이란 무엇을 하는 것입니까?" 하고 물어 보면, 그는 조용히 대답할 것이다. "글쎄요, 잘 모르겠는데요. 질문 치고는 묘한 질문이군요." 이 사람은 온순하고 애매한데, 아마 버스 운전이라도 하면서 문학에 대해서는 필요 이상의 관심이 없는 경우이다. 또 한 사람은 골프장에 있다고 생각해 보지만, 무척 괄괄하고 똑똑할 것이다. 그는 이렇게 대답할 것이다. "소설이 무엇을 하느냐구? 그야 물론 이야기를 하지. 그렇지 않으면 내게는 필요가 없는 물건이야. 난 이야기를 좋아하니까 나로서는 확실히 나쁜 취미이지만, 이야기는 좋단 말이야. 예술도 가져가고 문학도 가져가고 음악도 가져가도 좋지만, 재미있는 이야기는 나를 달라구. 그리구 말이지 이야기는 이야기다운 게 좋더군. 마누라도 역시 그렇대." 그리고 세 번째 사람은 약간 침울하고 불만스러운 듯한 어조로 말한다. "그렇지요. 글쎄 그렇겠지요. 소설은 이야기를 합니다."

① 세 명의 답변은 소설에 대한 공통적 인식을 찾기 어려울 정도로 제각기 다르다.

② 첫 번째 사람의 답변은 단정이 보류된 상태에서 의문이 숨겨져 있다.

③ 두 번째 사람의 답변은 뻔뻔스럽게 느껴질 정도로 단정적이며 자신에 차 있다.

④ 세 번째 사람의 답변은 의문을 지닌 상태에서 단정적인 태도를 보인다.

⑤ 소설의 정의는 한마디로 단정하기 어려운 부분이 있음을 알 수 있다.

12 (가)~(마)의 글을 논리적 순서에 맞게 나열한 것은?

(가) 바로 이런 점 때문에 사실상 사과는 거의 불가능하다. 잘못한 이가 자신이 누구에게 어떤 고통을 줬는지를 이미 알고 있는 경우를 생각해보자. 이 경우에 가해자는 이미 자신이 무슨 짓을 하는지 알면서도 고통을 줬다. 그것이 뻔히 고통인 줄을 알면서도 고의적으로 고통을 준 것이다. 그렇기에 그의 사과는 들켰기 때문에 하는 사과다. 들키지 않았더라면 결코 사과하지 않았을 것이다.

(나) 사과는 자신이 가한 행위의 '의도'에 대한 것이 아니라 '결과'에 대해 책임을 지는 행위다. 자신의 의도가 선한 것이었건, 악한 것이었건 그것이 피해자에게 구체적으로 고통을 가했기 때문에 그 결과에 대해 책임을 지는 것이 사과다. 따라서 사과에 선행해야 하는 것은 자신의 행위가 왜 상대방에게 '본의와 달리' 고통을 줄 수밖에 없었는지를 깨닫는 것이다. 그래야 같은 일을 반복하지 않을 수 있다. 사과가 그저 한 번의 사건에 대한 것이 아니라 앞날에 대한 맹세여야 하는 이유가 여기에 있다.

(다) 게다가 어느 경우라도 고통에 대한 이해가 없다. 아무리 '진정한' 사과라고 하더라도 사과한다고 고통이 그 순간에 사라지는 것이 아니다. 고통이 순간이 아니기에 사과도 순간이 될 수 없다. 사과는 일회용 휴지처럼 한번 사용하고 끝낼 수 있는 것이 아니다. 사과는 시간을 들여 반복·지속돼야 하는 행위다. 우리는 잊고 묻으려고만 하는 '사과'에 저항해야 한다.

(라) 반대로 가해자가 그가 고통을 가한 것에 대해 모르는 경우에도 사과는 불가능해진다. 무엇을 사과해야 할지 모르는 상태에서 사과를 해야 하기 때문이다. 따라서 이들은 "본의가 아니었다."라고 말한다. 악의적인 경우를 제외하고 이 말은 대부분 사실일 가능성이 높다. 한 번도 피해자의 입장이 되어본 적이 없기에 그것이 고통이 될 것이라고 생각해보지 않았기 때문이다. 그렇기에 그들은 '본의'가 아니지만 어쨌든 피해자가 고통을 느꼈다고 하니 사과한다고 말한다. 따라서 이 경우도 제대로 된 사과가 될 수 없다. 무엇을 잘못했는지 모르는데 어떻게 사과를 할 수 있단 말인가?

(마) 제대로 된 사과를 보기가 힘들다. 전쟁, 국가폭력과 같은 범죄에 대한 국가와 국정 최고책임자의 사과에서부터 뇌물수수와 같은 정치인들의 사과, '갑질'한 기업인, 혐오 발언한 연예인에 이르기까지 다 그렇다. 이들은 자신이 누구에게 무엇을 어떻게 사과해야 하는지를 잘 모르는 듯하다. 뻔히 고통을 당한 당사자들이 있는데 그들은 제쳐놓고 '국민'이나 '시청자'에게 사과한다. 아니 '사과' 대신 '유감'이라고 말해서 누가 가해자고 누가 피해자인지 헷갈리게 되는 경우도 있다.

① (나) – (가) – (라) – (다) – (마)
② (나) – (마) – (가) – (다) – (라)
③ (나) – (마) – (가) – (라) – (다)
④ (마) – (나) – (가) – (라) – (다)
⑤ (마) – (나) – (라) – (가) – (다)

14 파생어로만 묶인 것은?

① 강추위, 날강도, 온갖, 짓누르다
② 공부하다, 기대치, 되풀다, 들이닥치다
③ 게을러빠지다, 끝내, 참꽃, 한겨울
④ 들개, 어느덧, 움직이다, 한낮
⑤ 들쑤시다, 마음껏, 불호령, 여남은

13 다음 글의 설명에 해당하는 사례로 옳은 것은?

어떤 음운 변화가 생겨서 'A'라는 음소가 'B'로 바뀌면 그에 대한 반작용으로 'B'를 'A'로 다시 되돌리는 경향이 나타난다. 그런데 때로는 되돌리면 안 되는 음까지 되돌려서 새로운 변화가 야기되기도 하는데 이것을 과도 교정이라고 한다. 가령 'A'라는 자음이 'C' 앞에서 'B'로 바뀌는 변화가 있다고 할 때 'A'에서 바뀐 'B'를 'A'로 되돌리는 것은 문제가 없는데, 원래부터 'B'였거나 또는 'A'가 아닌 다른 자음에서 바뀐 'B'까지 'A'로 되돌리는 변화가 과도 교정인 것이다.

① 티다[打] > 치다
② 기름 > 지름
③ 딤치[沈菜] > 짐치
④ 힘 > 심
⑤ 질삼 > 길쌈

15 밑줄 친 부사 중 기능상 분류가 나머지와 다른 하나는?

① 그 실력으로 과연 취직 시험에 합격할 수 있을까?
② 그 약이 정말 그렇게 효과가 있는지는 알 수 없다.
③ 오자마자 바로 떠난다니?
④ 응당 해야 할 일을 했을 뿐입니다.
⑤ 제발 비가 왔으면 좋겠다.

16 밑줄 친 단어 중 다음 글에 설명된 특성을 모두 보이는 것은?

> • 서로 다른 단어지만 발음이 동일하다.
> • 품사나 활용 등 문법적 기능이 동일하다.
> • 정서법상 철자 표기가 동일하다.

① 빨래를 <u>걷자</u> 아내가 다가왔다. ~ 조금만 더 빨리 <u>걷자</u>.

② 그 일은 <u>손</u>이 많이 간다. ~ 장사꾼의 <u>손</u>에 놀아나다.

③ 운동을 하다가 <u>다리</u>를 다쳤다. ~ 새로운 <u>다리</u>를 건설하였다.

④ 그는 누구에게나 반말을 <u>썼다</u>. ~ 시험 공부에 시간을 많이 <u>썼다</u>.

⑤ <u>반드시</u> 좋은 날이 올 거다. ~ 줄은 <u>반듯이</u> 그어라.

17 외래어 표기가 옳은 것만을 〈보기〉에서 모두 고르면?

> ─── 〈보 기〉 ───
> ㉠ 기타큐슈(Kitakyûshû)
> ㉡ 소셔드라마(sociodrama)
> ㉢ 도스토예프스키(Dostoevsky)
> ㉣ 하바나(Havana)
> ㉤ 키리바시(Kiribati)

① ㉠, ㉡, ㉤

② ㉠, ㉣, ㉤

③ ㉡, ㉢, ㉣

④ ㉡, ㉢, ㉤

⑤ ㉢, ㉣, ㉤

18 한자어의 독음이 모두 옳은 것은?

① 更新(경신), 復權(복권), 有名稅(유명세), 劃策(획책), 周旋(주유)

② 該當(해당), 比率(비율), 收斂(수험), 墮落(추락), 開拓(개척)

③ 樣相(양상), 建築(건축), 未達(미비), 部族(부족), 傳達(전달)

④ 收益(수익), 交流(교류), 鬱寂(울적), 於此彼(어차피), 代替(대체)

⑤ 賂物(뇌물), 思惟(사변), 役割(역할), 準備(준비), 摘出(적출)

19 '먹다'가 들어간 속담의 의미에 대한 설명으로 옳지 않은 것은?

① 꿩 구워 먹은 자리: 어떠한 일의 흔적이 전혀 없음을 비유적으로 이르는 말

② 소금 먹은 놈이 물켠다: 무슨 일이든 반드시 그렇게 된 까닭이 있다는 말

③ 먹던 술도 떨어진다: 매사에 조심하여 잘못이 없도록 하라는 말

④ 먹는 데는 관발이요 일에는 송곳이라: 제 이익이 되는 일 특히 먹는 일에는 남보다 먼저 덤비나, 일할 때는 꽁무니만 뺀다는 말

⑤ 노루 때린 막대기 세 번이나 국 끓여 먹는다: 어떤 일을 성공하기 위해서는 반복해야 한다는 것을 강조하는 말

20 밑줄 친 ㉠~㉱에 대한 설명으로 옳지 않은 것은?

> 지상(地上)에는
> 아홉 켤레의 신발.
> 아니 현관에는 아니 들깐에는
> 아니 어느 ㉠ 시인의 가정에는
> 알 전등이 켜질 무렵을
> 문수(文數)가 다른 아홉 켤레의 신발을.
>
> 내 ㉡ 신발은
> 십구문반(十九文半).
> 눈과 얼음의 길을 걸어,
> 그들 옆에 벗으면
> 육문삼(六文三)의 코가 납작한
> 귀염둥아 귀염둥아
> 우리 막내둥아
>
> 미소하는
> 내 얼굴을 보아라
> 얼음과 눈으로 벽(壁)을 짜올린
> 여기는
> 지상.
> ㉢ 연민한 삶의 길이여.
> 내 신발은 십구문반(十九文半).
>
> 아랫목에 모인
> 아홉 마리의 강아지야
> ㉣ 강아지 같은 것들아.
> 굴욕과 굶주림과 추운 길을 걸어
> ㉤ 내가 왔다.
> 아버지가 왔다.
> 아니 십구문반(十九文半)의 신발이 왔다.
> 아니 지상에는
> 아버지라는 어설픈 것이
> 존재한다.
> 미소하는
> 내 얼굴을 보아라.

① ㉠: 시적 화자가 냉정한 현실 속에서 지켜야 할 소중한 공간을 의미한다.

② ㉡: 가장 밑바닥에서 고단한 삶을 함께 하는 동반자로서의 의미가 있다.

③ ㉢: 사랑하는 가족을 만날 수 없는 나약한 아버지의 슬픔이 짙게 배어 있다.

④ ㉣: 보살펴 주어야 할 사랑스럽고 귀여운 자식들을 나타낸다.

⑤ ㉤: 반복을 통해 아버지의 가족에 대한 짙은 애정과 책임감이 부각되고 있다.

21 밑줄 친 ㉠~㉤에 대한 설명으로 옳지 않은 것은?

> 촌장: 이것, 네가 보낸 거냐?
>
> 다　: 네, 촌장님.
>
> 촌장: 나를 이곳에 오도록 해서 고맙다. 한 가지 유감스러운 건, 이 ㉠ 편지를 가져온 운반인이 도중에서 읽어 본 모양이더라. '이리 떼는 없고, ㉡ 흰 구름뿐.' 그 수다쟁이가 사람들에게 떠벌리고 있단다. 조금 후엔 모두들 이곳으로 몰려올 거야. 물론 네 탓은 아니다. 몰려오는 사람들은, 말하자면 불청객이지. 더구나 그들은 화가 나서 도끼라든가 망치를 들고 올 거다.
>
> 다　: 도끼와 망치는 왜 들고 와요?
>
> 촌장: 망루를 부수려고 그러겠지. 그 성난 사람들만 오지 않는다면 난 너하구 ㉢ 딸기라도 따러 가고 싶다. 난 어디에 딸기가 많은지 알고 있거든. 이리 떼를 주의하라는 ㉣ 팻말 밑엔 으레 잘 익은 딸기가 가득하단다.
>
> 다　: 촌장님은 이리가 무섭지 않으세요?
>
> 촌장: 없는 걸 왜 무서워하겠냐?
>
> 다　: 촌장님도 아시는군요?
>
> 촌장: 난 알고 있지.
>
> 다　: 아셨으면서 왜 숨기셨죠? 모든 사람들에게, 저 ㉤ 덫을 보러 간 파수꾼에게, 왜 말하지 않는 거예요?
>
> … (중략) …
>
> 촌장: 애야, 이리 떼는 처음부터 없었다. 없는 걸 좀 두려워 한다는 것이 뭐가 그렇게 나쁘다는 거냐? 지금까지 단 한 사람도 이리에게 물리지 않았단다. 마을은 늘 안전했어. 그리고 사람들은 이리 떼에 대항하기 위해서 단결했다. 그들은 질서를 만든 거야. 질서, 그게 뭔지 넌 알기나 하니? 모를 거야, 너는. 그건 마을을 지켜주는 거란다. 물론 저 충직한 파수꾼에겐 미안해. 수천 개의 쓸모없는 덫들을 보살피고 양철북을 요란하게 두들겼다. 허나 말이다, 그의 일생이 그저 헛됐다고만 할 순 없어. 그는 모든 사람들을 위해 고귀하게 희생한 거야. 난 네가 이러한 것들을 이해하여 주기 바란다. 만약 네가 새벽에 보았다는 구름만을 고집한다면,

이런 것들은 모두 허사가 된다. 저 파수꾼은 늙도록 헛북이나 친 것이 되구, 마을의 질서는 무너져 버린다. 애야, 넌 이렇게 모든 걸 헛되게 하고 싶진 않겠지?

① ㉠: 촌장이 황야로 오게 된 계기
② ㉡: 진실, 이리 떼의 실체
③ ㉢: 진실을 왜곡하여 얻은 부정한 대가
④ ㉣: 사람들에게 진실을 알리는 단서
⑤ ㉤: 공포를 조장하기 위해 만들어 낸 장치

22 밑줄 친 문장의 ㉠, ㉡에 들어갈 표현으로 옳은 것은?

> 삶과 죽음이 이웃처럼 붙어 있는 것을 극적으로 보여 주는 조각 작품이 있다. 전시 공간에 뒹굴 듯이 던져져 있는 두 개의 머리는 꼭 달라붙어 있었다. 아래쪽 두상과 위쪽 두개골상이 작품의 제목처럼 각각 삶과 죽음을 상징하고 있음을 포착하기는 그리 어렵지 않다. 마치 시인 윤동주의 〈또 다른 고향〉에서 "고향에 돌아온 날 밤에 / 내 백골이 따라와 한 방에 누웠다."라는 시구를 조각으로 빚어 놓은 것 같다.
>
> 이 작품을 잘 들여다보면 해골이 잠든 듯 살포시 눈을 감은 아래쪽 두상의 볼을 물어뜯고 있는데, 언뜻 보면 죽음이 삶을 잠식하는 듯하다. 그런데 작가는 해골을 붉은색 계열의 빛깔로 표현하였다. 흔히 떠올리는 백골의 이미지와는 동떨어져 있다. 죽음을 상징하는 해골이 피가 도는 것처럼 살아 있고, 오히려 삶을 상징하는 아래쪽 두상은 죽은 것처럼 피부색이 납빛이다. 살아 있는 해골과 죽어 있는 삶이라니! 이렇게 되면 삶과 죽음의 경계가 모호해진다. 작가는 죽음 안에 삶이 들어 있고 삶 안에 죽음이 숨 쉬고 있음을 ㉠과(와) ㉡의 기법으로 표현하고 있다.

	㉠	㉡
①	비교	모순
②	대조	역설
③	대립	묘사
④	분석	대조
⑤	묘사	대칭

23 다음 글에 따라 추론한 내용으로 옳지 않은 것은?

> 단어의 형태는 시간의 흐름에 따라 변화한다. 단어들의 형태 변화는 많은 경우 음운의 변화에 의해 나타나게 된다. 중세국어에는 현대국어와 달리 체언 말음에 'ㅎ'을 가진 단어들이 제법 많이 존재하였다. '하늘, 나라'는 중세국어에서 '하ᄂᆞᆶ, 나랗'이었다. 이 단어들은 '하늘'처럼 단독형으로 쓰일 때나 관형격 조사 'ㅅ' 앞에서는 'ㅎ'이 실현되지 않았다. 그러나 '하늘콰, 하늘토'와 같이 'ㄱ, ㄷ'으로 시작하는 조사와 결합할 때에는 'ㅎ' 말음이 뒤에 오는 조사와 결합하여 'ㅋ, ㅌ'으로 축약되었다. 또한 '하늘히'와 같이 모음이나 매개모음으로 시작하는 조사 앞에서는 연음이 되어 나타났다. 현대국어에서는 대체로 'ㅎ'이 탈락하였으나 '안팎, 암캐, 머리카락' 등의 복합어에 그 흔적이 남아 있는 경우도 있고 '따ㅎ>땅'처럼 받침 'ㅇ'으로 나타나거나 '셓, 넿>셋, 넷'처럼 'ㅅ'으로 나타나기도 한다.
>
> 중세국어에는 현대국어와 달리 뒤에 결합하는 조사에 따라 체언이 달리 나타나기도 하였다. 현대국어의 '나무'에 해당하는 중세국어 어형인 '나모'는 '나모, 나모도, 나모와'와 같이 단독형으로 쓰일 때나 자음으로 시작하는 조사나 '와'와 결합할 때는 '나모'로 나타난다. 그런데 '남기, 남ᄀᆞᆫ, 남ᄀᆞᆯ'에서 보듯이 '와'를 제외한 모음으로 시작하는 조사와 결합할 때는 '낡'으로 나타났음을 보여 준다. 물론 이때도 체언과 조사 사이에는 모음조화가 적용되었다. 현대국어에서는 '나무, 나무와, 나무도, 나무가, 나무는'과 같이 하나의 형태로 고정되게 되었다. '구멍'에 해당하는 중세국어의 '구무'도 '나무'와 동일한 양상을 보여 준다.

① 현대국어의 '하늘과 땅도'는 중세국어에서는 '하늘콰 따토'로 나타났겠군.

② '수캐, 수탉'의 단어들을 보면 '수'도 중세국어에서는 '숳'이었을 가능성이 있겠군.

③ 중세국어에서는 '셋히, 셋흐로'로 쓰이던 것이 현대국어에서 '셋이, 셋으로'가 되었겠군.

④ '나무'는 중세국어에서 '와'를 제외한 모음으로 시작
하는 조사와 결합하던 형태가 현대국어로 오면서
사라진 것이군.

⑤ 중세국어의 '구무'도 다른 조사와 결합할 때 '구무도,
구무와, 굼기, 굼근'과 같이 쓰였겠군.

24 다음 글의 내용 파악으로 옳지 않은 것은?

음식은 매우 강력한 변칙범주이다. 왜냐하면 음식
은 자연과 문화, 나와 타인, 내적 세계와 외적 세계라
는 매우 중요한 영역의 경계를 지속적으로 넘나들기
때문이다. 따라서 문화적으로 중요한 의미를 지닌 행
사들은 늘 식사 대접을 통해 표현되었고, 날로 먹는
문화에서 익혀 먹는 문화로 변형되는 과정 역시 가장
중요한 문화적 과정 중의 하나였다. 이 과정은 음식
에 어떠한 인위적인 조리를 가하기 이전에 이미 음식
에 대한 개념에서부터 시작되었는데, 비록 문화마다
음식에 대한 범주가 다르긴 하지만 모든 문화는 자연
전체를 '먹을 수 있는 것'과 '먹을 수 없는 것'으로 구
분하기 때문이다.

인간의 위장은 거의 모든 것을 소화시킬 능력이 있
기 때문에 식용과 비식용을 구별하는 것은 생리적 근
거에 의해서가 아니라 문화적인 토대에 입각한 것이
다. 한 사회가 다른 사회를 낯설고 이질적인 사회라
고 증명하는 근거로서 자기 사회에서 먹지 못하는 대
상을 그 사회에서는 먹고 있다는 식으로 구분하는 무
수한 사례를 통해 이 같은 구분이 지닌 중요성을 인
식할 수 있다. 따라서 영국인들에게 프랑스인들은 개
구리를 먹는 사람들로 알려져 있고, 스코틀랜드 사람
들은 해지스(haggis: 양의 내장을 다져서 오트밀 따
위와 함께 양의 위에 넣어서 삶은 것)를 먹는 사람으
로 알려져 있다. 아랍인들은 양의 눈을 먹기 때문에
영국인들에게 낯선 인종이며 원주민들은 애벌레를
먹기 때문에 이방인 취급을 받는 것이다.

① 음식의 개념과 범위는 문화에 따라 다르게 정해질
수 있다.

② 위장의 소화 능력에 따라 식용과 비식용이 구별되는
것은 아니다.

③ 음식과 음식 아닌 것을 구분하는 가장 중요한 기준
은 문화적인 성격을 갖는다.

④ 사람들은 다른 문화의 낯선 음식에 대해서는 야만적
이라고 생각한다.

⑤ 문화마다 음식 개념이 다르니만큼, 음식 문화는 상
대적인 성격을 갖는다.

25 다음 글의 핵심 비판 내용으로 옳은 것은?

우리의 밥상에는 밥과 함께 국이 주인이다. 봄이면
냉잇국이나 쑥국의 향긋한 냄새가 좋고, 여름엔 애호
박국이 감미로우며, 가을엔 뭇국이 시원하다. 그리고
겨울이면 시래깃국과 얼큰한 배추 김칫국이 있어서
철따라 우리의 입맛을 돋운다.

가을 뭇국은 반드시 간장을 넣고 끓여야 제 맛이
나고, 겨울 시래깃국은 된장을 풀어야 구수한 맛이
돈다. 사람들이 지닌 성품과 애정(愛情)도 이처럼 사
계절의 국물맛과 같지 않을까?

조선 시대 왕들은 해마다 봄이 되면 동대문 밖 선
농단에서 제사를 지냈다. 그 해 농사가 잘 되기를 바
라는 의미에서 왕이 친히 선농단까지 나갔던 것이다.
왕이 직접 제사를 지내니 백성들도 구름같이 몰려들
었다. 궁궐에서만 사는 왕을 먼발치에서라도 볼 수
있고, 또 한 해 농사가 풍년이 들기를 바라는 마음이
간절하기도 해서였다. 흉년이 든 다음 해는 백성들이
더 많았는데, 그 까닭은 그 곳에 가면 국물을 얻어먹
을 수 있었기 때문이다. 그리고 보면 선농단의 국물
에는 은혜와 감사, 또는 마음 속 깊은 기원(祈願)이나
따뜻한 사랑이 담겨 있었다고 해야 할 것이다.

선농단에서 백성들에게 국물을 나누어 주다가 갑
자기 사람이 더 늘어나면 물을 더 붓는다. 그리고 간
을 다시 맞추어 나누어 먹는다. 물을 더 부으면 그만
큼 영양가가 줄어드는 것은 사실이지만, 어디 지난날
우리가 영양가를 따져 가며 먹고 살아왔던가? 가난
을 나누듯 인정(人情)을 사이좋게 실어 나르던 고마
운 국물이었던 것이다.

엿장수 인심에 '맛보기'라는 것도 예외가 아니다.
기분만 나면 맛보기 한 번에다 덤을 주는데, 이 역시
국물 한 대접 같은 인정의 나눔이다.

시장에서 콩나물을 살 때도 값어치만큼의 양은 당연히 준다. 그러나 덤으로 콩나물이 더 얹히지 않을 때 아낙네들은 금방 섭섭한 눈치를 한다. 파는 이가 두꺼비 같은 손잔등을 쫙 펴서 서너 개라도 더 올려놓아야 아낙네들은 언제 그랬느냐는 듯 흐뭇한 미소를 지으며 돌아서 간다. 그 덤 역시 국물과 같은 끈끈한 인정의 나눔이리라.

그런데 요즈음 우리네 식탁엔 점차 국물이 사라지고 있다. 걸어가면서 아침을 먹고, 차에 흔들리면서 점심을 먹어야 하는 바쁜 사람들이 많이 생겨서인가? 아니면, 개척 시대 미국 이주민의 생활(生活)이 부러워 그것을 흉내 내고 싶어서인가? 즉석 요리, 인스턴트 식품이 판을 치고 있는 세상이다.

내 아이들도 예외는 아니다. 생선은 굽고, 닭고기는 튀겨야 맛이 있다고 성화인 것만 보아도 그렇다. 나는 그 반대 입장에 서서 국물이 있는 것으로 입맛을 챙기려 하니, 아내는 늘 지혜롭게 식탁을 꾸려갈 수밖에 없다. 기다릴 줄을 모르고, 자기 욕심 자기 주장이 통할 때까지 고집을 피워 대는 내 아이들의 모습을 보면서, 혹시 그런 성격이 서구화(西歐化)된 식탁 문화에서 빚어진 것이 아닌가 하는 걱정도 커진다.

오늘 아침에도 조기 한 마리를 사다 놓고, 이것을 구울까 찌개를 끓일까 망설이는 아내의 처지가 참 안쓰러웠다. 한참을 망설이던 아내는 내 눈치를 보면서 끝내 조기를 굽는다. 국물 없는 아침밥을 먹고 출근하는 발걸음이 어째 가볍지가 않다.

① 나눔과 인정이 사라진 현대 사회
② 전통문화를 부러워하는 현대인들
③ 자기 주장을 고집하는 세태
④ 바쁘게 돌아가는 현대인의 생활
⑤ 인스턴트 식품의 범람

✅ 회독 CHECK 1 2 3

01 다음 중 합성어로만 묶인 것은?

① 비행기, 새해, 밑바닥, 짓밟다, 겁나다, 낯설다
② 새해, 막내둥이, 돌부처, 얄밉다, 깔보다, 본받다
③ 새해, 늙은이, 어깨동무, 정들다, 앞서다, 손쉽다
④ 비행기, 개살구, 산들바람, 겁나다, 낯설다, 그만 두다
⑤ 늙은이, 막내둥이, 척척박사, 본받다, 앞서다, 배부 르다

02 다음 중 밑줄 친 단어의 쓰임이 적절하지 않은 것은?

① 뜨거운 죽을 그릇에 담을 때에는 넘치지 않도록 골 막하게 담아라.
② 그는 주춤하더니 다시 돌아누워 시름없는 투로 말 했다.
③ 가만히 있는 아이를 괜히 뜯적거려 울린다.
④ 마주 보이는 담배 가게 옆댕이의 사진관을 본다.
⑤ 첫인상부터 늠늠하고 인색한 샌님티가 난다.

03 〈보기〉의 외래어 표기 중 옳은 것을 모두 고르면?

─── 〈보 기〉 ───
㉠ 게티스버그(Gettysburg)
㉡ 알레르기(Allergie)
㉢ 컬렉션(collection)
㉣ 미네랄(mineral)
㉤ 아쿠아마린(aquamarine)

① ㉠, ㉡, ㉤
② ㉡, ㉢, ㉣
③ ㉢, ㉣, ㉤
④ ㉠, ㉡, ㉢, ㉣
⑤ ㉠, ㉡, ㉢, ㉣, ㉤

04 다음 중 문장의 구성이 자연스럽지 않은 것은?

① 불평등과 양극화가 심해진 지금의 자본주의가 자본 과 시장의 폐해를 제대로 규제하고 제어하지 못한 정치 실패이자 민주주의 실패의 결과인 것은 한국 만의 문제가 아니다.
② 1980년대 초부터 지난 30년 동안 미국과 유럽의 선 진국들이 시장 근본주의적인 자본주의를 추구한 결 과로 경제 구조뿐만 아니라 사회 구조에도 부정적 결과들이 구조화되었다.
③ 단순하게는 혼자서 삶을 꾸려 나갈 수 없다는 데서, 나아가 여러 사람과 더불어 살면서 가치 있는 삶을 만들어간다는 데서 인간이 사회적 동물이라는 진술 의 원인 혹은 의미를 찾을 수 있겠다.
④ 현재의 출산 장려 정책은 분만을 전후한 수개월의 짧은 기간에 혜택을 집중시키는데, 가족과 모성의 생애주기를 고려한 종합적 건강증진보다는 건강한 신생아를 얻는 것 자체를 목적으로 하기 때문이다.
⑤ 그러나 이러한 높은 수준의 지성적 연구는 예술과 과학 사이에 존재하는 차이점보다 오히려 양자 간 의 유사점에 대한 인식을 토대로 하여 성립하기 때 문에 예술이나 과학 어느 하나만으로는 지칭될 수 없는 성질의 것이다.

05 작품 창작 연대가 앞선 것부터 순서대로 나열한 것은?

> ㉠ 아아, 날이 저믄다. 서편(西便) 하늘에, 외로운 강물 우에, 스러져 가는 분홍빗 놀……. 아아 해가 저믈면 해가 저믈면, 날마다 살구나무 그늘에 혼자 우는 밤이 쏘 오것마는, 오늘은 사월(四月)이라 파일날, 큰길을 물밀어 가는 사람 소리는 듯기만 하여도 흥성시러운 거슬 웨 나만 혼자 가슴에 눈물을 참을 수 업는고?
>
> ㉡ 잘 있거라, 짧었던 밤들아 / 장밖을 떠놀던 겨울 안개들아 / 아무것도 모르던 촛불들아, 잘 있거라 / 공포를 기다리던 흰 종이들아 / 망설임을 대신하던 눈물들아 / 잘 있거라, 더 이상 내것이 아닌 열망들아 // 장님처럼 나 이제 더듬거리며 문을 잠그네 / 가엾은 내 사랑 빈집에 갇혔네
>
> ㉢ "가고 오지 못한다"는 말을 / 철업든 내 귀로 드렀노라 / 만수산(萬壽山)을 나서서 / 옛날에 갈라선 그 내 님도 / 오늘날 뵈올 수 잇엇스면 / 나는 세상 모르고 사랏노라 / 고락(苦樂)에 겨운 입술로는 / 갓튼 말도 조금 더 영리하게 / 말하게도 지금은 되엇건만 / 오히려 세상 모르고 사랏스면!
>
> ㉣ 풀이 눕는다 / 비를 몰아오는 동풍에 나부껴 / 풀은 눕고 / 드디어 울었다 / 날이 흐려서 더 울다가 / 다시 누웠다 // 풀이 눕는다 / 바람보다도 더 빨리 눕는다 / 바람보다도 더 빨리 울고 / 바람보다 먼저 일어난다
>
> ㉤ 낙엽은 폴-란드 망명정부의 지폐 / 포화(砲火)에 이즈러진 / 도룬 시의 가을 하늘을 생각케 한다 / 길은 한줄기 구겨진 넥타이처럼 풀어져 / 일광(日光)의 폭포 속으로 사라지고 / 조그만 담배 연기를 내어 뿜으며 / 새로 두 시의 급행 열차가 들을 달린다

① ㉠ - ㉡ - ㉢ - ㉣ - ㉤
② ㉠ - ㉢ - ㉤ - ㉡ - ㉣
③ ㉠ - ㉢ - ㉤ - ㉣ - ㉡
④ ㉢ - ㉠ - ㉡ - ㉤ - ㉣
⑤ ㉢ - ㉠ - ㉤ - ㉣ - ㉡

06 다음 글에서 비판하고 있는 핵심 내용으로 맞는 것은?

> 한 경향이나 한 시대와 같은 몇 개 되지 않은, 그것도 대부분 직관적으로 파악된 특징으로부터 일반적인 종합 개념을 만들어내서는, 이러한 일반화로부터 연역적으로 개별 현상에 접근하여 설득력 있는 종합에 도달했다고 생각하는 것이 당시에는 유행이 되다시피 했다. 필자의 '소설의 이론'의 방법론도 이와 다를 바가 없었다. 현실을 대하는 주인공의 유형이 너무 협소한가 아니면 너무 넓은가 하는 양자택일적인 사고가 결정적인 역할을 하고 있는데, 이러한 방법은 '돈키호테'의 경우 이 한 편의 소설이 갖는 역사적 미학적 풍부함을 파악하는 것조차도 힘들 정도로 너무 일반화되어 있으며, 이러한 소설의 유형에 속하는 다른 작가들, 예컨대 발자크나 폰토피탄을 두고 볼 때, 이러한 방법은 이들에게 일종의 개념이라는 외투를 억지로 입힘으로써 큰 문제가 되었다.

① 귀납적 사고의 위험성
② 다른 이론을 배척하는 태도
③ 개념의 왜곡
④ 이론의 독재
⑤ 비이성적인 것에 대한 비난

07 다음 내용을 논리적 순서에 맞게 나열한 것은?

> ㉠ 생태 문제는 본질적으로 도덕성의 문제다.
> ㉡ 그래야 인간에게도 자연에게도 바람직하다.
> ㉢ 생태 위기에 대한 윤리적 문제 제기이기 때문이다.
> ㉣ 인간은 삶의 터전이자 배경으로 삼고 있는 자연과 조화를 이루며 살아야 한다.
> ㉤ 그렇다면 자연과의 바람직한 관계 회복 역시 인간이 주도적으로 대안을 내놓아야 할 과제다.

① ㉠ - ㉢ - ㉤ - ㉣ - ㉡
② ㉠ - ㉣ - ㉢ - ㉤ - ㉡
③ ㉠ - ㉤ - ㉡ - ㉢ - ㉣
④ ㉣ - ㉡ - ㉢ - ㉠ - ㉤
⑤ ㉣ - ㉢ - ㉠ - ㉡ - ㉤

08 다음 〈보기〉 중 중세 국어의 특징으로 옳지 않은 것을 모두 고르면?

〈보 기〉
ㄱ. 된소리가 등장하기 시작하였다.
ㄴ. 성조가 사라지고 방점의 기능이 소멸되었다.
ㄷ. 아래아(·)의 음가가 완전히 소실되었다.
ㄹ. 중세 특유의 주체 높임법, 객체 높임법 등이 있었다.
ㅁ. 몽골어, 여진어 등 외래어가 들어오기도 하였다.

① ㄱ, ㄷ 　　　　　　　　② ㄴ, ㄷ
③ ㄷ, ㄹ 　　　　　　　　④ ㄱ, ㄴ, ㄷ
⑤ ㄴ, ㄹ, ㅁ

09 다음 글에서 말하는 '발전 기술'의 효과를 전망한 것으로 적절하지 않은 것은?

현재 수소 이용 기술 중 가장 유망한 분야로 꼽히고 있는 것이 수소와 산소를 반응시켜 전기를 생산하는 연료전지 발전(發電)이다. 연료전지는 전기를 생산하는 데 연소 과정이나 구동장치가 필요 없으며 에너지 생산의 효율성이 높아 경제적이다. 연료 전지 발전 외에 핵융합 발전도 수소를 이용한 대표적 발전 기술이다. 수소와 같이 가벼운 원소들이 서로 충돌하면서 무거운 원소로 융합하는 것을 응용한 핵융합 발전은 핵분열 반응을 응용한 원자력 발전과 달리 방사능 유출의 위험이 거의 없다. 핵융합 발전은 아직은 실험 단계이지만 머지않아 실용화될 것으로 기대된다. 핵융합 발전과 연료전지 발전 기술은 모두 화석 연료의 고갈이란 위기에 직면해 있는 인류의 미래를 짊어질 매우 중요한 기술이다.

① 현재보다 환경오염이 감소될 것이다.
② 에너지 부족에 따른 문제들이 감소하게 될 것이다.
③ 적은 비용으로 많은 에너지를 생산할 수 있게 될 것이다.
④ 실용화 단계에 이르면 보다 안전한 삶이 가능하게 될 것이다.
⑤ 수소 생산 비용을 절감시켜 이와 관련된 산업이 활성화될 것이다.

10 다음 중 밑줄 친 한자어의 표기가 옳지 않은 것은?

① 그는 황제를 알현(謁見)했다.
② 역사상 여러 나라가 내홍(內訌)으로 패망하였다.
③ 그 노래는 누가 작사(詐詞)했는지 의견이 분분하다.
④ 이번 사건은 과거의 잘못을 상쇄(相殺)한 셈이었다.
⑤ 나도 무론(毋論) 힘쓰겠지만, 너도 단단히 준비해라.

[11~12] 다음 글을 읽고 물음에 답하시오.

(가) 성은 장(莊), 이름은 주(周)다. 언제 태어나 언제 죽었는지 분명치 않다. '무하유지향'(無何有之鄕)의 이상향을 꿈꾸었다. 현실이 지옥이었기 때문이다. 사형당해 죽은 사람들의 시신이 서로 베개를 베고 누워 있고, 차꼬를 차고 칼을 쓴 죄수들이 서로 밀칠 정도로 바글거리고, ㉠ 형륙을 당해 손발 잘린 자들이 서로 마주볼 정도로 많았다. 그런데도 유가와 묵가의 선생이란 자들은 그들 사이에서 팔을 걷어붙이고 돌아다니며 성(聖)과 지(知), 인(仁)과 의(義)를 잘난 척 떠들어대고 있었다. 부끄러움이 무엇인지 모르는 자들이었다. 그는 생각했다. 그들이 말하는 성과 지는 차꼬나 목에 씌우는 칼의 쐐기와 다른 것이 아니었고, 그들이 내세우는 인과 의는 죄수의 형구를 채우는 자물쇠와 마찬가지라고. 그러니 세상이 평화롭게 다스려지려면 먼저 성지(聖知)와 인의(仁義)부터 끊어버려야 한다고.

(나) 온갖 ㉡ 은유와 상징으로 가득한 그의 이야기는 시비와 차별의 경계를 가차 없이 부수어버린다. 천자인 요임금과 은자인 허유의 지위가 뒤집히고 성 밖에 사는 천민 남곽자기가 성안에 사는 귀족에게 가르침을 베풀며, 소 잡는 백정의 신들린 칼춤에서 가장 아름다운 음악과 함께 삶을 구원하는 이치를 찾아냈다. 그는 세상 사람들이 추하다고 여겨 절름발이, 언청이, 곱사등이, 사지가 ㉢ 지리멸렬한 기형불구라고 칭하는 인간들, 가장 밑바닥에 있는 이들의 입을 빌려 지고(至高)의 도를 이야기했다. 그가 바란 이상향은 부유하고 귀한 자가 가난하고 천한 자의 삶을 업신여기지 않는 세상이었던 것이다.

(다) 노나라의 애태타는 절름발이에다 곱사등이인 장애인
으로, 보는 사람을 놀라게 하는 추한 용모를 지니고
있었지만 노나라의 많은 사람들이 그를 따른다. 위나
라의 인기지리무순과 제나라의 옹앙대영도 총체적인
장애를 가진 기형불구의 인간이었지만 한 나라의 임
금이 그들을 만나 이야기를 나누며 기뻐한다. 그들에
게 부와 권력이 있었던 것도 아니고 뛰어난 언변이 있
었던 것도 아니며 지적인 능력이 뛰어났던 것도 아니
다. 그럼에도 많은 사람들이 그들을 따른 이유는 그들
이 가지고 있는 내면의 아름다운 덕 때문이었다. 이들
의 이야기를 통해 그는 덕이 충만해 있으면 외형의 ㉢
결핍은 보이지 않는다고 이야기했다. 하지만 세상 사
람들은 그걸 모르고 오히려 외형의 결핍에 가려 내면
의 아름다운 덕을 보지 못했다. 그런 사람들을 두고
그는 잊어야 할 것은 잊지 않고 잊지 말아야 할 것을
잊어버린 어리석은 자들이라고 비웃었다.

(라) 사람만이 아니다. 하늘을 가릴 만큼 커다란 붕새의 비
상을 높이 사지만 매미나 메추라기의 날갯짓을 낮추
어보지 않았고 황하의 신 하백(河伯)과 북해의 신 약
(若)을 한자리에 불러내 우주의 광활함과 천지의 장대
함을 노래했다. 까치와 오동나무가 도에 관한 이야기
를 주고받는가 하면 수십만 년을 사는 거북이와 수백
만 년을 사는 상고시대의 대춘나무가 등장하여 우리
의 삶이 얼마나 덧없고 짧은지 깨우쳐준다.

(마) 꿈 이야기를 했다. 어떤 사람이 꿈에서 깨어나 길흉을
점치지만 그 자체가 꿈이었다는 이야기다. 그저 꿈을
현실이라 착각한 어느 한 사람의 이야기가 아니다. 꿈
속의 꿈에서 깨어나도 여전히 꿈인 것처럼 우리의 삶
또한 죽음이라는 깨어남을 통해 깨어나야 할 꿈에 지
나지 않는 것이라는 이야기를 하기 위해서다.

11 다음 중 각 단락의 내용과 일치하지 않는 것은?

① (가): 장주는 유가와 묵가의 주장에 동의하지 않았다.
② (나): 장주는 당대의 고정 관념을 허무는 수단으로
비유와 상징을 활용하였다.
③ (다): 장주는 인간이 지닌 외형적 조건보다 내면적
아름다움을 중시했다.
④ (라): 장주는 시공 차원의 광활함과 무한함을 그것
의 협소함과 유한함보다 우위에 두었다.
⑤ (마): 상주는 삶과 죽음이라는 인간의 한계 상황과
관련된 경계조차 부정하였다.

12 밑줄 친 ㉠~㉣의 한자 표기 중 옳은 것은?

	㉠	㉡	㉢	㉣
①	刑戮	隱喩	支離滅裂	缺乏
②	刑戮	隱維	支離滅裂	缺乏
③	刑勠	隱維	支離滅劣	抉乏
④	刑勠	隱喩	支離滅劣	缺乏
⑤	刑勠	隱喩	支離滅裂	抉乏

13 〈보기〉의 밑줄 친 ㉠~㉤ 중 표준 발음으로 옳은 것을
모두 고르면?

─── 〈보 기〉 ───

• 이 문제는 입주민들과의 ㉠ 협의[혀븨]를 통해서
해결합시다.
• 외국인들은 한글의 복잡한 ㉡ 띄어쓰기[띄어쓰기]
를 어려워한다.
• 관객들이 ㉢ 썰물[썰ː물]처럼 빠져나갔다.
• 나라다운 나라 만들기라는 ㉣ 우리의[우리에] 소망
이 이루어질까?
• ㉤ 반신반의[반ː신바ː늬] 하는 분위기였다.

① ㉠, ㉡, ㉢   ② ㉠, ㉢, ㉣
③ ㉠, ㉣, ㉤   ④ ㉡, ㉢, ㉤
⑤ ㉡, ㉣, ㉤

14 다음 〈보기〉 중 한글 맞춤법 규정에 맞게 표기한 것을 모두 고르면?

> ─── 〈보 기〉 ───
> ㉠ 얼룩배기   ㉡ 판때기
> ㉢ 나이빼기   ㉣ 이맛배기
> ㉤ 거적때기   ㉥ 상판대기

① ㉠, ㉢, ㉤
② ㉠, ㉣, ㉥
③ ㉡, ㉢, ㉣
④ ㉡, ㉢, ㉥
⑤ ㉡, ㉤, ㉥

15 다음 설명을 참고할 때, 문장 부사가 실현된 것은?

> 부사는 한 성분을 수식하느냐 문장 전체를 수식하느냐에 따라 성분 부사와 문장 부사로 나뉜다.

① 개나리가 활짝 피었다.
② 집 바로 뒤에 공원이 있다.
③ 강아지가 사료를 안 먹는다.
④ 일 끝나면 이리 와.
⑤ 의외로 철수가 빨리 왔다.

16 다음 중 밑줄 친 '의'의 쓰임이 다른 것은?

① 아 조선의 독립국임과 조선인의 자주민임을 선언하노라.
② 민족자존의 정권을 영유케 하노라.
③ 생존권의 박상됨이 무릇 기하ㅣ며
④ 민족의 갈 길은 정해졌다.
⑤ 일본의 소의함을 죄하려 안이하노라.

17 다음과 같은 사전의 풀이를 참고하여 작성한 문장 가운데 띄어쓰기가 옳지 않은 것은?

> • 듯이: 의존명사. (어미 '-은', '-는', '-을' 뒤에 쓰여) 짐작이나 추측의 뜻을 나타내는 말
> • 듯: 의존명사. ① '듯이'의 준말. ② ('-은 듯 만듯', '-는 듯 마는 듯', '-을 듯 말 듯' 구성으로 쓰여) 그런 것 같기도 하고 그렇지 아니한 것 같기도 함을 나타내는 말
> • -듯이: 어미. ('이다'의 어간, 용언의 어간 또는 어미 '-으시-', '-었-', '-겠-' 뒤에 붙어) 뒤 절의 내용이 앞 절의 내용과 거의 같음을 나타내는 연결 어미
> • -듯: 어미. '-듯이'의 준말
> • 듯하다: 보조 형용사. (동사나 형용사, 또는 '이다'의 관형사형 뒤에 쓰여) 앞말이 뜻하는 사건이나 상태 따위를 짐작하거나 추측함을 나타내는 말

① 예전에는 여기가 황량했던 듯하다.
② 그의 행동을 보아하니 곧 떠날 듯이 보인다.
③ 마치 구름을 걷는 듯 도무지 생시가 아닌 것만 같았다.
④ 거대한 파도가 일 듯이 사람들의 가슴에 분노가 일었다.
⑤ 물이 깊을수록 조용하듯 사람도 아는 게 많을수록 조용하다.

18 〈보기〉의 밑줄 친 한자어의 한글 표기로 옳지 않은 것은?

〈보 기〉

오늘은 『墨子』를 읽습니다. 反戰思想과 함께 墨子 思想의 ㉠ 精髓라고 할 수 있는 ㉡ 兼愛 思想까지 읽기로 하겠습니다. ㉢ '無鑑於水'는 널리 알려진 글귀는 아닙니다. 내가 많이 紹介하는 편입니다. 물에(於水) 비추어 보지 마라(無鑑)는 뜻입니다. 물은 옛날에 거울이었습니다. ㉣ 銅鏡이 나오기 전에는 묽음 거울로 삼았습니다. 물에 비추어 보면 얼굴만 비추어 보게 됩니다. 그렇기 때문에 '鑑於人', 사람에 비추어 보라고 하는 것입니다. 참 좋은 말입니다. 거울에 비추어 보면 ㉤ 外貌만 보게 되지만, 자기를 다른 사람에게 비추어 보면 자기의 人間的 品性이 드러납니다. 人文學的인 메시지이면서 많은 사람들이 共感할 수 있는 金言입니다.

① ㉠ 정수
② ㉡ 경애
③ ㉢ 무감어수
④ ㉣ 동경
⑤ ㉤ 외모

19 다음 시에 대한 설명으로 적절하지 않은 것은?

모란이 피기까지는
나는 아직 나의 봄을 기다리고 있을 테요.
모란이 뚝뚝 떨어져 버린 날
나는 비로소 봄을 여읜 설움에 잠길 테요.
오월 어느 날, 그 하루 무덥던 날
떨어져 누운 꽃잎마저 시들어 버리고는
천지에 모란은 자취도 없어지고
뻗쳐 오르던 내 보람 서운케 무너졌느니
모란이 지고 말면 그뿐, 내 한 해는 다 가고 말아
삼백 예순 날 하냥 섭섭해 우옵네다.
모란이 피기까지는
나는 아직 기다리고 있을 테요, 찬란한 슬픔의 봄을.

– 김영랑, 「모란이 피기까지는」

① 시각적으로 분연되지 않은 단연시이지만 서술 구조상 2행이 한 연으로 묶여 전체적으로 2행 6연의 형태를 취하고 있다.
② 짧고 긴 호흡의 반복적 교체로 음악성을 구현한다.
③ 가시적 현상을 먼저 제시하고 뒤에서 이에 대한 시적 자아의 정서상 변화를 보여준다.
④ 3, 4, 5, 6행은 하나의 의미 단락으로 묶인다.
⑤ 크게 모란이 피는 상황과 모란이 진 상황을 보여준다.

20 다음 글의 요지를 가장 잘 정리한 것은?

> 신문에 실려 있는 사진은 기사의 사실성을 더해 주는 보조 수단으로 활용된다. 어떤 사실을 사진 없이 글로만 전할 때와 사진을 곁들여 전하는 경우에 독자에 대한 기사의 설득력에는 큰 차이가 있다. 이 경우 사진은 분명 좋은 의미에서의 영향력을 발휘한 것에 해당할 것이다. 그러나 사진은 대상을 찍기 이전과 이후에 대해서 알려 주지 않는다. 어떤 과정을 거쳐 그 사진이 있게 됐는지, 그 사진 속에 어떤 속사정이 숨어 있는지에 대해서는 침묵한다. 분명히 한 장의 사진에는 어떤 인과 관계가 있음에도 그것에 관해 자세히 설명해 주지 못한다. 이러한 서술성의 부족으로 인해 사진은 사람을 속이는 증거로 쓰이는 경우도 있다. 사기꾼들이 권력자나 얼굴이 잘 알려진 사람과 함께 사진을 찍어서, 자신이 그 사람과 특별한 관계가 있는 것처럼 보이게 하는 경우가 그 예이다.

① 사진은 신문 기사의 사실성을 강화시켜 주며 보도 대상의 이면에 대한 이해를 돕는다.

② 사진은 사실성의 강화라는 장점을 지니지만 서술성의 부족이라는 단점도 지닌다.

③ 사진은 신문 기사의 사실성을 더해 주는 보조 수단으로서 항상 좋은 의미에서의 영향력을 발휘한다.

④ 사진은 사실성이 높기 때문에 그 서술성의 부족에도 불구하고 사람을 속이는 증거로 잘못 쓰이는 경우가 있다.

⑤ 사진은 서술성이 부족하지만 객관적인 증거로서의 가치가 크다.

21 다음 글의 내용을 가장 잘 함축하고 있는 것은?

> 사람과 만물은 한가지로 천지의 큰 조화 사이에서 생겨났으니, 백성은 나의 형제요 만물은 나의 이웃이다. 그러므로 사람이 으뜸이 되고 만물은 그 다음이 된다. 그 만물을 어진 마음으로 대하는 것으로 말한다면, 아주 가는 그물을 웅덩이나 못에 넣지 아니하며, 도끼와 낫질을 하되 산림의 때를 가려서 하며, 물고기가 한 자가 되지 않으면 저자에서 팔지 못하는 것이며, 새끼와 알을 취하지 아니하며, 그물을 열어 놓고 새와 짐승의 자유를 빌며, 낚시질은 하되 그물 벼리를 이어서 고기를 잡지는 않는 것이며, 활로 쏘기는 하나 잠자는 것을 쏘지는 않는 것이다.

① 차별(差別)의 정서
② 생명(生命)의 조화
③ 인애(仁愛)의 마음
④ 공감(共感)의 태도
⑤ 융화(融和)의 양태

22 다음 작품에 대한 설명으로 적절하지 않은 것은?

> 님이 오마 ᄒ거늘 져녁밥을 일지어 먹고 중문(中門)나서 대문(大門) 나가 지방(地方) 우희 치도라 안자 이수(以手)로 가액(加額)ᄒ고 오ᄂ가 가ᄂ가 건넌 산(山) ᄇ라보니 거머흿득 셔 잇거늘 져야 님이로다.
>
> 보션 버서 품에 품고 신 버서 손에 쥐고 겻븨님븨 님븨곰븨 쳔방지방 지방쳔방 즌 듸 ᄆ른 듸 ᄀ리지 말고 워렁충창 건너가서 졍(情)엣말 ᄒ려 ᄒ고 겻눈을 흘긋 보니 상년(上年) 칠월(七月) 사ᄒᆞᆫ날 ᄀᆞᆯ가벅긴 주추리 삼대 슬드리도 날 소겨다.
>
> 모쳐라 밤일싀만졍 ᄒᆡᆼ혀 낫이런들 ᄂᆞᆷ 우일 번ᄒᆞ괘라

① 조선 후기에 등장한 문학 형태이다.
② 평민 가객들이 주로 노래한 것이다.
③ 해학을 통해 자유로운 느낌을 주고 있다.
④ 구체적인 사물을 통해 실감나게 표현하고 있다.
⑤ 화자는 임에 대한 마음을 겉으로 드러내지 못하고 있다.

23 다음 중 밑줄 친 부분의 한자 표기가 옳지 않은 것은?

① 좀 더 넓은 <u>堅持</u>에서는 더불어 살아가는 여러 사람들의 입장을 존중해야 한다.
② 개개의 인간이 모여 하나의 <u>集團</u>을 이룬다.
③ 혈연 중심의 가족 집단을 넘어 사회를 <u>形成</u>하게 된다.
④ 인간에게 사회는 <u>實體</u>이상의 의미를 지닌다.
⑤ 그러한 사회를 움직이게 하는 <u>要素</u> 혹은 요인은 무엇일까?

24 다음 (가)~(마)의 글을 논리적 순서에 맞게 나열한 것은?

> (가) 충실하게 과학 방법을 적용하여 얻어진 결론도 이와 같은 한계가 있을 수밖에 없으므로 과학 방법을 적용하지 않고 얻어 낸 결론이 오류의 가능성을 가지고 있는 것은 당연하다고 할 수 있을 것이다. 통제된 실험을 할 수 없는 분야에서 상반된 결론들이 나와 사람들을 어리둥절하게 하는 경우를 볼 수 있는데, 그것은 그 분야의 특성상 엄밀하게 과학 방법을 적용할 수 없기 때문에 생기는 일이다. 특히 인간을 대상으로 하는 분야에서 이런 오류가 자주 빚어지는 것은 사람을 실험 대상으로 사용하는 데는 한계가 있을 수밖에 없기 때문이다. 과학을 이해하기 위해서는 과학이 가지고 있는 이러한 한계도 이해해야 할 것이다.
>
> (나) '과학이냐, 아니냐'하는 것은 결론에 의해서가 아니라, 그 결론을 이끌어 내는 과정에 의해서 가려내야 한다. 어떤 결론이 과학적이기 위해서는 그 결론이 유도되는 과정이 합리적이어야 한다는 것이다. 합리적이라 함은 정상적인 이성을 가진 사람을 납득시킬 수 있다는 뜻이다. 과학을 과정의 학문이라고 하는 것은 이 때문이다.
>
> (다) 최근에는 과학이라는 말이 본래의 뜻과는 달리 '정확하다', '완벽하다' 또는 '좋다'는 뜻으로 널리 쓰이고 있다. 이러한 의미의 혼란은 오히려 과학이 무엇인지 알기 힘들게 만들었고, 과학 방법에 충실한 과학을 그렇지 못한 유사 과학과 구별하는 것도 어렵게 만들어 버렸다. 흔히들 '과학이냐, 아니냐'하는 것은 그 주장하는 내용이 '진실이냐, 이니냐'에 따라 구별되는 것으로 생각하고 있다.
>
> (라) 결론을 이끌어 내기 위해 사용하는 것이 바로 과학 방법이다. 과학 방법은 귀납법과 연역법이라고 하는 큰 틀을 기본으로 하고 있다. 귀납법은 실험, 관찰, 통계와 같은 방법으로 개별적 사실로부터 일반 원리를 발견해 가는 과정이다. 반면에 연역법은 우리가 확실히 알 수 있는 공리에서부터 출발하여 논리적 추론에 의해 결론을 이끌어 내는 방법이다.

(마) 과학을 이야기할 때 꼭 언급하고 지나가야 할 문제는 '과학적인 방법으로 얻어진 결과를 어느 정도 신뢰할 수 있느냐?'하는 문제이다. 과학은 인간의 이성으로 진리를 추구해 가는 가장 합리적인 방법이기에 그 결론은 우리가 얻을 수 있는, 가장 신뢰할 수 있는 결론이라고 해야 할 것이다. 그러나 이것은 인간의 이성으로 얻은 결론이므로 인간이라는 한계를 뛰어넘을 수는 없다. 인간의 지식이나 이성이 완벽하지 못하다는 것은 누구나 인정하고 있는 사실이다. 따라서 과학적인 방법으로 얻어진 결론도 완벽하다고 할 수는 없다.

① (다) – (나) – (라) – (마) – (가)
② (다) – (나) – (마) – (라) – (가)
③ (다) – (라) – (나) – (가) – (마)
④ (마) – (가) – (라) – (다) – (나)
⑤ (마) – (라) – (가) – (다) – (나)

25 다음 글의 밑줄 친 ㉠~㉢의 한자 표기로 옳은 것은?

과연 위대한 건 추사의 글씨다. 쌀이며 나무 옷감 같은 생활 필수품 값이 올라가면 소위 서화니 골동이니 하는 사치품 값은 여지없이 떨어지는 법인데, 요새같이 ㉠ 책사에까지 고객이 딱 끊겼다는 세월에도 추사 글씨의 값만은 한없이 올라간다.

추사 글씨는 확실히 그만한 가치를 가지고 있다. 하필 추사의 글씨가 제가(諸家)의 법을 모아 따로이 한 경지를 갖추어서 우는 듯 웃는 듯 춤추는 듯 성낸 듯 세찬 듯 부드러운 듯 천변만화(千變萬化)의 조화가 숨어 있다는 걸 알아서 맛이 아니라 시인의 방에 걸면 그의 ㉡ 시경이 높아 보이고, 화가의 방에 걸면 그가 고고한 화가 같고, 문학자, 철학자, 과학자 누구누구 할 것 없이 갖다 거는 대로 제법 그 방 주인이 그럴듯해 보인다. 그래서 그런지 상점에 걸면 그 상인이 청고한 선비 같을 뿐 아니라 그 안에 있는 상품들까지도 돈 안 받고 거져 줄 것들만 같아 보인다. 근년래 일약 벼락부자가 된 사람들과 높은 자리를 차지한 분들 중에도 얼굴이 탁 틔고 점잖은 것을 보면 필시 그들의 사랑에는 추사의 ㉢ 진적이 구석구석에 호화로운 장배로 붙어 있을 것이리라.

	㉠	㉡	㉢
①	冊絲	詩經	眞籍
②	冊肆	詩境	眞跡
③	冊肆	詩境	眞寂
④	冊絲	詩經	眞迹
⑤	冊使	詩境	眞蹟

PART 2

헌법

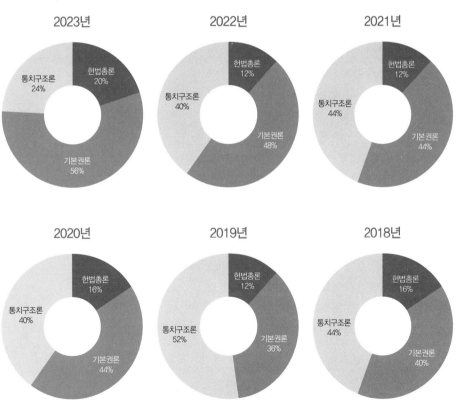

모바일 OMR

✅ 회독 CHECK 1 2 3

지문의 내용에 대해 학설의 대립 등 다툼이 있는 경우 판례에 의함

01 책임과 형벌 간의 관계에 있어서 준수되어야 할 비례원칙에 대한 헌법재판소의 판시내용으로 적절하지 않은 것은?

① 정신적인 장애로 항거불능·항거곤란 상태에 있음을 이용하여 사람을 간음한 사람을 무기 또는 7년 이상의 징역에 처한다고 규정하여 집행유예를 선고할 수 없도록 한 「성폭력범죄의 처벌 등에 관한 특례법」 조항은 책임과 형벌의 비례원칙에 위배되지 아니한다.

② 법인의 대리인·사용인 기타의 종업원이 그 법인의 업무에 관하여 근로자가 노동조합을 조직 또는 운영하는 것을 지배하거나 이에 개입하는 행위를 한 때에는 그 법인에 대하여도 벌금형을 과하도록 한 「노동조합 및 노동관계조정법」 조항은 종업원 등이 저지른 행위의 결과에 대한 법인의 독자적인 책임에 관하여 전혀 규정하지 않은 채, 단순히 법인이 고용한 종업원 등이 업무에 관하여 범죄행위를 하였다는 이유만으로 법인에 대하여 형벌을 부과하도록 정하고 있는바, 헌법상 법치국가원리로부터 도출되는 책임주의원칙에 위배된다.

③ 사동차의 운전자는 고속도로 등에서 자동차의 고장 등 부득이한 사정이 있는 경우를 제외하고는 갓길(「도로법」에 따른 길어깨를 말한다)로 통행하여서는 아니 된다고 규정하고 이를 위반한 사람은 20만 원 이하의 벌금이나 구류 또는 과료에 처한다고 규정한 구 「도로교통법」 조항은 책임과 형벌 사이의 비례원칙에 위배된다.

④ 무신고 수출입의 경우 법인을 범인으로 보고 필요적으로 몰수·추징하도록 규정한 구 「관세법」 조항은, 법인이 그 위반 행위를 방지하기 위하여 주의와 감독을 게을리하지 아니한 경우에는 몰수·추징 대상에서 제외되므로, 책임과 형벌 간의 비례원칙에 위반된다고 할 수 없다.

⑤ 밀수입 예비행위를 본죄에 준하여 처벌하도록 규정한 「특정 범죄 가중처벌 등에 관한 법률」 조항은 구체적 행위의 개별성과 고유성을 고려한 양형판단의 가능성을 배제하는 가혹한 형벌로서 책임과 형벌 사이의 비례의 원칙에 위배된다.

02 통신의 자유에 대한 헌법재판소의 판시내용으로 적절하지 않은 것은?

① 교도소장이 수용자에게 온 서신을 개봉한 행위는 구 「형의 집행 및 수용자의 처우에 관한 법률」 및 구 「형의 집행 및 수용자의 처우에 관한 법률 시행령」 조항에 근거하여 수용자에게 온 서신의 봉투를 개봉하여 내용물을 확인한 행위로서 수용자의 통신의 자유를 침해하지 아니한다.

② 통신제한조치기간의 연장을 허가함에 있어 총연장기간 또는 총연장횟수의 제한을 두지 아니한 「통신비밀보호법」 조항은 통신의 비밀을 침해하여 헌법에 위반된다 할 것이다.

③ 전기통신역무제공에 관한 계약을 체결하는 경우 전기통신사업자로 하여금 가입자에게 본인임을 확인할 수 있는 증서 등을 제시하도록 요구하고 부정가입방지시스템 등을 이용하여 본인인지 여부를 확인하도록 한 「전기통신사업법」 조항은, 가입자의 인적사항이라는 정보는 통신의 내용·상황과 관계없는 '비 내용적 정보'이며 휴대전화 통신계약 체결 단계에서는 아직 통신수단을 통하여 어떠한 의사소통이 이루어지는 것이 아니므로 통신의 비밀에 대한 제한이라 할 수는 없다.

④ '육군 신병교육 지침서'(육군본부 2006.12.18. 교육참고 25-3) 중 전화사용의 통제에 관한 부분은 신병교육훈련생들의 통신의 자유 등 기본권을 필요한 정도를 넘어 과도하게 제한하는 것이다.

⑤ 국가기관의 감청설비 보유·사용에 대한 관리와 통제를 위한 법적, 제도적 장치가 마련되어 있으므로, 국가기관이 인가 없이 감청설비를 보유, 사용할 수 있다는 사실만 가지고 바로 국가기관에 의한 통신비밀침해행위를 용이하게 하는 결과를 초래함으로써 통신의 자유를 침해한다고 볼 수는 없다.

03 공무담임권에 대한 헌법재판소의 판시내용으로 적절하지 않은 것은?

① 법무부장관이 2020.7. 공고한 '2021년도 검사 임용 지원 안내' 중 '임용 대상' 가운데 '1. 신규 임용'에서 변호사자격을 취득하고 2021년 사회복무요원 소집해제 예정인 사람을 제외한 부분은 '법학전문대학원 졸업연도에 실시된 변호사시험에 불합격하여 사회복무요원으로 병역의무를 이행하던 중 변호사자격을 취득하고 2021년 소집해제 예정인 사람'의 공무담임권을 과잉금지원칙에 반하여 침해한다.

② 금고 이상의 형의 선고유예를 받은 경우 공무원직에서 당연히 퇴직하는 것으로 규정한 「국가공무원법」 조항은 금고 이상의 선고유예의 판결을 받은 모든 범죄를 포괄하여 규정하고 있을 뿐 아니라, 심지어 오늘날 누구에게나 위험이 상존하는 교통사고 관련 범죄 등 과실범의 경우마저 당연퇴직의 사유에서 제외하지 않고 있으므로 최소침해성의 원칙에 반하여 헌법 제25조의 공무담임권을 침해한다.

③ 관련 자격증 소지자에게 세무직 국가공무원 공개경쟁채용시험에서 일정한 가산점을 부여하는 구 「공무원임용시험령」 조항은 가산 대상 자격증을 소지하지 아니한 자의 공무담임권을 침해하지 아니한다.

④ 공무원이 징계처분을 받은 경우 대통령령 등으로 정하는 기간 동안 승진임용 및 승급을 제한하는 「국가공무원법」 조항 중 공무원이 감봉처분을 받은 경우 12월간 승진임용을 제한하는 '승진임용'에 관한 부분 및 「공무원임용령」 제32조 제1항 제2호 나목은 공무담임권을 침해하지 않는다.

⑤ 공직선거 및 교육감선거 입후보 시 선거일 전 90일까지 교원직을 그만두도록 하는 「공직선거법」 및 「지방교육자치에 관한 법률」 조항은 교원의 공무담임권을 침해한다고 볼 수 없다.

04 인간다운 생활을 할 권리에 대한 헌법재판소의 판시내용으로 적절하지 않은 것은?

① 직장가입자가 소득월액보험료를 일정 기간 이상 체납한 경우 그 체납한 보험료를 완납할 때까지 국민건강보험공단이 그 가입자 및 피부양자에 대하여 보험급여를 실시하지 아니할 수 있도록 한 구「국민건강보험법」조항은 해당 직장가입자의 인간다운 생활을 할 권리를 침해한다.

② 퇴직연금 수급자가 유족연금을 함께 받게 된 경우 그 유족연금액의 2분의 1을 빼고 지급하도록 하는 구「공무원연금법」조항은 입법형성의 한계를 벗어나 인간다운 생활을 할 권리를 침해하였다고 볼 수 없다.

③ 유족연금수급권은 그 급여의 사유가 발생한 날로부터 5년간 이를 행사하지 아니하면 시효로 인하여 소멸하도록 규정한 구「군인연금법」조항은 유족연금수급권자의 인간다운 생활을 할 권리를 침해한다고 볼 수 없다.

④ '개별가구 또는 개인의 여건'에 관한 조건 부과 유예 대상자로 '대학원에 재학 중인 사람'과 '부모에게 버림받아 부모를 알 수 없는 사람'을 규정하고 있지 않은 「국민기초생활 보장법 시행령」조항은 인간다운 생활을 할 권리를 침해하지 않는다.

⑤ 보건복지부장관이 2002년도 최저생계비를 고시함에 있어 장애로 인한 추가지출비용을 반영한 별도의 최저생계비를 결정하지 않은 채 가구별 인원수만을 기준으로 최저생계비를 결정한 '2002년도 최저생계비고시'가 생활능력 없는 장애인가구 구성원이 인간다운 생활을 할 권리를 침해하였다고 할 수 없다.

05 근로의 권리에 대한 헌법재판소의 판시내용으로 적절하지 않은 것은?

① 근로자 4명 이하 사용 사업장에 적용될 「근로기준법」조항을 정하고 있는 「근로기준법 시행령」조항이 정당한 이유 없는 해고를 금지하는 제23조 제1항과 노동위원회 구제절차에 관한 제28조 제1항을 근로자 4명 이하 사용 사업장에 적용되는 조항으로 나열하지 않은 것은, 근로자 4명 이하 사용 사업장에 종사하는 근로자의 근로의 권리를 침해한다.

② 동물의 사육 사업 근로자에 대하여 「근로기준법」제4장에서 정한 근로시간 및 휴일 규정의 적용을 제외하도록 한 구「근로기준법」조항은 축산업에 종사하는 근로자의 근로의 권리를 침해하지 않는다.

③ 4주간을 평균하여 1주간의 소정근로시간이 15시간 미만인 근로자, 즉 이른바 '초단시간근로자'를 퇴직급여제도의 적용 대상에서 제외하고 있는 「근로자퇴직급여 보장법」조항은 근로조건의 기준은 인간의 존엄성을 보장하도록 법률로 정하도록 한 헌법 제32조 제3항에 위배되는 것으로 볼 수 없다.

④ 고용 허가를 받아 국내에 입국한 외국인근로자의 출국만기 보험금을 출국 후 14일 이내에 지급하도록 한 「외국인근로자의 고용 등에 관한 법률」조항은 외국인근로자의 근로의 권리를 침해한다고 보기 어렵다.

⑤ 일용근로자로서 3개월을 계속 근무하지 아니한 자를 해고예고제도의 적용제외사유로 규정하고 있는 「근로기준법」조항은 일용근로자의 근로의 권리를 침해한다고 보기 어렵다.

06 위헌법률심판에 대한 헌법재판소의 판시내용과 설명으로 적절하지 않은 것은?

① 위헌법률심판의 대상이 되는 재판이란 원칙적으로 판결·결정·명령 등 그 형식 여하와 본안에 관한 재판인가 소송절차에 관한 재판인가를 불문하며, 종국재판뿐만 아니라 중간재판도 이에 포함된다.

② 재판의 전제성이란 구체적 사건이 법원에 계속되어 있었거나 현재 계속 중이어야 하고, 위헌여부가 문제되는 법률 또는 법률조항이 당해 소송사건의 재판과 관련하여 적용되는 것이어야 하며, 그 법률이 헌법에 위반되는지의 여부에 따라 당해 사건을 담당한 법원이 다른 내용의 재판을 하게 되는 경우를 의미한다. 여기서 법원이 다른 내용의 재판을 하게 되는 경우라 함은 당해 사건의 재판의 결론이나 주문에 영향을 주거나, 재판의 결론을 이끌어 내는 이유를 달리하는 데 관련이 있거나, 재판의 내용과 효력에 관한 법률적 의미가 달라지는 경우를 말한다.

③ 법원이 법률의 위헌여부의 심판을 헌법재판소에 제청한 때에는 당해 소송사건의 재판은 헌법재판소의 위헌여부의 결정이 있을 때까지 정지되므로 법원이 긴급하다고 인정하는 경우에도 종국재판 외의 소송절차를 진행할 수 없다.

④ 당해사건재판에서 청구인이 승소판결을 받아 그 판결이 확정된 경우 청구인은 재심을 청구할 법률상 이익이 없고, 심판대상조항에 대하여 위헌결정이 선고되더라도 당해사건재판의 결론이나 주문에 영향을 미칠 수 없으므로 그 심판청구는 재판의 전제성이 인정되지 아니하나, 당해사건에 관한 재판에서 승소판결을 받았다고 하더라도 그 판결이 확정되지 아니한 이상 상소절차에서 그 주문이 달라질 수 있으므로, 파기환송 전 항소심에서 승소판결을 받았다는 사정만으로는 법률조항의 위헌여부에 관한 재판의 전제성이 부정된다고 할 수 없다.

⑤ 위헌법률심판이나 위헌심사형 헌법소원심판에 있어서 위헌여부가 문제되는 법률이 재판의 전제성 요건을 갖추고 있는지의 여부는 헌법재판소가 별도로 독자적인 심사를 하기보다는 되도록 법원의 이에 관한 법률적 견해를 존중해야 할 것이며, 다만 그 전제성에 관한 법률적 견해가 명백히 유지될 수 없을 때에만 헌법재판소는 이를 직권으로 조사할 수 있다.

07 직업의 자유에 대한 헌법재판소의 판시내용으로 적절하지 않은 것은?

① 교통사고로 사람을 사상한 후 필요한 조치를 하지 않은 경우 행정자치부령으로 정하는 기준에 따라 운전면허를 취소하거나 1년 이내의 범위에서 운전면허의 효력을 정지시킬 수 있다고 규정한 구「도로교통법」조항은 과잉금지원칙에 반하여 직업의 자유를 침해한다고 할 수 없다.

② 택시운송사업 운전업무 종사자격을 취득한 자가 친족관계인 사람을 강제추행하여 금고 이상의 실형을 선고받은 경우 그 택시운전자격을 취소하도록 규정한「여객자동차 운수사업법」조항은 과잉금지원칙에 위배되어 헌법상 직업선택의 자유를 침해한다고 할 수 없다.

③ 거짓이나 그 밖의 부정한 수단으로 운전면허를 받은 경우 모든 범위의 운전면허를 필요적으로 취소하도록 한「도로교통법」조항은 과잉금지원칙에 반하여 직업의 자유를 침해한다.

④ '약사 또는 한약사가 아닌 자연인'의 약국 개설을 금지하고 위반 시 형사처벌하는「약사법」조항은 과잉금지원칙에 반하여 직업의 자유를 침해한다고 할 수 없다.

⑤ 측량업의 등록을 한 측량업자가 등록기준에 미달하게 된 경우 측량업의 등록을 필요적으로 취소하도록 규정한 구「측량·수로조사 및 지적에 관한 법률」조항은 과잉금지원칙에 위배되어 직업의 자유를 침해한다.

08 위헌정당해산에 대한 헌법재판소의 판시내용과 설명으로 옳은 것만을 〈보기〉에서 모두 고르면?

―――― 〈보 기〉 ――――

㉠ 정당의 목적이나 활동이 민주적 기본질서에 위배될 때에는 정부는 국무회의의 심의를 거쳐 헌법재판소에 그 해산을 제소할 수 있고 당해 정당의 해산은 헌법재판소 재판관 6인 이상의 찬성으로 결정된다.

㉡ 정당해산심판에 있어서는 피청구인의 활동을 정지하는 가처분이 인정되지 않는다.

㉢ 정당의 해산을 명하는 헌법재판소의 결정은 정부가 「정당법」에 따라 집행한다.

㉣ 정당해산결정에 대해서는 재심을 허용하지 아니함으로써 얻을 수 있는 법적 안정성의 이익이 재심을 허용함으로써 얻을 수 있는 구체적 타당성의 이익보다 더 중하므로 재심에 의한 불복방법이 허용될 수 없다.

㉤ 헌법재판소의 정당해산결정이 있는 경우 그 정당 소속 국회의원의 의원직은 당선 방식을 불문하고 모두 상실된다.

① ㉠, ㉡
② ㉠, ㉤
③ ㉡, ㉢
④ ㉢, ㉣
⑤ ㉣, ㉤

09 탄핵심판제도에 대한 헌법재판소의 판시내용으로 적절하지 않은 것은?

① 국가기관이 국민과의 관계에서 공권력을 행사함에 있어서 준수해야 할 법원칙으로서 형성된 적법절차원칙은 국가기관에 대하여 헌법을 수호하고자 하는 탄핵소추절차에는 직접 적용할 수 없다.

② 헌법과 「헌법재판소법」은 재판관 중 결원이 발생한 경우에도 헌법재판소의 헌법 수호 기능이 중단되지 않도록 8명 이상의 재판관이 출석하면 사건을 심리하고 결정할 수 있음을 분명히 하고 있다.

③ 탄핵심판절차에서는 법적인 관점에서 탄핵사유의 존부만을 판단하는 것이므로 직책수행의 성실성 여부는 그 자체로서 소추사유가 될 수 없어 탄핵심판절차의 판단대상이 되지 않는다.

④ 헌법 제65조는 대통령이 '그 직무집행에 있어서 헌법이나 법률을 위배한 때'를 탄핵사유로 규정하고 있다. 여기에서 '직무'란 법제상 소관 직무에 속하는 고유 업무와 사회통념상 이와 관련된 업무를 말하고, 법령에 근거한 행위뿐만 아니라 대통령의 지위에서 국정수행과 관련하여 행하는 모든 행위를 포괄하는 개념이다.

⑤ 탄핵소추의결서에서 그 위반을 주장하는 '법 규정의 판단'에 관하여 헌법재판소는 원칙적으로 구속을 받지 않으므로 청구인이 그 위반을 주장하는 법 규정 외에 다른 관련 법 규정에 근거하여 탄핵의 원인이 된 사실관계를 판단할 수 있다.

10 정당의 자유 및 정당제도에 대한 헌법재판소의 판시내용과 설명으로 옳은 것은?

① 18세 미만의 국민은 정당의 발기인 및 당원이 될 수 없다.

② 복수당적 보유를 금지하는 「정당법」 조항은 과잉금지원칙에 위배되어 정당 가입 및 활동의 자유를 침해한다.

③ 등록이 취소되거나 자진해산한 정당의 잔여재산 및 헌법재판소의 해산결정에 의하여 해산된 정당의 잔여재산은 국고에 귀속한다.

④ 등록신청을 받은 관할 선거관리위원회는 형식적 요건을 구비하는 한 이를 거부하지 못한다. 다만, 형식적 요건을 구비하지 못한 때에는 상당한 기간을 정하여 그 보완을 명하고, 2회 이상 보완을 명하여도 응하지 아니할 때에는 그 신청을 각하할 수 있다.

⑤ 정당의 시·도당은 1천인 이상의 당원을 가져야 한다고 규정한 「정당법」 조항은 과잉금지원칙에 위배되어 정당 조직 및 활동의 자유를 침해한다.

11 평등권에 대한 헌법재판소의 판시내용으로 적절하지 않은 것은?

① 평등위반 여부를 심사함에 있어 엄격한 심사척도에 의할 것인지, 완화된 심사척도에 의할 것인지는 입법자에게 인정되는 입법형성권의 정도에 따라 달라지게 될 것이다.

② 헌법이 스스로 차별의 근거로 삼아서는 아니되는 기준을 제시하거나 차별을 특히 금지하고 있는 영역을 제시하고 있다면 그러한 기준을 근거로 한 차별이나 그러한 영역에서의 차별에 대하여 엄격하게 심사하는 것이 정당화된다.

③ 차별적 취급으로 인하여 관련 기본권에 대한 중대한 제한을 초래하게 된다면 입법형성권은 축소되어 보다 엄격한 심사척도가 적용되어야 할 것이다.

④ 평등권의 침해 여부에 대한 심사는 그 심사기준에 따라 자의금지원칙에 의한 심사와 비례의 원칙에 의한 심사로 크게 나누어 볼 수 있다. 자의심사의 경우에는 차별을 정당화하는 합리적인 이유가 있는지만을 심사하기 때문에 그에 해당하는 비교대상간의 사실상의 차이나 입법목적(차별목적)의 발견, 확인에 그칠 수 있다.

⑤ 국가유공자와 그 유족 등 취업보호대상자가 국가기관이 실시하는 채용시험에 응시하는 경우에 10%의 가산점을 주도록 한 가산점제도는 평등권을 침해하지 않는다고 하는 것이 헌법재판소의 입장이다.

12 헌법 제10조에 대한 헌법재판소의 판시내용으로 적절하지 않은 것은?

① 누구든지 금융회사 등에 종사하는 자에게 타인의 금융거래 관련 정보를 요구하는 것을 금지하고 이를 처벌조항으로 강제하는 것은 과잉금지원칙에 위배되어 일반적 행동자유권을 침해한 것이다.

②「공직선거법」이 선거운동을 위한 확성장치 사용에 따른 소음제한기준을 규정하지 않은 것은 적절하고 효율적인 최소한의 보호조치를 취하지 아니함으로써 국가의 기본권 보호의무를 과소하게 이행한 것이다.

③ 이륜자동차로 하여금 고속도로 통행을 금지하고 있는 「도로교통법」 제63조는 통행의 자유(일반적 행동의 자유)를 침해한다.

④ 본인의 생전 의사에 관계없이 인수자가 없는 시체를 해부용으로 제공하도록 규정한 것은 과잉금지원칙에 위배되어 시체처분에 대한 자기결정권을 침해한 것이다.

⑤ 집회의 조건부 허용이나 개별적 집회의 금지나 해산으로는 방지할 수 없는 급박하고 명백하며 중대한 위험이 있는 경우가 아님에도 일반 공중에게 개방된 장소인 서울광장의 통행을 금지한 것은 과잉금지원칙에 위배되어 일반적 행동자유권을 침해한 것이다.

13 표현의 자유에 대한 헌법재판소의 판시내용으로 적절하지 않은 것은?

① 법률에 의하지 않는 방송편성에 관한 간섭을 금지하고 그 위반행위를 처벌하는 「방송법」 규정은 과잉금지원칙에 위배되어 표현의 자유를 침해한다고 볼 수 없다.

②「공직선거법」상 대통령선거·국회의원선거·지방선거가 순차적으로 맞물려 돌아가는 현실에서 선거일 전 180일부터 선거일까지 장기간 광고물을 설치·게시하는 행위를 금지·처벌하는 것은 후보자와 일반 유권자의 정치적 표현의 자유를 과도하게 제한하는 것은 아니다.

③ 선거일 전 90일부터 선거일까지 후보자 명의의 칼럼을 게재하는 인터넷 선거보도에 대해, 그것이 불공정하다고 볼 수 있는지 구체적으로 판단하지 않은 채 이를 일률적으로 금지하는 것은 과잉금지원칙에 위배되어 표현의 자유를 침해한다.

④ 타인에게 경제적 대가를 지급하고 변호사를 광고·홍보·소개하는 행위를 금지하는 '변호사 광고에 관한 규정'은 과잉금지원칙에 위배되어 표현의 자유를 침해한다.

⑤ 대한민국을 모욕할 목적을 가지고 국기를 손상·제거·오욕하는 행위를 국기모독죄로 처벌하는 것은 표현내용을 규제하는 것이 아니라 일정한 표현방법을 규제하는 것으로서 과잉금지원칙에 위배되어 표현의 자유를 침해한다고 볼 수 없다.

14 재산권에 대한 헌법재판소의 판시내용으로 적절하지 않은 것은?

① 명의신탁재산 증여의제로 인한 증여세 납세의무자에게 신고의무 및 납부의무 위반에 대한 제재인 가산세까지 부과하도록 하면 납세의무자는 원래 부담하여야 할 세금 이외에 부가적인 금전적 부담을 지게 되므로 과잉금지원칙에 반하여 납세의무자의 재산권을 침해한다.

② 「댐건설관리법」은 댐사용권을 물권으로 보며 「댐건설관리법」에 특별한 규정이 있는 경우를 제외하고는 '부동산에 관한 규정'을 준용하도록 하고 있으므로 댐사용권은 사적유용성 및 그에 대한 원칙적 처분권을 내포하는 재산가치 있는 구체적 권리로서 헌법상 재산권 보장의 대상이 된다.

③ 입법자는 재산권의 내용을 형성함에 있어 광범한 입법재량을 가지고 있으므로 헌법재판소가 재산권의 내용을 형성하는 사회적 제약이 비례원칙에 부합하는지 여부를 판단함에 있어서는 이미 형성된 기본권을 제한하는 입법의 경우에 비하여 보다 완화된 기준에 의하여 심사한다.

④ 법률조항에 의한 재산권 제한이 헌법 제23조 제1항, 제2항에 근거한 재산권의 내용과 한계를 정한 것인지, 아니면 헌법 제23조 제3항에 근거한 재산권의 수용을 정한 것인지를 판단함에 있어서는 전체적인 재산권 제한의 효과를 종합적이고 유기적으로 파악하여 그 제한의 성격을 이해하여야 한다.

⑤ 분묘기지권의 시효취득에 관한 관습법에 따라 토지소유자가 분묘의 수호·관리에 필요한 상당한 범위 내에서 분묘기지가 된 토지 부분에 대한 소유권의 행사를 제한받게 되었더라도, 이를 과잉금지원칙에 위배되어 토지소유자의 재산권을 침해한다고 볼 수 없다.

15 위임입법에 대한 헌법재판소의 판시내용으로 적절하지 않은 것은?

① 법률이 행정입법을 당연한 전제로 규정하고 있고 그 법률의 시행을 위하여 그러한 행정입법이 필요함에도 불구하고 행정권이 그 취지에 따라 행정입법을 하지 아니함으로써 법령의 공백상태를 방치하고 있는 경우에는 행정권에 의하여 입법권이 침해될 수 있다.

② 행정부가 위임입법에 따른 시행명령을 제정하지 않거나 개정하지 않은 것에 정당한 이유가 있다고 하려면 그 위임입법 자체가 헌법에 위반된다는 것이 누가 보아도 명백하거나, 위임입법에 따른 행정입법의 제정이나 개정이 당시 실시되고 있는 전체적인 법질서 체계와 조화되지 아니하여 그 위임입법에 따른 행정입법 의무의 이행이 오히려 헌법질서를 파괴하는 결과를 가져옴이 명백할 정도는 되어야 한다.

③ 처벌법규의 위임은 특히 긴급한 필요가 있거나 미리 법률로써 자세히 정할 수 없는 부득이한 사정이 있는 경우에 한정되어야 하고, 이러한 경우에도 법률에서 범죄의 구성요건은 처벌대상인 행위가 어떠한 것일 것이라고 이를 예측할 수 있을 정도로 구체적으로 정하고 형벌의 종류 및 그 상한과 폭을 명백히 규정하여야 한다.

④ 포괄위임금지는 법규적 효력을 가지는 행정입법의 자의적인 제정으로 국민들의 자유와 권리를 침해할 수 있는 가능성을 방지하고자 엄격한 헌법적 기속을 받게 하는 것을 요구하므로 법률이 정관에 자치법적 사항을 위임한 경우에도 포괄위임입법금지의 원칙이 적용되어야 한다.

⑤ 위임입법이란 형식적 의미의 법률(국회입법)에는 속하지 않지만 실질적으로는 행정에 의한 입법으로서 법률과 같은 성질을 갖는 법규의 정립이기 때문에 권력분립주의 내지 법치주의 원리에 비추어 반드시 구체적이며 명확한 법률의 위임을 요한다.

16 양심의 자유에 대한 헌법재판소의 판시내용으로 적절하지 않은 것은?

① 학교폭력의 가해학생에 대한 조치로 피해학생에 대한 서면사과를 규정한 것은 가해학생에게 반성과 성찰의 기회를 제공하고 피해학생의 피해 회복과 정상적인 학교생활로의 복귀를 돕기 위한 교육적 조치로 볼 수 있으므로 가해학생의 양심의 자유를 침해한다고 보기 어렵다.

② 양심의 자유에는 널리 사물의 시시비비나 선악과 같은 윤리적 판단에 국가가 개입해서는 안 되는 내심적 자유는 물론, 이와 같은 윤리적 판단을 국가권력에 의하여 외부에 표명하도록 강제받지 아니할 자유까지 포괄한다.

③ 육군참모총장이 상벌사항을 파악하는 일환으로 육군 장교에게 민간법원에서 약식명령을 받아 확정된 사실을 자진신고하도록 명령하는 것은 개인의 인격 형성에 관계되는 내심의 가치적·윤리적 판단이 개입될 여지가 없는 단순한 사실관계의 확인에 불과하다.

④ 보안관찰처분은 보안관찰처분 대상자가 보안관찰 해당 범죄를 다시 저지를 위험성이 내심의 영역을 벗어나 외부에 표출되는 경우에 재범의 방지를 위하여 내려지는 특별예방적 목적의 처분이므로 양심의 자유를 침해한다고 할 수 없다.

⑤ 특정한 내적인 확신 또는 신념이 양심으로 형성된 이상 그 내용 여하를 떠나 양심의 자유에 의해 보호되는 양심이 될 수 있으므로, 헌법상 양심의 자유에 의해 보호받는 양심으로 인정할 것인지의 판단은 그것이 깊고, 확고하며, 진실된 것인지 여부에 따르면 된다. 따라서 양심적 병역거부를 주장하는 사람은 자신의 양심을 외부로 표명하여 증명할 의무를 지지 않는다.

17 개인정보자기결정권에 대한 헌법재판소의 판시내용으로 적절하지 않은 것은?

① 정보주체의 배우자나 직계혈족이 정보주체의 위임 없이도 정보주체의 가족관계 상세증명서의 교부 청구를 할 수 있도록 한 것은 현재의 혼인 외에서 얻은 자녀 등에 관한 내밀한 개인정보를 정보주체의 의사에 반하여 배우자나 직계혈족에게 공개 당하게 되므로 개인정보자기결정권을 침해한다.

② 인간의 존엄과 가치, 행복추구권, 인격권, 사생활의 비밀과 자유는 그 보호영역이 개인정보자기결정권의 보호영역과 중첩되는 범위에서 관련되어 있고 특별한 사정이 없는 이상 개인정보자기결정권에 대한 침해 여부를 판단함으로써 이에 대한 판단이 함께 이루어진다.

③ 전기통신역무제공에 관한 계약을 체결하는 경우 전기통신사업자로 하여금 가입자에게 본인임을 확인할 수 있는 증서 등을 제시하도록 요구하고 부정가입방지시스템 등을 이용하여 본인인지 여부를 확인하도록 하였더라도 잠재적 범죄 피해 방지 및 통신망 질서 유지라는 더욱 중대한 공익의 달성 효과가 있으므로 개인정보자기결정권을 침해하지 않는다.

④ 효율적인 수사의 필요성을 고려하여 사전에 정보주체인 이용자에게 그 내역을 통지하지 않았는데 수사기관 등이 통신자료를 취득한 이후에도 수사 등 정보수집의 목적에 방해가 되지 않는 범위 내에서 통신자료의 취득사실을 이용자에게 통지하지 않았다면 적법절차원칙에 위배되어 개인정보자기결정권을 침해한다.

⑤ 거짓이나 그 밖의 부정한 방법으로 보조금을 교부받거나 보조금을 유용한 어린이집에 대하여 그 어린이집 대표자 또는 원장의 의사와 관계없이 어린이집의 명칭, 종류, 주소, 대표자 또는 어린이집 원장의 성명 등을 불특정 다수인이 알 수 있도록 공표하는 것은 공표대상자의 개인정보자기결정권을 제한한다.

18 대통령에 대한 설명으로 옳지 않은 것만을 〈보기〉에서 모두 고르면?

─── 〈보 기〉 ───

㉠ 대통령은 국무회의 의장으로서 회의를 소집하고 이를 주재하나, 사고로 직무를 수행할 수 없는 경우에는 부의장인 국무총리가 그 직무를 대행한다. 다만 의장과 부의장이 모두 사고로 직무를 수행할 수 없는 경우에는 기획재정부장관이 겸임하는 부총리, 교육부장관이 겸임하는 부총리 및 「정부조직법」 제26조 제1항에 규정된 순서에 따라 국무위원이 그 직무를 대행한다.

㉡ 대통령의 긴급재정·경제처분권과 긴급재정·경제명령권은 지체없이 국회에 보고를 하여 그 승인을 얻어야 하고, 승인을 얻지 못한 때에는 그 처분 또는 명령은 소급하여 그 효력을 상실한다.

㉢ 국회에서 의결되어 정부에 이송된 법률안 중 일부 조항에 대하여 위헌 논란이 있어 대통령이 국회에 재의를 요구하는 경우 그 일부조항을 수정하여 재의를 요구할 수 있다.

㉣ 정부에 이송된 법률안에 대하여 대통령이 재의를 요구하는 경우, 국회가 재적의원 3분의 2 이상의 찬성으로 전과 같은 의결을 하면 대통령은 더 이상 재의를 요구할 수 없고 지체없이 공포하여야 하며, 대통령이 공포함으로써 법률안은 법률로서 확정된다.

① ㉡

② ㉢

③ ㉠, ㉣

④ ㉠, ㉢, ㉣

⑤ ㉡, ㉢, ㉣

19 대한민국 헌정사에 대한 설명으로 옳지 않은 것은?

① 제5차 헌법개정(1962년 헌법)에서는 정부형태가 의원내각제에서 대통령제로 환원되었으며, 인간존엄성 규정이 신설되었다.

② 제1차 헌법개정(1952년 헌법)에서는 대통령과 부통령의직선제, 양원제 국회 등이 도입되었다.

③ 현행헌법(1987년 헌법)에서는 헌법재판소제도가 부활하고, 1972년에 폐지된 표현의 자유에 대한 허가와 검열금지규정이 부활하였다.

④ 제8차 헌법개정(1980년 헌법)에서는 행복추구권과 무죄추정의 원리 그리고 적법절차조항이 도입되었다.

⑤ 제7차 헌법개정(1972년 헌법)에서는 대통령 직선제가 폐지되고, 기본권의 본질적 내용의 침해금지규정이 삭제되었다.

20 헌법의 개정에 대한 헌법재판소의 판시내용과 설명으로 옳은 것만을 〈보기〉에서 모두 고르면?

───── 〈보 기〉 ─────

ⓒ 헌법개정안은 국회 재적의원 과반수 또는 대통령의 발의로 제안되며, 제안된 헌법개정안은 대통령이 30일 이상의 기간 이를 공고하여야 한다.

ⓒ 헌법개정안은 국회가 의결한 후 30일 이내에 국민투표에 붙여 국회의원 선거권자 과반수의 투표와 투표자 과반수의 찬성을 얻어야 한다.

ⓒ 헌법 제128조 제2항은 헌법개정의 한계를 규정한 조항이 아니라 헌법개정의 허용을 전제로 한 헌법개정의 효력을 제한하는 '헌법개정효력의 한계' 규정이다.

ⓒ 국민투표에 의하여 확정된 현행 헌법의 성립과정과 헌법 제130조 제2항이 헌법의 개정을 국민투표에 의하여 확정하도록 하고 있으므로, 헌법은 그 전체로서 주권자인 국민의 결단 내지 국민적 합의의 결과라고 보아야 할 것으로, 헌법의 규정을 「헌법재판소법」 제68조 제1항 소정의 공권력 행사의 결과라고 볼 수 없다.

① ㉠
② ㉡, ㉢
③ ㉡, ㉣
④ ㉠, ㉢, ㉣
⑤ ㉡, ㉢, ㉣

21 법률에 대한 헌법합치적 해석에 대한 헌법재판소의 판시내용과 설명으로 적절하지 않은 것은?

① 법률에 대한 헌법합치적 해석이란 어떠한 법률이 다의적으로 해석될 가능성이 있을 경우, 위헌적 해석가능성은 배제하고, 합헌적 해석가능성을 택하여 법률의 효력을 유지시키는 해석방법이다.

② 헌법재판소는 법률에 대한 헌법합치적 해석의 근거로 권력분립원리, 민주주의 원리의 관점에서 입법자의 존중, 법질서의 통일성 및 법적 안정성을 들고 있다.

③ 법률 또는 법률의 조항은 원칙적으로 가능한 범위안에서 합헌적으로 해석함이 마땅하나 그 해석은 법의 문구와 목적에 따른 한계가 있다. 즉, 법률의 조항의 문구가 간직하고 있는 말의 뜻을 넘어서 말의 뜻이 완전히 다른 의미로 변질되지 아니하는 범위 내이어야 한다는 문의적 한계와 입법권자가 그 법률의 제정으로써 추구하고자 하는 입법자의 명백한 의지와 입법의 목적을 헛되게 하는 내용으로 해석할 수 없다고 하는 법목적에 따른 한계가 바로 그것이다.

④ 헌법재판소에 의하면 「민법」 제764조 '명예회복에 적당한 처분'에 사죄광고를 포함시키는 것은 헌법에 위반된다.

⑤ 헌법재판소에 의하면 구 「상속세법」 제18조 제1항 본문 중 '상속인'의 범위에 '상속개시 전에 피상속인으로부터 상속재산가액에 가산되는 재산을 증여받고 상속을 포기한 자'를 포함하지 않은 것은 상속을 승인한 자의 헌법상 재산권을 침해하는 것은 아니다.

22 국적에 대한 헌법재판소의 판시내용과 설명으로 옳은 것은?

① 대한민국의 민법 상 미성년인 대한민국의 국민이 아닌 자는 대한민국 국민인 부 또는 모에 의하여 인지되고, 출생당시에 그 부 또는 모가 대한민국의 국민이라는 요건을 모두 갖춘 때에 대한민국 국적을 취득한다.

② 대한민국 국적을 취득한 사실이 없는 외국인은 법무부장관의 귀화허가를 받아 대한민국 국적을 취득할 수 있으며, 법무부장관 앞에서 국민선서를 하고 귀화증서를 수여받은 때에 대한민국 국적을 취득한다.

③ 대한민국 국민의 양자로서 입양 당시 대한민국의 「민법」상 성년이었던 외국인으로서 대한민국에 2년간 계속하여 주소가 있는 자는 5년 이상 계속하여 대한민국에 주소가 없고 대한민국에 영주할 수 있는 체류자격이 없더라도 귀화허가를 받을 수 있다.

④ 대한민국 국적을 취득한 외국인으로서 외국 국적을 가지고 있는 자가 대한민국 국적을 취득한 날로부터 1년 내에 그 외국 국적을 포기하지 않아 국적을 상실한 경우 상실한 이후 2년 내에 그 외국 국적을 포기하면 대한민국 국적을 재취득할 수 있다.

⑤ 국적이탈 신고자에게 신고서에 '가족관계기록사항에 관한 증명서'를 첨부하여 제출하도록 규정한 「국적법 시행규칙」 제12조 제2항 제1호는 명확성원칙에 위배되고, 과잉금지원칙에 위배되어 국적이탈의 자유를 침해한다.

23 보통선거원칙에 대한 헌법재판소의 판시내용과 설명으로 적절하지 않은 것만을 〈보기〉에서 모두 고르면?

─── 〈보 기〉 ───

㉠ 헌법 제41조 제1항 및 제67조 제1항은 국회의원 및 대통령 선거에 관한 헌법상 일반원칙으로 보통·평등·직접·비밀·자유선거원칙을 직접 규정하고 있다.

㉡ 국내에 주민등록이 되어 있는 국민에 대해서만 선거권을 인정하고 국내에 주민등록이 되어 있지 아니한 재외국민에 대해서 선거권을 인정하고 있지 않은 구 「공직선거 및 부정방지법」 제37조 제1항은 부진정입법부작위에 해당한다.

㉢ 집행유예자와 수형자에 대하여 선거권을 제한하는 것은 과잉금지원칙에 위배하여 선거권을 침해한다고 할 수 없다.

㉣ 선거인명부에 오를 자격이 있는 국내거주자에 대해서만 부재자신고를 허용함으로써 재외국민과 단기해외체류자 등 국외거주자 전부의 국정선거권을 부인하고 있는 구 「공직선거법」 조항은 정당한 입법목적을 갖추지 못한 것으로 헌법 제37조 제2항에 위반하여 국외거주자의 선거권과 평등권을 침해하고 보통선거원칙에도 위반된다.

㉤ 국민투표는 국가의 중요정책이나 헌법개정안에 대해 주권자로서의 국민이 그 승인 여부를 결정하는 절차인데, 주권자인 국민의 지위에 아무런 영향을 미칠 수 없는 주민등록 여부만을 기준으로 하여, 주민등록을 할 수 없는 재외국민의 국민투표권 행사를 전면적으로 배제하고 있는 「국민투표법」 조항은 헌법 제37조 제2항의 과잉금지원칙에 위반되어 국민투표권을 침해한다.

① ㉠, ㉢

② ㉠, ㉣

③ ㉠, ㉢, ㉤

④ ㉡, ㉣, ㉤

⑤ ㉢, ㉣, ㉤

24 국회에 대한 설명으로 옳은 것은?

① 국회는 의장 1인과 부의장 2인을 두며, 의장이 사고가 있을 경우 소속 의원 수가 많은 교섭단체 소속의 부의장이 직무를 대리한다.

② 위원회는 재적위원 4분의 1 이상의 출석으로 개회하고, 재적위원 과반수의 출석과 출석위원 과반수의 찬성으로 의결한다.

③ 소관 위원회는 다른 위원회와 협의하여 연석회의를 열고 의견을 교환하거나 표결을 할 수 있으며, 세입예산안과 관련 있는 법안을 회부받은 위원회는 예산결산특별위원회 위원장의 요청이 있을 경우에는 연석회의를 열어야 한다.

④ 위원회는 소관 사항을 분담·심사하기 위하여 상설소위원회를 둘 수 있고, 필요한 경우 특정한 안건의 심사를 위하여 소위원회를 둘 수 있다. 특히 예산결산특별위원회는 소위원회외에 심사를 위하여 필요한 경우에는 이를 여러 개의 분과위원회로 나눌 수 있다.

⑤ 국회는 위원회의 심사를 거치거나 위원회가 제안한 의안 중 정부조직에 관한 법률안, 조세 또는 국민에게 부담을 주는 법률안 등 주요 의안의 본회의 상정 전이나 본회의 상정 후에 재적의원 4분의 1 이상이 요구할 때 전원위원회를 개회할 수 있으며, 전원위원회는 의안에 대한 수정안을 제출할 수 없다.

25 권한쟁의심판에 대한 헌법재판소의 판시내용과 설명으로 옳은 것은?

① 권한쟁의심판청구는 피청구인의 처분 또는 부작위가 헌법에 의해서 부여받은 청구인의 권한을 침해하였거나 침해할 현저한 위험이 있는 경우에만 할 수 있다.

② 헌법재판소의 권한쟁의심판의 결정은 모든 국가기관과 지방자치단체를 기속하지만, 국가기관 또는 지방자치단체의 처분을 취소하는 권한쟁의심판결정은 그 처분의 상대방에 대하여 이미 생긴 효력에 영향을 미치지 아니한다.

③ 권한쟁의심판청구는 그 사유가 있음을 안 날로부터 90일 이내에, 그 사유가 있는 날로부터 180일 이내에 청구하여야 하며, 이 기간은 불변기간으로 한다.

④ 정당은 비록 정치적인 자발적 결사체로서 법인격 없는 사단에 불과하더라도 국회 내에서 교섭단체를 구성하고 있다면 권한쟁의심판의 당사자가 될 수 있다.

⑤ 권한쟁의심판청구에서의 피청구인의 처분이라 함은 청구인의 권한 침해를 야기할 만한 법적 중요성을 지니는 처분을 의미하는 것으로 정부가 법률안을 제출하는 행위는 권한쟁의심판의 독자적 대상이 되는 법적 중요성을 지닌 행위로 볼 수 있다.

모바일 OMR

✅ 회독 CHECK 1 2 3

01 우리나라 헌법재판제도의 역사에 대한 설명으로 옳지 않은 것만을 〈보기〉에서 모두 고르면?

───── 〈보 기〉 ─────
⊙ 제헌헌법은 탄핵사건을 심판하기 위하여 법률로 써 헌법위원회를 설치하도록 규정하였다.
ⓛ 제3차 개정헌법은 헌법재판소가 탄핵재판, 정당 의 해산, 권한쟁의, 헌법소원을 관장하도록 규정 하였다.
ⓒ 제5차 개정헌법은 탄핵사건을 심판하기 위하여 탄핵심판위원회를 두도록 규정하였다.
ⓔ 제7차 개정헌법은 헌법위원회가 탄핵, 정당의 해 산, 법원의 제청에 의한 법률의 위헌여부를 심판 하도록 규정하였다.
ⓜ 제8차 개정헌법은 대법원이 탄핵, 정당의 해산, 법률의 위헌여부를 심판하도록 규정하였다.

① ㉠, ㉡, ㉢
② ㉠, ㉡, ㉤
③ ㉠, ㉢, ㉣
④ ㉡, ㉣, ㉤
⑤ ㉢, ㉣, ㉤

02 헌법재판소의 결정정족수가 같은 것만을 〈보기〉에서 모두 고르면?

───── 〈보 기〉 ─────
㉠ 권한쟁의심판의 인용결정
㉡ 탄핵의 결정
㉢ 종전에 헌법재판소가 판시한 헌법 또는 법률의 해 석 적용에 관한 의견 변경
㉣ 헌법소원에 관한 인용결정
㉤ 심판청구에 대한 각하결정

① ㉠, ㉡, ㉢
② ㉠, ㉣, ㉤
③ ㉡, ㉢, ㉣
④ ㉡, ㉣, ㉤
⑤ ㉢, ㉣, ㉤

03 외국인의 기본권 주체성에 대한 설명으로 옳지 않은 것은? (다툼이 있는 경우 헌법재판소 판례에 의함)

① 인간의 존엄과 가치, 행복추구권은 대체로 '인간의 권리'로서 외국인도 주체가 될 수 있다고 보아야 하고, 평등권도 인간의 권리로서 참정권 등에 대한 성질상의 제한 및 상호주의에 따른 제한이 있을 수 있을 뿐이다.

② 외국인에게 직장 선택의 자유에 대한 기본권 주체성을 인정한다는 것은 곧바로 이들에게 우리 국민과 동일한 수준의 직장 선택의 자유가 보장된다는 것을 의미한다.

③ '일할 환경에 관한 권리'는 인간의 존엄성에 대한 침해를 방어하기 위한 권리로서 외국인에게도 인정되며, 건강한 작업환경, 일에 대한 정당한 보수, 합리적인 근로조건의 보장 등을 요구할 수 있는 권리 등을 포함한다.

④ 불법체류라는 것은 관련 법령에 의하여 체류자격이 인정되지 않는다는 것일 뿐이므로, '인간의 권리'로서 외국인에게도 주체성이 인정되는 일정한 기본권에 관하여 불법체류 여부에 따라 그 인정 여부가 달라지는 것은 아니다.

⑤ 직장 선택의 자유는 국민의 권리가 아닌 인간의 권리로 보아야 할 것이므로, 적법하게 고용허가를 받아 우리 사회에서 정당한 노동인력으로서의 지위를 부여받은 외국인에게도 직장 선택의 자유에 대한 기본권 주체성을 인정할 수 있다.

04 위헌법률심판에 대한 설명으로 옳지 않은 것은? (다툼이 있는 경우 헌법재판소 판례에 의함)

① 헌법 및 「헌법재판소법」에 의하면 위헌심판의 대상을 '법률'이라고 규정하고 있는데, 여기서 '법률'이라고 함은 국회의 의결을 거친 이른바 형식적 의미의 법률뿐만 아니라 법률과 동일한 효력을 갖는 조약 등도 포함된다.

② 호주가 사망한 경우 딸에게 분재청구권을 인정하지 아니한 구 관습법은 비록 형식적 의미의 법률은 아니지만 실질적으로는 법률과 같은 효력을 갖는 것이므로 위헌법률심판의 대상이 된다.

③ 헌법재판소에 의하여 위헌으로 선고된 법률 또는 법률의 조항이 제정 당시로 소급하여 효력을 상실하는가 아니면 장래에 향하여 효력을 상실하는가의 문제는 특단의 사정이 없는 한 헌법적합성의 문제라기보다는 입법자가 법적 안정성과 개인의 권리구제 등 제반이익을 비교형량하여 가면서 결정할 입법정책의 문제이다.

④ 입법자는 형벌조항에 대한 위헌결정의 효력과 관련하여 과거의 완전 소급효 입장을 버리고 종전에 합헌결정이 있었던 시점까지 그 소급효를 제한하는 부분 소급효로 입장을 변경하였는데, 이는 법적 안정성보다는 정의에 더 중점을 둔 것이다.

⑤ 헌법재판소가 특정 형벌법규에 대하여 과거에 합헌결정을 하였다는 것은, 적어도 그 당시에는 당해 행위를 처벌할 필요성에 대한 사회구성원의 합의가 유효하다는 것을 확인한 것이므로, 합헌결정이 있었던 시점 이전까지로 위헌결정의 소급효를 인정할 근거가 없다.

05 표현의 자유에 대한 설명으로 옳지 않은 것만을 〈보기〉에서 모두 고르면? (다툼이 있는 경우 헌법재판소 판례에 의함)

─── 〈보 기〉 ───

㉠ 방송사 외부에 있는 자가 방송편성에 관계된 자에게 방송편성에 관해 특정한 요구를 하는 등의 방법으로, 방송편성에 관한 자유롭고 독립적인 의사결정에 영향을 미칠 수 있는 행위 일체를 금지하고 이를 위반한 자를 처벌하는 것은 시청자의 건전한 방송 비판 내지 의견제시까지 처벌대상으로 삼는 것으로 시청자들의 표현의 자유를 침해한다.

㉡ 공무원이 선거에서 특정정당 또는 특정인을 지지하기 위하여 타인에게 정당에 가입하도록 권유 운동을 한 경우 형사처벌하는 것은 정치적 표현의 자유를 침해한다.

㉢ 사람을 비방할 목적으로 정보통신망을 통하여 공공연하게 거짓의 사실을 드러내어 다른 사람의 명예를 훼손한 자를 형사처벌하는 것은 표현의 자유를 침해하지 않는다.

㉣ 초·중등학교의 교육공무원이 정치단체의 결성에 관여하거나 이에 가입하는 행위를 금지한 「국가공무원법」 조항 중 '그 밖의 정치단체'에 관한 부분은 정치적 표현의 자유를 침해하지 않는다.

㉤ 선거운동기간 중 당해 홈페이지 게시판 등에 정당·후보자에 대한 지지·반대 등의 정보를 게시하는 경우 인터넷언론사로 하여금 실명을 확인받는 기술적 조치를 하도록 하는 것은 게시판 등 이용자의 익명표현의 자유를 침해한다.

① ㉠, ㉡, ㉣

② ㉠, ㉡, ㉤

③ ㉠, ㉢, ㉤

④ ㉡, ㉢, ㉣

⑤ ㉢, ㉣, ㉤

06 헌법상 경제질서에 대한 설명으로 옳지 않은 것은? (다툼이 있는 경우 헌법재판소 판례에 의함)

① 헌법 제119조 이하의 경제에 관한 장은 국가가 경제정책을 통하여 달성하여야 할 '공익'을 구체화하고, 동시에 헌법 제37조 제2항의 기본권제한을 위한 법률유보에서의 '공공복리'를 구체화하고 있다.

② 우리나라 헌법상의 경제질서는 사유재산제를 바탕으로 하고 자유경쟁을 존중하는 자유시장경제질서를 근간으로 하는 것이므로, 사회정의를 실현하기 위하여 국가적 규제와 조정을 용인하는 사회적 시장경제질서와는 양립할 수 없다.

③ 특정의료기관이나 특정의료인의 기능·진료방법에 관한 광고를 금지하는 것은 새로운 의료인들에게 자신의 기능이나 기술 혹은 진단 및 치료방법에 관한 광고와 선전을 할 기회를 배제함으로써 기존의 의료인과의 경쟁에서 불리한 결과를 초래하므로, 자유롭고 공정한 경쟁을 추구하는 헌법상의 시장경제질서에 부합되지 않는다.

④ 국방상 또는 국민경제상 긴절한 필요로 인하여 법률이 정하는 경우를 제외하고는, 사영기업을 국유 또는 공유로 이전하거나 그 경영을 통제 또는 관리할 수 없다.

⑤ 헌법 제119조 제2항에 규정된 '경제주체 간의 조화를 통한 경제민주화'의 이념은 경제영역에서 정의로운 사회질서를 형성하기 위하여 추구할 수 있는 국가목표로서 개인의 기본권을 제한하는 국가행위를 정당화하는 헌법규범이다.

07 직업의 자유에 대한 설명으로 옳지 않은 것은? (다툼이 있는 경우 헌법재판소 판례에 의함)

① 학원이나 체육시설에서 어린이통학버스를 운영하는 자로 하여금 어린이통학버스에 학원 강사 등의 보호자를 동승하여 운행하도록 한 것은 학원 등 운영자의 직업수행의 자유를 지나치게 제한하여 입법형성권의 범위를 현저히 벗어났다거나 기본권 침해의 최소성 원칙에 반한다고 볼 수 없다.

② 변호사의 사격이 있는 사에게 더 이상 세부사 사격을 자동으로 부여하지 않도록 한 것은 과잉금지원칙에 반하여 직업선택의 자유를 침해한다고 볼 수 없다.

③ 거짓이나 그 밖의 부정한 수단으로 운전면허를 받은 경우 모든 범위의 운전면허를 필요적으로 취소하도록 한 것은 과잉금지원칙에 반하여 직업의 자유를 침해한다.

④ 안경사 면허를 가진 자연인에게만 안경업소의 개설 등을 할 수 있도록 한 것은 안경사들로만 구성된 법인 형태의 안경업소개설까지 허용하지 않으므로 과잉금지원칙에 반하여 자연인 안경사와 법인의 직업의 자유를 침해한다.

⑤ 의료인으로 하여금 어떠한 명목으로도 둘 이상의 의료기관을 개설할 수 없도록 하고 이를 위반할 경우 형사처벌하는 것은 여러 개의 의료기관을 개설하고자 하는 의료인의 직업수행 방법을 제한하고 있다.

08 국회의 권한에 대한 설명으로 옳지 않은 것은? (다툼이 있는 경우 헌법재판소 판례에 의함)

① 국가기관의 권한쟁의심판 청구를 소권의 남용이라고 평가하기 위해서는 그것이 권한쟁의심판 제도의 취지와 전혀 부합되지 않는다고 볼 극히 예외적인 사정이 인정되어야 할 것이므로, 국회의원들이 자신들의 정치적 의사를 관철하려는 의도로 소속 정당당직자 등의 회의개최 방해행위를 종용하거나 방소하었다 하더라노, 그늘의 권한쟁의심판청구를 소권의 남용이라고 볼 수 없다.

② 상임위원회 위원장이 질서유지권을 발동하여 소수당 의원들의 회의장 출입을 봉쇄한 상태에서 상임위원회 전체회의를 개의하여 의안을 상정하고 법안심사소위원회에 회부하였다면, 상임위원회 의사절차의 주재자로서 질서유지권과 의사정리권의 귀속 주체인 상임위원회 위원장에게 권한쟁의심판청구의 피청구인적격이 인정된다.

③ 우리나라 국회의 의안 심의는 본회의 중심이 아닌 소관상임위원회를 중심으로 이루어지는 '위원회 중심주의'를 채택하고 있는데, 위원회의 역할은 국회의 예비적 심사기관으로서 회부된 안건을 심사하고 그 결과를 본회의에 보고하여 본회의의 판단자료를 제공하는 것이다.

④ 국회의원의 의안에 대한 심의 · 표결권은 국민에 의하여 선출된 국가기관인 국회의원이 그 본연의 업무를 수행하기 위하여 가지고 있는 본질적 권한이라고 할 것이므로, 국회의원의 개별적인 의사에 따라 포기할 수 있는 성질의 것이 아니다.

⑤ 국회 상임위원회가 그 소관에 속하는 의안, 청원 등을 심사하는 권한은 법률상 부여된 위원회의 고유한 권한이 아니라 국회의장이 안건을 위원회에 회부함으로써 위임된 것이다.

09 정부에 대한 설명으로 옳지 않은 것은? (다툼이 있는 경우 헌법재판소 판례에 의함)

① 대통령과 행정부, 국무총리에 관한 헌법 규정의 해석상 국무총리는 행정에 관하여 독자적인 권한을 가지지 못하고 대통령의 명을 받아 행정각부를 통할하는 기관으로서의 지위만을 가지며 행정권 행사에 대한 최후의 결정권자는 대통령으로 보아야 할 것이므로, 국무총리의 통할을 받는 '행정각부'에 모든 행정기관이 포함된다고 볼 수 없다.

② 고위공직자범죄수사처가 직제상 대통령 또는 국무총리 직속기관 내지 국무총리의 통할을 받는 행정각부에 속하지 않는다고 하더라도 대통령을 수반으로 하는 행정부에 소속된 행정기관으로 보는 것이 타당하다.

③ 중앙행정기관이란 '국가의 행정사무를 담당하기 위하여 설치된 행정기관으로서 그 관할권의 범위가 전국에 미치는 행정기관'을 말하는데, 어떤 행정기관이 중앙행정기관에 해당하는지 여부는 기관 설치의 형식이 아니라 해당 기관이 실질적으로 수행하는 기능에 따라 결정되어야 한다.

④ 「정부조직법」은 국가행정기관의 설치와 조직에 관한 일반법이지만 「고위공직자범죄수사처 설치 및 운영에 관한 법률」보다 상위의 법이라 할 수는 없다.

⑤ 대통령은 고위공직자범죄수사처장과 차장, 수사처검사의 임명권과 해임권 모두를 보유하고 있는데, 이들을 임명할 때 추천위원회나 인사위원회의 추천, 수사처장의 제청 등을 거치게 되어 있으므로 수사처 구성에 있어 대통령의 인사권은 형식적인 것이다.

10 〈보기〉에서 평등원칙 위반 여부의 심사기준이 같은 사안끼리 묶인 것은? (다툼이 있는 경우 헌법재판소 판례에 의함)

─ 〈보 기〉 ─

㉠ 국가를 상대로 하는 당사자소송의 경우에는 가집행선고를 할 수 없다고 규정한 것은 평등원칙에 반한다.

㉡ 제대군인이 공무원채용시험 등에 응시한 때에 과목별 득점에 과목별 만점의 5% 또는 3%를 가산하는 제대군인가산점제도를 규정한 것은 헌법에 위반된다.

㉢ 대한민국 국민인 남자에 한하여 병역의무를 부과한 것은 평등권을 침해하지 않는다.

㉣ 혼인한 등록의무자 모두 배우자가 아닌 본인의 직계존·비속의 재산을 등록하도록 법조항이 개정되었음에도 불구하고, 개정 전 조항에 따라 이미 배우자의 직계존·비속의 재산을 등록한 혼인한 여성 등록의무자는 종전과 동일하게 계속해서 배우자의 직계존·비속의 재산을 등록하도록 규정한 것은 평등원칙에 위배된다.

① ㉠, ㉡, ㉢, ㉣
② ㉠, ㉡, ㉢, ㉣
③ ㉠, ㉢, ㉡, ㉣
④ ㉠, ㉣, ㉡, ㉢
⑤ ㉠, ㉡, ㉣, ㉢

11 국가의 기본권 보호의무에 대한 설명으로 옳지 않은 것만을 〈보기〉에서 모두 고르면? (다툼이 있는 경우 헌법재판소 판례에 의함)

───〈보 기〉───

㉠ 검사만 치료감호를 청구할 수 있고 법원은 검사에게 치료감호청구를 요구할 수 있다고만 정하여 치료감호대상자의 치료감호청구권이나 법원의 직권에 의한 치료감호를 인정하지 않은 것은 국민의 보건에 관한 국가의 보호의무에 반한다.

㉡ 주거지역에서 출근 또는 등교 이전 및 퇴근 또는 하교 이후 시간대에 확성장치의 최고출력 내지 소음을 제한하는 등 사용시간과 사용지역에 따른 수인한도 내에서 확성장치의 최고출력 내지 소음 규제기준에 관한 구체적인 규정을 두어야 함에도 이러한 규정을 두지 아니한 것은 적절하고 효율적인 최소한의 보호조치를 취하지 아니하여 국가의 기본권 보호의무를 과소하게 이행한 것이다.

㉢ 자동차 운전자가 업무상 과실 또는 중대한 과실로 인한 교통사고로 말미암아 피해자로 하여금 중상해에 이르게 한 경우, 가해차량이 종합보험 등에 가입되어 있음을 이유로 공소를 제기할 수 없도록 한 것은 형벌까지 동원해야 보호법익을 유효적절하게 보호할 수 있다는 의미에서 교통사고 피해자에 대한 국가의 기본권 보호의무를 위반한 것이다.

㉣ 종래 산업단지의 지정을 위한 개발계획 단계와 산업단지 개발을 위한 실시계획 단계에서 각각 개별적으로 진행하던 주민의견청취절차 또는 주민의견수렴절차를 한 번의 절차에서 동시에 진행하도록 하는 것은 국가가 산업단지계획의 승인 및 그에 따른 산업단지의 조성·운영으로 인하여 초래될 수 있는 환경상 위해로부터 지역주민을 포함한 국민의 생명·신체의 안전을 보호하기 위하여 필요한 최소한의 보호조치를 취하지 아니함으로써 국가의 기본권 보호의무를 과소하게 이행한 것이다.

㉤ 가축사육시설의 환경이 지나치게 열악할 경우 그러한 시설에서 사육되고 생산된 축산물을 섭취하는 인간의 건강도 악화될 우려가 있으므로, 국가로서는 건강하고 위생적이며 쾌적한 시설에서 가축을 사육할 수 있도록 필요한 적절하고도 효율적인 조치를 취함으로써 소비자인 국민의 생명·신체의 안전에 관한 기본권을 보호할 구체적인 헌법적 의무가 있다.

① ㉠, ㉢
② ㉡, ㉢
③ ㉣, ㉤
④ ㉠, ㉢, ㉣
⑤ ㉠, ㉡, ㉣, ㉤

12 청구권적 기본권에 대한 설명으로 옳지 않은 것은? (다툼이 있는 경우 헌법재판소 판례에 의함)

① 재판청구기간에 관한 입법자의 재량과 관련하여 제소기간 또는 불복기간을 너무 짧게 정하여 재판을 제기하거나 불복하는 것을 사실상 불가능하게 하거나 합리적인 이유로 정당화될 수 없는 방법으로 이를 어렵게 한다면 재판청구권은 사실상 형해화될 수 있으므로, 이러한 점에서 입법형성권의 한계가 있다.

② 지방공무원이 면직처분에 대해 불복할 경우 소청심사청구기간을 처분사유 설명서 교부일부터 30일 이내로 정한 것은 일반행정심판 청구기간 또는 행정소송 제기기간인 처분이 있음을 안 날부터 90일보다 짧기는 하나, 지방공무원의 권리구제를 위한 재판청구권의 행사를 불가능하게 하거나 형해화한다고 볼 수는 없다.

③ 직권면직처분을 받은 지방공무원이 그에 대해 불복할 경우 행정소송의 제기에 앞서 반드시 소청심사를 거치도록 규정한 것은 재판청구권을 침해하거나 평등원칙에 위반된다고 볼 수 없다.

④ 입법자는 행정심판을 통한 권리구제의 실효성, 행정청에 의한 자기 시정의 개연성, 문제되는 행정처분의 특수성 등을 고려하여 행정심판을 임의적 전치절차로 할 것인지, 아니면 필요적 전치절차로 할 것인지를 결정할 입법형성권을 가지고 있다.

⑤ 재판청구권과 같은 절차적 기본권은 원칙적으로 제도적 보장의 성격이 강하기 때문에, 자유권적 기본권 등 다른 기본권의 경우와 비교하여 볼 때 상대적으로 광범위한 입법형성권이 인정되므로, 관련 법률에 대한 위헌심사기준은 과잉금지원칙이 적용된다.

13 개인정보자기결정권에 대한 설명으로 옳지 않은 것은? (다툼이 있는 경우 헌법재판소 판례에 의함)

① 개인정보자기결정권의 보호대상이 되는 개인정보는 반드시 개인의 내밀한 영역이나 사사(私事)의 영역에 속하는 정보에 국한되지 않고 공적 생활에서 형성되었거나 이미 공개된 개인정보까지 포함한다.

② 법무부장관은 변호사시험 합격자가 결정되면 즉시 명단을 공고하여야 한다고 규정한 것은 과잉금지원칙에 위배되어 변호사시험 응시자의 개인정보자기결정권을 침해한다고 볼 수 없다.

③ 보안관찰처분대상자가 교도소 등에서 출소한 후 기존에 신고한 거주예정지 등 정보에 변동이 생길 때마다 7일 이내에 이를 신고하도록 정한 법률조항은, 대상자에게 보안관찰처분의 개시 여부를 결정하기 위함이라는 공익을 위하여 지나치게 장기간 형사처벌의 부담이 있는 신고의무를 지도록 하므로, 이는 과잉금지원칙을 위반하여 대상자의 개인정보자기결정권을 침해한다.

④ 소년에 대한 수사경력자료의 삭제와 보존기간에 대하여 규정하면서 법원에서 불처분결정된 소년부송치 사건에 대하여 규정하지 않은 것은 과잉금지원칙을 위반하여 소년부송치 후 불처분결정을 받은 자의 개인정보자기결정권을 침해한다.

⑤ 보안관찰처분대상자가 교도소 등에서 출소한 후 7일 이내에 출소사실을 신고하도록 하고 이를 위반할 경우 처벌하도록 정한 법률조항은, 보다 완화된 방법으로도 입법목적을 충분히 달성할 수 있다는 점에서 과잉금지원칙에 반하여 그 대상자의 개인정보자기결정권을 침해하는 것이다.

14 근로의 권리에 대한 설명으로 옳지 않은 것은? (다툼이 있는 경우 헌법재판소 판례에 의함)

① 축산업 근로자들에게 육체적·정신적 휴식을 보장하고 장시간 노동에 대한 경제적 보상을 해야 할 필요성이 요청됨에도 동물의 사육 사업 근로자에 대하여 근로시간 및 휴일 규정의 적용을 제외하도록 한 것은 근로의 권리를 침해한다.

② 해고예고제도는 근로관계 종료 전 사용자에게 근로자에 대한 해고예고를 하게 하는 것이어서, 근로소건을 이루는 중요한 사항에 해당하고 근로의 권리의 내용에 포함된다.

③ 계속근로기간 1년 이상인 근로자가 근로연도 중도에 퇴직한 경우 중도퇴직 전 1년 미만의 근로에 대하여 유급휴가를 보장하지 않는 것은 근로의 권리를 침해하지 않는다.

④ 정직처분을 받은 공무원에 대하여 정직일수를 연차유급휴가인 연가일수에서 공제하도록 하는 것은 근로의 권리를 침해하지 않는다.

⑤ 고용 허가를 받아 국내에 입국한 외국인근로자의 출국만기보험금을 출국 후 14일 이내에 지급하도록 한 것은 외국인근로자의 근로의 권리를 침해하지 않는다.

15 혼인과 가족생활의 보호에 대한 설명으로 옳은 것(○)과 옳지 않은 것(×)을 올바르게 조합하면? (다툼이 있는 경우 헌법재판소판례에 의함)

〈보 기〉

㉠ 수형자의 배우자에 대해 인터넷화상접견과 스마트접견을 할 수 있도록 하고 미결수용자의 배우자에 대해서는 이를 허용하지 않는 것이 미결수용자의 배우자의 평등권을 침해하는지 여부는 헌법상 혼인과 가족생활에 대한 특별한 헌법적 보호에 비추어 볼 때, 엄격한 비례성심사를 하여야 한다.

㉡ 혼인 종료 후 300일 이내에 출생한 자를 전남편의 친생자로 추정하는 것은 모가 가정생활과 신분관계에서 누려야 할 혼인과 가족생활에 관한 기본권을 침해하지 않는다.

㉢ 중혼을 혼인취소의 사유로 정하면서 후혼의 취소가 가혹한 결과를 발생시키는 경우에도 취소청구권의 제척기간 또는 소멸사유를 규정하지 않은 것은 후혼배우자의 혼인과 가족생활에 관한 기본권을 침해한다.

㉣ 육아휴직신청권은 헌법 제36조 제1항 등으로부터 개인에게 직접 주어지는 헌법적 차원의 권리라고 볼 수 없다.

㉤ 헌법 제36조 제1항에서 규정하는 '혼인'이란 양성이 평등하고 존엄한 개인으로서 자유로운 의사의 합치에 의하여 생활공동체를 이루는 것으로서 법적으로 승인받은 것을 말하므로, 법적으로 승인되지 아니한 사실혼은 그 보호범위에 포함되지 않는다.

① ㉠(○), ㉡(○), ㉢(○), ㉣(×), ㉤(×)

② ㉠(○), ㉡(×), ㉢(×), ㉣(○), ㉤(○)

③ ㉠(×), ㉡(○), ㉢(○), ㉣(×), ㉤(×)

④ ㉠(×), ㉡(○), ㉢(×), ㉣(○), ㉤(○)

⑤ ㉠(×), ㉡(×), ㉢(×), ㉣(○), ㉤(○)

16 영장주의에 대한 설명으로 옳은 것만을 〈보기〉에서 모두 고르면? (다툼이 있는 경우 헌법재판소 판례에 의함)

───〈보 기〉───

㉠ 헌법재판소의 법정의견에 따르면 병(兵)에 대한 징계처분으로 법관의 판단 없이 인신구금이 이루어질 수 있도록 한 영창처분은 영장주의에 위배된다.

㉡ 헌법에 규정된 영장신청권자로서의 검사는 검찰권을 행사하는 국가기관인 검사로서 공익의 대표자이자 수사단계에서의 인권옹호기관으로서의 지위에서 그에 부합하는 직무를 수행하는 자를 의미하는 것이지, 「검찰청법」상 검사만을 지칭하는 것으로 보기 어렵다.

㉢ 「출입국관리법」상의 외국인 강제퇴거명령 및 보호는 형사절차상 '체포 또는 구속'에 준하는 것으로서 외국인의 신체의 자유를 박탈하는 것이므로 검사의 신청, 판사의 발부를 거치지 않은 외국인 보호는 영장주의에 위배된다.

㉣ 체포영장을 발부받아 피의자를 체포하는 경우에 필요한 때에는 영장 없이 타인의 주거 등 내에서 피의자 수사를 할 수 있다고 규정한 것은 수색에 앞서 영장을 발부받기 어려운 긴급한 사정이 인정되지 않는 경우에도 영장 없이 피의자 수색을 할 수 있다는 것이므로, 영장주의에 위배된다.

㉤ 수사기관의 위치정보추적자료 제공요청은 「통신비밀보호법」이 정한 강제처분에 해당되므로, 법관이 발부하는 영장에 의하지 않고 관할 지방법원 또는 지원의 허가만 받으면 이를 가능하게 한 것은 영장주의에 위배된다.

① ㉠, ㉢

② ㉡, ㉣

③ ㉠, ㉡, ㉣

④ ㉠, ㉣, ㉤

⑤ ㉡, ㉢, ㉤

17 국회의 위원회에 대한 설명으로 옳지 않은 것은? (다툼이 있는 경우 헌법재판소 판례에 의함)

① 국회의장은 국회를 대표하고 의사를 정리하며 질서를 유지하고 사무를 감독할 지위에 있고, 위원회 위원의 선임 및 개선은 이와 같은 국회의장의 직무 중 의사정리권한에 속한다.

② 대체토론은 안건에 대한 전반적인 문제점과 당부에 관한 일반적인 의견을 제시하는 것으로, 그 목적은 소위원회 회부 전에 소위원회에서 심의할 방향이나 문제점의 시정을 위한 여러 가지 수정 방향을 제시해 주는 데 있다.

③ 상임위원장은 해당 상임위원 중에서 임시의장 선거의 예에 준하여 국회의 본회의에서 선거하고 의장의 허가를 받아 사임한다.

④ 국회사무처 소관에 속하는 사항에 대한 의안은 국회운영위원회에서 심사한다.

⑤ 상임위원회의 위원 정수(定數)는 국회규칙으로 정한다. 다만, 정보위원회의 위원 정수는 12명으로 한다.

18 「헌법재판소법」 제68조 제2항에 따른 헌법소원심판에 대한 설명으로 옳지 않은 것은? (다툼이 있는 경우 헌법재판소 판례에 의함)

① 폐지된 법률에 대한 헌법소원은 원칙적으로 부적법하나, 폐지된 법률의 위헌 여부가 관련 소송사건의 재판의 전제가 되어 있다면 위헌심판의 대상이 된다.

② 소송대리권을 수여한 사실이 인정되지 않아 당해사건이 부적법하다는 이유로 소 각하 판결이 확정된 일부 청구인들의 심판청구는 법률의 위헌 여부를 따져 볼 필요 없이 각하를 면할 수 없으므로, 재판의 전제성이 인정되지 않아 부적법하다.

③ 명시적으로 위헌제청신청을 한 조항과 필연적 연관관계를 맺고 있는 법률조항이라 하더라도, 당사자가 그 법률조항을 위헌법률심판제청신청의 대상으로 삼지 않았고 당해 법원이 기각결정의 대상으로 삼지 않았다면, 그 법률조항에 대해 당해 법원이 묵시적으로나마 위헌제청신청으로 판단한 것으로 볼 여지가 없다.

④ 법률조항이 당해 사건의 재판에 간접 적용되더라도, 그 위헌여부에 따라 당해 사건의 재판에 직접 적용되는 법률조항의 위헌여부가 결정되거나, 당해 재판의 결과가 좌우되는 경우 등 양 규범 사이에 내적 관련이 인정된다면 재판의 전제성을 인정할 수 있다.

⑤ 공판정에서 청구인이 출석한 가운데 재판서에 의하여 위헌법률심판제청신청을 기각하는 취지의 주문을 낭독하는 방법으로 재판의 선고를 한 경우, 청구인은 이를 통하여 위헌법률심판제청신청에 대한 기각결정을 통지받았다고 보아야 하므로 그로부터 30일이 경과한 후 제기된 헌법소원 심판청구는 청구기간을 경과한 것으로서 부적법하다.

19 사립학교 운영의 자유에 대한 설명으로 옳지 않은 것은? (다툼이 있는 경우 헌법재판소 판례에 의함)

① 사립학교는 그 설립자의 특별한 설립이념을 구현하거나 독자적인 교육방침에 따라 개성 있는 교육을 실시할 수 있을 뿐만 아니라 공공의 이익을 위한 재산출연을 통하여 정부의 공교육 실시를 위한 재정적 투자능력의 한계를 자발적으로 보완해 주는 역할을 담당하므로, 사립학교 설립의 자유와 운영의 독자성을 보장할 필요가 있나.

② 사립유치원에 「사학기관 재무·회계 규칙」을 적용하여 수입 및 지출할 수 있는 비용의 항목이 한정되는 등 엄격한 재무·회계관리가 이루어진다고 하더라도, 이로 인해 사립유치원 운영의 자율성이 완전히 박탈되는 것은 아니다.

③ 사립학교도 공교육의 일익을 담당한다는 점에서 국·공립학교와 본질적인 차이가 있을 수 없기 때문에 공적인 학교 제도를 보장하여야 할 책무를 진 국가가 일정한 범위 안에서 사립학교의 운영을 관리·감독할 권한과 책임을 진다.

④ 사립유치원은 공교육이라는 공익적 서비스를 제공함에 따라 국가 및 지방자치단체로부터 그 운영재원의 대부분에 해당하는 재정지원 및 다양한 세제 혜택을 받고 있으므로 사립유치원의 재정 및 회계의 투명성은 그 유치원에 의하여 수행되는 교육의 공공성과 직결된다.

⑤ 사립유치원의 공통적인 세입·세출 자료가 없는 경우 관할청의 지도·감독에는 한계가 존재할 수밖에 없다는 이유로 사립유치원의 회계를 국가가 관리하는 공통된 회계시스템을 이용하여 처리하도록 하는 것은 개인사업자인 사립유치원의 자유로운 회계처리방법 선택권을 과도하게 침해한다.

20 「헌법재판소법」제68조 제1항에 따른 헌법소원심판에 대한 설명으로 옳은 것(○)과 옳지 않은 것(×)을 올바르게 조합하면? (다툼이 있는 경우 헌법재판소 판례에 의함)

〈보 기〉

㉠ 대통령기록물 소관 기록관이 대통령기록물을 중앙기록물관리기관으로 이관하는 행위는 법률이 정하는 권한분장에 따라 업무수행을 하기 위한 국가기관 사이의 내부적·절차적 행위에 불과하므로 헌법소원심판의 대상이 되는 공권력의 행사에 해당한다고 볼 수 없다.

㉡ 2021학년도 대학입학전형기본사항 중 재외국민 특별전형 지원자격 가운데 학생의 부모인 해외근무자와 그 배우자가 학생과 함께 해외에 체류하여야 한다는 부분은 학부모에 대한 기본권 침해의 자기관련성이 인정된다.

㉢ 헌법소원심판청구 시에 보충성 요건이 흠결된 경우라도, 헌법재판소의 종국결정 전에 다른 법률에 규정된 권리구제절차를 거친 경우에는 보충성 요건의 흠결이 치유될 수 있다.

㉣ 유예기간을 두고 있는 법령의 경우, 헌법소원심판의 청구기간의 기산점은 그 법령의 시행일이다.

㉤ 헌법소원심판청구가 비록 청구기간을 경과하여서 한 것이라 하더라도, 일반적 주의를 다하여도 그 기간을 준수할 수 없는 사유가 있는 경우에는 이를 허용하는 것이 헌법소원제도의 취지와 「헌법재판소법」제40조에 의하여 준용되는 「행정소송법」제20조 제2항 단서에 부합하는 해석이라 할 것이다.

① ㉠(○), ㉡(○), ㉢(○), ㉣(×), ㉤(○)
② ㉠(○), ㉡(×), ㉢(○), ㉣(○), ㉤(○)
③ ㉠(○), ㉡(×), ㉢(○), ㉣(×), ㉤(○)
④ ㉠(×), ㉡(○), ㉢(○), ㉣(○), ㉤(×)
⑤ ㉠(×), ㉡(○), ㉢(×), ㉣(○), ㉤(×)

21 국회의 의안처리 과정에 대한 설명으로 옳지 않은 것은?

① 입법예고기간은 10일 이상으로 한다. 다만, 위원장은 긴급히 입법을 하여야 하는 경우나 입법 내용의 성질 또는 그 밖의 사유로 입법예고가 필요 없거나 곤란하다고 판단되는 경우에는 간사와 협의 없이 직권으로 입법예고를 하지 아니할 수 있다.

② 위원회에서 본회의에 부의할 필요가 없다고 결정된 의안은 본회의에 부의하지 아니한다. 다만, 위원회의 결정이 본회의에 보고된 날부터 폐회 또는 휴회 중의 기간을 제외한 7일 이내에 의원 30명 이상의 요구가 있을 때에는 그 의안을 본회의에 부의하여야 한다.

③ 예산결산특별위원회는 예산안, 기금운용계획안 및 결산에 대하여 공청회를 개최하여야 한다. 다만, 추가경정예산안, 기금운용계획변경안 또는 결산의 경우에는 위원회의 의결로 공청회를 생략할 수 있다.

④ 위원회에 회부된 안건을 신속처리대상안건으로 지정하려는 경우, 의장 또는 안건의 소관 위원회 위원장은 지체 없이 신속처리안건 지정동의를 무기명투표로 표결하되, 재적의원 5분의 3 이상 또는 안건의 소관 위원회 재적위원 5분의 3 이상의 찬성으로 의결한다.

⑤ 의원은 10명 이상의 찬성으로 의안을 발의할 수 있으며, 예산상 또는 기금상의 조치를 수반하는 의안을 발의하는 경우에는 그 의안의 시행에 수반될 것으로 예상되는 비용에 관한 국회예산정책처의 추계서 또는 국회예산정책처에 대한 추계요구서를 함께 제출하여야 한다.

22 재산권에 대한 설명으로 옳지 않은 것은? (다툼이 있는 경우 헌법재판소 판례에 의함)

① 환매권의 발생기간을 '취득일로부터 10년 이내'로 제한한 것은 토지수용 등의 원인이 된 공익사업의 폐지 등으로 공공필요가 소멸하였음에도 단지 10년이 경과하였다는 사정만으로 환매권이 배제되는 결과가 초래될 수 있으므로 재산권을 침해한다.

② 지역구국회의원선거 예비후보자가 정당의 공천심사에서 탈락한 후 후보자등록을 하지 않은 경우를 기탁금 반환 사유로 규정하지 않은 것은 예비후보자의 재산권을 침해한다.

③ 「공무원연금법」상 퇴직연금 수급자가 유족연금을 함께 받게 된 경우 그 유족연금액의 2분의 1을 빼고 지급하도록 하는 것은 재산권을 침해한다.

④ 예비군 교육훈련에 참가한 예비군대원이 훈련 과정에서 식비, 여비 등을 스스로 지출함으로써 생기는 경제적 부담은 헌법에서 보장하는 재산권의 범위에 포함된다고 할 수 없고, 예비군교육훈련 기간 동안의 일실수익과 같은 기회비용 역시 경제적인 기회에 불과하여 재산권의 범위에 포함되지 아니한다.

⑤ 공무원이거나 공무원이었던 사람이 재직 중의 사유로 금고 이상의 형을 받거나 형이 확정된 경우 퇴직급여 및 퇴직수당의 일부를 감액하여 지급함에 있어 그 이후 형의 선고의 효력을 상실하게 하는 특별사면 및 복권을 받은 경우를 달리 취급하는 규정을 두지 아니한 것은 재산권을 침해하지 않는다.

23 통신의 자유에 대한 설명으로 옳지 않은 것은? (다툼이 있는 경우 헌법재판소 판례에 의함)

① 전기통신역무제공에 관한 계약을 체결하는 경우 전기통신사업자로 하여금 가입자에게 본인임을 확인할 수 있는 증서 등을 제시하도록 하는 휴대전화 가입 본인확인제는 익명으로 통신하고자 하는 자의 통신의 자유를 제한하는 것은 물론, 통신의 비밀까지도 제한한다.

② 자유로운 의사소통은 통신내용의 비밀을 보장하는 것만으로는 충분하지 아니하고 구체적인 통신으로 발생하는 외형적인 사실관계, 특히 통신관여자의 인적 동일성·통신시간·통신장소·통신횟수 등 통신의 외형을 구성하는 통신이용의 전반적 상황의 비밀까지도 보장해야 한다.

③ 통신의 중요한 수단인 서신의 당사자나 내용은 본인의 의사에 반하여 공개될 수 없으므로 서신의 검열은 원칙으로 금지되나, 수형자가 수발하는 서신에 대한 검열로 인하여 수형자의 통신의 비밀이 일부 제한되는 것은 국가안전보장·질서유지 또는 공공복리라는 정당한 목적을 위하여 부득이할 뿐만 아니라 유효적절한 방법에 의한 최소한의 제한이며 통신의 자유의 본질적 내용을 침해하는 것이 아니므로 헌법에 위반된다고 할 수 없다.

④ 수용자가 집필한 문서의 내용이 타인의 사생활의 비밀 또는 자유를 침해하는 등 우려가 있는 때 교정시설의 장이 문서의 외부반출을 금지할 수 있도록 한 것은 이미 표현된 집필문을 외부의 특정한 상대방에게 발송할 수 있는지 여부에 대해 규율하는 것이므로, 이에 의해 제한되는 기본권은 통신의 자유로 보아야 한다.

⑤ 수사기관이 수사를 위하여 필요한 경우 법원의 허가를 얻어 전기통신사업자에게 정보주체의 위치정보 추적자료의 제공을 요청할 수 있게 한 법률조항은, 수사의 필요성만을 그 요건으로 하고 있어 절차적 통제마저도 제대로 이루어지기 어려운 현실인 점 등을 고려할 때, 과잉금지원칙에 반하여 정보주체인 전기통신가입자의 통신의 자유를 침해한다.

24 헌법소원의 적법요건에 대한 설명으로 옳지 않은 것은? (다툼이 있는 경우 헌법재판소 판례에 의함)

① 「헌법재판소법」 제68조 제1항에 의한 헌법소원심판을 구하는 자는 심판의 대상인 공권력의 행사 또는 불행사로 인하여 자기의 기본권이 현재 그리고 직접적으로 침해받고 있는 자여야 한다.

② 공권력 작용의 직접적인 상대방이 아닌 제3자라고 하더라도 공권력의 작용이 그 제3자의 기본권을 직접적이고 법적으로 침해하고 있는 경우에는 그 제3자에게 자기관련성이 인정될 수 있다.

③ 공권력의 작용이 단지 간접적, 사실적 또는 경제적 이해관계로만 관련되어 있는 제3자에게는 자기관련성이 인정되지 않는다.

④ 정보통신망을 통하여 공개된 정보로 말미암아 사생활 등을 침해받은 자가 삭제요청을 하면 정보통신서비스 제공자는 해당 정보에 대한 접근을 임시적으로 차단하는 조치를 하여야 한다고 정한 법률조항은 직접적 수범자를 정보통신서비스 제공자로 하기 때문에, 정보게재자는 제3자에 해당하여 위 임시조치로 정보게재자가 게재한 정보는 접근이 차단되는 불이익을 받더라도 정보게재자의 자기관련성은 인정되지 않는다.

⑤ 언론인을 공직자 등에 포함시켜 이들에 대한 부정청탁을 금지한 것은 언론인 등 자연인을 수범자로 하고 있을 뿐이어서 사단법인 한국기자협회는 자신의 기본권을 직접 침해당할 가능성이 없다.

25 헌법상 통일에 대한 설명으로 옳은 것은? (다툼이 있는 경우 헌법재판소 판례에 의함)

① 국가의 안전과 자유민주적 기본질서를 보장하고 국민의 안전을 확보하는 가운데 평화적 통일을 이루기 위한 기반을 조성하기 위하여 북한주민 등과의 접촉에 관하여 남북관계의 전문기관인 통일부장관에게 그 승인권을 준 법률조항은 국민의 통일에 대한 기본권을 위헌적으로 침해한 것이다.

② 북한을 법 소정의 "외국"으로, 북한의 주민 또는 법인 등을 "비거주자"로 바로 인정하기는 어렵지만, 개별 법률의 적용 내지 준용에 있어서는 남북한의 특수관계적 성격을 고려하여 북한지역을 외국에 준하는 지역으로, 북한주민 등을 외국인에 준하는 지위에 있는 자로 규정할 수 있다.

③ 1992년 발효된 「남북 사이의 화해와 불가침 및 교류협력에 관한 합의서」는 남북한 당국이 각기 정치적인 책임을 지고 상호 간에 그 성의 있는 이행을 약속한 것이므로, 국내법과 동일한 효력이 있는 조약이나 이에 준하는 것으로 보아야 한다.

④ 1990년에 「남북교류협력에 관한 법률」이 제정되었다고 하더라도, '남한과 북한의 주민'이라는 행위 주체 사이에 '투자 기타 경제에 관한 협력사업'이라는 행위를 할 경우에는 이 법이 다른 법률보다 우선적으로 적용되는 것은 아니다.

⑤ 헌법의 통일관련 조항들은 국가의 통일의무를 선언한 것이지만 단순한 선언규정에 그친다 할 수는 없는 것이므로, 이들 조항으로부터 국민 개개인의 통일에 대한 기본권을 도출할 수 있다.

모바일 OMR

01 공무원에 대한 설명으로 옳지 않은 것은? (다툼이 있는 경우 판례에 의함)

① 공무원의 직무와 관련이 없는 범죄라 할지라도 고의범의 경우에는 공무원의 법령준수의무, 청렴의무, 품위유지의무 등을 위반한 것으로 볼 수 있으므로 이를 퇴직급여의 감액사유에서 제외하지 아니하더라도 헌법에 위반되지 않는다.

② 공무원의 징계 사유가 공금 횡령인 경우에 해당 징계 외에 공금 횡령액의 5배 내의 징계부가금을 부과하도록 하는 것은 이중처벌금지원칙에 위배되지 않는다.

③ 국회 소속 공무원은 국회의장이 임용하되, 국회규칙으로 정하는 바에 따라 그 임용권의 일부를 소속기관의 장에게 위임할 수 있다.

④ 공무원의 범죄행위로 인해 형사처벌이 부과된 경우에 그로 인하여 공직을 상실하게 되므로, 이에 더하여 공무원의 퇴직급여청구권까지 제한하는 것은 이중처벌금지의 원칙에 위배된다.

⑤ 퇴직연금 수급자가 유족연금을 함께 받게 된 경우에 그 유족연금액의 2분의 1을 빼고 지급하도록 하는 것은 입법형성의 한계를 벗어나 재산권을 침해한다고 볼 수 없다.

02 선거의 원칙에 대한 설명으로 옳은 것만을 〈보기〉에서 모두 고르면? (다툼이 있는 경우 판례에 의함)

─── 〈보 기〉 ───

㉠ 헌법 제24조는 모든 국민은 '법률이 정하는 바에 의하여' 선거권을 가진다고 규정함으로써 법률유보의 형식을 취하고 있으므로 국민의 선거권은 '법률이 정하는 바에 따라서만 인정될 수 있다'는 포괄적인 입법권의 유보하에 있다.

㉡ 보통선거의 원칙은 선거권자의 능력, 재산, 사회적 지위 등의 실질적인 요소를 배제하고 성년자이면 누구라도 당연히 선거권을 갖는 것을 요구하므로 보통선거의 원칙에 반하는 선거권 제한의 입법을 하기 위해서는 헌법 제37조 제2항의 규정에 따른 한계가 한층 엄격히 지켜져야 한다.

㉢ 천재·지변 기타 부득이한 사유로 지방의회의원 및 지방자치단체의 장의 선거를 실시할 수 없거나 실시하지 못한 때에는 중앙선거관리위원회위원장이 당해 지방자치단체의 장과 협의하여 선거를 연기하여야 한다.

㉣ 선거구 획정에 있어서 인구비례 원칙에 의한 투표가치의 평등은 헌법적 요청으로서 다른 요소에 비해 기본적이고 일차적인 기준이다.

㉤ 1인 1표제하에서의 비례대표의석 배분방식은 직접선거의 원칙과 평등선거의 원칙에 위반된다.

① ㉠, ㉡, ㉣
② ㉠, ㉣, ㉤
③ ㉡, ㉢, ㉤
④ ㉡, ㉣, ㉤
⑤ ㉢, ㉣, ㉤

03 신체의 자유에 대한 설명으로 옳지 않은 것은? (다툼이 있는 경우 판례에 의함)

① 형사피고인이 스스로 변호인을 구할 수 없을 때에는 법률이 정하는 바에 의하여 국가가 변호인을 붙인다.

② 체포·구속·압수 또는 수색을 할 때에는 적법한 절차에 따라 검사의 신청에 의하여 법관이 발부한 영장을 제시하여야 한다.

③ 누구든지 체포 또는 구속을 당한 때에는 적부의 심사를 법원에 청구할 수 있다.

④ 체포 또는 구속을 당한 자의 가족은 구속의 이유, 일시 및 장소를 지체없이 통지받을 헌법상의 권리를 가진다.

⑤ 병에 대한 징계처분으로 영창처분이 가능하도록 규정한 「군인사법」 조항은 군 조직 내 복무규율 준수 강화라는 군의 특수성 등을 고려할 때 과잉금지원칙에 위배되지 않는다.

04 평등권을 침해한다고 판시한 것만을 〈보기〉에서 모두 고르면? (다툼이 있는 경우 판례에 의함)

─── 〈보 기〉 ───

㉠ 회원제로 운영하는 골프장 시설의 입장료에 대한 부가금을 규정한 「국민체육진흥법」 조항

㉡ 공중보건의사가 군사교육에 소집된 기간을 복무기간에 산입하지 않도록 규정한 「병역법」 조항

㉢ 독립유공자의 손자녀 중 1명에게만 보상금을 지급하도록 하면서 독립유공자의 선순위 자녀의 자녀에 해당하는 손자녀가 2명 이상인 경우에 나이가 많은 손자녀를 우선하도록 규정한 「독립유공자 예우에 관한 법률」 조항

㉣ 자격정지 이상의 형을 받은 전과가 있는 자에 대하여 선고유예를 할 수 없도록 규정한 「형법」 조항

① ㉠, ㉡

② ㉠, ㉢

③ ㉡, ㉢

④ ㉡, ㉣

⑤ ㉢, ㉣

05 재판청구권에 대한 설명으로 옳지 않은 것은? (다툼이 있는 경우 판례에 의함)

① 디엔에이(DNA)감식시료채취영장 청구는 그 대상자에게 구속영장 청구 시와 같이 엄격한 절차적 권리가 보장되어야 하거나 영장 발부 후 반드시 구제절차를 두어야 하는 것은 아니므로 재판청구권을 침해하지 않는다.

② 심리불속행 상고기각판결의 경우에 판결이유를 생략할 수 있도록 규정한 「상고심절차에 관한 특례법」 조항은 재판청구권을 침해하지 않는다.

③ 「형사소송법」상 즉시항고 제기기간을 3일로 제한하고 있는 것은 헌법상 재판청구권을 공허하게 하므로 입법재량의 한계를 일탈하여 재판청구권을 침해한다.

④ 국민참여재판을 받을 권리가 헌법 제27조 제1항에서 규정한 헌법과 법률이 정한 법관에 의한 재판을 받을 권리의 보호범위에 속한다고 볼 수 없다.

⑤ 법관에 대한 징계처분 취소청구소송을 대법원의 단심재판에 의하도록 규정한 「법관징계법」 조항은 재판청구권을 침해한다고 볼 수 없다.

06 거주 · 이전의 자유에 대한 설명으로 옳지 않은 것은? (다툼이 있는 경우 판례에 의함)

① 대한민국의 국민이 대한민국의 국적을 포기하고 다른 나라의 국적을 선택할 자유는 거주 · 이전의 자유에 포함된다.

② 대한민국의 국민이 외국 체류를 중단하고 다시 대한민국으로 들어올 수 있는 입국의 자유는 거주 · 이전의 자유에 포함된다.

③ 한의사인 A가 아프가니스탄 북동부에 의료봉사활동을 하기 위해 여권을 신청했으나 테러위험을 이유로 여권 발급을 거부당한 경우, A는 거주 · 이전의 자유를 제한받은 것이다.

④ B는 대한민국과 미국의 이중국적을 가지고 있는데, 구체적인 병역의무가 발생하는 때로부터 3개월 이내에 미국 국적을 선택하지 않으면 병역의무를 해소한 후에야 미국 국적을 선택할 수 있도록 하는 경우, B는 국적이탈의 자유를 제한받은 것이다.

⑤ 경찰청장이 경찰버스들로 서울광장을 둘러싸 일반시민들의 통행을 제지한 행위는 시민들의 거주 · 이전의 자유를 제한한다.

07 대통령에 대한 설명으로 옳은 것만을 〈보기〉에서 모두 고르면?

─── 〈보 기〉 ───

㉠ 대통령은 국가의 안위에 관계되는 중대한 교전상태에 있어서 국가를 보위하기 위하여 긴급한 조치가 필요하고 국회의 집회가 불가능한 때에 한하여 법률의 효력을 가지는 명령을 발할 수 있다.

㉡ 대통령은 사법부를 구성할 권한을 가지므로, 국회의 동의를 얻어 대법원장과 대법관을 임명하며, 대법원장의 제청으로 일반 법관을 임명한다.

㉢ 대통령직인수위원회는 대통령 임기 시작일 이후 30일의 범위에서 존속한다.

㉣ 대통령은 외교사절을 신임 · 접수 또는 파견하고, 이를 위해서는 국회의 동의가 필요하다.

㉤ 대통령의 임기가 만료되는 때에는 임기만료 70일 내지 30일 전에 후임자를 선거한다.

① ㉠, ㉢

② ㉠, ㉣

③ ㉡, ㉣

④ ㉡, ㉤

⑤ ㉢, ㉤

08 사법권에 대한 설명으로 옳지 않은 것은? (다툼이 있는 경우 판례에 의함)

① 남북정상회담의 개최과정에서 통일부장관의 협력사업 승인을 얻지 아니한 채 북한 측에 사업권의 대가 명목으로 송금한 행위는 사법심사의 대상이 된다.

② 대법원은 법률에 저촉되지 아니하는 범위 안에서 소송에 관한 절차, 법원의 내부규율과 사무처리에 관한 규칙을 제정할 수 있다.

③ 「법무사법」 제4조 제2항이 대법원규칙으로 정하도록 위임한 이른바 '법무사시험의 실시에 관하여 필요한 사항'이란 시험과목 · 합격기준 · 시험실시방법 · 시험실시시기 · 실시횟수 등 시험실시에 관한 구체적인 방법과 절차를 말하는 것이지 시험의 실시 여부까지도 대법원규칙으로 정하라는 말은 아니다.

④ 헌법재판소는 위헌법률심판제청서, 탄핵소추의결서, 정당해산 · 권한쟁의 · 헌법소원에 관한 청구서를 접수한 날로부터 180일 이내에 종국결정을 선고하여야 한다.

⑤ 법원의 근무성적평정에 관한 사항을 대법원규칙으로 위임한 것은 포괄위임입법금지의 원칙에 위반된다.

09 기본권의 주체에 대한 설명으로 옳은 것은? (다툼이 있는 경우 판례에 의함)

① 축협중앙회는 공법인으로서의 성격이 상대적으로 크지만 공법인성과 사법인성을 겸유한 특수한 법인으로서 기본권의 주체가 될 수 있다.

② 인간의 존엄과 가치에서 유래하는 인격권은 성질상 법인에게 적용될 수 없다.

③ 외국인에게 근로관계가 형성되기 전 단계인 특정한 직업을 선택할 수 있는 권리는 헌법상 기본권에서 유래된다.

④ 국회의원은 국회 구성원의 지위에서 질의권 · 토론권 · 표결권 등의 기본권 주체가 될 수 있다.

⑤ 대통령은 국민에 대한 봉사자의 지위에서 헌법기관으로서의 기본권 주체가 될 수 있다.

10 국회의 의사절차에 대한 설명으로 옳은 것은? (다툼이 있는 경우 판례에 의함)

① 2021년 2월의 임시회에서 의결하지 못한 법률안은 2021년 8월의 임시회에서 다시 의결하지 못한다.

② 헌법이 요구하는 의사공개의 원칙은 본회의에 적용되는 것이며 위원회와 소위원회에는 원칙적으로 적용되지 않는다.

③ 국회 본회의에서 260명의 국회의원이 출석하여 법률안에 대해 표결한 결과 찬성 130명, 반대 130명으로 의결이 이루어져 가부동수인 경우, 국회의장이 결정권을 가진다.

④ 국회에서 의결되어 정부에 이송된 법률안에 대해 대통령이 15일 이내에 공포나 재의의 요구를 하지 않은 때에 그 법률안은 법률로서 확정되고, 이 경우에 공포 없이도 그 효력이 발생한다.

⑤ 국회에서 의결되어 정부에 이송된 법률안에 대해 대통령이 이의가 있을 때에는 이의서를 붙여 국회에 환부할 수 있지만, 그 법률안을 수정하여 재의를 요구할 수는 없다.

11 공정거래위원회의 '법위반사실의 공표명령'과 관련된 헌법재판소의 결정 내용으로서 옳은 것(○)과 옳지 않은 것(×)을 올바르게 조합하면?

─〈보 기〉─

㉠ '법위반사실의 공표명령'은 '특정한 내용의 행위를 함으로써 「독점규제 및 공정거래에 관한 법률」을 위반한 사실'을 공표하라는 것이지 행위자에게 사죄 내지 사과를 요구하는 것은 아니다. 따라서 이 사건 법률조항의 경우 사죄 내지 사과를 강요함으로써 인격발현 혹은 사회적 신용유지를 위하여 보호되어야 할 명예권에 대한 제한의 문제는 발생하지 않는다.

㉡ 만약 행위자가 자신의 법위반 여부에 관하여 사실인정 혹은 법률적용의 면에서 공정거래위원회와는 판단을 달리하고 있음에도 불구하고 불합리하게 법률에 의하여 이를 공표할 것을 강제 당한다면 이는 행위자가 자신의 행복추구를 위하여 내키지 아니하는 일을 하지 아니할 일반적 행동자유권을 침해하는 것이다.

㉢ 헌법상 무죄추정의 원칙은 형사절차와 관련하여 공소가 제기되지 아니한 피의자는 물론 공소가 제기된 피고인이라 할지라도 유죄판결 확정 때까지는 죄가 없는 자로 다루어져야 한다는 원칙을 말하는 바, 이 사건 공표명령은 행정처분의 하나로서 형사절차 내에서 행하여진 처분은 아니므로 관련 행위자를 유죄로 추정하는 불이익한 처분이라고 할 수는 없다.

㉣ 헌법상 보장된 진술거부권은 형사절차뿐만 아니라 행정절차나 법률에 의한 진술강요에서도 인정되는 것인바, 이 사건 공표명령은 "특정의 행위를 함으로써 「독점규제 및 공정거래에 관한 법률」을 위반하였다"는 취지의 행위자의 진술을 공표하게 하는 것으로서 행위자로 하여금 형사절차에 들어가기 전에 법위반 행위를 일단 자백하게 하는 것이 되어 진술거부권을 침해하는 것이다.

① ㉠(○), ㉡(○), ㉢(×), ㉣(○)
② ㉠(○), ㉡(×), ㉢(×), ㉣(×)
③ ㉠(×), ㉡(○), ㉢(×), ㉣(○)
④ ㉠(×), ㉡(○), ㉢(○), ㉣(○)
⑤ ㉠(×), ㉡(×), ㉢(○), ㉣(○)

12 국회의원의 지위 및 권리에 대한 설명으로 옳은 것만을 〈보기〉에서 모두 고르면? (다툼이 있는 경우 판례에 의함)

─〈보 기〉─

㉠ 지방의회의원으로 하여금 지방공사의 직원을 겸직할 수 없도록 한 조항이 국회의원으로 하여금 국무위원이 될 수도 있도록 하고 있는 조항과 비교하여 차별한 것은 아닌지의 문제가 제기된 헌법소원심판 사건에서 헌법재판소는 지방의원과 국회의원을 합리적 사유가 없이 차별한 것으로서 평등권을 침해한다고 하였다.

㉡ 국회의원은 국무총리 및 국무위원 이외의 다른 직의 겸직이 금지되지만 공익목적의 명예직이나 「정당법」에 따른 정당의 직등은 허용된다.

㉢ 국회의원은 현행범인 경우를 제외하고는 회기 중 국회의 동의 없이 체포 또는 구금되지 아니하고 국회의원이 회기 전에 체포 또는 구금된 때에는 현행범이 아닌 한 국회의 요구가 있으면 회기 중 석방된다.

㉣ 국회의원은 그 지위를 남용하여 국가·공공단체 또는 기업체와의 계약이나 그 처분에 의하여 재산상의 권리·이익 또는 직위를 취득하거나 타인을 위하여 그 취득을 알선할 수 없다.

㉤ 면책특권의 대상이 되는 행위는 국회의 직무수행에 필수적인 국회의원의 국회 내에서의 직무상 발언과 표결이라는 의사표현행위에 국한된다.

① ㉠, ㉡, ㉢
② ㉠, ㉣, ㉤
③ ㉡, ㉢, ㉣
④ ㉡, ㉢, ㉤
⑤ ㉡, ㉣, ㉤

13 국정감사 및 조사에 대한 설명으로 옳지 않은 것은? (다툼이 있는 경우 판례에 의함)

① 1948년 제헌헌법에는 국정감사만 있을 뿐 국정조사는 없었고 1980년 개정헌법부터 국정조사제도를 두었다.

② 국회는 국정전반에 관하여 소관 상임위원회별로 매년 정기회 집회일 이전에 감사 시작일부터 30일 이내의 기간을 정하여 감사를 실시하므로, 정기회 기간 중에는 국정조사만 인정된다.

③ 「형법」상 위증죄보다 국회에서의 위증을 무거운 법정형으로 정한 「국회에서의 증언·감정 등에 관한 법률」 조항은 형벌체계상의 정당성과 균형성을 상실한 것이 아니다.

④ 지방자치단체 중 특별시·광역시·도는 국정감사 및 조사의 대상기관이 되며, 다만 그 감사범위는 국가위임사무와 국가가 보조금 등 예산을 지원하는 사업에 한정된다.

⑤ 조사위원회는 조사의 목적, 조사할 사안의 범위와 조사방법, 조사에 필요한 기간 및 소요경비 등을 기재한 조사계획서를 본회의에 제출하여 승인을 받아 조사를 한다.

14 헌법재판소가 내린 위헌결정의 효력에 대한 설명으로 옳은 것은? (다툼이 있는 경우 판례에 의함)

① 세법조항이 단순위헌으로 결정되면, 그 세법조항은 위헌결정이 있는 날로부터 효력을 상실하기 때문에, 위헌결정의 소급효가 인정되지 않아 당해사건의 당사자는 구제를 받지 못한다.

② 형벌조항이 단순위헌으로 결정되면, 그 형벌조항에 의하여 이미 유죄의 확정판결을 받은 사람은 재심을 청구하여 구제를 받을 수 있다.

③ 불처벌의 특례를 규정한 형벌규정에 대해 위헌결정이 내려지면, 종래 그 특례의 적용을 받았던 사람에 대해 형사처벌을 할 수 있다.

④ 형벌에 관한 법률 또는 법률의 조항은 소급하여 효력을 상실하지만, 해당 법률 또는 법률의 조항에 대하여 종전에 합헌으로 결정한 사건이 있는 경우 그 결정이 있는 날로 소급하여 효력을 상실한다.

⑤ 법률조항에 대해 단순위헌결정이 내려지더라도, 입법자가 동일한 사정 하에서 동일한 이유에 근거한 동일한 내용의 법률을 다시 제정하는 것은 위헌결정의 기속력에 반하지 않는다.

15 언론·출판의 자유에 대한 설명으로 옳은 것은? (다툼이 있는 경우 판례에 의함)

① 모욕죄의 형사처벌은 다양한 의견 간의 자유로운 토론과 비판을 제한하여 정치적·학술적 표현행위가 위축되고 열린 논의의 가능성이 줄어들게 되어 표현의 자유를 침해한다.

② 반론보도청구권은 원보도를 진실에 부합되게 시정보도해 줄 것을 요구하는 권리이므로 원보도의 내용이 허위일 것을 조건으로 한다.

③ 인터넷게시판을 설치·운영하는 정보통신서비스 제공자에게 본인확인조치의무를 부과한 법률규정은 과잉금지원칙에 위배되어 정보통신서비스 제공자의 언론의 자유를 침해한다.

④ 의료는 국민 건강에 직결되므로 의료광고에 대해서는 합리적인 규제가 필요하고 의료광고는 상업광고로서 정치적·시민적 표현행위 등과 관련이 적으므로 의료광고에 대해서는 사전검열금지 원칙이 적용되지 않는다.

⑤ 공연히 사실을 적시하여 사람의 명예를 훼손한 경우 형사처벌하는 것은 공적 인물과 공적 사안에 대한 감시·비판을 봉쇄할 목적으로 악용될 소지가 크므로 표현의 자유를 침해한다.

16 사회국가원리에 대한 설명으로 옳지 않은 것은? (다툼이 있는 경우 판례에 의함)

① 사회국가의 원리는 자유민주적 기본질서의 범위 내에서 이루어져야 하고, 국민 개인의 자유와 창의를 보완하는 범위 내에서 이루어져야 하는 내재적 한계를 지니고 있다.

② 사회국가란 사회정의의 이념을 헌법에 수용한 국가, 사회현상에 대하여 방관적인 국가가 아니라 경제·사회·문화의 모는 영역에서 정의로운 사회질서의 형성을 위하여 사회현상에 관여하고 간섭하고 분배하고 조정하는 국가이며, 궁극적으로는 국민 각자가 실제로 자유를 행사할 수 있는 실질적 조건을 마련해 줄 의무가 있는 국가이다.

③ 우리 헌법의 경제질서는 사유재산제를 바탕으로 하고 자유경쟁을 존중하는 자유시장 경제질서를 기본으로 하면서도 이에 수반되는 갖가지 모순을 제거하고 사회복지·사회정의를 실현하기 위하여 국가적 규제와 조정을 용인하는 사회적 시장경제질서로서의 성격을 띠고 있다.

④ 우리 헌법의 경제질서 원칙에 비추어 보면, 사회보험방식에 의하여 재원을 조성하여 반대급부로 노후생활을 보장하는 강제저축 프로그램으로서의 국민연금제도는 상호부조의 원리에 입각한 사회연대성에 기초하여 고소득계층에서 저소득계층으로, 근로세대에서 노년세대로, 현재세대에서 미래세대로 국민간의 소득재분배 기능을 함으로써 오히려 사회적 시장경제질서에 부합하는 제도이다.

⑤ 헌법 제119조 제2항에 규정된 '경제주체 간의 조화를 통한 경제민주화'의 이념은 경제영역에서 정의로운 사회질서를 형성하기 위하여 추구할 수 있는 국가목표에 불과할 뿐이기 때문에, 이 조항이 기본권을 제한하는 국가행위를 정당화하는 직접적인 헌법규범이 될 수는 없다.

17 〈보기〉의 사례에 대한 설명으로 옳은 것은? (다툼이 있는 경우 판례에 의함)

〈보 기〉

甲은 자율형 사립고등학교(이하 '자사고')를 운영하는 학교법인이고, 乙은 자사고 입학을 희망하는 중학생이며, 丙은 乙의 학부모이다. 정부는 자사고를 후기학교로 정하여 신입생을 일반고와 동시에 선발하도록 하고(동시선발 조항), 자사고를 지원한 학생에게 평준화지역 후기학교에 중복지원하는 것을 금지(중복지원금지 조항)하였다.

---

① 헌법상 교육제도 법정주의는 교육제도에 관한 기본방침뿐만 아니라 나머지 세부적인 사항까지 반드시 형식적 의미의 법률로 정하여야 한다는 것을 의미한다.

② 이 사건 동시선발 조항과 중복지원금지 조항은 교육제도 법정주의에 위반하여 甲, 乙, 丙의 기본권을 침해한다.

③ 이 사건 중복지원금지 조항은 학생 乙과 학부모 丙의 평등권을 침해한다.

④ 이 사건 동시선발 조항은 기본권 제한의 한계를 일탈하여 학교법인 甲의 사학운영의 자유를 침해한다.

⑤ 이 사건 동시선발 조항은 학교법인 甲의 평등권을 침해한다.

18 「헌법재판소법」 제68조 제1항에 따른 헌법소원심판에 대한 설명으로 옳은 것은? (다툼이 있는 경우 판례에 의함)

① 법령이 「헌법재판소법」 제68조 제1항에 따른 헌법소원의 대상이 되려면 구체적인 집행행위 없이 직접 기본권을 침해해야 하는바, 여기의 집행행위에 입법 및 사법행위는 포함되지 않는다.

② 방송통신심의위원회의 시정요구는 단순한 행정지도로서 항고소송의 대상이 되는 공권력의 행사라고 볼 수 없으므로 시정요구에 대하여 행정소송을 제기하지 않고 헌법소원심판을 청구하더라도 적법하다.

③ 법령의 시행일 이후 일정한 유예기간을 둔 경우 유예기간과 관계 없이 이미 그 법령 시행일에 기본권의 침해를 받은 것이므로 이에 대한 헌법소원심판 청구기간의 기산점은 법령의 시행일이다.

④ 헌법은 그 전체로서 주권자인 국민의 결단 내지 국민적 합의의 결과라고 보아야 할 것으로, 헌법의 개별규정을 「헌법재판소법」 제68조 제1항 소정의 공권력 행사의 결과라고 볼 수 없다.

⑤ 대통령이 국회에 법률안을 제출하는 행위는 공권력의 행사에 해당하므로 이를 대상으로 한 「헌법재판소법」 제68조 제1항에 따른 헌법소원심판은 적법하다.

19 권한쟁의심판에 대한 설명으로 옳은 것은? (다툼이 있는 경우 판례에 의함)

① 권한쟁의는 국가기관과 지방자치단체간 및 지방자치단체 상호 간의 권한 분쟁을 해결하는 절차이므로 국가기관 상호 간의 권한 분쟁은 심판대상이 되지 않는다.

② 권한쟁의심판절차에서는 종국결정의 선고 시까지 심판대상이 된 피청구인의 처분의 효력을 정지하는 가처분이 인정되지 않는다.

③ 권한쟁의심판에서 청구를 인용하는 결정을 하기 위해서는 헌법재판관 6인 이상의 찬성이 있어야 한다.

④ 일반 법원의 기관소송 관할권과 중복을 피하기 위하여 권한쟁의 심판에서는 헌법상의 권한분쟁만을 대상으로 하고 법률상의 권한분쟁은 그 대상이 되지 않는다.

⑤ 대통령이 국회의 동의 없이 조약에 비준한 경우, 국회의 구성원인 국회의원이 국회의 조약에 대한 체결·비준 동의권의 침해를 대신 주장하며 청구한 권한쟁의심판은 적법하지 않다.

20 헌법재판에 대한 설명으로 옳은 것만을 〈보기〉에서 모두 고르면? (다툼이 있는 경우 판례에 의함) 〈변형〉

───── 〈보 기〉 ─────

㉠ 헌법재판소 전원재판부는 7명 이상의 출석으로 사건을 심리하며, 당사자는 동일한 사건에 대하여 2명의 재판관까지 기피할 수 있다.

㉡ 헌법재판소장이 필요하다고 인정하는 경우에는 변론 또는 종국결정을 심판정 외의 장소에서 할 수 있다.

㉢ 탄핵심판, 위헌법률심판 및 권한쟁의의 심판은 구두변론을 거쳐야 한다.

㉣ 재판관회의는 재판관 전원의 3분의 2를 초과하는 인원의 출석과 출석인원 과반수의 찬성으로 의결한다.

㉤ 「헌법재판소법」은 헌법소원심판에 대해서만 국선대리인제도를 규정하고 있다.

① ㉠, ㉡, ㉤

② ㉠, ㉢, ㉣

③ ㉡, ㉢, ㉤

④ ㉡, ㉣, ㉤

⑤ ㉢, ㉣, ㉤

21 기본권 보호의무에 대한 설명으로 옳은 것만을 〈보기〉에서 모두 고르면? (다툼이 있는 경우 판례에 의함)

─────〈보 기〉─────

㉠ 헌법재판소는 국가가 국민의 법익보호를 위하여 적어도 적절하고 효율적인 최소한의 보호조치를 취했는가를 기준으로 심사한다.

㉡ 「교통사고처리특례법」상 업무상 과실 또는 중대한 과실로 인한 교통사고로 말미암아 피해자로 하여금 상해에 이르게 한 경우 공소를 제기할 수 없도록 한 부분은 국가의 기본권 보호의무에 위반되지 않는다.

㉢ 국가는 사인인 제3자에 의한 국민의 환경권 침해에 대해서 기본권보호조치를 취할 의무를 지지 않는다.

㉣ 선거운동 시 확성장치의 사용시간과 사용지역에 따른 소음 규제기준에 관한 구체적인 규정을 두고 있지 않은 것은 국가의 기본권 보호의무를 과소하게 이행한 것이다.

㉤ 동물장묘업 등록에 관하여 「장사 등에 관한 법률」 제17조 외에 다른 지역적 제한사유를 규정하지 않은 것은 국가의 기본권 보호의무를 과소하게 이행한 것이다.

① ㉠, ㉡, ㉣
② ㉠, ㉡, ㉤
③ ㉡, ㉢, ㉣
④ ㉡, ㉢, ㉤
⑤ ㉢, ㉣, ㉤

22 직업의 자유에 대한 설명으로 옳지 않은 것은? (다툼이 있는 경우 판례에 의함)

① 대학생이 방학기간을 이용하여 또는 휴학 중에 학비 등을 벌기 위해 학원강사로서 일하는 행위는 어느 정도 계속성을 띤 소득활동으로서 직업의 자유의 보호영역에 속한다.

② 거짓이나 그 밖의 부정한 수단으로 운전면허를 받은 경우 국민의 생명·신체를 보호할 필요성이 매우 크므로 모든 범위의 운전면허를 필요적으로 취소하도록 규정한 「도로교통법」 조항은 직업의 자유를 침해하지 않는다.

③ 사립학교 교원이 금고 이상의 형의 집행유예를 받은 경우 당연퇴직 되도록 규정한 「사립학교법」 조항은 사립학교 교원의 직업의 자유를 침해하지 않는다.

④ 최저임금의 적용을 위해 주 단위로 정해진 근로자의 임금을 시간에 대한 임금으로 환산할 때, 해당 임금을 1주 동안의 소정근로 시간 수와 법정 주휴시간 수를 합산한 시간 수로 나누도록 규정한 「최저임금법 시행령」 조항은 사용자의 직업의 자유를 침해하지 않는다.

⑤ 직업의 자유를 제한함에 있어, 당사자의 능력이나 자격과 상관없는 객관적 사유에 의한 직업선택의 자유의 제한은 월등하게 중요한 공익을 위하여 명백하고 확실한 위험을 방지하기 위한 경우에만 정당화될 수 있다.

23 법원에 대한 설명으로 옳지 않은 것은?

① 법관으로서 퇴직 후 2년이 지나지 아니한 사람은 대통령비서실의 직위에 임용될 수 없다.

② 법관 외의 법원공무원은 대법원장이 임명하며, 그 수는 대법원규칙으로 정한다.

③ 대법관은 대법원장의 제청으로 국회의 동의를 받아 대통령이 임명하는데, 대법원장은 대법관후보추천위원회가 추천하는 대법관 후보자 중에서 제청하여야 한다.

④ 대법원장은 다른 국가기관으로부터 법관의 파견근무 요청을 받은 경우에 업무의 성질상 법관을 파견하는 것이 타당하다고 인정되고 해당 법관이 파견근무에 동의하는 경우에는 그 기간을 정하여 이를 허가할 수 있다.

⑤ 대법원장이 궐위되거나 부득이한 사유로 직무를 수행할 수 없을 때에는 선임대법관이 그 권한을 대행한다.

24 헌정사에 대한 설명으로 옳지 않은 것은?

① 1948년 제헌헌법은 대통령과 부통령을 국회에서 각각 선거하도록 하고 1차에 한하여 중임할 수 있도록 규정하였다.

② 1960년 6월 개정헌법은 대법원장과 대법관을 법관의 자격이 있는 자로 조직되는 선거인단이 선거하고 대통령이 이를 확인하며, 그 외의 법관은 대법관회의의 결의에 따라 대법원장이 임명하도록 규정하였다.

③ 1962년 개정헌법은 국민의 보통·평등·직접·비밀선거에 의하여 대통령을 선출하고, 대통령이 궐위된 경우 잔임기간이 2년 미만인 때에는 국회에서 선거하도록 규정하였다.

④ 1972년 개정헌법은 대통령은 대통령선거인단에서 무기명투표로 선출하고, 대통령에 입후보하려는 자는 정당의 추천 또는 법률이 정하는 수의 대통령선거인의 추천을 받도록 규정하였다.

⑤ 1980년 개정헌법은 국회가 국무총리에 대하여 해임을 의결할 경우, 대통령은 국무총리와 국무위원 전원을 해임하여야 한다고 규정하였다.

25 정당에 대한 설명으로 옳지 않은 것은? (다툼이 있는 경우 판례에 의함)

① 정당이 최근 4년간 임기만료에 의한 국회의원선거 또는 임기만료에 의한 지방자치단체의 장 선거나 시·도의회의원선거에 참여하지 아니한 때에는 당해 선거관리위원회는 그 등록을 취소한다.

② 초·중등학교의 교원인 공무원에 대하여 정당가입을 전면적으로 금지하는 법률조항은 근무시간 내외를 불문하고 정당관련 활동을 금지함으로써 해당 교원의 정당가입의 자유를 침해한다.

③ 정당은 5 이상의 시·도당을 가져야 하며, 시·도당은 1천인 이상의 당원을 가져야 한다.

④ 헌법재판소의 해산결정으로 정당이 해산되는 경우 정당해산제도의 취지 등에 비추어 볼 때 그 정당 소속 국회의원의 의원직은 당선방식을 불문하고 모두 상실된다.

⑤ 정당의 지위는 적어도 그 소유재산의 귀속관계에 있어서는 법인격 없는 사단이다.

✅ 회독 CHECK 1 2 3

01 국회의 위원회에 대한 설명으로 옳지 않은 것은? (다툼이 있는 경우 판례에 의함)

① 윤리심사자문위원회는 위원장 1명을 포함한 8명의 위원으로 구성되고, 위원은 의원 중에서 각 교섭단체 대표의원의 추천에 따라 의장이 위촉한다.

② 국회의장은 어느 상임위원회에도 속하지 아니하는 사항은 국회운영위원회와 협의하여 소관 상임위원회를 정한다.

③ 전원위원회는 의안에 대한 수정안을 제출할 수 있다. 이 경우 해당 수정안은 전원위원장이 제안자가 된다.

④ 특별위원회 위원은 교섭단체 소속 의원 수의 비율에 따라 각 교섭단체대표의원의 요청으로 의장이 상임위원 중에서 선임한다.

⑤ 예산결산특별위원회의 위원 수는 50명이며, 예산결산특별위원회 위원의 임기는 1년이다.

02 적법절차원칙에 대한 설명으로 옳지 않은 것만을 〈보기〉에서 모두 고른 것은? (다툼이 있는 경우 판례에 의함)

〈보 기〉

㉠ 법원의 구속집행정지결정에 대하여 검사가 즉시항고할 수 있도록 한 「형사소송법」 조항은 법원의 구속집행정지결정을 무의미하게 할 수 있는 권한을 검사에게 부여한 것이라는 점에서 적법절차원칙에 위배된다.

㉡ 구 「친일반민족행위자 재산의 국가귀속에 관한 특별법」(이하, 「친일재산귀속법」이라 한다) 제2조 제1호에 따라 친일반민족행위자로 결정한 경우에는 현행 「친일재산귀속법」 제2조 제1호에 따라 결정한 것으로 보는, 현행 「친일재산귀속법」 부칙조항은 친일재산귀속법의 입법목적을 관철하기 위하여 불가피한 입법적 결단을 한 것으로 보이므로 적법절차원칙에 위반된다고 볼 수 없다.

㉢ 교도소·구치소의 수용자가 교정시설 외부로 나갈 경우 도주 방지를 위하여 해당 수용자의 발목에 전자장치를 부착하도록 한 「수용자 도주방지를 위한 위치추적전자장치 운영방안」에 따른 전자장치 부착행위는 적법절차원칙에 위반된다.

㉣ 연락운송 운임수입의 배분에 관한 협의가 성립하지 아니한 때에는 당사자의 신청을 받아 국토교통부장관이 결정하도록 한 「도시철도법」 조항 중 "제1항에 따른 운임수입의 배분에 관한 협의가 성립되지 아니한 때에는 당사자의 신청을 받아 국토교통부장관이 결정한다." 부분은 국토교통부장관의 결정에 의해 이루어지므로 적법절차원칙에 위배된다.

① ㉠

② ㉡, ㉢

③ ㉢, ㉣

④ ㉠, ㉡, ㉢

⑤ ㉠, ㉢, ㉣

03 형의 집행 및 수용자의 처우에 대한 설명으로 옳지 않은 것은? (다툼이 있는 경우 판례에 의함)

① 「형의 집행 및 수용자의 처우에 관한 법률」상 징벌은 수사 및 재판 등의 절차확보를 위해 미결구금 및 형벌의 집행이라는 불이익을 받고 있는 자들에 대하여 부과되므로, 규율 위반에 대한 제재로서의 불이익은 형벌에 포함된 통상의 구금 및 수용생활이라는 불이익보다 더욱 자유와 권리를 제한하게 된다.

② 청구인인 금치처분을 받은 사람에게 최장 30일 이내의 기간 동안 공동행사에 참가할 수 없게 하였으나, 서신수수·접견을 통해 외부와 통신할 수 있게 하였고 종교상담을 통해 종교활동을 할 수 있도록 한 것은 청구인의 통신의 자유, 종교의 자유를 침해하지 않는다.

③ 징벌대상자로서 조사를 받고 있는 수형자가 변호인 아닌 자와 접견할 때 교도관이 참여하여 대화내용을 기록하게 한 교도소장의 행위는 수형자의 사생활의 비밀과 자유를 침해하지 않는다.

④ 청구인인 금치처분을 받은 사람이 최장 30일 이내의 기간 동안 의사가 치료를 위하여 처방한 의약품을 제외한 자비구매물품의 사용을 제한받았다 하더라도, 소장이 지급하는 물품을 통하여 건강을 유지하기 위한 필요최소한의 생활을 영위할 수 있도록 하였다면 청구인의 일반적 행동의 자유를 침해하였다고 할 수 없다.

⑤ 미결수용자와 변호인이 되려고 하는 자와의 접견에는 교도관이 참여하지 못한다. 다만, 형사법령에 저촉되는 행위를 할 우려가 있는 경우에는 그러하지 아니하다.

04 선거권에 대한 설명으로 옳지 않은 것은? (다툼이 있는 경우 판례에 의함)

① 선거범으로서 100만 원 이상의 벌금형의 선고를 받고 그 형이 확정된 후 5년을 경과하지 아니한 자 또는 형의 집행유예의 선고를 받고 그 형이 확정된 후 10년을 경과하지 아니한 자에게 선거권을 부여하지 않는 「공직선거법」 조항은 선거권을 침해하지 않는다.

② 지역구 국회의원 선거에 있어서 선거구 선거관리위원회가 당해 국회의원 지역구에서 유효투표의 다수를 얻은 자를 당선인으로 결정하도록 한 「공직선거법」 조항은 청구인의 선거권을 침해하지 않는다.

③ 범죄자에게 형벌의 내용으로 선거권을 제한하는 경우에는 선거권 제한 여부 및 적용범위의 타당성에 관하여 보통선거원칙에 입각한 선거권 보장과 그 제한의 관점에서 엄격한 비례심사를 하여야 한다.

④ 「공직선거법」에서는 일정한 요건을 구비한 외국인에게 지방선거의 선거권을 인정하나, 재외선거인에게 국회의원의 재·보궐선거권을 부여하지 않은 것은 재외선거인의 선거권을 침해한다.

⑤ 지역농협은 사법인에서 볼 수 없는 공법인적 특성을 많이 가지고 있으므로, 지역농협의 조합장 선거에서 조합장을 선출하거나 조합장으로 선출될 권리, 조합장선거에서 선거운동을 하는 것은 헌법에 의하여 보호되는 선거권의 범위에 포함되지 않는다.

05 법원에 대한 설명으로 옳은 것은?

① 대법관의 수는 대법원장을 포함하여 13인으로 한다.

② 법관은 탄핵 또는 금고 이상의 형의 선고에 의하지 아니하고는 정직·감봉 기타 불리한 처분을 받지 아니한다.

③ 군사법원의 상고심은 고등법원에서 관할한다.

④ 대법관에 대한 인사청문 요청이 있는 경우 법제사법위원회에서 인사청문회를 연다.

⑤ 상급법원 재판에서의 판단은 해당 사건에 관하여 하급심을 기속한다.

06 환경권에 대한 설명으로 옳지 않은 것은? (다툼이 있는 경우 판례에 의함)

① 모든 국민은 건강하고 쾌적한 환경에서 생활할 권리를 가지며, 국가와 국민은 환경보전을 위하여 노력하여야 한다.

② 헌법 제35조 제1항은 환경정책에 관한 국가적 규제와 조정을 뒷받침하는 헌법적 근거가 되며 국가는 환경정책 실현을 위한 재원마련과 환경침해적 행위를 억제하고 환경보전에 적합한 행위를 유도하기 위한 수단으로 환경부담금을 부과·징수하는 방법을 선택할 수 있다.

③ 헌법이 환경권에 대하여 국가의 보호의무를 인정한 것은, 환경피해가 생명·신체의 보호와 같은 중요한 기본권적 법익 침해로 이어질 수 있다는 점 등을 고려한 것이므로, 환경권 침해 내지 환경권에 대한 국가의 보호의무위반도 궁극적으로는 생명·신체의 안전에 대한 침해로 귀결된다.

④ 일정한 경우 국가는 사인인 제3자에 의한 국민의 환경권 침해에 대해서도 적극적으로 기본권보호조치를 취할 의무를 지나 헌법재판소가 이를 심사할 때에는 국가가 국민의 기본권적 법익 보호를 위하여 적어도 효율적인 최소한의 보호조치를 취했는가 하는 이른바 '과소보호금지원칙'의 위반 여부를 기준으로 삼아야 한다.

⑤ 국민의 생명·신체의 안전이 질병 등으로부터 위협받거나 받게 될 우려가 있는 경우, 국가는 국민의 생명·신체의 안전을 보호하기 위하여 필요한 적절하고 효율적인 입법·행정상의 조치를 취함으로써 침해의 위험을 방지하고 이를 유지할 구체적이고 직접적인 의무를 진다.

07 각각의 정족수가 다른 것으로만 묶은 것은?

① 국회 임시회 소집 요구 – 계엄 해제 요구 – 감사위원 탄핵소추 의결

② 법률안 재의결 – 국무총리·국무위원 해임 건의 발의 – 헌법개정안 발의

③ 법관 탄핵소추 발의 – 헌법개정안 발의 – 국무총리·국무위원 해임 건의 발의

④ 계엄 해제 요구 – 헌법개정안 발의 – 감사위원 탄핵소추 발의

⑤ 대통령 탄핵소추 발의 – 헌법개정안 의결 – 국회의원 제명

08 명확성원칙에 대한 설명으로 옳지 않은 것만을 〈보기〉에서 모두 고른 것은? (다툼이 있는 경우 판례에 의함)

〈보 기〉

㉠ '여러 사람의 눈에 뜨이는 곳에서 공공연하게 알몸을 지나치게 내놓거나 가려야 할 곳을 내놓아 다른 사람에게 부끄러운 느낌이나 불쾌감을 준 사람'을 처벌하는 「경범죄 처벌법」 조항은 그 의미를 알기 어렵고 확정하기도 곤란하므로 명확성원칙에 위배된다.

㉡ 모양이 총포와 아주 비슷하여 '범죄에 악용될 소지가 현저한 것'을 모의총포의 기준으로 정한 「총포·도검·화약류 등의 안전 관리에 관한 법률 시행령」 조항은 건전한 상식과 통상적인 법감정을 가진 사람이 어떠한 물건이 모의총포에 해당하는지 알 수 없기 때문에 명확성원칙에 위배된다.

㉢ 구 「군형법」 조항에서 금지하는 연설, 문서 또는 그 밖의 방법으로 '정치적 의견을 공표'하는 행위는 법집행 당국의 자의적인 해석과 집행을 가능하게 한다고 보기 어려우므로 명확성원칙에 위배되지 않는다.

㉣ 「군사기밀 보호법」 조항 중 "외국인을 위하여 제12조 제1항에 규정된 죄를 범한 경우에는 그 죄에 해당하는 형의 2분의 1까지 가중처벌한다."는 부분(이하, '외국인 가중처벌 조항'이라 한다) 중 '외국인을 위하여'라는 의미는 '외국인 가중처벌 조항'에 의하여 금지된 행위가 무엇인지 명확하다고 볼 수 없기 때문에 명확성원칙에 위배된다.

① ㉡
② ㉣
③ ㉠, ㉢
④ ㉡, ㉣
⑤ ㉠, ㉡, ㉢, ㉣

09 국회의 의사절차에 대한 설명으로 옳지 않은 것은? (다툼이 있는 경우 판례에 의함)

① 일반정족수는 다수결의 원리를 실현하는 국회의 의결방식 중 하나로서 국회의 의사결정 시 합의에 도달하기 위한 최소한의 기준일 뿐 이를 헌법상 절대적 원칙이라고 볼 수는 없다.

② 국회 재적의원 과반수의 요청이 있으면 국회의장이 의무적으로 직권상정하여야 하는 제도를 「국회법」에 두지 않은 것은, 국회의장의 직권상정제도를 규정하면서 반드시 함께 규율하였어야 할 성질의 부진정입법부작위에 해당한다.

③ 「국회법」상 안건신속처리제도는 여야 간 쟁점안건이 심의대상도 되지 못하고 위원회에 장기간 계류되는 상황을 최소화하기 위한 제도적 장치로, 위원회 중심주의를 존중하면서도 입법의 효율성을 제고하고자 도입된 것이다.

④ 「국회법」에서 국회의장의 심사기간 지정사유를 엄격하게 제한하고 있는 것은, 국회의장의 직권상정권한이 신속입법을 위한 우회적 절차로 활용되는 것을 방지하여 물리적 충돌을 막고, 수정안을 공동으로 만들어 대화와 타협에 의한 의회정치의 정상화를 도모하고자 함에 있다.

⑤ 본회의 직권상정에 앞서 중간보고를 듣는 목적은 위원회의 심사상황을 파악하고 앞으로 심사전망 등을 판단하기 위한 것으로, 그 형식은 서면 외에 구두로도 할 수 있다.

10 표현의 자유에 대한 설명으로 옳지 않은 것은? (다툼이 있는 경우 판례에 의함)

① 인터넷언론사에 대하여 선거일 전 90일부터 선거일까지 후보자 명의의 칼럼이나 저술을 게재하는 보도를 제한하는 구 「인터넷선거보도 심의기준 등에 관한 규정」 제8조 제2항 본문과 「인터넷선거보도 심의기준 등에 관한 규정」 제8조 제2항은 인터넷언론사 홈페이지에 청구인 명의의 칼럼을 게재한 자의 표현의 자유를 침해한다.

② 지역농협 이사 선거의 경우 전화·컴퓨터통신을 이용한 지지·호소의 선거운동방법을 금지하고, 이를 위반한 자를 처벌하는 구 「농업협동조합법」 조항은 해당 선거 후보자의 표현의 자유를 침해한다.

③ 「세종특별자치시 옥외광고물 관리 조례」에서 특정구역 안에서 업소별로 표시할 수 있는 옥외광고물의 총수량을 원칙적으로 1개로 제한한 것은 표현의 자유를 침해한다.

④ 사전심의를 받지 않은 건강기능식품의 기능성 광고를 금지하고 이를 어길 경우 형사처벌하도록 한 구 「건강기능식품에 관한 법률」 조항은 사전검열에 해당하여 표현의 자유를 침해한다.

⑤ 선거운동기간 전에 「공직선거법」에 규정된 방법을 제외하고 인쇄물 등의 배부를 금지한 「공직선거법」 조항은 정치적 표현의 자유를 침해하지 않는다.

11 형사보상청구권에 대한 설명으로 옳지 않은 것은? (다툼이 있는 경우 판례에 의함)

① 형사보상의 청구기간을 '무죄판결이 확정된 때로부터 1년'으로 규정한 것은 형사보상청구권의 행사를 어렵게 할 정도로 지나치게 짧다고 할 수 없으므로 합리적인 입법재량을 행사한 것으로 볼 수 있다.

② 형사보상청구권과 직접적인 이해관계를 가진 당사자는 형사피고인과 국가밖에 없는데, 국가가 무죄판결을 선고받은 형사피고인에게 넓게 형사보상청구권을 인정함으로써 감수해야 할 공익은 경제적인 것에 불과하다.

③ 형사보상청구권이 제한됨으로 인하여 침해되는 국민의 기본권은 단순히 금전적인 권리에 불과한 것이라기보다는 실질적으로 국민의 신체의 자유와 밀접하게 관련된 중대한 기본권이다.

④ 형사보상청구권은 국가의 형사사법작용에 의해 신체의 자유라는 중대한 법익을 침해받은 국민을 구제하기 위하여 헌법상 보장된 국민의 기본권이므로 일반적인 사법상의 권리보다 더 확실하게 보호되어야 할 권리이다.

⑤ 형사피의자 또는 형사피고인으로서 구금되었던 자가 법률이 정하는 불기소처분을 받거나 무죄판결을 받은 때에는 법률이 정하는 바에 의하여 국가에 정당한 보상을 청구할 수 있다.

12 헌정사에 대한 설명으로 옳지 않은 것은?

① 1952년 헌법은 국회의원의 자유로운 토론이 봉쇄된 가운데 기립투표로 통과되었으며 양원제 국회, 국회의 국무원불신임제, 국무위원 임명 시 국무총리 제청권을 규정하였다.

② 1960년 헌법은 대법원장과 대법관의 선거제 및 지방자치단체장의 직선제를 채택하고, 헌법재판소를 우리나라 헌정사상 최초로 규정하였다.

③ 1962년 헌법은 헌정사상 처음으로 국민투표를 통해 확정된 헌법으로 위헌법률심판권을 대법원에 부여하였고, 국무총리제도와 국무총리 · 국무위원해임건의제도를 두어 의원내각제적 요소를 가미하였다.

④ 1972년 헌법은 구속적부심 및 국정감사제를 폐지하였고, 국회의 회기를 단축하였으며 대법원장을 비롯한 모든 법관을 대통령이 임명하도록 규정하였다.

⑤ 1980년 헌법은 행복추구권 · 형사피고인의 무죄추정 · 사생활의 비밀과 자유의 불가침 등 국민의 자유와 권리보장 조항을 강화하고 평화통일조항을 최초로 규정하였다.

13 직업의 자유에 대한 설명으로 옳은 것은? (다툼이 있는 경우 판례에 의함)

① 의료인의 중복운영 허용 여부는 입법정책적인 문제이나 1인의 의료인에 대하여 운영할 수 있는 의료기관의 수를 제한하는 입법자의 판단은 그 목적에 비해 입법자에게 부여된 입법재량을 명백히 일탈하였다.

② 유사군복을 판매할 목적으로 소지하는 행위를 처벌하는 조항은 오인 가능성이 낮은 유사품이나 단순 밀리터리룩 의복을 취급하는 행위를 제외하고 있다고 하더라도 국가 안전보장과 질서를 유지하려는 공익에 비추어 볼 때 직업선택의 자유를 과도하게 제한한다.

③ 외국인 근로자의 사업장 변경을 원칙적으로 3회를 초과할 수 없도록 하는 규정은 외국인 근로자에게 일단 형성된 근로관계를 포기하는 것을 제한하기 때문에 직업선택의 자유에 대한 제한이 아니라 근로의 권리에 대한 제한으로 보아야 한다.

④ 감차 사업구역 내에 있는 일반택시 운송 사업자에게 택시운송사업 양도를 금지하고 감차 계획에 따른 감차 보상만 신청할 수 있도록 하는 조항은 일반택시운송사업자의 직업수행의 자유를 과도하게 제한한다고 볼 수 없다.

⑤ 현금영수증 의무발행업종 사업자에게 건당 10만 원 이상 현금을 거래할 때 현금영수증을 의무 발급하도록 하고, 위반 시 현금영수증 미발급 거래대금의 100분의 50에 상당하는 과태료를 부과하도록 한 규정은 공익과 비교할 때 과태료 제재에 따른 불이익이 매우 커서 직업수행의 자유를 침해한다.

14 사법권의 독립에 대한 설명으로 옳지 않은 것은? (다툼이 있는 경우 판례에 의함)

① 약식절차에서 피고인이 정식재판을 청구한 경우 약식명령의 형보다 중한 형을 선고할 수 없도록 한 것은, 피고인이 정식재판을 청구하는 경우 법관에게 부여된 형종에 대한 선택권이 검사의 일방적인 약식명령 청구에 의하여 심각하게 제한되므로 법관의 양형결정권을 침해한다.

② 법관이 중대한 신체상 또는 정신상의 장해로 직무를 수행할 수 없을 때에는, 대법관인 경우에는 대법원장의 제청으로 대통령이 퇴직을 명할 수 있고, 판사인 경우에는 인사위원회의 심의를 거쳐 대법원장이 퇴직을 명할 수 있다.

③ 법관에 대한 대법원장의 징계처분 취소청구소송을 대법원의 단심재판에 의하도록 하는 것은, 독립적으로 사법권을 행사하는 법관이라는 지위의 특수성과 법관에 대한 징계절차의 특수성을 감안하여 재판의 신속을 도모하기 위한 것이므로 헌법에 합치된다.

④ 법관정년제 자체의 위헌성 판단은 헌법재판소의 위헌판단의 대상이 되지 않는다.

⑤ 강도상해죄를 범한 자에 대하여는 법률상의 감경사유가 없는 한 집행유예의 선고가 불가능하게 하였다 하더라도, 입법재량의 한계를 명백히 벗어난 것이 아닌 한, 사법권의 독립 및 법관의 양형판단재량권을 침해 내지 박탈하여 헌법에 위반된다고 할 수 없다.

15 형벌과 책임주의원칙에 대한 설명으로 옳지 않은 것은? (다툼이 있는 경우 판례에 의함)

① 「형법」 제129조 제1항의 수뢰죄를 범한 사람에게 수뢰액의 2배 이상 5배 이하의 벌금을 병과하도록 규정한 「특정범죄 가중처벌 등에 관한 법률」 조항은 책임과 형벌의 비례원칙에 위반되지 않는다.

② 단체나 다중의 위력으로써 「형법」상 상해죄를 범한 사람을 가중처벌하는 구 「폭력행위 등 처벌에 관한 법률」 조항은 책임과 형벌의 비례원칙에 위반되지 않는다.

③ 독립행위가 경합하여 상해의 결과를 발생하게 한 경우 원인된 행위가 판명되지 아니한 때에는 공동정범의 예에 의하도록 규정한 「형법」 제263조는 책임주의원칙에 위반된다.

④ 법인의 대표자 등이 법인의 재산을 국외로 도피한 경우 행위자를 벌하는 외에 그 법인에도 도피액의 2배 이상 10배 이하에 상당하는 벌금형을 과하는 「특정경제범죄 가중처벌 등에 관한 법률」 제4조 제4항 본문 중 '법인에 대한 처벌'에 관한 부분은 책임주의에 위반되지 않는다.

⑤ 종업원이 고정조치의무를 위반하여 화물을 적재하고 운전한 경우 그를 고용한 법인을 면책사유 없이 형사처벌하도록 규정한 구 「도로교통법」 제116조 중 '법인의 대리인, 사용인 그 밖의 종업원이 그 법인의 업무에 관하여 제113조 제1호 중 제35조 제3항을 위반한 때에는 그 법인에 대하여도 해당 조항의 벌금 또는 과료의 형을 과한다'는 부분은 자기책임원칙에 위반된다.

16 개인정보자기결정권에 대한 설명으로 옳은 것은? (다툼이 있는 경우 판례에 의함)

① 검사 또는 사법경찰관이 수사를 위하여 필요한 경우에 전기통신사업자에게 위치정보추적자료의 열람이나 제출을 요청할 수 있도록 하는 규정은 수사기관에 수사대상자의 민감한 개인정보인 위치정보추적자료 제공을 허용하여 수사대상자의 기본권을 과도하게 제한하면서도 절차적 통제가 제대로 이루어지고 있지 않으므로 개인정보자기결정권을 침해한다.

② 건강에 관한 정보는 민감정보에 해당하지만, 국민건강보험공단 이사장이 경찰서장의 요청에 따라 질병명이 기재되지 않은 수사대상자의 요양급여내역만을 제공한 행위 자체만으로는 수사대상자의 개인정보자기결정권이 침해되었다고 볼 수는 없다.

③ 익명휴대전화를 이용하는 자들이 언제나 범죄의 목적을 가진다고 볼 수 없고 익명통신은 도덕적으로 중립적이므로, 익명휴대전화를 금지하기 위해 이동통신서비스 가입 시 본인 확인절차를 거치도록 한다면 그 규정은 정당한 입법목적을 가지고 있다고 볼 수 없으므로 개인정보자기결정권을 침해한다.

④ 아동·청소년에 대한 강제추행죄로 유죄판결이 확정된 자를 신상정보 등록대상자로 정하여 신상정보 관할 경찰관서의 장에게 신상정보를 제출하도록 하고 신상정보가 변경될 경우 그 사유와 변경내용을 제출하도록 하는 규정은 재범의 위험성에 대한 심사 없이 유죄판결을 받은 모든 자를 일률적으로 등록대상자로 정하므로 과잉금지원칙에 위반된다.

⑤ '각급 학교 교원의 교원단체 및 교원노조 가입현황 실명 자료'는 개인정보자기결정권의 보호대상이 되나 이를 공개한 표현행위로 인하여 얻을 수 있는 법적 이익이 이를 공개하지 않음으로써 보호받을 수 있는 해당 교원 등의 법적 이익에 비하여 우월하다고 할 수 있으므로 해당 정보공개행위가 위법하다고 볼 수 없다.

17 「공직선거법」상 선거소송에 대한 설명으로 옳은 것만을 〈보기〉에서 모두 고른 것은?

〈보 기〉

㉠ 국회의원선거에 있어서 선거의 효력에 관하여 이의가 있는 선거인·정당(후보자를 추천한 정당에 한한다) 또는 후보자는 선거일부터 30일 이내에 대법원에 소를 제기할 수 있다.

㉡ 국회의원선거의 효력에 관하여 소를 제기할 때에는 당해 선거구 선거관리위원회 위원장을 피고로 한다. 다만, 피고로 될 위원장이 궐위된 때에는 해당 선거관리위원회 위원 전원을 피고로 한다.

㉢ 대법원이나 고등법원은 선거쟁송에서 선거에 관한 규정에 위반된 사실이 있으면 선거 전부나 일부의 무효 또는 당선의 무효를 판결한다.

㉣ 선거소송에서 수소법원은 소가 제기된 날부터 180일 이내에 처리하여야 한다.

① ㉠, ㉡, ㉢
② ㉠, ㉡, ㉣
③ ㉠, ㉢, ㉣
④ ㉡, ㉢, ㉣
⑤ ㉠, ㉡, ㉢, ㉣

18 다음은 국회에 대한 가상의 기사이다. 기사의 밑줄 친 부분 중에서 옳은 것만을 모두 고른 것은?

> 안녕하십니까. 2019년 12월 31일 오늘의 국회 뉴스, 첫 번째 소식부터 전해드립니다. ㉠ 2020년 국회 운영 기본일정은 「국회법」에 따라 2019년 6월 30일까지 정해져야 했으나 12월 31일, 오늘 오후에 정해졌습니다.
>
> 두 번째 소식입니다. ㉡ 현재 국회는 휴회 중인데, 「국회법」에 따르면 대통령의 요구나 재적의원 4분의 1 이상의 요구가 없는 한 국회의 회의를 재개할 수 없는 상황입니다. 이와 관련하여 ㉢ 2020년 1월 15일을 집회일로 하는 임시회 집회 요구와 2020년 1월 17일을 집회일로 하는 임시회 집회 요구가 제기될 것으로 예상되며, 집회 요구가 이와 같이 이루어질 경우 「국회법」에 따라 집회일이 빠른 것이 공고될 예정입니다.
>
> 마지막 소식입니다. 2019년 정기회 회기 동안 통과된 법안이 2월·4월·6월·8월 총 4번의 임시회 회기 동안 통과된 법안보다 많다고 합니다. ㉣ 「국회법」에 따른 정기회 회기일수가 「국회법」에 따른 2월·3월·4월·5월·6월·8월 임시회 회기일수를 모두 합한 것보다 적다는 점을 고려하면, 정기회 때 법안 통과가 더 활발하게 이루어진 셈입니다. 그럼 이것으로, 2019년 12월 31일 오늘의 국회 뉴스를 마치겠습니다.

① ㉠, ㉡
② ㉠, ㉢
③ ㉡, ㉢
④ ㉡, ㉣
⑤ ㉢, ㉣

19 대통령의 국가긴급권에 대한 설명으로 옳은 것만을 〈보기〉에서 모두 고른 것은?

> ─── 〈보 기〉 ───
>
> ㉠ 대통령은 내우·외환·천재·지변 또는 중대한 재정·경제상의 위기에 있어서 국가의 안전보장 또는 공공의 안녕질서를 유지하기 위하여 긴급한 조치가 필요하고 국회의 집회를 기다릴 여유가 없을 때에 한하여 최소한으로 필요한 재정·경제상의 처분을 하거나 이에 관하여 법률의 효력을 가지는 명령을 발할 수 있다.
>
> ㉡ 대통령은 국가의 안위에 관계되는 중대한 교전상태에 있어서 국가를 보위하기 위하여 긴급한 조치가 필요하고 국회의 집회가 불가능한 때에 한하여 법률의 효력을 가지는 명령을 발할 수 있다.
>
> ㉢ 긴급재정·경제처분권과 긴급재정·경제명령권은 즉시 국회에 보고하여 그 승인을 얻어야 하는데, 이러한 승인을 얻지 못하면 그 처분 또는 명령을 발할 때까지 소급하여 효력을 상실한다.
>
> ㉣ 대통령은 전시·사변 또는 이에 준하는 국가비상사태에 있어서 병력으로써 군사상의 필요에 응하거나 공공의 안녕질서를 유지할 필요가 있을 때에는 법률이 정하는 바에 의하여 계엄을 선포할 수 있다.

① ㉠, ㉢
② ㉠, ㉡, ㉢
③ ㉠, ㉡, ㉣
④ ㉡, ㉢, ㉣
⑤ ㉠, ㉡, ㉢, ㉣

20 기본권 주체성에 대한 설명으로 〈보기〉에서 옳은 것 (○)과 옳지 않은 것(×)을 올바르게 조합한 것은? (다툼이 있는 경우 판례에 의함)

〈보 기〉

㉠ 고용 허가를 받아 국내에 입국한 외국인근로자의 출국만기보험금을 출국 후 14일 이내에 지급하도록 한 것에 대하여 해당 외국인근로자는 근로의 권리가 침해됨을 주장할 수 없다.

㉡ 초기배아는 수정이 된 배아라는 점에서 형성 중인 생명의 첫걸음을 떼었다고 볼 여지가 있기는 하나 인간과 배아 간의 개체적 연속성을 확정하기 어렵다는 점에서 기본권 주체성이 부인된다.

㉢ 한국신문편집인협회는 언론인들의 협동단체로서 법인격은 없으나 사단으로서의 실체를 가지고 있으므로 권리능력 없는 사단이라고 할 것이고, 따라서 기본권의 성질상 자연인에게만 인정될 수 있는 기본권이 아닌 한 기본권의 주체가 될 수 있다.

㉣ 정당은 국민의 정치적 의사형성에 참여하기 위한 조직으로 성격상 권리능력 없는 단체에 속하지만 구성원과는 독립하여 기본권의 주체가 될 수 있으므로 생명·신체의 안전에 관한 기본권 행사에 있어 그 주체가 될 수 있다.

① ㉠(○), ㉡(×), ㉢(○), ㉣(×)
② ㉠(○), ㉡(○), ㉢(×), ㉣(×)
③ ㉠(×), ㉡(○), ㉢(×), ㉣(×)
④ ㉠(×), ㉡(○), ㉢(○), ㉣(×)
⑤ ㉠(×), ㉡(×), ㉢(○), ㉣(○)

21 과잉금지원칙에 위배되는 것(○)과 위배되지 않는 것(×)을 〈보기〉에서 올바르게 조합한 것은? (다툼이 있는 경우 판례에 의함)

〈보 기〉

㉠ 출정 시 청구인이 교도관과 동행하면서 교도관이 청구인에게 재판시작 전까지 행정법정 방청석에서 보호장비를 착용하도록 한 것

㉡ 구 「정신보건법」에 의거하여 보호의무자 2인의 동의와 정신건강의학과 전문의 1인의 진단으로 정신질환자에 대한 보호입원이 가능하도록 한 것

㉢ 흉기를 휴대하여 피해자에게 강간상해를 가하였다는 범죄사실 등으로 징역 13년을 선고받아 형집행 중인 수형자를 교도소장이 다른 교도소로 이송함에 있어 4시간 정도에 걸쳐 상체승의 포승과 앞으로 수갑 2개를 채운 것

① ㉠(×), ㉡(○), ㉢(○)
② ㉠(○), ㉡(×), ㉢(○)
③ ㉠(○), ㉡(○), ㉢(×)
④ ㉠(×), ㉡(○), ㉢(×)
⑤ ㉠(○), ㉡(×), ㉢(×)

22 체계정당성에 대한 설명으로 〈보기〉에서 옳은 것(○)과 옳지 않은 것(×)을 올바르게 조합한 것은? (다툼이 있는 경우 판례에 의함)

〈보 기〉

㉠ 규범 상호 간의 체계정당성을 요구하는 이유는 입법자의 자의를 금지하여 규범의 명확성, 예측가능성 및 규범에 대한 신뢰와 법적 안정성을 확보하기 위한 것이고 이는 국가공권력에 대한 통제와 이를 통한 국민의 자유와 권리의 보장을 이념으로 하는 법치주의원칙으로부터 도출되는 것이라고 할 수 있다.

㉡ 일반적으로 일정한 공권력작용이 체계정당성에 위반한다고 해서 곧 위헌이 되는 것은 아니다. 즉 체계정당성 위반 자체가 바로 위헌이 되는 것은 아니고 이는 비례의 원칙이나 평등원칙위반 내지 입법의 자의금지위반 등의 위헌성을 시사하는 하나의 징후일 뿐이다.

㉢ 입법의 체계정당성위반과 관련하여 그러한 위반을 허용할 공익적인 사유가 존재한다면 그 위반은 정당화될 수 있고 따라서 입법상의 자의금지원칙을 위반한 것이라고 볼 수 없다.

㉣ 체계정당성의 위반을 정당화할 합리적인 사유의 존재에 대하여는 입법의 재량이 인정되어야 한다. 다양한 입법의 수단 가운데서 어느 것을 선택할 것인가 하는 것은 원래 입법의 재량에 속하기 때문이다.

① ㉠(×), ㉡(×), ㉢(×), ㉣(×)
② ㉠(○), ㉡(×), ㉢(×), ㉣(×)
③ ㉠(○), ㉡(○), ㉢(×), ㉣(×)
④ ㉠(○), ㉡(○), ㉢(○), ㉣(×)
⑤ ㉠(○), ㉡(○), ㉢(○), ㉣(○)

23 헌법 제10조의 인간의 존엄과 가치로부터 파생된 권리에 대한 설명으로 옳지 않은 것은? (다툼이 있는 경우 판례에 의함)

① 사법경찰관이 보도자료 배포 직후 기자들의 취재 요청에 응하여 피의자가 경찰서 조사실에서 양손에 수갑을 찬 채 조사받는 모습을 촬영할 수 있도록 허용한 행위는 잠재적인 피해자의 발생을 방지하고 범죄를 예방할 필요성이 크다는 점에서 피의자의 인격권을 침해하지 않는다.

② 민사재판의 당사자로 출석하는 수형자에 대하여, 사복착용을 허용하는 「형의 집행 및 수용자의 처우에 관한 법률」 제82조를 준용하지 아니하였다 하더라도 수형자의 인격권 및 행복추구권을 침해하는 것은 아니다.

③ 기부행위자는 자신의 재산을 사회적 약자나 소외 계층을 위하여 출연함으로써 자기가 속한 사회에 공헌하였다는 행복감과 만족감을 실현할 수 있으므로, 기부행위는 행복추구권과 그로부터 파생되는 일반적 행동자유권에 의해 보호된다.

④ 주방용오물분쇄기의 판매와 사용을 금지하는 것은 주방용오물분쇄기를 사용하려는 자의 일반적 행동자유권을 제한한다.

⑤ 대학수학능력시험의 문항 수 기준 70%를 EBS 교재와 연계하여 출제한다는 대학수학능력시험 시행기본계획은 대학수학능력시험을 준비하는 자의 자유로운 인격발현권을 제한한다.

24 「국적법」상 국적에 대한 설명으로 옳은 것만을 〈보기〉에서 모두 고른 것은?

───── 〈보 기〉 ─────

㉠ 부 또는 모가 대한민국의 국민이었던 외국인은 대한민국에 3년 이상 계속하여 주소가 있는 경우 간이귀화허가를 받을 수 있다.

㉡ 외국인의 자(子)로서 대한민국의 「민법」상 미성년인 사람은 부 또는 모가 귀화허가를 신청할 때 함께 국적 취득을 신청할 수 있다.

㉢ 외국 국적 포기의무를 이행하지 아니하여 대한민국 국적을 상실한 자가 그 후 1년 내에 그 외국 국적을 포기하면 법무부장관의 허가를 받아 대한민국 국적을 재취득할 수 있다.

㉣ 복수국적자는 병역준비역에 편입된 때부터 6개월 이내에 하나의 국적을 선택하여야 한다.

① ㉠

② ㉠, ㉡

③ ㉡, ㉢

④ ㉠, ㉡, ㉢

⑤ ㉡, ㉢, ㉣

25 「헌법재판소법」 제68조 제2항 헌법소원심판에 있어 재판의 전제성에 대한 설명으로 옳지 않은 것은? (다툼이 있는 경우 판례에 의함)

① 유류분반환청구와 기여분결정 심판청구는 별개의 절차로 진행되고 기여분이 결정되어 있다고 하더라도 유류분산정에 있어서 기여분이 공제될 수 없으므로, 기여분결정 심판청구와 관련된 「민법」 제1008조의2 제4항에 대한 심판 청구는 재판의 전제성이 인정되지 아니한다.

② 확인신청 기간제한 조항은 직접생산 확인을 취소하는 처분을 받은 중소기업자에 대하여 일정기간 그 중소기업자가 생산하는 모든 제품에 대하여 직접생산 여부의 확인을 신청하지 못하도록 법률상 제한을 가하는 규정일 뿐이므로 해당 조항에 대한 부분은 재판의 전제성이 인정되지 아니한다.

③ 당내경선에서 「공직선거법」상 허용되는 경선운동 방법을 위반하여 확성장치인 마이크를 사용해 경선운동을 하였다는 범죄사실로 유죄판결을 받은 당해사건에 「공직선거법」상 확성장치사용 조항들에 대한 심판청구는 재판의 전제성이 인정된다.

④ 자술서에 대한 증거능력 인정여부는 원칙적으로 「형사소송법」에 따라 결정되고, 심판대상조항은 증거채부 또는 증거능력에 관한 규정이 아니므로 보호신청을 한 북한이탈주민에 대해 그 밖의 필요한 조치를 취할 수 있게 한 해당 조항에 대한 심판청구는 재판의 전제성이 인정되지 아니한다.

⑤ 조합이 주택재개발사업을 시행하기 위하여 필요한 경우 토지·물건 또는 그 밖의 권리를 취득하거나 사용할 수 있도록 한 구 「도시정비법」 조항은 수용재결처분의 근거조항으로 그 위헌 여부에 따라 재판의 결론이나 내용과 효력에 관한 법률적 의미가 달라질 가능성이 있으므로 재판의 전제성이 인정된다.

모바일 OMR

✅ 회독 CHECK 1 2 3

01 대한민국 헌정사에 대한 설명으로 옳지 않은 것은?

① 1954년 제2차 개정헌법은 민의원 선거권자 50만 명 이상의 찬성으로도 헌법개정을 제안할 수 있다고 규정하였다.

② 1962년 제5차 개정헌법은 국회의원 정수의 하한뿐 아니라 상한도 설정하였다.

③ 1969년 제6차 개정헌법은 대통령에 대한 탄핵소추 요건을 제5차 개정헌법과 다르게 규정하였다.

④ 1972년 제7차 개정헌법은 개헌안의 공고기간을 30일에서 20일로 단축하였다.

⑤ 1980년 제8차 개정헌법은 대통령 선거 및 국회의원 선거에서 후보자가 필수적으로 정당의 추천을 받도록 하는 조항을 추가하였다.

02 재산권에 대한 설명으로 옳지 않은 것은? (다툼이 있는 경우 판례에 의함)

① 보유기간이 1년 이상 2년 미만인 자산이 공용수용으로 양도된 경우에도 중과세하는 구 「소득세법」 조항은 재산권을 침해하지 않는다.

② 법인이 과밀억제권역 내에 본점의 사업용 부동산으로 건축물을 신축하여 이를 취득하는 경우 취득세를 중과세하는 구 「지방세법」 조항은, 인구유입이나 경제력집중의 유발 효과가 없는 신축 또는 증축으로 인한 부동산의 취득의 경우에도 모두 취득세 중과세 대상에 포함시키는 것이므로 재산권을 침해한다.

③ 계약의 이행으로 받은 금전을 계약 해제에 따른 원상회복으로서 반환하는 경우 그 받은 날로부터 이자를 지급하도록 한 「민법」 조항은, 계약 해제의 경위·계약 당사자의 귀책사유 등 제반 사정을 계약 해제로 인한 손해배상의 범위를 정할 때 고려하게 되므로, 원상회복의무자의 재산권을 침해하지 않는다.

④ 가축전염병의 확산을 막기 위한 방역조치로서 도축장 사용정지·제한명령은 공익목적을 위하여 이미 형성된 구체적 재산권을 박탈하거나 제한하는 헌법 제23조 제3항의 수용·사용 또는 제한에 해당하는 것이 아니라, 도축장 소유자들이 수인하여야 할 사회적 제약으로서 헌법 제23조 제1항의 재산권의 내용과 한계에 해당한다.

⑤ 「친일반민족행위자 재산의 국가귀속에 관한 특별법」(이하 '친일재산귀속법'이라 한다)에 따라 그 소유권이 국가에 귀속되는 '친일재산'의 범위를 '친일반민족행위자가 국권침탈이 시작된 러·일전쟁 개전 시부터 1945년 8월 15일까지 일본제국주의에 협력한 대가로 취득하거나 이를 상속받은 재산 또는 친일재산임을 알면서 유증 증여를 받은 재산'으로 규정하고 있는 「친일재산귀속법」 조항은 재산권을 침해하지 않는다.

03 국회의원의 권한쟁의에 대한 설명으로 옳지 않은 것은? (다툼이 있는 경우 판례에 의함)

① 국회의장이 적법한 반대토론 신청이 있었음에도 반대토론을 허가하지 않고 토론절차를 생략하기 위한 의결을 거치지도 않은 채 법률안들에 대한 표결절차를 진행한 것은 국회의원의 법률안 심의·표결권을 침해한 것이다.

② 국회 기획재정위원회(기재위) 위원장이 서비스산업발전 기본법안에 대한 신속처리대상안건 지정 요청에 대해 기재위 재적위원 과반수가 서명한 신속처리안건지정동의가 아니라는 이유로 표결실시를 거부한 행위는 기재위 소속 위원의 신속처리안건지정동의에 대한 표결권을 침해한다.

③ 국회부의장은 국회의장의 직무를 대리하여 법률안을 가결·선포할 수 있을 뿐 법률안 가결·선포행위에 따른 법적 책임을 지는 주체가 될 수 없으므로, 국회부의장에 대한 권한쟁의심판청구는 피청구인적격이 인정되지 아니한 자를 상대로 제기된 것이어서 부적법하다.

④ 국회의원의 심의·표결권은 국회의 대내적인 관계에서 행사되고 침해될 수 있을 뿐 다른 국가기관과의 대외적인 관계에서는 침해될 수 없는 것이므로, 대통령이 국회의 동의 없이 조약을 체결·비준하였다 하더라도 국회의원의 심의·표결권이 침해될 가능성은 없다.

⑤ 권한쟁의심판에 있어 '제3자 소송담당'을 허용하는 명문의 규정이 없는 현행법 체계 하에서 국회의 구성원인 국회의원이 국회의 권한침해를 이유로 권한쟁의심판을 청구할 수 없다.

04 국가의 기본권 보호의무에 대한 설명으로 옳지 않은 것은? (다툼이 있는 경우 판례에 의함)

① 국가의 기본권 보호의무란 사인인 제3자에 의한 생명이나 신체에 대한 침해로부터 이를 보호하여야 할 국가의 의무를 말하는 것으로, 국가가 직접 주방용오물분쇄기의 사용을 금지하여 개인의 기본권을 제한하는 경우에는 국가의 기본권 보호의무 위반 여부가 문제되지 않는다.

② 국가의 기본권 보호의무로부터 국가 자체가 불법적으로 국민의 생명권, 신체의 자유 등 기본권을 침해하는 경우 그에 대한 손해배상을 해 주어야 할 국가의 작위의무가 도출된다고 볼 수 있다.

③ 업무상과실 또는 중대한 과실로 인한 교통사고로 말미암아 피해자로 하여금 중상해에 이르게 한 경우에 공소를 제기할 수 없도록 규정한 법률조항은 국가의 기본권 보호의무를 위반한 것이다.

④ 원전건설을 내용으로 하는 전원개발사업 실시계획에 대한 승인권한을 다른 전원개발과 마찬가지로 산업통상자원부장관에게 부여하는 법률조항은 국민의 생명·신체의 안전에 관한 국가의 보호의무를 위반한 것이 아니다.

⑤ 권리능력의 존재 여부를 출생 시를 기준으로 확정하고 태아에 대해서는 살아서 출생할 것을 조건으로 손해배상청구권을 인정한 법률조항은 국가의 생명권 보호의무를 위반한 것이라 볼 수 없다.

05 변호인의 조력을 받을 권리에 대한 설명으로 옳지 않은 것은? (다툼이 있는 경우 판례에 의함)

① 변호인의 조력을 받을 권리는 형사절차에서 피의자 또는 피고인의 방어권 보장을 위한 것으로서 「출입국관리법」상 보호 또는 강제퇴거의 절차에도 적용되는 것은 아니다.

② 교정시설 내 수용자와 변호사 사이의 접견교통권의 보장은 헌법상 보장되는 재판청구권의 한 내용 또는 그로부터 파생되는 권리로 볼 수 있다.

③ 법원의 수사서류 열람·등사 허용 결정에도 불구하고 검사가 이를 신속하게 이행하지 아니하는 것은 변호인의 조력을 받을 권리를 침해하는 것이다.

④ '변호인으로 선임된 자'뿐 아니라 '변호인이 되려는 자'의 접견교통권도 헌법상 기본권이므로 '변호인이 되려는 자'의 접견교통권 침해를 이유로 한 헌법소원심판청구는 적법하다.

⑤ 구속피고인의 변호인 면접·교섭권은 최대한 보장되어야 하지만, 국가형벌권의 적정한 행사와 피고인의 인권보호라는 형사소송절차의 목적을 구현하기 위하여 제한될 수 있다. 다만 이 경우에도 그 제한은 엄격한 비례의 원칙에 따라야 하고, 시간·장소·방법 등 일반적 기준에 따라 중립적이어야 한다.

06 헌법재판소의 심판절차에 대한 설명으로 옳지 않은 것은? (다툼이 있는 경우 판례에 의함)

① 헌법소원심판의 청구 후 30일이 지날 때까지 지정재판부의 각하결정이 없는 때에는 심판에 회부하는 결정이 있는 것으로 본다.

② 헌법소원심판은 인용결정이 있는 경우에만 기속력이 발생하지만, 권한쟁의심판의 경우 기각결정도 기속력이 인정된다.

③ 지정재판부는 헌법소원을 각하하거나 심판회부결정을 한 때에는 그 결정일부터 30일 이내에 청구인 또는 그 대리인 및 피청구인에게 그 사실을 통지하여야 한다.

④ 법률에 대한 헌법소원심판에 대해서는 재심이 허용되지 않는다.

⑤ 헌법재판소 판례에 의하면, 헌법 제107조 제2항이 규정한 명령·규칙에 대한 대법원의 최종심사권이란 구체적인 소송사건에서 명령·규칙의 위헌 여부가 재판의 전제가 되었을 경우 법률의 경우와는 달리 헌법재판소에 제청할 것 없이 대법원이 최종적으로 심사할 수 있다는 의미이며, 명령·규칙 그 자체에 의하여 직접 기본권이 침해되었음을 이유로 하여 헌법소원심판을 청구하는 것은 위 헌법규정과는 아무런 상관이 없는 문제이다.

07 공무담임권에 대한 설명으로 옳지 않은 것은? (다툼이 있는 경우 판례에 의함)

① 국방부 등의 보조기관에 근무할 수 있는 기회를 현역군인에게만 부여하고 군무원에게는 부여하지 않는 법률조항은 군무원의 공무담임권을 침해하지 않는다.

② 선출직 공무원의 공무담임권은 선거를 전제로 하는 대의제의 원리에 의하여 발생하는 것이므로 공직의 취임이나 상실에 관련된 어떠한 법률조항이 대의제의 본질에 반한다면 이는 공무담임권도 침해하는 것이라고 볼 수 있다.

③ 국립대학교 총장후보자로 지원하려는 사람에게 1,000만 원의 기탁금 납부를 요구하고, 납입하지 않을 경우 총장후보자에 지원하는 기회를 주지 않는 것은 공무담임권을 침해한다.

④ 공무담임권은 공직취임의 기회균등만을 요구할 뿐, 취임한 뒤 승진할 때에도 균등한 기회제공을 요구하는 것은 아니다.

⑤ 고용노동 및 직업상담 직류를 채용하는 경우 직업상담사 자격증 보유자에게 만점의 3% 또는 5%의 가산점을 부여한다고 명시한 인사혁신처 2018년도 국가공무원 공개경쟁채용시험 등 계획 공고는 직업상담사 자격증을 소지하지 않은 상태에서 국가공무원 공개경쟁채용시험에 응시하려고 하는 자들의 공무담임권을 침해하지 않는다.

08 현행 헌법에 따를 때, 다음 계산식에서 도출되는 값으로 옳은 것은?

$$A - B + C - D + E - F = ?$$

- 정기회의 회기는 (A)일을, 임시회의 회기는 30일을 초과할 수 없다.
- 헌법개정은 국회재적의원 과반수 또는 대통령의 발의로 제안되며, 제안된 헌법개정안은 대통령이 (B)일 이상의 기간 이를 공고하여야 한다.
- 대통령후보자가 1인일 때에는 그 득표수가 선거권자 총수의 (C)분의 1 이상이 아니면 대통령으로 당선될 수 없다.
- 대통령의 임기가 만료되는 때에는 임기만료 (D)일 내지 (E)일 전에 후임자를 선거한다.
- 법률은 특별한 규정이 없는 한 공포한 날로부터 (F)일을 경과함으로써 효력을 발생한다.

① 38   ② 33
③ 28   ④ 23
⑤ 18

09 「국회법」상 국회의 위원회에 대한 설명으로 옳은 것은?

① 위원회는 본회의 의결이 있거나 의장이 필요하다고 인정하여 각 교섭단체 대표의원과 협의한 경우를 제외하고는 본회의 중에는 개회할 수 없다. 다만, 국회운영위원회는 그러하지 아니하다.

② 상임위원회는 4월·6월의 세 번째 월요일부터 한 주간 정례적으로 개회한다. 다만, 국회운영위원회에 대해서는 이를 적용하지 아니한다.

③ 위원회는 재적위원 5분의 1 이상의 요구가 있을 때, 재적위원 4분의 1 이상의 출석으로 개회한다.

④ 국회의장은 어느 상임위원회에도 속하지 아니하는 사항은 각 교섭단체 대표의원과 협의하여 소관 상임위원회를 정한다.

⑤ 위원회는 제정법률안과 전부개정법률안에 대한 축조심사를 위원회의 의결로 생략할 수 있다.

10 위헌법률심판에 대한 설명으로 옳지 않은 것은? (다툼이 있는 경우 판례에 의함)

① 폐지된 법률이라도 그 법률에 의하여 법익침해상태가 계속되는 경우에는 위헌법률심판의 대상이 된다.

② 심판대상조항이 당해 사건의 재판에 직접 적용되지는 않더라도 그 위헌 여부에 따라 당해 사건의 재판의 효력과 내용에 관한 법률적 의미가 달라지는 경우 재판의 전제성이 인정된다.

③ 위헌법률심판제청을 신청한 당사자는 당해 법원이 제청신청을 기각한 결정에 대하여 항고할 수 없다.

④ 제1심에서 위헌법률심판제청신청을 기각당한 소송당사자가 상소심에서 동일한 사유로 다시 제청신청을 하는 것은 적법하다.

⑤ 법원이 헌법재판소에 위헌법률심판제청을 한 경우에는, 법원의 직권에 의한 것이든 당사자의 신청에 의한 결정에 의한 것이든, 당해 소송사건의 재판은 헌법재판소의 위헌여부의 결정이 있을 때까지 정지되는 것이 원칙이다.

11 헌법소원심판의 대상이 되는 공권력의 행사에 해당하지 않는 것만을 〈보기〉에서 모두 고르면? (다툼이 있는 경우 판례에 의함)

─── 〈보 기〉 ───

㉠ 검사가 구속피의자에 대한 신문에 참여하는 변호인에게 피의자 후방에 앉으라고 요구한 행위

㉡ 법무부에 설치된 변호사시험 관리위원회의 의결

㉢ 검사가 변호인에 대하여 한 피의자접견불허행위

㉣ 방송통신심의위원회가 방송사업자에 대하여 관련 규정을 준수하라는 내용의 의견제시를 한 행위

① ㉠, ㉡
② ㉠, ㉢
③ ㉡, ㉢
④ ㉡, ㉣
⑤ ㉢, ㉣

12 정당제도에 대한 설명으로 옳은 것만을 〈보기〉에서 모두 고르면? (다툼이 있는 경우 판례에 의함)

─── 〈보 기〉 ───

㉠ 헌법 제8조 제1항은 정당설립의 자유, 정당조직의 자유, 정당활동의 자유 등을 포괄하는 정당의 자유를 보장하고 있다. 이러한 정당의 자유는 국민이 개인적으로 갖는 기본권일 뿐만 아니라, 단체로서의 정당이 가지는 기본권이기도 하다.

㉡ 정치자금의 수입 · 지출내역 및 첨부서류 등의 열람기간을 공고일로부터 3월간으로 제한하고 있는 법률조항은 정당의 정치자금에 관한 정보의 공개라는 공익적 측면보다는 행정적인 업무부담의 경감을 우선시키는 것으로서 국민의 알 권리를 침해하는 것이다.

㉢ 정당해산심판절차에서는 재심을 허용하지 아니함으로써 얻을 수 있는 법적 안정성의 이익이 재심을 허용함으로써 얻을 수 있는 구체적 타당성의 이익보다 더 크므로 재심을 허용할 수 없다.

㉣ 정당에 대한 재정적 후원을 금지하고 위반 시 형사처벌하는 구 「정치자금법」 조항은 정당이 스스로 재정을 충당하고자 하는 정당활동의 자유와 국민의 정치적 표현의 자유를 침해한다.

① ㉠, ㉢
② ㉠, ㉣
③ ㉡, ㉢
④ ㉡, ㉣
⑤ ㉢, ㉣

13 적법절차원칙에 대한 설명으로 옳지 않은 것은? (다툼이 있는 경우 판례에 의함)

① 현행 헌법은 제12조 제1항의 처벌, 보안처분, 강제노역 등과 관련하여 적법절차의 원칙을 규정하고 있지만 이는 그 대상을 한정적으로 열거하고 있는 것이 아니라 그 적용 대상을 예시한 것에 불과하다고 해석해야 한다.

② 공정거래위원회로 하여금 부당내부거래를 한 사업자에 대하여 그 매출액의 2% 범위 내에서 과징금을 부과할 수 있도록 한 것은 적법절차원칙에 위배되지 않는다.

③ 징계시효 연장을 규정하면서 징계절차를 진행하지 아니함을 통보하지 아니한 경우에는 징계시효가 연장되지 않는다는 예외규정을 두지 않았다고 하더라도 적법절차원칙에 위배되지 않는다.

④ 「범죄인인도법」 제3조가 법원의 범죄인인도심사를 서울고등법원의 전속관할로 하고 그 심사결정에 대한 불복절차를 인정하지 않은 것은 재판절차로서의 형사소송절차에서 상급심에의 불복절차를 자의적으로 배제하는 것으로 적법절차원칙에 위배된다.

⑤ 징벌혐의의 조사를 위하여 14일간 청구인을 조사실에 분리수용하고 공동행사참가 등 처우를 제한한 교도소장의 행위에 대하여 법원에 의한 개별적인 통제절차를 두고 있지 않은 것만으로는 적법절차원칙에 위배되지 않는다.

14 표현의 자유에 대한 설명으로 옳지 않은 것은? (다툼이 있는 경우 판례에 의함)

① 저작자 아닌 자를 저작자로 하여 실명·이명을 표시하여 저작물을 공표한 자를 처벌하는 「저작권법」 규정은 표현의 자유를 침해하지 않는다.

② 노동단체가 정당에 정치자금을 기부하는 것을 금지하는 법률조항은 노동단체의 단결권이 아니라 표현의 자유를 침해하는 것이다.

③ 「금융지주회사법」 제48조의3 제2항 중 금융지주회사의 임·직원이 업무상 알게 된 공개되지 아니한 정보 또는 자료를 다른 사람에게 누설하는 것을 금지하는 부분은 표현의 자유를 침해하지 않는다.

④ 공직자의 공무집행과 직접적인 관련이 없는 개인적인 사생활에 관한 사실이라도 일정한 경우 공적인 관심 사안에 해당할 수 있고, 공직자의 자질·도덕성·청렴성에 관한 사실은 그 내용이 개인적인 사생활에 관한 것이라 할지라도 순수한 사생활의 영역에 있다고 보기 어려우므로 이에 대한 문제제기 내지 비판은 허용되어야 한다.

⑤ 「정보통신망 이용촉진 및 정보보호 등에 관한 법률」 조항 중 '공포심이나 불안감을 유발하는 문언을 반복적으로 상대방에게 도달하게 한 자' 부분은, 정보 수신자가 불안감이나 공포심을 실제로 느꼈는지 여부와 상관없이 정보를 보낸 사람을 처벌 가능한 것으로 해석할 수 있어, 그 처벌 대상이 무한히 확장될 가능성이 있으므로 명확성원칙에 위배되어 표현의 자유를 침해한다.

15 집회의 자유에 대한 설명으로 옳지 않은 것은? (다툼이 있는 경우 판례에 의함)

① 옥외집회를 주최하려는 자는 옥외집회 신고서를 관할경찰서장에게 제출하여야 하며, 신고한 옥외집회를 하지 아니하게 된 경우에는 신고서에 적힌 집회 일시 24시간 전에 그 철회사유 등을 적은 철회신고서를 관할경찰서장에게 제출하여야 한다.

② 법관의 독립과 재판의 공정성 확보를 위하여 각급 법원의 경계 지점으로부터 100미터 이내의 장소에서 옥외집회와 시위를 전면적으로 금지하는 것은 집회의 자유를 침해한다.

③ 집회 현장에서 집회 참가자에 대한 사진촬영행위는 집회 참가자에게 심리적 부담으로 작용하여 집회의 자유를 전체적으로 위축시키는 결과를 가져올 수 있으므로 집회의 자유를 제한한다.

④ 집회 또는 시위의 주최자는 집회 또는 시위에 있어서의 질서를 유지하여야 하며, 질서를 유지할 수 없으면 그 집회 또는 시위의 종결을 선언하여야 한다.

⑤ 집회 또는 시위의 주최자는 「집회 및 시위에 관한 법률」 제8조에 따른 금지 통고를 받았을 경우, 통고를 받은 날부터 7일 이내에 해당 경찰관서의 바로 위의 상급경찰관서의 장에게 이의를 신청할 수 있다.

16 사법부에 대한 설명으로 옳지 않은 것만을 〈보기〉에서 모두 고르면? (다툼이 있는 경우 판례에 의함)

〈보 기〉

㉠ 대법원의 최고법원성을 존중하면서 민사, 가사, 행정 등 소송사건에 있어서 상고심재판을 받을 수 있는 객관적 기준을 정함에 있어 개별적 사건에서의 권리구제보다 법령해석의 통일을 더 우위에 두는 것은 그 합리성이 있다고 할 수 없으므로 헌법에 위반된다.

㉡ 대법원장으로 하여금 특별검사 후보자 2인을 추천하고 대통령은 그 추천후보자 중에서 1인을 특별검사로 임명하도록 한 법률조항은 적법절차원칙·권력분립원칙에 위배되지 않는다.

㉢ 대법원 판례 위반을 대법원의 심리불속행의 예외 사유로 규정하고 있는 법률조항은, 법규범성이 없는 대법원 판례를 재판규범으로 삼아 상고심재판을 배척하고 있는 것으로서 헌법에 위반된다.

㉣ 법관이 형사재판의 양형에 있어 법률에 기속되는 것은, 법률에 따라 심판한다고 하는 헌법규정에 따른 것으로 헌법이 요구하는 법치국가원리의 당연한 귀결이며, 법관의 양형판단재량권 특히 집행유예 여부에 관한 재량권은 어떠한 경우에도 제한될 수 없다고 볼 성질의 것은 아니다.

① ㉠, ㉡
② ㉠, ㉢
③ ㉡, ㉢
④ ㉡, ㉣
⑤ ㉢, ㉣

17 권한쟁의심판에 대한 설명으로 옳지 않은 것은? (다툼이 있는 경우 판례에 의함)

① 「헌법재판소법」 제62조 제1항 제1호는 국가기관 상호간의 권한쟁의심판의 주체로 국회, 정부, 법원 및 중앙선거관리위원회를 들고 있는데, 이것은 주체를 한정한 것이 아니라 예시한 것이다.

② 권한쟁의심판에 있어서는 처분 또는 부작위를 야기한 기관으로서 법적 책임을 지는 기관만이 피청구인적격을 가지므로 권한쟁의심판청구는 이들 기관을 상대로 제기하여야 한다.

③ 권한쟁의심판은 주관적 권리구제뿐만 아니라 객관적인 헌법질서 보장의 기능도 겸하고 있으므로, 소의 취하에 관한 「민사소송법」 제239조는 권한쟁의심판절차에 준용되지 않는다고 보아야 한다.

④ 지방자치단체는 기관위임사무의 집행에 관한 권한의 존부 및 범위에 관한 권한분쟁을 이유로 기관위임사무를 집행하는 국가기관 또는 다른 지방자치단체의 장을 상대로 권한쟁의심판청구를 할 수 없다.

⑤ 권한쟁의심판의 당사자능력은 헌법에 의하여 설치된 국가기관에 한정하여 인정되고, 법률에 의하여 설치된 국가기관에게는 권한쟁의심판의 당사자능력이 인정되지 아니한다.

18 「국회법」상 의안의 처리 절차에 대한 설명으로 옳지 않은 것은?

① 위원회에서 제출한 의안은 그 위원회에 회부하지 아니한다. 다만, 의장은 국회운영위원회의 의결에 따라 그 의안을 다른 위원회에 회부할 수 있다.

② 위원회에서 본회의에 부의할 필요가 없다고 결정된 의안은 본회의에 부의하지 아니한다. 다만, 위원회의 결정이 본회의에 보고된 날부터 폐회 또는 휴회 중의 기간을 제외한 7일 이내에 의원 30명 이상의 요구가 있을 때에는 그 의안을 본회의에 부의하여야 한다.

③ 위원회에서 법률안의 심사를 마치거나 입안을 하였을 때에는 법제사법위원회에 회부하여 체계와 자구에 대한 심사를 거쳐야 한다. 이 경우 법제사법위원회 위원장은 간사와 협의하여 심사에서 제안자의 취지 설명과 토론을 생략할 수 있다.

④ 위원회(법제사법위원회는 제외한다)가 신속처리대상안건에 대한 심사를 그 지정일부터 180일 이내에 마치지 아니하였을 때에는 그 기간이 끝난 다음 날에 소관위원회에서 심사를 마치고 체계·자구 심사를 위하여 법제사법위원회로 회부된 것으로 본다.

⑤ 같은 의제에 대하여 여러 건의 수정안이 제출되었을 때에는 위원회의 수정안을 의원의 수정안보다 먼저 표결하며, 수정안이 전부 부결되었을 때에는 원안을 표결한다.

19 지방자치에 대한 설명으로 옳지 않은 것은? (다툼이 있는 경우 판례에 의함)

① 지방자치의 제도적 보장의 본질적 내용은 자치단체의 보장, 자치기능의 보장 및 자치사무의 보장이다.

② 중앙정부와 지방자치단체 간에 권력을 수직적으로 분배하는 문제는 서로 조화가 이루어져야 하고, 이 조화를 도모하는 과정에서 입법 또는 중앙정부에 의한 지방자치의 본질의 훼손은 어떠한 경우라도 허용되어서는 안 된다.

③ 헌법 제117조 제1항은 지방자치단체가 법령의 범위 안에서 자치에 관한 규정을 제정할 수 있다고 규정하고 있으므로, 고시·훈령·예규와 같은 행정규칙은 상위법령의 위임한계를 벗어나지 아니하고 상위법령과 결합하여 대외적인 구속력을 갖는 것이라 하더라도 위의 '법령'에 포함될 수 없다.

④ 지방자치단체의 자치권한이 미치는 관할구역의 범위에는 육지는 물론 바다도 포함되므로, 공유수면에 대한 지방자치단체의 자치권한이 존재하며, 지방자치단체가 관할하는 공유수면에 매립된 토지에 대한 관할권한은 당해 공유수면을 관할하는 지방자치단체에 귀속된다.

⑤ 주민소환제 자체는 지방자치의 본질적 내용이라고 할 수 없으므로, 주민소환제 및 그에 부수하여 법률상 창설되는 주민소환권이 지방자치의 본질적 내용에 해당하여 반드시 헌법적인 보장이 요구되는 제도라고 할 수 없다.

20 명확성원칙에 대한 설명으로 옳지 않은 것은? (다툼이 있는 경우 판례에 의함)

① '판결에 영향을 미칠 중요한 사항에 관하여 판단을 누락한 때'를 재심사유로 규정한 「민사소송법」 제451조 제1항 제9호는 명확성원칙에 위배되지 않는다.

② 상습으로 절도죄를 범한 자를 가중처벌하는 「형법」 제332조 중 '상습' 부분은 명확성원칙에 위배되지 않는다.

③ 옥외집회 및 시위의 경우 관할경찰관서장으로 하여금 '최소한의 범위'에서 질서유지선을 설정할 수 있도록 하고, 질서유지선의 효용을 해친 경우 형사처벌하도록 하는 「집회 및 시위에 관한 법률」 제13조 제1항 중 '최소한의 범위' 부분은 명확성원칙에 위배되지 않는다.

④ 공중도덕상 유해한 업무에 취업시킬 목적으로 근로자를 파견한 사람을 형사처벌하도록 규정한 구 「파견근로자보호 등에 관한 법률」 제42조 제1항 중 '공중도덕상 유해한 업무' 부분은 명확성원칙에 위배되지 않는다.

⑤ 다른 사람 또는 단체의 집이나 그 밖의 공작물에 함부로 광고물 등을 붙이거나 거는 행위를 처벌하는 구 「경범죄처벌법」 제1조 제13호 중 '함부로 광고물 등을 붙이거나 거는 행위' 부분은 명확성원칙에 위배되지 않는다.

21 교육을 받을 권리에 대한 설명으로 옳지 않은 것만을 〈보기〉에서 모두 고르면? (다툼이 있는 경우 판례에 의함)

─────── 〈보 기〉 ───────

㉠ 대학수학능력시험을 한국교육방송공사(EBS) 수능교재 및 강의와 연계하여 출제하기로 한 '2018학년도 대학수학능력시험 시행기본계획'은 헌법 제31조 제1항의 능력에 따라 균등하게 교육을 받을 권리를 직접 제한한다고 보기는 어렵다.

㉡ '부모의 자녀에 대한 교육권'은 비록 헌법에 명문으로 규정되어 있지는 않지만, 혼인과 가족생활을 보장하는 헌법 제36조 제1항, 교육을 받을 권리를 규정한 헌법 제31조 제1항에서 직접 도출되는 권리이다.

㉢ 교육을 받을 권리를 규정한 헌법 제31조 제1항은 헌법 제10조의 행복추구권에 대한 특별규정으로서, 교육의 영역에서 능력주의를 실현하고자 하는 것이다.

① ㉠
② ㉡
③ ㉠, ㉡
④ ㉡, ㉢
⑤ ㉠, ㉡, ㉢

22 「국회법」 및 「공직선거법」에 따를 때, A~E 중 가장 큰 수는?

- 대통령 선거에서 후보자의 등록은 선거일 전 (A)일부터 2일간 관할선거구 선거관리위원회에 서면으로 신청하여야 한다.
- 정부에 대한 질문을 제외하고는 의원의 발언 시간은 (B)분을 초과하지 아니하는 범위에서 의장이 정한다.
- 국회의원지역구의 공정한 획정을 위하여 임기만료에 따른 국회의원 선거의 선거일 전 (C)개월부터 해당 국회의원 선거에 적용되는 국회의원지역구의 명칭과 그 구역이 확정되어 효력을 발생하는 날까지 국회의원 선거구획정위원회를 설치·운영한다.
- 대통령 선거의 선거기간은 (D)일이다.
- 의원 (E)명 이상의 연서에 의한 동의로 본회의 의결이 있거나 의장이 각 교섭단체 대표의원과 협의하여 필요하다고 인정할 때에는 의장은 회기 전체 의사일정의 일부를 변경하거나 당일 의사일정의 안건 추가 및 순서 변경을 할 수 있다.

① A
② B
③ C
④ D
⑤ E

23 대한민국 국적에 대한 설명으로 옳은 것은? (다툼이 있는 경우 판례에 의함)

① 「국적법」에 규정된 신청이나 신고와 관련하여 그 신청이나 신고를 하려는 자가 18세 미만이면 법정대리인이 대신하여 이를 행한다.

② 중앙행정기관의 장이 복수국적자를 외국인과 동일하게 처우하는 내용으로 법령을 제정 또는 개정하려는 경우에는 미리 법무부장관에게 통보하여야 한다.

③ 대한민국 국민이었다가 만 17세에 외국인에게 입양되어 외국 국적을 취득하고 외국에서 계속 거주하다가 국적회복허가를 받은 사람은 대한민국 국적을 취득한 날부터 1년 내에 법무부장관이 정하는 바에 따라 대한민국에서 외국 국적을 행사하지 아니하겠다는 뜻을 법무부장관에게 서약함으로써 외국 국적을 유지할 수 있다.

④ 대한민국의 국민으로서 외국인에게 입양되어 그 양부의 국적을 취득하게 된 자는 그 외국 국적을 취득한 때부터 1년 내에 법무부장관에게 대한민국 국적을 보유할 의사가 있다는 뜻을 신고하지 아니하면 그 외국 국적을 취득한 때로 소급하여 대한민국 국적을 상실한 것으로 본다.

⑤ 법무부장관으로 하여금 거짓이나 그 밖의 부정한 방법으로 귀화허가를 받은 자에 대하여 그 허가를 취소할 수 있도록 규정하면서도 그 취소권의 행사기간을 따로 정하고 있지 아니한 「국적법」 조항은 귀화허가취소의 기준·절차와 그 밖의 필요한 사항을 모두 하위법령에 위임하고 있어 시행령의 내용을 종합적으로 살펴보더라도 취소권의 행사기간을 전혀 예측할 수 없으므로 포괄위임입법금지원칙에 위반된다.

24 「국정감사 및 조사에 관한 법률」상 국정감사 및 조사에 대한 설명으로 옳지 않은 것은?

① 국정감사 또는 조사를 하는 위원회는 그 의결로 필요한 경우 2명 이상의 위원으로 별도의 소위원회나 반을 구성하여 감사 또는 조사를 하게 할 수 있다.

② 지방자치단체에 대한 감사는 둘 이상의 위원회가 합동으로 반을 구성하여 할 수 있다.

③ 위원회는 그 의결로 감사 또는 조사와 관련된 보고 또는 서류 등의 제출을 관계인 또는 그 밖의 기관에 요구하고, 증인·감정인·참고인의 출석을 요구하고 검증을 할 수 있다. 다만, 위원회가 감사 또는 조사와 관련된 서류 등의 제출을 요구하는 경우에는 재적위원 3분의 1 이상의 요구로 할 수 있다.

④ 위원회가 국정감사 또는 조사를 마쳤을 때에는 지체 없이 그 감사 또는 조사 보고서를 작성하여 의장에게 제출하여야 하며, 보고서를 제출받은 의장은 이를 지체 없이 본회의에 보고하여야 한다.

⑤ 국회는 국정전반에 관하여 소관 상임위원회별로 매년 정기회 집회일 이전 국정감사 시작일부터 30일 이내의 기간을 정하여 감사를 실시한다. 이때 감사는 상임위원장이 각 교섭단체 대표의원과 협의하여 작성한 감사계획서에 따라 한다.

25 행정부에 대한 설명으로 옳은 것은?

① 법무부장관이 대통령에게 특별사면을 상신할 때에
는, 위원장 1명을 포함한 9명의 위원으로 구성된 사
면심사위원회의 심사를 거쳐야 한다.

② 대통령이 계엄을 해제할 때에는 국무회의의 심의를
거칠 필요가 없다.

③ 대통령은 내우·외환·천재·지변 또는 중대한 재
정·경제상의 위기에 있어서 국가의 안전보장 또는
공공의 안녕질서를 유지하기 위하여 긴급한 조치가
필요하고 국회의 집회가 불가능한 때에 한하여 최소
한으로 필요한 재정·경제상의 처분을 하거나 이에
관하여 법률의 효력을 가지는 명령을 발할 수 있다.

④ 국무총리는 중앙행정기관의 장의 명령이나 처분이
위법 또는 부당하다고 인정될 경우에는 직권으로
이를 중지 또는 취소할 수 있다.

⑤ 국무회의는 구성원 3분의 2 이상의 출석으로 개의
하고, 출석구성원 과반수의 찬성으로 의결한다.

01 일반적 행동자유권에 대한 설명으로 옳은 것은? (다툼이 있는 경우 헌법재판소 판례에 의함)

① 「4 · 16 세월호참사 피해구제 및 지원 등을 위한 특별법 시행령」에 따른 세월호 참사와 관련된 일체의 이의제기를 금지하는 서약은 세월호 승선 사망자들 부모의 일반적 행동의 자유를 침해한다.

② 비어업인이 잠수용 스쿠버장비를 사용하여 수산자원을 포획 · 채취하는 것을 금지하는 「수산자원관리법 시행규칙」 조항은 비어업인의 일반적 행동의 자유를 침해한다.

③ 「부정청탁 및 금품등 수수의 금지에 관한 법률」의 부정청탁금지 조항 및 금품수수금지 조항은 과잉금지원칙을 위반하여 언론인 및 사립학교 관계자의 일반적 행동자유권을 침해한다.

④ 「이동통신단말장치 유통구조 개선에 관한 법률」상 이동통신단말장치 구매지원금 상한 조항은 이동통신단말장치를 구입하고, 이동통신 서비스의 이용에 관한 계약을 체결하고자 하는 자의 일반적 행동자유권에서 파생하는 계약의 자유를 침해한다.

⑤ LPG를 연료로 사용할 수 있는 자동차 또는 그 사용자의 범위를 제한하고 있는 「액화석유가스의 안전관리 및 사업법 시행규칙」 조항은 LPG승용자동차를 소유하고 있거나 운행하려는 자의 일반적 행동자유권을 침해한다.

02 평등권 또는 평등원칙 위반인 것을 〈보기〉에서 모두 고르면? (다툼이 있는 경우 헌법재판소 판례에 의함)

〈보 기〉

㉠ 「산업재해보상보험법」 조항이 근로자가 사업주의 지배관리 아래 출퇴근하던 중 사고가 발생하였을 경우에만 이를 업무상 재해로 인정하고 통상의 출퇴근 재해는 업무상 재해로 인정하지 아니한 것

㉡ 「청년고용촉진 특별법」 조항이 대통령령으로 정하는 공공기관 및 공기업으로 하여금 매년 정원의 100분의 3 이상씩 15세 이상 34세 이하의 청년 미취업자를 채용하도록 한 것

㉢ 산업연수생이 연수라는 명목 아래 사업주의 지시 · 감독을 받으면서 사실상 노무를 제공하고 수당 명목의 금품을 수령하는 등 실질적인 근로 관계에 있는 경우에도 예규가 「근로기준법」이 보장한 근로기준 중 주요사항을 외국인 산업연수생에 대하여만 적용되지 않도록 한 것

㉣ 「학교폭력예방 및 대책에 관한 법률」 조항이 학교폭력의 가해학생에 대한 모든 조치에 대해 피해학생 측에는 재심을 허용하면서 가해학생 측에는 퇴학과 전학의 경우에만 재심을 허용하고 나머지 조치에 대해서는 재심을 허용하지 않도록 한 것

㉤ 「주민투표법」 조항이 주민투표권 행사를 위한 요건으로 주민등록을 요구함으로써 국내거소신고만 할 수 있고 주민등록을 할 수 없는 국내거주 재외국민에 대하여 주민투표권을 인정하지 아니한 것

① ㉠, ㉡, ㉢

② ㉠, ㉢, ㉤

③ ㉡, ㉢, ㉣

④ ㉡, ㉣, ㉤

⑤ ㉢, ㉣, ㉤

03 두 차례 탄핵심판(헌재 2004.5.14. 선고 2004헌나1 및 헌재 2017.3.10. 선고 2016헌나1)에 대한 결정 내용과 일치하는 것을 〈보기〉에서 모두 고르면? (다툼이 있는 경우 헌법재판소 판례에 의함)

───── 〈보 기〉 ─────

㉠ 대통령의 기자회견 시 특정 정당에 대한 지지 발언은 「공직선거법」상 공무원의 선거운동금지 규정 위반이나 공무원의 정치적 중립의무 위반은 아니다.

㉡ 중앙선거관리위원회의 선거법 위반 결정에 대한 대통령의 선거법 폄하 발언은 대통령의 헌법 수호 의무 위반은 아니다.

㉢ 대통령이 자신에 대한 재신임을 국민투표의 형태로 묻고자 제안한 것은 헌법을 실현하고 수호해야 할 대통령의 의무를 위반한 것이다.

㉣ 대통령의 '직책을 성실히 수행할 의무'는 헌법적 의무에 해당하고 규범적으로 그 이행이 관철될 수 있는 성격의 의무이므로 원칙적으로 사법적 판단의 대상이 된다.

㉤ 헌법상 적법절차의 원칙을 국가기관에 대하여 헌법을 수호하고자 하는 탄핵소추절차에 직접 적용할 수 없다.

㉥ 세월호 참사에 대한 대통령의 대응조치에 미흡하고 부적절한 면이 있었기에 대통령은 생명권 보호 의무를 위반하였다.

㉦ 대통령이 특정인의 국정개입을 허용하고 그 특정인의 이익을 위해 대통령으로서의 지위와 권한을 남용한 행위는 공무원의 공익실현의무 위반이다.

① ㉢, ㉤, ㉦

② ㉤, ㉥, ㉦

③ ㉠, ㉡, ㉢, ㉤

④ ㉠, ㉣, ㉥, ㉦

⑤ ㉡, ㉢, ㉣, ㉥, ㉦

04 조세 또는 재산권 제한에 대한 설명으로 옳지 않은 것은? (다툼이 있는 경우 헌법재판소 판례에 의함)

① 조세의 부과와 징수는 국민의 재산권에 대한 중대한 제한을 초래하므로, 헌법은 조세에 관한 사항을 국민의 대표기관인 국회가 제정한 법률에 의하도록 하는 조세법률주의를 취하고 있다.

② 조세법률주의는 과세할 물건, 과세표준, 세율 등 과세요건과 조세의 부과 및 징수의 절차 등을 모두 법률로 정하여야 한다는 과세요건법정주의를 포함한다.

③ 조세에 관하여 입법의 공백이 있는 경우 이로 인하여 당사자가 공평에 반하는 이익을 얻을 가능성이 있고, 실효되긴 하였으나 그 동안 시행되어 온 법률조항이 있는 경우, 이를 근거로 과세를 하는 것은 법치주의에서 중대한 흠이 되는 입법의 공백을 방지하기 위한 적절한 해석으로서 조세법률주의에 반하지 않는다.

④ 조세법률주의에서도 조세부과와 관련되는 모든 법규를 예외 없이 형식적인 법률에 의할 것을 요구하는 것은 아니며 경제현실의 변화나 전문기술의 발달에 즉시 대응하여야 할 필요 등 부득이한 사정이 있는 경우 행정입법에 위임하는 것도 가능하다.

⑤ 「토지초과이득세법」상의 토지초과이득세는 양도소득세와 같은 수득세의 일종으로서 그 과세대상 또한 양도소득세 과세대상의 일부와 완전히 중복되고 양세의 목적 또한 유사하여 어느 의미에서는 토초세가 양도소득세의 예납적 성격을 가지고 있는데도 「토지초과이득세법」이 토초세액 전액을 양도소득세에서 공제하지 않도록 규정한 것은 조세법률주의상의 실질과세의 원칙에 반한다.

05 〈보기〉의 사례에 대한 설명으로 옳지 않은 것은? (다툼이 있는 경우 헌법재판소 판례에 의함)

〈보 기〉

변호인 甲이 피의자신문에 참여하면서 피의자 A 옆에 앉으려고 하자 검찰수사관 乙은 甲에게 피의자 A 뒤에 앉으라고 요구하는 한편 변호인 참여신청서의 작성을 요구하였다. 이에 변호인 甲은 A 뒤에 앉아 피의자신문에 참여하였고 변호인 참여신청서 ('변호인의 피의자신문 참여 운영 지침' 별지 1호 서식)에도 인적사항을 기재하여 제출하였다. 甲은 피의자신문 종료 후 乙에게 피의자 A와 이야기를 해도 되는지를 문의하였는데 변호인 접견신청서를 제출해야 한다는 말을 듣고 피의자와 접견을 하지 않았다.

① 乙이 甲에게 변호인 후방에 착석을 요구한 행위는 권력적 사실행위로서 헌법소원의 대상이 되는 공권력의 행사에 해당한다.

② 乙이 甲에게 행한 후방착석요구행위는 이미 종료되어 권리보호이익이 소멸하였으므로 심판이익은 인정될 수 없다.

③ 乙이 甲에게 변호인 참여신청서의 작성을 요구한 행위는 비권력적 사실행위에 불과하여 헌법소원의 대상이 되는 공권력의 행사에 해당하지 않는다.

④ 甲이 피의자 A와 접견을 하지 않은 행위는 스스로 접견을 하지 않기로 결정한 것으로 乙의 접견불허행위가 있었다고 볼 수는 없다.

⑤ '변호인의 피의자신문 참여 운영 지침'은 검찰청 내부의 업무처리지침으로 헌법소원심판의 대상이 될 수 없다.

06 국회의 운영과 의사절차에 대한 설명으로 옳은 것을 〈보기〉에서 모두 고르면? (다툼이 있는 경우 헌법재판소 판례에 의함)

〈보 기〉

㉠ 회기계속의 원칙은 헌법에 명시되어 있으나 일사부재의의 원칙은 「국회법」에 명시되어 있다.

㉡ 「국회법」은 소위원회의 회의 비공개 사유 및 절차 등 요건을 헌법이 규정한 회의 비공개요건에 비하여 더 완화시키고 있다.

㉢ 위원회에서 위원장은 발언을 원하는 위원이 2인 이상인 경우 운영위원회와 협의하여 10분의 범위 안에서 각 위원의 첫번째 발언시간을 균등하게 정하여야 한다.

㉣ 「국회법」에는 연간 국회운영기본일정으로 국회의원 총선거가 있는 월의 경우를 제외하고 연 3회의 임시회 집회일이 명시되어 있다.

㉤ 의장은 안건이 어느 상임위원회의 소관에 속하는지 명백하지 아니할 때에는 각 교섭단체 대표의원과 협의하여 상임위원회에 회부하되 협의가 이루어지지 아니할 때에는 의장이 소관 상임위원회를 결정한다.

① ㉠

② ㉠, ㉡

③ ㉠, ㉡, ㉢

④ ㉡, ㉢, ㉣

⑤ ㉠, ㉡, ㉢, ㉣, ㉤

07 직업의 자유에 대한 설명으로 옳은 것을 〈보기〉에서 모두 고르면? (다툼이 있는 경우 헌법재판소 판례에 의함)

―――――〈보 기〉―――――

㉠ 청원경찰이 법원에서 금고 이상의 형의 선고유예를 받은 경우 당연퇴직하도록 규정한 조항은 청원경찰의 직업의 자유를 침해한다.

㉡ 청원경찰이 법원에서 자격정지의 형을 선고받은 경우 「국가공무원법」을 준용하여 당연퇴직하도록 한 조항은 청원경찰의 직업의 자유를 침해한다.

㉢ 변호사가 변호사 업무수행을 하던 중 변리사 등록을 한 경우 대한변리사회에 의무적으로 가입하게 하는 조항은 변호사의 직업수행의 자유를 침해한다.

㉣ 변호사가 변리사 업무를 수행하는 경우 변리사 연수교육을 받을 의무를 부과하는 조항은 변호사의 직업수행의 자유를 침해하지 않는다.

㉤ 의료기기 수입업자가 의료기관 개설자에게 리베이트를 제공하는 경우를 처벌하는 조항은 의료기기 수입업자의 직업의 자유를 침해한다.

㉥ 품목허가를 받지 아니한 의료기기를 수리·판매·임대·수여 또는 사용의 목적으로 수입한 자를 처벌하는 조항은 의료기기 수입업자의 직업수행의 자유를 침해하지 않는다.

① ㉠, ㉣, ㉤
② ㉠, ㉣, ㉥
③ ㉡, ㉢, ㉣
④ ㉡, ㉢, ㉥
⑤ ㉡, ㉣, ㉤

08 권한쟁의심판에 대한 설명으로 옳은 것은? (다툼이 있는 경우 헌법재판소 판례에 의함)

① 법률의 제·개정 행위를 다투는 권한쟁의심판의 경우 국회의장이 피청구인적격을 가진다.

② 국민은 국민주권주의에 의해 헌법에 의하여 설치되고 헌법과 법률에 의하여 독자적인 권한을 부여받은 기관으로 해석할 수 있으므로 권한쟁의심판의 당사자가 되는 국가기관에 해당할 수 있다.

③ 국회의원들이 국민안전처 등을 이전대상 제외 기관으로 명시할 것인지에 관한 법률안에 대하여 심의를 하던 중, 행정자치부 장관이 국민안전처 등을 세종시로 이전하는 내용의 처분을 할 경우 국회의원인 청구인들의 법률안에 대한 심의·표결권이 침해될 가능성이 있다.

④ 군 공항 이전사업에 의해 예비이전후보지가 관할 내에 선정된 지방자치단체의 의사를 고려하지 않고 사업이 진행된다면 그 지방자치단체의 자치권한을 침해할 현저한 위험이 인정된다.

⑤ 지방자치단체 상호간의 권한쟁의심판을 규정하는 「헌법재판소법」 제62조 제1항 제3호를 예시적으로 해석할 필요성은 없다.

09 재판청구권 또는 공정한 재판을 받을 권리를 침해하는 것을 〈보기〉에서 모두 고르면? (다툼이 있는 경우 헌법재판소 판례에 의함)

―〈보 기〉―

㉠ 기피신청에 대한 재판을, 그 신청을 받은 법관의 소속 법원 합의부에서 하도록 한 「민사소송법」 조항

㉡ 형사보상의 청구에 대하여 한 보상의 결정에 대하여는 불복을 신청할 수 없도록 하여 형사보상의 결정을 단심재판으로 규정한 「형사보상법」 조항

㉢ 상속재산분할에 관한 사건을 가사비송사건으로 분류하고 있는 「가사소송법」 조항

㉣ 변호인과 증인 사이에 차폐시설을 설치하여 증인신문을 진행할 수 있도록 규정한 「형사소송법」 조항

㉤ 법관에 대한 징계처분 취소청구소송을 대법원의 단심재판에 의하도록 한 구 「법관징계법」 조항

㉥ 법무부징계위원회의 결정에 대하여 불복이 있는 경우 그 결정이 법령위반을 이유로 한 경우에만 대법원에 즉시항고를 허용하는 「변호사법」 조항

① ㉠, ㉡
② ㉡, ㉥
③ ㉢, ㉣
④ ㉢, ㉥
⑤ ㉣, ㉤

10 국적에 대한 설명으로 옳은 것은?

① 평창올림픽을 앞두고 아이스하키 분야에 매우 우수한 능력을 보유한 자로서 대한민국의 국익에 기여할 것으로 인정되는 자는 대한민국에 주소가 없어도 귀화허가를 받을 수 있다.

② 대한민국에서 출생한 자로서 부 또는 모가 대한민국에서 출생한 자에 해당하는 외국인이 대한민국에 1년 이상 계속하여 주소가 있는 때에는 귀화허가를 받을 수 있다.

③ 복수국적자로서 외국 국적을 선택하려는 자는 외국에 주소가 없어도 법무부 장관에게 대한민국 국적을 이탈한다는 뜻을 신고할 수 있다.

④ 출생 당시 모가 자녀에게 외국 국적을 취득하게 할 목적으로 외국에서 체류 중이었던 사실이 인정되는 자는 대한민국에서 외국 국적을 행사하지 않겠다는 서약을 한 후 대한민국 국적을 선택한다는 뜻을 신고할 수 있다.

⑤ 배우자가 대한민국 국민인 외국인으로서 그 배우자와 혼인한 후 3년이 지나고 혼인한 상태로 대한민국에 1년 이상 계속하여 주소가 있는 자는 귀화허가를 받을 수 있다.

11 국회의 국정감사 및 조사권에 대한 설명으로 옳지 않은 것은? (다툼이 있는 경우 헌법재판소의 판례에 의함)

① 국회는 국정전반에 관하여 소관 상임위원회별로 매년 정기회 집회일 이전에 감사시작일부터 30일 이내의 기간을 정하여 감사를 실시한다. 다만, 본회의 의결로 정기회 기간 중에 감사를 실시할 수 있다.

② 국회는 국정감사 · 조사권의 행사를 통해서 국정운영의 실태를 정확히 파악하고 입법과 예산심의를 위한 자료를 수집하며 국정의 잘못된 부분을 적발 · 시정함으로써 입법 · 예산심의 · 국정통제 기능의 효율적인 수행을 도모할 수 있다.

③ 우리나라에서는 제헌헌법 및 1962년 헌법에서 영국 · 프랑스 · 미국 · 일본 등과 상이하게 일반적인 국정감사권을 제도화하였다. 이러한 국정감사제도는 1972년 유신헌법에서는 삭제되었다가, 제9차 개정헌법에 의하여 부활되었다.

④ 현행 헌법에서는 이러한 국정감사 · 조사권의 명문화뿐만 아니라 구 헌법에 규정되었던 "다만 재판과 진행 중인 범죄수사 · 소추에 간섭할 수 없다"는 단서조항을 그대로 유지하고 있다.

⑤ 헌법재판소는 교원들의 교원단체가입현황과 같은 특정 정보를 인터넷 홈페이지에 게시하거나 언론에 알리는 것과 같은 행위는 헌법과 법률이 특별히 국회의원에게 부여한 국회의원의 독자적인 권능이라고 할 수 없고 국회의원 이외의 다른 국가기관은 물론 일반 개인들도 누구든지 할 수 있는 행위로서, 그러한 행위가 제한된다고 해서 국회의원의 국정감사 또는 조사에 관한 권한이 침해될 가능성은 없다고 결정하였다.

12 대통령의 사면권 행사에 대한 설명으로 옳지 않은 것을 〈보기〉에서 모두 고르면? (다툼이 있는 경우 헌법재판소 판례에 의함)

─── 〈보 기〉───

㉠ 복권은 형의 집행이 끝나지 아니한 자 또는 집행이 면제되지 아니한 자에 대하여는 하지 아니 한다.

㉡ 협의의 사면이라 함은 「형사소송법」이나 그 밖의 형사법규의 절차에 의하지 아니하고, 형의 선고의 효과 또는 공소권을 소멸시키거나 형집행을 면제시키는 국가원수의 특권을 의미한다. 넓은 의미의 사면은 협의의 사면은 물론이고 감형과 복권까지 포괄하는 개념이다.

㉢ 대통령의 일반사면권 행사에는 국회의 동의가 불필요하다.

㉣ 일반사면이란 범죄의 종류를 지정하여, 이에 해당하는 모든 범죄인에 대하여 형의 선고의 효과를 전부 또는 일부 소멸시키거나, 형의 선고를 받지 아니한 자에 대해서는 공소권을 소멸시키는 것을 말한다.

㉤ 특별사면이라 함은 이미 형의 선고를 받은 특정인에 대하여 형의 집행을 면제하는 것을 말한다.

㉥ 전두환, 노태우 전대통령에 대한 특별사면 위헌확인 사건에서 헌법재판소는 일반국민이 특별사면으로 인하여 자신의 법적 이익 또는 권리를 직접적으로 침해당했기 때문에 헌법소원심판청구의 적법성을 인정했다.

① ㉠

② ㉡, ㉤

③ ㉢, ㉣

④ ㉢, ㉥

⑤ ㉠, ㉢, ㉥

13 법원에 대한 설명으로 옳은 것은?

① 상급법원의 재판에 있어서의 판단은 동종 사건에 관하여 하급심을 기속하는 것이므로, 하급심은 사실판단이나 법률판단에 있어서 상급심의 선례를 존중하여야 한다.

② 대법원은 법령에 저촉되지 아니하는 범위 안에서 소송에 관한 절차, 법원의 내부규율과 사무처리에 관한 규칙을 제정할 수 있다.

③ 명령·규칙이 헌법에 위반된다고 인정하는 경우뿐 아니라 명령·규칙이 법률에 위반된다고 인정하는 경우에도 대법원의 심판권은 대법관 전원의 3분의 2 이상의 합의체에서 행사한다.

④ 법관에 대한 징계처분에는 해임·정직·감봉의 세종류가 있으며, 징계처분에 대하여 불복하려는 경우에는 징계처분이 있음을 안 날로부터 14일 이내에 전심절차를 거치지 아니하고 대법원에 징계처분의 취소를 청구하여야 한다.

⑤ 대법관이 중대한 심신상의 장해로 직무를 수행할수 없을 때에는 대법원장의 허가를 얻어 퇴직할수 있다.

14 1년 이상의 징역형 선고를 받고 그 집행이 종료되지 아니한 사람의 선거권을 제한하는 「공직선거법」 조항이 청구인들의 선거권을 침해하는지 여부에 대한 설명으로 옳지 않은 것을 〈보기〉에서 모두 고르면? (다툼이 있는 경우 헌법재판소 판례에 의함)

─── 〈보 기〉 ───

㉠ 이 사건 법률조항에 의한 선거권 박탈은 범죄자에 대해 가해지는 형사적 제재의 연장으로 범죄에 대한 응보적 기능을 갖는다.

㉡ 선거권이 제한되는 수형자의 범위를 정함에 있어서 선고형이 중대한 범죄 여부를 결정하는 합리적 기준이 될 수 있다.

㉢ 형 집행 중 가석방 처분을 받았다는 후발적 사유를 고려하지 아니하고 1년 이상의 징역형 선고를 받은 사람의 선거권을 일률적으로 제한하는 것은 불필요한 제한에 해당한다.

㉣ 1년 이상의 징역형을 선고받은 사람은 공동체에 상당한 위해를 가하였다는 점이 재판과정에서 인정된 자이므로 이들에게 사회적·형사적 제재를 가하고 준법의식을 제고할 필요가 있다.

㉤ 1년 이상의 징역형을 선고받은 사람의 범죄행위가 국가적·사회적 법익이 아닌 개인적 법익을 침해하는 경우라면 사회적·법률적 비난가능성의 정도는 달리 판단할 수 있다.

① ㉠, ㉡

② ㉡, ㉢

③ ㉢, ㉤

④ ㉠, ㉡, ㉣

⑤ ㉡, ㉢, ㉤

15 헌법재판에 대한 설명으로 옳은 것은?

① 탄핵의 심판, 정당해산의 심판, 헌법소원에 관한 심판은 원칙적으로 구두변론에 의한다.

② 재판관에게 공정한 심판을 기대하기 어려운 사정이 있는 경우 당사자는 기피신청을 할 수 있으며 동일한 사건에 대하여 재판관을 2명까지 기피할 수 있다.

③ 심판의 변론과 서면심리, 결정의 선고는 공개한다.

④ 헌법소원심판의 청구 후 30일이 지날 때까지 지정재판부의 각하결정이 없는 때에는 심판에 회부하는 결정이 있는 것으로 본다.

⑤ 권한쟁의의 심판은 그 사유가 있음을 안 날부터 90일 이내에, 그 사유가 있은 날부터 1년 이내에 청구하여야 한다.

16 헌법소원심판의 적법요건에 대한 설명으로 옳지 않은 것은? (다툼이 있는 경우 헌법재판소 판례에 의함)

① 피해자의 고소가 아닌 수사기관의 인지 등에 의하여 수사가 개시된 피의사건에서 검사의 불기소처분이 이루어진 경우, 고소하지 아니한 피해자가 그 불기소처분의 취소를 구하는 헌법소원심판을 곧바로 청구하는 것은 보충성을 결여하여 부적법하다.

② 부진정입법부작위를 다투는 형태의 헌법소원심판청구의 경우에도 원칙적으로 법령에 대한 헌법소원에 있어서 요구되는 기본권 침해의 직접성 요건을 갖추어야 한다.

③ 수혜적 법령의 경우에는 수혜범위에서 제외된 자가 자신이 평등원칙에 반하여 수혜대상에서 제외되었다는 주장을 하거나, 비교집단에게 혜택을 부여하는 법령이 위헌이라고 선고되어 그러한 혜택이 제거된다면 비교집단과의 관계에서 자신의 법적 지위가 상대적으로 향상된다고 볼 여지가 있을 때에는 그 법령의 직접적인 적용을 받는 자가 아니라고 할지라도 자기 관련성을 인정할 수 있다.

④ 법률이 일반적 효력을 발생하기 전이라도 이미 공포되어 있고 그로 인한 기본권의 침해가 틀림없을 것으로 예측된다면 기본권 침해의 현재성을 인정할 수 있다.

⑤ 법령에 근거한 구체적인 집행행위가 재량행위인 경우에 법령은 집행기관에게 기본권침해의 가능성만을 부여할 뿐 법령 스스로가 기본권의 침해행위를 규정하고 행정청이 이에 따르도록 구속하는 것이 아니고, 이때의 기본권의 침해는 집행기관의 의사에 따른 집행행위, 즉 재량권의 행사에 의하여 비로소 이루어지고 현실화되므로 이러한 경우에는 법령에 의한 기본권침해의 직접성이 인정될 여지가 없다.

17 신체의 자유에 대한 설명으로 옳지 않은 것은? (다툼이 있는 경우 헌법재판소 판례에 의함)

① 보호의무자 2인의 동의와 정신건강의학과 전문의 1인의 진단으로 정신질환자에 대한 보호 입원이 가능하도록 한 법률조항은 침해의 최소성 원칙에 위반되어 신체의 자유를 침해한다.

② 성폭력범죄를 저지른 성도착증 환자로서 재범의 위험성이 인정되는 19세 이상의 사람에 대해 법원이 15년의 범위에서 치료명령을 선고할 수 있도록 한 법률조항은 장기형이 선고되는 경우 치료명령의 선고시점과 집행시점 사이에 상당한 시간적 간극이 있어서, 집행시점에서 발생할 수 있는 불필요한 치료와 관련한 부분에 대하여는 침해의 최소성과 법익균형성을 인정하기 어려우므로 피치료자의 신체의 자유를 침해한다.

③ 전투경찰순경의 인신구금을 그 내용으로 하는 영창처분에 있어서도 헌법상 적법절차원칙이 준수될 것이 요청되며 이에 관한 영창조항은 헌법에서 요구하는 수준의 절차적 보장 기준을 충족하지 못했으므로 헌법에 위반된다.

④ 행정상 즉시강제는 그 본질상 급박성을 요건으로 하고 있어 법관의 영장을 기다려서는 그 목적을 달성할 수 없다고 할 것이므로 원칙적으로 영장주의가 적용되지 않는다고 보아야 한다.

⑤ 외국에서 형의 전부 또는 일부의 집행을 받은 자에 대하여 형을 감경 또는 면제할 수 있도록 규정한 법률조항은 형의 감면 여부를 법관의 재량에 전적으로 위임하고 있어 외국에서 받은 형의 집행을 전혀 반영하지 아니할 수도 있도록 한 것이어서 과잉금지원칙에 위반되어 신체의 자유를 침해한다.

18 근로3권에 대한 설명으로 옳지 않은 것은? (다툼이 있는 경우 대법원 및 헌법재판소 판례에 의함)

① 노동조합으로 하여금 행정관청이 요구하는 경우 결산결과와 운영상황을 보고하도록 하고 그 위반 시 과태료에 처하도록 하는 것은 노동조합의 단결권을 침해하는 것이 아니다.

② 근로자에게 보장된 단결권의 내용에는 단결할 자유뿐만 아니라 노동조합을 결성하지 아니할 자유나 노동조합에 가입을 강제당하지 아니할 자유, 그리고 가입한 노동조합을 탈퇴할 자유도 포함된다.

③ 국가비상사태하에서라도 단체교섭권·단체행동권이 제한되는 근로자의 범위를 구체적으로 제한함이 없이 그 허용 여부를 주무관청의 조정결정에 포괄적으로 위임하고 이에 위반할 경우 형사처벌하도록 규정하는 것은 근로3권의 본질적인 내용을 침해하는 것이다.

④ 「노동조합 및 노동관계조정법」상의 근로자성이 인정되는 한, 출입국관리 법령에 의하여 취업활동을 할 수 있는 체류자격을 얻지 아니한 외국인 근로자도 노동조합의 결성 및 가입이 허용되는 근로자에 해당된다.

⑤ 하나의 사업 또는 사업장에 두 개 이상의 노동조합이 있는 경우 단체교섭에 있어 그 창구를 단일화하도록 하고 교섭대표가 된 노동조합에게만 단체교섭권을 부여한 교섭창구단일화제도는 교섭대표 노동조합이 되지 못한 노동조합의 단체교섭권을 침해하는 것이 아니다.

19 신뢰보호원칙에 대한 설명으로 옳지 않은 것은? (다툼이 있는 경우 헌법재판소 판례에 의함)

① 신뢰보호의 원칙은 헌법상 법치국가 원리로부터 파생되는 것으로, 법률이 개정되는 경우 기존의 법질서에 대한 당사자의 신뢰가 합리적이고 정당한 반면, 법률의 제정이나 개정으로 야기되는 당사자의 손해가 극심하여 새로운 입법으로 달성코자 하는 공익적 목적이 그러한 당사자의 신뢰가 파괴되는 것을 정당화할 수 없는 경우, 그러한 새 입법은 허용될 수 없다는 것이다.

② 신뢰보호원칙의 위반 여부는 한편으로는 침해되는 이익의 보호가치, 침해의 정도, 신뢰의 손상 정도, 신뢰침해의 방법 등과 또 다른 한편으로는 새로운 입법을 통하여 실현하고자 하는 공익적 목적 등을 종합적으로 형량하여 결정되어야 한다.

③ 친일재산을 그 취득·증여 등 원인행위시에 국가의 소유로 하도록 규정한 「친일반민족행위자 재산의 국가귀속에 관한 특별법」 제3조 제1항 본문은 진정소급입법에 해당하여 신뢰보호원칙에 위반된다.

④ 「택지소유상한에 관한 법률」이 택지를 소유하게 된 경위나 그 목적 여하에 관계없이 법 시행 이전부터 택지를 소유하고 있는 개인에 대하여 일률적으로 소유상한을 적용하도록 한 것은, 입법목적을 달성하기 위하여 필요한 정도를 넘어 과도하게 침해하는 것이자 신뢰보호의 원칙 및 평등원칙에 위반되는 것이다.

⑤ 「개발이익환수에 관한 법률」 시행 전에 개발에 착수하였지만 아직 개발을 완료하지 아니한 사업, 즉 개발이 진행 중인 사업에 개발부담금을 부과하는 「개발이익환수에 관한 법률」 부칙 제2조는 소급입법금지의 원칙과 신뢰보호의 원칙에 위반되지 않는다.

20 헌법소원심판의 대상에 해당하는 것을 〈보기〉에서 모두 고르면? (다툼이 있는 경우 헌법재판소 판례에 의함)

─── 〈보 기〉 ───

㉠ 호주가 사망한 경우 딸에게 분재청구권을 인정하지 아니한 관습법

㉡ 서울시민 인권헌장 초안의 발표계획에 대한 서울시장의 무산 선언

㉢ 2016년도 정부 예산안 편성행위 중 4·16세월호 참사 특별조사위원회에 대해 2016.7.1. 이후 예산을 편성하지 아니한 부작위

㉣ 공정거래위원회의 심사불개시결정 및 심의절차 종료결정

㉤ 한국증권거래소의 주권상장폐지확정결정

㉥ 지방자치단체장을 위한 별도의 퇴직급여제도를 마련하지 않은 입법부작위

㉦ 기획재정부장관이 6차에 걸쳐 공공기관 선진화 추진계획을 확정, 공표한 행위

① ㉠, ㉣
② ㉢, ㉣
③ ㉡, ㉢, ㉤
④ ㉡, ㉢, ㉥
⑤ ㉠, ㉡, ㉢, ㉦

21 죄형법정주의에 대한 설명으로 옳지 않은 것은? (다툼이 있는 경우 헌법재판소 판례에 의함)

① 형벌구성요건의 실질적 내용을 법률이 아닌 새마을금고의 정관에 위임한 것은 죄형법정주의의 원칙에 위반된다.

② 형벌구성요건의 실질적 내용을 노동조합과 사용자 간의 근로조건에 관한 계약에 지나지 않는 단체협약에 위임하는 것은 죄형법정주의의 기본적 요청인 법률주의에 위배된다.

③ 과태료는 형벌이 아니고 행정상의 질서유지를 위한 행정질서벌에 해당되지만, 국민의 재산상 제약에 해당되어 죄형법정주의의 규율대상에 해당된다.

④ 「지방자치법」이 노동운동을 하더라도 형사처벌에서 제외되는 공무원의 범위를 당해 지방자치단체의 조례로 정하도록 한 것은 헌법에 위반되지 않는다.

⑤ 호별방문 등이 금지되는 기간과, 금지되는 선거운동 방법을 중소기업중앙회 정관에서 정하도록 위임하고 있는 「중소기업협동조합법」은 죄형법정주의에 위배된다.

22 사생활의 비밀과 자유에 대한 설명으로 옳지 않은 것은? (다툼이 있는 경우 헌법재판소 판례에 의함)

① 4급 이상 공무원들까지 대상으로 삼아 모든 질병명을 예외 없이 공개토록 한 것은 사생활의 비밀과 자유에 대한 침해이다.

② 성폭력범죄를 2회 이상 범하여 그 습벽이 인정된 때에 해당하고 성폭력범죄를 다시 범할 위험성이 인정되는 자에 대해 전자장치 부착을 명할 수 있도록 한 것은 사생활의 비밀과 자유를 침해하는 것이 아니다.

③ 간통죄를 처벌하는 것은 사생활의 비밀과 자유를 침해하는 것으로 헌법에 위배된다.

④ 피보안관찰자에게 자신의 주거지 등 현황을 신고하게 하고, 정당한 이유 없이 신고를 하지 아니한 자를 처벌하는 것은 사생활의 비밀과 자유에 대한 침해이다.

⑤ 금융감독원 4급 이상 직원에 대한 재산등록제도 및 취업제한제도는 사생활의 비밀과 자유를 침해하지 않는다.

23 언론·출판의 자유에 대한 설명으로 옳지 않은 것은? (다툼이 있는 경우 헌법재판소 판례에 의함)

① 인터넷게시판을 운영하는 정보통신서비스 제공자에게 본인확인절차를 거쳐야만 게시판을 이용할 수 있도록 한 '본인확인제'는 위헌이다.

② '공익을 해할 목적으로 전기통신설비에 의하여 공연히 허위의 통신을 한 자'를 처벌하고 있는 「전기통신기본법」은 죄형법정주의의 명확성원칙에 위반된다.

③ 사생활 침해를 이유로 침해받은 자가 삭제요청을 한 경우, 일정한 조건하에 정보에 대한 접근을 임시적으로 차단하는 조치를 하도록 한 것은 표현의 자유에 대한 침해가 아니다.

④ 소비자를 현혹할 우려가 있는 내용의 의료광고를 금지하는 것은 표현의 자유에 대한 침해가 아니다.

⑤ 일간신문사의 뉴스통신·방송사업 겸영을 일률적으로 금지할 것이 아니라 겸영으로 인한 언론의 집중 내지 시장지배력의 효과를 고려하여 선별적으로 통제하는 방법이 바람직함에도 불구하고, 「신문법」이 일률적으로 겸영을 금지하는 것은 신문사업자의 언론표현방법의 자유를 침해하는 것이다.

24 우리나라 헌법재판제도에 따른 심판과 각 관할 기관의 변천사를 도표로 나타낸 것이다. 이 중 내용이 옳지 않은 것을 모두 고르면?

구분	위헌법률심판	탄핵심판	위헌정당해산심판	권한쟁의심판	헌법소원심판
(가) 제헌헌법	헌법위원회	탄핵재판소	×	대법원	헌법위원회
(나) 3차 개정헌법	헌법재판소				×
(다) 5차 개정헌법	대법원	탄핵심판위원회	대법원		×
(라) 7차 개정헌법	헌법위원회			×	×
(마) 8차 개정헌법	헌법위원회			×	×
(바) 9차 개정헌법	헌법재판소				

① 가, 다
② 가, 라
③ 나, 다
④ 나, 바
⑤ 라, 마

25 현행 헌법의 전문에 대한 설명으로 옳지 않은 것은?
(다툼이 있는 경우 헌법재판소 판례에 의함)

① 헌법의 본문 앞에 위치한 문장으로서 헌법전의 일부를 구성하는 헌법서문을 말한다.

② 헌법제정 및 개정의 주체, 건국이념과 대한민국의 정통성, 자유민주주의적 기본질서의 확립, 평화통일과 국제평화주의의 지향은 물론 대한민국이 민주공화국이고 모든 권력이 국민으로부터 나온다는 사실도 헌법전문에 선언되어 있다.

③ 헌법의 제정과 개정과정에 관한 역사적 서술 외에도 대한민국의 국가적 이념과 국가질서를 지배하는 지도이념과 지도원리 등이 구체적으로 규정되어 있다.

④ 헌법전문에 기재된 3·1 정신은 우리나라 헌법의 연혁적·이념적 기초로서 헌법이나 법률해석에서의 해석기준으로 작용한다고 할 수 있지만, 그에 기하여 곧바로 국민의 개별적 기본 권성을 도출해낼 수는 없다고 할 것이므로, 헌법소원의 대상인 헌법상 보장된 기본권에 해당하지 아니한다.

⑤ 헌법전문은 법령의 해석기준이면서 입법의 지침일 뿐만 아니라, 구체적 소송에서 적용될 수 있는 재판규범으로서 위헌법률심사의 기준이 되는 헌법규범이기도 하다.

아이들이 답이 있는 질문을 하기 시작하면 그들이 성장하고 있음을 알 수 있다.

― 존 J. 플롬프 ―

PART 3

경제학

출제경향

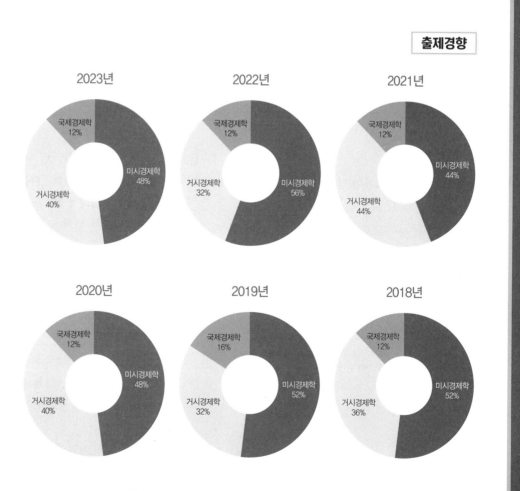

✔ 회독 CHECK 1 2 3

01 A와 B 두 사람은 고기와 과일을 생산할 수 있다. 두 재화의 생산량은 모두 시간에 비례한다. 두 사람의 시간당 생산량은 아래 표와 같다. 다음 설명 중 옳은 것은?

	고기(kg)	과일(kg)
A	2	4
B	1	3

① B는 과일 생산에만 절대우위를 가지고 있다.
② A는 과일 생산에만 절대우위를 가지고 있다.
③ B는 과일 생산에 비교우위를 가지고 있다.
④ A는 고기와 과일 생산 모두에 비교우위를 가지고 있다.
⑤ 고기 1kg을 과일 1kg과 교환하는 조건이면 두 사람 사이에 거래가 발생한다.

02 수요의 가격탄력성에 대한 설명으로 옳은 것만을 〈보기〉에서 모두 고르면?

―――――― 〈보 기〉 ――――――
ㄱ. 기울기가 음(−)인 선형수요곡선의 가격탄력성은 측정 위치에 따라 0에서 ∞까지의 값을 갖는다.
ㄴ. 직각쌍곡선인 수요곡선상 모든 점의 가격탄력성은 동일하다.
ㄷ. 수요의 가격탄력성은 수량 변화가 원인변수이고 가격 변화가 결과변수인 개념이며, 수량과 가격 변화를 백분율로 환산한 비율로 계산된다.

① ㄱ
② ㄱ, ㄴ
③ ㄱ, ㄷ
④ ㄴ, ㄷ
⑤ ㄱ, ㄴ, ㄷ

03 미국이 금리 인상을 계속할 때 한국 경제가 받는 영향을 분석한 결과로 옳지 않은 것은? (단, 한국은 자유변동환율제를 채택하고 있으며 자본 유출입이 자유로운 소국임)

① 자본 유출 발생
② 원화 가치 절하
③ 국내 금리 상승
④ 국내 생산 증가
⑤ 무역수지 악화

04 게임상황에 있는 경기자 X, Y가 선택할 수 있는 전략과 전략선택에 따른 보수가 다음 전략 게임으로 표현된다. 각 전략 조합에서 괄호 안의 첫 번째 숫자는 경기자 X의 보수, 두 번째 숫자는 경기자 Y의 보수이다. 다음 설명 중 옳은 것은?

X＼Y	전략 c	전략 d
전략 a	(6, 7)	(2, 3)
전략 b	(12, 4)	(4, 6)

① 경기자 Y는 유일한 우월전략을 가진다.
② 이 게임의 내쉬균형은 1개이며, 파레토 효율적이다.
③ 이 게임은 죄수의 딜레마와 동일한 구조를 갖는 게임이다.
④ 내쉬균형에서 경기자 Y는 전략 c를 선택한다.
⑤ 경기자 Y가 먼저 전략을 선택하는 순차게임의 결과와 내쉬균형의 결과는 동일하다.

05 가격소비곡선(PCC)에 대한 설명으로 옳은 것만을 〈보기〉에서 모두 고르면?

─── 〈보 기〉 ───

㉠ PCC는 한 재화의 가격변화에 따른 소비자의 최적소비조합을 나타내는 곡선이다.

㉡ 수평축에 표시한 X재 수요의 가격탄력성이 1이면 PCC는 수평선으로 나타난다.

㉢ 수평축에 표시한 X재 수요의 가격탄력성이 1보다 크면 PCC는 우상향한다.

① ㉠

② ㉡

③ ㉠, ㉡

④ ㉠, ㉢

⑤ ㉠, ㉡, ㉢

06 단기총공급곡선(SRAS)은 수평, 장기총공급곡선(LRAS)은 수직, 총수요곡선(AD)은 우하향한다. 총수요 확대정책의 결과 현재 실제 산출량이 잠재 산출량을 초과하는 상태에 있다면 나타날 수 있는 현상으로 옳은 것은?

① LRAS 곡선과 SRAS 곡선은 실제 산출량이 잠재 산출량과 같아질 때까지 오른쪽으로 이동한다.

② SRAS 곡선은 실제 산출량이 잠재 산출량과 같아질 때까지 위로 이동한다.

③ LRAS 곡선은 실제 산출량이 잠재 산출량과 같아질 때까지 위로 이동한다.

④ SRAS 곡선은 실제 산출량이 잠재 산출량과 같아질 때까지 오른쪽으로 이동한다.

⑤ LRAS 곡선은 실제 산출량이 잠재 산출량과 같아질 때까지 왼쪽으로 이동한다.

07 소비자 A는 X재와 Y재의 소비를 통해 효용을 얻으며, A의 무차별곡선은 원점에 대해 볼록하다. A의 효용을 극대화하는 예산선 위의 최적소비점에서 X재의 한계효용은 2, X재의 가격은 1/3, Y재의 가격은 1/2이다. 옳은 것만을 〈보기〉에서 모두 고르면? (단, X재와 Y재의 한계효용은 체감함)

─── 〈보 기〉 ───

㉠ 예산선 위의 소비조합에서 Y의 한계효용이 4라면 소비자 A는 효용극대화를 위해 X재 소비량을 감소시키고 Y재 소비량을 증가시켜야 한다.

㉡ 예산선 위의 소비조합에서 Y의 한계효용이 3이라면 소비자 A는 효용극대화를 위해 X재 소비량을 증가시키고 Y재 소비량을 감소시켜야 한다.

㉢ 예산선 위의 소비조합에서 Y의 한계효용이 2라면 소비자 A는 효용극대화를 위해 X재 소비량을 증가시키고 Y재 소비량을 감소시켜야 한다.

① ㉠

② ㉡

③ ㉠, ㉡

④ ㉠, ㉢

⑤ ㉡, ㉢

08 어떤 재화의 수요와 공급함수는 아래와 같다. 정부가 공급자에게 생산량 1단위당 30씩의 보조금을 지급할 때, 정부의 보조금지출총액(A)과 보조금으로 인한 후생손실(B)의 비율(A:B)로 옳은 것은?

• 수요함수: $P = 100 - \dfrac{1}{2}Q_D$
• 공급함수: $P = 40 - \dfrac{1}{4}Q_S$

① 2 : 1

② 3 : 1

③ 4 : 1

④ 5 : 1

⑤ 6 : 1

09 다음은 한계효용이 체감하는 X재의 보상수요곡선과 보통수요곡선에 대한 설명이다. 옳은 것만을 〈보기〉에서 모두 고르면?

〈보 기〉

㉠ X재가 정상재라면 보통수요곡선의 기울기가 보상수요곡선의 기울기보다 더 가파르다.

㉡ X재가 기펜재가 아닌 열등재라면 보통수요곡선은 우하향하고, 보상수요곡선은 우상향한다.

㉢ X재가 기펜재가 아닌 열등재라면 보통수요곡선의 기울기가 보상수요곡선의 기울기보다 더 가파르다.

㉣ X재가 기펜재라면 보상수요곡선은 우하향하고, 보통수요곡선은 우상향한다.

① ㉠, ㉡

② ㉠, ㉢

③ ㉡, ㉢

④ ㉡, ㉣

⑤ ㉢, ㉣

10 단기 필립스곡선이 수평일 때 나타날 수 있는 현상으로 옳지 않은 것은?

① 확장적 통화정책을 사용해도 인플레이션이 발생하지 않는다.

② 총수요가 감소하면 실업이 크게 증가한다.

③ 자연실업률이 하락한다.

④ 금리 인상 정책으로 인플레이션율을 낮추기 어렵다.

⑤ 가격이 경직적이다.

11 A국의 정책변화 전 경제상황은 아래와 같다. A국 정부는 총수요를 확대하기 위해 〈보기〉 ㉠~㉣의 정책수단들을 고려하고 있다. 다음 중 총수요 증가 효과의 크기가 같은 정책수단만을 〈보기〉에서 모두 고르면? (단, Y, C, I, G, T, NX는 각각 총수요, 소비, 투자, 정부지출, 세금, 순수출을 의미함. ㉠~㉣의 정책변화는 독립적임)

$$Y = C + I + G + NX$$
$$C = 100 + 0.7(Y - T)$$
$$I = 0$$
$$G = 0$$
$$T = 100$$
$$NX = 0$$

〈보 기〉

㉠ 정부지출을 60으로 증가시킨다.

㉡ 세금을 100에서 10으로 감소시킨다.

㉢ 수출장려 정책으로 순수출을 60으로 증가시킨다.

㉣ 소비촉진 정책으로 한계소비성향을 0.9로 증가시킨다.

① ㉠, ㉡

② ㉠, ㉢

③ ㉡, ㉢

④ ㉡, ㉣

⑤ ㉢, ㉣

12 기업 1과 2가 차별화된 재화시장에서 가격 경쟁을 하고 있다. 기업 1이 생산하는 재화의 수요곡선은 $q_1 = 4 - p_1 + p_2$이고, 기업 2가 생산하는 재화의 수요곡선은 $q_2 = 4 - p_2 + p_1$이다. 두 기업 모두 생산비용은 0이다. 다음 설명 중 옳지 않은 것은?

① 두 기업이 동시에 가격을 결정하는 모형의 내쉬균형에서 두 기업은 동일하게 가격을 4로 결정한다.

② 두 기업이 동시에 가격을 결정하는 모형보다, 순차적으로 결정하는 모형에서 두 기업은 더 높은 가격을 책정한다.

③ 두 기업이 동시에 가격을 결정하는 모형보다, 순차적으로 결정하는 모형에서 두 기업의 이윤은 더 크다.

④ 두 기업이 순차적으로 가격을 결정하는 모형에서 선도자(leader)의 이윤이 추종자(follower)의 이윤보다 더 크다.

⑤ 두 기업이 순차적으로 가격을 결정하는 모형에서 선도자(leader)는 추종자(follower)보다 더 높은 가격을 책정한다.

13 구축효과(Crowding-out effect)에 대한 설명으로 옳은 것만을 〈보기〉에서 모두 고르면?

〈보 기〉
㉠ 확장적 재정지출 정책이 경기부양에 실효성이 있을 때 발견되는 현상이며, 구축효과가 크면 경기부양 효과도 커짐을 의미한다.
㉡ 다른 조건이 동일할 때, 투자의 이자율 탄력성이 커질수록 구축효과의 크기는 증가한다.
㉢ 고전학파는 재정지출의 확대가 대부자금에 대한 수요를 증가시켜 발생하는 현상으로 본다.

① ㉠
② ㉡
③ ㉠, ㉡
④ ㉡, ㉢
⑤ ㉠, ㉡, ㉢

14 마스크 시장과 생산요소시장은 완전경쟁시장이다. 장기균형상태에서 코로나 종식으로 마스크에 대한 수요가 크게감소했다. 이로 인해 장기에 나타날 수 있는 현상으로 옳지 않은 것은?

① 마스크 가격의 하락
② 마스크 생산 기업의 이윤 유지
③ 마스크 생산 기업 수의 감소
④ 마스크 시장의 공급 감소
⑤ 마스크 생산 기업의 생산요소에 대한 수요 감소

15 다음은 어떤 경제에 대한 조사결과의 일부이다. 옳은 것만을 〈보기〉에서 모두 고르면?

- 생산가능인구: 300명
- 비경제활동인구: 60명
- 취업인구: 180명

〈보 기〉
㉠ 취업률은 75%이다.
㉡ 고용률은 60%이다.
㉢ 경제활동참가율은 80%이다.

① ㉠
② ㉠, ㉡
③ ㉠, ㉢
④ ㉡, ㉢
⑤ ㉠, ㉡, ㉢

16 고전학파 거시모형에서 생산함수는 $Y=50\sqrt{L}$, 노동공급함수는 $\dfrac{W}{P}=\sqrt{L}(P>0)$, 통화량은 100, 화폐의 유통속도는 10이다. 저축함수는 $S(r)=-10+1000r$이고 투자함수는 $I(r)=50-200r$이다. 다음 중 옳지 않은 것은? (단, Y, L, W, P, r은 각각 산출량, 노동, 명목임금, 물가, 이자율임)

① $W=40$

② $L=25$

③ $Y=250$

④ $P=4$

⑤ $r=0.05$

17 재화 X를 생산할 때, 사적 한계비용은 $PMC=Q$이고, 사회적한계비용은 $SMC=Q+10$이다. 이 재화로 인한 사적한계편익은 $PMB=20-Q$, 사회적 한계편익은 $SMB=18-Q$이다. 사회적 최적 산출량을 달성하기 위해 기업에게 피구세(Pigouvian tax)를 부과하려고 한다. X재 한 단위당 부가해야 할 피구세로 옳은 것은?

① 6

② 8

③ 10

④ 12

⑤ 14

18 환율을 상승시키는 요인으로 옳은 것만을 〈보기〉에서 모두 고르면? (단, 환율은 외국통화 1단위에 대한 자국통화의 교환비율을 의미함)

〈보 기〉
㉠ 외국 물가의 하락
㉡ 자국 이자율의 하락
㉢ 외국의 경기호황
㉣ 자국의 확장적 통화정책

① ㉠, ㉡

② ㉡, ㉣

③ ㉠, ㉡, ㉢

④ ㉠, ㉡, ㉣

⑤ ㉠, ㉢, ㉣

19 어떤 생산자는 노동(L)과 자본(Q)만을 투입하여 생산한다. 이 생산자의 생산함수는 $Q=LK$이고, 투입요소 L의 단위당 가격은 w, K의 단위당 가격은 r이라 한다. 다음 설명 중 옳지 않은 것은? (단, 완전경쟁시장을 가정함)

① $K=\dfrac{w}{r}L$은 이 생산자의 등량곡선과 등비용선이 한 점에서 접하는 조건을 표현한 것이다.

② 이 생산함수는 규모수익체증에 해당한다.

③ 이 생산자의 비용최소화 조건은 $L=\dfrac{r}{w}K$를 만족한다.

④ 이 생산자의 비용(C)은 $C=2rK$를 만족한다.

⑤ 만약 $w=1$, $r=25$이고 현재 생산량(Q)이 25라면, 이 생산자의 최저생산비용은 100이다.

20 실물적 경기변동(Real Business Cycle)에 대한 설명으로 옳은 것만을 〈보기〉에서 모두 고르면?

─── 〈보 기〉 ───
㉠ 실질이자율의 변동은 현재 및 미래 소비에 영향을 미친다.
㉡ 통화량이 증가하면 산출량도 동일한 비율로 증가한다.
㉢ 불완전경쟁하에서 호황과 불황은 비대칭적으로 발생한다.
㉣ 기술 충격으로 인해 경기변동이 발생한다.
㉤ 가격 경직성으로 인해 경기변동이 발생한다.

① ㉠, ㉢
② ㉠, ㉣
③ ㉡, ㉣
④ ㉡, ㉤
⑤ ㉢, ㉣

21 중앙은행의 기준금리 결정 과정인 테일러 준칙에 대한 설명으로 옳지 않은 것은?

① 기준금리는 인플레이션 갭과 산출 갭에 영향을 받는다.
② 코로나 사태나 금융위기와 같은 충격으로 경기침체가 발생하는 경우 중앙은행은 기준금리를 인하한다.
③ 현재 인플레이션율이 목표치보다 지나치게 높거나 경기가 과열되는 경우 중앙은행은 기준금리를 인상한다.
④ 지나친 경기침체나 경기과열이 발생하는 경우 중앙은행은 재량대로 통화량을 조절한다.
⑤ 중앙은행은 선제적으로 대응하기 위해 기대인플레이션율을 고려한다.

22 A, B, C 3명으로 구성된 사회에서 공공재를 공급하려고 한다. 공공재에 대한 수요함수는 각각 $P_A=10-Q$, $P_B=20-2Q$, $P_C=7-Q$이고 공공재를 생산하는 비용함수는 $C(Q)=3+9Q$이다. 이때 공공재의 사회적 최적공급량으로 옳은 것은?

① $\dfrac{34}{13}$
② 7
③ 8
④ 9
⑤ 28

23 추석이나 설 같은 명절 직전에는 화폐수요가 크게 증가한다. 이때 화폐수요의 증가를 상쇄하기 위해 한국은행은 공개시장 (A)을 통해 통화량을 변동시켜 이자율이 (B) 것을 억제하고자 한다. (A)와 (B)에 들어갈 내용으로 옳은 것은?

	(A)	(B)
①	매각	하락하는
②	매입	하락하는
③	매각	유지되는
④	매입	상승하는
⑤	매각	상승하는

24 독점적 경쟁시장에 대한 설명으로 옳지 않은 것만을 〈보기〉에서 모두 고르면?

〈보 기〉

㉠ 독점적 경쟁기업의 장기균형에서의 생산량은 장기평균비용이 최소가 되는 점에서의 생산량보다 적다.

㉡ 독점적 경쟁기업은 상대방의 반응을 보고 전략적으로 행동한다.

㉢ 독점적 경쟁기업은 장기균형에서 독점기업처럼 행동하기 때문에 이윤은 0보다 크다.

㉣ 독점적 경쟁기업의 단기균형가격은 한계비용보다 높다.

① ㉠, ㉡

② ㉠, ㉢

③ ㉡, ㉢

④ ㉡, ㉣

⑤ ㉢, ㉣

25 외생적 기술진보를 가정한 솔로우(R. Solow)의 경제성장모형에 대한 설명으로 옳은 것은? (단, 생산함수는 1차 동차함수를 가정함)

① 균제상태에서 1인당 자본량과 1인당 소득은 기술진보율만큼 증가한다.

② 황금률 자본량은 모든 균제상태의 자본량을 말한다.

③ 기술이나 생산성은 균제상태의 1인당 소득을 변화시키지 않는다.

④ 투자율이 증가하면 균제상태의 경제성장률이 증가하는 성장효과가 있다.

⑤ 저축률이 증가해도 균제상태의 1인당 소득은 변하지 않는다.

✅ 회독 CHECK 1 2 3

01 GDP 디플레이터와 CPI(소비자물가지수)에 대한 설명으로 옳지 않은 것은?

① 기업 또는 정부에 의해 구입된 물품가격 상승은 GDP 디플레이터에 반영되나 CPI에는 반영되지 않는다.

② 해외에서 생산되어 우리나라에서 판매되는 자동차 가격의 인상은 CPI에 영향을 미치나 GDP 디플레이터에는 영향을 미치지 않는다.

③ GDP 디플레이터와 CPI는 재화가격에 고정된 가중치를 사용하여 도출된다.

④ GDP 디플레이터는 생산된 모든 재화 및 용역의 가격을 측정한다.

⑤ CPI는 라스파이레스 지수(Laspeyres Index)이므로 농산물 가격의 급등으로 인해 소비자가 입은 충격을 과대평가한다.

02 어떤 재화의 공급곡선은 $Q=-4+P$이고 수요곡선은 $Q=20-P$이다. 한편 이 재화를 생산하는 데 따른 환경오염의 사회적 비용은 $C=2Q$이다. 이에 대한 설명으로 옳은 것은? (단, P, Q는 각각 이 재화의 가격, 수량이다)

① 정부의 개입이 없을 경우 균형 생산량은 7이다.

② 정부의 개입이 없을 경우 균형 가격은 10이다.

③ 환경오염 비용까지 고려한 사회적 최적 생산량은 6이다.

④ 환경오염 비용까지 고려한 사회적 최적 가격은 13이다.

⑤ 정부의 개입이 없을 경우 사회적 후생의 순손실의 크기는 0.5이다.

03 어떤 나라의 커피 시장의 수요곡선은 우하향하고 공급곡선은 우상향한다고 한다. 다음 중 이 나라의 정부가 커피에 대해 조세를 부과할 때 나타날 수 있는 현상으로 옳지 않은 것은?

① 단위당 T원의 종량세를 공급자에게 부과했을 때의 커피 거래량과 소비자에게 부과했을 때의 커피 거래량은 동일하다.

② 커피 가격의 $t\%$의 세율로 종가세를 공급자에게 부과했을 때의 커피 거래량과 소비자에게 부과했을 때의 커피 거래량은 동일하다.

③ 종량세를 소비자에게 부과하면 수요곡선은 아래로 평행이동한다.

④ 종가세를 소비자에게 부과하면 수요곡선의 기울기는 완만해진다.

⑤ 종가세를 공급자에게 부과하면 공급곡선의 기울기는 가팔라진다.

04 자동차를 생산하는 어느 기업의 생산함수는 $Q=L^{\frac{3}{4}}K^{\frac{1}{2}}$로 나타낼 수 있다. 이 기업에 대한 설명으로 옳지 않은 것은? (단, L, K는 각각 노동, 자본이다)

① 자동차의 가격과 한계비용이 일치하는 곳에서 자동차의 생산량을 결정한다.

② 노동의 가격과 자본의 가격이 같다면 노동을 더 많이 투입한다.

③ 확장경로는 원점을 지나는 직선으로 나타난다.

④ 이 기업의 생산기술은 규모수익체증의 특성을 가진다.

⑤ 생산요소 간 대체탄력성은 항상 일정하다.

05 생산량이 자연율 수준에 있는 장기균형의 경제를 가정하자. 한국은행이 통화공급을 증대시킬 경우 나타나는 변화에 대한 설명으로 옳지 않은 것은?

① IS−LM모형에서 단기적으로 이자율은 낮아지고 생산량은 증가한다.

② IS−LM모형에서 실질이자율이나 생산량 수준에서 장기적인 변화는 없다.

③ AD−AS모형에서 장기적으로 생산량은 자연율 수준으로 되돌아가고 물가수준은 상승한다.

④ 생산량이 자연율 수준 이하로 감소함에 따라 필립스곡선에서 실업률은 자연율 아래로 감소한다.

⑤ 장기적으로는 기대인플레이션이 상승하여 단기 필립스곡선이 위쪽으로 이동한다.

06 A제품의 우리나라 가격은 2,600원, 미국 가격은 2달러, 그리고 원화의 달러 대비 명목환율은 1,200원/달러이다. 이에 대한 설명으로 옳은 것은?

① 거래비용이 없다면 현재 재정거래(Arbitrage)의 기회는 존재하지 않는다.

② 실질환율에 의하면 국내의 A제품 1단위는 미국의 A제품 $\frac{13}{12}$단위와 교환될 것이다.

③ 구매력평가설에 따른 원화가치는 저평가되어 있다.

④ 구매력평가설에 따른 명목환율은 1,200원/달러이다.

⑤ 구매력평가설에 따른 명목환율과 실제 명목환율의 차이에 의하면 우리나라의 무역수지는 적자일 것이다.

07 2기간을 사는 어떤 소비자의 효용함수가 $U = C_1^\alpha C_2^{1-\alpha}$로 주어진다고 하자. 한편 이 소비자의 1기 소득은 Y, 2기 소득은 0이며, 이자율은 r로 주어진다. 이 소비자의 효용극대화를 달성하는 소비 및 저축에 대한 설명으로 옳은 것은? (단, C_1, C_2는 각각 1기 소비와 2기 소비를 나타내며, $0 < \alpha < 1$, $0 < r < 1$이다)

① 1기의 저축률은 α이다.

② 1기의 소비는 $(1-\alpha)Y$이다.

③ 2기의 소비는 $(1-\alpha)Y$이다.

④ 1기 소비의 크기는 이자율과 무관하다.

⑤ 2기 소비의 크기는 이자율과 무관하다.

08 보몰(W. Boumol)의 거래적 화폐수요이론에 대한 설명으로 옳지 않은 것만을 〈보기〉에서 모두 고르면?

─── 〈보 기〉 ───

㉠ 화폐수요의 소득탄력성은 $\frac{1}{2}$이다.

㉡ 물가가 상승하면 실질화폐수요는 감소한다.

㉢ 이자율이 상승하면 기회비용이 증가하므로 화폐수요가 감소한다.

㉣ 사회 내의 총소득이 일정할 때 소득분배가 균등해지면 화폐수요가 감소한다.

㉤ 거래적 화폐수요에는 규모의 경제가 존재한다.

① ㉠, ㉢

② ㉡, ㉣

③ ㉡, ㉤

④ ㉢, ㉣

⑤ ㉢, ㉤

09 다음 글에 따를 때 기업이 설정하는 단일가격제도하에서의 단일요금, 이부가격제도하에서의 회원권 가격과 회원전용요금으로 옳은 것은?

> 어느 지역에서 콘도를 독점하고 있는 기업이 있다. 이 독점기업의 총비용함수는 $TC(Q)=20Q$이다. 이 콘도를 이용하는 사람들의 수요함수는 $Q=250-\dfrac{1}{2}P$로 동일하다. 이 기업은 현재 1박당 일정액의 요금만 부과하는 단일가격제도를 시행하고 있는데, 회원권 판매와 1박당 회원전용요금을 부과하는 형태의 이부가격제도로 변경하고자 한다. 독점기업이 이부가격제도를 시행하는 경우 회원권을 소지한 회원만 숙박서비스를 이용할 수 있다. (단, Q, P는 숙박일수, 1박당 가격이다)

	단일요금	회원권 가격	회원전용요금
①	20	28,800	260
②	130	28,800	130
③	260	57,600	260
④	260	28,800	20
⑤	260	57,600	20

10 어떤 도시의 시민들은 대형마트와 골목시장에서 생활용품을 구매하고 있다. 정부는 골목시장을 활성화하기 위해 골목시장에서 제품을 구매하는 경우 구매가격의 10%를 할인해주는 보조정책을 시행하였다. 〈보기〉에서 이러한 정책이 시행된 이후 나타나는 효과로 옳은 것만을 모두 고르면? (단, 생활용품에 대한 수요는 탄력적이다)

> ─────── 〈 보 기 〉 ───────
> ㉠ 골목시장의 매출이 증가한다.
> ㉡ 골목시장의 이윤증가가 대형마트의 이윤감소보다 크다.
> ㉢ 소비자들의 생활용품에 대한 전체 지출이 증가한다.
> ㉣ 정부의 보조금 지출보다 소비자들과 대형마트 및 골목시장의 후생증가가 더 크다.

① ㉠, ㉡
② ㉠, ㉢
③ ㉡, ㉢
④ ㉡, ㉣
⑤ ㉢, ㉣

11 소득 100으로 단골 상점에서 두 재화 X, Y만을 구입하는 소비자가 있다. 단위당 가격은 X가 10, Y가 5이다. 어느 날 그 상점에서 X를 5단위보다 많이 구입하면 5단위 초과분에 대해 가격을 절반으로 할인해주는 행사를 실시하였다. 이 행사에 따른 소비자의 예산집합 면적의 증가율은?

① 10%
② 15%
③ 20%
④ 25%
⑤ 30%

12 A국가와 B국가 사이에 무역이 이루어지기 전에 두 국가의 자동차 시장에서 다음과 같은 상황이 관찰되었다고 한다. 두 국가 사이에 무역이 이루어졌을 때 각 나라들의 자동차 시장에서 나타날 수 있는 현상으로 옳은 것은?

> - 두 국가 모두 수요곡선은 우하향하고 공급곡선은 우상향한다.
> - A국가의 자동차 가격이 B국가의 자동차 가격보다 높다.
> - B국가의 자동차 소비량이 A국가의 자동차 소비량보다 많다.

① A국가의 소비자잉여는 감소한다.
② B국가의 생산자잉여는 감소한다.
③ A국가의 사회후생이 무역 전보다 감소하는 경우가 나타날 수 있다.
④ A국가의 무역 후의 자동차 가격이 무역 전보다 높게 형성될 수 있다.
⑤ A국가의 자동차 소비량이 B국가의 자동차 소비량보다 많아질 수 있다.

13 소비이론에 대한 설명으로 옳지 않은 것은?

① 항상소득가설에 따르면 항상소득과 관련된 한계소비성향이 일시소득과 관련된 한계소비성향보다 더 작다.
② 생애주기가설에 따르면 소비자는 일생 동안의 소득을 염두에 두고 적절한 소비수준을 선택한다.
③ 절대소득가설에 따르면 처분가능소득의 절대적 크기가 소비수준을 결정하는 가장 중요한 요인이다.
④ 항상소득가설에 따르면 경기 호황기에는 일시소득의 증가로 저축률이 상승한다.
⑤ 생애주기가설에 따르면 똑같은 처분가능소득을 가지고 있는 사람들이라도 나이에 따라 서로 다른 한계소비성향을 보인다.

14 생산함수가 $F(L, K) = \sqrt{LK}$인 기업이 있다. 이 기업은 노동의 가격이 $w=4$, 자본의 가격이 $r=4$일 때 최소의 비용으로 10단위를 생산한다. 노동의 가격이 $w=1$로 하락하고 생산량을 2배로 늘리는 경우 이 기업의 비용 변화로 옳은 것은? (단, L, K는 각각 노동, 자본이다)

① 20 감소한다.
② 10 감소한다.
③ 변하지 않는다.
④ 10 증가한다.
⑤ 20 증가한다.

15 IS곡선은 우하향하고 이자율은 중앙은행에 의해 외생적으로 결정되는 폐쇄경제에서 다른 항목은 변화 없이 정부지출이 100조 증가한다고 하자. 소비자는 소득 Y의 20%를 소득세로 납부하며, 한계소비성향은 0.75이다. 이때 가격이 고정된 단기에 발생한 결과로 옳은 것은?

① 소득 Y는 400조만큼 증가할 것이다.
② 민간소비는 240조만큼 증가할 것이다.
③ 민간저축은 60조만큼 증가할 것이다.
④ 정부의 소득세 수입은 50조만큼 증가할 것이다.
⑤ 정부저축은 변화하지 않을 것이다.

16 어떤 개인이 2가지 재화 X와 Y를 각각 Q_X, Q_Y만큼 생산하고 있다고 하자. 가격수용자인 이 개인은 X와 Y를 시장가격에 판매 혹은 구매함으로써 X와 Y를 C_X, C_Y만큼 소비하는 소비자이기도 하다. Q_X, Q_Y가 주어진 상태에서 X의 가격이 상승할 때 이 개인에게 발생할 변화로 옳은 것만을 모두 고르면? (단, X와 Y의 소비에 대한 무차별곡선은 일반적인 형태를 가지며 불확실성은 없다)

〈보 기〉

㉠ 가격 상승 전에 $C_X < Q_X$이었다면 가격 상승 이후 이 소비자의 효용은 증가한다.
㉡ 가격 상승 전에 $C_X = Q_X$이었다면 가격 상승 이후 이 소비자의 효용은 증가한다.
㉢ 가격 상승 전에 $C_X = Q_X$이었다면 가격 상승 이후에는 $C_X < Q_X$가 선택된다.
㉣ 가격 상승 전에 $C_X > Q_X$이었다면 가격 상승 이후에는 $C_X > Q_X$가 선택된다.

① ㉠, ㉡
② ㉠, ㉡, ㉢
③ ㉠, ㉡, ㉣
④ ㉠, ㉢, ㉣
⑤ ㉡, ㉢, ㉣

17 어느 기업의 평균비용함수가 $AC(Q) = Q^2 - 20Q + 150$이다. 이 기업의 비용에 대한 설명으로 옳은 것만을 〈보기〉에서 모두 고르면?

〈보 기〉

㉠ 고정비용이 존재한다.
㉡ 한계비용이 최저가 되는 생산량은 7이다.
㉢ 한계비용이 증가하는 구간 전체에서 규모의 불경제가 발생한다.
㉣ 한계비용과 평균비용이 일치하는 생산량에서 총비용은 500이다.

① ㉠
② ㉡
③ ㉣
④ ㉠, ㉡
⑤ ㉢, ㉣

18 인구가 일정하고 기술진보가 없는 솔로우(R. M. Solow)의 경제성장모형을 고려하자. A국의 생산함수는 $Y = L^{\frac{1}{3}} K^{\frac{2}{3}}$, 저축률은 60%, 자본의 감가상각률은 연 10%이다. 균제상태(steady state)에서의 1인당 자본량(k^*)과 황금률(golden rule) 균제상태에서의 1인당 자본량(k_g)은? (단, L, K는 각각 노동, 자본이다)

	k^*	k_g
①	36	$\left(\frac{3}{20}\right)^3$
②	36	$\left(\frac{20}{3}\right)^3$
③	216	$\left(\frac{3}{20}\right)^3$
④	216	$\left(\frac{20}{3}\right)^3$
⑤	216	$\left(\frac{10}{3}\right)^3$

19 인플레이션에 대한 설명으로 옳지 않은 것은?

① 인플레이션 반영 비율의 차이에서 오는 상대가격의 변화로 자원배분의 왜곡을 초래할 수 있다.
② 실제물가상승률이 예상된 물가상승률보다 더 큰 경우, 채무자는 이득을 보고 채권자는 손해를 본다.
③ 프리드만(M. Friedman)에 따르면 인플레이션은 언제나 화폐적 현상이다.
④ 수요견인 인플레이션은 총수요의 증가가 인플레이션의 주요한 원인이 되는 경우이다.
⑤ 먼델-토빈효과(Mundell-Tobin effect)가 나타나면 기대인플레이션이 상승할 때 민간투자가 감소한다.

20 다음은 갑과 을의 전략 선택에 따라 결정되는 보수 구조이다. 갑이 전략 A를 선택할 확률을 p, 을이 전략 C를 선택할 확률을 q라고 하자. 혼합전략 내쉬균형하에서의 p, q로 옳은 것은? (단, 보수 행렬의 괄호 안 첫 번째는 갑의 보수, 두 번째는 을의 보수를 나타낸다)

		을	
		C	D
갑	A	(50, 50)	(80, 20)
	B	(90, 10)	(20, 80)

	p	q
①	0.7	0.6
②	0.6	0.7
③	0.4	0.3
④	0.5	0.5
⑤	0.3	0.4

21 A국에서는 한 단위의 노동으로 하루에 쌀 4kg을 생산하거나 옷 4벌을 생산할 수 있고, B국은 한 단위의 노동으로 하루에 쌀 3kg을 생산하거나 옷 1벌을 생산할 수 있다. 두 국가의 부존 노동량은 동일하다고 할 때, 이에 대한 설명으로 옳지 않은 것만을 〈보기〉에서 모두 고르면?

〈보 기〉
㉠ A국은 쌀과 옷 생산에 절대우위를 가지고 있다.
㉡ A국은 쌀에 B국은 옷에 비교우위를 가지고 있다.
㉢ A국의 쌀 1kg 생산의 기회비용은 옷 1벌이다.
㉣ 두 국가 사이에 교역이 발생하면 A국이 쌀과 옷 모두를 B국에 수출한다.
㉤ A국과 B국 모두 교역을 통해 이득을 얻을 수 있다.

① ㉠, ㉣　　　　　② ㉡, ㉣
③ ㉡, ㉤　　　　　④ ㉠, ㉡, ㉢
⑤ ㉢, ㉣, ㉤

22 리카도의 등가정리(Ricardian Equivalence Theorem)가 성립한다고 가정하자. 이 경우 정부가 국채를 발행하여 조세부담을 경감시킬 때 나타나는 결과로 옳은 것은?

① 자원배분에 영향이 없다.
② 이자율이 상승한다.
③ 이자율이 하락한다.
④ 총수요가 증가한다.
⑤ 통화량이 증가한다.

23 어떤 복점시장의 수요함수와 두 기업의 비용함수가 아래와 같이 주어진다고 하자. 다음 중 이 시장에서 꾸르노 복점의 내쉬균형에 대한 설명으로 옳은 것은?

- 수요함수 $P = a - Q$
- 기업 1의 비용함수 $C_1 = c_1 \times Q_1$
- 기업 2의 비용함수 $C_2 = c_2 \times Q_2$
- $Q_1 + Q_2 = Q$
- $c_1 < c_2$
(단, 여기서 P, Q_1, Q_2, C_1, C_2는 각각 가격, 기업 1의 생산량, 기업 2의 생산량, 기업 1의 생산비용, 기업 2의 생산비용을 나타내며, a, c_1, c_2는 각각 0보다 큰 상수이다.)

① 기업 1이 생산량 Q_1을 1만큼 늘린다면 기업 2는 Q_2를 1만큼 줄일 것이다.
② 기업 2가 생산량 Q_2를 1만큼 늘린다면 기업 1은 Q_1을 1보다 더 큰 폭으로 줄일 것이다.
③ c_1이 하락하면 Q_1과 Q_2 모두 증가한다.
④ 내쉬균형을 만족하는 (Q_1, Q_2)의 조합은 두 개다.
⑤ 내쉬균형에서 $Q_1 > Q_2$가 된다.

24 고품질과 저품질, 두 가지 유형의 TV가 거래되는 중고 TV 시장이있다. 판매자는 자신이 파는 중고 TV의 품질을 알고 있으나 구매자는 중고 TV의 품질을 구매 전에는 알지 못한다. 판매자의 수용용의금액과 구매자의 최대지불용의금액은 아래의 표와 같고, 구매자는 위험중립적이다. 이러한 사실들은 판매자와 구매자에게 모두 알려져 있다. 전체 중고 TV 시장에서 고품질의 중고 TV가 차지하는 비중을 P라고 할 때, 고품질과 저품질의 중고 TV가 모두 시장에서 거래되기 위한 P의 최솟값은?

(단위: 만 원)

	고품질 TV	저품질 TV
구매자의 최대지불용의금액	160	60
판매자의 수용용의금액	125	30

① 50%
② 55%
③ 65%
④ 70%
⑤ 75%

25 어떤 완전경쟁시장에서 모든 개별 기업의 장기평균비용($LTAC$)과 장기한계비용($LTMC$)은 아래와 같이 생산량(q)의 함수로 동일하다. 또한 가격(P)과 총수요량(Q)의 관계는 아래와 같은 함수로 주어진다. 이에 대한 설명으로 옳지 않은 것은?

- $LTAC = q^2 - 10q + 40$
- $LTMC = 3q^2 - 20q + 40$
- $P = 25 - 0.1Q$

① 장기균형에서 개별 기업의 이윤이 극대화되는 생산량은 5이다.
② 장기균형에서 가격은 15이다.
③ 장기균형에서 한계비용은 15이다.
④ 장기균형에서 시장에 남아 있는 기업의 수는 10개이다.
⑤ 장기균형에서 개별 기업의 판매수입은 75이다.

✅ 회독 CHECK 1 2 3

01 현재의 균형국민소득은 완전고용국민소득보다 1,750억 원이 작다. 조세와 국제무역이 존재하지 않는 가장 단순한 모형에서 한계소비성향이 0.6이라면 완전고용국민소득을 달성하기 위하여 증가시켜야 하는 정부지출액은?

① 500억 원
② 550억 원
③ 600억 원
④ 650억 원
⑤ 700억 원

02 X재와 Y재만 소비하는 소비자 A의 효용함수는 $U = \min\{2X, Y\}$이다. A의 효용함수와 최적의 소비 선택에 대한 설명으로 옳은 것은?

① X재와 Y재를 2:1 비율로 소비한다.
② 어느 한 상품의 소비 증가만으로 효용이 높아진다.
③ X재 가격이 Y재 가격보다 낮으면 X재를 상대적으로 많이 소비하게 된다.
④ 한계대체율은 무차별곡선상의 모든 점에서 일정하다.
⑤ X재와 Y재의 상대가격은 최적의 소비 선택에 영향을 미치지 않는다.

03 소득과 이자율이 주어졌을 때 효용(U)을 극대화하는 소비자 A와 B의 효용함수는 다음과 같다. 각 소비자는 2기간(현재와 미래)에만 생존하고, A의 소득은 현재에만 발생하며, B의 소득은 현재와 미래에 동일하다. 이자율 상승의 효과에 대한 설명으로 옳은 것은?

$U(C_1, C_2) = \sqrt{C_1 C_2}$
(단, C_1과 C_2는 각각 현재와 미래의 소비를 나타낸다)

① 소비자 A의 C_1은 반드시 증가한다.
② 소비자 A의 C_2는 반드시 증가한다.
③ 대체효과는 소비자 A의 C_1을 증가시킨다.
④ 소득효과는 소비자 B의 C_1을 증가시킨다.
⑤ 소비자 B의 C_2는 반드시 증가한다.

04 X재와 Y재만 소비하는 소비자 A의 X재에 대한 수요함수는 $Q_X = \dfrac{I}{3P_X}$이다. 이에 대한 설명으로 옳지 않은 것은? (단, Q_X와 P_X는 각각 X재에 대한 소비량과 가격을, 그리고 I는 소득을 나타낸다)

① A의 Y재 소비액은 X재 소비액보다 항상 크다.
② A의 X재 수요는 가격에 대해 단위탄력적이다.
③ A의 Y재 수요의 소득탄력성은 1/3이다.
④ A의 Y재 수요의 교차탄력성은 0이다.
⑤ A에게 두 재화는 모두 정상재이다.

05 기업 A는 노동에 대한 수요를 독점하고 있다. A의 노동의 한계수입 생산은 $MRP_L = 8,000 - 10L$이며, 노동공급곡선은 $W = 2,000 + 5L$이다. 이때 정부가 최저임금제를 도입하여 최저임금을 4,500으로 설정한 경우에 대한 설명으로 옳은 것은? (단, L은 노동량, W는 단위임금이다)

① 최저임금 도입 이전의 균형에서 고용량은 450이다.

② 최저임금 도입 이전의 균형에서 한계수입생산과 임금은 동일하다.

③ 최저임금 도입으로 고용량이 감소한다.

④ 최저임금 도입 이후에 균형에서의 한계수입생산은 최저임금 도입 이전보다 감소한다.

⑤ 최저임금 도입 이후에 실업은 감소한다.

06 어느 산업에 동질적 재화를 생산하는 200개의 기업이 있다. 각 기업의 고정비용은 1,000원이고 평균가변비용은 다음 표와 같다. 시장 가격이 1,000원일 경우에 대한 설명으로 옳은 것은?

생산량	평균가변비용
1	300원
2	400원
3	500원
4	600원
5	700원
6	800원

① 각 기업은 4개를 생산하고, 전체 생산량은 800개이다. 장기적으로 동일한 비용 구조를 가진 기업들이 이 시장에 진입하거나 이 시장에서 퇴출할 수 있다면, 이 시장에는 진입이 발생한다.

② 각 기업은 3개를 생산하고, 전체 생산량은 600개이다. 장기적으로 동일한 비용 구조를 가진 기업들이 이 시장에 진입하거나 이 시장에서 퇴출할 수 있다면, 이 시장에는 진입이 발생한다.

③ 각 기업은 4개를 생산하고, 전체 생산량은 800개이다. 장기적으로 동일한 비용 구조를 가진 기업들이 이 시장에 진입하거나 이 시장에서 퇴출할 수 있다면, 이 시장에는 퇴출이 발생한다.

④ 각 기업은 3개를 생산하고, 전체 생산량은 600개이다. 장기적으로 동일한 비용 구조를 가진 기업들이 이 시장에 진입하거나 이 시장에서 퇴출할 수 있다면, 이 시장에는 퇴출이 발생한다.

⑤ 각 기업은 4개를 생산하고, 진입도 퇴출도 발생하지 않는다.

07 다음과 같이 주어진 정보에 따를 때 전기자동차 배터리 생산이 정부의 개입 없이 시장에서 자율적으로 결정될 경우 사회적 후생의 감소분은?

- 전기자동차 배터리 시장은 완전경쟁시장이다.
- 전기자동차 배터리 생산은 지하수를 오염시켜 공장 주변의 주민 건강에 심각한 위험을 초래한다.
- 전기자동차 배터리에 대한 수요곡선은 $P = 40 - 0.5Q$이다.
- 전기자통차 배터리에 대한 공급곡선은 $P = 10 + 2Q$이다.
- 전기자동차 배터리 생산 시 발생하는 오염물질로 인한 주민들의 의료 비용곡선은 $C = 0.5Q$이다.
（단, P, Q, C는 각각 전기자통차 배터리에 대한 가격, 수량, 전기자통차 배터리 생산 시 발생하는 오염물질로 인한 주민들의 의료 비용이다.

① 5 ② 6
③ 7 ④ 8
⑤ 9

08 솔로(R. Solow)의 경제성장모형에 대한 설명으로 옳지 않은 것만을 〈보기〉에서 모두 고르면?

〈보 기〉
㉠ 균형성장경로에서 완전고용성장이 이루어진다.
㉡ 황금률 자본량은 1인당 산출이 극대화되는 자본량 수준을 의미한다.
㉢ 균제상태에서 1인당 소득증가율은 0%이다.
㉣ 인구증가율이 감소하면 균제상태에서 1인당 산출도 감소한다.

① ㉠, ㉡ ② ㉠, ㉢
③ ㉡, ㉢ ④ ㉡, ㉣
⑤ ㉢, ㉣

09 A는 두 종류의 일자리를 제안 받았고, 다음과 같은 상황에 처해 있다. A가 두 번째 일자리를 선택하기 위한 연간보수 X의 최솟값은?

- A의 효용함수: $U = 2\sqrt{Y}$(단, Y는 연간보수)
- 첫 번째 일자리에는 일시해고가 없으며, 연간보수는 4,900만 원이다.
- 두 번째 일자리에는 일시해고에 대한 불확실성이 존재한다.
- 두 번째 일자리에서 전체의 1/4에 해당하는 연도는 경기가 좋아 일시해고가 되지 않으며, 이때의 연간보수는 X이다.
- 두 번째 일자리에서 전체의 3/4에 해당하는 연도는 경기가 좋지 않아 일시해고가 되며, 이때의 연간보수는 3,600만 원이다.

① 1억 원
② 1억 2,100만 원
③ 1억 4,400만 원
④ 1억 6,900만 원
⑤ 1억 9,600만 원

10 경제지표에 대한 설명으로 옳은 것만을 〈보기〉에서 모두 고르면?

〈보 기〉
㉠ 전업 학생이 졸업하여 바로 취업하면 경제활동참가율은 상승한다.
㉡ 전업 학생이 졸업하여 바로 취업하더라도 실업률은 변하지 않는다.
㉢ 전업 학생이 졸업하여 바로 취업하면 고용률은 상승한다.
㉣ 통화공급은 동전, 지폐, 예금, 신용카드 사용 한도 등을 포함한다.
㉤ 이자율이 오르면 이미 발행된 채권 가격은 하락한다.

① ㉠, ㉡, ㉣ ② ㉠, ㉢, ㉤
③ ㉠, ㉡, ㉢, ㉤ ④ ㉠, ㉢, ㉣, ㉤
⑤ ㉡, ㉢, ㉣, ㉤

11 9명의 개별 경기자가 존재하는 어느 경제에서 공공재 공급에 필요한 기금을 모으기 위해 기여금을 낼지의 여부를 동시에 비협조적으로 결정하는 게임을 한다. 9명 중 5명 이상이 기여금을 내면 공공재 공급이 이루어지며, 5명 미만이면 공공재 공급이 이루어지지 않는다. 납부한 기여금은 공공재 공급이 이루어지지 않더라도 돌려받지 못한다. 모든 경기자의 선호체계가 다음과 같을 때, 게임의 결과에 대한 설명으로 옳은 것은?

- 2순위: 공공재 공급이 이루어지고 자신은 기여금을 내지 않은 상황
- 2순위: 공공재 공급이 이루어지고 자신은 기여금을 낸 상황
- 3순위: 공공재 공급이 이루어지지 않고 자신은 기여금을 내지 않은 상황
- 4순위: 공공재 공급이 이루어지지 않고 자신은 기여금을 낸 상황

① 순수전략 내쉬균형은 하나만 존재한다.
② 모든 순수전략 내쉬균형에서 공공재 공급은 이루어진다.
③ 9명 모두 기여금을 내는 것도 순수전략 내쉬균형에 해당한다.
④ 9명 모두 기여금을 내지 않는 것도 순수전략 내쉬균형에 해당한다.
⑤ 순수전략 내쉬균형에서 1순위의 선호를 얻는 경기자는 존재하지 않는다.

12 재정정책에 대한 설명으로 옳은 것만을 〈보기〉에서 모두 고르면?

〈보 기〉
㉠ 경제가 유동성 함정에 빠진 경우 확장적 재정정책의 구축효과는 없다.
㉡ 최적조세와 같은 재정정책에서도 경제정책의 동태적 비일관성 문제가 발생할 수 있다.
㉢ 재정의 자동안정화장치가 강화되면 승수효과는 커진다.
㉣ 재정의 자동안정화장치는 정책의 외부시차가 없어 경기안정화 효과가 즉각적이다.

① ㉠   ② ㉠, ㉡
③ ㉡, ㉢   ④ ㉠, ㉡, ㉢
⑤ ㉡, ㉢, ㉣

13 국내에서 X재의 생산은 기업 A가 독점하며, X재의 수입은 금지되어 있었는데, 다음과 같이 주어진 정보에 따라 정부가 수입쿼터제를 도입하여 수입쿼터를 40으로 정하였다. 다음 설명 중 옳은 것은?

- $C = 50Q + Q^2$
- $Q_d = 450 - P$
- X재의 국제 거래가격은 250이다.
 (단, Q, Q_d, P, C는 각각 기업 A의 생산량, 국내 수요량, 국내 가격, 생산비용을 의미하며, 수입에 따른 관세나 운송비용은 0으로 가정한다)

① X재 수입이 금지되어 있는 경우 균형에서 기업 A의 한계수입은 350이다.
② 쿼터제 도입으로 국내 수요량은 40만큼 증가한다.
③ 쿼터제 도입으로 국내 가격은 40만큼 감소한다.
④ 쿼터제 도입 후 균형에서 기업 A의 한계비용은 감소한다.
⑤ 국제 거래가격이 230으로 하락하면 쿼터제하에서 기업 A의 생산량은 감소한다.

14 한계소비성향이 0.5이고 소득세율이 20%인 경우, 소득이 30만 원 증가할 때 소비지출액의 증가분은?

① 12만 원 　　　　　② 15만 원
③ 19만 원 　　　　　④ 21만 원
⑤ 24만 원

15 두 재화(X재와 Y재)와 두 사람(A와 B)만 존재하는 경제에서 A의 효용함수는 $U_A = 2X + Y$이며, B의 효용함수는 $U_B = XY^2$이다. A는 X재 8단위와 Y재 4단위를 가지고 있으며, B는 X재 10단위와 Y재 20단위를 가지고 있다. 두 사람이 자발적 교환에 참여한다고 할 때 다음 설명 중 옳은 것은? (단, 교환에 수반되는 거래비용은 없다)

① 교환이 이루어지기 전에 A와 B의 두 재화에 대한 한계대체율은 동일하다.
② 교환에서 B에게 모든 협상력이 있다면 B는 A에게 X재 2단위를 주고 Y재 4단위를 받는다.
③ 교환 후 A와 B의 한계대체율은 모두 변한다.
④ 교환 후 A의 Y재에 대한 한계효용은 증가한다.
⑤ 교환 후 B의 X재에 대한 한계효용은 감소한다.

16 소비자 A, B, C, D가 라면 한 그릇에 대해 지불할 용의가 있는 가격은 각각 10, 20, 30, 40이고, 판매자 E, F, G, H가 라면 한 그릇에 대해 수용할 용의가 있는 가격은 각각 40, 30, 20, 15이다. 이에 대한 설명으로 옳은 것만을 〈보기〉에서 모두 고르면? (단, 각 소비자는 라면 한 그릇만 소비할 수 있고, 각 판매자는 라면 한 그릇만 판매할 수 있다)

〈보 기〉

㉠ 총잉여를 극대화하기 위한 균형 거래량은 2그릇이다.
㉡ 총잉여를 극대화하기 위한 균형 가격은 40이다.
㉢ 극대화된 총잉여는 35이다.
㉣ 판매자 중 E만 판매하지 않는 것이 총잉여를 극대화하는 방법이다.
㉤ 소비자 중 A와 B만 소비하지 않는 것이 총잉여를 극대화하는 방법이다.

① ㉡ 　　　　　② ㉠, ㉢
③ ㉡, ㉢ 　　　　④ ㉡, ㉣
⑤ ㉠, ㉢, ㉤

17 표준적인 U자 형의 장단기 평균비용곡선을 가지는 생산관계에 대한 설명으로 옳은 것만을 〈보기〉에서 모두 고르면?

〈보 기〉

㉠ 단기 평균비용곡선이 상승할 때 단기 한계비용곡선은 단기 평균비용곡선보다 위에 있다.
㉡ 장기 평균비용곡선이 하락할 때 장기 한계비용곡선은 장기 평균비용곡선보다 아래에 있다.
㉢ 특정 규모의 단기 한계비용곡선이 장기 한계비용곡선과 교차할 때 단기 평균비용은 장기 평균비용보다 크다.
㉣ 장기 평균비용곡선의 최소점에서 해당 규모의 단기 한계비용곡선과 장기 한계비용곡선은 교차한다.

① ㉠, ㉡ 　　　　　② ㉠, ㉡, ㉢
③ ㉠, ㉡, ㉣ 　　　④ ㉠, ㉢, ㉣
⑤ ㉡, ㉢, ㉣

18 다음과 같이 주어진 정보에 따를 때 A, B, C 세 사람이 공동으로 소비하는 공공재 X의 사회적으로 최적인 산출수준은?

- $Q_A = -2P + 24$
- $Q_B = -3P + 51$
- $Q_C = -P + 34$
- 공공재 X를 생산하는 데 드는 한계비용은 30이다.

(단, Q_A, Q_B, Q_C는 각각 A, B, C의 공공재 X에 대한 수요량을 의미하며, P는 공공재 X의 가격을 의미한다)

① 9   ② 14
③ 18   ④ 23
⑤ 28

19 자본이동이 완전히 자유로우며 자유변동환율제도를 채택하고 있는 소규모 개방경제가 국공채를 매입하였다고 할 때, IS－LM－BP모형에 따른 설명으로 옳은 것은? (단, IS곡선은 우하향하며, LM곡선은 우상향한다)

① LM곡선이 우측으로 이동하였다가 원위치로 돌아온다.
② IS곡선은 좌측으로 이동한다.
③ 새로운 균형에서 국내이자율은 하락한다.
④ 새로운 균형에서 순수출은 증가한다.
⑤ 자본이동이 불가능한 경우에 비해 소득 증가 폭이 작다.

20 어느 경제의 필립스곡선과 중앙은행의 손실함수가 다음과 같다고 하자. 필립스곡선은 중앙은행에게 제약조건으로 작용하며, 중앙은행은 손실함수가 최소화되도록 인플레이션율(π)을 선택한다. 장기균형에서의 인플레이션율(π)은?

필립스곡선: $u = u_n - (\pi - \pi^e)$
손실함수: $L = 4(u - 0.02)^2 + 6(\pi - 0.01)^2$
(단, u는 실제실업률, u_n자연실업률로 0.05(5%), π^e는 기대 인플레이션율이다)

① 0%   ② 1%
③ 2%   ④ 3%
⑤ 5%

21 은행권 전체가 보유하는 지급준비금 총액이 100이다. 요구불예금에 대한 법정지급준비율이 5%이고, 은행은 초과지급준비금을 보유하지 않으며, 가계는 현금을 보유하지 않는다. 이러한 상황에서 중앙은행이 법정지급준비율을 10%로 인상한다고 할 때, 이전과 비교한 예금통화승수와 화폐공급량의 변화에 대한 설명으로 옳은 것은?

① 예금통화승수는 10만큼 하락하고, 화폐공급량은 1,000만큼 감소한다.
② 예금통화승수는 10만큼 상승하고, 화폐공급량은 1,000만큼 증가한다.
③ 예금통화승수는 10만큼 하락하고, 화폐공급량은 2,000만큼 감소한다.
④ 예금통화승수는 20만큼 상승하고, 화폐공급량은 2,000만큼 증가한다.
⑤ 예금통화승수는 20만큼 하락하고, 화폐공급량은 2,000만큼 감소한다.

22 다음은 A국의 연도별 명목 GDP, 실질 GDP, GDP 디플레이터에 대한 자료이다. (㉠)~(㉣)에 들어갈 수치를 바르게 연결한 것은?

연도	명목 GDP	실질 GDP (2020년 기준)	GDP 디플레이터
2000	(㉠)	5,000	60
2010	6,000	(㉡)	100
2020	8,000	(㉢)	(㉣)

	(㉠)	(㉡)	(㉢)	(㉣)
①	$5,000 \times 0.6$	8,000	8,000	100
②	$5,000/0.6$	8,000	6,000	$(100/60) \times 100$
③	$5,000 \times 0.6$	6,000	8,000	100
④	$5,000/0.6$	6,000	8,000	100
⑤	$5,000 \times 0.6$	6,000	6,00	$(100/60) \times 100$

23 국가 간 거래에 있어 정부의 개입에 대한 설명으로 옳은 것만을 〈보기〉에서 모두 고르면? (단, 소규모 개방경제를 가정한다)

〈보 기〉

㉠ 수입국이 부과하는 수입관세와 수입쿼터는 모두 수입가격을 상승시키는 효과가 있다.

㉡ 수입관세의 부과는 관세수입과 생산자잉여를 모두 증가시킨다.

㉢ 수입쿼터의 부과로 인한 생산자잉여의 증가분은 소비자잉여의 감소분보다 크다.

㉣ 수입관세의 부과로 인한 수입국의 순국내손실이 수입쿼터의 부과로 인한 순국내손실보다 크다.

① ㉠, ㉡　　　　　　　② ㉠, ㉢

③ ㉡, ㉢　　　　　　　④ ㉠, ㉡, ㉣

⑤ ㉡, ㉢, ㉣

24 차별화된 재화를 생산하는 기업 A와 기업 B가 직면한 수요함수는 각각 $q_A = 25 - p_A + 0.5p_B$, $q_B = 35 - p_B + p_A$이다. A와 B의 한계생산비용은 생산량과 관계없이 5로 동일하다. 두 기업이 동시에 비협조적으로 가격을 결정하는 게임을 한다고 할 때 내쉬균형에서의 기업 A의 가격은? (단 q_i와 p_i는 각각 기업 $i(i = A,\ B)$의 생산량과 가격을 나타낸다)

① 50/3　　　　　　　② 160/7

③ 70/3　　　　　　　④ 92/3

⑤ 220/7

25 생산량이 자연율 수준에 있는 국가에서 중앙은행이 통화량을 증가시키고, 이에 대해 사람들이 인플레이션율이 상승할 것으로 기대하고 있다. 장기적으로 이 국가에서 발생할 현상에 대한 설명으로 옳은 것은?

① 생산량 수준은 장기적으로 증가한다.

② 물가 수준이 상승하지만 실질화폐잔고는 일정하다.

③ 총공급곡선이 우상향하므로 총수요곡선의 이동은 물가와 총생산에 영향을 준다.

④ 통화공급에 의한 총수요 증가 효과는 기대인플레이션에 의한 단기 총공급 증가로 인해 사라진다.

⑤ 인플레이션율은 상승하지만 실업률은 변하지 않는다.

✅ 회독 CHECK 1 2 3

01 시장수요가 $Q=120-2P$이며 총비용이 $C=0.5Q^2+50$인 독점기업이 현재 규제에 의해 가격과 한계비용이 일치하도록 가격을 설정하고 있다. 로비에 의해 이런 규제를 없앨 수 있다고 할 때, 이 기업이 로비를 위해 지불할 용의가 있는 최대 금액으로 옳은 것은?

① 50
② 75
③ 100
④ 125
⑤ 150

02 IS곡선에 대한 설명으로 〈보기〉에서 옳은 것만을 모두 고르면?

─── 〈보 기〉 ───
㉠ 한계소비성향이 클수록 IS곡선의 기울기가 커진다.
㉡ IS곡선 상방의 한 점은 생산물시장의 초과수요상태이다.
㉢ 투자의 이자율탄력성이 작을수록 재정정책의 효과가 작아진다.
㉣ 정부지출과 조세를 같은 규모만큼 증가시키면 IS곡선이 우측으로 이동한다.
㉤ 유발투자가 존재하면 IS곡선은 보다 완만한 형태로 도출된다.

① ㉠, ㉡
② ㉠, ㉣
③ ㉡, ㉢
④ ㉢, ㉤
⑤ ㉣, ㉤

03 도덕적 해이에 관한 예시로 옳지 않은 것은?

① 정부의 은행예금보험으로 인해 은행들이 위험한 대출을 더 많이 한다.
② 경영자가 자신의 위신을 높이기 위해 회사의 돈을 과도하게 지출한다.
③ 정부부처가 예산낭비가 심한 대형국책사업을 강행한다.
④ 정부가 신용불량자에 대한 구제책을 내놓자 채무자들이 빚을 갚지 않고 버틴다.
⑤ 은행이 대출이자율을 높이면 위험한 사업에 투자하려는 기업들이 자금 차입을 하는 경우가 늘어난다.

04 위험선호자에 대한 설명으로 옳은 것만을 〈보기〉에서 모두 고르면? 〈변형〉

─── 〈보 기〉 ───
㉠ 확실성등가가 복권의 기대수익 이상이다.
㉡ 효용함수가 이익의 수준에 대해 볼록하다.
㉢ 소득에 대한 한계효용이 체감한다.
㉣ 위험 프리미엄이 양수이다.

① ㉠, ㉡
② ㉠, ㉢
③ ㉡, ㉢
④ ㉡, ㉣
⑤ ㉢, ㉣

05 빵과 옷만을 소비하는 A씨의 선호체계는 완비성, 이행성, 연속성, 단조성을 모두 만족시킨다. A씨가 주어진 예산제약 아래 빵과 옷 두 재화만을 소비하여 효용을 극대화할 때 A씨의 빵과 옷의 소비에 대한 설명으로 옳은 것은?

① A씨는 항상 빵과 옷을 모두 소비한다.

② A씨는 항상 자신의 예산을 모두 사용한다.

③ 예산제약 아래 A씨가 가장 선호하는 빵과 옷에 대한 소비량은 항상 유일하다.

④ 빵의 가격이 상승하면 A씨의 빵에 대한 소비량은 감소한다.

⑤ A씨의 소득이 증가할 때 A씨의 빵과 옷에 대한 소비량은 모두 증가한다.

06 A사는 노동(L)과 자본(K)을 사용하여 자동차를 생산하고 있으며, A사의 생산기술은 $Q = K\sqrt{L}$로 주어져 있다. 단기에서 A사의 자본량은 $K = 4$로 고정되어 있고, 자동차의 가격 p는 0보다 크다. 노동의 가격은 $w = 2$로 주어져 있으며 자본의 가격은 $r = 1$로 주어져 있다. 〈보기〉에서 옳은 것만을 모두 고르면?

─── 〈보 기〉 ───
㉠ 단기에서 A사는 이윤극대화를 달성할 수 있다.
㉡ 단기에서 A사는 자동차의 가격이 너무 낮으면 생산을 하지 않을 것이다.
㉢ 장기에서 A사는 이윤극대화를 달성할 수 있다.

① ㉠

② ㉡

③ ㉠, ㉡

④ ㉠, ㉢

⑤ ㉠, ㉡, ㉢

07 두 재화 X와 Y만을 소비하는 어느 소비자의 효용함수가 $U(X, Y) = 2\sqrt{X} + Y$이다. X재와 Y재의 가격이 모두 1일 때, 이 소비자에 대한 설명으로 옳은 것만을 〈보기〉에서 모두 고르면?

─── 〈보 기〉 ───
㉠ 이 소비자에게 X재는 정상재이다.
㉡ 소득이 1보다 작으면 Y재만 소비한다.
㉢ 소득이 1보다 클 때 소득소비곡선은 직선이다.
㉣ 한계대체율이 Y재 소비량에 영향을 받지 않는다.

① ㉠, ㉡

② ㉠, ㉢

③ ㉡, ㉢

④ ㉡, ㉣

⑤ ㉢, ㉣

08 통화정책에 대한 설명으로 옳은 것만을 〈보기〉에서 모두 고르면?

─── 〈보 기〉 ───
㉠ 재할인율을 높이면 시중의 통화량은 감소한다.
㉡ 시중은행의 법정지급준비율을 높이면 통화량은 감소한다.
㉢ 중앙은행이 공개시장에서 국채를 매입하면 통화량은 감소한다.
㉣ 중앙은행이 화폐를 추가로 발행하면 통화승수가 커진다.

① ㉠, ㉡

② ㉠, ㉣

③ ㉡, ㉢

④ ㉡, ㉣

⑤ ㉢, ㉣

09 소비이론에 대한 설명으로 옳은 것만을 〈보기〉에서 모두 고르면?

〈보 기〉

㉠ 케인즈(J. M. Keynes)의 절대소득가설은 사람들의 장기소비 행태를 설명할 수 있다.

㉡ 프리드만(M. Friedman)의 항상소득가설에 따르면 임시소득의 비중이 높을수록 평균소비성향이 감소한다.

㉢ 안도(A. Ando)와 모딜리아니(F. Modigliani)의 생애주기가설에 따르면 사람들의 평균소비성향은 유·소년기와 노년기에는 높고 청·장년기에는 낮다.

① ㉠

② ㉠, ㉡

③ ㉠, ㉢

④ ㉡, ㉢

⑤ ㉠, ㉡, ㉢

10 A국의 GDP에 포함되는 사항만을 〈보기〉에서 모두 고르면?

〈보 기〉

㉠ B국 국적자인 김씨가 A국 방송에 출연하여 받은 금액

㉡ A국에서 생산된 자동차에 들어갈 부품을 납품한 뒤 받은 대가

㉢ A국의 중고차 딜러가 서비스를 제공한 뒤 받은 대가

㉣ A국 소재 주택에서 발생한 임대료
(단, ㉠~㉣은 모두 A국 내에서 발생하였음)

① ㉠, ㉡

② ㉡, ㉢

③ ㉠, ㉢, ㉣

④ ㉡, ㉢, ㉣

⑤ ㉠, ㉡, ㉢, ㉣

11 우리나라의 물가수준을 P(원)이라 하고 미국의 물가수준을 P^f(달러)라 하자. 또한, 우리나라의 실질이자율을 r이라 하고 미국의 실질이자율을 r^f라 하자. 우리나라와 미국 사이의 환율결정과 관련된 논의들 중 옳은 것만을 〈보기〉에서 모두 고르면? (단, 여기서 환율은 원/달러 환율을 의미한다)

〈보 기〉

㉠ 구매력평가설에 따르면 환율은 $e = \dfrac{p}{p^f}$로 결정된다.

㉡ 구매력평가설에 따르면 국내 물가상승률이 미국의 물가상승률보다 클 경우 환율은 하락한다.

㉢ 이자율평가설에 따르면 $r < r^f$일 경우 다른 조건이 일정할 때 미래환율은 상승할 것으로 예상된다.

㉣ 이자율평가설에 따르면 r이 상승하면 다른 조건이 일정할 때 미래환율은 상승할 것으로 예상된다.

① ㉠, ㉢

② ㉠, ㉣

③ ㉡, ㉢

④ ㉡, ㉣

⑤ ㉡, ㉢, ㉣

12 A국과 B국의 주민들은 다음과 같이 노동을 통해 쌀과 옷을 생산하여 생활한다.

> • A국의 주민들은 쌀 1kg의 생산에 2시간의 노동을 투입하며 옷 1벌의 생산에 3시간의 노동을 투입한다.
> • B국의 주민들은 쌀 1kg의 생산에 3시간의 노동을 투입하며 옷 1벌의 생산에 4시간의 노동을 투입한다.
> • A국의 주민들은 주어진 기간 동안 1,400시간의 노동을 할 수 있으며, B국의 주민들은 주어진 기간 동안 1,200시간의 노동을 할 수 있다.

이러한 상황에서 A국과 B국 사이에 무역이 이루어지는 경우 〈보기〉에서 옳은 것만을 모두 고르면? (단, A국과 B국 간 거래비용은 존재하지 않는다)

> ─── 〈보 기〉 ───
> ㉠ 무역이 이루어지기 전에 A국의 쌀 1kg은 옷 $\frac{2}{3}$ 벌과 교환된다.
> ㉡ 무역이 이루어지기 전에 B국의 옷 1벌은 쌀 $\frac{3}{4}$kg 과 교환된다.
> ㉢ 두 국가 사이에 무역이 이루어지면 A국이 생산하는 쌀의 양은 700kg이다.
> ㉣ 두 국가 사이에 무역이 이루어지면 쌀 1kg은 최대 옷 $\frac{2}{3}$벌과 교환될 수 있다.

① ㉠, ㉢
② ㉡, ㉣
③ ㉠, ㉢, ㉣
④ ㉡, ㉢, ㉣
⑤ ㉠, ㉡, ㉢, ㉣

13 두 재화 X와 Y만을 소비하는 사람이 있다. 기준연도 $t=0$에서의 가격은 $P^0=(P^0{}_X, P^0{}_Y)=(12, 25)$이고 소비는 $(X^0, Y^0)=(20, 10)$이었다. 비교연도 $t=1$에서의 가격은 $P^1=(P^1{}_X, P^1{}_Y)=(15, 15)$이고 소비는 $(X^1, Y^1)=(15, 12)$이었다면 이 사람의 후생은 어떻게 평가할 수 있는가?

① 비합리적인 소비행동을 보여주고 있다.
② 비교연도에 비해 기준연도의 후생수준이 높았다.
③ 기준연도에 비해 비교연도의 후생수준이 높았다.
④ 기준연도와 비교연도의 후생수준을 비교할 수 없다.
⑤ 기준연도와 비교연도의 후생수준에는 아무런 차이가 없다.

14 100명이 편익을 얻는 공공재가 있다. 100명 중 40명의 공공재에 대한 수요함수는 $Q=50-\frac{1}{3}P$로 표현되고 나머지 60명의 공공재에 대한 수요함수는 $Q=100-\frac{1}{2}P$로 표현된다. 공공재의 생산비용이 $C=3000Q+1000$일 때, 사회적으로 바람직한 이 공공재의 생산량은?

① 55
② 57.5
③ 60
④ 62.5
⑤ 65

15 다음 식으로 나타낼 수 있는 경제를 가정할 경우, 개인 저축과 균형이자율은?

$Y = C + I + G$	$Y = 5000$
$T = 800$	$G = 1200$
$C = 250 + 0.75(Y - T)$	$I = 1100 - 50r$

(Y: 국민소득, G: 정부지출, T: 세금, C: 소비, I: 투자, r: 이자율)

	개인저축	균형이자율
①	600	6
②	600	14
③	800	6
④	800	14
⑤	800	20

16 X재 시장에 두 소비자 A와 B만이 존재한다. 두 소비자 A와 B의 수요곡선이 각각 〈보기〉와 같고 X재의 가격이 P = 2일 때, X재에 대한 시장수요의 가격탄력성은?

〈보 기〉

$$P = 5 - \frac{1}{2}Q_A \text{ (단, } Q_A \text{는 소비자 A의 수요량)}$$

$$P = 15 - \frac{1}{3}Q_B \text{ (단, } Q_B \text{는 소비자 B의 수요량)}$$

① $\dfrac{25}{144}$　　　　② $\dfrac{1}{5}$

③ $\dfrac{2}{9}$　　　　④ $\dfrac{1}{4}$

⑤ $\dfrac{1}{2}$

17 정상재에 대한 설명으로 옳은 것만을 〈보기〉에서 모두 고르면?

〈보 기〉

㉠ 소득과 소비량 간에 정(+)의 관계가 존재한다.
㉡ 가격 상승 시 대체효과는 소비량을 증가시킨다.
㉢ 가격 하락 시 소득효과는 소비량을 증가시킨다.
㉣ 가격 변화 시 소득효과와 대체효과가 반대 방향으로 작용한다.

① ㉠, ㉡　　　　② ㉠, ㉢
③ ㉡, ㉢　　　　④ ㉠, ㉡, ㉣
⑤ ㉠, ㉢, ㉣

18 물가수준이 하락할 때의 설명으로 옳은 것만을 〈보기〉에서 모두 고르면?

〈보 기〉

㉠ IS-LM모형에서 실질화폐공급이 증가하여 실질이자율이 하락하고 투자가 증가한다.
㉡ 실질환율이 하락하여 순수출이 감소한다.
㉢ 가계의 실질자산가치가 상승하여 소비가 증가한다.

① ㉠　　　　② ㉡
③ ㉠, ㉢　　　　④ ㉡, ㉢
⑤ ㉠, ㉡, ㉢

19 가격수용자인 기업의 단기평균비용곡선이 $AC(Q) = \dfrac{300}{Q} + 12 + 3Q$이다. 다음 〈보기〉의 설명 중 옳은 것만을 모두 고르면? (단, Q는 생산량이다)

〈보 기〉

㉠ 생산물의 가격이 132인 경우 이 기업의 이윤은 450이다.
㉡ 생산물의 가격이 132에서 66으로 하락하는 경우 이 기업은 계속하여 제품을 생산하는 것이 유리하다.
㉢ 생산물의 가격이 12 이하인 경우 이 기업은 조업을 중단한다.

① ㉠
② ㉡
③ ㉠, ㉢
④ ㉡, ㉢
⑤ ㉠, ㉡, ㉢

20 아래의 그래프는 사탕수수의 생산을 장려하기 위해 생산자에게 보조금을 S만큼 지급하기 전(S_1)과 후(S_2)의 수요공급 곡선이다. 〈보기〉에서 이에 대한 설명으로 옳은 것만을 모두 고르면?

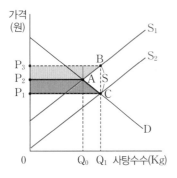

〈보 기〉

㉠ 소비자 잉여의 증가분은 □P_1ABP_3이다.
㉡ 생산자 잉여의 증가분은 □P_1ABP_3이다.
㉢ 이 보조금을 지불하기 위해 필요한 세금의 양은 □P_2CBP_3이다.
㉣ 이 보조금 정책의 시행으로 사회적 후생이 증가했다.

① ㉠, ㉡
② ㉡, ㉢
③ ㉠, ㉢, ㉣
④ ㉡, ㉢, ㉣
⑤ ㉠, ㉡, ㉢, ㉣

21 균형국민소득과 균형물가에 대한 설명들 중 〈보기〉에서 옳은 것만을 모두 고르면?

〈보 기〉

㉠ 균형국민소득이 완전고용국민소득보다 더 크면 인플레이션갭이 존재한다.
㉡ 인플레이션갭이 존재하는 경우 장기균형으로 수렴하는 과정에서 물가가 상승한다.
㉢ 경기침체갭이 존재하면 장기 조정과정에서 임금이 하락한다.
㉣ 발생한 경기침체갭이 해소되는 과정에서 총공급이 감소한다.

① ㉠, ㉡, ㉢
② ㉠, ㉡, ㉣
③ ㉠, ㉢, ㉣
④ ㉡, ㉢, ㉣
⑤ ㉠, ㉡, ㉢, ㉣

22 다음 중 솔로우(R. Solow)의 경제성장모형에 대한 설명으로 옳지 않은 것은?

① 인구증가율이 상승하면 1인당 자본축적량이 감소한다.
② 기술진보는 균제상태에서의 경제성장률을 증가시킨다.
③ 저축률이 증가하면 균제상태에서의 1인당 소비가 감소한다.
④ 저축률이 증가하면 균제상태에서의 1인당 자본축적량이 상승한다.
⑤ 인구증가율이 상승하면 균제상태에서의 1인당 소득 증가율은 변화하지 않는다.

23 어떤 나라의 국민소득을 Y라 할 때, 이 나라의 경제는 다음과 같이 표현된다고 한다.

> $Y=C+I+G+EX-IM$　　$C=120+0.8Y_d$
> $T=100+0.25Y$　　　　$TR=200$
> $I=80+0.2Y$　　　　　$G=120$
> $EX=160$　　　　　　$IM=60+0.2Y$
> (Y: 소득, Y_d: 가처분소득, C: 소비, T: 조세, I: 투자, G: 정부지출, TR: 정부이전지출, EX: 수출, IM: 수입)

이 나라의 정부는 정부이전지출을 50만큼 증가시키고 이에 대한 재원 마련을 위해 정부지출을 50만큼 감소시키기로 했다. 이러한 정책의 장기적 효과로 옳은 것만을 〈보기〉에서 모두 고르면?

> ─── 〈보 기〉 ───
> ㉠ 국민소득이 변화하지 않는다.
> ㉡ 가처분소득이 감소한다.
> ㉢ 소비가 감소한다.
> ㉣ 정부의 조세수입이 증가한다.
> ㉤ 순수출이 감소한다.

① ㉠
② ㉡, ㉢
③ ㉣, ㉤
④ ㉠, ㉡, ㉢
⑤ ㉠, ㉣, ㉤

24 수요가 $Q=200-2P$인 독점기업이 있다. 이 기업의 한계비용은 $MC=2Q+10$이다. 이 기업이 생산하는 재화는 단위당 40의 공해비용이 발생한다. 이윤을 극대화하는 이 독점기업의 생산량과 사회적 최적생산량 간 차이는?

① 0
② 5
③ 10
④ 15
⑤ 20

25 〈보기〉에서 원화의 가치가 하락하는 경우는 모두 몇 개인가? (단, 우리나라는 변동환율제도를 채택하고 있다고 가정한다)

> ─── 〈보 기〉 ───
> ㉠ 우리나라 기업들의 해외공장 설립이 늘어날 때
> ㉡ 우리나라에서 확장적인 통화정책이 시행될 때
> ㉢ 국내 항공사들의 미국산 항공기에 대한 수요가 증가할 때
> ㉣ 국내 물가수준이 상승할 때
> ㉤ 해외 투자의 예상 수익률이 상승할 때

① 1개
② 2개
③ 3개
④ 4개
⑤ 5개

01 다음 그림에 따를 때 휘발유 가격이 리터당 3,000원인 경우 휘발유의 시장 수요량으로 옳은 것은? (단, 이 경제에는 갑과 을이라는 두 명의 소비자만 존재한다)

(단위: 리터)

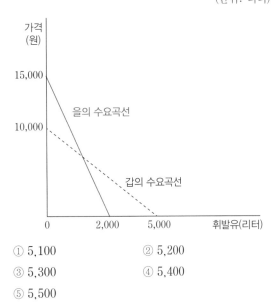

① 5,100
② 5,200
③ 5,300
④ 5,400
⑤ 5,500

02 총수요─총공급 분석에서 부정적 수요충격과 일시적인 부정적 공급충격이 발생할 경우 장기적인 현상에 대한 설명으로 옳은 것은?

① 물가수준과 총생산은 초기 균형수준으로 돌아간다.
② 물가수준은 영구적으로 상승하는 반면, 총생산은 잠재생산량 수준으로 돌아간다.
③ 총생산은 잠재생산량 수준으로 돌아가나, 물가수준은 초기대비 상승할 수도 있고 하락할 수도 있다.
④ 물가수준은 영구적으로 하락하는 반면, 총생산은 잠재생산량 수준으로 돌아간다.
⑤ 물가수준은 영구적으로 하락하고, 총생산도 감소한다.

03 중앙은행이 긴축적 통화정책을 시행할 때 나타나는 현상에 대한 설명으로 옳은 것만을 〈보기〉에서 모두 고르면?

─── 〈보 기〉 ───
㉠ 이자율이 상승한다.
㉡ 외환에 대한 수요가 증가한다.
㉢ 국내 통화가치가 상승한다.
㉣ 수입가격의 하락으로 무역수지가 개선된다.

① ㉠, ㉡
② ㉠, ㉢
③ ㉡, ㉢
④ ㉡, ㉣
⑤ ㉢, ㉣

04 시간당 임금이 상승할 때 노동공급이 줄어든다면 다음 중 옳은 것은?

① 대체효과와 소득효과가 동일하다.
② 노동공급곡선이 후방굴절하지 않는다.
③ 노동공급곡선이 우상향한다.
④ 소득효과가 대체효과보다 작다.
⑤ 대체효과가 소득효과보다 작다.

05 다음 그림에 따를 때 A국과 B국 사이에서 특화를 통한 무역이 가능하게 되는 컴퓨터 가격의 범위로 옳은 것은?

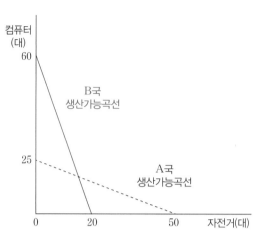

① $(P_{최저}, P_{최고})$=(자전거 $\frac{1}{2}$대, 자전거 2대)

② $(P_{최저}, P_{최고})$=(자전거 $\frac{1}{2}$대, 자전거 3대)

③ $(P_{최저}, P_{최고})$=(자전거 $\frac{1}{3}$대, 자전거 2대)

④ $(P_{최저}, P_{최고})$=(자전거 $\frac{1}{3}$대, 자전거 3대)

⑤ $(P_{최저}, P_{최고})$=(자전거 2대, 자전거 3대)

06 A국 경제 성장의 급격한 둔화로 A국으로 유입되었던 자금이 B국으로 이동할 때, B국의 상품수지와 이자율의 변화로 옳은 것은?

① 상품수지 악화, 이자율 하락

② 상품수지 악화, 이자율 상승

③ 상품수지 개선, 이자율 하락

④ 상품수지 개선, 이자율 상승

⑤ 상품수지 변화 없음, 이자율 하락

07 다음 표는 수정과와 떡 두 가지 재화만을 소비하는 어떤 소비자의 한계효용을 나타낸 것이다. 이 소비자가 14,000원의 소득으로 효용극대화를 달성하였을 때 소비자잉여의 크기로 옳은 것은? (단, 수정과의 가격은 개당 1,000원이고 떡의 가격은 개당 3,000원이다)

(단위: 개, 원)

수량	한계효용	
	수정과	떡
1	10,000	18,000
2	8,000	12,000
3	6,000	6,000
4	4,000	3,000
5	2,000	1,000
6	1,000	600

① 24,000   ② 32,000

③ 38,000   ④ 46,000

⑤ 52,000

08 케인즈 단순모형에서 총소득은 100, 민간소비는 80, 소비승수는 2라고 가정할 때 총소득이 110으로 변화한다면 민간소비로 옳은 것은? (단, 정부지출, 조세 및 순수출은 각각 0이다)

① 80

② 85

③ 90

④ 95

⑤ 100

09 X재와 Y재 두 가지 재화만을 소비하는 어떤 소비자의 효용함수는 U(X, Y)=X+Y이다. 이 소비자의 효용함수와 최적 소비량에 대한 다음 설명으로 옳은 것은? (단, X와 Y는 각각 X재와 Y재의 소비량을 의미하며 수평축에 X재의 수량을, 수직축에 Y재의 수량을 표시한다)

① 효용함수의 한계대체율(MRS_{XY})을 정의할 수 없다.

② 만약 $\dfrac{P_X}{P_Y}$ < MRS_{XY}라면, Y재만을 소비한다.

③ MRS_{XY} = $\dfrac{Y}{X}$이다.

④ 이 소비자의 효용함수는 선형함수와 비선형함수의 합으로 이루어져 있다.

⑤ 만약 X재의 가격이 Y재의 가격보다 낮다면, 소득이 증가해도 X재만을 소비한다.

10 시장형태에 따른 특징을 설명한 것으로 옳은 것만을 〈보기〉에서 모두 고르면?

— 〈보 기〉 —

㉠ 완전경쟁시장에서 각 개별 공급자가 직면하는 수요곡선은 서로 다르다.

㉡ 완전경쟁시장에서 새로운 기업이 진입할 경우 생산요소의 비용이 상승하면 장기시장공급곡선은 우상향으로 나타난다.

㉢ 시장수요곡선이 우하향이 지선인 경우 독점기업은 수요의 가격탄력성이 비탄력적인 구간에서 생산한다.

㉣ 독점적 경쟁기업이 직면하는 수요곡선이 탄력적일수록 이윤이 커질 가능성이 높다. 따라서 독점적 경쟁기업은 비가격 전략을 사용하여 제품을 차별화한다.

㉤ 자연독점의 경우 큰 고정비용으로 평균비용이 높기 때문에 정부가 한계비용가격설정을 하면 공급이 이루어지지 않을 수 있다.

① ㉠, ㉡

② ㉡, ㉣

③ ㉡, ㉤

④ ㉠, ㉢, ㉤

⑤ ㉡, ㉣, ㉤

11 완전경쟁시장에서 A기업의 총비용함수는 $TC(q) = 10,000 + 100q + 10q^2$이고 현재 시장가격은 제품 단위당 900원일 때, 이 기업의 이윤극대화 수준에서 생산자잉여와 기업의 이윤으로 옳은 것은?

(단위: 원)

	생산자잉여	기업의 이윤
①	16,000	6,000
②	16,000	12,000
③	24,000	6,000
④	24,000	12,000
⑤	32,000	6,000

12 다음 글에 따를 때 살충제 시장의 생산자가 외부효과를 고려하지 않았을 경우의 살충제 생산량과 사회적으로 바람직한 살충제 생산량으로 옳은 것은?

> - 살충제 시장은 완전경쟁시장이다.
> - 살충제 생산은 환경오염을 초래한다.
> - 환경오염으로 인한 한계외부비용의 크기는 살충제 생산의 한계사적비용의 크기와 동일하다.
> - 살충제의 시장공급곡선은 $Q^s = \frac{2}{5}P$이고, 시장수요곡선은 $Q^d = 60 - \frac{2}{5}P$이다.

① 20, 10　　　　　② 20, 15
③ 30, 10　　　　　④ 30, 15
⑤ 30, 20

13 기업의 단기한계비용곡선이 통과하는 점으로 옳은 것만을 〈보기〉에서 모두 고르면?

> ── 〈보 기〉 ──
> ㉠ 단기총비용곡선의 최저점
> ㉡ 단기평균고정비용곡선의 최저점
> ㉢ 단기평균가변비용곡선의 최저점
> ㉣ 단기평균총비용곡선의 최저점

① ㉠, ㉡　　　　　② ㉡, ㉢
③ ㉢, ㉣　　　　　④ ㉠, ㉡, ㉢
⑤ ㉡, ㉢, ㉣

14 A국은 콩과 쌀을 국내에서 생산하고, 밀은 수입한다. GDP 디플레이터의 관점에서 A국의 물가수준 변화로 옳은 것은? (단, A국에는 콩, 쌀, 밀 세 가지 상품만 존재한다)

(단위: kg, 천 원)

상품	기준년도		비교년도	
	수량	가격	수량	가격
콩	2	10	3	15
쌀	3	20	4	20
밀	4	30	5	20

① 비교년도의 물가가 13.6% 상승하였다.
② 비교년도의 물가가 12.5% 상승하였다.
③ 비교년도의 물가가 13.6% 하락하였다.
④ 비교년도의 물가가 12.5% 하락하였다.
⑤ 물가수준에 변동이 없다.

15 에지워스 박스(Edgeworth Box)를 사용한 일반균형 분석에 대한 설명으로 옳지 않은 것만을 〈보기〉에서 모두 고르면? (단, 이 경제에는 A와 B 두 사람, X와 Y 두 재화만 존재하며 재화의 총량은 $\overline{X}$와 $\overline{Y}$로 결정되어 있다)

> ── 〈보 기〉 ──
> ㉠ 재화 X, Y의 가격이 변동할 때 계약곡선은 이동한다.
> ㉡ 계약곡선은 분배적 형평성을 실현했음을 의미한다.
> ㉢ 두 사람의 한계대체율이 서로 같게 되는 모든 점은 파레토효율점을 의미한다.
> ㉣ 만약 $X_A + X_B < \overline{X_A} + \overline{X_B}$라면, X재의 가격이 상승하여야 일반균형이 달성된다.
> (단, X_A, X_B는 각각 A와 B의 X재화 수요량을, $\overline{X_A}$, $\overline{X_B}$는 각각 A와 B의 X재화 초기 소유량을 의미함)

① ㉡　　　　　② ㉠, ㉢
③ ㉡, ㉣　　　　　④ ㉠, ㉡, ㉣
⑤ ㉠, ㉡, ㉢, ㉣

16 다음 글에 따를 때 이 경제의 민간저축(private saving)으로 옳은 것은?

> • 이 경제는 폐쇄경제이다.
> • Y＝C＋I＋G＋NX가 성립한다.
>   (단, Y는 국민소득, C는 소비, I는 투자, G는 정부지출, NX는 순수출을 의미함)
> • 국민저축(national saving)은 500, 조세는 200, 정부지출은 300이다.

① 200
② 400
③ 600
④ 800
⑤ 1,000

17 A국은 글로벌 과잉유동성에 따른 대규모 투기 자본 유입에 대응하기 위해 A국의 주식 및 채권에 대한 외국인 투자자금에 2%의 금융거래세를 부과하고자 한다. A국의 금융거래세 도입 정책에 대한 설명으로 옳지 않은 것은?

① A국 통화의 절하 요인이다.
② A국 자본수지의 흑자 요인이다.
③ A국 증권시장의 변동성을 줄이는 요인이다.
④ A국으로의 외환 유입을 줄이는 요인이다.
⑤ A국 기업의 외자조달 비용을 높이는 요인이다.

18 거시경제의 총수요·총공급 모형에 대한 설명으로 옳은 것만을 〈보기〉에서 모두 고르면?

─── 〈보 기〉 ───
> ㉠ 단기 총공급곡선이 우상향하는 이유는 임금과 가격이 경직적이기 때문이다.
> ㉡ 예상 물가수준이 상승하면 단기 총공급곡선이 오른쪽으로 이동한다.
> ㉢ 총수요곡선이 우하향하는 이유는 물가수준이 하락하면 이자율이 하락하고 자산의 실질가치가 상승하기 때문이다.
> ㉣ 자국화폐의 가치하락에 따른 순수출의 증가는 총수요곡선을 오른쪽으로 이동시킨다.

① ㉠, ㉢
② ㉡, ㉢
③ ㉠, ㉡, ㉣
④ ㉠, ㉢, ㉣
⑤ ㉡, ㉢, ㉣

19 다음 글에 따를 때 A국에서 균제상태의 효율적 노동 1단위당 자본을 변화시켜 황금률수준의 효율적 노동 1단위당 자본을 달성하기 위하여 필요한 조건으로 옳은 것은?

- A국의 총생산함수는 $Y = K^{\alpha}(E \times L)^{1-\alpha}$이다.
  (단, K는 총자본, L은 총노동, E는 노동효율성, Y는 총생산, α는 자본의 비중을 의미한다)
- $\alpha = 0.5$, $s = 0.5$, $\delta = 0.1$, $n = 0.05$, $g = 0.03$
  (단, s는 저축률, δ는 감가상각률, n은 인구증가율, g는 노동효율성 증가율을 의미한다)

① 균제상태에서 효율적 노동 1단위당 자본이 황금률수준의 효율적 노동 1단위당 자본보다 많아서 저축률을 증가시켜야 한다.

② 균제상태에서 효율적 노동 1단위당 자본이 황금률수준의 효율적 노동 1단위당 자본보다 적어서 저축률을 증가시켜야 한다.

③ 균제상태에서 효율적 노동 1단위당 자본이 황금률수준의 효율적 노동 1단위당 자본보다 많아서 저축률을 감소시켜야 한다.

④ 균제상태에서 효율적 노동 1단위당 자본이 황금률수준의 효율적 노동 1단위당 자본보다 적어서 저축률을 감소시켜야 한다.

⑤ 균제상태에서 효율적 노동 1단위당 자본을 황금률수준의 효율적 노동 1단위당 자본으로 변화시키기 위한 추가 조건은 없다.

20 구매력평가설에 대한 설명으로 옳지 않은 것만을 〈보기〉에서 모두 고르면?

〈보 기〉

㉠ 구매력평가설은 일물일가의 법칙에 근거한다.
㉡ 구매력평가설에 따르면 두 나라 화폐의 실질환율은 두 나라 물가수준의 차이를 반영해야 한다.
㉢ 구매력평가설에 따르면 실질환율은 항상 일정해야 한다.

① ㉠   ② ㉡
③ ㉢   ④ ㉡, ㉢
⑤ ㉠, ㉡, ㉢

21 A기업의 생산함수는 $Q = K^{0.5}L^{0.5}$이고 단기에 자본투입량은 1로 고정되어 있다. 임금이 10, 생산품 가격이 100이라면 이 기업의 단기 균형에 대한 설명으로 옳은 것만을 〈보기〉에서 모두 고르면? (단, Q는 산출량, K는 자본투입량, L은 노동투입량을 의미한다)

〈보 기〉

㉠ 단기의 이윤극대화 노동투입량은 10이다.
㉡ 단기의 이윤극대화 생산량은 5이다.
㉢ 최대 이윤은 400이다.
㉣ 자본재 가격이 100을 넘으면 이윤이 음의 값을 가진다.

① ㉡   ② ㉠, ㉢
③ ㉡, ㉢   ④ ㉢, ㉣
⑤ ㉡, ㉢, ㉣

22 노동시장에 대한 설명으로 옳은 것만을 〈보기〉에서 모두 고르면?

― 〈보 기〉 ―

㉠ 노동이 유일한 변동생산요소일 경우, 기업의 노동에 대한 수요곡선은 노동의 한계생산물수입곡선이다.

㉡ 생산물시장이 독점일 경우, 경쟁시장일 경우보다 노동고용량이 늘어난다.

㉢ 기업이 노동시장에서 수요독점력을 가질 경우, 경쟁시장일 경우보다 노동고용량이 감소하며 임금이 낮아진다.

① ㉠

② ㉠, ㉡

③ ㉠, ㉢

④ ㉡, ㉢

⑤ ㉠, ㉡, ㉢

23 다음 글에 따를 때 이 경제의 2010년 화폐의 유통속도와 2019년 통화량으로 옳은 것은?

• 이 경제는 폐쇄경제이며 화폐수량설을 따른다.

• 이 경제는 단일 재화인 빵을 생산한다.

• 2010년 빵의 가격은 개당 1, 생산량은 100이며 통화량은 5이다.

• 2019년 빵의 생산량은 2010년 대비 50% 증가하였고 화폐의 유통속도는 절반으로 줄어들었으며 빵의 가격은 변함이 없다.

① 10, 10

② 10, 30

③ 15, 15

④ 20, 15

⑤ 20, 30

24 어떤 상품시장의 수요함수는 $Q^d = 1{,}000 - 2P$, 공급함수는 $Q^s = -200 + 2P$이다. 이 상품시장에 대한 설명으로 옳은 것만을 〈보기〉에서 모두 고르면?

― 〈보 기〉 ―

㉠ 현재 상품시장의 생산자잉여는 40,000이다.

㉡ 최고가격이 150으로 설정되는 경우, 초과수요량은 500이 된다.

㉢ 최고가격이 150으로 설정되는 경우, 암시장가격은 450이 된다.

㉣ 최고가격이 150으로 설정되는 경우, 사회적 후생손실은 40,000이 된다.

① ㉠, ㉡

② ㉠, ㉢

③ ㉡, ㉢

④ ㉠, ㉡, ㉢

⑤ ㉡, ㉢, ㉣

25 다음 글에 따를 때 슈타켈버그(Stackelberg) 경쟁의 결과로 옳은 것은?

• 시장에는 A, B 두 기업만 존재한다.

• 시장수요곡선: $Q = 30 - P$
(단, $Q = Q_A + Q_B$이고, Q_A, Q_B는 각각 A기업과 B기업의 생산량을 의미한다)

• 한계비용: $MC_A = MC_B = 0$

• B기업은 A기업의 반응곡선을 알고, A기업은 B기업의 반응곡선을 모른다.

	Q_A	Q_B
①	6	12
②	6.5	13
③	7	14
④	7.5	15
⑤	8	16

✔ 회독 CHECK 1 2 3

01 정보의 비대칭성에 대한 설명으로 옳은 것은?

① 정보의 비대칭성이 존재하면 항상 역선택과 도덕적 해이의 문제가 발생한다.

② 통신사가 서로 다른 유형의 이용자들로 하여금 자신이 원하는 요금제도를 선택하도록 하는 것은 선별(screening)의 한 예이다.

③ 공동균형(pooling equilibrium)에서도 서로 다른 선호체계를 갖고 있는 경제주체들은 다른 선택을 할 수 있다.

④ 사고가 날 확률이 높은 사람일수록 이 사고에 대한 보험에 가입할 가능성이 큰 것은 도덕적 해이의 한 예이다.

⑤ 신호(signaling)는 정보를 보유하지 못한 측이 역선택 문제를 해결하기 위해 사용할 수 있는 수단 중 하나이다.

02 커피와 크루아상은 서로 보완재이고, 커피와 밀크티는 서로 대체재이다. 커피 원두값이 급등하여 커피 가격이 인상될 경우, 각 시장의 변화로 옳은 것을 〈보기〉에서 모두 고르면? (단, 커피, 크루아상, 밀크티의 수요 및 공급곡선은 모두 정상적인 형태이다)

— 〈보 기〉 —

㉠ 커피의 공급곡선은 왼쪽으로 이동한다.

㉡ 크루아상 시장의 생산자잉여는 감소한다.

㉢ 크루아상의 거래량은 증가한다.

㉣ 밀크티 시장의 총잉여는 감소한다.

㉤ 밀크티의 판매수입은 증가한다.

① ㉠, ㉡, ㉢
② ㉠, ㉡, ㉤
③ ㉡, ㉢, ㉣
④ ㉡, ㉢, ㉤
⑤ ㉢, ㉣, ㉤

03 완전경쟁시장에서 어떤 재화가 거래되고 있다. 이 시장에는 총 100개의 기업이 참여하고 있으며 각 기업의 장기비용함수는 $c(q) = 2q^2 + 10$으로 동일하다. 이 재화의 장기균형가격과 시장 전체의 공급량은? (단, q는 개별기업의 생산량이다)

	장기균형가격	시장 전체의 공급량
①	$\sqrt{40}$	$25\sqrt{80}$
②	$\sqrt{40}$	$100\sqrt{80}$
③	$\sqrt{80}$	$\sqrt{80}/4$
④	$\sqrt{80}$	$25\sqrt{80}$
⑤	$\sqrt{80}$	$100\sqrt{80}$

04 한 국가의 명목 GDP는 1,650조 원이고, 통화량은 2,500조 원이라고 하자. 이 국가의 물가수준은 2% 상승하고, 실질 GDP는 3% 증가할 경우에 적정 통화공급 증가율은 얼마인가? (단, 유통속도 변화 $\Delta V = 0.0033$이다)

① 2.5%
② 3.0%
③ 3.5%
④ 4.0%
⑤ 4.5%

05 자본이동이 완전히 자유로운 소규모 개방경제의 IS-LM-BP 모형에서 화폐수요가 감소할 경우 고정환율제도와 변동환율제도하에서 발생하는 변화에 대한 설명으로 옳지 않은 것을 〈보기〉에서 모두 고르면?

───── 〈보 기〉 ─────

㉠ 변동환율제도하에서 화폐수요가 감소하면 LM곡선이 오른쪽으로 이동한다.

㉡ 변동환율제도하에서 이자율 하락으로 인한 자본유출로 외환수요가 증가하면 환율이 상승한다.

㉢ 변동환율제도하에서 평가절하가 이루어지면 순수출이 증가하고 LM곡선이 우측으로 이동하여 국민소득은 감소하게 된다.

㉣ 고정환율제도하에서 외환에 대한 수요증가로 환율상승 압력이 발생하면 중앙은행은 외환을 매각한다.

㉤ 고정환율제도하에서 화폐수요가 감소하여 LM곡선이 오른쪽으로 이동하더라도 최초의 위치로는 복귀하지 않는다.

① ㉠, ㉡　　　　　② ㉡, ㉢

③ ㉢, ㉣　　　　　④ ㉢, ㉤

⑤ ㉣, ㉤

06 IS-LM 모형에 대한 설명으로 옳은 것을 〈보기〉에서 모두 고르면?

───── 〈보 기〉 ─────

㉠ 투자의 이자율탄력성이 클수록 IS곡선과 총수요곡선은 완만한 기울기를 갖는다.

㉡ 소비자들의 저축성향 감소는 IS곡선을 왼쪽으로 이동시키며, 총수요곡선도 왼쪽으로 이동시킨다.

㉢ 화폐수요의 이자율 탄력성이 클수록 LM곡선과 총수요곡선은 완만한 기울기를 갖는다.

㉣ 물가수준의 상승은 LM곡선을 왼쪽으로 이동시키지만 총수요곡선을 이동시키지는 못한다.

㉤ 통화량의 증가는 LM곡선을 오른쪽으로 이동시키며 총수요곡선도 오른쪽으로 이동시킨다.

① ㉠, ㉢, ㉣　　　　　② ㉠, ㉣, ㉤

③ ㉡, ㉢, ㉤　　　　　④ ㉡, ㉣,·㉤

⑤ ㉠, ㉡, ㉢, ㉤

07 수요와 공급의 가격탄력성에 대한 설명으로 옳은 것을 〈보기〉에서 모두 고르면?

───── 〈보 기〉 ─────

㉠ 어떤 재화에 대한 소비자의 수요가 비탄력적이라면, 가격이 상승할 경우 그 재화에 대한 지출액은 증가한다.

㉡ 수요와 공급의 가격탄력성이 클수록 단위당 일정한 생산보조금 지급에 따른 자중손실(deadweight loss)은 커진다.

㉢ 독점력이 강한 기업일수록 공급의 가격탄력성이 작아진다.

㉣ 최저임금이 인상되었을 때, 최저임금이 적용되는 노동자들의 총임금은 노동의 수요보다는 공급의 가격탄력성에 따라 결정된다.

① ㉠, ㉡　　　　　② ㉠, ㉢

③ ㉡, ㉣　　　　　④ ㉠, ㉡, ㉢

⑤ ㉠, ㉡, ㉢, ㉣

08 현시선호이론에 대한 설명으로 옳은 것을 〈보기〉에서 모두 고르면?

〈보 기〉

㉠ 소비자의 선호체계에 이행성이 있다는 것을 전제로 한다.

㉡ 어떤 소비자의 선택행위가 현시선호이론의 공리를 만족시킨다면, 이 소비자의 무차별곡선은 우하향하게 된다.

㉢ $P_0Q_0 \geq P_0Q_1$일 때, 상품묶음 Q_0가 선택되었다면, Q_0가 Q_1보다 현시선호되었다고 말한다(단, P_0는 가격벡터를 나타냄).

㉣ 강공리가 만족된다면 언제나 약공리는 만족된다.

① ㉠, ㉡　　　　　　② ㉡, ㉢

③ ㉡, ㉣　　　　　　④ ㉠, ㉡, ㉢

⑤ ㉡, ㉢, ㉣

09 어떤 기업의 생산함수는 $Q = \dfrac{1}{2000}KL^{\frac{1}{2}}$이고 임금은 10, 자본임대료는 20이다. 이 기업이 자본 2,000 단위를 사용한다고 가정했을 때, 이 기업의 단기비용함수는? (단, K는 자본투입량, L은 노동투입량이다)

① $10Q^2 + 20,000$

② $10Q^2 + 40,000$

③ $20Q^2 + 10,000$

④ $20Q^2 + 20,000$

⑤ $20Q^2 + 40,000$

10 어떤 기업에 대하여 〈보기〉의 상황을 가정할 때, 이 기업의 가치에 대한 설명으로 옳지 않은 것은?

〈보 기〉

• 이 기업의 초기 이윤은 $\pi_0 = 100$이다.

• 이 기업의 이윤은 매년 $g = 5\%$씩 성장할 것으로 기대된다.

• 이 기업이 자금을 차입할 경우, 금융시장에서는 $i = 10\%$의 이자율을 적용한다.

① 이 기업의 가치는 $PV = \pi_0 \dfrac{1+g}{i-g}$로 계산된다.

② 이 기업의 가치는 2,200이다.

③ 이 기업의 가치는 i가 상승하면 감소한다.

④ 이 기업의 가치는 g가 커지면 증가한다.

⑤ 초기 이윤을 모두 배당으로 지급하면 이 기업의 가치는 2,100이 된다.

11 어떤 경제의 총수요곡선은 $P_t = -Y_t + 2$, 총공급 곡선은 $P_t = P_{te} + (Y_t - 1)$이다. 이 경제가 현재 $P = \dfrac{3}{2}$, $Y = \dfrac{1}{2}$에서 균형을 이루고 있다고 할 때, 다음 중 옳은 것은? (단, P_t^e는 예상물가이다)

① 이 경제는 장기균형 상태에 있다.

② 현재 상태에서 P_t^e는 $\dfrac{1}{2}$이다.

③ 현재 상태에서 P_t^e는 $\dfrac{3}{2}$이다.

④ 개인들이 합리적 기대를 한다면 P_t^e는 1이다.

⑤ 개인들이 합리적 기대를 한다면 P_t^e는 2이다.

12 어떤 경제를 다음과 같은 필립스(Phillips) 모형으로 표현할 수 있다고 할 때, 다음 설명 중 옳은 것은?

> $\pi_t = \pi_t^e - a(u_t - \bar{u})$
> $\pi_t^e = 0.7\pi_{t-1} + 0.2\pi_{t-2} + 0.1\pi_{t-3}$
> (단, π_t는 t기의 인플레이션율, π_t^e는 t기의 기대 인플레이션율, a는 양의 상수, u_t는 t기의 실업률, $\bar{u}$는 자연실업률이다)

① 기대 형성에 있어서 체계적 오류 가능성은 없다.
② 경제주체들은 기대를 형성하면서 모든 이용 가능한 정보를 활용한다.
③ 가격이 신축적일수록 a값이 커진다.
④ a값이 클수록 희생률(sacrifice ratio)이 커진다.
⑤ t기의 실업률이 높아질수록 t기의 기대 인플레이션율이 낮아진다.

13 어떤 국가의 인구가 매년 1%씩 증가하고 있고, 국민들의 연평균 저축률은 20%로 유지되고 있으며, 자본의 감가상각률은 10%로 일정할 경우, 솔로우(Solow) 모형에 따른 이 경제의 장기균형의 변화에 대한 설명으로 옳은 것은?

① 기술이 매년 진보하는 상황에서 이 국가의 1인당 자본량은 일정하게 유지된다.
② 이 국가의 기술이 매년 2%씩 진보한다면, 이 국가의 전체 자본량은 매년 2%씩 증가한다.
③ 인구증가율의 상승은 1인당 산출량의 증가율에 영향을 미치지 못한다.
④ 저축률이 높아지면 1인당 자본량의 증가율이 상승한다.
⑤ 감가상각률이 높아지면 1인당 자본량의 증가율이 상승한다.

14 어떤 기업의 비용함수가 $C(Q) = 100 + 2Q^2$이다. 이 기업이 완전경쟁시장에서 제품을 판매하며 시장 가격은 20일 때, 다음 설명 중 옳지 않은 것은? (단, Q는 생산량이다)

① 이 기업이 직면하는 수요곡선은 수평선이다.
② 이 기업의 고정비용은 100이다.
③ 이윤극대화 또는 손실최소화를 위한 최적산출량은 5이다.
④ 이 기업의 최적산출량 수준에서 $P \geq AVC$를 만족한다(단, P는 시장가격이고, AVC는 평균가변비용이다).
⑤ 최적산출량 수준에서 이 기업의 손실은 100이다.

15 투자이론에 대한 다음 설명 중 옳지 않은 것은?

① 투자는 토빈(Tobin) q의 증가함수이다.
② 자본의 한계생산이 증가하면 토빈(Tobin) q값이 커진다.
③ 투자옵션모형에 따르면, 상품가격이 정상이윤을 얻을 수 있는 수준으로 상승하더라도 기업이 바로 시장에 진입하여 투자하지 못하는 이유는 실물부문의 투자가 비가역성을 갖고 있기 때문이다.
④ 재고투자모형은 수요량 변화에 따른 불확실성의 증가가 재고투자를 증가시킬 수도 있다는 점을 설명한다.
⑤ 신고전학파에 따르면 실질이자율 하락은 자본의 한계편익을 증가시켜 투자의 증가를 가져온다.

16 균형경기변동이론(Equilibrium Business Cycle Theory)에 대한 설명으로 옳은 것을 〈보기〉에서 모두 고르면?

───── 〈보 기〉 ─────

㉠ 흉작이나 획기적 발명품의 개발은 영구적 기술 충격이다.

㉡ 기술충격이 일시적일 때 소비의 기간 간 대체효과는 크다.

㉢ 기술충격이 일시적일 때 실질이자율은 경기순행적이다.

㉣ 실질임금은 경기역행적이다.

㉤ 노동생산성은 경기와 무관하다.

① ㉠, ㉡   ② ㉠, ㉣

③ ㉡, ㉢   ④ ㉢, ㉣

⑤ ㉣, ㉤

17 다음 그림은 국내 통화의 실질절하(real depreciation)가 t_0에 발생한 이후의 무역수지 추이를 보여준다. 이에 대한 설명 중 옳지 않은 것은? (단, 초기 무역수지는 균형으로 0이다)

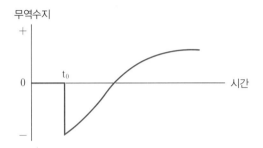

① 그림과 같은 무역수지의 조정과정을 J─곡선(J─curve)이라 한다.

② 실질절하 초기에 수출과 수입이 모두 즉각 변화하지 않아 무역수지가 악화된다.

③ 실질절하 후 시간이 흐름에 따라 수출과 수입이 모두 변화하므로 무역수지가 개선된다.

④ 수출수요탄력성과 수입수요탄력성의 합이 1보다 작다면 장기적으로 실질절하는 무역수지를 개선한다.

⑤ 마샬─러너 조건(Marshall─Lerner condition)이 만족되면 장기적으로 실질절하는 무역수지를 개선한다.

18 어떤 소비자의 효용함수는 $U(x, y) = 20x - 2x^2 + 4y$이고, 그의 소득은 24이다. 가격이 $P_X = P_Y = 2$에서 $P_X = 6$, $P_Y = 2$로 변화했다면 가격변화 이전과 이후의 X재와 Y재의 최적 소비량은? (단, x, y는 각각 X재와 Y재의 소비량이다)

	가격변화 이전	가격변화 이후
①	$x=2, y=6$	$x=2, y=8$
②	$x=2, y=6$	$x=4, y=8$
③	$x=4, y=8$	$x=2, y=6$
④	$x=4, y=8$	$x=4, y=6$
⑤	$x=4, y=8$	$x=6, y=2$

19 완전경쟁시장에서 물품세가 부과될 때 시장에서 나타나는 현상들에 대한 설명으로 옳은 것을 〈보기〉에서 모두 고르면?

───── 〈보 기〉 ─────
㉠ 소비자에게 종가세가 부과되면 시장수요곡선은 아래로 평행이동한다.
㉡ 수요곡선이 수평선으로 주어져 있는 경우 물품세의 조세부담은 모두 공급자에게 귀착된다.
㉢ 소비자에게 귀착되는 물품세 부담의 크기는 공급의 가격탄력성이 클수록 증가한다.
㉣ 소비자와 공급자에게 귀착되는 물품세의 부담은 물품세가 소비자와 공급자 중 누구에게 부과되는가와 상관없이 결정된다.
㉤ 물품세 부과에 따라 감소하는 사회후생의 크기는 세율에 비례하여 증가한다.

① ㉡, ㉢
② ㉠, ㉡, ㉣
③ ㉠, ㉢, ㉤
④ ㉡, ㉢, ㉣
⑤ ㉢, ㉣, ㉤

20 절약의 역설(paradox of thrift)에 대한 설명 중 옳은 것을 〈보기〉에서 모두 고르면?

───── 〈보 기〉 ─────
㉠ 경기침체가 심한 상황에서는 절약의 역설이 발생하지 않는다.
㉡ 투자가 이자율 변동의 영향을 적게 받을수록 절약의 역설이 발생할 가능성이 크다.
㉢ 고전학파 경제학에서 주장하는 내용이다.
㉣ 임금이 경직적이면 절약의 역설이 발생하지 않는다.

① ㉠
② ㉡
③ ㉠, ㉢
④ ㉡, ㉣
⑤ ㉡, ㉢, ㉣

21 쿠르노(Cournot) 복점기업 1과 2의 수요함수가 $P = 10 - (Q_1 + Q_2)$이고 생산비용은 0일 때, 다음 설명 중 옳지 않은 것은? (단, P는 시장가격, Q_1는 기업 1의 산출량, Q_2는 기업 2의 산출량이다)

① 기업 1의 한계수입곡선은 $MR_1 = 10 - 2Q_1 - Q_2$이다.

② 기업 1의 반응함수는 $Q_1 = 5 - \frac{1}{2}Q_2$이다.

③ 기업 1의 쿠르노 균형산출량은 $Q_1 = \frac{10}{3}$이다.

④ 산업전체의 산출량은 $Q = \frac{20}{3}$이다.

⑤ 쿠르노 균형산출량에서 균형가격은 $P = \frac{20}{3}$이다.

22 노동시장에서 현재 고용상태인 개인이 다음 기에도 고용될 확률을 P_{11}, 현재 실업상태인 개인이 다음 기에 고용될 확률을 P_{21}이라고 하자. 이 확률이 모든 기간에 항상 동일하다고 할 때, 이 노동시장에서의 균형실업률은?

① $\dfrac{P_{21}}{(1 - P_{21})}$

② $\dfrac{P_{21}}{P_{11}}$

③ $\dfrac{(1 - P_{11})}{(1 - P_{11} + P_{21})}$

④ $\dfrac{(1 - P_{11})}{(P_{11} + P_{21})}$

⑤ $\dfrac{(1 - P_{11})}{(1 - P_{21})}$

23 어떤 마을에 총 10개 가구가 살고 있다. 각 가구는 가로 등에 대해 동일한 수요함수 $p_i = 10 - Q(i = 1, \cdots, 10)$를 가지며, 가로등 하나를 설치하는 데 소요되는 비용은 20이다. 사회적으로 효율적인 가로등 설치에 대한 설명으로 옳지 않은 것은?

① 어느 가구도 단독으로 가로등을 설치하려 하지 않을 것이다.

② 가로등에 대한 총수요는 $P = 100 - 10Q$이다.

③ 이 마을의 사회적으로 효율적인 가로등 수량은 9개이다.

④ 사회적으로 효율적인 가로등 수량을 확보하려면 각 가구는 가로등 1개당 2의 비용을 지불해야 한다.

⑤ 가구 수가 증가하는 경우, 사회적으로 효율적인 가로등 수량은 증가한다.

24 어떤 국가의 통신시장은 2개의 기업(A와 B)이 복점의 형태로 수량경쟁을 하며 공급을 담당하고 있다. 기업 A의 한계비용은 $MC_A = 2$, 기업 B의 한계비용은 $MC_B = 4$이고, 시장수요곡선은 $P = 36 - 2Q$이다. 다음 설명 중옳은 것을 〈보기〉에서 모두 고르면? (단, P는 시장가격, Q는 시장의 총공급량이다)

〈보 기〉
㉠ 균형상태에서 기업 A의 생산량은 6이고 기업 B의 생산량은 4이다.
㉡ 균형가격은 14이다.
㉢ 균형상태에서 이 시장의 사회후생은 243이다.
㉣ 균형상태에서 이 시장의 소비자잉여는 100이다.
㉤ 균형상태에서 이 시장의 생산자잉여는 122이다.

① ㉠, ㉣

② ㉡, ㉢

③ ㉠, ㉣, ㉤

④ ㉡, ㉢, ㉤

⑤ ㉡, ㉣, ㉤

25 두 폐쇄경제 A국과 B국의 총생산함수는 모두 $Y = EK^{0.5}L^{0.5}$와 같은 형태로 나타낼 수 있다고 하자. A국은 상대적으로 K가 풍부하고 B국은 상대적으로 L이 풍부하며, A국은 기술수준이 높지만 B국은 기술수준이 낮다. 만약 현재 상태에서 두 경제가 통합된다면 B국의 실질임금률과 실질이자율은 통합 이전에 비하여어떻게 변화하는가? (단, Y, K, L은 각각 총생산, 총자본, 총노동을 나타내며, E는 기술수준을 나타낸다)

① 임금률은 상승하고 이자율은 하락할 것이다.

② 임금률은 하락하고 이자율은 상승할 것이다.

③ 임금률과 이자율 모두 상승할 것이다.

④ 임금률은 상승하지만 이자율의 변화는 알 수 없다.

⑤ 이자율은 하락하지만 임금률의 변화는 알 수 없다.

PART 4

영어

출제경향

01 Choose the one that is closest in meaning to the underlined word.

> Efforts by European governments to shield households and businesses from higher energy costs have obvious benefits, not least <u>mitigating</u> inflationary pressures. But they carry much larger costs, which the European Commission should be highlighting, rather than ignoring.

① worsening

② increasing

③ alleviating

④ enhancing

⑤ aggravating

02 Which of the following best fits in the blank?

> A food desert is an area or neighborhood where people, for various reasons, have _____ to fresh, whole, and healthy foods. A lot of people tend to use the United States Department of Agriculture's (USDA) definition: "in urban food deserts, a significant percentage of the neighborhood's residents live more than one mile away from a fresh food provider such as a supermarket or farmers' market; in rural areas, a food desert must be at least ten miles away from a fresh food source."

① limited access

② uneasy moments

③ complicating emotions

④ limited distribution

⑤ uneasy preference

03 Which of the following is NOT grammatically correct?

> We should think of Cultural Intelligence as being something ① <u>that</u> we can continuously improve and ② <u>develop</u> over the duration of our lives. The difficulty is in acquiring it. We do this ③ <u>through</u> our experiences, but also with knowledge ④ <u>impart</u> by other people whom we trust—and who trust us ⑤ <u>enough</u> to give us their knowledge.

04 Which of the following can be inferred from the passage?

> Obesity represents the most serious health problem in the United States today. Almost 60 percent of adults in the US are either overweight or obese. This is not just a problem of appearance. Obesity often leads to serious health problems such as diabetes, heart attacks, high blood pressure, and even some forms of cancer.
>
> Medical professionals typically define obesity using the Body Mass Index (BMI). BMI can easily be calculated through dividing a person's weight in kilograms by the square of the person's height in meters. A normal or healthy BMI would be less than 25. A person with BMI between 25 and 29.9 would be considered overweight. A BMI of 30 to 34.9 is mildly obese, while 35 to 39.9 is substantially obese. People with BMI measures of 40 and over are considered extremely obese.

① More than half of Americans have a BMI over 30.

② Anyone with a BMI over 30 will develop cancer.

③ More than 60 percent of Americans do not know their BMI.

④ Few Americans have a BMI over 35.

⑤ A person is usually considered obese if his or her BMI is 30.

05 Which of the following is true according to the passage?

> Most people think cockroaches are disgusting. And if you've ever turned on a kitchen light, to find them skittering for dark corners, you probably agree. But of the thousands of species out there, only a few can be considered pests. There are well over 4,000 described species of cockroach around the world, with some experts estimating that there are another 5,000 species that have yet to be classified by taxonomists. Their classification is actually a point of contention—and I won't take a position on which suborder they're in, or how many families they consist of. An estimated 60 to 70 species can be found in the continental United States, but most people are likely to interact with no more than a dozen of them—depending on where they live.

① All cockroaches are harmful.

② There might be around 9,000 species of cockroach in the world according to some experts.

③ There is consensus about what sub-type 5,000 unclassified species of cockroach are in.

④ Most Americans can encounter about 24 different kinds of cockroach in their homes.

⑤ It is easy to figure out how many families cockroaches live in in the United States.

06 Which of the following is the most appropriate title of the passage?

> In some cases, a state may be externally sovereign in the sense of being independent and of not belonging to another state. However, its national tasks may be controlled from the outside, for example by a dominant neighboring state. International cooperation and integration between states make it increasingly difficult to argue that all public power in a state comes from the people or another internal source of sovereignty. International cooperation, and the creation of permanent international organizations that comprise several states, is increasingly necessary. Technological progress in the area of transportation and communication has made it more and more irrelevant where goods and services are produced, a trend captured by the term globalization. As people and economies become interconnected, decisions taken in one state may have an impact on the people in another state.

① A State and its National Tasks
② Public Power and Sovereignty
③ Global Technological Progress
④ International Relationship and Independence
⑤ Globalization and International Cooperation

07 Which of the following is true about Hendra according to the passage?

> In Sept. 1994, a violent disease began among a group of racehorses in a small town in Australia. The first victim was a female horse that was last seen eating grass beneath a fruit tree. Within hours, the horse's health declined rapidly. Three people worked to save the animal—the horse's trainer, an assistant, and a veterinarian. Nevertheless, the horse died two days later, leaving the cause of her death uncertain.
>
> Within two weeks, most of the other horses in the stable became ill as well. All had high fevers, difficulty breathing, facial swelling, and blood coming from their noses and mouths. Meanwhile, the trainer and his assistant also became ill, and within days, the trainer was dead, too. Laboratory analysis finally discovered the root of the problem: The horses and men had been infected by a virus, Hendra. This virus had originated in bats that lived in the tree where the first horse had been eating grass. The virus passed from the bats to the horse, then to other horses and to people—with disastrous results.

① Its symptoms in humans include high fevers, difficulty breathing, and facial swelling.
② It can be fatal to both humans and horses.
③ Horses got infected after eating the contaminated grass near the stable.
④ It can be transmitted from humans to animals.
⑤ Humans got infected directly from bats.

08 Which of the following is the most logical sequence to complete the passage?

We often worry about what others will think of us because of our clothes. But researchers are beginning to think that our clothing has an equally powerful effect on how we see ourselves. Researchers report that there is science behind our style.

(A) The scientists also believe that other kinds of symbolic clothes can influence the behavior of the people wearing them. A police officer's uniform or a judge's robe, for example, increases the wearer's feeling of power or confidence.

(B) In their research, researchers had some participants wear white lab coats similar to the ones scientists or doctors wear. Other participants wore their normal clothes. The participants took a test that measured their ability to pay attention.

(C) The people wearing the white coats performed better than the people in regular clothes. Researchers think that the white coats made the participants feel more confident and careful.

① (A) - (B) - (C)

② (A) - (C) - (B)

③ (B) - (A) - (C)

④ (B) - (C) - (A)

⑤ (C) - (A) - (B)

09 Which of the following best fits in the blank?

Nine judges, called Justices, work for the Supreme Court, and they all listen to every case presented to them. The President chooses the people that he wants to serve on the Court, and the Senate confirms or rejects each of the President's choices. He or she will remain on the Supreme Court for life. It is a great honor to be selected to serve on the Supreme Court, because it shows that the President and the Senate trust you to interpret the Constitution fairly. The Supreme Court has the power of _____. This means they have the power to determine if a law is constitutional. If the Justices decide the law does not line up with the Constitution, the law is invalid forever. It is a very difficult job, and often the Court is split 5-4 on tough decisions because everyone reads the Constitution differently.

① judicial review

② social discourse

③ legislative action

④ legal organization

⑤ extrajudicial opinion

10 Where does the given sentence best fit in the passage?

> This piece of evidence leads experts to believe that the underground city was built to protect the city's residents from enemies.

> In 1963, a resident of the Cappadocia region of Turkey was doing some renovations on his house. When he knocked down one of his walls, he was surprised to find a hidden room carved into the stone. He explored the room, and found that it led to an underground city. (A) The underground city is over 60 meters deep—deep enough for 20-story building. (B) It contains massive stone doors that could only be opened or closed from the inside. (C) More than 20,000 people could hide inside it. Over 600 doors lead to the city, hidden under and around existing homes. The hidden city had its own religious centers, livestock stables, kitchens, and even schools. (D) However, experts are not sure exactly how old the underground city is, because any records of its construction and use have disappeared. (E)

① (A)

② (B)

③ (C)

④ (D)

⑤ (E)

11 Which of the following best fits in the blank?

> _____. The Portion Cap Ruling, commonly known as the soda ban, was to restrict the sale of sugary drinks larger than 16 ounces in restaurants, movie theaters, sports arenas and delis. The New York State Court of Appeals issued its final decision on the Portion Cap Ruling. The New York City Board of Health, in adopting the 'Sugary Drinks Portion Cap Rule', exceeded the scope of its regulatory authority. Without any legislative delegation or guidance, the Board engaged in law-making and thus violated the legislative jurisdiction of the City Council of New York.

① New York City lost its final appeal to limit the sale of sugary drinks larger than 16 ounces.

② Portion sizes have grown exponentially over the years and rates of obesity have skyrocketed.

③ We need to change our food environment if we want to reduce obesity rates.

④ The negative effects of sugary drink over-consumption on New Yorkers' health are evident.

⑤ We hope that we can all work together to promote a healthier food environment for our children to grow up in.

12 Which of the following is NOT grammatically correct?

The Titanic was the most magnificent ship. It had luxuries and all comforts. It had electric light and heat, electric elevators, a swimming pool, a Turkish bath, libraries, etc. Most of the passengers were emigrants ① <u>who were coming</u> to America with hopes of a better life. The Titanic began to cross the Atlantic ocean on April 10. Nobody on the ship realized how much danger the ship was in. On April 14, at 11:40 p.m., an iceberg ② <u>was spotted</u> straight ahead. The captain tried to reverse the direction of his ship, but he couldn't because the Titanic was traveling too fast and it was too big. It hit the iceberg and started to sink. The Titanic originally had had 32 lifeboats, but 12 of them ③ <u>had been removed</u> to make the ship look better. While the ship was sinking, rich people ④ <u>had put</u> on the lifeboats. By the time the third-class were allowed to come up from their cabins, most of the lifeboats ⑤ <u>had already left</u>.

13 Which of the following is true according to the passage?

Early movie star Anna May Wong, who broke into Hollywood during the silent film era, will become the first Asian American to appear on US currency, a century after she landed her first leading role. Wong's image, with her trademark blunt bangs and pencil-thin eyebrows, will feature on the back of new quarters from Monday. The design is the fifth to emerge from the American Women Quarters Program, which highlights pioneering women in their respective fields. The other four quarters, all put into production this year, feature poet and activist Maya Angelou; the first American woman in space, Sally Ride; Cherokee Nation leader Wilma Mankiller; and suffragist Nina Otero-Warren. The latter two were, along with Wong, selected with input from the public.

① Maya Angelou and Sally Ride were chosen by public supports.

② Wong's honor signifies a shift in the Hollywood's representation of women.

③ Anna May Wong was never recognized for her achievements during her lifetime.

④ Wong was the only woman considered for the American Women Quarters Program.

⑤ Five new quarters are produced to recognize pioneering women from various fields in the US.

14 Which of the following best fits in the blank?

> Have you ever been told not to say something? It is very common for families to have rules about what can or cannot be said at home, but governments do the very same thing. When a government passes a law restricting what people or organizations can say, it is called _____ .

① detention

② oppression

③ censorship

④ persecution

⑤ crackdown

15 Which of the following best fits in the blank?

> When most people think of the Civil Rights Movement and the people who led it, they think of Martin Luther King, Jr., Malcolm X, Medgar Evers, and other men. But in reality, women were very important participants in the movement. Though women at the time were expected to _____ , many women became leaders of organizations and protests. However, they are often forgotten in history. Rosa Parks is the most well-known woman in the Civil Rights Movement, but the way her story is told makes her seem like more of a symbol than the important leader that she really was.

① implement the rules

② activate their thoughts

③ rebel against society

④ participate more actively

⑤ play a background role

16 Which of the following is NOT grammatically correct?

> Marine debris which is known to cause entanglement ① includes derelict fishing gear such as nets and mono-filament line and also six-pack rings and fishing bait box strapping bands. This debris can cause death by drowning, suffocation, strangulation, starvation through reduced ② feeding efficiency, and injuries. Particularly affected ③ Is seals and sea lions, probably due to their very inquisitive nature of investigating objects in their environment. Entanglement rates in these animals of up to 7.9% of a population ④ have been recorded. Furthermore, in some instances entanglement is a threat to the recovery of already ⑤ reduced population sizes. An estimated 58% of seal and sea lion species are known to have been affected by entanglement including the Hawaiian monk seal, Australian sea lions, New Zealand fur seals and species in the Southern Ocean.

17 Which of the following can be inferred from the passage?

> When it comes to making a cup of coffee, capsules have a reputation for being environmentally unfriendly, as they are often hard to recycle. While coffee is prepared in a variety of ways, coffee capsules have risen in popularity. Despite their popularity, capsules have long divided coffee drinkers who are conscious of the effect their caffeine habit has on the environment. The small plastic or aluminum pods have been criticized for being energy-intensive to produce and for causing unnecessary waste. But new research by the University of Quebec in Canada suggests that pods may not be as wasteful as preparing coffee using a traditional coffee maker, looking at the broader life cycle of a single cup from production to the amount of waste that ends up in a landfill.

① Capsules are wasteful and should be banned.

② New research suggests how to reduce the amount of waste from making coffee.

③ All coffee drinkers look for environmentally friendly products.

④ Capsules may not be as wasteful as other coffee-making methods.

⑤ Capsules are the most popular way of making coffee in the world.

18 Which of the following is NOT mentioned in the passage?

> When cases increase and transmission accelerates, it's more likely that new dangerous and more transmissible variants emerge, which can spread more easily or cause more severe illness. Based on what we know so far, vaccines are proving effective against existing variants, especially at preventing severe disease, hospitalization and death. However, some variants are having a slight impact on the ability of vaccines to guard against mild disease and infection. Vaccines are likely to stay effective against variants because of the broad immune response they cause. It means that virus changes or mutations are unlikely to make vaccines completely ineffective. WHO continues to constantly review the evidence and will update its guidance as we find out more.

① when variants show up

② the effectiveness of vaccines

③ how vaccines respond to variants

④ what makes vaccines always work

⑤ the role of WHO

19 Which of the following is the most appropriate title of the passage?

The James Webb Space Telescope can add another cosmic accomplishment to its list: The space observatory has been used to confirm the existence of an exoplanet for the first time. The celestial body is almost exactly the same size as the Earth. The rocky world is 41 light-years away in the Octans constellation. Previous data collected by NASA had suggested the planet might exist. A team of researchers, led by staff astronomers Kevin Stevenson and Jacob Lustig-Yaeger observed the target using Webb. "There is no question that the planet is there. Webb's pristine data validate it," Lustig-Yaeger said in a statement. The planet's discovery was announced Wednesday at the 241st meeting of the American Astronomical Society in Seattle.

① The Indispensable Role of NASA in Astronomy

② The James Webb Space Telescope's Discovery of a Planet

③ How to Use Space Exploration for Scientific Research

④ How Many Exoplanets the James Webb Space Telescope Has Found

⑤ The Controversy over the James Webb Space Telescope's Capability

20 Which of the following is true according to the passage?

Something was happening to books in 2020 that questions about human existence really were encouraging reading. Certainly, as the first reports came in of pandemic book sales, it did seem that people were at least buying more books. In the UK, physical book sales rose by 6 percent in the week prior to the first national lockdown, paperback fiction sales increased by 35 percent week on week, and Waterstones reported a 400 percent increase of online sales week on week. Physically closed, libraries reported significant growth in new digital users, with Hampshire County Council, for example, seeing an increase in loans of 770 percent. In Denmark, statistics showed that book sales increased by 5.6 percent in 2020 despite shops being closed. In addition, more people than ever subscribed to book streaming services in 2020.

① In 2020 people had less interest in questions about human existence.

② The pandemic created a moment for boosting sales of books.

③ More books were sold in Denmark than in the UK.

④ More people than ever visited libraries in 2020.

⑤ The pandemic has stimulated Denmark's economy.

21 Which of the following can be inferred from the passage?

> While relationships impact the bottom line in any organization, in the not-for-profit world relationships take on even greater importance. Whether you run the local soup kitchen or a membership organization for civil engineers, maintaining good relationships with your members, volunteers, and donors is critical to your success. In part, this comes from the fact that nonprofits are often seen as not really being businesses, even though many of them have multibillion dollar budgets. But the biggest reason that relationships matter to nonprofits is that the very nature of the operation relies on goodwill and volunteerism. Relationships are the foundation of the reputation and awareness that your public relationships and other marketing efforts have built. And without those relationships chances are no one would be donating or volunteering for anything. So if you don't have strong communal relationships with your constituencies, your organization will soon cease to survive. This is why it is critical to continuously measure the nature and efficacy of your relations.

① The success of a non-profit organization depends on the strength of its relationships with key stakeholders.

② The role of non-profit organizations is important for the survival and success of society.

③ People can make a lot of money based on the public relationships with major organizations.

④ Non-profit organizations do not necessarily focus on marketing for publicity.

⑤ People tend to donate and volunteer for the sake of enhancement of their own self-efficacy.

22 Which of the following is the most appropriate title of the passage?

> The majestic structures of ancient Rome have survived for millennia. But how did their construction materials help to keep giant buildings like the Pantheon and the Colosseum standing for more than 2,000 years? Roman concrete, in many cases, has proven to be longer-lasting than modern concrete, which can deteriorate within decades. Now, scientists behind a new study say they have uncovered the mystery ingredient that allowed the Romans to make their construction material so durable and build elaborate structures in challenging places such as docks, sewers and earthquake zones. A research team analyzed 2,000-year-old concrete samples from a city wall in central Italy. They found that white chunks in the concrete, gave the concrete the ability to heal cracks that formed over time. The white chunks previously had been overlooked as evidence of poor-quality raw material.

① The History of Roman Engineering

② The Durability of Ancient Roman Concrete

③ The Use of Concrete in Modern Construction

④ The Challenge of Building Structures in Earthquake Zones

⑤ The Discovery of a New Type of Concrete in Ancient Rome

23 Which of the following best fits in the blank?

The term "herd behavior" comes from the behavior of animals in groups, particularly when they are in a dangerous situation such as escaping a predator. All of the animals band closely together in a group and, in panic mode, move together as a unit. It is very unusual for a member of the herd to stray from the movement of the unit. The term also applies to human behavior, and it usually describes large numbers of people acting the same way at the same time. It often has a(n) _____, as people's actions are driven by emotion rather than by thinking through a situation. Human herd behavior can be observed at large-scale demonstrations, riots, strikes, religious gatherings, sports events, and outbreaks of mob violence. When herd behavior sets in, an individual person's judgment and opinion-forming process shut down as he or she automatically follows the group's movement and behavior.

① rational reasoning

② difference with animals

③ feature of objects

④ demonstrative event

⑤ implication of irrationality

24 Which of the following is the most appropriate title of the passage?

California has been struck by a final round of storms, bringing more rain and snow to a state. Rain and snow were expected Monday overnight and into early Tuesday morning in parts of the state. Although weather should improve this week, many areas are currently at risk of floods and landslides. Storms have battered California in recent weeks, flooding communities and forcing evacuations. The back-to-back deluges have eroded roads and felled trees, making each successive storm more liable to cause serious damage as soils weaken. One to three feet of snow fell in parts of California's Sierra Nevada range over the weekend. As of Monday, eight million people remain under flood watch on California's central coast, and more than 38,600 customers in the state remained without power on Monday.

① The Biggest Loser of Californian Weather

② How to Prepare for the Unpredictability of Rain and Storm

③ Devastated California after a Series of Storms

④ The Causes and Consequences of Floods in California

⑤ California's Self-Inflicted Disaster of Snow Storms

25 Which of the following is the most logical sequence to complete the passage?

SHANGHAI, June 9—Tens of thousands of students and others held a protest rally and marched through the streets of this city today in a demonstration of continued defiance of the Communist leadership.

(A) Estimates of the crowd by reporters and diplomats ranged from about 40,000 to more than 100,000. The rally, coming amid reports that security police were making arrests of participants in the democracy movement in Beijing, reflected a contrast between the two cities.

(B) While the atmosphere in Beijing is solemn and fearful, the events of the day in Shanghai indicate a mood of continued anger and defiance in China's largest and economically most important city.

(C) The demonstrators, led by students from Shanghai's many universities and technical institutes, marched to recorded funeral songs lamenting the thousands killed in Beijing when troops crushed the protest movement there.

① (A) - (C) - (B)
② (B) - (A) - (C)
③ (B) - (C) - (A)
④ (C) - (A) - (B)
⑤ (C) - (B) - (A)

01 Choose the one that is closest in meaning to the underlined word.

> People see themselves differently from how they see others. They are immersed in their own sensations, emotions, and cognitions at the same time that their experience of others is dominated by what can be observed externally. This distinction in the information that people possess when perceiving themselves versus others affects how people evaluate their own and others' behavior. People often view their own actions as caused by situational constraints, while viewing others' actions as caused by those others' internal <u>dispositions</u>. An example would be a person arriving late for a job interview and ascribing that lateness to bad traffic while his interviewer attributed it to personal irresponsibility.

① abhorrences
② indemnities
③ inducements
④ infatuations
⑤ temperaments

02 Choose the one that is closest in meaning to the underlined expression.

> The details of the latest deal were <u>hammered out</u> by the US Secretary of State and his Russian counterpart.

① settled
② canceled
③ criticized
④ renounced
⑤ argued about

03 Which of the following is NOT grammatically correct?

> Two partial solar eclipses—when the moon ① <u>blocks</u> part of the solar disc in the sky—will occur in 2022. The first will be visible in southern South America, parts of Antarctica, and over parts of the Pacific and the Southern Oceans. On April 30, the moon will pass between the Earth and the sun, with the maximum eclipse ② <u>occurring</u> at 20:41 UTC*, when up to 64 percent of the sun's disc will be covered by the moon. To see the greatest extent of the eclipse, viewers will have to ③ <u>position</u> in the Southern Ocean, west of the Antarctic Peninsula. However, eclipse chasers in the southernmost parts of Chile and Argentina will be able to see around 60 percent of the sun ④ <u>blotted</u> out by the moon. Protective eyewear is needed to safely view all phases of a partial solar eclipse. Even though the sun may not appear as ⑤ <u>bright</u> in the sky, staring at it directly can seriously injure your eyes.
>
> *UTC: Universal Time Coordinated

04 Which of the following best fits in the blanks (A) and (B)?

> "There! That's the life we lead. It's enough to make one cry. One works and does one's utmost; one wears oneself out, getting no sleep at night, and racks one's brain over what to do for the best. And then what happens? To begin with, the public is ignorant and (A) _____ . I give them the very best operetta, a dainty masque and first-rate music-hall artists. But do you suppose that's what they want? They don't appreciate anything of that sort. They want a clown; what they ask for is (B) _____ ."

	(A)	(B)
①	assiduous	popularity
②	sensible	sensation
③	boorish	vulgarity
④	peculiar	intelligence
⑤	bragging	improvisation

05 Which of the following is the most appropriate title of the passage?

> Fluid materials such as clay and finger paints are excellent media through which children can express anger as well as curiosity about body parts and functions. With clay, children can tear and pound harmlessly, and they can also create human figures that often have anatomically correct parts. With clay, sand, or blocks, they can be safely destructive and will learn that their own destructive impulses are not necessarily harmful and should not frighten them. Sometimes the pleasure of creating is enhanced by the anticipation of destroying what one has created. With dolls, children can create family scenes and explore family-related anxieties. If they are allowed to communicate freely when using hand puppets, children can reveal some of their innermost feelings, in actions or words, since it is not they but the puppets who are communicating. Adults need to exert control over the behavior of young children, so they must place restrictions on free expression with materials. For example, clay can be pounded, pulled apart, or squashed but should not be thrown at the wall or at other children. However, adults should try to remember that if they are overly restrictive, the play will lose some of its emotional value for children. They should also realize that even a young child can make a distinction between knocking over a block structure that he or she has created and knocking over the furniture in the classroom.

① Various Kinds of Fluid Materials

② Individual Differences in Play

③ The Influence of Culture on Play

④ Developing Expressivity through Play

⑤ Pros and Cons of Using Fluid Materials in Play

06 Which of the following is the most logical sequence to complete the passage?

> The "lessons-of-history" is indeed a familiar phrase, so much so that the lessons are sometimes learned too well. History never repeats itself exactly; no historical situation is the same as any other; even two like events differ in that the first has no precedent, while the second has. But even in this respect, history can teach a lesson— namely that nothing ever stays the same. The only unchanging thing in human affairs is the constancy of change itself. The process of history is unique, but nonetheless intelligible. Each situation and event is distinct, but each is connected to all the foregoing and succeeding ones by a complex web of cause and effect, probability and accident.

> (A) The unique present, just as each unique point in the past, is utterly unintelligible unless we understand the history of how it came to be. While history is a record of unique happenings, it is something more than chaos.
>
> (B) The present may be the consequence of accidents, or of irresistible forces, but in either case the present consequences of past events are real and irreversible.
>
> (C) To perceive the elements of order in the chaotic record of past events is the great task of the historian. Events, people, groups and institutions fall into certain classes that exhibit at least partial regularities.

① (A) - (C) - (B)

② (B) - (A) - (C)

③ (B) - (C) - (A)

④ (C) - (A) - (B)

⑤ (C) - (B) - (A)

07 According to the passage, which of the following would NOT be considered a transactive memory source?

> Search engines have changed the way we use the Internet, putting vast sources of information just a few clicks away. But a recent study shows that websites—and the Internet—are changing much more than technology itself. They are changing the way our memories function. Dr. Wegner's latest study, "Google Effects on Memory: Cognitive Consequences of Having Information at Our Fingertips," shows that when people have access to search engines, they remember fewer facts and less information because they know they can rely on "search" as a readily available shortcut. Wegner believes the new findings show that the Internet has become part of a transactive memory source, a method by which our brains compartmentalize information. First hypothesized by Wegner in 1985, transactive memory exists in many forms, as when a husband relies on his wife to remember a relative's birthday. "It is this whole network of memory where you don't have to remember everything in the world yourself," he says. "You just have to remember who knows it." Now computers and technology as well are becoming virtual extensions of our memory.

① Reminder apps that notify you of upcoming events

② A photo album of your childhood

③ GPS devices that help you find your way with saved routes

④ A written list of your passwords for different websites

⑤ Cell phones with your contact list

08 Which of the following is true according to the passage?

> It may happen that someone gets away, apparently unharmed, from the spot where he has suffered a shocking accident, for instance, a train collision. In the course of the following weeks, however, he develops a series of grave psychical and motor symptoms, which can be ascribed only to his shock or whatever else happened at the time of the accident. He has developed a "traumatic neurosis." This appears quite incomprehensible and is therefore a novel fact. The time that elapsed between the accident and the first appearance of the symptoms is called the "incubation period," a transparent allusion to the pathology of infectious disease. It is the feature one might term *latency*.

① The recurrence of suffering after a shocking accident is a well-known fact.

② A "traumatic neurosis" appears when one is infected by a virus.

③ The term *latency* does not have any relation to infectious disease.

④ A "traumatic neurosis" refers to the shock one feels right after an accident.

⑤ *Latency* refers to the period when the impact of the shocking events remains dormant.

09 Which of the following best fits in the blank?

> Being present to another person—a sustained, caring attention—can be seen as a basic form of compassion. Careful attention to another person also enhances empathy, letting us catch more of the fleeting facial expressions and other such cues that attune us to how that person actually feels in the moment. But if our attention "blinks," _____ .

① we may be more attentive to the person

② our empathy will be enhanced

③ we are less attuned to the behavior of the person

④ we may miss those signals

⑤ we do feel apathy for the person

10 Which of the following is NOT grammatically correct?

"Love yourself and recognize the common humanity in the experience," says researcher David Sbarra. This is called "self-compassion." People who express feelings of loving themselves ① and who recognize they are not alone and other people have felt what they feel have more resilience when dealing with a breakup. You know how ② frustrating it is when you're freaked out and someone tells you to "relax." That's part of the problem with learning self-compassion after a breakup. Anxiety will keep you away from breaking through to being kind and loving with yourself, but you can't force yourself away from the anxiety, and you certainly can't beat yourself up further. Personality plays a big part in how you react, and ③ women tending to handle it with more self-compassion than men. Be kinder to yourself after a breakup, keeping your experience in perspective. Many people experience a painful and difficult breakup, and you're not alone. A breakup is part of the human experience, and ④ realizing you are a part of a collective can help shift your perception to a healthier place. Dr. Sbarra also recommends ⑤ remaining mindful, and in the present. Notice when you feel anger or jealousy, and accept and release it—don't judge it, even if you struggle with releasing it.

11 Which of the following best fits in the blanks (A) and (B)?

Yet the paradox is that scientific methodology is the product of human hands and thus cannot reach some permanent truth. We build scientific theories to organize and manipulate the world, to reduce phenomena into manageable units. Science is based on reproducibility and manufactured objectivity. As strong as that makes its ability to generate claims about matter and energy, it also makes scientific knowledge (A) _____ to the existential, visceral nature or human life, which is unique and subjective and unpredictable. Science may provide the most useful way to organize empirical, reproducible data, but its power to do so is predicated on its (B) _____ to grasp the most central aspects of human life: hope, fear, love, hate, beauty, envy, honor, weakness, striving, suffering, virtue, etc.

	(A)	(B)
①	inapplicable	inability
②	irrelevant	loathing
③	comparable	remnant
④	integral	mundanity
⑤	conform	merits

12 Which of the following is NOT grammatically correct?

The capability ① to form memory is critical to the strategic adaptation of an organism ② to changing environmental demands. Observations ③ indicating that sleep benefits memory ④ date back to the beginning of experimental memory research, and since then ⑤ has been fitted with quite different concepts.

13 Which of the following is NOT used appropriately in the context?

For years, critics have argued about the ancient Greek play *Oedipus Rex*. Some have argued that Oedipus knows nothing of his guilt until the end of the play, when it is revealed that he murdered his own father. Others have insisted that Oedipus is aware all along of his ① guilt. According to this point of view, Oedipus, the brilliant solver of riddles, could not possibly have ② ignored the mounting evidence that he was the murderer of the king. Just how or why this debate has raged for so many years remains a mystery. The correct interpretation is so obvious. Oedipus knows from the beginning that he is ③ innocent. He just pretends to be ignorant of the truth. For example, when a servant tells the story of the king's murder, he uses the word 'bandits.' But when Oedipus repeats his story, he uses the ④ singular form 'bandit.' Sophocles provides clues like this one all the way through the play. Thus, it's hard to understand why anyone would think that Oedipus did not know the truth about his ⑤ crime.

14 Choose the one that is closest in meaning to the underlined word.

Is talent a bad thing? Are we all equally talented? No and no. The ability to quickly climb the learning curve of any skill is obviously a very good thing, and, like it or not, some of us are better at it than others. So why, then, is it such a bad thing to favor "naturals" over "strivers"? What's the downside of television shows like *America's Got Talent, The X Factor*, and *Child Genius*? Why shouldn't we separate children as young as seven or eight into two groups: those few children who are "gifted and talented" and the many, many more who aren't? What harm is there, really, in a talent show being named a "talent show"? In my view, the biggest reason a preoccupation with talent can be harmful is simple: By shining our spotlight on talent, we risk leaving everything else in the shadows. We <u>inadvertently</u> send the message that these other factors—including grit—don't matter as much as they really do.

① deliberately

② incoherently

③ concomitantly

④ surreptitiously

⑤ unintentionally

15 Which of the following is NOT grammatically correct?

If AI is given more agency and takes over what humans used to do, ① how do we then attribute moral responsibility? Who is responsible for the harms and benefits of the technology when humans delegate agency and decisions to AI? The first problem is that an AI system can take actions and make decisions that have ethical consequences, but is not aware of what it does and not capable of moral thought and ② hence cannot hold morally responsible for what it does. Machines can be agents but not moral agents ③ since they lack consciousness, free will, emotions, the capability to form intentions, and the like. For example, on an Aristotelian view, only humans can perform voluntary actions and deliberate about their actions. If this is true, the only solution is to make humans responsible for what the machine does. ④ Humans then delegate agency to the machine, but retain the responsibility. However, this solution faces several problems. An AI system may make its decisions and actions very quickly, for example, in high-frequency trading or in a self-driving car, ⑤ which gives the human too little time to make the final decision or to intervene. How can humans take responsibility for such actions and decisions?

16 Which of the following best fits in the blank?

People rely on _____ to be "normal"— amounts that are typical, expected, and not unusual. Normal rain and snow melt are necessary for consistent agriculture, to feed Earth's 7.3 billion humans. All plants and animals are adapted to a normal amount of moisture for their environment. However, "normal" does not always happen.

① circulation
② precipitation
③ sewage
④ drought
⑤ irrigation

17 What is the passage mainly about?

Trying new things requires a willingness to take risks. However, risk taking is not binary. I'd bet that you're comfortable taking some types of risk and find other types quite uncomfortable. You might not even see the risks that are comfortable for you to take, discounting their riskiness, but are likely to amplify the risk of things that make you more anxious. For example, you might love flying down a ski slope at lightning speed or jumping out of airplanes, and don't view these activities as risky. If so, you're blind to the fact that you're taking on significant physical risks. Others, like me who are not physical risk takers, would rather sip hot chocolate in the ski lodge or buckle themselves tightly into their airplane seats. Alternately, you might feel perfectly comfortable with social risks, such as giving a speech to a large crowd. This doesn't seem risky at all to me. But others, who might be perfectly happy jumping out of a plane, would never think to give a toast at a party.

① Taking both physical and social risks benefits us.

② We should separate risk into two categories: physical risk and social risk.

③ Taking physical risks poses a great challenge to the author.

④ Perception of riskiness differs from person to person.

⑤ The willingness to take risks is a prerequisite for success.

18 Which of the following best fits in the blanks (A), (B) and (C)?

All I could do was to offer you an opinion upon one minor point—a woman must have money and a room of her own if she is to write fiction. I am going to develop in your presence as fully and freely as I can the train of thought which led me to think so. Perhaps if I lay bare the ideas, the prejudices, that lie behind this statement, you will find that they have some (A) _____ upon women and some upon fiction. At any rate, when a subject is highly controversial—and any question about sex is that—one cannot hope to tell the truth. One can only show how one came to hold whatever opinion one does hold. One can only give one's audience the chance of (B) _____ their own conclusions as they observe the limitations, the prejudices and the idiosyncrasies of the speaker. Fiction here is likely to contain more truth than fact. Therefore, I propose, making use of all the liberties and (C) _____ of a novelist, to tell you the story of the two days that preceded my coming here.

	(A)	(B)	(C)
①	bearing	drawing	licenses
②	relieving	writing	imaginations
③	showing	drowning	creativities
④	relevance	throwing	obligations
⑤	giving	collecting	jobs

19 Which of the following is true according to the passage?

Have human beings permanently changed the planet? That seemingly simple question has sparked a new battle between geologists and environmental advocates over what to call the time period we live in. According to the International Union of Geological Sciences, we are officially in the Holocene epoch, which began 11,700 years ago after the last major ice age. But that label is outdated, some experts say. They argue for "Anthropocene"—from *anthropo*, for "man," and *cene*, for "new"—because humankind has caused mass extinctions of plant and animal species, polluted the oceans and altered the atmosphere, among other lasting impacts. However, many stratigraphers (scientists who study rock layers) criticize the idea, saying clear-cut evidence for a new epoch simply isn't there. According to them, when we start naming geologic-time terms, we need to define what exactly the boundary is, where it appears in the rock strata. Anthropocene is more about pop culture than hard science. The crucial question is specifying exactly when human beings began to leave their mark on the planet: The atomic era, for instance, has left traces of radiation in soils around the globe, while deeper down in the rock strata, agriculture's signature in Europe can be detected as far back as 900 A.D. The "Anthropocene," a stratigrapher says, "provides eye-catching jargon, but from the geologic side, I need the bare-bones facts that fit the code." Some Anthropocene proponents concede that difficulty. But don't get bogged down in the mud, they say, just stipulate a date and move on. Will Steffen, who heads Australia National University's Climate Change Institute, says that the new name sends a message: "It will be another strong reminder to the general public that we are now having undeniable impacts on the environment at the scale of the planet as a whole, so much so that a new geological epoch has begun."

① The geologists do not want the environmentalists to have an edge over them by favoring the action of renaming the time period.

② The stratigraphers need to consider the culture in renaming the time period of the Earth.

③ The environmental advocates believe that human beings will get aware of their rampant activities which cause destruction if the time period of the Earth is renamed.

④ The geologists believe that the changes caused by human beings have been going on for a short time.

⑤ Some Anthropocene proponents agree with stratigraphers that it is difficult to find samples in the mud.

20 Which of the following can be inferred from the passage?

Many people around the world work to consider consumer ethics and make ethical consumer choices in their everyday lives in response to the troubling conditions that plague global supply chains and the human-made climate crisis. In a system of consumer signs, those who make the ethical choice to purchase fair trade, organic, locally grown and sustainable goods are also often seen as morally superior to those who don't know, or don't care to make these kinds of purchases.

In the landscape of consumer goods, being an ethical consumer awards one with heightened cultural capital and a higher social status in relation to other consumers. For example, buying a hybrid vehicle signals to others that one is concerned about environmental issues, and neighbors passing by the car in the driveway might even view the car's owner more positively. However, someone who can't afford to replace their 20-year-old car may care about the environment just as much, but they would be unable to demonstrate this through their patterns of consumption. It is likely that those they encounter will assume them to be poor and undereducated. They may experience disrespect and disregard on a daily basis, despite how they behave toward others.

① Someone who does not replace his polluting diesel car with a hybrid model is not an ethical consumer.

② What we buy is often related to our cultural and educational capital, and consumption patterns can reinforce existing social hierarchies.

③ Increasing consumption of goods is a desirable goal of an ethical consumer.

④ Consumption is the means of practicing a truly ethical life.

⑤ People with more cultural capital are likely to be morally superior to those with low levels of cultural capital.

21 Which of the following best fits in the blank?

Inventing Eastern Europe was a project of philosophical and geographical synthesis carried out by the men and women of the Enlightenment. Obviously, the lands of Eastern Europe were not in themselves invented or fictitious; those lands and the people who lived in them were always quite real, and did indeed lie relatively to the east of other lands that lay relatively to the west. The project of invention was not merely a matter of endowing those real lands with invented or mythological attributes, though such endowment certainly flourished in the eighteenth century. The Enlightenment's accounts were not flatly false or fictitious; on the contrary, in an age of increasingly ambitious traveling and more critical observation, those lands were more frequently visited and thoroughly studied than ever before. The work of invention lay in the synthetic association of lands, which drew upon both fact and fiction, to produce the general rubric of Eastern Europe. That rubric represented an aggregation of general and associative observations over a diverse domain of lands and peoples. It is in that sense that Eastern Europe is a cultural construction, that is, _____ _____ of the Enlightenment.

① a fictitious idea

② an unconscious projection

③ a geographical mapping

④ an intellectual invention

⑤ a delirious dream

22 Where does the given sentence best fit in the passage?

> Humans have symbolic language, elaborate social and political institutions, codes of law, literature and art, ethics, and religion; humans build roads and cities, travel by motorcars, ships, and airplanes, and communicate by means of telephones, computers, and televisions.

> Chimpanzees are the closest relatives of Homo sapiens, our species. (A) There is a precise correspondence bone by bone between the skeletons of a chimpanzee and a human. Humans bear young like apes and other mammals. (B) Humans have organs and limbs similar to birds, reptiles, and amphibians; these similarities reflect the common evolutionary origin of vertebrates. (C) However, it does not take much reflection to notice the distinct uniqueness of our species. (D) Conspicuous anatomical differences between humans and apes include bipedal gait and an enlarged brain. Much more conspicuous than the anatomical differences are the distinct behaviors and institutions. (E)

① (A)
② (B)
③ (C)
④ (D)
⑤ (E)

23 Which of the following is NOT grammatically correct?

> If you're not into sport, you're probably planning to avoid university sports teams like the plague, ① determined to avoid reliving the horrible memories of sports classes in school ② etching in your memory. Don't rule out ③ playing sports at university at some level, though. Not only are there a vast array of possible sports to play at university, but there are also a wide range of ability levels, ④ catering for everyone from the very sporty to the complete novice. If you do find a sports club that suits you, here are some of the ways it will improve your university experience and not just by ⑤ helping you work off last night's pizza.

24 Which of the following is the most appropriate title of the passage?

Identifying sleep patterns is difficult due to the lack of regular, high quality surveys. A 2004 study, however, found that average sleep duration is 7 hours, with two-thirds of the people surveyed sleeping 5.5-8.5 hours per night. About a third reported at least one episode of difficulty sleeping on a majority of nights. Whether sleep duration has decreased is hard to determine. According to one study (1983-2005), average adult sleep duration increased by 50 minutes, the prevalence of short sleep (less than 6 hours) decreased from 15% to 10%, and the prevalence of long sleep (greater than 9 hours) increased from 16% to 28%. Evidence on trends in children's sleep is inconclusive. However, a more recent study found that children's sleep increased by about 1 hour over the past century. Even if sleep has not worsened, experts emphasize that insufficient sleep duration is an important public health issue.

① Are We Really Sleep-Deprived?

② How are Sleep Disorders Diagnosed?

③ What are the Different Types of Sleep Disorders?

④ Why Do We Need Sufficient Sleep?

⑤ What are the Consequences of Sleep Deprivation?

25 Which of the following does NOT fit in the passage?

Cartography is both a highly technical and a somewhat artistic pursuit, combining the tools of mathematics and engineering with those of graphic design. ① Maps should be accurate, portraying matter as it really exists rather than as distorted, improperly located, or mislabeled information. They should be visually easy to use, prominently displaying the material a user needs without clutter from unnecessary information. ② This is why road maps, for example, usually do not show mountains and hills except in the simplest ways. ③ Until the 1970s, most maps were being drawn with ink pens and rulers, but now they are composed on computers and printed by machine. To do so would add many extra lines to a map that is already filled with lines representing roads. ④ In converting geographic data from their original form on Earth's surface to a simplified form on a map, we must make many decisions about how this information should be represented. ⑤ No matter how we draw a map, we cannot possibly make it show the world exactly as it is in all its detail, nor would we want it to. Scale and projection are two fundamental properties of maps that determine how information is portrayed.

01 Which of the following best fits in the blank?

> Jack Nicklaus's success on the golf course, and the _____ increase in the size of his bank account, had made him the envy of all professional golfers.

① concomitant
② oscillating
③ festering
④ fledgling
⑤ vignette

02 Which of the following best fits in the blank?

> Draconian laws are the first written code of laws drawn up at Athens, believed to have been introduced in 621 or 620 B.C. by a statesman named Draco. Although their details are obscure, they apparently covered a number of offences. The modern adjective "Draconian," meaning excessively _____, reflects the fact that penalties laid down in the code were extremely severe: pilfering received the same punishment as murder—death. A 4th-century B.C. politician quipped that Draco wrote his laws not in ink, but in blood.

① benign
② vigilant
③ harsh
④ auspicious
⑤ propitious

03 Which of the following is NOT grammatically correct?

> A renaissance man is a person who ① is skilled in many fields and has a broad range of learning in many subjects. The term, renaissance man, ② originates from the artists and scholars of European Renaissance, ③ such as Leonardo Da Vinci or Michelangelo. In Renaissance period, educated men ④ aspired becoming a multi-talented man. They ⑤ were expected to speak several languages, to appreciate literature and art, and to be good sportsmen as well.

04 Which of the following is grammatically correct?

① The 3rd International Geography Conference will held in Seoul.
② I was so hurted when Susan left me.
③ If the weather had been better, I would have been sitting in the garden when he arrived.
④ It is very kind with him to invite me over for his 80th birthday party.
⑤ She has came up with some amazing scheme to double her income.

05 Choose the pair of words that are closest in meaning to the underlined words.

> "In one picture, I could read my non-existence in the clothes my mother had worn before I can remember her. There is a kind of (A) stupefaction in seeing a familiar being dressed differently," writes Roland Barthes in *Camera Lucida* as he searches through family photographs from before his birth. In that single picture, Barthes tells us, the young child rejoins the frail old woman he nursed through her last illness: "She had become my little girl, uniting for me with that essential child she was in her first photograph." There he finds his mother's assertive gentleness, her kindness. There he finds not only his mother but the qualities of their relationship, a (B) congruence between "my mother's being and my grief at her death."

	(A)	(B)
①	amazement	discrepancy
②	wonder	distinctiveness
③	happiness	harmony
④	astonishment	accordance
⑤	contentment	conformance

06 Where does the given sentence best fit in the passage?

> It eventually turned out that the signal was indeed a false alarm due to human error: a computer operator had by mistake inserted into the U.S. warning system computer a training tape simulating the launch of 200 Soviet ICBMs.

> Missile detection systems, like all complex technologies, are subject to malfunctions and to ambiguities of interpretation. (A) We know of at least three false alarms given by the American detection system. (B) For example, on November 9, 1979 the U.S. army general serving as watch officer for the U.S. system phoned then-Under-Secretary of Defense William Perry in the middle of the night to say, "My warning computer is showing 200 ICBMs in flight from the Soviet Union to the United States." (C) But the general concluded that the signal was probably a false alarm, Perry did not awaken President Carter, and Carter did not push the button and needlessly kill a hundred million Soviets. (D) We also know of at least one false alarm given by the Russian detection system: a single non-military rocket launched in 1995 from an island off Norway towards the North Pole was misidentified by the automatic tracking algorithm of Russian radar as a missile launched from an American submarine. (E) These incidents illustrate an important point: A warning signal is not unambiguous.

① (A)
② (B)
③ (C)
④ (D)
⑤ (E)

07 Which of the following is NOT grammatically correct?

Job satisfaction is not universal in middle adulthood. ① For some people, work becomes increasingly stressful as dissatisfaction with working conditions or with the nature of the job mount. ② In some cases, conditions become so bad that the result is burnout or a decision to change jobs. Burnout occurs when workers experience dissatisfaction, disillusionment, frustration, and weariness from their jobs. It occurs most often in jobs that involve helping others, and ③ it often strikes those who initially were the most idealistic and driven. In some ways, such workers may be overcommitted to their jobs, and ④ the realization that they can make only minor dents in huge societal problems such as poverty and medical care can be disappointing and demoralizing. Thus, ⑤ the idealism with which they may have entered a profession is replaced by pessimism and the attitude that it is impossible to provide any kind of meaningful solution to a problem.

08 Which of the following is NOT true according to the passage?

There is a mode of vital experience—experience of space and time, of the self and others, of life's possibilities and perils—that is shared by men and women all over the world today. I will call this body of experience "modernity." To be modern is to find ourselves in an environment that promises us adventure, power, joy, growth, transformation of ourselves and the world—and, at the same time, that threatens to destroy everything we have, everything we know, everything we are. Modern environments and experiences cut across all boundaries of geography and ethnicity, of class and nationality, of religion and ideology: in this sense, modernity can be said to unite all mankind. But it is a paradoxical unity, a unity of disunity: it pours us all into a maelstrom of perpetual disintegration and renewal, of struggle and contradiction, of ambiguity and anguish.

① Modernity refers to a mode of experience that is shared by people in the world.

② Modernity finds us in an environment that threatens to destroy everything we have.

③ Modernity separates mankind according to the different geographical locations.

④ Modernity is a mode of experience that encompasses life's possibilities and perils.

⑤ Modernity traverses boundaries of ethnicity, nationality, and ideology.

09 Which of the following best fits in the blank?

The slogan "Global Britain" first gained currency in the months after the country's vote to leave the European Union in 2016. Theresa May deployed the phrase five times when she addressed the Conservative Party conference for the first time as prime minister. Days later it was the title of Boris Johnson's first policy speech as Mrs May's foreign secretary. What it meant in practice, beyond an attempt to reassure Britons that Brexit would not mean autarky, remained hazy. The idea is finally being fleshed out. On March 16th Mr Johnson's government published "Global Britain in a Competitive Age", a 114-page "integrated review" of the country's foreign, security, defence and aid policy, billed as the most radical such review since the end of the cold war. In many ways, _____. The text is free of the ebullient jingoism beloved of Mr Johnson and his cabinet. Many observers had anticipated a pivot away from Europe, where Britain is locked in diplomatic trench warfare with the EU, towards the rising powers of Asia.

① it defies expectations

② it gains popularity

③ it conforms to Brexit

④ this subscribes to the party's recommendations

⑤ this overlooks the country's economical situations

10 Which of the following is the most logical sequence of the four parts to complete the passage?

According to the theories of physics, if we were to look at the Universe one second after the Big Bang, what we would see is a 10-billion degree sea of neutrons, protons, electrons, anti-electrons (positrons), photons, and neutrinos.

(A) As it continued to cool, it would eventually reach the temperature where electrons combined with nuclei to form neutral atoms.

(B) But when the free electrons were absorbed to form neutral atoms, the Universe suddenly became transparent.

(C) Then, as time went on, we would see the Universe cool, the neutrons either decaying into protons and electrons or combining with protons to make deuterium (an isotope of hydrogen).

(D) Before this "recombination" occurred, the Universe would have been opaque because the free electrons would have caused light (photons) to scatter the way sunlight scatters from the water droplets in clouds.

Those same photons—the after glow of the Big Bang known as cosmic background radiation—can be observed today.

① (A) - (B) - (C) - (D)

② (A) - (C) - (B) - (D)

③ (B) - (A) - (D) - (C)

④ (C) - (A) - (D) - (B)

⑤ (C) - (D) - (B) - (A)

11 Which of the following is the most appropriate title of the passage?

Human population growth, rising incomes and preference shifts will considerably increase global demand for nutritious food in the coming decades. Malnutrition and hunger still plague many countries, and projections of population and income by 2050 suggest a future need for more than 500 megatonnes (Mt) of meat per year for human consumption. Scaling up the production of land-derived food crops is challenging, because of declining yield rates and competition for scarce land and water resources. Land-derived seafood (freshwater aquaculture and inland capture fisheries; we use seafood to denote any aquatic food resource, and food from the sea for marine resources specifically) has an important role in food security and global supply, but its expansion is also constrained. Similar to other land-based production, the expansion of land-based aquaculture has resulted in substantial environmental externalities that affect water, soil, biodiversity and climate, and which compromise the ability of the environment to produce food. Despite the importance of terrestrial aquaculture in seafood production, many countries—notably China, the largest inland-aquaculture producer— have restricted the use of land and public waters for this purpose, which constrains expansion. Although inland capture fisheries are important for food security, their contribution to total global seafood production is limited and expansion is hampered by ecosystem constraints. Thus, to meet future needs (and recognizing that land-based sources of fish and other foods are also part of the solution), we ask whether the sustainable production of food from the sea has an important role in future supply.

① The Rise of Global Food Demand
② The Future of Food from the Sea
③ Climate Change and Biodiversity Loss
④ Food-producing Sectors in the Ocean
⑤ Edible Food from the Sea and Marine Culture

12 Which of the following best fits in the blanks (A), (B) and (C)?

Congress is considering a series of bills that, if passed into law, would (A) _____ changes to the Endangered Species Act that could shift control of conservation measures to state and local governments, accelerate decisions about whether species need protecting, and (B) _____ courts' power to overturn decisions to lift or loosen species protections, the Associated Press (AP) reports. Many Democrats and wildlife advocates argue that the proposed changes will put the world's biodiversity at risk. "The wildlife extinction package is an extreme and all-encompassing assault on the Endangered Species Act," Bob Dreher, senior vice president of conservation programs at the nonprofit conservation organization Defenders of Wildlife, says in a statement posted by YubaNet.com. "These bills discard science, increasing the likelihood of harm to species and habitat, create hurdles to protecting species, and (C) _____ citizen's ability to enforce the law in court, while delegating authority for species management to states—or even corporations and individuals— that are ill-equipped to assume it."

	(A)	(B)	(C)
①	initiate	hinder	rectify
②	bolster	indulge	remedy
③	nullify	expand	ruin
④	instruct	widen	block
⑤	institute	limit	undermine

13 Which of the following is NOT mentioned in the passage?

> In the first week of May 2000, unseasonably heavy rain drenched the rural town of Walkerton, Canada. As the rainstorms passed, Walkerton's residents began to fall ill in their hundreds. With ever more people developing gastroenteritis and bloody diarrhoea, the authorities tested the water supply. They discovered what the water company had been keeping quiet for days: the town's drinking water was contaminated with a deadly strain of E. coli. It transpired that bosses at the water company had known for weeks that the chlorination system on one of the town's wells was broken. During the rain, their negligence had meant that run-off from farmland had carried residues from manure straight into the water supply. A day after the contamination was revealed, three adults and a baby died from their illnesses. Over the next few weeks, three more people succumbed. In total, half of Walkerton's 5,000-strong population were infected in just a couple of weeks.

① when and where the incident happened
② main causes of the disease outbreak
③ compensation for damage by the water company
④ the number of deaths in the town
⑤ the population size of the town

14 Which of the following best fits in the blank?

> In most instances, it is illegal for representatives of two or more companies to secretly set similar prices for their products. This practice, known as price fixing, is generally held to be an anticompetitive act. Companies that _____ in this manner are generally trying to ensure higher prices for their products than would be generally available if markets are functioning freely.

① flout
② scalp
③ endue
④ collude
⑤ censure

15 Choose the one that is closest in meaning to the underlined expression.

> There is serious concern the poison may have been moved somewhere that we don't know about by other people who are at large and determined to carry out an attack.

① not disengaged
② not yet confined
③ disguised in group
④ vanished with people
⑤ secretly camouflaged

16 Which of the following is NOT grammatically correct?

In Europe, rules on positive discrimination ① are being discussed in each country. The rules state that ② companies should give women ③ preference for non-executive posts where there is no better-qualified male candidate, until women reach a total of 40% in the boardroom. The draft law ④ made it possible to fine the companies which ignore the rules. ⑤ If endorsing, the rules will take seven years to come into force.

17 Which of the following is NOT grammatically correct?

The distance to the stars can seem unfathomably immense. Physicist Freeman Dyson at Princeton suggests that, ① to reach them, we might learn something from the voyages of the Polynesians thousands of years ago. Instead of trying to make one extended journey across the Pacific, which ② would likely to have ended in disaster, they went island hopping, spreading across the ocean's landmasses one at a time. ③ Each time they reached an island, they would create a permanent settlement and then move on to the next island. He posits ④ that we might create intermediate colonies in deep space in the same way. The key to this strategy would be the comets, which, along with rogue planets that have somehow ⑤ been ejected from their solar systems, might litter the path to the stars.

18 Which of the following best fits in the blank?

In the early years of Christianity, Easter was the main holiday; the birth of Jesus was not celebrated. In the fourth century, church officials decided to declare the birth of Jesus as a holiday. Unfortunately, the Bible does not mention date for his birth (a fact Puritans later pointed out in order to deny the legitimacy of the celebration). Although some evidence suggests that his birth _____ in the spring (why would shepherds be herding in the middle of winter?), Pope Julius I chose December 25. It is commonly believed that the church chose this date in an effort to adopt and absorb the traditions of the pagan Saturnalia festival.

① may have occurred

② might not occur

③ should occur

④ ought not occur

⑤ could not have occurred

19 Which of the following is true according to the passage?

> Power is something we are often uncomfortable naming and talking about explicitly. In our everyday talk, power has a negative moral vibe: "power-mad", "power-hungry", "power trip". But power is no more inherently good or evil than fire or physics. It just is. The only question is whether we will try to understand and harness it. In the culture and mythology of democracy, power is supposed to reside with the people. Here's my simple definition of power—it's the capacity to ensure that others do as you would want them to do. Civic power is that capacity exercised by citizens in public, whether in elections or government or in social and economic arenas. Power in civic life takes many forms: force, wealth, state action, ideas, social norms, numbers. And it flows through many conduits: institutions, organizations, networks, laws and rules, narratives and ideologies. Map these forms and conduits against each other, and you get what we think of as "the power structure." The problem today is that too many people aren't able to draw, read or follow such a map. Too many people are profoundly illiterate in power. As a result, it has become ever easier for those who do understand how power operates in civic life to wield a disproportionate influence and fill the void created by the ignorance of the majority.

① Power is the word that is widely welcomed and comfortably discussed.

② We citizens do not have the right to discuss and harness the logic of power.

③ Civic power is the capacity mainly exercised by officials in the government.

④ In everyday life, the majority of people tend to skillfully map the civic power.

⑤ Relations between the forms and conduits of power help identify its structure.

20 Which of the following is the most logical sequence of the three parts to complete the passage?

> In contrast to a growing number of scholars in other fields, economists have contributed relatively little to recent critiques of consumer society. With a few notable exceptions, contemporary economists have been hesitant to entertain questions about the relationship of consumption to quality of life.

> (A) Economists, moreover, are typically unwilling to engage in critical discussion of values and preferences. In the absence of such discussion, it is easily assumed that the existing configuration of consumer choice is optimal.
>
> (B) Otherwise, it would not be occurring. Actually the implications of the model are even stronger, as we shall see.
>
> (C) Their reluctance is not difficult to explain. Most economists subscribe to a model that holds that as long as standard assumptions are satisfied, consumption must be yielding welfare.

① (A) - (B) - (C)

② (B) - (A) - (C)

③ (B) - (C) - (A)

④ (C) - (A) - (B)

⑤ (C) - (B) - (A)

21 Which of the following best fits in the blank?

Black Death, pandemic that ravaged Europe between 1347 and 1351, took a proportionately greater toll of life than any other known epidemic or war up to that time. The consequences of this violent catastrophe were many. A cessation of wars and a sudden slump in trade immediately followed but were only of short duration. A more lasting and serious consequence was the drastic reduction of the amount of land under cultivation, due to the deaths of so many labourers. This proved to be the ruin of many landowners. The shortage of labour compelled them to substitute wages or money rents in place of labour services in an effort to keep their tenants. There was also a general rise in wages for artisans and peasants. These changes brought a new _____ to the hitherto rigid stratification of society.

① fluidity

② violence

③ medicine

④ boundary

⑤ monarchy

22 Which of the following best fits in the blanks (A), (B) and (C)?

Modern online disinformation exploits the attention-driven business model that powers most of the internet as we currently know it. Platforms like Google and Facebook make (A) _____ amounts of money grabbing and capturing our attention so they can show us paid advertisements. That attention is gamed using algorithms that measure what content we engage with and automatically show us more content like it. The problem, of course, emerges when these algorithms automatically recommend and (B) _____ our worst tendencies. As humans, we evolved to respond more strongly to negative stimuli than positive ones. These algorithms detect that and (C) _____ it, selecting content that sends us down increasingly negative rabbit holes.

	(A)	(B)	(C)
①	staggering	abridge	underestimate
②	astounding	compress	enunciate
③	staggering	amplify	reinforce
④	astounding	enlarge	revamp
⑤	awesome	compress	underpin

23 Which of the following does NOT fit in the passage?

① For at least 3,000 years, a fluctuating proportion of the world's population has believed that the end of the world is imminent. Scholars dispute its origins, but it seems likely that the distinctive construction of apocalyptic narratives that inflects much environmentalism today began around 1200 B.C., in the thought of the Iranian prophet Zoroaster, or Zarathustra. ② Notions of the world's gradual decline were widespread in ancient civilizations. ③ But Zoroaster bequeathed to Jewish, Christian and later secular models of history a sense of urgency about the demise of the world. From Zealots of Roman Judaea to the Branch Davidians, so many believers have fought and died in fear and hope of impending apocalypse, while some others including Nazis and communists have adopted apocalyptic rhetoric, again with catastrophic results as prophecies of crisis and conflict inexorably fulfil themselves. ④ Yet arguably similar rhetoric strategies have provided the green movement with some of its most striking successes. ⑤ Eurasians have not always believed that their world will end someday. With this in mind, it is crucial that we consider the past and future role of the apocalyptic narrative in environmental and radical ecological discourse.

24 Which of the following best fits in the blank?

Cells are considered the foundation of life, but viruses—with all their genetic diversity—may share in that role. Our planet's earliest viruses and cells likely evolved in an intertwined and often symbiotic relationship of predator and prey. Evidence even suggests that viruses may have started out as cells but _____ _____. This dependent relationship began a long history of coevolution. Viruses living in cells cause their hosts to adapt, and those changes then cause viruses to adapt in a never ending cycle of one-upmanship.

① injected many primitive characteristics into early cellular ancestors

② lost their autonomy as they evolved to thrive as parasites on other cells

③ transmitted to humans via saliva in a mosquito's bite and gotten independent from them

④ handed over through a cell's membrane by using receptors and continually modified

⑤ exposed to a weakened virus and recognized that specific invader

25 Which of the following is the most appropriate title of the passage?

> Variation in a characteristic that is a result of genetic information from the parents is called inherited variation. Children usually look a little like their father, and a little like their mother, but they will not be identical to either of their parents. This is because they get half of their DNA and inherited features from each parent. Each egg cell and each sperm cell contains half of the genetic information needed for an individual. When these join at fertilization a new cell is formed with all the genetic information needed for an individual. Here are some examples of inherited variation in humans: eye colour, hair colour, skin colour, lobed or lobeless ears, ability to roll your tongue. Gender is inherited variation too, because whether you are male or female is a result of the genes you inherited from your parents.

① The Causes of Gender Difference
② Child and Parent Identification
③ Genetic Identification and DNA
④ Inherited Causes of Variation
⑤ Cause and Effect of Social Inheritance

✅ 회독 CHECK 1 2 3

01 Choose the one that is closest in meaning to the underlined word.

> He is generally regarded as a <u>discursive</u> writer, not especially adept at the economical use of words.

① meandering   ② quixotic

③ reticent   ④ railing

⑤ brittle

02 Which of the following best fits in the blank?

> Tort law is the area of the law that covers most civil suits. Generally, every claim that arises in civil court, with the exception of contractual disputes, falls under tort law. The concept of this area of law is to _____ a wrong done to a person and provide relief from the wrongful acts of others, usually by awarding monetary damages as compensation. The original intent of tort is to provide full compensation for proved harms.

① adduce   ② redress

③ mediate   ④ excurse

⑤ condemn

03 Which of the following is NOT grammatically correct?

① Newspapers are ephemeral texts; that is, they are intended only for the day they are delivering the news.

② One-third of the workers are now earning less than the average wage as a result of soaraway pay deals for executives and directors.

③ Floor lamps have become a stylish design element that brings interest and drama to a space in a way furniture and art can't compete with.

④ Neither congress nor state legislatures have authorized the development of such a system, and growing numbers of lawmakers are criticizing the technology as a dangerous tool.

⑤ Education has been seen as one of the most important tools of upward social mobility, and many a tale has been told parents who have sacrificed all in ensuring that their children received a good education.

영어

국회직

04 Which of the following is the most logical sequence of the three parts to complete the passage?

A television series has the same lead characters in each episode, but each episode has a different story which is concluded. There is 'dead time' between the episodes, with no memory from one to the other, and episodes can be screened or repeated in any order.

(A) Their characters appear to live continuously between episodes. They grow and change with time, and have active memories of previous events.

(B) The main characters appear to have a life only in each episode, not between them, and do not grow or change as episode follows episode.

(C) Serials, on the other hand, have the same characters, but have continuous storylines, normally more than one, that continue from episode to episode.

① (A) - (B) - (C)
② (A) - (C) - (B)
③ (B) - (A) - (C)
④ (B) - (C) - (A)
⑤ (C) - (B) - (A)

05 Which of the following is NOT used appropriately in the context?

One result of ① comparative studies of the behavior, output and outcome of democracies has been that simple generalizations do not fit. An example is the widespread belief that majoritarian democracies of the U.S. or British brand are superior to all other forms of democracy. Majoritarian democracies were long regarded as more stable, fitter for survival even under ② adverse circumstances such as during the interwar period and World War II, and better at problem solving. That belief largely ③ mirrored the survival of the English-speaking democracies in the 1920s and 1930s as opposed to the breakdown of a wide variety of democratic states and the rise of Fascism in Italy and of National Socialism in Germany and Austria in this period. Moreover, a majoritarian democracy of the Westminster type in particular was often regarded as a guarantee of, if not the only road to, full parliamentary sovereignty, efficient government formation, clear-cut divisions of labor between ④ incumbent and opposition parties, transparency, accountability and the capacity to respond to new challenges and opportunities in an innovative fashion or, alternatively, as a guarantee of checks and balances ⑤ demolishing the legislature and the executive.

06 Which of the following is NOT grammatically correct?

Although scientists have been familiar with the principle of Occam's razor for centuries, it ① became more widely known to the general public after the movie Contact came out in 1997. The movie, based on a novel written by Carl Sagan and ② starred Jodie Foster as SETI scientist Dr. Ellie Arroway, involves the first confirmed communication received on Earth by extraterrestrial intelligence. The communication is eventually discovered to be a diagram to build a transporter, which Ellie uses to travel through a series of wormholes to ③ visit with one of the aliens who made the transport possible, in a first step toward interstellar space travel. When Ellie returns, ④ she estimates she was gone about 18 hours, only to find that in Earth time, it appeared she had never left. Her story is doubted, especially when it's revealed that ⑤ her recording device recorded nothing but static. When Ellie tries to persuade the others that she actually did travel through time, she is reminded of the principle of Occam's razor: that the easiest explanation tends to be the right one. Meaning, she probably never left.

07 Which of the following is NOT true about rafting and whitewater rafting according to the passage?

Rafting and whitewater rafting are recreational outdoor activities which use an inflatable raft to navigate a river or other body of water. This is often done on whitewater or different degrees of rough water. Dealing with risks and the need for teamwork are a part of the experience. This activity as an adventure sport has become popular since the 1950s, evolving from individuals paddling 10 feet (3.0m) to 14 feet (4.3m) rafts with double-bladed paddles or oars to multi-person rafts propelled by single-bladed paddles and steered by a person at the stern, or by the use of oars. Rafting on certain sections of rivers is considered an extreme sport and can be fatal, while other sections are not so extreme or difficult. Rafting is also a competitive sport practiced around the world which culminates in a world rafting championship event between the participating nations. The International Rafting Federation, often referred to as the IRF, is the worldwide body which oversees all aspects of the sport.

① They are outdoor adventure sports.

② They have become popular since the 1950s.

③ Dealing with risks is a part of the experience.

④ Rafting is a competitive sport practiced around the world.

⑤ Single-person rafting is banned in some rivers because of risks.

08 Which of the following best fits in the blank?

While most flowering plants reward pollinators with tasty nectar, many orchid species turn to trickery. Some use what's called food deception. They produce flowers that look or smell like they offer food, but offer no edible reward. Other orchids use sexual deception. They produce flowers that look or smell like female insects, usually bees or wasps. Males are drawn to the sexy flowers and attempt to mate with them. In doing so, they accidentally collect pollen on their bodies, which fertilizes the next orchid they visit. From an evolutionary perspective, the sexual strategy is a bit puzzling. Orchids that offer nectar or mimic food can attract a wide variety of food-seeking pollinators—bees, wasps, flies, ants and so on. But sexual displays are only attractive to the males of a single species—a flower that looks like a female wasp is only going to attract male wasps, not other insects. So in appealing to sex, these orchids limit their potential pollinators, which would seem to be a(n) _____ .

① mutual agreement

② attractive strategy

③ profitable investment

④ reproductive disadvantage

⑤ evolutionary advancement

09 Choose the one that is closest in meaning to the underlined word.

Magna Carta was hammered out in negotiations between the leaders of two armed parties—the king on one side and the rebel barons on the other. Neither side expected it to settle the matter, and both anticipated continued war between king and barons. Within three months of it being issued at Runnymede, Pope Innocent III had <u>annulled</u> the charter; the rebels had renounced their homage to the king and invited the son of the king of France to take the crown of England in John's place.

① vindicated

② notarized

③ validated

④ repealed

⑤ extolled

10 Which of the following does NOT fit in the passage?

Fear of flying, or aviophobia, is an anxiety disorder. About 40% of the general population reports some fear of flying, and 2.5% has what is classified as a clinical phobia, one in which a person avoids flying or does so with significant distress. ① Like other situational phobias, the fear is disproportionate to the danger posed. Commercial air travel in the United States is extremely safe. ② A person who took a 500-mile flight every day for a year would have a fatality risk of 1 in 85,000, according to an analysis by Ian Savage, associate chair of the Economics Department at Northwestern University. In contrast, highway travel accounts for 94.4% of national transportation fatalities. ③ Little is known about what keeps people afraid even after exposure to successful flights. But for many, statistics are not enough to quell phobias. ④ The Anxiety and Depression Association of America suggests eight steps to help identify triggers and defuse them. Martin Seif, a clinical psychologist who wrote the steps, identifies the variety of conditions that may comprise the phobia. Panic disorder, social anxiety disorder and obsessive compulsive disorder are among them. For some, breathing exercises, anti-anxiety medication and cognitive behavioral therapy work. ⑤ But the strategies do not work for everyone.

11 Which of the following best fits in the blanks (A) and (B)?

Since the 2013 Snowden disclosures revealed the extent of government surveillance programs, it's been a standard claim by intelligence agencies, seeking to justify their push for more powers, that their ability to track suspects using new technologies is under threat because of growing use of end-to-end encryption by technology companies. For example, in a speech in fall 2014, FBI director James Comey asserted: "the law hasn't kept pace with technology, and this disconnect has created a significant public safety problem. We call it 'Going Dark ······' We have the legal authority to intercept and access communications and information pursuant to court order, but we often lack the technical ability to do so." (A) _____, a new study, published yesterday by Harvard University and funded by the Hewlett Foundation, debunks the notion that surveillance agencies are struggling with a data blackout. (B) _____, it argues, the rise of connected devices (the so-called Internet of Things) presents massive opportunities for surveillance, supported by technology companies having business models that rely on data-mining their own users—providing an incentive for them not to robustly encrypt IoT data.

	(A)	(B)
①	However	On the contrary
②	Likewise	Furthermore
③	For instance	Therefore
④	Nevertheless	In addition
⑤	Consequently	On the other hand

12 Which of the following can be inferred from the passage?

> Any effective approach to learning has to be developed with the brain's inherent limitations in mind. If we know that the brain cannot effectively store and recall lots of information in a short period of time, then "cramming" is a recipe for disaster. Similarly, we know that the brain preferentially stores information it deems to be important. It strengthens and consolidates memories of things it encounters regularly and frequently. So spaced repetition—revisiting information regularly at set intervals over time—makes a lot of sense. Spaced repetition is simple, but highly effective because it deliberately hacks the way your brain works. It forces learning to be effortful, and like muscles, the brain responds to that stimulus by strengthening the connections between nerve cells. By spacing the intervals out, you're further exercising these connections each time. It produces long-term, durable retention of knowledge, and in my experience, once people start using it, they swear by it.

① Human brain's capacity to store knowledge is limitless.

② Manipulation of repetition timing can be a means to improve recall.

③ Cramming is properly aligned with how our brains actually work.

④ There are fundamental differences in how brains and muscles respond to stimuli.

⑤ Retention of knowledge may be difficult to measure due to the brain's inherent limitations.

13 Which of the following sentences is NOT grammatically correct?

> (A) A Pennsylvanian teen is currently fighting for his life after his lungs became so damaged from vaping that they were almost entirely blocked with solidified vaping oils, which doctors compared to bacon grease. (B) Anthony Mayo, 19, was admitted into the intensive care unit of Millcreek Community Hospital in Erie, PA earlier this month following doctors' discovery that both his lungs were heavily congested and his oxygen levels were quickly depleting. (C) Due to his severe condition, doctors have told Anthony's parents, Tanya and Keith Mayo, that their son "currently has the lungs of a 70-year-old lifetime heavy smoker" and "a full recovery is uncertain." (D) Now, as they hope for a miracle, Tanya is sharing photos of her son's damaged lungs in a bid to raise awareness about the dangers of vaping and dissuade other parents and their children of using the e-cigarettes. (E) "This is what vaping looks like when your otherwise healthy 19-year-old son is admitted into the ICU," Tanya wrote beside two photos of Anthony's lungs.

① (A)　　　　　　　　② (B)

③ (C)　　　　　　　　④ (D)

⑤ (E)

14 Choose the one that is most opposite in meaning to the underlined word.

> Existing police resources are not wisely used, although not for any wicked or <u>venal</u> reason.

① laudable   ② imprudent

③ despicable   ④ corruptible

⑤ blasphemous

15 Which of the following best fits in the blank?

> Defining the boundaries of paralinguistic communication is difficult. Paralinguistic communication is closely related to kinetic communication which includes gesture, body posture, and other nonverbal forms of communication. Often, particular gestures are routinely _____ by particular sounds; such pairings may not have the same meanings when separated.

① spited   ② disguised

③ interfered   ④ punctuated

⑤ accompanied

16 Which of the following is NOT grammatically correct?

① Sentences frequently refer back to the previous sentence or forward next when an argument or discussion is being developed.

② A powerful tool for conveying meaning is the way in which language can assume a particular meaning without directly asserting it.

③ The term newspaper suggests that the content of a newspaper will be primarily devoted to the news of the day, and some analysis and comment on this news.

④ By the end of the 1930s, states had recognized the importance of conserving natural resources and negotiated several agreements to protect fauna and flora.

⑤ Modal verbs such as can, would, and should carry a range of meanings, and it is a mistake to try to identify a fixed one-to-one relationship between verb and meaning.

17 Which of the following is the most logical sequence of the three parts to complete the passage?

> First, what is politics about? One of the classic answers to this question is that politics is about who gets what, when and how. On this view, politics is essentially about settling contestation over the distribution of material goods.

> (A) Yet the notion that politics is solely, or mainly, about distribution has been challenged over the past three or more decades. The increasing salience of 'post-ideological' contestation around values and lifestyles suggests that politics is as much, or arguably more, about identity and culture as it is about material resources.
>
> (B) This may have been a fair characterization of politics in the post-World War II era—an era that saw the rolling out of progressive taxation and welfare provision by a relatively centralized state and a party political system based on a traditional left-right ideological cleavage.
>
> (C) Much of our contemporary political debate revolves around issues that are not neatly categorized as left or right, such as the environment, gender and sexual rights, immigration and security.

① (A) - (B) - (C)

② (A) - (C) - (B)

③ (B) - (A) - (C)

④ (B) - (C) - (A)

⑤ (C) - (B) - (A)

18 Which of the following is NOT used appropriately in the context?

> Jim Heckman, Nobel Laureate in economics, and his collaborators have shown that strong foundational skills built in early childhood are crucial for socio-economic success. These foundational skills lead to a self-reinforcing motivation to learn so that "skills ① beget skills." This leads to better-paying jobs, healthier lifestyle choices, greater social participation and more productive societies. Growing research also reveals that these benefits are linked to the important role that early foundations of cognitive and socio-emotional abilities play on healthy brain development across the human lifespan. Brain complexity—the diversity and complexity of neural pathways and networks—is ② molded during childhood and has a lasting impact on the development of cognitive and socio-emotional human abilities. Childhood cognitive abilities provide a foundation for adult cognitive functions. This means that successful brain development ③ ensures that children develop basic cognitive abilities. The so-called "fluid abilities" (such as memory, reasoning, speed of thought, and problem solving ability), which ④ underlie high-level cognitive processes, are used to acquire new knowledge and ⑤ aggravate novel problems.

19 Which of the following is NOT grammatically correct?

Forms of address, deference and hierarchy are ① dramatically different from culture to culture, and miscommunication can occur if a speaker does not face the values of the other cultural group. There was a case of a learner of Spanish in Mexico who uses 'tu' to address everyone, ignorant of the fact that Mexicans reserve 'tu' for intimates or ② people try to pick a fight. Differences are evident in business negotiations; Anglo-American business people prefer close, friendly, egalitarian relationships, symmetrical solidarity, ③ using first names from the beginning. Asians usually prefer symmetrical deference, and ④ to keep to surnames. They invent Western first names to get round the Westerners' insistence on first names, and often protect their own first name, ⑤ which is reserved for intimates.

20 Which of the following is true according to the passage?

The shape and design of the modern violin is largely influenced by two makers from Cremona, Italy. The instrument was invented by Andrea Amati and then improved by Antonio Stradivari. Although the construction methods of Amati and Stradivari have been carefully examined, the underlying acoustic qualities which contribute to their popularity are little understood. According to Geminiani, a Baroque violinist, the ideal violin tone should "rival the most perfect human voice." To investigate whether Amati and Stradivari violins produce voice-like features, we recorded the scales of 15 antique Italian violins as well as male and female singers. The frequency response curves are similar between the Andrea Amati violin and human singers, up to 4.2kHz. By linear predictive coding analysis, the first two formants of the Amati exhibit vowel-like qualities (F1/F2=503/1,583Hz), mapping to the central region on the vowel diagram. Its third and fourth formants (F3/F4=2,602/3,731Hz) resemble those produced by male singers.

① Antonio Stradivari from Cremona, Italy is credited with making the first violin.

② The third and fourth formants of the Amati violin are similar to those of male singers.

③ Geminiani, a Baroque violinist, investigated the acoustic qualities of Italian violins.

④ The second formant of the Amati violin corresponds to the first formant of the Stradivari's.

⑤ Sounds of Italian male and female singers and those of contemporary violins were compared.

21 Which of the following best fits in the blank?

The concept of an independent tribunal set out in Article 6 of the Convention implies the power of a court to adopt a binding decision, which cannot be subject to any change, approval or ratification by a non-judicial authority. Failure to execute judicial decisions, or their protracted non-execution, puts the credibility and stability of the justice system at risk and can ultimately undermine the key values necessary to preserve our democracies. Enforcement is especially important when it comes to maintaining public trust in the judicial system. Such trust cannot be sustained if ＿＿＿＿＿＿＿＿＿＿＿＿＿ promptly and in full. Member states have a duty to ensure that all persons who receive a final and binding court judgment have the right to its enforcement. Public entities are bound to respect and to implement judicial decisions in a rapid way *ex officio*. The very idea of a state body refusing to obey a court decision undermines the concept of primacy of the law.

① judicial decisions are not executed
② democratic values are disintegrated
③ public policies are not implemented
④ legislative processes do not proceed
⑤ parliamentary procedures are not taken

22 Which of the following best fits in the blank?

Football players generally avoid alienating their fans so that displays of ＿＿＿＿＿＿＿ and wrapping themselves in the national flag might be seen partly as expressions of identity but also as sensible responses to fan expectations and a means to avoid accusations of disloyalty.

① alteration
② allegiance
③ alleviation
④ alliteration
⑤ ammunition

23 Where does the given sentence best fit in the passage?

They had attained academic, domestic, and social success—and they were always ready to capitalize on new opportunities that arose.

In 1989, a developmental psychologist named Emmy Werner published the results of a thirty-two-year longitudinal project. She had followed a group of 698 children, in Kauai, Hawaii, from before birth through their third decade of life. (A) Along the way, she'd monitored them for any exposure to stress: maternal stress in uteri, poverty, problems in the family, and so on. (B) Two-thirds of the children came from backgrounds that were, essentially, stable, successful, and happy; the other third qualified as "at risk." (C) She soon discovered that not all of the at-risk children reacted to stress in the same way. Two-thirds of them developed serious learning or behavior problems by the age of ten, or had delinquency records, mental health problems, or teen-age pregnancies by the age of eighteen. (D) But the remaining third developed into competent, confident, and caring young adults. (E)

① (A)
② (B)
③ (C)
④ (D)
⑤ (E)

24 Which of the following is NOT used appropriately in the context?

In 1930, the English economist John Maynard Keynes took a break from writing about the problems of the interwar economy and indulged in a bit of ① futurology. In an essay entitled "Economic Possibilities for Our Grandchildren," he ② speculated that by the year 2030 capital investment and technological progress would have raised living standards as much as eightfold, creating a society so rich that people would work as little as fifteen hours a week, devoting the rest of their time to leisure and other "non-economic purposes." As striving for greater affluence ③ loomed, he predicted, "the love of money as a possession ⋯ will be recognized for what it is, a somewhat disgusting ④ morbidity." This transformation hasn't taken place yet, and most economic policymakers remain committed to ⑤ maximizing the rate of economic growth.

25 Which of the following best fits in the blanks (A) and (B)?

Thanks to modern technology and some expert detective work, a nearly 400-year-old painting that had long been attributed to an unknown artist in Rembrandt's workshop has now been judged to have been a work of the Dutch master himself. For decades, the Allentown Art Museum displayed an oil-on-oak panel painting called "Portrait of a Young Woman" and credited it to "Studio of Rembrandt." Two years ago, the painting was sent to New York University for conservation and cleaning. There, conservators began removing layers of overpainting and dark, thick varnish that had been added over centuries—and they began to suspect Rembrandt himself was responsible for the original, delicate brushwork underneath. "Our painting had numerous layers of varnish and that really obscured what you could see of the original brushwork, as well as the original color," said Elaine Mehalakes, vice president of curatorial affairs at the Allentown Art Museum. Conservators used a variety of tools, including X-ray, infrared and electron microscopy, to (A) _____ the case that it was the work of one of the most important and revered artists in history. The scientific analysis showed brushwork, and a liveliness to that brushwork, which is quite consistent with other works by Rembrandt. Outside experts who examined the 1632 painting after the completion of its two-year restoration (B) _____ with the NYU assessment that it's an authentic Rembrandt.

	(A)	(B)
①	bolster	concurred
②	acquit	devised
③	adjourn	meddled
④	hamper	upheld
⑤	invigorate	coped

모바일 OMR

✔ 회독 CHECK 1 2 3

01 Choose the one that is closest in meaning to the underlined word.

> Some unequivocal mistakes are avoidable. These mistakes may result, for example, from careproviders' habitually behaving toward patient in a manner that is cavalier.

① serious
② reticent
③ snobbish
④ apathetic
⑤ appalling

02 Which of the following is closest in meaning to the underlined expression?

> For Netflix, an Oscar can be used to court talent and help create more exclusive content for subscribers. It can also make Netflix's method of releasing films the industry norm. Netflix has been releasing its original films on its service at the same time they are in theaters, and sometimes does not release them in theaters at all. That's a threat to the bottom line of the theater industry, which makes its money from the box office and concession sales.

① final conclusion
② founding principles
③ lowest acceptable price
④ settled accounts
⑤ potential of growth

03 Which of the following is NOT grammatically correct?

> The interview is a natural and ① socially acceptable way of collecting informarion ② that most people feel ③ comfortable with and ④ what can be ⑤ in a variety of situations.

04 Which of the following sentences is grammatically correct?

> (A) Hormone replacement therapy (HRT) tablets are associated with a higher risk of rare but serious blood clots, finds a large study in The BMJ today. (B) No increased risk was found for HRT skin patches, gels or creams, despite the vast majority of women choosing HRT continue to be prescribed oral preparations. (C) The researchers say these findings provide important information for women and her doctors to help them make the best treatment choices. (D) HRT is used to relieving menopausal symptoms such as hot flushes and night sweats. (E) Different treatments is available depending on the symptoms.

① (A)
② (B)
③ (C)
④ (D)
⑤ (E)

05 Which of the following is NOT used appropriately in the context?

Sport ① reflects the norms and values of the general culture of a society. In American culture, as in most world cultures, winning and success are highly ② valued commodities. Sport can serve as an excellent exemplar of the cherished "win-at-all-costs" philosophy. This prevailing attitude often leads to elitism, racism, nationalism, extreme competitiveness, abuse of drugs (including performance-enhancing drugs), gambling, and a number of other ③ deviant behaviors. However, the true spirit of sport often reveals itself as well. The notions of cooperation and team work, fair play, sportsmanship, hard work, dedication, reaching to achieve personal excellence, obedience to rules, commitment and loyalty are also revered values of American society, and that is, perhaps, the ④ primary reason that Americans love sports so much. Despite the highly publicized negative sport stories that are often sensationalized by the mass media, there are far more positive sport-related stories which help to ⑤ disprove that our support of our favorite teams and athletes is not a wasted endeavor.

06 Choose the one that the underlined "it" refers to.

Transcendental idealism, also called formalistic idealism, is a term applied to the epistemology of the 18th-century German philosopher Immanuel Kant, who held that the human self, or transcendental ego, constructs knowledge out of sense impressions and from universal concepts called categories that it imposes upon them.

① transcendental idealism
② epistemology
③ the human self
④ knowledge
⑤ a term

07 Which of the following is closest in meaning to the underlined expression?

Today, China is the country best positioned to send its sons and daughters into the same lunar unknown* — a goal it is aiming to reach as early as the late 2020s — and represent the entire 7.5 billion of us if it does. The Chinese edge is due in large part to the monomaniacally focused way Beijing pursues all of its grand projects, like the 2008 Olympics, the country's sprawling rail and subway grid, and the global Belt and Road Initiative. A top-down system that exerts complete control of all aspects of the economy and society can pretty much will its great works into existence. "Odds of the next voice transmission from the moon being in Mandarin are high," said Joan Johnson-Freese, a professor at the U.S. Naval War College, on CNN Thursday.

         * the lunar unknown: the far side of the moon

① Chances are China will be the next to land a manned spaceship on the moon.
② It is highly likely that Chinese will be adopted as the standard language for all astronauts.
③ There is a real possibility that whoever next gets to the moon will first notify their arrival to China.
④ China will educate their astronauts to speak its official language perfectly on the moon.
⑤ It is possible that China will finally succeed in sending its children to the moon.

08 Which of the following best fits in the blanks (A) and (B)?

The U.S. Congress, the legislative body of the U.S. government (USG), plays an important role in determining and shaping the government's global health policy and programs. Although only one of many USG entities involved in global health, its engagement has been particularly notable over the last 15 years, which have been marked by unprecedented bipartisan support for U.S. global heath efforts and resulted in the authorization of the U.S. President's Emergency Plan For AIDS Relief, the U.S government's coordinated response to global HIV and the largest program focused on a single global health issue in the world, as well as the (A) of significantly increased funding. Indeed, Congress fulfills a key role in U.S. global health policy by setting the broad parameters and priorities of U.S. global health programs, determining their funding levels, and the (B) the implementation and effectiveness of supported efforts. Its activities in this area are complemented and influenced to varying degrees by those of numerous stakeholder groups and individuals that, while not examined in this primer, are key actors in the policymaking process. Such stakeholders include: advocates, the private sector, think tanks, academic institutions, religious communities and organizations, people directly affected by global health issues (such as people living with HIV), and others.

	(A)	(B)
①	appropriation	overseeing
②	endorsement	superintending
③	ratification	overlooking
④	enactment	shepherding
⑤	inspection	commanding

09 Which of the following is NOT used appropriately in the context?

For a desirable learning situation to ① prevail, adults should consider certain features about purposeful goals that guide learning activities. Of utmost importance is that the goal must seem ② worthwhile to the child. This will ③ involve such factors as interest, attention, and motivation. Fortunately in sports, interest, attention, and motivation are likely to be ④ "built-in" qualities. Thus, the adults does not necessarily need to "arouse" the child with various kinds of ⑤ intrinsic motivating devices.

10 Which of the following is the most logical sequence of the three parts to complete the passage?

> Differences among cultures influence us in many ways — including the ways we think about other people's behavior.
>
> (A) Likewise, members of these cultures tend to view poor performance on a test as a sign of low intelligence (disposition) rather than as a result of an overly difficult exam (situation). This bias is so pervasive that it is called the fundamental attribution error.
>
> (B) In particular, people from individualistic cultures routinely ascribe others' behavior to dispositions and not to situations — even when there is ample reason to believe that situations are playing a crucial role.
>
> (C) Thus North Americans of European heritage tend to see people on public assistance as lazy (a dispositional attribution), for example, rather than struggling in an economy with high unemployment and few entry-level positions (a situational attribution).

① (A) - (C) - (B)   ② (B) - (A) - (C)
③ (B) - (C) - (A)   ④ (C) - (A) - (B)
⑤ (C) - (B) - (A)

11 Choose the one that is closest in meaning to the underlined word.

> The song may engage my daughter without the insipidness that comes with much children's music.

① tirade   ② vibrancy
③ dereliction   ④ blandness
⑤ perturbation

12 Which of the following is true according to the passage?

> Hundred Days in French history is a term for the period between March 20, 1815, the date on which Napoleon arrived in Paris after escaping from exile on Elba, and July 8, 1815, the date of the return of Louis XVIII to Paris. The phrase was first used by the prefect of the Seine, comte de Chabrol de Volvic, in his speech welcoming the king. Less than a year following his abdication (April 6, 1814) and the Bourbon Restoration, Napoleon left his island exile in the Tyrrhenian Sea and landed at Cannes on March 1, leading 1,500 men, and marched at once upon Paris. Louis XVIII fled to Ghent on March 13, and Napoleon entered Paris one week later. To broaden his support, Napoleon made liberal changes to the Imperial Constitution, which led a number of former opponents, most notably Benjamin Constant, to rally to his cause. On March 25 Austria, Britain, Prussia, and Russia concluded an alliance against Napoleon and forced a series of military engagements leading up to the fatal Battle of Waterloo (June 18). On June 22 Napoleon abdicated a second time; on July 15 he boarded a British warship at Rochefort, essentially a prisoner; and exactly three month later he was landed at St. Helena, a British island in the South Atlantic Ocean. Meanwhile, on July 8, Louis XVIII had returned to Paris in the second Bourbon Restoration.

① Napoleon remained on Elba for over a year against his will.
② Napoleon abdicated again on July 8, 1815 when Louis XVIII returned to Paris.
③ Napoleon changed the Imperial Constitution to oppress his rivals.
④ Napoleon's march from Cannes to Paris ended on March 20.
⑤ Napoleon disembarked from Rochefort which carried him to St.Helena on September 15.

13 Which of the following best fits in the blank?

According to Foucault, morality is concerned with systems of injunction and interdiction constructed in relation to formalized codes. Ethics are concerned with advice as to how one should concern oneself in everyday life. While morality operates through a set of ＿＿＿＿＿ rules and prohibitions, ethics are concerned with the actual practices of subjects in relation to the rules which are recommended to them. These rules are enacted with varying degrees of compliance and creativity.

① discarded
② diverted
③ constricted
④ imposed
⑤ intimated

14 Which of the following is the most appropriate title of the passage?

We normally think of an archive as a collection of papers or documents. Yet a city, town, or national park area can also function as a kind of archive — a place where you will find sites of historic, political, or cultural importance.

Certainly one of the best ways to learn about a public space and its archive is to take a walking tour. Cities, towns, local and national parks, botanical gardens, museums, campuses, cemeteries, and historical buildings across this country have walking tours designed to show visitors the history of the place; the best places to shop; popular restaurants, homes of poets, artists, and politicians; little-known places of historic interest; and more. These tours usually include a step-by-step guide to the places on the tour, an easy-to-follow map, and a succinct description of the importance of each stop.

① The Values of Walking Tours
② The Importance of Archive
③ The Functions of City Tours
④ Tourist Attractions and Visitors
⑤ The Elements of Tourism

15 Choose the one that is closest in meaning to the underlined word.

> Entertainment is a luxury, not a necessity. Movies won't give you a dependable ride to work, and a downloaded song won't feed your family for a week. People will only consume entertainment when they have time, money, and the desire to do so. That desire comes about through any number of variables, but once it's there, you'd better deliver — now. Entertainment must be available to the public when the public wants it, not a minute sooner or a second later. It is this perishability that poses the biggest challenge to the industry. Trends in automobiles or home furnishings — large investments — may ebb and flow over several years. Those industries can follow a linear path in the life of a product, taking more time to create the new version, model, style. Entertainment? Today's hot thing can be cold as a clam tomorrow. The consuming public is fickle, so if you want to take advantage of their interest, you need to mobilize all your forces immediately.

① mass consumability

② temporal sensitivity

③ technical dependency

④ unlimited availability

⑤ presumed certainty

16 Which of the following is NOT grammatically correct?

> A free education for all is the American ideal. The general educational level in the United States (A) has risen steadily. The number of students attending school (B) have more than doubled during the last half-century. More than three-fourths of the population between the ages of 5 and 19 (C) has now enrolled. After World War II there (D) was a tremendous increase in college enrollment because many thousands of military veterans took advantage of the program of higher education that (E) was offered them at government expense.

① (A)   ② (B)

③ (C)   ④ (D)

⑤ (E)

17 Which of the following is NOT grammatically correct?

① We now put up a screen for the weak-sighted, and now withdraw it from stronger eyes; thus we plague and please all parties.

② We are spending more and more effort and money trying to get a sufficient number of able high-school graduates, and we are having a difficult time finding enough of them.

③ Despite greatly increased catches in the last several years, the fish population as a whole is growing faster than the human population.

④ If she had explained to him properly why she wanted the fish watched, at the same time making special mention of a cat's fondness of fish, no doubt he watched it to better purpose.

⑤ And because man cannot bear to live with these perplexing questions unanswered, every culture in every part of the world has its own myths, explaining certain ancient customs, dear beliefs or the facts of nature.

18 Which of the following is NOT grammatically correct?

About 56 million people in the world died in 2017. This is (A) 10 million more than in 1990, as the global population has increased and people live longer on average. (B) More than 70% die from non-communicable, chronic diseases. These are not passed from person to person and typically progress slowly. The biggest single killer is cardiovascular disease, which affects the heart and arteries and is responsible for (C) every third death. This is (D) twice of the rate of cancers — the second leading cause — which account for about (E) one in six of all deaths. Other non-contagious diseases such as diabetes, certain respiratory diseases and dementia are also near the top of the list.

① (A)　　　　　　　② (B)

③ (C)　　　　　　　④ (D)

⑤ (E)

19 Which of the following best fits in the blank?

The parliamentary system can be contrasted with a presidential system which operates under a stricter separation of powers, whereby the executive does not form part of — nor is appointed by — the parliamentary or legislative body. In such a system, parliaments or congresses do not select or dismiss heads of governments, and governments cannot request an early _____ as may be the case for parliaments.

① dissolution　　　　　② disintegration

③ disattachment　　　　④ disruption

⑤ disrespect

20 Which of the following best fits in the blank?

> Dominic Thiem produced a special performance to claim the biggest title of his career on Sunday, surviving Roger Federer in the BNP Paribas Open final. The third time is the charm for the Austrian, who secured his first ATP* Masters 1,000 trophy in his third final appearance. Thiem denied Federer a record sixth BNP Paribas Open crown, battling back for the championship 3-6, 6-3, 7-5 in just over two hours. The 25-year-old produced an impressive display under the Southern California sun, storming back from a set down to stun the Swiss and leave everyone at the Indian Wells Tennis Garden _____ . "It's unreal," said Thiem. "It's a pleasure to compete against Roger in this great final. I lost my last two Masters 1,000 finals, but I won this one and it feels as nice as a Grand Slam.
>
> * ATP: Association of Tennis Professionals

① confounded   ② gutted

③ jubilant   ④ provoked

⑤ in awe

21 Which of the following best fits in the blank?

> Although it is the accepted designation, Abstract Expressionism is not an accurate description of the body of work created by these artists. Indeed, the movement comprised many different painterly styles varying in both technique and quality of expression. Despite this variety, Abstract Expressionist paintings share several broad characteristics. They are basically abstract — i.e, they depict forms not drawn from the visible world. They emphasize free, spontaneous, and personal emotional expression, and they exercise considerable freedom of technique and execution to attain this goal, with a particular emphasis laid on the exploitation of the variable physical character of paint to evoke expressive qualities (e.g., sensuousness, dynamism, violence, mystery, lyricism). They show similar emphasis on _____ in a form of psychic improvisation akin to the automatism of the Surrealists, with a similar intent of expressing the force of the creative unconscious in art.

① the carefully planned and accurately executed brush strokes

② the unstudied and intuitive application of that paint

③ how to make the use of the paint and the brush appear sophisticated

④ how freely they can invoke and express images seen in the artist's dreams

⑤ the faithful representation of the artist's emotions

22 Which of the following is the most logical sequence of the five parts to complete the passage?

> (A) There were few diversions, and they had more time to read novels of a length that seems to us now inordinate.
>
> (B) Readers in the past seem to have been more patient than the readers of today.
>
> (C) It may be that they were not irritated by the digressions and irrelevances that interrupted the narration.
>
> (D) It is deplorable that on this account they should be less and less read.
>
> (E) But some of the novels that suffer from these defects are among the greatest that have ever been written.

① (A) - (C) - (D) - (E) - (B)

② (A) - (E) - (C) - (D) - (B)

③ (B) - (A) - (C) - (E) - (D)

④ (B) - (A) - (E) - (D) - (C)

⑤ (B) - (C) - (A) - (E) - (D)

23 Which of the following best fits in the blank?

> Members of Congress have a clear advantage over challengers who want to unseat them. Current members are incumbents, candidates for reelection who already hold the office. As such, they have name recognition because the people in the district or state know them. They can use the franking privilege, of free use of the mail, to send out newsletters informing their constituents about their view or asking for input. Incumbents traditionally have easier access to campaign funds and volunteers to generate votes. It is not surprising that 90 percent of incumbents are reelected. The situation is not static, however. Legislators run for other offices, and vacancies are created by death, retirement, and resignation. Although term limits, restricting the number of consecutive terms an individual can serve, were rejected by the Supreme Court, the idea continues to enjoy the support of voters who _____.

① make every effort to stay in touch with public opinions

② support the way the majority of the people in their disticts want

③ want to see more open contests

④ take the views of their constituents into accounts

⑤ use their own best judgement to vote

24 Which of the following sentences does NOT fit in the passage?

> People are described as consumers because they buy and use, store and maintain, manage and fantasize commodities. ① Yet we rarely ask ourselves to what extent people actually conceive themselves as consumers while they perform these assorted activities. ② Awareness of this issue should sensitize us to the multiplicity of meanings of consumption. ③ We all consume, but we all do it differently, and certainly we think of it differently. ④ This should mean that we ought to maintain the notion of 'consumer culture.' ⑤ While conventionally we speak of 'consumer culture' in the singular, there are a variety of different, situated, institutionalized consumer cultures in the plural.

25 Which of the following is NOT true according to the passage?

> The energy changes associated with physicochemical processes are the province of thermodynamics, a subdiscipline of physics. The first two laws of thermodynamics state, in essence, that energy can be neither created nor destroyed and that the effect of physical and chemical changes is to increase the disorder, or randomness (i.e., entropy), of the universe. Although it might be supposed that biological processes — through which organisms grow in a highly ordered and complex manner, maintain order and complexity throughout their life, and pass on the instructions for order to succeeding generations — are in contravention of these laws, this is not so. Living organisms neither consume nor create energy: they can only transform it from one form to another. From the environment they absorb energy in a form useful to them; to the environment they return an equivalent amount of energy in a biologically less useful form. The useful energy, or free energy, may be defined as energy capable of doing work under isothermal conditions (conditions in which no temperature differential exists); free energy is associated with any chemical change. Energy less useful than free energy is returned to the environment, usually as heat. Heat cannot perform work in biological systems because all parts of cells have essentially the same temperature and pressure.

① According to the thermodynamics laws, physico-chemical changes increase entropy.

② Organisms do not destroy energy in the process of growth.

③ Free energy performs chemical change inside organisms.

④ Energy unused in the process of chemical change is released usually as heat.

⑤ Heat not only helps organisms maintain temperature but also accelerates chemical change.

◆ 회독 CHECK 1 2 3

01 Choose the word that best fits in the blank.

〈보 기〉

A country's leader must possess _____, the ability to fixate on a simple conviction and grip it, viscerally and unflinchingly, through complexity and confusion.

① flexibility   ② tenacity

③ adaptability   ④ versatility

⑤ credibility

02 Choose the one that is closest in meaning to the underlined word.

Rawls burst into prominence in 1958 with the publication of his game-changing paper, "Justice as Fairness." Though it was not his first important publication, it revived the social contract theory that had been languishing in the wake of Hume's critique and its denigration by utilitarians and pragmatists, though it was a Kantian version of it that Rawls advocated. This led to a greatly developed book version, *A Theory of Justice*, published in 1971, arguably the most important book of American philosophy published in the second half of the last century.

① laudation   ② impugnment

③ homage   ④ exuberance

⑤ sobriety

03 Choose the word that best fits in the blank.

ZMapp is created by injecting plants with a genetically modified virus. This causes the plant cells to produce _____ for the Ebola virus, which scientists then extract and purify. ZMapp has been given to several individuals; however, it is relatively untested, and its safety and efficacy are not known.

① microbes   ② vermin

③ toxicants   ④ antibodies

⑤ detriments

04 Which of the following is NOT grammatically correct?

Something similar can be said ① of other cherished goods and practices. Consider the rights and obligations of citizenship. If you are called ② to jury duty, you may not hire ③ substitute to take your place. ④ Nor do we allow citizens to sell their votes, even though ⑤ others might be eager to buy them.

05 Which of the following best fits in the blank?

Most cases of emotional maladjustment are due to the fact that people will not accept themselves. They keep daydreaming about _____ if they had another's chance. And so, disregarding their own possibilities, they never make anything worthwhile out of themselves. Well, anybody can find sufficient cause to dislike their own lot. But the most stimulating successes in history have come from persons who, facing some kind of limitations and handicaps, took them as part of life's game and played splendidly in spite of them.

① the things they've done
② all the things they do
③ what had been done
④ what they would do
⑤ which would have done

06 Which of the following best fits in the blank?

How many people hold power in a society and how they exercise it are eternal themes of political debate. At one extreme a single person rules. Such a system is usually called a monarchy (Greek for 'rule by one') when the position can be inherited within a family. It is likely to be given such names as tyranny (from examples in Greek history) or dictatorship (from Rome) when power is seized by or granted to an individual member of society. The other extreme is democracy (Greek for 'power of the people'), in which theoretically every adult can influence group decisions. Such an egalitarian approach is familiar to anthropologists, studying the customs of small tribal groups, but it has been a rarity in more developed societies. Between the two extremes is oligarchy (Greek for 'rule by a few'). In a sense all early clashes between oligarchy and democracy are an argument over _____, with democrats pressing for a higher figure than oligarchs can accept. Even in Athens, where sophisticated democracy begins, only a small proportion of the community can vote.

① where to start the most sophisticated society
② how to build a more developed society
③ when and where to stop the monarchy
④ who will seize the power in Athens
⑤ how many to include in the few

07 What is the passage mainly about?

> Originality is what distinguishes art from craft. It is the yardstick of artistic greatness or importance. Unfortunately, it is also very hard to define what originality is. The usual synonyms such as uniqueness, novelty, and freshness do not help us much, and the dictionaries tell us only that an original work must not be a copy. Thus, if we want to rate works of art on an "originality scale" our problem does not lie in deciding whether or not a given work is original but in establishing just exactly how original it is. To do that is not impossible. However, the difficulties besetting our task is so great that we cannot hope for more than tentative and complete answers, which does not mean, of course, that we should not try. Quite contrarily, for whatever the outcome of our labors in any particular case, we shall certainly learn a great deal about works of art in the process.

① Though incomplete, it is significant to measure the degree of originality in art.

② Originality can be applied to measure artistic value in a relative way.

③ A work of art is original as long as it is not a complete copy.

④ The task of establishing originality scale is not worth pursuing for practical reasons.

⑤ The inaccuracy of originality scale is greater than the benefit of using it anyway.

08 Which of the following best fits in the blank?

> Flu 2018 panic is in full swing, and with very good reason. Already termed "moderately severe" by the Centers for Disease Control (CDC), indications are that this flu season will only get worse, and the flu has claimed the lives of at least 30 children (and many adults) so far. Meanwhile, a new study from the University of Maryland suggests that the flu virus may not require a sneeze or cough to become airborne; it may spread simply through breathing. You already know to get the flu shot (and it's still worth getting), wash your hands copiously, and _____ if you're sick so your flu is not contagious to others. Now, concerned folks are taking prevention a step further, donning surgical masks — both to avoid getting the flu and to prevent the spread of the flu they already have.

① fly off the handle

② beat around the bush

③ keep a low profile

④ hear it on the grapevine

⑤ cost an arm and a leg

09 Which of the following is the most appropriate title of the passage?

In disrupting ecosystems, light pollution poses a serious threat in particular to nocturnal wildlife, having negative impacts on plant and animal physiology. It can confuse the migratory patterns of animals, alter competitive interactions of animals, change predator-prey relations, and cause physiological harm. The rhythm of life is orchestrated by the natural diurnal patterns of light and dark; so disruption to these patterns impacts the ecological dynamics. With respect to adverse health effects, many species, especially humans, are dependent on natural body cycles called circadian rhythms and the production of melatonin, which are regulated by light and dark (e.g., day and night). If humans are exposed to light while sleeping, melatonin production can be suppressed. This can lead to sleep disorders and other health problems such as increased headaches, worker fatigue, medically defined stress, some forms of obesity due to lack of sleep and increased anxiety. And ties are being found to a couple of types of cancer. There are also effects of glare on aging eyes. Health effects are not only due to overillumination or excessive exposure of light over time, but also improper spectral composition of light (e.g., certain colors of light). With respect to energy wastage, lighting is responsible for at least onefourth of all electricity consumption worldwide. Over illumination can constitute energy wastage, especially upward directed lighting at night. Energy wastage is also a waste in cost and carbon footprint.

① How to Reduce Light Pollution for Better Ecosystem
② Light Pollution Rising Rapidly on a Global Scale
③ Various Diurnal Patterns of Light and Dark
④ Importance of Light to Human Health
⑤ Inimical Effects of Light Pollution

10 Which of the following is the most logical sequence of the four parts to complete the passage?

Long before anyone suspected the existence of genes, farmers recognized that the traits of parents were passed down to the offspring, and thus they could improve the yield of pumpkins or the size of pigs by selectively breeding the best specimens with each other.

(A) Both approaches assume that nature and nurture are implicated in shaping our behavior, thoughts, and emotions. This trend is bound to be magnified tremendously in the next half century as a result of advances in genetics.

(B) Currently two of the liveliest branches of the human sciences are behavioral genetics, which tries to ascertain the degree of inheritability of such behavioral traits as schizophrenia, propensity to divorce, political beliefs, and even happiness, and evolutionary psychology, which searches out the mechanisms by which these traits are selected and transmitted from one generation to the next.

(C) Most of these practices were hit-or-miss, without any foundation in an understanding of how different traits are transmitted from one generation to the next. But this situation is about to change drastically in the coming decades.

(D) Although few important traits are likely to depend on the action of a single or even a few genes, some genetic engineers are confident that the era of "designer babies" is at hand.

① (A) - (B) - (D) - (C)
② (B) - (A) - (D) - (C)
③ (B) - (C) - (A) - (D)
④ (C) - (B) - (A) - (D)
⑤ (D) - (A) - (B) - (C)

11 Choose the one that is grammatically correct.

① Students apply as much commitment to the extracurricular activities as they do to their general subjects.

② She was born in the Addis Ababa province of northern Africa, an area known as its spectacular vistas.

③ It is never too early to start caring for the land you live and grow up.

④ He had few winter clothing when he arrived at the camp.

⑤ He reads storybooks to children who don't access to TV.

12 Which of the following best fits in the blank?

Contacts between American Indian groups and Europeans resulted in borrowed vocabulary, some groups borrowing very little from Europeans and others more; European languages also borrowed terms from Native American languages. Thetype and degree of linguistic adaptation to European culture has varied greatly among American Indian groups, depending on sociocultural factors. For example, among the Karuk of northwestern California, a tribe that suffered harsh treatment at the hands of whites, there are only a few loanwords from English, such as *ápus* 'apple(s)', and a few calques (loan translations), such as the 'pear' being called *vìrusur* 'bear' because in Karuk the p and b sounds, as in English pear and bear, _____. A large number of words for new items of acculturation were produced based on native words e.g., a hotel being called amnaam 'eating place'. Native American languages have borrowed words from Dutch, English, French, Russian, Spanish (called hispanisms), and Swedish. American Indian languages have contributed numerous words to European languages, especially names for plants, animals, and native culture items. From Algonquian languages English has the words *caribou, chipmunk, hickory, moccasin, moose, opossum, persimmon, powwow, raccoon, skunk, squash, tomahawk, totem, wickiup*, and others.

① are not distinguished

② do not exist in Karuk

③ do not occur both in 'pear' and 'bear'

④ are produced by the lips only

⑤ are placed in word-initial positions

13 Choose the word that best fits in the blank.

> It is incomprehensible that the tax codes should be such a(n) _____ instead of a straightforward bracket based on gross earning, notwithstanding deduction.

① increment　　　　　② qualm
③ labyrinth　　　　　④ boon
⑤ simplicity

14 Choose the word that best fits in the blank.

> Sometimes the negative criticism of a loved one becomes the more _____ as they are the most hurtful to hear.

① disparaging　　　　② relenting
③ exquisite　　　　　④ scrupulous
⑤ disinterested

15 Which of the following best fits in the blanks (A) and (B)?

> Retailers have long been using online channels to make up for (A) _____ sales at their brick-and-mortar stores, but recently, they've taken the shift to another level, introducing products (B) _____ for online. The trend-conscious fashion and cosmetics sectors are at the forefront of this new strategy. Beanpole Ladies recently introduced Lime Beanpole, a series of products sold only on its website.

	(A)	(B)
①	tentative	simultaneously
②	sluggish	exclusively
③	annual	optionally
④	estimated	temporarily
⑤	skyrocketing	increasingly

16 Choose the word that best fits in the blank.

> Imagine that you are holding a rubber band. Now begin stretching your rubberband by pulling it to your right. This particular rubber band can stretch twelve inches. When the rubber band is stretched twelve inches, there is nowhere to go _____ back. And when it returns, it has a lot of power and spring.

① but　　　　　② to
③ as　　　　　　④ for
⑤ against

17 Where does the given sentence best fit in the passage?

> A look at U.S. history reveals a succession of dominant ideals.

(A) We often characterize periods of history by a specific "look", or ideal of beauty. (B) Often these relate to broader cultural happenings, such as today's emphasis on fitness and toned bodies. (C) In sharp contrast to today's emphasis on health and vigor, in the early 1800s, it was fashionable to appear delicate to the point of looking ill. (D) The poet John Keats described the ideal woman of that time as "… a milk white lamb that bleats for man's protection." (E) Other past looks include the voluptuous, lusty woman that Lillian Russell made popular; the athletic Gibson Girl of the 1890s; and the small, boyish flapper of the 1920s exemplified by the silent movie actress Clara Bow.

① (A)　　　　　② (B)
③ (C)　　　　　④ (D)
⑤ (E)

18 What is the passage mainly about?

> The distinctive long curls that Jewish men wear as sideburns, or "sidelocks," are called payots, a Hebrew word that translates into English as sides or edges. The Holiness Code in Leviticus 19-27 forbids the shaving of the corners of the head. Different sects of the Jewish religion put their own flare to payots. The Yemenites call them simanim, which means signs, because they differentiate them from Yemenite Muslims. They wear long, thin and twisted locks, often reaching to the upper arm. The Skver (Hasidic dynasty) twist theirs into tight coils and wear them in front of the ear. The Gur raise their payots from the temples and tuck them under a yarmulke. The Lithuanian Jews often leave a few short strands uncut and tuck them behind their ears, a style most commonly found among yeshiva students.

① Jewish sideburns have endured thousands of years.
② For many Jewish men, sideburns represent the epitome of masculinity.
③ The Jewish religion places great emphasis on honoring the Holiness Code.
④ Different Jewish sects reflect varying responses to changing times.
⑤ Different sects of Judaism have different sideburn styles.

19 Which of the following best fits in the blanks (A) and (B)?

Aristotle outlined three kinds of common friendships. The first is a friendship of utility. In this kind of relationship, the two parties are not in it for the affection of one another, but more so because each party receives a benefit in exchange. Similarly, the second kind of friendship is one based on pleasure. This one is more common in people that are younger. It's the kind of relationship frequently seen among college friends or people who participate on the same sports team. The final form of friendship that Aristotle outlined is the most preferable out of the three. Rather than utility or pleasure, this kind of relationship is based on a mutual appreciation of the virtues that the other party holds dear. Beyond the depth and intimacy, the beauty of such relationships is that they automatically include the rewards of the other two kinds of friendship. They're (A) ＿＿＿＿＿ and (B) ＿＿＿＿＿.

	(A)	(B)
①	virtuous	intimate
②	affectionate	durable
③	beneficial	pleasurable
④	accidental	intentional
⑤	utilitarian	devotional

20 Which of the following is different from the others?

A dispute between (A) an American priest and a group of Kenyan nuns over two major hospitals for the poor was resolved when the nuns stormed one of the hospitals late last week. "They stormed the hospital in the morning. The sisters came with a contingent of police officers and other civilians. We are now handing over. It's all peaceful,"Reverend Bob Silvio, (B) a chaplain in the hospital the nuns retook Friday, told Religion News Service. The Assumption Sisters of Nairobi had been in court for over six years fighting Reverend William Charles Fryda, (C) a missionary who helped found the church, for control over the two buildings. Fryda argued that the hospitals were his because (D) he founded them with money he raised, but the nuns countered that the idea to build the hospital was theirs. The case garnered widespread media attention in Kenya due to the spectacle of (E) an American reverend fighting with local nuns.

① (A)　　　　　　② (B)
③ (C)　　　　　　④ (D)
⑤ (E)

21 Which of the following best fits in the blanks (A), (B) and (C)?

> The current 1987 Constitution declares South Korea a democratic republic and establishes a presidential system. The President, who is elected by nationwide direct ballot, is the head of state and serves a single five-year term. The President appoints public officials, including the Prime Minister and heads of executive agencies. The appointment of the Prime Minister must be approved by the National Assembly. Other members of the State Council are appointed by the President upon recommendation of the Prime Minister. The Constitution (A) _____ legislative power in the National Assembly. The President may attend and address the National Assembly or express his or her views by written message. The National Assembly also deliberates and decides upon the national budget bill. When the Executive plans to issue national bonds or to conclude contracts that may (B) _____ financial obligations on the state outside of the budget, it must have the prior concurrence of the National Assembly. Further, the National Assembly gives its consent to the conclusion and (C) _____ of treaties, declarations of war, the dispatch of armed forces to foreign states, and the stationing of alien forces in the territory of South Korea. The National Assembly may also pass a recommendation for the removal of the Prime Minister or a State Council member from office. Such a recommendation for removal may be introduced by one-third or more of the total members of the National Assembly, and must be passed with the concurrent vote of a majority of the total members of the National Assembly.

	(A)	(B)	(C)
①	reserves	neglect	endorsement
②	vests	incur	ratification
③	dissipates	denounce	convention
④	commits	discharge	revocation
⑤	bestows	defy	condolence

22 Which of the following is closest in meaning to the underlined expression?

> These days, big data, artificial intelligence and the tech platforms that put them to work have huge influence and power. It goes without saying that when computers are making decisions, a lot can go wrong. Our lawmakers desperately need this explained to them in an unbiased way so they can appropriately regulate, and tech companies need to be held accountable for their influence over all elements of our lives. But academics have dozed off at the wheel, leaving the responsibility for this education to well-paid lobbyists and employees who've abandoned the academy.

① have been impudent
② have been watchful
③ have been superfluous
④ have been incapable
⑤ have been unmindful

23 Which of the following is NOT true, according to the passage?

Britain's cotton industry grew at pace throughout the Industrial Revolution. Cotton was introduced to the country in the 16th century and by the 1700s it had changed the way people dressed. To keep up with increasing demand, cotton mills sprung up across Britain, especially in the north of England. Thanks to the water coming down from the Pennines, the North of England developed a thriving cotton industries.The fast flowing rivers coming down from the Pennines provided the power supply for the factories, although this would later be supplied by coal power. It also provided fresh, clean water with which to wash the material. Liverpool also boasted a thriving cotton industry thanks to the strong transport links through its ports. In 1774 a heavy tax on cotton thread and cloth made in Britain was repealed, further boosting the cotton industry. Furthermore, numerous inventions and technological development transformed the cotton industry, in turn helping to establish the UK as the cotton 'workshop of the world'. One such invention was the 'Flying Shuttle',which was created by John Kay in 1733 and enabled cloth to be weaved faster than before. Another was the 'Spinning Jenny', which was created by James Hargreaves in 1765. 'Water Frame', patented by Richard Arkwright in 1769, embraced waterpower, but it also produced a higher quality thread than Hargreaves' Spinning Jenny. Thanks to Crompton's 'Mule' in 1779, and Boulton and Watt's steam engine a few years later, the industry was changed dramatically.

① During the 18th century, cotton changed the way British people dressed.

② Strong transport links at ports made Liverpool suitable for cotton mills.

③ Levying heavy tax on cotton thread and cloth in 1774 jeopardized the cotton industry.

④ Higher quality threads were spun by 'Water Frame' than by 'Spinning Jenny'.

⑤ England's cotton industry dramatically improved due to Boulton and Watt's steam engine.

24 Which of the following best fits in the blank?

> An evolutionary perspective leads one to view the mind as a crowded zoo of evolved, domain-specific programs. Each is functionally specialized for solving a different adaptive problem that arose during hominid evolutionary history, such as face recognition, foraging, mate choice, heart rate regulation, sleep management, or predator vigilance, and each is activated by a different set of cues from the environment. But the existence of all these microprograms itself creates an adaptive problem: programs that are individually designed to solve specific adaptive problems could, if simultaneously activated, _____, interfering with or nullifying each other's functional products. For example, sleep and flight from a predator require mutually inconsistent actions, computations, and physiological states. It is difficult to sleep when your heart and mind are racing with fear, and this is no accident: disastrous consequences would ensue if proprioceptive cues were activating sleep programs at the same time that the sight of a stalking lion was activating ones designed for predator evasion. To avoid such consequences, the mind must be equipped with superordinate programs that override some programs when others are activated (e.g., a program that deactivates sleep programs when predator evasion subroutines are activated).

① enhance each program's functional product
② evolve to solve all the adaptive problems at once
③ ameliorate the functions of all microprograms
④ come out with mutually harmonious results
⑤ deliver outputs that conflict with one another

25 Which of the following is true, according to the passage?

> Humans are notoriously bad at resisting temptation. Our tendency to value the pleasures of the present more than the satisfactions of the future comes at a considerable cost. Walter Mischel suggested with his famous marshmallow experiments with children that those who can persevere toward their long-term goals in the face of temptation to do otherwise are best positioned for success. This view of self-control, however, is wrong. Recent studies show that not self-control but pride, gratitude and compassion reduce the human mind's tendency to discount the value of the future, and help people succeed in life. So, cultivate these emotions. Reflect on what you're grateful to have been given. Allow your mind to step into the shoes of those in need and feel for them. Take pride in the small achievements on the path to your goals.

① Few people succumb to temptation.
② Pride hampers successful social interaction.
③ Marshmallow experiment findings are upheld time and again.
④ Appreciating the value of the future is linked to success.
⑤ Walter Mischel correctly characterized successful children.

인생의 실패는 성공이 얼마나 가까이 있는지도 모르고 포기했을 때 생긴다.

– 토마스 에디슨 –

PART 5

행정법

출제경향

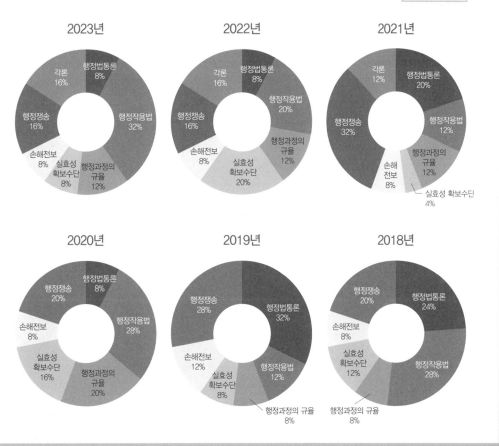

모바일 OMR

✔ 회독 CHECK 1 2 3

지문의 내용에 대해 학설의 대립 등 다툼이 있는 경우 판례에 의함

01 「행정절차법」에 규정된 내용에 대한 설명으로 옳지 않은 것은?

① 확약은 문서로 하여야 한다.

② 행정청은 위반사실 등의 공표를 할 때에는 특별한 사정이 없는 한 미리 당사자에게 그 사실을 통지하고 의견제출의 기회를 주어야 한다.

③ 행정청은 행정청이 수립하는 계획 중 국민의 권리·의무에 직접 영향을 미치는 계획을 수립하거나 변경·폐지할 때에는 관련된 여러 이익을 정당하게 형량하여야 한다.

④ 행정청은 공법상 계약의 상대방을 선정하고 계약 내용을 정할 때 공법상 계약의 공공성과 제3자의 이해관계를 고려하여야 한다.

⑤ 행정기관은 행정지도의 상대방이 행정지도에 따르지 아니하였다는 것을 이유로 불이익한 조치를 하여서는 아니 된다.

02 행정처분의 취소·철회에 대한 설명으로 옳지 않은 것은?

① 행정청은 당사자의 신뢰를 보호할 가치가 있는 등 정당한 사유가 있는 경우에는 장래를 향하여 위법 또는 부당한 처분의 전부나 일부를 취소할 수 있다.

② 처분의 상대방이 처분의 위법성을 알고 있었거나 중대한 과실로 알지 못한 경우에는 행정청이 처분의 상대방에게 권리나 이익을 부여하는 처분을 취소하는 경우에도 취소로 인하여 처분의 상대방이 입게 될 불이익과 취소로 달성되는 공익을 비교·형량하지 않아도 된다.

③ 행정청은 처분을 철회하려는 경우에는 철회로 인하여 처분의 상대방이 입게 될 불이익과 철회로 달성되는 공익을 비교·형량하여야 한다.

④ 수익적 행정처분에 대한 취소권 등의 행사는 기득권의 침해를 정당화할 만한 중대한 공익상의 필요 또는 제3자의 이익보호의 필요가 있는 때에 한하여 허용될 수 있다는 법리는 처분청이 수익적 행정처분을 직권으로 취소·철회하는 경우에 적용되는 법리일 뿐 쟁송취소의 경우에는 적용되지 않는다.

⑤ 처분청은 행정처분에 하자가 있는 경우라도 취소에 관한 별도의 법적 근거가 없으면 해당 행정처분을 스스로 취소할 수 없다.

03 「국가배상법」상 국가배상제도에 대한 설명으로 옳은 것은?

① 영업허가취소처분이 나중에 행정심판에 의하여 재량권을 일탈한 위법한 처분임이 판명되어 취소되었다면, 그 처분이 당시 시행되던 「공중위생법 시행규칙」에 정하여진 행정처분의 기준에 따른 것이라고 하더라도 그 영업허가취소처분을 한 행정청의 공무원에게는 직무집행상의 과실이 인정된다.

② 공무원이 직무를 수행함에 있어서 경과실로 타인에게 손해를 입힌 경우, 국가 등은 물론 공무원 개인도 그로 인한 손해에 대하여 국가배상을 할 책임을 부담한다.

③ 「국가배상법」은 외국인이 피해자인 경우에는 해당 국가와 상호보증이 있을 때에만 적용하고, 이때 상호보증은 반드시 당사국과의 조약이 체결되어 있을 필요는 없다.

④ 지방자치단체가 손해를 배상할 책임이 있는 경우에 영조물의 설치·관리를 맡은 자와 영조물의 설치·관리 비용을 부담하는 자가 동일하지 아니하면 그 비용을 부담하는 자는 손해배상책임이 없다.

⑤ 공무원이 자기 소유의 자동차로 공무수행 중 사고를 일으킨 경우에는 그 공무원은 「자동차손해배상 보장법」에 의한 '자기를 위하여 자동차를 운행하는 자'에 해당하지 않아 손해배상책임을 부담하지 않는다.

04 강학상 특허에 대한 설명으로 〈보기〉에서 옳은 것(○)과 옳지 않은 것(×)을 올바르게 조합한 것은?

― 〈보 기〉 ―

㉠ 도로점용허가는 특허행위로서 상대방의 신청 또는 동의를 요하는 쌍방적 행정행위이며, 권리를 설정하여 주는 행위로서 재량행위이다.

㉡ 강학상 특허사용권은 행정주체에 대하여 공공용물의 배타적, 독점적인 사용을 청구할 수 있는 권리로서 공법상의 채권이다.

㉢ 특별사용에 있어서의 점용료 부과처분은 공법상의 의무를 부과하는 공권적인 처분으로서 항고소송의 대상이 되는 행정처분에 해당한다.

㉣ 구 「지역균형개발 및 지방중소기업 육성에 관한 법률」 및 동법 시행령상, 개발촉진지구 안에서 시행되는 지역개발사업(이하 '지구개발사업'이라 함)에서 지정권자의 실시계획 승인처분은 단순히 시행자가 작성한 실시계획에 대한 보충행위로서의 성질을 가지는 것이 아니라 시행자에게 지구개발사업을 시행할 수 있는 지위를 부여하는 일종의 설권적 처분의 성격을 가진 독립된 행정처분으로 보아야 한다.

㉤ 공원부지가 용도폐지되어 일반재산이 되었다고 해도 그 전에 이루어진 사용허가나 구 「공유재산 및 물품관리법」에 근거하여 공원부지에 대한 사용료를 부과할 수 있다.

	㉠	㉡	㉢	㉣	㉤
①	○	○	○	○	○
②	○	○	○	○	×
③	○	○	○	×	×
④	○	×	×	○	○
⑤	×	×	×	×	○

05 항고소송에서의 제3자의 원고적격에 대한 설명으로 옳지 않은 것은?

① 일반적으로 면허 등의 수익적 행정처분의 근거가 되는 법률이 해당 업자들 사이의 과당경쟁으로 인한 경영의 불합리를 방지하는 것도 목적으로 하는 경우 이미 같은 종류의 면허 등을 받아 영업을 하고 있는 기존의 업자는 경업자에 대하여 이루어진 면허 등 행정처분의 상대방이 아니라 하더라도 당해 행정처분의 취소를 구할 법률상 이익이 있다.

② 한정면허를 받은 시외버스운송사업자가 일반면허를 받은 시외버스운송사업자에 대한 사업계획변경인가처분으로 수익 감소가 예상되는 경우 일반면허 시외버스운송사업자에 대한 사업계획변경인가처분의 취소를 구할 법률상 이익이 있다.

③ 인가 · 허가 등 수익적 행정처분을 신청한 여러 사람이 서로 경원관계에 있어서 한 사람에 대한 허가 등 처분이 다른 사람에 대한 불허가 등으로 귀결될 수밖에 없을 때 허가 등 처분을 받지 못한 사람은 신청에 대한 거부처분의 직접 상대방으로서 원칙적으로 자신에 대한 거부처분의 취소를 구할 법률상 이익이 있다.

④ 상수원보호구역 설정의 근거가 되는 「수도법」이 보호하고자 하는 것은 상수원의 확보와 수질보전일 뿐이고, 그 상수원에서 급수를 받고 있는 지역주민들이 가지는 상수원의 오염을 막아 양질의 급수를 받을 이익은 반사적 이익에 불과하므로 지역 주민들에게는 상수원보호구역변경처분의 취소를 구할 법률상 이익이 없다.

⑤ 경업자에 대한 행정처분이 경업자에게 불리한 내용이라면 그와 경쟁관계에 있는 기존의 업자에게는 특별한 사정이 없는 한 유리할 것이지만 기존의 업자는 그 행정처분의 무효확인 또는 취소를 구할 법률상 이익이 있다.

06 공법과 사법의 관계에 대한 설명으로 옳은 것만을 〈보기〉에서 모두 고르면?

― 〈보 기〉 ―

㉠ 구 「한국공항공단법」에 의하여 한국공항공단이 정부로부터 무상사용허가를 받은 행정재산을 전대(轉貸)하는 행위는 행정소송의 대상이 되는 행정처분이다.

㉡ 서울특별시립무용단 단원의 위촉은 공법상 계약에 해당하므로 그 단원의 해촉에 대하여는 공법상 당사자소송으로 그 무효확인을 청구할 수 있다.

㉢ 지방자치단체가 사인과 체결한 자원회수시설에 대한 위탁운영협약은 사법상 계약에 해당하므로 그에 관한 다툼은 민사소송의 대상이 된다.

㉣ 「국가를 당사자로 하는 계약에 관한 법률」에 의한 입찰보증금의 국고귀속조치는 국가가 공권력을 행사하거나 공권력작용과 일체성을 가진 것으로서 이에 대한 분쟁은 행정소송의 대상이 된다.

㉤ 국유재산 무단점유자에 대한 변상금부과는 관리청이 공권력을 가진 우월적 지위에서 행한 것으로서 행정소송의 대상이 되는 행정처분이다.

① ㉠, ㉡, ㉢
② ㉠, ㉡, ㉣
③ ㉡, ㉢, ㉣
④ ㉡, ㉢, ㉤
⑤ ㉢, ㉣, ㉤

07 「국유재산법」상 사용허가의 취소와 철회에 대한 설명으로 옳지 않은 것은?

① 중앙관서의 장은 행정재산의 사용허가를 받은 자가 거짓 진술하거나 부실한 증명서류를 제시하거나 부정한 방법으로 사용허가를 받은 경우 그 허가를 취소할 수 있다.

② 중앙관서의 장이 미리 행정재산의 원래 상태의 변경을 승인한 경우에도 허가기간이 끝나면 원래의 상태대로 반환하여야 한다.

③ 중앙관서의 장이 행정재산의 사용허가를 취소하거나 철회하려는 경우에는 청문을 하여야 한다.

④ 사용허가 받은 행정재산을 국가나 지방자치단체가 직접 공용이나 공공용으로 사용하기 위하여 필요하여 사용허가를 철회한 경우 이로 인하여 손실이 발생하면 대통령령이 정하는 바에 따라 보상한다.

⑤ 행정재산의 사용·수익에 대한 허가는 행정처분으로서 강학상 특허에 해당한다.

08 「경찰관 직무집행법」상 경찰권 발동에 대한 설명으로 옳지 않은 것은?

① 경찰관은 범죄·재난·공공갈등 등 공공안녕에 대한 위험의 예방과 대응을 위한 정보의 수집·작성·배포와 이에 수반되는 사실의 확인을 할 수 있다.

② 경찰관은 위험한 사태가 발생한 장소에 있는 사람, 사물의 관리자, 그 밖의 관계인에게 위해를 방지하기 위하여 필요하다고 인정되는 조치를 하게 하거나 직접 그 조치를 할 수 있다.

③ 경찰관이 신분증을 제시하지 않고 불심검문을 한 경우, 검문하는 사람이 경찰관이고 검문하는 이유가 범죄행위에 관한 것임을 피고인이 충분히 알고 있었다고 보이더라도 그 불심검문은 위법한 공무집행이라고 할 수 있다.

④ 경찰관은 어떠한 죄를 범하였거나 범하려 하고 있다고 의심할 만한 상당한 이유가 있는 거동이 수상한 자를 정지시켜 질문할 수 있고, 목적달성에 필요한 최소한의 범위 내에서 사회통념상 용인될 수 있는 상당한 방법으로 그 대상자를 정지시킬 수 있으며 질문에 수반하여 흉기의 소지여부도 조사할 수 있다.

⑤ 경찰관은 자살을 시도하려는 사람 등 구호대상자를 발견하였을 때에는 보건의료기관이나 공공구호기관에 긴급구호를 요청하거나 경찰관서에서 보호하는 등 적절한 조치를 할 수 있다.

09 행정행위의 하자 및 하자승계에 대한 설명으로 옳지 않은 것은?

① 과세처분 이후 조세 부과의 근거가 되었던 법률규정에 대하여 위헌결정이 내려진 후에 행한 그 과세처분의 집행은 당연무효이다.

② 구 「부동산 가격공시 및 감정평가에 관한 법률」상 선행처분인 표준지공시지가의 결정에 하자가 있는 경우에 그 하자는 보상금 산정을 위한 수용재결에 승계된다.

③ 재건축주택조합설립인가처분 당시 동의율을 충족하지 못한 하자는 후에 추가동의서가 제출되었다는 사정만으로 치유될 수 없다.

④ 건물소유자에게 소방시설 불량사항을 시정·보완하라는 명령을 구두로 고지한 것은 「행정절차법」에 위반한 것으로 하자가 중대하나 명백하지는 않아 취소사유에 해당한다.

⑤ 취소사유인 절차적 하자가 있는 당초 과세처분에 대하여 증액경정처분이 있는 경우, 소멸한 당초처분의 절차적 하자는 존속하는 증액경정처분에 승계되지 않는다.

10 행정처분의 무효에 대한 설명으로 옳지 않은 것은?

① 「행정기본법」은 행정처분이 무효가 되기 위해서는 그 하자가 법규의 중요한 부분을 위반한 중대한 것으로서 객관적으로 명백한 것이어야 한다고 규정하고 있다.

② 일반적으로 시행령이 헌법이나 법률에 위반된다는 사정은 그 시행령 규정을 위헌 또는 위법하여 무효라고 선언한 대법원의 판결이 선고되지 아니한 상태에서는 그 시행령 규정의 위헌 내지 위법 여부가 해석상 다툼의 여지가 없을 정도로 명백하였다고 인정되지 아니하는 이상 객관적으로 명백한 것이라 할 수 없으므로 이러한 시행령에 근거한 행정처분의 하자는 취소사유에 해당할 뿐 무효사유가 된다고 볼 수는 없다.

③ 행정처분의 무효확인을 구하는 소에는 원고가 그 처분의 취소를 구하지 아니한다고 밝히지 아니한 이상 그 처분이 당연무효가 아니라면 그 취소를 구하는 취지도 포함되어 있는 것으로 보아야 하고, 그와 같은 경우에 취소청구를 인용하려면 먼저 취소를 구하는 항고소송으로서의 제소요건을 구비하여야 한다.

④ 국토계획법령이 정한 도시계획시설사업의 대상 토지의 소유와 동의 요건을 갖추지 못하였는데도 행정청이 사업시행자로 지정하였다면, 이는 국토계획법령이 정한 법규의 중요한 부분을 위반한 것으로서 특별한 사정이 없는 한 그 하자가 중대하다고 보아야 한다.

⑤ 선행처분인 도시계획시설 사업시행자 지정처분이 처분 요건을 충족하지 못하여 당연무효인 경우에는 사업시행자 지정처분이 유효함을 전제로 이루어진 후행처분인 실시계획 인가처분도 무효라고 보아야 한다.

11 신뢰보호원칙에 대한 설명으로 옳지 않은 것만을 〈보기〉에서 모두 고르면?

―――――〈보 기〉―――――

㉠ 행정청의 공적 견해표명이 있었는지를 판단할 때 행정조직상의 형식적인 권한분장에 구애될 것은 아니다.

㉡ 행정청의 공적 견해표명이 있다고 인정하기 위해서는 적어도 담당자의 조직상 지위와 임무, 당해 언동을 하게 된 구체적인 경위 등에 비추어 그 언동의 내용을 신뢰할 수 있는 경우이어야 한다.

㉢ 「행정기본법」에 따르면, 행정청은 공익 또는 제3자의 이익을 현저히 해칠 우려가 있는 경우에도 행정에 대한 국민의 정당하고 합리적인 신뢰를 보호하여야 한다.

㉣ 특정 사항에 관하여 신뢰보호원칙상 행정청이 그와 배치되는 조치를 할 수 없다고 할 수 있을 정도의 행정관행이 성립되었다고 하려면 상당한 기간에 걸쳐 그 사항에 관하여 동일한 처분을 하였다는 객관적 사실이 존재하는 것으로 족하다.

㉤ 행정청이 공적 견해를 표명할 당시의 사정이 사후에 변경된 경우에는 그 공적 견해가 더 이상 개인에게 신뢰의 대상이 된다고 보기 어려운 만큼, 특별한 사정이 없는 한 행정청이 그 견해표명에 반하는 처분을 하더라도 신뢰보호원칙에 위반된다고 할 수 없다.

① ㉠, ㉡
② ㉠, ㉤
③ ㉡, ㉣
④ ㉢, ㉣
⑤ ㉢, ㉤

12 「개인정보 보호법」상 개인정보 보호에 대한 설명으로 옳지 않은 것은?

① 정보주체는 개인정보처리자가 「개인정보 보호법」을 위반한 행위로 손해를 입으면 개인정보처리자에게 손해배상을 청구할 수 있다. 이 경우 그 개인정보처리자는 고의 또는 과실이 없음을 입증하지 아니하면 책임을 면할 수 없다.

② 헌법재판소는 개인정보자기결정권을 사생활의 비밀과 자유, 일반적 인격권, 국민주권원리 등을 이념적 기초로 하는 독자적 기본권으로서 헌법에 명시되지 않은 기본권으로 보고 있다.

③ 「개인정보 보호법」상의 개인정보란 살아 있는 개인에 관한 정보로서 사자(死者)에 관한 정보는 해당되지 않는다.

④ 국가 및 지방자치단체, 개인정보 보호단체는 정보주체의 피해 또는 권리침해가 다수의 정보주체에게 같거나 비슷한 유형으로 발생하는 경우로서 대통령령으로 정하는 사건에 대하여는 분쟁조정위원회에 집단분쟁조정을 의뢰 또는 신청할 수 있다.

⑤ 개인정보처리자가 「개인정보 보호법」 제49조에 따른 집단분쟁조정의 결과를 수락하지 아니한 경우, 「소비자기본법」 제29조에 따라 공정거래위원회에 등록한 후 1년이 경과한 소비자단체는 법원에 권리침해 행위의 중지를 구하는 단체소송을 제기할 수 있다.

13 공법상 계약에 대한 설명으로 옳은 것만을 〈보기〉에서 모두 고르면?

── 〈보 기〉 ──

㉠ 지방자치단체를 당사자로 하는 계약에 관하여는 그 계약의 성질이 사법상 계약인지 공법상 계약인지와 상관없이 원칙적으로 「지방자치단체를 당사자로 하는 계약에 관한 법률」의 규율이 적용된다고 보아야 한다.

㉡ 중소기업 정보화지원사업에 따른 지원금 출연을 위하여 중소기업청장이 체결하는 협약은 공법상 대등한 당사자 사이의 의사표시의 합치로 성립하는 공법상 계약에 해당한다.

㉢ 지방자치단체가 일방 당사자가 되는 이른바 '공공계약'이 사경제의 주체로서 상대방과 대등한 위치에서 체결하는 사법상 계약에 해당하는 경우 그에 관한 법령에 특별한 정함이 있는 경우를 제외하고는 사적 자치와 계약자유의 원칙 등 사법의 원리가 그대로 적용된다.

㉣ 행정청은 법령 등을 위반하지 아니하는 범위에서 공법상 계약을 체결할 수 있으며, 이 경우 계약의 목적 및 내용을 명확하게 적은 계약서를 작성하여야 한다.

① ㉠, ㉡, ㉢
② ㉠, ㉡, ㉣
③ ㉠, ㉢, ㉣
④ ㉡, ㉢, ㉣
⑤ ㉠, ㉡, ㉢, ㉣

14 행정지도에 대한 설명으로 옳지 않은 것은?

① 행정지도는 의무를 부과하거나 권익을 제한하는 것이 아니므로 「행정절차법」의 적용을 받지 않는다.

② 단순한 행정지도의 한계를 넘어 규제적 · 구속적 성격을 상당히 강하게 갖는 경우에는 헌법소원의 대상이 되는 공권력의 행사라고 볼 수 있다.

③ 행정청이 위법 건축물에 대한 시정명령을 하고 나서 위반자가 이를 이행하지 아니하여 전기 · 전화의 공급자에게 그 위법 건축물에 대한 전기 · 전화의 공급을 하지 말아 줄 것을 요청한 행위는 권고적 성격의 행위에 불과한 것으로서 항고소송의 대상이 되는 행정처분이라고 볼 수 없다.

④ 행정관청이 토지거래계약신고에 관하여 공시된 기준지가를 기준으로 매매가격을 신고하도록 행정지도하여 왔고 그 기준 가격 이상으로 매매가격을 신고한 경우에는 거래신고서를 접수하지 않고 반려하는 것이 관행화되어 있더라도 그와 같은 위법한 관행에 따라 허위신고행위에 이르렀다고 하여 그 범법 행위가 사회상규에 위배되지 않는 정당한 행위라고 볼 수 없다.

⑤ 행정지도가 강제성을 띠지 않은 비권력적 작용으로서 행정지도의 한계를 일탈하지 않았다면 그로 인하여 상대방에게 어떤 손해가 발생하였다 하더라도 그에 대한 손해배상책임이 없다.

15 행정의 실효성 확보수단에 대한 설명으로 옳지 않은 것은?

① 「행정기본법」에 따르면, 행정청은 의무자가 행정상 의무를 이행할 때까지 이행강제금을 반복하여 부과할 수 있다. 다만, 의무자가 의무를 이행하면 새로운 이행강제금의 부과를 즉시 중지하되, 이미 부과한 이행강제금은 징수하여야 한다.

② 경찰서장이 「경범죄 처벌법」상 범칙행위에 대하여 통고처분을 하였는데 통고처분에서 정한 범칙금 납부기간이 지나지 아니한 경우, 경찰서장이 즉결심판을 청구하거나 검사가 동일한 범칙행위에 대하여 공소를 제기할 수 없다.

③ 행정청이 행정대집행의 방법으로 건물철거의무의 이행을 실현할 수 있는 경우에 건물철거 대집행 과정에서 부수적으로 건물의 점유자들에 대한 퇴거조치를 할 수 없다.

④ 「가맹사업거래의 공정화에 관한 법률」(이하 「가맹사업법」이라 함)에 따르면, 공정거래위원회는 「가맹사업법」 위반행위에 대하여 과징금을 부과할 것인지, 부과할 경우 과징금 액수를 구체적으로 얼마로 정할 것인지를 재량으로 판단할 수 있다.

⑤ 질서위반행위의 과태료 부과의 근거법률이 개정되어 행위 시 법률에 의하면 과태료 부과대상이었지만 재판 시 법률에 의하면 과태료 부과대상이 아니게 된 때에는 개정법률 부칙에서 종전 법률 시행 당시에 행해진 질서위반행위에 행위 시 법률을 적용하도록 특별한 규정을 두지 않은 이상 재판 시 법률을 적용하여야 하므로 과태료를 부과하지 못한다.

16 행정행위의 부관에 대한 설명으로 옳지 않은 것은?

① 행정청은 처분에 재량이 없는 경우에는 법률에 근거가 있는 경우에 부관을 붙일 수 있다.

② 사도개설허가에서 정해진 공사기간은 사도개설허가 자체의 존속기간을 정한 것이라 볼 수 있으므로 공사기간 내에 사도로 준공검사를 받지 못하였다면 사도개설허가는 당연히 실효된다.

③ 행정청이 공유수면매립준공인가처분을 하면서 매립지 일부를 국가 소유로 귀속하게 한 것은 법률효과 일부를 배제하는 부관에 해당하고, 이러한 부관은 독립하여 행정소송의 대상이 될 수 없다.

④ 행정청이 수익적 행정처분에 부담을 부가하는 경우 사전에 상대방과 협의하여 부담의 내용을 협약의 형식으로 미리 정한 다음 행정처분을 하면서 이를 부가할 수도 있다.

⑤ 공익법인의 기본재산처분에 대하여 행정청이 허가하는 경우 그 성질이 형성적 행정행위로서의 인가에 해당한다고 하여 조건으로서의 부관을 붙이지 못하는 것은 아니다.

17 〈보기 1〉에서 설명하고 있는 소송의 종류와 〈보기 2〉에서 설명하고 있는 소송의 사례가 올바르게 짝지어진 것은?

───〈보기 1〉───

(가)는 행정청의 처분 등이나 부작위에 대하여 제기하는 소송을 말하며, (나)는 행정청의 처분 등을 원인으로 하는 법률관계에 관한 소송, 그 밖에 공법상의 법률관계에 관한 소송으로서 그 법률관계의 한쪽 당사자를 피고로 하는 소송을 말한다.

───〈보기 2〉───

㉠ 사업주가 당연가입자가 되는 고용보험 및 산재보험에서 보험료 납부의무부존재확인의 소

㉡ 재단법인 한국연구재단이 과학기술기본법령에 따라 체결한 연구개발비 지원사업 협약의 해지 통보에 대한 불복의 소

㉢ 지방자치단체가 보조금 지급결정을 하면서 일정기간 내에 보조금을 반환하도록 하는 교부조건을 부가한 경우, 보조사업자에 대한 지방자치단체의 보조금반환청구의 소

　　　(가)　　　(나)
① 　㉠　　　㉡, ㉢
② 　㉡　　　㉠, ㉢
③ 　㉢　　　㉠, ㉡
④ 　㉠, ㉡　　　㉢
⑤ 　㉡, ㉢　　　㉠

18 「공공기관의 정보공개에 관한 법률」상 정보공개에 대한 설명으로 옳지 않은 것은?

① 정보비공개결정 취소소송에서 원고인 청구인이 소송과정에서 공공기관이 법원에 제출한 정보의 사본을 송달받은 경우, 그 정보의 비공개결정의 취소를 구할 소의 이익이 소멸한다.

② 공공기관은 공개 청구된 공개 대상 정보의 전부 또는 일부가 제3자와 관련이 있다고 인정할 때에는 그 사실을 제3자에게 지체 없이 통지하여야 하며, 필요한 경우에는 그의 의견을 들을 수 있다.

③ 정보공개를 청구하여 정보공개 여부에 대한 결정의 통지를 받은 자가 정당한 사유 없이 해당 정보의 공개를 다시 청구하는 경우, 공공기관은 종전 청구와의 내용적 유사성·관련성 등을 고려하여 해당 청구를 종결 처리할 수 있다.

④ 제3자가 자신과 관련된 정보를 공개하지 아니할 것을 요청하였음에도 불구하고 공공기관이 공개 결정을 한 경우, 그 제3자는 해당 공공기관에 문서로 이의신청을 하거나 행정심판 또는 행정소송을 제기할 수 있다.

⑤ 어떤 정보를 공공기관이 보유·관리하고 있다는 점에 관하여는 입증책임이 정보공개를 구하는 자에게 있으며, 그 입증의 정도는 그러한 정보를 공공기관이 보유·관리하고 있을 상당한 개연성이 있다는 점을 증명하는 것으로 족하다.

19 「행정소송법」상 행정소송의 심리에 대한 설명으로 옳은 것만을 〈보기〉에서 모두 고르면?

───── 〈보 기〉 ─────

㉠ 당사자가 신청하지 아니한 사항에 대하여는 판결하지 못한다는 의미의 처분권주의가 적용된다.

㉡ 취소소송의 직권심리주의를 규정하고 있는 「행정소송법」제26조의 규정을 고려할 때, 행정소송에 있어서 법원은 원고의 청구범위를 초월하여 그 이상의 청구를 인용할 수 있다.

㉢ 법원으로부터 행정심판기록의 제출명령을 받은 행정청은 지체없이 당해 행정심판에 관한 기록을 법원에 제출하여야 한다.

㉣ 사실심에서 변론종결 시까지 당사자가 주장하지 않던 직권조사사항에 해당하는 사항을 상고심에서 비로소 주장하는 경우 그 직권조사사항에 해당하는 사항은 상고심의 심판범위에 해당하지 않는다.

① ㉠, ㉡

② ㉠, ㉢

③ ㉠, ㉣

④ ㉡, ㉣

⑤ ㉢, ㉣

20 「공익사업을 위한 토지 등의 취득 및 보상에 관한 법률」(이하 「토지보상법」이라 함)에 대한 설명으로 옳은 것은?

① 중앙토지수용위원회의 이의재결에 대한 행정소송은 재결서를 받은 날부터 90일 이내에 제기하여야 한다.

② 지방토지수용위원회의 재결에 대하여 이의를 신청하여 중앙토지수용위원회의 재결을 받은 자가 재결의 취소소송을 제기하려면 중앙토지수용위원회의 이의재결을 대상으로 하여야 한다.

③ 공익사업의 시행자는 해당 공익사업을 위한 공사에 착수하기 이전에 토지소유자에게 보상액 전액을 지급하여야 하나, 사업시행자가 보상액을 지급하지 않고 승낙도 받지 않은 채 공사에 착수하였다 하더라도 토지소유자에 대하여 불법행위로 인한 손해배상 책임이 발생하는 것은 아니다.

④ 공익사업시행지구 밖에서 영업을 휴업하는 자는 「토지보상법」에 규정된 재결절차를 거치지 않고 곧바로 사업시행자를 상대로 영업손실에 대한 보상청구를 할 수 있다.

⑤ 토지수용위원회가 「토지보상법」상 손실보상대상에 해당하는 보상항목을 손실보상대상에 해당하지 않는다고 잘못된 내용의 재결을 한 경우에는 피보상자는 그 재결에 대한 취소소송을 제기할 것이 아니라 사업시행자를 상대로 「토지보상법」에 따른 보상금증감소송을 제기하여야 한다.

21 「국가공무원법」상 공무원의 의무 및 징계에 대한 설명으로 옳지 않은 것은?

① '중징계의결이 요구 중인 자'에 해당하는 공무원에 대하여 직위해제 처분을 한 경우에는 징계의결이 있기 전까지만 직위해제를 하여야 하나, 해당 공무원에 대하여 징계의결이 있었고 이에 대하여 징계의결요구권자가 심사·재심사 청구를 하였다면 그에 대한 결정이 있을 때까지 직위해제를 유지할 수 있다.

② 공무원이 엄수하여야 할 직무상 비밀인지를 판단할 때에는 행정기관이 비밀이라고 형식적으로 정한 것에 따를 것이 아니라 실질적으로 비밀로서 보호할 가치가 있는지가 검토되어야 한다.

③ 강등이 된 공무원은 1계급 아래로 직급이 내려가고 3개월간 직무에 종사하지 못하며 그 기간 중 보수는 전액을 감한다.

④ 공무원이 적극행정을 추진한 결과에 대하여 해당 공무원의 행위에 고의 또는 중대한 과실이 없다고 인정되는 경우에는 대통령령 등으로 정하는 바에 따라 「국가공무원법」에 따른 징계 또는 징계부가금 부과 의결을 하지 아니한다.

⑤ 공무원이 선거에서 특정인을 지지하기 위한 서명 운동을 권유함으로써 징계사유가 발생하였더라도 그 사유가 발생한 날부터 3년이 지나면 징계의결을 요구하지 못한다.

22 「지방자치법」에 대한 설명으로 옳지 않은 것은?

① 2개 이상의 지방자치단체가 사무를 공동으로 처리할 목적으로 설립하는 지방자치단체조합은 법인으로 한다.

② 지방의회와 집행기관의 구성을 따로 법률로 정하는 경우에는 「지방자치법」의 규정과 달리할 수 있으며, 이 경우 「주민투표법」에 따른 주민투표를 거쳐야 한다.

③ 시·군·자치구의 장에 대한 시·도지사의 직무이행명령이 기간 내 이행되지 아니하면 시·도지사는 대집행을 할 수 있고, 이 경우 「행정대집행법」을 준용한다.

④ 행정안전부장관이나 시·도지사는 지방자치단체의 자치사무에 관하여 보고를 받을 수 있으며, 법령 위반사항에 대해서는 서류·장부 또는 회계를 감사할 수 있다.

⑤ 2개 이상의 시·군 또는 자치구가 공동으로 특정한 목적을 위하여 광역적으로 사무를 처리할 필요가 있을 때에는 상호협의에 따른 규약을 정하여 구성 지방자치단체의 지방의회 의결을 거쳐 시·도지사의 승인을 받아 특별지방자치단체를 설치할 수 있다.

23 위임입법에 대한 설명으로 옳은 것만을 〈보기〉에서 모두 고르면?

〈보 기〉

㉠ 군인의 복무에 관한 사항을 규율할 권한을 대통령령에 위임하는 경우에는 대통령령으로 규정될 내용 및 범위에 관한 기본적인 사항을 다소 광범위하게 위임하였다 하더라도 포괄위임금지원칙에 위배된다고 볼 수 없다.

㉡ 법령의 위임이 없음에도 법령에 규정된 처분 요건에 해당하는 사항을 부령에서 변경하여 규정한 경우에는 그 부령의 규정은 행정조직 내에서 적용되는 행정명령의 성격을 지닐 뿐 국민에 대한 대외적 구속력은 없다.

㉢ 중앙행정기관이 제정·개정 후 10일 내에 제출한 대통령령·총리령 및 부령이 그 위임 법률의 취지 또는 내용에 합치되지 아니한다고 국회 소관 상임위원회가 판단한 경우 국회는 본회의 의결로 이를 처리하고 정부에 송부한다.

㉣ 헌법상 구체적 위임의 요구는 법률이 대통령령에 위임하는 경우에 대하여 규정된 것이므로 대통령령이 법률에서 위임받은 사항을 다시 부령에 재위임하는 경우에는 적용되지 않는다.

① ㉠, ㉡
② ㉠, ㉢
③ ㉡, ㉢
④ ㉠, ㉡, ㉢
⑤ ㉡, ㉢, ㉣

24 「행정조사기본법」에 대한 설명으로 옳은 것은?

① 행정기관의 장은 법령 등에 특별한 규정이 있는 경우를 제외하고는 행정조사의 결과를 확정한 날부터 10일 이내에 그 결과를 조사대상자에게 통지하여야 한다.

② 유사하거나 동일한 사안에 대하여 서로 다른 기관이 공동으로 조사하는 것은 원칙적으로 허용되지 않는다.

③ 행정조사는 수시로 실시함을 원칙으로 한다.

④ 행정조사의 기본원칙은 군사시설·군사기밀보호 및 방위사업에 관한 사항에 대하여도 적용한다.

⑤ 행정조사를 실시한 행정기관의 장은 이미 조사를 받은 조사대상자에 대하여 위법행위가 의심되는 새로운 증거를 확보한 경우에도 동일한 사안에 대하여 동일한 조사대상자를 재조사하여서는 아니 된다.

25 「행정심판법」상 행정심판에 대한 설명으로 옳지 않은 것은?

① 법인이 아닌 사단 또는 재단으로서 대표자나 관리인이 정하여져 있는 경우에는 그 사단이나 재단의 이름으로 심판청구를 할 수 있다.

② 행정청의 거부처분에 대해서는 의무이행심판을 청구하여야 하고, 취소심판은 청구할 수 없다.

③ 행정심판의 결과에 이해관계가 있는 행정청은 해당 심판청구에 대한 행정심판위원회의 의결이 있기 전까지 그 사건에 대하여 심판참가를 할 수 있다.

④ 행정심판위원회는 필요할 경우 당사자가 주장하지 아니한 사실에 대해서도 심리할 수 있다.

⑤ 행정심판위원회는 심판청구가 이유가 있다고 인정하는 경우에도 이를 인용하는 것이 공공복리에 크게 위배된다고 인정하면 그 심판청구를 기각하는 재결을 할 수 있다.

✅ 회독 CHECK 1 2 3

01 공무원의 법률관계에 대한 설명으로 옳지 않은 것은? (다툼이 있는 경우 판례에 의함)

① 공무원임용결격사유가 있는지의 여부는 임용 당시에 시행되던 법률을 기준으로 하여 판단하여야 하고, 임용 당시 공무원임용결격사유가 있었다면 비록 국가의 과실에 의하여 임용결격자임을 밝혀내지 못하였다 하더라도 그 임용행위는 당연무효이다.

② 임용행위의 하자로 임용행위가 취소되어 소급적으로 지위를 상실한 경우에 해당 공무원은 「공무원연금법」에서 정한 퇴직급여를 청구할 수 없다.

③ 형사사건으로 기소되었다는 이유만으로 직위해제처분을 하는 것은 정당화될 수 없다.

④ 징계사유인 성희롱 관련 형사재판에서 성희롱 행위가 있었다는 점을 합리적 의심을 배제할 정도로 확신하기 어렵다는 이유로 공소사실에 관하여 무죄가 선고되었다고 하여 그러한 사정만으로 행정소송에서 징계사유의 존재를 부정할 것은 아니다.

⑤ 해임처분을 소청심사위원회가 정직 2월로 변경하였는데도 불구하고 여전히 징계가 불합리하다 여겨 이에 불복하려는 경우, 원처분청이 아닌 소청심사위원회를 상대로 정직 2월로 변경된 원처분에 대한 취소소송을 제기하여야 한다.

02 행정권한의 위임과 위탁에 대한 설명으로 옳은 것만을 〈보기〉에서 모두 고르면? (다툼이 있는 경우 판례에 의함)

───── 〈보 기〉 ─────

㉠ 행정권한의 내부위임은 법률의 근거가 없이도 가능하나 행정권한의 위임은 법률의 근거를 요한다.

㉡ 전결규정에 위반하여 원래의 전결권자 아닌 보조기관 등이 처분권자인 행정관청의 이름으로 행정처분을 한 경우 그 처분은 권한 없는 자에 의하여 행하여진 무효의 처분이다.

㉢ 내부위임의 경우 수임기관이 자기의 이름으로 처분을 했다면 항고소송의 피고는 수임기관이 된다.

㉣ 본래 시·도지사나 시장·군수 또는 구청장의 업무에 속하는 대집행권한을 한국토지주택공사에게 위탁한 경우 한국토지주택공사는 이러한 위탁에 의하여 대집행을 수권받은 자로서 공무인 대집행을 실시함에 따르는 권리·의무 및 책임이 귀속되는 행정주체의 지위에 있다.

① ㉠, ㉡

② ㉠, ㉢

③ ㉡, ㉣

④ ㉠, ㉢, ㉣

⑤ ㉡, ㉢, ㉣

03 행정행위의 하자에 대한 설명으로 옳지 않은 것은? (다툼이 있는 경우 판례에 의함)

① 행정처분을 한 행정청은 그 처분의 성립에 하자가 있는 경우 이를 취소할 별도의 법적 근거가 없다 하더라도 직권으로 취소할 수 있다.

② 지방병무청장이 재신체검사 등을 거쳐 종전의 현역병입영대상편입처분을 보충역편입처분으로 변경한 후에 제소기간의 경과 등으로 보충역편입처분에 형식적 존속력이 생겼다면, 보충역편입처분에 하자가 있다는 이유로 이를 직권으로 취소하더라도 종전의 현역병입영대상편입처분의 효력은 회복되지 않는다.

③ 조세부과처분과 압류 등의 체납처분은 별개의 행정처분으로서 독립성을 가지므로 조세부과처분에 하자가 있더라도 그 부과처분이 취소되지 아니하는 한 그에 근거한 체납처분은 위법이라고 할 수 없으나, 그 부과처분에 중대하고도 명백한 하자가 있어 무효인 경우에는 그 부과처분의 집행을 위한 체납처분도 무효이다.

④ 민사소송에 있어서 어느 행정처분의 당연무효 여부가 선결문제로 되는 때에는 당해 수소법원이 이를 판단하여 당연무효임을 전제로 판결할 수 있고, 반드시 행정소송 등의 절차에 의하여 무효확인을 받아야 하는 것은 아니다.

⑤ 적법한 건축물에 대한 철거명령의 하자가 중대하고 명백하여 당연무효라 하더라도, 그 후행행위인 건축물철거 대집행계고처분이 당연무효인 것은 아니다.

04 행정행위의 분류에 대한 설명으로 옳은 것만을 〈보기〉에서 모두 고르면? (다툼이 있는 경우 판례에 의함)

〈보 기〉

㉠ 행정청의 사립학교법인 임원취임승인행위는 학교법인의 임원선임행위의 법률상 효력을 완성하게 하는 보충적 법률행위로서 강학상 인가에 해당한다.

㉡ 개인택시운송사업면허는 특정인에게 권리나 의무를 부여하는 것이므로 강학상 특허에 해당한다.

㉢ 공유수면의 점용·사용허가는 허가 상대방에게 제한을 해제하여 공유수면이용권을 부여하는 처분으로 강학상 허가에 해당한다.

㉣ 토지거래허가는 토지거래허가구역 내의 토지거래를 전면적으로 금지시키고 특정한 경우에 예외적으로 토지거래계약을 체결할 수 있는 자격을 부여하는 점에서 강학상 특허에 해당한다.

① ㉠, ㉡

② ㉠, ㉢

③ ㉡, ㉢

④ ㉡, ㉣

⑤ ㉢, ㉣

05 사인의 공법행위로서 신고에 대한 설명으로 옳지 않은 것은? (다툼이 있는 경우 판례에 의함)

① 수리를 요하지 아니한 신고에 있어서 적법한 요건을 갖춘 신고의 경우에는 행정청의 수리처분 등 별단의 조처를 기다릴 필요 없이 그 접수 시에 신고로서의 효력이 발생하는 것이므로 그 수리가 거부되었다고 하여 무신고 영업이 되는 것은 아니다.

② 기본행위인 사업의 양도·양수 계약이 무효인 경우, 기본행위의 무효를 구함이 없이 곧바로 영업자지위승계신고수리처분에 대한 무효확인소송을 제기할 법률상 이익이 없다.

③ 주민등록전입신고자가 30일 이상 생활의 근거로 거주할 목적 이외에 다른 이해관계에 관한 의도를 가지고 있는지 여부, 무허가건축물의 관리, 전입신고를 수리함으로써 당해 지방자치단체에 미치는 영향 등과 같은 사유는 「주민등록법」이 아닌 다른 법률에 의하여 규율되어야 하고, 주민등록전입신고의 수리 여부를 심사하는 단계에서는 고려 대상이 될 수 없다.

④ 허가대상건축물의 양수인이 형식적 요건을 갖추어 시장·군수에게 적법하게 건축주의 명의변경을 신고한 때에는 시장, 군수는 그 신고를 수리하여야지 실체적인 이유를 내세워 그 신고의 수리를 거부할 수는 없다.

⑤ 인허가 의제 효과를 수반하는 건축신고는 일반적인 건축신고와는 달리, 특별한 사정이 없는 한 행정청이 그 실체적 요건에 관한 심사를 한 후 수리하여야 하는 이른바 '수리를 요하는 신고'로 보는 것이 옳다.

06 甲은 아파트를 건설하고자 乙시장에게 「주택법」상 사업계획승인신청을 하였는데, 乙시장은 아파트단지 인근에 개설되는 자동차전용도로의 부지로 사용할 목적으로 甲소유 토지의 일부를 아파트 사용검사 시까지 기부채납하도록 하는 부담을 붙여 사업계획을 승인하였다. 이에 대한 설명으로 옳은 것만을 〈보기〉에서 모두 고르면? (다툼이 있는 경우 판례에 의함)

─── 〈보 기〉 ───

㉠ 甲이 위 부담을 불이행하였다면 乙시장은 이를 이유로 사업계획승인을 철회하거나, 위 부담상의 의무 불이행에 대해 행정대집행을 할 수 있다.

㉡ 甲이 위 부담을 이행하지 아니하더라도 乙시장의 사업계획승인이 당연히 효력을 상실하는 것은 아니다.

㉢ 乙시장은 기부채납의 내용을 甲과 사전에 협의하여 협약의 형식으로 미리 정한 다음, 사업계획승인을 하면서 위 부담을 부가할 수도 있다.

㉣ 만일 甲이 「건축법」상 기속행위에 해당하는 건축허가를 신청하였고, 乙시장이 건축허가를 하면서 법률의 근거 없이 기부채납 부담을 붙였다면 그 부담은 무효이다.

① ㉠, ㉡

② ㉠, ㉢

③ ㉡, ㉣

④ ㉠, ㉢, ㉣

⑤ ㉡, ㉢, ㉣

07 행정지도와 행정조사에 대한 설명으로 옳지 않은 것은?
(다툼이 있는 경우 판례에 의함)

① 헌법재판소에 따르면 행정지도가 단순한 행정지도로서의 한계를 넘어 규제적·구속적 성격을 상당히 강하게 갖는 것이면 헌법소원의 대상이 되는 공권력 행사라고 볼 수 있다.

② 행정지도가 그에 따를 의사가 없는 상대방에게 이를 부당하게 강요하는 것으로서 행정지도의 한계를 일탈하였다면 위법하다.

③ 「국세기본법」상 금지되는 재조사에 기하여 과세처분을 하는 것은 과세관청이 그러한 재조사로 얻은 과세자료를 배제하고서도 동일한 과세처분이 가능한 경우라면 적법하다.

④ 우편물 통관검사절차에서 이루어지는 우편물의 개봉, 시료채취, 성분분석 등의 검사는 행정조사의 성격을 가지는 것으로서 압수·수색영장 없이 우편물의 개봉, 시료채취, 성분분석 등 검사가 진행되었다 하더라도 특별한 사정이 없는 한 위법하다고 볼 수 없다.

⑤ 행정기관의 장은 법령 등에 특별한 규정이 있는 경우를 제외하고는 행정조사의 결과를 확정한 날부터 7일 이내에 그 결과를 조사대상자에게 통지하여야 한다.

08 공법상 계약에 해당하는 것만을 〈보기〉에서 모두 고르면? (다툼이 있는 경우 판례에 의함)

─〈보 기〉─

㉠ 「사회기반시설에 대한 민간투자법」에 따라 지방자치단체와 유한회사 간 체결한 터널 민간투자사업 실시협약

㉡ 구 「중소기업 기술혁신 촉진법」상의 중소기업 정보화지원사업에 따른 지원금 출연을 위하여 중소기업청장이 민간 주식회사와 체결하는 협약

㉢ 도시계획사업의 시행자가 그 사업에 필요한 토지를 협의취득하는 행위

㉣ 국유일반재산의 대부행위

① ㉠, ㉡　　　　　② ㉠, ㉢

③ ㉡, ㉢　　　　　④ ㉡, ㉣

⑤ ㉢, ㉣

09 법률유보와 법률의 위임에 대한 설명으로 옳지 않은 것은? (다툼이 있는 경우 판례에 의함)

① 자격이나 신분 등을 취득 또는 부여할 수 없거나 인가, 허가, 지정, 승인, 영업등록, 신고 수리 등을 필요로 하는 영업 또는 사업 등을 할 수 없는 사유는 법률로 정하여야 한다.

② 텔레비전 방송수신료금액의 결정은 납부의무자의 범위와는 달리 수신료에 관한 본질적인 중요한 사항이 아니므로 국회가 스스로 결정할 필요는 없다.

③ 도시환경정비사업시행인가 신청 시 요구되는 토지 등소유자의 동의정족수를 정하는 것은 법률유보 내지 의회유보의 원칙이 지켜져야 할 영역이다.

④ 헌법재판소에 따르면 지방자치단체의 조례에 대한 법률의 위임은 법규명령에 대한 위임과 달리 반드시 구체적으로 범위를 정하여야 할 필요가 없고 포괄적인 것으로 족하다.

⑤ 헌법재판소에 따르면 법률이 자치적인 사항을 공법적 단체의 정관으로 정하도록 위임한 경우에는 포괄위임입법금지원칙이 적용되지 않는다.

10 「행정절차법」의 내용으로 옳지 않은 것은? (다툼이 있는 경우 판례에 의함)

① 행정청은 처분 후 2년 이내에 당사자등이 요청하는 경우에는 청문·공청회 또는 의견제출을 위하여 제출받은 서류나 그 밖의 물건을 반환하여야 한다.

② 송달이 불가능하여 관보, 공보 등에 공고한 경우에는 다른 법령 등에 특별한 규정이 있는 경우를 제외하고는 공고일부터 14일이 지난 때에 그 효력이 발생한다. 다만, 긴급히 시행하여야 할 특별한 사유가 있어 효력 발생 시기를 달리 정하여 공고한 경우에는 그에 따른다.

③ 행정청은 긴급히 처분을 할 필요가 있는 경우 당사자에게 처분의 근거와 이유를 제시하지 않아도 되지만, 처분 후 당사자가 요청하는 경우에는 그 근거와 이유를 제시하여야 한다.

④ 처분에 관한 권리 또는 이익을 사실상 양수한 자는 행정청의 승인을 받아 당사자등의 지위를 승계할 수 있다.

⑤ 정보통신망을 이용한 송달은 송달받을 자가 동의하는 경우에만 한다.

11 「행정절차법」상 의견청취에 대한 설명으로 옳지 않은 것은? (다툼이 있는 경우 판례에 의함)

① 허가영업의 양도에 따른 영업자지위승계신고를 수리하는 처분을 할 경우에는 행정청은 종전의 영업자에 대하여 의견청취절차를 거친 후 처분을 하여야 한다.

② 퇴직연금의 환수결정은 당사자에게 의무를 과하는 처분이므로 퇴직연금의 환수결정에 앞서 당사자에게 의견진술의 기회를 주지 아니하면 절차의 하자가 있는 위법한 처분이 된다.

③ 행정청이 당사자와 도시계획사업의 시행과 관련한 협약을 체결하면서 관계 법령 및 「행정절차법」에 규정된 청문의 실시 등 의견청취절차를 배제하는 조항을 두었다고 하더라도, 이러한 협약의 체결로 청문의 실시에 관한 규정의 적용을 배제할 수 있다고 볼 만한 법령상의 규정이 없는 한, 청문의 실시에 관한 규정의 적용이 배제된다거나 청문을 실시하지 않아도 되는 예외적인 경우에 해당한다고 할 수 없다.

④ 청문에서 당사자등이 의견서를 제출한 경우에는 그 내용을 출석하여 진술한 것으로 본다.

⑤ 청문 주재자는 당사자 등의 전부 또는 일부가 정당한 사유 없이 청문기일에 출석하지 아니하거나 의견서를 제출하지 아니한 경우에는 이들에게 다시 의견진술 및 증거제출의 기회를 주지 아니하고 청문을 마칠 수 있다.

12 「공공기관의 정보공개에 관한 법률」(이하 「정보공개법」이라 함)상 정보공개에 대한 설명으로 옳은 것은? (다툼이 있는 경우 판례에 의함)

① 공개청구된 정보가 이미 인터넷을 통해 공개되어 인터넷 검색으로 쉽게 접근할 수 있는 경우에는 비공개결정이 정당화될 수 있다.

② 정보공개거부처분 취소소송에 있어서 정보의 분리공개가 가능하다 하더라도 원고가 공개가 가능한 정보에 관한 부분만의 일부취소로 청구취지를 변경하지 않았다면 법원은 일부취소를 명할 수 없다.

③ 공공기관은 공개청구된 공개대상정보의 전부 또는 일부가 제3자와 관련이 있다고 인정할 때에는 그 사실을 제3자에게 지체 없이 통지하여야 하며, 공개청구된 사실을 통지받은 제3자는 그 통지를 받은 날부터 3일 이내에 해당 공공기관에 대하여 자신과 관련된 정보를 공개하지 아니할 것을 요청할 수 있다.

④ 공공기관이 정보공개를 거부할 때에는 개괄적인 사유만을 들 수 없고 어느 부분이 어떠한 법익 또는 기본권과 충돌하여 비공개사유에 해당하는지를 밝혀야 하나, 「정보공개법」 제9조 제1항 몇 호에서 정하고 있는 비공개사유에 해당하는지 주장·입증할 필요까지는 없다.

⑤ 사립대학교는 「정보공개법」 시행령에 따른 정보공개 의무를 지는 공공기관에 해당하나, 국비의 지원을 받는 범위 내에서만 그러한 공공기관의 성격을 가진다.

13 「질서위반행위규제법」상 과태료에 대한 설명으로 옳은 것은?

① 행정청은 당사자가 납부기한까지 과태료를 납부하지 아니한 때에는 납부기한을 경과한 날부터 체납된 과태료에 대하여 100분의 5에 상당하는 가산금을 징수한다.

② 질서위반행위가 종료된 날부터 3년이 경과한 경우에는 해당 질서위반행위에 대하여 과태료를 부과할 수 없다.

③ 신분에 의하여 과태료를 감경 또는 가중하거나 과태료를 부과하지 아니하는 때에는 그 신분의 효과는 신분이 없는 자에게는 미치지 아니한다.

④ 고의 또는 과실이 없는 질서위반행위는 그에 대한 정당한 이유가 있는 때에 한하여 과태료를 부과하지 아니한다.

⑤ 법인의 대표자, 법인 또는 개인의 대리인·사용인 및 그 밖의 종업원이 업무에 관하여 법인 또는 그 개인에게 부과된 법률상의 의무를 위반한 때에 법인 또는 그 개인에게 과태료를 부과하는 것은 위법하다.

14 행정대집행에 대한 설명으로 옳지 않은 것은? (다툼이 있는 경우 판례에 의함)

① 「행정대집행법」에 따른 행정대집행에서 건물의 점유자가 철거의무자일 때에는 건물철거의무에 퇴거의무도 포함되어 있는 것이어서 별도로 퇴거를 명하는 집행권원이 필요하지 않다.

② 법률에 의해서뿐만 아니라 법률의 위임을 받은 조례에 의해 직접 부과된 대체적 작위의무도 대집행의 대상이 된다.

③ 부작위의무 위반행위에 대하여 대체적 작위의무로 전환하는 규정이 없는 경우, 부작위의무 위반결과의 시정을 명하는 원상복구명령은 무효이고, 원상복구명령의 실효성 확보를 위한 대집행의 계고처분 역시 무효로 봄이 타당하다.

④ 구 「공공용지의 취득 및 손실보상에 관한 특례법」에 의한 협의취득 시 건물소유자가 협의취득대상 건물에 대한 철거의무를 부담하겠다는 취지의 약정을 하였다고 하더라도 이러한 철거의무는 공법상의 의무가 될 수 없고, 대집행을 허용하는 별도의 규정이 없는 한 대집행의 대상이 될 수 없다.

⑤ 건물의 소유자에게 위법건축물을 일정 기간까지 철거할 것을 명함과 아울러 불이행하면 대집행한다는 내용의 계고처분을 고지한 후, 이에 불응하자 다시 제2차 계고서로 일정 기간까지의 철거를 촉구하고 불이행하면 대집행한다는 뜻을 고지하였다면, 「행정대집행법」상 건물철거의무는 제2차 계고처분으로 인하여 발생한다.

15 행정상 강제집행에 대한 설명으로 옳은 것만을 〈보기〉에서 모두 고르면? (다툼이 있는 경우 판례에 의함)

〈보 기〉

㉠ 행정청은 개별사건에 있어서 위반내용, 위반자의 시정의지 등을 감안하여 대집행과 이행강제금을 선택적으로 활용할 수 있으며, 이처럼 그 합리적인 재량에 의해 선택하여 활용하는 이상 중첩적인 제재에 해당한다고 볼 수 없다.

㉡ 「국세징수법」상의 공매통지는 그 상대방인 체납자 등의 법적지위나 권리·의무에 직접적인 영향을 주는 행정처분이므로 공매통지 자체를 취소소송의 대상으로 삼을 수 있다.

㉢ 행정청이 행정대집행을 할 수 있는 경우에도 필요하면 별도로 민사소송의 방법을 통하여 의무이행을 구할 수 있다.

㉣ 장기간 시정명령을 이행하지 아니하였더라도, 그 기간 중에는 시정명령의 이행 기회가 제공되지 아니하였다가 뒤늦게 시정명령의 이행 기회가 제공된 경우라면, 시정명령의 이행 기회 제공을 전제로 한 1회분의 이행강제금만을 부과할 수 있고, 시정명령의 이행 기회가 제공되지 아니한 과거의 기간에 대한 이행강제금까지 한꺼번에 부과할 수는 없으며 이를 위반하여 이루어진 이행강제금 부과처분은 무효이다.

① ㉠, ㉡

② ㉠, ㉣

③ ㉡, ㉢

④ ㉡, ㉣

⑤ ㉢, ㉣

16 「행정심판법」상 간접강제에 대한 설명으로 옳지 않은 것은?

① 행정심판위원회는 피청구인이 재결에 따른 재처분 의무를 이행하지 않으면 청구인의 신청에 의하여 결정으로 상당한 기간을 정하고 피청구인이 그 기간 내에 이행하지 아니하는 경우에는 그 지연기간에 따라 일정한 배상을 하도록 명하거나 즉시 배상을 할 것을 명할 수 있다.

② 행정심판위원회는 사정의 변경이 있는 경우에는 당사자의 신청에 의하여 간접강제결정의 내용을 변경할 수 있으며, 변경결정을 하기 전에 신청 상대방의 의견을 들어야 한다.

③ 행정심판위원회의 간접강제 결정의 효력은 피청구인인 행정청이 소속된 국가·지방자치단체 또는 공공단체에까지 미친다.

④ 청구인은 행정심판위원회의 간접강제 결정에 불복하는 경우 그 결정에 대하여 행정소송을 제기할 수 있다.

⑤ 간접강제의 결정서 정본은 「민사집행법」에 따른 강제집행에 관하여는 집행권원과 같은 효력을 가진다. 다만, 청구인이 해당 결정에 불복하는 소송을 제기한 경우에는 이러한 효력이 인정될 수 없다.

17 「행정기본법」상 행정에 관한 기간의 계산과 법령 등 시행일의 기간 계산에 대한 설명으로 옳지 않은 것은? (다툼이 있는 경우 판례에 의함)

① 행정에 관한 기간의 계산에 관하여는 「행정기본법」 또는 다른 법령 등에 특별한 규정이 있는 경우를 제외하고는 「민법」을 준용한다.

② 처분에서 의무를 부과하는 경우, 의무가 지속되는 기간의 계산은 기간을 일, 주, 월 또는 연으로 정한 경우에는 기간의 첫날을 산입하는 것이 원칙이나 국민에게 불리한 경우에는 이를 적용하지 아니한다.

③ 법령 등에서 국민의 권익을 제한하는 경우, 권익이 제한되는 기간의 계산에 있어 기간의 말일이 토요일 또는 공휴일인 경우에는 기간은 그 익일로 만료한다.

④ 법령 등을 공포한 날부터 시행하는 경우에는 공포한 날을 시행일로 한다.

⑤ 법령 등을 공포한 날부터 일정 기간이 경과한 날부터 시행하는 경우 법령 등을 공포한 날을 첫날에 산입하지 아니한다.

18 「지방자치법」에 대한 설명으로 옳은 것만을 〈보기〉에서 모두 고르면? (다툼이 있는 경우 판례에 의함)

─── 〈보 기〉 ───

㉠ 주민은 권리·의무와 직접 관련되는 규칙의 제정, 개정 또는 폐지와 관련된 의견을 해당 지방자치단체의 장에게 제출할 수 있다.

㉡ 주무부장관은 지방자치단체의 사무에 관한 시장·군수 및 자치구의 구청장의 명령이나 처분이 법령에 위반되거나 현저히 부당하여 공익을 해침에도 불구하고 시·도지사가 시정명령을 하지 아니하면 시·도지사에게 기간을 정하여 시정명령을 하도록 명할 수 있다.

㉢ 주민소송의 대상이 되는 '재산의 관리·처분에 관한 사항'이나 '공금의 부과·징수를 게을리한 사항'이란 지방자치단체의 소유에 속하는 재산의 가치를 유지·보전 또는 실현함을 직접 목적으로 하는 행위 또는 그와 관련된 공금의 부과·징수를 게을리한 행위, 그 밖에 재무회계와 관련이 없는 행위 중 지방자치단체의 재정에 영향을 미치는 행위 등을 포함한다.

㉣ 기관위임사무는 자치조례의 제정범위에 속하지 않는다 할 것이므로 기관위임사무에 관한 사항을 조례로 정하도록 위임하는 법령은 위헌·위법에 해당하여 무효가 된다.

① ㉠, ㉡
② ㉡, ㉢
③ ㉡, ㉣
④ ㉠, ㉡, ㉢
⑤ ㉠, ㉢, ㉣

19 「공익사업을 위한 토지 등의 취득 및 보상에 관한 법률」(이하 「토지보상법」이라 함)에 대한 설명으로 옳지 않은 것은? (다툼이 있는 경우 판례에 의함)

① 보상액의 산정은 협의에 의한 경우에는 협의 성립 당시의 가격을, 재결에 의한 경우에는 수용 또는 사용의 재결 당시의 가격을 기준으로 한다.

② 사업인정고시가 된 후 사업시행자가 토지를 사용하는 기간이 3년 이상인 경우 토지소유자는 토지수용위원회에 토지의 수용을 청구할 수 있고, 토지수용위원회가 이를 받아들이지 않는 재결을 한 경우에는 사업시행자를 피고로 하여 「토지보상법」상 보상금의 증감에 관한 소송을 제기할 수 있다.

③ 사업시행자는 동일한 사업지역에 보상시기를 달리하는 동일인 소유의 토지 등이 여러 개 있는 경우 토지소유자나 관계인이 요구할 때에는 한꺼번에 보상금을 지급하도록 하여야 한다.

④ 사업시행자는 동일한 소유자에게 속하는 일단의 토지의 일부를 취득하는 경우 해당 공익사업의 시행으로 인하여 잔여지의 가격이 증가한 경우에 그 이익을 그 취득으로 인한 손실과 상계한다.

⑤ 영업을 폐업하거나 휴업함에 따른 영업손실에 대하여는 영업이익과 시설의 이전비용 등을 고려하여 보상하여야 한다.

20 항고소송의 피고에 대한 설명으로 옳지 않은 것은? (다툼이 있는 경우 판례에 의함)

① 취소소송은 다른 법률에 특별한 규정이 없는 한 처분 등을 행한 행정청을 피고로 한다.

② 중앙노동위원회의 처분에 대한 행정소송은 중앙노동위원회 위원장을 피고로 한다.

③ 관할청인 농림축산식품부장관으로부터 농지보전부담금 수납업무의 대행을 위탁받은 한국농어촌공사가 농지보전부담금 납부통지서에 관할청의 대행자임을 기재하고 납부통지서를 보낸 경우 농지보전부담금 부과처분에 대한 취소소송의 피고는 관할청이 된다.

④ 대리관계를 명시적으로 밝히지는 아니하였다 하더라도 처분명의자가 피대리행정청 산하의 행정기관으로서 실제로 피대리행정청으로부터 대리권한을 수여받아 피대리행정청을 대리한다는 의사로 행정처분을 하였고 처분명의자는 물론 그 상대방도 그 행정처분이 피대리행정청을 대리하여 한 것임을 알고서 이를 받아들인 예외적인 경우에는 피대리행정청이 피고가 된다.

⑤ 조례에 대한 무효확인소송의 경우 의결기관인 지방의회가 피고가 된다.

21 「행정심판법」상 임시처분에 대한 설명으로 옳지 않은 것은? (다툼이 있는 경우 판례에 의함)

① 임시처분이란 행정청의 처분이나 부작위 때문에 발생할 수 있는 당사자의 중대한 불이익이나 급박한 위험을 막기 위해 당사자에게 임시지위를 부여하는 행정심판위원회의 결정을 말한다.

② 당사자의 임시지위를 정하여야 할 필요성이 인정된다면, 집행정지로 목적을 달성할 수 있는 경우에도 임시처분은 선택적으로 사용될 수 있다.

③ 행정심판위원회는 적극적 가구제 수단인 임시처분을 직권으로 결정할 수 있다.

④ 행정심판위원회가 임시처분결정을 하기 위해서 행정심판청구의 계속이 요구된다.

⑤ 임시처분결정절차에는 집행정지결정의 절차에 관한 규정이 준용된다.

22 구 「과징금부과 세부기준 등에 관한 고시」의 위반행위에 대한 시정조치 횟수를 근거로 공정거래위원회가 부과한 과징금 부과처분에 대한 취소소송의 계속 중 위반행위 자체가 존재하지 않는다는 이유로 시정조치의 취소판결이 확정되었다. 이에 대한 설명으로 옳지 않은 것은? (다툼이 있는 경우 판례에 의함)

① 과징금 부과처분 취소소송의 수소법원은 행정처분의 위법 여부를 행정처분이 있을 때의 법령과 사실상태를 기준으로 판단하여야 하므로 처분 후 법령의 개폐나 사실상태의 변동에 영향을 받지 않는다.

② 위반행위에 대한 시정조치를 취소하는 확정판결은 과징금 부과처분 후 사실상태의 변동에 해당하므로 과징금 부과처분 취소소송의 수소법원의 위법 여부 판단에 영향을 주지 않는다.

③ 법원은 행정처분 당시 행정청이 알고 있었던 자료뿐만 아니라 사실심 변론종결 당시까지 제출된 모든 자료를 종합하여 처분 당시 존재하였던 객관적 사실을 확정하고 그 사실에 기초하여 처분의 위법 여부를 판단할 수 있다.

④ 위반행위에 대한 시정조치의 취소판결이 확정되었다면 그 행정처분은 처분 시에 소급하여 효력을 잃은 것으로 본다.

⑤ 시정조치에 대한 취소판결의 확정으로 해당 위반행위가 위반 횟수 가중을 위한 횟수 산정에서 제외되더라도 그 사유가 과징금 부과처분에 영향을 미치지 아니하여 처분의 정당성이 인정되는 경우에는 그 처분을 위법하다고 할 수 없다.

23 국가배상에 대한 설명으로 옳지 않은 것은? (다툼이 있는 경우 판례에 의함)

① 국회가 일정한 사항에 관하여 헌법에 의하여 부과되는 구체적인 입법의무를 부담하고 있음에도 불구하고 그 입법에 필요한 상당한 기간이 경과하도록 고의 또는 과실로 이러한 입법의무를 이행하지 아니하는 등 극히 예외적인 사정이 인정되는 사안에 한정하여 「국가배상법」 소정의 배상책임이 인정될 수 있다.

② 국회의원이 제정한 법률규정이 헌법의 문언에 명백히 위반됨에도 불구하고 국회가 굳이 당해 입법을 한 것과 같은 특수한 경우가 아닌 한 「국가배상법」 상의 위법행위에 해당하지 않는다.

③ 법령의 위임에도 불구하고 보건복지부장관이 치과전문의제도의 실시를 위하여 필요한 시행규칙의 개정 등 절차를 마련하지 않은 입법부작위가 위헌이라는 헌법재판소 결정의 기속력에 따라, 보건복지부장관이 사실상 전공의 수련과정을 수료한 치과의사들에게 그 수련경력에 대한 기득권을 인정하는 경과조치를 행정입법으로 제정하지 않았다면 입법부작위에 의한 국가배상책임이 성립한다.

④ 직무수행 중 경과실로 피해자에게 손해를 입힌 공무원이 피해자에게 손해를 배상하였다면, 공무원은 특별한 사정이 없는 한 국가가 피해자에 대하여 부담하는 손해배상책임의 범위 내에서 자신이 변제한 금액에 관하여 구상권을 취득한다.

⑤ 일반적으로 공무원이 필요한 지식을 갖추지 못하고 법규의 해석을 그르쳐 행정처분을 하였다면 그가 법률전문가가 아닌 행정직 공무원이라고 하여 과실이 없다고는 할 수 없다.

24 병무청장이 하는 병역의무 기피자의 인적사항 공개에 대한 설명으로 옳은 것만을 〈보기〉에서 모두 고르면? (다툼이 있는 경우 판례에 의함)

───── 〈보 기〉 ─────

㉠ 병무청장이 하는 병역의무 기피자의 인적사항 공개는 특정인을 병역의무 기피자로 판단하여 그 사실을 일반 대중에게 공표함으로써 그의 명예를 훼손하고 그에게 수치심을 느끼게 하여 병역의무 이행을 간접적으로 강제하려는 조치로서 공권력의 행사에 해당한다.

㉡ 관할 지방병무청장이 1차로 공개 대상자 공개 결정을 하고, 그에 따라 병무청장이 같은 내용으로 최종적 공개결정을 하였더라도, 공개 대상자는 관할 지방병무청장의 공개 대상자 결정을 별도로 다툴 소의 이익이 있다.

㉢ 병무청장의 인적사항 공개처분이 취소되면 병무청장은 취소판결의 기속력에 따라 위법한 결과를 제거하는 조치를 할 의무가 있다.

① ㉠
② ㉢
③ ㉠, ㉡
④ ㉠, ㉢
⑤ ㉡, ㉢

25 항고소송의 원고적격이 인정되는 것만을 〈보기〉에서 모두 고르면? (다툼이 있는 경우 판례에 의함)

───── 〈보 기〉 ─────

㉠ 경기도 선거관리위원회 소속 공무원인 갑이 「부패방지 및 국민권익위원회의 설치와 운영에 관한 법률」에 따라 국민권익위원회에 신고를 하면서 신분보장조치를 요구하였고, 이에 국민권익위원회가 경기도 선거관리위원회 위원장에게 갑에 대한 중징계요구를 취소하고 향후 신고로 인한 신분상 불이익 등을 주지말 것을 요구하는 조치요구를 한 사안에서 이에 불복하는 경기도 선거관리위원회 위원장

㉡ 시외버스운송사업계획변경인가처분으로 시외버스 운행노선 중 일부가 기존의 시내버스 운행노선과 중복하게 되어 수익감소가 예상되는 기존 시내버스운송사업자

㉢ 인근 공유수면의 매립목적을 택지조성에서 조선시설용지로 변경하는 공유수면매립목적 변경 승인처분으로 인하여 환경상의 이익을 침해받았다고 주장하는 수녀원

㉣ 교육부장관이 사학분쟁조정위원회의 심의를 거쳐 대학의 학교법인의 임시이사를 선임한 데 대하여 그 선임처분의 취소를 구하는 그 대학의 노동조합

㉤ 대학에 대한 국가연구개발사업의 협약해지통보에 불복하여 협약해지통보의 효력을 다투는 그 연구개발사업의 연구팀장인 교수

① ㉠, ㉡
② ㉣, ㉤
③ ㉠, ㉡, ㉤
④ ㉠, ㉢, ㉣
⑤ ㉡, ㉢, ㉣

모바일 OMR

회독 CHECK 1 2 3

01 공법과 사법의 관계에 대한 설명으로 옳은 것만을 〈보기〉에서 모두 고르면? (다툼이 있는 경우 판례에 의함)

───── 〈보 기〉 ─────

㉠ 「국가를 당사자로 하는 계약에 관한 법률」상 국가가 당사자가 되는 공공계약은 국가가 사경제의 주체로서 상대방과 대등한 위치에서 체결하는 사법상의 계약에 해당한다.

㉡ 「국가를 당사자로 하는 계약에 관한 법률」상 국가기관에 의한 입찰참가자격 제한행위는 사법상 관념의 통지에 해당한다.

㉢ 공기업이나 준정부기관의 입찰참가자격 제한은 계약에 근거할 수도 있고, 행정처분에 해당할 수도 있다.

㉣ 사립학교 교원의 징계는 사립학교의 공적 성격을 고려할 때 행정처분에 해당한다.

㉤ 행정재산의 사용 · 수익 허가는 강학상 특허로서 공법관계의 일종에 해당한다.

① ㉠, ㉡, ㉢

② ㉠, ㉢, ㉤

③ ㉡, ㉢, ㉣

④ ㉡, ㉣, ㉤

⑤ ㉠, ㉢, ㉣, ㉤

02 행정법상 실효성 확보수단에 대한 설명으로 옳지 않은 것은? (다툼이 있는 경우 판례에 의함)

① 대집행계고처분 취소소송의 변론종결 전에 사실행위로서 대집행의 실행이 완료된 경우에는 손해배상이나 원상회복 등을 청구하는 것은 별론으로 하고 대집행계고처분의 취소를 구할 법률상 이익은 없다.

② 과세관청이 체납처분으로서 행하는 공매는 우월한 공권력의 행사로서 행정소송의 대상이 되는 공법상의 행정처분이며 공매에 의하여 재산을 매수한 자는 그 공매처분이 취소된 경우에 그 취소처분의 취소를 구할 법률상 이익이 있다.

③ 행정청이 위법 건축물에 대한 시정명령을 하고 나서 위반자가 이를 이행하지 아니하여 전기 · 전화의 공급자에게 그 위법 건축물에 대한 전기 · 전화공급을 하지 말아 줄 것을 요청한 행위는 권고적 성격의 행위에 불과한 것으로서 전기 · 전화공급자나 특정인의 법률상 지위에 직접적인 변동을 가져오는 것은 아니므로 이를 항고소송의 대상이 되는 행정처분이라고 볼 수 없다.

④ 체납자 등에 대한 공매통지는 국가의 강제력에 의하여 진행되는 공매에서 체납자 등의 권리 내지 재산상의 이익을 보호하기 위하여 법률로 규정한 절차적 요건이라고 보아야 하며, 공매처분을 하면서 체납자 등에게 공매통지를 하지 않았거나 공매통지를 하였더라도 그것이 적법하지 아니한 경우에는 절차상의 흠이 있어 그 공매처분이 위법하게 되는 것이므로 위법한 공매통지에 대해서는 처분성이 인정된다.

⑤ 전통적으로 행정대집행은 대체적 작위의무에 대한 강제집행수단으로, 이행강제금은 부작위의무나 비대체적 작위의무에 대한 강제집행수단으로 이해되어 왔으나, 이는 이행강제금제도의 본질에서 오는 제약은 아니며, 이행강제금은 대체적 작위의무의 위반에 대하여도 부과될 수 있다.

03 국·공유재산에 대한 설명으로 옳지 않은 것은? (다툼이 있는 경우 판례에 의함)

① 「국유재산법」상의 행정재산이란 공용재산, 공공용재산, 기업용재산 또는 보존용재산을 말한다.

② 일반재산의 사용 및 이용에 지장이 없고 재산의 활용가치를 높일 수 있는 경우로서 중앙관서의 장이 필요하다고 인정하는 경우 중앙관서의 장은 일반재산을 보존용재산으로 전환하여 관리할 수 있다.

③ 사용·수익 허가 없이 행정재산을 유형적·고정적으로 특정한 목적을 위하여 사용·수익하거나 점유하는 것은 「공유재산 및 물품 관리법」에서 정한 변상금 부과대상인 '무단점유'에 해당하는데, 반드시 그 사용이 독점적·배타적일 필요는 없으며, 점유부분이 동시에 일반 공중의 이용에 제공되고 있다고 하여 점유가 아니라고 할 수는 없다.

④ 공용폐지의 의사표시는 묵시적인 방법으로도 가능하나 행정재산이 본래의 용도에 제공되지 않는 상태에 있다는 사정만으로는 묵시적인 공용폐지의 의사표시가 있다고 볼 수 없다.

⑤ 중앙관서의 장은 행정재산이 행정목적으로 사용되지 아니하게 된 경우에는 지체 없이 그 용도를 폐지하여야 한다.

04 영조물의 설치·관리의 하자로 인한 손해배상에 대한 설명으로 옳지 않은 것은? (다툼이 있는 경우 판례에 의함)

① 소음 등을 포함한 공해 등의 위험지역으로 이주하여 들어가 거주하는 경우와 같이 위험의 존재를 과실로 인식하지 못하고 이주한 경우, 이를 손해배상액의 산정에 있어 형평의 원칙상 과실상계에 준하여 감경 또는 면제사유로 고려하여야 한다.

② 국가의 철도운행사업은 사경제적 작용이라 할지라도 공공의 영조물인 철도시설물의 설치 또는 관리의 하자로 인한 불법행위를 원인으로 하여 국가에 대하여 손해배상청구를 하는 경우에는 「국가배상법」이 적용된다.

③ 차량이 통행하는 도로에서 유입되는 소음 때문에 인근 주택의 거주자에게 사회통념상 일반적으로 수인할 정도를 넘어서는 침해가 있는지 여부는 「주택법」 등에서 제시하는 주택건설기준보다는 「환경정책기본법」 등에서 설정하고 있는 환경기준을 우선적으로 고려하여 판단하여야 한다.

④ 영조물의 설치·관리를 맡은 자와 영조물의 설치·관리 비용을 부담하는 자가 동일하지 아니한 경우에 피해자는 영조물의 설치·관리자 또는 설치·관리의 비용부담자에게 선택적으로 손해배상을 청구할 수 있다.

⑤ 하자의 의미에 관한 학설 중 객관설에 의할 때, 영조물에 결함이 있지만 그 결함이 객관적으로 보아 영조물의 설치·관리자의 관리행위가 미칠 수 없는 상황 아래에 있는 경우에는 영조물의 설치·관리상의 하자를 인정할 수 없다.

05 「국토의 계획 및 이용에 관한 법률」에 대한 설명으로 옳은 것만을 〈보기〉에서 모두 고르면? (다툼이 있는 경우 판례에 의함)

─ 〈보 기〉 ─

㉠ 도시계획시설결정의 대상면적이 도시기본계획에서 예정했던 것보다 증가하였다 하여 그 도시계획시설결정이 위법한 것은 아니다.

㉡ 지구단위계획구역의 지정 및 변경과 지구단위계획의 수립 및 변경에 관한 사항에 대해서는 주민이 입안을 제안할 수 있으므로, 이 경우에 도시계획구역 내 토지 등을 소유하고 있는 주민은 입안권자에게 입안을 요구할 수 있는 법규상 또는 조리상의 신청권이 있다.

㉢ 지구단위계획을 수립하면서 그 권장용도를 판매 · 위락 · 숙박시설로 결정하여 고시한 행위를 당해 지구 내에서는 공익과 무관하게 언제든지 숙박시설에 대한 건축허가를 받을 수 있을 것이라는 공적 견해를 표명한 것이라고 평가할 수는 없다.

㉣ 행정주체가 행정계획을 입안 · 결정하는 데에는 비록 광범위한 계획재량을 갖고 있지만 비례의 원칙에 어긋나게 된 경우에는 재량권을 일탈 · 남용한 위법한 처분이 된다.

㉤ 도시 · 군계획시설 부지 소유자의 매수 청구에 대한 관할 행정청의 매수 거부 결정은 항고소송의 대상인 처분에 해당한다.

① ㉠, ㉢, ㉤
② ㉡, ㉣, ㉤
③ ㉠, ㉡, ㉢, ㉣
④ ㉡, ㉢, ㉣, ㉤
⑤ ㉠, ㉡, ㉢, ㉣, ㉤

06 행정절차에 대한 설명으로 옳지 않은 것은? (다툼이 있는 경우 판례에 의함) 〈변형〉

① 행정청은 국민에게 영향을 미치는 주요 정책 등에 대하여 국민의 다양하고 창의적인 의견을 널리 수렴하기 위하여 정보통신망을 이용한 정책토론(온라인 정책토론)을 실시할 수 있다.

② 행정청은 효율적인 온라인 정책토론을 위하여 과제별로 한시적인 토론 패널을 구성하여 해당 토론에 참여시킬 수 있다.

③ 행정청이 청문절차를 이행하면서 청문서 도달기간을 다소 어겼다면 상대방이 이의하지 아니한 채 스스로 청문일에 출석하여 그 의견을 진술하고 변명하는 등 방어의 기회를 충분히 가졌더라도 청문서 도달기간을 준수하지 아니한 하자는 치유된다고 볼 수 없다.

④ 행정청은 공청회를 마친 후 처분을 할 때까지 새로운 사정이 발견되어 공청회를 다시 개최할 필요가 있다고 인정할 때에는 공청회를 다시 개최할 수 있다.

⑤ 행정절차의 하자를 이유로 한 취소판결이 확정된 경우, 판결의 취지에 따라 절차를 보완한 후 종전의 처분과 동일한 내용의 처분을 다시 하더라도 기속력에 위반되지 아니한다.

07 공무원의 법률관계에 대한 설명으로 옳은 것은? (다툼이 있는 경우 판례에 의함)

① 국회 소속 공무원의 인사 사무에 대한 감사는 국회의장의 명을 받아 국회사무총장이 실시한다.

② 임용결격자라고 하더라도 공무원으로 임용되어 사실상 근무하여 왔다고 한다면 그 재직기간 동안에 해당하는 「공무원연금법」상의 퇴직급여를 청구할 수 있다.

③ 전문지식·기술이 요구되거나 임용관리에 특수성이 요구되는 업무를 담당하게 하기 위하여 일정 기간을 정하여 근무하는 계약직공무원을 임용할 수 있다.

④ 국가공무원으로 임용되기 전의 행위는 원칙적으로 재직중의 징계사유로 삼을 수 없다 할 것이므로, 임용전의 행위로 인하여 임용 후 공무원의 체면 또는 위신을 손상하게 된 경우라 하더라도 「국가공무원법」상의 징계 사유로 삼을 수 없다.

⑤ 감사보고서의 내용이 직무상 비밀에 속하지 않는다면, 그 보고서의 내용이 그대로 신문에 게재되게 한 공무원의 행위가 감사자료의 취급에 관한 내부수칙을 위반하였더라도 「국가공무원법」상 징계사유에 해당하는 것으로 볼 수 없다.

08 항고소송에 대한 설명으로 옳은 것만을 〈보기〉에서 모두 고르면? (다툼이 있는 경우 판례에 의함)

─〈보 기〉─

㉠ 한정면허를 받은 시외버스운송사업자는 일반면허를 받은 시외버스운송사업자에 대한 사업계획변경 인가처분으로 수익감소가 예상되는 경우라 하더라도, 일반면허 시외버스운송사업자에 대한 사업계획변경 인가처분의 취소를 구할 법률상의 이익이 인정되지 않는다.

㉡ 지방법무사회가 법무사의 사무원 채용승인 신청을 거부하거나 채용승인을 얻어 채용 중인 사람에 대한 채용승인을 취소하는 것은 처분에 해당하고, 이러한 처분에 대해서는 처분 상대방인 법무사뿐 아니라 그 때문에 사무원이 될 수 없게 된 사람도 이를 다툴 원고적격이 인정된다.

㉢ 조달청이 계약상대자에 대하여 나라장터 종합쇼핑몰에서의 거래를 일정 기간 정지하는 조치는, 비록 물품구매계약의 추가특수조건이라는 사법상 계약에 근거한 것이라고 하더라도 행정청인 조달청이 행하는 구체적 사실에 관한 법집행으로서의 공권력의 행사로서 그 상대방 회사의 권리·의무에 직접 영향을 미치므로 항고소송의 대상이 되는 행정처분에 해당한다.

㉣ 납세고지서에 공동상속인들이 납부할 총세액 등과 공동상속인들 각자가 납부할 상속세액 등을 기재한 연대납세의무자별 고지세액 명세서를 첨부하여 공동상속인들 각자에게 고지하였다면, 연대납부의무의 징수처분을 받은 공동상속인들 중 1인은 다른 공동상속인들에 대한 과세처분 자체에 취소사유가 있다는 이유만으로는 그 징수처분의 취소를 구할 수 없다.

㉤ 외국인이라고 하더라도 대한민국과의 실질적 관련성 내지 법적으로 보호가치가 있는 이해관계를 형성한 경우에는 사증발급 거부처분의 취소를 구할 원고적격이 인정된다.

① ㉠, ㉡

② ㉢, ㉣

③ ㉠, ㉣, ㉤

④ ㉡, ㉢, ㉤

⑤ ㉡, ㉢, ㉣, ㉤

09 행정법의 일반원칙에 대한 설명으로 옳지 않은 것은? (다툼이 있는 경우 판례에 의함)

① 계속 중인 사실이나 그 이후에 발생한 요건사실에 대한 법률적용을 인정하는 부진정 소급입법의 경우 개인의 신뢰보호와 법적 안정성을 내용으로 하는 법치국가 원리에 의하여 허용되지 않는 것이 원칙이다.

② 재건축조합에서 일단 내부 규범이 정립되면 조합원들은 특별한 사정이 없는 한 그것이 존속하리라는 신뢰를 가지게 되므로, 내부 규범을 변경할 경우 내부 규범 변경을 통해 달성하려는 이익이 종전 내부 규범의 존속을 신뢰한 조합원들의 이익보다 우월해야 한다.

③ 신뢰보호의 원칙은 행정청이 공적인 견해를 표명할 당시의 사정이 그대로 유지됨을 전제로 적용되는 것이 원칙이므로, 사후에 그와 같은 사정이 변경된 경우에는 특별한 사정이 없는 한 행정청이 그 견해표명에 반하는 처분을 하더라도 신뢰보호의 원칙에 위반된다고 할 수 없다.

④ 근로복지공단의 요양불승인처분의 적법 여부는 사실상 근로자의 휴업급여청구권 발생의 전제가 된다고 볼 수 있는 점 등에 비추어, 근로자가 요양불승인에 대한 취소소송의 판결확정시까지 근로복지공단에 휴업급여를 청구하지 않았던 것에 대한 근로복지공단의 소멸시효 항변은 신의성실의 원칙에 반하여 허용될 수 없다.

⑤ 관할관청이 위법한 직업능력개발훈련과정 인정제한처분을 하여 사업주로 하여금 제때 훈련과정 인정신청을 할 수 없도록 하였음에도, 인정제한처분에 대한 취소판결 확정 후 사업주가 인정제한 기간 내에 실제로 실시하였던 훈련에 관하여 비용지원신청을 한 경우에, 사전에 훈련과정 인정을 받지 않았다는 이유만을 들어 훈련비용 지원을 거부하는 것은 신의성실의 원칙에 반하여 허용될 수 없다.

10 A 행정청은 甲에게 처분을 하면서 법령에 근거 없이 일정 토지를 기부채납하도록 하는 부담을 붙였다. 이에 대한 설명으로 옳지 않은 것은? (다툼이 있는 경우 판례에 의함)

① A 행정청이 처분 이전에 甲과 협의하여 기부채납에 관한 내용을 협약의 형식으로 미리 정한 다음에 부담을 붙이는 것도 허용된다.

② 처분이 기속행위임에도 甲이 부담의 이행으로 기부채납을 하였다면, 그 기부채납 행위는 당연무효인 행위가 된다.

③ 사정변경으로 인하여 당초에 부담을 부가한 목적을 달성할 수 없게 된 경우에는 A 행정청은 甲의 동의가 없더라도 그 목적달성에 필요한 범위 내에서 부담을 변경할 수 있다.

④ 甲은 기부채납을 하도록 하는 부담에 대해서만 취소소송을 제기하여 다툴 수 있다.

⑤ 처분이 기속행위라면 甲은 기부채납 부담을 이행할 의무가 없다.

11 「공공기관의 정보공개에 관한 법률」(이하 「정보공개법」)상 정보공개제도에 대한 설명으로 옳은 것은? (다툼이 있는 경우 판례에 의함)

① 사립대학교는 정보공개 의무기관인 공공기관에 해당하지 않는다.

② 정보공개제도는 공공기관이 보유·관리하는 정보를 그 상태로 공개하는 제도이므로, 전자적 형태로 보유·관리하는 정보를 검색·편집하여야 하는 경우는 새로운 정보의 생산으로서 정보공개의 대상이 아니다.

③ 예산집행의 내용과 사업평가 결과 등 행정감시를 위하여 필요한정보 등 공개를 목적으로 작성되고 이미 정보통신망 등을 통하여 공개된 정보는 해당 정보의 소재 안내의 방법으로 공개한다.

④ 「형사소송법」이 형사재판확정기록의 공개 여부나 공개 범위, 불복절차 등에 대하여 규정하고 있는 것은 「정보공개법」 제4조 제1항에서 정한 '정보의 공개에 관하여 다른 법률에 특별한 규정이 있는경우'에 해당한다고 볼 수 없으므로 형사재판확정기록의 공개에 관하여는 「정보공개법」에 의한 공개청구가 허용된다.

⑤ 법원 이외의 공공기관이 「정보공개법」 제9조 제1항 제4호에서 정한 '진행 중인 재판에 관련된 정보'에 해당한다는 사유로 정보공개를 거부하기 위하여는 원칙적으로 그 정보가 진행 중인 재판의 소송기록 자체에 포함된 내용이어야 한다.

12 「지방자치법」에 대한 설명으로 옳은 것만을 〈보기〉에서 모두 고르면? (다툼이 있는 경우 판례에 의함)

〈보 기〉

㉠ 지방자치단체는 법인격을 가지므로 권리·의무의 주체가 되지만 원칙적으로 기본권의 주체가 될 수 없다.

㉡ 국가하천에 관한 사무는 다른 법령에 특별한 정함이 없는 한 국가사무로 보아야 하고, 지방자치단체가 비용 일부를 부담한다고 해서 국가사무의 성격이 자치사무로 바뀌는 것은 아니다.

㉢ 지방자치단체가 자치조례를 제정할 수 있는 사항은 지방자치단체의 고유사무인 자치사무에 한하는 것이고, 개별법령에 의하여 지방자치단체에 위임된 단체위임사무나 국가사무가 지방자치단체의 장에게 위임된 기관위임사무는 원칙적으로 자치조례의 제정범위에 속하지 않는다.

㉣ 시·군·구의 장의 자치사무의 일종인 당해 지방자치단체 소속 공무원에 대한 승진처분이 재량권을 일탈·남용하여 위법하게 된 경우 시·도지사는 그에 대한 시정명령이나 취소 또는 정지를 할 수 있다.

㉤ 주민소송의 대상은 주민감사를 청구한 사항과 동일하여야 한다.

① ㉠, ㉡, ㉢

② ㉠, ㉡, ㉣

③ ㉠, ㉢, ㉤

④ ㉢, ㉣, ㉤

⑤ ㉠, ㉡, ㉢, ㉣

13 행정심판과 행정소송에 대한 설명으로 옳지 않은 것은? (다툼이 있는 경우 판례에 의함)

① 「행정심판법」에서는 당사자심판에 관한 규정은 두지 않고 있으며, 개별법에서 행정상 법률관계의 형성 또는 존부에 관하여 다툼이 있는 경우에 대해서 재정 등 분쟁해결절차를 두는 경우가 있다.

② 「행정심판법」에서는 의무이행심판제도를 두고 있지만, 「행정소송법」에서는 의무이행소송제도를 두고 있지 않다.

③ 「행정소송법」에서는 행정소송 제기기간을 법령보다 긴 기간으로 잘못 알린 경우에 대해 이를 구제할 수 있는 규정을 두고 있지 않으나 「행정심판법」의 준용을 통해 구제가 가능하다.

④ 「행정심판법」에서는 거부처분에 대한 이행명령재결에 따르지 않을 경우 직접 처분에 관한 규정을 두고 있으나, 「행정소송법」에서는 이에 관한 규정을 두고 있지 않다.

⑤ 「행정심판법」에서는 거부처분에 대한 취소심판에서 인용재결이 내려진 경우 재결의 취지에 따라 다시 이전의 신청에 대한 처분을 해야 할 재처분의무에 관한 규정을 두고 있다.

14 행정권한의 위임과 대리에 대한 설명으로 옳지 않은 것은? (다툼이 있는 경우 판례에 의함)

① 행정권한의 위임은 개별법률에 근거가 있는 경우뿐만 아니라 「정부조직법」 등 일반법적 근거가 있는 경우에도 허용된다.

② 수임사무의 처리에 관하여 위임기관은 수임기관에 대하여 사전승인을 받거나 협의를 할 것을 요구할 수 있다.

③ 행정권한을 내부위임 받은 행정청은 위임행정청의 이름으로 권한을 행사하여야 하며 자신의 이름으로 한 처분은 위법한 것이 된다.

④ 행정권한을 내부위임 받은 하급행정청이 자신의 명의로 처분을 한 경우, 그에 대한 항고소송의 피고는 수임기관인 하급행정청이된다.

⑤ 행정권한을 대리하는 대리기관이 대리관계를 표시하고 피대리행정청을 대리하여 처분을 한 경우, 그에 대한 항고소송의 피고는 피대리행정청이 된다.

15 항고소송의 판결에 대한 설명으로 옳은 것은? (다툼이 있는 경우 판례에 의함)

① 취소소송에서 법원은 사실심변론종결 당시에 존재하는 사실 및 법률상태를 기준으로 처분의 위법 여부를 판단하여야 한다.

②「행정소송법」제4조 제1호에서 취소소송을 행정청의 위법한 처분등을 취소 또는 변경하는 소송으로 정의하고 있는데, 여기에서 '변경'은 소극적 변경뿐만 아니라 적극적 변경까지 포함하는 의미로 본다.

③ 처분의 취소소송에서 청구를 기각하는 확정판결의 기판력은 다시 그 처분에 대해 무효확인을 구하는 소송에 대해서는 미치지 않는다.

④ 소청심사결정의 취소를 구하는 소송에서 소청심사 단계에서 이미 주장된 사유만을 행정소송에서 판단 대상으로 삼을 것은 아니고 소청심사결정 후에 생긴 사유가 아닌 이상 소청심사단계에서 주장하지 않은 사유도 행정소송에서 주장하는 것이 가능하다.

⑤ 거부처분의 무효확인판결에 따른 재처분의무를 이행하지 않는 경우에는 법원은 간접강제 결정을 할 수 있다.

16 항고소송의 처분 등에 대한 설명으로 옳지 않은 것은? (다툼이 있는 경우 판례에 의함)

① 어떠한 처분에 법령상 근거가 있는지, 「행정절차법」에서 정한 처분절차를 준수하였는지는 본안에서 당해 처분이 적법한가를 판단하는 단계에서 고려할 요소이지, 소송요건 심사단계에서 고려할 요소가 아니다.

② 방위사업법령 및 '국방전력발전업무훈령'에 따른 연구개발확인서 발급은 사업관리기관이 개발업체에게 해당 품목의 양산과 관련하여 수의계약의 방식으로 국방조달계약을 체결할 수 있는 지위가 있음을 인정해 주는 확인적 행정행위로서 처분에 해당한다.

③ 근로복지공단이 사업주에 대하여 하는 개별 사업장의 사업종류 변경결정은 사업종류 결정의 주체, 내용과 결정기준을 고려할 때 확인적 행정행위로서 처분에 해당한다.

④ 甲시장이 감사원으로부터 「감사원법」에 따라 乙에 대하여 징계의 종류를 정직으로 정한 징계 요구를 받게 되자 감사원에 징계요구에 대한 재심의를 청구하였는데 감사원이 재심의청구를 기각한 사안에서, 감사원의 징계 요구와 재심의청구 기각결정은 항고소송의 대상이 되는 행정처분이다.

⑤「교육공무원법」상 승진후보자 명부에 의한 승진심사 방식으로 행해지는 승진임용에서 승진후보자 명부에 포함되어 있던 후보자를 승진임용인사발령에서 제외하는 행위는 불이익처분으로서 항고소송의 대상인 처분에 해당한다.

17 「개인정보 보호법」에 대한 설명으로 옳지 않은 것은? (다툼이 있는 경우 판례에 의함)

① 개인정보처리자가 주민등록번호를 처리하기 위해서는 정보주체에게 다른 개인정보의 처리에 대한 동의와 별도로 동의를 받아야 한다.

② 가명처리란 개인정보의 일부를 삭제하거나 일부 또는 전부를 대체하는 등의 방법으로 추가 정보가 없이는 특정 개인을 알아볼 수 없도록 처리하는 것을 말한다.

③ 개인정보처리자는 당초 수집 목적과 합리적으로 관련된 범위에서 정보주체에게 불이익이 발생하는지 여부, 암호화 등 안전성확보에 필요한 조치를 하였는지 여부 등을 고려하여 대통령령으로 정하는 바에 따라 정보주체의 동의 없이 개인정보를 제공할 수 있다.

④ 개인정보처리자는 개인정보처리자의 정당한 이익을 달성하기 위하여 필요한 경우로서 명백하게 정보주체의 권리보다 우선하는 경우에는 개인정보처리자의 정당한 이익과 상당한 관련이 있고 합리적인 범위를 초과하지 않는다면 정보주체의 동의가 없더라도 개인정보를 수집할 수 있다.

⑤ 살아 있는 개인에 관한 정보로서 해당 정보만으로는 특정 개인을 알아볼 수 없더라도 다른 정보와 쉽게 결합하여 알아볼 수 있는 정보는 개인정보에 해당한다.

18 행정작용의 성질에 대한 설명으로 옳은 것은? (다툼이 있는 경우 판례에 의함)

① 지방자치단체의 장이 「공유재산 및 물품 관리법」에 근거하여 기부채납 및 사용·수익 허가 방식으로 민간투자사업을 추진하는 과정에서 이미 선정된 우선협상대상자를 그 지위에서 배제하는 행위는 항고소송의 대상이 되는 행정처분에 해당한다.

② 지방자치단체가 일반재산인 부동산을 무상으로 기부자에게 사용을 허용하는 행위는 사경제주체로서 상대방과 대등한 입장에서 하는 사법상 행위이지만 기부자가 그 부동산을 일정 기간 무상사용한 후에 한 사용허가기간 연장신청을 지방자치단체가 거부한 경우, 당해 거부행위는 단순한 사법상의 행위가 아니라 행정처분에 해당한다.

③ 전문직공무원인 공중보건의사의 채용계약 해지의 경우 관할 도지사의 일방적인 의사표시에 의하여 그 신분을 박탈하는 불이익처분이므로 당해 채용계약은 공법상 계약이 아니라 항고소송의 대상이 되는 처분의 성질을 가진다.

④ 「과학기술기본법」 및 하위 법령상 사업 협약의 해지 통보는 단순히 대등 당사자의 지위에서 형성된 공법상 계약을 계약당사자의 지위에서 종료시키는 의사표시에 불과하다.

⑤ 계약직공무원 채용계약해지의 의사표시는 일정한 사유가 있을 때에 국가 또는 지방자치단체가 채용계약 관계의 한쪽 당사자로서 대등한 지위에서 행하는 의사표시로 볼 수 없으므로, 「행정절차법」에 의하여 근거와 이유를 제시하여야 한다.

19 행정입법에 대한 설명으로 옳지 않은 것은? (다툼이 있는 경우 판례에 의함)

① 법령의 위임이 없음에도 법령에 규정된 처분 요건에 해당하는 사항을 부령에서 변경하여 규정한 경우에는 그 부령의 규정은 행정청 내부의 사무처리 기준 등을 정한 것으로서 행정조직 내에서 적용되는 행정명령의 성격을 지닐 뿐 국민에 대한 대외적 구속력은 없다.

② 중앙행정기관의 장은 법률에서 위임한 사항이나 법률을 집행하기 위하여 필요한 사항을 규정한 훈령이나 예규가 폐지되었을 때에는 10일 이내에 이를 국회 소관 상임위원회에 제출하여야 한다.

③ 고시가 위법하게 제정된 경우라도 고시의 제정행위는 일반·추상적인 규범의 정립행위이므로 국가배상책임의 대상이 되는 직무행위에 해당한다고 볼 수 없다.

④ 시행령의 규정을 위헌 또는 위법하여 무효라고 선언한 대법원의 판결이 선고되지 아니한 상태에서는, 그 시행령 규정의 위헌 내지 위법 여부가 해석상 다툼의 여지가 없을 정도로 명백하였다고 인정되지 아니하는 이상 그 시행령에 근거한 행정처분의 하자는 취소사유에 해당할 뿐 무효사유가 되지 아니한다.

⑤ 행정입법부작위가 위헌 또는 위법이라고 하기 위해서는 행정청에게 행정입법을 하여야 할 작위의무를 전제로 하는 것이므로, 만일 하위 행정입법의 제정 없이 상위 법령의 규정만으로도 집행이 이루어질 수 있는 경우라면 행정청에게 하위 행정입법을 제정하여야 할 작위의무가 인정되지 않는다.

20 「국가배상법」에 대한 설명으로 옳은 것만을 〈보기〉에서 모두 고르면? (다툼이 있는 경우 판례에 의함)

〈보 기〉

㉠ 경과실이 있는 공무원이 피해자에 대하여 손해배상책임을 부담하지 아니함에도 피해자에게 손해를 배상하였다면 이는 법률상 원인이 없는 것으로 피해자는 공무원에 대하여 이를 반환할 의무가 있다.

㉡ 공무원이 직무수행 중 불법행위로 타인에게 손해를 입힌 경우에 국가 등이 국가배상책임을 부담하는 것 외에 공무원 개인도 고의 또는 중과실이 있는 경우에는 불법행위로 인한 손해배상책임을 진다.

㉢ 본래 시·도지사나 시장·군수 또는 구청장의 업무에 속하는 대집행권한이 LH공사에게 위탁된 경우에 LH공사는 지방자치단체 등의 기관으로서 「국가배상법」 제2조 소정의 공무원에 해당한다.

㉣ 입법자가 법률로써 특정한 사항을 시행령으로 정하도록 위임했음에도 불구하고 행정부가 정당한 이유 없이 이를 이행하지 않는다면 권력분립의 원칙과 법치국가 내지 법치행정의 원칙에 위배되는 것으로서 위헌성이 인정되나 이는 헌법소원을 통한 구제의 대상이 될 뿐이고 국가배상의 대상이 되는 것은 아니다.

① ㉠

② ㉡

③ ㉠, ㉢

④ ㉡, ㉣

⑤ ㉡, ㉢, ㉣

21 「행정조사기본법」에 대한 설명으로 옳지 않은 것은? (다툼이 있는 경우 판례에 의함)

① 행정기관은 조사목적에 적합하도록 조사대상자를 선정하여 행정조사를 실시하는 것을 원칙으로 하나 필요한 경우 제3자에 대하여도 조사할 수 있다.

② 행정기관은 법령 등에서 행정조사를 규정하고 있는 경우가 아니라도 조사대상자의 자발적인 협조를 얻어 행정조사를 실시할 수 있다.

③ 행정기관은 조사대상자의 자발적인 협조를 얻어 실시하는 행정조사인 경우 「행정조사기본법」 제17조 제1항 본문에 따른 사전통지를 하지 않을 수 있다.

④ 당해 행정기관 내의 2 이상의 부서가 동일하거나 유사한 업무분야에 대하여 동일한 조사대상자에게 행정조사를 실시하는 경우에는 공동조사를 할 수 있다.

⑤ 행정기관의 장은 법령등에 특별한 규정이 있는 경우를 제외하고는 행정조사의 결과를 확정한 날부터 7일 이내에 그 결과를 조사대상자에게 통지하여야 한다.

22 기속행위와 재량행위에 대한 설명으로 옳은 것만을 〈보기〉에서 모두 고르면? (다툼이 있는 경우 판례에 의함)

───〈보 기〉───

㉠ 「주택법」상 주택건설사업계획의 승인은 재량행위에 해당하므로, 처분권자는 주택건설사업계획이 법령이 정하는 제한사유에 배치되지 않는 경우에도 공익상 필요가 있으면 사업계획승인신청에 대하여 불허가 결정을 할 수 있다.

㉡ 「부동산 실권리자명의 등기에 관한 법률 시행령」 제3조의2 단서는 조세를 포탈하거나 법령에 의한 제한을 회피할 목적이 아닌 경우에 과징금의 100분의 50을 감경할 수 있다고 규정하고 있으므로 감경사유가 존재하더라도 과징금을 감경할 것인지 여부는 과징금 부과관청의 재량에 속한다.

㉢ 재량행위이더라도 수익적 행위에 부관을 붙이기 위해서는 특별한 법적 근거가 있어야 한다.

㉣ 「의료법」상 신의료기술의 안전성·유효성 평가나 신의료기술의 시술로 국민보건에 중대한 위해가 발생하거나 발생할 우려가 있는지 여부에 대한 판단과, 그 경우 행정청이 어떠한 종류와 내용의 지도나 명령을 할 것인지의 판단에 관해서는 행정청에 재량권이 부여되어 있다.

㉤ 재량행위에 대한 사법심사에 있어서 법원은 사실인정과 관련법규의 해석·적용을 통하여 일정한 결론을 도출한 후 그 결론에 비추어 행정청이 한 판단의 적법 여부를 독자의 입장에서 판정하는 방식에 의한다.

① ㉠, ㉡

② ㉡, ㉢

③ ㉠, ㉡, ㉣

④ ㉠, ㉣, ㉤

⑤ ㉢, ㉣, ㉤

23 행정심판위원회에 대한 설명으로 옳은 것은? (다툼이 있는 경우 판례에 의함)

① 국회사무총장의 처분에 대한 행정심판의 청구에 대해서는 국민권익위원회에 두는 중앙행정심판위원회에서 심리·재결한다.

② 행정심판위원회의 임시처분결정은 당사자의 신청이 있어야 하며 직권으로 할 수는 없다.

③ 중앙행정심판위원회의 위원장은 그 행정심판위원회가 소속된 행정청이 되며, 위원장이 부득이한 사유로 직무를 수행할 수 없거나 위원장이 필요하다고 인정하는 경우에는 위원장이 사전에 지명한 위원이 있는 경우 그 위원이 위원장의 직무를 대행한다.

④ 행정심판위원회는 당사자의 권리 및 권한의 범위에서 직권으로 심판청구의 신속하고 공정한 해결을 위하여 조정을 할 수 있지만, 그 조정이 공공복리에 적합하지 아니하거나 해당 처분의 성질에 반하는 경우에는 그러하지 아니하다.

⑤ 중앙행정심판위원회는 심판청구를 심리·재결할 때에 처분 또는 부작위의 근거가 되는 명령 등이 상위 법령에 위반되면 관계 행정기관에 그 명령 등의 개정·폐지 등 적절한 시정조치를 요청할 수 있고, 그 사실을 법제처장에게 통보하여야 한다.

24 甲은 중대명백한 하자가 있어 무효인 A 처분에 대해 소송을 제기하려고 한다. 이에 대한 설명으로 옳은 것은? (다툼이 있는 경우 판례에 의함)

① 甲은 A 처분에 대한 무효확인소송과 취소소송을 선택적 청구로서 병합하여 제기할 수 있다.

② 甲이 A 처분에 대해 취소소송을 제기하는 경우 제소기간의 제한을 받지 않는다.

③ 甲이 취소소송을 제기하였더라도 A 처분에 중대명백한 하자가 있다면 법원은 무효확인판결을 하여야 한다.

④ 甲이 A 처분에 대해 무효확인소송을 제기하려면 확인소송의 일반적 요건인 즉시확정의 이익이 있어야 한다.

⑤ 甲이 A 처분에 대해 무효확인소송을 제기하였다가 그 후 그 처분에 대한 취소소송을 추가적으로 병합한 경우, 주된 청구인 무효확인소송이 적법한 제소기간 내에 제기되었다면 추가로 병합된 취소소송도 제소기간을 준수한 것으로 보아야 한다.

25 「공익사업을 위한 토지 등의 취득 및 보상에 관한 법률」(이하 「토지보상법」)상 손실보상에 대한 설명으로 옳지 않은 것은? (다툼이 있는 경우 판례에 의함)

① 「토지보상법」상 재결에 대하여 불복절차를 취하지 아니함으로써 그 재결에 대하여 더 이상 다툴 수 없게 된 경우에는, 기업자는 그 재결이 당연무효이거나 취소되지 않는 한 이미 보상금을 지급받은 자에 대하여 민사소송으로 그 보상금을 부당이득이라 하여 반환을 구할 수 없다.

② 이주대책대상자 선정에서 배제되어 수분양권을 취득하지 못한 이주자가 사업시행자를 상대로 공법상 당사자소송으로 이주대책상의 수분양권의 확인을 구하는 것은 허용될 수 없다.

③ 하나의 재결에서 피보상자별로 여러 가지의 토지, 물건, 권리 또는 영업의 손실에 관하여 심리·판단이 이루어졌을 때, 피보상자또는 사업시행자가 반드시 재결 전부에 관하여 불복하여야 하는 것은 아니다.

④ 사업시행자가 이주대책에 관한 구체적인 계획을 수립하여 이를 해당자에게 통지 내지 공고하게 되면 이주대책대상자에게 구체적인 수분양권이 발생하게 된다.

⑤ 「토지보상법」에 의한 보상을 하면서 손실보상금에 관한 당사자 간의 합의가 성립하면 그 합의 내용이 「토지보상법」에서 정하는 손실보상 기준에 맞지 않는다고 하더라도 합의가 적법하게 취소되는 등의 특별한 사정이 없는 한 추가로 「토지보상법」상 기준에 따른 손실보상금 청구를 할 수는 없다.

✔ 회독 CHECK 1 2 3

01 강학상 인가에 대한 설명으로 옳지 않은 것은? (다툼이 있는 경우 판례에 의함)

① 주택재개발 조합설립 인가는 기본행위에 대한 보충행위에 불과하므로 조합총회결의의 하자를 이유로 인가 취소를 구하는 항고소송을 제기하는 것은 부적법하다.

② 주택재개발 조합설립 인가에 따라 해당 재개발조합은 공법인으로서 지위를 갖게 된다.

③ 사회복지법인의 정관변경을 허가할 것인지의 여부는 주무관청의 정책적 판단에 따른 재량에 맡겨져 있다고 할 것이고, 주무관청이 정관변경허가를 함에 있어서는 비례의 원칙 및 평등의 원칙에 적합하고 행정처분의 본질적 효력을 해하지 않는 한도 내에서 부관을 붙일 수 있다.

④ 주택재개발 정비사업을 위한 관리처분계획이 조합원 총회에서 승인되었으나 아직 관할 행정청의 인가 전이라면 조합원은 해당 총회결의에 대해서 당사자소송으로 다툴 수 있다.

⑤ 「도시 및 주거환경정비법」상 당초 관리처분계획의 경미한 사항을 변경하는 경우와 달리 관리처분계획의 주요부분을 실질적으로 변경하는 내용으로 새로운 관리처분계획을 수립하여 관할 행정청의 인가를 받은 경우, 당초 관리처분계획은 원칙적으로 그 효력을 상실한다.

02 행정절차에 대한 설명으로 옳지 않은 것은? (다툼이 있는 경우 판례에 의함)

① 행정에서 적법절차원리의 헌법적 근거는 형사절차에서의 적법절차를 규정한 헌법 제12조 제3항에 있다.

② 침익적 행정처분을 하면서 사전통지 및 의견제출의 기회를 주지 않았다면, 사전통지 및 의견제출 절차를 생략해야 할 예외적 사유가 없는 한, 그 처분은 위법하여 취소되어야 한다.

③ 수익적 행정행위의 신청에 대해서 이를 거부하면서 사전통지 및 의견제출 절차를 거치지 않은 것은 실질적으로 침익적 결과를 초래하였으므로 취소사유에 해당한다.

④ 인허가 등의 취소를 내용으로 하는 처분의 상대방은 처분의 근거법률에 청문을 하도록 규정되어 있지 않더라도 「행정절차법」에 따라 의견제출 기한 내에 청문을 신청할 수 있다.

⑤ 행정청이 처분의 근거법률상 청문절차를 이행하는 과정에서 청문서 도달기간을 다소 어겼지만 당사자가 이의를 제기하지 않고 청문일에 출석하여 의견진술과 변명의 기회를 충분히 가졌다면 청문서 도달기간 미준수의 하자는 치유된 것으로 본다.

03 행정행위의 효력에 대한 설명으로 옳지 않은 것은? (다툼이 있는 경우 판례에 의함)

① 공정력이란 행정행위의 위법이 중대명백하여 당연무효가 아닌 한 권한 있는 기관에 의해 취소되기까지는 행정의 상대방이나 이해관계자에게 적법하게 통용되는 힘을 말한다.

② 공정력을 인정하는 이론적 근거는 법적안정성설이 통설이다.

③ 과세처분에 대해 이의신청을 하고 이에 따라 직권취소가 이루어졌다면 특별한 사정이 없는 한 불가변력이 발생한다.

④ 환경영향평가를 거쳐야 함에도 불구하고 환경영향평가를 거치지 않고 개발사업승인을 한 처분에 대해서는 처분이 있은 후 1년이 도과한 경우라도 불가쟁력이 발생하지 않는다.

⑤ 구성요건적 효력에 대한 명시적인 법적근거는 없으나 국가기관 상호 간에 관할권의 배분이 간접적 근거가 된다.

04 행정조사에 대한 설명으로 옳지 않은 것은? (다툼이 있는 경우 판례에 의함)

① 법령상 서면조사에 의하도록 한 것을 실지조사를 행하여 과세처분을 하였다면 그 과세처분은 위법하다.

② 세무조사가 동일기간, 동일세목에 관한 것인 한 내용이 중첩되지 않아도 중복조사에 해당한다.

③ 「토양환경보전법」상 토양오염실태조사를 실시할 권한은 시·도지사에게 있으나 토양오염실태조사가 감사원 소속 감사관의 주도하에 실시되었다는 사정만으로 그에 기초하여 내려진 토양정밀조사명령이 위법하다고 할 수 없다.

④ 다른 세목, 다른 과세기간에 대한 세무조사 도중 해당 세목 및 과세기간에 대한 조사가 부분적으로 이루어진 경우 추후 이루어진 재조사는 위법한 중복조사에 해당한다.

⑤ 행정조사는 조사목적을 달성하는 데 필요한 최소한의 범위 안에서 실시하여야 한다.

05 대집행에 대한 설명으로 옳은 것은? (다툼이 있는 경우 판례에 의함)

① 토지의 명도 의무를 이행하지 않을 경우 직접강제 또는 대집행을 통해 이를 실현할 수 있다.

② 구두에 의한 계고는 무효이며, 계고와 통지는 동시에 생략할 수 없다.

③ 공유재산 대부계약 해지에 따라 원상회복을 위하여 실시하는 지상물의 철거는 대집행의 대상이 아니다.

④ 행정청이 대집행을 실시하지 않는 경우, 그 국유재산에 대한 사용청구권을 가지고 있는 자가 국가를 대위하여 민사소송으로 그 시설물의 철거를 구할 수 있다.

⑤ 위법건축물 철거명령과 대집행한다는 계고처분은 각각 별도의 처분서에 의하여야만 한다.

06 행정행위의 공정력과 선결문제에 대한 설명으로 옳지 않은 것은? (다툼이 있는 경우 판례에 의함)

① 조세과오납에 따른 부당이득반환청구사안에서 민사법원은 사전통지 및 의견제출절차를 거치지 않은 하자를 이유로 행정행위의 효력을 부인할 수 있다.

② 위법한 행정처분으로 인해 피해를 입은 자가 제기한 국가배상청구소송에서 민사법원은 행정행위의 위법성 여부를 확인하여 배상청구를 인용할 수 있다.

③ 연령미달의 결격자가 이를 속이고 운전면허를 교부받아 운전 중 적발되어 기소된 경우 형사법원은 운전면허처분의 효력을 부인하고 무면허운전죄로 판단할 수 없다.

④ 「건축법」상 위법건축물에 내려진 시정명령을 이행하지 않아 명령위반죄로 기소된 경우 형사법원은 이를 판단할 수 있다.

⑤ 행정행위에 중대명백한 하자가 있는 경우 선결문제에도 불구하고 민사법원 및 형사법원은 제기된 청구에 대하여 판결을 내릴 수 있다.

07 「질서위반행위규제법」상 과태료에 대한 내용으로 옳지 않은 것은? 〈변형〉

① 행정청의 과태료 부과에 불복하는 당사자는 과태료 부과 통지를 받은 날부터 60일 이내에 해당 행정청에 서면으로 이의제기를 할 수 있다.

② 하나의 행위가 2 이상의 질서위반행위에 해당하는 경우에는 각 질서위반행위에 대하여 정한 과태료 중 가장 중한 과태료를 부과한다.

③ 행정청은 과태료 부과에 앞서 7일 이상의 기간을 정하여 당사자에게 의견을 제출할 기회를 주어야 한다.

④ 과태료는 행정청의 과태료 부과 처분 이후 5년간 징수하지 아니하면 시효로 인하여 소멸한다.

⑤ 고의 또는 과실이 없는 질서위반행위에는 과태료를 부과하지 아니한다.

08 공법관계와 사법관계에 대한 설명으로 옳은 것만을 〈보기〉에서 모두 고른 것은? (다툼이 있는 경우 판례에 의함)

─── 〈보 기〉 ───

㉠ 조달청이 국가종합전자조달시스템인 나라장터 종합쇼핑몰에 거래정지조치를 하는 것은 처분으로서 공법관계에 속한다.

㉡ 「초·중등교육법」상 사립중학교에 대한 중학교 의무교육의 위탁관계는 사법관계에 속한다.

㉢ 공용수용의 목적물이 불필요하게 된 경우 피수용자가 다시 수용된 토지의 소유권을 회복할 수 있도록 하는 환매권은 일종의 공권이다.

㉣ 사립학교교원에 대한 징계는 사법관계이나 그에 대해 교원소청심사가 제기되어 그에 대한 결정이 있으면 그 결정은 공법의 문제가 된다.

① ㉠, ㉡
② ㉠, ㉢
③ ㉠, ㉣
④ ㉡, ㉣
⑤ ㉡, ㉢, ㉣

09 「공익사업을 위한 토지 등의 취득 및 보상에 관한 법률」상 손실보상의 원칙에 관한 내용으로 옳지 않은 것은?

① 공익사업에 필요한 토지 등의 취득 또는 사용으로 인하여 토지소유자나 관계인이 입은 손실은 사업시행자가 보상하여야 한다.

② 손실보상은 토지소유자나 관계인에게 개인별로 하여야 한다. 다만, 개인별로 보상액을 산정할 수 없을 때에는 그러하지 아니하다.

③ 사업시행자는 동일한 소유자에게 속하는 일단의 토지의 일부를 취득하거나 사용하는 경우, 해당 공익사업의 시행으로 인하여 잔여지의 가격이 증가하거나 그 밖의 이익이 발생한 경우에도 그 이익을 취득 또는 사용으로 인한 손실과 상계할 수 없다.

④ 토지에 대한 보상액은 가격시점에서의 현실적인 이용상황, 일반적인 이용방법에 의한 객관적 상황, 일시적인 이용상황 및 토지소유자나 관계인이 갖는 주관적 가치 및 특별한 용도에 사용할 것을 전제로 한 경우 등을 고려한다.

⑤ 영업을 폐지하거나 휴업함에 따라 휴직하거나 실직하는 근로자의 임금손실에 대하여는 「근로기준법」에 따른 평균임금 등을 고려하여 보상하여야 한다.

10 강학상 인가에 대한 설명으로 옳지 않은 것은? (다툼이 있는 경우 판례에 의함)

① 재단법인의 정관변경 시 정관변경 결의의 하자가 있는 경우에 주무부장관의 인가가 있다고 하여도 정관변경 결의가 유효한 것으로 될 수 없다.

② 토지거래허가지역 내의 토지거래계약은 허가가 있기 전에는 효력이 발생하지 않은 상태에 있다가 허가가 있으면 토지거래계약은 소급하여 유효하게 된다.

③ 조합이 사업시행계획을 재건축결의에서 결정된 내용과 달리 작성한 경우 이러한 하자는 기본행위인 사업시행계획 작성행위의 하자이고, 이에 대한 보충행위인 행정청의 인가처분이 적법요건을 갖추고 있는 이상은 그 인가처분 자체에 하자가 있는 것이라 할 수 없다.

④ 관할관청이 개인택시운송사업의 양도·양수에 대한 인가를 하였을 경우 거기에는 양도인과 양수인 간의 양도행위를 보충하여 그 법률효과를 완성시키는 의미에서의 인가처분뿐만 아니라 양도인이 가지고 있던 면허와 동일한 내용의 면허를 양수인에게 부여하는 처분이 포함되어 있다.

⑤ 「도시 및 주거환경정비법」상 재건축조합의 관리처분계획에 대한 인가·고시 후 관리처분계획 결의의 하자를 다투고자 하는 경우 조합총회의 결의는 관리처분계획처분의 실체적 요건에 해당하기 때문에 조합총회결의를 대상으로 효력 유무를 다투는 확인의 소를 제기하는 것이 허용된다.

11 행정처분의 송달에 대한 설명으로 옳은 것만을 〈보기〉에서 모두 고른 것은? (다툼이 있는 경우 판례에 의함)

─── 〈보 기〉 ───

㉠ 정보통신망을 이용한 송달의 경우 전자문서가 송달받을 자가 지정한 컴퓨터 등에 입력된 때에 도달된 것으로 본다.

㉡ 보통우편에 의한 송달과 달리 등기우편에 의한 송달은 반송 등 기타 특별한 사유가 없는 한 배달된 것으로 추정된다.

㉢ 실제로 거주하지 않더라도 전입신고가 되어 있는 곳에 송달한 것은 위법하지 않다.

㉣ 행정청은 송달하는 문서의 명칭, 송달받은 자의 성명 또는 명칭, 발송방법 및 발송연월일을 확인할 수 있는 기록을 보존하여야 한다.

㉤ 수취인이 송달을 회피하는 정황이 있어 부득이 사업장에 납세고지서를 두고 왔다면 납세고지서의 송달이 이루어진 것이다.

㉥ 송달받을 자의 주소 등을 통상의 방법으로 확인할 수 없을 때에는 공시송달 절차에 의해 송달할 수 있다.

① ㉠, ㉡, ㉢, ㉣
② ㉠, ㉡, ㉣, ㉥
③ ㉠, ㉢, ㉤, ㉥
④ ㉡, ㉢, ㉣, ㉤
⑤ ㉡, ㉢, ㉤, ㉥

12 시험을 준비하던 甲은 다음의 '2019년도 제56회 변리사 국가자격시험 시행계획 공고'를 보고 큰 혼란에 빠졌다. 제56회 변리사 국가자격시험 「상표법」 과목에 실무형 문제가 출제될 것을 예상하지 못했기 때문이다. 甲은 이와 같은 시험공고가 위법하다고 보고 이에 대해 다투려고 한다. 이에 대한 설명으로 옳지 않은 것은? (다툼이 있는 경우 판례에 의함)

> 2019년도 제56회 변리사 국가자격시험 시행계획 공고
> (한국산업인력공단 공고 제2018-151호)
>
> 1. (생략)
> 2. 2019년 및 2020년 변경사항
>
> • 2019년 제2차 시험과목 중 「특허법」과 「상표법」 과목에 실무형 문제를 각 1개씩 출제
> - 다만, 2019년 제2차 시험에서의 실무형 문제 출제 범위는 아래와 같고, 배점은 20점으로 함. (이하 생략)

① 공고에 의해서 비로소 국민에게 영향을 미치는 규율사항이 정해지는 경우 이에 대해서는 어떤 형태로든 법적으로 다툴 수 있는 기회를 주는 것이 타당하다.

② 헌법재판소는 공고에 의하여 비로소 응시자격이 확정되는 경우에는 공고에 대한 헌법소원을 인정하였으나 위와 같은 경우에는 헌법소원을 인정하지 않았다.

③ 공고가 분명히 위법하고 공무원에게 과실이 있어 이로 인한 손해를 입증한다면 甲은 국가배상을 청구할 수 있다.

④ 공고는 입법행위와 유사한 측면이 없지 않으나 침해의 직접성이 인정되는 경우 헌법소원의 대상이 될 수 있다.

⑤ 이미 법령에 규정된 내용을 그대로 공고한 경우 공고보다는 법령을 다툼의 대상으로 하여야 한다.

13 위헌결정된 법령 및 처분에 대한 설명으로 옳은 것만을 〈보기〉에서 모두 고른 것은? (다툼이 있는 경우 판례에 의함)

> ───────〈보 기〉───────
>
> ㉠ 위헌결정 이전에 이미 부담금 부과처분과 압류처분 및 이에 기한 압류등기가 이루어지고 각 처분이 확정되었다고 하여도, 특별한 사정이 없는 한 기존의 압류등기나 교부청구만으로는 다른 사람에 의하여 개시된 경매절차에서 배당을 받을 수 없다.
>
> ㉡ 처분이 있은 날로부터 1년이 도과한 처분으로서 당연무효에 해당하는 하자가 없는 경우, 그 처분의 근거법령이 위헌결정되었다면 원칙적으로 소급효가 미친다.
>
> ㉢ 위헌결정은 원칙적으로 장래효를 가지나, 예외적으로 당해사건, 동종사건, 병행사건에 효력을 미치며, 위헌결정 이후 제소된 일반사건에서도 소급효의 부인이 정의와 형평에 반하는 경우에는 소급효가 인정된다.
>
> ㉣ 법률의 위헌 여부가 명백하지 않은 상태라도 이후 해당 법률에 위헌이 선언되었다면 위헌판결의 기속력에 의해 그 법률에 근거한 행정처분의 하자는 무효사유이다.

① ㉠, ㉡

② ㉠, ㉢

③ ㉡, ㉢

④ ㉠, ㉡, ㉢

⑤ ㉡, ㉢, ㉣

14 「행정심판법」상 중앙행정심판위원회에만 인정되는 고유한 권한인 것은?

① 심리 · 재결권

② 불합리한 법령 등의 개선을 위한 시정조치요청권

③ 청구인지위의 승계허가권

④ 대리인 선임허가권

⑤ 피청구인경정결정권

15 「공익사업을 위한 토지 등의 취득 및 보상에 관한 법률」상 이주대책에 대한 설명으로 옳지 않은 것은? (다툼이 있는 경우 판례에 의함)

① 이주대책은 생활보상의 일환으로 국가의 적극적이고 정책적인 배려에 의하여 마련된 제도이다.

② 이주대책의 수립의무자는 사업시행자이며, 법령에서 정한 일정한 경우 이주대책을 수립할 의무가 있다.

③ 사업시행자는 이주대책을 수립하려면 미리 관할 지방자치단체의 장과 협의하여야 한다.

④ 도시개발사업의 사업시행자가 이주대책기준을 정하여 이주대책대상자 가운데 이주대책을 수립·실시하여야 할 자를 선정하여 그들에게 공급할 택지 등을 정할 때는 재량권을 갖는다.

⑤ 주거용 건물의 거주자에 대하여는 주거이전에 필요한 비용 외에 가재도구 등 동산의 운반에 필요한 비용은 보상하지 않아도 된다.

16 판결의 기속력에 대한 설명으로 옳지 않은 것은? (다툼이 있는 경우 판례에 의함)

① 거부처분이 있은 후 법령이 개정되어 시행된 경우에는 개정된 법령과 그에 따른 기준을 새로운 사유로 들어 다시 거부처분을 하더라도 기속력에 반하는 것은 아니다.

② 기속력의 주관적 범위는 그 사건에 관하여 당사자인 행정청과 그 밖의 관계행정청에 미친다.

③ 거부처분 취소소송에서 재처분의무의 실효성을 확보하기 위한 간접강제제도는 부작위위법확인소송에도 준용된다.

④ 기속력의 객관적 범위는 판결의 주문과 판결이유 중에 설시된 개개의 위법사유 및 간접사실이다.

⑤ 기속력을 위반한 행정청의 행위는 당연무효이다.

17 이행강제금에 대한 설명으로 옳지 않은 것은? (다툼이 있는 경우 판례에 의함)

① 이행강제금은 법령으로 정하는 바에 따라 계고나 시정명령 없이 부과할 수 있으며 법령으로 정하는 바에 따라 반복적으로 이행할 때까지 부과할 수 있다.

② 이행강제금은 금전의 징수가 목적이 아니라 의무이행을 촉구하기 위한 것이므로 일단 의무이행이 있으면 비록 시정명령에서 정한 기간을 지나서 이행한 경우라도 이행강제금을 부과할 수 없다.

③ 「건축법」 제80조 제6항에 따르면 시정명령을 받은 자가 시정명령을 이행한 경우에는 더 이상 이행강제금을 부과하지 않지만, 이미 부과된 이행강제금은 징수한다.

④ 이행강제금은 대체적 작위의무 위반에 대해서도 부과될 수 있고 대집행과 선택적으로 활용될 수 있다.

⑤ 「건축법」상 시정명령 위반에 따른 이행강제금의 부과와 건축행위에 대한 형사처벌은 그 처벌 내지 제재대상이 되는 기본적 사실관계가 다르므로 이중처벌에 해당하지 않는다.

18 「담배사업법」은 일반소매인 사이에서는 그 영업소 간에 100m 이상의 거리를 유지하도록 하는 '일반소매인의 영업소 간에 거리제한' 규정을 두어 일반소매인 간의 과당경쟁으로 인한 불합리한 경영을 방지하고 있다. 한편 동법은 일반소매인과 구내소매인의 영업소 간에는 거리제한 규정을 두지 않고, 동일 시설물 내 2개소 이상의 장소에 구내소매인을 지정할 수 있도록 규정하고 있다. 甲은 A시 시장으로부터 「담배사업법」상 담배 일반소매인으로서 지정을 받아 영업을 하고 있다. 이에 대한 설명으로 옳은 것만을 〈보기〉에서 모두 고른 것은? (주어진 조건 이외의 다른 조건은 고려하지 않으며, 다툼이 있는 경우 판례에 의함)

〈보 기〉

㉠ 甲의 영업소에서 70m 떨어진 장소에 乙이 담배 일반소매인으로 지정을 받은 경우, 甲은 乙의 일반소매인 지정의 취소를 구할 원고적격이 있다.

㉡ 甲의 영업소에서 30m 떨어진 장소에 丙이 담배 구내소매인으로 지정을 받은 경우 甲이 원고로서 제기한 丙의 구내소매인 지정에 대한 취소를 구하는 소는 적법하고, 甲은 수소법원에 丙의 구내소매인 지정에 대한 집행정지신청을 할 수 있다.

㉢ 丁이 담배 일반소매인으로 지정을 받은 장소가 甲의 영업소에서 120m 떨어진 곳이자 丙이 담배 구내소매인으로 지정을 받은 곳에서 50m 떨어져 있다면, 甲과 丙이 공동소송으로 제기한 丁의 일반소매인 지정에 대한 취소소송에서 甲과 丙은 각각 원고적격이 있다.

① ㉠

② ㉡

③ ㉢

④ ㉠, ㉡

⑤ ㉠, ㉢

19 항고소송의 제기요건에 대한 설명으로 옳지 않은 것은? (다툼이 있는 경우 판례에 의함)

① 체납자는 자신이 점유하는 제3자 소유의 동산에 대한 압류처분의 취소나 무효확인을 구할 원고적격이 있다.

② 원천징수의무자인 법인에 대한 소득금액변동통지는 법인의 납세의무에 직접 영향을 미치므로 항고소송의 대상이 되는 처분이다.

③ 사업의 양도행위가 무효임을 주장하는 양도자는 양도·양수행위의 무효를 구함이 없이 사업양도·양수에 따른 허가관청의 지위승계 신고수리처분의 무효확인을 구할 법률상 이익은 없다.

④ 검사의 공소제기가 적법절차에 따라 정당하게 이루어진 것인지 여부에 관계없이 검사의 공소에 대하여는 형사소송절차에 의하여서만 다툴 수 있고, 행정소송의 방법으로 공소의 취소를 구할 수 없다.

⑤ 공정거래위원회의 처분에 대하여 불복의 소를 제기하였다가 청구취지를 추가하는 경우, 추가된 청구취지에 대한 제소기간의 준수 등은 원칙적으로 청구취지의 추가·변경 신청이 있는 때를 기준으로 판단하여야 한다.

20 「국가공무원법」에 대한 설명으로 옳지 않은 것은? (다툼이 있는 경우 판례에 의함) 〈변형〉

① 징계의결 등을 요구한 기관의 장은 징계위원회의 의결이 가볍다고 인정하면 그 처분을 하기 전에 국무총리 소속으로 설치된 징계위원회의 의결에 대해 해당 징계위원회에 재심사를 청구할 수 있다.

② 공무원의 징계처분 등을 의결하게 하기 위하여 대통령령 등으로 정하는 기관에 징계위원회를 둔다.

③ 본인의 원(願)에 따른 강임·휴직 또는 면직처분의 경우에도 그 처분권자 또는 처분제청권자는 처분사유를 적은 설명서를 교부하여야 한다.

④ 징계 의결 요구는 5급 이상 공무원 및 고위공무원단에 속하는 일반직 공무원은 소속 장관이, 6급 이하의 공무원은 소속 기관의 장 또는 소속 상급기관의 장이 한다.

⑤ 징계의결의 요구는 징계 사유가 발생한 날부터 3년, 특히 금품 및 향응수수와 공금의 횡령·유용의 경우에는 5년이 지나면 하지 못한다.

21 「행정절차법」에 대한 설명으로 옳지 않은 것은? (다툼이 있는 경우 판례에 의함)

① 「국가공무원법」상 직위해제처분은 행정작용의 성질상 행정절차를 거치기 곤란하거나 불필요하다고 인정되는 사항 또는 행정절차에 준하는 절차를 거친 사항에 해당되므로 「행정절차법」이 적용되지 않는다.

② 외국인의 출입국에 관한 사항은 「행정절차법」이 적용되지 않으므로, 미국국적을 가진 교민에 대한 사증거부처분에 대해서도 처분의 방식에 관한 「행정절차법」 제24조는 적용되지 않는다.

③ 「병역법」에 의한 소집에 관한 사항에는 「행정절차법」이 적용되지 않으나 「병역법」상의 산업기능요원의 편입취소처분에 대해서는 「행정절차법」이 적용된다.

④ 「독점규제 및 공정거래에 관한 법률」 규정에 의한 처분의 상대방에게 부여된 절차적 권리의 범위와 한계를 확정하려면 「행정절차법」이 당사자에게 부여한 절차적 권리의 범위와 한계 수준을 고려하여야 한다.

⑤ 「행정절차법 시행령」 제2조 제8호는 '학교·연수원 등에서 교육·훈련의 목적을 달성하기 위하여 학생·연수생들을 대상으로 하는 사항'을 「행정절차법」이 적용되지 않는 경우로 규정하고 있으나 생도의 퇴학처분과 같이 신분을 박탈하는 징계처분은 여기에 해당한다고 할 수 없다.

22 공법상 계약에 대한 설명으로 옳지 않은 것만을 〈보기〉에서 모두 고른 것은? (다툼이 있는 경우 판례에 의함)

───── 〈보 기〉 ─────

㉠ 지방계약직공무원에 대하여 채용계약상 특별한 약정이 없는 한 「지방공무원법」, 「지방공무원징계 및 소청 규정」에서 정한 징계 절차에 의하지 않고서는 보수를 삭감할 수 없다.

㉡ 단순히 계약상의 규정에 근거한 것이 아니라 계약상의 규정과 중첩되더라도 법령상의 근거를 가진 행위에 대해서는 공권력성을 인정하여 이를 처분으로 인정하는 경우가 있다.

㉢ 한국 환경산업기술 원장이 환경기술개발사업 협약을 체결한 甲 주식회사 등에게 연차평가 실시 결과 절대평가 60점 미만으로 평가되었다는 이유로 연구개발 중단 조치 및 연구비 집행중지 조치를 한 사안에서, 연구개발 중단 조치 및 연구비 집행중지 조치는 항고소송의 대상이 되는 행정처분에 해당한다.

㉣ 시립합창단원에 대한 위촉은 처분에 의한 임명행위라 할 수 있다.

㉤ 공법상계약에 기초한 공무원의 근무관계에서 징계행위는 행정처분이다.

㉥ 계약직 공무원의 채용계약해지는 행정처분으로 본다.

① ㉠, ㉡
② ㉠, ㉢
③ ㉣, ㉤
④ ㉣, ㉥
⑤ ㉤, ㉥

23 지방자치에 대한 설명으로 옳은 것만을 〈보기〉에서 모두 고른 것은? (다툼이 있는 경우 판례에 의함)

───── 〈보 기〉 ─────

㉠ 「지방자치법」상 지방의회에서 의결할 의안은 지방자치단체의 장이나 재적의원 5분의 1 이상 또는 의원 20명 이상의 연서로 발의한다.

㉡ 「지방자치법」상 시·도가 처리하는 것으로 되어 있는 사무를 제외한 사무는 기초지방자치단체(시·군 및 자치구)의 사무로 한다. 다만, 인구 50만 이상의 시에 대하여는 도가 처리하는 사무의 일부를 직접 처리하게 할 수 있다.

㉢ 「지방자치법」상 지방자치단체 및 그 장이 위임받아 처리하는 국가사무와 시·도의 사무에 대하여 국회와 시·도의회가 직접 감사하기로 한 사무 외에는 그 감사를 각각 해당 시·도의회와 시·군 및 자치구의회가 할 수 있다.

㉣ 담배소매업을 영위하는 주민들에게 자판기 설치를 제한하는 것을 내용으로 하는 조례는 주민의 권리·의무에 관한 사항을 규율하는 조례라고 할 수 있으므로 지방자치단체가 이러한 조례를 제정함에 있어서는 법률의 위임을 필요로 한다.

① ㉠, ㉡
② ㉡, ㉢
③ ㉢, ㉣
④ ㉠, ㉡, ㉢
⑤ ㉡, ㉢, ㉣

24 다음 사례에 대한 설명으로 옳은 것은? (다툼이 있는 경우 판례에 의함)

> 甲은 새롭게 개발된 A시 외곽에서 대형마트를 신축 개점하여 운영하고 있다. 甲은 신도시 입주가 완료되면서 마트 이용객들이 늘어나자 마트 인근 부지에 주차장을 추가로 확보하기 위해 토지를 매입하기로 하였다. 乙은 마트 인근 토지에서 작물농사를 하고 있다. 甲은 乙로부터 매매를 통해 토지를 취득 후 고객용 임시주차장으로 사용 중이다. 그런데 A시장은 甲에 대하여 해당 부지는 도로인 공공용물이며, 이를 무단으로 점유·사용하였으므로 주차시설 철거명령 및 변상금부과처분을 하였다. 해당 부지는 공공용물이나, A시에서 제대로 관리하지 않은 지난 25년 동안 乙이 계속해서 농사를 지어온 것으로 밝혀졌다.

① 乙이 25년 동안 평온·공연하게 해당 부지를 사용해왔으므로 점유취득시효의 완성으로 乙의 소유권이 인정되어, A시는 철거명령 및 변상금부과처분을 할 수 없다.

② 공공용물인 해당 부지를 사용하기 위해서는 별도로 점용허가를 받아야 하며 해당 점용허가의 법적성질은 허가이다.

③ 甲은 정당한 사유 없이 공유재산을 점유하고 시설물을 설치하였으므로 A시장은 원상복구를 명할 수 있으며, 이를 이행하지 않을 경우 「행정대집행법」에 따라 시설물을 철거하고 그 비용을 징수할 수 있다.

④ 변상금부과처분은 행정청이 사경제주체로서 행하는 사법상의 행위이다.

⑤ 만약 해당 부지가 일반재산이라면 甲과 A시장은 대부계약을 체결할 수 있으며, 이 계약은 지방자치단체가 상대방과 대등한 지위에서 행하는 공법상계약으로 이를 다투는 소송은 당사자소송이다.

25 환경영향평가제도에 대한 설명으로 옳지 않은 것은? (다툼이 있는 경우 판례에 의함)

① 환경영향평가란 환경에 영향을 미치는 실시계획·시행계획 등의 허가·인가·승인·면허 또는 결정 등을 할 때에 해당 사업이 환경에 미치는 영향을 미리 조사·예측·평가하여 해로운 환경영향을 피하거나 제거 또는 감소시킬 수 있는 방안을 마련하는 것을 말한다.

② 환경영향평가 대상지역 밖의 주민이라 할지라도 공유수면매립면허처분 등으로 인하여 그 처분 전과 비교하여 수인한도를 넘는 환경피해를 받거나 받을 우려가 있는 경우에는, 공유수면매립면허처분 등으로 인하여 환경상 이익에 대한 침해 또는 침해 우려가 있다는 것을 입증함으로써 그 처분 등의 무효확인을 구할 원고적격을 인정받을 수 있다.

③ 환경영향평가법령에서 정한 환경영향평가 절차를 거쳤으나 그 환경영향평가의 내용이 부실한 경우, 그 부실의 정도가 환경영향평가제도를 둔 입법 취지를 달성할 수 없을 정도이어서 환경영향평가를 하지 아니한 것과 다를 바 없는 정도의 것이 아닌 이상, 그 부실은 당해 승인 등 처분에 재량권 일탈·남용의 위법이 있는지 여부를 판단하는 하나의 요소로 됨에 그칠 뿐, 그 부실로 인하여 당연히 당해 승인 등 처분이 위법하게 되는 것이 아니다.

④ 환경영향평가를 거쳐야 할 대상사업에 대하여 환경영향평가를 거치지 아니하였음에도 불구하고 승인 등 처분이 이루어졌다면, 이러한 행정처분의 하자는 법규의 중요한 부분을 위반한 중대한 것이고 객관적으로도 명백한 것이라고 하시 않을 수 없어, 이와 같은 행정처분은 당연무효이다.

⑤ 환경영향평가절차가 완료되기 전에 공사시행을 하여 사업자가 사전 공사시행 금지규정을 위반한 경우, 승인기관의 장이 한 사업계획 등에 대한 승인 등의 처분은 위법하다.

✅ 회독 CHECK 1 2 3

01 다음에 제시된 행정법의 기본원칙에 대한 설명으로 옳지 않은 것은? (다툼이 있는 경우 판례에 의함)

> (가) 어떤 행정목적을 달성하기 위한 수단은 그 목적 달성에 유효·적절하고 또한 가능한 한 최소침해를 가져오는 것이어야 하며 아울러 그 수단의 도입으로 인한 침해가 의도하는 공익을 능가하여서는 아니 된다.
> (나) 행정기관은 행정결정에 있어서 동종의 사안에 대하여 이전에 제3자에게 행한 결정과 동일한 결정을 상대방에게 하도록 스스로 구속당한다.
> (다) 개별국민이 행정기관의 어떤 언동의 정당성 또는 존속성을 신뢰한 경우 그 신뢰가 보호받을 가치가 있는 한 그러한 귀책사유 없는 신뢰는 보호되어야 한다.
> (라) 행정주체가 행정작용을 함에 있어서 상대방에게 이와 실질적인 관련이 없는 의무를 부과하거나 그 이행을 강제하여서는 아니 된다.

① 자동차를 이용하여 범죄행위를 한 경우 범죄의 경중에 상관없이 반드시 운전면허를 취소하도록 한 규정은 (가) 원칙을 위반한 것이다.
② 반복적으로 행하여진 행정처분이 위법한 것일 경우 행정청은 (나) 원칙에 구속되지 않는다.
③ 고속국도 관리청이 고속도로 부지와 접도구역에 송유관 매설을 허가하면서 상대방과 체결한 협약에 따라 송유관 시설을 이전하게 될 경우 그 비용을 상대방에게 부담하도록 한 부관은 (라) 원칙에 반하지 않는다.
④ 선행조치의 상대방에 대한 신뢰보호의 이익과 제3자의 이익이 충돌하는 경우에는 (다) 원칙이 우선한다.
⑤ 판례는 (라) 원칙의 적용을 긍정하고 있다.

02 행정입법에 대한 설명으로 옳지 않은 것은? (다툼이 있는 경우 판례에 의함)

① 국회규칙은 법규명령이다.
② 대통령령은 총리령 및 부령보다 우월한 효력을 가진다.
③ 총리령으로 제정된 「법인세법 시행규칙」에 따른 '소득금액조정합계표 작성요령'은 법령을 보충하는 법규사항으로서 법규명령의 효력을 가진다.
④ '학교장·교사 초빙제 실시'는 행정조직 내부에서만 효력을 가지는 행정상의 운영지침을 정한 것으로서 국민이나 법원을 구속하는 효력이 없는 행정규칙에 해당한다.
⑤ 건강보험심사평가원이 보건복지가족부 고시인 '요양급여비용 심사·지급업무 처리기준'에 근거하여 제정한 심사지침인 '방광내압 및 요누출압 측정 시 검사방법'은 내부적 업무처리 기준으로서 행정규칙에 불과하다.

03 「행정심판법」상 중앙행정심판위원회의 구성에 대한 내용으로 옳은 것만을 〈보기〉에서 모두 고르면?

──────── 〈보 기〉 ────────

㉠ 중앙행정심판위원회는 위원장 1명을 포함하여 50명 이내의 위원으로 구성하되 위원 중 상임위원은 5명 이내로 한다.

㉡ 중앙행정심판위원회의 위원장은 국민권익위원회의 부위원장 중 1명이 된다.

㉢ 중앙행정심판위원회의 상임위원은 행정심판에 관한 지식과 경험이 풍부한 사람 중에서 중앙행정심판위원회 위원장의 제청으로 국무총리를 거쳐 대통령이 임명할 수 있다.

㉣ 중앙행정심판위원회의 비상임위원은 변호사 자격을 취득한 후 3년 이상의 실무 경험이 있는 사람 중에서 중앙행정심판위원회 위원장의 제청으로 국무총리가 성별을 고려하여 위촉할 수 있다.

㉤ 중앙행정심판위원회의 회의는 소위원회 회의를 제외하고 위원장, 상임위원 및 위원장이 회의마다 지정하는 비상임위원을 포함하여 총 7명으로 구성한다.

① ㉠

② ㉠, ㉡

③ ㉡, ㉢

④ ㉡, ㉢, ㉣

⑤ ㉢, ㉣, ㉤

04 행정상 강제집행에 대한 설명으로 옳지 않은 것은? (다툼이 있는 경우 판례에 의함)

① 관계 법령상 행정대집행의 절차가 인정되어 행정청이 행정대집행의 방법으로 건물 철거 등 대체적 작위의무의 이행을 실현할 수 있는 경우에는 따로 민사소송의 방법으로 그 의무의 이행을 구할 수 없다.

② 「건축법」에 위반된 건축물의 철거를 명하였으나 불응하자 이행강제금을 부과·징수한 후 이후에도 철거를 하지 아니하자 다시 행정대집행 계고처분을 한 경우 그 계고처분은 유효하다.

③ 한국자산공사의 공매통지는 공매의 요건이 아니라 공매사실 자체를 체납자에게 알려주는 데 불과한 것으로서 행정처분에 해당한다고 할 수 없다.

④ 「건축법」상 이행강제금은 의무자에게 심리적 압박을 주어 시정명령에 따른 의무이행을 간접적으로 강제하는 강제집행수단이 아니라 시정명령의 불이행이라는 과거의 위반행위에 대한 금전적 제재에 해당한다.

⑤ 위법건축물에 대한 철거명령 및 계고처분에 불응하여 제2차, 제3차로 계고처분을 한 경우에 제2차, 제3차의 후행 계고처분은 행정처분에 해당하지 아니한다.

05 법치행정에 대한 설명으로 옳지 않은 것은? (다툼이 있는 경우 판례에 의함)

① 「공공기관의 운영에 관한 법률」 규정에 따른 '입찰참가자격의 제한기준 등에 관하여 필요한 사항은 기획재정부령으로 정한다'는 부분은 의회유보원칙에 위배되지 않는다.

② 개인택시기사가 음주운전사고로 사망한 경우 음주운전이 운전면허취소사유로만 규정되어 있으므로 관할 관청은 당해 음주운전사고를 이유로 개인택시운송사업면허를 바로 취소할 수는 없다.

③ 복종의무가 있는 군인은 상관의 지시와 명령에 대하여 재판청구권을 행사하기 이전에 군인복무규율에 규정된 내부적 절차를 거쳐야 한다.

④ 공개적 토론의 필요성과 상충하는 이익 사이의 조정 필요성이 클수록 국회의 법률에 의하여 직접 규율될 필요성은 증대된다.

⑤ 관할 행정청은 토지분할이 관계 법령상 제한에 해당되어 명백히 불가능하다고 판단되는 경우에는 토지분할 조건부 건축허가를 거부하여야 한다.

06 재결과 항고소송에 대한 설명으로 옳지 않은 것은? (다툼이 있는 경우 판례에 의함)

① 재결취소소송의 경우 재결 자체에 고유한 위법이 있는지 여부를 심리할 것이고 재결 자체에 고유한 위법이 없는 경우에는 원처분의 당부와는 상관없이 당해 재결취소소송은 기각되어야 한다.

② 소청심사위원회가 해임처분을 정직 2월로 변경한 경우 처분의 상대방은 소청심사위원회를 피고로 하여 정직 2월의 재결에 대한 취소소송을 제기할 수 있다.

③ 감사원의 변상 판정처분에 대하여서는 행정소송을 제기할 수 없고 그 재결에 해당하는 재심의 판정에 대하여만 감사원을 피고로 하여 행정소송을 제기할 수 있다.

④ 중앙토지수용위원회의 이의재결에 불복하여 취소소송을 제기하는 경우에는 원처분인 수용재결을 대상으로 하여야 한다.

⑤ 불리한 처분을 받은 사립학교 교원 갑의 소청심사청구에 대하여 교원소청심사위원회가 그 사유 자체가 인정되지 않는다는 이유로 처분을 취소하는 결정을 하고 이에 대하여 을 학교법인이 제기한 행정소송 절차에서 심리한 결과 처분사유 중 일부 사유는 인정된다고 판단되는 경우 법원은 교원소청심사위원회의 결정을 취소하여야 한다.

07 손실보상에 대한 설명으로 옳지 않은 것은? (다툼이 있는 경우 판례에 의함)

① 사업시행자에게 한 잔여지매수청구의 의사표시는 일반적으로 토지수용위원회에 한 잔여지수용청구의 의사표시로 볼 수 있다.

② 구 「하천법」의 시행으로 국유로 된 제외지 안의 토지에 대하여는 관리청이 그 손실을 보상하도록 규정하고 있는 동법 부칙 제2조 제1항에 의한 손실보상청구권은 공법상 권리이다.

③ 구 「공익사업을 위한 토지 등의 취득 및 보상에 관한 법률」의 관련 규정에 의하여 취득하는 어업피해에 관한 손실보상청구권은 민사소송의 방법으로 행사할 수는 없고 재결절차를 거치지 않은 채 곧바로 사업시행자를 상대로 손실보상을 청구하는 것도 허용되지 않는다.

④ 한국토지주택공사가 택지개발사업의 시행자로서 일정 기준을 충족하는 손실보상대상자들에 대하여 생활대책을 수립·시행하면서 직권으로 갑이 생활대책대상자에 해당하지 않는다는 결정을 하고 이에 대한 갑의 이의신청에 대하여 재심사 결과로도 생활대책대상자로 선정되지 않았다는 통보를 한 경우 그 재심사 결과의 통보는 독립한 행정처분이다.

⑤ 체육시설업의 영업주체가 영업시설의 양도나 임대 등에 의하여 변경되었으나 그에 관한 신고를 하지 않은 채 영업을 하던 중에 공익사업으로 영업을 폐지 또는 휴업하게 된 경우 그 임차인 등의 영업은 보상대상에서 제외되지 않는다.

08 행정행위에 대한 설명으로 옳은 것만을 〈보기〉에서 모두 고르면? (다툼이 있는 경우 판례에 의함)

─── 〈보 기〉 ───

㉠ 「사립학교법」상 학교법인의 이사장, 이사 등 임원에 대한 임원취임승인행위가 강학상 인가의 대표적인 예이다.

㉡ 공유수면매립허가, 보세구역의 설치·운영에 관한 특허, 특허기업의 사업양도허가는 강학상 특허에 해당한다.

㉢ 보통의 행정행위는 상대방이 수령하여야만 효력이 발생하는 것이므로 상대방이 그 행정행위를 현실적으로 알고 있어야 한다.

㉣ 가행정행위는 그 효력발생이 시간적으로 잠정적이라는 것 외에는 보통의 행정행위와 같은 것이므로 가행정행위로 인한 권리침해에 대한 구제도 보통의 행정행위와 다르지 않다.

㉤ 재개발조합설립인가신청에 대하여 행정청의 조합설립인가처분이 있은 이후에 조합설립 동의에 하자가 있음을 이유로 재개발조합설립의 효력을 부정하려면 조합설립동의의 효력을 소의 대상으로 하여야 한다.

① ㉠, ㉡

② ㉠, ㉣

③ ㉡, ㉢

④ ㉡, ㉣

⑤ ㉢, ㉤

09 사인의 공법행위로서 신고에 대한 설명으로 옳지 않은 것은? (다툼이 있는 경우 판례에 의함)

① 구 「건축법」에 의한 인·허가의제 효과를 수반하는 건축신고는 일반적인 건축신고와는 달리 특별한 사정이 없는 한 행정청이 그 형식적 요건에 관한 심사를 한 후 수리하여야 한다.

② 불특정 다수인을 대상으로 학습비를 받고 정보통신 매체를 이용하여 원격평생교육을 실시하고자 하는 경우에는 누구든지 관계 법령에 따라 이를 신고하여야 하나 신고서의 기재사항에 흠결이 없고 소정의 서류가 구비된 때에는 이를 수리하여야 한다.

③ 구 「유통산업발전법」은 기존의 대규모점포의 등록된 유형 구분을 전제로 '대형마트로 등록된 대규모점포' 일체를 규제 대상으로 삼고자 하는 것이 그 입법 취지이므로 대규모점포의 개설 등록은 이른바 '수리를 요하는 신고'로서 행정처분에 해당한다.

④ 시장·군수·구청장은 건축신고를 받은 날부터 5일 이내에 신고수리 여부 또는 민원 처리 관련 법령에 따른 처리기간의 연장 여부를 신고인에게 통지하여야 한다.

⑤ 납골당설치 신고는 이른바 '수리를 요하는 신고'이므로 납골당설치 신고가 관련 법령 규정의 모든 요건을 충족하는 신고라 하더라도 행정청의 수리처분이 있어야만 그 신고한 대로 납골당을 설치할 수 있다.

10 항고소송의 대상이 되는 행정처분에 해당하는 것은? (다툼이 있는 경우 판례에 의함)

① 소관청이 토지대장상의 소유자명의변경신청을 거부한 행위

② 서울특별시지하철공사 임직원을 징계하는 행위

③ 무허가건물을 무허가건물관리대장에서 삭제하는 행위

④ 각 군 참모총장이 군인 명예전역수당 지급대상자 결정절차에서 국방부장관에게 수당지급대상자를 추천하는 행위

⑤ 「교육공무원법」상 승진후보자 명부에 의한 승진심사 방식으로 행하여지는 승진임용에서 승진후보자 명부에 포함되어 있던 후보자를 승진임용인사발령에서 제외하는 행위

11 「행정심판법」상 재결에 대한 설명으로 옳지 않은 것은?

① 심판청구를 인용하는 재결은 청구인과 피청구인, 그 밖의 관계 행정청을 기속한다.

② 재결에 의하여 취소되거나 무효 또는 부존재로 확인되는 처분이 당사자의 신청을 거부하는 것을 내용으로 하는 경우에는 그 처분을 한 행정청은 재결의 취지에 따라 다시 이전의 신청에 대한 처분을 하여야 한다.

③ 재결은 서면으로 하며 재결서에 적는 이유에는 주문 내용이 정당하다는 것을 인정할 수 있는 정도의 판단을 표시하여야 한다.

④ 처분의 상대방이 아닌 제3자가 심판청구를 한 경우 위원회는 재결서의 등본을 지체없이 피청구인을 거쳐 처분의 상대방에게 송달하여야 한다.

⑤ 위원회는 의무이행심판의 청구가 이유가 있다고 인정하면 지체없이 신청에 따른 처분을 하거나 처분을 할 것을 피청구인에게 명한다.

12 권한의 위임 · 위탁 · 대리에 대한 설명으로 옳지 않은 것은? (다툼이 있는 경우 판례에 의함)

① 타 행정기관으로의 권한의 위임은 법률이 정한 권한 배분을 행정기관이 다시 변경하는 것이므로 반드시 법적 근거가 있어야 한다.

② 행정권한의 내부위임은 법률이 위임을 허용하고 있지 아니한 경우에도 그의 보조기관 또는 하급행정관청으로 하여금 그의 권한을 사실상 행사하게 하는 것이다.

③ 국가사무로서 지방자치단체의 장에게 위임된 기관위임사무에 해당하는 경우에는 시 · 도지사가 지방자치단체의 조례에 의하여 이를 구청장 등에게 재위임할 수는 없다.

④ 구청장의 업무에 속하는 대집행권한을 한국토지공사가 위탁받은 경우 한국토지공사는 법령의 위탁에 의하여 대집행을 수권받은 자로서 지방자치단체 등의 기관이며 「국가배상법」 제2조의 공무원에 해당한다.

⑤ 법령에 의해서 자동적으로 확정되는 소득세에 있어서는 원천징수 의무자가 비록 과세관청과 같은 행정청이더라도 그의 원천징수행위는 법령에서 규정된 징수 및 납부의무를 이행하기 위한 것에 불과한 것이지 공권력의 행사로서의 행정처분을 한 경우에 해당되지 아니한다.

13 행정소송의 원고적격을 가지는 자에 해당하지 않는 것은? (다툼이 있는 경우 판례에 의함)

① 지방자치단체가 건축물 소재지 관할 허가권자인 지방자치단체의 장을 상대로 건축협의취소의 취소를 구하는 사안에서의 지방자치단체

② 제3자의 접견허가신청에 대한 교도소장의 거부처분에 있어서 접견권이 침해되었다고 주장하는 구속된 피고인

③ 미얀마 국적의 갑이 위명(僞名)인 을 명의의 여권으로 대한민국에 입국한 뒤 을 명의로 난민 신청을 하였으나 법무부장관이 을 명의를 사용한 갑을 직접 면담하여 조사한 후에 갑에 대하여 난민 불인정처분을 한 사안에서의 그 처분의 취소를 구하는 갑

④ 국민권익위원회가 소방청장에게 인사와 관련하여 부당한 지시를 한 사실이 인정된다며 이를 취소할 것을 요구하기로 의결하고 내용을 통지하자 그 국민권익위원회 조치요구의 취소를 구하는 사안에서의 소방청장

⑤ 하자있는 건축물에 대한 사용검사처분의 무효확인 및 취소를 구하는 구 「주택법」상 입주자

14 국가배상에 설명으로 옳은 것만을 〈보기〉에서 모두 고르면? (다툼이 있는 경우 판례에 의함)

───── 〈보 기〉 ─────

㉠ 공무원에게 부과된 직무상 의무의 내용이 공공 일반의 이익을 위한 것이거나 행정기관의 내부질서를 규율하기 위한 경우에도 공무원이 그 직무상 의무를 위반하여 피해자가 입은 손해에 대하여서는 상당인과관계가 인정되는 범위 내에서 국가가 배상책임을 진다.

㉡ 서울특별시가 점유·관리하는 도로에 대하여 행정권한 위임조례에 따라 보도 관리 등을 위임 받은 관할 자치구청장 갑으로부터 도급받은 A 주식회사가 공사를 진행하면서 남은 자갈더미를 그대로 방치하여 오토바이를 타고 이곳을 지나가던 을이 넘어져 상해를 입은 경우 서울특별시는 「국가배상법」 제5조 제1항에서 정한 설치·관리상의 하자로 인한 국가배상책임을 부담하지 아니한다.

㉢ 도지사에 의한 지방의료원의 폐업결정과 관련하여 국가배상 책임이 성립하기 위하여서는 공무원의 직무집행이 위법하다는 점만으로는 부족하고 그로 인하여 타인의 권리·이익이 침해되어 구체적 손해가 발생하여야 한다.

㉣ 소방공무원의 권한 행사가 관계 법률의 규정에 의하여 소방공무원의 재량에 맡겨져 있으면 구체적인 상황에서 소방공무원이 권한을 행사하지 아니한 것이 현저하게 합리성을 잃어 사회적 타당성이 없는 경우에도 직무상 의무를 위반하여 위법하게 되는 것은 아니다.

① ㉠
② ㉢
③ ㉠, ㉢
④ ㉡, ㉢
⑤ ㉡, ㉢, ㉣

15 행정상 정보공개에 대한 설명으로 옳은 것은? (다툼이 있는 경우 판례에 의함)

① 국회는 「공공기관의 정보공개에 관한 법률」상 공공기관에 해당하지만 동법이 적용되는 것이 아니라 「국회정보공개규칙」이 적용된다.

② 국내에 일정한 주소를 두고 있는 외국인은 오로지 상대방을 괴롭힐 목적으로 정보공개를 구하고 있다는 등의 특별한 사정이 없는 한 한국방송공사(KBS)에 대하여 정보공개를 청구할 수 있다.

③ 독립유공자서훈 공적심사위원회의 심의·의결 과정 및 그 내용을 기재한 회의록은 독립유공자 등록에 관한 신청당사자의 알 권리 보장과 공정한 업무수행을 위해서 공개되어야 한다.

④ 정보공개에 관한 정책 수립 및 제도 개선에 관한 사항을 심의·조정하기 위하여 국무총리 소속으로 정보공개위원회를 둔다.

⑤ 행정안전부장관은 정보공개에 관하여 필요할 경우에 국회사무총장에게 정보공개 처리 실태의 개선을 권고할 수 있고 전년도의 정보공개 운영에 관한 보고서를 매년 국정감사 시작 30일 전까지 국회에 제출하여야 한다.

16 지방자치단체의 장과 지방의회의 관계에 대한 설명으로 옳지 않은 것은? (다툼이 있는 경우 판례에 의함)

① 「지방자치법」상 합의제 행정기관의 설치·운영에 관하여 해당 지방자치단체가 민간위탁 적격자심사위원회 위원의 정수 및 위원의 구성비를 어떻게 정할 것인지는 조례제정권의 범위 내에 있다.

② 지방의회가 합의제 행정기관의 설치에 관한 조례안을 발의하여 이를 그대로 의결, 재의결하는 것은 지방자치단체의 장의 고유권한에 속하는 사항의 행사에 관하여 지방의회가 사전에 적극적으로 개입하는 것으로서 위법하다.

③ 조례안에서 지방자치단체의 장이 재단법인 광주비엔날레의 업무 수행을 지원하기 위하여 소속 지방공무원을 위 재단법인에 파견함에 있어 그 파견기관과 인원을 정하여 지방의회의 동의를 얻도록 하고 이미 위 재단법인에 파견된 소속 지방공무원에 대하여는 조례안이 조례로서 시행된 후 최초로 개회되는 지방의회에서 동의를 얻도록 규정하고 있는 경우 그 조례안규정은 법령에 위반된다.

④ 조례안이 지방자치단체 사무의 민간위탁에 관하여 지방의회의 사전 동의를 받도록 한 것은 민간위탁 권한을 지방자치단체의 장으로부터 박탈하려는 것이 아니므로 지방자치단체의 장의 집행권한을 본질적으로 침해하는 것으로 볼 수 없다.

⑤ 개정조례안 중 동정자치위원회를 구성하는 위원의 위촉과 해촉에 관한 권한을 동장에게 부여하면서 그 위촉과 해촉에 있어서 당해 지역 구의원과 협의하도록 한 규정은 적법하다.

17 행정처분의 하자에 대한 설명으로 옳은 것은? (다툼이 있는 경우 판례에 의함)

① 과세관청의 소득처분과 그에 따른 소득금액변동통지가 있는 경우 원천징수하는 소득세의 납세의무에 관하여는 이를 확정하는 소득금액변동통지에 대한 항고소송에서 다투어야 하고 소득금액변동통지가 취소사유에 불과한 경우 징수처분에 대한 항고소송에서 이를 다툴 수는 없다.

② 토지구획정리사업 시행 후 시행인가처분의 하자가 취소사유에 불과하더라도 사업 시행 후 시행인가처분의 하자를 이유로 환지청산금 부과처분의 효력을 다툴 수 있다.

③ 선행처분인 국제항공노선 운수권 배분 실효처분 및 노선면허 거부처분에 대하여 이미 불가쟁력이 생겨 그 효력을 다툴 수 없게 되었더라도 후행처분인 노선면허처분을 다투는 단계에서 선행처분의 하자를 다툴 수 있다.

④ 선행처분인 개별공시지가결정이 위법하여 그에 기초한 개발부담금 부과처분도 위법하게 되었지만 그 후 적법한 절차를 거쳐 공시된 개별공시지가결정이 종전의 위법한 공시지가결정과 그 내용이 동일하다면 위법한 개별공시지가결정에 기초한 개발부담금 부과처분은 적법하게 된다.

⑤ 선행처분인 계고처분이 하자가 있는 위법한 처분이라도 당연무효의 처분이 아니라면 후행처분인 대집행비용납부명령의 취소를 청구하는 소송에서 그 계고처분을 전제로 행하여진 대집행비용납부명령도 위법한 것이라는 주장을 할 수는 없다.

18 공물법에 대한 설명으로 옳지 않은 것은? (다툼이 있는 경우 판례에 의함)

① 공물의 인접주민은 다른 일반인보다 인접공물의 일반사용에 있어 특별한 이해관계를 가지는 경우가 있고 그러한 의미에서 다른 사람에게 인정되지 아니하는 이른바 고양된 일반사용권이 보장될 수 있다.

② 도로구역이 결정·고시되어 공사가 진행 중인 경우에 해당 구역 내에 있지만 아직 공사가 진행되지 아니한 국유토지는 시효취득의 대상이 되지 아니한다.

③ 자연의 상태 그대로 공공용에 제공될 수 있는 실체를 갖추고 있는 자연공물은 자연력 등에 의한 현상변경으로 공공용에 제공될 수 없게 되고 그 회복이 사회통념상 불가능하게 되지 아니한 이상 공물로서의 성질이 상실되지 아니하며 시효취득의 대상도 되지 아니한다.

④ 도로 등 공물이나 공공용물을 특정 사인이 배타적으로 사용하도록 하는 점용허가가 도로 등의 본래 기능 및 그 목적과 무관하게 그 사용가치를 실현·활용하기 위한 것으로 평가되는 경우에도 주민소송의 대상이 되는 재산의 관리·처분에 해당하지 아니한다.

⑤ 「도로법」상 규정에 의한 변상금 부과권한은 적정한 도로관리를 위하여 도로관리청에게 부여된 권한이지 도로부지의 소유권에 기한 권한이라고 할 수 없다.

19 행정행위의 부관에 대한 설명으로 옳지 않은 것은? (다툼이 있는 경우 판례에 의함)

① 매립의 면허를 받은 자의 매립지에 대한 소유권취득을 규정한 법령에도 불구하고 행정청이 공유수면매립준공인가 중 매립지 일부에 대하여 한 국가귀속처분은 독립하여 행정소송의 대상으로 삼을 수 없다.

② 고시에서 정하여진 허가기준에 따라 보존음료수 제조업의 허가에 부가된 조건은 행정행위에 부관을 부가할 수 있는 한계에 관한 일반적인 원칙이 적용되지 아니한다.

③ 기속행위적 행정처분에 부담을 부가한 경우 그 부담은 무효라 할지라도 본체인 행정처분 자체의 효력에는 일반적으로 영향이 없다.

④ 행정처분에 부가한 부담이 무효인 경우에도 그 부담의 이행으로 한 사법상 법률행위가 당연히 무효가 되는 것은 아니며 행정처분에 부가한 부담이 제소기간의 도과로 불가쟁력이 생긴 경우에도 그 부담의 이행으로 한 사법상 법률행위의 효력을 다툴 수 있다.

⑤ 기부채납 받은 행정재산에 대한 사용·수익허가에서 공유재산의 관리청이 정한 사용·수익허가의 기간에 대하여서는 독립하여 행정소송을 제기할 수 없다.

20 기속력 등에 대한 설명으로 옳지 않은 것은? (다툼이 있는 경우 판례에 의함)

① 절차상 하자로 인하여 무효인 행정처분이 있은 후 행정청이 관계 법령에서 정한 절차를 갖추어 다시 동일한 행정처분을 하였다면 당해 행정처분은 종전의 무효인 행정처분과 관계없이 새로운 행정처분이라고 보아야 한다.

② 갑 시장이 A 주식회사의 공동주택 건립을 위한 주택건설사업계획승인 신청에 대하여 미디어밸리 조성을 위한 시가화예정 지역이라는 이유로 거부하자 A 주식회사가 거부처분 취소소송을 제기하여 승소 확정판결을 받았고 이후 갑 시장이 해당 토지 일대가 개발행위허가 제한지역으로 지정되었다는 이유로 다시 거부하는 처분을 한 사안에서 재거부처분은 종전 거부처분을 취소한 확정판결의 기속력에 반하는 것은 아니다.

③ 제3자효 행정처분의 취소소송에서 절차의 하자로 취소의 확정판결이 있는 경우 당해 행정청은 재처분의무가 있다.

④ 행정행위 중 신청에 의한 처분의 경우에는 신청에 대하여 일단 거부처분이 행하여지면 그 거부처분이 적법한 절차에 의하여 취소되지 않는 한 사유를 추가하여 거부처분을 반복하는 것은 취소의 흠이 있는 거부처분이 반복되는 것이 된다.

⑤ 행정청의 거부처분을 취소하는 판결이 확정된 경우 확정판결의 당사자인 처분 행정청은 그 행정소송의 사실심 변론종결 이후 발생한 새로운 사유를 내세워 다시 이전의 신청에 대하여 거부처분을 할 수 있다.

21 행정절차에 대한 설명으로 옳지 않은 것은? (다툼이 있는 경우 판례에 의함)

① 정규공무원으로 임용된 사람에게 시보임용처분 당시 「지방공무원법」에 정한 공무원임용 결격사유가 있어 시보임용처분을 취소하고 그에 따라 정규임용처분을 취소한 경우 정규임용처분을 취소하는 처분에 대하여서는 「행정절차법」의 규정이 적용된다.

② 소청심사위원회가 절차상 하자가 있다는 이유로 의원면직처분을 취소하는 결정을 한 후 징계권자가 징계절차에 따라 별도로 당해 공무원에 대하여 징계처분을 하는 경우 「국가공무원법」에서 정한 불이익변경금지의 원칙이 적용된다.

③ 공무원 인사관계법령에 따른 징계는 모두 「행정절차법」의 적용이 배제되는 것이 아니라 성질상 행정절차를 거치기 곤란하거나 불필요하다고 인정되는 처분이나 행정절차에 준하는 절차를 거치도록 하고 있는 처분의 경우에만 그 적용이 배제된다.

④ 군인사법령에 의하여 진급예정자명단에 포함된 자에 대하여 의견 제출의 기회를 부여하지 아니한 채 진급선발을 취소하는 처분을 한 것은 절차상 하자가 있어 위법하다.

⑤ 구 「군인사법」상 보직해임처분에는 처분의 근거와 이유 제시 등에 관한 구 「행정절차법」의 규정이 별도로 적용되지 아니한다.

22 행정쟁송의 제소기간에 대한 설명으로 옳지 않은 것은? (다툼이 있는 경우 판례에 의함)

① 제소기간의 요건은 처분의 상대방이 소송을 제기하는 경우는 물론이고 법률상 이익이 침해된 제3자가 소송을 제기하는 경우에도 적용된다.

② 부작위위법확인의 소는 부작위상태가 계속되는 한 그 위법의 확인을 구할 이익이 있다고 보아야 하므로 제소기간의 제한이 없음이 원칙이나 행정심판 등 전심절차를 거친 경우에는 제소기간의 제한이 있다.

③ 당사자가 적법한 제소기간 내에 부작위위법확인의 소를 제기한 후 동일한 신청에 대하여 소극적 처분이 있다고 보아 처분 취소소송으로 소를 교환적으로 변경한 후 부작위위법확인의 소를 추가적으로 병합한 경우 제소기간을 준수한 것으로 볼 수 있다.

④ 소극적 처분과 부작위에 대한 의무이행심판은 처분이 있음을 알게 된 날부터 90일 이내에 청구하여야 한다.

⑤ 행정처분의 당연무효를 선언하는 의미에서 그 취소를 구하는 행정소송을 제기하는 경우에는 취소소송의 제소기간을 준수하여야 한다.

23 국가배상에 대한 설명으로 옳지 않은 것은? (다툼이 있는 경우 판례에 의함)

① 「국가공무원법」 및 「지방공무원법」상 공무원뿐만 아니라 공무를 위탁받은 사인의 직무행위도 국가배상 청구의 대상이 된다.

② 경찰공무원이 전투·훈련 등 직무집행과 관련하여 전사·순직하거나 공상을 입은 경우에 본인이나 그 유족이 다른 법령에 따라 재해보상금이나 유족연금 등의 보상을 지급받은 때에는 「국가배상법」 및 「민법」에 따른 손해배상을 청구할 수 없다.

③ 직무집행과 관련하여 공상을 입은 군인이 먼저 「국가배상법」에 따라 손해배상금을 지급받은 후 「보훈보상대상자 지원에 관한 법률」이 정한 보상금 등 보훈급여금의 지급을 청구하는 경우에 국가보훈처장은 「국가배상법」에 따라 손해배상을 받았다는 것을 이유로 그 지급을 거부할 수 있다.

④ 경찰공무원이 낙석사고 현장 부근으로 이동하던 중 대형 낙석이 순찰차를 덮쳐 사망한 사안에서 「국가배상법」의 이중배상 금지 규정에 따른 면책조항은 전투·훈련 또는 이에 준하는 직무집행뿐만 아니라 일반 직무집행에 관하여도 국가나 지방자치단체의 배상책임을 제한하는 것으로 해석하여야 한다.

⑤ 우편집배원이 압류 및 전부명령 결정 정본을 특별송달함에 있어 부적법한 송달을 하고도 적법한 송달을 한 것처럼 보고서를 작성하여 압류 및 전부의 효력이 발생하지 않아 집행채권자가 피압류채권을 전부받지 못한 경우 우편집배원의 직무상 의무위반과 집행채권자의 손해 사이에는 상당인과관계가 있다.

24 행정벌에 대한 설명으로 옳지 않은 것은? (다툼이 있는 경우 판례에 의함)

① 「도로교통법」에 의한 경찰서장의 통고처분에 대한 항고소송은 부적법하고 이에 대하여 이의가 있는 경우에는 통고처분에 따른 범칙금을 이행하지 아니함으로써 경찰서장의 즉결심판청구에 의하여 법원의 심판을 받을 수 있게 된다.

② 행정청의 과태료 부과에 불복하는 당사자는 과태료 부과 통지를 받은 날부터 60일 이내에 해당 행정청에 서면으로 이의제기를 할 수 있다.

③ 피고인이 「행형법」에 의한 징벌을 받아 그 집행을 종료한 뒤에 형사처벌을 한다고 하여 일사부재리의 원칙에 반하는 것은 아니다.

④ 과태료는 행정청의 과태료 부과처분이나 법원의 과태료 재판이 확정된 후 5년간 징수하지 아니하거나 집행하지 아니하면 시효로 인하여 소멸한다.

⑤ 질서위반행위에 대하여 과태료를 부과하는 근거 법령이 개정되어 행위시의 법률에 의하면 과태료 부과대상이었으나 재판시의 법률에 의하면 부과대상이 아닌 때에도 특별한 사정이 없는 한 행위시의 법률에 의하여 과태료를 부과할 수 있다.

25 「공익사업을 위한 토지 등의 취득 및 보상에 관한 법률」상 공익사업의 수행을 위한 토지 등의 수용 또는 사용의 절차에 대한 설명으로 옳지 않은 것은? (다툼이 있는 경우 판례에 의함)

① 공익사업으로 인하여 영업을 폐지하거나 휴업하는 자는 구 「공익사업을 위한 토지 등의 취득 및 보상에 관한 법률」에 규정된 재결절차를 거치지 않은 채 곧바로 사업시행자를 상대로 영업손실보상을 청구할 수 없다.

② 사업시행자는 사업인정이 실효됨으로 인하여 토지소유자나 관계인이 입은 손실을 보상하여야 한다.

③ 국가나 지방자치단체가 사업시행자인 경우 재결신청을 받은 토지수용위원회는 그 재결을 기다려서는 재해를 방지하기 곤란하거나 그 밖에 공공의 이익에 현저한 지장을 줄 우려가 있다고 인정할 때에는 사업시행자의 신청을 받아 대통령령으로 정하는 바에 따라 담보를 제공하게 한 후 해당 토지의 사용을 허가하여야 한다.

④ 사업인정고시가 된 후 협의가 성립되지 아니하였을 때에는 토지소유자와 관계인은 대통령령으로 정하는 바에 따라 서면으로 사업시행자에게 재결을 신청할 것을 청구할 수 있다.

⑤ 협의가 성립되지 아니하거나 협의를 할 수 없을 때에는 사업시행자는 사업인정고시가 된 날부터 1년 이내에 대통령령으로 정하는 바에 따라 관할 토지수용위원회에 재결을 신청할 수 있다.

✔ 회독 CHECK 1 2 3

01 공물에 대한 설명으로 옳은 것은? (다툼이 있는 경우 판례에 의함)

① 「국유재산법」상 국유재산은 시효취득의 대상이 되지 아니한다.

② 국유 하천부지는 자연공물로서 공용개시행위 이후에 행정재산이 되고 그 후 본래의 용도에 공여되지 않는 상태에 놓이게 되면 국유재산법령에 의한 용도폐지 없이도 일반재산이 된다.

③ 토지의 지목이 도로이고 국유재산대장에 등재되어 있다는 사정만으로 바로 토지가 도로로서 행정재산에 해당한다고 할 수는 없다.

④ 공물의 공용폐지에 관하여 국가의 묵시적인 의사표시가 있다고 인정되려면 공물이 사실상 본래의 용도에 사용되고 있지 않다거나 행정 주체가 점유를 상실하였다는 정도면 족하다.

⑤ 국유재산의 관리청이 행정재산의 사용·수익을 허가한 다음 그 사용·수익하는 자에 대하여 하는 사용료 부과는 사경제주체로서 행하는 사법상의 이행청구에 해당한다.

02 다음 중 항고소송의 대상이 될 수 있는 것은? (다툼이 있는 경우 판례에 의함)

① 상훈대상자를 결정할 권한이 없는 국가보훈처장이 기포상자에게 훈격재심사계획이 없다고 한 회신

② 「농지법」에 의하여 군수가 특정지역의 주민들을 대리경작자로 지정한 행위에 따라 그 지역의 읍장과 면장이 영농할 세대를 선정하는 행위

③ 지방자치단체의 장이 그 지방자치단체 소유의 밭에 측백나무 300그루를 식재하는 행위

④ 교도소장이 수형자를 '접견내용 녹음·녹화 및 접견 시 교도관 참여대상자'로 지정하는 행위

⑤ 제1차 철거대집행 계고처분에 응하지 아니한 경우에 발한 제2차 계고처분

03 허가에 대한 설명으로 옳지 않은 것은? (다툼이 있는 경우 판례에 의함)

① 인·허가 등 수익적 행정처분을 신청한 여러 사람이 서로 경원관계에 있어서 한 사람에 대한 허가 등 처분이 다른 사람에 대한 불허가 등으로 귀결될 수밖에 없을 때 허가 등 처분을 받지 못한 사람은 신청에 대한 거부처분의 직접 상대방으로서 원칙적으로 자신에 대한 거부처분의 취소를 구할 원고적격이 있고 특별한 사정이 없는 한 자신에 대한 거부처분의 취소를 구할 소의 이익이 있다.

② 공익법인의 기본재산에 대한 감독관청의 처분 허가는 그 성질상 특정 상대에 대한 처분행위의 허가가 아니고 처분의 상대가 누구이든 이에 대한 처분행위를 보충하여 유효하게 하는 행위라 할 것이므로 그 처분행위에 따른 권리의 양도가 있는 경우에도 처분이 완전히 끝날 때까지는 허가의 효력이 유효하게 존속한다.

③ 건축허가를 받은 자가 법정 착수기간이 지나 공사에 착수한 경우, 허가권자는 착수기간이 지났음을 이유로 건축허가를 취소하여야 한다.

④ 어업에 관한 허가 또는 신고에 유효기간연장 제도가 마련되어 있지 않은 경우 그 유효기간이 경과하면 그 허가나 신고의 효력이 당연히 소멸하며, 재차 허가를 받거나 신고를 하더라도 허가나 신고의 기간만 갱신되어 종전의 어업허가나 신고의 효력 또는 성질이 계속된다고 볼 수 없고 새로운 허가 내지 신고로서의 효력이 발생한다고 할 것이다.

⑤ 정당한 어업허가를 받고 공유수면매립사업지구 내에서 허가어업에 종사하고 있던 어민늘에 대하여 손실보상을 할 의무가 있는 사업시행자가 손실보상의무를 이행하지 아니한 채 공유수면매립공사를 시행함으로써 실질적이고 현실적인 침해를 가한 때에는 불법행위를 구성하는 것이고, 이 경우 허가어업자들이 입게 되는 손해는 그 손실보상금 상당액이다.

04 조례에 대한 설명으로 옳지 않은 것은? (다툼이 있는 경우 판례에 의함)

① 조례가 법률 등 상위법령에 위배되면 비록 그 조례를 무효라고 선언한 대법원의 판결이 선고되지 않았더라도 그 조례에 근거한 행정처분은 당연무효가 된다.

② 시(市)세의 과세 또는 면제에 관한 조례가 납세의무자에게 불리하게 개정된 경우에 있어서 개정 조례 부칙에서 종전의 규정을 개정 조례 시행 후에도 계속 적용한다는 경과규정을 두지 아니한 이상, 다른 특별한 사정이 없는 한 법률불소급의 원칙상 개정 전후의 조례 중에서 납세의무가 성립한 당시에 시행되는 조례를 적용하여야 할 것이다.

③ 시·도의회에 의하여 재의결된 사항이 법령에 위반된다고 판단되면 주무부장관은 시·도지사에게 대법원에 제소를 지시하거나 직접 제소할 수 있다. 다만 재의결된 사항이 둘 이상의 부처와 관련되거나 주무부장관이 불분명하면 행정안전부장관이 제소를 지시하거나 직접 제소할 수 있다.

④ 법률이 주민의 권리의무에 관한 사항에 관하여 구체적으로 범위를 정하지 않은 채 조례로 정하도록 포괄적으로 위임한 경우에도 지방자치단체는 법령에 위반되지 않는 범위 내에서 주민의 권리의무에 관한 사항을 조례로 제정할 수 있다.

⑤ 조례안 재의결 내용 전부가 아니라 일부가 법령에 위반되어 위법한 경우에도 대법원은 재의결 전부의 효력을 부인하여야 한다.

05 행정행위에 대한 설명으로 옳지 않은 것은? (다툼이 있는 경우 판례에 의함)

① 행정행위 중 당사자의 신청에 의하여 인·허가 또는 면허 등 이익을 주거나 그 신청을 거부하는 처분을 하는 것을 내용으로 하는 이른바 신청에 의한 처분의 경우에는 신청에 대하여 일단 거부처분이 행해지면 그 거부처분이 적법한 절차에 의하여 취소·철회되지 않는 한, 사유를 추가하여 거부처분을 반복하는 것은 존재하지도 않는 신청에 대한 거부처분으로서 당연무효이다.

② 행정행위 효력요건은 정당한 권한있는 기관이 필요한 절차를 거치고 필요한 표시의 형식을 갖추어야 할 뿐만 아니라, 행정행위의 내용이 법률상 효과를 발생할 수 있는 것이어야 되며 그 중의 어느 하나의 요건의 흠결도 당해 행정행위의 취소원인이 된다.

③ 수익적 행정행위를 취소 또는 철회하거나 중지시키는 경우에는 비록 취소 등의 사유가 있다고 하더라도 그 취소권 등의 행사는 기득권의 침해를 정당화할 만한 중대한 공익상의 필요 또는 제3자의 이익을 보호할 필요가 있고, 이를 상대방이 받는 불이익과 비교·교량하여 볼 때 공익상의 필요 등이 상대방이 입을 불이익을 정당화할 만큼 강한 경우에 한하여 허용될 수 있다.

④ 「사립학교법」 제20조 제2항에 의한 학교법인의 임원에 대한 감독청의 취임승인은 학교법인의 임원선임행위를 보충하여 그 법률상의 효력을 완성하게 하는 보충적 행정행위로서 성질상 기본행위를 떠나 승인처분 그 자체만으로는 법률상 아무런 효과도 발생할 수 없다.

⑤ 마을버스 운수업자가 유류사용량을 실제보다 부풀려 유가보조금을 과다 지급받은 데 대하여 관할 행정청이 부정수급기간 동안 지급된 유가보조금 전액을 회수하는 내용의 처분을 한 것은 '거짓이나 부정한 방법으로 지급받은 보조금'에 대하여 반환할 것을 명하는 것일 뿐만 아니라 '정상적으로 지급받은 보조금'까지 반환하도록 명할 수 있는 것이어서 위법하다.

06 취소소송의 판결의 효력에 대한 설명으로 옳지 않은 것은?

① 거부처분의 취소판결이 확정되었더라도 그 거부처분 후에 법령이 개정·시행되었다면 처분청은 그 개정된 법령 및 허가기준을 새로운 사유로 들어 다시 이전 신청에 대하여 거부처분을 할 수 있다.

② 거부처분의 취소판결이 확정된 경우 그 판결의 당사자인 처분청은 그 소송의 사실심변론 종결 이후 발생한 사유를 들어 다시 이전의 신청에 대하여 거부처분을 할 수 있다.

③ 취소판결의 기속력은 그 사건의 당사자인 행정청과 그 밖의 관계행정청에게 확정판결의 취지에 따라 행동하여야 할 의무를 지우는 것으로 이는 인용판결에 한하여 인정된다.

④ 취소판결의 기판력은 판결의 대상이 된 처분에 한하여 미치고 새로운 처분에 대해서는 미치지 아니한다.

⑤ 취소판결의 기판력은 소송의 대상이 된 처분의 위법성 존부에 관한 판단 그 자체에만 미치기 때문에 기각판결의 원고는 당해 소송에서 주장하지 아니한 다른 위법사유를 들어 다시 처분의 효력을 다툴 수 있다.

07 공공의 영조물의 설치·관리의 하자로 인한 「국가배상법」상 배상책임에 대한 설명으로 옳지 않은 것은? (다툼이 있는 경우 판례에 의함)

① 영조물의 설치·관리의 하자란 '영조물이 그 용도에 따라 통상 갖추어야 할 안정성을 갖추지 못한 상태에 있음'을 말한다.

② 영조물의 설치·관리상의 하자로 인한 배상책임은 무과실책임이고, 국가는 영조물의 설치·관리상의 하자로 인하여 타인에게 손해를 가한 경우에 그 손해방지에 필요한 주의를 해태하지 아니하였다 하여 면책을 주장할 수 없다.

③ 객관적으로 보아 시간적·장소적으로 영조물의 기능상 결함으로 인한 손해발생의 예견가능성과 회피가능성이 없는 경우에는 영조물의 설치관리상의 하자를 인정할 수 없다.

④ 영조물의 설치·관리의 하자에는 영조물이 공공의 목적에 이용됨에 있어 그 이용상태 및 정도가 일정한 한도를 초과하여 제3자에게 사회 통념상 참을 수 없는 피해를 입히는 경우도 포함된다.

⑤ 광역시와 국가 모두가 도로의 점유자 및 관리자, 비용부담자로서의 책임을 중첩적으로 지는 경우 국가만이 「국가배상법」에 따라 궁극적으로 손해를 배상할 책임이 있는 자가 된다.

08 대집행에 대한 설명으로 옳은 것을 〈보기〉에서 모두 고르면? (다툼이 있는 경우 판례에 의함)

〈보 기〉

㉠ 대집행을 통한 건물철거의 경우 건물의 점유자가 철거의무자인 때에는 부수적으로 건물의 점유자에 대한 퇴거조치를 할 수 있다.

㉡ 대집행에 의한 건물철거 시 점유자들이 위력을 행사하여 방해하는 경우라도 경찰의 도움을 받을 수 없다.

㉢ 대집행 시에 대집행계고서에 대집행의 대상물 등 대집행 내용이 특정되지 않으면 다른 문서나 기타 사정을 종합하여 특정될 수 있다 하더라도 그 대집행은 위법하다.

㉣ 1장의 문서에 철거명령과 계고처분을 동시에 기재하여 처분할 수 있다.

① ㉠, ㉡
② ㉠, ㉣
③ ㉡, ㉢
④ ㉡, ㉣
⑤ ㉢, ㉣

09 행정행위의 효력에 대한 판례의 태도로 옳지 않은 것은?

① 처분의 불복기간이 도과된 경우에는 당해 처분의 효력을 더 이상 다툴 수 없도록 그 처분의 기초가 된 사실관계나 법률적 판단도 확정되기 때문에 법원은 그에 모순되는 판단을 할 수 없다.

② 운전면허 취소처분을 받았으나 나중에 행정쟁송 절차에 의해 취소되었다면, 운전면허 취소처분은 그 처분 시에 소급하여 효력을 잃게 되고, 운전면허 취소처분에 복종할 의무가 원래부터 없었음이 후에 확정된 것이다.

③ 민사소송에 있어서 행정처분의 당연무효 여부가 선결문제로 되는 때에는 법원은 이를 판단하여 당연무효임을 전제로 판결할 수 있고 반드시 행정소송 등의 절차에 의하여 그 취소나 무효확인을 받아야 하는 것은 아니다.

④ 국세의 과오납이 위법한 과세처분에 의한 것이라도 그 흠이 단지 취소할 수 있는 정도에 불과한 때에는 그 처분이 취소되지 않는 한 그 납세액을 곧바로 부당이득이라고 하여 반환을 구할 수 있는 것은 아니다.

⑤ 제소기간이 이미 도과하여 불가쟁력이 생긴 행정처분에 대하여는 특별한 사정이 없는 한 국민에게 그 행정처분의 변경을 구할 신청권이 있다고 할 수는 없다.

10 행정절차에 대한 설명으로 옳지 않은 것은? (다툼이 있는 경우 판례에 의함)

① 공무원 인사관계 법령에 의한 처분에 관한 사항이라 하더라도 전부에 대하여 「행정절차법」의 적용이 배제되는 것이 아니라, 성질상 행정절차를 거치기 곤란하거나 불필요하다고 인정되는 처분이나 행정절차에 준하는 절차를 거치도록 하고 있는 처분의 경우에만 「행정절차법」의 적용이 배제되는 것으로 보아야 한다.

② 군인사법령에 의하여 진급예정자명단에 포함된 자에 대하여 의견제출의 기회를 부여하지 아니한 채 진급선발을 취소하는 처분을 한 것은 절차상 하자가 있어 위법하다.

③ 지방의회의 동의를 얻어 행하는 처분에 대해서는 「행정절차법」이 적용되지 아니한다.

④ 도시 · 군 계획시설결정과 실시계획인가는 도시 · 군 계획시설사업을 위하여 이루어지는 단계적 행정절차에서 별도의 요건과 절차에 따라 별개의 법률효과를 발생시키는 독립적인 행정처분이다. 그러므로 선행처분인 도시 · 군 계획시설결정에 하자가 있더라도 그것이 당연 무효가 아닌 한 원칙적으로 후행처분인 실시 계획인가에 승계되지 않는다.

⑤ 한국방송공사의 설치 · 운영에 관한 사항을 정하고 있는 「방송법」은 제50조 제2항에서 "사장은 이사회의 제청으로 대통령이 임명한다."고 규정하고 있을 뿐 한국방송공사 사장에 대한 해임에 관하여는 명시적 규정을 두고 있지 아니하므로, 한국방송공사 사장의 임명권자인 대통령에게 해임권한이 없다고 보는 것이 타당하다.

11 다음은 「감염병의 예방 및 관리에 관한 법률」의 다음 규정 중 일부이다. 이 규정에 대한 설명으로 옳은 것을 〈보기〉에서 모두 고르면?

> 제47조(감염병 유행에 대한 방역조치) 보건복지부장관 … 은 감염병이 유행하면 감염병 전파를 막기 위하여 다음 각 호에 해당하는 … 조치를 하여야 한다.
> 1. 감염병환자 등이 있는 장소나 감염병병원체에 오염되었다고 인정되는 장소에 대한 다음 각 목의 조치
>   가. 일시적 폐쇄
>   나. 〈이하 생략〉
> 3. 감염병병원체에 감염되었다고 의심되는 사람을 적당한 장소에 일정한 기간 입원 또는 격리시키는 것
> 4. 〈이하 생략〉
> 제80조(벌칙) 다음 각 호의 어느 하나에 해당하는 자는 300만 원 이하의 벌금에 처한다.
> 1.~4. 〈생략〉
> 5. 제47조 … 에 따른 조치에 위반한 자
> 6. 〈이하 생략〉

― 〈보 기〉 ―

㉠ 제47조 제1호의 '일시적 폐쇄'는 의무의 불이행을 전제로 하지 않으므로 강학상 '직접강제'에 해당한다.

㉡ 제47조 제3호의 '입원 또는 격리'가 항고소송의 대상이 된다고 하더라도 입원 또는 격리가 이미 종료된 경우에는 권리보호의 필요성이 부정될 수 있다.

㉢ 제47조의 각 호 조치가 급박한 상황에 대처하기 위한 것으로서 그 불가피성과 정당성이 충분히 인정된다면 헌법상의 사전영장주의 원칙에 위배되는 것은 아니라 할 것이다.

㉣ 제80조의 벌금은 과실범 처벌에 관한 명문규정이 있거나 해석상 과실범도 벌할 뜻이 명확한 경우를 제외하고는 형법의 원칙에 따라 고의가 있어야 벌할 수 있다.

㉤ 법인의 종업원이 제80조의 위반행위를 하였음을 이유로 종업원과 함께 법인도 처벌하고자 한다면, 종업원의 행위의 결과에 대하여 법인에게 독자적인 책임이 있어야 한다.

① ㉠, ㉡, ㉢
② ㉠, ㉣, ㉤
③ ㉡, ㉢, ㉤
④ ㉡, ㉢, ㉣, ㉤
⑤ ㉠, ㉡, ㉢, ㉣, ㉤

12 행정행위의 효력에 대한 설명으로 옳지 않은 것은? (다툼이 있는 경우 판례에 의함)

① 행정처분에 그 효력기간이 부관으로 정하여져 있는 경우, 그 처분의 효력 또는 집행이 정지된 바 없다면 위 기간의 경과로 그 행정처분의 효력은 상실되므로 그 기간 경과 후에는 그 처분이 외형상 잔존함으로 인하여 어떠한 법률상 이익이 침해되고 있다고 볼 만한 별다른 사정이 없는 한 그 처분의 취소를 구할 법률상의 이익이 없다.

② 침익적 행정행위의 근거가 되는 행정법규는 엄격하게 해석·적용하여야 하고 그 행정행위의 상대방에게 불리한 방향으로 지나치게 확장해석하거나 유추해석해서는 아니 된다.

③ 과세처분에 취소할 수 있는 위법사유가 있다하더라도 그 과세처분은 그것이 적법하게 취소되기 전까지는 유효하다 할 것이므로, 민사소송절차에서 그 과세처분의 효력을 부인할 수 없다.

④ 허가에 붙은 기한이 그 허가된 사업의 성질상 부당하게 짧은 경우에는 이를 그 허가 자체의 존속 기간이 아니라 그 허가조건의 존속기간으로 보아 그 기한이 도래함으로써 그 조건의 개정을 고려한다는 뜻으로 해석할 수 있을 것이다.

⑤ 구 「중기관리법」에 「도로교통법」 시행령 제86조 제3항 제4호와 같은 운전면허의 취소 정지에 대한 통지에 관한 규정이 없다면 중기조종사면허의 취소나 정지는 상대방에 대한 통지를 요하지 아니한다고 할 수 있고 행정행위의 일반원칙에 따라 이를 상대방에게 고지하여야 효력이 발생한다고 볼 수 없다.

13 손실보상의 근거규정이 없이 법령상 규정에 의하여 재산권 행사에 제약을 받은 사람이 손실보상을 청구할 수 있는지에 대한 다음의 설명 중 옳지 않은 것은? (다툼이 있는 경우 판례에 의함)

① 재산권의 사회적 제약에 해당하는 공용제한에 대해서는 보상규정을 두지 않아도 된다.

② 보상규정이 없다고 하여 당연히 보상이 이루어질 수 없는 것이 아니라 헌법해석론에 따라서는 특별한 희생에 해당하는 재산권제약에 대해서는 손실보상이 이루어질 수도 있다.

③ 우리 헌법재판소는 손실보상규정이 없어 손실보상을 할 수 없으나 수인한도를 넘는 침해가 있는 경우에는 침해를 야기한 행위가 위법하므로 그에 대한 항고소송을 제기할 수 있다고 한다.

④ 대법원은 손실보상규정이 없는 경우에 다른 손실보상규정의 유추적용을 인정하는 경우가 있다.

⑤ 손실보상규정이 없으나 수인한도를 넘는 침해가 이루어진 경우 헌법소원으로 이를 다툴 수 있다.

14 다음은 행정입법에 대한 대법원 판결문의 일부이다. 이에 대한 설명으로 옳은 것은?

> 「공공기관의 운영에 관한 법률」(이하 '공공기관법'이라 한다) 제39조 제2항, 제3항 및 그 위임에 따라 기획재정부령으로 제정된 「공기업·준정부기관 계약사무규칙」 제15조 제1항(이하 '이 사건 규칙 조항'이라 한다)의 내용을 대비해 보면, 입찰참가자격 제한의 요건을 공공기관법에서는 '공정한 경쟁이나 계약의 적정한 이행을 해칠 것이 명백할 것'을 규정하고 있는 반면, 이 사건 규칙 조항에서는 '경쟁의 공정한 집행이나 계약의 적정한 이행을 해칠 우려가 있거나 입찰에 참가시키는 것이 부적합하다고 인정되는 자'라고 규정함으로써, 이 사건 규칙 조항이 법률에 규정된 것보다 한층 완화된 처분요건을 규정하여 그 처분대상을 확대하고 있다. 그러나 「공공기관법」 제39조 제3항에서 부령에 위임한 것은 '입찰참가자격의 제한 기준 등에 관하여 필요한 사항'일 뿐이고, 이는 그 규정의 문언상 입찰참가자격을 제한하면서 그 기간의 정도와 가중·감경 등에 관한 사항을 의미하는 것이지 처분의 요건까지를 위임한 것이라고 볼 수는 없다. 따라서 이 사건 규칙 조항에서 위와 같이 처분의 요건을 완화하여 정한 것은 상위법령의 위임 없이 규정한 것이므로 이는 행정기관 내부의 사무처리준칙을 정한 것에 지나지 않는다.

① 「공기업·준정부기관 계약사무규칙」 제15조 제1항은 국민에 대하여 구속력이 있다.

② 법률의 위임이 없음에도 법률에 규정된 처분 요건을 부령에서 변경하여 규정한 경우에는 그 부령의 규정은 국민에 대하여 대외적 구속력은 없다.

③ 어떤 행정처분이 법규성이 없는 부령의 규정에 위배되면 그 처분은 위법하고, 또 그 부령에서 정한 요건에 부합하면 그 처분은 적법하다.

④ 입찰참가 자격제한처분의 적법 여부는 「공기업·준정부기관 계약사무규칙」 제15조 제1항에서 정한 요건에 합치하는지 여부와 「공공기관법」 제39조의 규정을 기준으로 판단하여야 한다.

⑤ 법령에서 행정처분의 요건 중 일부 사항을 부령으로 정할 것을 위임한 데 따라 부령에서 이를 정하고 있는 경우에 그 부령의 규정은 국민에 대하여 구속력이 없다.

15 「행정심판법」의 규정에 대한 설명으로 옳은 것은?

① 특별행정심판 또는 「행정심판법」에 따른 행정심판절차에 대한 특례를 신설하거나 변경하는 법령을 제정·개정할 때 중앙행정심판위원회와 사전에 협의하여야 하는 것은 아니다.

② 대통령의 처분 또는 부작위에 대하여는 다른 법률에서 행정심판을 청구할 수 있도록 정한 경우 외에는 행정심판을 청구할 수 없다.

③ 국가인권위원회의 처분 또는 부작위에 대한 행정심판의 청구는 국민권익위원회에 두는 중앙행정심판위원회에서 심리·재결한다.

④ 행정심판결과에 이해관계가 있는 제3자나 행정청은 신청에 의하여 행정심판에 참가할 수 있으나, 행정심판위원회가 직권으로 심판에 참가할 것을 요구할 수는 없다.

⑤ 행정심판위원회는 무효확인심판의 청구가 이유가 있더라도 이를 인용하는 것이 공공복리에 크게 위배된다고 인정하면 그 청구를 기각하는 재결을 할 수 있다.

16 다음은 「식품위생법」상 영업허가 및 영업승계에 관한 조항의 일부이다. 제39조 제3항의 신고에 대한 설명으로 옳은 것은? (다툼이 있는 경우 판례에 의함)

> 제37조(영업허가 등) ① 제36조 제1항 각 호에 따른 영업 중 대통령령으로 정하는 영업을 하려는 자는 대통령령으로 정하는 바에 따라 영업 종류별 또는 영업소별로 식품의약품안전처장 또는 특별자치시장·특별자치도지사·시장·군수·구청장의 허가를 받아야 한다. 〈이하 생략〉
>
> 제39조(영업 승계) ① 영업자가 영업을 양도하거나 사망한 경우 또는 법인이 합병한 경우에는 그 양수인·상속인 또는 합병 후 존속하는 법인이나 합병에 따라 설립되는 법인은 그 영업자의 지위를 승계한다.
>
> ② 다음 각 호의 어느 하나에 해당하는 절차에 따라 영업 시설의 전부를 인수한 자는 그 영업자의 지위를 승계한다. 이 경우 종전의 영업자에 대한 영업 허가·등록 또는 그가 한 신고는 그 효력을 잃는다.
>
> 　1. 「민사집행법」에 따른 경매
>
> 　2.~4. 〈생략〉
>
> ③ 제1항 또는 제2항에 따라 그 영업자의 지위를 승계한 자는 총리령으로 정하는 바에 따라 1개월 이내에 그 사실을 식품의약품안전처장 또는 특별자치시장·특별자치도지사·시장·군수·구청장에게 신고하여야 한다.

① 신고는 영업허가자의 변경이라는 법률효과를 발생시키는 행위이다.

② 신고의 수리행위에 신고필증 교부가 필요하다.

③ 관할 행정청이 신고를 수리함에 있어서는 「행정절차법」의 적용을 받지 않는다.

④ 수리대상인 사업양도·양수가 없었음에도 신고를 수리한 경우에는 먼저 민사쟁송으로 양도·양수가 무효임을 구한 이후에 신고 수리의 무효를 다툴 수 있다.

⑤ 양도계약이 있은 후 신고 전에 행정청이 종전의 영업자(양도인)에 대하여 영업허가를 위법하게 취소한 경우에, 영업자의 지위를 승계한 자(양수인)는 양도인에 대한 영업허가 취소처분을 다툴 원고적격을 갖지 못한다.

17 행정입법에 대한 설명으로 옳지 않은 것은? (다툼이 있는 경우 판례에 의함)

① 일반적으로 법률의 위임에 따라 효력을 갖는 법규명령의 경우에 위임의 근거가 없어 무효였더라도 나중에 법 개정으로 위임의 근거가 부여되면 그때부터는 유효한 법규명령으로 볼 수 있다. 그러나 법규명령이 개정된 법률에 규정된 내용을 함부로 유추·확장하는 내용의 해석 규정이어서 위임의 한계를 벗어난 것으로 인정될 경우에는 법규명령은 여전히 무효이다.

② 헌법 제107조 제2항의 규정에 따르면 행정입법의 심사는 일반적인 재판절차에 의하여 구체적 규범통제의 방법에 의하도록 하고 있으므로, 원칙적으로 당사자는 구체적 사건의 심판을 위한 선결문제로서 행정입법의 위법성을 주장하여 법원에 대하여 당해 사건에 대한 적용 여부의 판단을 구할 수 있을 뿐 행정입법 자체의 합법성의 심사를 목적으로 하는 독립한 신청을 제기할 수는 없다.

③ 행정입법에 관여한 공무원이 입법 당시의 상황에서 다양한 요소를 고려하여 나름대로 합리적인 근거를 찾아 어느 하나의 견해에 따라 경과규정을 두는 등의 조치 없이 새 법령을 그대로 시행하거나 적용하였더라도 이러한 경우에까지 「국가배상법」 제2조 제1항에서 정한 국가배상책임의 성립요건인 공무원의 과실이 있다고 할 수는 없다.

④ 「공공기관의 정보공개에 관한 법률」 제9조 제1항 제1호의 '법률에서 위임한 명령'은 법률의 위임규정에 의하여 제정된 대통령령, 총리령, 부령 전부를 의미한다.

⑤ 구 「여객자동차 운수사업법」 제11조 제4항의 위임에 따라 시외버스운송사업의 사업계획변경에 관한 절차, 인가기준 등을 구체적으로 규정한 구 「여객자동차 운수사업법 시행규칙」 제31조 제2항 제1호, 제2호, 제6호는 대외적인 구속력이 있는 법규명령이라고 할 것이고, 그것을 행정청 내부의 사무처리준칙을 규정한 행정규칙에 불과하다고 할 수는 없다.

18 개인정보보호에 대한 설명으로 옳지 않은 것은? (다툼이 있는 경우 판례에 의함)

① 「개인정보보호법」은 개인정보의 누설이나 권한 없는 처리 또는 다른 사람의 이용에 제공하는 등 부당한 목적으로 사용한 행위를 처벌하도록 규정하고 있다. 여기에서 '누설'이라 함은 아직 이를 알지 못하는 타인에게 알려주는 일체의 행위를 말한다.

② 개인정보자기결정권의 보호대상이 되는 개인정보는 개인의 신체, 신념, 사회적 지위, 신분 등과 같이 인격주체성을 특징짓는 사항으로서 개인의 동일성을 식별할 수 있게 하는 일체의 정보를 의미하는 것이므로 개인의 내밀한 영역에 속하는 정보에 국한되고 공적 생활에서 형성되었거나 이미 공개된 개인정보는 포함되지 않는다.

③ 개인정보자기결정권이나 익명표현의 자유도 국가안전보장·질서유지 또는 공공복리를 위하여 필요한 경우에는 헌법 제37조 제2항에 따라 법률로써 제한될 수 있다.

④ 헌법 제10조의 인간의 존엄과 가치, 행복추구권과 헌법 제17조의 사생활의 비밀과 자유에서 도출되는 개인정보자기결정권은 자신에 관한 정보가 언제 누구에게 어느 범위까지 알려지고 또 이용되도록 할 것인지를 정보주체가 스스로 결정할 수 있는 권리이다.

⑤ 헌법 제21조에서 보장하고 있는 표현의 자유는 개인이 인간으로서의 존엄과 가치를 유지하고 국민주권을 실현하는 데 필수불가결한 자유로서, 자신의 신원을 누구에게도 밝히지 않은 채 익명 또는 가명으로 자신의 사상이나 견해를 표명하고 전파할 익명표현의 자유도 그 보호영역에 포함된다.

19 행정상 의무이행 확보수단에 대한 설명으로 옳지 않은 것은? (다툼이 있는 경우 판례에 의함)

① 이행강제금은 행정법상의 작위 또는 부작위의무를 이행하지 않은 경우에 '일정한 기한까지 의무를 이행하지 않을 때에는 일정한 금전적 부담을 과할 뜻'을 미리 '계고'함으로써 의무자에게 심리적 압박을 주어 장래를 향하여 의무의 이행을 확보하려는 간접적인 행정상 강제집행 수단이다.

② 행정상 즉시강제는 그 본질상 행정목적 달성을 위하여 불가피한 한도 내에서 예외적으로 허용되는 것이므로,「경찰관직무집행법」제6조 경찰관의 범죄의 제지 조치 역시 그러한 조치가 불가피한 최소한도 내에서만 행사되도록 그 발동·행사 요건을 신중하고 엄격하게 해석하여야 한다.

③ 세무조사는 국가의 과세권을 실현하기 위한 행정조사의 일종으로서 국세의 과세표준과 세액을 결정 또는 경정하기 위하여 질문을 하고 장부·서류 그 밖의 물건을 검사·조사하거나 그 제출을 명하는 일체의 행위를 말한다.

④ 공정거래위원회의 과징금 납부명령이 재량권 일탈·남용으로 위법한지는 다른 특별한 사정이 없는 한 과징금 납부명령이 행하여진 '의결일' 당시의 사실상태를 기준으로 판단하여야 한다.

⑤ 하천구역의 무단 점용을 이유로 부당이득금 부과처분과 그 부당이득금 미납으로 인한 가산금 징수처분을 받은 사람이 가산금 징수처분에 대하여 행정청이 안내한 전심절차를 밟지 않았다면 부당이득금 부과처분에 대하여 전심절차를 거쳤다 하더라도 가산금 징수처분에 대하여는 부당이득금 부과처분과 함께 행정소송으로 다툴 수 없다.

20 행정행위의 직권취소 및 철회에 대한 설명으로 옳지 않은 것은? (다툼이 있는 경우 판례에 의함)

① 수익적 행정행위의 철회는 법령에 명시적인 규정이 있거나 행정행위의 부관으로 그 철회권이 유보되어 있는 등의 경우가 아니라면, 원래의 행정행위를 존속시킬 필요가 없게 된 사정변경이 생겼거나 또는 중대한 공익상의 필요가 발생한 경우 등의 예외적인 경우에만 허용된다.

② 행정행위의 처분권자는 취소사유가 있는 경우 별도의 법적 근거가 없더라도 직권취소를 할 수 있다.

③ 행정청이 행한 공사중지명령의 상대방은 그 명령 이후에 그 원인사유가 소멸하였음을 들어 행정청에게 공사중지명령의 철회를 요구할 수 있는 조리상의 신청권이 없다.

④ 외형상 하나의 행정처분이라 하더라도 가분성이 있거나 그 처분대상의 일부가 특정될 수 있다면 그 일부만의 취소도 가능하고 그 일부의 취소는 당해 취소부분에 관하여 효력이 생긴다.

⑤ 직권취소는 처분의 성격을 가지므로, 이유제시절차 등의「행정절차법」상 처분절차에 따라야 하며, 특히 수익적 행위의 직권취소는 상대방에게 침해적 효과를 발생시키므로「행정절차법」에 따른 사전통지, 의견청취의 절차를 거쳐야 한다.

21 행정법관계에 대한 설명으로 옳지 않은 것은? (다툼이 있는 경우 판례에 의함)

① 취소소송은 원칙적으로 처분 등의 취소를 구할 법령상 보호가치 있는 이익을 가진 자이면 제기할 수 있다.

② 자치법규에 따라 행정권한을 가지고 있는 공공단체는 행정청에 해당된다.

③ 수익처분의 상대방에게도 당해 처분의 취소를 구할 이익이 인정될 수 있다.

④ 광업권 허가에 대한 취소처분을 한 후 적법한 광업권 설정의 선출원이 있는 경우에는 취소처분을 취소하여 광업권을 복구시키는 조치는 위법하다.

⑤ 구 「산림법」상 산림을 무단형질변경한 자가 사망한 경우 당해 토지의 소유권 또는 점유권을 승계한 상속인은 그 복구의무를 부담한다고 봄이 상당하다.

22 다음 중 행정주체에 해당하는 것으로서 그에 대한 법적 성격에 대한 설명이 옳은 것을 〈보기〉에서 모두 고르면? (다툼이 있는 경우 판례에 의함)

─── 〈보 기〉 ───

㉠ 재개발조합 – 공공조합
㉡ 한국연구재단 – 공법상의 재단법인
㉢ 대한변호사협회 – 공법상의 사단법인
㉣ 국립의료원 – 공법상의 사단법인
㉤ 한국방송공사 – 영조물법인

① ㉠, ㉡
② ㉠, ㉢
③ ㉡, ㉢, ㉤
④ ㉠, ㉡, ㉢, ㉤
⑤ ㉠, ㉡, ㉣, ㉤

23 행정작용에 관한 설명 중 옳은 것을 〈보기〉에서 모두 고르면?

─── 〈보 기〉 ───

㉠ 인가의 대상이 되는 행위에 취소원인이 있더라도 일단 인가가 있는 때에는 그 흠은 치유된다.

㉡ 행정계획의 수립에 있어서 행정청에게 인정되는 광범위한 형성의 자유, 즉 '계획재량'은 '형량명령의 원칙'에 따라 통제한다.

㉢ 관계법령을 위반하였음을 이유로 장례식장의 사용중지를 명하고 이를 불이행할 경우 「행정대집행법」에 의하여 대집행하겠다는 내용의 장례식장 사용중지 계고처분은 적법하다.

㉣ 이유부기를 결한 행정행위는 무효이며 그 흠의 치유를 인정하지 아니하는 것이 판례의 입장이다.

㉤ 행정행위의 구성요건적 효력은 처분청 이외의 다른 국가기관으로 하여금 당해 행위의 존재와 효과를 인정하고 그 내용에 구속될 것을 요구하는 효력을 말한다.

① ㉠, ㉡
② ㉠, ㉢
③ ㉡, ㉣
④ ㉡, ㉤
⑤ ㉢, ㉤

24 행정심판에 있어서 당사자와 관계인에 대한 설명으로 옳지 않은 것은?

① 심판청구의 대상과 관계되는 권리나 이익을 양수한 자는 위원회의 허가를 받아 청구인의 지위를 승계할 수 있다.

② 법인이 아닌 사단 또는 재단으로서 대표자나 관리인이 정하여져 있는 경우에는 그 대표자나 관리인의 이름으로 심판청구를 할 수 있다.

③ 청구인이 피청구인을 잘못 지정한 경우에는 위원회는 직권으로 또는 당사자의 신청에 의하여 결정으로써 피청구인을 경정할 수 있다.

④ 행정심판의 경우 여러 명의 청구인이 공동으로 심판청구를 할 때에는 청구인들 중에서 3명 이하의 선정대표자를 선정할 수 있다.

⑤ 참가인은 행정심판 절차에서 당사자가 할 수 있는 심판절차상의 행위를 할 수 있다.

25 부작위위법확인소송에 대한 설명으로 옳지 않은 것은? (다툼이 있는 경우 판례에 의함)

① 부작위위법확인의 소는 부작위상태가 계속되는 한 그 위법의 확인을 구할 이익이 있다고 보아야 하므로 원칙적으로 제소기간의 제한을 받지 않으나, 행정심판 등 전심절차를 거친 경우에는 「행정소송법」 제20조가 정한 제소기간 내에 소를 제기해야 한다.

② 소제기의 전후를 통하여 판결 시까지 행정청이 그 신청에 대하여 적극 또는 소극의 처분을 함으로써 부작위상태가 해소된 때에는 소의 이익을 상실하게 되어 당해 소는 각하를 면할 수가 없다.

③ 행정청에 대하여 어떠한 행정처분을 하여 줄 것을 요청할 수 있는 법규상 또는 조리상의 권리를 갖는 자만이 제기할 수 있다.

④ 법원은 단순히 행정청의 방치행위의 적부에 관한 절차적 심리만 하는 게 아니라, 신청의 실체적 내용이 이유 있는지도 심리하며 그에 대한 적정한 처리방향에 관한 법률적 판단을 해야 한다.

⑤ 부작위위법확인소송에는 취소판결의 사정판결규정은 준용되지 않지만 제3자효, 기속력, 간접강제에 관한 규정은 준용된다.

많이 보고 많이 겪고 많이 공부하는 것은 배움의 세 기둥이다.

– 벤자민 디즈라엘리 –

PART 6

행정학

출제경향

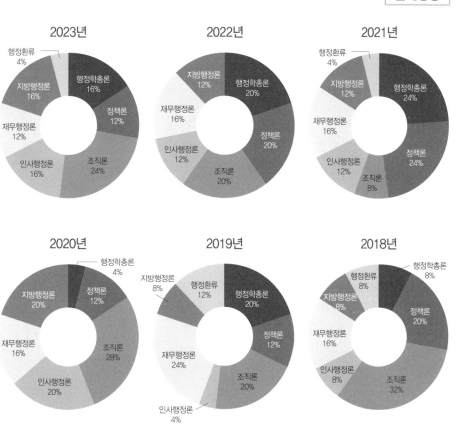

2023년
- 행정환류 4%
- 지방행정론 16%
- 행정학총론 16%
- 재무행정론 12%
- 정책론 12%
- 인사행정론 16%
- 조직론 24%

2022년
- 지방행정론 12%
- 행정학총론 20%
- 재무행정론 16%
- 정책론 20%
- 인사행정론 12%
- 조직론 20%

2021년
- 행정환류 4%
- 지방행정론 12%
- 행정학총론 24%
- 재무행정론 16%
- 정책론 24%
- 인사행정론 12%
- 조직론 8%

2020년
- 지방행정론 20%
- 행정학총론 4%
- 재무행정론 16%
- 정책론 12%
- 인사행정론 20%
- 조직론 28%

2019년
- 지방행정론 8%
- 행정환류 12%
- 행정학총론 20%
- 재무행정론 24%
- 정책론 12%
- 인사행정론 4%
- 조직론 20%

2018년
- 지방행정론 8%
- 행정환류 8%
- 행정학총론 8%
- 재무행정론 16%
- 정책론 20%
- 인사행정론 8%
- 조직론 32%

01 엽관주의에 대한 설명으로 옳지 않은 것은?

① 선거에서 승리한 정당이 관직을 차지한다.
② 혈연, 학연, 지연 등 사적 인간관계를 반영하여 공무원을 선발한다.
③ 정당정치의 발달은 물론 행정의 민주화에 기여할 수 있다.
④ 행정의 전문성을 저하시킬 수 있다.
⑤ 펜들턴법(Pendleton Act)이 제정되면서 엽관주의에서 실적주의로 미국정부의 인사제도가 변화하였다.

02 다음 〈보기〉 중 부패의 접근법에 대한 설명으로 옳지 않은 것만을 모두 고르면?

〈보 기〉

㉠ 개인의 성격 및 독특한 습성과 윤리 문제가 부패와 밀접한 관련이 있다고 보는 입장은 도덕적 접근법에 따른 것이다.
㉡ 특정한 관습이나 경험적 습성과 같은 것이 부패를 조장한다고 보는 입장은 제도적 접근법에 따른 것이다.
㉢ 사회의 법과 제도상의 결함이나 이러한 것들에 대한 관리기구와 운영상의 문제들이 부패의 원인으로 작용한다고 보는 입장은 사회문화적 접근법에 따른 것이다.
㉣ 부패란 어느 하나의 변수에 의해 설명되는 것이 아니라 문화적 특성, 제도적 결함, 구조적 모순, 공무원의 부정적 행태 등 다양한 요인에 의해 복합적으로 나타난다는 입장은 체제론적 접근법에 따른 것이다.

① ㉠, ㉡
② ㉠, ㉢
③ ㉡, ㉢
④ ㉡, ㉣
⑤ ㉢, ㉣

03 우리나라 고향사랑 기부금에 대한 설명으로 옳지 않은 것은?

① 지방자치단체는 해당 지방자치단체의 주민이 아닌 사람 또는 법인에 대해서만 고향사랑 기부금을 모금·접수할 수 있다.
② 지방자치단체는 고향사랑 기부금의 효율적인 관리·운용을 위하여 기금을 설치하여야 한다.
③ 고향사랑 기부금은 지방자치단체가 주민복리 증진 등의 용도로 사용하기 위한 재원을 마련하기 위한 것이다.
④ 지방자치단체는 현금, 고가의 귀금속 및 보석류를 답례품으로 제공하여서는 아니 된다.
⑤ 「고향사랑 기부금에 관한 법률」에 따른 고향사랑 기부금의 모금·접수 및 사용 등에 관하여는 「기부금품의 모집 및 사용에 관한 법률」을 적용하지 아니한다.

04 다음 〈보기〉 중 시험의 요건에 대한 설명으로 옳지 않은 것만을 모두 고르면?

———〈보 기〉———

㉠ 구성타당성이란 결과의 측정을 위한 도구가 반복적인 측정에서 얼마나 일관성 있는 결과를 얻을 수 있는가에 대한 타당성이다.

㉡ 기준타당성이란 직무수행능력의 예측이 얼마나 정확한가에 대한 타당성이다.

㉢ 내용타당성이란 직무수행에 필요한 지식, 기술, 태도에 관한 요소를 제대로 측정할 수 있는가에 대한 타당성이다.

㉣ 종적 일관성이란 서로 다른 시점에서의 측정결과가 안정된 값을 가지는 것을 의미한다.

㉤ 시험의 신뢰성을 검증하는 방법으로 재시험법, 동질이형법, 이분법 등이 있다.

① ㉠
② ㉠, ㉡
③ ㉠, ㉣
④ ㉡, ㉢, ㉤
⑤ ㉢, ㉣, ㉤

05 목표관리(Management by Objective, MBO)에 대한 설명으로 옳지 않은 것은?

① 상급자와 하급자 간 상호협의를 통해 일정 기간 달성해야 할 구체적인 업무목표를 설정한다.

② 결과지향적 관리전략으로, X이론적 인간관에 기초한다.

③ 계급과 서열을 근거로 위계적으로 운영되는 조직문화에서는 제도 도입의 효과가 크지 않다.

④ 목표달성과정의 자율성과 성과에 따른 보상과 환류를 특징으로 한다.

⑤ 양적 평가는 가능하나 질적 평가에는 한계가 있다.

06 조직유형에 대한 설명으로 옳지 않은 것은?

① 동태적인 조직은 경직된 계층적 관계보다 자율성을 높일 수 있는 유기적인 관계를 강조한다.

② 프로젝트 팀은 특별한 임무를 수행하기 위해 일시적으로 구성된 조직 형태이다.

③ 매트릭스 조직은 기능구조와 생산구조를 조합한 것으로, 생산부서의 특정기능을 담당하는 구성원은 생산부서의 상관과 기능부서의 상관으로부터 동시에 지시를 받는다.

④ 태스크포스는 관련 부서들을 종적으로 연결시켜 여러 부서가 관련된 현안 문제를 해결하는 데 효과적인 조직 유형이다.

⑤ 애드호크라시 조직은 수평적 분화가 강한 반면 수직적 분화는 약하다.

07 특별지방행정기관에 대한 설명으로 옳지 않은 것은?

① 특별지방행정기관의 소속 공무원은 지방공무원이기 때문에 상급기관과의 인사이동에 장벽이 있다.

② 특별지방행정기관은 광역 단위 지방청 아래 소속기관들을 두는 중층 구조를 가진 경우가 많다.

③ 특별지방행정기관은 중앙의 통제를 받다 보니 지방자치단체에 비해 주민의 요구에 대한 대응이 둔감하다.

④ 행정서비스의 특성에 따른 적정수준의 광역행정을 실현하기 위하여 특별지방행정기관의 설치가 필요하다.

⑤ 「지방자치분권 및 지방행정체제개편에 관한 특별법」에 따르면 국가는 특별지방행정기관이 수행하고 있는 사무 중 지방자치단체가 수행하는 것이 더 효율적인 사무는 지방자치단체가 담당하도록 하여야 한다.

08 다음 〈보기〉의 설명과 행정이론을 바르게 연결한 것은?

─── 〈보 기〉 ───
㉠ 정치·행정 일원론적 성격을 지닌다.
㉡ 행정관료를 다양한 이해관계의 조정자로 생각한다.
㉢ 민주적 참여를 통해 정부에 대한 신뢰를 높일 수 있다.
㉣ 성과에 대한 책임성을 통해 시민에 대한 대응성을 강조한다.
㉤ 공공부문이 효율성 제고를 위해 시장원리인 경쟁을 적극 활용한다.

① 신공공관리론 - ㉠, ㉡
② 신공공관리론 - ㉡, ㉤
③ 신공공관리론 - ㉢, ㉣
④ 뉴거버넌스론 - ㉠, ㉣
⑤ 뉴거버넌스론 - ㉡, ㉢

09 동기이론에 대한 설명으로 옳지 않은 것은?

① 브룸(V. Vroom)은 욕구충족과 직무수행 간의 직접적인 관련성에 대해 의문을 제기하였다.
② 앨더퍼(C. Alderfer)는 매슬로우(A. Maslow)와 달리 상위 욕구가 좌절될 경우 하위 욕구를 강조하게 되는 하향적 접근의 가능성을 제시하였다.
③ 로크(E. Locke)는 달성하기 쉽고 단순한 목표, 적절한 환류와 보상, 경쟁 등의 상황이 동기부여에 효과적이라고 보았다.
④ 맥그리거(D. McGregor)는 매슬로우(A. Maslow)의 욕구계층이론을 토대로 인간의 본질에 관한 기본 가정을 두 가지로 구분하였다.
⑤ 애덤스(J. Adams)는 개인의 행위는 타인과의 비교를 통하여 공정성을 실현하는 방향으로 동기가 부여된다고 주장하였다.

10 행정이론에 대한 설명으로 옳지 않은 것은?

① 제퍼슨(T. Jefferson)은 엄격한 법적 및 헌법적 제한을 통해 최고관리자와 관료의 책임성을 확보해야 한다고 주장하였다.
② 비담(D. Beetham)은 관료제 모형을 정의적, 규범적, 설명적인 것으로 분류하고, 베버(M. Weber)의 관료제 이론을 정의적모형에 포함시켰다.
③ 윌슨(W. Wilson)은 「행정연구(The Study of Administration)」라는 논문을 통해 행정의 탈정치화를 제안하였다.
④ 테일러(F. Taylor)는 관리의 지도원리로 계획, 표준화, 능률화 등을 제시하였다.
⑤ 오스본(D. Osborne)과 게블러(T. Gaebler)의 『정부재창조론』은 레이건(R. Reagan) 행정부 '정부재창조운동'의 이론적 기초가 되었다.

11 공식조직과 비공식조직에 대한 설명으로 옳지 않은 것은?

① 비공식조직은 공식조직을 전제하지 않고 독립적으로 구성된다.
② 비공식조직은 사적인 인간관계를 토대로 형성되는 조직이다.
③ 공식조직은 조직 자체의 목표 달성을 우선시하는 반면, 비공식조직은 조직구성원의 욕구충족을 우선시한다.
④ 비공식조직은 공식조직의 경직성 완화, 업무 능률성 증대 등에 기여할 수 있다.
⑤ 비공식조직 간 적대감정이 생기면 조직 내 기능마비 현상이 나타날 수 있다.

12 다음 〈보기〉 중 성과주의 예산제도의 장점으로 옳은 것만을 모두 고르면?

───── 〈보 기〉 ─────

㉠ 예산심의가 용이하다.
㉡ 정책목표의 설정이 용이하다.
㉢ 예산과 사업의 연계가 용이하다.
㉣ 업무측정단위를 선정하기 용이하다.
㉤ 품목별 예산제도에 비해 사업 관리가 용이하다.
㉥ 현금주의를 택하고 있는 조직에서 운영하기 용이하다.

① ㉠, ㉡, ㉢
② ㉠, ㉢, ㉤
③ ㉡, ㉣, ㉤
④ ㉢, ㉤, ㉥
⑤ ㉣, ㉤, ㉥

13 다음 〈보기〉에서 설명하는 정책결정모형으로 가장 적절한 것은?

───── 〈보 기〉 ─────

이 모형은 수요와 공급의 관점에서 정부정책을 검토하는데, 정부가 공공재의 공급자이고 시민들은 수요자가 된다. 시민의 편익을 극대화할 수 있는 서비스의 공급과 생산은 공공 부문의 시장경제화를 통해 가능하다는 것이다. 독점적 정부관료제는 정부실패를 가져오기 때문에 시민 개개인의 선호와 선택을 존중하고 경쟁을 통해 서비스를 생산하고 공급하게 함으로써 행정의 대응성을 높일 수 있다는 것이다. 관료이기주의를 방지하기 위해 외부계약(contracting-out), 민영화, 정부 부처 간 경쟁 등과 같은 시장 원리를 관료제에 적용시켜야 한다는 것도 이러한 맥락에서 나오는 것이다.

① 혼합주사모형
② 만족모형
③ 회사모형
④ 공공선택모형
⑤ 합리모형

14 다음 〈보기〉 중 우리나라 전자정부에 대한 설명으로 옳지 않은 것만을 모두 고르면?

───── 〈보 기〉 ─────

㉠ 전자정부란 정보기술을 활용하여 행정기관 상호 간 행정업무 및 국민에 대한 행정업무를 효율적으로 수행하는 정부이다.
㉡ 전자정부는 행정이념 중에서 효율성과 민주성을 중요시한다.
㉢ 행정기관 등의 장은 전자정부의 구현·운영 및 발전을 위하여 5년마다 전자정부기본계획을 수립하여야 한다.
㉣ 디지털예산회계시스템(dBrain)과 전자조달시스템(나라장터)은 업무재설계(Business Process Reengineering)를 통해 프로세스 중심으로 업무를 재설계하고 정보시스템화한 것으로 평가할 수 있다.
㉤ 전자정부의 경계는 국가기관, 지방자치단체, 공공기관으로 한정된다.

① ㉠, ㉢
② ㉡, ㉢
③ ㉢, ㉤
④ ㉣, ㉤
⑤ ㉢, ㉣, ㉤

15 우리나라 주민참여예산제도에 대한 설명으로 옳지 않은 것은?

① 주민참여예산은 재정민주주의를 강화하는 방안 중 하나이다.
②「지방재정법」은 예산과정의 주민 참여 범위를 예산편성으로 제한하고 있다.
③ 주민참여예산제도의 구체적인 내용은 각 지방자치단체의 조례로 정하도록 하고 있다.
④ 예산의 심의, 결산의 승인 등 지방의회의 의결사항은 주민참여예산의 관여 범위가 아니다.
⑤ 주민참여예산제도의 운영을 위하여 지방자치단체장의 소속으로 주민참여예산기구를 둘 수 있다.

16 화이트(R. White)와 리피트(R. Lippitt)의 리더십 유형에 대한 설명으로 옳지 않은 것은?

① 행태론적 접근방식에 기반하여 리더십 유형을 분류한다.

② 권위형은 의사결정권이 리더에게 집중되어 있으며, 직무수행에 중심을 두는 유형이다.

③ 자유방임형은 구성원들에게 자유재량을 최대한도로 인정하는 유형이다.

④ 화이트(R. White)와 리피트(R. Lippitt)의 실험결과에 따르면 민주형, 자유방임형, 권위형 순으로 피험자들이 선호했다.

⑤ 민주형은 참여와 토의를 강조하는 유형으로서, 정책문제와 절차는 집단적으로 결정된다.

17 다음 〈보기〉 중 「지방자치법」에서 규정하는 지방자치단체의 사무에 해당하는 것만을 모두 고르면?

〈보 기〉
㉠ 국제교류 및 협력에 관한 사무
㉡ 교육 · 체육 · 문화 · 예술의 진흥에 관한 사무
㉢ 농산물 · 임산물 · 축산물 · 수산물 및 양곡의 수급조절에 관한 사무
㉣ 지역개발과 자연환경보전 및 생활환경시설의 설치 · 관리에 관한 사무
㉤ 지역민방위 및 지방소방에 관한 사무

① ㉤

② ㉣, ㉤

③ ㉠, ㉡, ㉢

④ ㉠, ㉢, ㉣

⑤ ㉠, ㉡, ㉣, ㉤

18 정책현상에 대한 설명으로 옳지 않은 것은?

① 규제정책은 국가 공권력을 통해 관계 당사자의 순응을 확보하기 때문에 행정권 남용의 가능성이 높다.

② 다원주의 정치와 조합주의 정치보다 엘리트 중심의 정치에서 편견의 동원(mobilization of bias)이 나타날 가능성이 더 크다.

③ 정책결정과정에서 규제정책의 경우 분배정책보다 나눠먹기(pork-barrel)나 담합(log-rolling) 현상이 발생하기 쉽다.

④ 합리모형은 분석적 접근방법에 가깝고, 점증모형은 경험적 접근방법에 가깝다.

⑤ 무의사결정(non-decision making)은 정책집행과정에서도 발생할 수 있다.

19 정부개입을 정당화하는 근거에 대한 설명으로 옳지 않은 것은?

① 정부규제는 수행과정에서 경제주체들 간의 이해관계를 변화시키는 경우가 많아 소득재분배 효과를 낳을 수 있다.

② 외부성이 존재하는 경우 자원이 효율적으로 배분될 수 있도록 사회적 비용 혹은 사회적 편익을 내부화할 필요성이 있다.

③ 자유시장이 자원배분에 효율적이더라도 국가의 윤리적 · 도덕적 판단을 강조하는 비가치재(demerit goods) 관점에서 정부규제가 정당화될 수 있다.

④ 코즈의 정리(Coase's Theorem)가 내세운 전제조건과는 달리 자발적 거래에 필요한 완벽한 정보는 존재하기 어려우며, 거래비용 역시 발생할 수 있다.

⑤ 정부는 개인이나 기업에게 제한된 공공재화를 배분하거나 경제행위를 할 수 있는 인허가 권한을 내줌으로써 지대추구 행위를 막을 수 있다.

20 비용편익분석에 대한 설명으로 옳지 않은 것은?

① 총체적 예산결정 시 대안 탐색에 사용된다.

② 내부수익률은 편익−비용비율을 1로 만드는 할인율이다.

③ 공공사업의 분배적 효과를 감안한 타당성 평가를 하기 위해 소득계층별로 다른 분배가중치(distributional weight)를 적용해 계층별 순편익을 조정할 수 있다.

④ 사업의 기간이 길어질수록 현재가치는 커진다.

⑤ 현실에서는 비용편익분석을 하는 과정에서 의도적인 왜곡평가를 하려는 유인이 강하게 존재하기 때문에 객관적으로 타당한 결과를 얻기 어려울 수 있다.

21 영기준 예산제도(Zero Based Budget, ZBB)에 대한 설명으로 옳지 않은 것은?

① 사업의 우선순위를 설정할 때 의사결정자들의 주관적 판단이 개입될 여지가 있다.

② 과거연도의 예산지출을 고려하지 않는다.

③ 동일 사업에 대해 예산배분 수준별로 예산이 편성된다.

④ 계속사업의 예산이 점증적으로 증가하는 과정에서 발생하는 비효율을 개선한다.

⑤ 인건비나 임대료 등 경직성 경비의 비중이 높은 사업에 특히 효과적이다.

22 공익에 대한 설명으로 옳지 않은 것은?

① 공익 실체설은 공익 과정설의 주장을 행정의 정당성과 통합성을 확보하기 위한 상징적 수사로 간주한다.

② 적법절차의 준수에 의한 공익의 보장은 공익 과정설에 가깝다.

③ 기초주의(foundationalism) 인식론은 공익 실체설에 가깝다.

④ 공공재의 존재와 공유지 비극의 문제는 공익 실체설의 근거가 될 수 있다.

⑤ 다원적 민주주의에 나타나는 이익집단 사이의 상호 조정 과정에 의한 정책결정은 공익 과정설에 가깝다.

23 공무원 교육훈련제도의 발전 방향에 대한 설명으로 옳지 않은 것은?

① 공직 역량 계발을 촉진하는 자발적인 학습조직으로 전환해야 한다.

② 교수(teaching) 중심 체제로의 전환과 함께 현장 체험식 교육훈련을 추가해야 한다.

③ 직무수행의 전문성을 높이기 위해서 분야별 전문교육을 강화해야 한다.

④ 교육훈련에 대한 다면적 평가를 통해 교육효과성 평가와 환류체제를 확립해야 한다.

⑤ 교육훈련에 대한 저항을 줄이기 위해 교육훈련계획 수립 시 피훈련자, 관리자, 감독자 등의 의견을 충분히 반영해야 한다.

24 우리나라 예산제도에 대한 설명으로 옳지 않은 것은?

① 「국회법」에 따르면 예산결산특별위원회는 소관 상임위원회의 예비심사 내용을 존중하여야 하며, 소관 상임위원회에서 삭감한 세출예산 각 항의 금액을 증가하게 하거나 새 비목을 설치할 경우에는 소관 상임위원회의 동의를 받아야 한다.

② 「국가재정법」에 따르면 기획재정부장관은 예산배정요구서에 따라 분기별 예산배정계획을 작성하여 국무회의의 심의를 거친 후 대통령의 승인을 얻어야 한다.

③ 예산편성 – 예산심의 · 의결 – 예산집행 – 예산결산으로 이루어진 예산주기는 1년이다.

④ 국가재정운용계획은 다년간의 재정수요와 가용재원을 예측하여 거시적 관점에서 기획과 예산을 연계함으로써 합리적으로 자원을 배분하기 위한 제도로서 연동계획(rolling plan)으로 작성된다.

⑤ 예산이 효력을 갖는 일정기간을 회계연도(fiscal year)라 한다.

25 대표관료제(Representative Bureaucracy)에 대한 설명으로 옳지 않은 것은?

① 개인의 출신 및 성장배경, 사회화 과정 등에 의해 개인의 주관적 책무성이 형성된다고 본다.

② 대표관료제는 현대사회의 구조적 문제로 인한 기회의 불평등을 해소하고자 하는 노력이다.

③ 대표관료제는 소극적 대표가 자동적으로 적극적 대표를 보장한다는 가정에서 출발한다.

④ 대표관료제는 실적주의 원칙에 기반하여 행정능률성을 제고한다.

⑤ 정부 관료의 증원에 있어서 다양한 집단을 참여시킴으로써 정부 관료제의 민주화에 기여할 수 있다.

✔ 회독 CHECK 1 2 3

01 행정가치에 대한 설명으로 옳은 것만을 〈보기〉에서 모두 고르면?

───── 〈보 기〉 ─────

ⓐ 공익의 과정설은 집단이기주의의 폐단이 발생할 수 있다는 한계가 있다.
ⓑ 롤스(J. Rawls)의 사회정의 원칙에 따르면, 기회 균등의 원리와 차등의 원리가 충돌할 때 기회균등의 원리가 차등의 원리에 우선한다.
ⓒ 공익의 실체설은 현실주의 혹은 개인주의적으로 공익 개념을 주장한다.
ⓓ 롤스(J. Rawls)의 정의관은 자유방임주의에 의거한 전통적 자유주의와 생산수단의 사회적 소유를 주장하는 사회주의의 양극단을 지향한다.

① ㉠, ㉡
② ㉠, ㉢
③ ㉡, ㉢
④ ㉠, ㉡, ㉣
⑤ ㉠, ㉢, ㉣

02 셍게(P. Senge)가 제시한 학습조직(Learning Organization) 구축을 위한 다섯 가지 방법에 해당하지 않는 것은?

① 조직이 달성하고자 하는 목표, 가치 등에 관한 비전 공유가 필요하다.
② 공동학습을 통해 지식을 공유하고 토론을 활성화하는 집단학습이 필요하다.
③ 개인의 전문지식 습득 노력을 통한 자기완성이 필요하다.
④ 조직에 대한 종합적·동태적 이해를 위해 시스템적 사고가 필요하다.
⑤ 학습효과를 극대화하기 위해 관리자의 리더십이 필요하다.

03 현금주의 회계방식과 발생주의 회계방식에 대한 설명으로 옳은 것은?

① 현금주의 회계방식은 재정상태표에 해당하며, 발생주의 회계방식은 재정운영표에 해당한다.
② 현금주의 회계방식은 정보의 적시성을 확보할 수 있으며, 발생주의 회계방식은 회계처리의 객관성 확보에 용이하다.
③ 현금주의 회계방식은 재정 건전성 확보가 가능하며, 발생주의 회계방식은 이해와 통제가 용이하다.
④ 현금주의 회계방식은 의회통제를 회피하기 위해 악용될 가능성이 있으며, 발생주의 회계방식 또한 의회통제와는 거리가 있다.
⑤ 현금주의 회계방식은 화폐자산과 차입금을 측정대상으로 하며, 발생주의 회계방식은 재무자원, 비재무자원을 포함한 모든 경제자원을 측정대상으로 한다.

04 다음 표는 던(W. Dunn)이 분류한 정책대안 예측유형과 그에 따른 기법이다. 분류가 옳지 않은 것만을 모두 고르면?

예측유형	기법
투사 (Project)	㉠ 시계열 분석 ⓛ 최소자승 경향 추정 ⓒ 경로분석
예견 (Predict)	㉣ 선형기획법 ⓜ 자료전환법 ⓗ 회귀분석
추정 (Conjecture)	ⓢ 격변예측기법 ⓞ 정책 델파이 ⓩ 교차영향분석

① ㉠, ㉣, ㉤
② ㉡, ㉢, ㉦
③ ㉡, ㉣, ㉥
④ ㉢, ㉤, ㉧
⑤ ㉢, ㉥, ㉦

05 공무원 노동조합에 대한 설명으로 옳은 것은?

① 노동조합과 그 조합원은 정치활동이 허용된다.

② 6급 이하의 일반직 공무원만 노동조합에 가입할 수 있다.

③ 퇴직공무원도 노동조합에 가입할 수 있다.

④ 소방공무원과 교원은 노동조합 가입이 허용되지 않는다.

⑤ 교정·수사 등에 관한 업무에 종사하는 공무원은 노동조합에 가입할 수 있다.

06 비용효과분석에 대한 설명으로 옳은 것은?

① 모든 관련 요소를 공통의 가치 단위로 측정한다.

② 경제적 합리성과 정책대안의 효과성을 강조한다.

③ 시장가격에 대한 의존도가 낮으므로 민간부문의 사업대안 분석에 적용 가능성이 낮다.

④ 외부효과와 무형적 가치 분석에 적합하지 않다.

⑤ 변동하는 비용과 효과의 문제 분석에 활용한다.

07 오스본(D. Osborne)과 개블러(T. Gaebler)의 저서 「정부재창조론」에서 제시된 정부 운영의 원리에 대한 설명으로 옳은 것은?

① 정부의 새로운 역할로 종래의 방향잡기보다는 노젓기를 강조한다.

② 규칙 및 역할 중심 관리방식에서 사명 지향적 관리방식으로 전환되어야 함을 강조한다.

③ 예방적 정부보다는 치료 중심적 정부로 바뀌어야 함을 강조한다.

④ 행정서비스 제공에 경쟁 개념을 도입하기보다는 독점적 공급을 강조한다.

⑤ 주민에게 권한을 부여하기보다는 서비스를 제공하는 방향으로 전환되어야 함을 강조한다.

08 정책지지연합모형(Advocacy Coalition Framework)에 대한 설명으로 옳은 것은?

① 신념체계와 정책변화는 정책지향적 학습에 의해서만 가능하다고 가정한다.

② 정책변화의 과정과 정책지향적 학습의 역할을 이해하려면 단기보다는 5년 정도의 중기 기간이 필요하다고 전제한다.

③ 정책변화를 분석하기 위한 분석단위로 정책하위체계를 설정한다.

④ 하향식 접근법의 분석단위를 채택하여 공공 및 민간 분야까지 확장하면서 행위자들의 전략적 행위를 검토한다.

⑤ 정책행위자가 강한 정책신념을 가지고 있다고 간주하므로 정책행위자의 신념을 변경시키는 데에 있어 과학적, 기술적인 정보는 중요한 역할을 담당하지 못한다고 가정한다.

09 〈보기〉의 내용을 미국 행정학의 발달과정 순서대로 나열한 것은?

───── 〈보 기〉 ─────

(가) 행정조직의 공식적 측면을 강조한 행정관리학파이 원리 제시

(나) 신공공관리론의 등장

(다) 행정과학의 적실성에 대한 논쟁

(라) 거버넌스 이론의 유행

(마) 가치문제를 중시하는 신행정론의 등장

(바) 비교행정론과 발전행정론의 등장

① (가) - (다) - (바) - (마) - (나) - (라)

② (가) - (마) - (바) - (라) - (다) - (나)

③ (가) - (바) - (마) - (다) - (나) - (라)

④ (마) - (가) - (바) - (나) - (다) - (라)

⑤ (마) - (라) - (바) - (가) - (다) - (나)

10 균형성과표(Balanced Score Card)를 활용한 성과관리에 대한 설명으로 옳지 않은 것은?

① 결과에 초점을 둔 재무지표 방식의 성과관리에 대한 대안으로 개발되었다.

② 성과관리를 위한 단기적 관점과 장기적 관점의 균형을 중시한다.

③ 고객관점의 성과지표로 고객만족도, 민원인의 불만율 등을 제시한다.

④ 재무적 관점은 전통적인 선행 성과지표이다.

⑤ 성과에 대한 조직구성원 간의 커뮤니케이션 도구로 사용할 수 있다.

11 계급제의 특징에 대한 설명으로 옳은 것은?

① 업무 분담과 직무분석으로 합리적인 정원관리 및 사무관리에 유리하다.

② 계급에 따른 권한과 책임의 명확화를 통해 전문화되고 체계적인 조직관리가 가능하다.

③ 동일 직무에 대한 동일 보수의 원칙을 따르는 직무급제도를 통해 합리적인 보수체계를 확립할 수 있다.

④ 직무의 종류·책임도·곤란도에 따라 공직을 분류하므로 시험·임용·승진·전직을 위한 기준을 제공해줄 수 있다.

⑤ 담당할 직무와 관계없이 인사배치를 할 수 있어 인사배치의 신축성·융통성을 기할 수 있다.

12 현행 「지방자치법」에 근거하는 제도에 해당하지 않는 것은?

① 주민참여예산제　　　② 주민투표제

③ 주민감사청구제　　　④ 주민소송제

⑤ 주민소환제

13 조직이론의 주요 학자와 주장을 바르게 연결한 것은?

① 테일러(F. Taylor)는 조직의 생산성과 능률성을 향상시키기 위해 관리자의 직관에 따를 것을 강조하였다.

② 페이욜(H. Fayol)은 최고관리자의 관점에서 14가지 조직관리의 원칙을 제시하였다.

③ 귤릭(L. Gulick)이 제시한 최고관리자의 기능 중에는 협력(Cooperation)이 포함된다.

④ 베버(M. Weber)는 근대관료제가 카리스마적 지배를 받는다고 주장하였다.

⑤ 메이요(E. Mayo)의 호손(Hawthorne)실험은 공식조직의 중요성을 강조하였다.

14 피터스(B. Guy Peters)가 제시한 시장모형의 구조 개혁 방안으로 옳은 것은?

① 계층제

② 분권화

③ 평면조직

④ 가상조직

⑤ 기업가적 정부

15 윌슨(James Q. Wilson)의 규제정치이론에 따를 때, 규제의 감지된 편익은 소수에게 집중되는 반면, 감지된 비용은 다수에게 분산되는 유형에 해당하는 것은?

① 대중정치

② 이익집단정치

③ 과두정치

④ 고객정치

⑤ 기업가정치

16 동기부여 이론가와 주장을 바르게 연결한 것은?

① 맥클랜드(D. McCelland) – 동기의 강도는 행동이 일정한 결과로 이어진다는 기대감과 결과에 대한 선호의 정도에 달려 있다.

② 맥그리거(D. McGregor) – X이론은 주로 상위욕구를, Y이론은 주로 하위욕구를 중요시하는 것이다.

③ 매슬로우(A. Maslow) – 인간의 욕구는 생리적 욕구, 소속의 욕구, 안전에 대한 욕구, 존경에 대한 욕구, 자아실현의 욕구의 순서에 따라 유발된다.

④ 허즈버그(F. Herzberg) – 조직구성원에게 불만족을 주는 동기요인과 만족을 주는 위생요인이 각각 별개로 존재한다.

⑤ 앨더퍼(C. Alderfer) – 매슬로우의 욕구계층이론을 수정하여 인간의 욕구를 생존(존재), 관계, 성장의 3단계로 구분한다.

17 우리나라 예산에 대한 설명으로 옳은 것은?

① 세입세출예산은 일반회계와 특별회계 및 기금으로 구분한다.

② 국회의 예산에 예비금을 두며 국회의장이 이를 관리한다.

③ 세입예산은 관·항·목으로 구분한다.

④ 특별회계는 국가가 특정한 목적을 위해 특정한 자금을 신축적으로 운영하기 위해 법률로써 설치한다.

⑤ 국회에 예산안이 제출되면 상임위원회 회의에서 정부의 시정연설이 이루어진다.

18 국세에 해당하는 것만을 〈보기〉에서 모두 고르면?

〈보 기〉

㉠ 증여세　　　　㉡ 취득세
㉢ 담배소비세　　㉣ 농어촌특별세
㉤ 레저세　　　　㉥ 재산세
㉦ 등록면허세　　㉧ 종합부동산세

① ㉠, ㉢, ㉥
② ㉠, ㉣, ㉧
③ ㉡, ㉣, ㉤
④ ㉡, ㉤, ㉥
⑤ ㉢, ㉦, ㉧

19 지방자치단체장의 권한 및 기능에 해당하지 않는 것은?

① 지방의회에 조례안을 제출할 수 있다.

② 교육기관을 설치, 이전 및 폐지할 수 있다.

③ 조례나 규칙으로 정하는 바에 따라 그 권한에 속하는 사무의 일부를 보조기관 등에 위임할 수 있다.

④ 법령 또는 조례의 범위에서 그 권한에 속하는 사무에 관하여 규칙을 제정할 수 있다.

⑤ 주민에게 과도한 부담을 주거나 중대한 영향을 미치는 지방자치단체의 주요 결정사항 등에 대하여 주민투표에 부칠 수 있다.

20 티부(C. Tiebout) 모형의 가정으로 옳지 않은 것은?

① 지방정부의 재원에 국고보조금은 포함되지 않아야 한다.

② 지방정부의 공공서비스에 외부효과가 발생하지 않아야 한다.

③ 고용기회와 관련된 제약조건은 거주지 의사결정에 왜곡을 초래할 수 있으므로 고려하지 않아야 한다.

④ 개인은 자신의 선호에 따라 다른 지방정부의 지역으로 자유롭게 이주할 수 있어야 한다.

⑤ 소수의 대규모 지방자치단체가 존재해야 한다.

21 「책임운영기관의 설치·운영에 관한 법률」의 내용으로 옳지 않은 것은?

① 행정안전부장관은 5년 단위로 책임운영기관의 관리 및 운영 전반에 관한 중기관리계획을 수립한다.

② 중앙책임운영기관의 장의 임기는 2년으로 하되, 한 차례만 연임할 수 있다.

③ 소속책임운영기관에는 소속 기관을 둘 수 없다.

④ 중앙책임운영기관의 장은 고위공무원단에 속하는 공무원을 제외한 소속 공무원에 대한 일체의 임용권을 가진다.

⑤ 책임운영기관운영위원회는 위원장 및 부위원장 각 1명을 포함한 15명 이내의 위원으로 구성한다.

22 다음 사례에서 최대최솟값(Maximin) 기준에 의한 대안과 그에 따른 이득의 크기는?

K시는 복합시민센터의 이용수요를 향상시킬 목적으로 리모델링을 진행하고자 한다. 시민의 이용수요 상황에 따른 각 대안의 이득에 대한 표는 다음과 같다.

상황 대안	S1 (수요낮음)	S2 (수요보통)	S3 (수요높음)
A1(소규모)	15	20	50
A2(중규모)	20	40	80
A3(대규모)	10	70	100

	대안	이득의 크기
①	A1	15
②	A1	50
③	A2	20
④	A2	80
⑤	A3	100

23 교육훈련 방식에 대한 설명으로 옳은 것만을 〈보기〉에서 모두 고르면?

〈보 기〉

㉠ 멘토링은 조직 내 핵심 인재의 육성과 지식 이전, 구성원들 간의 학습활동을 촉진할 수 있는 방법으로, 조직 내 업무 역량을 조기에 배양할 수 있다.

㉡ 학습조직은 암묵적 지식으로 관리되던 조직의 내부 역량을 체계적으로 관리하는 방법으로, 조직설계 기준 제시가 용이하다.

㉢ 액션러닝은 참여와 성과 중심의 교육훈련을 지향하는 방법으로, 현장에서 발생하는 현안 문제를 가지고 자율적 학습 또는 전문가의 지원을 받아 구체적인 문제 해결 방안을 모색한다.

㉣ 워크아웃 프로그램은 전 구성원의 자발적 참여에 의한 행정혁신을 추진하는 방법으로, 관리자의 의사결정과 문제 해결이 지연되는 한계가 있다.

① ㉠, ㉡

② ㉠, ㉢

③ ㉠, ㉣

④ ㉡, ㉢

⑤ ㉡, ㉣

24 시장실패와 정부실패에 대한 설명으로 옳지 않은 것은?

① 시장은 배타성과 경쟁성을 모두 갖지 않는 재화를 충분히 공급하기 어렵다.

② 정부는 시장 활동이 초래하는 환경오염과 같은 부정적 외부효과를 막기 위해 규제 등의 수단을 가지고 시장에 개입한다.

③ 공유지의 비극은 개인의 합리적인 행동으로 인해 공동자원이 훼손되는 현상을 설명하는 용어이다.

④ 관료의 외부성은 관료가 부서의 확장에만 집착하는 것을 의미한다.

⑤ 정부의 독점적인 공공서비스 공급은 경쟁의 부재로 인해 생산성이 낮아져 정부실패를 초래할 수 있다.

25 예산과 재정운영제도에 대한 설명으로 옳지 않은 것은?

① 국회는 국가재정운용계획과 예산안을 함께 심의하여 확정한다.

② 총액배분 · 자율편성제도는 정부가 사전에 설정한 지출한도에 맞추어 각 중앙부처가 예산을 편성하는 것을 의미한다.

③ 프로그램예산제도는 유사 정책을 시행하는 사업의 묶음인 프로그램별로 예산을 편성하는 제도로 우리나라의 경우 중앙정부와 지방정부 모두 도입하고 있다.

④ 기획재정부장관은 예비타당성조사의 결과를 국회 소관 상임위원회와 예산결산특별위원회에 제출하여야 한다.

⑤ 정부는 예산이 온실가스 감축에 미칠 영향을 미리 분석한 보고서를 작성하여야 한다.

모바일 OMR

✔ 회독 CHECK 1 2 3

01 우리나라의 공무원 징계에 대한 설명으로 옳지 않은 것은?

① 견책은 잘못된 행동에 대하여 훈계하고 회개토록 하는 것으로 6개월간 승진과 승급이 제한되는 효력을 가진다.

② 감봉은 보수의 불이익을 받는 것으로 1개월 이상 3개월 이하의 기간 동안 보수액의 2/3를 감한다.

③ 강등은 직급을 내리고 공무원신분은 보유하나 3개월간 직무에 종사하지 못하며 그 기간 중 보수의 전액을 감한다.

④ 해임은 강제퇴직의 한 종류로서 3년간 재임용자격이 제한된다.

⑤ 파면은 공무원신분을 완전히 잃는 것으로 5년간 재임용자격이 제한된다.

02 지방재정조정제도에 대한 설명으로 옳은 것은?

① 교부세의 재원에는 내국세 총액의 19.24%, 종합부동산세 총액, 담배에 부과하는 개별소비세 총액의 45%가 포함된다.

② 부동산교부세는 지방교부세 중 가장 최근에 신설되었다.

③ 소방안전교부세는 담배소비세 총액의 100분의 20을 재원으로 하였으나 2020년 100분의 40으로 상향 조정되었다.

④ 특별교부세는 그 교부 주체가 기획재정부장관으로 통합·일원화되었다.

⑤ 국고보조금은 지정된 사업목적 이외의 용도로 사용할 수 있는 재원이다.

03 다음 사례에서 정책평가의 내적 타당도를 위협하는 요인은?

지방정부 A시는 최근 일정 나이의 청년들에게 월마다 일정 금액을 지급하는 청년소득 정책을 실시하였다. 청년소득 지급이 청년들의 고용에 어떤 영향을 미치는지 알아보기 위해 청년소득 정책 실시 전후 대상자들의 고용현황을 측정하고 비교해서 그 차이를 청년소득의 효과라고 해석하려고 한다. 그런데 두 측정시점 사이에 경기불황이라는 상황이 발생하였다.

① 호손효과

② 검사요인

③ 역사적 요인

④ 회귀인공요인

⑤ 오염효과

04 정부 예산에 대한 이론 중 다중합리성모형을 설명하고 있는 것은?

① 예산 혹은 정책과정의 각 단계에 영향을 미치는 합리성은 경제적 측면뿐 아니라 정치·사회·법적 측면에서 다양한 형태로 존재한다. 따라서 관료들은 예산주기의 다양한 시점에서 단계별로 작용하는 합리적 기준에 따라 서로 다른 형태의 의사결정을 한다.

② 예산재원의 배분 형태가 항상 일정하게 유지되는 것이 아니라 특정 사건이나 상황에 따라 균형 상태에서 급격한 변화를 경험한 이후 다시 합리적 균형을 지속하게 된다.

③ 예산 배분 문제를 해결하기 위한 모형을 구성하고 이에 기초해서 최적의 해결방안을 모색한다. 이를 위해 우선 문제를 확인하고 목표를 설정하며 가능한 모든 대안을 탐색한다.

④ 예산 결정은 전체적인 혹은 종합적인 관점이 아니라 전년도 대비 일정 규모의 증가에 그치는 부분에 대한 분석이 중요하다고 본다.

⑤ 관료를 공익을 대변하는 합리적 대리인이 아니라 자신의 효용을 극대화하는 이기적 합리성을 따르는 경제적 주체로 본다.

05 4차 산업혁명으로 인한 행정 변화로 옳지 않은 것은?

① ICT기술의 발달로 투명하고 효율적인 정부가 운영된다.

② 대규모 정보에 대한 분석으로 정책의 예측 가능성이 높아지게 된다.

③ 정보 및 분석기술의 발달로 의사결정의 분권화가 촉진될 수 있다.

④ 정보의 공개와 유통으로 간접민주주의가 활성화되고 시민중심의 서비스가 제공된다.

⑤ 행정서비스의 종합적 제공을 위한 플랫폼 중심의 서비스가 발달한다.

06 공직윤리에 대한 설명으로 옳은 것은?

① 품위 유지의 의무와 영리 업무 및 겸직 금지는 「공직자윤리법」에 규정되어 있다.

② 재산등록의무자였던 퇴직공직자는 퇴직 전 5년 동안 소속하였던 부서 또는 기관의 업무와 밀접한 관련성이 있는 기관에 퇴직일로부터 5년간 취업이 제한된다.

③ 육군 소장과 강원도 소방정감은 「공직자윤리법」상 재산공개의무가 있다.

④ 「부정청탁 및 금품 등 수수의 금지에 관한 법률 시행령」상 사립학교 교직원의 외부강의 사례금 상한액은 시간당 50만 원이다.

⑤ 총경 이상의 경찰공무원과 경기도의 교육장은 「공직자윤리법」상 재산등록의무가 있다.

07 공공기관 경영평가제도에 대한 설명으로 옳지 않은 것은?

① 「공공기관의 운영에 관한 법률」에 근거하여 공공기관 경영평가를 실시한다.

② 공공기관심의위원회가 공공기관 경영평가에 관한 심의·의결기구의 역할을 수행한다.

③ 공공기관 경영평가는 기획재정부장관이 실시하고, 지방공기업 경영평가는 행정안전부장관이 실시한다.

④ 공공기관 경영평가결과에 따라 민영화 대상 공기업이 결정되지 아니한다.

⑤ 공공기관 경영평가의 주요지표로서 경영전략 및 리더십, 사회적 가치 구현, 조직·인사·재무관리, 혁신과 소통 등이 포함된다.

08 행정학의 접근 방법에 대한 설명으로 옳지 않은 것은?

① 공공선택론은 국가의 역할을 지나치게 경시하고, 개인의 기득권을 유지하기 위한 보수주의적 접근에 불과하다는 비판이 있다.

② 후기행태주의 접근 방법은 가치중립적인 과학적 연구보다는 가치평가적인 정책연구를 지향한다.

③ 비교행정 연구모형을 제시한 리그스(Riggs)의 연구는 행정 현상을 자연, 사회, 문화적 환경과 관련지어 이해하는 생태론적 접근으로 볼 수 있다.

④ 신제도론은 외생변수로 다루어져 오던 정책 혹은 행정환경을 내생변수와 같이 직접적인 분석 대상에 포함시켰다.

⑤ 체제론적 접근 방법은 권력, 의사전달, 정책결정의 문제와 행정의 가치문제를 중시한다.

09 광역행정의 방식 중에서 법인격을 갖춘 새 기관을 설립하는 방식만을 〈보기〉에서 모두 고르면?

─── 〈보 기〉 ───
㉠ 사무위탁　　　㉡ 행정협의회
㉢ 지방자치단체조합　　㉣ 연합
㉤ 합병

① ㉠, ㉢
② ㉡, ㉣
③ ㉢, ㉣
④ ㉢, ㉤
⑤ ㉣, ㉤

10 공공서비스 공급주체와 그 사례의 연결로 옳은 것만을 〈보기〉에서 모두 고르면? 〈변형〉

─── 〈보 기〉 ───
㉠ 책임운영기관 – 경찰병원
㉡ 준시장형 공기업 – 한국관광공사
㉢ 위탁집행형 준정부기관 – 근로복지공단
㉣ 시장형 공기업 – 한국철도공사
㉤ 정부기업 – 우정사업본부

① ㉠, ㉤
② ㉡, ㉣
③ ㉠, ㉡, ㉤
④ ㉡, ㉢, ㉣
⑤ ㉢, ㉣, ㉤

11 립스키(Lipsky)의 일선관료제론에 대한 설명으로 옳지 않은 것은?

① 일선관료의 업무환경에서 모호하고 대립된 기대는 일선관료들의 집행성과에 대한 기대 중 비현실적이거나 상호갈등을 일으키는 것이다.

② 일선관료는 일반 시민들과 끊임없이 상호작용하는 업무를 담당하고 있으며 상당한 자율성과 재량권을 가지고 있다.

③ 육체적 · 신체적 위협에 대처하기 위한 메커니즘으로는 '잠재적 공격자'의 특징을 사전에 정의함으로써 집행현장의 의사결정을 단순화하는 방법이 있다.

④ 일선관료는 시간과 정보 · 기술적인 지원 등 업무수행에 필요한 자원이 불충분하기 때문에 체계적이고 계획적인 집행을 하게 된다.

⑤ 부족한 자원에 대처하는 가장 쉬운 방법은 '지름길'을 택함으로써 시간을 절약하고 정책대상집단과의 갈등이나 결정에 대한 심리적 불안을 피하는 것이다.

12 다음 글의 ㉠에 해당하는 것은?

> 톰슨(Thompson)의 이론에 따르면, (㉠)의 경우 단위부서들 사이의 과업은 관련성이 거의 없으며 각 부서는 조직의 공동목표에 독립적으로 공헌하게 된다. 이러한 (㉠)은 주로 중개형 기술을 활용하는 조직에서 나타나는데 부서들이 과업을 독자적으로 수행하면서 서비스를 제공하므로 단위작업 간의 조정 필요성이 크지 않다. (㉠)이 있는 경우 부서 간 의사소통의 빈도가 상대적으로 낮아 관리자들은 부서 간 조정을 위해 표준화된 절차와 규칙 등을 많이 사용하게 된다.

① 교호적 상호의존성(reciprocal interdependence)
② 연속적 상호의존성(sequential interdependence)
③ 집합적 상호의존성(pooled interdependence)
④ 과업의 상호의존성(task interdependence)
⑤ 공동의 상호의존성(common interdependence)

13 애드호크라시(adhocracy)에 대한 설명으로 옳지 않은 것은?

① 업무수행자가 복잡한 환경에 탄력적으로 대응하도록 하기 위해서 업무수행방식을 법규나 지침으로 경직화시키지 않는다.
② 전문성이 강한 전문인들로 구성되기 때문에 업무의 동질성이 높다.
③ 수평적 분화의 정도는 높은 반면, 수직적 분화의 정도는 낮다.
④ 태스크포스는 특수한 과업완수를 목표로 기존의 서로 다른 부서에서 사람들을 선발하여 구성한 팀으로 본래 목적이 달성되면 해체되는 임시조직이다.
⑤ 네트워크 조직은 핵심 기능을 수행하는 소규모의 조직을 중심에 놓고 다수의 협력업체들을 네트워크로 묶어 일을 수행하는 조직으로 협력업체들은 하위조직이 아니며 별도의 독립된 조직들이다.

14 우리나라에서 채택하고 있는 주민참여제도에 대한 설명으로 옳지 않은 것은?

① 주민발안제도를 통해 주민들이 지방자치단체의 조례의 제정 및 개·폐를 지방자치단체장에게 청구할 수 있다.
② 지방자치단체장, 지방의회의원에 대한 주민소환제도는 임기 만료 1년 미만일 때는 청구할 수 없다.
③ 주민들이 지방자치단체의 주요 현안을 직접 결정하기 위해서 주민투표의 실시를 청구할 수 있다.
④ 지방자치단체의 재무행위가 위법하다고 인정되는 경우에 주민들은 자신의 권익에 침해가 없는 경우에도 주민소송을 청구할 수 있다.
⑤ 주민참여예산제도는 「지방재정법」상 지방자치단체의 의무이므로, 주민참여예산제도를 통해 수렴된 주민의 의견은 예산에 반영되어야만 한다.

15 다음 상황을 설명하는 정책의제설정모형은?

> 새마을운동은 우리나라의 발전에 크게 기여한 사회정책으로 평가받는다. 새마을운동은 국가의 주도로 진행되었다는 점에서 비판을 받기도 하지만, 국민들이 가난에서 벗어날 수 있다는 의식을 갖게 하고, 노력하도록 자극을 줬다는 점에서는 긍정적인 평가를 받는다.

① 동원형 정책의제 설정
② 내부접근형 정책의제 설정
③ 외부주도형 정책의제 설정
④ 굳히기형 정책의제 설정
⑤ 대중인식형 정책의제 설정

16 결산에 대한 설명으로 옳지 않은 것은?

① 정부는 집행실적, 성평등 효과분석 및 평가 등을 포함한 성인지 결산서를 작성하여야 한다.

② 각 중앙관서의 장은 회계연도마다 작성한 결산보고서를 다음 연도 2월 말일까지 기획재정부장관에게 제출하여야 한다.

③ 국회의 사무총장은 회계연도마다 예비금사용명세서를 작성하여 다음 연도 2월말까지 기획재정부장관에게 제출하여야 한다.

④ 기획재정부장관은 회계연도마다 작성하여 대통령의 승인을 받은 국가결산보고서를 다음 연도 4월 20일까지 감사원에 제출하여야 한다.

⑤ 감사원은 제출된 국가결산보고서를 검사하고 그 보고서를 다음 연도 5월 20일까지 기획재정부장관에게 송부하여야 한다.

17 신공공서비스론에 대한 설명으로 옳지 않은 것만을 〈보기〉에서 모두 고르면?

─────〈보 기〉─────

㉠ 공무원이 반응해야 하는 대상을 고객과 유권자 집단으로 본다.

㉡ 책임성 확보의 방법으로 개인이익의 총합을 통해 시민 또는 고객집단에게 바람직한 결과를 창출하는 방법을 추구한다.

㉢ 행정재량의 필요성을 인정하지만 제약과 책임이 수반되어야 한다고 본다.

㉣ 공익의 개념은 공유 가치에 대한 담론의 결과이다.

㉤ 공무원의 동기를 유발하는 수단은 정부규모를 축소하려는 이데올로기적 욕구와 사회봉사이다.

① ㉠, ㉡, ㉣
② ㉠, ㉡, ㉤
③ ㉡, ㉢, ㉣
④ ㉡, ㉣, ㉤
⑤ ㉢, ㉣, ㉤

18 우리나라 국회의 입법과정에 대한 설명으로 옳지 않은 것은?

① 각 중앙행정기관의 장은 해당 연도의 입법수요를 파악하여 입법의 필요성, 내용 요지, 추진일정 등을 포함한 입법계획을 수립하여 전년도 11월 30일까지 법제처장에게 제출하여야 한다.

② 국회의원이 정부예산 지출을 수반하는 법안을 발의할 때 재원 확보 방안을 함께 제출하도록 의무화하는 '페이고(pay-go)' 법안이 발의되기도 한다.

③ 위원회의 심사를 거치거나 위원회가 제안하는 의안 중 정부조직에 관한 법률안, 조세 또는 국민에게 부담을 주는 법률안 등 주요의안에 대해서는 재적의원 4분의 1 이상의 요구가 있으면 의원 전원으로 구성되는 전원위원회를 개회할 수 있다.

④ 법률안 내용의 위헌 여부, 관련 법률과의 저촉 여부, 같은 법률 내의 조항 간 모순·충돌 유무는 법제사법위원회에서 심사하고, 법률의 형식을 정비하는 체계심사는 표결을 통과한 후 소관 위원회에서 심사한다.

⑤ 국회에서 의결된 법률안은 정부에 이송되어 15일 이내에 대통령이 공포하며, 법률안에 이의가 있을 때에는 대통령은 정부이송 후 15일 이내에 이의서를 붙여 국회로 환부하고, 그 재의를 요구할 수 있다.

19 〈보기〉에서 우리나라의 공무원 임용제도에 대한 설명으로 옳지 않은 것은 모두 몇 개인가?

─────── 〈보 기〉 ───────

㉠ 공모직위는 공무원에게만 개방하며 민간인은 지원할 수 없다.

㉡ 개방형직위는 일반직을 대상으로 하며 특정직 및 별정직은 제외된다.

㉢ 중앙정부 부처나 지방자치단체의 장은 소속기관의 개방형직위 지정범위에 관해 중앙인사기관의 장과 협의해야 한다.

㉣ 우리나라의 공무원 임용제도는 계급제를 기반으로 하며 부분적으로 직위분류제적 요소를 도입하고 있다.

㉤ 개방형직위에 임용되는 공무원의 임용기간은 다른 법령에 특별한 규정이 있는 경우를 제외하고는 최소한 3년 이상으로 하여야 한다.

① 1개
② 2개
③ 3개
④ 4개
⑤ 5개

20 나카무라와 스몰우드(Nakamura&Smallwood)의 정책집행모형에 대한 설명으로 옳지 않은 것은?

① 고전적 기술관료형의 경우, 정책집행자가 정책을 집행하는 데 필요한 기술이 부족하거나 정책집행자가 정책목표를 지지하지 않을 때, 집행과정에서 문제가 발생한다.

② 지시적 위임형의 경우, 정책결정자가 정책목표를 달성하는 데 필요한 관리적 행위에 관한 권한들을 정책집행자에게 위임하기 때문에 정책집행자는 행정적 권한을 소유하고 있다.

③ 지시적 위임형의 경우, 정책집행자들은 정책수단을 결정할 수 있는 재량권을 가지고 있는데, 다수의 집행자가 참여하는 경우에는 어떠한 수단을 선택할 것인가에 대한 합의가 이루어져야 한다.

④ 협상형의 경우, 정책집행자들이 정책목표와 정책수단에 대해서 정책결정자와 협상을 하게 되고, 만약 정책집행자들이 정책결정자가 제시한 정책목표에 동의하지 않는다면, 불응 또는 불집행을 통하여 영향력을 행사할 수 있다.

⑤ 관료적 기업가형의 경우, 정책결정자가 정책의 구체적인 내용을 수립할 수 없기 때문에 정책집행자에게 광범위한 재량을 위임한다.

21 우리나라 중앙예산부서의 재정관리 혁신에 대한 설명으로 옳지 않은 것은?

① 총사업비가 500억 원 이상이고 국가재정 지원 규모가 300억 원 이상인 신규사업 중 지능정보화사업은 예비타당성조사의 대상사업이 될 수 있다.

② 사회간접자본(SOC)에 대한 대규모 민간투자사업은 기획재정부가 결정한다.

③ 예산 절감이나 국가 수입 증대에 기여한 자에게 제공하는 예산성과금은 공무원뿐만 아니라 일반국민에게도 지급될 수 있다.

④ 총사업비가 500억 원 이상인 토목사업과 총사업비가 200억 원 이상인 건축사업은 총사업비관리제도의 대상사업이 될 수 있다.

⑤ 기획재정부는 정부예산 및 기금의 불법지출에 대한 국민감시를 위해 예산낭비신고센터를 운영하고 있다.

22 혼돈이론에 대한 설명으로 옳은 것만을 〈보기〉에서 모두 고르면?

─── 〈보 기〉 ───

㉠ 혼돈이론은 안정된 운동상태를 보이는 계(系)가 어떻게 혼돈상태로 바뀌는가를 설명하고, 또 혼돈상태에서 숨겨진 질서를 찾으려는 시도이다.

㉡ 혼돈이론에 의하면, 혼돈은 스스로 불규칙하게 변화할 뿐 아니라 미세한 초기조건의 차이가 점차 증폭되어 시간이 얼마간 지나면 완전히 다른 결과를 나타낸다.

㉢ 혼돈이론은 선형적 변화를 가정하며, 이는 뉴턴(Newton)의 운동법칙을 계승한 것이다.

㉣ 혼돈이론에서 설명하는 혼돈 속에서 질서를 찾는 과정은 자기조직화(self-organizing)와 공진화(coevolution)이다.

① ㉠, ㉡   ② ㉡, ㉢

③ ㉠, ㉡, ㉣   ④ ㉠, ㉢, ㉣

⑤ ㉠, ㉡, ㉢, ㉣

23 신제도주의에 대한 설명으로 옳은 것만을 〈보기〉에서 모두 고르면?

─── 〈보 기〉 ───

㉠ 사회학적 제도주의가 제도의 종단면적 측면을 중시하면서 국가 간의 차이를 강조한다면, 역사적 제도주의는 횡단면적으로 서로 다른 국가나 조직에서 어떻게 유사한 제도가 나타나는지에 관심을 갖는다.

㉡ 역사적 제도주의에 의하면, 제도는 환경의 변화가 크지 않으면 안정적인 균형상태를 유지하다가 외부의 충격을 겪으면서 근본적 변화를 경험하고 새로운 경로에서 다시 균형상태를 이루는 단절적 균형의 특성을 보인다.

㉢ 사회학적 제도주의에서는 개인이나 조직의 제도적 환경에 대한 적응력이 강조되고, 사회적으로 표준화된 규칙 또는 규범에 적절하게 순응하는 개인이나 조직은 사회로부터 정당성을 부여 받는다.

㉣ 사회학적 제도주의는 제도의 변화에서 개인의 역할을 인정하지 않고, 개인은 자신의 의도에 따라 제도를 만들거나 변화시킬 수 없으며 제도에 종속될 뿐이라고 본다.

① ㉠, ㉡   ② ㉡, ㉢

③ ㉢, ㉣   ④ ㉡, ㉢, ㉣

⑤ ㉠, ㉡, ㉢, ㉣

24 우리나라 예산집행 제도에 대한 설명으로 옳은 것만을 〈보기〉에서 모두 고르면?

> ─── 〈 보 기 〉───
>
> ㉠ 총괄예산제도는 예산집행의 신축성을 위한 제도이다.
> ㉡ 계속비는 사전승인의 원칙에 대한 예외로, 국가가 지출할 수 있는 연한은 원칙적으로 그 회계연도로부터 5년 이내이다.
> ㉢ 예비비는 일반회계 예산총액의 1/100 이내에서 계상할 수 있다.
> ㉣ 국고채무부담행위에는 차관, 국공채 등이 포함된다.

① ㉠, ㉡
② ㉠, ㉢
③ ㉠, ㉢, ㉣
④ ㉡, ㉢, ㉣
⑤ ㉠, ㉡, ㉢, ㉣

25 정부규제의 유형에 대한 설명으로 옳지 않은 것은?

① 관리규제에서는 정부가 제시한 성과 기준만 충족하면 되기 때문에 이를 달성하는 수단과 방법의 선택은 피규제자가 자유롭게 선택할 수 있으며, 수단규제에 비해 피규제자가 많은 자율성을 갖는다.

② 수단규제는 정부의 목표를 달성하기 위해 필요한 기술이나 행위에 대해 사전적으로 규제하는 것으로 투입규제라고도 한다.

③ 공동규제는 정부로부터 위임을 받은 민간집단에 의해 이뤄지는 규제로 자율규제와 직접규제의 중간 성격을 띤다.

④ 자율규제는 개인과 기업 등 피규제자가 스스로 합의된 규범을 만들고 이를 구성원들에게 적용하는 형태의 규제이다.

⑤ 네거티브 규제 방식에서는 명시적으로 금지하는 것 이외의 모든 것을 자유로이 할 수 있다.

모바일 OMR

01 정책평가과정에서 효과가 크게 나타날 사람들만을 의도적으로 실험집단에 포함시킴으로써 실제보다 정책의 효과가 과대평가되는 경우를 설명하는 개념은?

① 선정효과
② 회귀효과
③ 오염효과
④ 크리밍 효과(creaming effect)
⑤ 대표효과

02 지방자치단체가 수행하는 기관위임사무에 대한 설명으로 옳은 것은?

① 기관위임사무의 처리에 필요한 경비는 수임한 지방자치단체가 전액 부담한다.
② 상·하수도 설치 및 관리, 도시계획사업의 시행, 소비자 보호 및 저축 장려는 기관위임사무이다.
③ 기관위임사무는 지방자치단체의 장과 지방의회가 공동으로 수임주체가 된다.
④ 지방자치단체가 그 권한에 속하는 사무의 일부를 소속 행정기관에 위임할 때는 개별적인 법령의 근거가 필요하지 않다.
⑤ 지방의회는 자치단체의 기관위임사무를 지휘할 수 있는 권한이 있다.

03 우리나라 통합재정수지에 대한 설명으로 옳은 것은?

① 2009년 이전까지는 지방재정이 통합재정수지에 포함되지 않았지만, 현재는 지방재정의 일반회계, 기금, 교육특별회계까지 모두 통합재정수지에 포함된다.
② 통합재정수지를 통해 국가재정을 통합하여 관리할 수 있게 되어 예산운용의 신축성이 제고되었다.
③ 통합재정수지를 계산할 때 국민연금기금 등의 사회보장성 기금의 수지는 제외된다.
④ 통합재정수지는 정부가 실제 수행하고 있는 활동영역별 예산을 파악하기 위해 도입되었다.
⑤ 일반회계, 특별회계, 기금을 포괄한 정부 예산의 규모를 정확하게 파악하기 위한 것이다.

행정학

국회직

04 「전자정부법」상 전자정부에 대한 설명으로 옳지 않은 것은?

① 국회사무총장은 전자정부의 구현·운영 및 발전을 위하여 5년마다 전자정부기본계획을 수립하여야 한다.

② 국회입법조사처장은 5년마다 해당 기관의 전자정부의 구현·운영 및 발전을 위한 기본계획을 수립하여 국회사무총장에게 제출하여야 한다.

③ 전자정부기본계획에는 전자정부서비스의 제공 및 활용 촉진, 전자정부 구현을 위한 업무 재설계, 전자정부의 국제협력에 대한 내용이 포함되어야 한다.

④ 국회예산처장은 민원인이 첨부·제출하여야 하는 증명서류 등 구비 서류가 행정기관 등이 전자문서로 발급할 수 있는 문서인 경우 민원인이 관계 법령에서 정한 수수료를 냈을 때에만, 직접 그 구비 서류를 발급하는 기관으로부터 발급받아 업무를 처리할 수 있다.

⑤ "정보기술아키텍처"란 정보의 수집·가공·저장·검색·송신·수신 및 그 활용과 관련되는 기기와 소프트웨어의 조직화된 체계를 말한다.

05 우리나라 공무원연금제도에 대한 설명으로 옳지 않은 것은?

① 공무원연금제도의 주무부처는 인사혁신처이며, 공무원연금기금은 공무원연금공단이 관리·운용한다.

② 공무원연금제도는 기금제를 채택하고 있다.

③ 공무원연금제도는 기여제를 채택하고 있다.

④ 기여금을 부담하는 재직기간은 최대 36년까지이다.

⑤ 퇴직수당은 공무원과 정부가 분담한다.

06 징계위원회에서 징계위원 7명의 의견이 다음과 같다. 공무원징계령에 따를 때 결정된 징계 종류는?

위원 A: 파면	위원 B: 감봉	위원 C: 강등
위원 D: 해임	위원 E: 정직	위원 F: 해임
위원 G: 파면		

① 파면

② 해임

③ 정직

④ 강등

⑤ 감봉

07 정책집행에 대한 설명으로 옳은 것은?

① 버만(Berman)의 적응적 집행이란 명확한 정책목표에 의거하여 다수의 참여자들이 협상과 타협을 통해 정책을 수정하고 구체화하면서 집행하는 것을 말한다.

② 엘모어(Elmore)의 전방향적 접근법은 정책결정자가 집행과정과 정책결정의 결과에 영향을 행사하고자 한다고 가정한 반면, 후방향적 접근법은 그렇지 않다고 가정한다.

③ 하향식 접근방법에서는 공식적 정책목표가 중요한 변수로 취급 받지 않으므로 이에 근거한 집행실적의 객관적 평가가 어렵다.

④ 나카무라와 스몰우드(Nakamura & Smallwood)의 정책집행모형 중 재량적 실험가형은 정책집행자들이 대부분의 권한을 갖고 정책과정 전반에 영향력을 행사하면서 실질적인 정책결정 및 집행 과정을 주도한다고 본다.

⑤ 엘모어(Elmore)는 통합모형에서 정책결정자들이 정책설계단계에서는 하향적으로 정책목표를 결정하고, 정책수단을 강구할 때에는 상향적 접근법을 수용하여 가장 집행가능성이 높은 수단을 선택해야 한다고 주장한다.

08 「정부조직법」상 우리나라 정부조직 체계에 대한 설명으로 옳은 것만을 〈보기〉에서 모두 고르면?

― 〈보 기〉 ―

㉠ 행정기관에는 그 소관사무의 일부를 독립하여 수행할 필요가 있는 때에는 법률로 정하는 바에 따라 행정위원회 등 합의제 행정기관을 둘 수 있다.
㉡ 과학기술정보통신부 · 문화체육관광부에는 차관 2명을 둔다.
㉢ 행정각부의 장은 국무위원이다.
㉣ 각 부(部) 밑에 처(處)를 둔다.
㉤ 각 위원회 밑에 청(廳)을 둔다.

① ㉠, ㉣
② ㉠, ㉡, ㉢
③ ㉠, ㉡, ㉤
④ ㉡, ㉢, ㉤
⑤ ㉢, ㉣, ㉤

09 우리나라 공무원 노동조합에 대한 설명으로 옳지 않은 것은?

① 공무원 노동조합 활동을 전담하는 전임자는 인정되지 않는다.
② 공무원 노동조합은 고용노동부장관에게 설립신고를 하여야 한다.
③ 공무원 노동조합은 2개 이상의 단위에 걸치는 노동조합이나 그 연합단체도 허용하고 있다.
④ 단체교섭의 대상은 조합원의 보수 · 복지, 그 밖의 근무조건 등에 관한 사항이다.
⑤ 5급 이상의 일반직공무원은 공무원 노동조합에 가입할 수 없다.

10 우리나라 지방재정에 대한 설명으로 옳지 않은 것은?

① 중앙관서의 장은 그 소관 사무로서 지방자치단체의 경비부담을 수반하는 사무에 관한 법령을 제정하거나 개정하려면 미리 행정안전부장관의 의견을 들어야 한다.
② 지방자치단체의 장은 이미 성립된 예산을 변경할 필요가 있을 때에는 추가경정예산을 편성할 수 있다.
③ 국가는 정책상 필요하다고 인정할 때 또는 지방자치단체의 재정 사정상 특히 필요하다고 인정할 때에는 예산의 범위에서 지방자치단체에 교부금을 지급할 수 있다.
④ 지방자치단체의 장은 대통령령으로 정하는 바에 따라 각 정책사업 내의 예산액 범위에서 각 단위사업 또는 목의 금액을 전용할 수 있다.
⑤ 행정안전부장관은 지방자치단체가 소속 공무원의 인건비를 30일 이상 지급하지 못한 경우 해당 지방자치단체를 긴급재정관리단체로 지정할 수 있다.

11 우리나라 참여예산제도에 대한 설명으로 옳은 것만을 〈보기〉에서 모두 고르면?

― 〈보 기〉 ―

㉠ 국민참여예산제도는 2019년도 예산편성부터 시행되었다.
㉡ 국민참여예산제도에서 각 부처는 소관 국민제안사업에 대한 적격성 점검을 실시하고 기획재정부, 국민참여예산 지원협의회와 협의하여 최종적으로 사업예산편성 여부를 결정한다.
㉢ 지방자치단체는 주민참여예산제도의 운영에 대한 평가를 실시한다.
㉣ 주민참여예산제도의 구체적인 내용은 대통령령으로 정한다.

① ㉠, ㉡
② ㉠, ㉢
③ ㉡, ㉢
④ ㉡, ㉣
⑤ ㉢, ㉣

12 우리나라 예산제도에 대한 설명으로 옳은 것은?

① 예산 재배정은 기획재정부장관이 중앙관서의 장에게 예산을 배분하는 것을 말한다.

② 각 중앙관서의 장은 천재지변 등 불가피한 사유가 발생한 경우 당초 예산에 계상되지 않았다고 하여도, 예산의 목적범위 안에서 재난구호 사업을 추진하기 위하여 예산을 전용할 수 있다.

③ 초·중등 교육시설의 신·증축사업이나 문화재 복원사업은 예비타당성조사 대상에서 제외될 수 없다.

④ 총사업비 관리제도란 완성에 2년 이상 소요되는 일정규모 이상의 대규모사업에 대하여 기획재정부장관과 사전에 협의하게 하는 것이다.

⑤ 채무의 이행에 대한 국가의 보증을 받고자 하는 채무자 또는 채권자는 기획재정부장관의 의견을 받아야 한다.

13 베버(Weber)가 주장했던 이념형 관료제의 특징으로 옳은 것만을 〈보기〉에서 모두 고르면?

─── 〈보 기〉 ───
㉠ 지도자 개인의 카리스마가 아니라 성문화된 법령이 조직 내 권위의 원천이 된다.
㉡ 엄격한 계서제에 따라 상대방의 지위를 고려하여 법규를 적용한다.
㉢ 관료는 업무 수행에 대한 대가로 정기적으로 일정한 보수를 받는다.
㉣ 모든 직무수행과 의사전달은 구두가 아니라 문서로 이루어지는 것이 원칙이다.
㉤ 권한은 사람이 아니라 직위에 부여되는 것이다.

① ㉠, ㉡

② ㉡, ㉤

③ ㉠, ㉢, ㉣

④ ㉠, ㉢, ㉣, ㉤

⑤ ㉡, ㉢, ㉣, ㉤

14 정부실패의 요인 중, 관료들이 자기 부서의 이익 혹은 자신의 사적 이익에 집착함으로써 공익을 훼손하게 되는 경우를 설명하는 개념은?

① 비용과 수입의 분리

② 내부성

③ X-비효율

④ 파생적 외부효과

⑤ 분배적 불공평

15 조직구조에 대한 설명으로 옳지 않은 것은?

① 일반적으로 단순하고 반복적 직무일수록, 조직의 규모가 클수록 그리고 안정적인 조직환경일수록 공식화가 높아진다.

② 조직구조의 구성요소 중 집권화란 조직 내에 존재하는 활동이 분화되어 있는 정도를 말한다.

③ 지나친 전문화는 조직구성원을 기계화하고 비인간화시키며, 조직 구성원 간의 조정을 어렵게 하는 단점이 있다.

④ 공식화의 정도가 높을수록 조직적응력은 떨어진다.

⑤ 유기적인 조직일수록 책임관계가 모호할 가능성이 크다.

16 우리나라의 중앙행정기관 소속 책임운영기관에 대한 설명으로 옳은 것은?

① 「정부조직법」에 근거하여 설치 및 운영된다.

② 소속중앙행정기관의 장은 소속책임운영기관의 조직 및 운영에 관한 기본운영규정을 제정하여야 한다.

③ 기관장은 공개모집절차에 따라 5년 범위 내에서 임기제공무원으로 채용한다.

④ 기관장은 전 직원에 대한 임용권을 갖는다.

⑤ 계급별 정원은 4급 이상 공무원의 경우 대통령령으로, 5급 이하 공무원의 경우 부령으로 정한다.

17 평정상의 착오에 대한 설명으로 옳은 것은?

① 연쇄적 착오(halo error)란 모호한 상황에 관해 부분적인 정보만을 받아들여 판단을 내리게 되는 데서 범하는 착오이다.

② 일관적 착오(systematic error)란 평정자의 평정기준이 다른 평정자보다 높거나 낮아 다른 평정자들보다 항상 박한 점수를 주거나, 후한 점수를 줄 때 발생하는 착오이다.

③ 유사성의 착오(stereotyping)란 평정자가 자신의 고정관념에 어긋나는 정보를 회피하거나, 정보를 고정관념에 부합되도록 왜곡시킬 때 발생하는 착오이다.

④ 근본적 귀속의 착오(fundamental attribution error)란 평정자가 어떤 사람이나 사물을 볼 때 그들이 속한 집단 또는 범주에 대한 고정관념에 비추어 지각함으로써 발생하는 착오이다.

⑤ 이기적 착오(self-serving bias)란 타인의 실패·성공을 평가할 때 상황적 요인은 과소평가하고 개인적 요인은 과대평가하거나 그 반대인 경우 발생하는 착오이다.

18 〈보기〉에서 설명하는 모형으로 옳은 것은?

〈보 기〉

이 모형은 한 조직, 특히 공공조직은 다양한 가치를 공유할 수 밖에 없음에도 불구하고 기존 연구들이 조직문화를 단일 차원적으로 접근함으로써 갖게 되는 한계를 극복하기 위한 다중 차원적 접근방법 중 하나이다. 이 모형에 따르면, 조직문화의 유형은 두 가지 차원, 즉 내부 대 외부, 그리고 통제성 대 유연성을 기준으로 인간관계모형, 개방체제모형, 내부과정모형, 그리고 합리적 목표모형 등 네 가지로 구분된다.

① 조직문화창조모형

② 갈등·협상모형

③ 혼합주사모형

④ 경쟁가치모형

⑤ 하위정부모형

19 갈등관리에 대한 설명으로 옳지 않은 것은?

① 갈등은 해결과정에서 조직의 문제해결능력, 창의력, 융통성 등이 향상되는 순기능도 있다.

② 관계갈등을 해결하기 위해서는 의사전달의 장애요소를 제거하고 직원 간 소통의 기회를 제공해 줄 필요가 있다.

③ 직무갈등을 해결하기 위해서는 조직의 자원 증대, 공식적 권한을 가진 상사의 명령 및 중재, 그리고 상호타협의 방법이 있을 수 있다.

④ 과정갈등은 상호 의사소통 증진이나 조직구조의 변경을 통하여 해결할 수 있다.

⑤ 갈등은 조직 구성원의 사기를 저하시키고 부서 간의 위화감을 조성할 수 있다.

20 「인사혁신처 예규」상 탄력근무제에 해당하지 않는 것은?

① 재택근무형

② 시차출퇴근형

③ 재량근무형

④ 근무시간 선택형

⑤ 집약근무형

21 정부 간 관계이론에 대한 설명으로 옳지 않은 것은?

① 라이트(Wright)의 이론 중 중첩권위형은 중앙정부와 지방정부가 상호의존적인 관계를 맺고 있는 유형을 말하며 가장 이상적인 형태다.

② 던사이어(Dunsire)의 이론 중 하향식모형은 지방정부가 중앙정부에 선석으로 의존하는 유형을 말한나.

③ 엘코크(Elcock)의 이론 중 동반자모형은 지방정부가 중앙정부의 감독 및 지원 하에 국가정책을 집행하는 유형을 말한다.

④ 윌다브스키(Wildavsky)의 이론 중 갈등−합의 모형은 중앙정부와 지방정부의 관계가 인사와 재정상으로 완전하게 분리되어 서로 독립적 · 자치적으로 운영되는 유형을 말한다.

⑤ 무라마츠 미치오(村松岐夫)는 중앙정부와 지방정부 간의 관계를 수직적 통제모형과 수평적 경쟁모형으로 나눈다.

22 우리나라 지방자치단체 상호 간의 관계에 대한 설명으로 옳지 않은 것은?

① 지방자치단체나 그 장은 소관 사무의 일부를 다른 지방자치단체나 그 장에게 위임하여 처리하게 할 수 있다.

② 2개 이상의 지방자치단체에 관련된 사무의 일부를 공동으로 처리하기 위하여 행정협의회를 구성할 수 있다.

③ 지방자치단체장 상호 간의 교류와 협력을 위하여 전국적 협의체를 설립할 수 있다.

④ 중앙행정기관장과 지방자치단체장이 사무를 처리함에 있어서 의견을 달리하는 경우 이를 협의 · 조정하기 위하여 국무총리 소속으로 행정협의조정위원회를 둔다.

⑤ 지방자치단체 조합의 사무 처리의 효과는 지방자치단체가 아닌 지방자치단체 조합에 귀속된다.

23 「정부업무평가기본법」상 평가결과의 환류 및 활용에 대한 설명으로 옳지 않은 것은?

① 행정안전부장관은 평가제도의 운영실태를 확인 · 점검하고, 그 결과에 따라 제도개선방안의 강구 등 필요한 조치를 할 수 있다.

② 중앙행정기관의 장은 평가결과를 다음 연도의 예산요구시 반영하여야 한다.

③ 기획재정부장관은 평가결과를 중앙행정기관의 다음 연도 예산편성시 반영하여야 한다.

④ 중앙행정기관의 장은 전년도 정책 등에 대한 자체평가결과를 지체 없이 국회 소관 상임위원회에 보고하여야 한다.

⑤ 평가를 실시하는 기관의 장은 평가결과를 전자통합평가체계 및 인터넷 홈페이지 등을 통하여 공개하여야 한다.

24 예산에 대한 설명으로 옳지 않은 것은?

① 정기국회 심의를 거쳐 확정된 최초 예산을 본예산 혹은 당초예산이라고 한다.

② 준예산 제도는 국회에서 예산안이 의결될 때까지 전년도 예산에 준해 집행할 권한을 정부에 부여하는 제도이다.

③ 예산이 성립되면 잠정예산은 그 유효기간이나 지출 잔액 유무에 관계없이 본예산에 흡수된다.

④ 적자예산으로 인한 재정적자는 국채발행, 한국은행으로부터의 차입, 해외차입 등으로 보전한다.

⑤ 수정예산은 예산성립 후에 발생한 사유로 인하여 필요한 경비의 과부족이 발생한 때 본예산에 수정을 가한 예산이다.

25 우리나라 예산과정에 대한 설명으로 옳지 않은 것은?

① 국회사무총장은 예산요구서를 매년 5월 31일까지 기획재정부장관에게 제출해야 한다.

② 국회는 정부의 동의 없이 정부가 제출한 지출예산 각 항의 금액을 증가하거나 새 비목을 설치할 수 없다.

③ 국회사무총장은 국가회계법 에서 정하는 바에 따라 회계연도마다 작성한 결산보고서를 다음 연도 1월 31일까지 기획재정부장관에게 제출하여야 한다.

④ 정부가 국회에 제출하는 예산안에는 국고채무부담행위 설명서, 예산정원표와 예산안편성기준단가, 국유재산 특례지출예산서를 포함하여야 한다.

⑤ 정부의 세입·세출에 대한 출납사무는 다음 연도 2월 10일까지 완결해야 한다.

01 다음 글의 (㉠)에 해당하는 것은?

> (㉠)은(는) 정부업무, 업무수행에 필요한 데이터, 업무를 지원하는 응용서비스 요소, 데이터와 응용시스템의 실행에 필요한 정보기술, 보안 등의 관계를 구조적으로 연계한 체계로서 정보자원관리의 핵심수단이다. (㉠)은(는) 정부의 정보시스템 간의 상호운용성 강화, 정보자원 중복투자 방지, 정보화 예산의 투자효율성 제고 등에 기여한다.

① 블록체인 네트워크
② 정보기술아키텍처
③ 제3의 플랫폼
④ 클라우드−클라이언트 아키텍처
⑤ 스마트워크센터

02 근무성적평정의 오류 중 강제배분법으로 방지할 수 있는 것만을 〈보기〉에서 모두 고르면?

> ─── 〈보 기〉 ───
> ㉠ 첫머리 효과
> ㉡ 집중화 경향
> ㉢ 엄격화 경향
> ㉣ 선입견에 의한 오류

① ㉠, ㉡
② ㉠, ㉢
③ ㉡, ㉢
④ ㉡, ㉣
⑤ ㉢, ㉣

03 우리나라 공공기관에 대한 설명으로 옳은 것은?

① 정부기업은 정부가 소유권을 가지고 운영하는 공기업으로서 정부 조직에 해당되지 않는다
② 국가공기업과 지방공기업은 「공공기관의 운영에 관한 법률」의 적용을 받는다.
③ 준정부기관은 총수입 중 자체수입의 비율이 50% 이상인 공공기관을 의미한다.
④ 위탁집행형 준정부기관의 사례로는 도로교통공단이 있다.
⑤ 공기업의 기관장은 인사 및 조직운영의 자율성이 없으며 관할 행정부처의 통제를 받는다.

04 신공공관리론에 대한 설명으로 옳은 것만을 〈보기〉에서 모두 고르면?

> ─── 〈보 기〉 ───
> ㉠ 기업경영의 논리와 기법을 정부에 도입·접목하려는 노력이다.
> ㉡ 정부 내의 관리적 효율성에 초점을 맞추고, 규칙 중심의 관리를 강조한다.
> ㉢ 거래비용이론, 공공선택론, 주인−대리인이론 등을 이론적 기반으로 한다.
> ㉣ 중앙정부의 감독과 통제의 강화를 통해 일선공무원의 책임성을 강화시킨다.
> ㉤ 효율성을 지나치게 강조하는 과정에서 민주주의의 책임성이 결여될 수 있는 한계가 있다.

① ㉠, ㉡, ㉢
② ㉠, ㉢, ㉣
③ ㉠, ㉢, ㉤
④ ㉡, ㉢, ㉤
⑤ ㉡, ㉣, ㉤

05 행정부 소속 소청심사위원회에 대한 설명으로 옳지 않은 것은?

① 심사의 결정을 하기 위해서는 재적위원 3분의 1 이상의 출석이 필요하며, 심사의 결정은 출석위원의 과반수의 합의에 따른다.

② 강임·휴직·직위해제·면직 처분을 받은 공무원은 처분사유 설명서를 받은 후 30일 이내에 심사청구를 할 수 있다.

③ 소청심사위원회는 인사혁신처 소속이며 그 위원장은 정무직으로 보한다.

④ 원징계처분보다 무거운 징계를 부과하는 결정을 할 수 없다.

⑤ 위원장 1인을 포함한 5명 이상 7명 이하의 상임위원과 상임위원 수의 2분의 1 이상의 비상임위원으로 구성되어 있다.

06 지방분권과 지방자치 등의 추진을 위해 설치된 대통령 소속 위원회로 현재 운영 중인 것은? 〈변형〉

① 정부혁신 지방분권위원회

② 지방시대위원회

③ 지방분권촉진위원회

④ 지방자치발전위원회

⑤ 지방이양추진위원회

07 예산제도에 대한 설명으로 옳지 않은 것은?

① 계획 예산제도(PPBS)는 기획, 사업구조화, 그리고 예산을 연계시킨 시스템적 예산제도이다.

② 계획 예산제도(PPBS)의 단점으로는 의사결정이 지나치게 집권화되고 전문화되어 외부통제가 어렵다는 점과 대중적인 이해가 쉽지 않아 정치적 실현가능성이 낮다는 점이 있다.

③ 품목별 예산제도(LIBS)는 정부의 지출을 체계적으로 구조화한 최초의 예산제도로서 지출대상별 통제를 용이하게 할 뿐 아니라 지출에 대한 근거를 요구하고 확인할 수 있다.

④ 성과 예산제도(PBS)는 사업별, 활동별로 예산을 편성하고, 성과평가를 통하여 행정통제를 합리화할 수 있다.

⑤ 품목별 예산제도(LIBS)는 왜 돈을 지출해야 하는지, 무슨 일을 하는지에 대하여 구체적인 정보를 제공하는 장점이 있다.

08 다음 행정이론들을 시기 순으로 나열한 것은?

> (가) 최소의 노동과 비용으로 최대의 능률을 올릴 수 있는 표준적 작업절차를 정하고 이에 따라 예정된 작업량을 달성하기 위한 가장 좋은 방법을 발견하려는 이론이다.
> (나) 기존의 거시적인 제도나 구조가 아닌 개인의 표출된 행태를 객관적·실증적으로 분석하는 이론이다.
> (다) 조직구성원들의 사회적·심리적 욕구와 조직 내 비공식집단 등을 중시하며, 조직의 목표와 조직구성원들의 목표 간의 균형 유지를 지향하는 민주적·참여적 관리 방식을 처방하는 이론이다.
> (라) 시민적 담론과 공익에 기반을 두고 시민에게 봉사하는 정부의 역할을 강조하는 이론이다.

① (가) - (나) - (다) - (라)
② (가) - (다) - (나) - (라)
③ (가) - (다) - (라) - (나)
④ (나) - (다) - (가) - (라)
⑤ (나) - (라) - (다) - (가)

09 균형성과표(BSC: Balanced Score Card)에 대한 설명으로 옳지 않은 것은?

① 재무적 관점의 성과지표로는 매출, 자본수익률, 예산 대비 차이 등이 있다.
② 정부는 성과평가에 있어서 재무적 관점보다는 국민이 원하는 정책을 개발하고 재화와 서비스를 제공하는지에 대한 고객의 관점을 중요한 위치에 놓는다.
③ 학습과 성장의 관점은 민간부문과 정부부문이 큰 차이를 둘 필요가 없는 부분이다.
④ 업무처리 관점은 정부부문에서 정책결정과정, 정책집행과정, 재화와 서비스의 전달과정 등을 포괄하는 넓은 의미를 가진다.
⑤ 고객 관점은 BSC의 4가지 관점 중에서 행동지향적 관점에 해당한다.

10 다음 글의 (㉠)에 해당하는 것은?

> (㉠)은 밀러(Gerald J. Miller)가 비합리적 의사결정모형을 예산에 적용하여 1991년에 개발한 예산이론(모형)이다.
> (㉠)은 독립적인 조직들이나 조직의 하위단위들이 서로 느슨하게 연결되어 독립성과 자율성을 누릴 수 있는 조직의 예산결정에 적합한 예산이론(모형)이다.

① 모호성 모형
② 단절적 균형 이론
③ 다중합리성 모형
④ 쓰레기통 모형
⑤ 무의사결정론

11 광역행정에 대한 설명으로 옳지 않은 것은?

① 광역행정의 방식 중 통합방식에는 합병, 일부사무조합, 도시공동체가 있다.
② 광역행정은 지방자치단체 간의 재정 및 행정서비스의 형평적 배분을 도모한다.
③ 광역행정은 규모의 경제를 실현할 수 있다.
④ 광역행정은 지방자치단체 간의 갈등해소와 조정의 기능을 수행한다.
⑤ 행정협의회에 의한 광역행정은 지방자치단체 간의 동등한 지위를 기초로 상호협조에 의하여 광역행정사무를 처리하는 방식이다.

12 현재 행정각부와 그 소속 행정기관으로 옳은 것만을 〈보기〉에서 모두 고르면?

─── 〈보 기〉 ───
㉠ 산업통상자원부 – 관세청
㉡ 행정안전부 – 경찰청
㉢ 중소벤처기업부 – 특허청
㉣ 환경부 – 산림청
㉤ 기획재정부 – 조달청
㉥ 해양수산부 – 해양경찰청

① ㉠, ㉡, ㉤
② ㉠, ㉢, ㉣
③ ㉠, ㉣, ㉤
④ ㉡, ㉢, ㉤
⑤ ㉡, ㉤, ㉥

13 킹던(John Kingdon)의 정책창 모형과 관련된 내용으로 옳은 것만을 〈보기〉에서 모두 고르면?

─── 〈보 기〉 ───
㉠ 방법론적 개인주의
㉡ 쓰레기통 모형
㉢ 정치의 흐름
㉣ 점화장치
㉤ 표준운영절차

① ㉠, ㉡, ㉢
② ㉠, ㉡, ㉣
③ ㉠, ㉣, ㉤
④ ㉡, ㉢, ㉣
⑤ ㉡, ㉢, ㉤

14 다음 글의 (㉠)과 (㉡)에 해당하는 것은?

(㉠)은(는) 지출이 직접 수입을 수반하는 경비로서 기획재정부장관이 지정하는 것을 의미하며 전통적 예산원칙 중 (㉡)의 예외에 해당한다.

	(㉠)	(㉡)
①	수입금마련경비	통일성의 원칙
②	수입대체경비	통일성의 원칙
③	수입금마련지출	한정성의 원칙
④	수입대체경비	한정성의 원칙
⑤	수입금마련지출	통일성의 원칙

15 우리나라 행정조직에 대한 설명으로 옳지 않은 것은?

① 책임운영기관은 「정부조직법」에 의하여 설치되고 운영된다.
② 「행정기관 소속 위원회의 설치 · 운영에 관한 법률」상 위원회 소속 위원 중 공무원이 아닌 위원의 임기는 대통령령으로 정하는 특별한 경우를 제외하고는 3년을 넘지 아니하도록 하여야 한다.
③ 특별지방행정기관의 사례로는 서울지방국세청, 중부지방고용노동청이 있다.
④ 실, 국, 과는 부처 장관을 보조하는 기관으로 계선 기능을 담당하고, 참모 기능은 차관보, 심의관 또는 담당관 등의 조직에서 담당한다.
⑤ 중앙선거관리위원회와 공정거래위원회는 행정위원회에 속한다.

16 행정통제에 대한 설명으로 옳은 것만을 〈보기〉에서 모두 고르면?

─── 〈보 기〉 ───

㉠ 행정통제는 통제시기의 적시성과 통제내용의 효율성이 고려되어야 한다.
㉡ 옴부즈만제도는 공무원에 대한 국민의 책임 추궁의 창구 역할을 하며 입법·사법통제의 한계를 보완하는 제도이다.
㉢ 외부통제는 선거에 의한 통제와 이익집단에 의한 통제를 포함한다.
㉣ 입법통제는 합법성을 강조하므로 위법행정보다 부당행정이 많은 현대행정에서는 효율적인 통제가 어렵다.

① ㉠, ㉡
② ㉡, ㉣
③ ㉠, ㉡, ㉢
④ ㉠, ㉢, ㉣
⑤ ㉡, ㉢, ㉣

17 국세이며 간접세인 것으로 옳은 것만을 〈보기〉에서 모두 고르면?

─── 〈보 기〉 ───

㉠ 자동차세
㉡ 주세
㉢ 담배소비세
㉣ 부가가치세
㉤ 개별소비세
㉥ 종합부동산세

① ㉠, ㉡, ㉢
② ㉠, ㉣, ㉥
③ ㉡, ㉢, ㉤
④ ㉡, ㉣, ㉤
⑤ ㉢, ㉣, ㉤

18 다음 글의 (㉠)에 해당하는 것은?

(㉠)은 재정권을 독점한 정부에서 정치가나 관료들이 독점적 권력을 국민에게 남용하여 재정규모를 과도하게 팽창시키는 행위를 의미한다는 내용을 담고 있다.

① 로머와 로젠탈(Tomas Romer & Howard Rosenthal)의 회복수준 이론
② 파킨슨(Cyril N. Parkinson)의 법칙
③ 니스카넨(William Niskanen)의 예산극대화 가설
④ 지대추구이론
⑤ 리바이어던(Leviathan) 가설

19 「국가재정법」상 예산제도에 대한 설명으로 옳은 것만을 〈보기〉에서 모두 고르면? 〈변형〉

─── 〈보 기〉 ───

㉠ 기획재정부장관은 「국가회계법」에서 정하는 바에 따라 회계연도마다 작성하여 대통령의 승인을 받은 국가결산보고서를 다음 연도 4월 10일까지 감사원에 제출하여야 한다.
㉡ 차관물자대(借款物資貸)의 경우 전년도 인출예정분의 부득이한 이월 또는 환율 및 금리의 변동으로 인하여 세입이 그 세입예산을 초과하게 되는 때에는 그 세출예산을 초과하여 지출할 수 없다.
㉢ 정부는 예산이 여성과 남성에게 미칠 영향을 미리 분석한 보고서를 작성하여야 한다.
㉣ 각 중앙관서의 장은 예산안편성지침에 따라 그 소관에 속하는 다음 연도의 예산요구서를 작성하여 매년 5월 31일까지 기획재정부장관에게 제출하여야 한다.

① ㉠, ㉡
② ㉠, ㉡, ㉢
③ ㉠, ㉢, ㉣
④ ㉡, ㉢, ㉣
⑤ ㉠, ㉡, ㉢, ㉣

20 점증주의에 대한 설명으로 옳지 않은 것은?

① 정책을 결정할 때 현존의 정책에서 약간만 변화시킨 대안을 고려한다.

② 고려하는 정책대안이 가져올 결과를 모두 분석하지 않고 제한적으로 비교·분석하는 방법을 사용한다.

③ 경제적 합리성보다는 정치적 합리성을 추구하여 타협과 조정을 중요시한다.

④ 일단 불완전한 예측을 전제로 하여 정책대안을 실시하여 보고 그때 나타나는 결과가 잘못 된 점이 있으면 그 부분만 다시 수정·보완하는 방식을 택하기도 한다.

⑤ 수단과 목표가 명확히 구분되지 않으므로 흔히 목표 −수단의 분석이 부적절하거나 제한되는 경우가 많으며, 정책목표달성을 극대화하는 정책을 최선의 정책으로 평가한다.

21 우리나라 공무원의 승진제도에 대한 설명으로 옳지 않은 것은?

① 5급 이하 공무원의 승진후보자명부는 근무성적평정 60%, 경력평정 40%를 고려하여 작성된다.

② 일반직공무원(우정직공무원은 제외)이 승진하려면 7급은 2년 이상, 6급은 3년 6개월 이상 해당 계급에 재직하여야 한다.

③ 근속승진은 승진후보자명부 작성단위기관 직제상의 정원표에 일반직 6급·7급 또는 8급의 정원이 없는 경우에도 근속승진인원만큼 상위직급에 결원이 있는 것으로 보고 승진임용할 수 있다.

④ 공개경쟁승진은 5급으로 승진에 적용되며, 기관 구분 없이 승진자격을 갖춘 6급 공무원을 대상으로 하는 공개경쟁승진시험의 성적에 의하여 결정된다.

⑤ 특별승진은 민원봉사대상 수상자, 직무수행능력 우수자, 제안채택시행자, 명예퇴직자, 공무사망자 등을 대상으로 일정 요건을 충족하는 경우 승진임용하거나, 승진심사 또는 승진시험에 응시할 수 있도록 하는 제도이다.

22 갈등의 조성전략에 대한 설명으로 옳지 않은 것은?

① 표면화된 공식적 및 비공식적 정보전달통로를 의식적으로 변경시킨다.

② 갈등을 일으킨 당사자들에게 공동으로 추구해야 할 상위목표를 제시한다.

③ 상황에 따라 정보전달을 억제하거나 지나치게 과장한 정보를 전달한다.

④ 조직의 수직적·수평적 분화를 통해 조직구조를 변경한다.

⑤ 단위부서들 간에 경쟁상황을 조성한다.

23 현행 「국가공무원법」 제1조, 「지방공무원법」 제1조, 그리고 「지방자치법」 제1조에서 공통적으로 규정하고 있는 우리나라의 기본적 행정가치로 옳은 것은?

① 합법성과 형평성

② 형평성과 공정성

③ 공정성과 민주성

④ 민주성과 능률성

⑤ 능률성과 합법성

24 정책참여자 간 관계에 대한 설명으로 옳은 것만을 〈보기〉에서 모두 고르면?

─── 〈보 기〉 ───

㉠ 정책공동체는 일시적이고 느슨한 형태의 집합체라는 점에서 이슈네트워크와 공통점을 가진다.

㉡ 다원주의에서의 정부는 집단들 간에 조정자 역할 또는 심판자의 역할을 할 것으로 기대된다.

㉢ 이슈네트워크는 참여자 간의 상호의존성이 낮고 불안정하며, 상호간이 불평등 관계가 존재하기도 한다.

㉣ 국가조합주의는 이익집단의 자율적 결성과 능동적 참여를 보장한다.

① ㉠, ㉡

② ㉠, ㉢

③ ㉡, ㉢

④ ㉡, ㉣

⑤ ㉢, ㉣

25 공무원 부패의 접근방법에 대한 설명으로 옳지 않은 것은?

① 권력문화적 접근법은 공직자들의 잘못된 의식구조를 공무원 부패의 원인으로 본다.

② 사회문화적 접근법은 특정한 지배적 관습이나 경험적 습성 등이 공무원 부패와 밀접한 관련이 있다고 본다.

③ 제도적 접근법은 행정통제 장치의 미비를 대표적인 공무원 부패의 원인으로 본다.

④ 체제론적 접근법은 문화적 특성, 제도상 결함, 구조상 모순, 공무원의 행태 등 다양한 요인들에 의해 복합적으로 공무원 부패가 나타난다고 본다.

⑤ 도덕적 접근법은 개인의 성격 및 습성과 윤리 문제가 공무원 부패와 밀접한 관련이 있다고 본다.

01 국세 중 간접세에 해당되는 것으로만 묶인 것은?

① 개별소비세, 인지세, 부가가치세, 주세

② 증권거래세, 증여세, 상속세, 관세

③ 취득세, 재산세, 자동차세, 등록면허세

④ 종합부동산세, 법인세, 소득세, 상속세

⑤ 농어촌특별세, 교육세, 레저세, 담배소비세

02 다음 중 〈보기〉의 가상 사례를 가장 잘 설명하고 있는 것은?

> ─── 〈보 기〉 ───
>
> 요즘 한 지방자치단체 공무원들 사이에는 민원 관련 허가를 미루려는 A국장의 기이한 행동이 입방아에 오르내리고 있다. A국장은 자기 손으로 승인여부에 대한 결정을 해야 하는 상황을 피하기 위해 자치단체장에 대한 업무보고도 과장을 시켜서 하는 등 단체장과 마주치지 않기 위해 피나는 노력을 하고 있다고 한다.
>
> 최근에는 해외일정을 핑계로 아예 장기간 자리를 뜨기도 했다. A국장이 승인 여부에 대한 실무진의 의견을 제대로 올리지 않자 안달이 난 쪽은 다름 아닌 바로 단체장이다. 단체장이 모든 책임을 뒤집어써야 하는 상황이 될 수도 있기 때문이다. A국장과 단체장이 책임을 떠넘기려는 웃지 못할 해프닝이 일어나고 있는 것이다. 한 공무원은 "임기 말에 논란이 될 사안을 결정할 공무원이 누가 있겠느냐"고 말했다.
>
> 이런 현상은 중앙부처의 정책결정 과정이나 자치단체의 일선행정 현장에서 모두 나타나고 있다. 그 사이에 정부 정책의 신뢰는 저하되고, 신뢰를 잃은 정책은 표류할 수밖에 없다.

① 업무수행지침을 규정한 공식적인 법규정만을 너무 고집하고 상황에 따른 유연한 대응을 하지 않는 행태를 말한다.

② 관료제의 구조적 특성인 권위의 계층적 구조에서 상사의 명령까지 절대적으로 추종하는 행태를 말한다.

③ 관료들이 위험 회피적이고 변화 저항적이며 책임 회피적인 보신주의로 빠지는 행태를 말한다.

④ 관료제에서 공식적인 규칙이나 절차가 본래의 목적을 상실하여 조직과 대상 국민에게 순응의 불편이나 비용을 초래하는 것을 말한다.

⑤ 기관에 대한 정서적 집착과 같은 귀속주의나 기관과 자신을 하나로 보는 심리적 동일시 현상을 말한다.

03 다음 〈보기〉에서 설명하는 이론으로 옳은 것은?

> ─── 〈보 기〉 ───
>
> 경제학적인 분석도구를 관료행태, 투표자 행태, 정당정치, 이익집단 등의 비시장적 분석에 적용함으로써 공공서비스의 효율적 공급을 위한 제도적 장치를 탐색한다.

① 과학적 관리론

② 공공선택론

③ 행태주의

④ 발전행정론

⑤ 현상학

04 다음 중 「국가재정법」 제16조에서 규정하고 있는 재정 운영에 대한 내용으로 옳지 않은 것은?

① 재정건전성의 확보
② 국민부담의 최소화
③ 재정을 운영함에 있어 재정지출의 성과 제고
④ 예산과정에의 국민참여 제고를 위한 노력
⑤ 재정의 지속가능성 확보

05 다음 〈보기〉 중 정책집행의 상향식 접근(bottom-up approach)에 대한 설명으로 옳은 것을 모두 고르면?

─── 〈보 기〉 ───
㉠ 합리모형의 선형적 시각을 반영한다.
㉡ 집행이 일어나는 현장에 초점을 맞춘다.
㉢ 일선공무원의 전문지식과 문제해결능력을 중시한다.
㉣ 고위직보다는 하위직에서 주도한다.
㉤ 공식적인 정책목표가 중요한 변수로 취급되므로 집행실적의 객관적 평가가 용이하다.

① ㉠, ㉡, ㉢
② ㉠, ㉢, ㉤
③ ㉡, ㉢, ㉣
④ ㉡, ㉣, ㉤
⑤ ㉢, ㉣, ㉤

06 다음 중 특수경력직 공무원에 대한 설명으로 옳지 않은 것은?

① 특수경력직 공무원은 경력직 공무원과는 달리 실적주의와 직업공무원제의 획일적 적용을 받지 않는다.
② 특수경력직 공무원도 경력직 공무원과 마찬가지로 「국가공무원법」에 규정된 보수와 복무규율을 적용받는다.
③ 교육·소방·경찰공무원 및 법관, 검사, 군인 등 특수 분야의 업무를 담당하는 공무원은 특수경력직 중 특정직 공무원에 해당한다.
④ 국회 수석전문위원은 특수경력직 중 별정직 공무원에 해당한다.
⑤ 선거에 의해 취임하는 공무원은 특수경력직 중 정무직 공무원에 해당한다.

07 다음 중 「지방자치법」상 지방의회의 의결사항에 해당하지 않는 것은?

① 조례의 제정·개정 및 폐지
② 재의요구권
③ 기금의 설치·운용
④ 대통령령으로 정하는 중요 재산의 취득·처분
⑤ 청원의 수리와 처리

08 다음 중 정부실패의 원인으로 옳지 않은 것은?

① 권력으로 인한 분배적 불공정성
② 정부조직의 내부성
③ 파생적 외부효과
④ 점증적 정책결정의 불확실성
⑤ 비용과 편익의 괴리

09 다음 중 규제피라미드에 대한 설명으로 옳은 것은?

① 새로운 위험만 규제하다 보면 사회의 전체 위험 수준은 증가하는 상황

② 규제가 또 다른 규제를 낳은 결과 피규제자의 비용 부담이 점점 늘어나게 되는 상황

③ 기업체에게 상품 정보에 대한 공개 의무를 강화할수록 소비자들의 실질적인 정보량은 줄어들게 되는 상황

④ 과도한 규제를 무리하게 설정하다 보면 실제로는 규제가 거의 이루어지지 않게 되는 상황

⑤ 소득재분배를 위한 규제가 오히려 사회적으로 가장 어려운 사람들에게 해를 끼치게 되는 상황

10 다음 중 행태주의와 제도주의에 대한 기술로 옳은 것은?

① 행태주의에서는 인간의 자유와 존엄과 같은 가치를 강조한다.

② 제도주의에서는 사회과학도 엄격한 자연과학의 방법을 따라야 한다고 본다.

③ 행태주의에서는 시대적 상황에 적합한 학문의 실천력을 중시한다.

④ 각 국에서 채택된 정책의 상이성과 효과를 역사적으로 형성된 제도에서 찾으려는 것은 제도주의 접근의 한 방식이다.

⑤ 제도의 변화와 개혁을 지향한다는 점에서 행태주의와 제도주의는 같다.

11 교통체증 완화를 위한 차량 10부제 운행은 윌슨(Wilson)이 제시한 규제정치이론의 네 가지 유형 중 어디에 해당하는가?

① 대중정치

② 기업가정치

③ 이익집단정치

④ 고객정치

⑤ 소비자정치

12 다음 중 공무원의 신분보장의 배제에 대한 설명으로 옳은 것은?

① 직위해제: 해당 공무원에 대해 직위를 부여하지 않음으로써 공무원의 신분을 박탈하는 임용행위

② 직권면직: 직제·정원의 변경으로 직위의 폐지나 초과정원이 발생한 경우에 임용권자가 직권으로 직무 수행의 의무를 면해 주되 공무원의 신분은 보유하게 하는 임용행위

③ 해임: 공무원의 신분을 박탈하는 중징계 처분의 하나이며 퇴직급여액의 2분의 1이 삭감되는 임용행위

④ 파면: 공무원의 신분을 박탈하는 중징계 처분의 하나이며 원칙적으로 퇴직금 감액이 없는 임용행위

⑤ 정직: 공무원의 신분은 보유하지만, 직무 수행을 일시적으로 정지시키며 보수를 전액 감하는 임용행위

13 다음 중 공공부문 성과연봉제 보수체계 설계 시 성과급 비중을 설정하는 데 적용할 수 있는 동기부여 이론은?

① 애덤스(Adams)의 형평성이론

② 허즈버그(Herzberg)의 욕구충족 이원론

③ 앨더퍼(Alderfer)의 ERG(존재, 관계, 성장)이론

④ 머슬로(Maslow)의 욕구 5단계론

⑤ 해크만(Hackman)과 올드햄(Oldham)의 직무특성이론

14 다음 중 「지방자치법」 및 「주민소환에 관한 법률」상 주민소환제도에 대한 설명으로 옳지 않은 것은?

① 시·도지사의 소환청구 요건은 주민투표권자 총수의 100분의 10 이상이다.

② 비례대표의원은 주민소환의 대상이 아니다.

③ 주민소환투표권자의 연령은 주민소환투표일 현재를 기준으로 계산한다.

④ 주민소환투표권자의 4분의 1 이상이 투표에 참여해야 한다.

⑤ 주민소환이 확정된 때에는 주민소환투표대상자는 그 결과가 공표된 시점부터 그 직을 상실한다.

15 다음 중 국회의 승인이나 의결을 얻지 않아도 되는 것은?

① 명시이월
② 예비비 사용
③ 예산의 이용
④ 계속비
⑤ 예산의 이체

16 다음 중 균형성과표(Balanced Score Card)에서 강조하는 네 가지 관점으로 옳지 않은 것은?

① 재무적 관점
② 프로그램적 관점
③ 고객 관점
④ 내부프로세스 관점
⑤ 학습과 성장 관점

17 다음 중 직위분류제와 관련된 개념들에 대한 설명으로 옳지 않은 것은?

① 직위: 한 사람의 근무를 요하는 직무와 책임

② 직급: 직위에 포함된 직무의 성질 및 난이도, 책임의 정도가 유사해 채용과 보수 등에서 동일하게 다룰 수 있는 직위의 집단

③ 직렬: 직무의 종류는 유사하나 난이도와 책임 수준이 다른 직급 계열

④ 직류: 동일 직렬 내에서 담당 직책이 유사한 직무군

⑤ 직군: 직무의 종류는 다르지만 직무 수행의 책임도와 자격 요건이 상당히 유사해 동일한 보수를 지급할 수 있는 직위의 횡적 군

18 다음 〈보기〉 중 옳은 것을 모두 고르면?

───── 〈보 기〉 ─────

㉠ 인간관계론에서 조직 참여자의 생산성은 육체적 능력보다 사회적 규범에 의해 좌우된다.

㉡ 과학적 관리론은 과학적 분석을 통해 업무수행에 적용할 유일 최선의 방법을 발견할 수 있다고 전제한다.

㉢ 체제론은 비계서적 관점을 중시한다.

㉣ 발전행정론은 정치, 사회, 경제의 균형성장에 크게 기여하였다.

① ㉠, ㉡
② ㉠, ㉣
③ ㉡, ㉢
④ ㉡, ㉣
⑤ ㉢, ㉣

19 다음 중 베버(Weber)가 제시한 이념형 관료제에 대한 설명으로 옳지 않은 것은?

① 관료의 충원 및 승진은 전문적인 자격과 능력을 기준으로 이루어진다.

② 조직 내의 모든 결정행위나 작동은 공식적으로 확립된 법규체제에 따른다.

③ 하급자는 상급자의 지시나 명령에 복종하는 계층제의 원리에 따라 조직이 운영된다.

④ 민원인의 만족 극대화를 위해 업무처리 시 관료와 민원인과의 긴밀한 감정교류가 중시된다.

⑤ 조직 내의 모든 업무는 문서로 처리하는 것이 원칙이다.

20 다음 중 정책평가에서 인과관계의 타당성을 저해하는 여러 가지 요인들에 대한 설명으로 옳지 않은 것은?

① 성숙효과: 정책으로 인하여 그 결과가 나타난 것이 아니라 그냥 가만히 두어도 시간이 지나면서 자연스럽게 변화가 일어나는 경우

② 회귀인공요소: 정책대상의 상태가 정책의 영향력과는 관계없이 자연스럽게 평균값으로 되돌아가는 경향

③ 호손효과: 정책효과가 나타날 가능성이 높은 집단을 의도적으로 실험집단으로 선정함으로써 정책의 영향력이 실제보다 과대평가되는 경우

④ 혼란변수: 정책 이외에 제3의 변수도 결과에 영향을 미치는 경우 정책의 영향력을 정확히 평가하기 어렵게 만드는 변수

⑤ 허위변수: 정책과 결과 사이에 아무런 인과관계가 없으나 마치 정책과 결과 사이에 인과관계가 존재하는 것처럼 착각하게 만드는 변수

21 다음 중 탈신공공관리론(post-NPM)에서 강조하는 행정개혁 전략으로 옳지 않은 것은?

① 분권화와 집권화의 조화

② 민간-공공부문 간 파트너십 강조

③ 규제완화

④ 인사관리의 공공책임성 중시

⑤ 정치적 통제 강조

22 다음 〈보기〉의 ㉠에 해당하는 것은?

〈보 기〉
각 중앙관서의 장은 중기사업계획서를 매년 1월 31일까지 기획재정부 장관에게 제출하여야 하며, 기획재정부 장관은 국무회의 심의를 거쳐 대통령 승인을 얻은 다음 연도의 (㉠)을(를) 매년 3월 31일까지 각 중앙관서의 장에게 통보하여야 한다.

① 국가재정 운용계획

② 예산 및 기금운용계획 집행지침

③ 예산안 편성지침

④ 총사업비 관리지침

⑤ 예산요구서

23 다음 중 근무성적평정제도에서 다면평가제도의 장점으로 옳지 않은 것은?

① 직무수행 동기 유발

② 원활한 커뮤니케이션

③ 자기역량 강화

④ 미래 행동에 대한 잠재력 측정

⑤ 평가의 수용성 확보 가능

24 다음 중 시험이 특정한 직위의 의무와 책임에 직결되는 요소들을 어느 정도 측정할 수 있느냐에 대한 타당성의 개념은?

① 내용타당성
② 구성타당성
③ 개념타당성
④ 예측적 기준타당성
⑤ 동시적 기준타당성

25 다음 〈보기〉의 ㉠에 대한 설명으로 옳은 것은?

――――――〈보 기〉――――――
(㉠)이란 상대적으로 많이 가진 계층 또는 집단으로부터 적게 가진 계층 또는 집단으로 재산·소득·권리 등의 일부를 이전시키는 정책을 말한다. 이를테면 누진세 제도의 실시, 생활보호 대상자에 대한 의료보호, 영세민에 대한 취로사업, 무주택자에 대한 아파트 우선적 분양, 저소득 근로자들에게 적용시키는 근로소득보전세제 등의 정책이 이에 속한다.

① 정책 과정에서 이해당사자들 상호 간 이익이 되는 방향으로 협력하는 로그롤링(log rolling) 현상이 나타난다.
② 계층 간 갈등이 심하고 저항이 발생할 수 있어 국민적 공감대를 형성할 때 정책의 변화를 가져오게 된다.
③ 체제 내부를 정비하는 정책으로 대외적 가치 배분에는 큰 영향이 없으나 대내적으로는 게임의 법칙이 발생한다.
④ 대체로 국민 다수에게 돌아가지만 사회간접시설과 같이 특정지역에 보다 직접적인 편익이 돌아가는 경우도 많다.
⑤ 법령에서 제시하는 광범위한 기준을 근거로 국민들에게 강제적으로 특정한 부담을 지우는 것이다.

인생이란 결코 공평하지 않다. 이 사실에 익숙해져라.

− 빌 게이츠 −

기출이 답이다

공무원 합격은
'**기출이 답이다**'가
함께합니다.

8급 공무원

국회직

6개년 기출

문제편

시대교육그룹

(주)**시대고시기획** **시대교육**(주)	고득점 합격 노하우를 집약한 최고의 전략 수험서 www.sidaegosi.com
시대에듀	자격증 · 공무원 · 취업까지 분야별 BEST 온라인 강의 www.sdedu.co.kr
이슈&시사상식	최신 주요 시사이슈와 취업 정보를 담은 취준생 시사지 **격월 발행**
	외국어 · IT · 취미 · 요리 생활 밀착형 교육 연구 **실용서 전문 브랜드**

꿈을 지원하는 행복…

여러분이 구입해 주신 도서 판매수익금의 일부가
국군장병 1인 1자격 취득 및 학점취득 지원사업과
낙도 도서관 지원사업에 쓰이고 있습니다.

2024

기출이 답이다

[국회직 8급 공무원 채용 대비]

- ☑ 2023년 국회직 8급 기출문제 수록
- ☑ 최근 6개년 36회분 기출문제 수록
- ☑ 핵심을 파악하는 실속있는 해설 수록

8급 공무원

국회직

한권으로 끝내기

해설편

6

개년 기출

합격의 모든 것!

SD에듀
(주)시대고시기획

SD에듀의
면접 도서 시리즈
라인업

군무원 면접

지방직 공무원 면접
(교육행정직)

소방공무원 면접

국가직 공무원1 면접

국가직 공무원2 면접
(행정직)

국가직 공무원2 면접
(기술직)

※ 도서의 이미지 및 구성은 변경될 수 있습니다.

국회직

해설편

PART 1

국어

국어 | 2023년 국회직 8급

한눈에 훑어보기

✅ 영역 분석

어휘 　　13 19
2문항, 8%

문법 　　01 02 05 14 15 16 18 22
8문항, 32%

고전 문학 　25
1문항, 4%

현대 문학 　03 09
2문항 8%

비문학 　04 06 07 08 10 11 12 17 20 21 23 24
12문항, 48%

✅ 빠른 정답

01	02	03	04	05	06	07	08	09	10
⑤	②	①	④	③	④	③	①	⑤	④
11	12	13	14	15	16	17	18	19	20
⑤	①	②	④	②	②	③	④	⑤	①
21	22	23	24	25					
①	③	⑤	②	④					

✅ 점수 체크

구분	1회독	2회독	3회독
맞힌 문항 수	/ 25	/ 25	/ 25
나의 점수	점	점	점

---

01 난도 ★★☆　　　　　　정답 ⑤

문법 > 통사론

[정답의 이유]

⑤ '달리기를 거른'은 '달리기를 거르다'라는 절에 관형사형 어미 '-(으)ㄴ'을 결합한 것으로 관형절로 안긴문장이다.

[오답의 이유]

① '장난을 좋아하기'는 '장난을 좋아하다'라는 절에 명사형 어미 '-기'를 결합한 것으로 명사절로 안긴문장이다.

② '버스를 놓치기'는 '버스를 놓치다'라는 절에 명사형 어미 '-기'를 결합한 것으로 명사절로 안긴문장이다.

③ '공부가 어렵기', '저 하기'는 '공부가 어렵다', '저 하다'라는 절에 각각 명사형 어미 '-기'를 결합한 것으로 명사절로 안긴문장이다.

④ '비가 많이 오기'는 '비가 많이 오다'라는 절에 명사형 어미 '-기'를 결합한 것으로 명사절로 안긴문장이다.

02 난도 ★★☆　　　　　　정답 ②

문법 > 한글 맞춤법

[정답의 이유]

② 걸맞는(×) → 걸맞은(○): '걸맞다'는 '두 편을 견주어 볼 때 서로 어울릴 만큼 비슷하다.'라는 의미의 형용사이므로 어간 '걸맞-'에 관형사형 어미 '-은'을 결합하여 '걸맞은'으로 표기하는 것이 적절하다. 참고로 형용사는 동사와 달리 현재 시제 선어말 어미 '-는/ㄴ-' 또는 관형사형 어미 '-는'과 결합할 수 없으며 명령형·청유형을 만들 수 없다.

[오답의 이유]

① 지나가는∨대로(○): '대로'는 '어떤 상태나 행동이 나타나는 그 즉시'를 의미하는 의존 명사로 '지나가는∨대로'와 같이 앞말과 띄어 쓰는 것이 적절하다.

③·④ 익숙지(○)/생각건대(○): 한글 맞춤법 제40항 [붙임 2]에 따르면 어간의 끝음절 '하'가 아주 줄 적에는 준 대로 적는다고 하였다. '익숙지'와 '생각건대'는 어간의 끝음절 '하'가 아주 줄어든 경우이므로 '익숙하지'와 '생각하건대'의 '하'가 탈락해 '익숙지', '생각건대'로 표기하는 것이 적절하다.

⑤ 기대치도(○): 한글 맞춤법 제40항에 따르면 어간의 끝음절 '하'의 'ㅏ'가 줄고 'ㅎ'이 다음 음절의 첫소리와 어울려 거센소리로 될 적에는 거센소리로 적는다고 하였다. '기대치도'는 어간의 끝음절 '하'의 'ㅏ'가 줄고 'ㅎ'이 다음 음절의 첫소리와 어울려 거센소리가 되는 경우이므로 '기대하지도'의 'ㅏ'가 탈락해 '기대치도'로 표기하는 것이 적절하다.

03 난도 ★☆☆   정답 ①

현대 문학 > 현대 시

정답의 이유

제시된 작품에서 화자는 '광고의 나라에 살고 싶다'고 하였으나 전체 내용을 볼 때 '광고의 나라'는 '절망이 꽃피는' 부정적인 곳이다. 이를 통해 ㉠에는 실제로 표현하려는 것과는 반대로 표현하는 반어법이 사용되었음을 알 수 있다.

① '임'이 떠나가는 슬픈 상황에서 죽어도 눈물을 흘리지 않겠다며 화자의 슬픔을 반어적으로 표현하는 반어법이 사용되었다.

오답의 이유

② '전설이 주저리주저리 열리고'에서 '전설'이라는 추상적 개념을 '열리다'로 구체화시켜 표현하는 추상적 개념의 구체화가 사용되었다.

③ '내 마음은 나그네요'에서 '내 마음'을 그와 비슷한 성격을 가지고 있는 '나그네'에 빗대어 표현하는 은유법이 사용되었다.

④ '구름에 달 가듯이 / 가는 나그네'에서 '~듯'을 사용하여 원관념과 보조 관념을 직접 연결시키는 직유법이 사용되었다.

⑤ '어둠은 새를 낳고, 돌을 / 낳고, 꽃을 낳는다'에서 '어둠'이라는 무생물을 생물인 것처럼 '새', '돌', '꽃'을 낳는다고 표현한 활유법이 사용되었다. 또한, '새를 낳고', '돌을 낳고' 등 유사한 문장 구조가 반복되는 대구법이 사용되었다.

> **작품 해설**
>
> **함민복, 「광고의 나라」**
> - 갈래: 자유시, 서정시
> - 성격: 비판적, 풍자적
> - 주제: 광고와 소비에 물든 현대인의 삶
> - 특징
>   - 특정 시어의 반복을 통해 주제를 강조함
>   - 반어법을 사용하여 상업주의의 성격을 비판함
>   - 운문과 산문의 교차, 이상 시의 패러디 등 다양한 기법을 활용함

04 난도 ★★☆   정답 ④

비문학 > 사실적 읽기

정답의 이유

④ 3문단에서 '이처럼 인간의 행동에 영향을 미치는 보편적인 특성을 발견하려는 노력이 이어졌고 그 결과 성격 5요인 모델과 같은 특성론적 성격 이론이 확립되었다.'라고 하였으므로 유전학의 발전에 따른 일련의 발견들이 인간의 행동에 영향을 미치는 보편적 특성을 통해 개인의 성격을 설명하고자 하는 특성론적 성격 이론 확립에 영향을 주었음을 알 수 있다.

오답의 이유

① 1문단의 '지그문트 프로이트는 ~ 개인이 스스로의 욕구를 조절하는 방식을 성격이라고 보았다.'와 '정신역동학은 성격의 형성 과정과 성격이 개인행동에 미치는 영향에는 관심이 있었지만, 성격을 유형화하려는 시도는 하지 않았다.'를 통해 프로이트는 개인이 스스로 욕구를 조절하는 방식을 성격이라고 보았으며,

성격을 유형화하려는 시도는 하지 않았음을 알 수 있다.

② 3문단의 '부모의 양육 방식 등 환경을 강조한 정신역동학에 비해 유전적으로 타고나는 기질의 중요성을 뒷받침하는 증거들이 발견되기 시작한 것이다.'를 통해 부모의 양육 방식 등 환경을 강조한 정신역동학과는 달리 생물학적 방법론은 유전적으로 타고나는 기질의 중요성을 강조하였음을 알 수 있다.

③ 2문단의 '융은 다른 정신역동학자와 달리 오랫동안 역사와 문화를 공유한 집단의 구성원들에게 존재하는 무의식을 강조했다. 이 때문에 융은 부모와 아이의 상호작용이라는 개인적 요인보다는 집단무의식 수준의 보편적 원리들이 작동하여 성격이 형성된다고 보았다.'를 통해 집단의 구성원들에게 존재하는 무의식 수준의 보편적 원리가 성격 형성에 영향을 미친다고 주장한 것은 융 이전의 정신역동학자들이 아닌 융임을 알 수 있다.

⑤ 2문단의 '인간의 정신이 대립원리에 의해 작동한다고 주장했는데, 대립원리란 개인 내에 존재하는 대립 혹은 양극적인 힘이 갈등을 야기하고, 이 갈등이 정신 에너지를 생성한다는 것을 의미한다.'를 통해 융은 인간의 정신이 개인 내에 존재하는 대립 혹은 양극적인 힘이 갈등을 초래하고, 이 갈등이 정신 에너지를 생성하는 대립원리에 의해 작동한다고 주장하였으며, 이 주장을 근거로 1940년대 MBTI와 같은 유형론적 성격 이론이 만들어졌음을 알 수 있다. 외향성과 내향성은 이와 달리 기질이 성격 형성에 영향을 끼친다는 것을 보여주는 특성이며, 유형론적 성격 이론이 해체되는 계기와는 관련이 없다.

05 난도 ★☆☆   정답 ③

문법 > 표준어 규정

정답의 이유

③ '자료 4.'의 '놓는', '쌓네'를 보면, 'ㅎ' 뒤에 'ㄴ'이 결합하였고 각각 [논는], [싼네]로 발음한다. 이를 통해 'ㅎ' 뒤에 'ㄴ'이 결합되는 경우에는 'ㅎ'을 [ㄴ]으로 발음한다는 규칙을 이끌어 낼 수 있다(표준어 규정 제12항).

오답의 이유

① '자료 3.'의 '닿소', '많소', '싫소'를 보면, 'ㅎ, ㄶ, ㅀ' 뒤에 'ㅅ'이 결합하였고 각각 [다:쏘], [만:쏘], [실쏘]로 발음한다. 이를 통해 'ㅎ(ㄶ, ㅀ)' 뒤에 'ㅅ'이 결합되는 경우에는 'ㅅ'을 [ㅆ]으로 발음한다는 규칙을 이끌어 낼 수 있다.

② '자료 2.'의 '않네', '뚫는'을 보면, 'ㄶ, ㅀ' 뒤에 'ㄴ'이 결합하였고 이때 'ㅎ'이 탈락하여 각각 [안네], [뚤른]으로 발음한다. 이를 통해 'ㄶ, ㅀ' 뒤에 'ㄴ'이 결합되는 경우에는 'ㅎ'을 발음하지 않는다는 규칙을 이끌어 낼 수 있다.

④ '자료 5.'의 '낳은', '않은', '싫어도'를 보면, 'ㅎ, ㄶ, ㅀ' 뒤에 모음으로 시작된 어미 '-은'과 '-어'가 결합하였고 이때 'ㅎ'이 탈락하여 각각 [나은], [아는], [시러도]로 발음한다. 이를 통해 'ㅎ(ㄶ, ㅀ)' 뒤에 모음으로 시작된 어미나 접미사가 결합되는 경우에는 'ㅎ'을 발음하지 않는다는 규칙을 이끌어 낼 수 있다.

⑤ '자료 1.'의 '놓고', '않던', '닳지'를 보면, 'ㅎ, ㄶ, ㅀ' 뒤에 'ㄱ, ㄷ, ㅈ'이 결합하였고 각각 [노코], [안턴], [달치]로 발음한다. 이를 통해 'ㅎ(ㄶ, ㅀ)' 뒤에 'ㄱ, ㄷ, ㅈ'이 결합되는 경우에는 뒤 음

절 첫소리와 합쳐서 [ㅋ, ㅌ, ㅊ]으로 발음한다는 규칙을 이끌어 낼 수 있다.

'ㅎ'의 발음(표준어 규정 제2장 제12항)

받침 'ㅎ'의 발음은 다음과 같다.

- 'ㅎ(ㄶ, ㅀ)' 뒤에 'ㄱ, ㄷ, ㅈ'이 결합되는 경우에는, 뒤 음절 첫소리와 합쳐서 [ㅋ, ㅌ, ㅊ]으로 발음한다.

놓고[노코]	좋던[조:턴]	쌓지[싸치]
많고[만:코]	않던[안턴]	닳지[달치]

[붙임 1] 받침 'ㄱ(ㄺ), ㄷ, ㅂ(ㄼ), ㅈ(ㄵ)'이 뒤 음절 첫소리 'ㅎ'과 결합되는 경우에도, 역시 두 음을 합쳐서 [ㅋ, ㅌ, ㅍ, ㅊ]으로 발음한다.

각하[가카]	먹히다[머키다]	밝히다[발키다]
맏형[마텽]	좁히다[조피다]	넓히다[널피다]
꽂히다[꼬치다]	앉히다[안치다]	

[붙임 2] 규정에 따라 'ㄷ'으로 발음되는 'ㅅ, ㅈ, ㅊ, ㅌ'의 경우에도 이에 준한다.

옷 한 벌[오탄벌]	낮 한때[나탄때]	꽃 한 송이[꼬탄송이]
숱하다[수타다]		

- 'ㅎ(ㄶ, ㅀ)' 뒤에 'ㅅ'이 결합되는 경우에는, 'ㅅ'을 [ㅆ]으로 발음한다.

닿소[다쏘]	많소[만:쏘]	싫소[실쏘]

- 'ㅎ' 뒤에 'ㄴ'이 결합되는 경우에는, [ㄴ]으로 발음한다.

놓는[논는]	쌓네[싼네]

[붙임] 'ㄶ, ㅀ' 뒤에 'ㄴ'이 결합되는 경우에는, 'ㅎ'을 발음하지 않는다.

않네[안네]	않는[안는]
뚫네[뚤네 → 뚤레]	뚫는[뚤는 → 뚤른]

- 'ㅎ(ㄶ, ㅀ)' 뒤에 모음으로 시작된 어미나 접미사가 결합되는 경우에는, 'ㅎ'을 발음하지 않는다.

낳은[나은]	놓아[노아]	쌓이다[싸이다]	많아[마:나]
않은[아는]	닳아[다라]	싫어도[시러도]	

06 난도 ★☆☆　　　　　　　　　　　　정답 ④

비문학 > 사실적 읽기

정답의 이유

④ 1문단에서 '표현적 글쓰기는 종일 꾹꾹 참고 발설하지 않은 취약한 측면을 찾아내고 그것에 대해 경청할 기회를 주기 때문에 효과가 있는 것이다.'라고 하였으므로 표현적 글쓰기가 참고 발설하지 않은 것에 대해 경청할 기회를 준다고 이해한 것은 적절하다.

오답의 이유

① 1문단의 '표현적 글쓰기는 왜 그렇게 효과가 있을까? 우리가 흔히 경시하는 고통스러운 감정을 마주해야 되기 때문이다.'를 통해 표현적 글쓰기는 고통스러운 감정을 마주하는 것임을 알 수 있다.

② 1문단에 따르면, 우리는 자수성가를 칭송하고 강인한 사람을 미화하는 세상에 살고 있을 뿐이다. 표현적 글쓰기는 꾹꾹 참고 발설하지 않은 우리의 취약한 측면을 찾아내고 그것에 대해 경청할 기회를 제공하는 것이지, 자수성가를 칭송하고 강인한 사람을 미화하는 역할을 하지는 않는다.

③ 2문단의 '또한 글쓰기 과정이 다른 사람을 염두에 두지 않았다는 점도 매우 중요하다. 우리는 보통 타인이 볼 글을 쓸 때, 스스로 검열하고 글이 충분히 좋은지에 관심을 두게 된다. 그러나 표현적 글쓰기는 그렇지 않다. 두서없고, 누가 읽기에도 적합하지 않은 글을 쓴 후 버리면 된다.'를 통해 표현적 글쓰기는 타인을 염두에 두지 않는다는 것을 알 수 있다.

⑤ 2문단의 '두서없고, 누가 읽기에도 적합하지 않은 글을 쓴 후 버리면 된다.'를 통해 표현적 글쓰기는 두서없이 편하게 쓴 후 버려도 되도록 고안되었음을 알 수 있다.

07 난도 ★★☆　　　　　　　　　　　　정답 ③

비문학 > 추론적 읽기

정답의 이유

㉠ A에게 1,000원짜리 100장을 모두 준 다음 그 돈을 다른 한 사람인 B와 나누라고 하였을 때 B가 A의 제안을 수용하면, 두 사람은 A가 제안한 액수만큼 각각 받게 되지만 B가 그 제안을 거절하면, 아무도 그 돈을 받지 못한다. 두 사람이 모두 자기 이익에 충실한 개인들이라면, A가 단 1,000원만 제안하더라도 B는 그 제안을 받아들여야 한다. 제안을 거절한다면 둘 다 한 푼도 받지 못하기 때문이다. 따라서 ㉠에 들어갈 적절한 내용은 '제안한 1,000원을 받든가, 한 푼도 받지 못하든가'이다.

㉡ 2문단의 실험 결과에서 사람들은 자기의 이익이 최대화되지 않더라도 제안이 불공평하다고 생각하면 거절하는 모습을 보였다. 이는 인간이 경제적 이익에 의해서만 움직이는 것이 아님을 보여주는 것이다. 따라서 ㉡에 들어갈 적절한 내용으로는 '인간의 행동이 경제적 이득에 의해서만 움직이지 않는다'이다.

08 난도 ★☆☆　　　　　　　　　　　　정답 ①

비문학 > 사실적 읽기

정답의 이유

㉠ 2문단의 '우리에게 잘 알려진 나이브 아트 예술가로는 앙리 루소, 앙드레 보샹, 모리스 허쉬필드, 루이 비뱅, 그랜마 모지스 등이 있다.'를 통해 확인할 수 있다.

오답의 이유

㉡ 1문단의 '특정한 유파를 가리키기보다 작가의 경향을 가리키는 말이다.'를 통해 나이브 아트는 특정한 유파가 아닌 작가의 경향을 가리키는 말임을 알 수 있다.

㉢ 2문단의 '서양 미술의 기본 규칙인 원근법, 명암법, 구도 등에 구속되지 않는 평면적 화면, 단순하지만 강렬한 색채, 자세한 묘사 등을 특징으로 보여 준다.'를 통해 나이브 아트 작가들은 서양 미술의 기본 규칙에 구속되지 않는다는 것을 알 수 있다.

ⓔ 3문단의 '나이브 아트는 피카소와 같은 기존 미술의 권위와 전통에 반하는 그림을 그리려는 화가들의 주목을 받으며 현대미술의 탄생에도 적지 않은 영향을 끼쳤다.'를 통해 나이브 아트가 현대미술의 탄생에 영향을 끼쳤음을 알 수 있다.

09 난도 ★★☆   정답 ⑤

현대 문학 > 현대 시

[정답의 이유]

⑤ 도토리묵이 만들어지는 과정을 통해 도토리묵에 대한 개성적 통찰을 보여 주고 있다. 제시된 작품에서 자연과의 교감을 통한 인간에 대한 이해는 나타나지 않는다.

[오답의 이유]

① · ② 1연에서는 '~하는 소리'의 반복적 제시와 '후두둑', '사그락사그락' 같은 음성 상징어를 통하여 청각적 이미지를 중심으로 도토리묵이 만들어지는 과정을 형상화하고 있다.
- 마른 잎사귀에 도토리알 얼굴 부비는 소리: 도토리가 나무에 매달려 있는 모습
- 후두둑 뛰어내려 저마다 멍드는 소리: 나무에서 도토리가 떨어지는 모습
- 반들거리는 몸 위로 살짝살짝 늦가을 햇볕 발 디디는 소리: 햇볕에서 건조되고 있는 모습
- 맷돌 속에서 껍질 타지며 가슴 동당거리는 소리, 사그락사그락 고운 뼛가루 저희끼리 소근대며 어루만져주는 소리: 으깨어져 부서지는 모습
- 가벼운 것들에게 이별 인사하는 소리: 가루가 된 도토리가 물에 가라앉는 모습
- 식어가며 단단해지며 서로 핥아주는 소리: 도토리묵이 응고되는 모습

③ 3연의 '모든 소리들이 흘러 들어간 뒤에 비로소 생겨난 저 고요 / 저토록 시끄러운, 저토록 단단한.'에서 상반된 시어인 '고요'와 '시끄러운'을 활용한 역설법을 통해 도토리묵을 만들면서 생겨난 소리를 품고 있는 도토리묵의 단단함을 효과적으로 드러내고 있다.

④ '저희끼리 소근대며 어루만져주는 소리', '물속에 가라앉으며 안녕 안녕 가벼운 것들에게 이별 인사하는 소리' 등을 통해 도토리를 의인화하여 표현하고 있음을 알 수 있다.

작품 해설

김선우, 「단단한 고요」
- 갈래: 자유시, 서정시
- 성격: 감각적, 창의적, 개성적, 산문적, 묘사적
- 주제: 도토리묵에 대한 개성적(새로운) 인식
- 특징
  - 시적 대상을 의인화하여 나타냄
  - 청각적 이미지를 통해 시적 대상을 효과적으로 드러냄
  - 명사형 종결어미의 반복, 도치법, 역설법 등을 통하여 시상을 전개함

10 난도 ★★☆   정답 ④

비문학 > 글의 순서 파악

[정답의 이유]

- (다)에서는 '애착'이라는 화제를 제시하고 있으므로 글의 처음에 오는 것이 적절하다.
- (가)에서는 '애착'에 대하여 존 볼비가 연구를 시작한 내용을 제시하고 있으므로 (다)의 뒤에 오는 것이 적절하다.
- (라)에서는 '하지만'이라는 역접의 접속 부사 뒤에 아이가 애착의 대상인 엄마와 분리되었을 때 괴로워하며, 다른 사람이 돌보아 주어도 고통이 해소되지 않는다는 내용이 이어진다. 따라서 아이가 엄마와 계속 붙어 있으려고 하는 이유는 단지 먹을 것을 얻기 위해서라는 내용을 담고 있는 (가) 뒤에 오는 것이 적절하다.
- (나)에서는 '애착'에 대한 연구의 최종 결과를 제시하고 있으므로 글의 마지막에 오는 것이 적절하다.

따라서 글을 논리적 순서에 맞게 나열한 것은 ④ (다) - (가) - (라) - (나)이다.

11 난도 ★★☆   정답 ⑤

비문학 > 사실적 읽기

[정답의 이유]

⑤ 제시된 글에 인공지능이 다양한 상호작용을 통해 스스로의 오류를 교정하고 최적화하는 기능, 즉 머신러닝을 탑재하고 있다는 언급은 있으나 스스로 양질의 정보를 가려낼 수 있다는 언급은 없다.

[오답의 이유]

① 4문단에서 '인공지능의 범람 속에서 살아남는 방법은, 인공지능과 '함께 살아가는 인간'이 되는 것이다.'라고 하였으므로 인간은 인공지능과 공존하는 방법을 모색해 인공지능을 지혜롭게 사용해야 한다는 설명은 적절하다.

② 3문단에서 '인공지능은 다양한 상호작용을 통해 스스로의 오류를 교정하고 최적화하는 기능을 탑재하고 있다. 머신러닝(machine learning)이라는 개념이 바로 그것이다. 그러나 이 메커니즘은 명백하게도 인간 사용자의 특성과 의사에 따라 좌우될 수 있다.'라고 하였으므로 머신러닝에도 인간 사용자의 특성이 반영된다는 설명은 적절하다.

③ 2문단에서 '인공지능이 잘 할 수 있는 일이라고 해서 인간이 그것을 할 줄 몰라도 된다는 것이 아니라는 것이다.'라고 하였으므로 인간이 글쓰기를 잘 수행하더라도 인간은 글쓰기 능력을 길러야 한다는 설명은 적절하다.

④ 2문단에서 '둘째, 인공지능을 지혜롭게 사용하려면 인공지능이 가진 성찰성의 한계를 이해해야 한다.'라고 하였으므로 인공지능을 지혜롭게 사용할 수 있으려면 인공지능이 가진 성찰성의 한계를 이해해야 한다는 설명은 적절하다.

12 난도 ★☆☆

비문학 > 사실적 읽기

정답의 이유

① (가)의 '이 세상 모든 사물 가운데 귀천과 빈부를 기준으로 높고 낮음을 정하지 않는 것은 오직 문장뿐이다.'를 통해 훌륭한 문장은 빈부귀천에 따라 높고 낮음이 정해지지 않는다는 것을 알 수 있다.

오답의 이유

② (나)의 '남을 본떠서 자기 개성을 잃어버리지 않도록 하는 것이야말로 글쓰기의 본령이다.'를 통해 글쓰기에서 중요한 것은 자기 개성을 표현하는 것임을 알 수 있다.

③ (다)의 '글이란 것은 뜻을 나타내면 그만일 뿐이다.'와 '뜻을 근엄하게 꾸미고 글자마다 장중하게 만드는 것은 마치 화가를 불러서 초상을 그릴 적에 용모를 고치고 나서는 것과 같다.'를 통해 글에서 중요한 것은 꾸미는 것보다 뜻을 정확하게 나타내는 것임을 알 수 있다.

④ (라)의 '문장에 뜻을 두는 사람들이 첫째로 주의할 것은 자기를 속이지 않는 것이다.'를 통해 글쓰기에서 중요한 것은 진솔하게 표현하는 것임을 알 수 있다.

⑤ (마)의 '글이란 조화다. 마음속에서 이루어진 문장은 반드시 정교하게 되나 손끝으로 이루어진 문장은 정교하게 되지 않으니, 진실로 그러하다.'를 통해 글은 마음으로부터 이뤄져 조화를 이루는 것이 중요함을 알 수 있다.

13 난도 ★★☆

어휘 > 혼동 어휘

정답의 이유

② 소에게 받쳐서(×) → 소에게 받혀서(○): 문맥상 '머리나 뿔 따위에 세차게 부딪히다.'라는 의미로 사용되었으므로 '받히다'로 쓰는 것이 적절하다.

오답의 이유

① 채반에 밭쳤다(○): '밭치다'는 '구멍이 뚫린 물건 위에 국수나 야채 따위를 올려 물기를 빼다.'라는 뜻으로 문맥상 적절하게 쓰였다.

③ 턱을 받치고(○): '받치다'는 '물건의 밑이나 옆 따위에 다른 물체를 대다.'라는 뜻으로 문맥상 적절하게 쓰였다.

④ 내복을 받쳐서(○): '받치다'는 '옷의 색깔이나 모양이 조화를 이루도록 함께 하다.'라는 뜻으로 문맥상 적절하게 쓰였다.

⑤ 시장 상인에게 받혀도(○): '받히다'는 '한꺼번에 많은 양의 물품을 사게 하다.'라는 뜻으로 문맥상 적절하게 쓰였다.

14 난도 ★★☆

문법 > 통사론

정답의 이유

④ 짚히는(×) → 짚이는(○): '짚이다'는 '짚다'의 어간 '짚-'에 피동 접미사 '-이-'가 결합하여 만들어진 피동사이다. 따라서 '짚히다'로 표기하는 것은 적절하지 않다.

오답의 이유

① 나뉜다(○): '나뉘다'는 '나누다'의 어간 '나누-'에 피동 접미사 '-이-'가 결합하여 만들어진 피동사이다.

② 덮인(○): '덮이다'는 '덮다'의 어간 '덮-'에 피동 접미사 '-이-'가 결합하여 만들어진 피동사이다.

③ 베인(○): '베이다'는 '베다'의 어간 '베-'에 피동 접미사 '-이-'가 결합하여 만들어진 피동사이다.

⑤ 걷히고(○): '걷히다'는 '걷다'의 어간 '걷-'에 피동 접미사 '-히-'가 결합하여 만들어지 피동사이다.

더 알아보기

능동과 피동

- 능동: 주체가 스스로 움직이거나 작용을 하는 것
- 피동: 주체가 다른 힘에 의하여 움직이거나 작용을 하는 것
- 피동문의 종류

파생적 피동문 (단형 피동)	• 용언의 어간에 피동 접미사 '-이-, -히-, -리-, -기-'를 붙여서 만든다. 예 경찰이 도둑을 잡았다. (능동) 　→ 도둑이 경찰에게 잡혔다. (피동) • 명사에 접미사 '-되다, -받다, -당하다'를 붙여서 만든다. 예 철수는 영희를 사랑했다. (능동) 　→ 영희는 철수에게 사랑받았다. (피동)
통사적 피동문 (장형 피동)	용언의 어간에 보조 용언 '-어지다, -게 되다'를 붙여 만든다. 예 쓰레기를 버린다. (능동) 　→ 쓰레기가 버려진다. (피동)

15 난도 ★★☆

문법 > 한글 맞춤법

정답의 이유

② 총금액(○): '총-'은 '전체를 합한'의 뜻을 더하는 접두사이므로 뒤의 말에 붙여 써야 한다.

오답의 이유

① 못했다(×) → 못∨했다(○): '못 하다'는 동사 '하다'에 부사 '못'이 결합한 것으로, 이때 '못'은 동사가 나타내는 동작을 할 수 없다거나 상태가 이루어지지 않았다는 부정의 뜻을 나타내는 부사로 사용되었다. 따라서 제시된 문장에서는 '못∨하다'와 같이 띄어 써야 한다. 참고로 '어떤 일을 일정한 수준에 못 미치게 하거나, 그 일을 할 능력이 없다.'라는 의미로 쓰일 때에는 '못하다'와 같이 하나의 동사로 붙여 쓴다.

③ 한달간(×) → 한∨달간(○): '달'은 '한 해를 열둘로 나눈 것 가운데 하나의 기간을 세는 단위'를 의미하는 의존 명사이다. 한글 맞춤법 제42항에 따르면 '의존 명사는 띄어 쓴다.'라고 하였으므로 '한∨달간'으로 띄어 쓰는 것이 적절하다. '-간'은 '동안'의 뜻을 더하는 접미사이므로 앞의 말에 붙여 써야 한다.

④ 제문제(×) → 제∨문제(○): '제'는 '여러'의 뜻을 나타내는 관형사이다. 따라서 '제∨문제'로 띄어 써야 한다.

⑤ 해야∨할∨지(×) → 해야∨할지(○): '-ㄹ지'는 추측에 대한 막연한 의문이 있는 채로 그것을 뒤 절의 사실이나 판단과 관련시키는 데 쓰는 연결 어미이므로 앞의 말에 붙여 써야 한다. '지'가 어떤 일이 있었던 때로부터 지금까지의 동안을 나타내는 의존 명사로 쓰일 때는 앞의 말에 띄어 쓴다.

16 난도 ★★☆   정답 ②

문법 > 로마자 표기법

정답의 이유

② • 국어의 로마자 표기법 제3장 제1항에 따르면 자음 사이에서 동화 작용이 일어나는 경우 음운 변화에 따라 적는다고 하였다. 따라서 '종로'는 'ㄹ'이 비음인 'ㅇ'을 만나 비음인 'ㄴ'으로 바뀌는 비음화가 일어나 [종노]로 발음되므로 'Jongno'로 표기하는 것이 적절하다.
   • 국어의 로마자 표기법 제2장 제1항 [붙임 1]에 따르면 'ㅢ'는 'ㅣ'로 소리 나더라도 'ui'로 적는다고 하였다. 따라서 '여의도'는 [여의도] 또는 [여이도]로 발음되지만 'Yeouido'라고 표기하는 것이 적절하다.
   • 국어의 로마자 표기법 제3장 제1항에 따르면 자음 사이에서 동화 작용이 일어나는 경우 음운 변화에 따라 적는다고 하였다. 따라서 '신라'는 비음 'ㄴ'이 유음 'ㄹ'을 만나 유음인 'ㄹ'로 바뀌는 유음화가 일어나 [실라]로 발음되므로 'Silla'라고 표기하는 것이 적절하다.

17 난도 ★★★   정답 ③

비문학 > 추론적 읽기

정답의 이유

③ 2문단에서 '우선 자신의 이해관계부터 생각하는 인간의 본성 탓에 근본적 긴장은 항상 사라지지 않기 때문이다.'라고 하였으므로 인간은 본성적으로 자신의 이해관계부터 생각하기 때문에 환경 운동이 보편적 방향으로 발달하기 어렵다는 것을 알 수 있다. 여기서 말하는 이해관계는 '올슨 패러독스'와 관련된다. '올슨 패러독스'는 특별한 공동 이해관계로 묶인 소규모 그룹이 얼굴을 맞대고 단호히 일을 추진할 때, 대단히 애매한 일반적 이해를 가진 익명의 대규모 집단보다 훨씬 더 뛰어난 추진력을 보인다는 것으로, 자신의 이해관계를 먼저 생각하는 인간의 본성으로 인해 올슨 패러독스가 근본적으로 해소되기 어렵다는 것을 파악할 수 있다.

오답의 이유

① 2문단의 '이기적 이해관계를 넘어서서 환경 전체를 바라보는 안목이 현대화 과정에서 발달했기 때문이다.'를 통해 현대화 과정에서 발달한 것은 이기적 이해관계를 넘어선 환경 전체를 바라보는 안목임을 알 수 있다. 따라서 현대화 과정에서 인간의 이기적 이해관계가 부각되었다고 이해한 것은 적절하지 않다.

② 1문단에서 '초창기 환경 운동의 목표는 전통적인 자연 보호, 곧 특정 습지의 특정 조류를 보호하려는 좁은 생각을 극복하는 것이었다.'라고 하였으므로 환경 운동은 특정 생물 집단의 번식과 지

속성을 보전하는 것에서 시작했다고 이해한 것은 적절하지 않다.

④ 1문단의 '이것은 특별한 공동 이해관계로 묶인 소규모 그룹이 얼굴을 맞대고 단호히 일을 추진할 때, 대단히 애매한 일반적 이해를 가진 익명의 대규모 집단보다 훨씬 더 뛰어난 추진력을 보인다는 것이다.'를 통해 환경 운동에 있어서 애매한 일반적 이해를 가진 대규모 집단보다 특별한 공동 이해관계로 묶인 소규모 그룹이 더 뛰어난 추진력을 보임을 알 수 있다. 따라서 환경 운동은 대규모 집단의 이해관계가 소규모 집단의 이해관계와 일치할 때 이루어지는 과정이라고 이해한 것은 적절하지 않다.

⑤ 2문단의 '동시에 물론 자신의 직접적인 생활 환경을 지키려는 각오도 환경 정책에 결정적 영향을 미친다.'를 통해 개인의 이기심이 환경 운동에 영향을 미침을 알 수 있다. 따라서 개인의 이기심은 환경 운동을 위한 직접적인 동기로 작용하지 않는다고 이해한 것은 적절하지 않다. 또한, 제시된 글에서 '공리주의'와 관련된 내용은 나타나지 않는다.

18 난도 ★☆☆   정답 ④

문법 > 한글 맞춤법

정답의 이유

④ 마굿간(×) → 마구간(○): 한자어로 이루어진 합성어에는 사이시옷을 넣지 않는 것이 원칙이다. 따라서 '마구간(馬廐間)'으로 표기하는 것이 적절하다.

오답의 이유

① 인사말(○): 한글 맞춤법 제30항에 따르면, 순우리말과 한자어로 된 합성어로서 앞말이 모음으로 끝난 경우 뒷말의 첫소리 'ㄴ, ㅁ' 앞에서 'ㄴ' 소리가 덧날 때 사이시옷을 받치어 적는다. '인사말'은 '인사(人事)+말'과 같이 한자어와 순우리말로 구성된 합성어이며, 앞말이 모음으로 끝났지만 [인산말]과 같이 'ㄴ' 소리가 덧나지 않고 [인사말]로 발음되므로 사이시옷을 받치어 적지 않는다.

② 등굣길(○): 한글 맞춤법 제30항에 따르면, 순우리말과 한자어로 된 합성어로서 앞말이 모음으로 끝난 경우 뒷말의 첫소리가 된소리로 날 때 사이시옷을 받치어 적는다. '등굣길'은 '등교(登校)+길'과 같이 한자어와 순우리말로 구성된 합성어이며, [등교낄/등굔낄] 처럼 뒷말의 첫소리가 된소리로 발음되므로 사이시옷을 받치어 적는다.

③ 빨랫줄(○): 한글 맞춤법 제30항에 따르면, 순우리말로 된 합성어로서 앞말이 모음으로 끝나는 경우 뒷말의 첫소리가 된소리로 날 때 사이시옷을 받치어 적는다. '빨랫줄'은 '빨래+줄'과 같이 순우리말로 구성된 합성어이며, [빨래쭐/빨랟쭐]처럼 뒷말의 첫소리가 된소리로 발음되므로 사이시옷을 받치어 적는다.

⑤ 셋방(○): 한글 맞춤법 제30항에 따르면, 두 음절로 된 한자어 중 '곳간(庫間)', '셋방(貰房)', '숫자(數字)', '찻간(車間)', '툇간(退間)', '횟수(回數)'에만 사이시옷을 받치어 적을 수 있다.

19 난도 ★☆☆   정답 ⑤

어휘 > 한자성어

정답의 이유

㉠ 아내가 죽었을지도 모른다는 불길함을 없애기 위해 김 첨지가 고함을 치는 장면과 관련된 한자성어로는 '실속은 없으면서 큰 소리치거나 허세를 부림'을 의미하는 허장성세(虛張聲勢)가 적절하다.

- 虛張聲勢: 빌 허, 베풀 장, 소리 성, 기세 세

㉡ 일어나지 못하고 계속 누워 있는 아내에게 김 첨지가 호통을 치는 장면과 관련된 한자성어로는 '밤낮으로 쉬지 아니하고 연달아'를 의미하는 주야장천(晝夜長川)이 적절하다.

- 晝夜長川: 낮 주, 밤 야, 길 장, 내 천

오답의 이유

- 노심초사(勞心焦思): 몹시 마음을 쓰며 애를 태움
  - 勞心焦思: 수고로울 노, 마음 심, 그을릴 초, 생각 사
- 주야불식(晝夜不息): 밤낮으로 쉬지 아니함
  - 晝夜不息: 낮 주, 밤 야, 아닐 불, 숨쉴 식
- 전전반측(輾轉反側): 누워서 몸을 이리저리 뒤척이며 잠을 이루지 못함
  - 輾轉反側: 구를 전, 구를 전, 돌이킬 반, 곁 측
- 절치부심(切齒腐心): 몹시 분하여 이를 갈며 속을 썩임
  - 切齒腐心: 끊을 절, 이 치, 썩을 부, 마음 심

작품 해설

현진건, 「운수 좋은 날」
- 갈래: 단편 소설, 사실주의 소설
- 성격: 반어적, 사실적, 비극적
- 주제: 일제 강점기 하층민의 비참한 생활상
- 특징
  - 일제강점기 도시 하층민의 비극적인 삶을 잘 드러냄
  - 제목에서 반어적인 표현을 사용하여 비극성을 강조함
  - 문체, 인물의 성격, 배경, 작품의 주제 등이 유기적으로 작용하여 사실성을 높임

20 난도 ★★☆   정답 ①

비문학 > 추론적 읽기

정답의 이유

① 제시된 글에 따르면, 신석기 시대 초반에는 여성이 농사를 담당하였고 여성의 출산력이 중요하게 여겨졌기 때문에 상대적으로 여성의 사회적 위상이 높았다. 그러나 신석기 시대 중후반에는 집짐승을 기르기 시작하면서 남성들이 생산 활동의 새로운 주인공이 되었고, 여성들은 보조자로 밀려나 주로 집안일이나 육아를 담당하게 되었다고 하였으므로 ㉠에 들어갈 내용으로는 '남성과 여성의 사회적 위상과 역할이 달라지게 되었다.'가 가장 적절하다.

오답의 이유

② 2문단의 '여성들은 보조자로 밀려나서 주로 집안일이나 육아를 담당하게 되었다.'를 통해 여성이 생산 활동의 보조자로 밀려났을 뿐 완전히 배제된 것은 아님을 확인할 수 있다.

③ 제시된 글에서는 신석기 시대에 남성과 여성의 사회적 위상과 역할이 어떻게 바뀌었는지를 설명하고 있으며, 남성이 남성으로서의 제 역할을 하였는지에 대한 내용은 나타나지 않는다.

④ 2문단에서 신석기 시대 중후반 이후 남성은 생산 활동의 주인공이 되고 여성들은 보조자 역할을 하면서 집안일이나 육아를 담당하게 되었다고 하였다. 그러나 여성을 공동체 일원으로 인정하는지 하지 않았는지에 대한 내용은 나타나지 않는다.

⑤ 2문단의 '마침 이 무렵, 집짐승 기르기가 시작되면서 남성들은 더 이상 사냥감을 찾아 산야를 헤맬 필요가 없게 되었다. 사냥 활동에서 벗어난 남성들은 생산 활동의 새로운 주인공이 되었다.'를 통해 집짐승 기르기가 시작되면서 남성들이 사냥에서 벗어난 것일 뿐 여성이 남성을 대체한 것이 아님을 확인할 수 있다.

21 난도 ★★☆   정답 ①

비문학 > 사실적 읽기

정답의 이유

① 1문단의 '그리하여 한편으로는 읽을거리를 늘리기 위해, 그리고 다른 한편으로는 그들만의 독특한 취향에 상응하는 읽을거리를 손에 넣기 위해 여성들은 그들만의 고유한 문학을 창조해 냈다.'를 통해 헤이안 시대 여성들이 읽을거리에 대한 열망을 문학 창작의 동력으로 삼았다는 것을 알 수 있다.

오답의 이유

② 1문단의 '그 문학을 기록하기 위해 여성들은 그들에게 허용된 언어를 음성으로 옮긴 가나분카쿠를 개발하기에 이르렀는데, 이 언어는 한자 구조가 거의 배제된 것이 특징이다.'를 통해 헤이안 시대 여성들은 자신이 창작한 문학을 기록하기 위해 '가나분카쿠'라는 언어를 개발하였다는 것을 알 수 있다. 따라서 창작 국면에서 자신들의 언어를 작품에 그대로 담아내지 못했다는 설명은 적절하지 않다.

③ 3문단의 『겐지 이야기』, 『마쿠라노소시』 같은 책에서는 남자와 여자의 문화적·사회적 삶이 소상하게 나타나지만, ~ 언어와 정치 현장으로부터 유리되어 있었기 때문에 세이 쇼나곤과 무라사키 부인조차도 이런 활동에 대해서는 풍문 이상으로 묘사할 수 없었다.'를 통해 헤이안 시대 여성들은 정치에 대해서는 거의 관심을 보이지 않았고 정치 현장으로부터 유리되어 있었기 때문에 풍문 이상으로 묘사할 수 없었다는 것을 알 수 있다. 따라서 궁정에서 일어나는 정치적 행위에 대하여 치밀하게 묘사하였다는 설명은 적절하지 않다.

④ 1문단의 '그 문학을 기록하기 위해 여성들은 그들에게 허용된 언어를 음성으로 옮긴 가나분카쿠를 개발하기에 이르렀는데, 이 언어는 한자 구조가 거의 배제된 것이 특징이다.'를 통해 헤이안 시대 여성들이 개발한 언어는 한자 구조가 거의 배제되어 있음을 알 수 있다. 따라서 한문학에 대한 지식을 바탕으로 문학 창작에 참여하였다는 설명은 적절하지 않다.

⑤ 1문단의 '그리하여 한편으로는 읽을거리를 늘리기 위해, 그리고 다른 한편으로는 그들만의 독특한 취향에 상응하는 읽을거리를 손에 넣기 위해 여성들은 그들만의 고유한 문학을 창조해 냈다.'를 통해 헤이안 시대 여성들은 자신들의 취향에 상응하는 읽을거리를 위하여 그들만의 문학을 만들었음을 알 수 있다. 따라서 문필 활동은 남성의 전유물이었기 때문에 남성적 취향의 문학 독서를 수행했다는 설명은 적절하지 않다.

22 난도 ★★☆   정답 ③

문법 > 외래어 표기법

정답의 이유

③ 재스민(○): 'jasmine'은 '쟈스민', '자스민'이 아닌 '재스민'이 옳은 표기이다.

오답의 이유

① 부페(×) → 뷔페(○): 'buffet'는 '부페'가 아닌 '뷔페'가 옳은 표기이다.

② 애드립(×) → 애드리브(○): 'ad lib'는 '애드립'이 아닌 '애드리브'가 옳은 표기이다.

④ 팜플렛(×) → 팸플릿(○): 'pamphlet'은 '팜플렛'이 아닌 '팸플릿'이 옳은 표기이다.

⑤ 꽁트(×) → 콩트(○): 'conte'는 '꽁트'가 아닌 '콩트'가 옳은 표기이다.

23 난도 ★★☆   정답 ⑤

비문학 > 사실적 읽기

정답의 이유

⑤ 제시된 글은 사람과 상황이 서로 영향을 미치는 방식을 소개하고 있는데, 설명하는 내용에 대한 실험과 그 결과는 나타나지 않는다.

오답의 이유

① '예를 들어 아무것도 선택할 수 없는 경제적 어려움에 처해 있거나 ~ 자신의 의지나 책임이 아닌 절대적 상황이 그런 경우다.', '예를 들어 몸이 아프면 상황을 설명하고 조퇴를 할 수도 있다.' 등과 같이 사람과 상황이 서로 영향을 미치는 방식을 구체적인 예를 들어 설명하고 있다.

② '상황이 사람을 선택하는 경우'와 '사람이 상황을 선택하는 경우'라는 서로 다른 내용을 대비하여 제시하고 있다.

③ 5문단의 '우리가 읽거나 들었던 단어 또는 정보가 우리의 생각이나 행동에 미묘한 변화를 일으킬 수 있고 이러한 현상을 '점화 효과'라고 한다.'에서 '점화 효과'에 대한 개념을 제시하고 있다.

④ 사람과 상황이 서로 영향을 미치는 방식을 '첫째', '둘째'와 같이 병렬적 구조로 제시하고 있다.

24 난도 ★★★   정답 ②

비문학 > 사실적 읽기

정답의 이유

② 4문단의 '예를 들어 경제적 불균형처럼 자기가 가지고 있는 아주 왜곡된 관념들로 치닫기 시작하면 상황이 사람을 지배할 수도 있다. ~ 그러나 대부분의 사람들은 스스로 상황을 지배해 나가기 때문에 범죄를 저지르지 않는다.'에서 경제적 불균형에 처하면 상황이 사람을 지배하는 경우가 생길 수도 있지만 대부분의 사람들은 스스로 상황을 지배해 나갈 수 있다고 하였다.

오답의 이유

① 제시된 글에 따르면 상황이 사람을 선택할 수도 있고, 사람이 상황을 선택할 수도 있다. 따라서 사람과 상황이 서로 영향을 끼친다고 이해한 것은 적절하다.

③ 2문단에서 '예를 들어 아무것도 선택할 수 없는 경제적 어려움에 처해 있거나 부모의 학대로 인해 지속적인 피해를 입고 있는 상황처럼 자신의 의지나 책임이 아닌 절대적 상황이 그런 경우다.'라고 하였으므로 부모의 학대와 같은 상황을 자신의 의지나 책임이 아닌 절대적 상황이라고 이해한 것은 적절하다.

④ 3문단에서 '우리는 일상을 살아가면서 굉장히 합리적인 판단을 한다. 예를 들어 몸이 아프면 상황을 설명하고 조퇴를 할 수도 있다.'라고 하였으므로 몸이 아플 때 상황을 설명하고 조퇴하는 것을 합리적 판단의 일종이라고 이해한 것은 적절하다.

⑤ 5문단에서 '사람들이 공통적으로 갖고 있는 공손함이나 공격성 등은 상황에 따라 점화되는 것이 다르다.'라고 하였으므로 사람들이 공통적으로 가진 공격성이라도 상황에 따라 다르게 점화된다고 이해한 것은 적절하다.

25 난도 ★★☆   정답 ④

고전 문학 > 고전 운문

정답의 이유

㉠ 제시된 작품에서 '첫닭'은 '새벽'이라는 시간적 배경을 나타낸다.

㉢ 작품에서는 새벽에 조심스럽게 떠날 채비를 하는 행인의 모습을 '살짝이 살짝이'라고 표현하고 있다.

㉣ 작품의 화자는 새벽을 틈타 떠나려는 '나그네'와 안 된다며 보내질 않는 '주인'을 관찰하고 있다.

오답의 이유

㉡ 닭이 울기 전 '나그네'와 '주인'이 어떤 관계였는지, 닭 울음 이후 두 사람 사이의 관계가 어떻게 달라졌는지는 나타나지 않는다.

국어 | 2022년 국회직 8급

한눈에 훑어보기

✓ 영역 분석

어휘　　03　17　22
3문항, 12%

문법　　01　02　04　10　14　15　16　20
8문항, 32%

고전 문학　　07
1문항, 4%

현대 문학　　08　19
2문항, 8%

비문학　　05　06　09　11　12　13　18　21　23　24　25
11문항, 44%

✓ 빠른 정답

01	02	03	04	05	06	07	08	09	10
①	③	⑤	①	②	⑤	②	④	②	①
11	12	13	14	15	16	17	18	19	20
⑤	④	③	③	⑤	③	⑤	④	②	②
21	22	23	24	25					
②	⑤	③	①	④					

✓ 점수 체크

구분	1회독	2회독	3회독
맞힌 문항 수	/ 25	/ 25	/ 25
나의 점수	점	점	점

01 난도 ★☆☆　　　　정답 ①

문법 > 형태론

【정답의 이유】
① ㉠에서 쓰인 '비교적'은 후행하는 체언 '교통'을 수식하는 것이 아니라 형용사 '편리하다'를 수식하므로 관형사가 아니라 부사이다.

【오답의 이유】
② ㉡에서 쓰인 '만세' 뒤에 목적격 조사 '를'이 결합하였으므로 명사이다.
③ ㉢에서 쓰인 '어제'는 용언 '끝냈어야 했다'를 수식하므로 부사이다.
④ ㉣에서 쓰인 '여덟'은 뒤에 서술격 조사 '이다'가 결합하였으므로 수사이다.
⑤ ㉤에서 쓰인 '크는'은 '수준이나 능력 따위가 높은 상태가 되다.'의 의미로 사용되었으며, '크다'의 어간 '크-'에 관형사형 어미 '-는'이 결합하였으므로 동사이다.

02 난도 ★★☆　　　　정답 ③

문법 > 형태론

【정답의 이유】
③ '-라도'는 설사 그렇다고 가정하여도 다른 경우와 마찬가지로 상관없음을 나타내는 연결 어미이다.

【오답의 이유】
① '그래'는 청자에게 문장의 내용을 강조함을 나타내는 보조사이다.
② '만'은 무엇을 강조하는 뜻을 나타내는 보조사이다.
④ '마는'은 앞의 사실을 인정을 하면서도 그에 대한 의문이나 그와 어긋나는 상황 따위를 나타내는 보조사이다.
⑤ '요'는 청자에게 존대의 뜻을 나타내는 보조사이다.

【더 알아보기】
조사
- 개념: 체언이나 부사, 어미 등에 붙어 그 말과 다른 말과의 문법적 관계를 표시하거나 그 말의 뜻을 도와주는 품사이다.
- 특징
  - 홀로 쓰일 수 없는 의존 형태소로, 반드시 다른 말에 붙어서 사용된다.
  - 자립성이 없지만, 앞말과 쉽게 분리되기 때문에 단어로 인정한다.
  - 여러 개 겹쳐서 사용할 수 있다.
  - 대체로 형태의 변화가 없지만, 서술격 조사 '이다'의 경우 활용을 한다.
  - 앞말의 조건에 따라 이형태 '은/는, 이/가, 을/를'이 존재한다.

- 종류
  - 격 조사: 체언이나 체언 구실을 하는 말 뒤에 붙어 앞말이 다른 말에 대하여 갖는 일정한 자격을 나타내는 조사이다.
  - 접속 조사: 둘 이상의 사물이나 사람을 같은 자격으로 이어 주는 구실을 하는 조사이다.
  - 보조사: 선행하는 체언, 부사, 활용 어미 등에 붙어서 어떤 특별한 의미를 더해 주는 조사이다.

03 난도 ★★☆   정답 ⑤

어휘 > 고유어

정답의 이유

⑤ '그녀는 잔입으로 출근 시간이 되기만을 기다렸다.'에서 쓰인 '잔입'은 '자고 일어나서 아직 아무것도 먹지 아니한 입'을 의미한다.

04 난도 ★★☆   정답 ①

문법 > 통사론

정답의 이유

① 주어 '회사는'과 서술어 '세계 최고이다'의 호응이 맞고, '~는 ~이다'의 서술 방식을 활용하였으므로 어법에 맞는 문장이다.

오답의 이유

② 주어 '생각은'과 서술어 '해결될 것이다'의 호응이 맞지 않으므로 이를 '내 생각은 네가 잘못을 인정하면 (이 문제가) 해결될 것이라는 것이다.' 또는 '나는 네가 잘못을 인정하면 해결될 것이라고 생각한다.'로 고쳐야 한다.

③ 접속 조사 '와'로 연결된 '자유 수호'와 '인권을 보장하는 것'은 대등한 문법적 단위가 아니므로 '자유 수호와 인권을 보장하는 것을'이라는 부분을 '자유를 수호하는 것과 인권을 보장하는 것을' 또는 '자유 수호와 인권 보장을'로 고쳐야 한다.

④ '재무 지표 현황'은 '수립'의 대상으로 적절하지 않으므로 '재무 지표 현황과 개선 계획을 수립'이라는 부분을 '재무 지표 현황을 파악하고 개선 계획을 수립하여'로 고쳐야 한다.

⑤ 목적어 '무엇을'과 서술어 '개선해야 한다'의 호응이 맞지 않으므로 '무엇을 시급히 개선해야 한다는 점을'이라는 부분을 '무엇을 시급히 개선해야 하는지를'로 고쳐야 한다.

05 난도 ★★☆   정답 ②

비문학 > 사실적 읽기

정답의 이유

② 1문단에서는 '괴테는 집단의식보다는 개인의 존엄성을 더 중시했다고 할 수 있다.'라고 하였으며, 2문단에서는 '그러므로 우리는 개인이 조직 사회에 종속됨으로써 정신적 독립성을 잃게 되는 위험성을 항상 경계해야 한다.'라고 주장하고 있다. 따라서 제시된 글의 논지로 '개인이 집단의 목적에 맹목적으로 따르는 것은 민주 시민의 올바른 자세가 아니다. 비판이 없는 집단은 자기 발전이 없다.'가 가장 적절하다.

오답의 이유

① 2문단에서 '현대인에게는 개인과 집단의 관계를 어떻게 설정하느냐 하는 문제가 더욱 중요하게 떠오른다.', '문제가 발생할 때 다수의 논리를 내세워 개인의 의지를 배제한다면 바람직한 해결책이라 할 수 없다.'라고 하였으므로 개인과 집단 사이에 갈등이 있을 수 없다는 진술은 글의 논지가 될 수 없다.

③ 3문단에서 '집단의 목적을 위해 개인의 순수성을 쉽게 배제해 버리는 세태 속에서 우리는 자신의 혼을 가진 인간으로 살기 위해 노력해야 한다.'라고 하였으므로 개인이 집단의 목표에 부합하도록 노력해야 한다는 진술은 글의 논지가 될 수 없다.

④ 2문단에서 '개인이 조직 사회에 종속됨으로써 정신적 독립성을 잃게 되는 위험성을 항상 경계해야 한다.'라고 언급하였으므로 개인의 독립성을 지나치게 주장하는 것은 바람직하지 않다는 진술은 글의 논지가 될 수 없다.

⑤ 2문단에서 '다수의 논리를 내세워 개인의 의지를 배제한다면 그것은 바람직한 해결책이라 할 수 없다.'라며 다수의 논리를 내세워 개인의 의지를 꺾는 것은 잘못이라고 하였으나 개인의 의지가 다수의 논리를 무시하는 것이 더 큰 문제라고는 언급하지 않았다.

06 난도 ★★★   정답 ⑤

비문학 > 추론적 읽기

정답의 이유

⑤ 언어 습득이 생득적으로 결정된다고 주장하는 생득론자의 관점에서는 배우거나 들어본 적 없는 표현을 만들어내는 어린이 언어의 창조성을 설명할 수 있다. 그러나 언어 습득이 환경에 의해 형성되는 것이라고 주장하는 극단적 행동주의자의 관점에서는 어린이가 배우거나 들어본 적 있는 표현만 습득할 수 있다고 본다. 따라서 생득론자가 어린이 언어의 창조성을 설명하지 못하는 극단적 행동주의자의 관점을 비판한 것은 적절하다.

오답의 이유

① 〈보기〉의 생득론자는 극단적 행동주의자가 주장하는 아동의 언어 습득 방법에 대한 관점을 비판하였으나 언어 습득에 대한 연구 자체를 비판하지는 않았으므로 적절하지 않다.

② 인간이 언어를 체계적으로 인식하는 유전적 능력을 타고난다는 주장은 생득론자의 입장이다. 따라서 유전자의 실체를 확인해야 한다는 것은 극단적 행동주의자의 입장에서 생득론자 입장을 비판한 내용이므로 적절하지 않다.

③ 구성주의의 입장은 상호 작용과 담화를 통해 언어 기능을 배운다는 것으로, 의사소통 방법을 배우는 것은 구성주의의 입장에서 제시한 내용이므로 적절하지 않다.

④ 상호 작용의 중요성을 강조한 것은 생득론자가 아닌 구성주의의 입장이므로 적절하지 않다.

07 난도 ★★★　　　　　　　　　　정답 ②

고전 문학 > 고전 산문

정답의 이유

② 2문단의 '지금의 시는 옛날의 시와는 달라서 읊을 수는 있어도 노래로 부를 수는 없다.'를 통해 우리나라에서 한시를 노래로 부르는 전통이 있었음을 확인할 수 있다. 그러나 도산 노인이 한시를 노래로 부르는 전통을 되살리려 했다는 내용은 나타나지 않는다.

오답의 이유

① 1문단의 '우리나라의 가곡은 대체로 음란하여 족히 말할 것이 없으니 「한림별곡」과 같은 것도 문인의 입에서 나왔으나, 교만하고 방탕하며 겸하여 점잖지 못하고 장난기가 있어 더욱 군자가 숭상해야 할 바가 아니다.'를 통해 우리말 노래는 대체로 품격이 떨어진다고 생각하여 도산 노인이 우리말 노래에 만족하지 못하고 있음을 확인할 수 있다.

③ 3문단의 '또한 아이들로 하여금 스스로 노래하고 춤추고 뛰게 한다면, 비루하고 더러운 마음을 깨끗이 씻어버리고, 느낌이 일어나 두루 통하게 될 것이니 노래하는 자와 듣는 자가 서로 유익함이 없지 않을 것이다.'를 통해 도산 노인은 자신이 만든 노래를 부르는 아이들에게 유익함이 있을 것이라고 여김을 확인할 수 있다.

④ 4문단의 '나의 자취가 ~ 시끄러운 일을 야기하게 될지 모르겠고', '또 훗날에 보는 자가 이를 버리거나'를 통해 도산 노인은 자신이 노래를 지은 것을 누군가는 불만스럽게 생각할 수 있다고 예상함을 확인할 수 있다.

⑤ 4문단의 '우선 한 부를 베껴 상자 속에 담아 두고, 때때로 꺼내 완상하여 스스로를 반성하며, 또 훗날에 보는 자가 이를 버리거나 취하기를 기다릴 따름이다.'를 통해 도산 노인은 자신이 지은 노래가 후세에 전해져서 평가의 대상이 될 것을 기대하고 있음을 확인할 수 있다.

작품 해설

이황, 「도산십이곡발」

• 갈래: 발문(跋文)
• 성격: 객관적, 비평적
• 주제: 「도산십이곡」을 쓰게 된 동기와 감회
• 특징
　– 작가 자신을 제3자의 위치에 놓고 객관적으로 서술함
　– 작가의 유교적 세계관이 드러남

08 난도 ★★☆　　　　　　　　　　정답 ④

현대 문학 > 현대 시

정답의 이유

④ 6연의 '내 아버지 양 손엔 우툴두툴한 두꺼비가 살았었다'를 통해 이 시에서 '두꺼비'는 아버지의 울퉁불퉁한 손을 의미함을 확인할 수 있다. 따라서 '두꺼비'가 아버지를 기다리는 자식들을 의미한다는 설명은 적절하지 않다.

오답의 이유

① 2연의 '그런데 녀석이 독을 뿜어내는 통에 내 양 눈이 한동안 충혈되어야 했다 아버지, 저는 두꺼비가 싫어요'를 통해 화자는 아버지의 손이 그렇게 거칠어질 정도로 고달프게 살아가는 것이 싫다고 언급하고 있음을 확인할 수 있다. 따라서 아버지의 고생스러운 삶에서 서러움과 연민을 느꼈다는 설명은 적절하다.

② 2연의 '아버지가 녀석에게만 관심을 갖는 것 같아 나는 녀석을 시샘했었다'와 4연의 '두껍아 두껍아 헌집 줄게 새집 다오'를 통해 아이의 시선과 동요의 가사를 활용하여 화자가 아버지의 고달픈 삶을 바라보고 있음을 확인할 수 있다. 따라서 아버지의 희생적인 삶을 돌아보게 하면서 감동을 주고 있다는 설명은 적절하다.

③ 1연이 '아버지는 두 마리의 두꺼비를 키우셨다'와 6연의 '내 아버지 양 손엔 우툴두툴한 두꺼비가 살았었다'를 통해 1연에 제시된 두꺼비가 아버지의 거친 손을 의미함을 확인할 수 있다. 따라서 첫 줄과 마지막 줄에 제시된 아버지와 두꺼비의 호응 관계를 통해 시적 의미를 강조하고 있다는 설명은 적절하다.

⑤ 5연의 '아버지는 지난 겨울, 두꺼비집을 지으셨다 두꺼비와 아버지는 그 집에서 긴 겨울잠에 들어갔다 봄이 지났으나 잔디만 깨어났다'를 통해 아버지가 지난 겨울에 돌아가셨음을 확인할 수 있으므로 적절하다.

작품 해설

박성우, 「두꺼비」

• 갈래: 자유시, 서정시
• 성격: 회상적, 비유적, 애상적
• 주제: 고달픈 삶을 살았던 아버지에 대한 회상
• 특징
　– 고달픈 생을 살다 돌아가신 아버지를 회상하면서 그리움과 연민의 감정을 은유적으로 표현함
　– 아버지의 우툴두툴한 손을 '두꺼비'에 비유함

09 난도 ★★☆　　　　　　　　　　정답 ②

비문학 > 사실적 읽기

정답의 이유

② 2문단에 따르면 동물의 뇌 조직에도 똑같이 존재하는 '신경세포 조직들이 동일한 물리화학적 특성들을 갖고 있지만, 그것들 모두가 인간과 같은 지능을 보이지는 않는다. 물론 인간 뇌를 구성하는 세포 조직의 어떤 측면이 우리의 지능에 필수적인 것은 사실이지만, 그 물리적 특성들로는 충분하지 않다.'라고 하였다. 따라서 인간의 뇌를 구성하는 세포 조직의 물리적 특성이 인간 지능의 필요충분조건이라고 이해한 것은 적절하지 않다.

오답의 이유

① 2문단에서 다윈은 뇌가 정신을 '분비한다'고 하였고, 존 설은 '뇌 조직의 물리화학적 특성들이 정신을 만들어 낸다.'고 주장하였다. 따라서 다윈과 존 설은 뇌 조직이 인간 정신의 근원이라고 주장했다고 이해한 것은 적절하다.

③ 1문단에서 인간의 육체는 비물질적 실체인 영혼으로 가득 차 있다는 정신에 대한 전통적인 설명은 유령이 유형의 물질과 어떻게 상호 작용하는지, 정신이 뇌의 활동임을 보여 주는 증거들과 같이 극복할 수 없는 문제에 부딪힌다고 하였으므로 지능에 대한 전통적 설명 방식이 내적 모순으로부터 자유롭지 않다고 이해한 것은 적절하다.

④ 2문단에서 "인간 뇌를 구성하는 세포 조직의 어떤 측면이 우리의 지능에 필수적인 것은 사실이지만, 그 물리적 특성들로는 충분하지 않다. ~ 중요한 것은 신경세포 조직의 '패턴' 속에 존재하는 어떤 것이다."라고 하였으므로 뇌의 물리적 특성보다 '패턴' 속에 존재하는 어떤 것이 중요하다고 이해한 것은 적절하다.

⑤ 1문단에서 '현미경으로 보면 뇌는 풍부한 정신과 완전히 일치하는 대단히 복잡한 물리적 구조를 갖고 있다.'라고 하였으므로 뇌와 정신이 밀접하게 연결되어 있음을 확인할 수 있는 물리적 증거가 있다고 이해한 것은 적절하다.

10 난도 ★★★   정답 ①

문법 > 고전 문법

정답의 이유

① 15세기 국어에서 현대국어로 오는 과정에서 모음들이 연쇄적으로 조음 위치의 변화를 겪는 현상은 발견되지 않았다.

오답의 이유

② 15세기 국어의 단모음 체계에서부터 'ㅏ'가 후설 저모음이었음을 확인할 수 있으므로 적절하다.

③ 국어 단모음의 개수가 15세기에는 7개, 19세기 초에는 8개, 현재는 10개이므로 단모음의 개수가 점차 늘어났다는 설명은 적절하다.

④ 15세기 국어의 단모음이었던 'ㆍ'가 현대국어로 오면서 소멸되었으므로 모음 중에서 음소 자체가 소멸된 것이 있다는 설명은 적절하다.

⑤ 15세기 국어의 이중모음이었던 'ㅐ, ㅔ, ㅚ, ㅟ'가 현대국어로 오면서 단모음으로 변화했으므로 일부 이중모음의 단모음화가 발견된다는 설명은 적절하다.

11 난도 ★★☆   정답 ⑤

비문학 > 글의 순서 파악

정답의 이유

제시된 글은 유럽에서 중국의 백자가 유행하게 되면서 백자를 제조하는 기술을 찾아낸 과정을 설명한 글이다.

• (마)에서는 17세기 유럽 전역에서 백자가 인기를 끌게 된 상황을 제시하고 있으므로 글의 처음에 오는 것이 적절하다.

• (나)에서는 18세기 유럽에서 번진 살롱 문화에 대해 언급하면서 살롱 문화에 품격을 더하는 백자를 만드는 기술은 알 수 없었다는 내용을 제시하였으므로 17세기에 대해 설명한 (가)의 다음에 오는 것이 적절하다.

• (라)에서는 유럽에서 백자를 만들려는 다양한 시도가 있었으나 백자의 주원료인 고령토를 알지 못했고, 가마의 비밀을 밝혀내지

못했다는 내용을 제시하고 있으므로 고령토와 가마의 비밀을 푸는 과정을 나타낸 (가)와 (다) 앞에 오는 것이 적절하다.

• (가)에서는 1708년에 뵈트거가 독일 마이센에서 백자의 주원료인 고령토 광산을 발견했고 백자의 성분 문제를 해결했다는 내용을 제시하고 있으므로 백자의 제조 비밀에 대해 언급했던 (라)의 다음에 오는 것이 적절하다.

• (다)에서는 '또'라는 접속 표현을 사용하여 백자의 제조 비밀 중 하나인 1400도의 가마가 완성되었다는 내용을 제시하고 있으므로, 백자의 주원료인 고령토를 발견했다고 언급한 (가)의 다음에 오는 것이 적절하다. 또한 백자 제작 기술이 완성되어 유럽의 여러 국가로 백자 기술이 유출되면서 백자의 유럽 생산 시대가 열렸다고 제시하고 있으므로 글의 마지막에 오는 것이 적절하다.

따라서 논리적 순서에 맞게 나열한 것은 ⑤ (마) – (나) – (라) – (가) – (다)이다.

12 난도 ★★☆   정답 ④

비문학 > 글의 전개 방식

정답의 이유

④ (라)에서는 화성을 변화시키는 '테라포밍'의 계획을 구체적으로 설명하고 있을 뿐, 개별적인 사실로부터 일반적인 명제를 이끌어 내는 귀납의 방법을 사용하고 있지는 않다.

오답의 이유

① (가)에서는 화성의 특성을 설명하고 인간이 살 수 있도록 변화시키는 것을 말하는 '테라포밍'에 대해 제시하고 있다.

② (나)에서는 영화 「레드 플래닛」을 예로 들어 '테라포밍'에 대해 구체적으로 설명하고 있다.

③ (다)에서는 '영화가 아닌 현실에서 화성을 변화시키는 일이 가능할까?'라고 질문을 던지며 '테라포밍'을 현실화할 수 있는 방법을 제시하고 있다.

⑤ (마)에서는 언젠가 '테라포밍'이 가능하게 될 것이라며 긍정적인 전망을 제시하고 있다.

13 난도 ★★★   정답 ③

비문학 > 사실적 읽기

정답의 이유

③ (나)에서 '이끼가 번식해 화성 표면을 덮으면 그들이 배출하는 산소가 모여 궁극적으로는 인간이 호흡할 수 있는 대기층이 형성되기 때문이다.'라고 언급한 부분을 통해 '테라포밍' 계획의 핵심이 되는 마지막 작업은 인간이 화성에서 살 수 있도록 공기를 공급하는 대기층을 만들어 주는 일임을 확인할 수 있다.

오답의 이유

① (라)에서 '극관은 점점 녹게 될 것이다. 그러나 이런 방법을 택하더라도 인간이 직접 호흡하며 돌아다니게 될 때까지는 최소 몇백 년의 시간이 걸릴 것이다.'라고 언급한 부분을 통해 화성의 극관을 녹이는 일은 '테라포밍' 계획의 최종적인 작업이 아님을 확인할 수 있다.

② (가)에서 '테라포밍은 지구가 아닌 다른 외계의 천체 환경을 인간이 살 수 있도록 변화시키는 것을 말하는데'라고 언급한 부분을 통해 '테라포밍' 계획은 인간이 살 수 있도록 천체 환경을 변화시키는 것을 의미함을 확인할 수 있다. 따라서 인류가 화성에 이주하는 일은 '테라포밍' 계획의 작업이라 할 수 없다.

④ (다)에서 '극관에 검은 물질을 덮어 햇빛을 잘 흡수하게 만든 후 온도가 상승하면 극관이 자연스럽게 녹을 수 있도록 하는 방법인 것이다.'라고 언급한 부분을 통해 화성의 온도를 상승시키는 일은 극관을 녹이기 위한 과정임을 확인할 수 있다. 따라서 이 작업은 '테라포밍' 계획의 핵심이 되는 최종 작업이라 할 수는 없다.

⑤ (다)에서 '극관에 검은 물질을 덮어 햇빛을 잘 흡수하게 만든 후 온도가 상승하면 극관이 자연스럽게 녹을 수 있도록 하는 방법인 것이다.'라고 언급한 부분을 통해 극관을 검은 물질로 덮는 일은 햇빛을 잘 흡수하게 만들기 위한 과정임을 확인할 수 있다. 따라서 이 작업은 '테라포밍' 계획의 핵심이 되는 최종 작업이라 할 수는 없다.

14 난도 ★☆☆ 정답 ③

문법 > 외래어 표기법

정답의 이유

③ 〈보기〉에서 우크라이나 지명을 러시아어가 아닌 우크라이나어를 기준으로 바꿔 부른다는 것은 ⓒ '제3장에 포함되어 있지 않은 언어권의 인명, 지명은 원지음을 따르는 것을 원칙으로 한다.'와 관련된 내용이다. 'Ankara'를 '앙카라'로, 'Gandhi'를 '간디'로 표기하는 것을 예로 들 수 있다.

오답의 이유

① 'fighting'을 '화이팅'으로 적고, 'film'를 '필름'으로 적는 것은 하나의 음운인 'f'를 2개의 기호인 'ㅎ'과 'ㅍ'으로 적는다는 의미이다. 하지만 ㉠ '외래어의 1 음운은 원칙적으로 1 기호로 적는다.'라는 규정에 따라 'f'는 반드시 'ㅍ'으로 적어야 한다. 따라서 'fighting'은 '파이팅', 'file'은 '파일', 'family'는 '패밀리', 'fantasy'는 '판타지'로 표기한다.

② ㉡ '파열음 표기에는 된소리를 쓰지 않는 것을 원칙으로 한다.'라는 규정에 따라 'cafe'는 '까페'가 아니라 '카페'로, 'game'은 '께임'이 아니라 '게임'으로 표기한다.

④ ㉣ '원지음이 아닌 제3국의 발음으로 통용되고 있는 것은 관용을 따른다.'라는 규정에 따라 'Hague'는 '헤이그', 'Caesar'는 '시저'로 표기한다.

⑤ ㉤ '고유 명사의 번역명이 통용되는 경우 관용을 따른다.'라는 규정에 따라 'Pacific Ocean'은 '태평양', 'Black Sea'는 '흑해'로 표기한다.

15 난도 ★★☆ 정답 ⑤

문법 > 한글 맞춤법

정답의 이유

⑤ 사업∨차(×) → 사업차(○): 밑줄 친 부분에 쓰인 '-차'는 '목적'의 뜻을 더하는 접미사이므로 앞에 오는 단어에 붙여 써야 한다.

오답의 이유

① 올성싶다/올∨성싶다(○): 밑줄 친 부분에 쓰인 '성싶다'는 앞말이 뜻하는 상태를 어느 정도 느끼고 있거나 짐작함을 나타내는 말로 보조 형용사이다. 한글 맞춤법 제47항 '보조 용언(보조 동사, 보조 형용사)은 띄어 씀을 원칙으로 하되, 경우에 따라 붙여 씀도 허용한다.'라는 규정에 따라 '올∨성싶다'와 '올성싶다' 둘 다 옳은 표현이다.

② 하게나그려(○): 밑줄 친 부분에 쓰인 '그려'는 청자에게 문장의 내용을 강조함을 나타내는 보조사이므로 앞말에 붙여 써야 한다.

③ 떠나온∨지(○): 밑줄 친 부분에 쓰인 '지'는 '어떤 일이 있었던 때로부터 지금까지의 동안을 나타내는 말'을 뜻하는 의존 명사이므로 앞말과 띄어 써야 한다.

④ 알은척했다/알은∨척했다(○): 밑줄 친 부분에 쓰인 '척하다'는 '앞말이 뜻하는 행동이나 상태를 거짓으로 그럴듯하게 꾸밈을 나타내는 말'로 보조 동사이다. 한글 맞춤법 제47항 '보조 용언(보조 동사, 보조 형용사)은 띄어 씀을 원칙으로 하되, 경우에 따라 붙여 씀도 허용한다.'라는 규정에 따라 '알은∨척했다'와 '알은척했다' 둘 다 옳은 표현이다.

더 알아보기

보조 용언의 띄어쓰기(한글 맞춤법 제47항)

보조 용언도 하나의 단어이므로 띄어 쓰는 것이 원칙이나 경우에 따라서는 붙여 쓰는 것이 허용되기도 하고 아예 붙여 쓰는 것만 허용하는 경우도 있다. 붙여 쓰는 것이 허용되는 경우는 다음의 두 가지이다.

- '본용언+-아/-어+보조 용언'의 구성
  예 사과를 먹어 보았다. (○) / 사과를 먹어보았다. (○)
- '관형사형+보조 용언(의존 명사+하다/싶다)'의 구성
  예 아는 체하다. (○) / 아는체하다. (○)

16 난도 ★★☆ 정답 ③

문법 > 형태론

정답의 이유

③ 기다(○): '기다랗다'는 '매우 길거나 생각보다 길다.'를 뜻하는 '기다랗다'의 준말로 'ㅎ' 불규칙 활용을 한다. 따라서 '기대, 기다니, 기다소, 기단' 등으로 활용되기 때문에 '기단'으로 쓰는 것이 적절하다.

오답의 이유

① 누래(×) → 누레(○): '누렇다'는 '익은 벼와 같이 다소 탁하고 어둡게 누르다.'를 뜻하는 형용사로, 'ㅎ' 불규칙 활용을 한다. 따라서 '누레, 누러니, 누런' 등으로 활용되기 때문에 '누레'로 쓰는 것이 적절하다.

② 드르지(×) → 들르지(○): '들르다'는 '지나는 길에 잠깐 들어가 머무르다.'를 뜻하는 동사로, '르' 불규칙 활용을 한다. 따라서 '들러, 들르니, 들르지' 등으로 활용되기 때문에 '들르지'로 쓰는 것이 적절하다.

④ 고와서(×) → 곱아서(○): '곱다'는 '손가락이나 발가락이 얼어서 감각이 없고 놀리기가 어렵다.'를 뜻하는 형용사로, 규칙 활용을 한다. 따라서 어간과 어미의 형태가 변하지 않으므로 '곱아서'로 쓰는 것이 적절하다.

⑤ 질르는(×) → 지르는(○): '지르다'는 '팔다리나 막대기 따위를 내뻗치어 대상물을 힘껏 건드리다.'를 뜻하는 동사로, '르' 불규칙 활용을 한다. 따라서 '질러, 지르니, 지르는' 등으로 활용되기 때문에 '지르는'으로 쓰는 것이 적절하다.

17 난도 ★★☆　　　　　　　　　　　　　정답 ⑤

어휘 > 한자성어

정답의 이유

⑤ 파사현정(破邪顯正)은 '불교에서 사견(邪見)과 사도(邪道)를 깨고 정법(正法)을 드러내는 일을 의미하며, 그릇된 생각을 버리고 올바른 도리를 행함을 비유해 이르는 말'이다. ㉢과 어울리는 한자성어는 아수라장(阿修羅場)으로, '싸움이나 그 밖의 다른 일로 큰 혼란에 빠진 곳 또는 그런 상태'를 의미한다.
- 破邪顯正: 깨뜨릴 파, 간사할 사, 나타날 현, 바를 정
- 阿修羅場: 언덕 아, 닦을 수, 그물 라, 마당 장

오답의 이유

① 호질기의(護疾忌醫): 병을 숨겨 의사에게 보여 주지 않는다는 뜻으로, 남에게 충고받기를 꺼려 자신의 잘못을 숨기려 함을 이르는 말
- 護疾忌醫: 보호할 호, 병 질, 꺼릴 기, 의원 의

② 장두노미(藏頭露尾): 머리를 감추었으나 꼬리가 드러나 있다는 뜻으로, 진실은 감추려고 해도 모습을 드러냄을 이르는 말 / 진실이 드러날까 봐 전전긍긍하는 태도를 이르는 말
- 藏頭露尾: 감출 장, 머리 두, 이슬 노, 꼬리 미

③ 도행역시(倒行逆施): 차례나 순서를 바꾸어서 행함
- 倒行逆施: 넘어질 도, 다닐 행, 거스를 역, 베풀 시

④ 지록위마(指鹿爲馬): 윗사람을 농락하여 권세를 마음대로 함을 이르는 말 / 모순된 것을 끝까지 우겨서 남을 속이려는 짓을 비유적으로 이르는 말
- 指鹿爲馬: 가리킬 지, 사슴 록, 할 위, 말 마

18 난도 ★★★　　　　　　　　　　　　　정답 ④

비문학 > 추론적 읽기

정답의 이유

④ '관계'가 '막다른 길에 부딪쳤다'고 한 것은 안과 밖이 나뉜 대상으로 인식한 것이 아니라 관계가 끝났다는 것을 표현한 것이므로, '그릇' 도식이 아닌 '차단' 도식의 사례로 볼 수 있다.

오답의 이유

① 신체의 일부인 '심장'이 '기쁨으로 가득 차 있다'고 한 것은 '심장'이라는 대상을 기쁨이 있는 안과 밖이 나뉜 대상으로 표현한 것이므로, 이는 '그릇' 도식의 사례로 적절하다.

② 신체의 일부인 '눈'에 '분노가 담겨 있었다'고 한 것은 '눈'이라는 대상을 분노가 있는 안과 밖이 나뉜 대상으로 표현한 것이므로, 이는 '그릇' 도식의 사례로 적절하다.

③ '들려온 말'이 '나를 두려움 속에 몰아넣었다'고 한 것은 '두려움'이라는 대상을 안과 밖이 나뉜 대상으로 표현한 것이므로, 이는 '그릇' 도식의 사례로 적절하다.

⑤ '비행기'가 '시야에 들어오고 있다'고 한 것은 '시야'라는 대상을 비행기가 들어온 안과 밖이 나뉜 대상으로 표현한 것이므로, 이는 '그릇' 도식의 사례로 적절하다.

19 난도 ★☆☆　　　　　　　　　　　　　정답 ②

현대 문학 > 현대 소설

정답의 이유

② 동생과 친구의 대화 중 '박쥐 때문야. / 박쥐라니? / 벌써 잊었니? / 동생은 소스라치듯 물었다. / 그는 대학에 있잖아.'라고 언급한 부분을 통해 동생과 동생의 친구는 대학에 다닐 때부터 '박쥐'로 불리는 '그'의 존재를 알고 있음을 확인할 수 있다.

오답의 이유

① '이순신 장군의 동상이 보이는 거리의 나무 의자에 앉아서도 마찬가지였다. ~ 토요일 오후의 인파가 동생과 동생 친구의 옆으로 흘러넘쳤다. 나무 의자들 앞쪽, 공중전화 부스도 전부 사람들로 메워졌다.'를 통해 동생과 동생의 친구는 나무 의자에 앉아 있음을 확인할 수 있다.

③ '학교에서 우리를 괴롭힌 인간이 밖에서 달라져야 될 까닭은 없잖아?'라고 말한 것을 통해 '박쥐'로 불리는 '그'는 대학에서 동생과 동생의 친구를 괴롭혔음을 확인할 수 있다.

④ 동생이 친구에게 '그는 너의 이용 가치를 생각한 거다.'라고 말한 것을 통해 동생은 자신의 친구가 그의 제안에 동의하지 않기를 바라고 있음을 확인할 수 있다.

⑤ 동생과 친구의 대화 중 동생의 '어디서?'란 질문에 친구가 '신문을 봐야 알지. 그가 우두머리가 돼 왔어.'라고 대답한 부분을 통해 동생은 '박쥐'로 불리는 '그'가 동생의 친구가 다니는 회사에 우두머리로 부임해 온 사실을 알지 못했음을 확인할 수 있다.

20 난도 ★★☆　　　　　　　　　　　　　정답 ②

문법 > 한글 맞춤법

정답의 이유

② 오순도순(○): '정답게 이야기하거나 의좋게 지내는 모양'을 뜻하는 부사로, '오손도손'보다 큰 느낌을 준다.

오답의 이유

① 뵈요(×) → 봬요(○): 한글 맞춤법 제35항 [붙임 2]의 모음 'ㅚ' 뒤에 '-어, -었-'이 어울려 'ㅙ, ㅚ'으로 될 적에도 준 대로 적는다는 규정에 따라 '봬요(← 뵈어요)'로 쓰는 것이 적절하다.

③ 빌어(×) → 빌려(○): '빌리다'는 '어떤 일을 하기 위해 기회를 이용하다.'를 뜻하는 동사로, '빌리어(빌려), 빌리니' 등으로 활용되기 때문에 '빌려'로 쓰는 것이 적절하다.

④ 북어국(×) → 북엇국(○): '북엇국'은 '북어를 잘게 뜯어 파를 넣고 달걀을 풀어 끓인 장국'을 뜻하는 명사로, 사이시옷을 첨가해 '북엇국'으로 쓰는 것이 적절하다.

⑤ 요약토록(×) → 요약도록(○): 한글 맞춤법 제40항 [붙임 2]에 따르면 '하'가 줄어드는 기준은 '하' 앞에 오는 받침의 소리로, '하' 앞의 받침의 소리가 [ㄱ, ㄷ, ㅂ]이면 '하'가 통째로 줄고 그 외의 경우에는 'ㅎ'이 남는다. 따라서 '요약하도록'의 '하'가 통째로 줄어든 형태인 '요약도록'으로 쓰는 것이 적절하다.

21 난도 ★★☆
정답 ②

비문학 > 글의 전개 방식

정답의 이유

② 제시된 글은 알렉산드르 2세가 통치하던 시대의 상황을 서술하기 위해 전쟁 후의 다양한 사건을 나열하고 있다.

오답의 이유

① 두 개의 특수한 대상에서 어떤 징표가 일치하고 있음을 드러내는 것을 '유추'라고 하는데, 제시된 글에서는 유추의 서술 방식이 사용되지 않았다.

③ 구체적 사례를 제시하고 있으나, 어떤 일이나 내용을 이해시키기 위한 목적으로 구체적인 사례를 든 것이 아니므로 적절하지 않다.

④ 사건의 진행 과정을 이야기하고는 있으나, 인물의 행동 변화 과정을 제시하지는 않았으므로 적절하지 않다.

⑤ 시대적 상황을 설명하는 글일 뿐, 저자의 판단이 참임을 구체적 근거를 들어 논리적으로 보여 주고 있는 글이 아니므로 적절하지 않다.

22 난도 ★☆☆
정답 ⑤

어휘 > 한자어

정답의 이유

⑤ '준엄(峻嚴: 높을 준, 엄할 엄)'은 '조금도 타협함이 없이 매우 엄격하다.'를 뜻하는 형용사 '준엄하다'의 어근이다. '태도나 상황 따위가 튼튼하고 굳다.'를 뜻하는 말은 '확고(確固: 굳을 확, 굳을 고)하다'이다.

오답의 이유

① 제반(諸般: 모든 제, 옮길 반): 어떤 것과 관련된 모든 것

② 부흥(復興: 다시 부, 일어날 흥): 쇠퇴하였던 것이 다시 일어남 또는 그렇게 되게 함

③ 형안(炯眼: 빛날 형, 눈 안): 빛나는 눈 또는 날카로운 눈매

④ 응징(膺懲: 가슴 응, 혼날 징): 잘못을 깨우쳐 뉘우치도록 경계함

23 난도 ★★☆
정답 ③

비문학 > 추론적 읽기

정답의 이유

③ 제시된 글에 따르면 손오공의 오행은 '화, 금', 사오정의 오행은 '토'임을 알 수 있다. 따라서 손오공과 사오정의 생극 관계는 '화생토' 또는 '토생금'으로 이는 모두 상생 관계에 해당하기 때문에 둘 사이에는 상극 관계가 아닌 상생 관계가 존재한다고 볼 수 있다.

오답의 이유

① 손오공(화, 금)과 저팔계(목) 사이에는 '목생화'의 상생 관계가 존재한다.

② 손오공(화, 금)과 저팔계(목) 사이에는 '금극목'의 상극 관계가 존재한다.

④ 삼장(수)과 저팔계(목) 사이에는 '수생목'의 상생 관계가 존재한다.

⑤ 사오정(토)과 저팔계(목) 사이에는 '목극토'의 상극 관계가 존재한다.

24 난도 ★★☆
정답 ①

비문학 > 사실적 읽기

정답의 이유

① 1문단의 '진본성이나 공공성을 담지한 공식 기록을 선별해 남기려는 역사학적 관심사는 ~ 데이터 권력의 질서와 자주 경합하거나, 데이터 권력에 의해 억압당한다.'를 통해 역사기록학적 시도가 데이터 권력에 의해 방해받는다고 이해한 것이 적절함을 알 수 있다.

오답의 이유

② 1문단의 '디지털 기록은 알고리즘 분석을 위해 축적되는 재료에 불과하고, 개별의 구체적 가치와 질감을 거세한 무색무취의 건조한 데이터가 된다.'와 2문단의 '새로운 데이터 권력의 질서 속에서는 개별적 기록이 지닌 가치와 진실 등 그 사회적 사건의 특수한 흔적들이 거의 완전히 지워진다.'를 통해 데이터 권력이 개인들의 섬세한 차이를 기록한 데이터의 가치를 높이 평가한다고 이해한 것이 적절하지 않음을 알 수 있다.

③ 1문단의 '데이터 취급을 통해 생존을 도모하는 데이터 기업 자본은 거대한 데이터 센터를 구축해 인간의 움직임과 활동, 감정의 흐름 모두를 실시간으로 저장해 필요에 의해 잘 짜인 알고리즘으로 원하는 정보 패턴이나 관계를 찾는 데 골몰한다.'를 통해 데이터 기업은 거대한 데이터를 실시간으로 저장하고, 알고리즘으로도 정보 관계를 찾는다는 것을 알 수 있으므로 알고리즘 산식을 이용하여 데이터를 저장한다고 이해한 것이 적절하지 않음을 알 수 있다.

④ 2문단의 '지배적 알고리즘의 산식에는 개인적 차이, 감수성, 질감들이 무시되고 이리저리 움직이고 부유하는 집단 욕망들의 경향과 패턴을 포착하는 것만이 중요하다.'를 통해 지배적 알고리즘을 수용함으로써 역사학이 개인과 사회의 관계를 더 잘 파악할 수 있다고 이해한 것이 적절하지 않음을 알 수 있다.

⑤ 1문단에 '역사성과 객관성을 중시하는 역사기록학적 물음들은, ~ 비정형 데이터에 의존한 많은 닷컴 기업들에 그리 중요하지 않다.'라는 설명만 있을 뿐, 역사학이 비정형 데이터를 활용하여 집단의 움직임을 파악하려 시도한다는 진술은 확인할 수 없다.

25 난도 ★★★　　　　　　　　　　　　　　　　　정답 ④

비문학 > 사실적 읽기

[정답의 이유]

④ 5문단에서 '즉, 촌락 공동체에서는 자연 발생적으로 유교적인 윤리나 규범이 지켜지고 있었던 것이다.'라고 하였으므로 유교가 국교로 지정되기 이전부터 한나라의 촌락 공동체에서는 유교적인 윤리나 규범이 지켜지고 있었다는 것을 확인할 수 있다. 또한 6문단에서 '무제는 가족 도덕이 국가의 지배 이데올로기로서 그대로 기능할 수 있는 점에 매력을 느껴 유교를 국교로 정했던 것이다.'라고 하였으므로 촌락 공동체의 유교적인 윤리나 규범에 매력을 느끼고 그 이후에 유교를 국교로 정했음을 확인할 수 있다.

[오답의 이유]

① 2문단의 '법에 의한 지배를 유지하는 일이 국가의 경제적인 측면에서는 대단히 큰 부담이 되었던 것이다.'를 통해 '도가'가 아니라 '법가'를 통치 이념으로 채택할 경우 경제적인 측면에서 비용이 많이 드는 약점이 있음을 확인할 수 있다.

② 법에 의한 지배를 유지하는 일이 경제적 측면에서 큰 부담이 되었고, 이에 대해 3문단에서 '한나라 초기의 위정자나 사상가는 이러한 역사를 반성하는 인식을 공통적으로 갖고 있었다.'라고 하였으므로 경제 정책에 대해 비판한 것이 아니라 '법에 의한 지배'가 효과적인지에 대한 논의가 활발했음을 알 수 있다.

③ 3문단의 '가의는 「과진론」을 통해 진나라가 실행한 법치주의의 가혹함을 혹독하게 비판하였다.'를 통해 한나라 가의는 법가 사상을 비판하였음을 확인할 수 있다. 하지만 가의에 의해 도가 사상이 사상계를 주도하게 되었는지에 대한 내용은 파악할 수 없다.

⑤ 4문단의 '외부적 강제를 부정하는 도가 사상은 국가의 지배 이데올로기가 될 수 없었다. 한나라가 국력을 회복하고 국가의 여러 가지 제도를 정비함에 따라 도가 사상은 결국 후퇴하지 않을 수 없었던 것이다.'를 통해 도가의 무정부주의적 성격이 한나라의 국가 정비를 정면에서 가로막았다는 설명이 적절하지 않음을 알 수 있다.

한눈에 훑어보기

✔ 영역 분석

어휘   14
1문항, 4%

문법   01 03 04 05 11 15 16 17 20
9문항, 36%

고전 문학   07
1문항, 4%

현대 문학   21 22
2문항, 8%

비문학   02 06 08 09 10 12 13 18 19 23 24 25
12문항, 48%

✔ 빠른 정답

01	02	03	04	05	06	07	08	09	10
④	④	③	①	⑤	②	④	⑤	⑤	③
11	12	13	14	15	16	17	18	19	20
④	④	⑤	②	①	③	③	③	①	⑤
21	22	23	24	25					
④	③	⑤	②	④					

✔ 점수 체크

구분	1회독	2회독	3회독
맞힌 문항 수	/ 25	/ 25	/ 25
나의 점수	점	점	점

---

01 난도 ★☆☆   정답 ④

문법 > 의미론

[정답의 이유]

④ • ㉠ · ㉣의 '길'은 '어떤 일에 익숙하게 된 솜씨'를 의미한다.
  • ㉡ · ㉢에서 ㉡의 '길'은 '걷거나 탈것을 타고 어느 곳으로 가는 노정(路程)', ㉢의 '길'은 '사람이나 동물 또는 자동차 따위가 지나갈 수 있게 땅 위에 낸 일정한 너비의 공간'을 의미한다. 따라서 ㉡과 ㉢의 '길'은 다의 관계로, 어휘의 의미가 유사하다.
  • ㉤의 '길'은 '길이의 단위(한 길은 사람의 키 정도의 길이)'를 의미한다.

02 난도 ★★☆   정답 ④

비문학 > 글의 순서 파악

[정답의 이유]

④ 〈보기〉의 '여기서', '이데아계', '경험계'라는 말을 통해 〈보기〉 앞부분에는 이데아계와 경험계의 개념에 대한 내용이 나와야 함을 짐작할 수 있다. 따라서 〈보기〉의 내용이 들어가기에 가장 적절한 곳은 ㉣이다.

[오답의 이유]

① 〈보기〉의 문장은 '여기서'로 시작하였으므로 앞에 다른 내용이 있음을 추측할 수 있다. 따라서 글의 가장 첫 문장인 ㉠에 올 수 없다.

② · ③ 〈보기〉는 '이데아계'와 '경험계'에 대한 설명이므로 정신계와 물질계의 차이점에 대해 설명하는 ㉡ · ㉢에 올 수 없다.

⑤ ㉣ 다음에 온 역접의 접속어 '그러나'를 통해 앞에서 설명한 '그의 경향(플라톤의 이데아론을 기반으로 신체를 경시하거나 배척하던 경향)'과는 달리 최근에 대두되는 경향(신체에 가치를 부여하여 그것을, 영혼을 보호하는 공간으로 인식)을 설명할 것임을 파악할 수 있으므로 신체를 경시하는 플라톤의 이데아론에 대해 설명한 〈보기〉는 ㉤에 올 수 없다.

03 난도 ★★☆   정답 ③

문법 > 한글 맞춤법

[정답의 이유]

㉠ • 앞집(○): '앞쪽으로 이웃하여 있는 집'을 뜻하는 한 단어이므로 '앞'과 '집'을 붙여 쓴다.
  • 금실(○): 한자어 '금슬(琴瑟)'에서 유래된 말로, '부부간의 사랑'을 뜻한다.

㉡ • 빈칸(○): '비어 있는 칸'을 뜻하는 한 단어이므로 '빈'과 '칸'을 붙여 쓴다.
  • 메워서(○): '메우다'는 '뚫려 있거나 비어 있는 곳을 막거나 채우다.'를 뜻하는 말로, '메다'의 사동사이다. '메우다'는 '메꾸다'와 복수 표준어이다.

㉢ • 언덕바지(○): '언덕의 꼭대기 또는 언덕의 몹시 비탈진 곳'을 뜻하는 명사로, '언덕배기'와 복수 표준어이다.
  • 뛰놀던(○): '뛰놀다'는 '이리저리 뛰어다니며 놀다.'를 뜻하는 동사로, '뛰어놀다'와 복수 표준어이다.

[오답의 이유]

㉣ 짓궂은(×) → 짓궂은(○): '짓궂다'는 '장난스럽게 남을 괴롭고 귀찮게 하여 달갑지 아니하다.'를 뜻하는 형용사로, '짖궂다'는 잘못된 표기이다.

㉤ 삼가하시기(×) → 삼가시기(○): '삼가다'는 '꺼리는 마음으로 양(量)이나 횟수가 지나치지 아니하도록 하다.'를 뜻하는 동사로, '삼가하다'는 잘못된 표기이다.

04 난도 ★★★   정답 ①

문법 > 한글 맞춤법

[정답의 이유]

① 뒤로∨하고(×) → 뒤로하고(○): '뒤에 남겨 놓고 떠나다.'를 뜻하는 '뒤로하다'는 한 단어이므로 붙여 써야 한다.

[오답의 이유]

② • 한쪽(○): '어느 하나의 편이나 방향'을 뜻하는 한 단어이므로 붙여 쓴다.
  • 맞은편(○): '서로 마주 바라보이는 편'을 뜻하는 한 단어이므로 붙여 쓴다.
  • 걸려∨있었다/걸려있었다(○): 한글 맞춤법 제47항에 따르면 보조 용언은 띄어 씀을 원칙으로 하되, 경우에 따라 붙여 씀도 허용한다. '걸려 있었다'의 '걸려'는 동사 '걸리다'에 연결 어미 '-어'가 결합한 형태로, 규정에 따르면 '본용언+-아/어+보조 용언' 구성일 때는 붙여 쓰는 것이 허용된다.

③ 그∨밖에(○): '그밖'은 한 단어가 아니다. 앞에서 이미 이야기한 대상을 가리킬 때 쓰는 관형사 '그'가 '일정한 한도나 범위에 들지 않는 나머지 다른 부분이나 일'을 뜻하는 명사 '밖'을 수식하는 구조이므로 띄어 써야 한다.
  • 흔적∨등이(○): '등'은 그 밖에도 같은 종류의 것이 더 있음을 나타내는 의존 명사이므로 앞의 명사와 띄어 써야 한다.

④ 성안(○): '성안'은 '성벽(城壁)으로 둘러싸인 안'을 의미하는 한 단어이므로 붙여 쓴다.

• 건물∨터(○)/연못∨터(○): 한 단어가 아니므로 띄어 써야 한다. '터'는 '집이나 건물을 지었거나 지을 자리'를 뜻하는 명사이다.

⑤ • 200∨미터/200미터(○): 한글 맞춤법 제43항에 따르면 단위를 나타내는 명사는 띄어 쓴다. 하지만 단위를 나타내는 명사가 아라비아 숫자 뒤에 붙을 때에는 붙여 쓸 수 있도록 하였다.
  • 10여∨일간(○): '-여(餘)'는 '그 수를 넘음'의 뜻을 더하는 접미사이므로 앞에 오는 어근과 붙여 써야 한다. '-간(間)' 또한 기간을 나타내는 일부 명사 뒤에 붙어 '동안'의 뜻을 더하는 접미사이므로 붙여 쓴다.

05 난도 ★☆☆   정답 ⑤

문법 > 외래어 표기법

[정답의 이유]

⑤ • 앙코르(○): 'encore'는 '앵콜, 앙콜'이 아닌 '앙코르'가 옳은 표기이다.
  • 부티크(○): 'boutique'는 '부띠끄'가 아닌 '부티크'가 옳은 표기이다.
  • 앙케트(○): 'enquête'는 '앙케이트'가 아닌 '앙케트'가 옳은 표기이다.

[오답의 이유]

① • 바통(○): 'bâton'은 '바톤'이 아닌 '바통'이 옳은 표기이다.
  • 기브스(×) → 깁스(○): 'gips'는 '기브스'가 아닌 '깁스'가 옳은 표기이다.
  • 디렉터리(○): 'directory'는 '다이렉터리, 디렉토리'가 아닌 '디렉터리'가 옳은 표기이다.

② • 도너츠(×) → 도넛(○): 'doughnut'은 '도너츠, 도너스'가 아닌 '도넛'이 옳은 표기이다.
  • 래디오(×) → 라디오(○): 'radio'는 '래디오'가 아닌 '라디오'가 옳은 표기이다.
  • 리포트(○): 'report'는 '레포트'가 아닌 '리포트'가 옳은 표기이다.

③ • 리모콘(×) → 리모컨(○): 'remote control'은 '리모콘'이 아닌 '리모컨'이 옳은 표기이다.
  • 렌트카(×) → 렌터카(○): 'rent-a-car'는 '렌트카'가 아닌 '렌터카'가 옳은 표기이다.
  • 메세지(×) → 메시지(○): 'message'는 '메세지'가 아닌 '메시지'가 옳은 표기이다.

④ • 배터리(○): 'battery'는 '밧데리, 바테리'가 아닌 '배터리'가 옳은 표기이다.
  • 바베큐(×) → 바비큐(○): 'barbecue'는 '바베큐'가 아닌 '바비큐'가 옳은 표기이다.
  • 심포지엄(○): 'symposium'은 '심포지움'이 아닌 '심포지엄'이 옳은 표기이다.

비문학 > 사실적 읽기

정답의 이유

② 2문단에서 '고통스러운 일을 겪은 아이들은 그림을 그리거나 만들기를 통해 심리적인 안정을 얻을 뿐만 아니라, 자신이 경험한 것에 대해 더 자세히 전달할 수 있다.'라는 근거에 대해 '인간은 미술을 통해 자신의 경험을 거리낌 없이 표현할 수 있다.'라고 이해한 것은 적절하지 않다. 제시된 글의 내용은 미술 치료가 언어로 온전하게 표현할 수 없는 심리상태를 그림으로 표현할 수 있게 도와준다는 것이지, 인간이 미술을 통해 자신의 경험을 거리낌 없이 표현할 수 있다는 것이 아니다.

오답의 이유

① 2문단의 '언어로 온전하게 표현할 수 없는 심리상태를 그림으로 표현하고, 그 과정에서 감정의 이완을 유도하는 방법이다.'를 통해 대화만을 통한 정신치료는 온전한 효과를 얻을 수 없음을 알 수 있다.

③ 1문단의 '그러나 언어는 인간의 마음을 표현하기에는 불완전하고 제한된 도구이다.'를 통해 인간이 언어를 통해 감정을 표현하는 데에는 한계가 있음을 알 수 있다.

④ 1문단의 '이러한 시각적 이미지 속에 포함되어 있는 풍부하고 생생하며 미묘한 경험들은 언어로 표현되는 과정에서 왜곡될 수 있다.'를 통해 인간의 시각적 경험은 언어로 전환되는 과정에서 사실과 달라질 수 있음을 알 수 있다.

⑤ 2문단의 '미술 치료가 작용하는 원리는 성인과 아동 모두에게 근본적으로 같다고 할 수 있다.'를 통해 아동과 성인의 미술 치료 원리는 근본적으로 동일함을 알 수 있다.

고전 문학 > 고전 산문

정답의 이유

④ 제시된 글에서 아내가 '우리 내외 종살이하면 250냥 준다고 하니 그렇게 합시다.'라고 하자 남편은 '나는 하자면 하지만, 자네는 여인이라 나는 끝내 모르겠네.'라고 대답하는 것을 통해 남편은 남의 집 종살이하는 것이 여자로서 감당하기 어려운 일이라고 생각하여 망설였음을 알 수 있다.

오답의 이유

① '만 냥 돈만 번다면 그런대로 고향 가서, 이전만큼은 못 살아도 남에게 천대는 안 받으리다.'를 통해 과거에는 지금보다 형편이 좋았음을 알 수 있다. 따라서 주인공 부부가 과거에 고향에서 빈곤하게 살았다는 설명은 적절하지 않다.

② '우리 서방님 거동 보소! 돈 이백 냥 받아놓고, 일수 월수 체계(遞計)놀이 제 손으로 적어가며 주머니 속에 간수하고'를 통해 주인공 부부가 돈을 빌려주는 일수 월수 체계놀이를 해서 돈을 모았다는 것을 알 수 있다. 따라서 장사를 통해 돈을 모았다는 설명은 적절하지 않다. '체계(遞計)'는 예전에, 장에서 비싼 이자로 돈을 꾸어 주고 장날마다 본전의 일부와 이자를 받아들이던 일을 말한다.

③ 남편의 대화 중 '이 사람아, 내 말 듣게. 돈도 돈도 좋지마는 내사 내사 못하겠네. 그런대로 다니면서 빌어먹다가 죽고 말지! 아무리 신세가 곤궁하나 군노(軍奴) 놈의 사환(使喚) 되어, 한 손만 까딱 잘못하면 무지한 욕을 어찌 볼꼬?'를 통해 남편이 무슨 일이든 해서 돈을 벌어 고향에 가서 살고 싶어 한다는 설명이 적절하지 않음을 알 수 있다.

⑤ '그런데 병술년(1886년) 괴질이 닥쳤구나! 안팎 식솔 30여 명이 모두 병들었다가 사흘 만에 깨어나 보니, 다 죽고서 주인 하나 하나뿐이라. 수천 호가 다 죽고서 살아난 이 몇 없네.'에서 '주인공 부부의 꿈이 좌절되었다.'는 것은 알 수 있으나 '반복되는 자연 재해'에 대해서는 알 수가 없다.

작품 해설

작자 미상, 「덴동 어미 화전가」
- 갈래: 가사
- 성격: 사실적, 여성적
- 주제: 한 여인의 운명적이고 비극적인 삶
- 특징
  - 대체로 4음보의 율격을 지니며, 유사한 구절을 반복하여 운율을 형성함
  - 조선 후기 사회상을 사실적으로 보여줌

비문학 > 글의 전개 방식

정답의 이유

⑤ 1문단은 부여 · 고구려 · 동예, 2문단은 신라와 고려, 3문단은 조선 등 시대순으로 중심 화제인 '제천 의식'의 성격 변화를 서술하고 있다.

오답의 이유

① 2문단에서 '고대의 축제'를 '국가적 공의'와 '민간인들의 마을굿' 두 가지 개념으로 비교하여 제시하였지만, 두 개념의 장단점을 비교하여 서술하고 있지는 않다.

② 제천 의식에 대해 시대별로 제시하였으나, 비판의 제시나 대안에 대해 서술하고 있지는 않다.

③ 제천 의식과 그 사례를 시대별로 다양하게 제시하긴 하였지만, 어떤 개념을 정당화하고 있는 것은 아니다.

④ 두 개의 이론을 제시하는 부분이나 새로운 이론을 도출하는 부분은 없다.

비문학 > 추론적 읽기

정답의 이유

ⓛ · 갑: 우리 둘은 모두 건달(항상 거짓말)이고, 이 섬은 마야섬이다. (거짓)
→ 이 섬은 마야섬이 아니다. (참)
· 을: 갑의 말은 옳다. (거짓)
→ 두 번째 섬에서 갑과 을은 모두 건달이며(참), 두 번째 섬은 마야섬이 아니다. (참)

ⓒ • 갑: 우리 둘은 모두 건달(항상 거짓말)이고, 이 섬은 마야섬이
다. (거짓)
→ 이 섬은 마야섬이 아니다. (참)
• 을: 우리 둘 가운데 적어도 한 사람은 건달이고(참), 이 섬은
마야섬이 아니다. (참)
→ 세 번째 섬에서 갑과 을 중 적어도 한 사람은 건달이며(참),
세 번째 섬은 마야섬이 아니다. (참)

오답의 이유
ⓐ 갑과 을이 모두 건달일 경우 갑의 진술은 '을이 건달이거나 혹은
이 섬은 마야섬이 아니다.', 을의 진술은 '갑이 기사이거나 혹은
이 섬은 마야섬이 아니다.'가 참이 되어야 하는데 이 경우 갑이
기사가 되므로 둘 다 모두 건달이라는 〈보기〉의 내용과 모순이
된다.

10 난도 ★★★
정답 ③

비문학 > 사실적 읽기

정답의 이유
③ '대응'은 '유추의 근거 영역의 요소들과 대상 영역의 요소들을 연
결하는 단계'로 '워싱턴'과 '링컨'을 연결하고, 숫자 '1'과 미지항
x를 연결하는 과정이 이에 해당한다고 했으므로 미국의 몇 번째
대통령인지 정보가 없는 사람이라면 정보를 연결하는 과정인 '대
응'의 단계까지는 성공하겠지만, 자신이 찾아낸 규칙을 대상 영
역에 적용하는 '적용'의 단계에서 미지항 x의 값에 16을 적용할
수가 없어 실패할 것이다.

오답의 이유
① '부호화'는 '유추 문제의 각 항들이 어떠한 의미인지 파악하는 과
정'이므로 미국 대통령이었던 '워싱턴'이나 '링컨'에 대한 지식 등
미국과 관련된 어떠한 정보도 갖고 있지 않은 사람이라면, '부호
화' 단계에서 실패할 것이라는 이해는 적절하다.
② '추리'는 '앞의 두 항이 어떠한 연관성을 갖는지 규칙을 찾는 과
정'이므로 '워싱턴'이 미국의 대통령이 아니라 미국의 도시 이름
이라는 정보만 갖고 있는 사람이라면 미국의 초대 대통령인 '워
싱턴'과 숫자 '1'로부터 연관성을 찾아낼 수 없으므로 '추리'의 단
계에서 실패할 것이라는 이해는 적절하다.
④ '적용'은 '자신이 찾아낸 규칙을 대상 영역에 적용하는 과정'이므
로 미국 역대 대통령의 순서에 대한 정보가 있는 사람이라면,
'적용' 단계에서 '16'을 선택하겠지만, 조지 워싱턴이 1달러 지폐
의 인물이고 아브라함 링컨이 5달러 지폐의 인물이라는 미국의
화폐에 대한 정보만 갖고 있는 사람이라면 '적용'의 단계에서 '5'
를 선택할 것이라는 이해는 적절하다.
⑤ '정당화'는 '비교의 결과 더 적합하다고 생각되는 답을 선택하는
과정'이므로 'x'에 들어갈 수 있는 답으로 '5'와 '16'을 찾아낸 사
람이라면, 'x는 순서를 나타낸다'라는 새로운 기준을 제시했을
때 '정당화'의 단계에서 링컨이 미국의 열여섯 번째 대통령임을
생각하여 '16'을 선택할 것이다. 따라서 '정당화' 단계에서 '16'을
선택할 것이라는 이해는 적절하다.

11 난도 ★☆☆
정답 ④

문법 > 형태론

정답의 이유
〈보기〉에서 설명하는 '격 조사나 어미를 취할 수 있는 단어'는 '용
언'이다. 용언은 문장에서 서술어의 기능을 하는 동사, 형용사를 통
틀어 이르는 말로 '어간+어미'로 구성된다. 용언의 경우 여러 형태
의 어미와 결합할 수 있고, 조사와도 결합할 수 있다.
④ '뛰는'은 동사 '뛰다'의 어간 '뛰−'에 관형사형 전성 어미 '−는'이
결합한 것으로 품사는 '관형사'가 아닌 '동사'이다. 품사는 변하지
않지만 문장 성분은 '관형어'가 된다.

오답의 이유
① '모든'은 명사 '욕심'을 수식하며 어미를 취해 활용하지 않으므로
'관형사'이다.
② '무슨'은 명사 '일'을 수식하며 어미를 취해 활용하지 않으므로
'관형사'이다.
③ '다른'은 명사 '일'을 수식하며 어미를 취해 활용하지 않으므로
'관형사'이다.
⑤ '어느'는 명사 '곳'을 수식하며 어미를 취해 활용하지 않으므로
'관형사'이다.

12 난도 ★★☆
정답 ④

비문학 > 글의 순서 파악

정답의 이유
• (라)는 기상 예측과 기후 예측에 대한 개념을 설명하면서 화제를
제기하는 내용이므로 제시된 글의 초반부에 와야 한다.
• (마)에서는 기후의 개념을 서술하고, 기상과 기후는 어느 정도 연
관성이 있다고 설명하고 있으므로 기상 예측과 기후 예측에 대해
설명한 (라) 뒤에 오는 것이 적절하다.
• (나)의 '그렇다면'을 기준으로 기후 예측의 정확성에 대한 의문을
제기하고 있으므로 기후 예측의 정확성에 대하여 이야기한 (마)
뒤에 오는 것이 적절하다.
• (다)의 보충의 접속어 '더구나' 뒤에 '날씨 예측은 2주일 정도가
한계'라고 하였으므로 먼 미래의 날씨 예측이 어렵다는 내용인
(나) 뒤에 위치하는 것이 적절하다.
• (가)에서는 '날씨는 못 맞추어도 다음 계절의 추세 정도는 맞출
수 있다.'는 내용을 다루고 있으므로 '날씨 예측은 2주일 정도가
한계'라는 (다) 내용 뒤에 (가)가 오는 것이 적절하다.
따라서 논리적 순서에 맞게 나열한 것은 ④ (라) − (마) − (나) −
(다) − (가)이다.

13 난도 ★☆☆
정답 ⑤

비문학 > 추론적 읽기

정답의 이유
⑤ 1문단의 '인생의 본질은 목표의 설정과 성취가 아니라 유지와 지
속이다.'와 '목표 성취가 주는 짧은 행복감이 지나가고 나면 특별
한 일 없이 반복되는 무수한 나날들이 기다리고 있다.', 그리고
4문단의 '관건은 생각보다 긴 내 삶을 지속해 나갈 방법을 찾는

것이다.'라는 내용을 통해 ㉠에는 '유지와 지속'의 개념과 어울리는 '삶은 생각보다 길다.'가 들어가는 것이 적절함을 알 수 있다.

오답의 이유

① · ② · ④ ㉠의 바로 뒤의 내용인 '따라서 인생의 본질은 목표의 설정과 성취가 아니라 유지와 지속이다.'와 4문단의 '관건은 생각보다 긴 내 삶을 지속해 나갈 방법을 찾는 것이다.'라는 내용과 관련지어 생각할 때, '지루하다', '행복하다', '고통스럽다'와 같이 감정적인 부분에 대해 언급한 내용이 들어가는 것은 적절하지 않다.

③ 제시된 글은 긴 인생을 의미 있게 지속할 방법을 찾자는 내용이므로 ㉠에 '삶은 생각보다 짧다.'가 들어가는 것은 적절하지 않다.

14 난도 ★☆☆　　　　　　　　정답 ②

어휘 > 한자성어

정답의 이유

② '달면 삼키고 쓰면 뱉는다.'는 '옳고 그름이나 신의를 돌보지 않고 자기의 이익만 꾀함을 비유적으로 이르는 말'인데 비해, 고진감래(苦盡甘來)는 '고생 끝에 즐거움이 옴을 이르는 말'로 의미가 상이하다. 따라서 '자신의 비위에 따라서 사리의 옳고 그름을 판단함을 이르는 말'인 감탄고토(甘呑苦吐)로 고쳐야 한다.
- 苦盡甘來: 괴로울 고, 다할 진, 달 감, 올 래
- 甘呑苦吐: 달 감, 삼킬 탄, 괴로울 고, 토할 토

오답의 이유

① '도랑 치고 가재 잡고'는 '지저분한 도랑을 깨끗이 치우던 중 뜻하지 않게 가재도 잡게 되었다는 뜻으로, 한 가지 일로 두 가지 이익을 보는 경우를 비유적으로 이르는 말'이며, 일거양득(一擧兩得)은 '한 가지 일을 하여 두 가지 이익을 얻는다.'는 의미이므로 둘은 의미가 유사하다.
- 一擧兩得: 하나 일, 들 거, 두 양, 얻을 득

③ '낫 놓고 기역자도 모른다.'는 '기역 자 모양으로 생긴 낫을 보면서도 기역 자를 모른다는 뜻으로, 아주 무식함을 비유적으로 이르는 말'이며, 목불식정(目不識丁)은 "아주 간단한 글자인 '丁'자를 보고도 그것이 '고무래'인 줄을 알지 못한다는 뜻으로, 아주 까막눈임을 이르는 말"이다. 따라서 둘은 의미가 유사하다.
- 目不識丁: 눈 목, 아닐 불, 알 식, 고무래 정

④ '같은 값이면 다홍치마'는 '값이 같거나 같은 노력을 한다면 품질이 좋은 것을 택한다는 말'이며, 동가홍상(同價紅裳)은 '같은 값이면 다홍치마라는 뜻으로, 같은 값이면 좋은 물건을 가짐을 이르는 말'로 둘의 의미가 유사하다.
- 同價紅裳: 같을 동, 값 가, 붉을 홍, 치마 상

⑤ '원님 덕에 나팔 분다'는 '사또와 동행한 덕분에 나팔 불고 요란히 맞아 주는 호화로운 대접을 받는다는 뜻으로, 남의 덕으로 당치도 아니한 행세를 하게 되거나 그런 대접을 받고 우쭐대는 모양을 비유적으로 이르는 말'이며, 호가호위(狐假虎威)는 '남의 권세를 빌려 위세를 부린다는 뜻'으로 둘은 의미가 유사하다.
- 狐假虎威: 여우 호, 거짓 가, 범 호, 위엄 위

더 알아보기

의미 관계가 유사한 한자성어와 속담

고식지계(姑息之計)	언 발에 오줌 누기
교각살우(矯角殺牛)	빈대 잡으려고 초가삼간 태운다
당랑거철(螳螂拒轍)	하룻강아지 범 무서운 줄 모른다
설상가상(雪上加霜)	엎친 데 덮친 격
일거양득(一擧兩得)	꿩 먹고 알 먹는다[먹기] / 굿 보고 떡 먹기
적반하장(賊反荷杖)	도둑이 매를 든다
정저지와(井底之蛙)	우물 안 개구리
주마간산(走馬看山)	수박 겉 핥기 / 처삼촌 뫼에 벌초하듯
청천벽력(靑天霹靂)	마른하늘에 날벼락
초록동색(草綠同色)	가재는 게 편이다

15 난도 ★☆☆　　　　　　　　정답 ①

문법 > 통사론

정답의 이유

'동격 관형절'은 안긴문장 그 자체가 뒤에 오는 체언과 동일한 의미를 가지는 것으로 안긴문장 내 성분의 생략이 불가능하다. '관계 관형절'은 안긴문장 안에서 쓰인 주어, 목적어, 부사어와 같은 문장 성분 중 하나와 안긴문장 뒤에 와서 수식을 받는 체언이 일치할 때 그 성분을 생략한 관형절을 말한다.

① '급히 학교로 돌아오라는'은 성분의 생략이 없이 체언 '연락'과 같은 의미를 지니는 '동격 관형절'이다. 또한 '긴 관형절'은 항상 '동격 관형절'이라는 것에 주의한다.

오답의 이유

② '내가 어제 (서점에서) 책을 산'은 부사어가 생략된 관계 관형절이다.

③ '충무공이 (거북선을) 만든'은 목적어가 생략된 관계 관형절이다.

④ '사람이 (그 섬에) 살지 않는'은 부사어가 생략된 관계 관형절이다.

⑤ '수양버들이 (돌각담에) 서 있는'은 부사어가 생략된 관계 관형절이다.

16 난도 ★★☆　　　　　　　　정답 ③

문법 > 표준어 규정

정답의 이유

㉠ 계절병[계:절뼝](○): 표준어 규정 제2부 제28항에 의하면 표기상으로는 사이시옷이 없더라도, 관형격 기능을 지니는 사이시옷이 있어야 할 합성어의 경우에는, 뒤 단어의 첫소리 'ㄱ, ㄷ, ㅂ, ㅅ, ㅈ'을 된소리로 발음한다. 또한 표준어 규정 제2부 제5항의 '다만 2.' 규정에 의하면 '예, 례' 이외의 'ㅖ'는 [ㅔ]로도 발음한다. 따라서 '어떤 특정한 계절에 특히 많이 발생하는 병'을 뜻하는 '계절병'은 [계:절뼝/게:절뼝]으로 발음한다.

㉤ 관세[관세](○): '관세 영역을 통해 수출 · 수입되거나 통과되는 화물에 대하여 부과되는 세금'을 뜻하는 '관세(關稅)'는 [관쎄]처럼 된소리로 발음하지 않고 표기대로 발음한다.

오답의 이유

ⓛ 신윤복[신뉸복](×) → [시뉸복](○): 표준어 규정 제2부 제29항에 따르면 합성어 및 파생어에서, 앞 단어나 접두사의 끝이 자음이고 뒤 단어나 접미사의 첫음절이 '이, 야, 여, 요, 유'인 경우에는, 'ㄴ' 음을 첨가하여 [니, 냐, 녀, 뇨, 뉴]로 발음한다고 하였으나, 사람의 이름은 합성어로 보지 않으므로 'ㄴ'을 첨가하여 발음하지 않는다.

ⓒ 논조[논쪼](×) → [논조](○): '논조(論調)'는 발음할 때 특별한 음운 변동이 일어나지 않으므로 [논쪼]처럼 된소리로 발음해서는 안 된다.

ⓔ 과반수[과:반쑤](×) → [과:반수](○): 표준어 규정 제2부 제28항에 따르면 표기상으로는 사이시옷이 없더라도, 관형격 기능을 지니는 사이시옷이 있어야 할 합성어의 경우에는 뒤 단어의 첫소리 'ㄱ, ㄷ, ㅂ, ㅅ, ㅈ'을 된소리로 발음한다. '과반수'는 관형격 기능을 지니는 사이시옷이 있어야 할 합성어에 해당하지만, 된소리가 나지 않아 [과:반수]로 발음하지 않는다.

더 알아보기

표준어 규정 제2부 제28항

표기상으로는 사이시옷이 없더라도, 관형격 기능(앞의 명사가 뒤의 명사의 시간, 장소, 용도, 기원, 소유 등의 의미를 나타내는 경우)을 지니는 사이시옷이 있어야 할(휴지가 성립되는) 합성어의 경우에는, 뒤 단어의 첫소리 'ㄱ, ㄷ, ㅂ, ㅅ, ㅈ'을 된소리로 발음한다.

[ㄲ]	문고리[문꼬리], 길가[길까], 바람결[바람껼], 강가[강까]
[ㄸ]	눈동자[눈똥자], 물동이[물똥이], 그믐달[그믐딸], 초승달[초승딸]
[ㅃ]	신바람[신빠람], 발바닥[발빠닥], 아침밥[아침빱], 등불[등뿔]
[ㅆ]	산새[산쌔], 굴속[굴쏙], 창살[창쌀]
[ㅉ]	손재주[손째주], 술잔[술짠], 잠자리[잠짜리], 강줄기[강쭐기]

---

17 난도 ★☆☆   정답 ③

문법 > 국어의 로마자 표기법

정답의 이유

③ '해돋이'는 구개음화 현상을 적용하여 [해도지]로 발음되므로 음운 변화의 결과에 따라 'haedoji'로 쓴다. 따라서 ⓒ의 예로 적절하다.

오답의 이유

① '학여울'은 [항녀울]로 발음되므로 음운 변화의 결과에 따라 'Hangnyeoul'로 쓴다. 이는 ⓛ 'ㄴ, ㄹ'이 덧나는 경우에 해당한다.

② '왕십리'는 [왕심니]로 발음되므로 음운 변화의 결과에 따라 'Wangsimni'로 적는다. 이는 ㉠ 자음 사이에서 동화 작용이 일어나는 경우에 해당한다.

④ '집현전[지편전]'은 'ㅂ'이 'ㅎ'과 합하여 거센소리가 나지만 체언이므로 'ㅎ'을 밝혀 'Jiphyeonjeon'으로 표기한다.

⑤ '팔당'은 [팔땅]과 같이 된소리되기 현상이 나타나지만, 된소리되기는 표기에 반영하지 않으므로 'Paldang'으로 표기한다.

더 알아보기

국어의 로마자 표기법 제3장 제1항

음운 변화가 일어날 때에는 변화의 결과에 따라 다음과 같이 적는다.

• 자음 사이에서 동화 작용이 일어나는 경우

백마[뱅마]	Baengma	신문로[신문노]	Sinmunno
종로[종노]	Jongno	왕십리[왕심니]	Wangsimni
별내[별래]	Byeollae	신라[실라]	Silla

• 'ㄴ, ㄹ'이 덧나는 경우

| 학여울[항녀울] | Hangnyeoul | 알약[알략] | allyak |

• 구개음화가 되는 경우

| 해돋이[해도지] | haedoji | 같이[가치] | gachi |
| 굳히다[구치다] | guchida | | |

• 'ㄱ, ㄷ, ㅂ, ㅈ'이 'ㅎ'과 합하여 거센소리로 소리 나는 경우

| 좋고[조코] | joko | 놓다[노타] | nota |
| 잡혀[자펴] | japyeo | 낳지[나치] | nachi |

다만, 체언에서 'ㄱ, ㄷ, ㅂ' 뒤에 'ㅎ'이 따를 때에는 'ㅎ'을 밝혀 적는다.

| 묵호(Mukho) | 집현전(Jiphyeonjeon) |

[붙임] 된소리되기는 표기에 반영하지 않는다.

압구정	Apgujeong	낙동강	Nakdonggang
죽변	Jukbyeon	낙성대	Nakseongdae
합정	Hapjeong	팔당	Paldang
샛별	saetbyeol	울산	Ulsan

---

18 난도 ★★☆   정답 ③

비문학 > 사실적 읽기

정답의 이유

③ 1문단에서 기존의 경험과 새로운 경험이 전혀 다른 영역에 속하는 경우가 '원거리 전이'라고 했으므로 문학 비평가가 아동심리학 이론을 인용하여 동화 속 인물의 심리 현상을 분석하는 것이 원거리 전이라는 설명은 적절하지 않다. '아동심리학 이론 인용'과 '동화 속 인물의 심리 현상 분석'은 인접한 영역으로 '원거리 전이'가 아니라 '계열 전이'에 속한다.

오답의 이유

① 1문단에서 '동종 전이'는 기존의 경험과 새로운 경험이 동일한 영역에 속하는 것이라고 했으므로 의사가 대장암에 대한 의학적 지식을 적용하여 대장암 환자를 치료한 것은 동종 전이라는 설명은 적절하다. '대장암에 대한 지식'과 '대장암 치료'는 동일 영역이기 때문이다.

② 1문단에서 기존의 경험과 새로운 경험이 인접한 영역에 해당하면 '계열 전이'라고 했으므로 천문학자가 물체의 운동에 대한 공식을 활용하여 혜성의 이동 속도를 계산한 것이 계열 전이라는

설명은 적절하다. '물체의 운동에 대한 공식 활용'과 '혜성의 이동 속도 계산'은 인접한 영역이기 때문이다.

④ 2문단에서 기존의 경험이 새로운 경험을 위해 필수적이며 기본적인 전제 조건이 될 때, '수직적 전이'가 발생한다고 했으므로 초등학생이 사각형의 넓이 계산법을 이용하여 사각형인 교실의 면적을 구하는 것이 수직적 전이라는 설명은 적절하다. '사각형의 넓이 계산법'은 '사각형인 교실의 면적을 구한다.'의 전제 조건이 되기 때문이다.

⑤ 2문단의 '전이는 영향 관계에 있는 두 경험의 위계 수준에 따라 구분할 수도 있다.'를 통해 수직적 전이와 수평적 전이를 구분하는 기준이 영향 관계에 있는 두 경험의 위계 수준이라는 것을 파악할 수 있다.

19 난도 ★★☆ 정답 ①

비문학 > 사실적 읽기

정답의 이유

① 제목은 주제와 밀접한 관련을 갖는다. 제시된 글은 '기차 소리(친숙하며 해가 없는 것으로 기억되어 있는 소리는 우리의 의식에 거의 도달하지 않는다.)', '동물의 소리(자신의 천적이나 먹이 또는 짝짓기 상대방이 내는 소리는 매우 잘 듣는다.)', '사람의 소리(아무리 시끄러운 소리에도 잠에서 깨지 않는 사람이라도 자기 아기의 울음소리에는 금방 깬다.)' 등의 예시를 통해 '인간이 소리를 듣는다는 것은 외부의 소리가 귀에 전달되는 것을 그대로 듣는 수동적인 과정이 아니라 소리가 뇌에서 재해석되는 과정임을 의미한다.'라는 내용을 전달하고 있다. 따라서 제목으로 가장 적절한 것은 '소리의 선택적 지각'이다.

오답의 이유

② '소리 자극의 이동 경로'는 상황 설명을 위한 전제일 뿐이므로 제목으로 적절하지 않다.

③ '모든 소리는 의식적이든 무의식적이든 감정을 유발한다.'라고 하였으나, 이는 주제를 끌어내기 위한 예시일 뿐이므로 제목으로 적절하지 않다.

④ '인간의 뇌와 소리와의 관계'는 예시의 내용을 포괄하지 못하므로 제목으로 적절하지 않다.

⑤ '동물과 인간의 소리 인식 과정 비교'는 제시된 글에서 설명하지 않았으며 주제와도 관련이 없으므로 제목으로 적절하지 않다.

20 난도 ★☆☆ 정답 ⑤

문법 > 고전 문법

정답의 이유

⑤ 'ㆁ(옛이응)'은 아음의 이체자이다. 후음의 기본자는 'ㅇ', 가획자는 'ㆆ, ㅎ'이다.

오답의 이유

① 아음의 기본자는 'ㄱ', 가획자는 'ㅋ', 이체자는 'ㆁ(옛이응)'이다.

② 설음의 기본자는 'ㄴ', 가획자는 'ㄷ, ㅌ', 이체자는 'ㄹ'이다.

③ 순음의 기본자는 'ㅁ', 가획자는 'ㅂ, ㅍ'이다.

④ 치음의 기본자는 'ㅅ', 가획자는 'ㅈ, ㅊ', 이체자는 'ㅿ'이다.

21 난도 ★★☆ 정답 ④

현대 문학 > 현대 소설

정답의 이유

④ '안개는 사람들을 둘러쌌고 먼 곳에 있는 것으로부터 사람들을 떼어 놓았다.'와 '무진에서는 누구나 그렇게 생각하는 것이다. 타인은 모두 속물들이라고. 나 역시 그렇게 생각하는 것이다. 타인이 하는 모든 행위는 무위(無爲)와 똑같은 무게밖에 가지고 있지 않은 장난이라고.'를 통해 '무진'에 살고 있는 사람들은 자기 세계에 갇혀 있음을 파악할 수 있다.

오답의 이유

① 무진의 명산물인 '안개'에 대한 비유적 표현만 있을 뿐이므로 '무진'에 살고 있는 사람들이 실체를 알 수 없는 존재에 대한 공포를 갖고 있었는지는 파악할 수 없다.

② 무진에 사는 사람들이 자연과 합일된 삶을 꿈꾸고 있다는 부분은 찾을 수 없다.

③ 무진에 사는 사람들은 '타인은 모두 속물들이라고.', '타인이 하는 모든 행위는 무위(無爲)와 똑같은 무게밖에 가지고 있지 않은 장난이라고.' 생각한다고 하였는데, 이는 오히려 타인을 배척하는 태도이므로 다른 사람의 삶에 대해 포용적 자세를 지녔다는 설명은 적절하지 않다.

⑤ 제시된 글에는 무진에 사는 사람들이 과거의 삶을 그리워하는 부분이 드러나 있지 않으므로 적절하지 않다.

22 난도 ★★★ 정답 ③

현대 문학 > 현대 시

정답의 이유

③ 제시된 작품은 눈의 모습을 다양한 이미지(심상)로의 비유를 통해 보여 주고 있다. '눈'을 1연은 '그리운 소식', 2연은 '서글픈 옛 자취', 5연은 '잃어진 추억의 조각', 6연은 '차단한 의상'으로 표현하고 있다.

오답의 이유

① 1연의 '이 한밤'을 통해 시간적 배경이 아침이 아닌 한밤이라는 것을 알 수 있다. 화자는 한밤에 뜰에 내려가 흩날리는 눈을 바라보며 과거의 추억을 떠올리고 있다.

② 1연의 '소리 없이 흩날리느뇨'와 5연의 '희미한 눈발'이라는 표현이 있으므로 '눈발이 세차게 날리는 것'이라는 반응은 적절하지 않다.

④ 화자는 밤에 내리는 눈을 바라보며 과거의 추억을 떠올린다. 하지만 그 추억은 구체적으로 제시되어 있지 않으므로 '과거의 경험은 아마도 친구와 관계가 있겠지.'라는 독자의 반응은 적절하지 않다. 화자는 뜰에 내리는 눈을 바라보며 그리움과 서글픔의 추억을 떠올리고 있을 뿐이다. 4연의 '여인의 옷 벗는 소리'라는 표현이 있으므로 여인과 관계가 있다고 볼 수도 있다.

⑤ 6연에서는 내려 쌓인 눈 위에 나의 '슬픔'이 곱게 서려 있다고 표현하고 있다. 따라서 슬픔이 해소되지 않았음을 알 수 있다.

---

23 난도 ★★☆　　　　　　　　　　　　정답 ⑤

비문학 > 추론적 읽기

정답의 이유

⑤ 1문단은 '온라인 게임'을 예시로 '우리가 이용하는 디지털화된 정보들은 대다수가 아날로그 기반에서 생성된 것이다.'라는 주장을, 2문단은 '온라인의 바둑과 장기'를 예시로 '아날로그가 디지털과 결합해 더욱 활성화되기도 한다.'라는 주장을 이끌어 내고 있으며, 이를 통해 디지털 문화와 아날로그 문화는 상호 보완적인 것임을 알 수 있다. 그러므로 ㉠에는 '디지털 문화와 아날로그 문화를 대립적인 것으로 파악하는 것은 본질과 거리가 멀다.'가 들어가는 것이 가장 적절하다.

오답의 이유

① '디지털 문화와 아날로그 문화'를 수직적인 것으로 파악하는 것은 본질과 거리가 멀다는 것이 아니라 대립적인 것으로 파악하지 말라는 것이므로 적절하지 않다.

② '디지털 문화와 아날로그 문화'를 수평적인 것으로 파악하는 것은 본질과 거리가 멀다는 것이 아니라 대립적인 것으로 파악하지 말라는 것이므로 적절하지 않다.

③ '디지털 문화와 아날로그 문화'를 상호 보완적인 것으로 파악하는 것은 본질과 거리가 멀다는 것이 아니라 대립적인 것으로 파악하지 말라는 것이므로 부적절하다. 또한 제시문을 보면 디지털 문화와 아날로그 문화에 상호 보완적인 부분이 있다는 것을 유추할 수 있다.

④ '디지털 문화와 아날로그 문화'를 입체적인 것으로 파악하는 것은 본질과 거리가 멀다는 것이 아니라 대립적인 것으로 파악하지 말라는 것이므로 적절하지 않다.

24 난도 ★★☆　　　　　　　　　　　　정답 ②

비문학 > 추론적 읽기

정답의 이유

② ㉡ 앞의 '(정치지도자가) 사건의 심각성, 정보기관의 오류, 정치인의 성격과 정치적 배경 등이 원인이 되어 잘못된 정치적 판단이나 의도하지 않은 거짓말을 하기도 했다.'와 ㉡ 뒤의 '신뢰와 불신은 거의 모든 주류 정치지도자에 대한 인식의 기준이 되었고, 때로는 진짜 부패와 정치적 판단에 따른 거짓말을 구분하는 것이 급격히 어려워질 정도였다.'는 원인과 결과의 인과 관계에 해당한다. 따라서 '정치지도자는 유권자의 일시적 신뢰에 연연

하지 않고, 불행한 진실이라도 전달해야 한다.'라는 주장이 들어가는 것은 적절하지 않다.

오답의 이유

① ㉠ 앞의 "제2차 세계대전의 개전 위험성이 극도로 고조되면서, 그는 '해안가에서 맞서 싸울' 필요성에 관한 유명한 방송 연설을 했다."와 ㉠ 뒤의 '처칠은 그럴 수 없을 때라도 완벽하게 승전에 자신이 있다는 투로 말해야 한다는 것을 알고 있었다.'의 관계를 고려할 때 '처칠은 진실하지 않았다.'는 ㉠에 들어가기에 적절한 문장이다.

③ ㉢ 앞의 '때로는 진짜 부패와 정치적 판단에 따른 거짓말을 구분하는 것이 급격히 어려워질 정도였다.'와 ㉢ 뒤의 '우리는 유권자의 이런 혐오를 이해할 수 있다.' 사이에는 부패 때문에 유권자가 선출된 지도자를 혐오한다는 내용이 들어가야 하므로 '부패는 유권자를 민주주의 정치에 등 돌리게 하고 선출된 지도자를 혐오하게 만든다.'는 ㉢에 들어가기에 적절한 문장이다.

④ ㉣ 앞의 '정치에서 경멸 어린 불신을 받을 만한 진짜 부패는 항상 그랬던 것처럼 계속 이어진다.'와 ㉣ 뒤의 '마찬가지로 그들에게 가해지는 엄격한 정밀 검증을 고려할 때, 이들이 더 부도덕하다고 평가할 이유도 없다.'의 사이에는 접속어 '마찬가지로'를 근거로 선출된 정치인들이 항상 깨끗해야만 할 이유가 없다는 내용이 들어가야 한다. 그러므로 '선출된 정치인이 다른 나머지 사람보다 더 깨끗하다고 단정할 이유는 없다.'는 ㉣에 들어가기에 적절한 문장이다.

⑤ ㉤ 앞의 '많은 나라에서 여러 정당과 정치인은 통렬하게 불신 받을 만한 부패 혐의에 빠지곤 한다.'와 ㉤ 뒤의 '그들의 부패 덕분에 아웃사이더들이 유권자의 호응을 대신 얻어 활동하는 동안, 주류는 번성하는 데 실패하곤 했다.'의 사이에는 주류가 번성하지 못한 원인과 상황이 제시되어야 하므로 '주류였던 세력은 부패 때문에 쇠락하기도 한다.'는 ㉤에 들어가기에 적절한 문장이다.

25 난도 ★★★　　　　　　　　　　　　정답 ④

비문학 > 추론적 읽기

정답의 이유

④ ㉣ '늙은 황룡'은 ㉤ '활 잘 쏘는 청년'의 도움을, ㉩ '서해 용왕'은 왕건의 할아버지 ⓞ '작제건'의 도움을 받은 신적인 존재이다.

오답의 이유

① ⓐ '늙은 여우'는 선한 용인 ⓩ '서해 용왕'과 대립하는 악한 존재라 할 수 있지만 ㉠ '황금산 앞바다의 황룡'은 악한 존재라고 보기 힘들다. 청룡과 황룡이 조기 떼를 두고 경쟁하던 사이라는 설명만 있을 뿐, 누가 더 선하고 악한 존재인지는 나와 있지 않기 때문이다.

② ㉡ '칠산 앞바다의 청룡'은 조기 떼를 두고 ㉠ '황금산 앞바다의 황룡'과 대립하고 있는 존재로 용의 능력은 곧 어획량을 좌우하는 능력으로 인식되었다고 했고, ⓐ '가뭄을 발생시키던 청룡'은 ㉮ '벽골제를 수호하는 백룡'과 대립하던 존재로 용이 풍흉을 결정지을 수 있는 존재로 인식되었다고 했다. 이는 두 대상이 모두 '풍요의 신으로 숭배'되었다는 뜻이므로 ㉡과 ⓐ은 풍요의 신에서 권력의 신으로 변형된 존재이다.'는 내용을 잘못 이해한 것이다.

③ ⓒ '젊은 청룡'은 연못을 두고 ② '늙은 황룡'과 싸우던 존재이고,
ⓑ '벽골제를 수호하는 백룡'은 ② '가뭄을 발생시키던 청룡'과 대
립하던 존재이다. 둘 다 용이 풍흉을 결정지을 수 있는 존재로
인식되었다는 설명만 있으므로 'ⓒ과 ⓑ은 영웅의 권력을 뒷받침
하는 존재이다.'는 내용을 잘못 이해한 것이다.

⑤ ⑩ '활 잘 쏘는 청년'은 ② '늙은 황룡'을 도와 준 대가로 기름진
논(옥토)을 얻었으나, ⓞ '작제건'은 ② '서해 용왕'을 도와 준 후
용왕의 딸을 아내로 맞이하였다. 따라서 'ⓜ과 ⓞ은 용을 도와준
대가로 옥토를 얻는 영웅적 존재이다.'는 내용을 잘못 이해한 것
이다.

국어 | 2020년 국회직 8급

한눈에 훑어보기

✅ 영역 분석

어휘　　04　13　17
3문항, 12%

문법　　01　02　03　05　06　11　14　15　16　19　24
11문항, 44%

고전 문학　10　18
2문항, 8%

현대 문학　23
1문항, 4%

비문학　　07　08　09　12　20　21　22　25
8문항, 32%

✅ 빠른 정답

01	02	03	04	05	06	07	08	09	10
①	⑤	④	④	①	⑤	③	①	②	④
11	**12**	**13**	**14**	**15**	**16**	**17**	**18**	**19**	**20**
⑤	②	②	④	④	①	⑤	③	②	③
21	**22**	**23**	**24**	**25**					
⑤	④	①	③	③					

✅ 점수 체크

구분	1회독	2회독	3회독
맞힌 문항 수	/ 25	/ 25	/ 25
나의 점수	점	점	점

---

01 난도 ★★☆　　　　　정답 ①

문법 > 표준어 규정

[정답의 이유]

① 표준 발음법 제26항에 따르면 한자어에서, 'ㄹ' 받침 뒤에 연결되는 'ㅅ'은 된소리로 발음한다. 따라서 '일사병'은 [일싸뼝]으로 발음한다.

[오답의 이유]

② 표준 발음법 제19항 [붙임]에 따르면 받침 'ㅂ' 뒤에 연결되는 'ㄹ'은 [ㄴ]으로 발음하고 제18항에 따르면 받침 'ㅂ'은 'ㄴ' 앞에서 [ㅁ]으로 발음한다. 따라서 '납량'은 [납냥 → 남냥]으로 발음한다.

③ 표준 발음법 제11항에 따르면 겹받침 'ㄿ'은 자음 앞에서 [ㅂ]으로 발음하고, 제23항에 따르면 받침 'ㅂ' 뒤에 연결되는 'ㄱ'은 된소리로 발음한다. 따라서 '읊고'는 [읍꼬]로 발음한다.

④ 표준 발음법 제23항에 따르면 받침 'ㅂ' 뒤에 연결되는 'ㅈ'은 된소리로 발음한다. 따라서 '불법적'은 [불법쩍]으로 발음한다. 그러나 현실에서 [불뻡]으로도 발음하기 때문에 이에 [불뻡쩍] 또한 표준 발음으로 인정하였다.

⑤ 표준 발음법 제5항에 따르면 자음을 첫소리로 가지고 있는 음절의 'ㅢ'는 [ㅣ]로 발음하고 제22항에서는 'ㅣ'모음 순행 동화에 대해서 규정하고 있다. 따라서 '띄어쓰기'는 [띠어쓰기] 또는 [띠여쓰기]로 발음한다.

02 난도 ★★★　　　　　정답 ⑤

문법 > 한글 맞춤법

[정답의 이유]

⑤ 고유어나 한자어에 대응하는 외래어나 외국어 표기는 대괄호([ ])로 쓴다. 따라서 '자유 무역 협정[FTA]'으로 써야 한다.

[오답의 이유]

① 아라비아 숫자만으로 연월일을 표시할 때는 마침표(.)를 쓴다. 따라서 '1919. 3. 1.'로 쓴다.

② 기준 단위당 수량을 표시할 때 수량과 기준 단위 사이에는 빗금(/)을 쓴다. 따라서 '4,000원/명'으로 쓴다.

③ 줄임표(……)는 점을 가운데 찍는 대신 아래쪽에 찍을 수도 있다. 또한 줄임표 뒤에는 마침표나 물음표 또는 느낌표를 쓰는 것이 원칙이다. 따라서 '성공할지는…….'으로 쓴다.

④ 비밀을 유지해야 하거나 밝힐 수 없는 사항임을 나타낼 때는 숨김표(○, ×)를 쓴다. 따라서 '이○○, 박○○'으로 쓴다.

03 난도 ★★☆ 정답 ④

문법 > 외래어 표기법

오답의 이유

ⓒ 이탈리아어 표기에서 's'는 'ㅅ'으로 표기한다. 따라서 'risoto'는 '리조토'가 아닌 '리소토'로 표기한다.

04 난도 ★★★ 정답 ④

어휘 > 한자어

정답의 이유

④ '매우 넓어 막힌 데가 없음'이라는 의미의 한자어는 廣闊(넓을 광, 넓을 활)로 쓴다.
- 廣闊(넓을 광, 넓을 활): 매우 넓어 막힌 데가 없음
- 宏闊(클 굉, 넓을 활): 사방으로 두루 넓음

오답의 이유

① 狂奔(미칠 광, 달릴 분): 어떤 목적을 이루기 위하여 미친 듯이 날뜀
② 汲汲(길을 급, 길을 급): 골똘하게 한 가지 일에만 정신을 쏟음
③ 淸澄(맑을 청, 맑을 징): 맑고 깨끗함
⑤ 高邁(높을 고, 멀리 갈 매): 높고 뛰어남

05 난도 ★★★ 정답 ①

문법 > 고전 문법

정답의 이유

① 중세 국어에서는 '솝, 좁, 숩'을 통해 객체 높임법을 사용하였고 현대 국어에서는 '뵙다', '여쭙다' 등의 어휘를 통해서나 조사 '께'를 통해 객체 높임법을 사용한다.

더 알아보기

중세 국어의 특징
- 명사형 어미 '-옴/-움'이 쓰였으나, 후기에는 잘 쓰이지 않고 '-기'가 사용됨
- 주격 조사로 '이'만 사용됨
- 비교 부사격 조사 '과' 대신 '에'가 사용됨
- 객체 높임에서 서술어에 선어말 어미 '-솝-, -좁-, -숩-'을 사용
- 'ㄹㅇ'형 활용형이 규칙적으로 사용됨

06 난도 ★★☆ 정답 ⑤

문법 > 의미론

정답의 이유

ⓘ '길이 있다.'는 '길'이라는 다의어로 인한 어휘적 중의성이 있다.
ⓔ '시내에서 가까운 곳에 우리 집이 있다.'는 '시내'라는 동음이의어로 인한 어휘적 중의성이 있다.
ⓛ '영수가 보고 싶은 친구들이 많다.'는 '보고 싶은'의 주체에 의한 구조적 중의성이 있다.
ⓒ '어머니는 아버지보다 딸을 더 사랑한다.'는 '어머니'라는 주어의 범위에 의한 구조적 중의성이다.

따라서 중의성을 유발하는 요인이 같은 것은 ⑤ (ㄱ, ㄹ), (ㄴ, ㄷ)이다.

07 난도 ★★☆ 정답 ③

비문학 > 글의 순서 파악

정답의 이유

처음 시작하는 문장을 통해 도로 교통과 의학을 비교하면서 글이 진행될 것임을 알 수 있다. 그리고 (가)는 '이런 현상'이 앞에 있어야 하므로 첫 번째 문장 뒤에 바로 올 수 없다. (나)는 몸에서 벌어지는 몇몇 상황과 고속도로에서 일어나는 일을 빗댈만 하다고 하였기 때문에 처음 시작하는 문장 뒤에는 (나)가 와야 한다. 그리고 (나)에서 말하는 뇌로 공급하는 포도당의 흐름 정체가 (가)에서 말하는 '이런 현상'이 될 수 있으므로 (나) 다음에는 (가)가 올 수 있다. (다)는 에너지의 정체를 휴가철에 바다로 향하는 차량 행렬에 비유하였으나, (가)에서 말한 별로 가망 없는 곳들에 대한 이야기가 나오지 않았기 때문에 (가) 뒤에도 올 수 없다. (라)는 지방 세포, 근육 세포, 췌장, 간 등과 같은 곳을 살펴보았다는 첫 문장에서 (가)에서 말한 별로 가망 없는 곳들이 지방 세포, 근육 세포, 췌장, 간 등이었음을 알 수 있기 때문에 (가) 뒤에는 (라)가 와야 한다. 그리고 원인이 뇌에 있으며 그 현상에 대해 설명하는 (다)가 제일 마지막에 오는 것이 적절하다. 따라서 옳은 글의 흐름은 ③ (나)-(가)-(라)-(다)이다.

08 난도 ★★☆ 정답 ①

비문학 > 추론적 읽기

정답의 이유

① 글의 마지막 문장인 '즉, 우정은 전근대의 문법에서처럼 틈새 없는 인격의 결합이 아니라 인격 사이의 거리, 다시 말해 틈에 의해 구성되는 심리전의 양태로 화한 것이다.'에서 전근대에 비해 근대의 '우정'은 서로 간의 경계가 없는 긴밀한 관계라기보다는 일정한 거리를 두고 지속되는 평행선과 같은 것임을 알 수 있다.

09 난도 ★★☆ 정답 ②

비문학 > 추론적 읽기

정답의 이유

② 두 번째 단락의 두 번째 문장에서는 '방송언어에서는 지나친 경청이나 경어를 사용할 수 없다.'고 되어 있다. 따라서 단락을 시작하는 첫 문장으로 '방송언어는 민주주의 이념에 맞는 경어라야 한다.'는 말은 올 수 없다.

오답의 이유

① 첫 번째 단락에서 방송언어에는 하대어가 없다고 하였으므로 ⓘ 에는 '방송언어는 누구든지 존중하는 경어라야 한다.'라는 말이 올 수 있다.
③ 세 번째 단락에서 문법에 소홀한 사례에 대해 설명하였으므로 ⓒ에는 '방송언어는 문법에 맞는 경어라야 한다.'라는 말이 올 수 있다.
④ 네 번째 단락에서 남을 생각하는 말이어야 한다고 하였으므로 ⓔ에는 '방송언어는 타인의 처지를 고려하는 경어라야 한다.'라

는 말이 올 수 있다.

⑤ 다섯 번째 단락에서 억양이나 몸의 동작이 정중해야 한다고 하였으므로 ⓔ에는 '방송언어는 정중한 자세를 가진 경어라야 한다.'라는 말이 올 수 있다.

10 난도 ★★☆　　　　　　　　　　　정답 ④

고전 문학 > 고전 운문

정답의 이유

ⓒ '빗'은 임에게서 버려진 화자를 비유하는 시어이다.

ⓓ '부롯'은 임에게서 버려진 화자를 비유하는 시어이다.

따라서 함축적 의미가 유사한 것은 ④ ⓒ, ⓓ이다.

오답의 이유

ⓐ '燈ㅅ블'은 임을 비유하는 시어이다.

ⓑ '곳고리 새'는 임과 달리 화자를 찾아오는 소재이다.

ⓔ '소니'는 화자가 혼인을 하게 된 임이 아닌 다른 사람을 비유하는 시어이다.

작품 해설

작자 미상, 「동동」

- 갈래: 고려가요
- 성격: 서정적, 애상적, 연가적, 민요적
- 구성

1연	서사	임을 향해 덕과 복을 빎
2연	본사	홀로 살아가는 외로움
3연		만인이 우러러보는 임의 모습 찬양
4연		임의 아름다운 모습 찬양
5연		오지 않는 임에 대한 원망
6연		임의 장수(長壽)를 기원함
7연		자신을 버린 임을 사모함
8연		임과 함께 살고 싶은 소망
9연		임과 함께 살고 싶은 마음
10연		임의 부재에서 오는 쓸쓸함
11연		임에게 버린 받은 슬픔
12연		임 없이 홀로 살아가는 슬픔
13연		임이 아닌 다른 사람과 맺어지게 된 기구한 운명

- 특징
  - 계절의 변화에 따른 사랑의 감정을 읊음
  - 영탄법, 직유법, 은유법 등이 사용됨
  - 분절체 형식으로 서사인 1연과 본사인 12연으로 구성됨
  - 우리 문학 최초의 월령체(달거리) 노래
- 주제: 임에 대한 송축과 연모(戀慕)의 정

11 난도 ★☆☆　　　　　　　　　　　정답 ⑤

문법 > 통사론

정답의 이유

ⓐ 봄꽃은 '체언(봄)+체언(꽃)'으로 형성된 통사적 합성어이다.

ⓑ 감발은 '버선이나 양말 대신 발에 감는 좁고 긴 무명천'으로서 '용언의 어간(감-)+체언(발)'으로 형성된 비통사적 합성어이다.

ⓒ '진짜'는 파생어, '거짓말'은 '체언(거짓)+체언(말)'로 형성된 통사적 합성어이다.

ⓓ '왕고집'은 파생어이다.

ⓔ '두근두근하다'는 '어근(두근)+어근(두근)+하다(접사)'로 형성된 비통사적 합성어이다.

⑤ '두근두근하며'는 비통사적 합성어, '빛나다'와 '잘되다'는 통사적 합성어이다.

오답의 이유

① '봄꽃'과 '거짓말'은 모두 통사적 합성어이다.

② '감발'과 '독서', '검붉다'는 모두 비통사적 합성어이다.

③ '진짜'와 '코뚜레', '집게'는 모두 파생어이다.

④ '왕고집'과 '범민족', '최고참'은 모두 파생어이다.

더 알아보기

단어의 형성

단일어		하나의 어근으로만 이루어진 단어
복합어	합성어	- 둘 이상의 어근이 결합하여 이루어진 단어 - 통사적 합성어: 우리말의 일반적인 단어 배열법이나 어순과 일치하는 합성어 - 비통사적 합성어: 우리말의 일반적인 단어 배열법에서 벗어난 합성어
	파생어	어근과 접사가 결합하여 이루어진 단어

12 난도 ★★☆　　　　　　　　　　　정답 ②

비문학 > 내용 확인

정답의 이유

② '적에 의해 여러 겹으로 둘러싸인 군사들은 겁에 질려 있었다. 그래서 나는 부드럽게,'에서 이순신 장군은 부드러움을 가지고 있음을 알 수 있고 '나는 뱃머리를 돌려 바로 쫓아 들어가 마구 적을 향해 쏘았다.'에서 강인함을 가지고 있음을 알 수 있다.

13 난도 ★★☆　　　　　　　　　　　정답 ②

어휘 > 관용어

정답의 이유

② 입이 되다: (사람이) 맛있는 음식만 먹으려고 하는 데가 있음

오답의 이유

① 입에 붙다: 아주 익숙하여 버릇이 됨

③ 입이 밭다: 음식을 심하게 가리거나 적게 먹음

④ 입이 여물다: 말이 분명하고 실속이 있음

⑤ 입이 쓰다: 못마땅하여 기분이 언짢음

14 난도 ★★☆　　　　　　　　　　　　정답 ④

문법 > 한글 맞춤법

정답의 이유

④ 한글 맞춤법 제47항에 따르면 앞말이 합성 용언인 경우 또는 파생어인 경우에는 그 뒤에 오는 보조 용언은 띄어 쓴다. 따라서 '쫓아내∨버렸다' 형태로 띄어 써야 한다.

오답의 이유

① 한글 맞춤법 제47항에 따르면 보조 용언은 띄어 씀을 원칙으로 하되 경우에 따라 붙여 씀도 허용한다. 따라서 '할만하다'와 '할∨만하다' 모두 쓸 수 있다.

② 한글 맞춤법 제43항에 따르면 단위를 나타내는 명사는 띄어 쓰는 것을 원칙으로 하나 숫자와 어울리어 쓰이는 경우에는 붙여 쓸 수 있다. 따라서 '2∨시간'과 '2시간' 모두 쓸 수 있다.

③ 한글 맞춤법 제41항에 따르면 조사는 그 앞말에 붙여 쓴다. 따라서 조사가 둘 이상 연속되거나 어미 뒤에 붙을 때에도 그 앞말에 붙여 써야 하므로 '나에게만이라도' 형태로 써야 한다.

⑤ '관련짓다'는 표준국어대사전에 등재되어 있는 하나의 단어이므로 그 활용형은 '관련지어' 형태로 붙여 써야 한다.

15 난도 ★★☆　　　　　　　　　　　　정답 ④

문법 > 의미론

오답의 이유

① '역전 앞'은 '前(앞 전)'과 '앞'의 의미가 중복된다.

② '다시'와 '재론'의 '再(다시 재)'의 의미가 중복된다.

③ '여러 가지'와 '어떤 것과 관련된 모든 것'이라는 뜻의 '제반'의 의미가 중복된다.

⑤ '왜 일어나는가'와 '원인'의 의미가 중복된다.

16 난도 ★★★　　　　　　　　　　　　정답 ①

문법 > 표준어 규정

오답의 이유

② '벽지다'는 표준어에 해당하지 않는다. '외따로 떨어져 있어 으슥하고 후미지다'라는 의미의 표준어는 '외지다'이다. 또한 '흰말'은 한자어인 '백마'도 표준어로 함께 인정되고 있다.

③ '두껍창'은 표준어에 해당하지 않는다. '미닫이를 열 때, 문짝이 옆벽에 들어가 보이지 아니하도록 만든 것'이라는 의미의 표준어는 '두껍닫이'이다.

④ '다리가 불편한 사람이 겨드랑이에 끼고 걷는 지팡이'인 '목발'은 표준어에 해당하지만 '지게 몸체의 맨 아랫부분에 있는 양쪽 다리'를 의미하는 표준어는 '목발'이 아닌 '지겟다리'이다. 보기에서는 한자어 계열의 단어가 사라지고 고유어 계열의 단어가 표준어로 인정된 사례를 찾아야 하므로 '목발'은 표준어에는 해당하지 않지만 고유어 '지겟다리'를 의미하는 한자어로 보아야 한다.

⑤ '잎초'는 표준어에 해당하지 않는다. '썰지 아니하고 잎사귀 그대로 말린 담배'라는 의미의 표준어는 '잎담배'이다.

17 난도 ★★☆　　　　　　　　　　　　정답 ⑤

어휘 > 한자성어

정답의 이유

⑤ • 大丈夫(큰 대, 어른 장, 지아비 부): 건장하고 씩씩한 사내
　• 東征西伐(동녘 동, 칠 정, 서녘 서, 칠 벌): 동쪽을 정복하고 서쪽을 친다는 뜻으로, 이리저리로 여러 나라를 정벌함을 이르는 말
　• 心臟(마음 심, 오장 장): 「1」주기적인 수축에 의하여 혈액을 몸 전체로 보내는, 순환 계통의 중심인 근육 기관 「2」사물의 중심이 되는 곳을 비유적으로 이르는 말 「3」마음을 비유적으로 이르는 말
　• 痛歎(아플 통, 읊을 탄): 몹시 탄식함. 또는 그런 탄식.

18 난도 ★★☆　　　　　　　　　　　　정답 ③

고전 문학 > 고전 운문

오답의 이유

① 'ㄱ룸쑨'은 현대어로 '강뿐'으로 이해할 수 있다.

② '기펫도다'는 현대어로 '무성하였구나'로 이해할 수 있다.

④ '스도다'는 현대어로 '가치가 있다'로 이해할 수 있다.

⑤ '빈혀롤'은 현대어로 '비녀를'로 이해할 수 있다.

더 알아보기

현대어 풀이

　나라는 파괴되었으나 강산은 그대로이니 성에는 봄이 오고 초목이 우거졌구나. 시절을 느끼어 꽃에도 눈물을 뿌리고 이별이 한스러워 새소리에도 놀란 마음이네. 봉화가 오랫동안 연이어 오르니 집에서 온 편지는 만금만큼 소중하다. 흰머리는 긁을수록 더욱 짧아져 거의 비녀를 이길 수 없을 지경이네.

작품 해설

두보, 「춘망」

• 갈래: 한시, 5언 율시
• 성격: 애상적, 영탄적, 회고적
• 구성
　- 1~2구(수): 전란으로 폐허가 된 장안의 모습
　- 3~4구(함): 꽃과 새도 슬퍼하는 전쟁의 참상
　- 5~6구(경): 가족에 대한 그리움
　- 7~8구(미): 쇠약한 육신에 대한 탄식
• 특징
　- 선경 후정의 구성
　- 대구법과 과장법을 사용
• 주제: 전란으로 인한 상심

19 난도 ★★☆ 　　　　　　　　　　　　정답 ②

문법 > 의미론

[정답의 이유]

② 아이가 승용차에 부딪힌 것이므로 '받다'의 피동사의 활용형인 '받혀'로 써야 한다.

[오답의 이유]

① '바치다'는 '신이나 웃어른에게 정중하게 드리다.'라는 의미이므로 '신에게 제물을 바쳐'는 올바르게 쓰였다.

③ '받치다'는 '먹은 것이 잘 소화되지 않고 위로 치밀다'라는 의미이므로 '아침에 먹은 것이 자꾸 받쳐서'는 올바르게 쓰였다.

④ '바치다'는 '무엇을 지나칠 정도로 바라거나 요구하다'라는 의미이므로 '성화를 바쳤다'는 올바르게 쓰였다.

⑤ '받히다'는 '한꺼번에 많은 양의 물품을 사게 하다'라는 의미로서 '받다'의 사동사이므로 '시장 상인에게 받혀도'는 올바르게 쓰였다.

20 난도 ★☆☆ 　　　　　　　　　　　　정답 ③

비문학 > 추론적 읽기

[정답의 이유]

③ 글의 마지막 문장에서는 '인공 지능에 대한 불충분한 이해가 더딘 도입의 근본적인 원인이다.'라고 하고 있다. 따라서 글의 시작에서는 인공 지능이 도입되지 못하는 이유를 묻는 질문인 '인공 지능을 도입하지 못하는 이유는 무엇일까?'가 들어가는 것이 옳다.

21 난도 ★★★ 　　　　　　　　　　　　정답 ⑤

비문학 > 추론적 읽기

[정답의 이유]

⑤ '사이버 공간이 새로운 자유 공간으로 환영 받고 있다.'라는 첫 번째 문장에서 첫 번째 조건인 사건이나 현상을 제시하고 있으며, '그런데 사이버 공간에서 무제한의 자유로 인해 여러 비윤리적 행동이 나타나고 있다.'라는 두 번째 문장에서 두 번째 조건인 문제점을 이끌어 내고 있으며 '이를 막기 위해서는 사이버 공간에서의 자유를 적절히 제한할 수 있는 장치가 필요하다'라는 세 번째 문장에서 세 번째 조건인 논제를 제시하고 있다.

[오답의 이유]

① 첫 번째 문장의 '최근 들어 사이버 공간에서의 비윤리적 행동들이 문제가 되고 있다.'와 두 번째 문장의 '허위 사실 유포, 인신공격 등이 그것이다.'에서 볼 수 있듯이 문제점만을 제시하고 있다.

② '사이버 윤리 규범의 필요성이 강하게 제기되고 있다.'라는 첫 번째 문장에서 사건이나 현상 또는 논제를 제시한다고 볼 수 있지만, '사이버 공간의 익명성으로 비윤리적 행동들이 나타나고 있기 때문이다.'라는 두 번째 문장에서 문제점을 이끌어 내고 있지 않다.

③ '사이버 공간에 대한 관심이 높아지고 있다.'라는 첫 번째 문장에서 사건이나 현상을 제시하고 있지만, '사이버 공간에 대한 높은 관심은 일부 젊은 계층에 한정된 것이다.'라는 두 번째 문장은

문제점을 이끌어 내고 있지 않다.

④ '최근 인터넷 사용 인구가 늘어나면서 여러 가지 부작용이 나타나고 있다.'라는 첫 번째 문장에서 사건이나 현상을 제시하는 것이 아니라 문제점을 제시하고 있고, '왜냐하면 사이버 공간은 현실 세계와 달리 행동이 자유롭고 규제가 적기 때문이다.'라는 두 번째 문장은 문제점에 대한 근거를 내세우고 있다.

22 난도 ★★☆ 　　　　　　　　　　　　정답 ④

비문학 > 사실적 읽기

[정답의 이유]

④ 세 번째 단락의 첫 번째 문장인 '고통과 즐거움에 대한 느낌은, 질문을 던지고 대상을 이해하고 문제를 해결해 나가는 과정의 촉매제가 되었다.'에서 '고통과 즐거움에 대한 느낌은 문제 해결 과정에 관여한다.'임을 알 수 있다.

[오답의 이유]

① 첫 번째 단락의 세 번째 문장에서는 '일반적인 상황에서 느낌은 어떤 언어의 도움도 없이, 우리 몸의 생명 작용이 좋은 방향으로 향하는지 나쁜 방향으로 향하는지를 마음에 알려준다.'라고 하고 있다.

② 두 번째 단락의 첫 번째 문장에서는 '이성이 제대로 기능하지 못하는 경우에도 느낌이 성공할 수 있는 이유는 그 독특한 특성 때문이다.'라고 하고 있다.

③ 두 번째 단락의 두 번째 문장에서는 '느낌은 뇌 혼자서 만드는 것이 아니라 수많은 화학 분자와 신경 회로의 상호작용으로 뇌와 신체가 같이 만들어 내는 현상이다.'라고 하고 있다.

⑤ 세 번째 단락의 두 번째 문장에서는 '그것은 다른 동물의 마음과 구별되는 인간만이 가진 마음의 특성이다.'라고 하고 있다.

23 난도 ★★☆ 　　　　　　　　　　　　정답 ①

현대 문학 > 현대 시

[정답의 이유]

① 하루살이의 '광무'는 '감정을 잊어버린 시인'인 화자가 하루살이에게 졌다고 생각하며 본인을 성찰하게 하는 행위이다.

[오답의 이유]

② '천장'은 화자가 추구하는 긍정적인 공간이 아닌 하루살이가 '광무'를 하는, 날아다니는 공간이다.

③ '하루살이'는 화자가 처한 부정적 현실이 아닌 성찰을 이끌어내는 화자와 대비되는 존재를 의미한다.

④ '벽'은 '하루살이'가 사랑하는 공간이므로 비애와 애환의 공간이 아닌 하루살이가 도전·극복하고자 하는 공간을 의미한다.

⑤ '황홀'은 '하루살이의 황홀'이라고 표현하였으므로 구체적인 화자의 내면이 아닌 하루살이의 '광무'를 비유한 것이다.

김수영, 「광무」

- 갈래: 현대시, 자유시
- 성격: 반성적, 관념적, 예찬적, 주지적
- 구성
  - 1연: 하루살이의 광무
  - 2연: 화자의 일을 방해하는 하루살이의 유희
  - 3연: 끊임없는 비행을 하는 하루살이의 반복
  - 4연: 열정적인 삶을 살고 있는 하루살이의 황홀
- 특징
  - 하루살이의 모습과 화자의 태도를 대비하여 주제를 제시
  - 줄표(−)를 사용하여 화자의 내면 의식을 표현
  - 유사한 통사 구조를 반복함으로써 구조적 안정감을 형성
- 주제: 열정적인 삶을 사는 하루살이에 대한 예찬과 동경

24 난도 ★★☆   정답 ③

문법 > 의미론

정답의 이유

③ • '온'은 '100'을 의미하였으나 '모든'이라는 의미를 갖게 되었으므로 의미 확대에 해당한다.
- '메'는 '밥'을 의미하였으나 '제사에 사용하는 밥'을 의미하게 되었으므로 의미 축소에 해당한다.
- '인정'은 '뇌물'을 의미하였으나 '사람 사이의 정'을 의미하게 되었으므로 의미 이동에 해당한다.

오답의 이유

① • '마누라'는 '노비가 상전을 부르는 극존칭'이었으나 '아내를 낮춰 부르는 말'이라는 의미를 갖게 되었으므로 의미 이동에 해당한다.
- '놈'은 '평범한 남자'를 의미하였으나 '남자를 낮잡아 이르는 말'을 의미하게 되었으므로 의미 축소에 해당한다.
- '식구'는 '입'을 의미하였으나 '한 집에서 함께 살면서 끼니를 같이하는 사람'을 의미하게 되었으므로 의미 확대에 해당한다.

② • '놀부'는 '흥부전에서 등장하는 인물'에서 '심술궂고 욕심 많은 사람을 비유적으로 이르는 말'을 의미하게 되었으므로 의미 확대에 해당한다.
- '짐승'은 '속세에 존재하는 모든 것'을 의미하였으나 '동물'을 의미하게 되었으므로 의미 축소에 해당한다.
- '언니'는 '성별을 구분하지 않고 손윗사람을 이르는 말'이었으나 '여성인 손윗사람'을 의미하게 되었으므로 의미 축소에 해당한다.

④ • '어리다'는 '어리석다'라는 의미였으나 '나이가 적다'라는 의미를 갖게 되었으므로 의미 이동에 해당한다.
- '外道(외도)'는 '불교 이외의 종교'를 의미하였으나 '바르지 아니한 길이나 노릇'을 의미하게 되었으므로 의미 이동에 해당한다.
- '손'은 '신체 일부분'만을 의미하였으나 '사람'이라는 의미 또한 갖게 되었으므로 의미 확대에 해당한다.

⑤ • '무릉도원'은 '도연명의 도화원가에 나온 무릉에 있는 복숭아꽃이 핀 곳'을 의미하였으나 '이상향 또는 별천지'를 의미하게 되었으므로 의미 확대에 해당한다.
- '放送(방송)'은 '죄인을 풀어주다'라는 의미에서 '음성이나 영상을 전파로 내보내는 일'을 의미하게 되었으므로 의미 이동에 해당한다.
- '말씀'은 높임의 뜻을 갖지 않았으나 높임 또는 자기 낮춤에 사용되므로 의미 축소에 해당한다.

25 난도 ★★☆   정답 ③

비문학 > 사실적 읽기

정답의 이유

③ 첫 번째 단락의 마지막 문장인 '정치적 · 물질적 불평등은 하나의 변수가 증가하면 다른 변수에도 그에 상응하는 증가를 초래할 가능성이 높은 상향 나선형 상호 작용 효과라고 일컫는 것 안에서 나란히 진화했다.'에서 '정치적 불평등은 물질적 불평등과 함께 상향 나선형 상호 작용 효과를 보이며 발달했다.'라는 것을 알 수 있다.

오답의 이유

① 첫 번째 단락의 첫 번째 문장인 '소득과 부에 대한 불균등한 접근 기회는 국가의 형성보다 앞서 존재했고'에서 소득과 부에 대한 불균등은 국가 형성 전부터 존재하였음은 알 수 있지만 국가가 성립한 후 없어졌음은 알 수 없다.

② 두 번째 단락의 첫 번째 문장인 '전근대 국가들은 상업 활동에 대한 보호 조치를 마련함으로써, 그리고 동시에 정치권력 행사와 가장 밀접하게 연관된 자들을 위해 개인적 이득이 생겨날 새로운 출처를 가능케 함으로써 소수의 손안에 물질 자원이 축적 및 집중될 수 있는 전례 없는 기회를 창출했다.'에서 전근대 국가들이 상업 활동에 대해 내린 보호 조치는 특정 개인이 부를 쌓기 어렵게 하는 요소가 아닌 부를 쌓기 가능하게 하는 요소였음을 알 수 있다.

④ 세 번째 단락의 두 번째 문장인 '국가란 영토와 그곳의 인구 및 자원에 대한 지휘권을 주장하고, 구속력 있는 명령과 규칙을 공포하고, 이러한 명령과 규칙을 위협이나 물리적 폭력을 포함한 합법적인 강압 조치의 행사로 뒷받침함으로써 통치 기능을 수행하는 일련의 제도와 인력을 갖춘 정치 조직을 나타낸다고 할 수 있다.'에서 '국가라는 지위의 본질적 특징을 정의할 때 영토보다는 조직이 우선하는 요소로 적용되는 것은 아님을 알 수 없다.

⑤ 세 번째 단락의 세 번째 문장인 '최초의 국가 출현을 설명하는 이론은 아주 많다.'와 '내재적 추진력은 모두 어떤 면에서는 경제 발전과 그것의 사회적 · 인구학적 결과에 입각해 있다.'에서 인구수에 대한 철저한 강압적 통제가 최초의 국가의 출현에 가장 중요한 요인이 된 것은 아님을 알 수 있다.

국어 | 2019년 국회직 8급

한눈에 훑어보기

✔ 영역 분석

어휘   07   18   19
3문항, 12%

문법   01   02   03   04   05   13   14   15   16   17
10문항, 40%

고전 문학   08   09
2문항, 8%

현대 문학   20   21
2문항, 8%

비문학   06   10   11   12   22   23   24   25
8문항, 32%

✔ 빠른 정답

01	02	03	04	05	06	07	08	09	10
②	②	④	②	④	③	①	②	⑤	⑤
11	12	13	14	15	16	17	18	19	20
①	④	⑤	②	③	③	①	④	⑤	③
21	22	23	24	25					
④	②	③	④	①					

✔ 점수 체크

구분	1회독	2회독	3회독
맞힌 문항 수	/ 25	/ 25	/ 25
나의 점수	점	점	점

01 난도 ★★★   정답 ②

문법 > 표준어 규정

[정답의 이유]

㉠ 표준 발음법 제2장 제5항에서 '예, 례' 이외의 'ㅖ'는 [ㅔ]로도 발음할 수 있다고 한 것은 '예, 례' 외의 '예'는 [ㅖ]와 [ㅔ]로 둘 다 발음하는 것이 가능하다는 것이다. 따라서 계기는 [계:기]와 [게:기] 두 가지로 발음할 수 있다.

㉡ 표준 발음법 제7장 제29항 [붙임 2]에서 송별연의 경우 ㄴ을 첨가하여 발음하지 않고 [송:벼련]으로 발음할 것을 규정하고 있다.

㉣ 표준 발음법 제4장 제10항에 따르면 겹받침 ㄼ은 어말 또는 자음 앞에서 [ㄹ]로 발음하되, '밟-'은 자음 앞에서 [밥]으로 발음해야 한다.

[오답의 이유]

㉢ 표준 발음법 제4장 제10항에서 ㄼ은 어말 또는 자음 앞에서 [ㄹ]로 발음된다고 하였으나, '넓-죽하다'의 경우에는 예외적으로 [넙쭈카다]로 발음하라고 규정하고 있다.

㉤ '열병'은 합성어이지만 표준 발음법 제6장 제28항의 관형격 기능을 지니는 사이시옷이 있어야 할(휴지가 성립되는) 합성어의 경우에 해당하지 않으므로 [열병]으로 발음하는 것이 적절하다.

02 난도 ★★★   정답 ②

문법 > 한글 맞춤법

[정답의 이유]

② '가량'은 정도의 뜻을 더하는 접미사이므로 앞말에 붙여 쓴다.

[오답의 이유]

① 한글 맞춤법 제5장 제2절 제43항에 따르면 단위를 나타내는 명사가 숫자와 어울리어 쓰이는 경우에는 붙여 쓸 수 있으므로 '21년'은 붙여 쓴 것이 적절하다. 그러나 '만'은 '앞말이 가리키는 동안이나 거리'를 나타내는 의존 명사이므로 앞말과 띄어 써야 한다.

③ 한글 맞춤법 제5장 제2절 제43항에 따라 3월은 붙여 써도 된다. 그러나 '말'은 접사가 아니라 '어떤 기간의 끝이나 말기'의 의미를 지닌 의존 명사이므로 앞말과 띄어 쓰는 것이 적절하다.

④ 한글 맞춤법 제5장 제2절 제43항에 준하여 20분은 붙여 쓸 수 있다. 그러나 '내'는 '일정 범위 안'을 나타내는 의존 명사이므로 앞말과 띄어 쓴다.

⑤ '-여'는 '그 수를 넘음'의 뜻을 더하는 접미사이므로 앞말에 붙여 써야 한다. 그러나 '개'는 단위를 나타내는 의존 명사이므로 앞말과 띄어 쓰는 것이 옳다.

한글 맞춤법 제5장 제2절 제43항
• 단위를 나타내는 명사는 띄어 쓴다.

한 개	차 한 대	금 서 돈	소 한 마리
옷 한 벌	열 살	조기 한 손	연필 한 자루
버선 한 죽	집 한 채	신 두 켤레	북어 한 쾌

• 다만, 순서를 나타내는 경우나 숫자와 어울리어 쓰이는 경우에는 붙여 쓸 수 있다.

두시 삼십분 오초	제일과	삼학년	육층
1446년 10월 9일	2대대	16동 502호	제1실습실
80원	10개	7미터	

03 난도 ★★★   정답 ④

문법 > 표준어 규정

정답의 이유

㉠ '추켜올리다'를 '위로 솟구어 올리다'의 뜻으로 쓰는 것은 적절하다. '추켜올리다'는 이전까지 칭찬의 의미로 쓸 수 없었으나 2018년부터 '실제보다 과장되게 칭찬하다.'라는 뜻이 추가되었다.

㉢ 본래 '께름직하다'는 '꺼림칙하다'의 잘못된 표현으로 보았으나, 2018년 표준국어대사전의 수정 내용에 따르면 '마음이 언짢고 싫은 느낌이 꽤 있다.'의 뜻으로 사용할 수 있는 표준어로 인정되었다.

㉣ 2017년에 국립국어원에서 표준국어대사전의 내용을 수정하면서 '기다래지다'를 '기다랗게 되다.'라는 뜻의 표제어로 포함하였으므로 이는 표준어에 해당된다.

오답의 이유

㉡ 표준어 규정 제2장 제2절 제12항의 [다만 2]에서 '아래, 위'의 대립이 없는 단어는 '웃-'으로 발음되는 형태를 표준어로 삼는다는 규정이 있으므로 '웃돈'이 옳은 표현이다.

04 난도 ★★☆   정답 ②

문법 > 중세 문법

정답의 이유

㉠ 체언 '블'의 모음이 음성모음 'ㅡ'이므로, 조사 '에'를 쓰는 것이 옳다.

㉡ 체언 '웃닛머리'의 마지막 음절 '리'에 중성모음 'ㅣ'가 쓰였으므로, 조사 '예'를 써야 한다.

㉢ 체언 'ᄆᆞᅀᆞᆷ'의 모음이 양성모음 'ㆍ'이므로, 조사 '애'를 쓰는 것이 적절하다.

05 난도 ★★☆   정답 ④

문법 > 형태론

정답의 이유

④ '좋다'는 모음으로 시작하는 어미가 붙을 때 '좋아[조아]', '좋으니[조으니]'와 같이 'ㅎ'이 탈락되어 발음되는 현상이 일어나지

만, 어간의 형태에 변화가 있는 것은 아니므로 불규칙 활용을 한다고 볼 수 없다.

오답의 이유

① '씻다'는 '씻고, 씻자, 씻지'와 같이 자음으로 된 어미가 붙은 경우나, '씻어서, 씻으니'와 같이 모음으로 된 어미가 붙은 경우 모두 어간의 변화가 일어나지 않는다.

② 어간 '구르-'에 어미 '-어'가 붙으면 '굴러'로 활용되는 양상을 볼 수 있다.

③ '듣다'에 어미 '-어'나 '-으니'와 같이 모음으로 시작되는 어미가 붙으면, '들어', '들으니'와 같이 활용되는 것을 볼 수 있다.

⑤ 'ㄹ'로 끝나는 용언들은 '-ㄴ(는), -ㄹ, -오, -세(요), -ㅂ니다' 등의 어미가 붙으면 'ㄹ'이 탈락하는 특징을 보이는데, '날다'도 '나는, 닐, 나오, 나세(요), 닙니나' 등으로 활용된다.

06 난도 ★★☆   정답 ③

비문학 > 작문

정답의 이유

③ '통독'은 '처음부터 끝까지 훑어 읽는 것'을 뜻하므로, 전체를 관통하여 읽는다는 의미를 나타내는 '通讀(통할 통, 읽을 독)'으로 표기하는 것이 옳다.

• 統讀(거느릴 통, 읽을 독)

오답의 이유

① '한소끔'이 옳은 표기이다.

• 한소끔: 한 번 끓어오르는 모양

② '화학적'은 명사 '화학'에 접사 '-적'이 붙어 관형사처럼 쓰이는 말이다.

④ '감수하는 데'에서 '데'는 '일'의 의미를 나타내므로 의존 명사이므로 띄어 써야 한다.

⑤ 헐가(歇價) 또한 표준국어대사전에 등재된 말이며, 매우 싼 값을 이르는 말로 '염가(廉價)'가 있다.

07 난도 ★☆☆   정답 ①

어휘 > 한자어

정답의 이유

① ㉠ '滔滔'는 '도도'로 읽어야 한다.

• 도도히(滔滔히): 유행이나 사조, 세력 따위가 바짝 성행하여 걷잡을 수가 없이

08 난도 ★★★   정답 ②

고전 문학 > 고전 운문

정답의 이유

② '십장홍진(十丈紅塵)'은 '열 길 붉은 먼지'라는 의미로, '홍진(紅塵)'은 번거롭고 속된 세상을 비유하는 말로 주로 쓰인다. 제시된 시에서 천심녹수(千尋綠水)와 만첩청산(萬疊靑山)으로 홍진을 가렸다고 했으므로 자연과 대비되는 개념인 '속세'를 나타내는 말임을 짐작할 수 있다.

오답의 이유

①·③·④·⑤ '천심녹수(千尋綠水)', '노적화총(蘆荻花叢)', '한운(閒雲)' '백구(白鷗)'는 화자가 있는 장소와 연관이 있고, 화자가 추구하는 대상을 나타내는 시어들로, 자연을 뜻하는 것들이다.

작품 해설

이현보, 「어부가」

- 갈래: 연시조, 강호가, 어부가
- 성격: 풍류적, 낭만적, 자연친화적, 강호가도
- 제재: 강호의 삶
- 주제: 자연을 벗하여 살아가는 풍류 생활의 흥취 및 강호와 속세 사이의 갈등
- 특징
  - 사대부의 풍류 생활을 어부의 생애에 빗대어 표현하였다.
  - 상투적인 표현을 사용하여 정경 묘사가 추상적이고 관념적이다.
  - 속세와 대비되는 자연의 한가로움을 노래하였다.
  - 설의적 표현과 대구를 활용하여 주제를 강조했다.
- 구성

1수	인간 세상을 잊은 어부의 한가로운 삶
2수	세속적 욕망을 벗어던진 자연 속의 삶
3수	소박하고 한가로운 삶을 통해 느끼는 맑은 뜻
4수	속세의 시름을 잊고 자연과 더불어 사는 삶
5수	현실 정치에 대한 미련과 염려

09 난도 ★★☆   정답 ⑤

고전 문학 > 고전 운문

정답의 이유

⑤ (마)의 '북궐(北闕)'은 임금이 계신 곳을 나타내는 시어로 그곳을 잊은 적이 없다고 했으므로, 초장과 중장은 화자의 '연군지정(戀君之情)' 또는 '우국지정(憂國之情)'을 표현한 것이라고 할 수 있다. 물론 종장에서 '제세현(濟世賢)', 즉 '세상을 구할 현명한 이'가 있을 것이라면서 한발 물러나는 태도를 보이지만, 초장과 중장에서 현실 정치에 대한 미련을 버리지 못한 모습이 나타나므로 자신이 '제세현'이라고 여기는 화자의 의식을 엿볼 수 있다.

오답의 이유

①·②·③·④ (가)~(라)는 속세의 시름에서 벗어나 자연에서 한가로이 즐기는 삶을 추구하고 있으므로, 도가적 정서가 드러나 있다고 할 수 있다.

10 난도 ★★☆   정답 ⑤

비문학 > 글의 순서 파악

정답의 이유

접속어나 앞 문장의 내용을 전제하는 지시어가 없어야 첫 문장이 될 수 있는데 이에 부합하는 것이 (다)와 (라)이다. 그런데 (라)는 (다) 진술의 전제가 되므로, (라) 뒤에 (다)가 이어지는 것이 자연스

럽다. 그리고 (나)는 (다)와 상반된 내용이므로 (다)와 연결할 수 있다. 조건에 따라 언어 변화가 상이하게 나타나는 구체적인 양상은 (나)에 드러나 있으므로 (마)의 '이처럼'은 (나)를 가리킨다고 할 수 있다. (가)의 경우 '이러한'이라는 지시어가 가리키는 문장이 선행되어야 하는데 방언에 따라 '발음의 변이가 발생한다.'라는 내용이 (마)에 있으므로 (마) 뒤에 배치하면 된다. 따라서 ⑤ (라)-(다)-(나)-(마)-(가)의 순서로 전개하는 것이 가장 적절하다.

11 난도 ★★☆   정답 ①

비문학 > 추론적 읽기

정답의 이유

① 두 번째 사람과 세 번째 사람 모두 '소설은 이야기를 한다.'라는 인식을 지니고 있으므로, 세 명이 제각기 소설에 대한 인식이 다르다고 하는 것은 적절하지 않다.

오답의 이유

② 첫 번째 사람은 소설이 무엇을 하는지에 대해 구체적으로 답하지 않으면서, '글쎄요'라고 의문을 나타내고 있다.

③ 두 번째 사람은 '소설이 이야기를 하지 않으면 필요없다.'라고 단정하면서 자신이 소설을 좋아한다는 것을 강조하고 있다. 그러나 논리적 근거를 제시하거나 조리 있게 견해를 밝히는 것이 아니라 생각의 흐름에 따라 관련 없는 이야기를 하거나 자신의 취향을 극단적으로 강조하는 태도를 보인다.

④ 세 번째 사람은 '글쎄'라는 말로 의문을 나타내기는 하나 '소설은 이야기를 하는 것'이라고 단정짓고 있다.

⑤ 소설에 대해 첫 번째 사람은 구체적인 대답을 하지 못했으며, 두 번째 사람은 장황하게 여러 가지 내용을 늘어놓았고, 세 번째 사람도 의문을 나타내는 것을 볼 때 소설은 정의내리기가 어려운 것임을 알 수 있다.

12 난도 ★★☆   정답 ④

비문학 > 글의 순서 파악

정답의 이유

(가)는 '이런'이라는 지시어가 가리키는 내용이 선행되어야 하며, (다)는 접속어 '게다가'가 성립하기 위해서 앞의 내용이 필요하다. 그리고 (라)는 '반대로'라는 부사를 고려할 때 이에 상반된 내용이 먼저 제시되어야 한다. 따라서 글의 첫 문단으로 활용할 수 있는 것은 (나)와 (마)인데, 일반적으로 도입 부분에서 화제와 관련된 사례를 들어 흥미를 끄는 방식을 활용한다는 점을 고려할 때, (마)를 먼저 배치하고 화제를 구체적으로 제시하는 (나)를 연결하는 것이 자연스럽다. (가)에서는 '고통을 알고 있다면 사과가 불가능하다'고 보고 있는데, (나)에서 '고통을 준 것을 깨닫는 것'을 사과의 전제로 보고 있으므로, (가)의 '이런 점'이 (나)의 이와 같은 내용을 가리킨다고 할 수 있다. (라)는 사과가 불가능해지는 다른 경우를 제시한다는 점에서 (가) 뒤에 이어지는 것이 적절하다. (다)는 (라)의 내용을 심화하는 것이므로 (라)와 연결된다. 따라서 글의 논리적 순서로 알맞은 것은 ④ (마)-(나)-(가)-(라)-(다)이다.

13 난도 ★★★

문법 > 음운론

정답의 이유

⑤ 구개음화가 일어나지 않은 어휘를 구개음화가 일어난 것이라고 오인하여, 구개음화가 일어나기 전의 음운이라고 추정되는 것으로 발음하는 것이 과도 교정의 한 양상이다. '질삼'의 경우 'ㄱ 구개음화'가 일어난 것으로 오인하여 '길쌈'으로 발음한 것이다.

오답의 이유

① 'ㅌ'이 'ㅊ'으로 이행하는 'ㄷ 구개음화'가 일어난 것이다.

② 'ㄱ 구개음화'가 일어난 예이다.

③ 'ㄷ 구개음화'가 일어난 것인데, 후에 '짐치'가 'ㄱ 구개음화'가 일어난 것으로 오인하여 '김치'로 음운이 변화하였다.

④ 'ㅎ 구개음화'가 일어난 예이다.

더 알아보기

구개음화

구개음화는 구개음이 아닌 음이 후행하는 '[i]' 또는 '[j]'의 영향으로 구개음으로 바뀌는 현상을 말한다. 현대 국어에서 일어나는 ㄷ구개음화는 형태소의 연결에서 일어나는 현상이지만, 중세 국어 시기에는 형태소 내부에서 구개음화 현상이 활발하게 일어나면서 어휘의 형태가 현대국어의 형태로 이행했다. 이 시기에는 ㄷ구개음화뿐 아니라 ㄱ구개음화나 ㅎ구개음화 등이 일어난 것을 볼 수 있다.

ㄱ구개음화	질삼>길쌈, 질드리다>길들이다
ㄷ구개음화	둏다>좋다>좋다, 티다>치다
ㅎ구개음화	힘힘ㅎ다>심심하다, 혈물>썰물

14 난도 ★★☆

문법 > 형태론

정답의 이유

② '공부하다'는 명사 어근 '공부'에 '-하다'라는 접미사가 붙어 동사가 된 것이다. '기대치'도 명사 어근 '기대'에 '값'의 뜻을 더하는 접미사 '-치'가 붙은 말이다. 그리고 '되풀다'는 동사 어근 '풀다'에 '다시'의 뜻을 더하는 접두사 '되-'가, '들이닥치다'는 동사 어근 '닥치다'에 '갑자기'의 뜻을 더하는 접두사 '들이-'가 붙어서 된 파생어이다.

오답의 이유

① '강추위'는 어근 '추위'에 접두사 '강'이, '날강도'는 어근 '강도'에 접두사 '날-'이, 그리고 '짓누르다'는 접두사 '짓-'이 붙은 말이므로 파생어이다. 그러나 '온갖'은 '온가지'의 준말인데, '온'과 '가지'는 각각 관형사와 의존 명사로 어근에 해당하므로 합성어라고 할 수 있다.

③ '끝내다'는 어간 '끝'에 접미사 '-내'가 붙은 파생어이고, '한겨울'도 '겨울'에 접두사 '한-'이 붙어 형성된 말이다. 하지만 '게을러빠지다'는 '게으르다'와 '빠지다'란 두 동사 어근이 어미를 매개로 연결된 합성어이며, '참꽃'도 부사 '참'과 명사 '꽃'이 결합한 합성어이다.

---

④ '움직이다'는 어근 '움직'에 동사를 만드는 접미사 '-이다'가 붙어 형성된 말이다. 그리고 '한낮'은 '낮'에 접두사 '한-'이 붙어 의미를 더해주는 파생어이다. 그러나 '들개'는 명사 어근 '들'과 '개'가 결합한 합성어이고, 관형사 '어느'와 명사 '덧'이 결합되어 형성된 합성 부사이다.

⑤ '들쑤시다'와 '불호령'은 어근 '쑤시다'와 '호령'에 각각 접두사 '들-'과 '불-'이 붙은 파생어이다. 또한 '마음껏'은 명사 어근 '마음'에 부사를 만드는 접미사 '-껏'이 붙어 형성된 말이다. 하지만 '여남은'은 '열이 조금 넘는 수'라는 의미를 지닌 말로 수사 '열'에 동사 '넘다'의 의미를 지닌 어간 '남-'이 결합된 데서 비롯된 말이므로 파생어로 볼 수 없다.

15 난도 ★★☆

문법 > 통사론

정답의 이유

③ '바로'는 성분부사 중, 사람이나 사물의 모양, 상태, 성질을 한정하여 꾸미는 성상부사에 해당한다.

오답의 이유

① · ② · ④ · ⑤ 화자의 태도를 나타내는 문장부사인 양태부사에 해당한다.

더 알아보기

부사의 종류

성분부사	성상부사, 지시부사, 부정부사
문장부사	양태부사, 접속부사

16 난도 ★★☆

문법 > 단어들의 의미 관계

정답의 이유

③ 서로 다른 단어면서 발음이 동일한 것은 '동음이의어'이다. 전자의 '다리'는 '사람이나 동물의 몸통 아래 붙어 있는 신체의 부분'의 뜻을 나타내나, 후자의 '다리'는 '물을 건너거나 또는 한편의 높은 곳에서 다른 편의 높은 곳으로 건너다닐 수 있도록 만든 시설물'을 의미하므로 두 단어는 동음이의어라고 할 수 있다. 또한 두 단어는 모두 명사로 문법적 기능이 동일하고, 철자도 같다.

오답의 이유

① 전자의 '걷다'는 '널거나 깐 것을 다른 곳으로 치우거나 한곳에 두다.'라는 뜻을, 후자의 '걷다'는 '다리를 움직여 바닥에서 발을 번갈아 떼어 옮기다.'라는 뜻을 지닌 말로 동음이의어라 할 수 있다. 그러나 전자의 '걷다'는 모음으로 시작하는 어미가 왔을 때 '걷어, 걷으니'와 같이 활용하는 반면에, 후자의 '걷다'는 '걸어, 걸으니'와 같이 활용하므로 문법적 기능과 표기에서 차이가 나타난다.

② 전자와 후자의 '손'은 각각 '일손'과 '사람의 수완이나 꾀'라는 비슷한 뜻을 나타내고 있으므로 이들은 '다의어'이다. 다의어는 한 단어이므로 문법적 기능이나 철자는 동일하다.

④ 전자의 '쓰다'는 '어떤 말이나 언어를 사용하다.', 후자의 '쓰다'는 '어떤 일을 하는 데 시간이나 돈을 들이다.'라는 뜻을 지닌 말이다. 둘 다 '사용하다'란 의미를 지니고 있으므로 '다의어'라 할 수 있다.

⑤ '반드시'와 '반듯이'는 부사라는 점에서는 공통점이 있으나, 발음만 동일할 뿐 철자 표기가 다르다.

17 난도 ★★★ 정답 ①

문법 > 외래어 표기법

정답의 이유

㉠ 외래어 표기법에서 일본어 표기는 어두에 거센소리 'ㅋ, ㅌ, ㅊ'을 쓰지 않는다. 반면 같은 글자라도 어중에 있을 때는 본음대로 쓴다.

㉡ 'sociodrama'의 본래 발음은 [sòuʃiədrèmə]인데, 'socio'는 외래어 표기법의 제2장 국제 음성 기호 표기 일람 및 제3장 제1절 제3항과 제8항에 따라 '소셔'로, 'drama'는 외래어 표기법 제1장 제5항에 따라 '드라마'로 표기한다.

㉢ 외래어 표기법 제4장 제2항에 따르면 제3장에 포함되어 있지 않은 언어권의 인명, 지명은 원지음을 따르는 것을 원칙으로 한다고 되어 있다. 'Kiribati'는 '길버트 제도'를 이 나라의 원주민들의 언어로 발음한 것이므로 이 원칙에 따라 발음한다.

오답의 이유

㉢ 외래어 표기법 제3장 제21절 제1항에서 마찰음 'v(в)'는 무성 자음 앞에서 앞 음절의 받침으로 적도록 하고 있으므로, '도스토옙스키'로 표기하는 것이 옳다.

㉣ 외래어 표기법 제2장 에스파냐어 표기 일람에 따르면 'h'는 음가가 없으므로 '아바나'로 표기해야 한다.

18 난도 ★★☆ 정답 ④

어휘 > 한자어

정답의 이유

④ 수익(受益), 교류(交流), 울적(鬱寂), 어차피(於此彼), 대체(代替)의 독음은 모두 옳다.

오답의 이유

① 更新은 '갱신'으로 읽는 것이 옳다.
② 墮落은 '타락'으로 읽는 것이 옳다.
③ 未達은 '미달'로 읽는 것이 옳다.
⑤ 思惟는 '사유'로 읽는 것이 옳다.

19 난도 ★☆☆ 정답 ⑤

어휘 > 속담

정답의 이유

⑤ 노루 때린 막대기 세 번이나 국 끓여 먹는다: 노루를 쳐서 묻은 것을 우려내어 먹으려고 여러 번 국을 끓인다는 것으로, 조금이라도 이용 가치가 있을까 하여 보잘것없는 것을 두고두고 되풀이하여 이용한다는 뜻의 말이다.

20 난도 ★★☆ 정답 ③

현대 문학 > 현대 시

정답의 이유

③ 1연에서 화자의 집 현관에는 화자를 포함한 식구들의 신발이 놓여 있다고 하였으므로 가족과 헤어져 있는 상황은 아니다. ㉢에서는 아버지로서 고달픈 삶을 사는 자신에 대한 연민이 드러나 있다.

작품 해설

박목월, 「가정」

- 갈래: 현대시, 자유시, 서정시
- 성격: 독백적, 상징적, 의지적
- 운율: 내재율
- 배경
  - 시간: 1960년대, 어느 저녁 무렵
  - 공간: 어느 시인의 가정
- 제재: 시인 가장의 삶의 애환
- 주제: 아버지로서의 삶에 대한 연민과 가족에 대한 애정
- 특징
  - 시인이자 가장으로서 살아가는 고달픈 현실을 상징적인 시어로 표현했다.
  - 일상적이고 평범한 시어로 가장의 책임감과 가족에 대한 사랑을 전달한다.
  - 가장으로서의 책임감과 자식에 대한 애정을 신발의 문수(치수)를 대조하는 행위를 통해 시각적으로 나타냈다.
  - 고달픈 현실과 가족에 대한 사랑을 촉각적으로 대비하여 표현하였다.
  - 동일한 시어와 시구를 반복하여 운율을 형성한다.
- 구성

1연	어느 가난한 시인 가정의 현관에 놓여 있는 아홉 켤레의 신발
2연	가장으로서 고달픈 현실을 감당하는 책임감과 막내의 신발을 보면서 느끼는 가족애
3연	가장으로서의 고달픈 삶을 사는 스스로에 대한 연민
4연	가족애를 통해 현실의 시련을 극복하고자 하는 의지

21 난도 ★★☆ 정답 ④

현대 문학 > 현대 희곡

정답의 이유

④ '㉣ 팻말'은 사람들을 속이기 위해 이리 떼를 주의하라고 써 놓은 것이므로 사람들에게 진실을 알리는 단서라고 볼 수는 없다. 팻말 밑에 잘 익은 딸기가 가득하다는 것을 볼 때, '거짓된 명분으로 실리를 독점하기 위한 수단'으로 보는 것이 적절하다.

이강백, 「파수꾼」
- 갈래: 희곡, 단막극, 풍자극
- 성격: 우화적, 상징적, 풍자적, 교훈적
- 배경: 황야에 있는 망루 위
- 제재: 권력의 위선, 이리 떼의 진실
- 주제: 진실이 왜곡되고, 무비판적으로 권력을 추종하여 잘못된 권력이 강화되는 사회 비판
- 특징
  - 이솝 우화 '양치기 소년과 늑대'를 차용하였다.
  - 상징성이 강한 인물과 소재를 통해 주제를 효과적으로 형상화하였다.
  - 우화적 기법을 사용하여 작가의 의도를 작품의 이면에 드러냈다.
  - 인물 간 대화를 통해 1970년대 정치 세력이 진실을 은폐하는 모습을 우화적으로 풍자하였다.
- 구성

발단	망루 너머 황야에 이리 떼가 존재하지 않는다는 것을 알게 된 파수꾼 '다'의 편지를 받고 촌장이 망루로 찾아온다.
전개	촌장은 이리 떼가 없다는 파수꾼 '다'의 말을 인정한다.
절정	파수꾼 '다'는 마을 사람들에게 진실을 알리려고 하나, 촌장은 이를 내일 알리자고 회유한다.
하강	파수꾼 '다'는 촌장의 뜻에 따라 하루 동안 거짓말을 해야 하는 상황에 처한다.
대단원	파수꾼 '다'는 거짓말을 한 것이 빌미가 되어 평생 망루에서 벗어나지 못한다.

- 인물의 상징성

촌장	권력을 독점하고 그것을 유지하기 위해 진실을 왜곡하는 교활하고 위선적인 권력자
파수꾼 '다'	권력에 저항하여 진실을 추구하지만 결국 권력에 굴복하는 나약한 지식인
파수꾼 '가', '나'	권력의 지배 질서를 합리화하고 진실을 왜곡하는 데 기여하는 수동적 하수인 또는 나팔수
마을 사람들	진실을 파악하지 못하고 권력에 기만당하는 대다수의 우매한 민중

- 소재의 상징적 의미

이리 떼	사람들에게 공포심을 주기 위해 만들어진 가공의 적. 권력 유지를 위해 불안감을 조성하는 수단
흰 구름	진실. 아름답고 평화로운 대상
망루	마을 사람들 사이의 소통을 차단하고, 그들을 감시하며 통제하는 제도
양철북	공포와 불안을 조성하는 도구
딸기	부정한 권력으로 얻은 대가. 권력에 영합할 때 누릴 수 있는 특권
팻말	거짓된 명분으로 숨겨진 실리를 독점하기 위한 수단

22 난도 ★☆☆   정답 ②

비문학 > 추론적 읽기

[정답의 이유]

② 삶과 죽음을 대비시키는 대조의 기법을 사용하고 있다. 그리고 죽음을 상징하는 해골은 살아 있는 것처럼, 삶을 상징하는 두상은 죽은 것처럼 모순되게 나타낸 것은 역설적 표현에 해당한다.

23 난도 ★★★   정답 ③

비문학 > 추론적 읽기

[정답의 이유]

③ 셋, 넷의 경우 '셓, 넿'으로 표기했다고 하였으므로, 모음으로 시작되는 조사와 결합했을 때 '세차', '세흐로'로 썼을 것이다.

[오답의 이유]

① 땅은 ㅎ종성체언인 '따ㅎ'의 형태였으므로 조사 '도'와 결합할 때 자음 축약이 일어나 이와 같이 표기되었을 것이다.
② '수캐'의 표기가 '암캐'와 마찬가지인 점과, 현대국어의 음운 환경에서는 '개'와 '닭'의 음운이 변화할 만한 근거가 없다는 점을 고려할 때 '수'도 ㅎ종성체언이었을 가능성이 있다고 보는 것은 적절하다.
④ 현대국어에서는 조사에 상관없이 '나무'로 표기가 고정되었으므로 옳은 진술이다.
⑤ '구무'도 '나무'와 마찬가지로 ㄱ종성체언이므로 이와 같은 곡용이 나타났다고 볼 수 있다.

더 알아보기

단어의 변화

단어들의 어형변화를 굴절이라 하는데, 그중 용언의 굴절은 활용이라고 하고 체언의 굴절은 곡용이라고 한다. 중세국어에서는 현대국어와 달리, 명사가 문법 환경에 따라 형태를 바꾸는 곡용이 일어났다.

24 난도 ★★☆   정답 ④

비문학 > 사실적 읽기

[정답의 이유]

④ 특정 문화권에서 다른 문화권에서는 먹지 않는 음식을 먹는 것에 대해 낯설게 느끼거나 이방인 취급을 하는 것은 한 문화권에 속한 사람들이 자신들과 다른 문화에 대해 이질적으로 받아들인다는 것이지 야만적인 것으로 취급하는 것이라고 볼 수는 없다.

[오답의 이유]

① 문화마다 '먹을 수 있는 것'과 '먹을 수 없는 것'을 구분하는 범주가 다르다고 하였다.
② 위장은 거의 모든 것을 소화시킬 능력이 있다고 언급하였다.
③ 식용과 비식용을 구분하는 것은 문화적인 토대에 입각한 것이라고 보았다.
⑤ 문화권의 차이와 이질성을 음식 문화를 통해 인식할 수 있다고 하였다.

비문학 > 사실적 읽기

[정답의 이유]

① 글쓴이는 현대의 '국물'이 없어진 밥상에 대해 부정적인 관점을 드러내고 있다. 그런데 국물은 선농단에서 사람이 늘어나면 물을 더 부어 양을 늘려 나누어 먹던 인정이 담겨 있는 것으로, 엿장수가 주는 맛보기나 콩나물을 살 때 주는 덤과 같이 '인정의 나눔'이란 의미가 있는 것이라고 하였다. 따라서 '국물'이 사라졌다는 것은 '인정과 나눔'이 사라졌다는 것을 빗대어 표현한 것이라고 할 수 있다.

더 알아보기

문형동, 「국물 이야기」

- 갈래: 경수필
- 문체: 간결체, 우유체
- 성격: 비판적, 교훈적, 예시적
- 제재: 국물
- 특징
  - 대상에 대한 글쓴이의 상반된 관점이 드러나 있다.
  - 옛날과 현재의 음식 문화를 대비하여 그것에 담긴 의미를 서술하였다.
  - 선조들이 인정을 나누던 삶이 드러나는 음식 문화와 생활 문화의 다양한 예를 열거하였다.
- 주제: 국물을 통해 나누었던 조상들의 넉넉한 인정이 메말라가는 현실에 대한 안타까움

한눈에 훑어보기

✓ 영역 분석

어휘 02 10 12 18 23 25
6문항, 24%

문법 01 03 04 08 13 14 15 16 17
9문항, 36%

고전 문학 22
1문항, 4%

현대 문학 05 19
2문항, 8%

비문학 06 07 09 11 20 21 24
7문항, 28%

✓ 빠른 정답

01	02	03	04	05	06	07	08	09	10
③	⑤	②	④	③	④	①	②	⑤	③
11	12	13	14	15	16	17	18	19	20
④	①	③	⑤	⑤	②	④	②	④	②
21	22	23	24	25					
③	⑤	①	①	②					

✓ 점수 체크

구분	1회독	2회독	3회독
맞힌 문항 수	/ 25	/ 25	/ 25
나의 점수	점	점	점

01 난도 ★★☆ 정답 ③

문법 > 단어의 형성 및 종류

[정답의 이유]

③ • 새해: 새(관형사)+해(명사) 〈통사적 합성어〉
  • 늙은이: 늙-(이긴)+-은(관형사형 어미)+이(의존 명사) 〈통사적 합성어〉
  • 어깨동무: 어깨(명사)+동무(명사) 〈통사적 합성어〉
  • 정들다: 정(이) 들다 – 조사 생략 〈통사적 합성어〉
  • 앞서다: 앞(에) 서다 – 조사 생략 〈통사적 합성어〉
  • 손쉽다: 손(이) 쉽다 – 조사 생략 〈통사적 합성어〉

[오답의 이유]

① • 비행기: 비행(명사)+-기(접사) 〈파생어〉
  • 밑바닥: 밑(명사)+바닥(명사) 〈통사적 합성어〉
  • 짓밟다: 짓-(접사)+밟다(동사) 〈파생어〉
  • 겁나다: 겁(이) 나다 – 조사 생략 〈통사적 합성어〉
  • 낯설다: 낯(이) 설다 – 조사 생략 〈통사적 합성어〉

② • 막내둥이: 막내(명사)+-둥이(접사) 〈파생어〉
  • 돌부처: 돌(명사)+부처(명사) 〈통사적 합성어〉
  • 얄밉다: 얄(명사)+밉다(형용사) 〈통사적 합성어〉
  • 깔보다: 깔-(어간)+보다(동사) 〈비통사적 합성어〉
  • 본받다: 본(을) 받다 – 조사 생략 〈통사적 합성어〉

④ • 개살구: 개-(접사)+살구(명사) 〈파생어〉
  • 산들바람: 산들(부사)+바람(명사) 〈비통사적 합성어〉
  • 그만두다: 그만(부사)+두다(동사) 〈통사적 합성어〉

⑤ • 척척박사: 척척(부사)+박사(명사) 〈비통사적 합성어〉
  • 배부르다: 배(가) 부르다 – 조사 생략 〈통사적 합성어〉

더 알아보기

합성어의 분류(형성 방법에 따른 분류)

• 통사적 합성어: 우리말의 일반적인 단어 배열법과 일치하는 합성어
  – 국어 어순(○): 밤낮(명사+명사), 곧잘(부사+부사), 그만두다(부사+동사), 맛보다(조사 생략)
  – 연결 어미(○): 들어가다(동사의 어간+연결 어미+동사)
  → 통사적 합성어는 우리말 어순에 일치하거나, '용언의 어간+연결 어미+용언'의 구조이다.

• 비통사적 합성어: 우리말의 일반적인 단어 배열법에서 벗어난 합성어
  – 국어 어순(×): 부슬비(비자립적 어근+명사), 척척박사(부사+명사), 덮밥(용언의 어간+명사)

－ 연결 어미(×): 여닫다(용언의 어간+용언), 검붉다(용언의 어
　　　간+용언)
　　→ 비통사적 합성어는 우리말 어순에 일치하지 않거나, '용언의
　　　어간+용언'의 구조이다.

02 난도 ★☆☆　　　　　　　　　　　　　　　　정답 ⑤

어휘 > 고유어

정답의 이유

⑤ '늡늡하다'는 성격이 너그럽고 활달하다는 뜻이므로 뒤에 연결된
　'인색한 샌님티'와는 어울리지 않는다.

오답의 이유

① 골막하다: 담긴 것이 가득 차지 아니하고 조금 모자란 듯함
② 시름없다: 「1」근심과 걱정으로 맥이 없음 「2」아무 생각이 없음
③ 뜯적거리다: 「1」손톱이나 칼끝 따위로 자꾸 뜯거나 진집을 냄
　「2」괜히 트집을 잡아 짓궂게 자꾸 건드림
④ 옆댕이: '옆'을 속되게 이르는 말

03 난도 ★★☆　　　　　　　　　　　　　　　　정답 ②

문법 > 외래어 표기법

오답의 이유

㉠ 게티즈버그(Gettysburg): 〈지명〉 미국 펜실베이니아주 남부에
　있는 도시. 가구·직물 제조업이 발달하였으며, 농산물의 집산
　지이다. 남북 전쟁의 격전지로, 국립묘지와 국립 군사 공원이
　있다.
　→ 게티스버그(×), 게티스부르그(×)
㉣ 아콰마린(aquamarine): 〈광업〉 짙은 푸른색을 띠는 녹주석. 아
　름다운 것은 갈아서 장식품으로 쓴다. 늑 '남옥(藍玉)'
　→ 아쿠아마린(×), 애콰마린(×), 애쿠아마린(×)

04 난도 ★★☆　　　　　　　　　　　　　　　　정답 ④

문법 > 문장 표현

정답의 이유

④ '때문이다'와 호응하는 요소가 없다. 따라서 '현재의 출산 장려
　정책은 분만을 전후한 수개월의 짧은 기간에 혜택을 집중시키는
　데, 그 이유는(이것은) 가족과 모성의 생애주기를 고려한 종합적
　건강증진보다는 건강한 신생아를 얻는 것 자체를 목적으로 하기
　때문이다.'로 고쳐야 한다.

05 난도 ★★★　　　　　　　　　　　　　　　　정답 ③

현대 문학 > 현대 시

정답의 이유

③ 작품이 발표된 순서대로 나열하면 '㉠ 주요한의 「불놀이」(1919)
　→ ㉡ 김소월의 「나는 세상 모르고 살았노라」(1925) → ㉢ 김광
　균의 「추일서정」(1940) → ㉣ 김수영의 「풀」(1968) → ㉤ 기형도
　의 「빈집」(1989)'이다.

㉠ 주요한의 「불놀이」(1919)는 사월 초파일의 불놀이를 소재로 하
　여 임을 잃은 슬픔과 한을 노래한 작품이다. 최초의 자유시라 칭
　하며, 정형률을 완전히 탈피했다는 점과 계몽 의식 대신에 개인
　의 정서를 표현했다는 점에서 큰 의의가 있다.
㉡ 김소월의 「나는 세상 모르고 살았노라」(1925)는 이별의 정한을
　담은 작품이다. '만수산(萬壽山), 제석산(啼昔山)'이라는 공간과
　'내 님의 무덤' 등의 시구를 통해 정인의 죽음을 표현하였고, 정
　인에 대한 지극한 그리움을 깊이 있게 그려낸 작품이다.
㉢ 김광균의 「추일서정」(1940)은 다양한 은유와 직유 기법을 사용
　하여 가을날의 쓸쓸하고 황량한 풍경과 현대인이 느끼는 고독감
　을 그려낸 작품이다.
㉣ 김수영의 「풀」(1968)은 '풀'과 '바람'의 대립적 시상 구조를 통해
　민중의 끈질긴 생명력이라는 중심 내용을 강화한 작품으로 상징
　적 의미를 지닌 시어를 사용하여 주제를 효과적으로 드러내고
　있다.
㉤ 기형도의 「빈집」(1989)은 화자가 사랑했던 순간의 대상들을 하
　나씩 불러보며, 그 당시의 감정과 그 대상들과 이별해야 하는 안
　타까운 마음, 상실감을 애절하게 그려내고 있다.

06 난도 ★★★　　　　　　　　　　　　　　　　정답 ④

비문학 > 내용 추론

정답의 이유

④ 제시문에서는 필자의 '소설의 이론'의 방법론이 몇 개 되지 않은,
　그것도 직관적으로 파악된 특징으로부터 성립된 일반화와 크게
　다르지 않다고 하였다. 또한 예를 들어 주인공의 유형은 너무 협
　소한가 아니면 너무 넓은가 하는 상당히 추상적이고 이분법적인
　방법으로 제시되었고, '돈키호테'의 경우 이 소설에 내포된 여러
　문학이론을 설명할 수 없을 정도로 일반화되었다고 하였다. 즉,
　필자는 모순되거나 지극히 추상적인 이론, 직관적으로 파악된
　종합 개념으로 이루어진 이론이 독재하면서 소설이 왜곡된 상태
　로 해석되고 있음을 비판하고 있다.

07 난도 ★★☆　　　　　　　　　　　　　　　　정답 ①

비문학 > 글의 순서 파악

정답의 이유

① 생태 문제는 도덕성의 문제라 하였고, 이 논거를 확장시켜 해결
　점과 대안 또한 생태 문제를 일으킨 인간이 제시해야 한다고 서
　술하고 있다.
㉠ 생태 문제는 본질적으로 도덕성의 문제다. 〈화두 제시〉
㉢ 생태 위기에 대한 윤리적 문제 제기이기 때문이다. 〈의미 확장〉
㉤ 그렇다면 자연과의 바람직한 관계 회복 역시 인간이 주도적으로
　대안을 내놓아야 할 과제다. 〈해결 방안의 방향 제시〉
㉣ 인간은 삶의 터전이자 배경으로 삼고 있는 자연과 조화를 이루
　며 살아야 한다. 〈궁극적인 지향점, 중심 내용〉
㉡ 그래야 인간에게도 자연에게도 바람직하다. 〈부연〉

문법 > 중세 국어와 현대 국어

정답의 이유

② ㉡, ㉢ 모두 근대 국어의 특징이다. 따라서 근대 국어 시기(임진왜란 직후인 17세기 초부터 갑오개혁 이전 시기인 19세기 말)에 성조가 사라지면서 방점이 완전히 소실되었고, 음운 'ㆍ' 또한 완전히 소실되었다. 다만, 'ㆍ'는 표기법상에는 계속 남아 있다가 1933년 한글 맞춤법 통일안 때 없어지게 되었다.

> **더 알아보기**
>
> **중세 국어의 특징**
> • 된소리가 등장하기 시작하였다.
> • 'ㆍ ㅡ ㅣ ㅗ ㅏ ㅜ ㅓ' 등 7모음 체계를 가지고 있었다.
> • 서로 다른 둘 이상의 자음이 첫소리에 사용되었다.
> • 의문문의 종류에 따라 의문형 어미가 달리 쓰였다.
> • 모음 조화 현상이 잘 지켜졌으나, 후기에는 부분적으로 지켜지지 않았다.
> • 성조(聲調)가 있었고, 그것은 방점(傍點)으로 표기되었다.
> • 중세 특유의 주체 높임법, 객체 높임법, 상대 높임법 등이 있었다.
> • 고유어와 한자어의 경쟁이 계속되었고, 앞 시기에 비해서 한자어의 쓰임이 증가하였다.
> • 말할 때는 우리말을 사용하면서 쓸 때는 한자로 쓰는 언문불일치(言文不一致)가 계속되었고, 한글 문체는 아직 일반화되지 못하였다.
> • 이웃 나라와 접촉하는 과정에서 중국어, 몽골어, 여진어 등의 외래어가 들어오기도 하였다.

비문학 > 내용 추론

정답의 이유

⑤ 연료전지 발전, 핵융합 발전과 같은 수소 이용 기술은 화석 연료의 고갈이란 위기에 직면해 있는 상황에서 매우 중요한 기술이라 할 수 있으므로 수소 생산 산업이 활성화될 가능성은 높다. 하지만 제시문에서 수소 생산 비용을 절감시켜 이와 관련된 산업이 활성화될 것이라는 내용은 확인할 수 없다.

오답의 이유

① '핵융합 발전은 핵분열 반응을 응용한 원자력 발전과 달리 방사능 유출의 위험이 거의 없다.'에서 유추할 수 있다.

② '핵융합 발전과 연료전지 발전 기술은 모두 화석 연료의 고갈이란 위기에 직면해 있는 인류의 미래를 짊어질 매우 중요한 기술이다.'에서 유추할 수 있다.

③ '연료전지는 전기를 생산하는 데 연소과정이나 구동장치가 필요 없으며 에너지 생산의 효율성이 높아 경제적이다.'에서 유추할 수 있다.

④ '핵융합 발전은 핵분열 반응을 응용한 원자력 발전과 달리 방사능 유출의 위험이 거의 없다. ~ 머지않아 실용화될 것으로 기대된다.'에서 유추할 수 있다.

어휘 > 한자

정답의 이유

③ 作詞(지을 작, 말/글 사): 노랫말을 지음
  * 詐: 속일 사

오답의 이유

① 謁見(뵐 알, 뵈올 현): 지체가 높고 귀한 사람을 찾아가 뵘

② 內訌(안 내, 어지러울 홍): 집단이나 조직의 내부에서 자기들끼리 일으킨 분쟁

④ 相殺(서로 상, 빠를 쇄): 상반되는 것이 서로 영향을 주어 효과가 없어지는 일

⑤ 毋論(말 무, 논할 론): 물론(말할 것도 없이)

비문학 > 중심 화제, 주제 찾기

정답의 이유

④ 제시문에서는 장주(莊周, 장자)가 온갖 은유와 상징을 이용하여 시비와 차별의 경계를 가차 없이 부수어버렸다고 하였다. 즉, 장주는 붕새의 비상을 높이 샀지만 매미나 매추라기의 날갯짓 또한 낮추어보지 않았다고 하면서 어느 것도 우위에 두거나 구분 짓지 않음을 표현하였다. 그리고 까치와 오동나무, 수십 만 년을 사는 거북이와 수백 만 년을 사는 상고시대의 대춘나무를 통해 우리의 삶이 얼마나 덧없고 짧은지를 깨우쳐준다고 하였다. 즉, 시공 차원의 광활함과 삶의 유한함을 언급하였으며, 그중 어느 한 측면을 우위에 삼은 것이 아니므로 '장주는 시공 차원의 광활함과 무한함을 그것의 협소함과 유한함보다 우위에 두었다.'는 설명은 적절하지 않다.

오답의 이유

① '그들(유가와 묵가)이 말하는 성과 지는 차꼬나 목에 씌우는 칼의 쐐기와 다른 것이 아니었고, 그들이 내세우는 인과 의는 죄수의 형구를 채우는 자물쇠와 마찬가지라고.'에서 확인할 수 있다.

② '온갖 은유와 상징으로 가득한 그의 이야기는 시비와 차별의 경계를 가차 없이 부수어버린다.'에서 확인할 수 있다.

③ '하지만 세상 사람들은 그걸 모르고 오히려 외형의 결핍에 가려 ~ 잊지 말아야 할 것을 잊어버린 어리석은 자들이라고 비웃었다.'에서 확인할 수 있다.

⑤ '꿈속의 꿈에서 깨어나도 여전히 꿈인 것처럼 우리의 삶 또한 죽음이라는 깨어남을 통해 깨어나야 할 꿈에 지나지 않는 것'에서 확인할 수 있다.

어휘 > 한자

정답의 이유

㉠ 刑戮(형벌/탕기 형, 죽일 륙/육): 죄지은 사람을 형법에 따라 죽임

㉡ 隱喩(숨을 은, 깨우칠 유): 〈문학〉 은유법(사물의 상태나 움직임을 암시적으로 나타내는 수사법)

ⓒ 支離滅裂(지탱할 지, 떠날 리/이, 꺼질/멸할 멸, 찢을 렬/열): 이리저리 흩어지고 찢기어 갈피를 잡을 수 없음 늑지리분산(支離分散)

ⓔ 缺乏(이지러질 결, 모자랄 핍): 「1」있어야 할 것이 없어지거나 모자람「2」다 써 없어짐

* (합할 륙/육), 維(벼리 유), 劣(못할 렬/열), 抉(도려낼 결)

---

13 난도 ★☆☆　　　　　　　　　　　정답 ③

문법 > 표준 발음법

정답의 이유

ⓐ 협의[혀븨]: 표준 발음법 제5항 [다만4] '단어의 첫 음절 이외의 '의'는 [ㅣ]로, 조사 '의'는 [ㅔ]로 발음함도 허용한다.'에 따라 '협의'는 [혀븨/혀비]로 발음한다.

ⓓ 우리의[우리에]: 표준 발음법 제5항 [다만 4]에 따라 '우리의'는 [우리의/우리에]로 발음한다.

ⓜ 반신반의[반:신바:늬]: 표준 발음법 제6항 [다만] '합성어의 경우에는 둘째 음절 이하에서도 분명한 긴소리를 인정한다.'에 따라 '반신반의'는 [반:신바:늬/반:신바:니]로 발음한다.

오답의 이유

ⓛ 띄어쓰기[띠어쓰기]: 표준 발음법 제5항 [다만 3] '자음을 첫소리로 가지고 있는 음절의 '늬'는 [ㅣ]로 발음한다.'에 따라 '띄어쓰기'는 [띠어쓰기]로 발음한다.

ⓒ 썰물[썰물]: 표준 발음법 제7항 [붙임] '다음과 같은 복합어에서는 본디의 길이에 관계없이 짧게 발음한다.'에 따라 '썰물'은 [썰물]로 발음한다.

---

14 난도 ★★☆　　　　　　　　　　　정답 ⑤

문법 > 한글 맞춤법

정답의 이유

• 판때기 · 거적때기: 한글 맞춤법 제54항 '다음과 같은 접미사는 된소리로 적는다.'라는 규정에 따라 '-대기/-때기'는 '때기'로 적는다. 그러므로 '판때기', '거적때기'가 옳은 표현이다.

• 상판대기: 표준어 규정 제17항 '비슷한 발음의 몇 형태가 쓰일 경우, 그 의미에 아무런 차이가 없고, 그중 하나가 더 널리 쓰이면, 그 한 형태만을 표준어로 삼는다.'에 따라 '상판때기'가 아니라 '상판대기'가 옳은 표현이다.

오답의 이유

• 얼룩배기 · 나이빼기 · 이맛배기(×) → 얼룩빼기 · 나이배기 · 이마빼기(○): '-배기/-빼기'가 혼동될 수 있는 단어는 세 가지의 조건에 따라 적어야 한다. 즉, (1) [배기]로 발음되는 경우는 '배기'로 적는다. (2) 한 형태소 내부에 있어서 'ㄱ, ㅂ' 받침 뒤에서 [빼기]로 발음되는 경우는 '배기'로 적는다. (3) 다른 형태소 뒤에서 [빼기]로 발음되는 것은 모두 '빼기'로 적는다.

'얼룩빼기'와 '이마빼기'는 (3)에 해당하며, '나이배기'는 [배기]로 발음되므로 (1)에 해당하는 단어이다.

---

15 난도 ★★☆　　　　　　　　　　　정답 ⑤

문법 > 품사의 이해

정답의 이유

성분 부사는 특정 문장 성분을 꾸미는 부사를 말하고, 문장 부사는 문장 전체를 꾸며 주는 부사를 말한다.

⑤ 의외로 철수가 빨리 왔다.: '의외로'는 문장 전체, 즉 '철수가 빨리 왔다'를 꾸며 주는 문장 부사로 쓰였다.

오답의 이유

① 개나리가 활짝 피었다.: '활짝'은 특정 문장 성분인 '피었다'를 꾸며 주는 성분 부사로 쓰였다.

② 집 바로 뒤에 공원이 있다.: '바로'는 특정 문장 성분인 '뒤'를 꾸며 주는 성분 부사로 쓰였다.

③ 강아지가 사료를 안 먹는다.: '안'은 특정 문장 성분인 '먹는다'를 꾸며 주는 성분 부사로 쓰였다.

④ 일 끝나면 이리 와.: '이리'는 특정 문장 성분인 '와'를 꾸며 주는 성분 부사로 쓰였다.

더 알아보기

부사(副詞)의 분류

성분 부사	성상 부사	사람이나 사물의 모양, 상태, 성질을 한정하여 꾸미는 부사 예 너무, 다행히, 데굴데굴, 많이, 매우, 몹시, 바로, 사뿐사뿐, 자주, 잘
	지시 부사	처소나 시간을 가리켜 한정하거나 앞의 이야기에 나온 사실을 가리키는 부사 예 이리, 그리, 저리, 여기, 거기, 저기, 오늘, 내일, 어제
	부정 부사	용언의 앞에 놓여 그 내용을 부정하는 부사 예 못, 안(아니)
문장 부사	양태 부사	화자의 태도를 나타내는 문장 부사 예 과연, 결코, 다행히, 모름지기, 물론, 설마, 어찌, 유감스럽게도, 응당, 정말, 제발
	접속 부사	앞의 체언이나 문장의 뜻을 뒤의 체언이나 문장에 이어 주면서 뒤의 말을 꾸며 주는 부사 예 그러므로, 그러나, 그런데, 그리고, 하지만

---

16 난도 ★★☆　　　　　　　　　　　정답 ②

문법 > 품사의 이해

정답의 이유

'의'는 체언 뒤에 붙어 그 말과 다른 말과의 문법적 관계를 나타내거나, 특별한 뜻을 더해 주는 조사이다.

② '민족자존의 정권(正權)'에서 '의'는 앞 체언과 뒤 체언이 의미적으로 동격임을 나타내는 조사로 쓰였다.

→ 민족자존의 정권을 늑 '민족자존이라는 정권을'

오답의 이유

①·③·④·⑤ '조선의 독립국임', '생존권의 박상됨', '민족의 갈길', '일본의 소의함'에서의 '의'는 모두 주격의 '의'로 쓰였다. 따라서 '의'를 '이'로 바꾸어 읽더라도 어색하지 않다.

17 난도 ★★☆ 정답 ④

문법 > 형태소와 단어

정답의 이유

④ 일 듯이(×) → 일듯이(○): 문장에서 '-듯이'는 뒤 절의 내용이 앞 절의 내용과 거의 같음을 나타내는 연결 어미로 쓰였으므로 앞말과 붙여 씀

오답의 이유

① 황량했던 듯하다: 앞말이 뜻하는 사건이나 상태 따위를 짐작하거나 추측함을 나타내는 보조 형용사로 쓰였으므로 앞말과 띄어 씀

② 떠날 듯이: 짐작이나 추측의 뜻을 나타내는 의존 명사로 쓰였으므로 앞말과 띄어 씀

③ 걷는 듯: 그런 것 같기도 하고 그렇지 아니한 것 같기도 함을 나타내는 의존 명사로 쓰였으므로 앞말과 띄어 씀

⑤ 조용하듯: 연결 어미 '-듯이'의 준말이 쓰였으므로 앞말과 붙여 씀

18 난도 ★★☆ 정답 ②

어휘 > 한자

정답의 이유

ⓒ 兼愛(겸할 겸, 사랑 애): 차별 없이 모든 사람을 똑같이 두루 사랑함

오답의 이유

㉠ 精髓(정할/찧을 정, 뼛골 수): 사물의 가장 중심이 되는 알짜

ⓒ 無鑑於水(없을 무, 거울 감, 어조사 어, 물 수): 자신의 모습을 물에 비추어 보지 말아야 함

ⓔ 銅鏡(구리 동, 거울 경): 구리로 만든 거울

ⓜ 外貌(바깥 외, 모양 모): 겉으로 드러나 보이는 모양

19 난도 ★★☆ 정답 ④

현대 문학 > 현대 시

정답의 이유

김영랑의 「모란이 피기까지는」은 모란을 소재로 하여 봄에 대한 기대, 봄을 보내는 서러운 정감을 표현하고, 모란으로 상징되는 소망의 실현에 대한 집념을 나타낸 작품이다.

④ 행을 의미적으로 구분하면, 모란(소망)이 피기까지의 기다림(현재)을 표현한 1~2행, 모란이 질 때의 슬픔(미래)을 표현한 3~4행, 모란이 지고 난 후의 슬픔과 절망감(과거의 체험)을 표현한 5~10행, 수미상관 형식으로 다시 모란이 피기까지의 기다림(현재)을 강조 표현한 11~12행으로 나눌 수 있다.

20 난도 ★☆☆ 정답 ②

비문학 > 중심 화제, 주제 찾기

정답의 이유

② 사진은 신문에 실려 있는 사진이 기사의 사실성을 더해 주는 것처럼 좋은 의미에서의 영향력을 발휘할 수 있지만, 반대로 사진 속 상황에서 분명 인과 관계가 있었을지라도 사진은 앞뒤 맥락을 설명해주지 못하므로 서술성이 부족하다는 한계를 지닌다고 하였다. 즉, 사실성의 강화라는 사진의 장점을 언급한 후 서술성의 부족이라는 사진의 단점을 제시한 글이다.

21 난도 ★☆☆ 정답 ③

비문학 > 중심 화제, 주제 찾기

정답의 이유

③ 제시문에서는 사람과 만물은 한가지로 천지의 큰 조화 사이에 생겨났으니, 사람은 만물을 어진 마음으로 대해야 한다고 하였다. 따라서 필자는 인애(仁愛, 어진 마음으로 사랑함)의 마음으로 만물(생명)을 바라봐야 함을 주장하고 있다.

22 난도 ★★☆ 정답 ⑤

고전 문학 > 시조

정답의 이유

⑤ 제시된 작품은 「님이 오마 ㅎ거늘」이라는 사설시조로 '님이 오마 ㅎ거늘 져녁밥을 일지어 먹고', '보션 버서 품에 품고 신 버서 손에 쥐고', '져야 님이로다' 등의 표현만보더라도 화자는 임에 대한 자신의 감정을 솔직하고 자유롭게 드러내고 있다. 또한 사설시조는 직설적으로 표현하거나 해학적이고 낙천적으로 제재를 표현하는 것이 주된 특징 중 하나이다. 따라서 '화자가 임에 대한 마음을 겉으로 드러내지 못한다.'는 설명은 적절치 않다.

작자 미상, 「님이 오마 ᄒ거놀」

- 갈래: 사설시조
- 성격: 해학적, 과장적
- 제재: 임, 주추리 삼대
- 주제: 임을 기다리는 애타는 마음
- 특징
  - 임을 빨리 만나고 싶어 하는 마음을 솔직하고 소박한 표현을 통해 드러냄
  - 사설시조 특유의 해학성과 낙천성을 드러냄
  - 의성어와 의태어를 사용하여 과장된 행동을 묘사함

[현대어 풀이]

임께서 오신다기에 저녁밥을 일찍 지어먹고, 중문을 나와서 대문으로 나가 문지방 위에 올라앉아 보니, 검은 빛과 흰 빛이 뒤섞인 것이 서 있거늘, 저것이 바로 임이다 하고.

버선을 벗어 품에 품고, 신은 벗어 손에 쥐고, 엎치락뒤치락 허둥거리며 진 곳 마른 곳을 가리지 않고 뛰어가서 정 있는 말을 하려고 곁눈으로 흘깃 바라보니, 작년 칠월 사흗날 갉아서 벗긴 삼대의 줄기가 나를 속였구나.

마침 밤이었기에 망정이지 낮이었으면 남을 웃길 뻔하였구나.

---

23 난도 ★★☆   정답 ①

어휘 > 한자

[정답의 이유]

① • 見地(볼 견, 땅 지): 어떤 사물을 판단하거나 관찰하는 입장
   • 堅持(굳을 견, 가질 지): 어떤 견해나 입장 따위를 굳게 지니거나 지킴

[오답의 이유]

② 集團(모을 집, 둥글 단): 여럿이 모여 이룬 모임

③ 形成(모양 형, 이룰 성): 어떤 형상을 이룸

④ 實體(열매 실, 몸 체): 「1」실제의 물체. 또는 외형에 대한 실상 「2」실수체(실수로 이루어진 체) 「3」늘 변하지 아니하고 일정하게 지속하면서 사물의 근원을 이루는 것

⑤ 要素(요긴할 요, 본디 소): 「1」사물의 성립이나 효력 발생 따위에 꼭 필요한 성분. 또는 근본 조건 「2」그 이상 더 간단하게 나눌 수 없는 성분 「3」구체적인 법률 행위 또는 의사 표시의 내용 중 그 의사를 표시하는 사람에 의하여 중요한 의의를 가지게 된 부분

---

24 난도 ★★☆   정답 ①

비문학 > 글의 순서 파악

[정답의 이유]

(다) 최근에는 과학이라는 말이 본래의 뜻과 달리 쓰이고 있는데, 이러한 현상은 과학의 본질을 알기 힘들게 만들었고, 흔히 '과학이냐, 아니냐' 하는 것은 그 주장하는 내용이 '진실이냐, 아니냐'에 따라 구별하는 것으로 생각하고 있다. 〈화두 제시〉

(나) '과학이냐, 아니냐' 하는 것은 그 결론을 이끌어 내는 과정에 의해서 가려내야 하고, 그 결론이 유도되는 과정은 합리적이야 한다. 〈내용 전개 1〉

(라) 결론을 이끌어 내기 위해 사용하는 것이 바로 과학 방법이다. 과학 방법은 귀납법과 연역법이라고 하는 큰 틀을 기본으로 한다. 〈내용 전개 2〉

(마) 과학을 이야기할 때 꼭 언급하고 지나가야 할 문제는 '과학적인 방법으로 얻어진 결과를 어느 정도 신뢰할 수 있느냐?'하는 문제이다. 과학적인 방법으로 얻어진 결론도 완벽하다고 할 수는 없다. 〈(라)에 대한 반론〉

(가) 충실하게 과학 방법을 적용하여 얻어진 결론도 이와 같은 한계가 있을 수밖에 없고, 과학을 이해하기 위해서는 과학이 가지고 있는 이러한 한계도 이해해야 할 것이다. 〈결론 - (인간의 지식이나 이성은 완벽하지 않으므로) 과학 방법을 적용하여 얻은 결론도 한계가 있음을 인정해야 한다〉

---

25 난도 ★★★   정답 ②

어휘 > 한자

[정답의 이유]

㉠ 册肆(책 책, 방자할 사): 서점

㉡ 詩境(시 시, 지경 경): 「1」시의 경지 「2」시흥을 불러일으키거나 시정(詩情)이 넘쳐흐르는 아름다운 경지

㉢ 眞跡(참 진, 발자취 적): 「1」친필(손수 쓴 글씨) 「2」실제의 유적

- 册絲(책 책, 실 사): 책실(책을 매는 데 쓰는 실)
- 詩經(시 시, 지날/글 경): 중국 최고의 시집으로, 주(周)나라 초부터 춘추시대 초기까지의 시 305편을 모은 유가 경전의 하나
- 眞寂(참 진, 고요할 적): 부처의 열반
- 眞迹(참 진, 자취 적): 진필
- 眞蹟(참 진, 자취 적): 「1」실제의 유적 「2」친필

모든 전사 중 가장 강한 전사는 이 두 가지, 시간과 인내다.

– 레프 톨스토이 –

PART 2

헌법

한눈에 훑어보기

✔ 빠른 정답

01	02	03	04	05	06	07	08	09	10
③	④	①	①	①	③	⑤	②	②	④
11	**12**	**13**	**14**	**15**	**16**	**17**	**18**	**19**	**20**
⑤	③	②	①	④	⑤	①	⑤	④	⑤
21	**22**	**23**	**24**	**25**					
⑤	②	①	④	②					

✔ 점수 체크

구분	1회독	2회독	3회독
맞힌 문항 수	/ 25	/ 25	/ 25
나의 점수	점	점	점

01 난도 ★★☆   정답 ③

기본권론 > 기본권 총론

정답의 이유

③ 고속도로 등은 자동차들이 일반도로에 비하여 고속으로 주행하여 중대한 위험이 발생할 가능성이 높고, 긴급사통차 등이 위험 발생 지역에 접근하기 어려운 특성이 있어 비상시에 이용하기 위하여 갓길이 설치된 것이므로, 갓길이 그 본래의 설치목적에 따라 이용될 수 있도록 갓길 통행 금지의무의 준수를 담보할 필요성이 높다. 행정질서벌의 부과만으로는 갓길 통행을 충분히 억제할 수 없다고 판단하고 형벌이라는 수단을 선택한 입법자의 판단이 명백하게 잘못되었다고 볼 수 없다. 그러므로 처벌조항은 책임과 형벌 사이의 비례원칙에 위배되지 않는다(헌재결 2021.8.31. 2020헌바100).

오답의 이유

① 헌재결 2016.11.24. 2015헌바136
② 헌재결 2019.4.11. 2017헌가30
④ 헌재결 2021.7.15. 2020헌바201
⑤ 헌재결 2019.2.28. 2016헌가13

02 난도 ★☆☆   정답 ④

기본권론 > 통신의 자유

정답의 이유

④ 이 사건 지침은 신병교육훈련을 받고 있는 군인의 통신의 자유를 제한하고 있으나, 신병들을 군인으로 육성하고 교육훈련과 병영생활에 조속히 적응시키기 위하여 신병교육기간에 한하여 신병의 외부 전화통화를 통제한 것이다. 이 사건 지침에서 신병교육훈련기간 동안 전화사용을 하지 못하도록 정하고 있는 규율이 청구인을 포함한 신병교육훈련생들의 통신의 자유 등 기본권을 필요한 정도를 넘어 과도하게 제한하는 것이라고 보기 어렵다(헌재 2010.10.28. 2007헌마890).

오답의 이유

① 피청구인의 서신개봉행위는 법령상 금지되는 물품을 서신에 동봉하여 반입하는 것을 방지하기 위하여 구 형의 집행 및 수용자의 처우에 관한 법률 제43조 제3항 및 구 형집행법 시행령 제65조 제2항에 근거하여 수용자에게 온 서신의 봉투를 개봉하여 내용물을 확인한 행위로서, 교정시설의 안전과 질서를 유지하고 수용자의 교화 및 사회복귀를 원활하게 하기 위한 것이다. 개봉하는 발신자나 수용자를 한정하거나 엑스레이 기기 등으로 확인하는 방법 등으로는 금지물품 동봉 여부를 정확하게 확인하기 어려워, 입법목적을 같은 정도로 달성하면서, 소장이 서신을 개

봉하여 육안으로 확인하는 것보다 덜 침해적인 수단이 있다고 보기 어렵다. 또한 서신을 개봉하더라도 그 내용에 대한 검열은 원칙적으로 금지된다. 따라서 서신개봉행위는 청구인의 통신의 자유를 침해하지 아니한다(헌재결 2021.9.30. 2019헌마919).

② 법원이 실제 통신제한조치의 기간연장절차의 남용을 통제하는 데 한계가 있는 이상 통신제한조치 기간연장에 사법적 통제절차가 있다는 사정만으로는 그 남용으로 인하여 개인의 통신의 비밀이 과도하게 제한되는 것을 막을 수 없다. 그럼에도 통신제한조치 기간을 연장함에 있어 법운용자의 남용을 막을 수 있는 최소한의 한계를 설정하지 않은 이 사건 법률조항은 침해의 최소성원칙에 위반한다. 그러므로 이 사건 법률조항은 과잉금지원칙에 위반하여 청구인의 통신의 비밀을 침해하였다고 할 것이다(헌재 2010.12.28. 2009헌가30).

③ 심판대상조항은 휴대전화를 통한 문자·전화·모바일 인터넷 등 통신기능을 사용하고자 하는 자에게 반드시 사전에 본인확인절차를 거치는 데 동의해야만 이를 사용할 수 있도록 하므로, 익명으로 통신하고자 하는 청구인들의 통신의 자유를 제한한다. 통신의 비밀이란 서신·우편·전신의 통신수단을 통하여 개인 간에 의사나 정보의 전달과 교환(의사소통)이 이루어지는 경우, 통신의 내용과 통신이용의 상황이 개인의 의사에 반하여 공개되지 아니할 자유를 의미한다. 그러나 가입자의 인적사항이라는 정보는 통신의 내용·상황과 관계없는 '비 내용적 정보'이며 휴대전화 통신계약 체결 단계에서는 아직 통신수단을 통하여 어떠한 의사소통이 이루어지는 것이 아니므로 통신의 비밀에 대한 제한이 이루어진다고 보기는 어렵다(헌재결 2019.9.26. 2017헌마1209).

⑤ 이 사건 법률조항에서 사인이 감청설비를 제조·수입·판매 등을 하기 위해서는 정보통신부장관의 인가를 받도록 규정한 것은 사인에 의한 통신비밀 침해행위를 사전에 예방하기 위한 것이다. 국가기관의 경우에는 감청설비의 보유 및 사용이 당해기관 내·외부기관에 의하여 관리·감독되고, 사인에 대한 통신비밀 침해행위를 통제하기 위한 여러 가지 법률적 장치들이 법에 마련되어 있다. 이와 같이 국가기관의 감청설비 보유·사용에 대한 관리와 통제를 위한 법적·제도적 장치가 마련되어 있으므로, 국가기관이 인가 없이 감청설비를 보유, 사용할 수 있다는 사실만 가지고 바로 국가기관에 의한 통신비밀침해행위를 용이하게 하는 결과를 초래함으로써 통신의 자유를 침해한다고 볼 수는 없다(헌재 2001.3.21. 2000헌바25).

03 난도 ★★☆　　　　　　　　　정답 ①

기본권론 > 정치적 기본권

정답의 이유

① 검사신규임용대상 등을 어떻게 정할 것인지에 관하여는 피청구인에게 재량이 부여되어 있는 점, 지원자가 법학전문대학원 졸업 직후 변호사자격을 취득하였는지 여부는 검사에게 요구되는 자질을 갖추었는지 평가하기 위한 공정하고 유효한 기준이 될 수 있는 점, 법무관 전역예정자는 병역기간 동안 법률사무에 종사하며 법적 능력을 양성할 기회가 있는 점 등을 종합하면, 임용

연도에 변호사자격을 취득하여 검사로 즉시 임용될 수 있는 법학전문대학원 졸업예정자와 이에 준하여 볼 수 있는 법무관 전역예정자로 검사신규임용대상을 한정한 것은 공정한 경쟁을 통해 우수한 신규법조인을 검사로 선발하고자 하는 목적과 합리적 연관관계가 인정된다. 그에 비하여, 사회복무요원 소집해제예정 변호사는 법학전문대학원 졸업 직후 변호사자격을 취득하지 못하였고, 병역의무 이행기간 동안 법률사무에 종사한 것도 아니라는 점에서 동일하게 보기 어렵다. 따라서 이 사건 공고는 사회복무요원 소집해제예정 변호사인 청구인의 공무담임권을 침해하지 않는다(헌재결 2021.4.29. 2020헌마999).

오답의 이유

② 헌재 2003.10.30. 2002헌마684

③ 헌재결 2020.6.25. 2017헌마1178

④ 헌재결 2022.3.31. 2020헌마211

⑤ 헌재결 2019.11.28. 2018헌마222

04 난도 ★☆☆　　　　　　　　　정답 ①

기본권론 > 기본권 총론

정답의 이유

① 가입자들에 대한 안정적인 보험급여 제공을 보장하기 위해서는 보험료 체납에 따른 보험재정의 악화를 방지할 필요가 있다. 보험료 체납에 대하여 보험급여 제한과 같은 제재를 가하지 않는다면, 가입자가 충분한 자력이 있음에도 보험료를 고의로 납부하지 않은 채 보험급여만을 받고자 하는 도덕적 해이가 만연하여 건강보험제도 자체의 존립이 위태로워질 수 있다. 가입자 간 보험료 부담의 형평성을 제고하고자 하는 소득월액보험료의 도입취지를 고려하면, 소득월액보험료를 체납한 가입자에 대하여 보수월액보험료를 납부하였다는 이유로 보험급여를 제한하지 아니할 경우, 형평에 부합하지 않는 결과가 초래될 수 있다. 따라서 소득월액보험료 체납자에 대한 보험급여를 제한하는 것은 그 취지를 충분히 납득할 수 있으므로 심판대상조항은 청구인의 인간다운 생활을 할 권리나 재산권을 침해하지 아니한다(헌재결 2020.4.23. 2017헌바244).

오답의 이유

② 심판대상조항은 퇴직연금 수급자의 유족연금 수급권을 구체화함에 있어 급여의 적절성을 확보할 필요성, 한정된 공무원연금재정의 안정적 운영, 우리 국민 전체의 소득 및 생활수준, 공무원 퇴직연금의 급여 수준, 유족연금의 특성, 사회보장의 기본원리 등을 종합적으로 고려하여 유족연금액의 2분의 1을 감액하여 지급하도록 한 것이므로, 입법형성의 한계를 벗어나 청구인의 인간다운 생활을 할 권리 및 재산권을 침해하였다고 볼 수 없다(헌재결 2020.6.25. 2018헌마865).

③ 유족연금수급권의 소멸시효 기간은 구 군인연금법상의 유족급여에 대해서 뿐만 아니라 공무원연금법, 사학연금법, 국민연금법상의 유사한 성질의 급여수급권의 경우에도 모두 5년으로 정하고 있음에 비추어 결코 그 권리를 행사하기에 짧은 기간이라고 할 수도 없다. 심판대상조항은 권리의무관계를 조기에 확정하고 재정운용의 불안정성을 제거하여 연금재정을 합리적으로

운용하기 위한 것으로서 합리적인 이유가 있고, 그 내용이 현저히 불합리하여 헌법상 용인될 수 있는 재량의 범위를 명백히 벗어났다고 볼 수 없으므로, 유족연금수급권자의 인간다운 생활을 할 권리나 재산권을 침해하여 헌법에 위반된다고 볼 수 없다(헌재결 2021.4.29. 2019헌바412).

④ 입법자가 이 사건 시행령조항을 제정함에 있어 '대학원에 재학 중인 사람'과 '부모에게 버림받아 부모를 알 수 없는 사람'을 조건 부과 유예의 대상자에 포함시키지 않았다고 하더라도, 그러한 사정만으로 국가가 청구인의 인간다운 생활을 보장하기 위한 조치를 취함에 있어서 국가가 실현해야 할 객관적 내용의 최소한도의 보장에도 이르지 못하였다거나 헌법상 용인될 수 있는 재량의 범위를 명백히 일탈하였다고는 보기는 어렵다. 생계급여제도 이외에도 의료급여와 같은 각종 급여제도 등을 통하여서도 인간의 존엄에 상응하는 생활에 필요한 '최소한의 물질적인 생활'을 유지하는 데 도움을 받을 수 있는 점 등을 종합하여 보면, 이 사건 시행령조항은 청구인의 인간다운 생활을 할 권리도 침해하지 않는다(헌재결 2017.11.30. 2016헌마448).

⑤ 국가가 생활능력 없는 장애인의 인간다운 생활을 보장하기 위한 조치를 취함에 있어서 국가가 실현해야 할 객관적 내용의 최소한도의 보장에도 이르지 못하였다거나 헌법상 용인될 수 있는 재량의 범위를 명백히 일탈하였다고는 보기 어렵고, 또한 장애인가구와 비장애인가구에게 일률적으로 동일한 최저생계비를 적용한 것을 자의적인 것으로 볼 수는 없다. 따라서 보건복지부장관이 2002년도 최저생계비를 고시함에 있어 장애로 인한 추가지출비용을 반영한 별도의 최저생계비를 결정하지 않은 채 가구별 인원수만을 기준으로 최저생계비를 결정한 것은 생활능력 없는 장애인가구 구성원의 인간의 존엄과 가치 및 행복추구권, 인간다운 생활을 할 권리, 평등권을 침해하였다고 할 수 없다(헌재 2004.10.28. 2002헌마328).

05 난도 ★☆☆   정답 ①

기본권론 > 근로의 권리

정답의 이유

① 4인 이하 사업장에 부당해고제한조항이나 노동위원회 구제절차를 적용되는 근로기준법 조항으로 나열하지 않았다 하여 헌법상 용인될 수 있는 재량의 범위를 벗어난 것이라고 볼 수 없으므로, 심판대상조항은 청구인의 근로의 권리를 침해하지 아니한다(헌재결 2019.4.11. 2017헌마820).

오답의 이유

② 축산업은 가축의 양육 및 출하에 있어 기후 및 계절의 영향을 강하게 받으므로, 근로시간 및 근로내용에 있어 일관성을 담보하기 어렵고, 축산업에 종사하는 근로자의 경우에도 휴가에 관한 규정은 여전히 적용되며, 사용자와 근로자 사이의 근로시간 및 휴일에 관한 사적 합의는 심판대상조항에 의한 제한을 받지 않는다. 현재 우리나라 축산업의 상황을 고려할 때, 축산업 근로자들에게 근로기준법을 전면적으로 적용할 경우, 인건비 상승으로 인한 경제적 부작용이 초래될 위험이 있다. 위 점들을 종합하여 볼 때, 심판대상조항이 입법자가 입법재량의 한계를 일탈하여

인간의 존엄을 보장하기 위한 최소한의 근로조건을 마련하지 않은 것이라고 보기 어려우므로, 심판대상조항은 청구인의 근로의 권리를 침해하지 않는다(헌재결 2021.8.31. 2018헌마563).

③ 심판대상조항이 퇴직급여제도의 설정에 있어 4주간을 평균한 1주간의 소정근로시간을 기준으로 15시간 미만인 근로자를 그 적용대상에서 배제하고 있는 것은 퇴직급여제도의 성격 및 기능에 비추어 사용자의 부담을 경감하기 위한 기준을 설정한 것으로, 이것이 헌법상 용인될 수 있는 입법재량의 범위를 현저히 일탈한 것이라고 볼 수 없으므로, 헌법 제32조 제3항에 위배되는 것으로 볼 수 없다(헌재결 2021.11.25. 2015헌바334 등).

④ 외국인근로자의 불법체류가 증가하여 이로 인한 사회문제가 심각해지자 이를 방지하기 위한 특단의 조치가 필요하게 되었고, 입법자는 심판대상조항을 신설하여 출국만기보험금이 지급시기를 출국과 연계시키게 되었다. 이러한 점을 종합하면 심판대상조항이 외국인근로자의 출국만기보험금의 지급시기를 출국 후 14일 이내로 정한 것이 청구인들의 근로의 권리를 침해한다고 볼 수 없다(헌재결 2016.3.31. 2014헌마367).

⑤ 해고예고는 본질상 일정기간 이상을 계속하여 사용자에게 고용되어 근로제공을 하는 것을 전제로 하는데, 일용근로자는 계약한 1일 단위의 근로기간이 종료되면 해고의 절차를 거칠 것도 없이 근로관계가 종료되는 것이 원칙이므로, 그 성질상 해고예고의 예외를 인정한 것에 상당한 이유가 있다. 따라서 심판대상조항이 청구인의 근로의 권리를 침해한다고 보기 어렵다(헌재결 2017.5.25. 2016헌마640).

06 난도 ★★☆   정답 ③

통치구조론 > 위헌법률심판

정답의 이유

③ 법원이 긴급하다고 인정하는 경우 종국재판 외의 소송절차를 진행할 수 있다(헌법재판소법 제42조 제1항).

> 제42조(재판의 정지 등)
> ① 법원이 법률의 위헌 여부 심판을 헌법재판소에 제청한 때에는 당해 소송사건의 재판은 헌법재판소의 위헌 여부의 결정이 있을 때까지 정지된다. 다만, 법원이 긴급하다고 인정하는 경우에는 종국재판 외의 소송절차를 진행할 수 있다.

오답의 이유

① 헌법재판소법 제41조 제1항은 "법률이 헌법에 위반되는 여부가 재판의 전제가 된 때에는 당해 사건을 담당하는 법원은 직권 또는 당사자의 신청에 의한 결정으로 헌법재판소에 위헌여부의 심판을 제청한다."라고 규정하고 있으므로, 법률에 대한 위헌제청이 적법하기 위해서는 법원에 계속중인 구체적인 사건에 적용할 법률이 헌법에 위반되는 여부가 재판의 전제로 되어야 한다. 여기서 "재판"이라 함은 판결·결정·명령 등 그 형식 여하와 본안에 관한 재판이거나 소송절차에 관한 재판이거나를 불문하며, 심급을 종국적으로 종결시키는 종국재판뿐만 아니라 중간재판도 이에 포함된다(헌재 2001.6.28. 99헌가14).

② 재판의 전제성이라 함은, 첫째 구체적인 사건이 법원에 계속중이어야 하고, 둘째 위헌여부가 문제되는 법률이 당해 소송사건의 재판과 관련하여 적용되는 것이어야 하며, 셋째 그 법률이 헌법에 위반되는지의 여부에 따라 당해 사건을 담당한 법원이 다른 내용의 재판을 하게 되는 경우를 말한다. 여기에서 법원이 "다른 내용의" 재판을 하게 되는 경우라 함은 원칙적으로 법원이 심리중인 당해 사건의 재판의 결론이나 주문에 어떠한 영향을 주는 것뿐만이 아니라, 문제된 법률의 위헌여부가 비록 재판의 주문 자체에는 아무런 영향을 주지 않는다고 하더라도 재판의 결론을 이끌어내는 이유를 달리하는데 관련되어 있거나 또는 재판의 내용과 효력에 관한 법률적 의미가 전혀 달라지는 경우도 포함한다 할 것이다(헌재 1993.5.13. 92헌가10).

④ 당해 사건 재판에서 청구인이 승소판결을 받아 그 판결이 확정된 경우 청구인은 재심을 청구할 법률상 이익이 없고, 심판대상조항에 대하여 위헌결정이 선고되더라도 당해 사건 재판의 결론이나 주문에 영향을 미칠 수 없으므로 그 심판청구는 재판의 전제성이 인정되지 아니하나, 파기환송 전 항소심에서 승소판결을 받았다고 하더라도 그 판결이 확정되지 아니한 이상 상소절차에서 그 주문이 달라질 수 있으므로, 심판대상조항의 위헌 여부에 관한 재판의 전제성이 인정된다(헌재 2013.6.27. 2011헌바247).

⑤ 위헌법률심판이나 헌법재판소법 제68조 제2항의 규정에 의한 헌법소원심판에 있어서 위헌여부가 문제되는 법률이 재판의 전제성 요건을 갖추고 있는지의 여부는 헌법재판소가 별도로 독자적인 심사를 하기보다는 되도록 법원의 이에 관한 법률적 견해를 존중해야 할 것이며, 다만 그 전제성에 관한 법률적 견해가 명백히 유지될 수 없을 때에만 헌법재판소는 이를 직권으로 조사할 수 있다 할 것이다(헌재 1993.5.13. 92헌가10).

07 난도 ★☆☆　　　　　　　　　　　　　　　정답 ⑤

기본권론 > 직업의 자유

정답의 이유

⑤ 심판대상조항은 측량업무의 정확성과 신뢰성을 담보하여 토지 관련 법률관계의 법적 안정성과 국민의 권익을 보호하려는 것으로 그 입법목적의 정당성이 인정되고, 이를 위해 심판대상조항은 무자격자가 측량업에 종사하는 것을 방지하므로 수단의 적합성 역시 인정된다. 따라서 심판대상조항은 과잉금지원칙에 위배되지 아니한다(헌재결 2020.12.23. 2018헌바458).

오답의 이유

① 헌재결 2019.8.29. 2018헌바4

② 헌재결 2020.5.27. 2018헌바264

③ 심판대상조항이 '부정 취득하지 않은 운전면허'까지 필요적으로 취소하도록 한 것은, 임의적 취소·정지 사유로 함으로써 구체적 사안의 개별성과 특수성을 고려하여 불법의 정도에 상응하는 제재수단을 선택하도록 하는 등 완화된 수단에 의해서도 입법목적을 같은 정도로 달성하기에 충분하므로, 피해의 최소성 원칙에 위배된다. 따라서 심판대상조항 중 각 '거짓이나 그 밖의 부정한 수단으로 받은 운전면허를 제외한 운전면허'를 필요적으로

취소하도록 한 부분은, 과잉금지원칙에 반하여 일반적 행동의 자유 또는 직업의 자유를 침해한다(헌재결 2020.6.25. 2019헌가9 등).

④ 헌재결 2020.10.29. 2019헌바249

08 난도 ★★☆　　　　　　　　　　　　　　　정답 ②

헌법총론 > 정당해산심판

정답의 이유

㉠ 헌법재판소법 제55조, 헌법 제113조 제1항

> **헌법재판소법 제55조(정당해산심판의 청구)**
> 정당의 목적이나 활동이 민주적 기본질서에 위배될 때에는 정부는 국무회의의 심의를 거쳐 헌법재판소에 정당해산심판을 청구할 수 있다.

> **헌법 제113조**
> ① 헌법재판소에서 법률의 위헌결정, 탄핵의 결정, 정당해산의 결정 또는 헌법소원에 관한 인용결정을 할 때에는 재판관 6인 이상의 찬성이 있어야 한다.

㉣ 헌법재판소의 해산결정으로 정당이 해산되는 경우에 그 정당 소속 국회의원이 의원직을 상실하는지에 대하여 명문의 규정은 없으나, 정당해산심판제도의 본질은 민주적 기본질서에 위배되는 정당을 정치적 의사형성과정에서 배제함으로써 국민을 보호하는 데에 있는데 해산정당 소속 국회의원의 의원직을 상실시키지 않는 경우 정당해산결정의 실효성을 확보할 수 없게 되므로, 이러한 정당해산제도의 취지 등에 비추어 볼 때 헌법재판소의 정당해산결정이 있는 경우 그 정당 소속 국회의원의 의원직은 당선 방식을 불문하고 모두 상실되어야 한다(헌재 2014.12.19. 2013헌다1).

오답의 이유

㉡ 정당해산심판에 있어서는 피청구인의 활동을 정지하는 가처분이 인정된다(헌법재판소법 제57조).

> **제57조(가처분)**
> 헌법재판소는 정당해산심판의 청구를 받은 때에는 직권 또는 청구인의 신청에 의하여 종국결정의 선고 시까지 피청구인의 활동을 정지하는 결정을 할 수 있다.

㉢ 정부가 아니라, 중앙선거관리위원회가 집행한다(헌법재판소법 제60조).

> **제60조(결정의 집행)**
> 정당의 해산을 명하는 헌법재판소의 결정은 중앙선거관리위원회가 정당법에 따라 집행한다.

㉤ 정당해산심판은 일반적 기속력과 대세적·법규적 효력을 가지는 법령에 대한 헌법재판소의 결정과 달리 원칙적으로 해당 정당에게만 그 효력이 미친다. 또 정당해산결정은 해당 정당의 해산에 그치지 않고 대체정당이나 유사정당의 설립까지 금지하는

효력을 가지므로, 오류가 드러난 결정을 바로잡지 못한다면 현시점의 민주주의가 훼손되는 것에 그치지 않고 장래 세대의 정치적 의사결정에까지 부당한 제약을 초래할 수 있다. 따라서 정당해산심판 절차에서는 재심을 허용하지 아니함으로써 얻을 수 있는 법적 안정성의 이익보다 재심을 허용함으로써 얻을 수 있는 구체적 타당성의 이익이 더 크므로 재심을 허용하여야 한다(헌재결 2016.5.26. 2015헌아20).

09 난도 ★☆☆

정답 ②

통치구조론 > 탄핵심판

정답의 이유

② 헌법재판은 9인의 재판관으로 구성된 재판부에 의하여 이루어지는 것이 원칙이다. 그러나 현실적으로는 일부 재판관이 재판에 참여할 수 없는 경우가 발생할 수밖에 없다. 이에 헌법과 헌법재판소법은 재판관 중 결원이 발생한 경우에도 헌법재판소의 헌법수호 기능이 중단되지 않도록 7명 이상의 재판관이 출석하면 사건을 심리하고 결정할 수 있음을 분명히 하고 있다. 그렇다면 헌법재판관 1인이 결원이 되어 8인의 재판관으로 재판부가 구성되더라도 탄핵심판을 심리하고 결정하는 데 헌법과 법률상 아무런 문제가 없다(헌재결 2017.3.10. 2016헌나1).

오답의 이유

① 국회의 탄핵소추절차는 국회와 대통령이라는 헌법기관 사이의 문제이고, 국회의 탄핵소추의결에 의하여 사인으로서의 대통령의 기본권이 침해되는 것이 아니라, 국가기관으로서의 대통령의 권한행사가 정지되는 것이다. 따라서 국가기관이 국민과의 관계에서 공권력을 행사함에 있어서 준수해야 할 법원칙으로서 형성된 적법절차의 원칙을 국가기관에 대하여 헌법을 수호하고자 하는 탄핵소추절차에는 직접 적용할 수 없다고 할 것이고, 그 외 달리 탄핵소추절차와 관련하여 피소추인에게 의견진술의 기회를 부여할 것을 요청하는 명문의 규정도 없으므로, 국회의 탄핵소추절차가 적법절차원칙에 위배되었다는 주장은 이유 없다(헌재 2004.5.14. 2004헌나1).

③ 비록 대통령의 '성실한 직책수행의무'는 헌법적 의무에 해당하나, '헌법을 수호해야 할 의무'와는 달리, 규범적으로 그 이행이 관철될 수 있는 성격의 의무가 아니므로, 원칙적으로 사법적 판단의 대상이 될 수 없다고 할 것이다. 헌법 제65조 제1항은 탄핵사유를 '헌법이나 법률에 위배한 때'로 제한하고 있고, 헌법재판소의 탄핵심판절차는 법적인 관점에서 단지 탄핵사유의 존부만을 판단하는 것이므로, 이 사건에서 청구인이 주장하는 바와 같은 정치적 무능력이나 정책결정상의 잘못 등 직책수행의 성실성 여부는 그 자체로서 소추사유가 될 수 없어, 탄핵심판절차의 판단대상이 되지 아니한다(헌재 2004.5.14. 2004헌나1).

④ 헌법 제65조는 대통령이 '그 직무집행에 있어서 헌법이나 법률을 위배한 때'를 탄핵사유로 규정하고 있다. 여기에서 '직무'란 법제상 소관 직무에 속하는 고유 업무와 사회통념상 이와 관련된 업무를 말하고, 법령에 근거한 행위뿐만 아니라 대통령의 지위에서 국정수행과 관련하여 행하는 모든 행위를 포괄하는 개념이다(헌재 2017.3.10. 2016헌나1).

⑤ 헌법재판소는 사법기관으로서 원칙적으로 탄핵소추기관인 국회의 탄핵소추의결서에 기재된 소추사유에 의하여 구속을 받는다. 따라서 헌법재판소는 탄핵소추의결서에 기재되지 아니한 소추사유를 판단의 대상으로 삼을 수 없다. 그러나 탄핵소추의결서에서 그 위반을 주장하는 '법규정의 판단'에 관하여 헌법재판소는 원칙적으로 구속을 받지 않으므로, 청구인이 그 위반을 주장한 법규정 외에 다른 관련 법규정에 근거하여 탄핵의 원인이 된 사실관계를 판단할 수 있다(헌재 2004.5.14. 2004헌나1).

10 난도 ★★★

정답 ④

헌법총론 > 정당제도

정답의 이유

④ 정당법 제15조

> **제15조(등록신청의 심사)**
> 등록신청을 받은 관할 선거관리위원회는 형식적 요건을 구비하는 한 이를 거부하지 못한다. 다만, 형식적 요건을 구비하지 못한 때에는 상당한 기간을 정하여 그 보완을 명하고, 2회 이상 보완을 명하여도 응하지 아니할 때에는 그 신청을 각하할 수 있다.

오답의 이유

① 18세 미만이 아니라 16세 미만의 국민은 정당의 발기인 및 당원이 될 수 없다(정당법 제22조 제1항).

> **제22조(발기인 및 당원의 자격)**
> ① 16세 이상의 국민은 공무원 그 밖에 그 신분을 이유로 정당가입이나 정치활동을 금지하는 다른 법령의 규정에 불구하고 누구든지 정당의 발기인 및 당원이 될 수 있다. 다만, 다음 각 호의 어느 하나에 해당하는 자는 그러하지 아니하다.

② 심판대상조항은 정당의 정체성을 보존하고 정당 간의 위법·부당한 간섭을 방지함으로써 정당정치를 보호·육성하기 위한 것으로 볼 수 있다. 이러한 입법목적은 국민의 정치적 의사형성에 중대한 영향을 미치는 정당의 헌법적 기능을 보호하기 위한 것으로 정당하고, 복수 당적 보유를 금지하는 것은 입법목적 달성을 위한 적합한 수단에 해당한다. 따라서 심판대상조항이 정당의 당원인 청구인들의 정당 가입·활동의 자유를 침해한다고 할 수 없다(헌재결 2022.3.31. 2020헌마1729).

③ 등록이 취소되거나 자진해산한 때에는 그 잔여재산은 먼저 당헌이 정하는 바에 따라 처분하고, 당헌이 정하는 바에 따라 처분되지 아니한 잔여재산 및 헌법재판소의 해산결정에 의하여 해산된 정당의 잔여재산을 국고에 귀속한다(정당법 제48조 제1항·제2항).

제48조(해산된 경우 등의 잔여재산 처분)
① 정당이 제44조 제1항의 규정에 의하여 등록이 취소되거나 제45조의 규정에 의하여 자진해산한 때에는 그 잔여재산은 당헌이 정하는 바에 따라 처분한다.
② 제1항의 규정에 의하여 처분되지 아니한 정당의 잔여재산 및 헌법재판소의 해산결정에 의하여 해산된 정당의 잔여재산은 국고에 귀속한다.

⑤ 이 사건 법률조항이 비록 정당으로 등록되기에 필요한 요건으로서 5개 이상의 시·도당 및 각 시·도당마다 1,000명 이상의 당원을 갖출 것을 요구하고 있기 때문에 국민의 정당설립의 자유에 어느 정도 제한을 가하는 점이 있는 것은 사실이나, 이러한 제한은 "상당한 기간 또는 계속해서", "상당한 지역에서" 국민의 정치적 의사형성 과정에 참여해야 한다는 헌법상 정당의 개념표지를 구현하기 위한 합리적인 제한이라고 할 것이므로, 그러한 제한은 헌법적으로 정당화된다고 할 것이다(헌재 2006.3.30. 2004헌마246).

11 난도 ★☆☆   정답 ⑤

기본권론 > 평등권

정답의 이유

⑤ 이 사건 조항은 일반 응시자들의 공직취임의 기회를 차별하는 것이며, 이러한 기본권 행사에 있어서의 차별은 차별목적과 수단 간에 비례성을 갖추어야만 헌법적으로 정당화될 수 있다. 이 사건 조항의 차별로 인한 불평등 효과는 입법목적과 그 달성수단 간의 비례성을 현저히 초과하는 것이므로, 이 사건 조항은 청구인들과 같은 일반 공직시험 응시자들의 평등권을 침해한다. 이 사건 조항의 위헌성은 국가유공자 등과 그 가족에 대한 가산점제도 자체가 입법정책상 전혀 허용될 수 없다는 것이 아니고, 그 차별의 효과가 지나치다는 것에 기인한다(헌재 2006.2.23. 2004헌마675 등).

오답의 이유

① 평등위반 여부를 심사함에 있어 엄격한 심사척도에 의할 것인지, 완화된 심사척도에 의할 것인지는 입법자에게 인정되는 입법형성권의 정도에 따라 달라지게 될 것이다(헌재 1999.12.23. 98헌마363).

②·③ 헌법에서 특별히 평등을 요구하고 있는 경우 엄격한 심사척도가 적용될 수 있다. 헌법이 스스로 차별의 근거로 삼아서는 아니되는 기준을 제시하거나 차별을 특히 금지하고 있는 영역을 제시하고 있다면, 그러한 기준을 근거로 한 차별이나 그러한 영역에서의 차별에 대하여 엄격하게 심사하는 것이 정당화된다. 차별적 취급으로 인하여 관련 기본권에 대한 중대한 제한을 초래하게 된다면 입법형성권은 축소되어 보다 엄격한 심사척도가 적용되어야 할 것이다(헌재 2013.10.24. 2012헌바278).

④ 자의심사의 경우에는 차별을 정당화하는 합리적인 이유가 있는지만을 심사하기 때문에 그에 해당하는 비교대상 간의 사실상의 차이나 입법목적(차별목적)의 발견·확인에 그치는 반면에, 비례심사의 경우에는 단순히 합리적인 이유의 존부문제가 아니라 차별을 정당화하는 이유와 차별간의 상관관계에 대한 심사, 즉 비교대상 간의 사실상의 차이의 성질과 비중 또는 입법목적(차별목적)의 비중과 차별의 정도에 적정한 균형관계가 이루어져 있는가를 심사한다(헌재 2008.11.27. 2006헌가1).

12 난도 ★☆☆   정답 ③

기본권론 > 기본권 총론

정답의 이유

③ 이 사건 법률조항은 이륜차의 구조적 특성에서 비롯되는 사고위험성과 사고결과의 중대성에 비추어 이륜차 운전자의 안전 및 고속도로 등 교통의 신속과 안전을 위하여 이륜차의 고속도로 등 통행을 금지하기 위한 것이므로 입법목적은 정당하고, 이 사건 법률조항이 이륜차의 고속도로 등 통행을 전면적으로 금지한 것도 입법목적을 달성하기 위하여 필요하고 적절한 수단이라고 생각된다. 따라서 이 사건 법률조항은 청구인의 고속도로 등 통행의 자유(일반적 행동의 자유)를 헌법 제37조 제2항에 반하여 과도하게 제한한다고 볼 수 없다(헌재 2007.1.17. 2005헌마1111 등).

오답의 이유

① 심판대상조항은 금융거래정보의 제공요구행위 자체만으로 형사처벌의 대상으로 삼고 있으나, 제공요구행위에 사회적으로 비난받을 행위가 수반되지 않거나, 금융거래의 비밀 보장에 실질적인 위협이 되지 않는 행위도 충분히 있을 수 있고, 명의인의 동의를 받을 수 없는 상황에서 타인의 금융거래정보가 필요하여 금융기관 종사자에게 그 제공을 요구하는 경우가 있을 수 있는 등 금융거래정보 제공요구행위는 구체적인 사안에 따라 죄질과 책임을 달리한다고 할 것임에도, 심판대상조항은 정보제공요구의 사유나 경위, 행위 태양, 요구한 거래정보의 내용 등을 전혀 고려하지 아니하고 일률적으로 금지하고, 그 위반 시 형사처벌을 하도록 하고 있다. 따라서 심판대상조항은 과잉금지원칙에 반하여 일반적 행동자유권을 침해한다(헌재결 2022.2.24. 2020헌가5).

② 심판대상조항이 선거운동의 자유를 감안하여 선거운동을 위한 확성장치를 허용할 공익적 필요성이 인정된다고 하더라도 평온한 생활환경이 보장되어야 할 주거지역에서 출근 또는 등교 이전 및 퇴근 또는 하교 이후 시간대에 확성장치의 최고출력 내지 소음을 제한하는 등 사용시간과 사용지역에 따른 수인한도 내에서 확성장치의 최고출력 내지 소음 규제기준에 관한 규정을 두지 아니한 것은, 국민이 건강하고 쾌적하게 생활할 수 있는 양호한 주거환경을 위하여 노력하여야 할 국가의 의무를 부과한 헌법 제35조 제3항에 비추어 보면, 적절하고 효율적인 최소한의 보호조치를 취하지 아니하여 국가의 기본권 보호의무를 과소하게 이행한 것으로서, 청구인의 건강하고 쾌적한 환경에서 생활할 권리를 침해하므로 헌법에 위반된다(헌재결 2019.12.27. 2018헌마730).

④ 이 사건 법률조항은 본인이 해부용 시체로 제공되는 것에 대해 반대하는 의사표시를 명시적으로 표시할 수 있는 절차도 마련하지 않고 본인의 의사와는 무관하게 해부용 시체로 제공될 수 있

도록 규정하고 있다는 점에서 침해의 최소성 원칙을 충족했다고 보기 어렵고, 실제로 해부용 시체로 제공된 사례가 거의 없는 상황에서 이 사건 법률조항이 추구하는 공익이 사후 자신의 시체가 자신의 의사와는 무관하게 해부용 시체로 제공됨으로써 침해되는 사익보다 크다고 할 수 없으므로 이 사건 법률조항은 청구인의 시체 처분에 대한 자기결정권을 침해한다(헌재결 2015. 11.26. 2012헌마940).

⑤ 대규모의 불법·폭력 집회나 시위를 막아 시민들의 생명·신체와 재산을 보호한다는 공익은 중요한 것이지만, 당시의 상황에 비추어 볼 때 이러한 공익의 존재 여부나 그 실현 효과는 다소 가상적이고 추상적인 것이라고 볼 여지도 있고, 비교적 덜 제한적인 수단에 의하여도 상당 부분 달성될 수 있었던 것으로 보여 일반 시민들이 입은 실질적이고 현존하는 불이익에 비하여 결코 크다고 단정하기 어려우므로 법익의 균형성 요건도 충족하였다고 할 수 없다. 따라서 이 사건 통행제지행위는 과잉금지원칙을 위반하여 청구인들의 일반적 행동자유권을 침해한 것이다(헌재 2011.6.30. 2009헌마406).

13 난도 ★★★   정답 ②

기본권론 > 표현의 자유

정답의 이유

② 공직선거법상 대통령선거, 국회의원선거, 지방선거가 순차적으로 맞물려 돌아가는 현실에 비추어 보면, 선거일 전 180일부터 선거일까지 장기간 동안 선거에 영향을 미치게 하기 위한 광고물의 설치·진열·게시 및 표시물의 착용을 금지·처벌하는 심판대상조항은 당초의 입법취지에서 벗어나 선거와 관련한 국민의 자유로운 목소리를 상시적으로 억압하는 결과를 초래할 수 있다. 이는 입법목적 달성을 위하여 반드시 필요한 최소한의 범위를 넘어서 후보자 및 일반 유권자의 정치적 표현의 자유를 과도하게 제한하는 것으로서 침해의 최소성을 충족하지 못한다. 심판대상조항은 과잉금지원칙에 반하여 정치적 표현의 자유를 침해하므로 헌법에 위반된다(헌재결 2022.7.21. 2017헌가1 등).

오답의 이유

① 방송의 자유는 민주주의의 원활한 작동을 위한 기초인바, 국가권력은 물론 정당, 노동조합, 광고주 등 사회의 여러 세력이 법률에 정해진 절차에 의하지 아니하고 방송편성에 개입한다면 국민 의사가 왜곡되고 민주주의에 중대한 위해가 발생하게 된다. 심판대상조항은 방송편성의 자유와 독립을 보장하기 위하여 방송에 개입하여 부당하게 영향력을 행사하는 '간섭'에 이르는 행위만을 금지하고 처벌할 뿐이고, 방송법과 다른 법률들은 방송보도에 대한 의견 개진 내지 비판의 통로를 충분히 마련하고 있다. 따라서 심판대상조항이 과잉금지원칙에 반하여 표현의 자유를 침해한다고 볼 수 없다(헌재결 2021.8.31. 2019헌바439).

③ 이 사건 시기제한조항은 선거일 전 90일부터 선거일까지 후보자 명의의 칼럼 등을 게재하는 인터넷 선거보도가 불공정하다고 볼 수 있는지에 대해 구체적으로 판단하지 않고 이를 불공정한 선거보도로 간주하여 선거의 공정성을 해치지 않는 보도까지 광범위하게 제한한다. 이 사건 시기제한조항의 입법목적을 달성할

수 있는 덜 제약적인 다른 방법들이 이 사건 심의기준 규정과 공직선거법에 이미 충분히 존재한다. 따라서 이 사건 시기제한조항은 과잉금지원칙에 반하여 청구인의 표현의 자유를 침해한다(헌재결 2019.11.28. 2016헌마90).

④ 변호사광고에 대한 합리적 규제는 필요하지만, 광고표현이 지닌 기본권적 성질을 고려할 때 광고의 내용이나 방법적 측면에서 꼭 필요한 한계 외에는 폭넓게 광고를 허용하는 것이 바람직하다. 각종 매체를 통한 변호사 광고를 원칙적으로 허용하는 변호사법 제23조 제1항의 취지에 비추어 볼 때, 변호사 등이 다양한 매체의 광고업자에게 광고비를 지급하고 광고하는 것은 허용된다고 할 것인데, 이러한 행위를 일률적으로 금지하는 위 규정은 수단의 적합성을 인정하기 어렵다. 위 규정으로 입법목적이 달성될 수 있을지 불분명한 반면, 변호사들이 광고업자에게 유상으로 광고를 의뢰하는 것이 사실상 금지되어 청구인들의 표현의 자유, 직업의 자유에 중대한 제한을 받게 되므로, 위 규정은 침해의 최소성 및 법익의 균형성도 갖추지 못하였다. 따라서 대가수수 광고금지규정은 과잉금지원칙에 위반되어 청구인들의 표현의 자유와 직업의 자유를 침해한다(헌재결 2022.5.26. 2021헌마619).

⑤ 국기는 국가의 역사와 국민성, 이상 등을 응축하고 헌법이 보장하는 질서와 가치를 담아 국가의 정체성을 표현하는 국가의 대표적 상징물이다. 심판대상조항은 국기를 존중, 보호함으로써 국가의 권위와 체면을 지키고, 국민들이 국기에 대하여 가지는 존중의 감정을 보호하려는 목적에서 입법된 것이다. 심판대상조항은 국기가 가지는 고유의 상징성과 위상을 고려하여 일정한 표현방법을 규제하는 것에 불과하므로, 국기모독 행위를 처벌한다고 하여 이를 정부나 정권, 구체적 국가기관이나 제도에 대한 비판을 허용하지 않거나 이를 곤란하게 하는 것으로 볼 수 없다. 그러므로 심판대상조항은 과잉금지원칙에 위배되어 청구인의 표현의 자유를 침해한다고 볼 수 없고, 표현의 자유의 본질적 내용을 침해한다고도 할 수 없다(헌재결 2019.12.27. 2016헌바96).

14 난도 ★★☆   정답 ①

기본권론 > 재산권

정답의 이유

① 심판대상조항은 원활한 조세행정을 위하여 명의신탁재산 증여의제로 인한 증여세 납세의무자에게 조세법상 부과된 신고의무·납부의무의 이행을 확보하고, 이를 성실하게 이행한 사람과 그렇지 않은 사람 사이에 조세부담의 공평을 기하며, 납부기한을 준수하지 아니하여 얻게 된 미납이자 상당액을 확보하기 위한 것이다. 또한 명의신탁으로 '조세회피의 목적'이 인정되는 경우에 한하여 증여의제가 되므로 '조세회피의 목적'이 없는 명의신탁의 경우에는 증여세 및 가산세가 부과되지 않고, 정당한 사유가 있는 경우 가산세가 감면 또는 면제되는 점을 고려할 때, 심판대상조항은 과잉금지원칙에 반하여 납세의무자의 재산권을 침해하지 아니한다(헌재결 2022.11.24. 2019헌바167 등).

② 댐건설관리법은 댐사용권을 물권(物權)으로 보며, 댐건설관리법에 특별한 규정이 있는 경우를 제외하고는 부동산에 관한 규정을 준용하도록 한다(제29조). 댐사용권은 등록부에 공시하고 저당권의 대상이 되며(제32조), 댐사용권자는 설정된 댐사용권의 범위 내에서 저수 또는 유수의 배타적 사용권을 가지고 해당 댐의 저수를 사용하는 자로부터 사용료를 받을 수 있다(제35조). 이와 같이 댐사용권은 사적유용성 및 그에 대한 원칙적 처분권을 내포하는 재산가치 있는 구체적 권리라고 할 것인바, 헌법 제23조에 의한 재산권 보장의 대상이 된다(헌재결 2022.10.27. 2019헌바44).

③ 입법자가 헌법 제23조 제1항 및 제2항에 의하여 재산권의 내용을 구체적으로 형성함에 있어서는, 헌법상의 재산권 보장의 원칙과 재산권의 제한을 요청하는 공익 등 재산권의 사회적 제약성을 비교 형량하여, 양 법익이 조화와 균형을 이루도록 하여야 하고, 입법자가 형성의 자유의 한계를 넘었는가 하는 것은 비례의 원칙에 의하여 판단하게 된다. 다만, 입법자는 재산권의 내용을 형성함에 있어 광범한 입법재량을 가지고 있으므로 재산권의 내용을 형성하는 사회적 제약이 비례원칙에 부합하는지 여부를 판단함에 있어서는, 이미 형성된 기본권을 제한하는 입법의 경우에 비하여 보다 완화된 기준에 의하여 심사한다(헌재 2011.10.25. 2009헌바234).

④ 심판대상조항에 의한 재산권 제한이 헌법 제23조 제1항, 제2항에 근거한 재산권의 내용과 한계를 정한 것인지, 아니면 헌법 제23조 제3항에 근거한 재산권의 수용을 정한 것인지를 판단함에 있어서는 그 대상이 된 재산권 하나하나에 대한 제한의 효과를 개별적으로 분석할 것이 아니라, 전체적인 재산권 제한의 효과를 종합적이고 유기적으로 파악하여 그 제한의 성격을 이해하여야 한다(헌재결 2019.11.28. 2016헌마1115).

⑤ 비록 오늘날 전통적인 장묘문화에 일부 변화가 생겼다고 하더라도 우리 사회에는 분묘기지권의 기초가 된 매장문화가 여전히 자리 잡고 있고, 분묘를 모시는 자손들에게 분묘의 강제적 이장은 경제적 손실을 넘어 분묘를 매개로 형성된 정서적 애착관계 및 지역적 유대감의 상실로 이어질 수밖에 없으며, 이는 우리의 전통문화에도 배치되므로, 이 사건 관습법을 통해 분묘기지권을 보호해야 할 필요성은 여전히 존재한다. 따라서 이 사건 관습법은 과잉금지원칙에 위배되어 토지소유자의 재산권을 침해한다고 볼 수 없다(헌재결 2020.10.29. 2017헌바208).

15 난도 ★☆☆

정답 ④

기본권론 > 정치적 기본권

④ 헌법 제75조, 제95조가 정하는 포괄적인 위임입법의 금지는, 그 문리해석상 정관에 위임한 경우까지 그 적용 대상으로 하고 있지 않고, 또 권력분립의 원칙을 침해할 우려가 없다는 점 등을 볼 때, 법률이 정관에 자치법적 사항을 위임한 경우에는 원칙적으로 적용되지 않는다(헌재 2001.4.26. 2000헌마122).

① 산업재해보상보험법 제4조 제2호 단서 및 근로기준법시행령 제4조는 근로기준법과 같은법시행령에 의하여 근로자의 평균임금을 산정할 수 없는 경우에 노동부장관으로 하여금 평균임금을 정하여 고시하도록 규정하고 있으므로, 노동부장관으로서는 그 취지에 따라 평균임금을 정하여 고시하는 내용의 행정입법을 하여야 할 의무가 있다고 할 것인바, 노동부장관의 그러한 작위의무는 직접 헌법에 의하여 부여된 것은 아니나, 법률이 행정입법을 당연한 전제로 규정하고 있음에도 불구하고 행정권이 그 취지에 따라 행정입법을 하지 아니함으로써 법령의 공백상태를 방치하고 있는 경우에는 행정권에 의하여 입법권이 침해되는 결과가 되는 것이므로, 노동부장관의 그러한 행정입법 작위의무는 헌법적 의무라고 보아야 한다(헌재 2002.7.18. 2000헌마707).

② 행정부가 위임 입법에 따른 시행명령을 제정하지 않거나 개정하지 않은 것에 정당한 이유가 있었다면 그런 경우에는 헌법재판소가 위헌확인을 할 수는 없다. 그러한 정당한 이유가 인정되기 위해서는 그 위임입법 자체가 헌법에 위반된다는 것이 명백하거나, 행정입법 의무의 이행이 오히려 헌법질서를 파괴하는 결과를 가져옴이 명백할 정도는 되어야 할 것이다(헌재 2004.2.26. 2001헌마718).

③ 위임입법에 관한 헌법 제75조는 처벌법규에도 적용되는 것이지만 처벌법규의 위임은 특히 긴급한 필요가 있거나 미리 법률로써 자세히 정할 수 없는 부득이한 사정이 있는 경우에 한정되어야 하고 이 경우에도 법률에서 범죄의 구성요건은 처벌대상인 행위가 어떠한 것일 것이라고 이를 예측할 수 있을 정도로 구체적으로 정하고 형벌의 종류 및 그 상한과 폭을 명백히 규정하여야 한다(헌재 1991.7.8. 91헌가4).

⑤ 위임입법이란 법률 또는 상위명령에서 구체적으로 범위를 정하여 위임받은 사항에 관하여 법규로서의 성질을 가지는 일반적·추상적 규범을 정립하는 것을 의미하는 것으로서 형식적 의미의 법률(국회입법)에는 속하지 않지만 실질적으로는 행정에 의한 입법으로서 법률과 같은 성질을 갖는 법규의 정립이기 때문에 권력분립주의 내지 법치주의의 원리에 비추어 그 요건이 엄격할 수밖에 없으니 법규적 효력을 가지는 행정입법의 제정에는 반드시 구체적이며 명확한 법률의 위임을 요하는 것이다(헌재 1993.5.13. 92헌마80)

16 난도 ★☆☆

정답 ⑤

기본권론 > 양심의 자유

⑤ 양심을 외부로 표명하여 증명할 의무를 짐 특정한 내적인 확신 또는 신념이 양심으로 형성된 이상 그 내용 여하를 떠나 양심의 자유에 의해 보호되는 양심이 될 수 있으므로, 헌법상 양심의 자유에 의해 보호받는 '양심'으로 인정할 것인지의 판단은 그것이 깊고, 확고하며, 진실된 것인지 여부에 따르게 된다. 그리하여 양심적 병역거부를 주장하는 사람은 자신의 '양심'을 외부로 표명하여 증명할 최소한의 의무를 진다(헌재결 2018.6.28. 2011헌바379 등).

① 서면사과 조치는 내용에 대한 강제 없이 자신의 행동에 대한 반성과 사과의 기회를 제공하는 교육적 조치로 마련된 것이고, 가해학생에게 의견진술 등 적정한 절차적 기회를 제공한 뒤에 학교폭력 사실이 인정되는 것을 전제로 내려지는 조치이며, 이를 불이행하더라도 추가적인 조치나 불이익이 없다. 또한 이러한 서면사과의 교육적 효과는 가해학생에 대한 주의나 경고 또는 권고적인 조치만으로는 달성하기 어렵다. 따라서 이 사건 서면사과조항이 가해학생의 양심의 자유와 인격권을 과도하게 침해한다고 보기 어렵다(헌재결 2023.2.23. 2019헌바93 등).

② 침묵의 자유는 널리 사물의 시시비비나 선악과 같은 윤리적 판단을 국가권력에 의하여 외부에 표명하도록 강제받지 않을 자유를 말한다. 따라서 윤리적 판단사항이 아닌 사실에 관한 지시(재판절차에서의 단순한 사실에 관한 증인의 증언거부, 신문기자에 의한 취재원에 관한 증언거부 등) 또는 기술적 지식의 진술을 거부하는 자유는 포함되지 않는다.

③ 민간법원에서 약식명령을 받아 확정된 사실을 자진신고 하는 것은, 개인의 인격형성에 관계되는 내심의 가치적·윤리적 판단이 개입될 여지가 없는 단순한 사실관계의 확인에 불과하므로, 헌법 제19조에 의하여 보호되는 양심에 포함되지 아니한다. 따라서 20년도 육군지시 자진신고조항은 양심의 자유도 제한하지 아니한다(헌재결 2021.8.31. 2020헌마12 등).

④ 헌법이 보장한 양심의 자유는 정신적인 자유로서 어떠한 사상·감정을 가지고 있다고 하더라도 그것이 내심에 머무르는 한 절대적인 자유이므로 제한할 수 없는 것이나, 보안관찰법상의 보안관찰처분은 보안관찰처분대상자의 내심의 작용을 문제삼는 것이 아니라, 보안관찰처분대상자가 보안관찰해당범죄를 다시 저지를 위험성이 내심의 영역을 벗어나 외부에 표출되는 경우에 재범의 방지를 위하여 내려지는 특별예방적 목적의 처분이므로, 양심의 자유를 보장한 헌법규정에 위반된다고 할 수 없다(헌재 1997.11.27. 92헌바28).

17 난도 ★★☆　　　　　　　　　　　　정답 ①

기본권론 > 기본권 총론

① 심판대상조항은 정보주체의 배우자나 직계혈족이 스스로의 정당한 법적 이익을 지키기 위하여 정보주체 본인의 위임 없이도 가족관계 상세증명서를 간편하게 발급받을 수 있게 해 주는 것이므로, 상세증명서 추가 기재 자녀의 입장에서 보아도 자신의 개인정보가 공개되는 것을 중대한 불이익이라고 평가하기는 어렵다. 심판대상조항은 과잉금지원칙에 위배되어 청구인의 개인정보자기결정권을 침해하지 아니한다(헌재결 2022.11.24. 2021헌마130).

② 헌재 2005.5.26. 99헌마513

③ 헌재결 2019.9.26. 2017헌마1209

④ 효율적인 수사와 정보수집의 신속성, 밀행성 등의 필요성을 고려하여 사전에 정보주체인 이용자에게 그 내역을 통지하도록 하는 것이 적절하지 않다면 수사기관 등이 통신자료를 취득한 이후에 수사 등 정보수집의 목적에 방해가 되지 않는 범위 내에서 통신자료의 취득사실을 이용자에게 통지하는 것이 얼마든지 가능하다. 따라서 이 사건 법률조항이 통신자료 취득에 대한 사후 통지절차를 규정하고 있지 않은 것은 적법절차원칙에 위배하여 청구인들의 개인정보자기결정권을 침해한다(헌재결 2022.7.21. 2016헌마388 등).

⑤ 어린이집의 투명한 운영을 담보하고 영유아 보호자의 보육기관 선택권을 실질적으로 보장하기 위해서는 보조금을 부정수급하거나 유용한 어린이집의 명단 등을 공표하여야 할 필요성이 있으며, 심판대상조항은 공표대상이나 공표정보, 공표기간 등을 제한적으로 규정하고 공표 전에 의견진술의 기회를 부여하여 공표대상자의 절차적 권리도 보장하고 있다. 나아가 심판대상조항을 통하여 추구하는 영유아의 건강한 성장 도모 및 영유아 보호자들의 보육기관 선택권 보장이라는 공익이 공표대상자의 법 위반사실이 일정기간 외부에 공표되는 불이익보다 크다. 따라서 심판대상조항은 과잉금지원칙을 위반하여 인격권 및 개인정보자기결정권을 침해하지 아니한다(헌재결 2022.3.31. 2019헌바520).

18 난도 ★★☆　　　　　　　　　　　　정답 ⑤

통치구조론 > 대통령

ⓛ 국회의 승인을 얻지 못한 때에는 그 처분 또는 명령은 소급하여가 아니라 그때부터 효력을 상실한다(헌법 제76조 제3항·제4항).

> 제76조
> ③ 대통령은 제1항과 제2항의 처분 또는 명령을 한 때에는 지체없이 국회에 보고하여 그 승인을 얻어야 한다.
> ④ 제3항의 승인을 얻지 못한 때에는 그 처분 또는 명령은 그때부터 효력을 상실한다. 이 경우 그 명령에 의하여 개정 또는 폐지되었던 법률은 그 명령이 승인을 얻지 못한 때부터 당연히 효력을 회복한다.

ⓒ 법률안의 일부조항에 대한 재의요구와 법률안에 대한 수정재의 요구 모두 허용되지 않는다(헌법 제53조 제2항·제3항).

> 제53조
> ② 법률안에 이의가 있을 때에는 대통령은 제1항의 기간내에 이의서를 붙여 국회로 환부하고, 그 재의를 요구할 수 있다. 국회의 폐회 중에도 또한 같다.
> ③ 대통령은 법률안의 일부에 대하여 또는 법률안을 수정하여 재의를 요구할 수 없다.

ⓔ 정부에 이송된 법률안에 대하여 대통령이 재의를 요구하는 경우, 국회가 재적의원 과반수 출석 및 출석위원 3분의 2 이상의 찬성으로 전과 같은 의결을 하면 법률안은 법률로서 확정된다. 재적위원 3분의 2 이상의 찬성이라는 표현과 대통령의 공포에

의해서 확정되는 것 모두 옳지 못한 표현이다(헌법 제53조 제4항 · 제5항).

제53조
④ 재의의 요구가 있을 때에는 국회는 재의에 붙이고, 재적의원과반수의 출석과 출석의원 3분의 2 이상의 찬성으로 전과 같은 의결을 하면 그 법률안은 법률로서 확정된다.
⑤ 대통령이 제1항의 기간 내에 공포나 재의의 요구를 하지 아니한 때에도 그 법률안은 법률로써 확정된다.

오답의 이유
㉠ 정부조직법 제12조 제1항 · 제2항

제12조(국무회의)
① 대통령은 국무회의 의장으로서 회의를 소집하고 이를 주재한다.
② 의장이 사고로 직무를 수행할 수 없는 경우에는 부의장인 국무총리가 그 직무를 대행하고, 의장과 부의장이 모두 사고로 직무를 수행할 수 없는 경우에는 기획재정부장관이 겸임하는 부총리, 교육부장관이 겸임하는 부총리 및 제26조 제1항에 규정된 순서에 따라 국무위원이 그 직무를 대행한다.

19 난도 ★★☆ 　　　　　　　정답 ④

헌법총론 > 헌정사

정답의 이유
④ 적법절차조항은 현행헌법인 제9차 개정헌법(1987년)에서 도입되었다. ※ 1980년 제8차 헌법개정은 행복추구권, 사생활의 비밀과 자유, 무죄추정의 원칙, 환경권, 적정임금의 보장 등을 헌법상의 기본권으로 새로이 규정하였고, 통일주체국민회의를 폐지하였다.

오답의 이유
① 제5차 개정헌법 제8조 · 제64조 제1항

제8조
모든 국민은 인간으로서의 존엄과 가치를 가지며, 이를 위하여 국가는 국민의 기본적 인권을 최대한으로 보장할 의무를 진다.

제64조
① 대통령은 국민의 보통 · 평등 · 직접 · 비밀선거에 의하여 선출한다. 다만, 대통령이 궐위된 경우에 잔임 기간이 2년 미만인 때에는 국회에서 선거한다.

② 제1차 개정헌법 제31조 · 제53조

제31조
국회는 민의원과 참의원으로써 구성한다.

제53조
대통령과 부통령은 국민의 보통, 평등. 직접, 비밀투표에 의하여 각각 선거한다.

③ 현행헌법(1987년)은 6월항쟁의 결과 대통령직선제를 주요내용으로 하는 헌법개정안이 국회에서 의결되어 국민투표로 확정되었으며, 헌법재판소가 부활하여 처음으로 구성되었다.
⑤ 제3차 개정헌법(1960년)에서 기본권의 본질적 내용침해금지를 처음 명문화하였고, 제7차 개정헌법(1972년)에서 폐지되었다가 제8차 개정헌법(1980년)에서 다시 규정되었다.

제7차 개정헌법(1972년) 제39조
① 대통령은 통일주체국민회의에서 토론없이 무기명투표로 선거한다.
② 통일주체국민회의에서 재적대의원 과반수의 찬성을 얻은 자를 대통령당선자로 한다.

더 알아보기

언론 · 출판 · 집회 · 결사의 자유
제3차 개정헌법(1960년)에서 언론 · 출판 · 집회 · 결사의 자유에 대한 사전허가 내지 검열의 금지를 헌법에서 처음 명시하였다. 제7차 개정헌법(1972년)에서 언론 · 출판에 대한 허가나 검열을 금지하는 조항 등을 모두 삭제하였으며 현행헌법인 제9차 개정헌법(1987년)에서 제7차 개정헌법에서 삭제되었던 언론 · 출판에 대한 허가와 검열금지조항이 부활했다.

20 난도 ★☆☆ 　　　　　　　정답 ⑤

헌법총론 > 헌법개정

정답의 이유
㉡ 헌법개정안은 국회가 의결한 후 30일 이내에 국민투표에 붙여 국회의원선거권자 과반수의 투표와 투표자 과반수의 찬성을 얻어야 한다(헌법 제130조 제2항).
㉢ 대통령의 임기연장 또는 중임변경을 위한 헌법개정은 그 헌법개정 제안 당시의 대통령에 대하여는 효력이 없다(헌법 제128조 제2항).
㉣ 헌법은 그 전체로서 주권자인 국민의 결단 내지 국민적 합의의 결과라고 보아야 할 것이므로, 헌법의 개별규정을 헌법재판소법 제68조 제1항 소정의 공권력 행사의 결과라고 볼 수도 없고, 따라서 국회가 헌법 제29조 제2항을 개정하지 아니하고 있는 것이 헌법재판소법 제68조 제1항 소정의 공권력의 불행사에 해당한다고 할 수 없다(헌재 1996.6.13. 94헌마118 등).

오답의 이유
㉠ 헌법개정안은 대통령이 20일 이상 공고하여야 한다(헌법 제128조 제1항, 제129조).

제128조
① 헌법개정은 국회재적의원 과반수 또는 대통령의 발의로 제안된다.

제129조
제안된 헌법개정안은 대통령이 20일 이상의 기간 이를 공고하여야 한다.

헌법총론 > 법률에 대한 헌법합치적 해석

정답의 이유

⑤ 응능부담의 원칙을 상속세의 부과에서 실현하고자 하는 입법목적이 공공복리에 기여하므로 목적정당성을 인정할 수 있으나, 상속포기자를 제외하는 것은 응능부담 원칙의 실현이라는 입법목적 달성에 적절한 수단이 될 수 없어서 방법의 적절성 원칙에 위배되며, "상속개시 전에 피상속인으로부터 상속재산가액에 가산되는 재산을 증여받고 상속을 포기한 자"를 "상속인"의 범위에 포함시키는 별도의 수단이 존재하는데도 이를 외면하는 것이므로 침해의 최소성 원칙에 위배되고, 상속을 승인한 자가 상속을 포기한 자가 본래 부담하여야 할 상속세액을 부담하게 되는 재산상의 불이익을 받게 되는 반면에 달성되는 공익은 상대적으로 작다고 할 것이어서 법익 균형성 원칙에도 위배되기 때문에, 구 상속세법 제18조 제1항 본문 중 "상속인"의 범위에 "상속개시 전에 피상속인으로부터 상속재산가액에 가산되는 재산을 증여받고 상속을 포기한 자"를 포함하지 않는 것은 상속을 승인한 자의 헌법상 보장되는 재산권을 침해한다(헌재 2008.10.30. 2003헌바10).

오답의 이유

① 법률의 해석은 헌법 규정과 그 취지를 반영해야 한다. 어떤 법률조항에 대하여 여러 갈래의 해석이 가능한 경우에는 우선 그중 헌법에 부합하는 의미를 채택함으로써 위헌성을 제거하는 헌법합치적 해석을 해야 하고, 나아가 헌법에 부합하는 해석 중에서도 헌법의 원리와 가치를 가장 잘 실현할 수 있는 의미를 채택하는 헌법정향적 해석을 해야 한다. 어떤 법률조항을 그 문언, 체계와 입법경위 등에 비추어 해석한 결과 불합리하거나 부당한 결론이 도출된다면 이와 같이 헌법을 고려하는 합헌적 해석을 통하여 교정할 수 있다(대판 2020.9.3. 2016두32992 전합). 합헌적 법률해석이란 어느 규범이 여러 가지로 해석될 수 있는 경우 합헌적으로 해석해야 한다는 것을 말한다. 이는 법률이 다의적으로 해석될 때 가능하다. 일의적으로 해석될 때에는 합헌적 법률해석이 금지된다.

② 법률의 합헌적 해석은 헌법의 최고규범성에서 나오는 법질서의 통일성에 바탕을 두고, 법률이 헌법에 조화하여 해석될 수 있는 경우에는 위헌으로 판단하여서는 아니된다는 것을 뜻하는 것으로서 권력분립과 입법권을 존중하는 정신에 그 뿌리를 두고 있다(헌재 1989.7.14. 88헌가5 등).

③ 법률 또는 법률의 위 조항은 원칙적으로 가능한 범위안에서 합헌적으로 해석함이 마땅하나 그 해석은 법의 문구와 목적에 따른 한계가 있다. 즉, 법률의 조항의 문구가 간직하고 있는 말의 뜻을 넘어서 말의 뜻이 완전히 다른 의미로 변질되지 아니하는 범위 내이어야 한다는 문의적 한계와 입법권자가 그 법률의 제정으로써 추구하고자 하는 입법자의 명백한 의지와 입법의 목적을 헛되게 하는 내용으로 해석할 수 없다는 법목적에 따른 한계가 바로 그것이다. 왜냐하면, 그러한 범위를 벗어난 합헌적 해석은 그것이 바로 실질적 의미에서의 입법작용을 뜻하게 되어 결과적으로 입법자의 입법권을 침해하는 것이 되기 때문이다(헌

재 1989.7.14. 88헌가5 등).

④ 민법 제764조 "명예회복에 적당한 처분"에 사죄광고를 포함시키는 것은 헌법에 위반된다는 것은 의미는, 동조 소정의 처분에 사죄광고가 포함되지 않는다고 하여야 헌법에 위반되지 아니한다는 것으로서, 이는 동조와 같이 불확정개념으로 되어 있거나 다의적인 해석가능성이 있는 조문에 대하여 한정축소해석을 통하여 얻어진 일정한 합의적 의미를 천명한 것이며, 그 의미를 넘어선 확대는 바로 헌법에 위반되어 채택할 수 없다는 뜻이다(헌재 1991.4.1. 89헌마160).

더 알아보기

합헌적 법률해석과 규범통제와의 차이

합헌적 법률해석은 외형상 법률이 다소의 위헌성이 있다고 하더라도 되도록이면 합헌으로 해석해야 한다는 원칙을 말하고, 규범통제(위헌법률심사)는 법률이 헌법에 위배되는 것을 심사하는 것을 말한다. 즉, 합헌적 법률해석과 규범통제는 서로 상이한 것임을 주의하여야 한다. 헌법은 합헌적 법률해석에서는 법률해석의 기준이 되고 규범통제에서는 법률심사의 기준이 된다.

구분	합헌적 법률해석	위헌법률심판(규범통제)
목적	법률 효력의 지속	헌법 규범력 유지
헌법의 기능	해석규칙(법률해석 기준)	저촉규칙(법률심사 기준)
헌법상 근거	• 헌법의 최고규범성 • 명시규정 불필요	• 헌법의 최고규범성 • 헌법 제111조(관장사항 −위헌법률심판)
적극·소극	사법소극주의	사법적극주의
관련 기본권	경제적 자유권	정신적 자유권

통치구조론 > 국민의 기본적 의무

정답의 이유

② 국적법 제4조 제1항·제3항

제4조(귀화에 의한 국적 취득)
① 대한민국 국적을 취득한 사실이 없는 외국인은 법무부장관의 귀화허가(歸化許可)를 받아 대한민국 국적을 취득할 수 있다.
③ 제1항에 따라 귀화허가를 받은 사람은 법무부장관 앞에서 국민선서를 하고 귀화증서를 수여받은 때에 대한민국 국적을 취득한다. 다만, 법무부장관은 연령, 신체적·정신적 장애 등으로 국민선서의 의미를 이해할 수 없거나 이해한 것을 표현할 수 없다고 인정되는 사람에게는 국민선서를 면제할 수 있다.

오답의 이유

① 대한민국 국민의 부 또는 모에 의하여 인지된 자가 법무부장관에게 신고함으로써 국적을 취득한다(국적법 제3조 제1항).

제3조(인지에 의한 국적 취득)

① 대한민국의 국민이 아닌 자(이하 "외국인"이라 한다)로서 대한민국의 국민인 부 또는 모에 의하여 인지(認知)된 자가 다음 각 호의 요건을 모두 갖추면 법무부장관에게 신고함으로써 대한민국 국적을 취득할 수 있다.

1. 대한민국의 민법상 미성년일 것

2. 출생 당시에 부 또는 모가 대한민국의 국민이었을 것

③ 성년 양자의 경우 대한민국에 <u>3년 이상 계속하여 주소가 있어야 5년의 체류기간 예외인 간이귀화가 가능하다</u>(국적법 제6조 제1항 제3호).

제6조(간이귀화 요건)

① 다음 각 호의 어느 하나에 해당하는 외국인으로서 대한민국에 3년 이상 계속하여 주소가 있는 사람은 제5조 제1호 및 제1호의2의 요건을 갖추지 아니하여도 귀화허가를 받을 수 있다.

3. 대한민국 국민의 양자(養子)로서 입양 당시 대한민국의 민법상 성년이었던 사람

④ 대한민국 국적을 취득한 외국인으로서 외국 국적을 가지고 있는 자가 대한민국 국적을 취득한 날로부터 1년 내에 그 외국 국적을 포기하지 않아 국적을 상실한 경우 상실한 이후 <u>1년 내에 그 외국 국적을 포기하면</u> 대한민국 국적을 재취득할 수 있다(국적법 제10조 제1항·제11조 제1항).

제10조(국적 취득자의 외국 국적 포기 의무)

① 대한민국 국적을 취득한 외국인으로서 외국 국적을 가지고 있는 자는 대한민국 국적을 취득한 날부터 1년 내에 그 외국 국적을 포기하여야 한다.

③ 제1항 또는 제2항을 이행하지 아니한 자는 그 기간이 지난 때에 대한민국 국적을 상실(喪失)한다.

제11조(국적의 재취득)

① 제10조 제3항에 따라 대한민국 국적을 상실한 자가 그 후 1년 내에 그 외국 국적을 포기하면 법무부장관에게 신고함으로써 대한민국 국적을 재취득할 수 있다.

⑤ 심판대상 시행규칙조항이 규정하는 '가족관계기록사항에 관한 증명서'가 어떠한 서류를 의미하는지 다른 법령에도 명시되어 있지는 않으나 이 과정에서 청구인은 이 서류가 무엇을 지칭하는지 알 수 있다. 이러한 사정을 종합하면 심판대상 시행규칙조항은 명확성원칙에 위배되지 않는다 심판대상 시행규칙조항은 과잉금지원칙에 위배되어 청구인의 국적이탈의 자유를 침해하지 <u>않는다</u>(헌재결 2020.9.24. 2016헌마889).

기본권론 > 정치적 기본권

정답의 이유

㉠ 헌법에서 <u>자유선거원칙은 직접 규정하고 있지 않다</u>(헌법 제41조 제1항, 제67조 제1항).

제41조

① 국회는 국민의 보통·평등·직접·비밀선거에 의하여 선출된 국회의원으로 구성한다.

제67조

① 대통령은 국민의 보통·평등·직접·비밀선거에 의하여 선출한다.

㉢ 심판대상조항의 입법목적에 비추어 보더라도, 구체적인 범죄의 종류나 내용 및 불법성의 정도 등과 관계없이 일률적으로 선거권을 제한하여야 할 필요성이 있다고 보기는 어렵다. 범죄자가 저지른 범죄의 경중을 전혀 고려하지 않고 수형자와 집행유예자 모두의 선거권을 제한하는 것은 침해의 최소성원칙에 어긋난다. 특히 집행유예자는 집행유예 선고가 실효되거나 취소되지 않는 한 교정시설에 구금되지 않고 일반인과 동일한 사회생활을 하고 있으므로, 그들의 선거권을 제한해야 할 필요성이 크지 않다. 따라서 <u>심판대상조항은 청구인들의 선거권을 침해하고, 보통선거원칙에 위반하여 집행유예자와 수형자를 차별취급하는 것이므로 평등원칙에도 어긋난다</u>(헌재 2014.1.28. 2012헌마409 등)

오답의 이유

㉡ 공직선거 및 선거부정방지법 제37조 제1항은 국민 중 국내에 주민등록이 되어 있는 국민에 대하여 선거권을 인정하고 있을 뿐 국내에 주민등록이 되어 있지 아니한 재외국민에 대하여서는 선거권을 인정할 수 없음을 분명히 하고 있으므로 이른바 부진정입법부작위에 해당한다(헌재 1999.1.28. 97헌마253).

㉣ 선거인명부에 오를 자격이 있는 국내 거주자에 대해서만 부재자 신고를 허용함으로써 재외국민과 단기해외체류자 등 국외거주자 전부의 국정선거권을 부인하는 것은 정당한 입법목적을 갖추지 못한 것으로 헌법 제37조 제2항에 위반하여 국외 거주자의 선거권과 평등권을 침해하고 보통선거원칙에도 위반된다(헌재 2007.6.28. 2004헌마644).

㉤ 국민투표는 선거와 달리 국민이 직접 국가의 정치에 참여하는 절차이므로, 국민투표권은 대한민국 국민의 자격이 있는 사람에게 반드시 인정되어야 하는 권리이다. 이처럼 국민의 본질적 지위에서 도출되는 국민투표권을 추상적 위험 내지 선거기술상의 사유로 배제하는 것은 헌법이 부여한 참정권을 사실상 박탈한 것과 다름없다. 따라서 국민투표법조항은 재외선거인의 국민투표권을 침해한다(헌재 2014.7.24. 2009헌마256).

24 난도 ★★★

통치구조론 > 국회

[정답의 이유]

④ 국회법 제57조 제1항 · 제9항

> **제57조(소위원회)**
> ① 위원회는 소관 사항을 분담 · 심사하기 위하여 상설소위원회를 둘 수 있고, 필요한 경우 특정한 안건의 심사를 위하여 소위원회를 둘 수 있다. 이 경우 소위원회에 대하여 국회규칙으로 정하는 바에 따라 필요한 인원 및 예산 등을 지원할 수 있다.
> ⑨ 예산결산특별위원회는 제1항의 소위원회 외에 심사를 위하여 필요한 경우에는 이를 여러 개의 분과위원회로 나눌 수 있다.

[오답의 이유]

① 의장이 사고가 있을 경우 국회의장이 지정하는 부의장이 그 직무를 대리한다(국회법 제12조 제1항 · 제2항).

> **국회법 제12조(부의장의 의장 직무대리)**
> ① 의장이 사고(事故)가 있을 때에는 의장이 지정하는 부의장이 그 직무를 대리한다.
> ② 의장이 심신상실 등 부득이한 사유로 의사표시를 할 수 없게 되어 직무대리자를 지정할 수 없을 때에는 소속 의원 수가 많은 교섭단체 소속 부의장의 순으로 의장의 직무를 대행한다.

> **헌법 제48조**
> 국회는 의장 1인과 부의장 2인을 선출한다.

② 위원회는 재적위원 5분의 1 이상 출석으로 개회한다(국회법 제54조).

> **제54조(위원회의 의사정족수 · 의결정족수)**
> 위원회는 재적위원 5분의 1 이상의 출석으로 개회하고, 재적위원 과반수의 출석과 출석위원 과반수의 찬성으로 의결한다.

③ 연석회의를 열고 의견을 교환할 수 있으나 표결은 할 수 없다(국회법 제63조 제1항).

> **제63조(연석회의)**
> ① 소관 위원회는 다른 위원회와 협의하여 연석회의(連席會議)를 열고 의견을 교환할 수 있다. 다만, 표결은 할 수 없다.
> ④ 세입예산안과 관련 있는 법안을 회부받은 위원회는 예산결산특별위원회 위원장의 요청이 있을 때에는 연석회의를 열어야 한다.

⑤ 전원위원회는 의안에 대한 수정안을 제출할 수 있다(국회법 제63조의2 제2항).

> **제63조의2(전원위원회)**
> ① 국회는 위원회의 심사를 거치거나 위원회가 제안한 의안 중 정부조직에 관한 법률안, 조세 또는 국민에게 부담을 주는 법률안 등 주요 의안의 본회의 상정 전이나 본회의 상정 후에 재적의원 4분의 1 이상이 요구할 때에는 그 심사를 위하여 의원 전원으로 구성되는 전원위원회(全院委員會)를 개회할 수 있다. 다만, 의장은 주요 의안의 심의 등 필요하다고 인정하는 경우 각 교섭단체 대표의원의 동의를 받아 전원위원회를 개회하지 아니할 수 있다.
> ② 전원위원회는 제1항에 따른 의안에 대한 수정안을 제출할 수 있다. 이 경우 해당 수정안은 전원위원장이 제안자가 된다.

25 난도 ★★☆

정답 ②

통치구조론 > 권한쟁의심판

[정답의 이유]

② 헌법재판소법 제67조 제1항 · 제2항

> **제67조(결정의 효력)**
> ① 헌법재판소의 권한쟁의심판의 결정은 모든 국가기관과 지방자치단체를 기속한다.
> ② 국가기관 또는 지방자치단체의 처분을 취소하는 결정은 그 처분의 상대방에 대하여 이미 생긴 효력에 영향을 미치지 아니한다.

[오답의 이유]

① 권한쟁의심판을 청구하려면 청구인과 피청구인 상호간에 헌법 또는 법률에 의하여 부여받은 권한의 존부 또는 범위에 관하여 다툼이 있어야 하며, 피청구인의 처분 또는 부작위가 헌법 또는 법률에 의하여 부여받은 청구인의 권한을 침해하였거나 침해할 현저한 위험이 있는 경우이어야 한다(헌재결 2015.11.26. 2013헌라3).

③ 권한쟁의심판청구는 그 사유가 있음을 안 날부터 90일이 아니라 60일 이내에 청구하여야 한다(헌법재판소법 제63조 제1항).

> **제63조(청구기간)**
> ① 권한쟁의의 심판은 그 사유가 있음을 안 날부터 60일 이내에, 그 사유가 있은 날부터 180일 이내에 청구하여야 한다.
> ② 제1항의 기간은 불변기간으로 한다.

④ 정당은 국민의 자발적 조직으로, 그 법적 성격은 일반적으로 사적 · 정치적 결사 내지는 법인격 없는 사단으로서 공권력의 행사 주체로서 국가기관의 지위를 갖는다고 볼 수 없다. 정당이 국회 내에서 교섭단체를 구성하고 있다고 하더라도, 헌법은 권한쟁의 심판청구의 당사자로서 국회의원들의 모임인 교섭단체에 대해서 규정하고 있지 않고, 교섭단체의 권한 침해는 교섭단체에 속한 국회의원 개개인의 심의 · 표결권 등 권한 침해로 이어질 가능성이 높아 그 분쟁을 해결할 적당한 기관이나 방법이 없다고 할 수 없다. 따라서 정당은 헌법 제111조 제1항 제4호 및 헌법재판소법 제62조 제1항 제1호의 '국가기관'에 해당한다고 볼 수

없으므로, 권한쟁의심판의 당사자능력이 인정되지 아니한다(헌재결 2020.5.27. 2019헌라6 등).

⑤ 정부가 법률안을 제출하였다 하더라도 그것이 법률로 성립되기 위해서는 국회의 많은 절차를 거쳐야 하고, 법률안을 받아들일지 여부는 전적으로 헌법상 입법권을 독점하고 있는 의회의 권한이다. 따라서 정부가 법률안을 제출하는 행위는 입법을 위한 하나의 사전 준비행위에 불과하고, 권한쟁의심판의 독자적 대상이 되기 위한 법적 중요성을 지닌 행위로 볼 수 없다(헌재 2005.12.22. 2004헌라3).

헌법 | 2022년 국회직 8급

한눈에 훑어보기

✓ 영역 분석

헌법총론   01   06   10
3문항, 12%

기본권론   03   05   07   11   12   13   14   15   16   19   22   23
12문항, 48%

통치구조론   02   04   08   09   17   18   20   21   24   25
10문항, 40%

✓ 빠른 정답

01	02	03	04	05	06	07	08	09	10
②	③	②	④	①	②	④	⑤	⑤	③
11	12	13	14	15	16	17	18	19	20
④	⑤	⑤	①	⑤	②	③	③	⑤	③
21	22	23	24	25					
①	③	①	④	②					

✓ 점수 체크

구분	1회독	2회독	3회독
맞힌 문항 수	/ 25	/ 25	/ 25
나의 점수	점	점	점

---

01   난도 ★★☆   정답 ②

헌법총론 > 헌정사

정답의 이유

㉠ 제헌헌법(1948년)에서 위헌법률심판은 헌법위원회가 담당했고, 탄핵심판은 탄핵재판소가 담당했다.

> **제81조**
> 법률이 헌법에 위반되는 여부가 재판의 전제가 되는 때에는 법원은 헌법위원회에 제청하여 그 결정에 의하여 재판한다.
>
> **제47조**
> 탄핵사건을 심판하기 위하여 법률로써 탄핵재판소를 설치한다.

㉡ 헌법소원이 최초로 헌법에 규정된 것은 제3차 개정헌법(1960년)이 아니라 현행헌법이다.

> **제83조의3**
> 헌법재판소는 다음 각호의 사항을 관장한다.
> 1. 법률의 위헌여부 심사
> 2. 헌법에 관한 최종적 해석
> 3. 국가기관간의 권한쟁의
> 4. 정당의 해산
> 5. 탄핵재판
> 6. 대통령, 대법원장과 대법관의 선거에 관한 소송

㉢ 제8차 개정헌법(1980년)은 헌법위원회가 탄핵, 정당의 해산, 법률의 위헌여부를 심판하도록 규정하였다.

> **제112조**
> ① 헌법위원회는 다음 사항을 심판한다.
> 1. 법원의 제청에 의한 법률의 위헌여부
> 2. 탄핵
> 3. 정당의 해산

오답의 이유

㉢ 제5차 개정헌법(1962년) 제62조 제1항

> **제62조**
> ① 탄핵사건을 심판하기 위하여 탄핵심판위원회를 둔다.

㉣ 제7차 개정헌법(1972년) 제109조 제1항

> 제109조
> ① 헌법위원회는 다음 사항을 심판한다.
> 1. 법원의 제청에 의한 법률의 위헌여부
> 2. 탄핵
> 3. 정당의 해산

02 난도 ★★☆
정답 ③

통치구조론 > 헌법재판소의 지휘 및 구성과 조직

정답의 이유

ⓛ · ⓒ · ② 재판관 6인 이상의 찬성으로 결정한다.

오답의 이유

⊙ · ⓜ 재판관 과반수 찬성으로 결정한다.

> 헌법 제113조
> ① 헌법재판소에서 법률의 위헌결정, 탄핵의 결정, 정당해산의 결정 또는 헌법소원에 관한 인용결정을 할 때에는 재판관 6인 이상의 찬성이 있어야 한다.
>
> 헌법재판소법 제23조(심판정족수)
> ② 재판부는 종국심리(終局審理)에 관여한 재판관 과반수의 찬성으로 사건에 관한 결정을 한다. 다만, 다음 각 호의 어느 하나에 해당하는 경우에는 재판관 6명 이상의 찬성이 있어야 한다.
> 1. 법률의 위헌결정, 탄핵의 결정, 정당해산의 결정 또는 헌법소원에 관한 인용결정(認容決定)을 하는 경우
> 2. 종전에 헌법재판소가 판시한 헌법 또는 법률의 해석 적용에 관한 의견을 변경하는 경우

03 난도 ★★☆
정답 ②

기본권론 > 기본권의 주체

정답의 이유

② 기본권 주체성의 인정문제와 기본권 제한의 정도는 별개의 문제이므로, 외국인에게 직장 선택의 자유에 대한 기본권 주체성을 인정한다는 것이 곧바로 이들에게 우리 국민과 동일한 수준의 직장 선택의 자유가 보장된다는 것을 의미하는 것은 아니라고 할 것이다(헌재 2011.9.29. 2009헌마351).

오답의 이유

① 청구인들이 침해되었다고 주장하는 인간의 존엄과 가치, 행복추구권은 대체로 '인간의 권리'로서 외국인도 주체가 될 수 있다고 보아야 하고, 평등권도 인간의 권리로서 참정권 등에 대한 성질상의 제한 및 상호주의에 따른 제한이 있을 수 있을 뿐이다(헌재 2001.11.29. 99헌마494).

③ 근로의 권리가 '일할 자리에 관한 권리'만이 아니라 '일할 환경에 관한 권리'도 함께 내포하고 있는바, 후자는 인간의 존엄성에 대한 침해를 방어하기 위한 자유권적 기본권의 성격도 갖고 있어 건강한 작업환경, 일에 대한 정당한 보수, 합리적인 근로조건의 보장 등을 요구할 수 있는 권리 등을 포함한다고 할 것이므로 외

국인 근로자라고 하여 이 부분에까지 기본권 주체성을 부인할 수는 없다(헌재 2007.8.30. 2004헌마670).

④ 헌법재판소법 제68조 제1항 소정의 헌법소원은 기본권의 주체이어야만 청구할 수 있는데, 단순히 '국민의 권리'가 아니라 '인간의 권리'로 볼 수 있는 기본권에 대해서는 외국인도 기본권의 주체가 될 수 있다. 나아가 청구인들이 불법체류 중인 외국인들이라 하더라도, 불법체류라는 것은 관련 법령에 의하여 체류자격이 인정되지 않는다는 것일 뿐이므로, '인간의 권리'로서 외국인에게도 주체성이 인정되는 일정한 기본권에 관하여 불법체류 여부에 따라 그 인정 여부가 달라지는 것은 아니다(헌재 2012.8.23. 2008헌마430).

⑤ 직업의 자유 중 이 사건에서 문제되는 직장 선택의 자유는 인간의 존엄과 가치 및 행복추구권과도 밀접한 관련을 가지는 만큼 단순히 국민의 권리가 아닌 인간의 권리로 보아야 할 것이므로 외국인도 제한적으로라도 직장 선택의 자유를 향유할 수 있다고 보아야 한다. 청구인이 이미 적법하게 고용허가를 받아 적법하게 우리나라에 입국하여 우리나라에서 일정한 생활관계를 형성, 유지하는 등 우리 사회에서 정당한 노동인력으로서의 지위를 부여받은 상황임을 전제로 하는 이상, 이 사건 청구인에게 직장 선택의 자유에 대한 기본권 주체성을 인정할 수 있다 할 것이다(헌재 2011.9.29. 2009헌마351).

04 난도 ★★★
정답 ④

통치구조론 > 위헌법률심판

정답의 이유

④ 입법자는 2014.5.20. '형벌법규에 대하여 종전에 합헌으로 결정한 사건이 있는 경우에는 그 결정이 있는 날의 다음 날로 소급하여 효력을 상실'하도록 하는 내용의 심판대상조항을 신설함으로써, 형벌조항에 대한 위헌결정의 효력과 관련하여 과거의 완전 소급효 입장을 버리고 종전에 합헌결정이 있었던 시점까지 그 소급효를 제한하는 부분 소급효로 입장을 변경하였다. 헌법재판소의 합헌결정을 통해 과거의 어느 시점에서는 합헌이었음이 인정된 형벌조항에 대하여는 위헌결정의 소급효를 제한함으로써 그동안 쌓아 온 규범에 대한 사회적인 신뢰와 법적 안정성을 확보할 수 있도록 한 것이다(헌재결 2016.4.28. 2015헌바216).

오답의 이유

① 헌법 제111조 제1항 제1호·제5호 및 헌법재판소법 제41조 제1항, 제68조 제2항에 의하면 위헌심판의 대상을 '법률'이라고 규정하고 있는데, 여기서 '법률'이라고 함은 국회의 의결을 거친 이른바 형식적 의미의 법률뿐만 아니라 법률과 동일한 효력을 갖는 조약 등도 포함된다(헌재 2013.2.28. 2009헌바129).

② 법률과 동일한 효력을 갖는 조약 등을 위헌법률심판의 대상으로 삼는 것은 헌법을 최고규범으로 하는 법질서의 통일성과 법적 안정성을 확보할 수 있을 뿐만 아니라, 합헌적인 법률에 의한 재판을 가능하게 하여 궁극적으로는 국민의 기본권 보장에 기여할 수 있다. 그런데 이 사건 관습법은 민법 시행 이전에 상속을 규율하는 법률이 없는 상황에서 재산상속에 관하여 적용된 규범으로서 비록 형식적 의미의 법률은 아니지만 실질적으로는 법률과

같은 효력을 갖는 것이므로 위헌법률심판의 대상이 된다(헌재 2013.2.28. 2009헌바129).

③ 헌법재판소에 의하여 위헌으로 선고된 법률 또는 법률의 조항이 제정 당시로 소급하여 효력을 상실하는가 아니면 장래에 향하여 효력을 상실하는가의 문제는 특단의 사정이 없는 한 헌법적합성의 문제라기보다는 입법자가 법적 안정성과 개인의 권리구제 등 제반이익을 비교형량하여 가면서 결정할 입법정책의 문제인 것으로 보인다(헌재 1993.5.13. 92헌가10).

⑤ 헌법재판소가 특정 형벌법규에 대하여 과거에 합헌결정을 하였다는 것은, 적어도 그 당시에는 당해 행위를 처벌할 필요성에 대한 사회구성원의 합의가 유효하다는 것을 확인한 것이므로, 합헌결정이 있었던 시점 이전까지로 위헌결정의 소급효를 인정할 근거가 없다(헌재결 2016.4.28. 2015헌바216).

05 난도 ★★★ 정답 ①

기본권론 > 정신적 자유권

정답의 이유

㉠ 방송의 자유는 민주주의의 원활한 작동을 위한 기초인 바, 국가권력은 물론 정당, 노동조합, 광고주 등 사회의 여러 세력이 법률에 정해진 절차에 의하지 아니하고 방송편성에 개입한다면 국민 의사가 왜곡되고 민주주의에 중대한 위해가 발생하게 된다. 심판대상조항은 방송편성의 자유와 독립을 보장하기 위하여 방송에 개입하여 부당하게 영향력을 행사하는 '간섭'에 이르는 행위만을 금지하고 처벌할 뿐이고, 방송법과 다른 법률들은 방송보도에 대한 의견 개진 내지 비판의 통로를 충분히 마련하고 있다. 따라서 심판대상조항이 과잉금지원칙에 반하여 표현의 자유를 침해한다고 볼 수 없다(헌재결 2021.8.31. 2019헌바439).

㉡ 정당가입권유금지조항은 선거에서 특정정당·특정인을 지지하기 위하여 정당가입을 권유하는 적극적·능동적 의사에 따른 행위만을 금지함으로써 공무원의 정치적 표현의 자유를 최소화하고 있고, 이러한 행위는 단순한 의견개진의 수준을 넘어 선거운동에 해당하므로 입법자는 헌법 제7조 제2항이 정한 공무원의 정치적 중립성 보장을 위해 이를 제한할 수 있다. 그러므로 정당가입권유금지조항은 과잉금지원칙에 반하여 정치적 표현의 자유를 침해하지 아니한다(헌재결 2021.8.31. 2018헌마149).

㉣ 국가공무원법 조항 중 '그 밖의 정치단체'에 관한 부분은 가입 등이 금지되는 '정치단체'가 무엇인지 그 규범 내용이 확정될 수 없을 정도로 불분명하여, 헌법상 그 가입 등이 마땅히 보호받아야 할 단체까지도 수범인 나머지 청구인들이 가입 등의 행위를 하지 못하게 위축시키고 있고, 법 집행 공무원이 지나치게 넓은 재량을 행사하여 금지되는 '정치단체'와 금지되지 않는 단체를 자의적으로 판단할 위험이 있다. 따라서 국가공무원법 조항 중 '그 밖의 정치단체'에 관한 부분은 명확성 원칙에 위배되어 나머지 청구인들의 정치적 표현의 자유, 결사의 자유를 침해한다(헌재결 2020.4.23. 2018헌마551).

오답의 이유

㉢ 심판대상조항으로 인하여 정보통신망에서의 표현의 자유가 일정 부분 제한되는 측면이 있더라도, 그 제한의 정도가 비방할 목적으로 공공연하게 거짓의 사실을 적시하는 행위를 금지함으로써 피해자가 겪게 될 명예의 실추를 방지하고 인격권을 보호하려는 공익에 비하여 결코 중하다고 볼 수 없다. 그러므로 심판대상조항으로 인하여 달성하려는 공익과 제한되는 사익 사이에 법익의 균형성도 인정된다. 따라서 심판대상조항은 과잉금지원칙에 반하여 청구인들의 표현의 자유를 침해하지 아니한다(헌재결 2021.3.25. 2015헌바438 등).

㉤ 심판대상조항은 정치적 의사표현이 가장 긴요한 선거운동기간 중에 인터넷언론사 홈페이지 게시판 등 이용자로 하여금 실명확인을 하도록 강제함으로써 익명표현의 자유와 언론의 자유를 제한하고, 모든 익명표현을 규제함으로써 대다수 국민의 개인정보자기결정권도 광범위하게 제한하고 있다는 점에서 이와 같은 불이익은 선거의 공정성 유지라는 공익보다 결코 과소평가될 수 없다. 그러므로 심판대상조항은 과잉금지원칙에 반하여 인터넷언론사 홈페이지 게시판 등 이용자의 익명표현의 자유와 개인정보자기결정권, 인터넷언론사의 언론의 자유를 침해한다(헌재결 2021.1.28. 2018헌마456 등).

06 난도 ★★☆ 정답 ②

헌법총론 > 경제적 기본권

정답의 이유

② 우리나라 헌법상의 경제질서는 사유재산제를 바탕으로 하고 자유경쟁을 존중하는 자유시장경제질서를 기본으로 하면서도 이에 수반되는 갖가지 모순을 제거하고 사회복지·사회정의를 실현하기 위하여 국가적 규제와 조정을 용인하는 사회적 시장경제질서로서의 성격을 띠고 있다(헌재 1996.4.25. 92헌바47).

오답의 이유

① 우리 헌법은 헌법 제119조 이하의 경제에 관한 장에서 "균형있는 국민경제의 성장과 안정, 적정한 소득의 분배, 시장의 지배와 경제력남용의 방지, 경제주체 간의 조화를 통한 경제의 민주화, 균형있는 지역경제의 육성, 중소기업의 보호육성, 소비자보호 등"의 경제영역에서의 국가목표를 명시적으로 언급함으로써 국가가 경제정책을 통하여 달성하여야 할 '공익'을 구체화하고, 동시에 헌법 제37조 제2항의 기본권 제한을 위한 법률유보에서의 '공공복리'를 구체화하고 있다(헌재 2003.11.27. 2001헌바35).

③ 이 사건 조항에 의한 의료광고의 금지는 새로운 의료인들에게 자신의 기능이나 기술 혹은 진단 및 치료방법에 관한 광고와 선전을 할 기회를 배제함으로써, 기존의 의료인과의 경쟁에서 불리한 결과를 초래할 수 있는데, 이는 자유롭고 공정한 경쟁을 추구하는 헌법상의 시장경제질서에 부합되지 않는다(헌재 2005.10.27. 2003헌가3).

④ 헌법 제126조

⑤ 헌법 제119조 제2항에 규정된 '경제주체 간의 조화를 통한 경제민주화'의 이념은 경제영역에서 정의로운 사회질서를 형성하기 위하여 추구할 수 있는 국가목표로서 개인의 기본권을 제한하는 국가행위를 정당화하는 헌법규범이다(헌재 2003.11.27. 2001헌바35).

07 난도 ★★★ 정답 ④

기본권론 > 경제적 기본권

[정답의 이유]

④ 국민의 눈 건강과 관련된 국민보건의 중요성, 안경사 업무의 전문성, 안경사로 하여금 자신의 책임하에 고객과의 신뢰를 쌓으면서 안경사 업무를 수행하게 할 경우의 장점 내지 필요성 등을 고려할 때, 안경업소 개설 자체를 그 업무를 담당할 자연인 안경사로 한정하여 전문가로서 자신의 책임하에 안경사 업무를 수행하도록 하는 것은 국민의 눈 건강과 관련된 국민보건 향상을 위해 요청된다. 그보다 완화된 규제형태인, 법인 안경업소를 허용하면서 안경 조제와 판매 업무를 안경사에게 전담시킨다 하여 입법목적이 동일하게 달성된다고 할 수 없다. … 그런데 법인 안경업소가 허용되면 영리추구를 극대화하기 위해 안경사 면허를 대여받아 안경업소를 개설하고 무면허로 하여금 안경 조제·판매를 하게 하거나 고객유인행위 또는 과잉비용 청구 등의 일탈행위가 발생하게 될 가능성이 높아지고, 고용된 안경사 자신의 개별적·자율적 판단보다는 경영주체인 법인의 지침에 기계적으로 따르게 되어, 고용된 안경사의 책임감이나 자율성 및 윤리성이 감소하며, 역량개발 의욕 감소로 국민의 눈 건강의 1차적 조력자인 안경사가 제공하는 안경 조제·판매 서비스의 질이 하락하는 결과가 발생하게 될 우려가 있다. … 그렇다면 심판대상조항은 과잉금지원칙에 반하지 아니하여 자연인 안경사와 법인의 직업의 자유를 침해하지 아니한다(헌재결 2021.6.24. 2017헌가31).

[오답의 이유]

① 이 사건 보호자동승조항이 어린이통학버스에 어린이 등과 함께 보호자를 의무적으로 동승하도록 하였다고 하여 그 의무가 학원 등 운영자의 직업수행의 자유를 지나치게 제한하여 입법형성권의 범위를 현저히 벗어났다거나 기본권 침해의 최소성 원칙에 반한다고 볼 수 없다(헌재결 2020.4.23. 2017헌마479).

② 이 사건 법률조항으로 달성하려는 공익은 변호사 자격 소지자와 세무사시험에 응시하는 일반 국민 사이의 형평을 도모함과 동시에 세무분야의 전문성을 제고하여 소비자에게 고품질의 세무서비스를 제공하고자 하는 것이다. … 따라서 이 사건 법률조항이 과잉금지원칙에 반하여 청구인들의 직업선택의 자유를 침해한다고 볼 수 없다(헌재 2021.7.15. 2018헌마279).

③ 심판대상조항이 부정 취득한 운전면허를 필요적으로 취소하도록 한 것은, 법익의 균형성 원칙에 위배되지 않는다. … 이처럼 심판대상조항이 부정 취득하지 않은 운전면허까지 필요적으로 취소하도록 한 것은, 법익의 균형성 원칙에 위배된다. … 심판대상조항이 부정 취득한 운전면허를 필요적으로 취소하도록 한 것은 과잉금지원칙에 위반되지 아니하나, 부정 취득하지 않은 운전면허까지 필요적으로 취소하도록 한 것은 과잉금지원칙에 위반된다(헌재결 2020.6.25. 2019헌가9 등).

⑤ 심판대상조항은 의료인의 의료기관 중복 개설을 허용할 경우 예상되는 폐해를 미리 방지하여 건전한 의료질서를 확립하고 궁극적으로는 국민의 건강을 보호·증진하기 위한 것으로 볼 수 있다. … 따라서 심판대상조항이 과잉금지원칙에 반하여 의료인의 직업수행의 자유를 침해한다고 할 수 없다(헌재결 2021.6.24. 2019헌바342).

08 난도 ★★☆ 정답 ⑤

통치구조론 > 국회

[정답의 이유]

⑤ 국회의 의결을 요하는 안건에 대하여 의장이 본회의 의결에 앞서 소관위원회에 안건을 회부하는 것은 국회의 심의권을 위원회에 위양하는 것이 아니고, 그 안건이 본회의에 최종적으로 부의되기 이전의 한 단계로서, 소관위원회가 발의 또는 제출된 의안에 대한 심사권한을 행사하여 사전 심사를 할 수 있도록 소관위원회에 송부하는 행위라 할 수 있다. 상임위원회는 그 소관에 속하는 의안, 청원 등을 심사하므로, 국회의장이 안건을 위원회에 회부함으로써 상임위원회에 심사권이 부여되는 것이 아니고, 심사권 자체는 법률상 부여된 위원회의 고유한 권한으로 볼 수 있다(헌재 2010.12.28. 2008헌라7).

[오답의 이유]

① 국가기관의 권한쟁의심판 청구를 소권의 남용이라고 평가하기 위해서는, 그것이 권한쟁의심판 제도의 취지와 전혀 부합되지 않는다고 볼 극히 예외적인 사정이 인정되어야 할 것인바, 설령 청구인들 중 일부가 자신들의 정치적 의사를 관철하려는 의도로 민주당 당직자 등의 회의개최 방해행위를 종용하거나 방조하였다 하더라도, 그러한 사정만으로 이 사건 심판청구 자체가 권한쟁의심판 제도의 취지와 전혀 부합되지 않는 소권의 남용에 해당되어 심판청구의 이익이 없어 부적법하다고 볼 수는 없다(헌재 2010.12.28. 2008헌라7 등).

②·③·④ 피청구인이 질서유지권을 발동하여 청구인들의 외통위 회의장 출입을 봉쇄한 상태에서 외통위 전체회의를 개의하여 이 사건 동의안을 상정한 행위 및 법안심사소위원회에 회부한 행위가 위헌 또는 위법한 것인지 여부 및 그로 인하여 청구인들의 헌법상 권한인 이 사건 동의안에 대한 심의·표결권이 침해되었는지 여부이다. … 피청구인 외통위 위원장은 외통위 의사절차의 주재자로서 질서유지권(국회법 제49조 제1항, 제145조), 의사정리권(국회법 제49조 제1항·제2항, 제52조, 제53조 제4항 등)의 귀속주체이므로 이 사건 심판청구의 피청구인적격이 인정될 것이나, 피청구인 국회의장에게 피청구인적격이 있다고 인정할 것인지는 따로 검토할 필요가 있다(헌재 2010.12.28. 2008헌라7).

09 난도 ★★★ 정답 ⑤

통치구조론 > 정부

[정답의 이유]

⑤ 대통령은 수사처장과 차장, 수사처검사의 임명권과 해임권 모두를 보유하고 있는데, 이들을 임명할 때 추천위원회나 인사위원회의 추천, 수사처장의 제청 등을 거쳐야 한다는 이유만으로 대통령이 형식적인 범위에서의 인사권만 가지고 있다고 볼 수는 없고, 수사처 구성에 있어 대통령의 실질적인 인사권이 인정된다고 할 것이다(헌재결 2021.1.28. 2020헌마264 등).

오답의 이유

① 헌법은 대통령의 명을 받은 국무총리가 행정각부를 통할하도록 규정하고 있으나(제86조 제2항), 대통령과 행정부, 국무총리에 관한 헌법 규정의 해석상 국무총리는 행정에 관하여 독자적인 권한을 가지지 못하고 대통령의 명을 받아 행정각부를 통할하는 기관으로서의 지위만을 가지며 행정권 행사에 대한 최후의 결정권자는 대통령으로 보아야 할 것이므로, 국무총리의 통할을 받는 '행정각부'에 모든 행정기관이 포함된다고 볼 수 없다(헌재 2021.1.28. 2020헌마264 등).

② 수사처가 직제상 대통령 또는 국무총리 직속기관 내지 국무총리의 통할을 받는 행정각부에 속하지 않는다고 하더라도 대통령을 수반으로 하는 행정부에 소속된 행정기관으로 보는 것이 타당하다(헌재 2021.1.28. 2020헌마204).

③ 중앙행정기관이란 '국가의 행정사무를 담당하기 위하여 설치된 행정기관으로서 그 관할권의 범위가 전국에 미치는 행정기관'을 말하는데(행정기관의 조직과 정원에 관한 통칙 제2조 제1호), 어떤 행정기관이 중앙행정기관에 해당하는지 여부는 기관 설치의 형식이 아니라 해당 기관이 실질적으로 수행하는 기능에 따라 결정되어야 한다(헌재 2021.1.28. 2020헌마264).

④ 정부조직법은 국가행정기관의 설치와 조직에 관한 일반법으로서 공수처법보다 상위의 법이라 할 수 없고, 정부조직법의 2020.6.9.자 개정도 정부조직 관리의 통일성을 확보하고 정부 구성에 대한 국민의 알 권리를 보장하기 위하여 중앙행정기관을 명시하는 일반원칙을 규정하기 위한 것으로 볼 수 있다(헌재 2021.1.28. 2020헌마264 등).

10 난도 ★★☆　　　　　　　　　　　정답 ③

헌법총론 > 평등원칙

정답의 이유

㉠ 심판대상조항으로 인한 가집행선고 제한은 헌법에서 특별히 평등을 요구하는 영역에 해당하지 않고, 소송 절차와 관련된 내용은 국민의 권리 구제에 있어 공정하고 신속하게 소송이 진행될 수 있도록 하는 목적에 따라 그 내용에 광범위한 입법재량이 인정되는 영역이다. 따라서 심판대상조항의 평등원칙 위반 여부는 자의금지원칙에 따라 판단하기로 한다(헌재결 2022.2.24. 2020헌가12). → 자의금지원칙

㉢ 이 사건 법률조항이 헌법이 특별히 평등을 요구하는 경우나 관련 기본권에 중대한 제한을 초래하는 경우의 차별취급을 그 내용으로 하고 있다고 보기 어려운 점, 징집대상자의 범위 결정에 관하여는 입법자의 광범위한 입법형성권이 인정되는 점에 비추어, 이 사건 법률조항이 평등권을 침해하는지 여부는 완화된 심사척도에 따라 자의금지원칙 위반 여부에 의하여 판단하기로 한다(헌재 2010.11.25. 2006헌마328). → 자의금지원칙

㉣ 이와 같이 가산점제도에 대하여는 엄격한 심사척도가 적용되어야 하는데, 엄격한 심사를 한다는 것은 자의금지원칙에 따른 심사, 즉 합리적 이유의 유무를 심사하는 것에 그치지 아니하고 비례성원칙에 따른 심사, 즉 차별취급의 목적과 수단 간에 엄격한 비례관계가 성립하는지를 기준으로 한 심사를 행함을 의미한다

(헌재 1999.12.23. 98헌마363). → 비례원칙

㉣ 헌법 제11조 제1항은 '모든 국민은 법 앞에 평등하다. 누구든지 성별·종교 또는 사회적 신분에 의하여 정치적·경제적·사회적·문화적 생활의 모든 영역에 있어서 차별을 받지 아니한다.'라고 하여 성별에 의한 차별을 금지하고 있고, 나아가 헌법 제36조 제1항은 '혼인과 가족생활은 개인의 존엄과 양성의 평등을 기초로 성립되고 유지되어야 하며, 국가는 이를 보장한다.'라고 규정하여 혼인과 가족생활에 있어서 특별히 양성의 평등대우를 명하고 있다. 그런데 이 사건 부칙조항으로 인해 혼인한 남성 등록의무자와 일부 혼인한 여성 등록의무자 간에 등록대상재산의 범위에 차이가 발생하게 되었으므로, 이에 대해서는 엄격한 심사척도를 적용하여 비례성 원칙에 따른 심사를 행하여야 할 것이다(헌재결 2021.9.30. 2019헌가3). → 비례원칙

11 난도 ★★☆　　　　　　　　　　　정답 ④

기본권론 > 기본권의 확인과 보장

정답의 이유

㉠ 정신건강증진 및 정신질환자 복지서비스 지원에 관한 법률, 형의 집행 및 수용자의 처우에 관한 법률에 있는 다른 제도들을 통하여 국민의 정신건강을 유지하는 데에 필요한 국가적 급부와 배려가 이루어지고 있으므로, 이 사건 법률조항들에서 치료감호대상자의 치료감호 청구권이나 법원의 직권에 의한 치료감호를 인정하지 않는다 하더라도 국민의 보건에 관한 국가의 보호의무에 반한다고 보기 어렵다(헌재 2021.1.28. 2019헌가24 등).

㉢ 형벌은 국가가 취할 수 있는 유효적절한 수많은 수단 중의 하나일 뿐이지, 결코 형벌까지 동원해야만 보호법익을 유효적절하게 보호할 수 있다는 의미의 최종적인 유일한 수단이 될 수는 없다 할 것이다. 따라서 이 사건 법률조항은 국가의 기본권 보호의무의 위반 여부에 관한 심사기준인 과소보호금지의 원칙에 위반한 것이라고 볼 수 없다(헌재 2009.2.26. 2005헌마764 등).

㉣ 국가가 산업단지계획의 승인 및 그에 따른 산업단지의 조성·운영으로 인하여 초래될 수 있는 환경상 위해로부터 지역주민을 포함한 국민의 생명·신체의 안전을 보호하기 위하여 필요한 최소한의 보호조치를 취하지 아니한 것이라고 보기는 어려우므로, 의견청취동시진행조항이 국가의 기본권 보호의무에 위배되었다고 할 수 없다(헌재 2016.12.29. 2015헌바280).

오답의 이유

㉢ 심판대상조항이 선거운동의 자유를 감안하여 선거운동을 위한 확성장치를 허용할 공익적 필요성이 인정된다고 하더라도 정온한 생활환경이 보장되어야 할 주거지역에서 출근 또는 등교 이전 및 퇴근 또는 하교 이후 시간대에 확성장치의 최고출력 내지 소음을 제한하는 등 사용시간과 사용지역에 따른 수인한도 내에서 확성장치의 최고출력 내지 소음 규제기준에 관한 규정을 두지 아니한 것은, 국민이 건강하고 쾌적하게 생활할 수 있는 양호한 주거환경을 위하여 노력하여야 할 국가의 의무를 부과한 헌법 제35조 제3항에 비추어 보면, 적절하고 효율적인 최소한의 보호조치를 취하지 아니하여 국가의 기본권 보호의무를 과소하게 이행한 것으로서, 청구인의 건강하고 쾌적한 환경에서 생활

할 권리를 침해하므로 헌법에 위반된다(헌재결 2019.12.27. 2018헌마730).

㉢ 가축사육시설의 환경이 지나치게 열악할 경우 그러한 시설에서 사육되고 생산된 축산물을 섭취하는 인간의 건강도 악화될 우려가 있으므로, 국가로서는 건강하고 위생적이며 쾌적한 시설에서 가축을 사육할 수 있도록 필요한 적절하고도 효율적인 조치를 취함으로써 소비자인 국민의 생명·신체의 안전에 관한 기본권을 보호할 구체적인 헌법적 의무가 있다. … 따라서 심판대상조항이 국민의 생명·신체의 안전에 대한 국가의 보호의무에 관한 과소보호금지원칙에 위배되었다고 볼 수는 없다(헌재결 2015.9.24. 2013헌마384).

12 난도 ★★☆   정답 ⑤

기본권론 > 재판 청구권

[정답의 이유]

⑤ 재판청구권과 같은 절차적 기본권은 원칙적으로 제도적 보장의 성격이 강하기 때문에, 자유권적 기본권 등 다른 기본권의 경우와 비교하여 볼 때 상대적으로 광범위한 입법형성권이 인정되므로, 관련 법률에 대한 위헌심사기준은 합리성원칙 내지 자의금지원칙이 적용된다(헌재 2015.3.26. 2013헌바186).

[오답의 이유]

① 재판을 청구할 수 있는 기간 또는 재판에 불복할 수 있는 기간을 정하는 것 역시 입법자가 그 입법형성재량에 기초한 정책적 판단에 따라 결정할 문제라고 할 것이고, 그것이 입법부에 주어진 합리적인 재량의 한계를 일탈하지 아니하는 한 위헌이라고 할 수 없다. 다만, 이러한 입법재량도 제소기간 또는 불복기간을 너무 짧게 정하여 재판을 제기하거나 불복하는 것을 사실상 불가능하게 하거나 합리적인 이유로 정당화될 수 없는 방법으로 이를 어렵게 한다면 재판청구권은 사실상 형해화될 수 있으므로, 이러한 점에서 입법형성권의 한계가 있다(헌재 2015.3.26. 2013헌바186).

② 당해 처분의 당사자로서는 그 설명서를 받는 즉시 자신이 면직처분 등을 받은 이유 등을 상세히 알 수 있고, 30일이면 그 면직처분을 소청심사 등을 통해 다툴지 여부를 충분히 숙고할 수 있다고 할 것이어서 처분사유 설명서 교부일부터 30일 이내 소청심사를 청구하도록 한 것이 지나치게 짧아 청구인의 권리구제를 위한 재판청구권의 행사를 불가능하게 하거나 형해화한다고 볼 수 없으므로 이 사건 청구기간 조항은 청구인의 재판청구권을 침해하지 아니한다(헌재 2015.3.26. 2013헌바186).

③ 직권면직처분을 받은 지방공무원이 그에 대해 불복할 경우 행정소송의 제기에 앞서 반드시 소청심사를 거치도록 규정한 것은 행정기관 내부의 인사행정에 관한 전문성 반영, 행정기관의 자율적 통제, 신속성 추구라는 행정심판의 목적에 부합한다. 소청심사제도에도 심사위원의 자격요건이 엄격히 정해져 있고, 임기와 신분이 보장되어 있는 등 독립성과 공정성이 확보되어 있으며, 증거조사절차나 결정절차 등 심리절차에 있어서도 사법절차가 상당 부분 준용되고 있다. … 이 사건 필요적 전치조항은 입법형성의 한계를 벗어나 재판청구권을 침해하거나 평등원칙에 위반된다고 볼 수 없다(헌재 2015.3.26. 2013헌바186).

④ 입법자는 행정심판을 통한 권리구제의 실효성, 행정청에 의한 자기 시정의 개연성, 문제되는 행정처분의 특수성 등을 고려하여 행정심판을 임의적 전치절차로 할 것인지, 아니면 필요적 전치절차로 할 것인지를 결정할 입법형성권을 가지고 있다(헌재 2015.3.26. 2013헌바186).

13 난도 ★★★   정답 ⑤

기본권론 > 기본권 총론

[정답의 이유]

⑤ 대상자에게 출소 후 7일 이내에 거주예정지 관할경찰서장에 대하여 출소사실을 신고하여야 한다는 의무를 부과하고 위반 시 이를 처벌하도록 규정한 법 제6조 제1항 전문 중 후단 부분 및 제27조 제2항 부분은, 우리 헌법이 보안처분을 수용하여 이에 관한 규정을 두고 있고, 법이 대상자의 재범의 위험성을 예방하고 건전한 사회복귀를 촉진하기 위해 보안관찰처분에 대해 규정하고 있는 점 등에 비추어 그 입법목적의 정당성이 인정된다. … 따라서 출소후신고조항 및 위반 시 처벌조항은 과잉금지원칙을 위반하여 청구인의 사생활의 비밀과 자유 및 개인정보자기결정권을 침해하지 아니한다(헌재결 2021.6.24. 2017헌바479).

[오답의 이유]

① 개인정보자기결정권의 보호대상이 되는 개인정보는 개인의 신체, 신념, 사회적 지위, 신분 등과 같이 개인의 인격주체성을 특징짓는 사항으로서 그 개인의 동일성을 식별할 수 있게 하는 일체의 정보라고 할 수 있고, 반드시 개인의 내밀한 영역이나 사사(私事)의 영역에 속하는 정보에 국한되지 않고 공적 생활에서 형성되었거나 이미 공개된 개인정보까지 포함한다(헌재 2005.7.21. 2003헌마282).

② 심판대상조항의 입법목적은 공공성을 지닌 전문직인 변호사에 관한 정보를 널리 공개하여 법률서비스 수요자가 필요한 정보를 얻는 데 도움을 주고, 변호사시험 관리 업무의 공정성과 투명성을 간접적으로 담보하는 데 있다. … 따라서 심판대상조항이 과잉금지원칙에 위배되어 청구인들의 개인정보자기결정권을 침해한다고 볼 수 없다(헌재결 2020.3.26. 2018헌마77).

③ 보안관찰해당범죄로 인한 형의 집행을 마치고 출소하여 이미 과거 범죄에 대한 대가를 치른 대상자에게 보안관찰처분의 개시 여부를 결정하기 위함이라는 공익을 위하여 재범의 위험성과 무관하게 무기한으로 과도한 범위의 신고의무를 부과하고 위반 시 피 보안관찰자와 동일한 형으로 형사처벌하는 것은, 달성하고자 하는 공익에 비하여 그들의 기본권을 과도하게 제한하여 법익의 균형성에도 위반된다. … 따라서 변동신고조항 및 위반 시 처벌조항은 과잉금지원칙을 위반하여 청구인의 사생활의 비밀과 자유 및 개인정보자기결정권을 침해한다(헌재결 2021.6.24. 2017헌바479).

④ 이 사건 구법 조항이 추구하는 공익에 비해 법원에서 불처분결정된 소년부송치 사건의 수사경력자료가 삭제되지 않고 당사자의 사망 시까지 보존됨으로 인하여 당사자가 입게 되는 불이익이 더 크다고 할 것이다. 따라서 법원에서 불처분결정된 소년부

송치 사건에 대한 수사경력자료의 보존기간과 삭제에 대한 규정을 두지 않은 이 사건 구법 조항은 과잉금지원칙을 위반하여 소년부송치 후 불처분결정을 받은 자의 개인정보자기결정권을 침해한다(헌재결 2021.6.24. 2018헌가2).

14 난도 ★★☆ 정답 ①

기본권론 > 근로의 권리

[정답의 이유]

① 축산업은 가축의 양육 및 출하에 있어 기후 및 계절의 영향을 강하게 받으므로, 근로시간 및 근로내용에 있어 일관성을 담보하기 어렵고, 축산업에 종사하는 근로자의 경우에도 휴가에 관한 규정은 여전히 적용되며, 사용자와 근로자 사이의 근로시간 및 휴일에 관한 사적 합의는 심판대상조항에 의한 제한을 받지 않는다. 현재 우리나라 축산업의 상황을 고려할 때, 축산업 근로자들에게 근로기준법을 전면적으로 적용할 경우, 인건비 상승으로 인한 경제적 부작용이 초래될 위험이 있다. 위 점들을 종합하여 볼 때, 심판대상조항이 입법자가 입법재량의 한계를 일탈하여 인간의 존엄을 보장하기 위한 최소한의 근로조건을 마련하지 않은 것이라고 보기 어려우므로, 심판대상조항은 청구인의 근로의 권리를 침해하지 않는다(헌재결 2021.8.31. 2018헌마563).

[오답의 이유]

② 해고예고제도는 근로관계 종료 전 사용자에게 근로자에 대한 해고예고를 하게 하는 것이어서, 근로조건을 이루는 중요한 사항에 해당하고 근로의 권리의 내용에 포함된다. 그런데 근로조건의 결정은 근로조건 개선을 위한 법제의 정비 등 국가의 적극적인 급부와 배려를 통하여 비로소 이루어지는 것이어서, 해고예고제도의 구체적 내용인 적용대상 근로자의 범위, 예고기간의 장단 등에 대해서는 입법형성의 재량이 인정된다(헌재결 2017.5.25. 2016헌마640).

③ 연차유급휴가의 판단기준으로 근로연도 1년간의 재직 요건을 정한 이상, 이 요건을 충족하지 못한 근로연도 중도퇴직자의 중도퇴직 전 근로에 관하여 반드시 그 근로에 상응하는 등의 유급휴가를 보장하여야 하는 것은 아니므로, 근로연도 중도퇴직자의 중도퇴직 전 근로에 대해 1개월 개근 시 1일의 유급휴가를 부여하지 않더라도 이것이 청구인의 근로의 권리를 침해한다고 볼 수 없다(헌재 2015.5.28. 2013헌마619).

④ 이 사건 법령조항은 정직처분을 받은 공무원에 대하여 정직일수를 연차유급휴가인 연가일수에서 공제하도록 규정하고 있는바, 연차유급휴가는 일정기간 근로의무를 면제함으로써 근로자의 정신적·육체적 휴양을 통하여 문화적 생활의 향상을 기하려는 데 그 의의가 있으므로 근로의무가 면제된 정직일수를 연가일수에서 공제하였다고 하여 이 사건 법령조항이 현저히 불합리하다고 보기 어렵다. … 이 사건 법령조항이 청구인의 근로의 권리를 침해한다고 볼 수 없다(헌재 2008.9.25. 2005헌마586).

⑤ 이 사건 출국만기보험금이 근로자의 퇴직 후 생계 보호를 위한 퇴직금의 성격을 가진다고 하더라도 불법체류가 초래하는 여러 가지 문제를 고려할 때 불법체류 방지를 위해 그 지급시기를 출국과 연계시키는 것은 불가피하므로 심판대상조항이 청구인들

의 근로의 권리를 침해한다고 보기 어렵다(헌재 2016.3.31. 2014헌마367).

15 난도 ★★☆ 정답 ⑤

기본권론 > 사생활적 기본권

[정답의 이유]

㉠ (×) 영상통화 방식의 접견은 헌법이 명문으로 특별히 평등을 요구하는 영역에 속하지 않고, 달리 인터넷화상접견 대상자 지침조항 및 스마트접견 대상자 지침조항에 의한 중대한 기본권의 제한 역시 인정할 수 없다. 따라서 위 각 지침조항에 의한 평등권 침해 여부는 차별에 합리적 이유가 있는지를 살펴보는 방식으로 심사하는 것이 적절하다(헌재 2021.11.25. 2018헌마598).

㉡ (×) 민법 제정 이후의 사회적·법률적·의학적 사정변경을 전혀 반영하지 아니한 채, 이미 혼인관계가 해소된 이후에 자가 출생하고 생부가 출생한 자를 인지하려는 경우마저도, 아무런 예외 없이 그 자를 전남편의 친생자로 추정함으로써 친생부인의 소를 거치도록 하는 심판대상조항은 입법형성의 한계를 벗어나 모가 가정생활과 신분관계에서 누려야 할 인격권, 혼인과 가족생활에 관한 기본권을 침해한다(헌재결 2015.4.30. 2013헌마623).

㉢ (×) 이 사건 법률조항은 우리 사회의 중대한 공익이며 헌법 제36조 제1항으로부터 도출되는 일부일처제를 실현하기 위한 것이다. 이 사건 법률조항은 중혼을 혼인무효사유가 아니라 혼인취소사유로 정하고 있는데, 혼인 취소의 효력은 기왕에 소급하지 아니하므로 중혼이라 하더라도 법원의 취소판결이 확정되기 전까지는 유효한 법률혼으로 보호받는다. 후혼의 취소가 가혹한 결과가 발생하는 경우에는 구체적 사건에서 법원이 권리남용의 법리 등으로 해결하고 있다. 따라서 중혼 취소청구권의 소멸에 관하여 아무런 규정을 두지 않았다 하더라도, 이 사건 법률조항이 현저히 입법재량의 범위를 일탈하여 후혼배우자의 인격권 및 행복추구권을 침해하지 아니한다(헌재 2014.7.24. 2011헌바275).

㉣ (○) 육아휴직신청권은 헌법 제36조 제1항 등으로부터 개인에게 직접 주어지는 헌법적 차원의 권리라고 볼 수는 없고, 입법자가 입법의 목적, 수혜자의 상황, 국가예산, 전체적인 사회보장수준, 국민정서 등 여러 요소를 고려하여 제정하는 입법에 적용요건, 적용대상, 기간 등 구체적인 사항이 규정될 때 비로소 형성되는 법률상의 권리이다(헌재 2008.10.30. 2005헌마1156).

㉤ (○) 청구인은 사실혼 배우자에게 상속권을 인정하지 않는 것이 헌법 제36조 제1항의 국가의 혼인제도 보장의무 위반이라고 주장한다. 그러나 헌법 제36조 제1항에서 규정하는 '혼인'이란 양성이 평등하고 존엄한 개인으로서 자유로운 의사의 합치에 의하여 생활공동체를 이루는 것으로서 법적으로 승인받은 것을 말하므로, 법적으로 승인되지 아니한 사실혼은 헌법 제36조 제1항의 보호범위에 포함된다고 보기 어렵다(헌재 2014.8.28. 2013헌바119).

기본권론 > 영장주의

정답의 이유

ⓛ 헌법에서 수사단계에서의 영장신청권자를 검사로 한정한 것은 다른 수사기관에 대한 수사지휘권을 확립시켜 인권유린의 폐해를 방지하고, 법률전문가인 검사를 거치도록 함으로써 기본권침해 가능성을 줄이고자 한 것이다. 헌법에 규정된 영장신청권자로서의 검사는 검찰권을 행사하는 국가기관인 검사로서 공익의 대표자이자 수사단계에서의 인권옹호기관으로서의 지위에서 그에 부합하는 직무를 수행하는 자를 의미하는 것이지, 검찰청법상 검사만을 지칭하는 것으로 보기 어렵다(헌재결 2021.1.28. 2020헌마264 등).

ⓔ 심판대상조항은 체포영장을 발부받아 피의자를 체포하는 경우에 필요한 때에는 영장 없이 타인의 주거 등 내에서 피의자 수사를 할 수 있다고 규정함으로써, 앞서 본 바와 같이 별도로 영장을 발부받기 어려운 긴급한 사정이 있는지 여부를 구별하지 아니하고 피의자가 소재할 개연성만 소명되면 영장 없이 타인의 주거 등을 수색할 수 있도록 허용하고 있다. 이는 체포영장이 발부된 피의자가 타인의 주거 등에 소재할 개연성은 소명되나, 수색에 앞서 영장을 발부받기 어려운 긴급한 사정이 인정되지 않는 경우에도 영장 없이 피의자 수색을 할 수 있다는 것이므로, 위에서 본 헌법 제16조의 영장주의 예외 요건을 벗어나는 것으로서 영장주의에 위반된다(헌재결 2018.4.26. 2015헌바370 등).

오답의 이유

ⓐ 헌법 제12조 제3항에서 정하고 있는 영장주의는 형사절차와 관련된 강제처분에 한하여 적용되는 것이고, 병에 대한 징계를 정하고 있는 심판대상조항에 대해서도 그대로 적용된다고 볼 수 없다(헌재결 2020.9.24. 2017헌바157 등). 헌법재판소는 병에 대한 영창처분의 근거조항에 대하여 7인은 위헌의견, 2인은 합헌의견이었고 재판관 4인은 법정의견에 대한 보충의견으로 징계절차로서의 인신구금에 대해서도 영장주의가 적용된다고 했으나 재판관 2인의 합헌의견은 행정절차에는 영장주의가 적용되지 않는다고 보았다.

ⓒ 강제퇴거명령 및 보호에 관한 단속, 조사, 심사, 집행 업무를 동일한 행정기관에서 하게 할 것인지, 또는 서로 다른 행정기관에서 하게 하거나 사법기관을 개입시킬 것인지는 입법정책의 문제이므로, 보호의 개시나 연장 단계에서 사법부의 판단을 받도록 하는 절차가 규정되어 있지 않다고 하여 곧바로 적법절차원칙에 위반된다고 볼 수는 없다. … 따라서 심판대상조항은 헌법상 적법절차원칙에 위반된다고 볼 수 없다(헌재결 2018.2.22. 2017헌가29).

ⓜ 위치정보 추적자료 제공요청은 통신비밀보호법이 정한 강제처분에 해당되므로 헌법상 영장주의가 적용된다. 영장주의의 본질은 강제처분을 함에 있어 중립적인 법관이 구체적 판단을 거쳐야 한다는 점에 있는바, 이 사건 허가조항은 수사기관이 전기통신사업자에게 위치정보 추적자료 제공을 요청함에 있어 관할 지방법원 또는 지원의 허가를 받도록 규정하고 있으므로 헌법상 영장주의에 위배되지 아니한다(헌재결 2018.6.28. 2012헌마191 등).

통치구조론 > 국회

정답의 이유

③ 국회법 제41조 제2항·제5항

> **제41조(상임위원장)**
> ② 상임위원장은 제48조(위원의 선임 및 개선) 제1항부터 제3항까지에 따라 선임된 해당 상임위원 중에서 임시의장 선거의 예에 준하여 본회의에서 선거한다.
> ⑤ 상임위원장은 본회의의 동의를 받아 그 직을 사임할 수 있다. 다만, 폐회 중에는 의장의 허가를 받아 사임할 수 있다.

오답의 이유

① 국회의장은 헌법 제48조에 따라 국회에서 선출되는 헌법상의 국가기관이다. 헌법과 법률에 의하여 국회를 대표하고 의사를 정리하며, 질서를 유지하고 사무를 감독할 지위에 있고(법 제10조), 이러한 지위에서 본회의 개의일시의 변경, 의사일정의 작성과 변경, 의안의 상정, 의안의 가결선포 등의 권한을 행사한다. 이 사건과 같은 상임위원의 선임 또는 개선은 이와 같은 국회의장의 직무 중 의사정리권한에 속하는 것이다(헌재 2003.10.30. 2002헌라1).

② 대체토론은 안건에 대한 전반적인 문제점과 당부에 관한 일반적인 의견을 제시하는 것으로, 그 목적은 소위 회부 전에 소위에서 심의할 방향이나 문제점의 시정을 위한 여러 가지 수정방향을 제시해 주는 데 있다. 실질적이고 심도 있는 안건심사를 기대하기 위하여 제14대 국회의 개정국회법(1994.6.28.)에서 채택한 제도로서, 위원회는 대체토론을 마친 후라야만 법률안을 소위원회에 회부할 수 있다(헌재 2010.12.28. 2008헌라7).

④ 국회법 제37조 제1항

> **제37조(상임위원회와 그 소관)**
> ① 상임위원회의 종류와 소관 사항은 다음과 같다.
> 1. 국회운영위원회
>   다. 국회사무처 소관에 속하는 사항

⑤ 국회법 제38조

> **제38조(상임위원회의 위원 정수)**
> 상임위원회의 위원 정수(定數)는 국회규칙으로 정한다. 다만, 정보위원회의 위원 정수는 12명으로 한다.

통치구조론 > 헌법소원심판

정답의 이유

③ 헌법재판소법 제68조 제2항의 헌법소원은 법률의 위헌여부심판의 제청신청을 하여 그 신청이 기각된 때에만 청구할 수 있는 것이므로, 청구인이 특정 법률조항에 대한 위헌여부심판의 제청신청을 하지 않았고 따라서 법원의 기각결정도 없었다면 비록 헌

법소원심판청구에 이르러 위헌이라고 주장하는 법률조항에 대한 헌법소원은 원칙적으로 심판청구요건을 갖추지 못하여 부적법한 것이나, 예외적으로 위헌제청신청을 기각 또는 각하한 법원이 위 조항을 실질적으로 판단하였거나 위 조항이 명시적으로 위헌제청신청을 한 조항과 필연적 연관관계를 맺고 있어서 법원이 위 조항을 묵시적으로나마 위헌제청신청으로 판단을 하였을 경우에는 헌법재판소법 제68조 제2항의 헌법소원으로서 적법한 것이다(헌재 2005.2.24. 2004헌바24).

오답의 이유

① 폐지된 법률에 대한 헌법소원은 원칙적으로 부적법하지만, 그 위헌 여부가 관련 소송사건 재판의 전제가 되어 있다면 위헌심판대상이 된다(헌재결 2015.6.5. 2015헌바194).

② 법무법인 ○○에게 소송대리권을 수여한 사실이 인정되지 않아 당해사건이 부적법하다는 이유로 소 각하 판결이 확정된 일부 청구인들의 심판청구는 법률의 위헌 여부를 따져 볼 필요 없이 각하를 면할 수 없으므로, 재판의 전제성이 인정되지 않아 부적법하다(헌재결 2020.3.26. 2016헌바55 등).

④ 법률조항이 당해 사건의 재판에 간접 적용되더라도, 그 위헌여부에 따라 당해 사건의 재판에 직접 적용되는 법률조항의 위헌여부가 결정되거나, 당해 재판의 결과가 좌우되는 경우 등 양 규범 사이에 내적 관련이 인정된다면 재판의 전제성을 인정할 수 있다(헌재결 2021.5.27. 2019헌바332).

⑤ 공판정에서 청구인이 출석한 가운데 재판서에 의하여 위헌법률심판제청신청을 기각하는 취지의 주문을 낭독하는 방법으로 재판의 선고를 한 경우, 청구인은 이를 통하여 위헌법률심판제청신청에 대한 기각 결정을 통지받았다고 보아야 하므로 그로부터 30일이 경과한 후 제기된 헌법소원 심판청구는 청구기간을 경과한 것으로서 부적법하다(헌재결 2018.8.30. 2016헌바316).

19 난도 ★★★ 정답 ⑤

기본권론 > 교육을 받을 권리

정답의 이유

⑤ 심판대상조항이 규정한 예산과목의 내용은 유치원의 재정 건전성 확보를 위해 그 필요성이 인정되고, 일정 부분 사립유치원에 운영의 자율성을 보장하고 있으며, 교육감이 예산과목 구분을 조정할 수 있도록 함으로써 구체적 타당성도 도모하고 있다. 비록 심판대상조항의 사립유치원 세입·세출예산 과목에 청구인들이 주장하는 바와 같은 항목들(유치원 설립을 위한 차입금 및 상환금, 유치원 설립자에 대한 수익배당, 통학 및 업무용 차량 이외의 설립자 개인 차량의 유류대 등)을 두지 않았다고 하더라도, 그러한 사정만으로는 심판대상조항이 현저히 불합리하거나 자의적이라고 볼 수 없다. 따라서 심판대상조항이 입법형성의 한계를 일탈하여 사립유치원 설립·경영자의 사립유치원 운영의 자유를 침해한다고 볼 수 없다(헌재결 2019.7.25. 2017헌마1038 등).

오답의 이유

① 사립학교는 그 설립자의 특별한 설립이념을 구현하거나 독자적인 교육방침에 따라 개성 있는 교육을 실시할 수 있을 뿐만 아니라 공공의 이익을 위한 재산출연을 통하여 정부의 공교육 실시를 위한 재정적 투자능력의 한계를 자발적으로 보완해 주는 역할을 담당하므로, 사립학교 설립의 자유와 운영의 독자성을 보장할 필요가 있다(헌재결 2019.7.25. 2017헌마1038).

② 사립유치원이 심판대상조항의 적용으로 수입 및 지출할 수 있는 비용의 항목이 한정되는 등 엄격한 재무·회계관리가 이루어진다고 하더라도 이로 인해 사립유치원 운영의 자율성이 완전히 박탈되는 것은 아니다(헌재결 2019.7.25. 2017헌마1038).

③ 사립학교도 공교육의 일익을 담당한다는 점에서 국·공립학교와 본질적이 차이가 있을 수 없기 때문에 공적인 학교 제도를 보장하여야 할 책무를 진 국가가 일정한 범위 안에서 사립학교의 운영을 관리·감독할 권한과 책임을 지는 것 또한 당연하다 할 것이고, 그 규율의 정도는 그 시대의 사정과 각급 학교의 형편에 따라 다를 수밖에 없는 것이므로, 교육의 본질을 침해하지 않는 한 궁극적으로는 입법권자의 형성의 자유에 속하는 것이라 할 수 있다(헌재결 2019.7.25. 2017헌마1038).

④ 개인이 설립한 사립유치원 역시 사립학교법·유아교육법상 학교로서 공교육 체계에 편입되어 그 공공성이 강조되고 공익적인 역할을 수행한다. 사립유치원은 공교육이라는 공익적 서비스를 제공함에 따라 국가 및 지방자치단체로부터 그 운영재원의 대부분에 해당하는 재정지원 및 다양한 세제혜택을 받고 있다. 따라서 사립유치원의 재정 및 회계의 투명성은 그 유치원에 의하여 수행되는 교육의 공공성과 직결된다고 할 것이다(헌재결 2019.7.25. 2017헌마1038).

20 난도 ★★★ 정답 ③

통치구조론 > 헌법재판소

정답의 이유

㉠ (○) 이 사건 이관행위는 대통령기록물관리에 관한 법률에 따른 대통령기록물 관리업무 수행 기관의 변경행위로서, 법률이 정하는 권한분장에 따라 업무수행을 하기 위한 국가기관 사이의 내부적·절차적 행위에 불과하므로 헌법소원심판의 대상이 되는 공권력의 행사에 해당한다고 볼 수 없다(헌재 2019.12.27. 2017헌마359 등).

㉡ (×) 이 사건 전형사항으로 인해 재외국민 특별전형 지원을 제한받는 사람은 각 대학의 2021학년도 재외국민 특별전형 지원(예정)자이다. 학부모인 청구인의 부담은 간접적인 사실상의 불이익에 해당하므로, 이 사건 전형사항으로 인한 기본권침해의 자기관련성이 인정되지 않는다(헌재결 2020.3.26. 2019헌마212).

㉢ (○) 헌법재판소는 권리구제절차를 거치지 않고 헌법소원심판을 먼저 청구하여 보충성 요건이 흠결된 경우라도, 헌법재판소의 종국결정 전에 다른 법률에 규정된 권리구제절차를 거친 경우에는 보충성 요건의 흠결이 치유될 수 있다고 보고 있으므로, 당사자는 헌법소원심판청구와 동시에 혹은 그 후에라도 다른 권리구

절차를 거침으로써 보충성 요건을 용이하게 보완할 수 있다 (헌재결 2021.1.28. 2019헌마468).

ㄹ (×) 시행유예기간의 적용 대상인 청구인들에 대해서도 청구기간의 기산점은 시행일인 것으로 해석하는 것은 헌법소원심판청구권을 보장하는 취지에 어긋난다. … 시행유예기간 경과일을 청구기간의 기산점으로 해석함으로써 헌법소원심판청구권 보장과 법적안정성 확보 사이의 균형을 달성할 수 있다. 종래 이와 견해를 달리하여, 법령의 시행일 이후 법령에 규정된 일정한 기간이 경과한 후에 비로소 법령의 적용을 받는 청구인들에 대한 헌법재판소법 제68조 제1항의 규정에 의한 법령에 대한 헌법소원심판 청구기간의 기산점을 법령의 시행일이라고 판시한 우리 재판소 결정들은, 이 결정의 취지와 저촉되는 범위 안에서 변경한다(헌재결 2020.4.23. 2017헌마479).

ㅁ (○) 이 사건 심판청구가 비록 청구기간을 경과하여서 한 것이라 하더라도 정당한 사유가 있는 경우에는 이를 허용하는 것이 헌법소원제도의 취지와 헌법재판소법 제40조에 의하여 준용되는 행정소송법 제20조 제2항 단서에 부합하는 해석이라 할 것이다. 여기서 정당한 사유라 함은 청구기간 도과의 원인 등 여러 가지 사정을 종합하여 지연된 심판청구를 허용하는 것이 사회통념상으로 보아 상당한 경우를 뜻하는 것으로, 일반적으로 천재 기타 피할 수 없는 사정과 같은 객관적 불능의 사유와 이에 준할 수 있는 사유뿐만 아니라 일반적 주의를 다하여도 그 기간을 준수할 수 없는 사유를 포함한다고 할 것이다(헌재결 2020.12.23. 2017헌마416).

21 난도 ★★☆ 　　　　　　　　　　　　　　　정답 ①

통치구조론 > 국회

정답의 이유

① 간사와 협의하여 입법예고를 하지 아니할 수 있다(국회법 제82조의2 제1항).

> **제82조의2(입법예고)**
> ① 위원장은 간사와 협의하여 회부된 법률안(체계·자구 심사를 위하여 법제사법위원회에 회부된 법률안은 제외한다)의 입법 취지와 주요 내용 등을 국회공보 또는 국회 인터넷 홈페이지 등에 게재하는 방법 등으로 입법예고하여야 한다. 다만, 다음 각 호의 어느 하나에 해당하는 경우에는 위원장이 간사와 협의하여 입법예고를 하지 아니할 수 있다.
> 1. 긴급히 입법을 하여야 하는 경우
> 2. 입법 내용의 성질 또는 그 밖의 사유로 입법예고가 필요·없거나 곤란하다고 판단되는 경우
> ② 입법예고기간은 10일 이상으로 한다. 다만, 특별한 사정이 있는 경우에는 단축할 수 있다.

오답의 이유

② 국회법 제87조 제1항

> **제87조(위원회에서 폐기된 의안)**
> ① 위원회에서 본회의에 부의할 필요가 없다고 결정된 의안은 본회의에 부의하지 아니한다. 다만, 위원회의 결정이 본회의에 보고된 날부터 폐회 또는 휴회 중의 기간을 제외한 7일 이내에 의원 30명 이상의 요구가 있을 때에는 그 의안을 본회의에 부의하여야 한다.

③ 국회법 제84조의3

> **제84조의3(예산안·기금운용계획안 및 결산에 대한 공청회)**
> 예산결산특별위원회는 예산안, 기금운용계획안 및 결산에 대하여 공청회를 개최하여야 한다. 다만, 추가경정예산안, 기금운용계획변경안 또는 결산의 경우에는 위원회의 의결로 공청회를 생략할 수 있다.

④ 국회법 제85조의2 제1항

> **제85조의2(안건의 신속 처리)**
> ① 위원회에 회부된 안건(체계·자구 심사를 위하여 법제사법위원회에 회부된 안건을 포함한다)을 제2항에 따른 신속처리대상안건으로 지정하려는 경우 의원은 재적의원 과반수가 서명한 신속처리대상안건 지정요구 동의(動議)(이하 이 조에서 "신속처리안건 지정동의"라 한다)를 의장에게 제출하고, 안건의 소관 위원회 소속 위원은 소관 위원회 재적위원 과반수가 서명한 신속처리안건 지정동의를 소관 위원회 위원장에게 제출하여야 한다. 이 경우 의장 또는 안건의 소관 위원회 위원장은 지체 없이 신속처리안건 지정동의를 무기명투표로 표결하되, 재적의원 5분의 3 이상 또는 안건의 소관 위원회 재적위원 5분의 3 이상의 찬성으로 의결한다.

⑤ 국회법 제79조 제1항, 제79조의2 제1항

> **제79조(의안의 발의 또는 제출)**
> ① 의원은 10명 이상의 찬성으로 의안을 발의할 수 있다.
>
> **제79조의2(의안에 대한 비용추계 자료 등의 제출)**
> ① 의원이 예산상 또는 기금상의 조치를 수반하는 의안을 발의하는 경우에는 그 의안의 시행에 수반될 것으로 예상되는 비용에 관한 국회예산정책처의 추계서 또는 국회예산정책처에 대한 추계요구서를 함께 제출하여야 한다.

22 난도 ★★☆ 　　　　　　　　　　　　　　　정답 ③

기본권론 > 재산권

정답의 이유

③ 심판대상조항은 퇴직연금 수급자의 유족연금 수급권을 구체화함에 있어 급여의 적절성을 확보할 필요성, 한정된 공무원연금 재정의 안정적 운영, 우리 국민 전체의 소득 및 생활수준, 공무원 퇴직연금의 급여 수준, 유족연금의 특성, 사회보장의 기본원리 등을 종합적으로 고려하여 유족연금액의 2분의 1을 감액하여 지급하도록 한 것이므로, 입법형성의 한계를 벗어나 청구인의

인간다운 생활을 할 권리 및 재산권을 침해하였다고 볼 수 없다(헌재결 2020.6.25. 2018헌마865).

오답의 이유

① 이 사건 법률조항의 환매권 발생기간 '10년'을 예외 없이 유지하게 되면 토지수용 등의 원인이 된 공익사업의 폐지 등으로 공공필요가 소멸하였음에도 단지 10년이 경과하였다는 사정만으로 환매권이 배제되는 결과가 초래될 수 있다. 다른 나라의 입법례에 비추어 보아도 발생기간을 제한하지 않거나 더 길게 규정하면서 행사기간 제한 또는 토지에 현저한 변경이 있을 때 환매거절권을 부여하는 등 보다 덜 침해적인 방법으로 입법목적을 달성하고 있다. 이 사건 법률조항은 침해의 최소성 원칙에 어긋난다. … 결국 이 사건 법률조항은 헌법 제37조 제2항에 반하여 재산권을 침해한다(헌재결 2020.11.26. 2019헌바131).

② 정당의 추천을 받고자 공천신청을 하였음에도 정당의 후보자로 추천받지 못한 예비후보자는 소속 정당에 대한 신뢰·소속감 또는 당선가능성 때문에 본선거의 후보자로 등록을 하지 아니할 수 있다. 이를 두고 예비후보자가 처음부터 진정성이 없이 예비후보자 등록을 하였다거나 예비후보자로서 선거운동에서 불성실하다고 단정할 수 없다. … 따라서 이러한 사정이 있는 예비후보자가 납부한 기탁금은 반환되어야 함에도 불구하고, 심판대상조항이 이에 관한 규정을 두지 아니한 것은 입법 형성권의 범위를 벗어난 과도한 제한이라고 할 수 있다. … 그러므로 심판대상조항은 과잉금지원칙에 반하여 청구인의 재산권을 침해한다(헌재결 2018.1.25. 2016헌마541).

④ 예비군 교육훈련에 참가한 예비군대원이 훈련 과정에서 식비, 여비 등을 스스로 지출함으로써 생기는 경제적 부담은 헌법에서 보장하는 재산권의 범위에 포함된다고 할 수 없고, 예비군 교육훈련 기간 동안의 일실수익과 같은 기회비용 역시 경제적인 기회에 불과하여 재산권의 범위에 포함되지 아니한다. 그렇다면 심판대상조항으로 인하여 청구인의 재산권이 침해될 가능성을 인정할 수 없다(헌재결 2019.8.29. 2017헌마828).

⑤ 심판대상조항에 의한 퇴직급여 등의 감액은 재직 중 범죄사실에 대한 제재인 것이고, 형의 선고의 효력을 상실하게 하는 특별사면 및 복권을 받았다 하더라도 그것이 범죄사실에 기초한 형의 선고가 기왕에 있었다는 사실 그 자체까지 부정하는 것은 아닌 이상 제재의 근거가 소멸되는 것은 아니므로 특별사면 및 복권을 받았다 하더라도 퇴직급여 등에 대한 계속적인 감액을 함이 상당하다. 이상의 점들을 종합할 때, 심판대상조항이 형의 선고의 효력을 상실하게 하는 특별사면 및 복권을 받은 경우에도 퇴직급여 등을 여전히 감액하는 것은 그 합리적인 이유가 인정되는 바, 재산권 및 인간다운 생활을 할 권리를 침해한다고 볼 수 없다(헌재결 2020.4.23. 2018헌바402).

23 난도 ★★☆　　　　　　　　　　정답 ①

기본권론 > 통신의 자유

정답의 이유

① 심판대상조항은 휴대전화를 통한 문자·전화·모바일 인터넷 등 통신기능을 사용하고자 하는 자에게 반드시 사전에 본인확인 절차를 거치는 데 동의해야만 이를 사용할 수 있도록 하므로, 익명으로 통신하고자 하는 청구인들의 통신의 자유를 제한한다. 반면, 심판대상조항이 통신의 비밀을 제한하는 것은 아니다. 가입자의 인적사항이라는 정보는 통신의 내용·상황과 관계없는 '비내용적 정보'이며 휴대전화 통신계약 체결 단계에서는 아직 통신수단을 통하여 어떠한 의사소통이 이루어지는 것이 아니므로 통신의 비밀에 대한 제한이 이루어진다고 보기는 어렵기 때문이다(헌재결 2019.9.26. 2017헌마1209).

오답의 이유

② 자유로운 의사소통은 통신내용의 비밀을 보장하는 것만으로는 충분하지 아니하고 구체적인 통신으로 발생하는 외형적인 사실관계, 특히 통신관여자의 인적 동일성·통신시간·통신장소·통신횟수 등 통신의 외형을 구성하는 통신이용의 전반적 상황의 비밀까지도 보장해야 한다(헌재결 2018.6.28. 2012헌마191).

③ 헌법 제18조에서 "모든 국민은 통신의 비밀을 침해받지 아니한다."라고 규정하여 통신의 비밀을 침해받지 아니할 권리 즉, 통신의 자유를 국민의 기본권으로 보장하고 있다. 따라서 통신의 중요한 수단인 서신의 당사자나 내용은 본인의 의사에 반하여 공개될 수 없으므로 서신의 검열은 원칙으로 금지된다고 할 것이다. … 이러한 현행법령과 제도하에서 수형자가 수발하는 서신에 대한 검열로 인하여 수형자의 통신의 비밀이 일부 제한되는 것은 국가안전보장·질서유지 또는 공공복리라는 정당한 목적을 위하여 부득이할 뿐만 아니라 유효적절한 방법에 의한 최소한의 제한이며 통신의 자유의 본질적 내용을 침해하는 것이 아니므로 헌법에 위반된다고 할 수 없다(헌재 1998.8.27. 96헌마398).

④ 청구인은 심판대상조항에 의해 표현의 자유 또는 예술창작의 자유가 제한된다고 주장하나, 심판대상조항은 집필문을 창작하거나 표현하는 것을 금지하거나 이에 대한 허가를 요구하는 조항이 아니라 이미 표현된 집필문을 외부의 특정한 상대방에게 발송할 수 있는지 여부에 대해 규율하는 것이므로, 제한되는 기본권은 헌법 제18조에서 정하고 있는 통신의 자유로 봄이 상당하다(헌재결 2016.5.26. 2013헌바98).

⑤ 수사기관은 위치정보 추적자료를 통해 특정 시간대 정보주체의 위치 및 이동상황에 대한 정보를 취득할 수 있으므로 위치정보 추적자료는 충분한 보호가 필요한 민감한 정보에 해당되는 점, … 수사기관의 위치정보 추적자료 제공요청에 대해 법원의 허가를 거치도록 규정하고 있으나 수사의 필요성만을 그 요건으로 하고 있어 절차적 통제마저도 제대로 이루어지기 어려운 현실인 점 등을 고려할 때, 이 사건 요청조항은 과잉금지원칙에 반하여 청구인들의 개인정보자기결정권과 통신의 자유를 침해한다(헌재결 2018.6.28. 2012헌마191 등).

통치구조론 > 헌법소원

정답의 이유

④ 이 사건 법률조항의 문언상 직접적인 수범자는 '정보통신서비스제공자'이고, 정보게재자인 청구인은 제3자에 해당하나, 사생활이나 명예 등 자기의 권리가 침해되었다고 주장하는 자로부터 침해사실의 소명과 더불어 그 정보의 삭제 등을 요청받으면 정보통신서비스 제공자는 지체 없이 임시조치를 하도록 규정하고 있는 이상, 위 임시조치로 청구인이 게재한 정보는 접근이 차단되는 불이익을 받게 되었으므로, 이 사건 법률조항의 입법목적, 실질적인 규율대상, 제한이나 금지가 제3자에게 미치는 효과나 진지성의 정도를 종합적으로 고려할 때, 이 사건 법률조항으로 인한 기본권침해와 관련하여 청구인의 자기관련성을 인정할 수 있다(헌재 2012.5.31. 2010헌마88).

오답의 이유

① 헌법재판소법 제68조 제1항에 의하면 공권력의 행사 또는 불행사로 인하여 기본권이 침해를 받은 자만이 헌법소원을 제기할 수 있다. 이 법조문에서 규정하는 '공권력의 행사 또는 불행사로 인하여 기본권의 침해를 받은 자'는 공권력의 행사 또는 불행사로 인하여 자기의 기본권이 현재 그리고 직접적으로 침해받은 자를 의미한다(헌재결 1993.3.11. 91헌마233).

②·③ 원칙적으로 공권력의 행사 또는 불행사의 직접적인 상대방이 청구인적격이 있다. 그러나 공권력의 작용의 직접적인 상대방이 아닌 제3자라고 하더라도 공권력의 작용이 그 제3자의 기본권을 직접적이고 법적으로 침해하고 있는 경우에는 그 제3자에게 자기관련성이 있다고 할 것이다. 반대로 타인에 대한 공권력의 작용이 단지 간접적, 사실적 또는 경제적인 이해관계로만 관련되어 있는 제3자에게는 자기관련성은 인정되지 않는다고 보아야 할 것이다(헌재결 1993.3.11. 91헌마233).

⑤ 심판대상조항은 언론인 등 자연인을 수범자로 하고 있을 뿐이어서 청구인 사단법인 한국기자협회는 심판대상조항으로 인하여 자신의 기본권을 직접 침해당할 가능성이 없다. 또 사단법인 한국기자협회가 그 구성원인 기자들을 대신하여 헌법소원을 청구할 수도 없으므로, 위 청구인의 심판청구는 기본권 침해의 자기관련성을 인정할 수 없어 부적법하다(헌재결 2016.7.28. 2015헌마236 등).

통치구조론 > 헌법

정답의 이유

② 우리 헌법이 '대한민국의 영토는 한반도와 그 부속도서로 한다.'는 영토조항(제3조)을 두고 있는 이상 대한민국의 헌법은 북한지역을 포함한 한반도 전체에 그 효력이 미치고 따라서 북한지역은 당연히 대한민국의 영토가 되므로, 북한을 법 소정의 '외국'으로, 북한의 주민 또는 법인 등을 '비거주자'로 바로 인정하기는 어렵지만, 개별 법률의 적용 내지 준용에 있어서는 남북한의 특수관계적 성격을 고려하여 북한지역을 외국에 준하는 지역으로,

북한주민 등을 외국인에 준하는 지위에 있는 자로 규정할 수 있다고 할 것이다(헌재 2005.6.30. 2003헌바114).

오답의 이유

① 국가의 안전과 자유민주적 기본질서를 보장하고 국민의 안전을 확보하는 가운데 평화적 통일을 이루기 위한 기반을 조성하기 위하여 북한주민 등과의 접촉에 관하여 남북관계의 전문기관인 통일부장관에게 그 승인권을 준 이 사건 법률조항은 평화통일의 사명을 천명한 헌법 전문이나 평화통일원칙을 규정한 헌법 제4조, 대통령의 평화통일의무에 관하여 규정한 헌법 제66조 제3항의 규정 및 기타 헌법상의 통일관련조항에 위반된다고 볼 수 없다(헌재 2000.7.20. 98헌바63).

③ 1992.2.19. 발효된 '남북 사이의 화해와 불가침 및 교류협력에 관한 합의서'는 일종의 공동성명 또는 신사협정에 준하는 성격을 가짐에 불과하여 법률이 아님은 물론 국내법과 동일한 효력이 있는 조약이나 이에 준하는 것으로 볼 수 없다(헌재 2000.7.20. 98헌바63).

④ 남한과 북한의 주민(법인, 단체 포함) 사이의 투자 기타 경제에 관한 협력사업 및 이에 수반되는 거래에 대하여는 우선적으로 남북교류법과 동법시행령 및 위 외국환관리지침이 적용되며, 관련 범위 내에서 외국환거래법이 준용된다. 즉, '남한과 북한의 주민'이라는 행위 주체 사이에 '투자 기타 경제에 관한 협력사업'이라는 행위를 할 경우에는 남북교류법이 다른 법률보다 우선적으로 적용되고, 필요한 범위 내에서 외국환거래법 등이 준용되는 것이다(헌재 2005.6.30. 2003헌바114).

⑤ 헌법상의 여러 통일관련 조항들은 국가의 통일의무를 선언한 것이기는 하지만, 그로부터 국민 개개인의 통일에 대한 기본권, 특히 국가기관에 대하여 통일과 관련된 구체적인 행동을 요구하거나 일정한 행동을 할 수 있는 권리가 도출된다고 볼 수 없다(헌재 2000.7.20. 98헌바63).

헌법 | 2021년 국회직 8급

한눈에 훑어보기

✔ 영역 분석

헌법총론 02 24 25
3문항, 12%

기본권론 01 03 04 05 06 09 15 16 17 21 22
11문항, 44%

통치구조론 07 08 10 11 12 13 14 18 19 20 23
11문항, 44%

✔ 빠른 정답

01	02	03	04	05	06	07	08	09	10
④	④	⑤	②	①	⑤	①	⑤	①	⑤
11	12	13	14	15	16	17	18	19	20
③	③	②	②	③	⑤	③	④	⑤	④
21	22	23	24	25					
①	②	③	④	②					

✔ 점수 체크

구분	1회독	2회독	3회독
맞힌 문항 수	/ 25	/ 25	/ 25
나의 점수	점	점	점

01 난도 ★★☆ 정답 ④

기본권론 > 자유권적 기본권

정답의 이유

④ 헌법 제13조 제1항 후단에 규정된 일사부재리 또는 이중처벌금지의 원칙에 있어서 처벌이라고 함은 원칙적으로 범죄에 대한 국가의 형벌권 실행으로서의 과벌을 의미하는 것이고 국가가 행하는 일체의 제재나 불이익처분이 모두 그에 포함된다고는 할 수 없으므로 이 사건 법률조항에 의하여 급여를 제한한다고 하더라도 그것이 헌법이 금하고 있는 이중적인 처벌에 해당하는 것은 아니라고 할 것이다(헌재 2002.7.18. 2000헌바57).

오답의 이유

① 헌법재판소는 2005헌바33 결정에서 구 공무원연금법 제64조 제1항 제1호가 공무원의 '신분이나 직무상 의무'와 관련이 없는 범죄의 경우도 퇴직급여의 감액사유로 삼는 것이 퇴직공무원들의 기본권을 침해한다고 판시하였는데, 공무원의 직무와 관련이 없는 범죄라 할지라도 고의범의 경우에는 공무원의 법령준수의무, 청렴의무, 품위유지의무 등을 위반한 것으로 볼 수 있으므로 이를 퇴직급여의 감액사유에서 제외하지 아니하더라도 위 결정의 취지에 반한다고 볼 수 없다(헌재결 2016.6.30. 2014헌바365).

② 징계부가금은 공무원의 업무질서를 유지하기 위하여 공금의 횡령이라는 공무원의 의무 위반 행위에 대하여 지방자치단체가 사용자의 지위에서 행정 절차를 통해 부과하는 행정적 제재이다. 비록 징계부가금이 제재적 성격을 지니고 있더라도 이를 두고 헌법 제13조 제1항에서 금지하는 국가형벌권 행사로서의 '처벌'에 해당한다고 볼 수 없으므로, 심판대상조항은 이중처벌금지원칙에 위배되지 않는다(헌재 2015.2.26. 2012헌바435).

③ 국회 소속 공무원은 국회의장이 임용하되, 국회규칙으로 정하는 바에 따라 그 임용권의 일부를 소속 기관의 장에게 위임할 수 있다(국가공무원법 제32조 제4항).

⑤ 심판대상조항은 퇴직연금 수급자의 유족연금 수급권을 구체화함에 있어 급여의 적절성을 확보할 필요성, 한정된 공무원연금 재정의 안정적 운영, 우리 국민 전체의 소득 및 생활수준, 공무원 퇴직연금의 급여 수준, 유족연금의 특성, 사회보장의 기본원리 등을 종합적으로 고려하여 유족연금액의 2분의 1을 감액하여 지급하도록 한 것이므로, 입법형성의 한계를 벗어나 청구인의 인간다운 생활을 할 권리 및 재산권을 침해하였다고 볼 수 없다(헌재결 2020.6.25. 2018헌마865).

02 난도 ★★★
정답 ④

헌법총론 > 선거제도

정답의 이유

ⓛ (○) 헌재 2009.10.29. 2007헌마1462

ⓔ (○) 헌재 2009.3.26. 2006헌마67

ⓜ (○) 헌재 2001.7.19. 2000헌마91

오답의 이유

㉠ 헌법 제24조는 모든 국민은 '법률이 정하는 바에 의하여' 선거권을 가진다고 규정함으로써 법률유보의 형식을 취하고 있지만, 이것은 선거권을 실현하고 보장하기 위한 것이지 제한하기 위한 것이 아니므로, 선거권의 내용과 절차를 법률로 규정하는 경우에도 국민주권을 선언하고 있는 헌법 제1조, 평등권에 관한 헌법 제11조, 국회의원선거와 대통령선거에 있어서 보통·평등·직접·비밀선거를 보장하는 헌법 제41조 및 제67조의 취지에 부합하도록 하여야 한다. 그리고 민주주의 국가에서 국민주권과 대의제 민주주의의 실현수단으로서 선거권이 갖는 이 같은 중요성으로 인해 한편으로 입법자는 선거권을 최대한 보장하는 방향으로 입법을 하여야 하며, 또 다른 한편에서 선거권을 제한하는 법률의 합헌성을 심사하는 경우에는 그 심사의 강도도 엄격하여야 하는 것이다(헌재 2009.10.29. 2007헌마1462).

ⓒ 천재·지변 기타 부득이한 사유로 인하여 선거를 실시할 수 없거나 실시하지 못한 때에는 대통령선거와 국회의원선거에 있어서는 대통령이, 지방의회의원 및 지방자치단체의 장의 선거에 있어서는 관할선거구선거관리위원회위원장이 당해 지방자치단체의 장(職務代行者를 포함한다)과 협의하여 선거를 연기하여야 한다(공직선거법 제196조 제1항).

03 난도 ★☆☆
정답 ⑤

기본권론 > 자유권적 기본권

정답의 이유

⑤ 심판대상조항은 병의 복무규율 준수를 강화하고, 복무기강을 엄정히 하기 위하여 제정된 것으로 군의 지휘명령체계의 확립과 전투력 제고를 목적으로 하는바, 그 입법목적은 정당하고, 심판대상조항은 병에 대하여 강력한 위하력을 발휘하므로 수단의 적합성도 인정된다.

심판대상조항에 의한 영창처분은 징계처분임에도 불구하고 신분상 불이익 외에 신체의 자유를 박탈하는 것까지 그 내용으로 삼고 있어 징계의 한계를 초과한 점, 심판대상조항에 의한 영창처분은 그 실질이 구류형의 집행과 유사하게 운영되므로 극히 제한된 범위에서 형사상 절차에 준하는 방식으로 이루어져야 하는데, 영창처분이 가능한 징계사유는 지나치게 포괄적이고 기준이 불명확하여 영창처분의 보충성이 담보되고 있지 아니한 점, 심판대상조항은 징계위원회의 심의·의결과 인권담당 군법무관의 적법성 심사를 거치지만, 모두 징계권자의 부대 또는 기관에 설치되거나 소속된 것으로 형사절차에 견줄만한 중립적이고 객관적인 절차라고 보기 어려운 점, 심판대상조항으로 달성하고자 하는 목적은 인신구금과 같이 징계를 중하게 하는 것으로 달성

되는 데 한계가 있고, 병의 비위행위를 개선하고 행동을 교정할 수 있도록 적절한 교육과 훈련을 제공하는 것 등으로 가능한 점, 이와 같은 점은 일본, 독일, 미국 등 외국의 입법례를 살펴보더라도 그러한 점 등에 비추어 심판대상조항은 침해의 최소성 원칙에 어긋난다.

군대 내 지휘명령체계를 확립하고 전투력을 제고한다는 공익은 매우 중요한 공익이나, 심판대상조항으로 과도하게 제한되는 병의 신체의 자유가 위 공익에 비하여 결코 가볍다고 볼 수 없어, 심판대상조항은 법익의 균형성 요건도 충족하지 못한다. 이와 같은 점을 종합할 때, 심판대상조항은 과잉금지원칙에 위배된다(헌재 2020.9.24. 2017헌바157).

오답의 이유

① 헌법 제12조 제4항

② 헌법 제12조 제3항

③ 헌법 제12조 제6항

④ 헌법 제12조 제5항

04 난도 ★★☆
정답 ②

기본권론 > 평등권

정답의 이유

㉠ 심판대상조항이 규정하고 있는 골프장 부가금은 일반 국민에 비해 특별히 객관적으로 밀접한 관련성을 가진다고 볼 수 없는 골프장 부가금 징수 대상 시설 이용자들을 대상으로 하는 것으로서 합리적 이유가 없는 차별을 초래하므로, 헌법상 평등원칙에 위배된다(헌재결 2019.12.27. 2017헌가21).

ⓒ 이 사건 심판대상조항이 나이를 기준으로 하여 연장자에게 우선하여 보상금을 지급하는 것 역시 보상금 수급권이 갖는 사회보장적 성격에 부합하지 아니한다. 비록 독립유공자를 주로 부양한 자나, 협의에 의해 지정된 자를 보상금 수급권자로 할 수 있도록 하는 일정한 예외조항을 마련해 놓고 있으나, 조부모에 대한 부양가능성이나 나이가 많은 손자녀가 협조하지 않는 경우 등을 고려하면 그 실효성을 인정하기도 어렵다. 비금전적 보훈 혜택 역시 유족에 대한 보상금 지급과 동일한 정도로 유족들의 생활보호에 기여한다고 볼 수 없으므로, 이 사건 심판대상조항은 합리적인 이유없이 상대적으로 나이가 적은 손자녀인 청구인을 차별하여 평등권을 침해한다(헌재 2013.10.24. 2011헌마724).

오답의 이유

ⓛ 심판대상조항이 전문연구요원과 달리 공중보건의사의 군사교육 소집기간을 복무기간에 산입하지 않은 데에는 합리적 이유가 있으므로, 청구인들의 평등권을 침해하지 않는다(헌재 2020.9.24. 2019헌마472)

ⓔ 선고유예는 형법이 규정하는 고유한 종류의 제재로서 그 유예기간이 경과하면 면소되는 것으로 간주되고, 자격정지 이상의 형을 받은 전과가 없는 초범자에 대해서만 인정되며, 검사의 청구와 법원의 결정이 있어야만 실효되는 등 집행유예와 그 법적 성격 및 요건·효과에 있어서 근본적으로 차이가 있으므로, 집행유예에 비하여 선고유예의 실효사유를 넓게 규정하는 것이 형평

의 원칙에 부합하는 측면이 있다. 이와 같이 입법자가 선고유예의 입법취지, 실효의 효력발생 시기·효과 등을 감안하여 입법정책적인 차원에서 선고유예의 실효사유를 집행유예와 서로 다르게 규정하였다고 하더라도 이를 반드시 불합리한 차별이라고 보기는 어렵다(헌재 2009.3.26. 2007헌가19).

05 난도 ★☆☆　　　　　　　　　　　　　　정답 ①

기본권론 > 청구권적 기본권

[정답의 이유]

① 이 사건 영장절차 조항은 이와 같이 신체의 자유를 제한하는 디엔에이감식시료 채취 과정에서 중립적인 법관이 구체적 판단을 거쳐 발부한 영장에 의하도록 함으로써 법관의 사법적 통제가 가능하도록 한 것이므로, 그 목적의 정당성 및 수단의 적합성은 인정된다.

디엔에이감식시료채취영장 발부 여부는 채취대상자에게 자신의 디엔에이감식시료가 강제로 채취당하고 그 정보가 영구히 보관·관리됨으로써 자신의 신체의 자유, 개인정보자기결정권 등의 기본권이 제한될 것인지 여부가 결정되는 중대한 문제이다. 그럼에도 불구하고 이 사건 영장절차 조항은 채취대상자에게 디엔에이감식시료채취영장 발부 과정에서 자신의 의견을 진술할 수 있는 기회를 절차적으로 보장하고 있지 않을 뿐만 아니라, 발부 후 그 영장 발부에 대하여 불복할 수 있는 기회를 주거나 채취행위의 위법성 확인을 청구할 수 있도록 하는 구제절차마저 마련하고 있지 않다. 위와 같은 입법상의 불비가 있는 이 사건 영장절차 조항은 채취대상자인 청구인들의 재판청구권을 과도하게 제한하므로, 침해의 최소성 원칙에 위반된다.

이 사건 영장절차 조항에 따라 발부된 영장에 의하여 디엔에이신원확인정보를 확보할 수 있고, 이로써 장래 범죄수사 및 범죄예방 등에 기여하는 공익적 측면이 있으나, 이 사건 영장절차 조항의 불완전·불충분한 입법으로 인하여 채취대상자의 재판청구권이 형해화되고 채취대상자가 범죄수사 및 범죄예방의 객체로만 취급받게 된다는 점에서, 양자 사이에 법익의 균형성이 인정된다고 볼 수도 없다.

따라서 이 사건 영장절차 조항은 과잉금지원칙을 위반하여 청구인들의 재판청구권을 침해한다(헌재결 2018.8.30. 2016헌마344).

[오답의 이유]

② 헌재 2012.5.31. 2010헌마625
③ 헌재결 2018.12.27. 2015헌바77
④ 헌재 2009.11.26. 2008헌바12
⑤ 헌재 2012.2.23. 2009헌바34

06 난도 ★★☆　　　　　　　　　　　　　　정답 ⑤

기본권론 > 사생활 자유권

[정답의 이유]

⑤ 거주·이전의 자유는 거주지나 체류지라고 볼 만한 정도로 생활과 밀접한 연관을 갖는 장소를 선택하고 변경하는 행위를 보호하는 기본권인바, 이 사건에서 서울광장이 청구인들의 생활형성의 중심지인 거주지나 체류지에 해당한다고 할 수 없고, 서울광장에 출입하고 통행하는 행위가 그 장소를 중심으로 생활을 형성해 나가는 행위에 속한다고 볼 수도 없으므로 청구인들의 거주·이전의 자유가 제한되었다고 할 수 없다(헌재 2011.6.30. 23009헌마406).

[오답의 이유]

① · ② 헌재결 2015.11.26. 2013헌마805
③ 헌재 2008.6.26. 2007헌마1366
④ 헌재결 2015.11.26. 2013헌마805

07 난도 ★★★　　　　　　　　　　　　　　정답 ①

통치구조론 > 대통령

[정답의 이유]

㉠ 헌법 제76조 제2항
㉢ 대통령직 인수에 관한 법률 제6조 제2항

[오답의 이유]

㉡ 판사는 인사위원회의 심의를 거치고 대법관회의의 동의를 받아 대법원장이 임명한다(법원조직법 제41조 제2항).

제41조(법관의 임명)
① 대법원장은 국회의 동의를 받아 대통령이 임명한다.
② 대법관은 대법원장의 제청으로 국회의 동의를 받아 대통령이 임명한다.
③ 판사는 인사위원회의 심의를 거치고 대법관회의의 동의를 받아 대법원장이 임명한다.

㉣ 대통령은 외교사절을 신임·접수 또는 파견에 국회의 동의는 필요 없다.
㉤ 대통령의 임기가 만료되는 때에는 임기만료 70일 내지 40일 전에 후임자를 선거한다(헌법 제68조 제1항).

08 난도 ★★☆　　　　　　　　　　　　　　정답 ⑤

통치구조론 > 법원

[정답의 이유]

⑤ 입법권이 사법권에 간섭하는 것을 최소화하여 사법의 자주성과 독립성을 보장한다는 측면과 사법권의 적절한 행사에 요구되는 판사의 근무와 관련하여 내용적·절차적 사항에 관해 전문성을 가지고 재판 실무에 정통한 사법부 스스로 근무성적평정에 관한 사항을 정하도록 할 필요성에 비추어 보면, 판사의 근무성적평정에 관한 사항을 하위법규인 대법원규칙에 위임할 필요성을 인정할 수 있다. 또한 관련조항의 해석과 판사에 대한 연임제 및

근무성적평정제도의 취지 등을 고려할 때, 이 사건 근무평정조항에서 말하는 '근무성적평정에 관한 사항'이란 판사의 연임 등 인사관리에 반영시킬 수 있는 것으로 사법기능 및 업무의 효율성을 위하여 판사의 직무수행에 요구되는 것, 즉 직무능력과 자질 등과 같은 평가사항, 평정권자 및 평가방법 등에 관한 사항임을 충분히 예측할 수 있으므로 이 사건 근무평정조항은 <u>포괄위임금지원칙에 위배된다고 볼 수 없다</u>(헌재결 2016.9.29. 2015헌바331).

오답의 이유

① 대판 2004.3.26. 2003도7878
② 헌법 제108조
③ 헌재 1990.10.15. 89헌마178
④ 헌법재판소법 제38조

---

09 난도 ★★☆　　　　　　　　　　　　　　정답 ①

기본권론 > 기본권 총론

정답의 이유

① 법인 등 결사체도 그 조직과 의사형성에 있어서, 그리고 업무수행에 있어서 자기결정권을 가지고 있어 결사의 자유의 주체가 된다고 봄이 상당하므로, 축협중앙회는 그 회원조합들과 별도로 결사의 자유의 주체가 된다(헌재 2000.6.1. 99헌마553).

오답의 이유

② 법인도 법인의 목적과 사회적 기능에 비추어 볼 때 그 성질에 반하지 않는 범위 내에서 인격권의 한 내용인 사회적 신용이나 명예 등의 주체가 될 수 있고 법인이 이러한 사회적 신용이나 명예 유지 내지 법인격의 자유로운 발현을 위하여 의사결정이나 행동을 어떻게 할 것인지를 자율적으로 결정하는 것도 <u>법인의 인격권의 한 내용을 이룬다고 할 것이다</u>. 그렇다면 이 사건 심판대상조항은 방송사업자의 의사에 반한 사과행위를 강제함으로써 방송사업자의 인격권을 제한한다(헌재 2012.8.23. 2009헌가27).
③ 심판대상조항이 제한하고 있는 직업의 자유는 국가자격제도정책과 국가의 경제상황에 따라 법률에 의하여 제한할 수 있는 국민의 권리에 해당한다. 국가정책에 따라 정부의 허가를 받은 외국인은 정부가 허가한 범위 내에서 소득활동을 할 수 있는 것이므로, 외국인이 국내에서 누리는 직업의 자유는 법률에 따른 정부의 허가에 의해 비로소 발생하는 권리이다. 따라서 <u>외국인인 청구인에게는 그 기본권주체성이 인정되지 아니하며, 자격제도 자체를 다툴 수 있는 기본권주체성이 인정되지 아니하는 이상 국가자격제도에 관련된 평등권에 관하여 따로 기본권주체성을 인정할 수 없다</u>(헌재 2014.8.28. 2013헌마359).
④ 입법권은 헌법 제40조에 의하여 국가기관으로서의 국회에 속하는 것이고, <u>국회의원이 국회내에서 행사하는 질의권·토론권 및 표결권 등은 입법권 등 공권력을 행사하는 국가기관인 국회의 구성원의 지위에 있는 국회의원에게 부여된 권한으로서 국회의원 개인에게 헌법이 보장하는 권리 즉 기본권으로 인정된 것이라고 할 수는 없다</u>(대판 1995.2.23. 91헌마231).

---

10 난도 ★★☆　　　　　　　　　　　　　　정답 ⑤

통치구조론 > 국회

정답의 이유

⑤ 헌법 제53조

> **제53조**
> ① 국회에서 의결된 법률안은 정부에 이송되어 15일 이내에 대통령이 공포한다.
> ② 법률안에 이의가 있을 때에는 대통령은 제1항의 기간내에 이의서를 붙여 국회로 환부하고, 그 재의를 요구할 수 있다. 국회의 폐회 중에도 또한 같다.
> ③ 대통령은 법률안의 일부에 대하여 또는 법률안을 수정하여 재의를 요구할 수 없다.
> ④ 재의의 요구가 있을 때에는 국회는 재의에 붙이고, 재적의원과반수의 출석과 출석의원 3분의 2 이상의 찬성으로 전과 같은 의결을 하면 그 법률안은 법률로서 확정된다.
> ⑤ 대통령이 제1항의 기간내에 공포나 재의의 요구를 하지 아니한 때에도 그 법률안은 법률로서 확정된다.
> ⑥ 대통령은 제4항과 제5항의 규정에 의하여 확정된 법률을 지체없이 공포하여야 한다. 제5항에 의하여 법률이 확정된 후 또는 제4항에 의한 확정법률이 정부에 이송된 후 5일 이내에 대통령이 공포하지 아니할 때에는 국회의장이 이를 공포한다.
> ⑦ 법률은 특별한 규정이 없는 한 공포한 날로부터 20일을 경과함으로써 효력을 발생한다.

오답의 이유

① 국회에 제출된 법률안 기타의 의안은 회기 중에 의결되지 못한 이유로 폐기되지 아니한다. 다만, <u>국회의원의 임기가 만료된 때에는 그러하지 아니하다</u>(헌법 제51조). 또한 2021년 2월의 임시회와 2021년 8월의 임시회의 회기는 다르지만, 같은 21대 국회의 입법기(= 의회기)에 속하므로 다시 의결할 수 있다.
② 헌법 제50조 제1항은 "국회의 회의는 공개한다"라고 하여 의사공개의 원칙을 규정하고 있는바, 이는 단순한 행정적 회의를 제외하고 국회의 헌법적 기능과 관련된 모든 회의는 원칙적으로 국민에게 공개되어야 함을 천명한 것으로서, 의사공개원칙의 헌법적 의미, 오늘날 국회기능의 중점이 본회의에서 위원회로 옮겨져 위원회중심주의로 운영되고 있는 점, 국회법 제75조 제1항 및 제71조의 규정내용에 비추어 <u>본회의든 위원회의 회의든 국회의 회의는 원칙적으로 공개되어야 하고, 원하는 모든 국민은 원칙적으로 그 회의를 방청할 수 있다</u>(헌재 2000.6.29. 98헌마443).
③ 국회는 헌법 또는 법률에 특별한 규정이 없는 한 재적의원 과반수의 출석과 출석의원 과반수의 찬성으로 의결한다. <u>가부동수인 때에는 부결된 것으로 본다</u>(헌법 제49조).
④ 대통령이 15일의 기간 내에 공포나 재의의 요구를 하지 않은 경우 그 법률안은 법률로서 확정된다. 이 경우 대통령은 확정된 법률을 지체 없이 공포하여야 한다. 대통령이 공포하지 않는 경우 국회의장이 이를 공포한다(헌법 제53조).

11 난도 ★★★ 정답 ③

통치구조론 > 헌법재판소

정답의 이유

㉠ (×)·㉡ (○) 이 사건에서와 같이 만약 행위자가 자신의 법위반 여부에 관하여 사실인정 혹은 법률적용의 면에서 공정거래위원회와는 판단을 달리하고 있음에도 불구하고 불합리하게 법률에 의하여 이를 공표할 것을 강제당한다면 이는 행위자가 자신의 행복추구를 위하여 내키지 아니하는 일을 하지 아니할 일반적 행동자유권과 인격발현 혹은 사회적 신용유지를 위하여 보호되어야 할 명예권에 대한 제한에 해당한다고 할 것이다(헌재 2002.1.31. 2001헌바43).

㉢ (×) 이 사건 법률조항의 법위반사실 공표명령은 행정처분의 하나로서 형사절차내에서 행하여진 처분은 아니다. 그러나 공정거래위원회의 고발조치 등으로 장차 형사절차내에서 진술을 해야 할 행위자에게 사전에 이와 같은 법위반사실의 공표를 하게 하는 것은 형사절차내에서 법위반사실을 부인하고자 하는 행위자의 입장을 모순에 빠뜨려 소송수행을 심리적으로 위축시키거나, 법원으로 하여금 공정거래위원회 조사결과의 신뢰성 여부에 대한 불합리한 예단을 촉발할 소지가 있고 이는 장차 진행될 형사절차에도 영향을 미칠 수 있다. 결국 법위반사실의 공표명령은 공소제기조차 되지 아니하고 단지 고발만 이루어진 수사의 초기단계에서 아직 법원의 유무죄에 대한 판단이 가려지지 아니하였는데도 관련 행위자를 유죄로 추정하는 불이익한 처분이라고 아니할 수 없다(헌재 2002.1.31. 2001헌바43).

㉣ (○) 진술거부권은 형사절차 뿐만 아니라 행정절차나 법률에 의한 진술강요에서도 인정되는 것인바, 이 사건 공표명령은 '특정의 행위를 함으로써 공정거래법을 위반하였다'는 취지의 행위자의 진술을 일간지에 게재하여 공표하도록 하는 것으로서 그 내용상 행위자로 하여금 형사절차에 들어가기 전에 법위반행위를 일단 자백하게 하는 것이 되어 진술거부권도 침해하는 것이다(헌재 2002.1.31. 2001헌바43).

12 난도 ★★☆ 정답 ③

통치구조론 > 국회

정답의 이유

㉡ (○) 국회법 제29조 제1항

> 제29조
> ① 의원은 국무총리 또는 국무위원 직 외의 다른 직을 겸할 수 없다. 다만, 다음 각 호의 어느 하나에 해당하는 경우에는 그러하지 아니하다.
> 1. 공익 목적의 명예직
> 2. 다른 법률에서 의원이 임명·위촉되도록 정한 직
> 3. 정당법에 따른 정당의 직

㉢ (○) 헌법 제44조

㉣ (○) 헌법 제46조 제3항

오답의 이유

㉠ (×) 지방공사와 지방자치단체, 지방의회의 관계에 비추어 볼 때, 지방공사 직원의 직을 겸할 수 없도록 함에 있어 지방의회의원과 국회의원은 본질적으로 동일한 비교집단이라고 볼 수 없으므로, 양자를 달리 취급하였다고 할지라도 이것이 지방의회의원인 청구인의 평등권을 침해한 것이라고 할 수는 없다(헌재 2012.4.24. 2010헌마605).

㉤ (×) 국회의원의 행위가 위와 같은 면책특권의 대상이 되는 직무수행행위에 해당하는지 여부는 구체적 행위의 목적, 장소, 시간, 내용, 태양 등을 종합하여 판단하여야 할 것이되, 이에는 국회의 직무수행에 필수적인 직무상 발언과 표결이라는 의사표현행위 자체에만 국한되지 않고 이에 통상적으로 부수하여 행하여지는 행위까지 포함되는 것으로 넓게 해석하여야 할 것이다(서울중앙지법판 2006.5.24. 2004가합103233).

13 난도 ★★☆ 정답 ②

통치구조론 > 국회

정답의 이유

② 국회는 국정전반에 관하여 소관 상임위원회별로 매년 정기회 집회일 이전에 국정감사(이하 "감사"라 한다) 시작일부터 30일 이내의 기간을 정하여 감사를 실시한다. 다만, 본회의 의결로 정기회 기간 중에 감사를 실시할 수 있다(국정감사 및 조사에 관한 법률 제2조 제1항).

오답의 이유

③ 심판대상조항은 형법상 위증죄보다 무거운 법정형을 정하고 있으나, 국회에서의 위증죄가 지니는 불법의 중대성, 별도의 엄격한 고발 절차를 거쳐야 처벌될 수 있는 점 등을 고려할 때 형벌체계상의 정당성이나 균형성을 상실하고 있지 아니하므로 평등원칙에 위배된다고 할 수 없다(헌재결 2015.9.24. 2012헌바410).

④ 지방자치단체 중 특별시·광역시·도. 다만, 그 감사범위는 국가위임사무와 국가가 보조금 등 예산을 지원하는 사업으로 한다(국정감사 및 조사에 관한 법률 제7조 제2호).

⑤ 국정감사 및 조사에 관한 법률 제3조 제4항

14 난도 ★★☆ 정답 ②

통치구조론 > 위헌법률심판

정답의 이유

② 위헌으로 결정된 법률 또는 법률의 조항에 근거한 유죄의 확정판결에 대하여는 재심을 청구할 수 있다(헌법재판소법 제47조 제4항).

오답의 이유

① 위헌으로 결정된 법률 또는 법률의 조항은 그 결정이 있는 날로부터 효력을 상실한다. 다만, 형벌에 관한 법률 또는 법률의 조항은 소급하여 그 효력을 상실한다(헌재 1994.7.29. 92헌바49).

③ 특례법 제4조 제1항은 비록 형벌에 관한 것이기는 하지만 불처벌의 특례를 규정한 것이어서 위 법률조항에 대한 위헌결정의

소급효를 인정할 경우 오히려 형사처벌을 받지 않았던 자들에게 형사상의 불이익이 미치게 되므로 이와 같은 경우까지 헌법재판소법 제47조 제2항 단서의 적용범위에 포함시키는 것은 그 규정 취지에 반하고, 따라서 위 법률조항이 헌법에 위반된다고 선고되더라도 형사처벌을 받지 않았던 자들을 소급하여 처벌할 수 없다(헌재 1997.1.16. 90헌마110).

④ 형벌에 관한 법률 또는 법률의 조항은 소급하여 그 효력을 상실한다. 다만, 해당 법률 또는 법률의 조항에 대하여 종전에 합헌으로 결정한 사건이 있는 경우에는 그 결정이 있는 날의 다음 날로 소급하여 효력을 상실한다(헌법재판소법 제47조 제4항).

⑤ 기속력은 모든 국가기관이 헌법재판소의 결정에서 문제된 심판대상 뿐만 아니라 동일한 사정 하에서 동일한 이유에 근거한 동일내용의 공권력행사(또는 불행사)를 금지한다(반복금지의무).

15 난도 ★★☆   정답 ③

기본권론 > 정신적 자유권

정답의 이유

③ 이 사건 법령조항들이 표방하는 건전한 인터넷 문화의 조성 등 입법목적은, 인터넷 주소 등의 추적 및 확인, 당해 정보의 삭제·임시조치, 손해배상, 형사처벌 등 인터넷 이용자의 표현의 자유나 개인정보자기결정권을 제약하지 않는 다른 수단에 의해서도 충분히 달성할 수 있음에도, 인터넷의 특성을 고려하지 아니한 채 본인확인제의 적용범위를 광범위하게 정하여 법집행자에게 자의적인 집행의 여지를 부여하고, 목적달성에 필요한 범위를 넘는 과도한 기본권 제한을 하고 있으므로 침해의 최소성이 인정되지 아니한다. 또한 이 사건 법령조항들은 국내 인터넷 이용자들의 해외 사이트로의 도피, 국내 사업자와 해외 사업자 사이의 차별 내지 자의적 법집행의 시비로 인한 집행 곤란의 문제를 발생시키고 있고, 나아가 본인확인제 시행 이후에 명예훼손, 모욕, 비방의 정보의 게시가 표현의 자유의 사전 제한을 정당화할 정도로 의미 있게 감소하였다는 증거를 찾아볼 수 없는 반면에, 게시판 이용자의 표현의 자유를 사전에 제한하여 의사표현 자체를 위축시킴으로써 자유로운 여론의 형성을 방해하고, 본인확인제의 적용을 받지 않는 정보통신망상의 새로운 의사소통수단과 경쟁하여야 하는 게시판 운영자에게 업무상 불리한 제한을 가하며, 게시판 이용자의 개인정보가 외부로 유출되거나 부당하게 이용될 가능성이 증가하게 되었는바, 이러한 인터넷게시판 이용자 및 정보통신서비스 제공자의 불이익은 본인확인제가 달성하려는 공익보다 결코 더 작다고 할 수 없으므로, 법익의 균형성도 인정되지 않는다. 따라서 본인확인제를 규율하는 이 사건 법령조항들은 과잉금지원칙에 위배하여 인터넷게시판 이용자의 표현의 자유, 개인정보자기결정권 및 인터넷게시판을 운영하는 정보통신서비스 제공자의 언론의 자유를 침해한다(헌재 2012.8.23. 2010헌마47).

오답의 이유

① 사람의 인격을 경멸하는 표현이 공연히 이루어진다면 그 사람의 사회적 가치는 침해되고 그로 인하여 사회구성원으로서 생활하고 발전해 나갈 가능성도 침해받지 않을 수 없으므로, 모욕적 표

현으로 사람의 명예를 훼손하는 행위는 분명 이를 금지시킬 필요성이 있고, 모욕죄는 피해자의 고소가 있어야 형사처벌이 가능한 점, 그 법정형의 상한이 비교적 낮은 점, 법원은 개별 사안에서 형법 제20조의 정당행위 규정을 적정하게 적용함으로써 표현의 자유와 명예보호 사이에 적절한 조화를 도모하고 있는 점 등을 고려할 때, 심판대상조항이 표현의 자유를 침해한다고 볼 수 없다(헌재 2013.6.27. 2012헌바37).

② 반론보도청구권은 원보도를 진실에 부합되게 시정보도해 줄 것을 요구하는 권리가 아니라 원보도에 대하여 피해자가 주장하는 반박내용을 보도해 줄 것을 요구하는 권리이므로 원보도의 내용이 허위임을 요건으로 하지 않는다(대판 1986.1.28. 85다카1973)

언론중재 및 피해구제 등에 관한 법률 제16조(반론보도청구권)

① 사실적 주장에 관한 언론보도등으로 인하여 피해를 입은 자는 그 보도 내용에 관한 반론보도를 언론사등에 청구할 수 있다.
② 제1항의 청구에는 언론사등의 고의·과실이나 위법성을 필요로 하지 아니하며, 보도 내용의 진실 여부와 상관없이 그 청구를 할 수 있다.

---

④ 헌법이 특정한 표현에 대해 예외적으로 검열을 허용하는 규정을 두지 않은 점, 이러한 상황에서 표현의 특성이나 규제의 필요성에 따라 언론·출판의 자유의 보호를 받는 표현 중에서 사전검열금지원칙의 적용이 배제되는 영역을 따로 설정할 경우 그 기준에 대한 객관성을 담보할 수 없다는 점 등을 고려하면, 헌법상 사전검열은 예외 없이 금지되는 것으로 보아야 하므로 의료광고 역시 사전검열금지원칙의 적용대상이 된다(헌재결 2015.12.23. 2015헌바75).

⑤ 공연히 사실을 적시하여 사람의 명예를 훼손한 자를 형사처벌하도록 규정한 형법 규정(형법 제307조 제1항)은 과잉금지원칙에 반하여 표현의 자유를 침해하지 아니한다.

16 난도 ★★☆   정답 ⑤

기본권론 > 사회적 기본권

정답의 이유

⑤ 헌법 제119조 제2항에 규정된 '경제주체간의 조화를 통한 경제민주화'의 이념은 경제영역에서 정의로운 사회질서를 형성하기 위하여 추구할 수 있는 국가목표로서 개인의 기본권을 제한하는 국가행위를 정당화하는 헌법규범이다(헌재 2003.11.27. 2001헌바35).

오답의 이유

① 헌재 2001.9.27. 2000헌마238
② 헌재 2002.12.18. 2002헌마52
③ 헌재 2001.6.28. 2001헌마132
④ 헌재 2001.2.22. 99헌마365

17 난도 ★★★ 정답 ③

정답의 이유

③ 이 사건 중복지원금지 조항은 고등학교 진학 기회에 있어서 자사고 지원자들에 대한 차별을 정당화할 수 있을 정도로 차별 목적과 차별의 정도 간에 비례성을 갖춘 것이라고 볼 수 없다. 따라서 이 사건 중복지원금지 조항은 청구인 학생 및 학부모의 평등권을 침해하여 헌법에 위반된다(헌재결 2019.4.11. 2018헌마221).

오답의 이유

① 헌법 제31조 제6항 소정의 교육제도 법정주의는 교육제도에 관한 기본방침을 제외한 나머지 세부적인 사항까지 반드시 형식적 의미의 법률만으로 정하여야 한다는 의미는 아니다(헌재 2019.4.11. 2018헌마221).

② 심판대상조항이 교육제도 법정주의를 위반하여 청구인들의 기본권을 침해한다고 볼 수 없다(헌재 2019.4.11. 2018헌마221).

④ 국가가 일반고의 경쟁력을 강화시키는 정책을 시행함과 동시에 자사고를 후기학교로 정한 것은 국가의 공적인 학교 제도를 보장하여야 할 책무에 의거하여 학교 제도를 형성할 수 있는 광범위한 재량 권한의 범위 내에 있는 것이다. 그렇다면 이 사건 동시선발 조항이 기본권 제한의 한계를 벗어나 자의적으로 그 본질적인 내용을 침해하였다고 볼 수 없다.(헌재 2019.4.11. 2018헌마221).

⑤ 이 사건 동시선발 조항이 자사고를 후기학교로 규정함으로써 과학고와 달리 취급하고, 일반고와 같이 취급하는 데에는 합리적인 이유가 있으므로, 이 사건 동시선발 조항은 청구인 학교법인의 평등권을 침해하지 아니한다(헌재 2019.4.11. 2018헌마221).

18 난도 ★★☆ 정답 ④

정답의 이유

④ 헌법 제111조 제1항 제1호 및 헌법재판소법 제41조 제1항은 위헌법률심판의 대상에 관하여, 헌법 제111조 제1항 제5호 및 헌법재판소법 제68조 제2항, 제41조 제1항은 헌법소원심판의 대상에 관하여 그것이 법률임을 명문으로 규정하고 있으며, 여기서 위헌심사의 대상이 되는 법률이 국회의 의결을 거친 이른바 형식적 의미의 법률을 의미하는 것에 아무런 의문이 있을 수 없으므로, 헌법의 개별규정 자체는 헌법소원에 의한 위헌심사의 대상이 아니다(헌재 1995.12.8. 95헌바3)

오답의 이유

① 법령이 헌법재판소법 제68조 제1항에 따른 헌법소원의 대상이 되려면 구체적인 집행행위 없이 직접 기본권을 침해하여야 하고, 여기의 집행행위에는 입법행위도 포함되므로 법령이 그 규정의 구체화를 위하여 하위규범의 시행을 예정하고 있는 경우에는 당해 법령의 직접성은 원칙적으로 부인된다(헌재 2013.6.27. 2011헌마475)

② 시정요구는 서비스제공자 등에게 조치결과 통지의무를 부과하고 있고, 서비스제공자 등이 이에 따르지 않는 경우 방송통신위원회의 해당 정보의 취급거부·정지 또는 제한명령이라는 법적 조치가 내려질 수 있으며, 행정기관인 방송통신심의위원회가 표현의 자유를 제한하게 되는 결과의 발생을 의도하거나 또는 적어도 예상하였다 할 것이므로, 이사건 시정요구는 단순한 행정지도로서의 한계를 넘어 규제적·구속적 성격을 상당히 강하게 갖는 것으로서 항고소송의 대상이 되는 공권력의 행사라고 봄이 상당하다. 따라서, 청구인들은 이 사건 시정요구에 대하여 행정소송을 제기하였어야 할 것임에도 이를 거치지 아니하였으므로 이 부분 심판청구는 보충성을 결여하여 부적법하다(헌재 2012.2.23. 2008헌마500).

③ 유예기간을 경과하기 전까지 청구인들은 이 사건 보호사동승조항에 의한 보호자동승의무를 부담하지 않는다. 이 사건 보호자동승조항이 구체적이고 현실적으로 청구인들에게 적용된 것은 유예기간을 경과한 때부터라 할 것이므로, 이때부터 청구기간을 기산함이 상당하다. 종래 이와 견해를 달리하여, 법령의 시행일 이후 일정한 유예기간을 둔 경우 이에 대한 헌법소원심판 청구기간의 기산점을 법령의 시행일이라고 판시한 우리 재판소 결정들은, 이 결정의 취지와 저촉되는 범위 안에서 변경한다(헌재결 2020.4.23. 2017헌마479).

⑤ 대통령의 법률안 제출행위는 국가기관간의 내부적 행위에 불과하고 국민에 대하여 직접적인 법률효과를 발생시키는 행위가 아니므로 헌법재판소법 제68조에서 말하는 공권력의 행사에 해당되지 않는다(헌재 1994.8.31. 92헌마174).

19 난도 ★★☆ 정답 ⑤

정답의 이유

⑤ 권한쟁의심판에서 국회의원이 국회의 권한침해를 주장하여 심판청구를 하는 이른바 '제3자 소송담당'을 허용하는 명문의 규정이 없고, 다른 법률의 준용을 통해서 이를 인정하기도 어려운 현행법 체계 하에서, 국회의 의사가 다수결로 결정되었음에도 다수결의 결과에 반하는 소수의 국회의원에게 권한쟁의심판을 청구할 수 있게 하는 것은 다수결의 원리와 의회주의의 본질에 어긋날 뿐만 아니라, 국가기관이 기관 내부에서 민주적인 토론을 통해 기관의 의사를 결정하는 대신 모든 문제를 사법적 수단에 의해 해결하려는 방향으로 남용될 우려도 있다.

따라서 '제3자 소송담당'이 허용되지 않는 현행법 하에서 국회의 구성원인 국회의원은 국회의 조약 체결·비준 동의권 침해를 주장하는 권한쟁의심판에서 청구인적격이 없다(헌재결 2015.11.26. 2013헌라3).

오답의 이유

① 국가기관 상호 간의 권한 분쟁은 권한쟁의심판의 한 종류에 해당한다(헌법재판소법 제62조 제1항).

제62조(권한쟁의심판의 종류)

① 권한쟁의심판의 종류는 다음 각 호와 같다.

   1. 국가기관 상호간의 권한쟁의심판

      국회, 정부, 법원 및 중앙선거관리위원회 상호간의 권한쟁의심판

   2. 국가기관과 지방자치단체 간의 권한쟁의심판

      가. 정부와 특별시·광역시·특별자치시·도 또는 특별자치도 간의 권한쟁의심판

      나. 정부와 시·군 또는 지방자치단체인 구(이하 "자치구"라 한다) 간의 권한쟁의심판

   3. 지방자치단체 상호간의 권한쟁의심판

      가. 특별시·광역시·특별자치시·도 또는 특별자치도 상호간의 권한쟁의심판

      나. 시·군 또는 자치구 상호간의 권한쟁의심판

      다. 특별시·광역시·특별자치시·도 또는 특별자치도와 시·군 또는 자치구 간의 권한쟁의심판

② 헌법재판소가 권한쟁의심판의 청구를 받았을 때에는 직권 또는 청구인의 신청에 의하여 종국결정의 선고 시까지 심판 대상이 된 피청구인의 처분의 효력을 정지하는 결정을 할 수 있다(헌법재판소법 제65조).

③ 권한쟁의심판의 인용결정은 재판관 7인 이상의 출석으로 사건을 심리하고 종국심리에 관여한 재판관 과반수의 찬성으로 사건에 대한 결정을 한다(헌법재판소법 제23조 제2항).

제23조(심판정족수)

① 재판부는 재판관 7명 이상의 출석으로 사건을 심리한다.

② 재판부는 종국심리(終局審理)에 관여한 재판관 과반수의 찬성으로 사건에 관한 결정을 한다. 다만, 다음 각 호의 어느 하나에 해당하는 경우에는 재판관 6명 이상의 찬성이 있어야 한다.

   1. 법률의 위헌결정, 탄핵의 결정, 정당해산의 결정 또는 헌법소원에 관한 인용결정(認容決定)을 하는 경우

   2. 종전에 헌법재판소가 판시한 헌법 또는 법률의 해석 적용에 관한 의견을 변경하는 경우

④ 권한쟁의 심판청구는 피청구인의 처분 또는 부작위(不作爲)가 헌법 또는 법률에 의하여 부여받은 청구인의 권한을 침해하였거나 침해할 현저한 위험이 있는 경우에만 할 수 있다(헌법재판소법 제61조 제2항).

20 난도 ★★☆　　　　　　　　　　　정답 ④

통치구조론 > 헌법재판소의 지휘 및 구성과 조직

정답의 이유

ⓒ (○) 심판의 변론과 종국결정의 선고는 심판정에서 한다. 다만, 헌법재판소장이 필요하다고 인정하는 경우에는 심판정 외의 장소에서 변론 또는 종국결정의 선고를 할 수 있다(헌법 제33조).

ⓔ (○) 헌법재판소법 제16조 제2항

ⓜ (○) 헌법재판소법 제70조 제1항

오답의 이유

ⓖ (×) 당사자는 동일한 사건에 대하여 2명 이상의 재판관을 기피할 수 없다(헌법재판소법 제24조 제4항).

ⓛ (×) 위헌법률의 심판과 헌법소원에 관한 심판은 서면심리에 의한다(헌법재판소법 제30조 제2항).

21 난도 ★★★　　　　　　　　　　　정답 ①

기본권론 > 기본권의 확인과 보장

정답의 이유

ⓖ (○) 국가가 국민의 생명·신체의 안전에 대한 보호의무를 다하지 않았는지 여부를 헌법재판소가 심사할 때에는 국가가 이를 보호하기 위하여 적어도 적절하고 효율적인 최소한의 보호조치를 취하였는가 하는 이른바 '과소보호 금지원칙'의 위반 여부를 기준으로 삼아, 국민의 생명·신체의 안전을 보호하기 위한 조치가 필요한 상황인데도 국가가 아무런 보호조치를 취하지 않았든지 아니면 취한 조치가 법익을 보호하기에 전적으로 부적합하거나 매우 불충분한 것임이 명백한 경우에 한하여 국가의 보호의무의 위반을 확인하여야 하는 것이다(헌재 1997.1.16. 90헌마110).

ⓛ (○) 이 사건 법률조항을 두고 국가가 일정한 교통사고범죄에 대하여 형벌권을 행사하지 않음으로써 도로교통의 전반적인 위험으로부터 국민의 생명과 신체를 적절하고 유효하게 보호하는 아무런 조치를 취하지 않았다든지, 아니면 국가가 취한 현재의 제반 조치가 명백하게 부적합하거나 부족하여 그 보호의무를 명백히 위반한 것이라고 할 수 없다(헌재. 전원재판부. 2009.2.26. 2005헌마764)

ⓔ (○) 심판대상조항이 선거운동의 자유를 감안하여 선거운동을 위한 확성장치를 허용할 공익적 필요성이 인정된다고 하더라도 정온한 생활환경이 보장되어야 할 주거지역에서 출근 또는 등교 이전 및 퇴근 또는 하교 이후 시간대에 확성장치의 최고출력 내지 소음을 제한하는 등 사용시간과 사용지역에 따른 수인한도 내에서 확성장치의 최고출력 내지 소음 규제기준에 관한 규정을 두지 아니한 것은, 국민이 건강하고 쾌적하게 생활할 수 있는 양호한 주거환경을 위하여 노력하여야 할 국가의 의무를 부과한 헌법 제35조 제3항에 비추어 보면, 적절하고 효율적인 최소한의 보호조치를 취하지 아니하여 국가의 기본권 보호의무를 과소하게 이행한 것으로서, 청구인의 건강하고 쾌적한 환경에서 생활할 권리를 침해하므로 헌법에 위반된다(헌재결 2019.12.27. 2018헌마730).

오답의 이유

ⓒ (×) 일정한 경우 국가는 사인인 제3자에 의한 국민의 환경권 침해에 대해서도 적극적으로 기본권 보호조치를 취할 의무를 지나, 헌법재판소가 이를 심사할 때에는 국가가 국민의 기본권적 법익 보호를 위하여 적어도 적절하고 효율적인 최소한의 보호조치를 취했는가 하는 이른바 "과소보호금지원칙"의 위반 여부를 기준으로 삼아야 한다(헌재 2008.7.31. 2006헌마711).

ⓜ (×) 동물장묘업 등록에 관하여 '장사 등에 관한 법률' 제17조 외에 다른 지역적 제한사유를 규정하지 않았다는 사정만으로 청구

인들의 환경권을 보호하기 위한 입법자의 의무를 과소하게 이행하였다고 평가할 수는 없다. 따라서 심판대상조항은 청구인들의 환경권을 침해하지 않는다(헌재결 2020.3.26. 2017헌마1281).

22 난도 ★★☆ 정답 ②

기본권론 > 직업의 자유

정답의 이유

② 심판대상조항 중 각 '거짓이나 그 밖의 부당한 수단으로 받은 운전면허를 제외한 운전면허'를 필요적으로 취소하도록 한 부분은, 과잉금지원칙에 반하여 일반적 행동의 자유 또는 직업의 자유를 침해한다(헌재결 2020.6.25. 2019헌가9).

오답의 이유

① 헌재 2003.9.25. 2002헌마519
③ 헌재 2010.10.28. 2009헌마442
④ 헌재결 2020.6.25. 2019헌가15
⑤ 헌재 2010.10.28. 2009헌마88

23 난도 ★☆☆ 정답 ③

통치구조론 > 법원

정답의 이유

③ 대법원장은 국회의 동의를 얻어 대통령이 임명한다(헌법 제104조 제1항).

제104조
① 대법원장은 국회의 동의를 얻어 대통령이 임명한다.
② 대법관은 대법원장의 제청으로 국회의 동의를 얻어 대통령이 임명한다.
③ 대법원장과 대법관이 아닌 법관은 대법관회의의 동의를 얻어 대법원장이 임명한다.

오답의 이유

① 법원조직법 제50조의2 제2항
② 법원조직법 제53조
④ 법원조직법 제50조
⑤ 법원조직법 제13조 제3항

24 난도 ★★☆ 정답 ④

헌법총론 > 헌정사

정답의 이유

④ 1972년 개정헌법(유신헌법)은 대통령은 통일주체국민회의라는 기관을 신설해 무기명투표로 대통령을 뽑도록했다. 대통령선거인단에서 무기명투표로 선출한 것은 1980년 제8차 개정헌법이다.

25 난도 ★★☆ 정답 ②

헌법총론 > 정당

정답의 이유

② 헌법재판소는 2004.3.25. 2001헌마710 결정 및 2014.3.27. 2011헌바42 결정에서, 국가공무원이 정당의 발기인 및 당원이 될 수 없도록 규정한 구 정당법 및 구 국가공무원법 조항들이 헌법에 위반되지 않는다고 판단하였다. 그 요지는 '이 사건 정당가입 금지조항은 국가공무원이 정당에 가입하는 것을 금지함으로써 공무원이 국민 전체에 대한 봉사자로서 그 임무를 충실히 수행할 수 있도록 정치적 중립성을 보장하고, 초·중등학교 교원이 당파적 이해관계의 영향을 받지 않도록 교육의 중립성을 확보하기 위한 것이므로, 목적의 정당성 및 수단의 적합성이 인정된다. 공무원의 정치적 행위가 직무 내의 것인지 직무 외의 것인지 구분하기 어려운 경우가 많고, 공무원의 행위는 근무시간 내외를 불문하고 국민에게 중대한 영향을 미치므로, 직무 내의 정당 활동에 대한 규제만으로는 입법목적을 달성하기 어렵다. 또한 정당에 대한 지지를 선거와 무관하게 개인적인 자리에서 밝히거나 선거에서 투표를 하는 등 일정한 범위 내의 정당관련 활동은 공무원에게도 허용되므로 이 사건 정당가입 금지조항은 침해의 최소성 원칙에 반하지 않는다. 정치적 중립성, 초·중등학교 학생들에 대한 교육기본권 보장이라는 공익은 공무원들이 제한받는 사익에 비해 중대하므로 법익의 균형성 또한 인정된다. 따라서 이 사건 정당가입 금지조항은 과잉금지원칙에 위배되지 않는다. 이 사건 정당가입 금지조항이 초·중등학교 교원에 대해서는 정당가입의 자유를 금지하면서 대학의 교원에게 이를 허용한다 하더라도, 이는 기초적인 지식전달, 연구기능 등 양자 간 직무의 본질과 내용, 근무 태양이 다른 점을 고려한 합리적인 차별이므로 평등원칙에 위배되지 않는다.'는 것이다. 위 선례의 판단을 변경할 만한 사정 변경이나 필요성이 인정되지 않고 위 선례의 취지는 이 사건에서도 그대로 타당하므로, 위 선례의 견해를 그대로 유지하기로 한다(헌재결 2020.4.23. 2018헌마551).

오답의 이유

① 정당법 제44조 제1항 제2호
③ 정당법 제17조·제18조
④ 헌재 2014.12.19. 2013헌다1
⑤ 헌재 1993.7.29. 92헌마262

헌법 | 2020년 국회직 8급

한눈에 훑어보기

✔ 영역 분석

헌법총론 08 12 21 22
4문항, 16%

기본권론 02 03 04 06 10 11 13 15 16 20 23
11문항, 44%

통치구조론 01 05 07 09 14 17 18 19 24 25
10문항, 40%

✔ 빠른 정답

01	02	03	04	05	06	07	08	09	10
①	③	⑤	④	⑤	⑤	②	④	②	③
11	12	13	14	15	16	17	18	19	20
①	⑤	④	②	③	①	②	⑤	③	④
21	22	23	24	25					
④	⑤	①	②	③					

✔ 점수 체크

구분	1회독	2회독	3회독
맞힌 문항 수	/ 25	/ 25	/ 25
나의 점수	점	점	점

---

01 난도 ★★☆   정답 ①

통치구조론 > 국회

[정답의 이유]

① 윤리심사자문위원회는 위원장 1명을 포함한 8명의 자문위원으로 구성하며, 자문위원은 각 교섭단체 대표의원의 추천에 따라 의장이 위촉한다(국회법 제46조의2 제2항).

[오답의 이유]

② 국회법 제37조 제2항

③ 국회법 제63조의2 제2항

④ 특별위원회의 위원은 의장이 상임위원 중에서 선임한다. 상임위원은 교섭단체 소속 의원 수의 비율에 따라 각 교섭단체 대표의원의 요청으로 의장이 선임하거나 개선한다(국회법 제48조 제1항, 제4항).

⑤ 국회법 제45조 제2항 · 제3항

> **제45조(예산결산특별위원회)**
> ② 예산결산특별위원회의 위원 수는 50명으로 한다. 이 경우 의장은 교섭단체 소속 의원 수의 비율과 상임위원회 위원 수의 비율에 따라 각 교섭단체 대표의원의 요청으로 위원을 선임한다.
> ③ 예산결산특별위원회 위원의 임기는 1년으로 한다. 다만, 국회의원 총선거 후 처음 선임된 위원의 임기는 선임된 날부터 개시하여 의원의 임기 개시 후 1년이 되는 날까지로 하며, 보임되거나 개선된 위원의 임기는 전임자 임기의 남은 기간으로 한다.

---

02 난도 ★★★   정답 ③

기본권론 > 자유권적 기본권

[정답의 이유]

ⓒ 수용자에 대해서는 교정시설의 안전과 구금생활의 질서유지를 위하여 신체의 자유 등 기본권 제한이 어느 정도 불가피한 점, 행형 관계 법령에 따라 행하는 사항에 대하여는 의견청취 · 의견제출 등에 관한 행정절차법 조항이 적용되지 않는 점, 전자장치부착은 도주 우려 등의 사유가 있어 관심대상수용자로 지정된 수용자를 대상으로 하는 점, 형집행법상 소장에 대한 면담 신청이나 법무부장관 등에 대한 청원 절차가 마련되어 있는 점을 종합해 보면, 이 사건 부착행위는 적법절차원칙에 위반되어 수용자인 청구인들의 인격권과 신체의 자유를 침해하지 아니한다(헌재결 2018.5.31. 2016헌마191).

ⓔ 심판대상조항이 국토교통부장관이 운임수입 배분에 관한 결정을 하기 전에 거쳐야 하는 일반적인 절차에 대해 따로 규정하고

있지는 않지만, 행정절차법은 처분의 사전통지, 의견제출의 기회, 처분의 이유 제시 등을 규정하고 있고, 이는 국토교통부장관의 결정에도 적용되어 절차적 보장이 이루어지므로, 심판대상조항은 적법절차원칙에 위배되지 아니한다(헌재결 2019.6.28. 2017헌바135).

오답의 이유

㉠ 법원이 피고인의 구속 또는 그 유지 여부의 필요성에 관하여 한 재판의 효력이 검사나 다른 기관의 이견이나 불복이 있다 하여 좌우되거나 제한받는다면 이는 영장주의에 위반된다고 할 것인바, 구속집행정지결정에 대한 검사의 즉시항고를 인정하는 이 사건 법률조항은 검사의 불복을 그 피고인에 대한 구속집행을 정지할 필요가 있다는 법원의 판단보다 우선시킬 뿐만 아니라, 사실상 법원의 구속집행정지결정을 무의미하게 할 수 있는 권한을 검사에게 부여한 것이라는 점에서 헌법 제12조 제3항의 영장주의원칙에 위배된다(헌재 2012.6.27. 2011헌가36).

㉡ 헌재결 2018.4.26. 2016헌바454

03 난도 ★★☆   정답 ⑤

정답의 이유

⑤ 제41조 제4항에도 불구하고 미결수용자와 변호인(변호인이 되려고 하는 사람을 포함한다)과의 접견에는 교도관이 참여하지 못하며 그 내용을 청취 또는 녹취하지 못한다. 다만, 보이는 거리에서 미결수용자를 관찰할 수 있다(형의 집행 및 수용자의 처우에 관한 법률 제84조 제1항).

제41조(접견)

④ 소장은 다음 각 호의 어느 하나에 해당하는 사유가 있으면 교도관으로 하여금 수용자의 접견내용을 청취·기록·녹음 또는 녹화하게 할 수 있다.

1. 범죄의 증거를 인멸하거나 형사 법령에 저촉되는 행위를 할 우려가 있는 때
2. 수형자의 교화 또는 건전한 사회복귀를 위하여 필요한 때
3. 시설의 안전과 질서유지를 위하여 필요한 때

오답의 이유

① 헌재결 2016.5.26. 2014헌마45

② 형집행법 제112조 제3항 본문 중 제108조 제4호에 관한 부분은 금치의 징벌을 받은 사람에 대해 금치기간 동안 공동행사 참가 정지라는 불이익을 가함으로써, 규율의 준수를 강제하여 수용시설 내의 안전과 질서를 유지하기 위한 것으로서, 목적의 정당성 및 수단의 적합성이 인정된다. 또한, 위와 같은 불이익은 규율 준수를 통하여 수용질서를 유지한다는 공익에 비하여 크다고 할 수 없다. 따라서 위 조항은 청구인의 통신의 자유, 종교의 자유를 침해하지 아니한다(헌재결 2016.5.26. 2014헌마45).

③ 접견내용을 녹음·녹화하는 경우 사생활의 비밀과 자유에 대한 침해를 최소화하는 수단이 마련되어 있다는 점, 청구인이 나눈 접견내용에 대한 사생활의 비밀로서의 보호가치에 비해 증거인

멸의 위험을 방지하고 교정시설 내의 안전과 질서유지에 기여하려는 공익이 크고 중요하다는 점에 비추어 볼 때, 이 사건 접견 참여·기록이 청구인의 사생활의 비밀과 자유를 침해하였다고 볼 수 없다(헌재 2014.9.25. 2012헌마523).

④ 형집행법 중 자비구매물품에 관한 부분은 금치의 징벌을 받은 사람에 대해 금치기간 동안 자비구매물품을 사용할 수 없는 불이익을 가함으로써, 규율의 준수를 강제하여 수용시설 내의 안전과 질서를 유지하기 위한 것으로서 목적의 정당성 및 수단의 적합성이 인정된다. 금치처분을 받은 사람은 소장이 지급하는 음식물, 의류·침구, 그 밖의 생활용품을 통하여 건강을 유지하기 위한 필요최소한의 생활을 영위할 수 있고, 의사가 치료를 위하여 처방한 의약품은 여전히 사용할 수 있다. 또한, 위와 같은 불이익은 규율 준수를 통하여 수용질서를 유지한다는 공익에 비하여 크다고 할 수 없다. 따라서 위 조항은 청구인의 일반적 행동의 자유를 침해하지 아니한다(헌재결 2016.5.26. 2014헌마45).

04 난도 ★★★   정답 ④

정답의 이유

④ 18세 이상으로서 영주의 체류자격 취득일 후 3년이 경과한 외국인으로서 해당 지방자치단체의 외국인등록대장에 올라 있는 사람은 지방선거의 선거권이 인정된다(공직선거법 제15조 제2항). 입법자는 재외선거제도를 형성하면서, 잦은 재·보궐선거는 재외국민으로 하여금 상시적인 선거체제에 직면하게 하는 점, 재외 재·보궐선거의 투표율이 높지 않을 것으로 예상되는 점, 재·보궐선거 사유가 확정될 때마다 전 세계 해외 공관을 가동하여야 하는 등 많은 비용과 시간이 소요된다는 점을 종합적으로 고려하여 재외선거인에게 국회의원의 재·보궐선거권을 부여하지 않았다고 할 것이고, 이와 같은 선거제도의 형성이 현저히 불합리하거나 불공정하다고 볼 수 없다. 따라서 재외선거인 등록신청 조항은 재외선거인의 선거권을 침해하거나 보통선거 원칙에 위배된다고 볼 수 없다(헌재 2014.7.24. 2009헌마256).

오답의 이유

① 선거권제한 조항은 선거의 공정성을 확보하기 위한 것으로서, 선거권 제한의 대상과 요건, 기간이 제한적인 점, 선거의 공정성을 해친 바 있는 선거범으로부터 부정선거의 소지를 차단하여 공정한 선거가 이루어지도록 하기 위하여는 선거권을 제한하는 것이 효과적인 방법인 점, 법원이 선거범에 대한 양형을 결정함에 있어서 양형의 조건뿐만 아니라 선거권의 제한 여부에 대하여도 합리적 평가를 하게 되는 점, 선거권의 제한기간이 공직선거마다 벌금형의 경우는 1회 정도, 징역형의 집행유예의 경우에는 2~3회 정도 제한하는 것에 불과한 점 등을 종합하면, 선거권 제한 조항은 청구인들의 선거권을 침해한다고 볼 수 없다(헌재결 2018.1.25. 2015헌마821).

② 소선거구 다수대표제는 선거권자들에게 성별, 재산 등에 의한 제한 없이 모두 투표참여의 기회를 부여하고(보통선거), 선거권자 1인의 투표를 1표로 계산하며(평등선거), 선거결과가 선거권

자에 의해 직접 결정되고(직접선거), 투표의 비밀이 보장되며(비밀선거), 자유로운 투표를 보장함으로써(자유선거) 헌법상의 선거원칙은 모두 구현되는 것이므로, 이에 더하여 국회의원 선거에서 사표를 줄이기 위해 다른 선거제도를 채택할 것까지 요구할 수는 없다. 따라서 심판대상조항이 청구인의 평등권과 선거권을 침해한다고 할 수 없다(헌재결 2016.5.26. 2012헌마374).

③ 선거권을 제한하는 입법은 선거의 결과로 선출된 입법자들이 스스로 자신들을 선출하는 주권자의 범위를 제한하는 것이므로 신중해야 한다. 범죄자에게 형벌의 내용으로 선거권을 제한하는 경우에도 선거권 제한 여부 및 적용범위의 타당성에 관하여 보통선거원칙에 입각한 선거권 보장과 그 제한의 관점에서 헌법 제37조 제2항에 따라 엄격한 비례심사를 하여야 한다(헌재 2014.1.28. 2012헌마409).

⑤ 지역농협은 공법인으로 볼 여지가 있으나, 기본적으로 사법인적 성격을 지니고 있다 할 것이다. 사법적인 성격을 지니는 농협의 조합장 선거에서 조합장을 선출하거나 조합장으로 선출될 권리, 조합 장 선거에서 선거운동을 하는 것은 헌법에 의하여 보호되는 선거권의 범위에 포함되지 않는다(헌재결 2012.2.23. 2011헌바154).

05 난도 ★★☆　　　　　　　　　　　정답 ⑤

통치구조론 > 법원

정답의 이유

⑤ 법원조직법 제8조

오답의 이유

① 대법관의 수는 대법원장을 포함하여 14명으로 한다(법원조직법 제4조 제2항).

② 법관은 탄핵결정이나 금고 이상의 형의 선고에 의하지 아니하고는 파면되지 아니하며, 징계처분에 의하지 아니하고는 정직(停職)·감봉 또는 불리한 처분을 받지 아니한다(법원조직법 제46조 제1항).

③ 군사법원의 상고심은 대법원에서 관할한다(헌법 제110조 제2항).

④ 국회는 대법원장·헌법재판소장·국무총리·감사원장 및 대법관에 대한 임명동의안을 심사하기 위하여 인사청문특별위원회를 둔다(국회법 제46조의3 제1항).

06 난도 ★★☆　　　　　　　　　　　정답 ⑤

기본권론 > 환경권

정답의 이유

⑤ 국민의 생명·신체의 안전이 질병 등으로부터 위협받거나 받게 될 우려가 있는 경우 국가로서는 그 위험의 원인과 정도에 따라 사회·경제적인 여건 및 재정사정 등을 감안하여 국민의 생명·신체의 안전을 보호하기에 필요한 적절하고 효율적인 입법·행정상의 조치를 취하여 그 침해의 위험을 방지하고 이를 유지할 포괄적인 의무를 진다 할 것이다(헌재 2008.12.26. 2008헌마419).

오답의 이유

① 헌법 제35조 제1항

② 헌재 2007.12.27. 2006헌바25

③ 헌법 질병으로부터 생명·신체의 보호 등 보건에 관하여 특별히 국가의 보호의무를 강조하고 있고, 그 외에도 국가에게 환경보전을 위하여 노력하여야 할 의무도 부여하고 있다. 그런데 후자와 같이 환경권에 대하여 국가의 보호의무를 인정한 것은, 환경피해는 생명·신체의 보호와 같은 중요한 기본권적 법익 침해로 이어질 수 있다는 점 등을 고려한 것이므로, 환경권 침해 내지 환경권에 대한 국가의 보호의무위반도 궁극적으로는 생명·신체의 안전에 대한 침해로 귀결된다(헌재결 2015.9.24. 2013헌마384).

④ 헌재 2008.7.31. 2006헌마711

07 난도 ★★☆　　　　　　　　　　　정답 ②

통치구조론 > 법원

정답의 이유

② 국회재적의원 과반수 출석과 출석의원 3분의 2 이상의 찬성 – 국회재적의원 3분의 1 이상의 발의와 재적위원 과반수 찬성 – 국회재적의원 과반수 발의

오답의 이유

① 국회재적의원 4분의 1 이상 – 국회재적의원 과반수 – 국회재적의원 과반수

③ 국회재적의원 3분의 1 이상 – 국회재적의원 과반수 발의 – 국회재적의원 3분의 1 이상

④ 국회재적의원 과반수 – 국회재적의원 과반수 – 국회재적의원 3분의 1 이상

⑤ 국회재적의원 과반수 – 국회재적의원 3분의 2 이상 – 국회재적의원 3분의 2 이상

08 난도 ★★☆　　　　　　　　　　　정답 ④

헌법총론 > 헌법의 원리·질서·제도

정답의 이유

ⓛ '범죄에 악용될 소지가 현저한 것'은 진정한 총포로 오인·혼동되어 위협 수단으로 사용될 정도로 총포와 모양이 유사한 것을 의미하고, '인명·신체상 위해를 가할 우려가 있는 것'은 사람에게 상해나 사망의 결과를 가할 우려가 있을 정도로 진정한 총포의 기능과 유사한 것을 의미한다. 따라서 이 사건 시행령 조항은 문언상 그 의미가 명확하므로, 죄형법정주의 명확성원칙에 위반되지 않는다(헌재결 2018.5.31. 2017헌마167).

ⓒ 건전한 상식과 통상적인 법 감정을 가진 사람이라면 외국인 가중처벌 조항 중 "외국인을 위하여"의 의미는 '외국인에게 군사적이거나 경제적이거나를 불문하고 일체의 유·무형의 이익 내지는 도움이 될 수 있다는, 즉 외국인을 이롭게 할 수 있다는 인식 내지는 의사'를 의미한다고 충분히 알 수 있으므로, 외국인 가중처벌 조항에 의하여 금지된 행위가 무엇인지 불명확하다고 볼 수 없다. 따라서 외국인 가중처벌 조항은 죄형법정주의의 명확

성원칙에 위반되지 아니한다(헌재결 2018.1.25. 2015.헌바 367).

오답의 이유

㉠ 헌재결 2016.11.24. 2016헌가3

㉢ 심판대상조항에서 금지하는 "정치적 의견을 공표"하는 행위는 '군무원이 그 지위를 이용하여 특정 정당이나 특정 정치인 또는 그들의 정책이나 활동 등에 대한 지지나 반대 의견 등을 공표하는 행위로서 군조직의 질서와 규율을 무너뜨리거나 민주헌정체제에 대한 국민의 신뢰를 훼손할 수 있는 의견을 공표하는 행위'로 한정할 수 있다. … 따라서 심판대상조항은 수범자의 예측가능성을 해한다거나 법집행 당국의 자의적인 해석과 집행을 가능하게 한다고 보기는 어렵고, 심판대상조항이 죄형법정주의의 명확성원칙에 위반된다고 할 수 없다(헌재결 2018.7.26. 2016헌바139).

09 난도 ★★☆
정답 ②

통치구조론 > 국회

정답의 이유

② 국회 재적의원 과반수의 요청이 있으면 국회의장이 의무적으로 직권상정하여야 하는 규정을 반드시 국회법 제85조 제1항에 두어야 한다고 볼 수 없고, 이 같은 내용의 비상입법절차는 국회법 제85조 제1항의 국회의장의 직권상정제도와는 전혀 별개의 절차에 해당하는 것이다. 따라서 이 사건 입법부작위는, 국회법 제85조 제1항에서 반드시 함께 규율하여야 할 성질의 부진정입법부작위로 보기는 어렵고, 입법자가 재적의원 과반수의 요구에 의해 위원회의 심사를 배제할 수 있는 비상입법절차와 관련하여 아무런 입법을 하지 않음으로써 입법의 공백이 발생한 경우라 할 것이므로 '진정입법부작위'에 해당한다(헌재결 2016.5.26. 2015헌라1).

오답의 이유

① 일반정족수는 국회의 의결이 유효하기 위한 최소한의 출석의원 또는 찬성의원의 수를 의미하므로, 의결대상 사안의 중요성과 의미에 따라 헌법이나 법률에 의결의 요건을 달리 규정할 수 있다. 즉 일반정족수는 다수결의 원리를 실현하는 국회의 의결방식 중 하나로서 국회의 의사결정시 합의에 도달하기 위한 최소한의 기준일 뿐 이를 헌법상 절대적 원칙이라고 보기는 어렵다(헌재결 2016.5.26. 2015헌라1).

③ 종래의 직권상정제도를 대신할 다른 형태의 의사촉진수단을 제도화하는 내용의 국회법 개정안 중 안건신속처리제도는 여야 간 쟁점안건이 심의대상도 되지 못하고 위원회에 장기간 계류되는 상황을 최소화하기 위한 제도적 장치로서, 신속처리대상으로 지정된 안건에 대해서는 일정기간이 경과하면 자동으로 다음 단계로 진행하도록 하여 위원회 중심주의를 존중하면서도 입법의 효율성을 제고하고자 도입된 것이다(헌재결 2016.5.26. 2015헌라1).

④ 국회법 제85조 제1항은 국회의장의 심사기간 지정사유를 엄격하게 제한하고 있다. 그 취지는 국회의장의 직권상정권한이 신속입법을 위한 우회적 절차로 활용되는 것을 방지하여 물리적 충돌을 막고, 여야 간 합의를 통해 상대방을 설득하고 합의할 수

있는 수정안을 공동으로 만들어 대화와 타협에 의한 의회정치의 정상화를 도모하고자 함에 있다(헌재결 2016.5.26. 2015헌라1).

⑤ 헌재 2008.4.24. 2006헌라2

10 난도 ★★☆
정답 ③

기본권론 > 자유권적 기본권

정답의 이유

③ 광고물 총수량 조항은 옥외광고물 등 관리법, 옥외광고물 등 관리법 시행령, 세종특별자치시 옥외광고물 관리 조례, 행복도시법에 근거한 것으로서, 위 조항들이 위임하는 범위 내에서 이 사건 특정구역 안에서 업소별로 표시할 수 있는 옥외광고물의 총수량을 원칙적으로 1개로 제한한 것을 두고 위임의 한계를 일탈하였다고 볼 수 없다. 따라서 광고물 총수량 조항이 법률유보원칙에 위배되어 청구인들의 표현의 자유 및 직업수행의 자유를 침해한다고 보기 어렵다(헌재결 2016.3.31. 2014헌마794).

오답의 이유

① 시기제한 조항은 선거일 전 90일부터 선거일까지 후보자 명의의 칼럼 등을 게재하는 인터넷 선거보도가 불공정하다고 볼 수 있는지에 대해 구체적으로 판단하지 않고 이를 불공정한 선거보도로 간주하여 선거의 공정성을 해치지 않는 보도까지 광범위하게 제한한다. … 따라서 이 사건 시기제한 조항은 과잉금지원칙에 반하여 청구인의 표현의 자유를 침해한다(헌재결 2019.11.28. 2016헌마90).

② 지역농협 이사 선거에서 선거 공보의 배부를 통한 선거운동만을 허용하고 전화 · 컴퓨터통신을 이용한 지지 호소의 선거운동을 금지하며 이를 위반하여 선거운동을 한 자를 처벌하는바, 입법목적의 정당성 및 수단의 적합성이 인정된다. 그러나 전화 · 컴퓨터통신은 누구나 손쉽고 저렴하게 이용할 수 있는 매체인 점, 농업협동조합법에서 흑색선전 등을 처벌하는 조항을 두고 있는 점을 고려하면 입법목적 달성을 위하여 위 매체를 이용한 지지 호소까지 금지할 필요성은 인정되지 아니한다. 이 사건 법률조항들이 달성하려는 공익이 결사의 자유 및 표현의 자유 제한을 정당화할 정도로 크다고 보기는 어려우므로, 법익의 균형성도 인정되지 아니한다. 따라서 이 사건 법률조항들은 과잉금지원칙을 위반하여 결사의 자유, 표현의 자유를 침해하여 헌법에 위반된다(헌재결 2016.11.24. 2015헌바62).

④ 건강기능식품에 관한 법률에 따르면 기능성 광고의 심의는 식품의약품안전처장으로부터 위탁받은 한국건강기능식품협회에서 수행하고 있지만, 법상 심의주체는 행정기관인 식품의약품안전처장이며, 언제든지 그 위탁을 철회할 수 있고, 심의위원회의 구성에 관하여도 법령을 통해 행정권이 개입하고 지속적으로 영향을 미칠 가능성이 존재하는 이상 그 구성에 자율성이 보장되어 있다고 볼 수 없다. 식품의약품안전처장이 심의기준 등의 제정과 개정을 통해 심의 내용과 절차에 영향을 줄 수 있고, 식품의약품안전처장이 재심의를 권하면 심의기관이 이를 따라야 하며, 분기별로 식품의약품안전처장에게 보고가 이루어진다는 점에서도 그 심의업무의 독립성과 자율성이 있다고 보기 어렵다. 따라서 이 사건 건강기능식품 기능성 광고 사전심의는 행정권이 주

체가 된 사전심사로서, 헌법이 금지하는 사전검열에 해당하므로 헌법에 위반된다(헌재결 2019.5.30. 2019헌가4).

⑤ 인쇄물 배부금지 조항은 후보자들 간의 부당한 경쟁과 경제력 차이에 따른 불균형이라는 폐해를 막고, 선거의 공정성을 확보하기 위한 조항으로서, 공직선거법은 같은 입법목적을 위하여 선거운동의 기간과 방법 등을 상세하게 규율하고 선거운동기간 전의 선거운동을 금지하며, 다만 예비후보자로 등록하면 명함 배부, 예비후보자 홍보물 우편발송을 할 수 있도록 정하고 있다. 그런데 공직선거법이 정한 방법에 의하지 아니한 문서·도화, 인쇄물의 배부를 전면적으로 금지·처벌하지 않으면 위와 같은 규제는 그 실효성을 확보하기 어려운 점, 인쇄물배부금지의 기간이 선거운동의 계획 및 준비가 시작되는 시점인 선거일 전 180일부터 선거일까지로 한정되고, 금지내용도 선거에 영향을 미칠 목적으로 이루어지는 '선거운동에 준하는 내용의 표현행위'에 한정된다는 점 등을 고려하면, 인쇄물 배부금지 조항이 선거운동 등 정치적 표현의 자유를 침해한다고 볼 수 없다(헌재결 2016.6.30. 2014헌바253).

11 난도 ★★☆ 정답 ①

기본권론 > 청구권적 기본권

정답의 이유

① 권리의 행사가 용이하고 일상 빈번히 발생하는 것이거나 권리의 행사로 인하여 상대방의 지위가 불안정해지는 경우 또는 법률관계를 보다 신속히 확정하여 분쟁을 방지할 필요가 있는 경우에는 특별히 짧은 소멸시효나 제척기간을 인정할 필요가 있으나, 이 사건 법률조항은 위의 어떠한 사유에도 해당하지 아니하는 등 달리 합리적인 이유를 찾기 어렵고, … 이는 국가의 잘못된 형사사법작용에 의하여 신체의 자유라는 중대한 법익을 침해받은 국민의 기본권을 사법상의 권리보다도 가볍게 보호하는 것으로서 부당하다(헌재 2010.7.29. 2008헌가4).

오답의 이유

②·③ 헌법 제28조의 형사보상청구권은 국가의 형사사법권이라는 공권력에 의해 인신구속이라는 중대한 법익의 침해가 발생한 국민에게 그 피해를 보상해주는 기본권이다. 이러한 형사보상청구권은 국가의 공권력 작용에 의하여 신체의 자유를 침해받은 국민에 대해 금전적인 보상을 청구할 권리를 인정하는 것이므로 형사보상청구권이 제한됨으로 인하여 침해되는 국민의 기본권은 단순히 금전적인 권리에 불과한 것이라기보다는 실질적으로 국민의 신체의 자유와 밀접하게 관련된 중대한 기본권이라고 할 것이다. 반면 형사보상청구권과 직접적인 이해관계를 가진 당사자는 형사피고인과 국가밖에 없는데, 국가가 무죄판결을 선고받은 형사피고인에게 넓게 형사보상청구권을 인정함으로써 감수해야 할 공익은 경제적인 것에 불과하고 그 액수도 국가 전체 예산 규모에 비추어 볼 때 미미하다고 할 것이다(헌재결 2010.7.29. 2008헌가4).

④ 형사보상청구권은 달리 그 제척기간을 단기로 규정해야 할 합리적인 이유를 찾기 어렵고, 국가의 형사사법작용에 의해 신체의 자유라는 중대한 법익을 침해받은 국민을 구제하기 위하여 헌법상

보장된 국민의 기본권이므로 일반적인 사법상의 권리보다 더 확실하게 보호되어야 할 권리이다(헌재결 2010.7.29. 2008헌가4).

⑤ 헌법 제28조

12 난도 ★★☆ 정답 ⑤

헌법총론 > 헌정사

정답의 이유

⑤ 평화통일 조항은 제7차 개정헌법(1972년)에서 최초로 규정되었다.

오답의 이유

① 제1차 개정헌법(1952년)은 대통령 및 부통령 직접선거, 민의원과 참의원의 양원제 국회, 국회의 국무위원 불신임제, 국무위원 임명 시 국무총리제청권 등을 규정하였다. 제1차 개헌은 국회가 포위된 상태에서 기립투표 방식으로 통과되었다.

② 제3차 개정헌법(1960년)은 대법원장·대법관 선거제 및 지방자치단체장 직선제, 선거연령 인하, 공무원의 정치적 중립 등을 채택하고 헌정사상 최초로 헌법재판소를 규정하였다.

③ 제5차 개정헌법(1962년)은 12월 17일 국민투표를 통해 확정되었다. 헌법재판소를 폐지하고 위헌법률심판권은 대법원에, 탄핵심판권은 탄핵심판위원회에 부여하였고, 국무총리제도와 국무총리·국무위원 해임건의제도를 두어 의원내각제적 요소를 가미하였다.

④ 제7차 개정헌법(1972년)은 구속적부심사제도 폐지, 국정감사권 폐지 및 국회 회기 단축, 대통령 간선제, 대통령의 국회의원 1/3 추천과 법관 임명권 부여, 헌법개정절차 이원화 등을 규정하였다.

13 난도 ★★★ 정답 ④

기본권론 > 경제적 기본권

정답의 이유

④ 일반택시운송사업자가 참여하는 감차위원회에서 감차계획을 심의하도록 하고, 목표를 수립하지 못하거나 조기에 달성한 감차사업구역에서는 사업의 양도·양수를 예외적으로 허용하고 있으며, 감차보상을 신청한 경우 적정한 수준의 감차보상금을 제공하고 있는 점 등을 종합하여 볼 때, 이 사건 법률조항은 과잉금지원칙에 반한다고 할 수 없다(헌재결 2019.9.26. 2017헌바467).

오답의 이유

① 의료는 단순한 상거래의 대상이 아니라 사람의 생명과 건강을 다루는 특별한 것으로서, 국민보건에 미치는 영향이 크다. 그 외에 우리나라의 취약한 공공의료의 실태, 의료인이 여러 개의 의료기관을 운영할 때 의료계 및 국민건강보험 재정 등 국민보건 전반에 미치는 영향, 국가가 국민의 건강을 보호하고 적정한 의료급여를 보장해야 하는 사회국가적 의무 등을 종합하여 볼 때, 의료의 질을 관리하고 건전한 의료질서를 확립하기 위하여 1인의 의료인에 대하여 운영할 수 있는 의료기관의 수를 제한하고 있는 입법자의 판단이 입법재량을 명백히 일탈하였다고 보기는 어렵다(헌재결 2019.8.29. 2014헌바212).

② 심판대상조항으로 인하여 다양한 군복 중 외관상으로는 식별이 '극히' 곤란한 유사군복의 경우에만 판매목적 소지가 금지되고 그 이외의 일반적인 밀리터리룩 의복에 대해서는 판매목적 소지가 허용된다. 그로 인하여 유사군복 판매업자 등의 직업의 자유나 일반적 행동의 자유가 위와 같은 범위에서 제한된다 하더라도, 그 제한의 정도가 국가안전보장과 질서를 유지하려는 공익에 비하여 결코 중하다고 볼 수 없다. 따라서 심판대상조항은 과잉금지원칙을 위반하여 직업의 자유 내지 일반적 행동의 자유를 침해하지 아니한다(헌재결 2019.4.11. 2018헌가14).

③ 이 사건 법률조항은 외국인 근로자의 무분별한 사업장 이동을 제한함으로써 내국인 근로자의 고용기회를 보호하고 외국인 근로자에 대한 효율적인 고용관리로 중소기업의 인력수급을 원활히 하여 국민경제의 균형 있는 발전이 이루어지도록 하기 위하여 도입된 것이다. 나아가 이 사건 법률조항은 일정한 사유가 있는 경우에 외국인 근로자에게 3년의 체류기간 동안 3회까지 사업장을 변경할 수 있도록 하고 대통령령이 정하는 부득이한 사유가 있는 경우에는 추가로 사업장 변경이 가능하도록 하여 외국인 근로자의 사업장 변경을 일정한 범위 내에서 가능하도록 하고 있으므로 이 사건 법률조항이 입법자의 재량의 범위를 넘어 명백히 불합리하다고 할 수는 없다. 따라서 이 사건 법률조항은 청구인들의 직장 선택의 자유를 침해하지 아니한다(헌재 2011.9.29. 2007헌마1083).

⑤ 심판대상조항은 현금거래가 많은 업종의 사업자에 대한 과세표준을 양성화하여 세금탈루를 방지하고 공정한 거래질서를 확립하기 위한 것이므로, 입법목적의 정당성과 수단의 적합성이 인정된다. … 현금영수증 발급의무 조항의 개정으로 건당 10만 원 이상으로 기준금액이 변경된 것은 거래의 투명성과 세원 관리의 효율성을 높이기 위한 것인 점, 종전의 과태료 제재가 미발급대금의 100분의 20에 상당하는 가산세로 개정된 것은 현금영수증 발급의무 위반에 대한 납세자의 부담을 완화하고, 불복 시 권리구제의 편의를 도모하기 위한 정책적 판단에서 비롯된 것인 점 등에 비추어 볼 때, 과잉금지원칙에 위배되지 아니한다. 따라서 과태료 조항은 과잉금지원칙에 위배되어 직업수행의 자유를 침해하지 아니한다(헌재결 2019.8.29. 2018헌바265).

14 난도 ★★☆   정답 ①

통치구조론 > 법원

정답의 이유

① 형사재판에서 법관의 양형결정이 법률에 기속되는 것은 법률에 따라 심판한다는 헌법 제103조에 의한 것으로 법치국가원리의 당연한 귀결이다. 헌법상 어떠한 행위가 범죄에 해당하고 이를 어떻게 처벌할 것인지 여부를 정할 권한은 국회에 부여되어 있고 그에 대하여는 광범위한 입법재량 내지 형성의 자유가 인정되고 있으므로 형벌에 대한 입법자의 입법정책적 결단은 기본적으로 존중되어야 한다. 따라서 형사법상 법관에게 주어진 양형권한도 입법자가 만든 법률에 규정되어 있는 내용과 방법에 따라 그 한도 내에서 재판을 통해 형벌을 구체화하는 것으로 볼 수 있다. 또한 검사의 약식명령청구사안이 적당하지 않다고 판단될

경우 법원은 직권으로 통상의 재판절차로 사건을 넘겨 재판절차를 진행시킬 수 있고 이 재판절차에서 법관이 자유롭게 형량을 결정할 수 있으므로 이러한 점들을 종합해보면 이 사건 법률조항에 의하여 법관의 양형결정권이 침해된다고 볼 수 없다(헌재 2005.3.31. 2004헌가27).

오답의 이유

② 법원조직법 제47조

③ 구 법관징계법 제27조는 법관에 대한 대법원장의 징계처분 취소청구소송을 대법원에 의한 단심재판에 의하도록 규정하고 있는바, 이는 독립적으로 사법권을 행사하는 법관이라는 지위의 특수성과 법관에 대한 징계절차의 특수성을 감안하여 재판의 신속을 도모하기 위한 것으로 그 합리성을 인정할 수 있고, 대법원이 법관에 대한 징계처분 취소청구소송을 단심으로 재판하는 경우에는 사실확정도 대법원의 권한에 속하여 법관에 의한 사실확정의 기회가 박탈되었다고 볼 수 없으므로, 헌법 제27조 제1항의 재판청구권을 침해하지 아니한다(헌재 2012.2.23. 2009헌바34).

④ 법관정년제 자체는 헌법에서 명시적으로 채택하고 있으며, 다만, 구체적인 정년연령을 법률로 정하도록 위임하고 있을 뿐이다. 따라서 법관정년제 자체의 위헌성 판단은 헌법규정에 대한 위헌주장으로, 종전 우리 헌법재판소 판례에 의하면, 위헌판단의 대상이 되지 아니한다. 물론 이 경우에도 법관의 정년연령을 규정한 법률의 구체적인 내용에 대하여는 위헌판단의 대상이 될 수 있다(헌재 2002.10.31. 2001헌마557).

⑤ 법관이 형사재판의 양형에 있어 법률에 기속되는 것은 헌법 제103조의 규정에 따른 것으로서 헌법이 요구하는 법치국가원리의 당연한 귀결이며, 법관의 양형판단재량권 특히 집행유예 여부에 관한 재량권은 어떠한 경우에도 제한될 수 없다고 볼 성질의 것이 아니므로, 강도상해죄를 범한 자에 대하여는 법률상의 감경사유가 없는 한 집행유예의 선고가 불가능하도록 한 것이 사법권의 독립 및 법관의 양형판단재량권을 침해 내지 박탈하는 것으로서 헌법에 위반된다고는 볼 수 없다(헌재 2001.4.26. 99헌바43).

15 난도 ★★★   정답 ③

기본권론 > 기본권 총론

정답의 이유

③ 신체에 대한 가해행위는 그 자체로 상해의 결과를 발생시킬 위험을 내포하고 있으므로, 독립한 가해행위가 경합하여 상해가 발생한 경우 상해의 발생 또는 악화에 전혀 기여하지 않은 가해행위의 존재라는 것은 상정하기 어렵고, 각 가해행위가 상해의 발생 또는 악화에 어느 정도 기여하였는지를 계량화할 수 있는 것도 아니다. … 또한 법관은 피고인이 가해행위에 이르게 된 동기, 가해행위의 태양과 폭력성의 정도, 피해 회복을 위한 피고인의 노력 정도 등을 모두 참작하여 피고인의 행위에 상응하는 형을 선고하므로, 가해행위자는 자신의 행위를 기준으로 형사책임을 부담한다. 이러한 점을 종합하여 보면, 심판대상조항은 책임주의원칙에 반한다고 볼 수 없다(헌재결 2018.3.29. 2017헌가10).

① 종래의 징역형 위주의 처벌규정은 수뢰죄의 예방 및 척결에 미흡하여 큰 실효를 거두지 못하여 왔고, 범죄 수익을 소비 또는 은닉한 경우 몰수·추징형의 집행이 불가능할 수 있고, 범죄수익의 박탈만으로는 범죄의 근절에 충분하지 않을 수 있다는 점까지 고려하여 징역형 뿐 아니라 벌금형을 필요적으로 병과하는 심판대상조항을 도입한 입법자의 결단은 입법재량의 한계를 벗어난 것이라고 단정할 수 없다. … 결국, 심판대상조항이 그 범죄의 죄질 및 이에 따른 행위자의 책임에 비하여 지나치게 가혹한 것이어서 형벌과 책임 간의 비례원칙에 위배되었다고 볼 수 없다(헌재결 2017.7.27. 2016헌바42).

② 단체나 다중의 위력으로써 상해죄를 범하는 경우에는 이미 그 행위 자체에 내재되어 있는 불법의 정도가 크고, 중대한 법익 침해를 야기할 가능성이 높다. 입법자가 시대상황의 변화에 따라 특별법에 한시적으로 규정된 범죄를 형법에 편입시키는 방법으로 법률을 합리적이고 체계적으로 정비하거나 범죄들 간 법정형에 균형이 맞도록 법정형을 낮추어 상호 조정하는 등 입법적 개선노력을 하는 것은 당연하고 자연스러운 것이다. 따라서 특별법인 폭력행위처벌법에 있던 심판대상조항이 삭제되고 형법에 편입되면서 법정형이 하향 조정되었다는 사정만으로 심판대상조항이 책임과 형벌의 비례원칙에 위반된 것이라고 할 수 없다(헌재결 2017.7.27. 2015헌바450).

④ 청구인이 대표자가 범한 횡령행위의 피해자로서 손해만을 입고 아무런 이익을 얻지 못한 경우라도, 법인이 대표자를 통하여 재산국외도피를 하였다면 그 자체로 법인 자신의 법규위반행위로 평가할 수 있다. 심판대상조항 중 법인의 대표자 관련 부분은 법인의 직접책임을 근거로 하여 법인을 처벌하므로 책임주의원칙에 반하지 아니한다. 종업원 등이 재산국외도피행위를 함에 있어 법인이 그 위반행위를 방지하기 위하여 해당 업무에 관하여 상당한 주의와 감독을 게을리한 경우, 법인이 설령 종업원 등이 범한 횡령행위의 피해자의 지위에 있다 하더라도 종업원 등의 범죄행위에 대한 관리 감독 책임을 물어 법인에도 형벌을 부과할 수 있다. 따라서 심판대상조항 중 법인의 종업원 등 관련 부분은 법인의 과실책임에 기초하여 법인을 처벌하므로 책임주의원칙에 반하지 아니한다(헌재결 2019.4.11. 2015헌바443).

⑤ 심판대상조항은, 종업원이 법인의 업무에 관하여 운전 중 실은 화물이 떨어지지 아니하도록 덮개를 씌우거나 묶는 등 확실하게 고정될 수 있도록 필요한 조치를 하지 아니한 채 운전한 사실이 인정되면, 곧바로 법인에 대해서도 형벌을 부과하도록 정하고 있다. 그 결과 종업원의 고정조치의무 위반행위와 관련하여 선임·감독상 주의의무를 다하여 아무런 잘못이 없는 법인도 형사처벌되게 되었는바, 이는 다른 사람의 범죄에 대하여 그 책임 유무를 묻지 않고 형사처벌하는 것이므로 헌법상 법치국가원리 및 죄형법정주의로부터 도출되는 책임주의원칙에 위배된다(헌재결 2016.10.27. 2016헌가10).

16 난도 ★★★   정답 ①

기본권론 > 기본권 총론

① 수사기관은 위치정보 추적자료를 통해 특정 시간대 정보주체의 위치 및 이동상황에 대한 정보를 취득할 수 있으므로 위치정보 추적자료는 충분한 보호가 필요한 민감한 정보에 해당되는 점, 그럼에도 이 사건 요청 조항은 수사기관의 광범위한 위치정보 추적자료 제공요청을 허용하여 정보주체의 기본권을 과도하게 제한하는 점, … 수사기관의 위치정보 추적자료 제공요청에 대해 법원의 허가를 거치도록 규정하고 있으나 수사의 필요성만을 그 요건으로 하고 있어 절차적 통제마저도 제대로 이루어지기 어려운 현실인 점 등을 고려할 때, 이 사건 요청 조항은 과잉금지원칙에 반하여 청구인들의 개인정보자기결정권과 통신의 자유를 침해한다(헌재결 2018.6.28. 2012헌마191).

② 경찰서장은 청구인들을 검거하기 위해서 국민건강보험공단에게 청구인들의 요양급여내역을 요청한 것인데, 요청을 할 당시 전기통신사업자로부터 위치추적자료를 제공받는 등으로 청구인들의 위치를 확인하였거나 확인할 수 있는 상태였다. … 서울용산경찰서장에게 제공된 요양기관명에는 전문의의 병원도 포함되어 있어 청구인들의 질병의 종류를 예측할 수 있는 점, 2년 내지 3년 동안의 요양급여정보는 청구인들의 건강 상태에 대한 총체적인 정보를 구성할 수 있는 점 등에 비추어 볼 때, 이 사건 정보제공행위로 인한 청구인들의 개인정보자기결정권에 대한 침해는 매우 중대하다. 그렇다면 이 사건 정보제공행위는 이 사건 정보제공 조항 등이 정한 요건을 충족한 것으로 볼 수 없고, 침해의 최소성 및 법익의 균형성에 위배되어 청구인들의 개인정보자기결정권을 침해하였다(헌재결 2018.8.30. 2014헌마368).

③ 개인정보자기결정권, 통신의 자유가 제한되는 불이익과 비교했을 때, 명의도용피해를 막고, 차명휴대전화의 생성을 억제하여 보이스피싱 등 범죄의 범행도구로 악용될 가능성을 방지함으로써 잠재적 범죄 피해 방지 및 통신망 질서 유지라는 더욱 중대한 공익의 달성효과가 인정된다. 따라서 심판대상조항은 청구인들의 개인정보자기결정권 및 통신의 자유를 침해하지 않는다(헌재결 2019.9.26. 2017헌마1209).

④ 제출 조항은 등록대상자의 동일성 식별 및 동선 파악을 위하여 필요한 범위 내에서 정보 제출을 요청할 뿐이고, 성범죄 억제 및 수사 효율이라는 중대한 공익을 위하여 필요하다(헌재결 2019.11.28. 2017헌마399).

⑤ 국회의원인 甲 등이 '각급학교 교원의 교원단체 및 교원노조 가입현황 실명자료'를 인터넷을 통하여 공개한 사안에서, 위 정보는 개인정보자기결정권의 보호대상이 되는 개인정보에 해당하므로 이를 일반 대중에게 공개하는 행위는 해당 교원들의 개인정보자기결정권과 전국교직원노동조합의 존속, 유지, 발전에 관한 권리를 침해하는 것이고, 甲 등이 위 정보를 공개한 표현행위로 인하여 얻을 수 있는 법적 이익이 이를 공개하지 않음으로써 보호받을 수 있는 해당 교원 등의 법적 이익에 비하여 우월하다

고 할 수 없으므로, 甲 등의 정보 공개행위가 위법하다(대판 2014.7.24. 2012다49933).

17 난도 ★★☆ 정답 ②

통치구조론 > 통치 기구

정답의 이유

㉠ 공직선거법 제222조 제1항
㉡ 공직선거법 제222조 제1항·제3항

제222조(선거소송)

① 대통령 선거 및 국회의원 선거에 있어서 선거의 효력에 관하여 이의가 있는 선거인·정당(후보자를 추천한 정당에 한한다) 또는 후보자는 선거일부터 30일 이내에 당해 선거구선거관리위원회위원장을 피고로 하여 대법원에 소를 제기할 수 있다.

③ 제1항 또는 제2항에 따라 피고로 될 위원장이 궐위된 때에는 해당 선거관리위원회 위원 전원을 피고로 한다.

㉣ 선거에 관한 소청이나 소송은 다른 쟁송에 우선하여 신속히 결정 또는 재판하여야 하며, 소송에 있어서는 수소법원은 소가 제기된 날부터 180일 이내에 처리하여야 한다(공직선거법 제225조).

오답의 이유

㉢ 선거쟁송에 있어 선거에 관한 규정에 위반된 사실이 있는 때라도 선거의 결과에 영향을 미쳤다고 인정하는 때에 한하여 선거의 전부나 일부의 무효 또는 당선의 무효를 결정하거나 판결한다(공직선거법 제224조).

18 난도 ★★☆ 정답 ⑤

통치구조론 > 국회

정답의 이유

㉢ 의장은 임시회의 집회 요구가 있을 때에는 집회기일 3일 전에 공고한다. 이 경우 둘 이상의 집회 요구가 있을 때에는 집회일이 빠른 것을 공고하되, 집회일이 같은 때에는 그 요구서가 먼저 제출된 것을 공고한다(국회법 제5조).

㉣ 정기회의 회기는 100일로, 제1호에 따른 임시회의 회기(2월·3월·4월·5월 및 6월 1일과 8월 16일에 임시회를 집회한다)는 해당 월의 말일까지로 한다. 다만, 임시회의 회기가 30일을 초과하는 경우에는 30일로 한다(국회법 제5조의2).
국회법에 따른 정기회 회기 일수는 100일, 임시회는 2·3·4·5·6월은 각 30일의 회기일수를 갖고 8월 16일 개회하는 임시회는 8월 31일까지 16일의 회기일 수를 갖는다. 따라서 정기회의 회기일수인 100일은 임시회의 총 회기일수(150일＋16일＝166일)보다 적다.(국회법 제5조의2 제1항)

오답의 이유

㉠ 의장은 국회의 연중 상시 운영을 위하여 각 교섭단체 대표의원과의 협의를 거쳐 매년 12월 31일까지 다음 연도의 국회 운영 기본일정을 정하여야 한다. 다만, 국회의원 총선거 후 처음 구성되는 국회의 해당 연도 국회 운영 기본일정은 6월 30일까지 정하여야 한다(국회법 제5조의2 제2항).

㉡ 대통령의 요구가 있을 때, 의장이 긴급한 필요가 있다고 인정할 때 또는 재적의원 4분의 1 이상의 요구가 있을 때에는 회의를 재개한다(국회법 제8조 제2항).

19 난도 ★★☆ 정답 ③

통치구조론 > 대통령

정답의 이유

㉠ 헌법 제76조 제1항
㉡ 헌법 제76조 제2항
㉣ 헌법 제77조 제1항

오답의 이유

㉢ 이러한 승인을 얻지 못한 때에는 그 처분 또는 명령은 그때부터 효력을 상실한다(헌법 제76조 제4항).

제76조

① 대통령은 내우·외환·천재·지변 또는 중대한 재정·경제상의 위기에 있어서 국가의 안전보장 또는 공공의 안녕질서를 유지하기 위하여 긴급한 조치가 필요하고 국회의 집회를 기다릴 여유가 없을 때에 한하여 최소한으로 필요한 재정·경제상의 처분을 하거나 이에 관하여 법률의 효력을 가지는 명령을 발할 수 있다.

② 대통령은 국가의 안위에 관계되는 중대한 교전상태에 있어서 국가를 보위하기 위하여 긴급한 조치가 필요하고 국회의 집회가 불가능한 때에 한하여 법률의 효력을 가지는 명령을 발할 수 있다.

③ 대통령은 제1항과 제2항의 처분 또는 명령을 한 때에는 지체없이 국회에 보고하여 그 승인을 얻어야 한다.

④ 제3항의 승인을 얻지 못한 때에는 그 처분 또는 명령은 그때부터 효력을 상실한다. 이 경우 그 명령에 의하여 개정 또는 폐지되었던 법률은 그 명령이 승인을 얻지 못한 때부터 당연히 효력을 회복한다.

---

20 난도 ★★☆ 정답 ④

기본권론 > 기본권 총론

정답의 이유

㉠ (×) 헌법상 근로의 권리는 '일할 자리에 관한 권리'만이 아니라 '일할 환경에 관한 권리'도 의미하는데, '일할 환경에 관한 권리'는 인간의 존엄성에 대한 침해를 방어하기 위한 권리로서 외국인에게도 인정되며, 건강한 작업환경, 일에 대한 정당한 보수, 합리적인 근로조건의 보장 등을 요구할 수 있는 권리 등을 포함한다. 여기서의 근로조건은 임금과 그 지불방법, 취업시간과 휴식시간 등 근로계약에 의하여 근로자가 근로를 제공하고 임금을 수령하는 데 관한 조건들이고, 이 사건 출국만기보험금은 퇴직금의 성질을 가지고 있어서 그 지급시기에 관한 것은 근로조건의 문제이므로 외국인인 청구인들에게도 기본권 주체성이 인정된다.(헌재결 2016.3.31. 2014헌마367).

㉡ (○) 초기배아는 수정이 된 배아라는 점에서 형성 중인 생명의 첫걸음을 떼었다고 볼 여지가 있기는 하나 아직 모체에 착상되거나 원시선이 나타나지 않은 이상 현재의 자연과학적 인식 수

준에서 독립된 인간과 배아 간의 개체적 연속성을 확정하기 어렵다고 봄이 일반적이라는 점, 배아의 경우 현재의 과학기술 수준에서 모태 속에서 수용될 때 비로소 독립적인 인간으로의 성장가능성을 기대할 수 있다는 점, 수정 후 착상 전의 배아가 인간으로 인식된다거나 그와 같이 취급하여야 할 필요성이 있다는 사회적 승인이 존재한다고 보기 어려운 점 등을 종합적으로 고려할 때, 기본권 주체성을 인정하기 어렵다(헌재 2010.5.27. 2005헌마346).

ⓒ (○) 청구인협회는 언론인들의 협동단체로서 법인격은 없으나, 대표자와 총회가 있고, 단체의 중요한 사항이 회칙으로 규정되어 있는 등 사단으로서의 실체를 가지고 있으므로 권리능력 없는 사단이라고 할 것이고, 따라서 기본권의 성질상 자연인에게만 인정될 수 있는 기본권이 아닌 한 기본권의 주체가 될 수 있으며, 헌법상의 기본권을 향유하는 범위 내에서는 헌법소원심판청구능력도 있다고 할 것이다(헌재 1995.7.21. 92헌마177).

ⓔ (×) 정당은 국민의 정치적 의사형성에 참여하기 위한 조직으로 성격상 권리능력 없는 단체에 속하지만, 구성원과는 독립하여 그 자체로서 기본권의 주체가 될 수 있고, 그 조직 자체의 기본권이 직접 침해당한 경우 자신의 이름으로 헌법소원심판을 청구할 수 있으나, 생명·신체의 안전에 관한 것으로서 성질상 자연인에게만 인정되는 기본권과 관련하여 권리능력 없는 단체는 그 주체가 될 수 없다(헌재 2008.12.26. 2008헌마419).

21 난도 ★★★ 정답 ④

헌법총론 > 헌법의 원리·질서·제도

정답의 이유

ⓖ (×) 이 사건 보호장비 사용행위는 수형자가 출정 기회를 이용하여 도주 등 교정사고를 저지르는 것을 예방하기 위한 것으로 그 목적은 정당하고, 위와 같은 보호장비 사용행위는 이러한 목적 달성을 위한 적합한 수단이다. … 출정 시 교도관과 동행하면서 재판 시작 전까지 보호장비를 착용하였던 청구인이 행정법정 방청석에서 보호장비를 사용함으로써 영향을 받은 신체의 자유나 인격권의 정도는 제한적인 반면, 행정법정 내 교정사고를 예방하기 위한 공익은 매우 중요하므로 이 사건 보호장비 사용행위는 법익의 균형성 원칙도 준수하였다. 따라서 이 사건 보호장비 사용행위는 과잉금지원칙을 위반하여 청구인의 신체의 자유와 인격권을 침해하지 않는다(헌재결 2018.7.26. 2017헌마1238).

ⓛ (○) 현행 보호입원 제도가 입원치료·요양을 받을 정도의 정신질환이 어떤 것인지에 대해서는 구체적인 기준을 제시하지 않고 있는 점, 보호의무자 2인의 동의를 보호입원의 요건으로 하면서 보호의무자와 정신질환자 사이의 이해충돌을 적절히 예방하지 못하고 있는 점, … 기초정신보건심의회의 심사나 인신보호법상 구제청구만으로는 위법·부당한 보호입원에 대한 충분한 보호가 이루어지고 있다고 보기 어려운 점 등을 종합하면, 심판대상조항은 침해의 최소성 원칙에 위배된다. 심판대상조항이 정신질환자를 신속·적정하게 치료하고, 정신질환자 본인과 사회의 안전을 도모한다는 공익을 위한 것임은 인정되나, 정신질환자의 신체의 자유 침해를 최소화할 수 있는 적절한 방안을 마련하지

아니함으로써 지나치게 기본권을 제한하고 있다. 따라서 심판대상조항은 법익의 균형성 요건도 충족하지 못한다. 그렇다면 심판대상조항은 과잉금지원칙을 위반하여 신체의 자유를 침해한다(헌재결 2016.9.29. 2014헌가9).

ⓔ (×) 이 사건 보호장비 사용행위는 도주 등의 교정사고를 예방하기 위한 것으로서 그 목적이 정당하고, 상체승의 포승과 앞으로 사용한 수갑은 이송하는 경우의 보호장비로서 적절하다. 그리고 피청구인은 청구인에 대하여 이동 시간에 해당하는 시간 동안에만 보호장비를 사용하였고, 수형자를 장거리 호송하는 경우에는 도주 등 교정사고 발생 가능성이 높아지는 만큼 포승이나 수갑 등 어느 하나의 보호장비만으로는 계호에 불충분하며, 장시간 호송하는 경우에 수형자가 수갑을 끊거나 푸는 것을 최대한 늦추거나 어렵게 하기 위하여 수갑 2개를 채운 행위가 과하다고 보기 어렵고, 청구인과 같이 강력범죄를 범하고 중한 형을 선고받았으며 선고형량에 비하여 형집행이 얼마 안 된 수형자의 경우에는 좀 더 엄중한 계호가 요구된다고 보이므로, 최소한의 범위 내에서 보호장비가 사용되었다고 할 수 있다. 또한 이 사건 보호장비 사용행위로 인하여 제한되는 신체의 자유 등에 비하여 도주 등의 교정사고를 예방함으로써 수형자를 이송함에 있어 안전과 질서를 보호할 수 있는 공익이 더 크다 할 것이므로 법익의 균형성도 갖추었다(헌재 2012.7.26. 2011헌마426).

22 난도 ★★★ 정답 ⑤

헌법총론 > 헌법의 원리·질서·제도

정답의 이유

ⓖ·ⓛ·ⓒ·ⓔ (○) 체계정당성의 원리라는 것은 동일 규범 내에서 또는 상이한 규범 간에 (수평적 관계이건 수직적 관계이건) 그 규범의 구조나 내용 또는 규범의 근거가 되는 원칙면에서 상호 배치되거나 모순되어서는 안 된다는 하나의 헌법적 요청이다. 즉 이는 규범 상호간의 구조와 내용 등이 모순됨이 없이 체계와 균형을 유지하도록 입법자를 기속하는 헌법적 원리라고 볼 수 있다. 이처럼 규범 상호간의 체계정당성을 요구하는 이유는 입법자의 자의를 금지하여 규범의 명확성, 예측가능성 및 규범에 대한 신뢰와 법적 안정성을 확보하기 위한 것이고 이는 국가공권력에 대한 통제와 이를 통한 국민의 자유와 권리의 보장을 이념으로 하는 법치주의원리로부터 도출되는 것이라고 할 수 있다. 그러나 일반적으로 일정한 공권력작용이 체계정당성에 위반한다고 해서 곧 위헌이 되는 것은 아니다. 즉 체계정당성 위반 자체가 바로 위헌이 되는 것은 아니고 이는 비례의 원칙이나 평등원칙위반 내지 입법의 자의금지위반 등의 위헌성을 시사하는 하나의 징후일 뿐이다. 그러므로 체계정당성 위반은 비례의 원칙이나 평등원칙위반 내지 입법자의 자의금지위반 등 일정한 위헌성을 시사하기는 하지만 아직 위헌은 아니고, 그것이 위헌이 되기 위해서는 결과적으로 비례의 원칙이나 평등의 원칙 등 일정한 헌법의 규정이나 원칙을 위반하여야 한다. 또한 입법의 체계정당성 위반과 관련하여 그러한 위반을 허용할 공익적인 사유가 존재한다면 그 위반은 정당화될 수 있고 따라서 입법상의 자의금지원칙을 위반한 것이라고 볼 수 없다. 나아가 체계정당성

의 위반을 정당화할 합리적인 사유의 존재에 대하여는 입법의 재량이 인정되어야 한다. 다양한 입법의 수단 가운데서 어느 것을 선택할 것인가 하는 것은 원래 입법의 재량에 속하기 때문이다. 그러므로 이러한 점에 관한 입법의 재량이 현저히 한계를 일탈한 것이 아닌 한 위헌의 문제는 생기지 않는다고 할 것이다(헌재 2004.11.25. 2002헌바66).

23 난도 ★★★　　　　　　　　　　　　　　정답 ①

기본권론 > 기본권 총론

정답의 이유

① 피청구인은 기자들에게 청구인이 경찰서 내에서 수갑을 차고 얼굴을 드러낸 상태에서 조사받는 모습을 촬영할 수 있도록 허용하였는데, 청구인에 대한 이러한 수사 장면을 공개 및 촬영하게 할 어떠한 공익 목적도 인정하기 어려우므로 촬영허용행위는 목적의 정당성이 인정되지 아니한다. … 촬영허용행위는 언론 보도를 보다 실감나게 하기 위한 목적 외에 어떠한 공익도 인정할 수 없는 반면, 청구인은 피의자로서 얼굴이 공개되어 초상권을 비롯한 인격권에 대한 중대한 제한을 받았고, 촬영한 것이 언론에 보도될 경우 범인으로서의 낙인 효과와 그 파급효는 매우 가혹하여 법익균형성도 인정되지 아니하므로, 촬영허용행위는 과잉금지원칙에 위반되어 청구인의 인격권을 침해하였다(헌재 2014.3.27. 2012헌마652).

오답의 이유

② 수형자가 민사법정에 출석하기까지 교도관이 반드시 동행하여야 하므로 수용자의 신분이 드러나게 되어 있어 재소자용 의류를 입었다는 이유로 인격권과 행복추구권이 제한되는 정도는 제한적이고, 형사법정 이외의 법정 출입 방식은 미결수용자와 교도관 전용 통로 및 시설이 존재하는 형사재판과 다르며, 계호의 방식과 정도도 확연히 다르다. 따라서 심판대상조항이 민사재판에 출석하는 수형자에 대하여 사복착용을 허용하지 아니한 것은 청구인의 인격권과 행복추구권을 침해하지 아니한다(헌재결 2015.12.23. 2013헌마712).

③ 헌재 2014.2.27. 2013헌바106

④ 헌재결 2018.6.28. 2016헌마1151

⑤ 심판대상계획에서 정한 출제 방향과 원칙에 영향을 받을 수밖에 없다. 따라서 수능시험을 준비하면서 무엇을 어떻게 공부하여야 할지에 관하여 스스로 결정할 자유가 심판대상계획에 따라 제한된다. 이는 자신의 교육에 관하여 스스로 결정할 권리, 즉 교육을 통한 자유로운 인격발현권을 제한받는 것으로 볼 수 있다. 한편, 청구인들은 심판대상계획으로 인해 교육을 받을 권리가 침해된다고 주장하지만, 심판대상계획이 헌법 제31조 제1항의 능력에 따라 균등하게 교육을 받을 권리를 직접 제한한다고 보기는 어렵다. 청구인들은 행복추구권도 침해된다고 주장하지만, 행복추구권에서 도출되는 자유로운 인격발현권 침해 여부에 대하여 판단하는 이상 행복추구권 침해 여부에 대해서는 다시 별도로 판단하지 않는다(헌재결 2018.2.22. 2017헌마691).

24 난도 ★★☆　　　　　　　　　　　　　　정답 ②

통치구조론 > 국민의 기본적 의무

정답의 이유

㉠ 국적법 제6조 제1항 제1호

㉡ 국적법 제8조 제1항

오답의 이유

㉢ 1년 내에 그 외국 국적을 포기하면 법무부장관에게 신고함으로써 대한민국 국적을 재취득할 수 있다(국적법 제11조 제1항).

㉣ 병역법 제8조에 따라 병역준비역에 편입된 자는 편입된 때부터 3개월 이내에 하나의 국적을 선택하여야 한다(국적법 제12조 제2항).

25 난도 ★★★　　　　　　　　　　　　　　정답 ③

통치구조론 > 헌법소원심판

정답의 이유

③ 확성장치사용 조항들은 선거운동을 위한 확성장치의 사용을 원칙적으로 금지하고 이를 위반하여 확성장치를 사용한 자를 처벌하는 규정들로서, 이는 청구인이 당내경선에서 공직선거법상 허용되는 경선운동방법을 위반하여 확성장치인 마이크를 사용해 경선운동을 하였다는 범죄사실로 유죄판결을 받은 당해사건에 적용되지 아니하였고, 확성장치사용 조항들의 위헌 여부에 따라 당해사건을 담당한 법원이 다른 내용의 재판을 하게 된다고 볼 수도 없다. 따라서 확성장치사용 조항들의 위헌 여부는 당해사건 재판의 전제가 되지 아니한다(헌재결 2019.4.11. 2016헌바458).

오답의 이유

① 유류분반환청구와 기여분결정 심판청구는 별개의 절차로 진행되고 기여분이 결정되어 있다고 하더라도 유류분산정에 있어서 기여분이 공제될 수 없으므로, 기여분결정 심판청구와 관련된 심판대상조항은 당해사건인 유류분반환 청구사건의 적법 여부의 판단 및 유류분액 산정 등 본안판단에는 적용되지 않는다. 청구인들은 심판대상조항으로 인하여 당해사건인 유류분반환 청구소송에서 기여분 항변을 다투지 못하였다고 주장하나, 기여분은 상속재산분할의 전제 문제로서의 성격을 가지므로, 기여분결정 심판청구에 적용되는 심판대상조항에 유류분반환 청구의 경우가 포함되는 입법이 이루어지더라도, 분할대상 상속재산이 전혀 없는 당해사건에서는 기여분이 인정될 수 없다. 그러므로 이 사건 심판청구는 당해사건에서 재판의 전제성이 인정되지 않는다(헌재결 2018.2.22. 2016헌바86).

② 확인신청 기간제한 조항은 직접생산 확인을 취소하는 처분을 받은 중소기업자에 대하여 일정기간 그 중소기업자가 생산하는 모든 제품에 대하여 직접생산 여부의 확인을 신청하지 못하도록 법률상 제한을 가하는 규정이다. 따라서 위 조항은 직접생산 확인 취소 처분을 다투는 사건에 적용되지 아니하고, 그 위헌 여부에 따라 당해 사건의 재판의 주문이나 내용·효력에 관한 법률적 의미가 달라지는 경우에도 해당하지 아니하므로, 심판청구 중 확인신청 기간제한 조항에 대한 부분은 재판의 전제성 요건

이 인정되지 아니한다(헌재결 2018.11.29. 2016헌바353).

④ 자술서에 대한 증거능력 인정 여부는 원칙적으로 형사소송법의 해석·적용에 따라 결정되는 점, 심판대상조항은 북한을 이탈하여 보호를 신청한 자에게 임시보호 및 그 밖의 필요한 조치를 할 수 있다는 내용으로 증거채부 또는 증거능력에 관한 규정이 아닌 점, 청구인은 자백을 법정에서 번복하지 않고 오히려 임시보호조치기간 이후 법정자백하며 자수감경을 요구한 점 등을 종합적으로 고려할 때, 심판대상조항의 위헌 여부로 당해사건 재판이 달라진다고 보기 어렵다. 따라서 심판대상조항은 재판의 전제성이 인정되지 아니한다(헌재결 2018.4.26. 2014헌바449).

⑤ 이 사건 수용 조항은 토지수용재결처분의 근거 조항으로 수용재결처분의 무효확인 내지 취소를 구하는 당해 사건 재판에 적용되고 그 위헌 여부에 따라 재판의 결론이나 내용과 효력에 관한 법률적 의미가 달라질 가능성이 있다. 또한, 당해사건은 2018.6.15.에 확정되었으나 당해사건에 적용되는 법률이 위헌으로 결정되면 재심청구가 가능하다. 따라서 위 조항들은 재판의 전제성이 인정되고, 그 밖의 적법요건도 모두 갖추었으며 달리 부적법하다고 볼 사정이 없다(헌재결 2019.11.28. 2017헌바241).

✔ 영역 분석

헌법총론 01 08 20
3문항, 12%

기본권론 02 04 05 07 12 13 14 15 21
9문항, 36%

통치구조론 03 06 09 10 11 16 17 18 19 22 23 24 25
13문항, 52%

✔ 빠른 정답

01	02	03	04	05	06	07	08	09	10
⑤	②	②	③	①	③	④	②	①	④
11	**12**	**13**	**14**	**15**	**16**	**17**	**18**	**19**	**20**
④	②	④	⑤	⑤	②	④	⑤	③	④
21	**22**	**23**	**24**	**25**					
④	①	③	⑤	①					

✔ 점수 체크

구분	1회독	2회독	3회독
맞힌 문항 수	/ 25	/ 25	/ 25
나의 점수	점	점	점

01 난도 ★★☆ 정답 ⑤

헌법총론 > 헌정사

정답의 이유

⑤ 1963년 제5차 개정헌법 때 정당의 추천을 받도록 하는 조항이 추가되었으나 1972년 제7차 개정헌법에서 삭제되었다.

오답의 이유

① 헌법 개정의 제안은 대통령, 민의원 또는 참의원의 재적의원 3분지 1 이상 또는 민의원 의원선거권자 50만 인 이상의 찬성으로써 한다(제2차 개정헌법 제98조 제1항).

② 국회의원의 수는 150인 이상 200인 이하의 범위 안에서 법률로 정한다(제5차 개정헌법 제36조 제2항).

③ 제6차 개정헌법에서 대통령의 탄핵소추에는 국회의원 50인 이상의 발의와 재적의원 3분의 2 이상의 찬성이 필요하다는 요건이 추가되었다(제6차 개정헌법 제61조 제2항).

④ 국회에 제안된 헌법개정안은 20일 이상의 기간 이를 공고하여야 하며, 공고된 날로부터 60일 이내에 의결하여야 한다(제7차 개정헌법 제125조 제1항).

02 난도 ★★☆ 정답 ②

기본권론 > 재산권

정답의 이유

② 구 지방세법은 구법과 달리 인구유입과 경제력 집중의 효과가 뚜렷한 건물의 신축, 증축 그리고 부속토지의 취득만을 그 적용대상으로 한정하여 부당하게 중과세할 소지를 제거하였다. 최근 대법원 판결도 구체적인 사건에서 인구유입이나 경제력집중 효과에 관한 판단을 전적으로 배제한 것으로는 보기 어렵다. 따라서 이 사건 법률조항은 거주 · 이전의 자유와 영업의 자유를 침해하지 아니한다(헌재 2014.7.24. 2012헌바408).

오답의 이유

① 단기보유자산이 공용수용에 의하여 양도된 경우에도 높은 세율로 중과세하는 것은 부동산 투기를 억제하여 토지라는 한정된 자원을 효율적으로 이용하기 위한 것으로 입법목적의 정당성이 인정되고, … 단기보유자산의 양도에 대하여 일률적으로 중과세함으로써 실현되는 공익이 그로써 제한되는 사익보다 결코 작다고 할 수 없으므로 법익의 균형성도 준수하고 있어 심판대상 조항은 청구인들의 재산권을 침해하지 아니한다(헌재결 2015. 6.25. 2014헌바256).

③ 계약상 급부의 상환성과 등가성은 계약 당사자의 이익을 공평하게 조정하기 위하여 계약 해제에 따른 원상회복 관계에서도 유지되어야 하므로, 원상회복범위는 당사자의 구체적이고 주관적

인 사정과 관계없이 규범적·객관적으로 정해져야 할 필요가 있다. 계약 해제의 경위·계약 당사자의 귀책사유 등 제반 사정은 계약 해제로 인한 손해배상의 범위를 정할 때 고려된다. 따라서 민법 제548조 제2항은 원상회복의무자의 재산권을 침해하지 않는다(헌재결 2017.5.25. 2015헌바421)

④ 도축장 사용정지·제한명령은 구제역과 같은 가축전염병의 발생과 확산을 막기 위한 것이고, 도축장 사용정지·제한명령이 내려지면 국가가 도축장 영업권을 강제로 취득하여 공익 목적으로 사용하는 것이 아니라 소유자들이 일정기간 동안 도축장을 사용하지 못하게 되는 효과가 발생할 뿐이다. 이와 같은 재산권에 대한 제약의 목적과 형태에 비추어 볼 때, 도축장 사용정지·제한명령은 공익목적을 위하여 이미 형성된 구체적 재산권을 박탈하거나 제한하는 헌법 제23조 제3항의 수용·사용 또는 제한에 해당하는 것이 아니라, 도축장 소유자들이 수인하여야 할 사회적 제약으로서 헌법 제23조 제1항의 재산권의 내용과 한계에 해당한다(헌재결 2015.10.21. 2012헌바367).

⑤ 친일재산 조항은 정의를 구현하고 민족의 정기를 바로 세우며 일제에 저항한 3·1운동의 헌법이념을 구현하기 위하여, 친일반민족행위로 축재한 재산을 친일재산으로 규정하여 국가에 귀속시킬 수 있도록 하기 위한 것으로서, 입법목적의 정당성 및 수단의 적합성이 인정된다. … 과거사 청산의 정당성과 진정한 사회통합의 가치를 고려할 때 이 사건 친일재산 조항의 공익적 중대성은 막중하고, 이 사건 친일재산 조항으로 인한 친일반민족행위자 등의 재산권에 대한 제한의 정도가 위 조항에 의하여 보장되는 공익에 비하여 결코 중하다고 볼 수 없으므로, 위 조항이 법익의 균형성에 반한다고 볼 수 없다. 따라서 친일재산 조항이 과잉금지원칙을 위반하여 재산권을 침해한다고 할 수 없다 (2018.4.26. 2016헌바454).

03 난도 ★★☆   정답 ②

통치구조론 > 권한쟁의심판

정답의 이유

② 국회법 제85조의2 제1항 중 재적위원 5분의 3 이상의 찬성을 요하는 부분이 위헌으로 선언되더라도, 기재위 위원장에게 신속처리대상안건 지정요건을 갖추지 못한 신속처리안건지정동의에 대하여 표결을 실시할 의무가 발생하는 것은 아니므로 그 위헌 여부는 이 사건 표결실시 거부행위의 효력에는 아무런 영향도 미칠 수 없다. 따라서 이 표결실시 거부행위는 신속처리안건지정동의에 대한 표결권을 침해하거나 침해할 위험성이 없다(헌재결 2016.5.26. 2015헌라1).

오답의 이유

① 적법한 반대토론 신청이 있었으므로 원칙적으로 그 반대토론 절차를 생략하기 위해서는 반드시 본회의 의결을 거쳐야 할 것인데(국회법 제93조 단서), 반대토론 신청이 적법하게 이루어졌음에도 이를 허가하지 않고 나아가 토론절차를 생략하기 위한 의결을 거치지도 않은 채 법률안들에 대한 표결절차를 진행하였으므로, 이는 국회법 제93조 단서를 위반하여 국회의원들의 법률안 심의·표결권을 침해하였다(헌재 2011.8.30. 2009헌라7).

③ 권한쟁의심판에서는 처분 또는 부작위를 야기한 기관으로서 법적 책임을 지는 기관만이 피청구인적격을 가지므로, 의안의 상정·가결선포 등의 권한을 갖는 국회의장을 상대로 제기되어야 한다. 국회부의장은 국회의장의 직무를 대리하여 법률안을 가결선포할 수 있을 뿐(국회법 제12조 제1항), 법률안 가결선포행위에 따른 법적 책임을 지는 주체가 될 수 없으므로, 국회부의장에 대한 이 사건 심판청구는 피청구인 적격이 인정되지 아니한 자를 상대로 제기되어 부적법하다(헌재 2009.10.29. 2009헌라8).

④ 국회의원의 심의·표결권은 국회의 대내적인 관계에서 행사되고 침해될 수 있을 뿐 다른 국가기관과의 대외적인 관계에서는 침해될 수 없는 것이므로, 대통령 등 국회 이외의 국가기관과의 사이에서는 권한침해의 직접적인 법적 효과를 발생시키지 아니한다. 따라서 대통령이 조약 체결·비준에 대한 국회의 동의를 요구하지 않았다고 하더라도 국회의원들의 심의·표결권이 침해될 가능성은 없다(헌재결 2015.11.26. 2013헌라3).

⑤ 헌재결 2015.11.26. 2013헌라3

04 난도 ★★☆   정답 ③

기본권론 > 기본권 총론

정답의 이유

③ 국가의 신체와 생명에 대한 보호의무는 교통과실범의 경우 발생한 침해에 대한 사후처벌뿐 아니라, 무엇보다도 우선적으로 운전면허취득에 관한 법규 등 여러 가지 사전적·사후적 조치를 함께 취함으로써 이행된다 할 것이므로, 형벌은 국가가 취할 수 있는 유효적절한 수많은 수단 중의 하나일 뿐이지, 결코 형벌까지 동원해야만 보호법익을 유효적절하게 보호할 수 있다는 의미의 최종적인 유일한 수단이 될 수는 없다 할 것이다. 따라서 이 법률조항은 국가의 기본권 보호의무를 명백히 위반한 것이라고 할 수 없다(헌재결 2009.2.26. 2005헌마764).

오답의 이유

① 국가의 기본권 보호의무란 사인인 제3자에 의한 생명이나 신체에 대한 침해로부터 이를 보호하여야 할 국가의 의무를 말하는 것으로, 국가가 직접 주방용오물분쇄기의 사용을 금지하여 개인의 기본권을 제한하는 경우에는 국가의 기본권 보호의무 위반 여부가 문제되지 않는다(헌재결 2018.6.28. 2016헌마1151).

② 헌법 제10조 제2문은 "국가는 개인이 가지는 불가침의 기본적 인권을 확인하고 이를 보장할 의무를 진다"고 규정함으로써, 소극적으로 국가권력이 국민의 기본권을 침해하는 것을 금지하는 데 그치지 아니하고 나아가 적극적으로 국민의 기본권을 타인의 침해로부터 보호할 의무를 부과하고 있다. 이러한 국가의 기본권 보호 의무로부터 국가 자체가 불법적으로 국민의 생명권, 신체의 자유 등의 기본권을 침해하는 경우 그에 대한 손해배상을 해주어야 할 국가의 행위의무가 도출된다고 볼 수 있다(헌재 2003.1.30. 2002헌마358).

④ 국가는 원전의 건설·운영을 산업통상자원부장관의 전원개발사업 실시계획 승인만으로 가능하도록 한 것이 아니라, 원자력안전법에서 규정하고 있는 건설허가 및 운영허가 등의 절차를 거치도록 하여, 허가 단계에서 보다 엄격한 기준을 마련하여 원전

으로 인한 피해가 발생하지 않도록 조치들을 강구하고 있다. 따라서 원전 건설을 내용으로 하는 전원개발사업 실시계획에 대한 승인권한을 다른 전원개발과 마찬가지로 산업통상자원부장관에게 부여하고 있다 하더라도, 국가가 국민의 생명·신체의 안전을 보호하기 위하여 필요한 최소한의 보호조치를 취하지 아니한 것이라고 보기는 어렵다(헌재결 2016.10.27. 2015헌바358).

⑤ '살아서 출생한 태아'와는 달리 '살아서 출생하지 못한 태아'에 대해서는 손해배상청구권을 부정함으로써 후자에게 불리한 결과를 초래하고 있으나 이러한 결과는 사법관계에서 요구되는 법적 안정성의 요청이라는 법치국가이념에 의한 것으로 헌법적으로 정당화된다 할 것이므로, 그와 같은 차별적 입법조치가 있다는 이유만으로 곧 국가가 기본권 보호를 위해 필요한 최소한의 입법적 조치를 다하지 않아 그로써 위헌적인 입법적 불비나 불완전한 입법상태가 초래된 것이라고 볼 수 없다. 그렇다면 이러한 입법적 태도가 입법형성권의 한계를 명백히 일탈한 것으로 보기는 어려우므로 이 사건 법률조항들이 국가의 생명권 보호의무를 위반한 것이라 볼 수 없다(헌재 2008.7.31. 2004헌바81).

05 난도 ★★☆
정답 ①

기본권론 > 인신의 자유권

[정답의 이유]

① 헌법 본문의 문언 및 조문 체계, 변호인 조력권의 속성, 헌법이 신체의 자유를 보장하는 취지를 종합하여 보면 헌법 제12조 제4항 본문에 규정된 "구속"은 사법절차에서 이루어진 구속뿐 아니라, 행정절차에서 이루어진 구속까지 포함하는 개념이다. 따라서 헌법에 규정된 변호인의 조력을 받을 권리는 행정절차에서 구속을 당한 사람에게도 즉시 보장된다(헌재결 2018.5.31. 2014헌마346).

[오답의 이유]

② 현대 사회의 복잡다단한 소송에서의 법률전문가의 증대되는 역할 등을 감안할 때 교정시설 내 수용자와 변호사 사이의 접견교통권의 보장은 헌법상 보장되는 재판청구권의 한 내용 또는 그로부터 파생되는 권리로 볼 수 있다(헌재결 2015.11.26. 2012헌마858).

③ 형사소송법 제266조의4 제5항은 피고인의 열람·등사권을 보장하기 위하여 검사로 하여금 법원의 열람·등사에 관한 결정을 신속히 이행하도록 강제하는 한편, 이를 이행하지 아니하는 경우에는 증거신청상의 불이익도 감수하여야 한다는 의미로 해석하여야 할 것이므로, 법원이 검사의 열람·등사 거부처분에 정당한 사유가 없다고 판단하고 그러한 거부처분이 피고인의 헌법상 기본권을 침해한다는 취지에서 수사서류의 열람·등사를 허용하도록 명한 이상, 법치국가와 권력분립의 원칙상 검사로서는 당연히 법원의 그러한 결정에 지체 없이 따라야 할 것이다. 그러므로 법원의 열람·등사 허용 결정에도 불구하고 검사가 이를 신속하게 이행하지 아니하는 경우에는 피고인의 열람·등사권을 침해하고, 나아가 피고인의 신속·공정한 재판을 받을 권리 및 변호인의 조력을 받을 권리까지 침해하게 되는 것이다(헌재 2010.6.24. 2009헌마257).

④ 변호인 선임을 위하여 피의자 등이 가지는 '변호인이 되려는 자'와의 접견교통권은 헌법상 기본권으로 보호되어야 하고, '변호인이 되려는 자'의 접견교통권은 피의자 등이 변호인을 선임하여 그로부터 조력을 받을 권리를 공고히 하기 위한 것으로서, 그것이 보장되지 않으면 피의자 등이 변호인 선임을 통하여 변호인으로부터 충분한 조력을 받는다는 것이 유명무실하게 될 수밖에 없다. 따라서 피의자 등이 가지는 '변호인이 되려는 자'의 조력을 받을 권리가 실질적으로 확보되기 위해서는 '변호인이 되려는 자'의 접견교통권 역시 헌법상 기본권으로서 보장되어야 한다(헌재결 2019.2.28. 2015헌마1204).

⑤ 구속피고인 변호인 면접·교섭권은 독자적으로 존재하는 것이 아니라 국가형벌권의 적정한 행사와 피고인의 인권보호라는 형사소송절차의 전체적인 체계 안에서 의미를 갖고 있는 것이다. 따라서 구속피고인의 변호인 면접·교섭권은 최대한 보장되어야 하지만, 형사소송절차의 위와 같은 목적을 구현하기 위하여 제한될 수 있다. 다만 이 경우에도 그 제한은 엄격한 비례의 원칙에 따라야 하고, 시간·장소·방법 등 일반적 기준에 따라 중립적이어야 한다(헌재 2009.10.29. 2007헌마992).

06 난도 ★☆☆
정답 ③

통치구조론 > 헌법소원심판

[정답의 이유]

③ 지정재판부는 헌법소원을 각하하거나 심판회부결정을 한 때에는 그 결정일부터 14일 이내에 청구인 또는 그 대리인 및 피청구인에게 그 사실을 통지하여야 한다(헌법재판소법 제73조 제1항).

[오답의 이유]

① 지정재판부는 전원의 일치된 의견으로 제3항의 각하결정을 하지 아니하는 경우에는 결정으로 헌법소원을 재판부의 심판에 회부하여야 한다. 헌법소원심판의 청구 후 30일이 지날 때까지 각하결정이 없는 때에는 심판에 회부하는 결정이 있는 것으로 본다(헌법재판소법 제72조 제4항).

② 헌법재판소법 제67조 제1항은 '헌법재판소의 권한쟁의심판의 결정은 모든 국가기관과 지방자치단체를 기속한다.'라고 규정하고 있고, 제75조 제1항은 '헌법소원의 인용결정은 모든 국가기관과 지방자치단체를 기속한다.'라고 규정하고 있다. 따라서 헌법소원심판은 인용결정이 있는 경우에만 기속력이 발생하지만, 권한쟁의심판의 경우 기각결정도 기속력이 인정된다.

④ 법률의 위헌 여부 심판의 제청신청이 기각된 때에는 그 신청을 한 당사자는 헌법재판소에 헌법소원심판을 청구할 수 있다. 이 경우 그 당사자는 당해 사건의 소송절차에서 동일한 사유를 이유로 다시 위헌 여부 심판의 제청을 신청할 수 없다(헌법재판소법 제68조 제2항).

⑤ 헌법 제107조 제2항이 규정한 명령·규칙에 대한 대법원의 최종심사권이란 구체적인 소송사건에서 명령·규칙의 위헌여부가 재판의 전제가 되었을 경우 법률의 경우와는 달리 헌법재판소에 제청할 것 없이 대법원이 최종적으로 심사할 수 있다는 의미이며, 명령·규칙 그 자체에 의하여 직접 기본권이 침해되었음을

이유로 하여 헌법소원심판을 청구하는 것은 위 헌법규정과는 아무런 상관이 없는 문제이다(헌재 1990.10.15. 89헌마178).

07 난도 ★★★   정답 ④

기본권론 > 정치적 기본권

[정답의 이유]

④ 공무담임권은 공직취임의 기회 균등뿐만 아니라 취임한 뒤 승진할 때에도 균등한 기회 제공을 요구한다(헌재결 2018.7.26. 2017헌마1183).

[오답의 이유]

① 공무담임권의 보호영역에는 일반적으로 공직취임의 기회보장, 신분박탈, 직무의 정지가 포함되는 것일 뿐, 여기서 더 나아가 공무원이 특정의 장소에서 근무하는 것 또는 특정의 보직을 받아 근무하는 것을 포함하는 일종의 '공무수행의 자유'까지 그 보호영역에 포함된다고 보기는 어렵다. 따라서 정부조직법 제2조 제7항이 특정직 공무원으로서 군무원인 청구인들의 공무담임권을 제한하는 것은 아니다(헌재 2008.6.26. 2005헌마1275).

② 선출직 공무원의 공무담임권은 선거를 전제로 하는 대의제의 원리에 의하여 발생하는 것이므로 공직의 취임이나 상실에 관련된 어떠한 법률조항이 대의제의 본질에 반한다면 이는 공무담임권도 침해하는 것이라고 볼 수 있다(헌재 2009.3.26. 2007헌마843).

③ 국립대학교 총장은 교육공무원으로서 국가공무원의 신분을 가진다. 이 사건 기탁금 조항은 국립대학교 총장후보 선정과정에서 후보자에 지원하려는 사람에게 기탁금을 납부하도록 하고, 기탁금을 납입하지 않을 경우 총장후보에 지원하는 기회가 주어지지 않도록 하고 있다. 따라서 이 사건 기탁금 조항은 기탁금을 납입할 수 없거나 그 납입을 거부하는 사람들의 공무담임권을 제한한다(헌재결 2018.4.26. 2014헌마274).

⑤ 노동직류와 직업상담직류를 선발할 때 직업상담사 자격증 소지자에게 점수를 가산하도록 한 공무원임용시험령 부분은 2003년과 2007년경부터 규정된 것이어서 해당 직류의 채용시험을 진지하게 준비 중이었다면 누구라도 직업상담사 자격증이 가산대상 자격증임을 알 수 있었다고 보이며, 자격증소지를 시험의 응시자격으로 한 것이 아니라 각 과목 만점의 최대 5% 이내에서 가산점을 부여하는 점, … 등을 종합하면 이 조항이 피해최소성 원칙에 위배된다고 볼 수 없고, 법익의 균형성도 갖추었다. 따라서 심판대상조항이 청구인들의 공무담임권과 평등권을 침해하였다고 볼 수 없다(헌재결 2018.8.30. 2018헌마46).

08 난도 ★☆☆   정답 ②

헌법총론 > 헌법의 원리·질서·제도

[정답의 이유]

• 정기회의 회기는 (A) 100일을, 임시회의 회기는 30일을 초과할 수 없다(헌법 제47조 제2항).

• 헌법개정은 국회재적의원 과반수 또는 대통령의 발의로 제안되며, 제안된 헌법개정안은 대통령이 (B) 20일 이상의 기간동안 이를 공고하여야 한다(헌법 제128조·제129조).

• 대통령후보자가 1인일 때에는 그 득표수가 선거권자 총수의 (C) 3분의 1 이상이 아니면 대통령으로 당선될 수 없다(헌법 제67조 제3항).

• 대통령의 임기가 만료되는 때에는 임기만료 (D) 70일 내지 (E) 40일 전에 후임자를 선거한다(헌법 제68조 제1항).

• 법률은 특별한 규정이 없는 한 공포한 날로부터 (F) 20일을 경과함으로써 효력을 발생한다(헌법 제53조 제7항).

② A−B+C−D+E−F=100−20+3−70+40−20=33

09 난도 ★☆☆   정답 ①

통치구조론 > 국회

[정답의 이유]

① 국회법 제56조

[오답의 이유]

② 상임위원회(소위원회를 포함)는 3월·5월의 세 번째 월요일부터 한 주간 정례적으로 개회한다. 다만, 국회운영위원회에 대해서는 이를 적용하지 아니하고, 정보위원회는 3월·5월에 월 1회 이상 개회한다(국회법 제53조 제1항). → 종전 국회법 제53조(폐회 중 상임위원회의 정례회의)는 2020.12.22. 삭제되었다.

③ 국회법 제52조·제54조

> 제52조(위원회의 개회) 위원회는 다음 각 호의 어느 하나에 해당할 때에 개회한다.
> 1. 본회의의 의결이 있을 때
> 2. 의장이나 위원장이 필요하다고 인정할 때
> 3. 재적위원 4분의 1 이상의 요구가 있을 때
>
> 제54조(위원회의 의사정족수·의결정족수) 위원회는 재적위원 5분의 1 이상의 출석으로 개회하고, 재적위원 과반수의 출석과 출석위원 과반수의 찬성으로 의결한다.

④ 의장은 어느 상임위원회에도 속하지 아니하는 사항은 국회운영위원회와 협의하여 소관 상임위원회를 정한다(국회법 제37조 제2항).

⑤ 제정법률안과 전부개정법률안에 대해서는 그러하지 아니하다(국회법 제58조 제5항 단서).

10 난도 ★☆☆   정답 ④

통치구조론 > 위헌법률심판

[정답의 이유]

④ 헌법재판소법 제68조 제2항은 법률의 위헌여부심판의 제청신청이 기각된 때에는 그 신청을 한 당사자는 헌법재판소에 헌법소원심판을 청구할 수 있으나, 다만 이 경우 그 당사자는 당해 사건의 소송절차에서 동일한 사유를 이유로 다시 위헌여부심판의 제청을 신청할 수 없다고 규정하고 있는바, 이 때 당해 사건의 소송절차란 당해 사건의 상소심 소송절차를 포함한다 할 것이다(헌재 2007.7.26. 2006헌바40).

① 폐지된 법률이라도 헌법재판소법 제68조 제2항의 헌법소원심판 청구인들의 침해된 법익을 보호하기 위하여 그 위헌여부가 가려져야 할 필요가 있는 때에는 심판의 대상이 된다(헌재 1989.12.18. 89헌마32 · 33).

② 제청 또는 청구된 법률조항이 법원의 당해사건의 재판에 직접 적용되지는 않더라도 그 위헌여부에 따라 당해사건의 재판에 직접 적용되는 법률조항의 위헌여부가 결정되거나, 당해재판의 결과가 좌우되는 경우 등과 같이 양 규범 사이에 내적 관련이 있는 경우에는 간접 적용되는 법률규정에 대하여도 재판의 전제성을 인정할 수 있다(헌재 2001.10.25. 2000헌바5).

③ 위헌 여부 심판의 제청에 관한 결정에 대하여는 항고할 수 없다(헌법재판소법 제41조 제4항).

⑤ 법원이 법률의 위헌 여부 심판을 헌법재판소에 제청한 때에는 당해 소송사건의 재판은 헌법재판소의 위헌 여부의 결정이 있을 때까지 정지된다. 다만, 법원이 긴급하다고 인정하는 경우에는 종국재판 외의 소송절차를 진행할 수 있다(헌법재판소법 제42조 제1항).

11 난도 ★★★   정답 ④

통치구조론 > 헌법소원심판

㉡ 변호사시험 관리위원회는 변호사시험에 관한 법무부장관의 의사결정을 보좌하기 위하여 법무부에 설치된 자문위원회로서, 일정한 심의사항에 관하여 의결절차를 거쳐 위원회의 의사를 표명하더라도 그것은 단순히 법무부장관에 대한 권고에 불과하여 그 자체로서는 법적 구속력이나 외부효과가 발생하지 않는 의견진술 정도의 의미를 가지는 데 지나지 않으므로, 변호사시험 관리위원회의 의결은 헌법소원의 대상이 되는 공권력 행사로 볼 수 없다(헌재 2012.3.29. 2009헌마754).

㉣ 관련 법령의 규율 내용 및 체계, 실무관행 등을 종합적으로 고려하여 보면, 의견제시는 행정기관인 피청구인에 의한 비권력적 사실행위로서, 방송사업자인 청구인의 권리와 의무에 대하여 직접적인 법률효과를 발생시켜 청구인의 법률관계 내지 법적 지위를 불리하게 변화시킨다고 보기는 어렵다. 결국 이 사건 의견제시는 청구인의 권리와 의무에 영향을 미치는 것이라고 보기는 어려우므로, 헌법소원의 대상이 되는 '공권력 행사'에 해당한다고 볼 수 없다(헌재결 2018.4.26. 2016헌마46).

㉠ 후방착석요구행위는 피청구인이 자신의 우월한 지위를 이용하여 청구인에게 일방적으로 강제한 것으로서 권력적 사실행위에 해당한다. 따라서 이 사건 후방착석요구행위는 헌법소원의 대상이 되는 공권력의 행사에 해당한다(헌재결2017.11.30. 2016헌마503).

㉢ 담당교도관의 접견 불허 통보 이후 피청구인 검사가 별다른 조치를 취하지 아니한 것은 실질적으로 청구인의 접견신청을 불허한 것과 동일하게 평가할 수 있으므로, 이 사건 검사의 접견불허행위는 헌법소원의 대상이 되는 공권력의 행사로서 존재한다고

할 것이다(헌재결 2019.2.28. 2015헌마1204).

12 난도 ★★☆   정답 ②

기본권론 > 정치적 기본권

㉠ 헌법 제8조 제1항은 정당설립의 자유, 정당조직의 자유, 정당활동의 자유 등을 포괄하는 정당의 자유를 보장하고 있다. 이러한 정당의 자유는 국민이 개인적으로 갖는 기본권일 뿐만 아니라, 단체로서의 정당이 가지는 기본권이기도 하다. 따라서 개인인 국민으로서 청구인이 정당의 자유를 가지고 있음은 물론, 청구인 정당도 단체로서 정당의 자유를 가지고 있다(헌재결 2004.12.16. 2004헌마456).

㉣ 정당제 민주주의 하에서 정당에 대한 재정적 후원이 전면적으로 금지됨으로써 정당이 스스로 재정을 충당하고자 하는 정당활동의 자유와 국민의 정치적 표현의 자유에 대한 제한이 매우 크다고 할 것이므로, 정당의 정당활동의 자유와 국민의 정치적 표현의 자유를 침해한다(헌재결 2015.12.23. 2013헌바168).

㉡ 열람기간을 어느 정도로 설정할 것인지는 기본적으로 입법자의 입법형성 영역에 속하는 것으로서, 사회통념상 3개월은 그 자체만 놓고 보더라도 결코 짧지 않아 국민들의 정보에 대한 접근을 본질적으로 침해하는 정도의 단기간이라 보기 어렵고, 3개월의 열람기간 제한과 같은 시간적 제약을 둠으로써 행정적인 업무부담을 경감시키고 정치자금을 둘러싼 법률관계 등을 조기에 안정시키는 공익이 정보접근이 시간적으로 제한되는 사익과 비교하여 결코 작다 할 수 없으므로 법익의 균형성 원칙에도 위배되지 아니하므로 청구인의 알 권리 등을 침해한다고 볼 수 없다(헌재 2010.12.28. 2009헌마466).

㉢ 정당해산심판은 원칙적으로 해당 정당에게만 그 효력이 미치며, 정당해산결정은 대체정당이나 유사정당의 설립까지 금지하는 효력을 가지므로 오류가 드러난 결정을 바로잡지 못한다면 장래 세대의 정치적 의사결정에까지 부당한 제약을 초래할 수 있다. 따라서 정당해산심판절차에서는 재심을 허용하지 아니함으로써 얻을 수 있는 법적 안정성의 이익보다 재심을 허용함으로써 얻을 수 있는 구체적 타당성의 이익이 더 크므로 재심을 허용하여야 한다(헌재결 2016.5.26. 2015헌아20).

13 난도 ★★☆   정답 ④

기본권론 > 인간의 존엄과 가치 · 행복추구권

④ 헌법 제27조의 재판을 받을 권리는 모든 사건에 대해 상소심 절차에 의한 재판을 받을 권리까지도 당연히 포함된다고 단정할 수 없는 것이며, 상소할 수 있는지, 상소이유를 어떻게 규정하는지는 특단의 사정이 없는 한 입법정책의 문제로 보아야 한다는 것이 헌법재판소의 판례이다. 설사 범죄인인도를 형사처벌과 유사한 것이라 본다고 하더라도, 적어도 법관과 법률에 의한 한 번의 재판을 보장하고 있고, 그에 대한 상소를 불허한 것이 적법절

차원칙이 요구하는 합리성과 정당성을 벗어난 것이 아닌 이상, 그러한 상소 불허 입법이 입법재량의 범위를 벗어난 것으로서 재판청구권을 과잉 제한하는 것이라고 보기는 어렵다(헌재 2003.1.30. 2001헌바95).

오답의 이유

① 우리 현행 헌법에서는 제12조 제1항의 처벌, 보안처분, 강제노역 등 및 제12조 제3항의 영장주의와 관련하여 각각 적법절차의 원칙을 규정하고 있지만 이는 그 대상을 한정적으로 열거하고 있는 것이 아니라 그 적용대상을 예시한 것에 불과하다고 해석하는 것이 우리의 통설적 견해이다(헌재 1992.12.24. 92헌가8).

② 공정거래법에서 행정기관인 공정거래위원회로 하여금 과징금을 부과하여 제재할 수 있도록 한 것은 이에 대한 전문적 지식과 경험을 갖춘 기관이 담당하는 것이 보다 바람직하다는 정책적 결단에 입각한 것이라 할 것이고, 과징금의 부과 여부 및 그 액수의 결정권자인 위원회는 합의제 행정기관으로서 그 구성에 있어 일정한 정도의 독립성이 보장되어 있고 통지, 의견진술의 기회부여 등을 통하여 당사자의 절차적 참여권을 인정하고 있다는 점들을 종합적으로 고려할 때 과징금 부과 절차에 있어 적법절차원칙에 위반되거나 사법권을 법원에 둔 권력분립의 원칙에 위반된다고 볼 수 없다(헌재 2003.7.24. 2001헌가25).

③ 수사 중인 사건에 대하여 징계절차를 진행하지 아니하더라도 징계혐의자는 수사가 종료되는 장래 어느 시점에서 징계절차가 진행될 수 있다는 점을 충분히 예측하여 대비할 수 있고, 수사가 종료되어 징계절차가 진행되는 경우에도 징계혐의자는 관련 법령에 따라 방어권을 충분히 보호받을 수 있다. 공정한 징계제도 운용이라는 이익은, 징계혐의자가 징계절차를 진행하지 아니함을 통보받지 못하여 징계시효가 연장되었음을 알지 못함으로써 입는 불이익보다 크다. 그렇다면 징계시효 연장을 규정하면서 징계절차를 진행하지 아니함을 통보하지 아니한 경우에는 징계시효가 연장되지 않는다는 예외규정을 두지 않았다고 하더라도 적법절차원칙에 위배되지 아니한다(헌재결 2017.6.29. 2015헌바29).

⑤ 분리수용과 처우제한은 징벌제도의 일부로서 징벌 혐의의 입증을 위한 과정이고, 그 과정을 거쳐 징벌처분을 내리기 위해서는 징벌위원회의 의결이라는 사전 통제절차를 거쳐야 하며, 내려진 징벌처분에 대해서는 행정소송을 통해 불복할 수 있다는 점 등을 종합하여 볼 때, 분리수용 및 처우제한에 대해 법원에 의한 개별적인 통제절차를 두고 있지 않다는 점만으로 이 사건 분리수용 및 이 사건 처우제한이 적법절차원칙에 위반된 것이라고 볼 수는 없다(헌재 2014.9.25. 2012헌마523).

14 난도 ★★☆ 정답 ⑤

기본권론 > 정신적 자유권

정답의 이유

⑤ 정보통신망 이용촉진 및 정보보호 등에 관한 법률의 문언 및 입법목적, 법원의 해석 등을 종합하여 보면, 건전한 상식과 통상적인 법감정을 가진 수범자는 심판대상 조항에 의하여 금지되는 행위가 어떠한 것인지 충분히 알 수 있고, 법관의 보충적인 해석을 통하여 그 의미가 확정될 수 있으므로, 심판대상 조항은 명확성원칙에 위배되지 않는다(헌재결 2016.12.29. 2014헌바434).

오답의 이유

① 저작권법은 저작자 및 자신의 의사에 반하여 저작자로 표시된 사람의 권리를 보호하고, 저작자 명의에 관한 사회 일반의 신뢰를 보호하기 위한 것으로 입법목적이 정당하고, 저작자 아닌 사람을 저작자로 표시하는 행위를 금지하는 것은 적합한 수단이다. … 저작물이 가지는 학문적·문화적 중요성과 이용자에게 미치는 영향 등을 고려할 때 저작자의 표시에 관한 사회적 신뢰를 유지한다는 공익이 중요한 반면, 위 조항으로 인한 불이익은 저작자 표시를 사실과 달리하여 얻을 수 있는 이익을 얻지 못하는 것에 불과하여, 위 조항은 법익의 균형성도 갖추었다. 심판대상 조항은 표현의 자유 또는 일반적 행동의 자유를 침해하지 아니한다(헌재결 2018.8.30. 2017헌바158).

② 이 사건 법률조항은 노동단체가 정당에 정치자금을 기부하는 것을 금지함으로써 청구인이 정당에 정치자금을 기부하는 형태로 정치적 의사를 표현하는 자유를 제한하는 한편, 정치자금의 기부를 통하여 정당에 정치적 영향력을 행사하는 결사의 자유(단체활동의 자유)를 제한하는 규정이므로, 이 사건 법률조항에 의하여 침해된 기본권은 헌법 제33조의 단결권이 아니라 헌법 제21조의 노동조합의 정치활동의 자유, 즉 표현의 자유, 결사의 자유, 일반적인 행동자유권 및 개성의 자유로운 발현권을 그 보장내용으로 하는 행복추구권이라고 보아야 한다(헌재 1999.11.25. 95헌마154).

③ 금융지주회사법은 금융지주회사의 영업 관련 정보 및 자료에 대한 배타적 권리를 보호하고, 정확한 정보의 공개를 보장함으로써, 금융지주회사의 경영 및 재무 건전성과, 금융 산업의 공정성 및 안정성 확보를 도모하기 위한 것이므로 입법목적의 정당성이 인정된다. … 공익을 위해 정보나 자료를 외부에 공개하는 경우에는 공익신고자 보호법이나 '노동조합 및 노동관계조정법'등에 의해 면책될 수도 있다. 따라서 금융지주회사법 제48조의3 제2항은 표현의 자유를 침해하지 아니한다(헌재결 2017.8.31. 2016헌가11).

④ 헌재 2013.12.26. 2009헌마747

15 난도 ★★☆ 정답 ⑤

기본권론 > 정치적 기본권

정답의 이유

⑤ 집회 또는 시위의 주최자는 제8조에 따른 금지 통고를 받은 날부터 10일 이내에 해당 경찰관서의 바로 위의 상급경찰관서의 장에게 이의를 신청할 수 있다(집회 및 시위에 관한 법률 제9조 제1항).

오답의 이유

① 옥외집회나 시위를 주최하려는 자는 그에 관한 사항 모두를 적은 신고서를 옥외집회나 시위를 시작하기 720시간 전부터 48시간 전에 관할 경찰서장에게 제출하여야 한다. 주최자는 제1항에 따라 신고한 옥외집회 또는 시위를 하지 아니하게 된 경우에는 신고서에 적힌 집회 일시 24시간 전에 그 철회사유 등을 적은

철회신고서를 관할경찰관서장에게 제출하여야 한다(집회 및 시위에 관한 법률 제6조 제1항·제3항).

② 집회 및 시위에 관한 법률은 법관의 독립이나 법원의 재판에 영향을 미칠 우려가 있는 집회·시위를 제한하는 데 머무르지 않고, 각급 법원 인근의 모든 옥외집회를 전면적으로 금지함으로써 구체적 상황을 고려하여 상충하는 법익 사이의 조화를 이루려는 노력을 기울이지 않고 있다. 심판대상 조항을 통해 달성하려는 공익과 집회의 자유에 대한 제약 정도를 비교할 때, 심판대상 조항으로 달성하려는 공익이 제한되는 집회의 자유 정도보다 크다고 단정할 수 없으므로, 심판대상 조항은 법익의 균형성 원칙에도 어긋난다. 심판대상 조항은 과잉금지원칙을 위반하여 집회의 자유를 침해한다(헌재결 2018.7.26. 2018헌바137)

③ 집회의 자유는 그 내용에 있어 집회참가자가 기본권행사를 이유로 혹은 기본권행사와 관련하여 국가의 감시를 받게 되거나, 경우에 따라서는 어떠한 불이익을 받을 수도 있다는 것을 걱정할 필요가 없는, 즉 자유로운 심리상태의 보장이 전제되어야 한다. 개인이 가능한 외부의 영향을 받지 않고 집회의 준비와 실행에 참여할 수 있고, 집회참가자 상호간 및 공중과의 의사소통이 가능한 방해받지 않아야 한다. 따라서 집회·시위 등 현장에서 집회·시위 참가자에 대한 사진이나 영상촬영 등의 행위는 집회·시위 참가자들에게 심리적 부담으로 작용하여 여론형성 및 민주적 토론절차에 영향을 주고 집회의 자유를 전체적으로 위축시키는 결과를 가져올 수 있으므로 집회의 자유를 제한한다고 할 수 있다(헌재결2018.8.30. 2014헌마843).

④ 집회 또는 시위의 주최자는 집회 또는 시위에 있어서의 질서를 유지하여야 한다. 이에 따른 질서를 유지할 수 없으면 그 집회 또는 시위의 종결을 선언하여야 한다(집회 및 시위에 관한 법률 제16조 제1항·제3항).

16 난도 ★★☆
정답 ②

통치구조론 > 법원

정답의 이유

㉠ 상고심절차에 관한 특례법 제4조는 비록 국민의 재판청구권을 제약하고 있기는 하지만 심급제도와 대법원의 기능에 비추어 볼 때 헌법이 요구하는 대법원의 최고법원성을 존중하면서 소송사건에 있어서 상고심재판을 받을 수 있는 객관적 기준을 정함에 있어 개별적 사건에서의 권리구제보다 법령해석의 통일을 더 우위에 둔 규정으로서 그 합리성이 있다고 할 것이므로 헌법에 위반되지 아니한다(헌재 1998.2.27. 96헌마92).

㉢ 모든 법률은 법관의 해석·적용작용을 통해서 실현되며, 대법원판결의 효력과 대법원판례 변경에 관한 법원조직법의 관계 규정 등에 근거한 법률상의 이유 및 법생활상에 있어서의 사실상의 구속력에 기하여 개별적 사건에서의 권리구제보다 법령해석의 통일을 더 우위에 둔 입법자의 판단에 따라 상고심 재판을 받을 수 있는 객관적인 기준으로서 대법원판례 위반 여부를 한 요소로 삼은 것은 그 합리성이 인정될 뿐만 아니라, … 또한 이로 인하여 새로운 권리침해가 발생하는 것도 아니므로 헌법에 위반되지 아니한다(헌재 2002. 6.27. 2002헌마18).

오답의 이유

㉡ (1) 대법원장은 법관의 임명권자이지만 대법원장이 각급 법원의 직원에 대하여 지휘·감독할 수 있는 사항은 사법행정에 관한 사무에 한정되므로 구체적 사건의 재판에 대하여는 어떠한 영향도 미칠 수 없고, … 결국 이 사건 법률 제3조에 의한 특별검사의 임명절차가 소추기관과 심판기관의 분리라는 근대 형사법의 대원칙이나 적법절차원칙 등을 위반하였다고 볼 수 없다. (2) 특별검사제도의 도입 여부를 입법부가 독자적으로 결정하고 특별검사 임명에 관한 권한을 헌법기관 간에 분산시키는 것이 권력분립원칙에 반한다고 볼 수 없다(헌재결 2008.1.10. 2007헌마1468).

㉣ 법관이 형사재판의 양형에 있어 법률에 기속되는 것은 헌법 제103조의 규정에 따른 것으로서 헌법이 요구하는 법치국가원리의 당연한 귀결이며, 법관의 양형판단재량권 특히 집행유예 여부에 관한 재량권은 어떠한 경우에도 제한될 수 없다고 볼 성질의 것이 아니므로, 강도상해죄를 범한 자에 대하여는 법률상의 감경사유가 없는 한 집행유예의 선고가 불가능하도록 한 것이 사법권의 독립 및 법관의 양형판단재량권을 침해 내지 박탈하는 것으로서 헌법에 위반된다고는 볼 수 없다(헌재 2001.4.26. 99헌바43).

17 난도 ★★☆
정답 ③

통치구조론 > 권한쟁의심판

정답의 이유

③ 헌법재판소법 제40조 제1항은 "헌법재판소의 심판절차에 관하여는 이 법에 특별한 규정이 있는 경우를 제외하고는 민사소송에 관한 법령의 규정을 준용한다. 이 경우 탄핵심판의 경우에는 형사소송에 관한 법령을, 권한쟁의심판 및 헌법소원심판의 경우에는 행정소송법을 함께 준용한다"고 규정하고 있다. 그런데 헌법재판소법이나 행정소송법에 권한쟁의심판청구의 취하와 이에 대한 피청구인의 동의나 그 효력에 관하여 특별한 규정이 없으므로, 소의 취하에 관한 민사소송법 제239조는 이 사건과 같은 권한쟁의심판절차에 준용된다고 보아야 한다(헌재 2001.6.28. 2000헌라1).

오답의 이유

① 헌법재판소법 제62조 제1항 제1호가 국가기관 상호간의 권한쟁의심판을 "국회, 정부, 법원 및 중앙선거관리위원회 상호간의 권한쟁의심판"이라고 규정하고 있더라도 이는 한정적, 열거적 조항이 아니라 예시적인 조항이라고 해석하는 것이 헌법에 합치되므로 이들 기관외에는 권한쟁의심판의 당사자가 될 수 없다고 단정할 수 없다(헌재 1997.7.16. 96헌라2).

② 권한쟁의심판에 있어서는 처분 또는 부작위를 야기한 기관으로서 법적 책임을 지는 기관만이 피청구인적격을 가지므로, 권한쟁의심판청구는 이들 기관을 상대로 제기하여야 한다(헌재 2010.12.28. 2008헌라7).

④ 기관위임사무는 지방자치단체의 사무라고 할 수 없고, 지방자치단체의 장은 기관위임사무의 집행권한과 관련된 범위에서는 그 사무를 위임한 국가기관의 지위에 서게 될 뿐 지방자치단체의

기관이 아니다. 따라서 지방자치단체는 기관위임사무의 집행에 관한 권한의 존부 및 범위에 관한 권한분쟁을 이유로 기관위임사무를 집행하는 국가기관 또는 다른 지방자치단체의 장을 상대로 권한쟁의심판청구를 할 수 없다(헌재 2009.7.30. 2005헌라2).

⑤ 권한쟁의심판의 당사자능력은 헌법에 의하여 설치된 국가기관에 한정하여 인정하는 것이 타당하므로, 법률에 의하여 설치된 국가기관에게는 권한쟁의심판의 당사자능력이 인정되지 아니한다(헌재결 2010.10.28. 2009헌라6).

18 난도 ★☆☆　　　　　　　　　　　　　정답 ⑤

통치구조론 > 국회

정답의 이유

⑤ 같은 의제에 대하여 여러 건의 수정안이 제출되었을 때에는 의장은 의원의 수정안은 위원회의 수정안보다 먼저 표결한다. 수정안이 전부 부결되었을 때에는 원안을 표결한다(국회법 제96조 제1항 제2호, 제2항).

제96조(수정안의 표결 순서)
① 같은 의제에 대하여 여러 건의 수정안이 제출되었을 때에는 의장은 다음 각 호의 기준에 따라 표결의 순서를 정한다.
1. 가장 늦게 제출된 수정안부터 먼저 표결한다.
2. 의원의 수정안은 위원회의 수정안보다 먼저 표결한다.
3. 의원의 수정안이 여러 건 있을 때에는 원안과 차이가 많은 것부터 먼저 표결한다.
② 수정안이 전부 부결되었을 때에는 원안을 표결한다.

오답의 이유

① 국회법 제88조
② 국회법 제87조 제1항
③ 국회법 제86조 제1항
④ 위원회(법제사법위원회는 제외한다)가 신속처리대상안건에 대하여 제3항 본문에 따른 기간(180일) 내에 심사를 마치지 아니하였을 때에는 그 기간이 끝난 다음 날에 소관 위원회에서 심사를 마치고 체계 · 자구 심사를 위하여 법제사법위원회로 회부된 것으로 본다. 다만, 법률안 및 국회규칙안이 아닌 안건은 바로 본회의에 부의된 것으로 본다(국회법 제85조의2 제4항).

19 난도 ★★☆　　　　　　　　　　　　　정답 ③

통치구조론 > 통치구조의 형태

정답의 이유

③ 제정형식은 비록 법규명령이 아닌 고시, 훈령, 예규 등과 같은 행정규칙이더라도, 그것이 상위법령의 위임한계를 벗어나지 아니하는 한, 상위법령과 결합하여 대외적인 구속력을 갖는 법규명령으로서 기능하게 된다고 보아야 한다"고 판시한 바에 따라, 헌법 제117조 제1항에서 규정하는 '법령'에는 법규명령으로서 기능하는 행정규칙이 포함된다(헌재 2002.10.31. 2002헌라2).

오답의 이유

① 헌법 제117조 · 제118조는 지방자치단체의 자치를 제도적으로 보장하고 있다. 그 보장의 본질적 내용은 자치단체의 보장, 자치기능의 보장 및 자치사무의 보장이다(헌재 1994.12.29. 94헌마201).

② 지방자치제도의 헌법적 보장은 국민주권의 기본원리에서 출발하여 주권의 지역적 주체인 주민에 의한 자기통치의 실현으로 요약할 수 있으므로, 이러한 지방자치의 본질적 내용인 핵심영역은 입법 기타 중앙정부의 침해로부터 보호되어야 함은 헌법상의 요청인 것이다. 중앙정부와 지방자치단체 간에 권력을 수직적으로 분배하는 문제는 서로 조화가 이루어져야 하고, 이 조화를 도모하는 과정에서 입법 또는 중앙정부에 의한 지방자치의 본질의 훼손은 어떠한 경우라도 허용되어서는 안되는 것이다(헌재 1999.11.25. 99헌바28).

④ 지방자치단체의 구역은 주민 · 자치권과 함께 자치단체의 구성요소이며, 자치권이 미치는 관할 구역의 범위에는 육지는 물론 바다도 포함되므로, 공유수면에 대한 지방자치단체의 자치권한이 존재한다. 공유수면에 대한 지방자치단체의 자치권한이 존재하기 때문에, 해역에 관한 관할구역과 그 해역 위에 매립된 토지에 관한 관할구역이 일치하여야 하므로, 지방자치단체가 관할하는 공유수면에 매립된 토지에 대한 관할권한은 당연히 당해 공유수면을 관할하는 지방자치단체에 귀속된다(헌재 2004.9.23. 2000헌라2).

⑤ 주민소환제 자체는 지방자치의 본질적인 내용이라고 할 수 없으므로 이를 보장하지 않는 것이 위헌이라거나 어떤 특정한 내용의 주민소환제를 반드시 보장해야 한다는 헌법적인 요구가 있다고 볼 수는 없으나, 다만 이러한 주민소환제가 지방자치에도 적용되는 원리인 대의제의 본질적인 내용을 침해하는지 여부는 문제가 된다 할 것이다(헌재 2009.3.26. 2007헌마843).

20 난도 ★★☆　　　　　　　　　　　　　정답 ④

헌법총론 > 헌법의 원리 · 질서 · 제도

정답의 이유

④ '공중도덕'은 시대상황, 사회가 추구하는 가치 및 관습 등 시간적 · 공간적 배경에 따라 그 내용이 얼마든지 변할 수 있는 규범적 개념이므로, 그것만으로는 구체적으로 무엇을 의미하는지 설명하기 어렵다. … 결국, 심판대상 조항의 입법목적, 파견법의 체계, 관련조항 등을 모두 종합하여 보더라도 '공중도덕상 유해한 업무'의 내용을 명확히 알 수 없다. … 심판대상 조항은 … 충분한 기준이 될 정도의 의미내용을 가지고 있다고 볼 수 없으므로 죄형법정주의의 명확성원칙에 위배된다(헌재결 2016.11.24. 2015헌가23).

오답의 이유

① '판결에 영향을 미칠 중요한 사항'이라 함은 그 판단 여하에 따라 판결의 결론에 영향을 미치는 사항, 즉 당사자가 소송상 제출한 공격방어방법으로서 판결주문에 영향이 있는 것을 의미함을 알 수 있다. 또한 판결에는 주문이 정당하다는 것을 인정할 수 있을 정도로 당사자의 주장, 그 밖의 공격방어방법에 관한 판단을 표

시하면 되고 당사자의 모든 주장이나 공격방어방법에 관하여 판단할 필요가 없고, … 따라서 심판대상 조항은 명확성원칙에 위배되지 아니한다(헌재결 2016.12.29. 2016헌바43).

② 우리나라는 제정 형법부터 상습범 엄벌주의를 취하여 상습범의 형을 가중해 왔는바 상습범은 범죄행위를 반복하여 저지르는 습벽이 발현된 자로서 비난가능성이 큰 자를 의미한다. 상습범은 누범과 달리 그 기준을 입법자가 일일이 세분하여 규정하는 것이 입법기술상 불가능하거나 현저히 곤란하고, 법원도 "동종 전과의 유무와 그 사건 범행의 횟수, 기간, 동기 및 수단과 방법"을 종합적으로 고려하여 보충적 해석을 하고 있어 이를 통하여 상습성의 유무를 판단할 수 있다. 따라서 심판대상 조항이 규정하는 '상습'이 죄형법정주의의 명확성원칙에 위배된다고 볼 수 없다(헌재결 2016.10.27. 2016헌바31).

③ "최소한의 범위"란 '옥외집회 및 시위가 본래 신고한 범위에서 적법하게 진행되도록 하여 집회나 시위 참가자들의 집회의 자유 및 참가자들의 안전을 보호함과 동시에 일반인의 통행이나 원활한 교통소통, 또는 물리적 충돌 방지 등 공공의 질서유지를 달성하기 위하여 필요한 한도에서 가능한 적은 범위'로 충분히 해석할 수 있으므로, 죄형법정주의의 명확성원칙에 위배된다고 볼 수 없다(헌재결 2016.11.24. 2015헌바218).

⑤ 심판대상조항의 입법취지, 형법상 재물손괴죄와 옥외광고물 등 관리법 등 관련 조항과의 관계를 종합하여 볼 때, '함부로'는 '법적 권원이 있는 타인의 승낙이 없으면서 상당한 사유가 없는 경우'를 의미함을 충분히 알 수 있다. 더구나 경범죄처벌법은 이 법을 적용함에 있어서 국민의 권리를 부당하게 침해하거나 다른 목적을 위하여 남용되어서는 안 된다(제2조)고 하여 심판대상조항이 광범위하게 자의적으로 적용될 수 있는 가능성을 차단하였다. … 그러므로 죄형법정주의의 명확성원칙에 위배되지 아니한다(헌재결 2015.5.28. 2013헌바385).

21 난도 ★★★   정답 ④

기본권론 > 교육을 받을 권리

정답의 이유

ⓒ '부모의 자녀에 대한 교육권'은 비록 헌법에 명문으로 규정되어 있지는 아니하지만, 이는 모든 인간이 누리는 불가침의 인권으로서 헌법 제36조 제1항, 제10조 및 제37조 제1항에서 나오는 중요한 기본권이다(헌재 2000.4.27. 98헌가16).

ⓒ 헌법은 제31조 제1항에서 "능력에 따라 균등하게"라고 하여 교육영역에서 평등원칙을 구체화하고 있다. 헌법 제31조 제1항은 헌법 제11조의 일반적 평등 조항에 대한 특별규정으로서 교육의 영역에서 평등원칙을 실현하고자 하는 것이다(헌재결 2017.12.28. 2016헌마649).

오답의 이유

ⓒ '2018학년도 대학수학능력시험 시행기본계획'이 헌법 제31조 제1항의 능력에 따라 균등하게 교육을 받을 권리를 직접 제한한다고 보기는 어렵다(헌재결 2018.2.22. 2017헌마691).

22 난도 ★★☆   정답 ①

통치구조론 > 헌법의 원리 · 질서 · 제도

정답의 이유

• 대통령 선거에서 후보자의 등록은 선거일 전 (A) 24일부터 2일간 관할선거구 선거관리위원회에 서면으로 신청하여야 한다(공직선거법 제49조 제1항).

• 정부에 대한 질문을 제외하고는 의원의 발언 시간은 (B) 15분을 초과하지 아니하는 범위에서 의장이 정한다(국회법 제104조 제1항).

• 국회의원지역구의 공정한 획정을 위하여 임기만료에 따른 국회의원 선거의 선거일 전 (C) 18개월부터 해당 국회의원 선거에 적용되는 국회의원 지역구의 명칭과 그 구역이 확정되어 효력을 발생하는 날까지 국회의원 선거구획정위원회를 설치 · 운영한다(공직선거법 제24조 제1항).

• 대통령 선거의 선거기간은 (D) 23일이다(공직선거법 제33조 제1항 제1호).

• 의원 (E) 20명 이상의 연서에 의한 동의로 본회의 의결이 있거나 의장이 각 교섭단체 대표의원과 협의하여 필요하다고 인정할 때에는 의장은 회기 전체 의사일정의 일부를 변경하거나 당일 의사일정의 안건 추가 및 순서 변경을 할 수 있다(「국회법」 제77조).

① 따라서 A가 가장 크다.

23 난도 ★☆☆   정답 ③

통치구조론 > 국민의 기본적 의무

정답의 이유

③ 국적법 제10조 제12항 제3호

오답의 이유

① 국적법에 규정된 신청이나 신고와 관련하여 그 신청이나 신고를 하려는 자가 15세 미만이면 법정대리인이 대신하여 이를 행한다(국적법 제19조).

② 중앙행정기관의 장이 복수국적자를 외국인과 동일하게 처우하는 내용으로 법령을 제정 또는 개정하려는 경우에는 미리 법무부장관과 협의하여야 한다(국적법 제11조의2 제3항).

④ 대한민국의 국민으로서 외국인에게 입양되어 그 양부 또는 양모의 국적을 취득하게 된 자는 그 외국 국적을 취득한 때부터 6개월 내에 법무부장관에게 대한민국 국적을 보유할 의사가 있다는 뜻을 신고하지 아니하면 그 외국 국적을 취득한 때로 소급하여 대한민국 국적을 상실한 것으로 본다(국적법 제15조 제2항 제2호).

⑤ 이 사건 법률조항에는 귀화허가취소권의 행사기간의 제한이 없고, 시행령에 그 행사기간이 위임된 바도 없으므로, 명확성원칙 및 포괄위임입법금지원칙은 문제되지 않는다(헌재결 2015.9.24. 2015헌바26).

24 난도 ★☆☆

통치구조론 > 국회

정답의 이유

⑤ 국회는 국정전반에 관하여 소관 상임위원회별로 매년 정기회 집회일 이전에 국정감사 시작일부터 30일 이내의 기간을 정하여 감사를 실시한다. 이때 감사는 상임위원장이 국회운영위원회와 협의하여 작성한 감사계획서에 따라 한다(국정감사 및 조사에 관한 법률 제2조 제1항·제2항).

오답의 이유

① 감사 또는 조사를 하는 위원회는 위원회의 의결로 필요한 경우 2명 이상의 위원으로 별도의 소위원회나 반을 구성하여 감사 또는 조사를 하게 할 수 있다(국정감사 및 조사에 관한 법률 제5조 제1항).

② 국정감사 및 조사에 관한 법률 제7조의2

③ 위원회, 제5조 제1항에 따른 소위원회 또는 반은 감사 또는 조사를 위하여 그 의결로 감사 또는 조사와 관련된 보고 또는 서류 등의 제출을 관계인 또는 그 밖의 기관에 요구하고, 증인·감정인·참고인의 출석을 요구하고 검증을 할 수 있다. 다만, 위원회가 감사 또는 조사와 관련된 서류 등의 제출 요구를 하는 경우에는 재적위원 3분의 1 이상의 요구로 할 수 있다(국정감사 및 조사에 관한 법률 제10조 제1항).

④ 감사 또는 조사를 마쳤을 때에는 위원회는 지체 없이 그 감사 또는 조사 보고서를 작성하여 의장에게 제출하여야 한다. 보고서를 제출받은 의장은 이를 지체 없이 본회의에 보고하여야 한다(국정감사 및 조사에 관한 법률 제15조 제1항·제3항).

25 난도 ★★☆

통치구조론 > 통치구조의 형태

정답의 이유

① 법무부장관은 대통령에게 특별사면, 특정한 자에 대한 감형 및 복권을 상신할 때에는 제10조의2에 따른 사면심사위원회의 심사를 거쳐야 한다. 사면심사위원회는 위원장 1명을 포함한 9명의 위원으로 구성한다(사면법 제10조 제2항, 제10조의2 제2항).

오답의 이유

② 대통령의 긴급명령·긴급재정 경제처분 및 명령 또는 계엄과 그 해제는 국무회의의 심의를 거쳐야 한다(헌법 제89조 제5호).

③ 대통령은 내우·외환·천재·지변 또는 중대한 재정·경제상의 위기에 있어서 국가의 안전보장 또는 공공의 안녕질서를 유지하기 위하여 긴급한 조치가 필요하고 국회의 집회를 기다릴 여유가 없을 때에 한하여 최소한으로 필요한 재정·경제상의 처분을 하거나 이에 관하여 법률의 효력을 가지는 명령을 발할 수 있다(헌법 제76조 제1항).

④ 국무총리는 중앙행정기관의 장의 명령이나 처분이 위법 또는 부당하다고 인정될 경우에는 대통령의 승인을 받아 이를 중지 또는 취소할 수 있다(정부조직법 제18조 제2항).

⑤ 국무회의는 구성원 과반수의 출석으로 개의(開議)하고, 출석구성원 3분의 2 이상의 찬성으로 의결한다(국무회의 규정 제6조 제1항).

헌법 | 2018년 국회직 8급

한눈에 훑어보기

영역 분석

헌법총론 19 21 24 25
4문항, 16%

기본권론 01 02 04 07 09 14 17 18 22 23
10문항, 40%

통치구조론 03 05 06 08 10 11 12 13 15 16 20
11문항, 44%

빠른 정답

01	02	03	04	05	06	07	08	09	10
①	②	①	③	②	①	②	⑤	②	⑤
11	**12**	**13**	**14**	**15**	**16**	**17**	**18**	**19**	**20**
④	④	③	③	④	①	③	②	③	①
21	**22**	**23**	**24**	**25**					
③	④	⑤	①	②					

점수 체크

구분	1회독	2회독	3회독
맞힌 문항 수	/ 25	/ 25	/ 25
나의 점수	점	점	점

01 난도 ★☆☆　　　　　　　　　　정답 ①

기본권론 > 인신의 자유권

정답의 이유

① 신청인에게 지급결정에 대한 동의의 의사표시 전에 숙고의 기회를 보장하고, 그 법적 의미와 효력에 관하여 안내해 줄 필요성이 인정된다 하더라도, 세월호피해지원법 제16조에서 규정하는 동의의 효력 범위를 초과하여 세월호 참사 전반에 관한 일체의 이의제기를 금지시킬 수 있는 권한을 부여받았다고 볼 수는 없다. 따라서 이의제기 금지 조항은 법률유보원칙을 위반하여 법률의 근거 없이 대통령령으로 청구인들에게 세월호 참사와 관련된 일체의 이의제기 금지 의무를 부담시킴으로써 일반적 행동의 자유를 침해한다(헌재결 2017.6.29. 2015헌마654).

오답의 이유

② 여가생활 또는 오락으로 잠수용 스쿠버다이빙을 즐기면서 수산자원을 포획하거나 채취하지 못함으로 인하여 청구인이 입는 불이익에 비해 수산자원을 보호해야 할 공익은 현저히 크다고 할 것이므로, 이 사건 규칙 조항은 침해의 최소성과 법익의 균형성도 갖추었다. 따라서 이 사건 규칙 조항은 청구인의 일반적 행동의 자유를 침해하지 아니한다(헌재결 2016.10.27. 2013헌마450).

③ 부정청탁 및 금품수수 관행을 근절하여 공적 업무에 종사하는 사립학교 관계자 및 언론인의 공정한 직무수행을 보장함으로써 국민의 신뢰를 확보하고자 하는 부정청탁 금지 조항과 금품수수 금지 조항의 입법목적은 그 정당성이 인정되고, 사립학교 관계자와 언론인이 법령과 사회상규 등에 위배되어 금품 등을 수수하지 않도록 하고 누구든지 이들에게 부정청탁하지 못하도록 하는 것은 입법목적을 달성하기 위한 적정한 수단이다. … 따라서 부정청탁 금지 조항과 금품수수 금지 조항이 과잉금지원칙을 위반하여 청구인들의 일반적 행동자유권을 침해한다고 보기 어렵다(헌재결 2016.7.28. 2015헌마236).

④ 지원금 상한 조항은 이동통신단말장치의 공정하고 투명한 유통질서를 확립하여 이동통신 산업의 건전한 발전과 이용자의 권익을 보호하기 위한 것으로 이러한 입법목적에는 정당성이 인정되며, 이동통신단말장치 구매 지원금 상한제는 이러한 목적을 달성하기 위한 적절한 수단이다. … 따라서 지원금 상한 조항은 청구인들의 계약의 자유를 침해하지 아니한다(헌재결 2017.5.25. 2014헌마844).

⑤ 수송용 LPG의 가격을 상대적으로 저렴하게 유지하여, 공공요금의 안정, 취약계층에 대한 복지혜택 부여, 공공기관 등의 재정절감 등 국가 정책상 요구되는 공익상 필요에 기여하고자 하는

바, 그 입법목적은 정당하다. … 이 사건 시행규칙 조항은 과잉금지원칙을 위반하여 청구인 1 내지 8의 일반적 행동자유권 및 재산권을 침해한다고 보기 어렵다(헌재결 2017.12.28. 2015헌마997).

02 난도 ★★☆   정답 ②

기본권론 > 인간의 존엄과 가치 · 행복추구권

[정답의 이유]

㉠ 사업장 규모나 재정여건의 부족 또는 사업주의 일방적 의사나 개인 사정 등으로 출퇴근용 차량을 제공받지 못하거나 그에 준하는 교통수단을 지원받지 못하는 비혜택근로자는 비록 산재보험에 가입되어 있다 하더라도 출퇴근 재해에 대하여 보상을 받을 수 없는데, 이러한 차별을 정당화할 수 있는 합리적 근거를 찾을 수 없다. 따라서 심판대상조항은 합리적 이유 없이 비혜택근로자를 자의적으로 차별하는 것이므로, 헌법상 평등원칙에 위배된다(헌재결 2016.9.29. 2014헌바254).

㉢ 산업연수생이 연수라는 명목하에 사업주의 지시 · 감독을 받으면서 사실상 노무를 제공하고 수당 명목의 금품을 수령하는 등 실질적인 근로관계에 있는 경우에도, 근로기준법이 보장한 근로기준 중 주요사항을 외국인 산업연수생에 대하여만 적용되지 않도록 하는 것은 합리적인 근거를 찾기 어렵다. … 이러한 사업장에서 실질적 근로자인 산업연수생에 대하여 일반 근로자와 달리 근로기준법의 일부 조항의 적용을 배제하는 것은 자의적인 차별이라 아니할 수 없다. … 그렇다면, 이 사건 노동부 예규는 청구인의 평등권을 침해한다고 할 것이다(헌재 2007.8.30. 2004헌마670).

㉤ 이 사건 법률조항 부분은 주민등록만을 요건으로 주민투표권의 행사 여부가 결정되도록 함으로써 '주민등록을 할 수 없는 국내거주 재외국민'을 '주민등록이 된 국민인 주민'에 비해 차별하고 있고, 나아가 '주민투표권이 인정되는 외국인'과의 관계에서도 차별을 행하고 있는바, 그와 같은 차별에 아무런 합리적 근거도 인정될 수 없으므로 국내거주 재외국민의 헌법상 기본권인 평등권을 침해하는 것으로 위헌이다(헌재 2007.6.28. 2004헌마643).

[오답의 이유]

㉡ 청년할당제는 일정 규모 이상의 기관에만 적용되고, 전문적인 자격이나 능력을 요하는 경우에는 적용을 배제하는 등 상당한 예외를 두고 있다. 더욱이 3년 간 한시적으로만 시행하며, 청년할당제가 추구하는 청년실업해소를 통한 지속적인 경제성장과 사회 안정은 매우 중요한 공익인 반면, 청년할당제가 시행되더라도 현실적으로 35세 이상 미취업자들이 공공기관 취업기회에서 불이익을 받을 가능성은 크다고 볼 수 없다. 따라서 이 사건 청년할당제가 청구인들의 평등권, 공공기관 취업의 자유를 침해한다고 볼 수 없다(헌재 2014.8.28. 2013헌마553).

㉣ 학교폭력에 대해 가해학생에게 내려진 조치는 피해학생에게도 중대한 영향을 미치는데, 가해학생은 자신에 대한 모든 조치에 대해 당사자로서 소송을 제기할 수 있지만, 피해학생은 그 조치의 당사자가 아니므로 결과에 불만이 있더라도 소송을 통한 권

리 구제를 도모할 수 없다. 따라서 가해학생에 대한 모든 조치에 대해 피해학생 측에는 재심을 허용하면서, 소송으로 다툴 수 있는 가해학생 측에는 퇴학과 전학의 경우에만 재심을 허용하고 나머지 조치에 대해서는 재심을 허용하지 않더라도 가해학생과 그 보호자의 평등권을 침해한다고 볼 수 없다(헌재 2013.10.24. 2012헌마832).

03 난도 ★★☆   정답 ①

통치구조론 > 탄핵심판권

[정답의 이유]

㉢ 대통령이 자신에 대한 재신임을 국민투표의 형태로 묻고자 하는 것은 헌법 제72조에 의하여 부여받은 국민투표부의권을 위헌적으로 행사하는 경우에 해당하는 것으로 … 대통령이 위헌적인 재신임 국민투표를 단지 제안만 하였을 뿐 강행하지는 않았으나, 헌법상 허용되지 않는 재신임 국민투표를 국민들에게 제안한 것은 그 자체로서 헌법 제72조에 반하는 것으로 헌법을 실현하고 수호해야 할 대통령의 의무를 위반한 것이다(헌재 2004.5.14. 2004헌나1).

㉤ 국가기관이 국민과의 관계에서 공권력을 행사함에 있어서 준수해야 할 법원칙으로서 형성된 적법절차의 원칙을 국가기관에 대하여 헌법을 수호하고자 하는 탄핵소추절차에는 직접 적용할 수 없다고 할 것이고, 그 외 달리 탄핵소추절차와 관련하여 피소추인에게 의견진술의 기회를 부여할 것을 요청하는 명문의 규정도 없으므로, 국회의 탄핵소추절차가 적법절차원칙에 위배되었다는 주장은 이유없다(헌재 2004.5.14. 2004헌나1).

㉧ 피청구인이 최ㅇ원의 국정 개입을 허용하고 국민으로부터 위임받은 권한을 남용하여 최ㅇ원 등의 사익 추구를 도와주는 한편 이러한 사실을 철저히 은폐한 것은, 대의민주제의 원리와 법치주의의 정신을 훼손한 행위로서 대통령으로서의 공익실현의무를 중대하게 위반한 것이다(헌재결 2017.3.10. 2016헌나1).

[오답의 이유]

㉠ 선거에 임박한 시기이기 때문에 공무원의 정치적 중립성이 어느 때보다도 요청되는 때에, 공정한 선거관리의 궁극적 책임을 지는 대통령이 기자회견에서 전 국민을 상대로, 대통령직의 정치적 비중과 영향력을 이용하여 특정 정당을 지지하는 발언을 한 것은, 대통령의 지위를 이용하여 선거에 대한 부당한 영향력을 행사하고 이로써 선거의 결과에 영향을 미치는 행위를 한 것이므로, 선거에서의 중립의무를 위반하였다. … 이 사건의 발언이 이루어진 시기인 2004.2.18.과 2004.2.24.에는 아직 정당의 후보자가 결정되지 아니하였으므로, 후보자의 특정이 이루어지지 않은 상태에서 특정 정당에 대한 지지발언을 한 것은 선거운동에 해당한다고 볼 수 없다(헌재 2004.5.14. 2004헌나1).

㉡ 이 사건의 경우와 같이, 대통령이 선거법위반행위로 말미암아 중앙선거관리위원회로부터 경고를 받는 상황에서 그에 대한 반응으로서 현행 선거법을 폄하하는 발언을 하는 것은 법률을 존중하는 태도라고 볼 수 없는 것이다. … 결론적으로, 대통령이 국민 앞에서 현행법의 정당성과 규범력을 문제 삼는 행위는 법치국가의 정신에 반하는 것이자, 헌법을 수호해야 할 의무를 위

반한 것이다(헌재 2004.5.14. 2004헌나1).

ⓔ 대통령의 '성실한 직책수행의무'는 헌법적 의무에 해당하나, '헌법을 수호해야 할 의무'와는 달리, 규범적으로 그 이행이 관철될 수 있는 성격의 의무가 아니므로, 원칙적으로 사법적 판단의 대상이 될 수 없다고 할 것이다(헌재 2004.5.14. 2004헌나1).

ⓗ 세월호 참사로 많은 국민이 사망하였고 그에 대한 피청구인의 대응조치에 미흡하고 부적절한 면이 있었다고 하여 곧바로 피청구인이 생명권 보호의무를 위반하였다고 인정하기는 어렵다(헌재결 2017.3.10. 2016헌나1).

04 난도 ★★☆ 정답 ③

기본권론 > 재산권

정답의 이유

③ 구체적 타당성을 이유로 법률에 대한 유추해석 내지 보충적 해석을 하는 것도 어디까지나 '유효한' 법률조항을 대상으로 할 수 있는 것이지 이미 '실효된' 법률조항은 그러한 해석의 대상이 될 수 없다. 따라서 관련 당사자가 공평에 반하는 이익을 얻을 가능성이 있다 하여 이미 실효된 법률조항을 유효한 것으로 해석하여 과세의 근거로 삼는 것은 과세근거의 창설을 국회가 제정하는 법률에 맡기고 있는 헌법상 권력분립원칙과 조세법률주의의 원칙에 반한다(헌재 2012.5.31. 2009헌바123).

오답의 이유

① 조세의 징수는 국민의 재산권에 대한 중대한 침해를 가져올 수 있는 것이기 때문에, 이에 대한 것은 국민의 대표기관인 의회의 입법인 법률에 의하도록 하는 것이 국민주권주의와 법치주의를 채택하고 있는 민주국가의 헌법상의 공통된 기본원칙이라고 할 수 있다(헌재 2001.11.29. 2000헌바95).

② 조세는 국민의 재산권 보장을 침해하는 것이 되기 때문에 납세의무를 성립시키는 납세의무자·과세물건·과세표준·과세기간·세율 등의 과세요건과 조세의 부과·징수절차를 모두 국민의 대표기관인 국회가 제정한 법률로 규정하여야 한다는 것이 과세요건 법정주의이다(헌재1989.7.21. 89헌마38).

④ 국가기능의 다양화·복잡화와 의회의 전문적·기술적 능력의 한계 및 임기응변적 대처능력의 한계로 인하여 조세의 부과·징수와 관련된 모든 법규를 예외 없이 의회의 입법에 의하여 규정한다는 것은 사실상 불가능할 뿐만 아니라 실제에 있어서 적합하지도 아니하기 때문에, 경제현실의 변화나 전문적 기술의 발달에 즉시 대응하여야 할 필요 등 부득이한 사정이 있는 경우에는 법률로 규정하여야 할 사항에 관하여 국회 제정의 형식적 법률보다 더 탄력성이 있는 행정입법에 위임함이 허용된다고 할 것이다(헌재 2001.11.29. 2000헌바95).

⑤ 토지초과이득세(이하 '토초세')는 양도소득세와 같은 수득세의 일종으로서 그 과세대상 또한 양도소득세 과세대상의 일부와 완전히 중복되고 양세의 목적 또한 유사하여 어느 의미에서는 토초세가 양도소득세의 예납적 성격을 가지고 있다 봄이 상당한데도 토초세법 제26조 제1항과 제4항이 토초세액 전액을 양도소득세에서 공제하지 않도록 규정한 것은 조세법률주의상의 실질과세의 원칙에 반한다(헌재 1994.7.29. 92헌바49).

05 난도 ★★★ 정답 ②

통치구조론 > 헌법소원심판

정답의 이유

② 이 사건 후방착석요구행위는 2016.4.21. 종료되었으므로, 이에 대한 심판청구가 인용된다고 하더라도 청구인의 권리구제에는 도움이 되지 아니한다. 그러나 기본권 침해행위가 장차 반복될 위험이 있거나 당해 분쟁의 해결이 헌법질서의 유지·수호를 위하여 긴요한 사항이어서 헌법적으로 그 해명이 중대한 의미를 지니고 있는 때에는 예외적으로 심판이익을 인정할 수 있다(헌재 2017.11.30. 2016헌마503).

오답의 이유

① 후방착석요구행위는 피청구인이 자신의 우월한 지위를 이용하여 청구인에게 일방적으로 강제한 것으로서 권력적 사실행위에 해당한다. 따라서 이 사건 후방착석요구행위는 헌법소원의 대상이 되는 공권력의 행사에 해당한다(헌재결 2017.11.30. 2016헌마503).

③ 청구인은 이 사건 참여신청서요구행위에 따라 수사관이 출력해준 신청서에 인적사항을 기재하여 제출하였는데, 이는 청구인이 피의자의 변호인임을 밝혀 피의자신문에 참여할 수 있도록 하기 위한 검찰 내부 절차를 수행하는 과정에서 이루어진 비권력적 사실행위에 불과하므로, 헌법소원의 대상이 되는 공권력의 행사에 해당하지 않는다(헌재결 2017.11.30. 2016헌마503).

④ 청구인은 변호인 접견신청서를 제출하라는 말에 그날 접견은 하지 않은 채 피의자에게 다음 날 구치소로 찾아가겠다고 말한 사실은 앞서 본 바와 같은바, 사정이 그러하다면, 청구인이 스스로 접견을 하지 않기로 결정한 것이지 피청구인의 접견 불허행위가 있었다고 보기는 어려우므로, 이 사건 접견불허행위에 대하여 공권력의 행사가 존재한다고 할 수 없어, 이 부분 헌법소원심판 청구는 부적법하다(헌재결 2017.11.30. 2016헌마503).

⑤ 이 사건 지침은 피의자신문 시 변호인 참여와 관련된 제반 절차를 규정한 검찰청 내부의 업무처리지침 내지 사무처리준칙으로서 청구인에게도 효력이 미치는 규정이라고 보기 어려울 뿐만 아니라, 실무상으로도 변호인이 피의자신문에 참여할 때 피의자 옆에 앉기도 하고 뒤에 앉기도 하는 등 각양각색으로 신문참여가 이루어지고 있는 만큼 이 사건 지침을 가리켜 공권력의 행사라고 볼 수 있는 대외적인 구속력을 가지고 있다고 볼 수 없으므로 헌법소원심판의 대상이 될 수 없다(헌재결 2017.11.30. 2016헌마503).

06 난도 ★★☆ 정답 ①

통치구조론 > 국회

정답의 이유

ⓐ 국회에 제출된 법률안 기타의 의안은 회기 중에 의결되지 못한 이유로 폐기되지 아니한다. 다만, 국회의원의 임기가 만료된 때에는 그러하지 아니하며(헌법 제51조), 부결된 안건은 같은 회기 중에 다시 발의하거나 제출할 수 없다(국회법 제92조).

ⓛ 국회의 회의는 공개한다. 다만, 출석의원 과반수의 찬성이 있거나 의장이 국가의 안전보장을 위하여 필요하다고 인정할 때에는 공개하지 아니할 수 있고(헌법 제50조 제1항), 소의원회의 회의는 소의원회의 의결로 비공개가 가능하다(국회법 제57조 제5항).

ⓒ 위원은 위원회에서 같은 의제(議題)에 대하여 횟수 및 시간 등에 제한 없이 발언할 수 있다. 다만, 위원장은 발언을 원하는 위원이 2명 이상일 경우에는 간사와 협의하여 15분의 범위에서 각 위원의 첫 번째 발언시간을 균등하게 정하여야 한다(국회법 제60조 제1항).

ⓔ 2월·3월·4월·5월 및 6월 1일과 8월 16일에 임시회를 집회한다. 다만, 국회의원 총선거가 있는 경우 임시회를 집회하지 아니하며, 집회일이 공휴일인 경우에는 그 다음 날에 집회한다(국회법 제5조의2 제1호).

ⓜ 의장은 안건이 어느 상임위원회의 소관에 속하는지 명백하지 아니할 때에는 국회운영위원회와 협의하여 상임위원회에 회부하되, 협의가 이루어지지 아니할 때에는 의장이 소관 상임위원회를 결정한다(국회법 제81조 제2항).

07 난도 ★★★ 정답 ②

기본권론 > 직업선택의 자유

㉠ 심판대상조항은 청원경찰이 저지른 범죄의 종류나 내용을 불문하고 범죄행위로 금고 이상의 형의 선고유예를 받게 되면 당연히 퇴직되도록 규정함으로써 그것이 달성하려는 공익의 비중에도 불구하고 청원경찰의 직업의 자유를 과도하게 제한하고 있어 법익의 균형성 원칙에도 위배된다. 따라서, 심판대상조항은 과잉금지원칙에 반하여 직업의 자유를 침해한다(헌재결 2018.1.25. 2017헌가26).

㉣ 이 사건 연수 조항으로 인하여 청구인은 연수교육을 받는 시간만큼 영업활동을 할 수 없게 되는 불이익을 받게 되나, 이와 같은 불이익이 변리사의 전문성과 윤리의식을 높임으로써 산업재산권 및 그 권리자를 보호하고 관련 산업의 발전을 도모하고자 하는 공익에 비하여 크다고 볼 수 없다. 따라서 이 사건 연수 조항은 법익의 균형성 요건도 갖추었다. 이 사건 연수 조항은 청구인의 직업수행의 자유를 침해하지 않는다(헌재결 2017.12.28. 2015헌마1000).

ⓗ 의료기기의 효율적인 관리를 통한 국민의 생명권과 건강권의 보호라는 공익은 의료기기 수입업자가 위 금지로 인하여 제한받는 사익보다 훨씬 중요하므로 법익균형성의 원칙에 반하지 아니한다. 따라서 심판대상조항은 과잉금지원칙에 위배되어 의료기기 수입업자의 직업수행의 자유를 침해하지 아니한다(헌재결 2015.7.30. 2014헌바6).

ⓛ 자격정지의 형을 선고받은 청원경찰이 이 사건 법률조항에 따라 당연퇴직되어 입게 되는 직업의 자유에 대한 제한이라는 불이익이 자격정지의 형을 선고받은 자를 청원경찰직에서 당연퇴직시킴으로써 청원경찰에 대한 국민의 신뢰를 제고하고 청원경찰로

서의 성실하고 공정한 직무수행을 담보하려는 공익에 비하여 더 중하다고 볼 수는 없으므로, 법익균형성도 지켜지고 있다. 따라서 이 사건 법률조항은 과잉금지원칙을 위반하여 청구인의 직업의 자유를 침해하지 아니한다(헌재 2011.10.25. 2011헌마85).

ⓒ 이 사건 가입 조항은 변리사의 변리사회 의무가입을 통하여 …… 산업재산권에 대한 민관공조체제를 강화하여 궁극적으로 산업재산권 제도 및 관련 산업의 발전을 도모하기 위한 것으로, 그 입법목적의 정당성이 인정된다(헌재결 2017.12.28. 2015헌마1000).

ⓜ 이 사건 법률조항은 리베이트를 금지함으로써 의료기기 가격이 인상되고 환자에게 그 비용이 부당하게 전가되는 것을 방지하고, 의료서비스의 질을 높여 국가의 보호를 받는 국민 보건에 기여하는 한편, 보건의료시장에서 공정하고 자유로운 경쟁을 확보하여 의료기기 유통질서를 투명화하기 위한 것이므로 목적의 정당성이 인정되고, 징역형이라는 제재방법은 리베이트를 효과적으로 억제할 수 있다는 점에서 수단의 적합성도 인정된다. 위반행위에 대한 처벌수위에 있어서도 구성요건이 까다로운 기존의 다른 형사처벌 규정에 비해서도 상대적으로 낮은 수준이고, 징역형을 규정하면서 벌금형도 선택적으로 규정하고 있어 지나치게 과중한 형벌을 규정하고 있다고 볼 수 없는 점 등을 고려하면 이 사건 법률조항이 과잉금지원칙에 위반하여 청구인의 직업수행의 자유를 침해한다고 할 수도 없다(헌재결 2015.11.26. 2014헌바299).

08 난도 ★★☆ 정답 ⑤

통치구조론 > 권한쟁의심판

⑤ 헌법은 '국가기관'과는 달리 '지방자치단체'의 경우에는 그 종류를 법률로 정하도록 규정하고 있으며(헌법 제117조 제2항), 지방자치법은 지방자치단체의 종류를 특별시, 광역시, 특별자치시, 도, 특별자치도와 시, 군, 구로 정하고 있고 (지방자치법 제2조 제1항), 헌법재판소법은 이를 감안하여 권한쟁의심판의 종류를 정하고 있다. 즉, 지방자치법은 헌법의 위임을 받아 지방자치단체의 종류를 규정하고 있으므로, 지방자치단체 상호간의 권한쟁의심판을 규정하는 헌법재판소법 제62조 제1항 제3호를 예시적으로 해석할 필요성 및 법적 근거가 없다(헌재결 2016.6.30. 2014헌라1).

① 법률의 제·개정 행위를 다투는 권한쟁의심판의 경우에는 국회가 피청구인적격을 가지므로, 청구인들이 국회의장 및 기재위 위원장에 대하여 제기한 이 사건 국회법 개정행위에 대한 심판청구는 피청구인적격이 없는 자를 상대로 한 청구로서 부적법하다(헌재결 2016.5.26. 2015헌라1).

② 헌법재판소가 권한쟁의심판을 청구할 수 있는 국가기관의 종류와 범위에 관해 확립한 기준에 비추어 볼 때, '국민'인 청구인은 그 자체로는 헌법에 의하여 설치되고 헌법과 법률에 의하여 독자적인 권한을 부여받은 기관이라고 할 수 없으므로, '국민'인 청구인은 권한쟁의심판의 당사자가 되는 '국가기관'이 아니다(헌재

결 2017.5.25. 2016헌라2).

③ 청구인들이 국민안전처 등을 이전대상 제외 기관으로 명시할 것인지에 관한 법률안에 대하여 심의를 하던 중에 피청구인이 국민안전처 등을 세종시로 이전하는 내용의 이 사건 처분을 하였다고 하더라도 국회의원인 나머지 청구인들의 위 법률안에 대한 심의·표결권이 침해될 가능성은 없으므로, 나머지 청구인들의 이 부분 심판청구 역시 모두 부적법하다(헌재결 2016.4.28. 2015헌라5).

④ 이 사건 공항의 예비이전후보지 선정사업은 국방에 관한 사무이므로 그 성격상 국가사무임이 분명하다. 군 공항 이전법도 이 사건 공항의 예비이전후보지 선정사업이 국가사무임을 전제로 하고 있다. 따라서 국가사무인 군 공항 이전사업이 청구인의 의사를 고려하지 않고 진행된다고 하더라도 이로써 지방자치단체인 청구인의 자치권한을 침해하였다거나 침해할 현저한 위험이 있다고 보기 어렵다(헌재결 2017.12.28. 2017헌라2).

09 난도 ★★☆ 정답 ②

기본권론 > 재판청구권

정답의 이유

ⓛ 보상액의 산정에 기초되는 사실인정이나 보상액에 관한 판단에서 오류나 불합리성이 발견되는 경우에도 그 시정을 구하는 불복신청을 할 수 없도록 하는 것은 형사보상청구권 및 그 실현을 위한 기본권으로서의 재판청구권의 본질적 내용을 침해하는 것이라 할 것이고, 나아가 법적안정성만을 지나치게 강조함으로써 재판의 적정성과 정의를 추구하는 사법제도의 본질에 부합하지 아니하는 것이다. … 이 사건 불복 금지 조항은 형사보상청구권 및 재판청구권을 침해한다고 할 것이다(헌재 2010.10.28. 2008헌마514).

ⓗ 대한변호사협회 변호사 징계위원회나 법무부 변호사 징계위원회의 징계에 관한 결정은 비록 그 징계위원 중 일부로 법관이 참여한다고 하더라도 이를 헌법과 법률이 정한 법관에 의한 재판이라고 볼 수 없으므로, 법무부 변호사 징계위원회의 결정이 법률에 위반된 것을 이유로 하는 경우에 한하여 법률심인 대법원에 즉시항고할 수 있도록 한 변호사법 제100조 제4항 내지 제6항은, 법관에 의한 사실확정 및 법률적용의 기회를 박탈한 것으로서 헌법상 국민에게 보장된 "법관에 의한" 재판을 받을 권리를 침해하는 위헌규정이다(헌재 2002.2.28. 2001헌가18).

오답의 이유

ⓛ 어떠한 경우에도 기피신청을 받은 법관 자신은 기피재판에 관여하지 못하고, 기피신청을 받은 법관의 소속법원이 기피신청을 받은 법관을 제외하면 합의부를 구성하지 못하는 경우에는 바로 위 상급법원이 결정하도록 규정하고 있으며, 기피신청에 대한 기각결정에 대하여는 즉시항고를 할 수 있도록 하여 상급심에 의한 시정의 기회가 부여되는 등 민사소송법에는 기피신청을 한 자의 공정한 재판을 받을 권리를 담보할 만한 법적 절차와 충분한 구제수단이 마련되어 있다. 따라서, 이 사건 법률조항은 공정한 재판을 받을 권리를 침해하지 아니하다(헌재 2013.3.21. 2011헌바219).

ⓒ 가사소송법 관계법령은 상속재산분할에 관한 사건을 가사비송사건으로 규정하면서도 절차와 심리방식에 있어 당사자의 공격방어권과 처분권을 담보하기 위한 여러 제도들을 마련하고 있다. 따라서 가사비송 조항이 입법재량의 한계를 일탈하여 상속재산분할에 관한 사건을 제기하고자 하는 자의 공정한 재판을 받을 권리를 침해한다고 볼 수 없다(헌재결 2017.4.27. 2015헌바24).

ⓔ 피고인 등과 증인 사이에 차폐시설을 설치한 경우에도 피고인 및 변호인에게는 여전히 반대신문권이 보장되고, 증인신문과정에서 증언의 신빙성에 대한 최종 판단 권한을 가진 재판부가 증인의 진술태도를 충분히 관찰할 수 있으며, 형사소송법은 차폐시설을 설치하고 증인신문 절차를 진행할 경우 피고인으로부터 이견을 듣도록 하는 등 피고인이 받을 수 있는 불이익을 최소화하기 위한 장치를 마련하고 있다. 따라서 심판대상조항은 과잉금지원칙에 위배되어 청구인의 공정한 재판을 받을 권리 및 변호인의 조력을 받을 권리를 침해한다고 할 수 없다(헌재결 2016.12.29. 2015헌바221).

ⓤ 독립적으로 사법권을 행사하는 법관이라는 지위의 특수성과 법관에 대한 징계절차의 특수성을 감안하여 재판의 신속을 도모하기 위한 것으로 그 합리성을 인정할 수 있고, 대법원이 법관에 대한 징계처분 취소청구소송을 단심으로 재판하는 경우에는 사실확정도 대법원의 권한에 속하여 법관에 의한 사실확정의 기회가 박탈되었다고 볼 수 없으므로, 헌법 제27조 제1항의 재판청구권을 침해하지 아니한다(헌재 2012.2.23. 2009헌바34).

10 난도 ★☆☆ 정답 ⑤

통치구조론 > 국민의 기본적 의무

정답의 이유

⑤ 국적법 제6조 제2항 제2호

> **제6조(간이귀화 요건)**
> ② 배우자가 대한민국의 국민인 외국인으로서 다음 각 호의 어느 하나에 해당하는 사람은 제5조 제1호 및 제1호의2의 요건을 갖추지 아니하여도 귀화허가를 받을 수 있다.
> 2. 그 배우자와 혼인한 후 3년이 지나고 혼인한 상태로 대한민국에 1년 이상 계속하여 주소가 있는 사람

오답의 이유

① 과학·경제·문화·체육 등 특정 분야에서 매우 우수한 능력을 보유한 사람으로서 대한민국의 국익에 기여할 것으로 인정되는 사람에 해당하는 외국인으로서 대한민국에 주소가 있는 사람은 요건을 갖추지 아니하여도 귀화허가를 받을 수 있다(국적법 제7조 제1항 제3호).

② 대한민국에서 출생한 사람으로서 부 또는 모가 대한민국에서 출생한 사람에 해당하는 외국인으로서 대한민국에 3년 이상 계속하여 주소가 있는 사람은 제5조 제1호 및 제1호의2의 요건을 갖추지 아니하여도 귀화허가를 받을 수 있다(국적법 제6조 제1항 제2호).

③ 복수국적자로서 외국 국적을 선택하려는 자는 외국에 주소가 있는 경우에만 주소지 관할 재외공관의 장을 거쳐 법무부장관에게 대한민국 국적을 이탈한다는 뜻을 신고할 수 있다. 다만, 제12조 제2항 본문 또는 같은 조 제3항에 해당하는 자는 그 기간 이내에 또는 해당 사유가 발생한 때부터만 신고할 수 있다(국적법 제14조 제1항).

④ 제1항 및 제2항 단서에도 불구하고 출생 당시에 모가 자녀에게 외국 국적을 취득하게 할 목적으로 외국에서 체류 중이었던 사실이 인정되는 자는 외국 국적을 포기한 경우에만 대한민국 국적을 선택한다는 뜻을 신고할 수 있다(국적법 제13조 제3항).

11 난도 ★★☆　　　　　　　　　　　　　　　　정답 ④

통치구조론 > 국회

정답의 이유

④ 구 헌법(제8차 개정 헌법) 제93조에서 단서조항으로 규정하고 있었으나 현행 헌법(제9차 개정 헌법) 제61조에서는 명문화 하고 있지 않으며, 다만 법률로의 유보를 통하여 국정감사 및 조사에 관한 법률에서 동일한 취지의 내용을 규정하고 있다.

> **제8조(감사 또는 조사의 한계)**
> 감사 또는 조사는 개인의 사생활을 침해하거나 계속 중인 재판 또는 수사 중인 사건의 소추(訴追)에 관여할 목적으로 행사되어서는 아니 된다.

오답의 이유

① 국정감사 및 조사에 관한 법률 제2조 제1항

② 국회는 국정감사를 통하여 국정전반에 대하여 그 문제점을 포괄적으로 지적하고 앞으로 국정운영방향을 제시함으로써 국정의 투명성을 제고하며 국민의 알 권리를 충족시켜주고 있다. … 국회는 국민의 대표기관으로서 국가권력의 정당한 행사 여부를 조사하며, 국정에 관한 자료와 정보를 수집하고, 국회의 권한에 상응한 책임추궁을 한다.

③ 우리나라에서는 1948년 제헌헌법과 1962년 제5차 개헌에서 국정감사권을 명문화하였으며, 1972년 유신헌법에서는 국정감사·조사에 관한 규정이 삭제되었다. 현행 헌법에서는 제61조에서 국회의 국정감사권을 명문화하고 있다.

⑤ 헌재 2010.7.29. 2010헌라1

12 난도 ★★☆　　　　　　　　　　　　　　　　정답 ④

통치구조론 > 대통령

정답의 이유

ⓒ 일반사면을 명하려면 국회의 동의를 얻어야 한다(헌법 제79조 제2항).

ⓗ 청구인들은 대통령의 특별사면에 관하여 일반국민의 지위에서 사실상의 또는 간접적인 이해관계를 가진다고 할 수는 있으나 대통령의 청구외인들에 대한 특별사면으로 인하여 청구인들 자신의 법적이익 또는 권리를 직접적으로 침해당한 피해자라고 볼

수 없으므로 이 사건 심판청구는 자기관련성, 직접성이 결여되어 부적법하다(헌재 1998.9.30. 97헌마404).

오답의 이유

ⓐ 사면법 제6조

ⓑ 사면이라 함은 형사사법절차에 의하지 아니하고 형의 선고의 효력상실·공소권의 소멸·형의 집행의 면제를 명하는 대통령의 특권을 말한다. 협의의 사면에는 사면법에서 규정하고 있는 일반사면과 특별사면을 의미하며, 광의의 사면은 협의의 사면과 감형·복권을 포괄하는 넓은 의미의 사면으로 나누어 볼 수 있다.

ⓓ 일반사면은 형 선고의 효력이 상실되며, 형을 선고받지 아니한 자에 대하여는 공소권(公訴權)이 상실된다. 다만, 특별한 규정이 있을 때에는 예외로 한다(사면법 제5조 제1항 제1호).

ⓔ 특별사면은 형을 선고받은 자의 형의 집행이 면제된다. 다만, 특별한 사정이 있을 때에는 이후 형 선고의 효력을 상실하게 할 수 있다(사면법 제5조 제2호, 제5조 제1항 제2호).

13 난도 ★★☆　　　　　　　　　　　　　　　　정답 ③

통치구조론 > 법원

정답의 이유

③ 법원조직법 제7조 제1항

> **제7조(심판권의 행사)**
> ① 대법원의 심판권은 대법관 전원의 3분의 2 이상의 합의체에서 행사하며, 대법원장이 재판장이 된다. 다만, 대법관 3명 이상으로 구성된 부(部)에서 먼저 사건을 심리(審理)하여 의견이 일치한 경우에 한정하여 다음 각 호의 경우를 제외하고 그 부에서 재판할 수 있다.
> 1. 명령 또는 규칙이 헌법에 위반된다고 인정하는 경우
> 2. 명령 또는 규칙이 법률에 위반된다고 인정하는 경우

오답의 이유

① 법원조직법 제8조는 "상급법원의 재판에 있어서의 판단은 당해 사건에 관하여 하급심을 기속한다."고 규정하지만 이는 심급제도의 합리적 유지를 위하여 당해사건에 한하여 구속력을 인정한 것이고 그 후의 동종의 사건에 대한 선례로서의 구속력에 관한 것은 아니다(헌재결2002.6.27. 2002헌마18).

② 대법원은 법률에 저촉되지 아니하는 범위 안에서 소송에 관한 절차, 법원의 내부규율과 사무처리에 관한 규칙을 제정할 수 있다(헌법 제108조).

④ 법관징계법 제3조 제1항, 제27조 제1항

> **제3조(징계처분의 종류)**
> ① 법관에 대한 징계 처분은 정직·감봉·견책의 세 종류로 한다.
>
> **제27조(불복절차)**
> ① 피청구인이 징계 등 처분에 대하여 불복하려는 경우에는 징계 등 처분이 있음을 안 날부터 14일 이내에 전심(前審) 절차를 거치지 아니하고 대법원에 징계 등 처분의 취소를 청구하여야 한다.

⑤ 법원조직법 제47조

14 난도 ★★★ 정답 ③

기본권론 > 정치적 기본권

정답의 이유

© 형 집행 중에 가석방을 받았다고 하여, 형의 선고 당시 법관에 의하여 인정된 범죄의 중대성이 감쇄되었다고 보기 어려운 점을 고려하면, 입법자가 가석방 처분을 받았다는 후발적 사유를 고려하지 아니하고 1년 이상 징역의 형을 선고받은 사람의 선거권을 일률적으로 제한하였다고 하여 불필요한 제한이라고 보기는 어렵다(헌재결 2017.5.25. 2016헌마292).

◎ 재판을 통하여 1년 이상의 징역의 형을 선고받았다면, 범죄자의 사회적·법률적 비난가능성이 결코 작지 아니함은 앞서 본 바와 같으며, 이러한 사정은 당해 범죄자가 저지른 범죄행위가 과실에 의한 것이라거나 국가적·사회적 법익이 아닌 개인적 법익을 침해하는 것이라도 마찬가지이다(헌재결 2017.5.25. 2016헌마292).

오답의 이유

㉠ 헌재결 2017.5.25. 2016헌마292

㉡ 헌재결 2017.5.25. 2016헌마292

㉢ 헌재결 2017.5.25. 2016헌마292

15 난도 ★☆☆ 정답 ④

통치구조론 > 헌법재판소의 지위 및 구성과 조직

정답의 이유

④ 지정재판부는 전원의 일치된 의견으로 제3항의 각하결정을 하지 아니하는 경우에는 결정으로 헌법소원을 재판부의 심판에 회부하여야 한다. 헌법소원심판의 청구 후 30일이 지날 때까지 각하결정이 없는 때에는 심판에 회부하는 결정이 있는 것으로 본다(헌법재판소법 제72조 제4항).

오답의 이유

① 위헌법률의 심판과 헌법소원에 관한 심판은 서면심리에 의한다. 다만, 재판부는 필요하다고 인정하는 경우에는 변론을 열어 당사자, 이해관계인, 그 밖의 참고인의 진술을 들을 수 있다(헌법재판소법 제30조 제2항).

② 당사자는 동일한 사건에 대하여 2명 이상의 재판관을 기피할 수 없다(헌법재판소법 제24조 제4항).

③ 심판의 변론과 결정의 선고는 공개한다. 다만, 서면심리와 평의(評議)는 공개하지 아니한다(헌법재판소법 제34조 제1항).

⑤ 권한쟁의의 심판은 그 사유가 있음을 안 날부터 60일 이내에, 그 사유가 있은 날부터 180일 이내에 청구하여야 한다(헌법재판소법 제63조 제1항).

16 난도 ★★☆ 정답 ①

통치구조론 > 헌법소원심판

정답의 이유

① 피해자의 고소가 아닌 수사기관의 인지 등에 의해 수사가 개시된 피의사건에서 검사의 불기소처분이 이루어진 경우, 고소하지 아니한 피해자로 하여금 별도의 고소 및 이에 수반되는 권리구

제절차를 거치게 하는 방법으로는 종래의 불기소처분 자체의 취소를 구할 수 없고 … 그 불기소처분의 취소를 구하는 헌법소원의 사전 권리구제절차라는 것은 형식적·실질적 측면에서 모두 존재하지 않을 뿐만 아니라, 별도의 고소 등은 그에 수반되는 비용과 권리구제가능성 등 현실적인 측면에서 볼 때에도 불필요한 우회절차를 강요함으로써 피해자에게 지나치게 가혹할 수 있으므로, 고소하지 아니한 피해자는 예외적으로 불기소처분의 취소를 구하는 헌법소원심판을 곧바로 청구할 수 있다(헌재 2010.6.24. 2008헌마716).

오답의 이유

② 헌재 2010.7.29. 2009헌마51

③ 헌재결 2009.12.1. 2009헌마622

④ 헌재 2006.1.26. 2005헌마424

⑤ 헌재 1998.4.30. 97헌마141

17 난도 ★★☆ 정답 ③

기본권론 > 인신의 자유권

정답의 이유

③ 전투경찰순경에 대한 영창처분은 그 사유가 제한되어 있고, 징계위원회의 심의절차를 거쳐야 하며, 징계 심의 및 집행에 있어 징계대상자의 출석권과 진술권이 보장되고 있다. 또한 소청과 행정소송 등 별도의 불복절차가 마련되어 있고 소청에서 당사자 의견진술 기회 부여를 소청결정의 효력에 영향을 주는 중요한 절차적 요건으로 규정하는바, 이러한 점들을 종합하면 이 사건 영창 조항이 헌법에서 요구하는 수준의 절차적 보장 기준을 충족하지 못했다고 볼 수 없으므로 헌법 제12조 제1항의 적법절차원칙에 위배되지 아니한다(헌재결 2016.3.31. 2013헌바190).

오답의 이유

① 헌재결 2016.9.29. 2014헌가9

② 헌재결 2015.12.23. 2013헌가9

④ 헌재 2002.10.31. 2000헌가12

⑤ 헌재 2015.5.28. 2013헌바129

18 난도 ★★★ 정답 ②

기본권론 > 근로3권

정답의 이유

② 근로자가 노동조합을 결성하지 아니할 자유나 노동조합에 가입을 강제당하지 아니할 자유, 그리고 가입한 노동조합을 탈퇴할 자유는 근로자에게 보장된 단결권의 내용에 포섭되는 권리로서가 아니라 헌법 제10조의 행복추구권에서 파생되는 일반적 행동의 자유 또는 제21조 제1항의 결사의 자유에서 그 근거를 찾을 수 있다(헌재 2005.11.24. 2002헌바95).

오답의 이유

① 노동조합의 재정 집행과 운영에 있어서의 적법성, 민주성 등을 확보하기 위해서는 조합자치 또는 규약자치에만 의존할 수는 없고 행정관청의 감독이 보충적으로 요구되는바, 이 사건 법률조항은 노동조합의 재정 집행과 운영의 적법성, 투명성, 공정성,

민주성 등을 보장하기 위한 것으로서 정당한 입법목적을 달성하기 위한 적절한 수단이다(헌재 2013.7.25. 2012헌바116).

③ 헌재 2015.3.26. 2014헌가5

④ 사용종속관계하에서 근로를 제공하고 그 대가로 임금 등을 받아 생활하는 사람은 노동조합법상 근로자에 해당하고, 노동조합법상의 근로자성이 인정되는 한, 그러한 근로자가 외국인인지 여부나 취업자격의 유무에 따라 노동조합법상 근로자의 범위에 포함되지 아니한다고 볼 수는 없다(대판 2015.6.25. 2007두4995 전합).

⑤ 노동조합 및 노동관계조정법상의 교섭창구단일화제도는 근로조건의 결정권이 있는 사업 또는 사업장 단위에서 복수 노동조합과 사용자 사이의 교섭절차를 일원화하여 효율적이고 안정적인 교섭체계를 구축하고, 소속 노동조합과 관계없이 조합원들의 근로조건을 통일하기 위한 것으로, 교섭대표 노동조합이 되지 못한 소수 노동조합의 단체교섭권을 제한하고 있지만, 소수 노동조합도 교섭대표 노동조합을 정하는 절차에 참여하게 하여 교섭대표 노동조합이 사용자와 대등한 입장에 설 수 있는 기반이 되도록 하고 있으며, 그러한 실질적 대등성의 토대 위에서 이뤄낸 결과를 함께 향유하는 주체가 될 수 있도록 하고 있으므로 노사 대등의 원리하에 적정한 근로조건의 구현이라는 단체교섭권의 실질적인 보장을 위한 불가피한 제도라고 볼 수 있다. … 따라서 위 '노동조합 및 노동관계조정법' 조항들이 과잉금지원칙을 위반하여 청구인들의 단체교섭권을 침해한다고 볼 수 없다(헌재 2012.4.24. 2011헌마338).

19 난도 ★★☆　　　　　　　　　정답 ③

헌법총론 > 헌법의 원리 · 질서 · 제도

[정답의 이유]

③ 이 사건 귀속 조항은 진정소급입법에 해당하지만, 진정소급입법이라 할지라도 예외적으로 국민이 소급입법을 예상할 수 있었던 경우와 같이 소급입법이 정당화되는 경우에는 허용될 수 있다. 친일재산의 취득 경위에 내포된 민족배반적 성격, 대한민국 임시정부의 법통 계승을 선언한 헌법 전문 등에 비추어 친일반민족행위자측으로서는 친일재산의 소급적 박탈을 충분히 예상할 수 있었고, 친일재산 환수 문제는 그 시대적 배경에 비추어 역사적으로 매우 이례적인 공동체적 과업이므로 이러한 소급입법의 합헌성을 인정한다고 하더라도 이를 계기로 진정소급입법이 빈번하게 발생할 것이라는 우려는 충분히 불식될 수 있다. 따라서 이 사건 귀속 조항은 진정소급입법에 해당하나 헌법 제13조 제2항에 반하지 않는다(헌재 2011.3.31. 2008헌바141).

[오답의 이유]

① 헌재 2002.11.28. 2002헌바45

② 신뢰보호의 원칙의 위배 여부는 한편으로는 침해받은 이익의 보호가치, 침해의 중한 정도, 신뢰가 손상된 정도, 신뢰침해의 방법 등과 다른 한편으로는 새 입법을 통해 실현하고자 하는 공익적 목적을 종합적으로 비교 · 형량하여 판단하여야 하는데, 이 사건의 경우 투자유인이라는 입법목적을 감안하더라도 그로 인한 공익의 필요성이 구법에 대한 신뢰보호보다 간절한 것이라고

보여지지 아니한다(헌재 1995.10.26. 94헌바12).

④ 헌재 1999.4.29. 94헌바37

⑤ 이는 아직 완성되지 아니하여 진행과정에 있는 사실관계 또는 법률관계를 규율대상으로 하는 이른바 부진정소급입법에 해당하는 것이어서 원칙적으로 헌법상 허용되는 것이다. … 동법 시행 전에 개발사업에 착수한 사업시행자에 대하여도 개발부담금을 부과함으로써 그러한 사업자가 지니고 있던 개발부담금의 미부과에 대한 신뢰가 손상된다 하여도 그 손상의 정도 및 손해는 비교적 크지 않음에 반하여 이로써 달성하려고 하는 공익은 훨씬 크므로 이와 같은 신뢰의 손상은 신뢰보호의 원칙에 위배되는 것이 아니다(헌재 2001.2.22. 98헌바19).

20 난도 ★★★　　　　　　　　　정답 ①

통치구조론 > 헌법소원심판

[정답의 이유]

㉠ 이 사건 관습법은 민법 시행 이전에 상속을 규율하는 법률이 없는 상황에서 재산상속에 관하여 적용된 규범으로서 비록 형식적 의미의 법률은 아니지만 실질적으로는 법률과 같은 효력을 갖는 것이므로 위헌법률심판의 대상이 된다(헌재 2013.2.28. 2009헌바129).

㉣ 공정거래위원회의 심사불개시 결정 및 심의절차종료 결정 역시 공권력의 행사에 해당하고, 그것이 자의적일 경우 피해자(신고인)의 평등권을 침해할 수 있으므로, 헌법소원의 대상이 된다고 할 것이다(헌재 2011.12.29. 2011헌마100).

[오답의 이유]

㉡ 피청구인이 선포하려던 서울시민 인권헌장은 피청구인이 서울시민의 의견을 수렴하여 서울시민에 대한 인권 보호 및 증진을 위한 기본방침을 밝히고자 한 정책계획안으로서 그 법적 성격은 국민의 권리 · 의무나 법적 지위에 직접 영향을 미치지 아니하는 비구속적 행정계획안이라 할 것이고, 이 사건 무산 선언은 당초 2014.12.10. 세계인권선언의 날에 맞춰 선포하려던 서울시민인권헌장이 성소수자 차별 금지 조항에 대한 이견으로 합의에 실패하여 예정된 날짜에 선포될 수 없었음을 알리는 행위로서 그 자체로는 직접적으로 청구인의 법적 지위에 영향을 미치지 아니하므로, 이 사건 무산 선언은 헌법소원심판의 대상이 되는 공권력 행사에 해당되지 아니한다(헌재결 2015.3.31. 2015헌마213).

㉢ 이 사건 예산편성 행위는 헌법 제54조 제2항, 제89조 제4호, 국가재정법 제32조 및 제33조에 따른 것으로, 국무회의의 심의, 대통령의 승인 및 국회의 예산안 심의 · 확정을 위한 전 단계의 행위로서 국가기관 간의 내부적 행위에 불과하므로, 헌법소원의 대상이 되는 '공권력의 행사'에 해당하지 않는다(헌재결 2017.5.25. 2016헌마383).

㉤ 유가증권의 상장은 피청구인과 상장신청법인 사이의 "상장계약"이라는 사법상의 계약에 의하여 이루어지는 것이고, 상장폐지결정 및 상장폐지확정결정 또한 그러한 사법상의 계약관계를 해소하려는 피청구인의 일방적인 의사표시라고 봄이 상당하다고 할 것이다. 따라서, 피청구인의 청구인회사에 대한 이 사건 상장폐

지확정결정은 헌법소원의 대상이 되는 공권력의 행사에 해당하지 아니하므로 이를 대상으로 한 심판청구는 부적법하다(헌재 2005.2.24. 2004헌마442).

ⓑ 지방자치단체장을 위한 별도의 퇴직급여제도를 마련하지 않은 것은 진정입법부작위에 해당하는데, 헌법상 지방자치단체장을 위한 퇴직급여제도에 관한 사항을 법률로 정하도록 위임하고 있는 조항은 존재하지 않는다. 나아가 지방자치단체장은 특정 정당을 정치적 기반으로 하여 선거에 입후보할 수 있고 선거에 의하여 선출되는 공무원이라는 점에서 헌법 제7조 제2항에 따라 신분보장이 필요하고 정치적 중립성이 요구되는 공무원에 해당한다고 보기 어려우므로 헌법 제7조의 해석상 지방자치단체장을 위한 퇴직급여제도를 마련하여야 할 입법적 의무가 도출된다고 볼 수 없고, 그 외에 헌법 제34조나 공무담임권 보장에 관한 헌법 제25조로부터 위와 같은 입법의무가 도출되지 않는다. 따라서 이 사건 입법부작위는 헌법소원의 대상이 될 수 없는 입법부작위를 그 심판 대상으로 한 것으로 부적법하다(헌재 2014.6.26. 2012헌마459).

ⓐ 이 사건 선진화 계획은 그 법적 성격이 행정계획이라고 할 것인바, 국민의 기본권에 직접적인 영향을 미친다고 볼 수 없고, 장차 법령의 뒷받침에 의하여 그대로 실시될 것이 틀림없을 것으로 예상된다고 보기도 어려우므로, 헌법소원의 대상이 되는 공권력의 행사에 해당한다고 할 수 없다(헌재 2011.12.29. 2009헌마330).

21 난도 ★★☆ 　　　　　　　　정답 ③

헌법총론 > 헌법의 원리 · 질서 · 제도

정답의 이유

③ 죄형법정주의는 무엇이 범죄이며 그에 대한 형벌이 어떠한 것인가는 국민의 대표로 구성된 입법부가 제정한 법률로써 정하여야 한다는 원칙인데, 부동산등기특별조치법 제11조 제1항 본문 중 제2조 제1항에 관한 부분이 정하고 있는 과태료는 행정상의 질서유지를 위한 행정질서벌에 해당할 뿐 형벌이라고 할 수 없어 죄형법정주의의 규율대상에 해당하지 아니한다(헌재 1998.5.28. 96헌바83).

오답의 이유

① 형벌 구성요건의 실질적 내용을 법률에서 직접 규정하지 아니하고 금고의 정관에 위임한 것은 범죄와 형벌에 관하여는 입법부가 제정한 형식적 의미의 "법률"로써 정하여야 한다는 죄형법정주의 원칙에 위반된다(헌재 2001.1.18. 99헌바112).

② 구 노동조합법 제46조의3은 그 구성요건을 "단체협약에 … 위반한 자"라고만 규정함으로써 범죄구성요건의 외피(外皮)만 설정하였을 뿐 구성요건의 실질적 내용을 직접 규정하지 아니하고 모두 단체협약에 위임하고 있어 죄형법정주의의 기본적 요청인 "법률"주의에 위배되고, 그 구성요건도 지나치게 애매하고 광범위하여 죄형법정주의의 명확성의 원칙에 위배된다(헌재 1998.3.26. 96헌가20).

④ 헌법 제117조 제1항은 "지방자치단체는 주민의 복리에 관한 사무를 처리하고 재산을 관리하며, 법령의 범위 안에서 자치에 관

한 규정을 제정할 수 있다"고 규정하여 법률의 위임이 있는 경우에는 조례에 의하여 소속 공무원에 대한 인사와 처우를 스스로 결정하는 권한이 있다고 할 것이므로, 제58조 제2항이 노동운동을 하더라도 형사처벌에서 제외되는 공무원의 범위에 관하여 당해 지방자치단체에 조례제정권을 부여하고 있다고 하여 헌법에 위반된다고 할 수 없다(헌재 2005.10.27. 2003헌바50).

⑤ 이 사건 호별방문금지조항은 형사처벌과 관련한 주요사항을 헌법이 위임입법의 형식으로 예정하고 있지도 않은 특수법인의 정관에 위임하고 있는데, 이는 사실상 그 정관 작성권자에게 처벌법규의 내용을 형성할 권한을 준 것이나 다름없으므로 죄형법정주의에 비추어 허용되기 어렵다. … 이 사건 선거운동제한 조항은 범죄와 형벌에 관하여는 입법부가 제정한 형식적 의미의 법률로써 정하여야 한다는 죄형법정주의에 위배된다(헌재결 2016.11.24. 2015헌가29).

22 난도 ★★★ 　　　　　　　　정답 ④

기본권론 > 사생활 자유권

정답의 이유

④ 보안관찰해당범죄를 범한 자의 재범의 위험성을 예방하고 건전한 사회복귀를 촉진하는 보안관찰법의 목적 달성 및 보안관찰처분의 실효성 확보를 위하여 신고의무를 부과하는 입법목적의 정당성이 인정되고, … 신고할 사항의 내용, 신고사항 작성의 난이도 등에 비추어 피보안관찰자에게 과도한 의무를 부과한다고 볼 수 없으며, 신고의무 위반행위에 대한 형벌이 상대적으로 과중하지 아니한 점을 고려하면 이 사건 처벌 조항은 사생활의 비밀과 자유를 침해하지 아니한다(헌재결 2015.11.26. 2014헌바475).

오답의 이유

① 이 사건 법률조항이 공적 관심의 정도가 약한 4급 이상의 공무원들까지 대상으로 삼아 모든 질병명을 아무런 예외없이 공개토록 한 것은 입법목적 실현에 치중한 나머지 사생활 보호의 헌법적 요청을 현저히 무시한 것이고, 이로 인하여 청구인들을 비롯한 해당 공무원들의 헌법 제17조가 보장하는 기본권인 사생활의 비밀과 자유를 침해하는 것이다(헌재 2007.5.31. 2005헌마1139).

② 이 사건 전자장치 부착 조항은 성폭력범죄로부터 국민을 보호하고 성폭력범죄자의 재범을 방지하고자 하는 입법 목적의 정당성 및 수단의 적절성이 인정되며, … 이 사건 전자장치 부착 조항이 보호하고자 하는 이익에 비해 재범의 위험성이 있는 성폭력범죄자가 입는 불이익이 결코 크다고 할 수 없어 법익의 균형성원칙에 반하지 아니하므로, 이 사건 전자장치 부착 조항이 과잉금지원칙에 위배하여 피부착자의 사생활의 비밀과 자유, 개인정보자기결정권, 인격권을 침해한다고 볼 수 없다(헌재 2012.12.27. 2011헌바89).

③ 간통죄의 보호법익인 혼인과 가정의 유지는 당사자의 자유로운 의지와 애정에 맡겨야지, 형벌을 통하여 타율적으로 강제될 수 없는 것이며, 현재 간통으로 처벌되는 비율이 매우 낮고, 간통행위에 대한 사회적 비난 역시 상당한 수준으로 낮아져 간통죄는

행위규제규범으로서 기능을 잃어가고, 형사정책상 일반예방 및 특별예방의 효과를 거두기도 어렵게 되었다. … 결국 심판대상 조항은 과잉금지원칙에 위배하여 국민의 성적 자기결정권 및 사생활의 비밀과 자유를 침해하는 것으로서 헌법에 위반된다(헌재 2015.2.26. 2009헌바17).

⑤ 이 사건 재산등록 조항은 금융감독원 직원의 비리유혹을 억제하고 업무 집행의 투명성 및 청렴성을 확보하기 위한 것으로 입법목적이 정당하고, 금융기관의 업무 및 재산상황에 대한 검사 및 감독과 그에 따른 제재를 업무로 하는 금융감독원의 특성상 소속 직원의 금융기관에 대한 실질적인 영향력 및 비리 개연성이 클 수 있다는 점을 고려할 때 일정 직급 이상의 금융감독원 직원에게 재산등록의무를 부과하는 것은 적절한 수단이다. … 또한 이 사건 재산등록 조항에 의하여 제한되는 사생활 영역은 재산관계에 한정됨에 비하여 이를 통해 달성할 수 있는 공익은 금융감독원 업무의 투명성 및 책임성 확보 등으로 중대하므로 법익균형성도 충족하고 있다. 따라서 이 사건 재산등록 조항은 청구인들의 사생활의 비밀과 자유를 침해하지 아니한다. … 이 사건 취업제한 조항은 청구인들의 직업선택의 자유를 침해하지 아니한다(헌재 2014.6.26. 2012헌마331).

23 난도 ★★☆   정답 ⑤

기본권론 > 정신적 자유권

[정답의 이유]

⑤ 신문법 제15조 제2항은 신문의 다양성을 보장하기 위하여 필요한 한도 내에서 그 규제의 대상과 정도를 선별하여 제한적으로 규제하고 있다고 볼 수 있다. 규제 대상을 일간신문으로 한정하고 있고, 겸영에 해당하지 않는 행위, 즉 <u>하나의 일간신문법인이 복수의 일간신문을 발행하는 것 등은 허용되며, 종합편성이나 보도전문편성이 아니어서 신문의 기능과 중복될 염려가 없는 방송채널사용사업이나 종합유선방송사업, 위성방송사업 등을 겸영하는 것도 가능하다.</u> 그러므로 신문법 제15조 제2항은 헌법에 위반되지 아니한다(헌재 2006.6.29. 2005헌마165).

[오답의 이유]

① 이 사건 법령조항들이 표방하는 건전한 인터넷 문화의 조성 등 입법목적은, 인터넷 주소 등의 추적 및 확인, 당해 정보의 삭제·임시조치, 손해배상, 형사처벌 등 인터넷 이용자의 표현의 자유나 개인정보자기결정권을 제약하지 않는 다른 수단에 의해서도 충분히 달성할 수 있음에도, 인터넷의 특성을 고려하지 아니한 채 본인확인제의 적용 범위를 광범위하게 정하여 법집행자에게 자의적인 집행의 여지를 부여하고, 목적달성에 필요한 범위를 넘는 과도한 기본권 제한을 하고 있으므로 침해의 최소성이 인정되지 아니한다. … 따라서 본인확인제를 규율하는 이 사건 법령조항들은 과잉금지원칙에 위배하여 인터넷게시판 이용자의 표현의 자유, 개인정보자기결정권 및 인터넷게시판을 운영하는 정보통신서비스 제공자의 언론의 자유를 침해한다(헌재 2012.8.23. 2010헌마47).

② 어떠한 표현행위가 "공익"을 해하는 것인지, 아닌지에 관한 판단은 사람마다의 가치관, 윤리관에 따라 크게 달라질 수밖에 없으

며, 이는 판단주체가 법전문가라 하여도 마찬가지이고, 법집행자의 통상적 해석을 통하여 그 의미 내용이 객관적으로 확정될 수 있다고 보기 어렵다. … 결국, 이 사건 법률조항은 수범자인 국민에 대하여 일반적으로 허용되는 '허위의 통신' 가운데 어떤 목적의 통신이 금지되는 것인지 고지하여 주지 못하고 있으므로 표현의 자유에서 요구하는 명확성의 요청 및 죄형법정주의의 명확성원칙에 위배하여 헌법에 위반된다(헌재 2010.12.28. 2008헌바157).

③ 이 사건 법률조항은 사생활을 침해하거나 명예를 훼손하는 등 타인의 권리를 침해하는 정보가 정보통신망을 통해 무분별하게 유통되는 것을 방지하기 위하여 권리침해 주장자의 삭제요청과 침해사실에 대한 소명에 의하여 정보통신서비스 제공자로 하여금 임시조치를 취하도록 함으로써 정보의 유통 및 확산을 일시적으로 차단하려는 것이므로, 그 입법목적이 정당하고 수단 또한 적절하다. … 위에서 본 바와 같이 이 사건 법률조항은 정보게재자의 표현의 자유를 제한함에 있어 과잉금지원칙에 위반되지 아니하므로, 청구인의 표현의 자유를 침해하지 아니한다(헌재 2012.5.31. 2010헌마88).

④ '현혹(眩惑)', '우려(憂慮)'의 의미, 관련 조항 등을 종합하면, '소비자를 현혹할 우려가 있는 내용의 광고'란, '광고 내용의 진실성·객관성을 불문하고, 오로지 의료서비스의 긍정적인 측면만을 강조하는 취지의 표현을 사용함으로써 의료소비자를 혼란스럽게 하고 합리적인 선택을 방해할 것으로 걱정되는 광고'를 의미하는 것으로 충분히 해석할 수 있으므로, 심판대상조항은 죄형법정주의의 명확성원칙에 위배되지 아니한다(헌재 2014.9.25. 2013헌바28).

24 난도 ★★☆   정답 ①

헌법총론 > 헌정사

[정답의 이유]

가. 제헌헌법(1948년)은 권한쟁의심판과 헌법소원심판을 규정하지 않았다.

> 제47조
> 탄핵사건을 심판하기 위하여 법률로써 탄핵재판소를 설치한다.
>
> 제81조
> 법률이 헌법에 위반되는 여부가 재판의 전제가 되는 때에는 법원은 헌법위원회에 제청하여 그 결정에 의하여 재판한다.

다. 제5차 개정헌법(1962년)은 권한쟁의심판권한을 규정하지 않았다.

> **제62조**
>
> ① 탄핵사건을 심판하기 위하여 탄핵심판위원회를 둔다.
>
> **제102조**
>
> ① 법률이 헌법에 위반되는 여부가 재판의 전제가 된 때에는 대법원은 이를 최종적으로 심사할 권한을 가진다.
>
> **제103조**
>
> 정당해산을 명하는 판결은 대법원 법관 정수의 5분의 3이상의 찬성을 얻어야 한다.

[오답의 이유]

나. 제3차 개정헌법(1960년) 제83조의3

라 · 마. 제7차 개정헌법(1962년) 제109조, 제8차 개정헌법(1980년) 제112조

바. 헌법 제111조

25 난도 ★☆☆   정답 ②

헌법총론 > 헌법의 원리 · 질서 · 제도

[정답의 이유]

② 대한민국이 민주공화국이고 모든 권력이 국민으로부터 나온다는 사실은 헌법 제1조에 규정되어 있다.

> **제1조**
>
> ① 대한민국은 민주공화국이다.
>
> ② 대한민국의 주권은 국민에게 있고, 모든 권력은 국민으로부터 나온다.

PART 3

경제학

한눈에 훑어보기

✓ 영역 분석

미시경제학 02 04 05 07 08 09 12 14 17 19 22 24
12문항, 48%

거시경제학 06 10 11 13 15 16 20 21 23 25
10문항, 40%

국제경제학 01 03 18
3문항, 12%

✓ 빠른 정답

01	02	03	04	05	06	07	08	09	10
③	②	⑤	⑤	③	②	④	⑤	⑤	③
11	12	13	14	15	16	17	18	19	20
②	④	②	①	⑤	①	④	④	⑤	②
21	22	23	24	25					
④	②	④	③	①					

✓ 점수 체크

구분	1회독	2회독	3회독
맞힌 문항 수	/ 25	/ 25	/ 25
나의 점수	점	점	점

---

01 난도 ★☆☆   정답 ③

국제경제학 > 교역 조건(비교우위론)

[정답의 이유]

③ 고기 생산의 기회비용은 A(2)<B(3)이고, 과일 생산의 기회비용은 $A\left(\dfrac{1}{2}\right)$>$B\left(\dfrac{1}{3}\right)$이다. 그러므로 A는 고기 생산에 비교우위가 있고, B는 과일 생산에 비교우위가 있다.

[오답의 이유]

① · ② A는 1시간 동안 생산할 수 있는 고기와 과일의 생산량이 모두 B보다 많으므로, A가 재화 생산에 있어 둘 다 절대우위에 있다.

④ A는 고기 생산에만 비교우위가 있고, 과일 생산 비교우위는 B에게 있다.

⑤ B는 고기 1kg을 과일 3kg 이하로 수입할 수 있다면 이익이 되고, A는 고기 1kg을 수출하면서 과일 2kg 이상을 수입할 수 있다면 이익이 된다. 따라서 두 사람 간에 고기 1kg의 가격이 과일 2~3kg의 범위 사이에서 결정돼 거래가 이루어진다면 두 사람 모두에게 이익이 된다. 하지만 고기 1kg을 과일 1kg과 교환하는 조건이면 A에게 손해를 입으므로 거래가 발생하지 않는다.

02 난도 ★★☆   정답 ②

미시경제학 > 탄력성

[정답의 이유]

㉠ 수요곡선이 선형수요곡선인 경우, 가격탄력성은 0에서 ∞까지의 값을 갖는다.

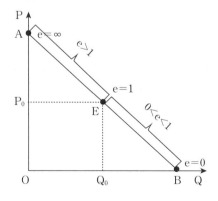

ⓒ 수요곡선이 직각쌍곡선인 경우, 수요곡선상 모든 점의 가격탄력성은 1로 동일하다.

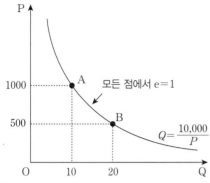

ⓒ 수요의 가격탄력성은 가격 변화가 원인변수이고, 수량변화가 결과변수인 개념이며, 결과변수(수요량)의 %변화를 원인변수(가격)의 %변화로 나눈 값으로 계산된다. 즉, 수요의 가격탄력성(e)＝수요량의 변화율/가격의 변화율이다.

03 난도 ★★☆　　　　　　　　　　　　　정답 ⑤

국제경제학 > 변동환율제도하 재정정책

정답의 이유

⑤ 순수출이 증가하므로 무역수지(경상수지)는 개선된다.

오답의 이유

① 해외이자율이 국내이자율보다 높으면($BP_0 \rightarrow BP_1$) 순자본유출이 발생한다.

② 순자본유출이 발생하면 국제 수지 적자가 발생하므로 변동환율제도하에서 환율이 상승하여(＝ 원화 가치의 절하) 순수출이 증가한다.

③·④ 순수출이 증가하면 IS 곡선이 우측(상방)으로 이동하므로($IS_0 \rightarrow IS_1$) 국내이자율은 상승한다. 이는 국내이자율이 해외이자율과 동일해지는 수준까지 진행된다(A → B). 새로운 균형점 B에서는 국민소득(국내생산)이 증가했다.

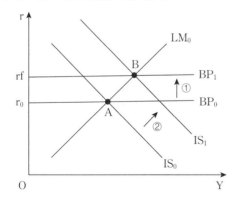

04 난도 ★★☆　　　　　　　　　　　　　정답 ⑤

미시경제학 > 게임이론

정답의 이유

⑤ 순차게임에서는 각각의 상황에서 미래의 상대방이 어떤 선택을 할 것인가를 예측한 다음 자신의 행동을 결정하는데, Y는 X가 우월전략인 b를 선택할 것으로 예상하기 때문에 자신은 d를 선택한다. 따라서 내쉬균형의 결과와 동일하다.

X ＼ Y	c	d
a	(6, 7)	(2, 3)
c	(2, 4)	(4, 6)

오답의 이유

① 상대방이 어떤 전략을 선택하는지에 관계 없이 자신의 보수를 더 크게 만드는 전략을 우월전략이라고 한다. X의 우월전략은 b이며, Y의 경우 X가 a를 선택하면 Y는 d를 선택할 것이고, X가 b를 선택하면 Y는 d를 선택할 것이므로 우월전략이 없다.

②·④ X에게는 b가 우월전략이고, X가 b를 선택하면 Y는 d를 선택할 것이다. 따라서 내쉬균형은 (b, d) 1개이고, 이때의 보수는 (4, 6)이다. 그런데 (a, c)를 선택하는 경우 더 큰 보수인 (6, 7)을 얻게 되므로 파레토 개선이 가능하다. 그러므로 현재의 내쉬균형은 파레토 효율적이지 않다.

③ 죄수의 딜레마 게임은 두 죄수 모두 범죄를 부인할 경우 형벌을 최소화할 수 있는 전략조합이 존재함에도 두 죄수 간의 협조가 이루어지지 않은 관계로 두 죄수 모두 자백하는 것이 유리하다. 따라서 자백하는 전략이 우월전략이고, 두 용의자 모두 자백하는 것이 용의자 딜레마 게임의 우월전략이 된다. 이 게임의 우월전략균형이 이루어지지 않으므로 죄수의 딜레마와 동일한 구조를 갖는 게임이 아니다.

05 난도 ★☆☆　　　　　　　　　　　　　정답 ③

미시경제학 > 탄력성

정답의 이유

ⓒ 가격소비곡선이란 각 가격수준에서 두 재화에 대한 소비자의 최적소비점을 연결한 곡선을 말한다.

ⓒ X재의 가격탄력성이 1인 경우 가격소비곡선은 수평선이 된다. X재의 가격탄력성이 1인 경우 X재의 가격이 변동하더라도 X재에 대한 지출액(＝ $P_x \cdot X$)은 불변이다. 총 지출액이 불변이고, X재에 대한 지출액이 불변이라면 Y재에 대한 지출액(＝ $P_x \cdot Y$)도 불변이다. Y재의 가격이 변하지 않으므로 Y재의 수요량도 변함이 없다.

오답의 이유

ⓒ X재의 가격탄력성이 1보다 큰 경우 가격소비곡선은 우하향하는 형태로 그려지고, 수요곡선은 완만하게 우하향한다. 반대로 X재의 가격탄력성이 1보다 작은 경우 가격소비곡선은 우상향하는 형태로 그려지고, 수요곡선은 가파르게 우하향한다.

06 난도 ★★☆　　　　　　　　　　　　정답 ②

거시경제학 > 총수요와 총공급

[정답의 이유]

② 총수요 확대정책을 실시하면 총수요곡선이 오른쪽으로 이동한다($AD_0 \rightarrow AD_1$). 상품시장의 새로운 균형점은 A → B로 이동하게 되면서 국내 산출량이 Y_0에서 Y_1로 증가한다. 경제가 B점에서 단기균형을 이루고 있을 때 국내 산출량은 Y_1의 수준에 있게 된다. 그런데 이 실제 산출량은 잠재 산출량(Y_0)보다 더 높은 수준으로 이는 기업들이 정상적인 수준 이상에서 가동되고 있으며 구조적, 마찰적 실업상태에 있는 일부 노동자들도 고용되는 경기호황상태를 의미한다. 따라서 임금과 다른 생산요소 가격이 올라가기 시작하며, 그 결과 SAS_1은 위로 이동하게 된다. 이와 같은 조정과정은 SAS_1이 SAS_2로 이동해 실제 산출량이 잠재 산출량과 같아질 때까지 계속된다. 이 조정과정이 모두 끝나면 C점에서 새로운 장기균형이 이루어지는데 실제 산출량은 잠재 산출량 수준으로 되돌아온 한편 물가는 P_0에서 P_2의 수준으로 상승한다. 따라서 장기에는 가격수준만 상승할뿐 실제 산출량에 대한 영향은 없다.

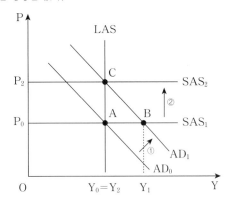

07 난도 ★★☆　　　　　　　　　　　　정답 ④

미시경제학 > 한계효용균등의 법칙

[정답의 이유]

두 재화 간의 한계대체율과 두 재화의 상대가격비율이 일치하는 수준에서 효용을 극대화하는 최적 소비묶음이 결정된다.

$MRS = Mx/My = Px/Py$

〈소비자균형〉

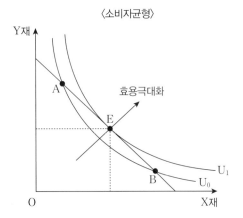

㉠ $MRS = Mx/My = Px/Py$인 경우(위 그림에서 B점): $Px/Py = 2/3$인데 $MRS = 2/4 = 1/2$이라고 한다면, 소비자는 X재 1단위를 더 소비하기 위하여 Y재 1/2단위를 포기할 용의가 있다. 그런데 시장에서 X재 1단위를 더 구입하기 위해서는 Y재 2/3단위를 포기하여야 한다. 즉, 소비자가 평가한 X재의 주관적 가치보다 시장에서 평가된 객관적 가치가 더 크다. 이러한 상황에서 소비자가 X재 1단위를 덜 소비하고 대신 Y재 1/2단위만 더 소비해도 만족수준은 종전과 똑같은데 Y재를 2/3단위까지 소비할 수 있기 때문이다. 즉, 소비자 A는 효용극대화를 위해 X재 소비를 증가시켜야 한다.

㉢ $MRS > Px/Py$인 경우(위 그림에서 A점): $Px/Py = 2/3$인데 $MRS = 2/2 = 1$이라고 한다면, 소비자는 X재 1단위를 더 소비하기 위하여 Y재를 1단위까지 포기할 용의가 있다. 그런데 시장에서 X재 1단위를 더 구입하기 위하여는 Y재 2/3단위만 포기하면 된다. 즉 시장에서 평가된 X재의 객관적 가치보다 소비자가 평가한 주관적 가치가 더 크다. 따라서 소비자의 입장에서는 X재를 더 소비하고 싶어할 것이다. 소비자가 Y재 2/3단위를 포기하고 X재 1단위를 더 구입하여 소비하면 소비지출을 증가시킴이 없이 소비자의 만족은 종전보다 더 증가하게 된다. 즉 소비자 A는 효용극대화를 위하여 X재의 소비량을 증가시키고 Y재 소비량을 감소시켜야 한다.

[오답의 이유]

㉡ 예산선 위의 소비조합에서 Y의 한계효용이 3이라면 $MRS = MUx/MUy = Px/Py = 2/3$이므로 현재의 소비조합이 효용극대화를 위한 최적의 소비조합이다(위 그림에서 E점). 따라서 X재나 Y재의 소비량을 변동시킬 필요가 없다.

08 난도 ★★☆　　　　　　　　　　　　정답 ⑤

미시경제학 > 가격규제정책

[정답의 이유]

⑤ 생산자에게 보조금으로 단위당 30을 지급하면 공급가격을 30만큼 낮출 수 있기 때문에 공급곡선은 30만큼 아래로 이동하게 된다.

ⅰ) 정부의 보조금지출총액(A)

재화의 최초 균형거래량은 $100 - (1/2)Q = 40 + (1/4)Q$,

$60 = (3/4)Q$, $Q = 80$

보조금을 지급한 이후의 새로운 균형 거래량은

$100 - (1/2)Q = 40 + (1/4)Q$, $90 = (3/4)Q$, $Q = 120$

정보의 보조금지출총액은 $120 \times 30 = 3,600$이다.

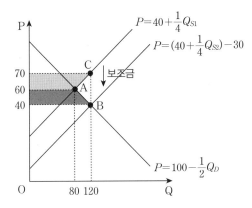

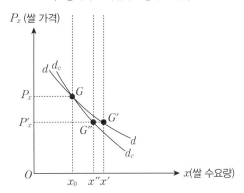

〈보통의 수요곡선과 보상수요곡선〉

ii) 보조금으로 인한 후생손실(B)

생산자는 공급가격을 보조금만큼 공급가격을 낮출 수 있기 때문에 생산자잉여가 갈색 칸만큼 증가하게 된다. 또한 소비자잉여도 청색 칸만큼 증가하게 된다. 그러나 정부지출이 120×(70−40)=3,600만큼 증가하게 되어 사회 전체적으로는 △ABC만큼 후생손실을 초래하게 된다.

iii) 보조금지출총액(A)과 보조금으로 인한 후생손실(B)의 비율(A:B)은 3600:600=6:1이다.

09 난도 ★★☆ 　　　　　　　　　　　　　정답 ⑤

미시경제학 > 효용함수와 최적 소비량

정답의 이유

㉠ X재의 가격하락 시 대체효과에 의해 X재의 수요량은 x에서 x″으로 증가한다. 이처럼 소득효과를 제거하고 대체효과만을 반영하여 도출한 수요곡선이 보상수요곡선(dc)이다. 정상재인 경우 대체효과에 의한 수요량 증가분(x → x″)이 가격효과에 의한 수요량 증가분(x → x′)보다 작으므로 보상수요곡선(dc)은 보통수요곡선보다 가파르게 우하향한다.

〈대체효과와 소득효과〉

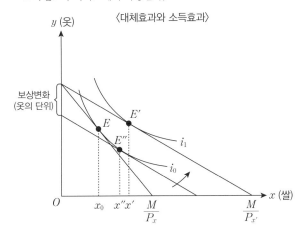

오답의 이유

㉡·㉢ 열등재의 경우 가격이 하락하면 대체효과에 의해 수요량이 증가하지만 소득효과에 의해 수요량이 감소한다. 이때 대체효과가 소득효과보다 크므로 총효과인 가격효과는 수요량을 증가시키는 방향으로 작용한다. 따라서 보통수요곡선은 정상재인 경우와 마찬가지로 우하향한다. 열등재인 경우 대체효과에 의한 수요량증가분이 가격효과에 의한 수요량증가분보다 크므로 보상수요곡선은 보통수욕곡선보다 완만하게 우하향한다. 즉, 보통수요곡선의 기울기가 보상수요곡선의 기울기보다 더 가파르다.

㉣ 강한 열등재인 기펜재의 경우에도 가격이 하락하면 대체효과에 의해 수요량이 증가하지만 소득효과에 의해 수요량이 감소한다. 이때 소득효과가 대체효과보다 크므로 총효과인 가격효과는 수요량을 감소시키는 방향으로 작용한다. 따라서 보통수요곡선은 우상향한다. 기펜재라할지라도 가격하락 시 대체효과는 수요량이 증가하는 방향으로 작용하므로 보상수요곡선은 우하향한다.

10 난도 ★★☆ 　　　　　　　　　　　　　정답 ③

거시경제학 > 통화정책

정답의 이유

③ 우상향하는 총공급곡선과 우하향하는 필립스곡선은 서로 표리의 관계가 있다. 단기 필립스곡선의 기울기가 수평이면 총수요−총공급 모형에서의 단기총공급곡선의 기울기도 수평이 된다. 장기총공급곡선의 이동이 없으므로 자연실업률(u_N)은 불변이다.

오답의 이유

① 확장적 통화정책을 사용하면 총수요곡선이 우측으로 이동한다($AD_0 → AD_1$). 총수요곡선이 우측으로 이동하면 필립스곡선상의 점은 곡선을 따라 좌측으로 이동한다($E_0 → E_1$). 따라서 물가 변화는 없으므로 인플레이션이 발생하지 않는다.

② 총수요가 감소하면 총수요곡선은 좌측으로 이동한다($AD_0 → AD_2$). 총수요곡선이 좌측으로 이동하면 필립스곡선상의 점은 곡선을 따라 우측으로 이동한다($E_0 → E_2$). 따라서 실업이 증가하고, 곡선의 기울기가 수평이므로 실업 증가폭이 매우 크다.

④ 금리 인상 정책으로 총수요를 낮추면 총수요곡선이 좌측으로 이동한다($E_0 → E_2$). 그결과 실업률은 증가하지만 인플레이션율은 변화가 없다.

⑤ 총공급곡선이 수평이면 총수요를 증가시키더라도 실업은 크게 줄지만 인플레이션율은 불변이므로 가격이 경직적이다.

〈총수요-총공급〉

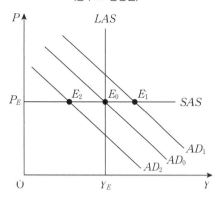

〈장·단기 필립스곡선〉

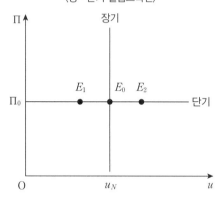

11 난도 ★★☆

정답 ②

거시경제학 > 균형국민소득과 승수효과

정답의 이유

㉠ 정부지출승수는 $1/(1-MPC)$이므로 정부지출을 60으로 증가시키면 국민소득의 증가분은 $1/(1-0.7) \times 60 = 200$이다.

㉢ 순수출승수는 $1/(1-MPC+m)$인데, 한계수입성향(m)은 전제되지 않았으므로 정부지출승수와 같다. 순수출을 60으로 증가시키면 국민소득의 증가분은 $1/(1-0.7) \times 60 = 200$이다.

오답의 이유

㉡ 조세승수는 $-MPC/(1-MPC)$이므로 세금을 100에서 10으로 감소시키면 국민소득의 증가분은 $0.7/(1-0.7) \times (90) = 210$이다.

㉣ 한계소비성향이 0.7일 때, 국민소득 $Y = C+I+G+NX = 100+0.7(Y-100) = 0.7Y+30$, $0.3Y=30$, $Y=100$이다. 한계소비성향이 0.9일 때 국민소득 $Y = C+I+G+NX = 100+0.7(Y-100) = 0.7Y+30$, $0.1Y=10$, $Y=100$이다. 따라서 한계소비성향이 0.9로 증가해도 국민소득은 변함이 없다.

12 난도 ★★☆

정답 ④

미시경제학 > 복점시장과 쿠르노 모형 · 슈타켈버그 모형

정답의 이유

ⅰ) 베르뜨랑 경쟁을 하는 두 기업은 상대방의 가격이 주어졌다고 가정한 상황에서 이윤을 극대화한다는 관점에서 자신의 가격을 결정한다. 이 상황에서 각 기업의 이윤은 다음과 같은 조건이 충족될 때 극대화된다.

기업 1의 경우, 총수입함수는
$TR_1 = P_1 \times Q_1 = P_1 \times (4-P_1+P_2) = 4P_1 - P_1^2 + P_1P_2$
이윤극대화조건은 $d\sqcap_1 \div dP_1 = 4-2P_1+P_2 = 0$,
반응함수는 $P_1 = 2+(1\div2)P_2$
기업 2의 경우, 총수입함수는
$TR_2 = P_2 \times Q_2 = P_2 \times (4-P_2+P_1)$
이윤극대화조건은 $d\sqcap_2 \div dP_2 = 4-2P_2+P_1$,
반응함수는 $P_2 = 2+(1\div2)P_1$
두 기업의 반응함수를 연립하면, $P_1 = 2+(1\div2)2+(1\div2)P_1$,
$P_1 = 2+1+(1\div4)P_1$, $P_1 = 4$, $P_2 = 4$
결론적으로, 기업 1은 $P_1 = 4$, $Q_1 = 4$, $TR = 16$,
기업 2는 $P_2 = 4$, $Q_2 = 4$, $TR = 16$이다.

ⅱ) 두 기업이 슈타켈버그 모형에 따라 행동할 때, 선도자(기업 1)가 추종자(기업 2)의 반응함수를 알고 자신의 이윤을 극대화하는 생산량을 먼저 결정하면 추종자는 선도자의 생산량을 보고 자신의 반응함수를 통해 생산량을 결정한다.

기업 2의 반응함수 $P_2 = 2+(1\div2)P_1$을 기업1의 수입함수에 대입하면
$TR_1 = P_1 \times Q_1 = P_1 \times (4-P_1+P_2)$
$= P_1 \times 4 - P_1 + 2 + (1\div2)P_1 = P_1 \times 6 - (1\div2)P_1$
기업 1의 이윤극대화조건은 $d\sqcap_1 \div dP_1 = 6-P_1 = 0$,
여기서 기업 1의 가격과 생산량은 $P_1 = 6$,
$Q_1 = 6-(1\div2)P_1 = 6-3 = 3$이다.
기업 2는 기업 1의 가격과 생산량을 전제로 해서 가격과 생산량을 결정하는데, $Q_1 = 4-P_1+P_2$에서 $Q_1 = 3$, $P_1 = 6$, $P_2 = 5$,
$Q_1 = 4-P_2+P_1 = 4-5+6+5$
결론적으로 기업 1은 $P_1 = 6$, $Q_1 = 3$, $TR = 18$,
기업 2는 $P_2 = 5$, $Q_2 = 5$, $TR = 25$

④ 슈타켈버그 모형에서 선도자의 이윤은 18, 추종자의 이윤은 25이다.

오답의 이유

① 베르뜨랑 모형에서 두 기업은 동일하게 가격을 4로 결정한다.

② 슈타켈버그 모형에서 두 기업은 더 높은 가격을 책정한다.

③ 슈타켈버그 모형에서 두 기업의 이윤은 더 크다.

⑤ 슈타켈버그 모형에서 선도자의 가격은 6, 추종자의 가격은 5이다.

13 난도 ★★☆ 정답 ②

거시경제학 > 국민소득결정이론, 총수요&총공급 이론

정답의 이유

ⓛ 투자지출에 대한 이자율 탄력성이 클수록(= IS곡선의 기울기가 작아질수록) 구축효과는 커지므로 재정정책의 효과는 작아지고, 탄력성이 작을수록(= IS곡선의 기울기가 커질수록) 구축효과는 작아지므로 재정정책 효과는 커진다.

오답의 이유

㉠ 확대재정정책은 이자율 상승을 통한 투자수요의 감소를 유도하는 구축효과를 유발한다. 한 경제의 통화수요는 소득에 의존하므로 총소득이 증가하면 통화수요가 증대되고 이자율이 상승한다. 이자율의 상승은 다시 재화시장에 파생적인 영향을 미치는데, 즉 이자율이 상승하면 기업은 투자계획을 축소하고, 이는 정부지출의 증가에 따른 경기부양 효과를 부분적으로 상쇄한다. 이를 구축효과라고 한다.

㉢ 정부가 정부지출을 증가시키고 조세를 감면하는 확대재정정책을 실시하면 재정적자($G-T$)가 증가하고, 정부저축($SG = G-T$)이 감소한다. 정부저축의 감소는 대부자금모형에서 대부자금공급의 감소를 가져오므로 대부자금의 공급곡선을 좌측으로 이동시켜 시장이자율을 상승시키게 된다. 이자율이 상승하면 투자수요가 줄어든다.

14 난도 ★★☆ 정답 ①

미시경제학 > 수요와 공급

정답의 이유

① 마스크에 대한 수요가 크게 감소하였다면 시장수요곡선은 좌측으로 이동한다($D_1 \to D_2$). 이에 따라 단기적으로 가격은 하락하고 개별 마스크 생산 기업들은 손실을 보겠지만, 장기적으로는 기존기업들의 시장탈퇴가 이루어지면서 시장의 공급곡선이 좌측으로 이동하게 되고($S_1 \to S_2$), 가격은 원래의 가격으로 복귀하게 된다($E_1 \to E_2$). 결국 새로운 장기균형에서 감소된 수요에 맞춰 이전보다 적은 수의 기업들이 존재하며, 이들은 정상이윤을 유지한다.

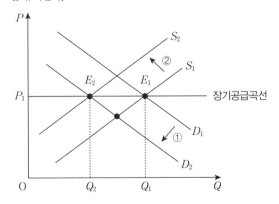

15 난도 ★★☆ 정답 ⑤

거시경제학 > 화폐수요

정답의 이유

㉠ 취업률
= (취업자수/경제활동인구수)×100
= (180/240)×100 = 75%

ⓛ 고용률
= (취업자수/생산가능인구)×100
= (180/300)×100 = 60%

㉢ 경제활동참가율
= (경제활동인구/생산가능인구)×100
= (240/300)×100 = 80%

16 난도 ★★☆ 정답 ①

거시경제학 > 총수요와 총공급

정답의 이유

① $\dfrac{\overline{W}}{P} = \sqrt{L}$, $W = 4 \times \sqrt{25} = 20$

오답의 이유

② 노동의 가격도 노동시장의 수요곡선과 공급곡선이 만나는 점에서 결정된다. 경쟁기업의 노동수요곡선은 노동의 한계생산가치곡선이다.
생산함수 $Y = 50\sqrt{L} \to MPL = 25\sqrt{L}$
$\sqrt{L} = 5$, $L = 25$

③ 생산함수 $Y = 50\sqrt{L} = 50\sqrt{25} = 250$

④ 교환방정식 $MV = PY$, $100 \times 10 = P \times 250$, $P = 4$

⑤ 고전학파에 의하면 '총투자수요=총저축'에 의해 이자율이 결정된다. $10 + 100r = 50 - 200r$, $1200r = 60$, $r = 0.05$

17 난도 ★★☆ 정답 ④

미시경제학 > 생산자이론

정답의 이유

④ 외부효과를 고려하지 않은 시장의 균형거래량은 $PMC = PMB$, $Q = 20 - Q$, $Q = 10$, $P = 20$이다.
사회적으로 바람직한 최적생산량은 $SMC = PMB$, $Q + 10 = 18 - Q$, $Q = 4$, $P = 14$이다.
시장에서 생산량이 4가 되게 하려면 PMC와 PMB가 $Q = 4$에서 교차해야 한다. 그러기 위해서는 현재의 사적 한계비용곡선이 12만큼 상방으로 이동해야 한다. 즉, 단위당 12의 피구세를 부과한다.

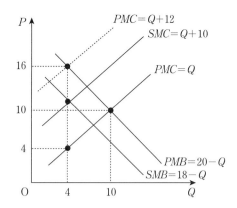

18 난도 ★★☆
정답 ④

국제경제학 > 외환시장과 국제수지

[정답의 이유]

㉠ 외국 물가가 하락하는 경우 상대적으로 국내물가가 상승하는 것이기 때문에 수출을 감소시키고 수입을 증가시키며, 이는 외환시장에서 달러공급감소와 수요 증가를 가져와 환율은 상승하게 된다.

㉡ 자국 이자율이 하락하면 원화표시 금융자산의 예상수익률이 하락하고, 이에 따라 원화표시 금융자산에 대한 해외 투자자들의 수요가 감소해서 자본유출이 증가한다. 투자자금을 달러화로 교환하는 과정에서 달러 수요가 증가할 것이고, 이는 달러 수요곡선을 우측으로 이동시켜 환율이 상승한다.

㉢ 확대통화정책은 이자율을 하락시킨다. 이자율은 환율과 반대로 움직이기 때문에 이자율이 하락하면 환율은 상승한다.

[오답의 이유]

㉢ 경기호황으로 인한 미국의 소득증가는 우리나라 재화에 대한 수요 증가(수출 증가)로 나타난다. 수출의 증가로 외환시장에서 달러공급이 증가한다. 이것은 환율 변화로 인한 시장 변화가 아니기 때문에 공급곡선을 우측으로 이동시키는 요인이다. 공급곡선이 우측으로 이동하면 환율은 하락하고 달러 거래량은 증가한다.

19 난도 ★★☆
정답 ⑤

미시경제학 > 노동시장

[정답의 이유]

⑤ $Q=25$라면, $LK=25$, $L=25/K$
최저생산비용조건은 $K/L=w/r$, $wL=rK$,
$1xL=25rK$

[오답의 이유]

①·③ 등비용선과 등량곡선이 접하는 점에서 생산량이 극대화된다. 이 점에서는 등량곡선의 기울기가 등비용선의 기울기와 같다. 이 식을 최대생산량의 원칙 또는 최소비용의 원칙이라고 한다.
생산함수 $Q=LK$, 등량곡선의 기울기 $MPL/MPK=K/L$
$TC=WL+rK$, $K=TC/r-(w/r)L$,
등비용선의 기울기는 w/r
따라서 $K/L=w/r \rightarrow K=(w/r)L$ 또는 $L=(r/w)K$

② 콥-더글라스 생산함수 $Q=AL\alpha K\beta$에서 두 매개변수 α와 β의 합이 1보다 크면 규모수익체증이므로 $Q=LK$에 해당한다. 규모수익체증이란 자본과 노동의 투입 규모를 1단위 증가시켰을 때 생산수준은 1단위보다 크게 증가하는 경우이다.

④ 생산자의 비용은
$C=wL+rK=w(r/w)K+rK=rK+rK=2+rK$

20 난도 ★★☆
정답 ②

거시경제학 > 균형경기변동이론

[정답의 이유]

㉠ 실물적 경기변동이론은 고용 및 생산이 왜 변동하는지를 설명하기 위해 기간 간 노동대체라는 개념을 사용한다. 실질이자율이 하락하면 기간 간 대체효과를 통해서 현재의 노동공급을 줄이고 소비를 증가시킨다. 반대로 실질이자율이 상승하면 현재의 노동공급을 늘리고, 미래의 노동공급을 줄인다.

㉣ 1980년대에 새고전학파 경제학자들은 기술혁신, 경영혁신, 석유파동, 노사분규, 기후 등과 같은 생산물의 총공급곡선에 영향을 미치는 요인들이 경기변동의 주요 원인이라는 이론을 전개하였다. 이 이론을 실물적 경기변동이론이라고 부른다. 경기변동을 유발하는 주요인으로 기술의 변화와 같은 실물적 요인을 강조한다는 점에서 화폐적 경기변동이론과 구분된다.

[오답의 이유]

㉡ 실물적 경기변동이론은 경기변동의 주된 요인으로서 화폐의 중요성을 무시하고, 화폐의 중립성이 장기뿐만 아니라 단기에도 성립한다고 가정하여 통화량 변화는 경기에 아무런 영향을 미치지 못한다고 주장한다.

㉢·㉤ 새케인즈학파의 불균형경기변동이론에 의하면 경기변동은 단기에 가격변수들이 경직적이고 시장이 불완전경쟁인 상황에서 유발된 불균형현상이라고 보았다.

21 난도 ★★☆
정답 ④

거시경제학 > 경기변동과 학파별 이론

[정답의 이유]

④ 정책의 결정과정에 따라 안정화정책의 방식을 준칙(rule)과 재량(discretion)으로 구분할 수 있다. 준칙은 정책당국이 하나의 규칙을 정한 후 그 규칙에 따라 정책을 실행할 것임을 선언한 다음 오랫동안 그 규칙을 충실히 따르는 방식이다. 재량은 매 기간 자유로이 정책을 선택하는 방식으로 경제 사건이 일어날 때마다 수시로 그 사건을 반영할 수 있다. 케인즈학파는 정책당국이 경제상황을 예의주시하여 그 상황에 맞게 재량껏 경제안정화정책을 써야 한다는 뜻에서 재량정책을 주장한다. 반면 통화주의자는 경제불안정의 주요 원천은 민간경제활동의 가변성에 있는 것이 아니라 정부부문의 지나친 경제개입 그 자체에 있다고 진단한다. 따라서 시장경제가 불안정한 대로 일정한 준칙을 일관성 있게 밀고 나가는 것이 차라리 낫다는 입장이다.

① 테일러 준칙에 따르면 목표 정책금리 수준은 '균형 명목정책금리 $+\alpha$산출갭$+\beta$인플레이션갭'과 같이 계산한다.

② 경제가 불황일 때는 중앙은행은 기준금리를 인하하여야 한다. 이자율이 하락하면 투자와 산출량이 증가하고 실업이 감소한다.

③ 인플레이션이 상승하면 기준금리를 인플레이션보다 빠르게 상승하여야 한다. 이때 이자율의 상승은 통화량 감소를 의미하는데, 높은 (실질)이자율은 투자와 산출량을 감소시켜 인플레이션을 하락시킨다.

⑤ 테일러 준칙에 의하면 중앙은행은 실제 인플레이션율과 목표 인플레이션율과의 차이가 크면 클수록 그리고 실제GDP와 잠재GDP의 차이가 크면 클수록 명목정책금리 타겟을 상향조정한다.

22 난도 ★★☆   정답 ②

미시경제학 > 공공재

② 공공재의 최적산출량은 한계비용을 나타내는 공급곡선과 시장수요곡선이 만나는 수준에서 결정된다. 여기서 공공재의 시장수요는 개별 소비자 수요의 수직합이다.

따라서 시장수요 곡선은

$P_M = P_A + P_B + P_C = (10-Q) + (20-2Q) + (7-Q) = 37-4Q$,

공급곡선은 $C(Q) = 3 + 9Q \rightarrow P = 9$이므로,

$9 = 37 - 4Q$, $Q = 7$이다.

23 난도 ★★☆   정답 ④

거시경제학 > 재정정책과 통화정책

(A) 공개시장조작이란 중앙은행이 공개시장에서 유가증권(일반적으로 정부채)을 매입 또는 매각하는 것을 말한다. 이를 통해 통화량을 증감시킨다. 중앙은행이 정부채를 매입하면 매입대금만큼 통화량(본원통화) 공급이 늘어나고, 이를 바탕으로 한 은행의 신용창조로 통화량은 더욱 증가하게 된다.

(B) 공개시장조작은 직접적으로 이자율을 변화시킨다. 중앙은행이 국채를 매입할 경우 국채 수요가 증가하여 국채가격을 상승시키는데, 이는 국채가격의 상승은 국채 수익률, 즉 이자율을 하락시킨다(= 상승하는 것을 억제한다).

24 난도 ★★☆   정답 ③

미시경제학 > 시장의 형태

ⓒ 완전경쟁이나 독점에서는 자기의 행위에 대한 경쟁상대의 반응을 고려할 필요가 없다. 그러나 과점시장에서는 소수의 기업만이 존재하므로 기업간에 강한 상호의존성이 존재한다. 그래서 개별기업은 자신의 가격책정이 다른 기업의 가격결정에 영향을 미친다고 생각하면서 행동하고, 상대방의 반응을 보고 전략적으로 행동한다.

ⓒ 독점적 경쟁에서는 완전경쟁에서와 같이 새로운 기업의 자유로운 진입과 기존기업의 자유로운 퇴거가 보장되기 때문에 장기적으로 초과이윤도 손실도 없이 0보다 크다.

ⓒ 독점적 경쟁기업이 선택하는 장기균형에서의 생산량(Q_e)은 장기평균비용곡선의 최저점에 해당하는 최적규모의 생산량(Q_0) 수준보다 적은 수준이다. 독점적 경쟁의 장기균형은 장기평균곡선의 최저점보다 좌측, 즉 장기평균곡선이 우하향하는 구간에서 이루어진다. 그러므로 장기이윤극대생산량에서 규모의 경제가 발생한다.

ⓒ

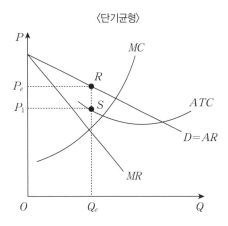

〈단기균형〉

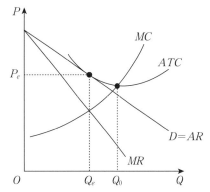

〈장기균형〉

25 난도 ★★★   정답 ①

거시경제학 > 솔로우 모형 · 균제상태와 황금률

① 기술진보는 인구가 증가한 것과 동일한 효과를 지닌다.

② 모든 균제상태에서 소비가 극대화되는 자본량을 말한다.

③ 균제상태의 1인당 소득을 증가시키며 이를 수준효과라고 한다.

④ 투자율이 증가하면, 균제상태에서의 경제성장률은 여전히 0%로, 수준효과만 있고, 성장효과는 없다.

⑤ 저축률이 증가하면 균제상태의 1인당 소득은 증가하며 수준효과는 있다.

한눈에 훑어보기

✔ 영역 분석

미시경제학 02 03 04 07 09 10 11 14 16 17 20 23 24 25
14문항, 56%

거시경제학 01 05 08 13 15 18 19 22
8문항, 32%

국제경제학 06 12 21
3문항, 12%

✔ 빠른 정답

01	02	03	04	05	06	07	08	09	10
③	④	②	①	④	②	④	②	⑤	②
11	**12**	**13**	**14**	**15**	**16**	**17**	**18**	**19**	**20**
④	⑤	①	③	④	②	③	④	⑤	①
21	**22**	**23**	**24**	**25**					
②	①	⑤	③	④					

✔ 점수 체크

구분	1회독	2회독	3회독
맞힌 문항 수	/ 25	/ 25	/ 25
나의 점수	점	점	점

01 난도 ★☆☆   정답 ③

거시경제학 > 물가지수

정답의 이유

③ CPI는 라스파이레스 방식으로 작성되므로 기준연도의 가격, 즉 고정된 가중치를 사용하여 측정한다. 그러나 GDP 디플레이터는 파세 방식으로 작성되므로 비교연도의 가격을 가중치로 삼아 측정한다. 따라서 GDP 디플레이터가 재화가격에 고정된 가중치를 사용하여 도출된다는 설명은 적절하지 않다.

오답의 이유

① CPI는 소비자가 주로 구입하는 소비재를 대상으로 하기 때문에 기업이나 정부가 구입한 물품가격 상승은 반영되지 않는다.

② 해외에서 생산되어 우리나라에 판매되는 자동차 가격은 소비자가 소비하는 품목에 포함되어 CPI에 영향을 미칠 수 있다. 그러나 국내에서 생산된 최종생산물이 아니므로 GDP에 포함되지 않는다. 따라서 GDP 디플레이터에 영향을 미치지 않는다.

④ GDP 디플레이터는 '국내에서' 생산된 모든 재화 및 용역의 가격을 측정한다.

⑤ CPI는 라스파이레스 방식으로 작성되어 기준연도의 가격을 가중치로 삼고 측정하기 때문에 상대가격 변화로 인한 상품 대체를 반영하지 못해 생활비의 인상을 과대평가하는 경향이 있다.

02 난도 ★★☆   정답 ④

미시경제학 > 외부효과

정답의 이유

④ 재화를 생산하는 데 따른 환경오염의 사회적 비용 $C=2Q$를 재화수량 Q로 미분하면 외부한계외부비용 $\text{EMC}=\dfrac{dC}{dQ}=2$이다.

사적 한계비용 $PMC=P=Q+4$이므로 사회적 한계비용 $SMC=PMC+EMC=Q+4+2=Q+6$이다. 사회적 최적생산량을 구하기 위해 $P=MC$라고 하면 $Q+4=20-Q$가 된다. 따라서 사회적 최적 생산량 Q는 7이고 사회적 최적 가격 P는 13이다.

오답의 이유

①·② 정부의 개입이 없는 경우 공급곡선과 수요곡선의 교점에서 균형이 형성된다. 공급곡선 $Q=-4+P$, 수요곡선 $Q=20-P$이므로 연립해서 풀면

$-4+P=20-P$

$2P=24$

$\therefore P=12$

이를 공급곡선이나 수요곡선에 대입하면 $Q=8$임을 알 수 있다. 그러므로 정부의 개입이 없을 경우 균형가격은 12, 균형생산량은 8이다.

③ ④의 설명을 참고하였을 때 사회적 최적 생산량 Q는 7이다.

⑤ 아래 그래프를 보면, 사회적 최적 생산량은 7이고 사회적 최적 가격은 13임을 알 수 있다. 정부 개입이 없을 경우 사회적 최적 생산량보다 1만큼 과대생산되므로 이때 발생한 사회적 후생 순손실의 크기는 $1 \times 2 \times \dfrac{1}{2}=1$이다.

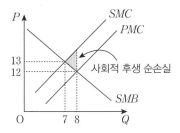

03 난도 ★★☆   정답 ②

미시경제학 > 조세의 귀착

정답의 이유

② 종가세를 t의 비율로 공급자에게 부과하면 공급곡선의 기울기는 $(1+t)$배이므로 $(1+t)P_s=P_d$가 되고 소비자에게 부과하면 $(1-t)$배이므로 $(1-t)P_d=P_s$가 된다. 따라서 커피 거래량이 동일하지 않다. 종량세와는 다르게 종가세를 부과하는 경우 일정한 금액만큼 평행이동하지 않고 일정한 비율로 이동하기 때문이다.

〈종가세(t%) 부과의 효과〉

• 공급자에게 부과   • 소비자에게 부과

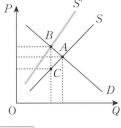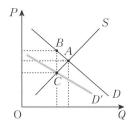

오답의 이유

① 종량세를 T만큼 공급자에게 부과하면 공급곡선은 T만큼 위로 평행이동하고, 소비자에게 부과하면 수요곡선이 T만큼 아래로 평행이동한다. 따라서 커피 거래량은 동일하다.

〈종량세(T원) 부과의 효과〉

• 공급자에게 부과   • 소비자에게 부과

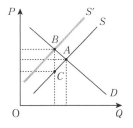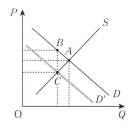

③ 종량세는 모든 구간에서 동일한 금액의 세금이 부과되므로 소비자에게 부과했을 경우 수요곡선이 아래로 평행이동한다.

④·⑤ 종가세는 가격의 일정한 비율을 세금으로 부과하는 것이므로 소비자에게 부과했을 경우 수요곡선이 아래로 이동하며 기울기는 완만해진다. 반대로 공급자에게 종가세를 부과하면 공급곡선은 위로 이동하며 기울기는 가팔라진다.

04 난도 ★★☆   정답 ①

미시경제학 > 콥－더글라스 생산함수

정답의 이유

① 정부의 개입이 없는 자연독점기업은 이윤을 극대화하기 위해 $MR=MC$인 점에서 생산량을 결정한다. 따라서 시장균형에서는 가격이 한계비용보다 높게 나타난다.

오답의 이유

② 한계기술대체율 $MRTS_{LK}=\dfrac{(\text{노동의 한계생산성})}{(\text{자본의 한계생산성})}$이므로 생산함수를 각각 노동과 자본에 대해 편미분 하면

$$MRTS_{LK}=\frac{\dfrac{3}{4}L^{-1/4}K^{1/2}}{\dfrac{1}{2}L^{3/4}K^{-1/2}}=\frac{3}{2}\times\frac{K}{L}=\frac{w}{r}$$

$$K=\frac{2}{3}\times\frac{w}{r}\times L\,(w:\text{노동의 가격, } r:\text{자본의 가격})$$

노동의 가격 w와 자본의 가격 r가 같다면 $K=\dfrac{2}{3}L$이므로 자본투입량은 노동투입량의 $\dfrac{2}{3}$가 되어 노동을 더 많이 투입함을 알 수 있다.

③ 확장경로는 생산량이 변화할 때 비용을 극소화시키는 생산요소의 조합점들을 연결한 선으로 콥－더글라스 생산함수는 확장경로가 원점에서 출발하는 직선이다.

④ 콥－더글라스 생산함수에서는 각 차수의 합이 1보다 크면 규모수익체증의 특성을 갖는다. 따라서 자동차를 생산하는 어느 기업의 생산함수 차수의 합이 $\dfrac{3}{4}+\dfrac{1}{2}>1$이므로 이 기업의 생산기술은 규모수익체증의 특성을 가짐을 알 수 있다.

⑤ 콥－더글라스 생산함수의 대체탄력성은 항상 1이다.

05 난도 ★★☆   정답 ④

거시경제학 > 통화정책

정답의 이유

④ 생산량은 자연율 수준보다 증가하게 되며 필립스곡선에서 실업률은 자연율 아래로 감소한다.

오답의 이유

① IS－LM모형에서 확장적 통화공급정책을 실시하면 LM곡선이 우측으로 이동하게 되고 단기적으로 물가수준이 상승한다. 물가수준이 상승하면 실질통화량이 감소하여 LM곡선이 좌측으로 조금 이동한다. 따라서 단기적으로 이자율은 낮아지고 생산량을 증가함을 알 수 있다.

② IS−LM모형에서 확장적 통화공급은 장기적으로 실질변수에 영향을 미치지 않는다.

③ AD−AS모형에서 확장적 통화공급은 장기적으로 물가만 변화시킨다.

⑤ 한국은행의 확장적 통화공급정책은 장기적으로 물가가 상승할 것으로 예상하기 때문에 필립스곡선이 위로 이동한다.

06 난도 ★★☆　　　　　　　　　　　　　정답 ②

국제경제학 > 구매평가설

정답의 이유

② 실질환율은 $\frac{(시장환율) \times (외국의 물가)}{(국내물가)}$이므로 $\frac{1,200 \times 2}{2,600} = \frac{12}{13}$이나. 이것은 국내 A세품 난위로 나타낸 미국의 A세품 한 난위의 가치이므로 미국의 A제품 1단위는 국내 A제품 $\frac{12}{13}$단위와 교환된다. 반대로 국내 A제품 1단위는 미국 A제품 $\frac{13}{12}$단위와 교환된다.

오답의 이유

① 우리나라에서 2,600원에 팔리는 A제품이 미국에서는 2달러(2,400원)에 거래되고 있으므로 재정거래의 기회가 있다.

③ 구매력평가설에 의한 명목환율은 2,600÷2=1,300원/달러이고 실제 명목환율은 1,200원/달러이다. 따라서 구매력평가설에 따른 명목환율보다 실제 명목환율이 고평가되어 있음을 알 수 있다.

④ 구매력평가설에 의한 명목환율은 2,600÷2=1,300원/달러이다.

⑤ 무역수지가 흑자여서 외화의 유입이 증가하였기 때문이다.

07 난도 ★★☆　　　　　　　　　　　　　정답 ④

미시경제학 > 피셔의 2기간 모형

정답의 이유

④ 효용함수가 $U = C_1{}^{\alpha} C_2{}^{1-\alpha}$이므로 한계대체율 $MRS_{C1, C2} = \frac{M_{C1}}{M_{C2}}$

$= \frac{\alpha C_2}{(1-\alpha)C_1} = 1+r$이다. 한계대체율과 예산선의 기울기 $1+r$가 같아지는 점에서 소비자균형이 이루어지므로

$MRS_{C1, C2} = \frac{M_{C1}}{M_{C2}} = \frac{\alpha C_2}{(1-\alpha)C_1} = 1+r$

$C_2 = (1+r) \times \frac{1-\alpha}{\alpha} \times C_1$

이를 예산제약식에 대입하면

$C_1 + \frac{1-\alpha}{\alpha} \times C_1 = Y$

$\therefore C_1 = \alpha Y, \ C_2 = (1+r)(1-\alpha)Y$

1기의 소비(C_1)는 αY로, 이자율과는 관계가 없다.

오답의 이유

① 1기의 저축은 1기 소득(Y)에서 1기 소비(C_1)를 뺀 것이므로 $Y-C_1 = (1-\alpha)Y$이다. 따라서 저축률은 $1-\alpha$이다.

② 1기의 소비(C_1)는 αY이다.

③ · ⑤ 2기의 소비(C_2)는 $(1+r)(1-\alpha)Y$이므로 이자율과 관련이 있다.

08 난도 ★★☆　　　　　　　　　　　　　정답 ②

거시경제학 > 화폐수요이론

정답의 이유

㉡ 거래적 화폐수요 $M^d = P\sqrt{\frac{bY}{2}}$이므로 물가가 상승하면 명목화폐수요도 증가한다. 따라서 물가가 상승해도 실질화폐수요는 영향을 받지 않는다.

㉣ 보몰의 거래적 화폐수요이론에서는 화폐수요함수가 $M^d = \frac{1}{\sqrt{2}} P b^{\frac{1}{2}} Y^{\frac{1}{2}} r^{-\frac{1}{2}}$이고 지수의 값이 탄력성을 나타내므로 화폐수요의 소득탄력성은 $\frac{1}{2}$임을 알 수 있다. 따라서 소득이 증가할 때 화폐수요는 체감적으로 증가하며 소득이 균등하게 배분될수록 화폐수요는 증가한다.

09 난도 ★☆☆　　　　　　　　　　　　　정답 ⑤

미시경제학 > 단일가격제도와 이부가격제도

정답의 이유

⑤ • 단일가격제도하에서의 단일요금

수요함수가 $Q = 250 - \frac{1}{2}P$이므로 $P = -2Q + 500$이고 한계수입 $MR = 500 - 4Q$이다.

총비용함수 $TC(Q) = 20Q$를 Q에 대해 미분하면 한계비용 $MC = 20$을 도출할 수 있다.

독점기업의 이윤극대화 조건은 $MR = MC$이므로

$500 - 4Q = 20$

$4Q = 480$

$\therefore Q = 120$

이를 $P = -2Q + 500$에 대입하면 $P = 260$이다.

• 이부가격제하에서의 회원권 가격과 회원전용요금

이부가격제는 소비자에게 한계비용만큼을 요금으로 부과하고 소비자잉여를 입장료로 책정하는 제도이다. 한계비용이 20이므로 20만큼을 소비자에게 요금으로 부과하면 균형생산량은 240이 되고 소비자가 얻게 되는 소비자잉여는 $\frac{1}{2} \times 240 \times 480$ $= 57,600$이다. 따라서 이부가격제하에서의 회원권 가격은 57,600, 회원전용요금은 한계비용인 20이 된다.

〈이부가격제〉

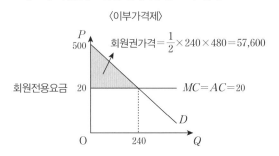

10 난도 ★☆☆   정답 ②

미시경제학 > 수요의 가격탄력성과 판매수입의 관계

정답의 이유

㉠ 정부가 골목시장에서 제품을 구매하는 경우 구매가격의 10%를 할인해주는 보조정책을 시행한다고 하였으므로 대형마트를 이용하던 수요가 골목시장으로 이동하게 된다. 따라서 골목시장의 매출이 증가한다.

㉢ 생활용품에 대한 수요가 탄력적이라고 하였다. 따라서 정부의 보조금 정책에 의해 골목시장에서 판매하는 생활용품의 가격이 10% 할인되면 가격의 하락 폭보다 수요량이 더 많이 늘어나기 때문에 골목시장의 생활용품에 대한 전체 지출이 증가하게 된다.

오답의 이유

㉡ 정부의 보조금 정책으로 골목시장으로 수요가 옮겨가므로 대형마트의 이윤이 하락하고 골목시장의 이윤은 증가한다. 그러나 골목시장과 대형마트의 이윤 증감을 비교하기 위해서는 비용조건을 알아야 하는데 문제에 제시되지 않았으므로 비교할 수 없다.

㉣ 후생의 변화를 구하기 위해서는 대형마트와 골목시장의 수요곡선과 공급곡선을 알아야 하는데 문제에 제시되지 않았으므로 알 수 없다.

11 난도 ★★☆   정답 ④

미시경제학 > 소비자 잉여 예산제약선

정답의 이유

④ 할인 행사를 실시하기 전 소비자 예산제약식은 $M = PX \cdot X + PY \cdot Y$($M$: 소득, PX: X재의 가격, PY: Y재의 가격)이므로 $10X + 5Y = 100$ $(0 \leq X \leq 5)$이다. X재를 5단위보다 많이 구입하면 5단위 초과분에 대해 가격을 절반으로 할인해주는 행사를 실시한다고 하였으므로 $5(X-5) + 5Y = 50$ $(X>5)$이다. 이를 그래프로 나타내면 다음과 같다.

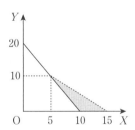

소비자 예산집합 면적의 증가율을 구하면

$$\frac{\frac{1}{2} \times 5 \times 10}{\frac{1}{2} \times 10 \times 20} \times 100 = 25\%$$이다.

12 난도 ★☆☆   정답 ⑤

국제경제학 > 교역 조건

정답의 이유

⑤ 무역 전에는 B국가의 자동차 소비량이 A국가의 자동차 소비량보다 많았지만 무역 후에는 A국가의 자동차 소비량이 증가하고, B국가의 자동차 소비량은 감소하였다. 따라서 증감폭에 따라 A국가의 자동차 소비량이 B국가의 자동차 소비량보다 많아지는 경우가 나타날 수 있다.

오답의 이유

①·③ A국가의 자동차 가격이 B국가의 자동차 가격보다 높다고 하였으므로 A국은 자동차를 수입하므로 가격이 낮아지고 이에 따라 소비자잉여와 사회후생이 증가한다.

② B국가는 A국에 자동차를 수출하므로 B국은 가격이 높아져 생산자잉여가 증가한다.

④ 자동차 가격이 더 낮은 B국가와 무역을 하게 되므로 A국가의 무역 후 자동차 가격이 무역 전보다 높게 형성될 수 없다.

13 난도 ★☆☆   정답 ①

거시경제학 > 소비이론

정답의 이유

① 항상소득가설에 따르면 항상소득과 관련된 소비성향이 일시소득과 관련된 소비성향보다 크다.

오답의 이유

② 생애주기가설에 따르면 소비자는 현재의 소득수준에 따라 소비하는 것이 아니라 전 생애에 걸쳐 획득할 것으로 예상되는 소득에 의해 소비수준을 결정한다.

③ 절대소득가설에 따르면 처분가능소득의 절대적 크기가 소비자의 소비수준을 결정한다.

④ 항상소득가설에 따르면 경기 호황기에는 한계소비성향이 0인 일시소득이 증가한다. 이러한 일시소득은 모두 저축으로 이동하므로 저축률이 상승한다.

⑤ 생애주기가설에 따르면 소비에 비해서 소득이 적은 노년기와 유년기에서는 음(−)의 저축을 하게 되는데 이는 소득을 초과하여 소비를 한다는 것을 의미한다. 따라서 한계소비성향이 1보다 크다. 그러나 소비에 비해 소득이 많은 중년기에는 양(+)의 저축을 하게 되는데 이는 소득보다 소비가 작다는 것을 의미한다. 따라서 한계소비성향이 1보다 작다. 이를 통해 똑같은 처분가능소득을 가지고 있는 사람들이라도 나이에 따라 다른 한계소비성향을 보임을 알 수 있다.

14 난도 ★★☆　　　　　　　　　　　　정답 ③

미시경제학 > 생산함수, 생산자 비용극소화

정답의 이유

③ 비용극소화 조건을 사용하면 $MRTS_{L,K} = \dfrac{K}{L} = \dfrac{w}{r} \rightarrow K = \dfrac{w}{r}L$

이다. 이것을 생산함수에 대입하면 $Q = \sqrt{\dfrac{w}{r}}L \rightarrow L = \sqrt{\dfrac{r}{w}}Q$,

$K = \sqrt{\dfrac{w}{r}}Q$가 도출된다. 이렇게 구해진 노동과 자본을 비용함수

$C = wL + rK$에 대입하면 $C = 2\sqrt{wr}Q$가 된다.

문제에서 노동의 가격 w가 4이고 자본의 가격 r이 4일 때 최소의 비용으로 10단위를 생산한다고 하였다. 따라서 생산량을 2배로 늘리기 전에는 비용이 $2 \times \sqrt{4 \times 4} \times 10 = 80$이 들고, 노동의 가격 w가 1로 하락하고 생산량을 2배로 늘리는 경우에는 비용이 $2 \times \sqrt{1 \times 4} \times 20 = 80$이 들어 이 기업의 비용은 변하지 않는다.

15 난도 ★★☆　　　　　　　　　　　　정답 ④

거시경제학 > 정부지출승수

정답의 이유

④ 한계소비성향 c는 0.75이고, 소득세율 t는 0.2이므로 정부지출

승수 $\dfrac{dY}{dG} = \dfrac{1}{1 - c(1-t)} = \dfrac{1}{1 - 0.75(1 - 0.2)} = \dfrac{1}{0.4} = 2.5$이다.

소득세 수입은 '소득 증가분×세율'만큼 증가하므로 $0.2 \times 250 = 50$조만큼 증가한다.

오답의 이유

① 정부지출이 100조 증가하면 소득은 $100 \times 2.5 = 250$조만큼 증가한다.

② 민간소비는 $0.75 \times (1 - 0.2) \times 250 = 150$조만큼 증가한다.

③ 민간저축은 $250 - 50 - 150 = 50$조만큼 증가한다.

⑤ 정부저축은 $50 - 100 = -50$조이므로 50조만큼 감소한다.

16 난도 ★★☆　　　　　　　　　　　　정답 ②

미시경제학 > 부존소득모형

정답의 이유

㉠ 가격 상승 전 X재의 소비량이 X재의 부존량보다 작은 경우로, X재를 판매하고 Y재를 구매하고 있는 상태이다. 따라서 X재의 가격이 상승하면 효용은 증가하게 된다.

㉡ · ㉢ 가격 상승 전에 X재의 소비량과 X재의 부존량이 같으면 가격 상승 이후 소비자는 X재의 소비를 줄이고 소비자의 효용은 증가하게 된다.

오답의 이유

㉣ 가격 상승 전에 X재의 소비량이 X재의 부존량보다 큰 경우로, X재를 구매하고 Y재를 판매하고 있는 상태이다. 따라서 가격이 상승하면 X재의 소비를 줄이게 되므로 $CX < QX$가 선택될 가능성이 있다.

17 난도 ★★☆　　　　　　　　　　　　정답 ③

미시경제학 > 한계비용함수와 평균비용함수

정답의 이유

㉣ 먼저 한계비용과 평균비용이 일치하는 생산량을 구하면,

$3Q^2 - 40Q + 150 = Q^2 - 20Q + 150$

$2Q^2 - 20Q = 0$

$\therefore Q = 10$

총비용 $TC = Q^3 - 20Q^2 + 150Q$

$\qquad\qquad = 1000 - 2000 + 1500 = 500$

오답의 이유

㉠ 총비용 $TC = AC(Q) \cdot Q = Q^3 - 20Q^2 + 150Q$이므로 총비용함수에 $Q = 0$을 대입하면 $TC = 0$이므로 고정비용이 존재하지 않는다.

㉡ 총비용함수를 Q에 대해 미분하면 한계비용 $MC = \dfrac{dTC(Q)}{dQ} = 3Q^2 - 40Q + 150$이다. 이 한계비용함수를 Q에 대해서 미분하면 $6Q - 40$이 된다. 따라서 한계비용이 최저가 되는 생산량 $Q = \dfrac{20}{3}$이다.

㉢ 평균비용곡선의 최소점에서 한계비용과 평균비용의 일치하므로 평균비용함수 $AC = Q^2 - 20Q + 150$을 Q에 대해 미분한 뒤 0으로 두면 $\dfrac{dAC}{dQ} = 2Q - 20 = 0 \rightarrow Q = 10$이다. 따라서 규모의 불경제는 한계비용이 증가하는 구간 전체가 아니라 10을 지난 후부터 발생한다.

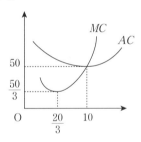

18 난도 ★★☆　　　　　　　　　　　　정답 ④

거시경제학 > 솔로우 경제성장모형

정답의 이유

④ · 균제상태일 때의 1인당 자본량

균제상태일 때의 조건은 $sy = (n + \delta)k$(s: 저축률, y: 1인당 생산량, n: 인구증가율, δ: 감가상각률)이다. 총생산함수가 $Y = L^{\frac{1}{3}}K^{\frac{2}{3}}$이므로 1인당 생산량을 먼저 구하면 $\dfrac{Y}{L} = \dfrac{L^{\frac{1}{3}} \cdot K^{\frac{2}{3}}}{L} = \left(\dfrac{K}{L}\right)^{\frac{2}{3}} = k^{\frac{2}{3}}$, 즉 $y = k^{\frac{2}{3}}$이다. 이를 균제상태일 때의 조건에 대입하면 $0.6k^{\frac{2}{3}} = 0.1k$이므로 $k^* = 216$이다.

- 황금률 균제상태에서의 1인당 자본량

  황금률 균제상태일 때의 조건은 $MP_k=(n+\delta)$(MP_k: 1인당 자본의 한계생산성, n: 인구증가율, δ: 감가상각률)이다. 1인당 생산량 $k^{\frac{2}{3}}$을 k에 대해 미분하면 $\frac{2}{3}k^{-\frac{1}{3}}$이 되므로 $MP_k=\delta$로 두면 $\frac{2}{3}k^{-\frac{1}{3}}=0.1$이다. 따라서 $k_g=\left(\frac{20}{3}\right)^3$이 된다.

19 난도 ★★☆   정답 ⑤

거시경제학 > 인플레이션

[정답의 이유]

⑤ 먼델−토빈효과에 따르면 물가상승이 예상되는 경우 명목이자율이 기대인플레이션보다 적게 상승하여 실질이자율이 하락한다. 따라서 실질이자율이 하락하면 민간투자가 증가하게 되고 총수요도 증가한다.

[오답의 이유]

① 인플레이션이 예상치 못하게 발생하면 제품을 판매하는 생산자는 자신의 제품가격 상승이 인플레이션으로부터 발생한 것인지 제품수요 증가로 발생한 것인지 구분하기 어렵다. 수요 증가로 제품의 가격이 상승한 경우에는 자원을 추가 투입해서 생산을 늘리지만 예상치 못한 인플레이션으로 가격이 상승한 경우에는 경쟁 제품의 가격도 함께 상승하므로 생산을 늘리게 되면 자원의 효율적 배분을 저해하게 된다.

② 채권자와 채무자가 최초 계약 시 그 시점에 예측한 인플레이션을 계약에 반영하게 된다. 따라서 실제 물가상승률이 예상된 물가상승률보다 더 큰 경우 채무자는 이득을 보고 채권자는 손해를 본다.

③ 프리드만은 통화와 인플레이션이 직접적으로 연관되어 있다고 보았으며 통화량을 경제성장 속도보다 빠르게 증가시키면 인플레이션이 발생한다고 하였다. 즉, 물가상승의 원인을 통화량의 증가에서 찾았다.

20 난도 ★★☆   정답 ①

미시경제학 > 게임이론

[정답의 이유]

① • 혼합전략 내쉬균형하에서 갑이 전략 A를 선택할 확률 p

  갑의 입장에서 을이 어떤 전략을 선택하든지 동일한 기대보수를 얻도록 만들어 주는 확률을 구해야 한다. 그러므로 을이 전략 C를 선택했을 때의 기대보수와 을이 전략 D를 선택할 때의 기대보수를 동일하게 만들면 된다.

  먼저 을이 전략 C를 선택할 때 기대보수를 구하면 다음과 같다. 을은 갑이 A를 선택할 경우 50의 보수를 받고 B를 선택할 경우 10의 보수를 받는다. 갑이 전략 A를 선택하는 경우를 p, 전략 B를 선택하는 경우를 $1-p$라고 하였을 때 p의 확률로 50의 보수를 받고 $1-p$의 확률로 10의 보수를 받는다. 따라서 $50p+10(1-p)$로 기대보수를 나타낼 수 있다.

  이와 동일한 방법으로 을이 전략 D 선택 시 기대보수를 구하면, $20p+80(1-p)$이므로

$$50p+10(1-p)=20p+80(1-p)$$
$$30p=70(1-p)$$
$$\therefore p=0.7$$

- 혼합전략 내쉬균형하에서 을이 전략 C를 선택할 확률 q

  을의 입장에서 갑이 어떤 전략을 선택하든지 동일한 기대보수를 얻도록 만들어 주는 확률을 구해야 한다. 그러므로 갑이 전략 A를 선택했을 때의 기대보수와 갑이 전략 B를 선택할 때의 기대보수를 동일하게 만들면 된다.

  먼저 갑이 전략 A를 선택할 때 기대보수를 구하면 다음과 같다. 갑은 을이 C를 선택할 경우 50의 보수를 받고 D를 선택할 경우 80의 보수를 받는다. 을이 전략 C를 선택하는 경우를 q, 전략 D를 선택하는 경우를 $1-q$라고 하였을 때 q의 확률로 50의 보수를 받고 $1-q$의 확률로 80의 보수를 받는다. 따라서 $50q+80(1-p)$로 기대보수를 나타낼 수 있다.

  이와 동일한 방법으로 을이 전략 D 선택 시 기대보수를 구하면 $90p+20(1-q)$이므로

$$50q+80(1-p)=90p+20(1-q)$$
$$60(1-q)=40q$$
$$\therefore q=0.6$$

21 난도 ★★☆   정답 ②

국제경제학 > 비교우위

[정답의 이유]

ⓒ · ⓔ 쌀 1kg을 생산하기 위해 A국은 옷 1벌, B국은 옷 1/3벌을 포기해야 하고 옷 1벌을 생산하기 위해 A국은 쌀 1kg, B국은 쌀 3kg을 포기해야 한다. B국은 쌀에 A국은 옷에 비교우위를 가지고 있으므로 두 국가 사이에 교육이 발생하면 A국은 옷을, B국은 쌀을 수출하게 된다.

[오답의 이유]

ⓐ 한 단위의 노동으로 A국은 쌀 4kg, 옷 4벌을 생산할 수 있고 B국은 쌀 3kg, 옷 1벌을 생산할 수 있으므로 A국이 쌀과 옷 생산에 절대우위를 가지고 있다.

ⓒ 쌀 1kg을 생산하기 위해 A국은 옷 1벌을 포기해야 하므로 A국의 쌀 1kg 생산의 기회비용을 옷 1벌이다.

ⓓ 두 국가 간 교역이 이루어지면 소비가능영역이 넓어지므로 두 국가 모두 이득을 얻을 수 있다.

22 난도 ★☆☆   정답 ①

거시경제학 > 리카도의 등가정리

정답의 이유

① 정부가 국채를 발행하여 조세부담을 경감시키면 민간의 처분가능소득은 증가한다. 하지만 미래의 조세증가에 대비하기 위해 개인은 증가된 처분가능소득을 전부 저축하므로 민간소비는 변하지 않는다. 따라서 총수요도 변하지 않는다. 또한 국채를 발행함으로써 국가의 저축이 감소하여도 그만큼 개인의 저축이 증가하기 때문에 총저축과 이자율도 변하지 않는다. 그러므로 리카도의 등가정리에 의하면 정부가 국채를 발행하여 조세부담을 경감시키더라도 자원배분에는 아무런 영향이 없다.

23 난도 ★★☆   정답 ⑤

미시경제학 > 게임이론

오답의 이유

① 수요함수가 $P=a-Q$이므로 기업 2의 총수입 $TR_2=PQ_2=aQ_2-Q_2^2-Q_1Q_2$이다. 이를 Q_2에 대해 미분하면 $MR_2=a-Q_1-2Q_2$이고, 기업 2의 비용함수 $C_2=c_2 \times Q_2$를 Q_2에 대해 미분하면 한계비용 $MC_2=c_2$이다. $MR_2=MC_2$라고 하면 $a-Q_1-2Q_2=c_2$이므로 $Q_2=\dfrac{a-c_2}{2}-\dfrac{1}{2}Q_1$이다. 따라서 기업 1이 생산량 Q_1을 1만큼 늘린다면 기업 2는 Q_2를 $\dfrac{1}{2}$만큼 줄일 것이다.

② 수요함수가 $P=a-Q$이므로 기업 1의 총수입 $TR_1=PQ_1=aQ_1-Q_1^2-Q_1Q_2$이다. 이를 Q_1에 대해 미분하면 $MR_1=a-2Q_1-Q_2$이고, 기업 1의 비용함수 $C_1=c_1 \times Q_1$을 Q_1에 대해 미분하면 한계비용 $MC_1=c_1$이다. $MR_1=MC_1$이라고 하면 $a-2Q_1-Q_2=c_1$이므로 $Q_1=\dfrac{a-c_1}{2}-\dfrac{1}{2}Q_2$이다. 따라서 기업 2가 생산량 Q_2를 1만큼 늘린다면 기업 1은 Q_1을 $\dfrac{1}{2}$만큼 줄일 것이다.

③ · ④ 기업 1과 기업 2의 반응곡선은 $Q_1=\dfrac{a-c_1}{2}-\dfrac{1}{2}Q_2$, $Q_2=\dfrac{a-c_2}{2}-\dfrac{1}{2}Q_1$이다. 이를 연립하면 $Q_1=\dfrac{a-2c_1+c_2}{3}$이고, $Q_2=\dfrac{a+c_1-2c_2}{3}$이므로 c_1이 하락하면 Q_1은 증가하지만 Q_2는 감소한다. 이를 통해 내쉬균형은 한 개만 존재함을 알 수 있다.

24 난도 ★★☆   정답 ③

미시경제학 > 정보경제

정답의 이유

③ 구매자는 중고 TV의 품질을 구매 전에 알지 못하고 전체 중고시장에서 고품질 TV와 저품질 TV가 차지하는 비중만 알고 있다. 따라서 위험중립적인 구매자는 고품질 TV와 저품질 TV 사이에 최대로 지불할 용의가 있는 금액의 기댓값을 구해 판매자에게 지불한다. 따라서 구매자의 지불용의금액은 $160P+60(1-P)=100P+60$이다. 구매자 지불용의금액이 판매자의 고품질 TV 수용용의금액보다 크거나 같아야 하므로 $100P+60 \geq 125$이다. 따라서 $P \geq 65\%$이다.

25 난도 ★★☆   정답 ④

미시경제학 > 완전경쟁시장

정답의 이유

④ 완전경쟁시장의 장기균형에서 $P=LTMC=LTAC$이므로
$3q^2-20q+40=q^2-10q+40$
$\therefore q=5$
이를 $LTMC=3q^2-20q+40$에 대입하면 $LTMC=15$가 되며 시장가격 P 역시 15가 됨을 알 수 있다. 시장가격을 $P=25-0.1Q$에 대입하면 $Q=100$이다.
기업의 수를 n이라고 하면 개별 기업들이 각각 5단위만큼 생산하므로 $100=n \times q=5n$이다. 따라서 $n=20$이다.

경제학 | 2021년 국회직 8급

한눈에 훑어보기

✓ 영역 분석

미시경제학 02 03 04 05 06 07 09 11 16 17 18
11문항, 44%

거시경제학 01 08 10 12 14 15 20 21 22 24 25
11문항, 44%

국제경제학 13 19 23
3문항, 12%

✓ 빠른 정답

01	02	03	04	05	06	07	08	09	10
⑤	⑤	②	③	④	①	②	④	①	②
11	**12**	**13**	**14**	**15**	**16**	**17**	**18**	**19**	**20**
④	②	④	①	②	⑤	③	③	④	④
21	**22**	**23**	**24**	**25**					
①	③	①	②	⑤					

✓ 점수 체크

구분	1회독	2회독	3회독
맞힌 문항 수	/ 25	/ 25	/ 25
나의 점수	점	점	점

01 난도 ★☆☆ 정답 ⑤

거시경제학 > 거시경제학의 기초

[정답의 이유]

⑤ 조세와 국제무역이 존재하지 않는 가장 단순한 모형에서 $Y=C+I+G=cY+I+G$이고 이를 정리하면

$$Y=\frac{1}{(1-c)}[I+G]이다.$$

$$dY=d\frac{1}{(1-c)}G=1,750억 원이고, c=0.6이므로$$

d2.5G=1750이다. 따라서 dG=700억 원으로 ⑤가 정답이다.

02 난도 ★☆☆ 정답 ⑤

미시경제학 > 소비자이론

[정답의 이유]

⑤ 해당 함수는 레온티에프 함수로 X재와 Y재의 소비비율이 일정하다. 따라서 상대가격이 변화하더라도 X재와 Y재를 1:2 비율로 소비하는 최적의 소비 선택에 영향을 미치지 않는다.

[오답의 이유]

① 같은 효용을 달성할 때, X재와 Y재의 비율을 판단한다. 효용 2를 달성할 때, X재는 1단위, Y재는 2단위가 필요하며 이는 소비자 A가 X재와 Y재를 1:2 비율로 소비한다는 것이다.

② 해당 함수는 레온티에프 함수이므로 어느 한 상품의 소비 증가만으로 효용이 높아지지 않는다. 가령 X=1일 때, Y>2의 구간에서 Y재 소비가 증가하더라도 소비자 A의 효용은 2로 동일하다.

③ 레온티에프 함수는 소비 비율이 정해지는 함수이다. 따라서 X재 가격이 Y재 가격보다 낮더라도 X재를 상대적으로 많이 소비하는 것은 아니다. 이는 수요함수를 통해서도 파악할 수 있다.

가령 소비자 A의 X재 수요함수와 Y재 수요함수는 $\frac{M}{Px+2Py}$로 동일하다(단 Px는 X재 가격, Py는 Y재 가격, M은 소득). 따라서 Px가 Py보다 낮더라도 X재를 많이 소비하는 것은 아니다.

④ 해당 레온티에프 함수는 Y=2X에서 한계대체율이 정의되지 않으며 Y>2X에서 한계대체율은 무한대이며, Y<2X에서 한계대체율은 0이다.

미시경제학 > 소비자이론

정답의 이유

② 소비자 A의 소득은 현재에만 발생하므로, 현재에는 저축자이자 미래에는 차입자가 된다. 이자율 상승 시 A점을 기준으로 예산선이 바깥쪽으로 회전이동한다. 대체효과로 인하여 현재 소비는 감소하고 미래 소비는 증가하며, 소득효과로 인하여 현재 소비와 미래 소비가 모두 증가한다. 따라서 미래 소비는 증가한다.

오답의 이유

① 선지 ②를 참고하면 현재 소비는 대체효과로 감소하고, 소득효과로 증가한다. 따라서 현재 소비는 불분명하다.

③ 대체효과는 소비자 A의 현재 소비를 감소시킨다.

④ 소비자 B의 경우 소득이 현재와 미래가 동일하므로 다음과 같은 예산선을 지닌다. 소비자 B는 효용함수의 특성에 따라 이자율 상승의 효과가 상이하다.

	저축자	차입자
대체효과 (저축자와 차입자가 동일)	현재 소비 감소, 미래 소비 증가	현재 소비 감소, 미래 소비 증가
소득효과 (저축자와 차입자가 상이)	현재 소비 증가, 미래 소비 증가	현재 소비 감소, 미래 소비 감소

이자율 상승 시 소득효과는 소비자가 저축자인 경우 현재 소비를 증가시키고 차입자인 경우 현재 소비를 감소시킨다.

⑤ 소비자 B가 저축자인 경우 미래 소비는 증가하고, 차입자인 경우 미래 소비는 불분명하다.

04 난도 ★☆☆   정답 ③

미시경제학 > 소비자이론

정답의 이유

③ Y재 수요함수는 예산식에 X재 수요함수를 대입함으로써 도출할 수 있다.

예산선은 $P_x Q_x + P_y Q_y = I$이고 $Q_x = \dfrac{I}{3P_x}$를 대입하면,

$Qy = \dfrac{2I}{3P_y}$이다.

Y재 수요의 소득탄력성은

$E_m = \dfrac{dQy}{dI} \times \dfrac{I}{Qy} = \dfrac{2}{3Py} \times \dfrac{3Py}{2} = 1$이다.

오답의 이유

① 수요함수의 형태를 미루어 해당 함수가 콥더글라스 효용함수임을 알 수 있다. 콥더글라스 효용함수의 경우 소득에서 해당 재화를 소비하는 소비액의 비율이 일정하다는 특징을 가지며,

해당 효용함수는 X재에 소득의 $\dfrac{1}{3}$을, Y재에 소득의 $\dfrac{2}{3}$를 지출한다. 이는 해당 재화의 수요함수의 양변에 해당 재화의 가격을 곱하여 나타낼 수도 있다.

가령 X재의 경우 $P_x Q_x = \dfrac{2}{3}I$, Y재의 경우 $P_y Q_y = \dfrac{1}{3}I$이다.

② 수요가 가격에 단위탄력적인 경우 수요의 가격탄력성이 1이다.

수요의 가격탄력성은 $E_p = -\dfrac{dQ}{dP} \times \dfrac{P}{Q}$이고,

소비자 A의 X재 수요의 가격탄력성은 $-\left(-\dfrac{I}{3(P_x)^2} \times \dfrac{3(P_x)^2}{I} \right) = 1$이다.

④ 수요의 교차 탄력성은 $Ec = \dfrac{dQ_y}{dP_x} \times \dfrac{P_x}{Q_y}$이고, Y재 수요의 교차 탄력성은 0이다.

⑤ 정상재의 경우 수요의 소득탄력성이 양수이며 Y재 수요의 소득탄력성은 1로 양수이고,

X재 수요의 소득탄력성은 $\dfrac{dQ_y}{dI} \times \dfrac{I}{Q_y} = \dfrac{1}{3P_x} \times \dfrac{3P_x}{1} = 1$이므로 상수이다.

05 난도 ★☆☆   정답 ④

미시경제학 > 생산요소시장과 소득분배

정답의 이유

④ 최저임금이 4500으로 도입 시 최저임금과 노동공급곡선의 교점, 즉 $4500 = 2000 + 5L$을 충족하는 $L = 500$을 기준으로 MFC_L이 다르게 인식된다. 고용량이 500이하인 경우 $MFC_L = 4500$이고, 500초과인 경우 $MFC_L = 2000 + 10L$이 된다.

   ⅰ) 고용량이 500 이하인 경우

      $8000 - 10L = 4500$

      $L = 350$이고 전제와 모순되지 않으므로 정답이다.

   ⅱ) 고용량이 500 초과인 경우

      $8000 - 10L = 2000 + 10L$

      $L = 300$이고 전제와 모순되지 않으므로 오답이다.

최저임금 도입 이후 고용량은 350이 되고, 이를 MRP_L에 대입하면 $MRP_L = 4500$이다. 이는 기존 $MRP_L = 5000$보다 감소하였다.

오답의 이유

① 기업 A가 노동에 대한 수요를 독점하고 있으므로 $MRP_L = MFP_L = 2000 + 10L$에서 고용량이 결정되며 $L = 300$이다.

② 기업 A가 노동에 대한 수요를 독점하고 있으므로 한계수입생산과 임금은 동일하지 않다.

임금은 균형 L을 노동공급곡선에 대입한 3,500에 형성되고 한계수입생산은 MRP_L에 균형 L을 대입한 5000이다.

③ 기존의 고용량은 300인데, 최저임금 도입 시 고용량이 350으로 증가한다.

⑤ 실업은 균형임금에서 노동공급과 실제 고용량의 차이로 도출할 수 있다. 최저임금 도입 이전 임금이 3500에서 노동공급과 실제 고용량은 모두 300으로 실업이 발생하지 않는다.

최저임금 도입 시 임금은 4500이고, 해당 임금에서 노동공급은 500이다.

실제 고용량은 $L = 350$이므로 $500 - 350 = 150$이 실업이므로 실업은 증가한다.

06 난도 ★★☆　　　　　　　　　정답 ①

미시경제학 > 생산자이론

정답의 이유

① 생산량이 자연수로 정의되어 있으므로 점선택으로 생각하고 풀이한다. 기업의 이윤 $\pi = TR - TC = TR - TFC - TVC$이다. 선지를 활용하여 3개를 생산하는 경우 기업의 이윤을 구하면 $1000 \times 3 - 500 \times 3 - 1000 = 500$이고, 4개를 생산하는 경우 기업의 이윤은 $1000 \times 4 - 600 \times 4 - 1000 = 600$이므로 기업은 4개를 생산한다. 한편 기업이 5개를 생산하는 경우 $1000 \times 5 - 700 \times 5 - 1000 = 500$이므로 기업은 4개를 생산하는 것에서 이탈할 유인이 없다. 또한 장기적으로 동일한 비용 구조를 가진 기업들이 이 시장에서 진입하거나 퇴출할 수 있다면 4개를 생산하는 기업의 이윤이 양수이기 때문에 진입이 발생할 것이다.

07 난도 ★☆☆　　　　　　　　　정답 ②

미시경제학 > 시장실패와 정보경제학

정답의 이유

② ⅰ) 정부 미개입시

오염물질로 인한 주민들의 의료 비용곡선을 기업이 고려하지 않으므로

$40 - 0.5Q = 10 + 2Q$

$Q = 12$, $P = 34$

ⅱ) 정부 개입시

오염물질로 인한 주민들의 의료 비용곡선을 고려하므로

$40 - 0.5Q = 10 + 2.5Q$

$Q = 10$, $P = 35$

ⅲ) 사회적 후생의 감소분

$Q = 12$일 때 $SMC = PMC + MEC = 10 + 2.5Q$이고, $SMC = 40$이므로

$(40 - 34) \times 2 \times \dfrac{1}{2} = 6$

08 난도 ★☆☆　　　　　　　　　정답 ④

거시경제학 > 동태경제론

정답의 이유

ⓒ 황금률 자본량은 1인당 소비가 극대화되는 자본량 수준을 의미한다.

ⓔ 인구증가율이 감소하면 필요자본량이 감소하므로 균제상태에서 1인당 산출은 증가한다.

오답의 이유

㉠ 균형성장경로에서는 완전고용성장이 이루어진다.

ⓒ 균제상태에서 1인당 소득은 일정하므로 1인당 소득증가율은 0%이다.

09 난도 ★☆☆　　　　　　　　　정답 ①

미시경제학 > 소비자이론

정답의 이유

① 불확실성이 존재하는 경우 기대효용을 기준으로 선택한다.

첫 번째 일자리는 불확실성이 존재하지 않으므로 효용은 $U = 140$이다.

두 번째 일자리는 불확실성이 존재하므로 기대효용을 구하면,

$\dfrac{1}{4} \times 2\sqrt{X} + \dfrac{3}{4} \times 2\sqrt{3600} = \dfrac{1}{2}\sqrt{X} + 90$이다.

두 번째 일자리를 선택하기 위한 X는 다음과 같다.

$\dfrac{1}{2}\sqrt{X} + 90 \geq 140$

$X \geq 10,000$만 원 $= 1$억 원

10 난도 ★☆☆　　　　　　　　　정답 ②

거시경제학 > 화폐금융론, 인플레이션과 실업

정답의 이유

㉠ 경제활동참가율은 15세 이상 인구 중 취업자와 실업자를 합한 경제활동인구의 비율을 의미한다. 전업 학생이 졸업하고 취업하는 경우 취업자가 증가하므로 경제활동참가율은 상승한다.

ⓒ 고용률은 15세 이상 인구 대비 취업자의 비율을 의미한다. 전업 학생이 졸업하여 바로 취업하면 취업자가 증가하므로 고용률은 상승한다.

ⓑ 이자율이 오른다는 것은 채권의 수익률이 증가한다는 것이고, 채권의 수익률이 증가한다는 것은 채권 가격이 하락한다는 것과 동일한 의미이다. 가령 2기에 채권 가격이 1,500원이고, 이를 1기에 1,000원에 판매한다면 채권의 수익률은 50%이다. 채권의 수익률이 100%로 증가하는 경우 1기에 750원에 판매되어야 하므로 채권 가격은 감소한다.

오답의 이유

ⓒ 실업률은 경제활동인구 대비 실업자의 비율을 의미한다. 전업 학생이 바로 취업하는 경우 비경제활동인구가 감소하고 경제활동인구가 증가하므로 실업률은 감소한다.

ⓔ 통화공급은 신용카드 사용 한도를 포함하지 않는다.

11 난도 ★★☆　　　　　　　　　정답 ④

미시경제학 > 시장실패와 정보경제학

정답의 이유

④ 순수전략 내쉬균형은 다른 참가자의 선택이 주어져 있을 때 자신의 최적 전략을 의미하는 내쉬전략 중 전략 변화의 유인이 없는 상태를 의미한다. 9명 모두 기여금을 내지 않는 경우, 다른 참가자가 기여금을 내지 않는데 한 참가자만 기여금을 내는 경우 납부한 기여금을 돌려받지 못하고 공공재 공급도 이루어지지 않으므로 전략 변화의 유인이 없다. 따라서 9명 모두 기여금을 내지 않는 것은 순수전략 내쉬균형이다.

① 순수전략 내쉬균형은 9명 모두 기여금을 내지 않는 경우와 6명이 기여금을 내는 경우이다. 6명이 기여금을 내는 경우 기여금을 내지 않은 참가자는 기여금을 내면 공공재 공급은 동일하게 나타나나 자신의 기여금만 소비하게 되므로 3순위에서 2순위의 선호로 변화하므로 기여금을 낼 유인이 없다. 기여금을 낸 참가자는 자신이 기여금을 내지 않는 경우 공공재 공급이 이루어지지 않으므로 2순위에서 3순위의 선호로 변화하게 되므로 기여금을 내지 않을 유인이 없다.

② 9명이 모두 기여금을 내지 않는 순수전략 내쉬균형의 경우 공공재 공급은 이루어지지 않는다.

③ 9명 모두 기여금을 내는 경우 한 참가자가 기여금을 내지 않는 경우 공공재 공급은 이루어지되 자신의 기여금을 소비하지 않으므로 2순위에서 1순위로 선호체계가 변화하게 된다. 따라서 기여금을 내지 않는 선택을 할 유인이 있고 이는 순수전략 내쉬균형이 아니다.

⑤ 6명이 기여금을 내는 경우 1순위의 선호를 얻는 경기자는 존재한다.

12 난도 ★☆☆　　　　　　　　정답 ②

거시경제학 > 국민소득결정이론, 총수요&총공급 이론

㉠ 경제가 유동성 함정에 빠진 경우 LM곡선이 수평이다. 이는 확장적 재정정책을 수행하더라도 이자율 상승을 일으키지 않으므로 구축효과도 나타나지 않게 한다.

㉡ 경제정책의 동태적 비일관성이란 최초에 결정한 정책이 시간의 흐름에 따라 최적의 정책이 되지 않아 정책 변동이 일어나는 상황을 의미한다. 최적조세와 같은 재정정책에서도 경제정책의 동태적 비일관성 문제가 발생하며, 가령 신규 부동산 공급이 필요하여 공급업체에 부동산 공급 시 조세를 부과하지 않는다는 정책을 하더라도 부동산이 건설되는 경우 조세를 부과하는 것이 더욱 효율적인 선택이 되어 동태적 비일관성 문제가 발생할 수 있다.

㉢ 재정의 자동안정화장치가 강화되면 IS가 가팔라진다.
구체적으로 비례세를 부과하는 경우 IS곡선은
$Y = c(Y-tY) + I(r) + G$이고,
$Y = \dfrac{1}{(1-c(1-t))}[I(r)+G]$이고 승수는 $\dfrac{1}{(1-c(1-t))}$이다.

비례세를 부과하지 않는 경우는 $Y = \dfrac{1}{(1-c)}[I(r)+G]$이고

승수는 $\dfrac{1}{(1-c)}$이므로 재정의 자동안정화 장치가 강화되면 승수효과가 커진다.

㉣ 재정의 자동안정화장치는 정책의 외부시차가 없을지라도 내부시차가 있어 경기효과가 즉각적이지는 않다.

13 난도 ★★☆　　　　　　　　정답 ④

국제경제학 > 국제무역이론과 무역정책

④ 쿼터를 기업이 갖지 않는다고 보는 경우 기업은 수입쿼터가 부과되면 $Qd' = Qd - 40$에 직면하며 $MR' = 410 - 2Q = MC = 50 + 2Q$를 충족하는 Q, P는 $Q' = 90$, $P' = 320$이다. 수입쿼터 도입이전 $MC = 250$이고, 도입 이후 $MC' = 230$이므로 균형에서 한계비용은 감소한다.

① X재 수입이 금지되어 있는 경우 균형에서 $MC = 50 + 2Q = MR = 450 - 2Q$을 충족하므로 $Q = 100$이고 $MR = 250$이므로 옳지 않다.

② 쿼터제를 도입하는 경우 $Q = 90$이므로 기존의 균형 $Q = 100$과 비교하여 10만큼 감소한다.

③ 쿼터제 도입 이전 $P = 350$이고 쿼터제 도입 이후 $P' = 320$이므로 30만큼 감소한다.

⑤ 국제 거래가격이 230으로 하락하더라도 쿼터제 하에서 쿼터를 기업이 갖지 않는 경우 기업 A의 생산량은 감소하지 않는다.

14 난도 ★☆☆　　　　　　　　정답 ①

거시경제학 > 거시경제학의 기초

① 소득세율이 20%라는 것은 정액세가 아닌 비례세가 부과되는 것이므로 $C = c(Y - tY)$(단 t는 비례세율)이다. $dC = c(1-t)dY$이므로 $dC = 0.5(1-0.2) \times 30 = 12$만 원이다.

15 난도 ★★★　　　　　　　　정답 ②

거시경제학 > 일반균형이론 및 후생경제학

② 교환에서 B에게 모든 협상력이 있다면, A의 현재 효용을 유지하되 자신의 효용을 극대화하는 선택을 할 것이다. A의 효용 $U_A = 2X_A + Y_A = 20$이고 이를 제약식으로 B의 효용극대화점을 도출한다.
Max U_B s.t $2X_A + Y_A = 20$
f.o.c $MRS^B_{XY} = \dfrac{MUx}{MUy} = \dfrac{Y_B^2}{2X_B Y_B} = \dfrac{Y_B}{2X_B} = 2$
$Y_B = 4X_B$
이를 제약식에 대입하면, $2X_A + Y_A = 2(18 - X_B) + (24 - Y_B) = 2(18 - X_B) + (24 - 4X_B) = 20$
$X_B = \dfrac{20}{3}$, $Y_B = \dfrac{80}{3}$이 도출되나, 이는 Y재의 부존량인 24보다 크게 나타나므로 내부해가 아닌 구석해를 가짐을 알 수 있다. 그림을 통해 다음과 같이 도출하는 경우 $X_A = 10$, $Y_A = 0$에 도달한다. 따라서 B는 A에게 X재 2단위를 주고 Y재 4단위를 받을 것이다. 그림에서 A점이 부존량 제약으로 인해 도달하지 못하는 점이고, B점이 구석해로써 도출된 점이다.

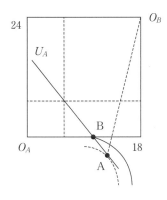

① 교환이 이루어지기 전 A의 한계대체율은 효용함수가 선형이므로 효용함수의 기울기와 동일하고 2이다. B의 한계대체율은

$$MRS_{XY}^B = \frac{MUx}{MUy} = \frac{Y_B^2}{2X_B Y_B} = \frac{Y_B}{2X_B} = \frac{20}{20} = 1$$이다.

③ 교환 후라도 A의 효용함수는 선형 효용함수이므로 한계대체율은 2로 일정하다.

④ 교환 후라도 A의 효용함수가 선형효용함수이므로 Y재에 대한 한계효용은 1로 동일하다.

⑤ 교환 후 B의 X재는 감소하므로 한계효용은 증가한다.

16 난도 ★☆☆   정답 ⑤

미시경제학 > 수요&공급 이론

정답의 이유

㉠ 총잉여는 소비자잉여와 생산자잉여의 합이며, 소비자잉여는 자신이 지불할 용의가 있는 가격에서 시장가격을 뺀 값이며, 생산자잉여는 시장가격에서 자신이 수용할 용의가 있는 가격을 뺀 값이다. 따라서 총잉여는 자신이 지불할 용의가 있는 가격에서 자신이 수용할 용의가 있는 가격을 뺀 값이다. 지불 용의가 있는 가격은 높은 순으로 40, 30, 20, 10이고 수용할 용의가 있는 가격은 낮은 순으로 15, 20, 30, 40이다. 한 그릇을 판매하는 경우 $40-15=25$의 총잉여가 발생하며, 2그릇을 판매하는 경우 $(40-15)+(30-20)=35$의 총잉여가 발생한다. 3그릇을 판매하는 경우 지불할 용의가 있는 가격보다 수용할 용의가 있는 가격이 높으므로 총잉여는 감소하므로 총잉여를 극대화하기 위한 균형 거래량은 2그릇이다.

㉢ 극대화된 총잉여는 $(40-15)+(30-20)=35$이다.

㉺ 총잉여를 극대화하기 위한 균형 거래량은 2그릇이고 지불 용의가 있는 가격이 낮은 두 소비자가 소비하지 않으면 되므로 A와 B만 소비하지 않아야 한다.

오답의 이유

㉡ 2그릇을 판매할 때 총잉여를 극대화할 수 있으며, 균형가격은 30이다.

㉣ 2그릇을 판매하여야 하므로 판매하시 않는 판매사는 2명이어야 한다.

17 난도 ★★☆   정답 ③

미시경제학 > 생산자이론

정답의 이유

㉠ STC＝SAC(Q)×Q이고, SMC＝SAC(Q)+$\frac{dSAC(Q)}{dQ}$이다. 단기 평균비용곡선이 상승할 때 $\frac{dSAC(Q)}{dQ}>0$이므로 SMC>SAC이다.

㉡ LTC＝LAC(Q)×Q이고, LMC＝LAC(Q)+$\frac{dLAC(Q)}{dQ}$ 장기평균비용곡선이 하락할 때, $\frac{dLAC(Q)}{dQ}<0$이므로 LMC<LAC이다.

㉣ 장기 평균비용곡선의 최소점에서 $\frac{dLAC(Q)}{dQ}=0$이므로 LMC＝LAC이고, 특정 규모의 단기 평균비용곡선과 장기 평균비용곡선은 최소점에서 만나고 장기 평균비용곡선이 상승하는 경우 LMC>LAC이고, 특정 규모의 단기 한계비용곡선은 특정 규모의 단기 평균비용곡선과 최소점에서 만나고 특정 규모의 단기 평균비용곡선이 우상향할 때 SMC>SAC이다. 또한 장기가 단기보다 한계비용이 낮기에 장기 평균비용곡선의 최소점에서 해당 규모의 단기 한계비용곡선과 장기 한계비용은 교차한다.

오답의 이유

㉢ 특정 규모의 단기 한계비용곡선이 장기 한계비용곡선과 교차할 때, 해당 규모가 최적 규모라면 단기 한계비용, 장기 한계비용, 단기 평균비용, 장기 평균비용이 모두 일치할 수 있다.

18 난도 ★☆☆   정답 ③

미시경제학 > 시장실패와 정보경제학

정답의 이유

③ 공공재는 특정 규모의 공공재에 대한 소비자들의 지불의사 합과 공공재 생산비용이 같아지는 지점이 사회적으로 최적이다. 특히 특정 규모의 공공재에 대한 소비자들의 지불의사 합이므로 수요곡선을 수평합하는 것이 아니라 수직합하여야 함을 유의한다. 수요곡선을 수직합하는 경우

$P=-\frac{1}{2}Q_A+12$, $P=-\frac{1}{3}Q_B+17+$, $P=-Q_C+34$이고, 공공재는 모두 동일하게 소비하므로 $Q_A=Q_B=Q_C$이므로,

$P=-\frac{11}{6}Q+63$이다.

$-\frac{11}{6}Q+63=30$

$Q=18$

19 난도 ★★☆ 정답 ④

국제경제학 > 외환시장과 국제수지

정답의 이유

④ 국공채 매입시 통화량이 증가하여 외환시장의 초과수요로 환율이 상승하는데, 환율이 상승에 따라 마샬-러너조건을 충족하는 경우 순수출은 증가한다.

오답의 이유

① 국공채 매입시 통화량이 증가하여 LM곡선은 단기적으로 우측으로 이동하나, 외환시장의 초과수요로 환율이 상승하며 IS곡선이 우측으로 이동하여 균형이 형성되므로 LM은 원위치로 돌아오지 않는다.

② IS곡선은 외환시장의 초과수요에 따른 환율상승으로 인해 우측으로 이동한다.

③ 자본이동이 완전히 자유롭고 자유변동환율제도를 채택하고 있으므로 환율상승에 따라 국내이자율은 기존 균형과 동일하다.

⑤ 자본이동이 불완전하여 BP가 우상향하나 LM곡선보다 완만한 경우를 상정하면, 국공채 매입으로 LM곡선이 우측으로 이동하는 경우 외환시장의 초과수요로 환율상승이 나타나면서 BP곡선과 LM곡선이 모두 우측으로 이동하여 자본이동이 완전하여 BP가 수평인 경우보다 우측에서 균형이 형성될 수 있다.

20 난도 ★★☆ 정답 ④

거시경제학 > 인플레이션과 실업

정답의 이유

④ Min L s.t $u = u_n - (\pi - \pi^e)$

$\dfrac{d\pi}{du} = \dfrac{12(\pi - 0.01)}{8(u - 0.02)} = 1$

$12(\pi - 0.01) = 8(u - 0.02)$

장기균형에서 $u = u_\pi = 0.05$이므로

$12(\pi - 0.01) = 0.24$

$\pi = 0.03 = 3\%$

21 난도 ★☆☆ 정답 ①

거시경제학 > 거시경제학의 기초

정답의 이유

① 예금통화승수(m) $= \dfrac{통화량}{본원통화} = \dfrac{cr+1}{cr+rr}$ (단 cr = 민간의 현금보유 비율, rr = 지급준비율)이고, 가계가 현금을 보유하지 않으므로 $cr = 0$이다.

따라서 예금통화승수는 $\dfrac{1}{rr}$이다.

M = m × H(단 m은 예금통화승수, H는 본원통화, M은 화폐공급량)이고 현재 법정지급준비율이 5%이고 초과지급준비금을 보유하지 않으므로 지급준비율 = 법정 지급준비율이다. 법정지급준비율을 5%인 경우 예금통화승수는 20이고, 법정지급준비율이 10%인 경우 예금통화승수는 10이 되므로 예금통화승수는 10만큼 하락한다. 또한 화폐공급량은 현재 지급준비금이 100이므로 H = 100이고, 법정지급준비율이 5%인 경우의 화폐공급량은

20 × 100 = 2000이나 법정지급준비율이 10%인 경우의 화폐공급량은 10 × 100 = 1000이므로 화폐공급량은 1000만큼 감소한다.

22 난도 ★☆☆ 정답 ③

거시경제학 > 거시경제학의 기초

정답의 이유

③ GDP 디플레이터 $= \dfrac{명목\ GDP}{실질\ GDP} \times 100$이다.

따라서 ㉠은 5000 × 0.6이고, ㉡은 $\dfrac{6000}{100} \times 100 = 6000$이다.

따라서 선지 ① · ② · ④를 소거할 수 있다.

㉢은 8000 - 실질 GDP × GDP 디플레이터를 충족차여야 하므로 선지 ③ · ⑤를 비교하면 선지 ③의 경우

$\dfrac{8000}{100} \times 100 = 8000$으로 옳고,

선지 ⑤의 경우 $\dfrac{6000}{\frac{100}{60} \times 100} \times 100 \neq 6000$이므로 옳지 않다.

23 난도 ★★☆ 정답 ①

국제경제학 > 국제무역이론과 무역정책

정답의 이유

㉠ 소규모 개방경제에서 수입국이 수입관세와 수입쿼터를 부과하는 경우 수입관세는 수입 시 가격을 관세만큼 상승시키므로 수입가격을 상승시키고, 수입 쿼터의 경우 기존 수입량보다 수입량을 감소시키기에 수입가격을 상승시킨다.

㉡ 수입관세를 부과하는 경우 부과 이전에 수입관세가 없었던 것과 비교하여 수입량 × 단위당 수입관세 만큼 관세수입을 증가시킨다. 수입관세를 부과하는 경우 국내 가격을 상승시키므로 국내기업의 생산량이 증가하기에 생산자 잉여 또한 증가한다.

오답의 이유

㉢ 수입국의 경우 국내기업의 생산량과 외국으로 부터의 수입량을 모두 소비하고 있다. 수입쿼터를 부과하는 경우 국내가격이 상승하며 기업은 현재 생산량에서 가격이 상승한 부분을 반영하여 생산자 잉여가 증가하나, 소비자 잉여는 생산량과 수입량을 모두 반영한 소비량에서 국내가격 상승 부분을 반영하여 소비자 잉여가 감소하며, 가격이 상승한 부분은 양자에게 동일하게 반영되므로 소비자 잉여의 감소가 생산자 잉여의 증가보다 크다.

㉣ 수입관세를 부과하여 감소한 수입량만큼 수입쿼터를 부과한다고 생각하면, 자중손실은 동일하며 관세수입은 국내로 귀속되나 수입쿼터의 경우 상대국으로 이득이 귀속되므로 이를 고려하면 수입관세의 부과로 인한 수입국의 순국내손실이 수입쿼터의 부과로 인한 순국내손실보다 크다고 할 수 없다.

거시경제학 > 거시경제학의 기초

정답의 이유

② 비협조적으로 동시에 가격결정 게임을 하는 경우 베르뜨랑 내쉬 균형을 구하는 것이며, 이는 반응곡선을 통해 도출할 수 있다.

$$\text{Max } \pi_A = p_A q_A - TC_A$$

$$\text{f.o.c } \frac{d\pi_A}{dp_A} = (25 - 2p_A - 0.5p_B) - (-5 + 2.5p_B) = 0$$

$$BR_A : p_A = \frac{30 - 3p_B}{2}$$

$$\text{Max } \pi_B = p_B q_B - TC_B$$

$$\text{f.o.c } \frac{d\pi_B}{dp_B} = (35 - 2p_B - p_A) - (-5 + 5p_A) = 0$$

$$BR_B : p_B = \frac{40 - 6p_A}{2}$$

이를 연립하면

$$p_A = \frac{160}{7}$$

거시경제학 > 인플레이션과 실업

정답의 이유

⑤ 통화량 증가와 기대 인플레이션 상승 예측으로 인해 총수요곡선 좌측이동과 총공급곡선 우측이동이 나타나게 되고 인플레이션율은 상승하나 총생산은 동일하다. 총생산이 동일한 경우 오쿤의 법칙에 의거 실업률도 동일하다는 것을 알 수 있다.

오답의 이유

① 통화량을 증가시키더라도 생산량은 자연율 수준에 돌아온다.

② 사람들이 인플레이션율을 상승할 것으로 기대하므로 통화량이 증가하면서 물가수준이 상승한다. 실질화폐잔고 $L = L(Y, R)$에서는 Y는 자연율 상태로 회귀하므로 동일하나 $R = r + \pi$에서 π가 상승하므로 R이 하락하고 실질화폐잔고는 증가한다.

③ 장기에는 총공급곡선이 수직이므로 물가는 상승하나 총생산에는 영향을 주지 못한다.

④ 기대 인플레이션에 의한 단기 총공급 곡선의 좌측이동으로 총수요 증가 효과가 사라진다.

한눈에 훑어보기

✔ 빠른 정답

01	02	03	04	05	06	07	08	09	10
③	⑤	⑤	①	②	①	⑤	①	④	③
11	**12**	**13**	**14**	**15**	**16**	**17**	**18**	**19**	**20**
②	①	②	④	④	③	②	③	④	②
21	**22**	**23**	**24**	**25**					
①	③	②	③	⑤					

✔ 점수 체크

구분	1회독	2회독	3회독
맞힌 문항 수	/ 25	/ 25	/ 25
나의 점수	점	점	점

---

01 난도 ★★☆　　　　　　　　　　　　정답 ③

미시경제학 > 생산자 잉여와 이윤

[정답의 이유]

③ 독점기업이 규제로 인해 이윤을 극대화하고 있지 못하는 상황이
므로, 현 상태의 이윤과 극대화 된 이윤 간의 차이가 로비로 지
출할 용의가 있는 최대 금액임을 알 수 있다.

이윤 극대화 조건 $MR=MC$

가격과 한계비용이 일치하므로, $P=MC$

$MR=MC=P$

ⅰ) 먼저 한계비용(MC)은

$C=0.5Q^2+50$을 미분하면, $MC=2\times0.5Q=Q$

∴ $MC=Q=P$

ⅱ) 규제가 있는 현 상태의 이윤

$Q=120-2P \Rightarrow Q=120-2Q$

$3Q=120 \Rightarrow Q=40,\ P=40$

이윤$(\pi)=TR-TC=PQ-C$

$=40\times40-(0.5\times1600+50)=1600-850=750$

∴ 현 상태의 이윤=750

ⅲ) 규제가 없는 극대화 된 이윤

$MC=Q$이므로, 한계수입은,

시장 수요가 직선 식일 때, P값의 기울기$\times2=MR$

$Q=120-2P \Rightarrow 2P=120-Q,\ P=60-\dfrac{Q}{2}$

$MR=60-Q$ (단, $MC=MR$)

$Q=60-Q,\ 2Q=60 \Rightarrow Q=30,\ P=45$

∴ 이윤은 $\pi=(30\times45)-(0.5\times900+50)=1350-500$
　　　　$=850$

따라서 로비로 지출할 용의가 있는 최대 금액은 ⅲ)－ⅱ) ③ '100'
임을 알 수 있다.

---

02 난도 ★★★　　　　　　　　　　　　정답 ⑤

거시경제학 > IS-LM 모형

[오답의 이유]

문제에 IS곡선에 대한 전제가 없으므로, 다음과 같이 나타낼 수 있다.

공급측		수요측		
국민소득	=	소비	+ 투자	+ 정부지출
Y		C	I	G

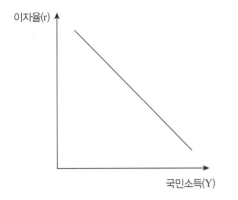

ⓐ IS곡선은 우하향의 곡선이고, 한계소비성향이 커질수록 기울기가 작아진다.

ⓑ IS곡선의 상방의 한 점이란 뜻은 제시된 그래프의 임의의 한 점이 Y값은 유지되고 r값 방향으로 더 커지는 것을 의미한다. 이는 이자율이 커졌다는 의미로, 이자율이 커지면 투자는 작아진다. 따라서 초과수요상태가 아닌 초과공급상태이다.

ⓒ 투자의 이자율탄력성이 작을수록 재정정책의 이자율 상승도 작아진다. 즉 정부의 팽창적인 재정정책에도 불구하고 이자율 상승이 작아지는 것을 의미하므로 재정정책의 효과는 커진다.

03 난도 ★☆☆ 　　　　　　　　　　　　　　정답 ⑤

미시경제학 > 정보의 비대칭성

[정답의 이유]

⑤ 은행이 대출이자율을 높이고 기업들이 위험한 사업에 투자하려고 하는 상황에서, 은행은 위험한 사업에 뒤따르는 투자계획과 높은 이자율을 감당할 수 있는 기업인지 여부를 확인할 수 없으므로, 역선택의 예시에는 가까우나 도덕적 해이의 예시로는 옳지 않다.

[오답의 이유]

① 은행예금보험은 정부가 은행의 파산 시 일정한 금액을 보장해주는 정책을 말한다. 정부의 정책을 이용해 고의적으로 위험한 대출을 많이 하는 것은 바람직하지 않은 행동이다.

② 경영자는 회사의 경영을 위해 회사의 돈을 지출해야 하는 것이 정당하다. 자신의 위신을 높이기 위해 회사의 돈을 과도하게 사용하는 것은 바람직하지 않은 행동이다.

③ 정부 부처는 국민의 세금으로 예산을 충당한다. 대형국책사업 자체는 문제가 되지 않으나 전제에 예산낭비가 심하다고 하였으므로, 국민의 세금으로 운영되는 정부부처로서 바람직하지 않은 행동이다.

④ 채무자들은 본디 빚을 진 상태이기 때문에 당연히 빚을 갚아야 한다. 정부의 정책을 이용해 고의적으로 빚을 갚지 않는 것은 바람직하지 않은 행동이다.

04 난도 ★★★ ※〈보기〉 오류로 인해 〈보기〉 내용 변형 　정답 ①

미시경제학 > 효용함수와 최적 소비량

[정답의 이유]

위험선호자는 최소 이익에 대한 두려움보다는 최대 이익에 대한 기대가 더 크다. 즉 최대 이익이 되는 위험 상황을 선호하는 성향을 의미한다. 위험선호자의 효용함수를 예시로 들어 그래프로 표현하면 다음과 같다.

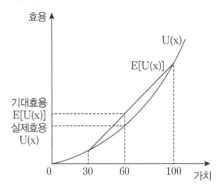

ⓐ 위험선호자에게 있어 복권의 확실성등가를 100으로 볼 때, 기대수익은 60이다. 따라서 확실성등가는 복권의 기대수익 이상이다.

ⓑ 효용함수는 원점이 아닌 이익의 수준에 대해 볼록하다.

[오답의 이유]

ⓒ 소득의 증가에 따라 체증하고 있으므로 옳지 않은 설명이다.

ⓓ 위험 프리미엄은 기대 수익에서 확실성 등가를 뺀 값이다. 예로 든 그래프와 같이 기대 수익(60)에서 확실성 등가(100)를 빼면 음수가 나와야 한다. 따라서 옳지 않은 설명이다.

미시경제학 > 소비자 잉여

[정답의 이유]

② 주어진 예산제약 아래 A씨는 빵과 옷 재화에 대해 특정한 재화에 중점을 두는 경우, 또는 모든 재화에 중점을 두는 경우 모두 자신의 모든 예산을 사용해야 효용을 극대화할 수 있다.

[오답의 이유]

① A씨가 효용을 극대화할 때, 빵과 옷 둘 중 하나의 재화만을 소비하는 경우도 배제할 수 없으므로 옳지 않은 설명이다.

③ 예산제약이 있다고 하더라도 효용이 극대화되는 관계에 있어서 빵과 옷의 가격 변동에 대한 전제 없이 소비량은 항상 유일하다고 보기 어려우므로 옳지 않은 설명이다.

④ 예산제약으로 A씨의 소득은 불변한다. 가격이 상승하더라도 빵이 만약 기펜재라면, 소비량이 늘어날 수 있으므로 옳지 않은 설명이다.

⑤ 빵과 옷 둘 중 하나의 재화만을 소비하는 경우에는 A씨의 소득이 증가하더라도 하나의 재화에 대한 소비량만 증가할 수 있으므로 옳지 않은 설명이다.

더 알아보기

선호체계의 공리 조건

단조성	상품 묶음을 비교할 때 상품이 더 많은 쪽을 선호
볼록성	하나의 상품으로 구성된 상품 묶음보다 다양한 상품으로 구성된 상품 묶음 쪽을 선호
완비성	소비 가능한 상호 배제적인 상품 묶음 간의 비교로 선호관계의 판단 가능
연속성	• 소비자의 선호에 갑작스러운 변화는 나타나지 않음 • 상품 간의 작은 차이로는, 작은 선호의 차이만 존재
이행성	• 세 개 이상의 상품 묶음에 대한 소비자의 선호는 일관적이고, 역전되지 않음 • A>B>C의 관계일 때, A>C

미시경제학 > 생산자 잉여와 이윤

[정답의 이유]

$Q=K\sqrt{L}$, $K=4$

$P>0$, $w=2$, $r=1$

이때 주어진 생산기술을 L 형태로 정리하면,

$Q^2=K^2L$

$\therefore L=\dfrac{Q^2}{K^2}$

ⅰ) 단기 총비용함수

$$w \times L + r \times K = w \times \dfrac{Q^2}{K^2} + r \times K$$

$$= 2 \times \dfrac{Q^2}{16} + 1 \times 4$$

$$\therefore \dfrac{Q^2}{8} + 4$$

ⅱ) 장기 총비용함수

노동한계생산(MPL)$=\dfrac{K}{2\sqrt{L}}$

자본한계생산(MPK)$=\sqrt{L}$

비용극소화 조건$(MRTS_{LK})=\dfrac{P_L}{P_K}=\dfrac{\dfrac{K}{2\sqrt{L}}}{\sqrt{L}}=\dfrac{K}{2L}=\dfrac{w}{r}=2$

$\Rightarrow \dfrac{K}{2L}=2 \Rightarrow 4L=K$

이를 $Q=K\sqrt{L}$에 대입하면,

$Q=4L\sqrt{L} \Rightarrow L=\left(\dfrac{Q}{4}\right)^{\frac{2}{3}}$, $K=4\left(\dfrac{Q}{4}\right)^{\frac{2}{3}}$

구해진 값을 장기총비용함수에 대입하면,

$w \times L + r \times K = 2\left(\dfrac{Q}{4}\right)^{\frac{2}{3}} + 4\left(\dfrac{Q}{4}\right)^{\frac{2}{3}}$

$\therefore 6\left(\dfrac{Q}{4}\right)^{\frac{2}{3}}$

㉠ 이윤극대화 조건의 필요조건(1계조건)과 충분조건(2계조건)을 파악하도록 한다.

• 필요조건(1계조건): (1차미분식)

  MR=MC, MR−MC=0

• 충분조건(2계조건): (2차미분식)

$$\dfrac{dMR}{dQ} < \dfrac{dMC}{dQ}, \ \dfrac{dMR}{dQ} - \dfrac{dMC}{dQ} < 0$$

단기 총비용함수를 미분하면 $\dfrac{Q}{4}+\dfrac{1}{4}$이므로, 옳은 설명이다.

[오답의 이유]

㉡ 기업에 있어 생산을 하지 않는 것이 유리한 상황은 기업 생산물의 가격이 평균가변비용의 최저점보다 낮을 때이다. 자동차의 가격 p는 0보다 크다고 하였고, 단기 총비용함수 $\dfrac{Q^2}{8}$에 Q를 곱한 평균비용가변곡선 $\dfrac{Q}{8}$는 0과 같거나 크기 때문에 최저점인 0을 고려하면 A사는 단기에서 자동차의 가격이 너무 낮더라도 평균비용가변곡선보다 크므로 생산을 계속할 것이다.

㉢ 장기 총비용함수의 상수를 X로 칭하고 미분하면

$\dfrac{2}{3}XQ^{-\frac{1}{3}} - \dfrac{2}{9}XQ^{-\frac{4}{3}}$이다.

이는 양수가 될 확률이 크므로 충분조건 0보다 작은 값으로 적절하지 않다. 즉 A기업은 장기에서 이윤창출을 위해 무한대로 생산량을 늘리게 된다는 의미가 되므로 장기에서 이윤극대화를 달성할 수 있다는 설명은 옳지 않다.

미시경제학 > 효용함수와 최적 소비량

정답의 이유

〈보기〉에서 정상재 여부를 묻고 있고, 소비자의 효용함수가 제시되어 있으므로, 소득탄력성(IED)부터 계산하는 것이 효율적이다.

소득탄력성$(IED) = \dfrac{\text{수요량 변화율}}{\text{소득 변화율}} = \dfrac{\varDelta Q}{\varDelta I} \times \dfrac{I}{Q}$이다.

X재에 대한 수요량은 소비자의 효용극대화에서 도출되므로,

Max　$U = U(X, Y) = 2\sqrt{X} + Y$

S.t.　$P_X \times X + P_Y \times Y = I$ (단, X재, Y재의 가격조건$=1$)

　　　$\Rightarrow X + Y = I$

한계대체율 $MRS_{XY} = \dfrac{P_X}{P_Y} = \dfrac{MU_X}{MU_Y} = 1$

$2\sqrt{X} + 1$을 각기 X와 Y에 대하여 미분하면,

$\dfrac{MU_X}{MU_Y} = \dfrac{\frac{1}{\sqrt{X}}}{1} = \dfrac{1}{\sqrt{X}} = 1$

$\therefore \sqrt{X} = 1 \Rightarrow X = 1$

이를 대입하면, $Y = I - 1$

ⓛ·ⓒ 앞서 구한 재화 X, Y재에 대한 한계대체율을 보았을 때

$MRS_{XY} = \dfrac{P_X}{P_Y} = \dfrac{MU_X}{MU_Y} = \dfrac{1}{\sqrt{X}} = 1$이므로,

소득소비곡선식을 다음과 같이 구할 수 있다.

ⅰ) X값이 0보다 크고 1보다 작을 때

X재는 1이 되기 전까지 상대가격보다 상대효용이 더 크므로, 1이 되기 전까지 소비자의 입장에서 X재에 대한 소비량을 늘리는 것이 효용을 극대화하는 방법이다. 따라서 X재에 대한 소비량이 1이 되기 전까지 Y재에 대한 소비는 지양하기 때문에 0의 값을 가진다.

ⅱ) X값이 1일 때

X재의 상대가격과 상대효용이 같아지므로, X재에 대한 소비는 1인 상태로 유지된다. 반면 Y재에 대한 소비는 늘어나므로, 소비곡선은 Y축으로만 늘어나는 직선의 형태를 보인다. 따라서 ⓛ은 옳지 않은 설명이고, ⓒ은 옳은 설명이다.

ⓔ 한계대체율 $\dfrac{1}{X}$ 상에 Y재 소비량에 대한 함수값을 찾아볼 수 없으므로, 한계대체율이 Y재 소비량에 의해 영향을 받지 않음을 알 수 있다.

오답의 이유

ⓐ 정상재는 소득이 증가하면 소비도 증가하는 재화이다. 소득탄력성이 0보다 크면 정상재, 0보다 작으면 열등재를 의미한다. 앞서 소득탄력성 식의 $\varDelta I$값은 X값의 미분값이므로, 소득이 없다. 따라서 소득탄력성이 0보다 크지 않으므로, 정상재에 해당하지 않는다.

거시경제학 > 재정정책과 통화정책

정답의 이유

통화공급$=$본원통화$\times$통화승수

ⓐ 재할인율은 중앙은행이 민간은행에 대출하는 이자율을 의미한다. 재할인율이 높아지면 민간은행은 중앙은행에 대한 대출을 줄이므로 본원통화는 감소한다. 따라서 시중의 통화량은 감소하게 된다.

ⓛ 시중은행의 법정지급준비율(rr)이 높아지면 통화승수는 작아진다. 따라서 통화량은 감소하게 된다.

오답의 이유

ⓒ 중앙은행이 공개시장에서 국채를 매입하면 본원통화는 증가한다. 따라서 통화량은 증가하게 된다.

ⓔ 중앙은행이 화폐를 추가로 발행하면 통화승수가 아닌 본원통화가 증가하게 된다.

더 알아보기

통화승수(현금비율은 예금기준)

M=통화량, C=현금보유액, D=예금, MB=본원통화, R=지급준비금, cr=현금예금비율, rr=지급준비율

$M = C + D$, $MB = C + R$

$cr = \dfrac{C}{D}$, $rr = \dfrac{R}{D}$

$M = crD + D = (cr + 1)D$

$MB = crD + rrD = (cr + rr)D$

$\dfrac{M}{MB} = \dfrac{cr + 1}{cr + rr}$

$M = \dfrac{cr + 1}{cr + rr} MB$

통화승수 $m = \dfrac{cr + 1}{cr + rr}$

거시경제학 > 경기변동과 학파별 이론

정답의 이유

ⓛ 프리드만의 항상소득가설에서 항상소득은 소비자가 평생 얻어질 것으로 기대하는 평균소득을 의미하며, 임시소득은 소비자가 기대하지 않은 소득으로, 항상소득과 불일치하는 차액을 의미한다. 항상소득가설에 의하면 임시소득이 늘어날 때 소비자는 저축의 행태를 보이므로, 평균소비성향은 감소한다고 볼 수 있다.

ⓒ 안도, 모딜리아니의 생애주기가설은 소비자의 평균소비성향이 일생을 통틀어 일정한 양상을 보인다고 설명한다. 생애주기가설에 의하면 소비에 비하여 소득이 적은 유·소년기와 노년기에는 저축이 적으므로 평균소비성향이 높은 양상을, 소비에 비하여 소득이 많은 청·장년기에는 저축이 많으므로 평균소비성향이 낮은 양상을 보인다고 하였다.

경제학

국회직

㉠ 케인즈의 절대소득가설은 대공황 당대의 소비행태를 분석하고 소득과 소비의 관계에 대해 정립하여 한계소비성향이 평균소비성향보다 작다고 보았다. 이러한 분석은 단기소비행태를 설명하기에는 적합하였으나, 장기소비행태를 설명하기에는 부적합했다. 이후 케인즈의 연구를 비판한 쿠즈네츠의 연구로 장기소비행태가 설명되었으므로 옳지 않은 설명이다.

10 난도 ★☆☆   정답 ③

거시경제학 > 물가지수

정답의 이유

GDP는 일정 기간 한 국가 내에서 생산된 최종 생산물(재화, 용역)의 가치를 합하여 화폐 단위로 나타낸 것을 의미한다.

㉠ B국 국적인인 김씨가 A국 방송에 출연하여 받은 금액은 A국 내에서 발생한 최종 생산물이므로, A국의 GDP에 포함된다.

㉢ A국의 중고차 딜러가 제공한 것은 서비스로 용역에 해당한다. 이는 A국의 GDP에 포함된다.

㉣ A국 소재 주택에서 발생한 임대료도 임대라는 형태로 주거 서비스를 생산한 것이므로 A국의 GDP에 포함된다.

오답의 이유

㉡ A국에서 생산된 자동차에 들어갈 부품은 자동차라는 최종 생산물을 생산하기 위해 사용되는 중간재에 해당하므로 A국의 GDP에 포함되지 않는다.

11 난도 ★★☆   정답 ②

국제경제학 > 상품수지와 이자율의 변화

정답의 이유

㉠ 절대적 구매력평가설에 따르면, 환율$(e)=\dfrac{\text{국내 물가수준(P)}}{\text{외국 물가수준}(P^f)}$으로 결정되므로 옳은 설명이다.

㉣ 이자율 평가설에 따르면, 국내 명목 이자율(R)=외국 명목 이자율(R^f)+환율의 변동률$\left(\dfrac{\text{미래 예상환율}[E(e)]-\text{현재 환율}(e)}{\text{현재 환율}(e)}\right)$이다. 이때 전제에 물가상승률과 물가 수준의 변동이 나타나지 않으므로, 피셔방정식으로 변환(R=r)하여 국내 실질 이자율(r)=미국 실질 이자율(r^f)+환율의 변동률$\left(\dfrac{[E(e)]-(e)}{(e)}\right)$로 표현할 수 있다. 다른 조건이 일정하고, 국내 실질 이자율(r)이 상승하면 미래환율은 상승할 것으로 예상되므로, 옳은 설명이다.

오답의 이유

㉡ 상대적 구매력평가설에 따르면, 환율변화율$(\overline{E})$=국내 물가상승률(π)-외국 물가상승률(π)이다. 예를 들어 $\dfrac{1,000원}{1달러}$의 환율에서 국내 물가상승률 20%와 미국 물가상승률 10%가 반영되면 $\dfrac{1,200원}{1.1달러}$의 환율이 나타난다. 이때 환율변화율$(\overline{E})$=10%이다. 즉 기존보다 환율은 상승하므로 옳지 않은 설명이다.

㉢ 앞서 구한 실질 이자율의 피셔방정식에서 다른 조건이 일정하고, $r<r^f$라는 전제가 있으므로, r과 r^f값이 동일하려면, 미래환율은 하락해야 하므로 옳지 않은 설명이다.

피셔방정식

피셔방정식은 명목 이자율(i)=실질 이자율(r)+인플레이션율(π)이나 실질이자율을 기준으로 실질 이자율(r)=명목 이자율(i)-인플레이션율(π)로 표현할 수 있다. 여기서 명목 이자율이 R로 표현되었으므로, R=r+π임을 알 수 있다. 이때 물가상승률과 물가수준에 대해 변동이 없다고 가정하면 $\pi=0$ 즉, R=r이 된다.

12 난도 ★☆☆   정답 ①

국제경제학 > 교역 조건

정답의 이유

각국의 쌀 1kg과 옷 1벌의 생산가치는 다음과 같다.

구분	옷 1벌에 대한 쌀의 생산가치	쌀 1kg에 대한 옷의 생산가치
A국	$\dfrac{3}{2}$kg	$\dfrac{2}{3}$벌
B국	$\dfrac{4}{3}$kg	$\dfrac{3}{4}$벌

㉠ 무역이 이루어지기 전 A국의 쌀 1kg에 대한 옷의 생산가치는 $\dfrac{2}{3}$벌이므로 옳은 설명이다.

㉢ 두 국가 사이에 무역이 이루어지면 쌀에 대한 기회비용은 A국이 더 작으므로, A국이 쌀에 대해 비교우위를 가진다. 이는 A국이 B국에 쌀을 수출하는 것이 적절하다는 뜻으로 계산하면, $\dfrac{1,400(\text{총 노동시간})}{2(\text{노동시간})}$=700kg으로 옳은 설명이다.

오답의 이유

㉡ 무역이 이루어지기 전 B국의 옷 1벌에 대한 쌀의 생산가치는 $\dfrac{4}{3}$kg이므로 옳지 않은 설명이다.

㉣ 두 국가 사이에 무역이 이루어지면 쌀 1kg은 최소 옷 $\dfrac{2}{3}$벌, 최대 옷 $\dfrac{3}{4}$벌 사이의 가격으로 교환되므로 옳지 않은 설명이다.

13 난도 ★★☆   정답 ②

[정답의 이유]

후생수준을 묻고 있으므로, 두 재화 X, Y에 대하여 라스파이레스 방식, 파셰 방식을 활용한다.

구분	$Q^0(X^0, Y^0)$	$Q^t(X^t, Y^t)$
$P^0(P_X{}^0, P_Y{}^0)$	$P_X{}^0X^0 + P_Y{}^0Y^0$	$P_X{}^0X^t + P_Y{}^0Y^t$
$P^t(P_X{}^t, P_Y{}^t)$	$P_X{}^tX^0 + P_Y{}^tY^0$	$P_X{}^tX^t + P_Y{}^tY^t$

구분	$Q_0(20, 10)$	$Q_1(15, 12)$
$P_0(12, 25)$	490	480
$P_1(15, 15)$	450	405

$$\therefore L_Q = \frac{480}{490}, \ P_Q = \frac{405}{450}$$

② 비교연도에 비해 기준연도의 후생수준이 높았다는 것은 후생수준이 악화된 것을 의미한다. 산출된 라스파이레스 방식의 수량(소비)지수 값이 1보다 작으므로, 생활수준은 악화되었다. 따라서 적절한 평가이다.

더 알아보기

라스파이레스 방식, 파셰 방식

라스파이레스 방식, 파셰 방식은 물가지수 산출에 활용된다.

• 라스파이레스 방식

가격지수	$L_P = \dfrac{\text{비교시점 가격}(P_1) \times \text{기준시점 수량}(Q_0)}{\text{기준시점 가격}(P_0) \times \text{기준시점 수량}(Q_0)}$
수량(소비)지수	$L_Q = \dfrac{\text{기준시점 가격}(P_0) \times \text{비교시점 수량}(Q_1)}{\text{기준시점 가격}(P_0) \times \text{기준시점 수량}(Q_0)}$

• 파셰 방식

가격지수	$P_P = \dfrac{\text{비교시점 가격}(P_1) \times \text{비교시점 수량}(Q_1)}{\text{기준시점 가격}(P_0) \times \text{비교시점 수량}(Q_1)}$
수량(소비)지수	$P_Q = \dfrac{\text{비교시점 가격}(P_1) \times \text{비교시점 수량}(Q_1)}{\text{비교시점 가격}(P_1) \times \text{기준시점 수량}(Q_0)}$

산출된 값이 다음의 조건일 때, 기준연도에 비한 비교연도의 생활수준을 파악할 수 있다.

생활수준 개선	생활수준 악화	생활수준 불분명
$P_Q \geqq 1$	$L_Q \leqq 1$	$L_Q > 1, P_Q < 1$

14 난도 ★★☆   정답 ④

[정답의 이유]

공공재의 경우 비배제성과 비경합성을 지니고, 이로 인한 무임승차자가 발생하므로, 같은 수요량에 대하여 소비자마다 얻는 한계편익이 다르다. 따라서 같은 가격이더라도 수요량이 다른 사적재와 달리 수요곡선을 수직합하는 것이 바람직한 공공재 생산량 추론에 유의미하다.

ⅰ) 사회적 편익

먼저 각 수요함수를 편익(P)에 중점을 두어 정리한다.

※ 각기 '40명의, 60명의'로 표현되었으나 각 집단의 개별 수요함수로 판단하는 것이 적절함(편의상 40명 집단은 P^A, 60명 집단은 P^B로 구분)

$$Q = 50 - \frac{1}{3}Q \Rightarrow P^A = 150 - 3Q$$

$$Q = 100 - \frac{1}{2}Q \Rightarrow P^B = 200 - 2Q$$

각 P^A, P^B는 40명, 60명이므로, 이를 양변에 곱한다.

$$40P^A = 6000 - 120Q$$

$$60P^B = 12,000 - 120Q$$

$$\therefore \text{사회적 편익}(SMB) = 40P^A + 60P^B = 18,000 - 240Q$$

ⅱ) 공공재의 최적생산량

생산비용이 $C = 3000Q + 1000$이라고 했으므로,

한계비용(MC) = 3000

공공재의 최적생산량은 사회적 편익과 한계비용이 일치하는 점이므로,

$SMB = MC \Rightarrow 18,000 - 240Q = 3000$ 이를 계산하면

사회적으로 바람직한 공공재의 생산량(Q)은 ④ 62.5임을 알 수 있다.

15 난도 ★☆☆   정답 ④

[정답의 이유]

ⅰ) 균형이자율(r)

$$5000 = 250 + 0.75(5000 - 800) + 1100 - 50r + 1200$$

$$5000 = 3150 - 50r + 2550$$

$$50r = 700$$

$$\therefore r = 14$$

ⅱ) 개인저축(Y − T − C)

개인저축은 국민소득(Y) − 세금(T) − 소비(C)로 구할 수 있으므로,

$$5000 - 800 - 250 - 0.75(5000 - 800) = 3950 - 3150 = 800$$

따라서 ④ '800, 14'가 정답이 된다.

16 난도 ★★☆ 정답 ③

미시경제학 > 탄력성

정답의 이유

X재 시장은 사적재이므로, 같은 가격에 대하여 다른 수요량을 보인다. 따라서 Q_A, Q_B에 대하여 정리한다.

$$P = 5 - \frac{1}{2}Q_A \Rightarrow Q_A = 10 - 2P$$

$$P = 15 - \frac{1}{3}Q_B \Rightarrow Q_B = 45 - 3P$$

$$\therefore Q = Q_A + Q_B = 55 - 5P = 45$$

$$dQ = -5dP \Rightarrow -\frac{dQ}{dP} = 5$$

$$\therefore E_d = 35 \times \frac{2}{45} = \frac{2}{9}$$

따라서 X에 대한 시장수요의 가격탄력성은 ③ $\frac{2}{9}$가 된다.

더 알아보기

수요의 가격탄력성

수요의 가격탄력성(E_d) = $-\dfrac{\text{수요량 변화율}}{\text{가격 변화율}} = -\dfrac{dQ}{dP} \times \dfrac{P}{Q}$

17 난도 ★☆☆ 정답 ②

미시경제학 > 정상재 · 열등재 · 기펜재

정답의 이유

㉠ 정상재는 소득탄력성이 0보다 큰 재화이므로 옳은 설명이다.

㉢ 재화가 정상재라면 가격하락 시 실질소득이 증가하기 때문에 소비를 늘리므로 옳은 설명이다.

오답의 이유

㉡ 대체효과는 가격이 상승할 경우 가격이 높은 재화에 대한 소비량을 감소시키므로 옳지 않은 설명이다.

㉣ 정상재의 경우 가격 변화에 대한 소득효과와 대체효과는 같은 방향으로 작용한다.

18 난도 ★★☆ 정답 ③

거시경제학 > IS-LM 모형

정답의 이유

㉠ 물가수준이 하락하여 실질화폐공급이 증가하면 IS-LM 모형에서 LM곡선은 우측으로 이동한다. 통화량의 증가로 실질이자율이 낮아지면 투자가 증대되어 국민소득이 증가한다.

㉢ 물가수준의 하락이나 통화량의 증가로 인해 가계 보유자산의 실질자산가치가 상승하면 소비가 늘어나게 된다(피구효과).

오답의 이유

㉡ 물가수준이 하락하면 국내 재화 대비 해외 재화의 상대가격이 높아지게 된다(실질환율 상승). 낮은 상대가격으로 국내 재화에 대한 수요량이 늘어나므로 수입이 줄어들고 순수출은 증가한다. 따라서 옳지 않은 설명이다.

19 난도 ★★☆ 정답 ④

미시경제학 > 완전경쟁시장과 단기균형 · 장기균형

정답의 이유

'가격수용자인 기업'으로 미루어보아 시장의 형태가 완전경쟁시장임을 알 수 있다. 완전경쟁시장의 단기 이윤극대화는 가격(P) = 한계비용(MC)을 충족할 때 가능하다.

평균비용(AC) = $\dfrac{\text{총비용(TC)}}{\text{생산량(Q)}}$ 이므로 이를 변형하면

총비용(TC) = 평균비용(AC)×생산량(Q)임을 알 수 있다.

$$TC = AC \times Q = \left(\frac{300}{Q} + 12 + 3Q\right)Q = 300 + 12Q + 3Q^2$$

이를 Q에 대해 미분하면, 한계비용(MC) = 12 + 6Q이다.

㉡ 이 기업의 하락한 생산물 가격이 평균비용보다는 작으나 평균가변비용보다 크고 평균고정비용 대부분을 지불할 수 있으므로, 이 기업은 계속하여 제품을 생산하는 것이 유리하다.

MC = P이므로, 66 = 12 + 6Q ⇒ Q = 9

평균비용(AC) = 평균가변비용(AVC) + 평균고정비용(AFC)

평균가변비용(AVC) = $\dfrac{\text{가변비용}}{Q}$ = 12 + 3Q = 39

평균고정비용(AFC) = $\dfrac{\text{고정비용}}{Q}$ = $\dfrac{300}{Q}$ ≒ 33.33

AC = 39 + 33.33 = 72.33

㉢ 생산물의 가격이 12 이하인 경우 이 기업은 조업을 중단한다.

평균가변비용(AVC)의 최저점, Q = 0

AVC = 12 + 3Q = 12

∴ 12 ≥ P일 경우, 조업을 중단함

오답의 이유

㉠ 이 기업의 이윤은 900이므로 옳지 않은 설명이다.

MC = P이므로, 12 + 6Q = 132 ⇒ Q = 20

이윤(π) = 총수입(TR) − 총비용(TC) = 가격(P)×생산량(Q) − 평균비용(AC)×생산량(Q)

⇒ P×Q − AC×Q

⇒ 132×20 − (300 + 12×20 + 3×20²) = 2640 − 1740 = 900

20 난도 ★★★ 정답 ②

미시경제학 > 생산자 잉여와 이윤

오답의 이유

㉠ 생산자에게 보조금이 S만큼 지급되면 균형점은 C로 이동한다. 이때 소비량은 $Q_0 \rightarrow Q_1$으로 늘고, 가격은 $P_1 \rightarrow P_2$로 하락하므로, 최대 지불 의사 금액에서 실제 지불 금액 □P_2CQ_10와 기존 소비자 잉여를 제외한 □P_1ACP_2가 소비자 잉여의 증가분이 된다. 따라서 옳지 않은 설명이다.

㉣ 보조금을 S만큼 지급한 이후 소비자 잉여의 증가분은 □P_1ACP_2, 생산자 잉여의 증가분은 □P_1ABP_3이다. 이때 □P_2CBP_3만큼 보조금을 지불하기 위한 세금을 걷었으므로, □P_1ACP_2, □P_1ABP_3를 제외한 △ABC만큼 사회적 후생이 감소하였다. 따라서 옳지 않은 설명이다.

21 난도 ★★☆　　　　　　　　　　정답 ①

거시경제학 > 균형국민소득과 승수효과

정답의 이유

완전고용국민소득은 한 사회의 경제체제에 존재하는 모든 자원과 노동이 생산과정에 투입되었을 때 얻어지는 국민소득수준을 의미한다.

㉠ 균형국민소득이 완전고용국민소득보다 더 크다는 것은 실제 소득수준이 잠재적 소득수준보다 더 크다는 것을 의미하므로 그 차인 인플레이션갭이 존재한다.

㉡ 인플레이션갭은 현 상태의 총수요가 총공급을 초과한다는 의미로, 물가의 상승과 함께 균형국민소득(실제 소득수준)이 완전고용국민소득(잠재적 소득수준)으로 소득수준이 감소하여 장기균형 상태로 수렴한다.

㉢ 경기침체갭은 현 상태의 총공급이 총수요를 초과한다는 의미로, 사회 전체적으로 실업률이 증가하고 물가가 하락하기 때문에 임금 역시 하락한다. 인플레이션갭과는 반대로 기존의 균형국민소득(실제 소득수준)이 완전고용국민소득(잠재적 소득수준)으로 소득수준이 증가하여 장기 균형상태로 수렴한다.

22 난도 ★★☆　　　　　　　　　　정답 ③

거시경제학 > 솔로우 모형 · 균제상태와 황금률

정답의 이유

③ 솔로우 경제성장모형에서 가장 높은 상태의 소비를 보장하는 안정상태를 황금률이라고 한다. 이때 저축이 과다하여 소비가 억제되는 상태와 저축이 부족하여 소비가 이루어지지 않는 상황 두 가지를 고려해야 한다. 따라서 상황에 대한 고려 없이 저축률 자체가 증가한다고 균제상태에서의 1인당 소비가 감소한다고 볼 수 없으므로 옳지 않은 설명이다.

오답의 이유

① 솔로우 경제성장모형에서는 인구가 많아질수록 1인당 소유하고 있는 자본량이 줄어든다. 즉 인구증가율에 비례하여 자본이 소모되기 때문에 인구증가율이 상승하면 1인당 자본축적량은 감소한다.

② 솔로우 경제성장모형에서는 인구증가와 저축, 투자를 통해 성장하던 경제도 1인당 자본량이 어느 수준을 넘어서면 크게 성장하지 않는다고 보았다(균제상태). 이때 생산성에 영향을 끼치는 기술수준에 의해 침체되어 있던 경제성장이 촉진될 수 있다고 보았으므로 옳은 설명이다.

④ 솔로우 경제성장모형에서는 인구증가와 저축, 투자를 경제성장이 활성화되는 요인으로 보았다. 비록 균제상태에 도달했다 할지라도 1인당 자본축적량 자체는 저축을 통해서도 상승하므로 옳은 설명이다.

⑤ 인구증가율의 상승은 사회 전체의 인구 상승을 의미한다. 솔로우 경제성장모형에서 인구증가율이 상승하면 1인당 자본축적량에는 변동이 있으나 소득증가율에는 영향을 끼치지 않으므로 옳은 설명이다.

23 난도 ★★★　　　　　　　　　　정답 ②

거시경제학 > 균형국민소득과 승수효과

정답의 이유

- 정부이전지출을 50만큼 증가시킨다고 하였으므로, $\Delta TR = 50$
- 정부지출을 50만큼 감소시키기로 하였으므로, $\Delta G = -50$
- 이전지출에 대한 승수효과 $= \dfrac{\Delta Y}{\Delta TR}$
- 정부지출에 대한 승수효과 $= \dfrac{\Delta Y}{\Delta G}$
- 가처분소득(Y_d)＝소득(Y)－조세(T)＋정부이전지출(TR)

$$Y = C + I + G + EX - IM$$
$$= 20 + 0.8(Y - 100 - 0.25Y + TR) + 80 + 0.2Y + G + 160 - 60 - 0.2Y$$
$$= 220 + 0.6Y + 0.8TR + G$$
$$\Rightarrow 0.4Y = 0.8TR + 220 + G$$

- $\dfrac{\Delta Y}{\Delta TR} = \dfrac{0.8}{0.4} = 2$, $\dfrac{\Delta Y}{\Delta G} = \dfrac{1}{0.4} = 2.5$

∴ 정부 이전지출의 증가에 따른 소득 증가분＝$\Delta TR \times 2 = 100$
정부지출 감소에 따른 소득 감소분＝$\Delta G \times 0.25 = -125$

㉡ 국민소득이 감소하면 가처분소득 역시 감소하게 되므로 옳은 설명이다.

㉢ 소비는 가처분소득의 함수인데 가처분소득이 감소하였으므로 소비 역시 감소하였다. 따라서 옳은 설명이다.

오답의 이유

㉠ 국민소득은 25만큼 감소하였으므로 옳지 않은 설명이다.

㉣ 정부의 조세수입은 소득인데 감소하였으므로 옳지 않은 설명이다.

㉤ 소득의 감소에 따라 수입(IM)이 감소하였으므로 순수출은 증가하였다.

24 난도 ★★☆　　　　　　　　　　정답 ③

미시경제학 > 독점시장

정답의 이유

ⅰ) 독점기업의 생산량

독점시장 이윤극대화 조건 한계수입(MR)＝한계비용(MC)에 따라 P에 대해 먼저 정리한다.

$$2P = 200 - Q \Rightarrow P = 100 - \frac{Q}{2}$$

MR＝100－Q (가격 기울기의 2배가 MR의 기울기이므로,)

$$100 - Q = 2Q + 10$$
$$\therefore 3Q = 90 \Rightarrow Q = 30$$

ⅱ) 사회적 최적 생산량

$$Q = 200 - 2P$$

사회적 한계비용(SMC)＝2Q＋50

사회적 한계편익(SMB)＝가격(P)＝$100 - \dfrac{Q}{2}$

이를 연립하면, $\dfrac{5}{2}Q = 50$

$$\therefore Q = 20$$

따라서 둘 간의 차이는 10이므로, ③이 정답이 된다.

국제경제학 > 상품수지와 이자율의 변화

정답의 이유

㉠ 우리나라 기업들의 해외공장 설립이 늘어나면 외화로 전환하여 사용하기 때문에 외화수요가 늘어난다. 따라서 환율이 상승하고 원화의 가치는 하락한다.

㉡ 우리나라의 환율제도인 변동환율제도에서 확장적인 통화정책이 시행되면 화폐 공급이 늘어나고 물가가 상승한다. 따라서 환율이 상승하고 원화의 가치는 하락한다.

㉢ 국내 항공사들의 미국산 항공기에 대한 수요가 증가하면 화폐를 외화로 바꾸어 구매하기 때문에 외화 수요가 늘어난다. 따라서 환율이 상승하고 원화의 가치는 하락한다.

㉣ 구매력평가설(PPP)에 따라 국내 물가수준이 상승할 때 환율도 상승한다. 따라서 원화의 가치는 하락한다.

㉤ 이자율평가설(IRP)에 따라 국내 이자율과 해외 이자율＋예상 환율 변동률은 동일해야 한다. 이때 해외 투자의 예상 수익률이 상승하더라도 국내 이자율은 영향을 받지 않으므로 현재 환율이 상승하고 원화의 가치는 하락한다.

경제학 | 2019년 국회직 8급

한눈에 훑어보기

✔ 영역 분석

미시경제학 01 04 07 09 10 11 12 13 15 21 22 24 25
13문항, 52%

거시경제학 02 03 08 14 16 18 19 23
8문항, 32%

국제경제학 05 06 17 20
4문항, 16%

✔ 빠른 정답

01	02	03	04	05	06	07	08	09	10
①	④	②	⑤	③	①	⑤	②	⑤	③
11	**12**	**13**	**14**	**15**	**16**	**17**	**18**	**19**	**20**
①	③	⑤	①	③	③	②	④	⑤	②
21	**22**	**23**	**24**	**25**					
①	③	④	②	④					

✔ 점수 체크

구분	1회독	2회독	3회독
맞힌 문항 수	/ 25	/ 25	/ 25
나의 점수	점	점	점

---

01 난도 ★★☆   정답 ①

미시경제학 > 수요와 공급

정답의 이유

① 시장 총수요는 $Q_{시장} = Q_{갑} + Q_{을}$이고 주어진 그래프에 의해 $P = 10,000 - 2Q_{갑}$, $P = 15,000 - \frac{15}{2}Q_{을}$이므로 $P = 3,000$일 때 $Q_{갑}$과 $Q_{을}$은 각각 3,500과 1,600이다. 따라서 $Q_{시장} = 5,100$이 된다.

더 알아보기

개별수요와 시장수요

시장수요곡선은 개별수요곡선의 수평적 합으로 도출되며($D_{시장} = d_A + d_B$) 일반적으로 시장수요곡선은 개별수요곡선보다 더 완만하다. 단, 개별 소비자들의 수요가 상호의존적일 경우에는 개별수요의 수평적 합과 시장수요가 일치하지 않는다.

02 난도 ★★★   정답 ④

거시경제학 > 총수요와 총공급

정답의 이유

④ 총수요곡선의 이동은 단기적으로는 재화와 서비스의 산출량을 변화시키지만, 장기적으로는 물가 수준에만 영향을 미치고 실질변수인 산출량에는 아무 영향을 주지 않는다. 또한 가격(물가)변수가 신축적인 장기의 경우, 경제전체의 총생산량은 노동과 자본 등의 요인에 의해서만 결정되고, 물가가 변하더라도 경제 전체의 총생산량은 변하지 않으므로 총공급곡선은 자연산출량수준에서 수직선이 된다. 예를 들어, 최종생산물의 가격이 절반으로 떨어지는 경우 상품을 생산하는데 투입되는 임금을 포함한 생산요소의 가격도 절반으로 떨어지고 결국 단위당 이윤은 그대로이기 때문에 총생산에는 변화가 발생하지 않는다. 따라서 부정적인 수요충격은 수요곡선을 좌측으로 이동시키며, 이로 인해 장기적으로 물가수준이 하락하고 산출량은 잠재산출량수준으로 수렴한다.

03 난도 ★★☆ 정답 ②

거시경제학 > 재정정책과 통화정책

정답의 이유

㉠ 긴축 통화정책을 실시할 경우 이자율은 상승한다.

㉢ 국내 이자율의 상승은 해외자본의 국내유입확대를 야기하며 이는 환율하락, 즉 국내통화가치의 상승을 초래한다.

오답의 이유

㉡ 국내 이자율의 상승으로 해외자본이 유입되며 외화의 상대적 가치가 하락한다.

㉣ 환율의 하락으로 수출감소, 수입증가가 일어나며 순수출이 하락한다.

더 알아보기

재정정책과 통화정책

- 거시경제정책은 크게 재정정책과 통화정책(혹은 금융정책)으로 나뉘며, 재정정책과 통화정책의 구분은 그 정책을 사용하는 주체로 구분한다.
- 재정정책은 정부가 사용하는 것이고 세율을 조절하거나 정부지출을 조절한다. 통화정책은 중앙은행이 사용하며 기준금리 조절, 공개시장조작(국공채 매입 혹은 매각), 지급준비율 조절, 재할인율 조절이 있다.
- 재정정책과 통화정책은 경제안정화를 위한 것이다. 경기가 호황일 경우에는 긴축적 정책을 펼치고, 불황일 경우에는 경기를 진작시키는 확대적 정책을 펼친다.
- 긴축적 통화정책으로 인한 효과
  - 이자율상승 → 대출금리상승 → 대출감소/주택수요감소 → 기업투자감소/주택가격하락 → 경기위축/민간소비위축
  - 이자율상승 → 시중통화량감소 → 경기위축 → 가계소비위축
  - 채권수익률상승 → 채권구입증가/주식수요감소 → 주가하락
  - 자본의 국내유입확대 → 환율하락(원화가치상승) → 수출감소/수입증가 → 순수출감소/해외투자둔화

04 난도 ★★☆ 정답 ⑤

미시경제학 > 노동공급

정답의 이유

대체효과: 임금↑ ⇒ 여가의 기회비용↑ ⇒ 여가↓ ⇒ 노동공급↑

소득효과: 임금↑ ⇒ 실질소득↑ ⇒ 여가↑ ⇒ 노동공급↓

⑤ 시간당 임금이 상승했을 때 노동공급이 줄어들었다는 것은 소득효과가 대체효과보다 크다는 것을 의미한다.

오답의 이유

① 대체효과보다 소득효과가 크다.

② 대체효과<소득효과인 경우 임금의 상승은 노동공급을 감소시키고 노동공급곡선이 후방굴절한다.

③ 대체효과>소득효과인 경우 임금의 상승은 노동공급을 증가시키고 노동공급곡선이 우상향한다.

④ 이 문제에서 노동공급이 감소하는 경우는 대체효과<소득효과인 경우이다.

더 알아보기

여가와 노동공급

만일 여가가 열등재라면 소득의 증가는 임금수준에 관계없이 노동공급을 증가시키고, 여가가 정상재라면 소득의 증가는 여가수요를 증가시키며 노동공급을 감소시킨다.

05 난도 ★★★ 정답 ③

국제경제학 > 교역 조건

정답의 이유

- X재 생산의 기회비용이자 상대가격비 $= \dfrac{P_X}{P_Y}$

- 비교우위에 따라 무역이 이루어질 때 교역 조건은 무역이 발생하기 이전의 양국의 국내가격비 사이에서 결정되어야만 양국 모두 무역의 이익을 얻을 수 있다.

③ Y재 수량으로 나타낸 X재의 상대가격은 기회비용 $= \dfrac{Y재 \ 수량}{X재 \ 수량}$ 과 같으므로 A, B국의 자전거 수량으로 나타낸 컴퓨터 가격은 각각 2대, $\dfrac{1}{3}$대가 되고, 교역조건은 그 사이에서 결정되어야 양국 모두 무역의 이익을 얻을 수 있다.

더 알아보기

교역조건의 범위

교역조건이 무역 이전 A국의 국내가격비와 같을 경우 무역이익은 전부 B국에 귀속되고 이와 반대로 교역조건이 무역 이전 B국의 국내가격비와 같을 경우 무역이익은 전부 A국에 귀속되기 때문에, A, B국 모두 무역으로 인하여 이익을 얻으려면 양국의 국내가격비 사이에서 결정되어야 한다.

06 난도 ★★☆ 정답 ①

국제경제학 > 상품수지와 이자율의 변화

정답의 이유

해외(A국)자본이 B국으로 유입되면 B국의 시장에 외화공급이 증가하므로 외환공급곡선이 우측으로 이동하고 외화환율이 하락(B국 화폐 강세)한다.

① 환율이 하락하면 수출이 감소하고 수입이 증가하여 상품수지가 악화된다. 또한 B국 내의 통화량이 증가하므로(화폐공급>화폐수요) 이자율이 하락한다.

더 알아보기

환율변화의 요인

외화의 수요가 증가하면 환율이 상승하고, 외화의 공급이 증가하면 환율이 하락한다.

- 외환수요↑ ⇒ 외환수요곡선 우측이동 ⇒ 환율상승
- 외환공급↑ ⇒ 외환공급곡선 우측이동 ⇒ 환율하락

07 난도 ★★★   정답 ⑤

미시경제학 > 소비자 잉여

정답의 이유

⑤ 예산제약 하에 효용극대화를 달성하기 위해서는 한계효용균등의 법칙 $\left(\dfrac{MU_X}{P_X}=\dfrac{MU_Y}{P_Y}\right)$과 예산제약식$(PX \times X + PY \times Y = M)$이 동시에 충족되어야 한다. X재는 수정과, Y재는 떡이라 했을 때, 문제에 의하여 $PX=1,000$이고 $PY=3,000$이므로 아래의 표와 같다.

수량	X재 (수정과)	Y재 (떡)	$\dfrac{MU_X}{P_X}$	$\dfrac{MU_Y}{P_Y}$
1	10,000	18,000	10	6
2	8,000	12,000	8	4
3	6,000	6,000	6	2
4	4,000	3,000	4	1
5	2,000	1,000	2	$\dfrac{1}{3}$
6	1,000	600	1	$\dfrac{1}{5}$

여기에서 한계효용균등의 법칙과 예산제약식을 동시에 충족하는 X재와 Y재의 수량을 찾아야한다. 먼저 한계효용균등의 법칙에 의해 $\dfrac{MU_X}{P_X}=\dfrac{MU_Y}{P_Y}$의 값이 될 수 있는 것은 6, 4, 2이며 그중에서 예산제약식 $1,000 \times X + 3,000 \times Y = 14,000$를 만족하는 X재와 Y재의 수량은 각각 5와 3이 된다. 이때 소비자가 얻는 총효용은 $10,000+8,000+6,000+4,000+2,000+18,000+12,000+6,000=66,000$인데 반해 소비자가 실제 지불한 화폐의 총효용은 $14,000$이므로 $66,000-14,000=52,000$원의 소비지잉여가 발생한다.

더 알아보기

한계효용균등의 법칙

- $\dfrac{MU_X}{P_X}$은 X재 구입에 1원을 지출할 때 추가적으로 얻는 효용의 크기를 의미한다.
- 한계효용균등의 법칙이란, X재 1원어치당 한계효용과 Y재 1원어치당 한계효용이 동일해지는 수준에서 소비를 해야 소비자의 효용이 극대화된다는 것이고, 다시 말해 각 재화 구입에 지출된 1원의 한계효용이 동일해야 한다는 것을 의미한다.
- 각 재화 1원어치의 한계효용이 동일해서, 각 재화의 소비량을 조절하더라도 총효용이 증가될 여지가 없을 때 소비자의 총효용이 극대화되기 때문이다.
- 소비자의 총효용$=\Sigma$한계효용이다. 즉, n번째 단위의 재화를 소비할 때 소비자가 느끼는 총효용은 그 때까지의 한계효용의 합으로 구한다.

08 난도 ★☆☆   정답 ②

거시경제학 > 케인즈 학파

정답의 이유

소비승수$=\dfrac{\Delta Y}{\Delta C}$

$\Delta Y = Y_1 - Y_0 = 110 - 100 = 10$

$\dfrac{\Delta Y}{\Delta C}=2$이므로 $\dfrac{10}{\Delta C}=2$ ∴ $\Delta C = 5$

② $C_1 = C_0 + \Delta C = 80 + 5 = 85$

09 난도 ★★★   정답 ⑤

미시경제학 > 효용함수와 최적 소비량

정답의 이유

⑤ X재와 Y재가 서로 완전대체재일 때의 효용함수는 $U(X, Y)=aX+bY$의 형태가 되며 따라서 이 소비자의 효용함수 $U(X, Y)=X+Y$를 보아 X재와 Y재는 완전대체제이다. 즉, X재의 가격이 Y재의 가격보다 낮다면, 소득이 증가해도 이 소비자는 X재만을 소비한다.

오답의 이유

①·③ 한계대체율 $MRS_{XY}=-\dfrac{\Delta Y}{\Delta X}=\dfrac{MU_X}{MU_Y}$이며

$U(X,Y)=X+Y$에서 $MU_X=1$, $MU_Y=1$이므로 $MRS_{XY}=1$로 정의할 수 있다.

② $\dfrac{P_X}{P_Y}<MRS_{XY}$일 경우, $\dfrac{P_X}{P_Y}<\dfrac{MU_X}{MU_Y}$가 되고,

이는 다시 $\dfrac{MU_Y}{P_Y}<\dfrac{MU_X}{P_X}$가 되므로

한계효용균등의 법칙을 만족하는 $\dfrac{MU_Y}{P_Y}=\dfrac{MU_X}{P_X}$가 되는 점까지 X재의 소비량을 증가시키고 Y재 소비량을 감소시킴으로서 추가적인 효용증대가 가능한 것이 일반적이다. 단, 문제에서 주어진 효용함수로 보아 X재와 Y재는 완전대체재이므로 이 경우 X재만을 소비하게 된다.

④ 이 소비자의 효용함수는 선형함수이다.

더 알아보기

한계효용이론

- 두 재화 X, Y가 완전대체재일 경우:

  $U(X, Y)=aX+bY$

  X재와 Y재가 일정한 비율로 언제든지 대체가 가능

- 두 재화 X, Y가 완전보완재일 경우:

  $U(X, Y)=\min\left[\dfrac{X}{a}, \dfrac{Y}{b}\right]$

  X재와 Y재를 반드시 일정한 비율로 소비해야 함

- 두 재화 X, Y가 중립재일 경우:

  $U(X, Y)=U(Y)=aY$

  X재가 중립재, 즉 한계효용이 0일 경우. X재의 소비량이 효용에 영향을 미치지 않으므로 효용함수는 Y에 대한 함수가 된다.

10 난도 ★★☆   정답 ③

미시경제학 > 시장의 형태

정답의 이유

ⓛ 완전경쟁시장에서의 장기시장공급곡선에 관한 내용이다. 새로운 기업의 진입으로 공급이 증가하고, 생산요소수요가 증가하며 생산요소가격은 상승할 때, 비용곡선은 상방으로 이동하고 장기공급곡선은 우상향하는 형태를 띤다. 비용이 불변할 경우 장기시장공급곡선은 수평이 되고, 비용이 감소할 경우 장기공급곡선은 우하향하는 형태가 된다.

ⓜ 자연독점의 경우, 정책당국의 규제가 없다면 독점기업은 당연히 이윤극대화를 위해 MR=MC인 지점에서 생산을 하지만 정책당국이 P=MC인 지점에서 생산하게끔 규제를 할 경우 P<ATC가 되어, $(P_{AC} - P_{MC}) \times Q_{MC}$만큼의 손실을 보므로 공급이 이루어지지 않을 수 있다. 이때 계속해서 재화생산이 이루어지도록 하기 위해서는 정부의 보조금 지급이 필요하다.

오답의 이유

ⓖ 완전경쟁시장에는 다수의 수요자와 공급자가 존재하기 때문에, 개별수요자와 공급자는 가격에 영향을 미칠 수 없고, 시장에서 결정된 가격을 주어진 것으로 받아들이는 가격수용자(price taker)가 된다. 완전경쟁시장에서 생산자가 직면하는 수요곡선은 일정한 가격, 즉 시장에서 결정된 가격에서의 수평선이다(완전탄력적).

ⓒ 수요의 탄력성이 비탄력적인 구간에서는, 독점기업의 판매량이 증가할수록 독점기업의 총수입이 감소하므로 이 구간에서는 생산하지 않는다.

ⓔ 독점적 경쟁기업이 생산하는 재화가 동질적일수록 완전경쟁에 가까워지고 수요가 탄력적이 된다. 반대로 재화가 이질적일수록 수요가 보다 비탄력적이 되므로 독점적경쟁기업이 보유하는 초과설비 규모가 증가하고, 광고경쟁 등의 비가격경쟁에 자원을 소모하며 생산비가 증가하게 된다.

11 난도 ★★☆   정답 ①

미시경제학 > 생산자 잉여와 이윤

정답의 이유

• 완전경쟁기업의 이윤극대화 조건은 MR(=P)=MC이므로 주어진 총비용함수 TC를 미분하여 MC를 구하면 MC=100+20q이고 P=900=100+20q=MC에서 이 기업의 이윤극대화 생산량 Q'=40이 된다.

• 생산자잉여(producer surplus)는 생산자가 최소한 받아야겠다고 생각하는 금액보다 더 받은 금액으로, 재화가격이 P'일 때 개별기업의 생산자잉여는 가격과 한계비용의 차이를 모두 합한 부분의 면적으로 측정하고, 이 경우 아래와 같다.

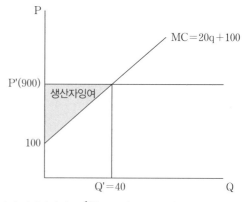

• 따라서 생산자잉여는 $\int_0^{40}[900-(20q+100)]dq$이며 이를 계산하면 16,000이 된다(이 경우 MC가 직선이므로 바로 그래프에서 면적을 계산할 수도 있다).

• 기업의 이윤은 총수입에서 총비용을 차감한 것이므로 (P'×Q')-TC가 되고 900×40-TC(40)을 계산하면 6,000이 된다.

따라서 ① 생산자잉여는 16,000, 기업의 이윤은 6,000이 된다.

12 난도 ★★★   정답 ⑤

미시경제학 > 외부효과

정답의 이유

공급곡선과 수요곡선을 각각 P에 대하여 정리하면

S: $P = \frac{5}{2}Q$, D: $P = -\frac{5}{2}Q + 150$이다.

• 외부효과를 고려하지 않았을 경우, 시장에서의 균형은 수요곡선과 공급곡선이 만나는 지점에서 이루어지므로 $\frac{2}{5}P = 60 - \frac{2}{5}P$인 지점, 즉 $P_0 = 75$, $Q_0 = 30$에서 균형이 이루어진다.

• 외부효과가 있을 때 SMC가 고려되어야 하며, 완전경쟁시장일 때 MC는 공급곡선과 동일하므로 (P)MC=$\frac{5}{2}Q$가 된다.

SMC=EMC+PMC인데 문제에 의하여 EMC=PMC이므로 SMC=$2 \times \frac{5}{2}Q = 5Q$가 된다. 외부불경제를 고려하였을 때 사회 전체적으로 바람직한 생산량은 SMC와 수요곡선이 교차하는 점이 되어야 하므로 SMC=$5Q = -\frac{5}{2}Q + 150$=D인 Q'를 찾으면 Q'=20, 즉 사회적으로 바람직한 생산량은 20이 된다.

따라서 외부효과를 고려하지 않았을 경우와 사회적으로 바람직한 경우의 생산량은 각각 ⑤ 30, 20이 된다.

13 난도 ★★☆　　　　　　　　　　　　　　　정답 ③

미시경제학 > 한계비용함수와 평균비용함수

정답의 이유

수확체증 후 수확체감이 발생하기 때문에 (단기)평균총비용곡선과 (단기)평균가변비용곡선은 U자 모양을 띠고, 한계비용곡선(MC)은 평균총비용곡선(ATC)과 평균가변비용곡선(AVC)을 각 곡선의 최저점을 지나면서 교차한다. 한계비용이 평균(총)비용보다 작으면 평균총비용은 하락하고, 반대로 평균총비용 위에 있으면 평균총비용은 상승한다. 마찬가지로 MC가 평균가변비용 아래에 있으면 AVC는 하락하고 MC가 평균가변비용 위에 있으면 AVC는 상승한다.

ⓒ 단기평균가변비용곡선의 최저점은 $MC=\dfrac{dTC}{dQ}=MVC+MFC$ $=MVC$(MFC는 상수의 미분값이므로 0) 평균비용은 총비용을 생산량으로 나눈 것이며, 총비용은 가변비용과 고정비용의 합 $(TC=VC+FC)$이다. 여기서 고정비용은 일정한 상수값이고 가변비용이 변수가 되는데, 다시 말해 총비용의 변화와 평균비용의 변화는 결국 가변비용의 영향을 받으며 가변비용의 변화분이 곧 한계비용이 된다.

ⓓ 평균총비용곡선의 최소값을 구하려면 ATC를 미분한 후 극값을 구한다.

평균비용곡선이 최소값일 때 $\dfrac{dTC}{dQ}=0$

$\dfrac{(TC)'Q-(TC)}{Q^2}=0 \Rightarrow \dfrac{1}{Q}\left(MC-\dfrac{TC}{Q}\right)=0$

$\Rightarrow MC=\dfrac{TC}{Q}=ATC(\because Q\neq0)$

$\Rightarrow \dfrac{1}{Q}\left(MC-\dfrac{TC}{Q}\right)=0$

$\therefore MC=\dfrac{TC}{Q}=ATC$

즉, $(TC)'=MC$가 되고 결국 ATC가 최소값을 가질 때 ATC=MC, 즉 ATC의 최저점을 MC가 지나감을 알 수 있다.

오답의 이유

ⓐ (단기)총비용곡선의 형태는 U형이 아닌 우상향하는 형태가 된다.

ⓑ 총고정비용은 산출량과 관계없이 일정하므로, 평균고정비용은 산출량이 증가할수록 하락한다.

14 난도 ★☆☆　　　　　　　　　　　　　　　정답 ①

거시경제학 > 물가지수

정답의 이유

① GDP 디플레이터는 명목가치를 실질가치로 환산할 때 사용하는 물가지수로서, 비교연도에 생산된 모든 최종생산물을 비교연도의 가격으로 구입하기 위한 지출이 기준연도의 가격으로 구입했을 경우보다 얼마나 증감했는지를 계산하여 나타낸다. 이때 대상품목은 GDP를 계산할 때 대상이 되는 품목으로서 한 나라 안에서 생산한 모든 최종생산물이다. 즉, 수입하는 밀을 제외한 콩과 쌀만이 대상이 된다.

$\dfrac{(3\times15)+(4\times20)}{(3\times10)+(4\times20)} ≒ 1.136$이므로

비교년도의 물가가 13.6% 상승한 것으로 볼 수 있다.

15 난도 ★★☆　　　　　　　　　　　　　　　정답 ④

미시경제학 > 파레토 효율과 소비의 계약곡선

정답의 이유

ⓐ 계약곡선은 두 사람의 무차별곡선이 접하는 점들의 집합으로 가격의 변화가 계약곡선을 이동시키지는 않는다.

ⓑ 파레토효율이란 자원배분이 효율적인지만을 판단하는 기준이지, 소득배분이 공평한지를 고려하지는 않는다. 따라서 파레토 효율성과 공평성은 전혀 무관한 개념이다.

ⓔ A, B가 보유했던 X재화 초기소유량의 합이 A, B의 X재에 대한 수요량의 합보다 크다면, X재의 가격이 하락하여야 일반균형이 달성된다.

오답의 이유

ⓒ 파레토효율점에서 A, B 두 사람의 무차별곡선이 접한다는 것은 $MRS_{XY}^{A}=MRS_{XY}^{B}$이므로 두 사람의 한계대체율이 서로 같게 되는 모든 점을 의미한다.

16 난도 ★☆☆　　　　　　　　　　　　　　　정답 ③

거시경제학 > 민간저축

정답의 이유

문제에서 국민저축=500, T=200, G=200이며, Y=C+I+G +NX가 성립한다고 하였으므로 균형상태임을 알 수 있다. 폐쇄경제의 균형상태에서는 C+S+T=C+I+G가 성립하므로

(가) S+T=I+G

(나) 국민저축=민간저축+정부저축=S+(T-G)=500

③ (가) 식과 (나) 식을 연립하면 S+T-G=I=500이다. 따라서 S+200=500+300이 되므로 S=600이 된다.

17 난도 ★★☆　　　　　　　　　　　　　　　정답 ②

국제경제학 > 금융거래세

정답의 이유

② 해외자본의 국내투자 자금의 유입이 줄기 때문에 자본수지의 적자요인이 된다.

오답의 이유

① 외화의 유입을 막음으로써 환율상승(A국 통화 평가절하) 요인이 된다.

③ A국의 증권시장에 대규모 자본이 유입되는 것을 견제함으로써 변동성을 줄이는 요인이 된다.

④ 거래세를 부과하지 않았다면 대규모 자본유입이 가능해지므로, 외화 유입을 막는 요인이 된다.

⑤ A국 통화가 평가절하되므로 외자조달비용이 증가하는 요인이 된다.

국제수지의 구성

- 경상수지
  - 상품수지(수출/수입)
  - 서비스수지(운수/여행/통신 및 기타 서비스 용역의 수입 및 수출)
  - 소득수지(직접투자소득/증권투자소득/기타투자소득 지급 및 수취)
  - 경상이전수지(해외에 대한 경상이전수입/이전지급)
- 자본수지
  - 투자수지(직접투자/증권투자/기타투자 자금의 유출 및 유입)
  - 기타자본수지(자본이전/특허권 등 기타자산)
- 준비자산증감
- 오차 및 누락

18 난도 ★★☆   정답 ④

거시경제학 > 총수요와 총공급

정답의 이유

㉠ 장기에는 가격변수가 신축적이므로 경제전체의 총생산량은 노동과 자본 등 실물적인 요인에 의해서만 결정되며 장기에는 물가가 상승한다 하더라도 경제 전체의 총생산량이 변하는 것이 아니므로 총공급곡선은 자연산출량 수준에서 수직선이 된다. 하지만 단기에는 명목임금이나 물가 등의 가격변수가 완전신축적이지 않기 때문에 AD곡선이 우상향의 형태로 나타난다.

㉢ 물가가 하락하면 실질통화량$\left(\dfrac{M}{P}\right)$이 증가하게 되는데, 시장에 화폐공급이 증가함으로 인하여 이자율이 하락하고, 민간투자와 민간소비가 증가한다. 이를 이자율효과라고 하며, 실질잔고효과(피구효과, 부의효과), 경상수지효과와 더불어 AD곡선이 우하향하는 이유이다.

㉣ 총수요 AD＝C＋I＋G＋(X－M)으로 나타낼 수 있는데, 이때 순수출(X－M)의 증가는 AD곡선을 우측으로 이동시키는 요인이 된다. IS곡선이 우측으로 이동하거나 LM곡선이 우측으로 이동하는 경우 균형국민소득(총수요)이 증가하기 때문에 AD곡선을 우측으로 이동시키는 요인이 된다. IS곡선을 우측으로 이동시키는 요인으로는 C↑, I↑, G↑, X↑, T↓, M↓ (확대재정정책)이 있으며 AD곡선을 우측으로 이동시키는 요인으로는 M^S↑, M^D↓(확대금융정책)이 있다.

오답의 이유

㉡ 물가가 상승하면 생산요소의 가격이 상승하고 요소투입량이 감소하므로 AS곡선이 좌측으로 이동한다. 임금의 하락, 생산요소의 가격하락, 기술진보나 자본량의 증가로 인한 생산함수 상방이동 등이 AS곡선을 우측으로 이동시키는 요소가 된다.

19 난도 ★★★   정답 ⑤

거시경제학 > 솔로우 모형·균제상태와 황금률

정답의 이유

⑤ 1차 동차생산함수에서는 K의 승수가 황금저축률이 된다. 문제에서 s＝0.5, α＝0.5로 동일하므로 황금률수준을 위한 추가조건은 없다.

자본축적의 황금률

- 균제상태에서 1인당소비 c＝f(k)－s×f(k)에서 생산함수 f(k)＝y라 하면 c＝y－s×y 이고, 균제상태의 조건인 s×y＝(n+d)k로 인하여 c＝y－(n+d)k가 된다.
- 생산함수의 미분값 f'(k)＝α·f(k)×k^{-1}로 나타낼 수 있고 이를 균제상태의 또 다른 조건인 f'(k)＝n+d에 대입하면 f'(k)＝α×f(k)×k^{-1}＝n+d가 되며, 양변에 k를 곱하여 α×f(k)＝(n+d)k가 된다. 즉 α×y＝(n+d)k＝s×y가 되고, α×y＝s×y, 즉 α＝s에 의하여 1차 동차함수에서 황금률수준을 위한 저축률은 K의 승수인 α와 동일한 것이 된다.

20 난도 ★★☆   정답 ②

국제경제학 > 구매평가설

정답의 이유

② 구매력평가설에 따라 두 나라 물가수준의 차이를 반영하는 환율은 실질환율이 아닌 명목환율 e이다.

$$e＝\dfrac{\varepsilon \cdot P}{P_f}\ (P:\ 국내물가수준,\ P_f:\ 해외물가수준)$$

명목환율은 일반적으로 환율이라고 말하며, 자국화폐와 외국화폐의 교환비율이다. 이를 두 나라의 물가를 감안하여 조정한 환율이 실질환율이다.

오답의 이유

① 한 재화에 대하여 하나의 가격만 성립하는 일물일가의 법칙이 국제적으로 성립할 경우 환율은 두 나라 물가수준의 비율로 나타낼 수 있다. 일물일가의 법칙이란, 완전경쟁시장에서 동일한 시점의 동일한 시장에서 동일한 재화의 가격은 같아야 한다는 균형조건으로서, 이 법칙이 성립하지 않을 경우 가격차이를 통한 차익거래가 발생하게 되고 이로 인하여 다시 일물일가의 법칙이 성립하게 된다.

③ 절대적 구매력평가설이 성립할 경우, 국내에서 생산된 재화의 가격인 P와, 원화로 표시한 외국에서 생산된 재화의 가격인 e·P_f이 동일하므로 실질환율 $\varepsilon＝\dfrac{e \cdot P_f}{P}＝1$이 된다.

21 난도 ★★★ 정답 ①

미시경제학 > 생산자 잉여와 이윤

정답의 이유

ⓛ 먼저 생산함수 $Q=K^{0.5}L^{0.5}$로 비용함수를 구하면, $Q=L^{0.5}=\sqrt{L}$이 되고 이를 L에 대해 정리하면 $L=Q^2$이 된다. 이를 비용함수 $STC=w\times L+r\times K$에 대입하면 $STC=10Q^2+r$이 된다. SMC는 STC를 산출량에 대하여 미분한 것이므로, $SMC=20Q$가 된다. 기업의 단기 이윤극대화조건 $P=SMC$에 의해 $P=20Q$가 되고 이를 Q에 대하여 정리하면 이 기업의 공급곡선은 $Q=\frac{1}{20}P$가 된다. 문제에서 $P=100$, $K=1$, $w=10$으로 주어졌으므로 이를 대입하여 풀면 이윤을 극대화하는 생산량 $Q=5$가 된다.

오답의 이유

㉠ 단기의 이윤극대화 노동투입량은 25이다.

㉢ · ㉣ 기업의 이윤 $\pi=P\times Q-(w\times L+r\times K)$이므로 $\pi=250-r$이다. 자본재가격이 250을 넘으면 이윤이 음의 값을 가진다.

22 난도 ★★★ 정답 ③

미시경제학 > 노동시장

정답의 이유

㉠ $VMP_L=MP_L\times P$이고, 기업의 이윤극대화를 위해 VMP_L이 노동을 1단위 추가로 고용하는데 드는 비용, 즉 임금과 같은 수준에서 결정되어야 한다. 그러나 노동투입량이 증가하면 노동의 한계생산물인 MP_L이 감소하므로 한계생산물가치곡선은 우하향 형태가 되는데, 이렇게 한계생산이 체감하기 때문에 VMP_L 역시 노동의 투입이 증가함에 따라 감소하는 형태를 보인다. 따라서 VMP_L 곡선은 기업의 노동투입량을 결정하는 요인이고, 즉 한계생산물곡선이 노동수요곡선이 된다.

㉢ 노동시장에서 수요독점력을 가진 기업은, 자신이 노동을 1단위 더 고용할 때 얻는 수입과 노동을 1단위 더 고용할 때 추가로 드는 비용이 동일해지는 점($MRP_L=MFC_L$)까지 노동을 고용한다. 그러나 이때 임금은 노동공급곡선까지의 높이에 해당하는 만큼만의 임금을 지급하므로, 임금은 완전경쟁일 때보다 낮아지고 고용량도 낮은 수준에서 결정된다. 따라서 $MPR_L=MFC_L>w=AFC_L$이다.

오답의 이유

㉡ 완전경쟁시장에서는 노동의 수요곡선과 공급곡선이 균형을 이루는 점에서 균형임금이 결정되고 노동량이 결정되지만, 생산물시장이 독점이 되면 완전경쟁일 때보다 생산량이 감소하므로 생산요소 고용량도 감소한다.

23 난도 ★★☆ 정답 ④

거시경제학 > 화폐수요

정답의 이유

폐쇄경제의 화폐수량설을 따른다는 것은 고전학파의 화폐수요이론을 따른다는 것이다. 이때 교환방정식은 $M\times V=P\times T$ (M: 통화량, V: 유통속도, P: 물가, T: 거래량)이며 여기에서 거래량 T와 최종생산물 Y 간에는 일정한 비례관계가 성립하고, 따라서 $M\times V=P\times T$로 나타낼 수 있다.

• 2010년에는 M: 5, P: 1, Y: 100이므로 $V_{2010}=20$이 된다.

• 2019년에는 $Y'=150$, $V'=\frac{1}{2}V_{2010}=10$, $P'=1$이므로 $M_{2019}=15$가 된다.

따라서 2010년 화폐의 유통속도와 2019년 통화량은 각각 ④ '20, 15'가 된다.

24 난도 ★★★ 정답 ②

미시경제학 > 가격규제정책

정답의 이유

문제에서 주어진 수요함수와 공급함수를 P에 대하여 정리하면,

D: $Q=1,000-2P \Rightarrow P=-\frac{1}{2}Q+500$,

S: $Q=-200+2P \Rightarrow P=\frac{1}{2}Q+100$이다.

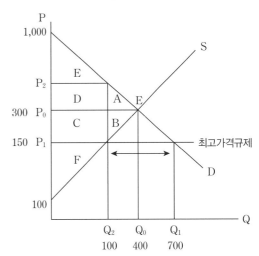

현재상태에서의 균형은 수요와 공급이 만나는 지점에서 이루어지므로 $-\frac{1}{2}Q+500=\frac{1}{2}Q+100$를 정리하여 초기균형점 E를 구하면 $Q_0=400$, $P_0=300$이 된다. 최고가격이 $P_1=150$에서 규제되므로 이때 이루어지는 공급의 수량은 $Q_2=-200+2\times150=100$이 되고, 수요의 수량은 $Q_1=1,000-2\times150=700$이 된다.

㉠ 가격상한제 도입 이전의 생산자잉여는 가격과 공급곡선 사이의 면적이므로, B+C+F의 넓이를 구하면

$\frac{1}{2}\times(P_0-100)\times400=\frac{1}{2}\times200\times400$

∴ 생산자잉여는 40,000이 된다.

ⓒ 가격상한제 도입으로 공급량이 $Q_0 = 400$에서 $Q_2 = 100$으로 하락하며 이로 인해 수요량은 $P_0 = 300$에서 P_2로 오르게 된다.

수요곡선에 의하여 $P_2 = -\frac{1}{2} \times Q_2 + 500$이므로 $P_2 = 450$, 즉 새로운 공급량에서 소비자들이 사고자 하는 가격은 450원이므로 암시장가격은 450까지 형성된다.

오답의 이유

ⓛ 최고가격이 150으로 설정되었을 때 초과수요량은 $Q_1 - Q_2$, 즉 600이 된다.

ⓔ 최고가격상한제로 인한 사회적잉여 감소분은 A와 B의 넓이의 합이 되므로, $(P_2 - P_1) \times (Q_0 - Q_2) \times \frac{1}{2} = 300 \times 300 \times \frac{1}{2} = 45,000$으로, 즉 사회적 후생손실은 45,000이 된다.

더 알아보기

소비자잉여와 생산자잉여

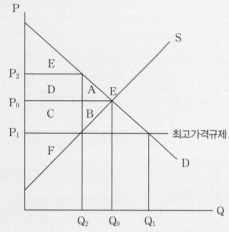

- 최고가격규제 이전의 소비자잉여: A+D+E
  최고가격규제 이전의 생산자잉여: B+C+F
- 최고가격상한제 실시 후 소비자잉여: C+D+E
  최고가격상한제 실시 후 생산자잉여: F
- 소비자잉여변화분=C−A
  생산자잉여변화분=−B−C
- 사회적잉여변화분=(C−A)+(−B−C)=−A−B가 된다. 즉, A+B의 넓이만큼 감소한다.

25 난도 ★★☆　　　　　　　　　　정답 ④

미시경제학 > 복점시장과 쿠르노 모형 · 슈타켈버그 모형

정답의 이유

슈타켈버그 모형에서 선도자의 생산량은 독점기업의 경우와 동일하고, 추종자는 선도자의 절반만큼을 생산하는데, 이 경우 B기업이 선도자가 되어 A의 반응곡선 전체를 제약조건으로 삼아 상대방의 생산량을 예상하고 자신의 생산량을 결정하게 된다. A의 생산량은 B생산량의 절반이 된다. B기업이 먼저 자신의 생산량을 구하는데 이는 독점인 경우와 동일하므로 MR=MC인 점, 즉 ④ $Q_B = 15$가 되고, A의 생산량은 이의 절반인 7.5개가 된다.

경제학 | 2018년 국회직 8급

한눈에 훑어보기

✓ 영역 분석

미시경제학 01 02 03 07 08 09 10 14 18 19 21 23 24
13문항, 52%

거시경제학 04 06 11 12 13 15 16 20 22
9문항, 36%

국제경제학 05 17 25
3문항, 12%

✓ 빠른 정답

01	02	03	04	05	06	07	08	09	10
②	②	④	⑤	④	②	①	⑤	②	①

11	12	13	14	15	16	17	18	19	20
④	③	③	④	③	③	④	③	④	②

21	22	23	24	25					
⑤	③	③	④	①					

✓ 점수 체크

구분	1회독	2회독	3회독
맞힌 문항 수	/ 25	/ 25	/ 25
나의 점수	점	점	점

---

01 난도 ★☆☆　　　　　　　　　정답 ②

미시경제학 > 정보의 비대칭성

정답의 이유

② 선별은 정보를 갖지 못한 측이 상대방(정보를 가진 측)의 특성을 알아내기 위해 노력하는 것을 말한다. 통신사가 다양한 종류의 요금제도를 제시하고 서로 다른 유형의 소비자가 자신이 원하는 요금제도를 선택하게 하는 것은 선별의 예에 속한다.

오답의 이유

① 역선택은 정보의 비대칭으로 인해서 정보를 갖지 못하거나 부족한 측의 입장에서 보았을 때, 바람직하지 못한 상대와 거래할 가능성이 높아지는 현상을 말한다. 도덕적 해이는 정보를 갖지 못하거나 부족한 측의 입장에서 보았을 때 정보를 가지고 있는 상대가 바람직하지 않은 행동을 취하는 가능성이 높아지는 현상을 말한다. 정보의 비대칭성이 존재하면 역선택과 도덕적 해이의 문제가 항상 발생하기 보다는 발생할 가능성이 크다고 보는 것이 옳다.

③ 공동균형에서는 서로 다른 선택을 할 수 없다.

④ 보험회사 입장에서 해당 예는 도덕적 해이가 아니라 역선택에 해당한다.

⑤ 신호는 정보를 보유하지 못한 측이 아니라 정보를 갖고 있는 사람이 사용하는 수단에 해당한다.

02 난도 ★☆☆　　　　　　　　　정답 ②

미시경제학 > 수요와 공급

정답의 이유

• 보완재는 실과 바늘처럼 함께 소비할 때 더 큰 만족을 얻을 수 있는 관계에 있는 재화를 말한다. 보완재의 경우, X재의 가격이 상승(하락)하면 X재의 수요량이 감소(증가)하기 때문에, 보완재인 Y재의 수요가 감소(증가)한다.

• 대체재는 용도가 비슷하여 서로 대신하여 사용할 수 있는 관계에 있는 재화를 말한다. 대체재의 대표적인 예로는 버스와 지하철을 들 수 있고, 대체재 사이에는 경쟁 관계가 형성되므로 X재의 가격이 상승(하락)하면 X재의 수요량이 감소(증가)하기 때문에 대체재인 Y재의 수요가 증가(감소)한다.

㉠ 커피 원두값이 급등하게 되면 커피의 공급곡선은 왼쪽으로 이동한다.

㉡ 크루아상은 커피의 보완재이다. 커피의 가격이 인상되면 커피의 수요가 감소하기 때문에 보완재인 크루아상도 수요가 감소하게 되며, 이로 인해 소비자 잉여와 생산자 잉여도 감소하게 된다.

ⓐ 밀크티는 커피의 대체재이다. 커피의 가격이 인상되면, 커피의 수요가 감소하게 되고 대체재인 밀크티의 수요는 증가하게 된다. 밀크티의 수요가 증가하게 되면 더 많이 팔리게 되므로 판매수입은 증가하게 된다.

[오답의 이유]

ⓒ 커피의 수요 감소는 보완재인 크루아상의 수요 감소로 이어지고 이로 인해 크루아상의 거래량은 증가하는 것이 아니라 감소하게 된다.

ⓓ 커피의 가격이 상승했으므로 대체재인 밀크티 수요가 증가하고 이로 인해 밀크티의 소비자 잉여 및 생산자 잉여가 증가하게 된다. 따라서 총잉여는 감소하는 것이 아니라 증가한다.

03 난도 ★★★ 정답 ④

미시경제학 > 완전경쟁시장과 단기균형 · 장기균형

[정답의 이유]

ⅰ) 완전경쟁시장에서 장기균형조건은 P＝LMC(장기한계비용)＝LAC(장기평균비용)이다.

ⅱ) LMC＝4q, LAC＝$2q+\frac{10}{q}$이고 장기균형조건을 통해 보면,

$$4q(LMC)=2q+\frac{10}{q}(LAC)$$

$$2q^2=10$$

$q=\sqrt{5}$, P＝$\sqrt{80}(4\sqrt{5})$이다.

ⅲ) 조건에 100개 기업이 참여하고 있다고 되어 있으므로 시장 전체 공급량은

$$Q=100q=100\sqrt{5}(=25\sqrt{80})$$

따라서 장기균형가격은 $\sqrt{80}$, 시장 전체의 공급량은 $25\sqrt{80}$이며, 정답은 ④이다.

04 난도 ★★☆ 정답 ⑤

거시경제학 > 화폐수요

[정답의 이유]

ⅰ) 화폐수량설 공식은 MV＝PY이다(M: 통화, V: 유통속도, P: 물가, Y: 국민소득). 이 중 PY는 명목 GDP이므로, 문제에 제시된 조건 명목 GDP(1,650조 원)과 통화량(2,500조 원)을 위 공식에 대입하면 2500V＝1650이 되고 V＝0.66이 도출된다.

ⅱ) V(유통속도)변화율＝$\frac{\varDelta V(0.0033)}{V(0.66)}=\frac{1}{200}=0.5\%$

ⅲ) EC방정식에 따르면 M변화율＋V변화율＝P변화율＋Y변화율이다. 여기에 앞서 도출한 V변화율(0.5%)과 문제에서 제시된 물가변화율(2%) · 실질 GDP 증가율(3%)을 대입하면, ⑤ M변화율＝5−0.5 ⇒ M변화율＝4.5가 나오게 된다.

05 난도 ★★☆ 정답 ④

국제경제학 > IS−LM−BP 모형

[정답의 이유]

ⓒ 수출이 증가하게 되면 IS곡선이 우측으로 이동하고 소득은 증가하게 된다. 결과적으로 눈여겨 볼 부분은 '변동환율제도 하에서 평가절하가 이루어지면'이다. '평가' 절하는 고정환율제도에서만 사용되므로 해당 부분을 통해 ⓒ 보기가 잘못되었다는 것을 알 수 있다.

ⓜ 화폐수요가 감소한다는 것은 통화량이 증가한다는 것을 의미한다. 통화량이 증가하면 외환수요의 증가를 가져오고 환율상승 압력을 가져오게 된다. 중앙은행은 원래대로 돌아가기 위해서 외환을 매각하고 통화량을 변화(감소)시키는데, 이때 LM곡선은 좌측으로 이동을 하게 되고 최초의 위치로 복귀하게 된다.

[오답의 이유]

ⓐ · ⓑ 변동환율제도에서 통화량이 증가하게 된다면 LM곡선은 오른쪽으로 이동하게 된다. 이자율이 하락하고 자본이 유출되면 환율이 변동(상승)하게 되고 수출이 증가하게 된다.

ⓓ 환율상승 압력이 발생하면 중앙은행은 이전 상태로 돌아가기 위해서 외환을 매각하고 통화량을 줄여야 한다.

06 난도 ★☆☆ 정답 ②

거시경제학 > IS−LM 모형

[오답의 이유]

ⓑ 소비자들의 저축성향 감소는 한계소비성향이 커지는 것을 의미한다. 한계소비성향이 커지면 IS곡선의 기울기는 감소하게 되면서 곡선을 우측으로 이동시킨다.

ⓒ 화폐수요의 이자율 탄력성이 커지면 LM곡선은 완만하게 되고 총수요곡선은 가파르게 된다.

07 난도 ★☆☆ 정답 ①

미시경제학 > 탄력성

[정답의 이유]

ⓐ 비탄력적인 경우 가격은 올라도 수요의 변화는 크지 않다. 따라서 총지출은 증가한다.

ⓑ 탄력성이 커지면 내야 하는 세금은 적어지고 보조금의 혜택도 적어진다. 반대로 탄력성이 적어지면 내야 하는 세금은 많아지고 보조금의 혜택은 늘어나게 된다. 수요와 공급의 가격탄력성이 커지면 정부와 거래량이 줄어들고(세수가 줄어듦) 후생손실이 증가하게 된다.

[오답의 이유]

ⓒ 독점기업의 경우 공급곡선이 존재하지 않는다. 따라서 공급의 가격탄력성은 존재하지 않는다.

ⓓ 최저임금은 가격하한제에 해당한다. 따라서 노동의 공급보다는 수요 측면에 의해서 결정되는 것이 옳다.

08 난도 ★★☆ 정답 ⑤

미시경제학 > 현시선호이론

[정답의 이유]

ⓒ·ⓒ 공리는 특별한 증명없이 참과 거짓을 논할 수 있는 명제를 말한다. 현시선호이론에는 강공리와 약공리가 존재한다. 약공리는 '만약 한 상품묶음 Q_0이 다른 상품묶음 Q_1보다 현시선호되었다면, 어떤 경우라도 Q_1이 Q_0보다 현시선호될 수는 없다'를 말하고 강공리는 '만약 한 상품묶음 Q_0이 다른 상품묶음 Q_n보다 간접적으로 현시선호되었다면, 어떤 경우라도 Q_n이 Q_0보다 간접적으로 현시선호될 수 없다'는 것을 말한다. 결론적으로 현시선호에서 공리는 소비자의 선택행위가 일관성을 보여야 한다는 것을 말하고 있다. 그리고 현시선호의 공리를 만족시키면 우하향하는 기울기를 가지는 무차별곡선을 도출하게 된다.

ⓔ 강공리는 약공리를 함축하고 있으므로 강공리가 만족된다면 언제나 약공리는 만족한다.

[오답의 이유]

ⓐ 현시선호이론은 완전성, 이행성, 반사성이 있다는 것을 전제하는 소비자 선호체계에 반대하면서 등장한 이론이므로 이행성이 있다는 것을 전제로 한다는 내용은 잘못되었다.

09 난도 ★★☆ 정답 ②

미시경제학 > 단기비용함수와 장기비용함수

[정답의 이유]

ⅰ) 조건에서 임금은 10, 자본임대료는 20, 자본 2,000 단위를 사용한다고 했으므로 고정비용 40,000을 유추할 수 있다.

ⅱ) K가 2,000이므로 $Q=L^{\frac{1}{2}} \Rightarrow L=Q^2$이다.

따라서 이 기업의 단기 비용함수는 ② $10Q^2+40,000$이다.

10 난도 ★★☆ 정답 ①

미시경제학 > 기업의 가치

[정답의 이유]

현재가치를 구하는 식은 다음과 같다.

$$PV=\pi_0\frac{1+g}{1+i}+\pi_0\left(\frac{1+g}{1+i}\right)^2+\pi_0\left(\frac{1+g}{1+i}\right)^3+\cdots$$

$$=\frac{\pi_0}{1-\frac{1+g}{1+i}}=\frac{\pi_0}{\frac{i-g}{1+i}}$$

$$=\pi_0\frac{1+i}{1-g}$$

따라서 이 기업의 가치는 $PV=\pi_0\frac{1+g}{i-g}$로 계산된다는 ①은 옳지 않은 지문이다.

11 난도 ★★☆ 정답 ④

거시경제학 > 합리적 기대이론

[정답의 이유]

장기균형에서는 $P=P^e$이기 때문에 총공급곡선은 수직선이 된다($Y=1$). 도출된 내용을 총수요곡선에 대입시키면 $P=1$의 결과를 얻게 된다. 개인들이 합리적 기대를 한다면 장기적으로는 물가가 장기균형상태로 이동할 것을 예상해서 조정을 할 것이기 때문에 ④ P_t^e는 1이다.

12 난도 ★★☆ 정답 ③

거시경제학 > 필립스 모형

[오답의 이유]

① 적응적 기대는 과거의 자료를 바탕으로 예상오차를 점차 수정해서 미래를 예측하는 것을 말하고, 적응적 기대에서의 경제주체는 단기적으로 보면, 경제상황에 대해 정확히 파악하지 못하기 때문에 오류를 범하게 되고 이를 시간이 지나면서 정확한 값을 찾게 되는 모습을 보인다. 따라서 적응적 기대는 경제주체들이 체계적 오류를 범한다고 보기 때문에 체계적 오류 가능성이 없다고 보는 것은 잘못된 판단이다.

② 해당 내용은 합리적 기대에 대한 정의이다.

④ 필립스 곡선이 급해지면 희생률은 작아진다.

⑤ t기의 기대 인플레이션에 영향을 주는 것은 t−1기의 인플레이션이다.

13 난도 ★★☆ 정답 ③

거시경제학 > 솔로우 모형·균제상태와 황금률

[오답의 이유]

① 기술이 매년 진보하는 상황에서 1인당 자본량은 일정하게 유지하는 것이 아니라 계속 증가한다.

② 총자본량의 증가율은 기술진보율(2%)과 인구증가율(1%)의 합과 같다. 따라서 2%씩 증가하는 것이 아니라 3%씩 증가한다고 봐야 한다.

④ 저축률이 증가한다는 것은 투자가 많아지는 것을 뜻하므로, 1인당 자본량이 증가하게 된다. 하지만 솔로우 모형에서 장기상태의 성장률은 '0을 유지하기 때문에' 변화하지 않는다고 봐야 한다. 따라서 '1인당 자본량의 증가율이 상승한다'는 표현은 잘못된 표현이다.

⑤ 감가상각률이 증가한다는 것은 1인당 자본량은 줄어든다는 것을 의미하므로 잘못된 표현이다.

14 난도 ★★☆ 　　　　　　　　　　　정답 ⑤

미시경제학 > 효용함수와 최적 소비량

[정답의 이유]

주어진 문제의 비용함수[$C(Q)=100+2Q^2$]를 통해 고정비용은 100, 가변비용은 $2Q^2$, 한계비용은 $4Q$, 평균가변비용은 $2Q$라는 것을 도출할 수 있다.

⑤ 완전경쟁시장에서 최적산출량(5개)을 시장가격 20에 팔면 수입은 100, 손실은 50이다.

[오답의 이유]

① 기업이 속해있는 시장은 완전경쟁시장이고, 완전경쟁시장에서 기업은 시장가격을 받아들여야 한다. 또한 완전경쟁시장에서 기업이 직면하는 수요곡선은 수평선이다.

③ $4Q=20 \Rightarrow 5$이므로 최적산출량은 5이다.

④ 생산은 평균가변비용(AVC)보다 높은 곳에서 진행되므로 옳은 내용이다.

15 난도 ★★☆ 　　　　　　　　　　　정답 ⑤

거시경제학 > 투자이론

[정답의 이유]

⑤ 실질이자율이 하락하는 경우에는 자본의 사용자 비용이 적어지고 자본의 한계비용을 감소시키기 때문에 투자가 증가한다.

16 난도 ★★☆ 　　　　　　　　　　　정답 ③

거시경제학 > 균형경기변동이론

[정답의 이유]

ⓒ '기술충격 옴 → 노동수요 증가 → 임금·실질이자율 상승 → 노동공급 증가 → 공급의 증가'가 되기 때문에 충격이 더 많이 오게 된다. 따라서 소비의 기간 간 대체효과는 크다.

ⓔ 자본에 대한 요구가 많아지면 실질이자율 역시 같은 방향으로 움직이기 때문에 경기순행적이다.

[오답의 이유]

㉠ 흥작이나 획기적 발명품의 개발은 실물적 경비변동이론(RBC)에 해당하며, 이 경우 영구적 기술충격이 아니라 일시적 기술충격에 해당한다.

ⓓ '생산성 상승 → 노동 수요 증가 → 실질임금 상승'으로 이어진다. 따라서 실질임금·실질이자율은 경기순행적이다.

ⓜ 경기 상황에 따라 노동 수요가 늘어날 수 있고 줄어들 수 있으므로 생산성은 경기순응적이다.

17 난도 ★★☆ 　　　　　　　　　　　정답 ④

국제경제학 > 마샬-러너 조건

[정답의 이유]

실질절하는 실질환율이 상승했다는 것을 의미한다. 실질환율이 상승하게 되면 수출이 증가하고 수입이 감소하게 된다. 환율이 상승하게 되면 원자재를 구입하는 사람들은 부담이 커지는데 단기적으로 보면, 무역수지적자가 발생하게 된다(그래프의 －부분).

④ 수출수요탄력성과 수입수요탄력성의 합이 1보다 커야 실질절하는 무역수지를 개선한다. 따라서 작다는 표현은 옳지 않다.

18 난도 ★★☆ 　　　　　　　　　　　정답 ③

미시경제학 > 한계효용균등의 법칙

[정답의 이유]

ⅰ) 한계대체율(MRS): $\dfrac{(20-4x)}{4}=5-x$

　x가 커질수록 한계대체율(MRS)이 감소하기 때문에 무차별 곡선이 원점에 대해 볼록하게 된다. 그리고 한계대체율(MRS)과 상대 가격이 같게 되면 효용극대화가 달성된다.

ⅱ) 가격 변화 이전

　$5-x=1 \Rightarrow x=4$,

　$2X+2Y=24$가 성립해야 하기 때문에 $y=8$이 도출된다.

ⅲ) 가격 변화 이후

　상대가격이 3이 되기 때문에 $x=2$, $y=6$이 도출된다.

따라서 X재와 Y재의 최적 소비량은 ③이 정답이다.

19 난도 ★★☆ 　　　　　　　　　　　정답 ④

미시경제학 > 조세의 귀착

[정답의 이유]

ⓒ 수요곡선이 수평선으로 주어져 있다는 것은 완전탄력적이라는 것을 의미한다. 수요가 완전탄력적인 경우 공급자가 모든 조세를 부담하기 때문에 물품세의 조세부담은 모두 공급자에게 귀착된다는 내용은 옳은 내용이다.

ⓔ 공급의 가격탄력성이 크면 클수록 상대적으로 수요는 덜 탄력적으로 되며, 덜 탄력적일수록 수요자에게 전가(부담)된다.

ⓓ 법적부과 대상자보다는 경제적인 결과가 중요하다.

[오답의 이유]

㉠ 세금을 부여한다고 해서 수요곡선이 변화하는 것은 아니며, 사람이 최대한 낼 수 있는 것이 변화한다. 따라서 수요곡선은 이동하지 않고 공급자들에게 최대한 지불할 수 있는 금액만 떨어진다.

ⓜ 세율 비례하는 것이 아니라 세율 제곱에 비례한다.

20 난도 ★★☆   정답 ②

거시경제학 > 절약의 역설

[정답의 이유]

절약의 역설(저축의 역설)은 절약(저축)의 증가가 투자의 증가로 이어지지 못하고 반대로 총수요를 감소시켜 생산활동을 위축하게 됨으로 인해 국민소득이 감소되는 경우를 말한다.

ⓛ 절약의 역설은 투자 수요의 이자율 탄력성이 적을 때 성립함으로, 이자율 변동의 영향을 적게 받을수록 절약의 역설이 발생할 가능성이 크다는 것은 옳은 내용이다.

[오답의 이유]

㉠ 경기가 침체되었을 때 절약을 하면 상황이 더 안 좋아지기 때문에 절약의 역설이 발생하지 않는다는 내용은 옳지 않다.

㉢ 고전학파가 아니라 케인즈에 해당한다.

㉣ 고전학파의 입장에서 임금은 신축적으로 변화하지만 케인즈는 임금을 경직적으로 보기 때문에 절약의 역설이 발생한다.

21 난도 ★★☆   정답 ⑤

미시경제학 > 복점시장과 쿠르노 모형 · 슈타켈버그 모형

[정답의 이유]

쿠르노 모형에서 각 기업은 완전경쟁시장 생산량의 $\frac{1}{3}$ 생산하기 때문에 두 기업의 생산량은 $\frac{2}{3}$이다. 완전경쟁시장에선 P=MC이기 때문에 P=0, 생산량은 Q=10이다. 따라서 쿠르노 모형 생산량은 $Q\left(\frac{20}{3}\right)$이고, 가격은 $P\left(\frac{10}{3}\right)$이기 때문에 ⑤는 옳지 않다.

22 난도 ★★☆   정답 ③

거시경제학 > 균형실업률

[정답의 이유]

ⅰ) 자연실업률 조건

sE=fU(U: 실업자의 수, E: 취업자의 수, s: 취업자 중에 이번 기에 실직하는 비율, f: 실업자 중에 이번 기에 취업하는 비율)

$\Rightarrow$ 자연실업률 $=\dfrac{U}{E+U}=\dfrac{s}{s+f}$

ⅱ) s(취업자 중에 이번 기에 실직하는 비율) $=1-P_{11}$

f(실업자 중에 이번 기에 취업하는 비율) $=P_{21}$

해당 내용을 위 식에 대입하면 $\dfrac{1-P_{11}}{1-P_{11}+P_{21}}$이 나오므로 정답은 ③이다.

23 난도 ★★☆   정답 ③

미시경제학 > 공공재

[정답의 이유]

문제에 제시된 내용을 통해 공공재와 관련되었음을 확인할 수 있다.

ⅰ) 공공재의 수요

$p_i=10-Q \Rightarrow P=10\times(10-Q)=100-10Q$

ⅱ) 효율적인 가로등 설치 조건(최적공급조건)

$P=100-10Q=20$이므로 Q=8이 도출된다.

ⅲ) 효율적인 가로등 수량을 확보하기 위해 각 가구당 지불해야 하는 비용(개별지불의사)

Q=8을 $p_i=10-Q$에 대입하면 $p_i=2$가 도출된다.

따라서 Q=8이므로 정답은 ③이 된다.

24 난도 ★★☆   정답 ④

미시경제학 > 복점시장과 쿠르노 모형 · 슈타켈버그 모형

[정답의 이유]

문제에서 제시된 조건을 통해 한계비용이 다르다는 것을 알 수 있고 [기업 A의 한계비용($MC_A=2$), 기업 B의 한계비용($MC_B=4$)], 한계비용이 상이하였을 때 공식

$$\left\{Q_1=\frac{a-2C_1+C_2}{3_b}, \; Q_2=\frac{a-2C_2+C_1}{3b}\right\}$$로 푼다는 것을 생각하면서 보기를 확인하면 다음과 같다.

ⓛ 균형가격은 14(36−11)이다.

㉢ · ㉤ 생산자잉여는 122[72(이윤 A)+50(이윤 B)]이고 사회후생은 243[121(소비자잉여)+122(생산자잉여)]이다.

[오답의 이유]

㉠ 균형 상태에서 기업 A의 생산량은 6이고 기업 B의 생산량은 5이다.

㉣ 소비자잉여는 $\dfrac{(36-14)\times 11}{2}=121$이다.

25 난도 ★★☆   정답 ①

국제경제학 > 스톨퍼–사무엘슨 정리

[정답의 이유]

ⅰ) 헥셔−올린 정리

각국은 자국의 상대적으로 풍부한 부존요소를 사용하는 재화의 생산에 비교우위가 있다. 따라서 노동이 풍부한 국가는 노동집약적 생산에, 자본이 풍부한 국가는 자본 집약적 생산에 우위를 갖게 된다. 노동이 풍부한 나라는 노동을 활용하려고 하기 때문에 임금은 상승하고 자본(이자)의 가격은 떨어진다는 특징을 갖고, 반대로 자본이 풍부한 나라는 자본재 가격은 올라가고 노동재의 가격이 떨어진다는 특징을 갖게 된다.

ⅱ) 스톨퍼−사무엘슨 정리

스톨퍼−사무엘슨 정리는 무역으로 인해서 계층 간 실질 소득의 분배와 관련한 이론으로 한 재화의 상대가격이 오르면 그 재화에 집약적으로 사용되는 생산요소의 실질적인 소득은 절대적 · 상대적으로 증가하고, 반대로 다른 생산요소의 실질적인 소득은 절대적 · 상대적으로 감소한다고 말한다.

ⅲ) 문제를 통해 A국은 K(총자본)집약적 생산에, B국은 L(총노동)집약적 생산에 비교우위를 가지고 있음을 알 수 있다. 이런 상황에서 A−B국간 무역을 진행하게 되면 ① B국의 실질임금률은 상승하고, 실질이자율은 하락하게 된다.

성공한 사람은 대개 지난번 성취한 것 보다 다소 높게, 그러나 과하지 않게 다음 목표를 세운다.
이렇게 꾸준히 자신의 포부를 키워간다.

– 커트 르윈 –

PART 4

영어

한눈에 훑어보기

✓ 영역 분석

어휘 01
1문항, 4%

독해 02 04 05 06 07 08 09 10 11 13 14 15
17 18 19 20 21 22 23 24 25
21문항, 84%

어법 03 12 16
3문항, 12%

✓ 빠른 정답

01	02	03	04	05	06	07	08	09	10
③	①	④	⑤	②	⑤	②	④	①	③
11	**12**	**13**	**14**	**15**	**16**	**17**	**18**	**19**	**20**
①	④	⑤	③	⑤	③	④	④	②	②
21	**22**	**23**	**24**	**25**					
①	②	⑤	③	④					

✓ 점수 체크

구분	1회독	2회독	3회독
맞힌 문항 수	/ 25	/ 25	/ 25
나의 점수	점	점	점

---

01 난도 ★☆☆ 정답 ③

어휘 > 단어

[정답의 이유]

밑줄 친 mitigating은 '완화하다, 경감시키다'라는 뜻의 mitigate의 분사형으로 명사 benefits를 수식하고 있다. 따라서 밑줄 친 단어와 그 의미가 가장 가까운 것은 ③ 'alleviating(완화하는)'이다.

[오답의 이유]

① 악화시키는
② 증대하는
④ 향상시키는
⑤ 악화시키는

본문해석

높은 에너지 비용으로부터 가정과 기업을 보호하기 위한 유럽 정부의 노력은 명백한 이점들, 특히 인플레이션 압력을 완화하는 이점들을 갖고 있다. 하지만 그것들은 훨씬 더 큰 비용을 수반하는데, 유럽연합 집행기관은 이를 무시하기보다는 강조해야 한다.

VOCA

• shield 보호하다, 가리다
• household 가정
• not least 특히
• mitigate 완화[경감]시키다
• European Commission 유럽연합 집행기관
• highlight 강조하다

---

02 난도 ★★☆ 정답 ①

독해 > 빈칸 완성 > 단어 · 구 · 절

[정답의 이유]

주어진 글은 식품 사막의 정의가 도시와 시골에 따라 다르다는 내용이다. 빈칸 문장에서 '식품 사막은 신선하고, 흠 없는 건강한 음식으로의 ~을 가지고 있는 지역이나 동네이다.'라고 한 다음에 빈칸 다음 문장에서 도시의 식품 사막에서는 상당 비율의 지역주민들이 신선한 음식 제공자로부터 1마일 이상 떨어져 살고 있으며, 시골 지역에서는 신선한 음식 공급원으로부터 적어도 10마일은 떨어져 있어야 한다고 했으므로, 문맥상 빈칸에 들어갈 알맞은 말은 ① 'limited access(제한된 접근)'이다.

[오답의 이유]

② 불안한 순간들
③ 복잡한 감정들

④ 한정된 배급

⑤ 불안한 선호

본문해석

식품 사막은 여러 이유 때문에 사람들이 신선하고, 흠이 없고, 건강한 음식으로의 제한된 접근을 가지고 있는 지역이나 동네이다. 많은 사람들이 미국 농무부(USDA)의 정의를 사용하는 경향이 있다. "도시의 식품 사막에서는 지역 주민의 상당 비율이 슈퍼마켓이나 농부들의 직거래 시장과 같은 신선한 음식 제공자로부터 1마일 이상 떨어져 살고 있다. 시골 지역에서는 식품 사막은 신선한 음식 공급원으로부터 적어도 10마일은 떨어져 있다."

VOCA

- food desert 식품 사막(신선한 음식을 구매하기 어렵거나 그런 음식이 너무 비싼 지역)
- whole 흠 없는, 온전한, 순수한
- tend (~하는) 경향이 있다
- urban 도시의, 도회지의
- significant 특별한 의미가 있는, 중요한
- farmers' market (농부들이 경작한 상품을 직접 내다 파는) 직거래 시장
- resident 거주자[주민]
- rural area 시골 지역

03 난도 ★★☆ 정답 ④

어법 > 비문 찾기

정답의 이유

④ 앞의 전치사구인 with knowledge 다음에 by other people이 있으므로 impart는 명사 knowledge를 수식하는 과거분사가 되어야 한다. 즉, 문맥상 knowledge와 impart의 관계가 수동인 '전달받는' 것이므로, impart → imparted가 되어야 한다.

오답의 이유

① that은 선행사 something을 수식하는 목적격 관계대명사로 어법상 적절하게 사용되었다.

② develop은 관계사절의 동사로 can이 있으므로, improve와 함께 동사원형으로 적절하게 사용되었다.

③ 전치사 through는 '~을 통해'라는 뜻이며, 다음에 명사(our experiences)가 왔으므로 어법상 적절하게 사용되었다.

⑤ 'enough+to부정사'는 '충분히 ~만큼 …하다'의 뜻이므로, 어법상 적절하게 사용되었다.

본문해석

우리는 문화지능(Cultural Intelligence)을 우리가 생애 동안 지속적으로 개선하고 발전할 수 있는 무언가로 생각해야 한다. 그것을 얻는 데는 어려움이 있다. 우리는 우리의 경험을 통해서 이것을 하지만, 우리가 신뢰하고 우리에게 그들의 지식을 나눠줄 만큼 충분히 우리를 신뢰하는 다른 사람들에 의해 전달받은 지식으로도 이것을 한다.

VOCA

- Cultural Intelligence 문화지능
- think of A as B A를 B로 생각하다
- continuously 연달아
- duration of our lives 우리의 수명
- acquire 습득하다[얻다]

더 알아보기

관계대명사 that

- 관계대명사 that은 선행사가 사람, 사물, 동물에 상관없이 모두 사용할 수 있으므로 관계대명사(who, whom, which)를 대신할 수 있다. 다만, 관계대명사의 소유격(whose, of which)을 대신할 수는 없다.

  예 Movies that[which] are popular have a few characteristics in common.
  (인기 있는 영화들은 공통적인 몇몇 특징이 있다.)

  예 She is the greatest novelist that[who] has ever lived.
  (그녀는 생존했던 소설가 중에 가장 위대한 소설가이다.)

- 다음 경우에는 관계대명사 that을 쓴다.

선행사	관계대명사
사람+사물 의문사(who/what) the only[very/same]+명사 최상급/서수 all[little/much/any/some/nothing/something/anything]	+that

  예 *Who* that has a family to support would waste so much money?
  (부양해야 할 가족을 가진 사람으로서 누가 그렇게 많은 돈을 낭비할까?)

  예 Man is *the only animal* that can speak.
  (사람은 말할 수 있는 유일한 동물이다.)

  예 You are *the very person* that I'd like to employ.
  (당신은 내가 채용하고픈 바로 그 사람이다.)

  예 *All* that glitters is not gold. (반짝이는 모든 것이 금은 아니다.)

  예 Timmy fixed almost *everything* that needed repairing.
  (그는 수리가 필요한 거의 모든 것을 고쳤다.)

- 관계대명사 that은 계속적 용법(, that)과 전치사+that이 불가능하다.

  예 I said nothing, that made him angry. (×)
  → I said nothing, which made him angry. (○)
  (나는 아무 말도 안 했고, 그것이 그를 화나게 만들었다.)

독해 > 대의 파악 > 추론

정답의 이유

마지막에서 두 번째 문장에서 'A BMI of 30 to 34.9 is mildly obese, while 35 to 39.9 is substantially obese(BMI가 30에서 34.9는 약간 비만이지만, 35에서 39.9는 상당히 비만이다).'라고 했으므로, BMI 30부터 비만으로 간주한다는 것을 추론할 수 있다. 따라서 주어진 글에서 추론할 수 있는 것은 ⑤ 'A person is usually considered obese if his or her BMI is 30(BMI가 30인 사람은 보통 비만으로 간주된다).'이다.

오답의 이유

① 미국인의 절반 이상이 BMI 30 이상이다.

② BMI 30 이상인 사람은 누구나 암에 걸릴 것이다.

③ 60퍼센트 이상의 미국인들은 그들의 BMI를 알지 못한다.

④ BMI가 35 이상인 미국인은 거의 없다.

본문해석

비만은 오늘날 미국에서 가장 심각한 건강 문제에 해당한다. 미국 성인의 거의 60%가 과체중이거나 비만이다. 이것은 단지 외모의 문제가 아니다. 비만은 종종 당뇨병, 심장마비, 고혈압, 그리고 심지어 어떤 형태의 암 같은 심각한 건강 문제로 이어진다. 의료 전문가들은 일반적으로 체질량지수(BMI)를 사용하여 비만을 정의한다. BMI는 어떤 사람의 체중(킬로그램 단위)을 키(미터 단위)의 제곱으로 나누어 쉽게 계산할 수 있다. 정상적이거나 건강한 BMI는 25보다 작을 것이다. 체질량지수가 25에서 29.9 사이인 사람은 과체중으로 간주된다. BMI가 30에서 34.9는 약간 비만이지만, 35에서 39.9는 상당히 비만이다. 체질량지수가 40 이상인 사람들은 고도 비만으로 여겨진다.

VOCA

- obesity　비만
- represent　(~에) 해당[상당]하다
- overweight　과체중의, 비만의
- obese　비만인
- lead to　~로 이어지다
- diabetes　당뇨병
- heart attacks　심근경색, 심장마비
- high blood pressure　고혈압
- Body Mass Index (BMI)　체질량지수
- substantially　상당히, 많이

독해 > 세부 내용 찾기 > 내용 (불)일치

정답의 이유

주어진 글은 바퀴벌레는 많은 사람들이 싫어하지만, 실제 사람들에게 영향을 끼치는 종은 많지 않다는 내용이다. 네 번째 문장에서 'There are well over 4,000 described species of cockroach around the world, with some experts estimating that there are another 5,000 species that have yet to be classified by taxonomists.'라고 했으므로, 윗글의 내용과 일치하는 것은 ② 'There might be around 9,000 species of cockroach in the world according to some experts(일부 전문가들에 따르면, 세계에는 약 9,000종의 바퀴벌레가 있을 수 있다고 한다).'이다.

오답의 이유

① 모든 바퀴벌레는 해롭다. → 세 번째 문장에서 'But of the thousands of species out there, only a few can be considered pests.'라고 했으므로, 글의 내용과 일치하지 않는다.

③ 분류되지 않은 5천 종의 바퀴벌레가 어떤 하위 유형에 속하는지에 대해서는 의견이 일치한다. → 다섯 번째 문장에서 'Their classification is actually a point of contention ~'라고 했으므로, 글이 내용과 일치하지 않는다.

④ 대부분 미국들은 그들의 집에서 약 24종의 다른 바퀴벌레를 만날 수 있다. → 마지막 문장에서 '~ but most people are likely to interact with no more than a dozen of them ~'라고 했으므로, 글의 내용과 일치하지 않는다.

⑤ 미국에 얼마나 많은 바퀴벌레의 과(科)가 사는지 아는 것은 쉽다. → 다섯 번째 문장의 후반부에서 '그것들이 어느 아목에 속하는지, 혹은 그것들이 얼마나 많은 과(科)로 구성되어 있는지'는 논쟁거리라고 했으므로 글의 내용과 일치하지 않는다.

본문해석

대부분의 사람들은 바퀴벌레가 역겹다고 생각한다. 그리고 만약 부엌의 불을 켰는데, 어두운 구석으로 재빨리 미끄러지듯이 사라지는 그것들을 발견한다면, 여러분은 아마도 동의할 것이다. 하지만 수천 종의 생물들 중 불과 몇몇 종만이 해충으로 간주될 수 있다. 전 세계적으로 4,000종 이상의 바퀴벌레가 기술되어 있으며, 일부 전문가들은 추측하기를 분류학자들에 의해 아직 분류되지 않은 또 다른 5,000종의 바퀴벌레가 있다고 한다. 그것들의 분류는 실제로 논쟁거리이며, 나는 그것들이 어느 아목에 속하는지 혹은 그것들이 얼마나 많은 과(科)로 구성되어 있는지에 대하여 입장을 취하지 않을 것이다. 대략 60~70여 종이 미국 대륙에서 발견될 수 있지만, 대부분 사람들은 그들이 사는 곳에 따라 그것들 중 단지 12종 정도의 바퀴벌레들만 영향을 끼칠 가능성이 높다.

VOCA

- cockroach　바퀴벌레
- disgusting　구역질나는, 정말 싫은
- skitter　(잽싸게) 나아가다[달리다, 미끄러지다]
- pest　해충, 독충, 해를 끼치는 짐승, 유해물
- classify　분류[유별]하다, 등급으로 나누다
- taxonomist　분류학자
- classification　분류(법), 유별, 종별
- contention　말다툼, 논쟁, 논전
- take a position　태도[입장]를 취하다
- suborder　아목(亞目)
- interact with　상호 작용하다, 서로 영향을 끼치다
- no more than　단지 ~에 지나지 않다, ~일 뿐(only)

06 난도 ★★☆   정답 ⑤

독해 > 대의 파악 > 제목, 주제

정답의 이유

주어진 글은 국가의 주권이 교통·통신 분야 기술의 발전으로 국가 간에 사람들과 경제가 서로 연결되면서 영향을 끼친다는 내용이다. 네 번째 문장에서 'International cooperation, ~ is increasingly necessary.'라고 했고, 다음 문장에서 'Technological progress ~ a trend captured by the term globalization.'이라고 했으므로 글의 흐름상 글의 제목으로 적절한 것은 ⑤ 'Globalization and International Cooperation(세계화와 국제협력)'이다.

오답의 이유

① 국가와 국가적인 과제
② 공권력과 주권
③ 세계적인 기술의 발전
④ 국제 관계와 독립

본문해석

어떤 경우에, 독립적이고 인접한 국가에 속하지 않는다는 점에서 한 국가는 외부적으로 자주적일 수 있다. 그러나 예를 들어, 지배적인 이웃 국가에 의해 국가적 과제는 외부로부터 통제될 수 있다. 국가 간의 국제적인 협력과 통합은 국가의 모든 공권력이 국민이나 다른 내부적인 주권의 원천에서 나온다고 주장하는 것을 점점 더 어렵게 만든다. 국제적인 협력과 여러 국가를 포함하는 영구적인 국제기구의 창설은 점점 더 필요해진다. 교통과 통신 분야의 기술적인 발전은 제품과 서비스가 생산되는 곳을 점점 더 상관없게 만드는데, 이는 세계화라는 용어에 의해 관심을 끌고 있는 추세이다. 사람들과 경제가 서로 연결되면서, 한 국가에서 내린 결정은 다른 국가의 사람들에게 영향을 미칠 수 있다.

VOCA

• externally   외부적으로
• sovereign   자주적인, 독립된
• dominant   우세한, 지배적인
• neighboring   근처[인근]의, 인접한
• integration   통합
• sovereignty   통치권, 자주권
• comprise   포함하다, 의미하다, 이루어지다, 구성되다
• irrelevant   부적절한, 무관한, 상관없는
• have an impact on   ~에 영향을 주다

07 난도 ★★☆   정답 ②

독해 > 세부 내용 찾기 > 내용 (불)일치

정답의 이유

주어진 글은 사람과 말에게 모두 전염되는 Hendra 바이러스에 대한 내용이다. 첫 번째 문단에서 최초의 희생자인 암말이 과일나무 아래에서 풀을 뜯어 먹고 나서 수 시간 후에 급격히 건강이 안 좋아졌으며, 조련사와 조수, 수의사의 보살핌에도 불구하고 2일 후에 죽었다고 했다. 두 번째 문단에서 원인불명의 이 질병은 마구간의

다른 말들에게도 전염되었고, 조련사와 조수도 병에 걸렸으며 결국 조련사 역시 사망했다고 했다. 두 번째 문단의 후반부에서 질병의 원인은 박쥐에게서 나온 Hendra 바이러스라고 했고, 마지막 문장에서 'The virus passed from the bats to the horse, then to other horses and to people—with disastrous results.'라고 했으므로 Hendra 바이러스에 대한 내용과 일치하는 것은 ② 'It can be fatal to both humans and horses(그것은 인간과 말 모두에게 치명적일 수 있다).'이다.

오답의 이유

① 사람에게 나타나는 증상은 고열, 호흡곤란, 얼굴이 붓는 것을 포함한다. → 두 번째 문단의 두 번째 문장에서 'All had high fevers, difficulty breathing, facial swelling, and blood coming from their noses and mouths.'라고 했는데, 여기서 All은 바로 앞문장의 most of the other horses를 가리키고 있으므로, 글의 내용과 일치하지 않는다.

③ 말들은 마구간 근처의 오염된 풀을 먹은 후에 감염되었다. → 마지막에서 두 번째 문장에서 'This virus had originated in bats that lived in the tree where the first horse had been eating grass.'라고 했으므로, 글의 내용과 일치하지 않는다.

④ 그것은 인간으로부터 동물로 전염될 수 있다. → 마지막 문장에서 'The virus passed from the bats to the horse, then to other horses and to people ~'이라고 했으므로, 글의 내용과 일치하지 않는다.

⑤ 인간은 박쥐로부터 직접 감염되었다. → 마지막 문장에서 'The virus passed from the bats to the horse, then to other horses and to people ~'이라고 했으므로, 글의 내용과 일치하지 않는다.

본문해석

1994년 9월, 호주의 작은 마을에서 한 무리의 경주마들 사이에서 끔찍한 질병이 시작되었다. 첫 번째 희생자는 과일나무 아래에서 풀을 먹는 것이 마지막으로 목격된 암말이었다. 몇 시간 안에, 그 말의 건강은 급속도로 악화되었다. 세 명의 사람들, 즉 말 조련사와 조수, 수의사가 이 동물을 구하기 위해 힘썼다. 그럼에도 불구하고 그 말은 이틀 후에 죽었는데, 죽음의 원인은 불확실했다. 2주 내에 마구간에 있는 대부분의 다른 말들도 역시 병에 걸렸다. 모두가 고열, 호흡곤란 증상이 있었으며, 얼굴이 붓고 코와 입에서 피가 나왔다. 한편, 조련사와 그의 조수도 병에 걸렸는데, 며칠 만에 조련사도 죽었다. 실험실 분석을 통해 마침내 문제의 근원을 발견했다. 말과 사람들은 Hendra 바이러스에 감염되었던 것이다. 이 바이러스는 첫 번째 말이 풀을 먹던 나무에 살던 박쥐들에게서 시작되었다. 그 바이러스는 박쥐에게서 말에게로, 그런 다음 다른 말들과 사람들에게 옮겨졌으며 그것은 재앙적인 결과를 낳았다.

VOCA

• racehorse   경주마(racer)
• veterinarian   수의사
• stable   마구간, (때로) 외양간
• facial   얼굴의, 안면의

- swell 부풀게 하다, 붓게 하다
- infect 전염시키다, 감염시키다
- pass from ~에서 옮겨지다
- disastrous 재해[재난]를 일으키는

08 난도 ★★★　　　　　　　　　　　정답 ④

독해 > 글의 일관성 > 글의 순서

정답의 이유

주어진 글의 마지막 문장에서 'Researchers report that there is science behind our style.'이라고 했으므로, 'In their research(그들의 연구에서)'로 시작하는 (B)가 오는 것이 자연스럽다. (B)의 마지막 문장에서 참가자들이 집중하는 능력을 측정하는 시험을 했다고 했으므로, 문맥상 (C)에서 흰 가운을 입은 참가자가 평상복을 입은 참가자보다 수행능력이 낮다고 시험 결과를 설명하는 것이 적절하다. (C)의 마지막 문장에서 '연구원들은 흰 가운이 참가자들을 더 자신감 있고 조심스럽게 느끼도록 만들었다고 생각한다.'라고 했는데, (A)에서 상징적인 의복이 그것을 입는 사람들의 행동에 영향을 미칠 수 있음과 경찰관의 제복과 판사의 법복을 예로 들어 마무리 짓고 있다. 따라서 주어진 글에 이어질 글의 순서로 논리적인 것은 ④ '(B) – (C) – (A)'이다.

본문해석

우리는 종종 우리의 옷 때문에 다른 사람들이 우리를 어떻게 생각할지 걱정한다. 하지만 연구원들은 우리의 옷이 우리가 우리 자신을 보는 방법에 똑같이 강력한 영향을 미친다고 생각하기 시작했다. 연구원들은 우리의 스타일의 이면에는 과학이 있다고 보고한다.

(B) 그들의 연구에서, 연구원들은 일부 참가자들에게 과학자나 의사들이 입는 것과 유사한 흰색 실험실 가운을 입도록 했다. 다른 참가자들은 평범한 옷을 입었다. 참가자들은 집중하는 능력을 측정하는 시험을 치렀다.

(C) 흰 가운을 입은 사람들이 평상복을 입은 사람들보다 더 잘 수행했다. 연구원들은 흰 가운이 참가자들을 더 자신감 있고 조심스럽게 느끼게 만들었다고 생각한다.

(A) 과학자들은 또한 다른 종류의 상징적인 의복이 그것을 입는 사람들의 행동에 영향을 미칠 수 있다고 믿는다. 예를 들면, 경찰관의 제복이나 판사의 법복은 입은 사람에게 권력이나 확신을 증가시킨다.

VOCA

- participant 참가자, 참여자
- lab coat 실험실 가운
- measure 측정하다, 치수를 재다
- confident 확신하고 (있는)
- judge 판사
- robe 예복, 관복, 법복

09 난도 ★★☆　　　　　　　　　　　정답 ①

독해 > 빈칸 완성 > 단어 · 구 · 절

정답의 이유

주어진 글은 대법관 임명 과정과 대법관의 권한에 대한 내용이다. 빈칸 문장에서 '대법원은 ~하는 권한을 갖고 있다.'라고 했고, 빈칸 다음 문장에서 'This means they have the power to determine if a law is constitutional.'이라고 하면서 법이 합헌인지 아닌지에 대한 결정권을 가지고 있다는 것을 부연설명하고 있다. 따라서 빈칸에 들어갈 말로 적절한 것은 ① 'judicial review(위헌법률심사권)'이다.

오답의 이유

② 사회적 담론
③ 입법 행위
④ 법률 조직
⑤ 불요(不要)의 의견

본문해석

대법관이라고 불리는 9명의 판사들은 대법원에서 일하며, 그들은 모두 그들에게 제출된 모든 사건을 경청한다. 대통령이 대법원에서 근무하기를 원하는 사람들을 선택하면 상원은 대통령의 선택을 각각 확정하거나 거부한다. 그 혹은 그녀는 평생 대법원에 남을 것이다. 대법원에서 근무하도록 선택된다는 것은 대단한 명예인데, 그것은 대통령과 상원이 여러분이 헌법을 공정하게 해석할 것을 신뢰한다는 것을 보여주는 것이기 때문이다. 대법원은 위헌법률심사권을 가지고 있다. 이것은 그들이 법이 합헌인지 아닌지에 대한 결정권을 가지고 있다는 것을 의미한다. 만약 판사들이 그 법이 헌법과 일치하지 않다고 결정한다면, 그 법은 영원히 무효이다. 그것은 매우 어려운 일이며, 법원은 종종 어려운 결정을 내릴 때 5대 4로 의견이 갈리는데 그것은 모든 사람들이 헌법을 다르게 이해하기 때문이다.

VOCA

- Justice 판사, 재판관
- Supreme Court 대법원
- Senate 상원
- confirm (지위 · 합의 등을) 확정하다[공식화하다]
- reject 거부[거절]하다
- judicial review 위헌법률심사권(미국에서 연방 대법원의 위헌여부 판단권)
- constitutional 합헌적인, 헌법에 따르는
- line up with ~과 함께 일렬로 세우다
- invalid 효력 없는[무효한]
- tough decision 어려운 결정
- extrajudicial opinion 불요(不要)의 의견(당해 사건의 판결에 필요 불가결하지 않은 사항 또는 논점 외의 사항에 관하여 진술된 법원의 의견)

10 난도 ★★★
정답 ③

독해 > 글의 일관성 > 문장 삽입

정답의 이유

주어진 문장은 '이 증거는 전문가들에게 그 지하 도시가 적들로부터 도시의 주민들을 보호하기 위해 지어졌다는 사실을 믿게 한다.'라는 내용이다. (C) 앞부분은 집을 수리하다가 우연히 발견한 벽 뒤에 숨겨진 방이 거대한 지하 도시로 연결되었다는 것을 발견했다는 내용이다. (C) 다음 문장에서는 2만 명 이상의 사람들이 그 안에 숨을 수 있으며 600개가 넘는 문들이 기존의 집들 아래와 주변에 숨겨져 있는 도시로 이어진다고 했으므로 문맥상 주어진 문장이 들어가기에 적절한 곳은 ③ (C)이다.

본문해석

1963년, 튀르키예의 Cappadocia 지역의 한 거주자가 그의 집을 개조하고 있었다. 그의 벽들 중 하나를 철거하자, 그는 돌에 새겨서 만들어진 숨겨진 방을 발견하고 놀랐다. 그는 그 방을 탐험했고, 그것이 지하 도시로 이어진다는 것을 발견했다. 그 지하 도시는 깊이가 60미터가 넘었는데, 20층 건물을 짓기에 충분한 깊이였다. 그것은 안쪽에서만 열거나 닫을 수 있는 거대한 돌문을 포함하고 있다. <u>이 증거는 전문가들에게 그 지하 도시가 적들로부터 도시의 주민들을 보호하기 위해 지어졌다는 사실을 믿게 한다.</u> 2만 명 이상의 사람들이 그 안에 숨을 수 있었다. 600개가 넘는 문들이 기존의 집들 아래와 주변에 숨겨져 있는 도시로 이어진다. 그 숨겨진 도시는 그들만의 종교 센터, 가축 마구간, 부엌, 그리고 심지어 학교까지 가지고 있었다. 하지만 전문가들은 그 지하 도시가 정확하게 얼마나 오래되었는지 정확하게 알지 못하는데, 그 지하 도시의 건설과 사용에 대한 기록이 사라졌기 때문이다.

VOCA

- renovation 수리, 수선
- knock down (건물을) 때려 부수다[철거하다]
- carve into 새겨서 ~을 만들다
- massive 거대한
- existing 기존의, 현재 사용되는
- livestock 가축
- stable 마구간

11 난도 ★★☆
정답 ①

독해 > 빈칸 완성 > 단어 · 구 · 절

정답의 이유

빈칸 다음 문장에서 'The Portion Cap Ruling, commonly known as the soda ban, was to restrict the sale of sugary drinks larger than 16 ounces in restaurants, movie theaters, sports arenas and delis.'라고 The Portion Cap Ruling을 부연설명하고 있고, 마지막 문장에서 '뉴욕시 보건국은 어떠한 입법적 위임이나 지침도 없이 입법에 참여했으며, 그리하여 뉴욕 시의회의 입법 관할권을 위반했다.'라고 패소한 이유를 말했다. 따라서 빈칸에 들어갈 알맞은 것은 ① 'New York City lost its final appeal to limit

the sale of sugary drinks larger than 16 ounces(뉴욕시는 16온스 이상의 설탕이 든 음료의 판매를 제한하는 최종 항소에서 패소했다).'이다.

오답의 이유

② 1회 제공량은 몇 년 동안 기하급수적으로 증가했고 비만율은 치솟았다.

③ 비만율을 줄이고 싶다면, 우리는 음식 환경을 바꿔야 한다.

④ 설탕이 든 음료의 과소비가 뉴욕 시민들의 건강에 미치는 부정적 영향은 명백하다.

⑤ 우리는 우리 아이들이 성장하는 더 건강한 음식 환경을 만들기 위해 모두가 함께 일할 수 있기를 바란다.

본문해석

<u>뉴욕시는 16온스 이상의 설탕이 든 음료의 판매를 제한하는 최종 항소에서 패소했다.</u> 일반적으로 탄산음료 금지로 알려진 Portion Cap Ruling은 식당, 영화관, 스포츠 경기장, 델리에서 16온스 이상의 설탕이 든 음료의 판매를 제한했다. 뉴욕주 항소법원은 Portion Cap Ruling에 대한 최종 판결을 내렸다. 뉴욕시 보건국은 'Sugary Drinks Portion Cap Rule'을 채택하는 데 있어서 규제 기관의 범위를 넘어섰다. 뉴욕시 보건국은 어떠한 입법적 위임이나 지침도 없이 입법에 참여했으며, 그리하여 뉴욕 시의회의 입법 관할권을 위반했다.

VOCA

- final appeal 최종 항소, 상고
- limit 한정[제한]하다
- sugary drink 설탕이 든 음료
- restrict 제한[한정]하다
- New York State Court of Appeals 뉴욕주 항소법원
- issue 발표[공표]하다
- New York City Board of Health 뉴욕시 보건국
- exceed 넘다, 상회하다
- scope (주제 · 조직 · 활동 등이 다루는) 범위
- regulatory authority 규제 기관
- legislative 입법의, 입법부의
- delegation 위임
- guidance 지침, 유도, 지표
- engage in ~에 관여[참여]하다
- legislative jurisdiction 입법 관할권

어법 > 비문 찾기

정답의 이유

④ put on a life boat는 '구명보트에 태우다'의 뜻인데, 부자들은 구명보트에 '태워지는' 수동의 대상이므로 had put → had been put이 되어야 한다. 부자들이 행위의 주체가 되어 '구명보트에 타다'라는 능동의 의미로 쓰려면 had put → had gotten이 되어야 한다.

오답의 이유

① who were coming은 선행사 emigrants를 수식하는 주격 관계대명사절로 어법상 적절하게 사용되었다.

② spot는 '발견하다, 알아채다'라는 뜻의 타동사인데, 주어가 an iceberg이고 목적어가 없으므로 수동태(was spotted)로 어법상 적절하게 사용되었다.

③ remove는 '~을 없애다[제거하다]'라는 뜻의 타동사인데, 주어가 12 of them이고 목적어가 없으므로 과거완료 수동(had been removed)으로 어법상 적절하게 사용되었다. 배를 더 좋게 보이게 하기 위해(to make the ship look better)는 '~하기 위해서'라는 뜻을 나타내며 목적을 나타내는 to부정사의 부사적 용법으로 쓰였다.

⑤ 부사절(By the time the third-class were allowed to come up from their cabins)의 시제가 과거(were allowed)인데, 주절의 시제는 그보다 먼저 일어난 일이므로, 과거완료인 had already left가 적절하게 사용되었다.

본문해석

타이타닉호는 가장 웅장한 배였다. 그 배는 사치품과 모든 편의시설을 가지고 있었다. 그 배에는 전등과 열, 전기 엘리베이터, 수영장, 튀르키예식 목욕탕, 도서관 등이 있었다. 대부분의 승객들은 더 나은 삶에 대한 희망을 가지고 미국으로 오는 이민자들이었다. 타이타닉호는 4월 10일 대서양을 횡단하기 시작했다. 그 배에 탄 어느 누구도 그 배가 얼마나 위험에 처해 있는지 몰랐다. 4월 14일 오후 11시 40분에 빙산이 바로 앞에서 발견되었다. 선장은 배의 방향을 바꾸려고 노력했지만, 타이타닉호는 너무 빨리 가고 있었고 너무 컸기 때문에 그럴 수 없었다. 그 배는 빙산에 부딪혔고 가라앉기 시작했다. 타이타닉호는 원래 32척의 구명보트를 가지고 있었지만, 그 중에서 12척은 배를 더 좋게 보이게 하기 위해 제거되었다. 배가 가라앉는 동안, 부자들은 구명보트에 태워졌다. 3등석이 선실에서 올라오는 것이 허락되었을 때, 대부분 구명보트는 이미 떠났다.

VOCA

- magnificent 거대한, 장대한
- comforts 편의 시설[도구]
- emigrant 이민자[이주민]
- iceberg 빙산
- spot 발견하다, 찾다, 알아채다
- reverse 후진하다, (차를) 후진시키다
- sink 가라앉다[빠지다]
- lifeboat 구명보트

- be allowed to ~하도록 허용되다
- cabin (배의) 객실, 선실

독해 > 세부 내용 찾기 > 내용 (불)일치

정답의 이유

세 번째 문장에서 'The design is the fifth to emerge from the American Women Quarters Program, which highlights pioneering women in their respective fields.'라고 했고, 다음 문장에서 'The other four quarters, all put into production this year, ~'라고 했으므로 5개의 새로운 쿼터(25센트 동전)가 생산된다는 것을 유추할 수 있다. 따라서 글의 내용과 일치하는 것은 ⑤ 'Five new quarters are produced to recognize pioneering women from various fields in the US(미국의 다양한 분야의 선구적인 여성들을 인정하기 위해 5개의 새로운 25센트 동전이 생산된다).'이다.

오답의 이유

① Maya Angelou와 Sally Ride는 대중의 지지를 받아 선택되었다. → 마지막 문장에서 'The latter two were, along with Wong, selected with input from the public.'이라고 했으므로, 글의 내용과 일치하지 않는다. 여기서 the latter two는 바로 앞 문장의 Cherokee Nation과 Nina Otero-Warren을 말한다.

② Wong의 명예는 할리우드 여성의 대표성에서 변화를 의미한다. → 첫 번째 문장에서 'Anna May Wong, ~ will become the first Asian American to appear on US currency, ~'라고 했으므로, 글의 내용과 일치하지 않는다.

③ Anna May Wong은 그녀의 일생 동안 그녀의 업적에 대해 결코 인정받지 못했다. → 첫 번째 문장에서 'Early movie star Anna May Wong, who broke into Hollywood during the silent film era, ~'라고 했으므로, 글의 내용과 일치하지 않는다.

④ Wong은 American Women Quarters Program에 고려된 유일한 여성이었다. → 세 번째 문장에서 '~ the American Women Quarters Program, which highlights pioneering women in their respective fields.'라고 했으므로, 글의 내용과 일치하지 않는다.

본문해석

초기 영화배우 Anna May Wong은 무성 영화 시대에 할리우드에 진출했으며, 처음 주연을 맡은 지 100년 만에 미국 화폐에 등장하는 최초의 아시아계 미국인이 될 것이다. 트레이드마크인 뭉툭한 앞머리와 연필처럼 얇은 눈썹을 가진 Wong의 모습이 월요일부터 새로운 25센트 동전의 뒷면에 등장할 예정이다. 이 디자인은 American Women Quarters Program에서 다섯 번째로 등장했으며, 각각의 분야에서 선구적인 여성들을 강조한다. 나머지 4개의 25센트 동전들은 모두 올해 제작에 들어갔으며, 각각 시인이자 활동가인 Maya Angelou, 우주에 간 최초의 미국 여성 Sally Ride, 체로키 민족 지도자인 Wilma Mankiller, 여성 참정권론자인 Nina Otero-Warren 등을 특별히 포함한다. 후자인 두 사람들은 Wong과 함께 대중의 의견을 받아 선택되었다.

VOCA

- break into (갑자기) ~하기 시작하다
- silent film era 무성영화 시대
- appear 나타나다
- land 차지[획득]하다
- trademark 트레이드마크(어떤 사람의 특징이 되는 행위 · 복장 등)
- blunt 무딘, 뭉툭한
- bangs 앞머리
- feature (~의) 특징을 이루다
- quarter (미국 · 캐나다의) 25센트짜리 동전
- pioneering 개척[선구]적인
- in their respective fields 각각의 분야에서
- suffragist 여성 참정권론자

14 난도 ★★☆   정답 ③

독해 > 빈칸 완성 > 단어 · 구 · 절

정답의 이유

첫 문장에서 '어떤 말을 하지 말라는 말을 들은 적이 있나요?'라고 했으며, 빈칸 앞부분의 '정부가 사람들이나 조직이 말할 수 있는 것을 제한하는 법을 통과시킬 때 ~'로 미루어 빈칸에 들어갈 말로 적절한 것은 ③ 'censorship(검열)'임을 알 수 있다.

오답의 이유

① 구금[구류]
② 탄압
④ 박해
⑤ 강력 단속

본문해석

어떤 말을 하지 말라는 말을 들은 적이 있는가? 가정에서는 가정에서 말할 수 있는 것과 말할 수 없는 것에 대한 규칙을 갖는 것이 매우 일반적이지만, 정부도 마찬가지이다. 정부가 사람들이나 조직이 말할 수 있는 것을 제한하는 법을 통과시킬 때, 그것은 검열이라고 불린다.

VOCA

- pass a law 법을 통과시키다
- restrict 제한[한정]하다

15 난도 ★☆☆   정답 ⑤

독해 > 빈칸 완성 > 단어 · 구 · 절

정답의 이유

빈칸 문장의 부사절이 양보를 나타내는 'Though'로 시작하여 '당시 여성들은 ~ 할 것으로 기대되었지만'이라고 했고, 빈칸 다음에서 'many women became leaders of organizations and protests.'라고 했으므로 빈칸에는 'leaders'와 반대되는 뜻의 말이 들어가야 함을 유추할 수 있다. 따라서 빈칸에 들어갈 말로 적절한 것은 ⑤ 'play a background role(배경 역할을 하다)'이다.

오답의 이유

① 규칙을 시행하다
② 그들의 생각을 활성화시키다
③ 사회에 반항하다
④ 더 적극적으로 참여하다

본문해석

대부분의 사람들이 인권 운동과 그것을 주도한 사람들을 생각할 때, 그들은 Martin Luther King, Jr.와 Malcolm X, Medgar Evers, 그리고 다른 남성들을 생각한다. 하지만 실제로, 여성들은 그 운동에서 매우 중요한 참가자들이었다. 당시 여성들은 배경 역할을 할 것으로 기대되었지만, 많은 여성들은 DMS 단체와 시위의 지도자가 되었다. 하지만 그들은 종종 역사에서 잊혀진다. Rosa Parks는 인권 운동에서 가장 잘 알려진 여성이지만, 그녀의 이야기가 전해지는 방식은 그녀를 실제로 정말 중요한 지도자라기보다는 하나의 상징처럼 보이게 한다.

VOCA

- Civil Rights Movement 인권 운동
- play a role 역할을 맡다, 한 몫을 하다

16 난도 ★★★   정답 ③

어법 > 비문 찾기

정답의 이유

③ 2형식 문장에서 보어(Particularly affected)가 도치된 구문으로, 복수 주어(seals and sea lions)이므로, 동사가 is → are가 되어야 한다.

오답의 이유

① 'which is known to cause entanglement'는 주어(Marine debris)를 수식하는 주격 관계대명사절이며, includes는 Marine debirs의 동사이므로 3인칭 단수형으로 적절하게 사용되었다.

② 전치사구인 'through reduced feeding efficiency, and injuries'에서 feeding은 '급식, 섭취'의 뜻으로, 전치사 through 다음에 명사로 적절하게 사용되었다.

④ 동사(have been recorded)를 받는 주어(Entanglement rates)가 복수 명사 형태이며, recorded 다음에 목적어가 없고 '기록되는'이라는 수동의 의미를 표현한 현재완료 수동형태인 have been recorded는 어법상 적절하게 사용되었다.

⑤ of already reduced population size는 명사 recovery를 수식하는 형용사구이며, '줄어든'의 의미이므로 과거분사 reduced는 어법상 적절하게 사용되었다.

빠져나갈 수 없는 얽힘을 초래하는 것으로 알려진 해양 폐기물은 그물과 모노필라멘트 라인 같은 버려진 낚시장비와 고리 6팩, 끈으로 묶은 낚시용 미끼상자를 포함한다. 이 쓰레기들은 줄어든 섭취 효율과 부상으로 인하여 익사, 질식, 교살, 아사에 의한 사망을 초래할 수 있다. 특히 영향을 받는 것들은 바다표범과 바다사자인데, 아마도 자신들의 환경에서 사물을 탐구하는 호기심 많은 그것들의 습성 때문일 것이다. 이 동물들 개체수의 최대 7.9%에서 얽힘 현상이 기록되었다. 게다가, 어떤 경우에는 얽힘 현상은 이미 줄어든 개체군 크기의 회복에 위협이 된다. 대략 58%의 바다표범과 바다사자 종은 얽힘 현상에 의해 영향을 받는 것으로 알려졌는데, 그것들에는 하와이안 몽크 바다표범, 호주 바다사자, 뉴질랜드 물범, 그리고 남대양의 종들이 포함된다.

VOCA

- marine debris 해양 폐기물
- cause ~을 야기하다[초래하다]
- entanglement (빠져나갈 수 없는 것에) 얽혀 듦[걸려듦]
- derelict 버려진, 유기된
- fishing gear 낚시장비
- fishing bait box 낚시미끼상자
- strap 끈[줄/띠]으로 묶다
- drowning 익사
- suffocation 질식
- strangulation 교살, 교살당함
- starvation 기아, 굶주림
- inquisitive 꼬치꼬치 캐묻는
- threat 위협(받는 상황), 위험
- Hawaiian monk seal 하와이안 몽크 바다표범
- Australian sea lion 호주 바다사자
- New Zealand fur seal 뉴질랜드 물범

17 난도 ★☆☆ 정답 ④

독해 > 대의 파악 > 추론

정답의 이유

마지막 문장에서 캐나다 퀘벡 대학의 연구에 의하면 '~ pods may not be as wasteful as preparing coffee using a traditional coffee maker ~'라고 했으므로, 주어진 글에서 추론할 수 있는 것은 ④ 'Capsules may not be as wasteful as other coffee-making methods(캡슐은 커피를 만드는 다른 방식들만큼 낭비되지 않을 수도 있다).'이다.

오답의 이유

① 캡슐은 낭비이고 금지되어야 한다.
② 새로운 연구는 커피 만들 때 나오는 쓰레기의 양 줄이는 방법을 제안한다.
③ 커피를 마시는 모든 사람들은 환경 친화적인 제품을 찾는다.
⑤ 캡슐은 세계에서 커피를 만드는 가장 인기 있는 방법이다.

커피 한 잔을 만드는 것에 관하여 캡슐은 환경 친화적이지 않다는 평판을 가지고 있는데, 그것들은 종종 재활용하기 어렵기 때문이다. 다양한 방식으로 커피가 준비되는 동안, 커피 캡슐은 인기가 많아졌다. 그 인기에도 불구하고, 캡슐은 자신들의 카페인 습관이 환경에 미치는 영향을 의식하는 커피를 마시는 사람들을 오랫동안 갈라놓았다. 소형 플라스틱 또는 알루미늄 용기는 생산하는 데 많은 에너지를 소비하고 불필요한 폐기물을 유발한다는 비판을 받아왔다. 하지만 캐나다 퀘벡 대학의 새로운 연구는 커피 한 잔에 대한 더 늘어난 수명주기를 보면 용기가 생산부터 쓰레기 매립지에 버려지는 쓰레기의 양이 전통적인 커피 메이커를 사용하여 커피를 만드는 것만큼 낭비되지 않을 수도 있다는 사실을 시사한다.

VOCA

- when it comes to ~에 관하여
- reputation 평판, 명성
- environmentally 환경적으로
- be conscious of ~을 자각하다, 알고 있다
- energy-intensive 많은 에너지를 소비하는, 에너지 집약적인
- end up 결국 (어떤 처지에) 처하게 되다
- landfill 매립지

18 난도 ★★☆ 정답 ④

독해 > 세부 내용 찾기 > 내용 (불)일치

정답의 이유

세 번째 문장에서 '~ some variants are having a slight impact on the ability of vaccines to guard against mild disease and infection.'라면서 일부 변종들은 가벼운 질병과 감염이 생기지 않도록 하는 백신의 능력에 약간의 영향을 미치고 있다는 내용은 있지만, 백신을 항상 작용하게 만드는 것에 대한 내용은 나오지 않았다. 따라서 주어진 글에 언급되어 있지 않은 것은 ④ 'what makes vaccines always work(백신을 항상 작용하게 만드는 것)'이다.

오답의 이유

① 변형이 등장하는 때 → 첫 번째 문장에서 'When cases increase and transmission accelerates, it's more likely that new dangerous and more transmissible variants emerge, ~'라고 했으므로, 주어진 글에 언급된 내용이다.

② 백신의 효과 → 두 번째 문장에서 '~ vaccines are proving effective against existing variants, especially at preventing severe disease, hospitalization and death.'라고 했으므로, 주어진 글에 언급된 내용이다.

③ 백신이 변종에 반응하는 법 → 네 번째 문장에서 'Vaccines are likely to stay effective against variants because of the broad immune response they cause.'라고 했으므로, 주어진 글에 언급된 내용이다.

⑤ WHO의 역할 → 마지막 문장에서 'WHO continues to constantly review the evidence and will update its guidance as we find out more.'라고 했으므로, 주어진 글에 언급된 내용이다.

④ James Webb 우주망원경이 발견한 외계 행성의 수
⑤ James Webb 우주망원경의 성능에 대한 논란

환자가 증가하고 전염이 가속화되면 위험하고 전염성이 높은 새로운 변종이 나타날 가능성이 더 높은데, 그것은 더 쉽게 확산되거나 더 심각한 질병을 유발할 수 있다. 우리가 지금까지 알고 있는 것을 바탕으로 한 백신은 기존의 변종, 특히 심각한 질병과 입원 및 사망을 예방하는 데 효과적이라고 입증되고 있다. 하지만 일부 변종들은 가벼운 질병과 감염이 생기지 않도록 하는 백신의 능력에 약간의 영향을 미치고 있다. 백신은 그들이 일으키는 광범위한 면역 반응 때문에 변종에 대해 효과적으로 유지될 가능성이 높다. 그것은 바이러스의 변화나 돌연변이가 백신을 완전히 효력 없는 것으로 만들 가능성은 낮다는 것을 뜻한다. WHO는 지속적으로 그 증거를 검토하고 있으며 더 많은 것을 알게되면서 지침을 업데이트할 것이다.

VOCA

- case (질병 · 부상) 사례[환자]
- transmission 전염, 전파, 전달
- accelerate 가속화되다, 가속화하다
- transmissible 보낼[전할, 전도할] 수 있는, 전염하는
- variant 변종, 이형
- emerge 나오다[모습을 드러내다]
- spread 퍼지다[확산되다]
- severe 극심한, 심각한
- illness 병[질환]
- based on ~에 근거하여
- so far 지금까지[이 시점까지]
- vaccine (예방) 백신
- hospitalization 입원
- have an impact on ~에 영향을 미치다
- guard against ~이 생기지 않도록 조심[경계]하다
- immune response 면역 반응
- mutation 돌연변이, 변화[변형]
- ineffective 효과[효력] 없는, 효과적이지 못한

19 난도 ★★☆　　　　　　　　　　　정답 ②

독해 > 대의 파악 > 제목, 주제

정답의 이유

첫 번째 문장에서 'The James Webb Space Telescope can add another cosmic accomplishment to it.'라고 한 다음에, 'The space observatory has been used to confirm the existence of an exoplanet for the first time.'라고 하면서 우주망원경으로 다른 외계 행성의 존재를 처음으로 확인하는 데 사용되었다는 것을 추론할 수 있다. 따라서 글의 제목으로 가장 적절한 것은 ② 'The James Webb Space Telescope's Discovery of a Planet(James Webb 우주망원경의 행성 발견)'이다.

오답의 이유

① 천문학에서 NASA의 필수적인 역할
③ 과학적 연구를 위한 우주탐사 사용법

James Webb 우주망원경은 목록에 또 다른 우주 업적을 추가할 수 있다. 그 우주망원경은 외계 행성의 존재를 처음으로 확인하는 데 사용되었다. 그 천체는 지구와 거의 정확하게 동일한 크기이다. 그 바위투성이의 세계는 팔분의자리 성좌에서 41광년 떨어져 있다. NASA에 의해 수집된 이전의 데이터는 그 행성이 존재할 수도 있다는 것을 암시했다. 천문학자인 Kevin Stevenson과 Jacob Lustig-Yaeger가 이끄는 연구팀은 Webb 망원경을 사용하여 그 표적을 관찰했다. "그 행성이 그곳에 있다는 것은 의심의 여지가 없습니다. Webb의 원시 데이터가 이를 입증합니다."라고 Lustig-Yaeger가 성명서에서 말했다. 그 행성의 발견은 수요일 시애틀에서 열린 미국 천문학회 제241차 회의에서 발표되었다.

VOCA

- Space Telescope 우주망원경
- cosmic 우주의, 장대한, 어마어마한
- accomplishment 업적, 공적
- space observatory 우주망원경
- confirm 사실임을 보여주다[확인해 주다]
- exoplanet 태양계외 행성
- celestial body 천체
- rocky 바위[암석]로 된, 바위[돌]투성이의
- Octans 팔분의(八分儀)자리
- constellation 별자리, 성좌
- astronomer 천문학자
- pristine 자연[원래] 그대로의, 오염되지 않은
- validate 입증하다

20 난도 ★★☆　　　　　　　　　　　정답 ②

독해 > 세부 내용 찾기 > 내용 (불)일치

정답의 이유

두 번째 문장에서 'Certainly, as the first reports came in of pandemic book sales, it did seem that people were at least buying more books.'라고 했고, 다음 문장에서 영국에서는 첫 번째 국가 봉쇄가 내려지기 전 주에 도서 판매가 6% 증가했다고 했으므로 글의 내용과 일치하는 것은 ② 'The pandemic created a moment for boosting sales of books(전염병이 도서 판매를 증가시키는 계기를 만들었다).'이다.

오답의 이유

① 2020년에 사람들은 인간 존재에 대한 질문에 관심을 덜 보였다.
→ 첫 번째 문장의 '~ in 2020 that questions about human existence really were encouraging reading.'으로 미루어 2020년에 사람들이 인간 존재에 대한 질문에 관심을 더 보였다고 유추할 수 있으므로 글의 내용과 일치하지 않는다.

③ 영국보다 덴마크에서 더 많은 책이 팔렸다. → 세 번째 문장에서 영국에서 록다운(lockdown) 전주에 도서 판매량이 6% 증가했

PART 4 | 2023년 국회직 8급　173

다고 했고, 다섯 번째 문장에서 덴마크에서 2020년 도서 판매량이 5.6% 증가했다고 했으므로 글의 내용과 일치하지 않는다.

④ 2020년에는 그 어느 때보다 많은 사람들이 도서관을 방문했다. → 네 번째 문장에서 'Physically closed, libraries reported significant growth in new digital users(도서관이 물리적으로 폐쇄되어 새로운 디지털 사용자가 크게 증가했다고 보고했으며),'라고 했으므로, 글의 내용과 일치하지 않는다.

⑤ 팬데믹이 덴마크의 경제를 자극했다. → 다섯 번째 문장에서 2020년에 덴마크에서 도서 판매량이 5.6% 증가했지만, 후반부의 '~ in 2020 despite shops being closed'로 미루어 팬데믹이 덴마크의 경제를 자극했다고는 할 수 없으므로 글의 내용과 일치하지 않는다.

본문해석

2020년에 책 속에서 어떤 일이 일어났는데, 그것은 인간 존재에 대한 질문들이 실제로 독서를 장려하고 있었다는 것이다. 확실히 팬데믹 도서 판매량에 대한 첫 번째 보고서가 나오자, 적어도 사람들은 더 많은 책을 사는 것처럼 보였다. 영국에서는 첫 번째 국가 봉쇄가 내려지기 전 주에 실제 도서 판매량이 6% 증가했으며, 페이퍼백 소설 판매량은 한 주 만에 35% 증가했으며, Waterstones는 온라인 판매는 한 주 만에 400% 증가했다고 보고했다. 도서관이 물리적으로 폐쇄되어 새로운 디지털 사용자가 크게 증가했다고 보고했으며, 예를 들어 Hampshire County 의회는 대여가 770% 증가했다. 덴마크에서는 가게들이 문을 닫았음에도 불구하고 2020년에 도서 판매량이 5.6% 증가했다는 것을 통계가 보여주었다. 게다가 이전보다 더 많은 사람들이 2020년에 도서 스트리밍 서비스에 가입했다.

VOCA

- human existence 인간 존재
- prior to ~에 앞서, 먼저
- lockdown (움직임 · 행동에 대한) 제재
- physically 자연 법칙에 따라, 물리적으로
- loan 대출[융자](금), 대여
- statistics 통계, 통계표, 통계학
- subscribe 구독하다, (인터넷 · 유료 TV 채널 등에[을]) 가입[시청]하다
- streaming 인터넷상에서 음성이나 동영상 등을 실시간으로 재생하는 기술

21 난도 ★★☆   정답 ①

독해 > 대의 파악 > 추론

정답의 이유

첫 번째 문단의 두 번째 문장에서 '~ maintaining good relationships with your members, volunteers, and donors is critical to your success.'라고 했고, 두 번째 문단의 두 번째 문장에서 'the biggest reason that relationships matter to nonprofits is that the very nature of the operation relies on goodwill and volunteerism.'이라고 했으므로, 주어진 글에서 추론할 수 있는 것은 ① 'The success of a non-profit organization depends on the strength of its relationships with key

stakeholders(비영리 단체의 성공은 주요 이해 관계자와의 관계의 강도에 달려 있다).'이다.

오답의 이유

② 비영리 단체의 역할은 사회의 생존과 성공을 위해 중요하다.

③ 사람들은 주요 기관들과의 공공 관계성을 바탕으로 많은 돈을 벌 수 있다.

④ 비영리 단체는 홍보를 위한 마케팅에 반드시 초점을 맞추는 것은 아니다.

⑤ 사람들은 그들 자신의 자기 효능감 향상을 위해 기부하고 자원하는 경향이 있다.

본문해석

관계는 모든 조직의 수익에 영향을 주지만, 비영리적인 세계에서는 관계가 훨씬 더 중요하다. 여러분이 지역의 무료급식소를 운영하든지 토목 기사들을 위한 회원 조직을 운영하든지 간에 여러분의 회원들, 자원봉사자들, 그리고 기부자들과 좋은 관계를 유지하는 것이 여러분의 성공에 매우 중요하다. 부분적으로, 이것은 비영리 단체들이 그들 중 상당수가 수십억 달러의 예산을 가지고 있음에도 불구하고 종종 실제로는 사업체가 아닌 것으로 여겨진다는 사실에서 비롯된다. 하지만 관계가 비영리단체에게 중요한 가장 큰 이유는 운영을 선의와 자원봉사에 의존하고 있다는 바로 그 본질 때문이다. 관계는 여러분의 홍보 및 그 밖의 마케팅 노력이 쌓아온 평판과 인식의 기초이다. 그리고 그러한 관계가 없다면, 아마 누구도 어떤 것을 위해 기부하거나 자원봉사를 하지 않을 것이다. 따라서 지지층과 강력한 공동체적 관계를 맺지 않으면 조직은 곧 생존을 중단할 것이다. 이것이 바로 여러분의 관계의 본질과 효험에 대한 지속적인 측정이 중요한 이유이다.

VOCA

- impact 영향[충격]을 주다
- bottom line 수익, 핵심, 요점
- not-for-profit 비영리의
- take on 떠맡다
- run (사업체 등을) 운영[경영/관리]하다
- soup kitchen 무료급식소
- maintain 유지하다[지키다]
- donor 기부자, 기증자
- be critical to ~에 결정적이다
- be seen as ~으로 여겨지다
- rely on 기대다, 의존하다
- goodwill 친선, 호의
- volunteerism 자원봉사활동
- chances are (that) 아마 ~일 것이다, ~할 가능성이 충분하다
- communal relationships 공동체적 관계
- constituency (특정 인물 · 상품 등의) 지지층[고객층]
- cease 중단되다, 그치다, 중단시키다
- efficacy (특히 약이나 치료의) 효험

22 난도 ★★☆ 정답 ②

독해 > 대의 파악 > 제목, 주제

정답의 이유

세 번째 문장에서 'Roman concrete, in many cases, has proven to be longer-lasting than modern concrete ~'라고 했고, 마지막에서 두 번째 문장에서 연구팀이 로마 건축물의 콘크리트 안에 있는 하얀 덩어리들이 시간이 지나면서 생긴 콘크리트의 틈을 메우는 능력을 제공한다는 것을 발견했다고 했으므로, 글의 제목으로 가장 적절한 것은 ② 'The Durability of Ancient Roman Concrete(고대 로마 콘크리트의 내구성)'이다.

오답의 이유

① 로마 공학의 역사
③ 현대 건축에서 콘크리트 사용
④ 지진 지역의 건물 건축에 대한 과제
⑤ 고대 로마에서 새로운 유형의 콘크리트 발견

본문해석

고대 로마의 장엄한 건축물들은 수천 년 동안 살아남았다. 하지만 어떻게 그들의 건축 재료가 판테온과 콜로세움과 같은 거대한 건물들을 2,000년 이상 유지하는 것을 도왔을까? 많은 경우에, 로마의 콘크리트는 수십 년 안에 악화될 수 있는 현대의 콘크리트보다 더 오래 지속된다는 것이 입증되었다. 이제, 새로운 연구의 배후에 있는 과학자들은 말하기를 로마인들에게 그들의 건축 자재를 내구성이 강하게 만들어서 부두, 하수도, 지진 지역과 같이 건축하기 힘든 장소에 정교한 구조물을 짓는 것을 허용한 신비한 성분의 비밀을 알아냈다고 한다. 한 연구팀이 이탈리아 중부에 있는 도시의 벽에서 2,000년 된 콘크리트 표본을 분석했다. 그들은 콘크리트 안에 있는 하얀 덩어리들이 시간이 지나면서 생긴 콘크리트의 틈을 메우는 능력을 제공한다는 것을 발견했다. 그 흰색 덩어리들은 이전에는 저품질 원료의 증거로 간과되었던 것이다.

VOCA

- majestic 장엄한, 위풍당당한
- structure 구조물, 건축물
- millennium 새로운 천년이 시작되는 시기(복수형: millennia)
- Pantheon (로마의) 판테온
- stand for ~을 상징하다
- longer-lasting 더 오래 지속되는
- deteriorate 악화되다, 더 나빠지다
- uncover (비밀 등을) 알아내다[적발하다]
- mystery 신비스러운[수수께끼 같은] 사람[것]
- ingredient (특히 요리 등의) 재료[성분]
- durable 내구성이 있는, 오래가는
- sewer 하수관, 수채통
- chunk (두툼한) 덩어리
- heal (갈등·감정 등의 골을[이]) 메우다[메워지다]
- crack (무엇이 갈라져 생긴) 금
- overlook 못 보고 넘어가다, 간과하다

23 난도 ★★☆ 정답 ⑤

독해 > 빈칸 완성 > 단어·구·절

정답의 이유

첫 번째 문장에서 '무리 본능'은 동물이 위험한 상황에서 포식자를 피할 때 무리지어 하는 행동에서 비롯되었다고 했으며, 네 번째 문장에서 이 용어는 인간에게도 적용된다고 했다. 빈칸 문장의 앞부분에서 '그것은 종종 ~을 가진다.'라고 했고, 빈칸 다음의 'as people's actions are driven by emotion rather than by thinking through a situation.'으로 미루어 문맥상 빈칸에는 부정적인 의미의 말이 들어가야 함을 유추할 수 있다. 따라서 빈칸에 들어갈 말로 적절한 것은 ⑤ 'implication of irrationality(불합리한 결과)'이다.

오답의 이유

① 합리적인 추론
② 동물과의 차이
③ 사물의 특징
④ 실증적 사건

본문해석

'무리 행동'이라는 용어는 특히 포식자를 피하는 것과 같은 위험한 상황에 있을 때 동물들의 집단적인 행위에서 유래했다. 모든 동물들은 하나의 그룹으로 긴밀하게 함께 뭉치고, 공포스러운 상태에서는 하나의 단위로 함께 움직인다. 무리의 일원이 무리의 이동에서 벗어나는 것은 매우 이례적인 일이다. 이 용어는 또한 인간의 행동에도 적용되며, 그것은 보통 대단히 많은 사람들이 동시에 같은 방식으로 행동하는 것을 묘사한다. 그것은 종종 불합리한 결과를 갖는데, 사람들의 행동이 상황을 통한 사유에 의하기보다는 감정에 이끌리기 때문이다. 인간의 무리 행동은 대규모 시위, 폭동, 파업, 종교 집회, 스포츠 행사, 그리고 폭도의 폭력 발생에서 목격될 수 있다. 무리 행동이 시작되면, 한 개인의 판단과 의견 형성 과정은 중단되는데, 그 또는 그녀가 자동적으로 무리의 움직임과 행동을 따라가기 때문이다.

VOCA

- herd behavior 무리 행동
- predator 포식자, 포식 동물
- in panic 당황하여
- unit 부대[단체]
- apply to ~에 적용되다
- implication 영향[결과]
- irrationality 불합리, 부조리
- large-scale 대규모
- demonstration 시위
- riot 폭동
- strike 파업
- religious gathering 종교 집회
- outbreak 발생[발발]
- mob violence 폭도의 폭력
- set in 시작하다[되다]

- judgment 판단, 심판, 심사
- opinion-forming 여론 형성의

24 난도 ★★☆ 정답 ③

독해 > 대의 파악 > 제목, 주제

[정답의 이유]

첫 번째 문장에서 'California has been struck by a final round of storms, bringing more rain and snow to a state.'라고 한 다음에 폭풍의 피해를 설명하고 있다. 네 번째 문장에서 최근 캘리포니아를 강타한 폭풍으로 인해 지역사회가 침수되어 강제로 대피할 수밖에 없다고 했으며, 다섯 번째 문장에서 'The back-to-back deluges have eroded roads and felled trees, making each successive storm more liable to cause serious damage as soils weaken.'이라고 구체적인 피해 사례를 설명하고 있으므로 글의 제목으로 가장 적절한 것은 ③ 'Devastated California after a Series of Storms(일련의 폭풍 후 황폐해진 캘리포니아)'이다.

[오답의 이유]

① 캘리포니아 날씨의 가장 큰 패배자
② 비와 폭풍의 예측 불가능성에 대비하는 방법
④ 캘리포니아에서 홍수의 원인과 결과
⑤ 캘리포니아가 자초한 눈보라 재난

본문해석

캘리포니아는 마지막으로 한 차례 폭풍이 덮쳐서 주 지역에 더 많은 비와 눈이 내렸다. 월요일 밤 동안과 화요일 이른 아침까지 주 일부 지역에 비와 눈이 내릴 것으로 예상되었다. 이번 주에 날씨가 개선되었음에도, 현재 많은 지역이 홍수와 산사태의 위험에 처해 있다. 최근 몇 주 동안 폭풍이 캘리포니아를 강타하여 지역사회가 침수되어 강제로 대피하게 되었다. 연이은 홍수는 도로를 침식하고 나무를 쓰러뜨렸으며 연속적인 폭풍은 각각 토양이 약해지면서 심각한 피해를 받기 쉽게 만들었다. 지난 주말 캘리포니아 시에라 네바다 산맥 일부 지역에 1~3피트의 눈이 내렸다. 월요일 현재 캘리포니아 중부 해안에서는 8백만 명이 홍수의 영향권에 있으며, 월요일에 캘리포니아 주에서는 3만 8천 6백 명 이상의 고객들이 여전히 정전 상태다.

VOCA

- strike (재난 · 질병 등이 갑자기) 발생하다[덮치다]
- overnight 밤사이에, 하룻밤 동안
- at risk of ~의 위험에 처한
- landslide 산사태
- batter 두드리다[때리다/구타하다]
- evacuation 피난, 대피
- back-to-back 꼬리에 꼬리를 물고, 연이어
- deluge 폭우, 호우
- erode (비바람이[에]) 침식[풍화]시키다[되다]
- fell (나무를) 베어 넘어뜨리다
- successive 연속적인, 연이은, 잇따른
- liable ~의 영향을 받기[~당하기] 쉬운

- range 산맥
- as of ~현재
- remain 계속[여전히] ~이다

25 난도 ★★★ 정답 ④

독해 > 글의 일관성 > 글의 순서

[정답의 이유]

주어진 글은 6월 9일 상하이에서 공산당 지도부에 대한 저항 시위가 일어나고 있다는 신문 기사이므로, 주어진 글 다음에는 'The demonstrators'로 시작하는 (C)로 이어지는 것이 자연스럽다. (C)는 상하이의 대학생들이 베이징 시위 당시 사망한 수천 명의 사람들을 애도하는 장송곡에 맞춰서 행진하고 있다는 내용이므로, 베이징 시위를 설명하는 (A)로 이어져야 적절하다. (A)의 마지막에서 민주화 운동에서 베이징과 상하이 두 도시의 모습이 대조적이라고 했는데, (B)에서 베이징의 분위기는 엄숙하고 두려운 반면, 상하이는 분노와 반항의 분위기라고 마무리 짓고 있다. 따라서 주어진 글에 이어질 글의 순서로 적절한 것은 ④ '(C) - (A) - (B)'이다.

본문해석

6월 9일 상하이 - 오늘 수만 명의 학생들과 사람들이 항의성 집회를 열었으며, 공산당 지도부에 대한 지속적인 반항 시위로 이 도시의 거리를 행진했다.

(C) 상하이의 많은 대학과 기술대학 학생들이 이끄는 시위자들이, 군대가 그곳에서 시위를 진압했을 때 베이징에서 사망한 수천 명의 사람들을 애도하는 녹음된 장례식 노래에 맞춰 행진했다.

(A) 기자들과 외교관들이 추정한 군중은 약 4만 명에서 10만 명 이상이었다. 보안 경찰이 베이징에서 민주화 운동 참가자들을 체포하고 있다는 보도가 나오는 가운데, 이번 집회는 두 도시 사이의 대비를 반영했다.

(B) 베이징의 분위기는 엄숙하고 무서운 반면, 상하이의 그날의 사건들은 중국의 가장 크고 경제적으로 가장 중요한 도시에서 계속되는 분노와 반항의 분위기를 나타낸다.

VOCA

- tens of thousands of 수만(萬)의
- protest rally 항의성 집회, 시위
- defiance 반항[저항]
- funeral 장례식
- lament 애통[한탄/통탄]하다
- crush (폭력으로) 진압[탄압]하다
- range from ~에서 (…까지) 걸치다
- amid 가운데[중]에
- report 발표하다, 전하다, 보도, 기록
- security police 보안(保安) 경찰
- democracy movement 민주화운동
- atmosphere 대기
- solemn 침통한, 근엄한

영어 | 2022년 국회직 8급

한눈에 훑어보기

✓ 영역 분석

어휘   01 02 14 16 18
5문항, 20%

독해   04 05 06 07 08 09 11 13 17 19 20 21
22 24 25
15문항, 60%

어법   03 10 12 15 23
5문항, 20%

✓ 빠른 정답

01	02	03	04	05	06	07	08	09	10
⑤	①	③	③	④	②	②	⑤	④	③
11	12	13	14	15	16	17	18	19	20
①	①	③	②	②	④	①	③	③	②
21	22	23	24	25					
④	⑤	②	①	③					

✓ 점수 체크

구분	1회독	2회독	3회독
맞힌 문항 수	/ 25	/ 25	/ 25
나의 점수	점	점	점

01 난도 ★☆☆   정답 ⑤

어휘 > 단어

정답의 이유

밑줄 친 dispositions는 '(타고난) 기질 또는 성향'의 뜻으로 이와 의미가 가장 가까운 것은 ⑤ 'temperaments(기질)'이다.

오답의 이유

① 혐오감
② 배상금
③ 유인책
④ 미련, (사랑의) 열병

본문해석

사람들은 다른 사람들을 보는 방식과 다르게 자기 자신을 본다. 그들은 자기 자신의 감각, 감정 그리고 인지에 몰두하며 동시에 다른 사람들에 대한 그들의 경험은 외관상 관찰될 수 있는 것에 지배된다. 사람들이 자신과 다른 사람들을 인식할 때 가지게 되는 정보의 이러한 차이는 사람들이 자신과 다른 사람들의 행동을 평가하는 방식에 영향을 미친다. 사람들은 종종 자신의 행동을 상황적 제약으로 인한 것으로 보는 반면, 다른 사람들의 행동은 그들의 내부 성향으로 인한 것이라고 여긴다. 예를 들어 취업 면접에 늦게 도착한 사람이 지각을 교통 체증 탓으로 여기는 반면 면접관은 그것을 개인의 무책임 탓이라고 돌리는 경우가 있을 것이다.

VOCA

• immerse ~에 몰두하다
• sensation 느낌, 감각
• cognition 인지, 인식
• dominate 지배하다
• distinction 차이
• evaluate 평가하다
• situational 상황에 따른
• constraint 제약, 제한
• internal 내부의
• ascribe A to B A를 B의 탓으로 여기다

02 난도 ★☆☆ 정답 ①

어휘 > 어구

[정답의 이유]

밑줄 친 hammered out은 '문제가 해결된, 타결된'의 뜻으로 이와 의미가 가장 가까운 것은 ① 'settled(해결된, 합의된)'이다.

[오답의 이유]

② 취소된

③ 비판받은

④ 단념된

⑤ ~에 대해 논쟁이 된

본문해석

　최근 서래의 세부 사항은 미국 국무 장관과 러시아 국무 장관에 의해 타결되었다.

VOCA

• detail 세부 사항

• deal 거래

• counterpart 상대, 대응 관계에 있는 사람[것]

03 난도 ★★☆ 정답 ③

어법 > 비문 찾기

[정답의 이유]

③ position은 '~를 어디에 두다'라는 뜻의 타동사로 그 뒤에 목적어가 있어야 한다. 현재 문장에서는 목적어가 없으므로 수동태인 'be positioned'라고 해야 한다.

[오답의 이유]

① 시간 또는 조건을 나타내는 부사절에서는 현재 시제가 미래 시제를 대신한다.

② 부대 상황을 나타낼 때는 전치사구, with+목적어+목적격 보어 형태가 쓰이며, 목적어와 목적격 보어의 관계가 능동이므로 현재분사가 옳게 쓰였다.

④ 동사 'blotted' 뒤에 목적어가 없으므로 수동태로 사용되는 것이 맞다.

⑤ 동사 'appear'는 '~인 것 같다, ~ 처럼 보이다'의 의미로 쓰였고 형용사 보어 'bright'를 사용하는 것이 맞다.

본문해석

　달이 하늘에 있는 태양의 원반 일부를 가리는 부분 일식은 2022년에 두 번 발생할 것이다. 첫 번째는 남아메리카 남부, 남극대륙 일부, 그리고 태평양과 남극해 일부에서 보일 것이다. 4월 30일, 달은 지구와 태양 사이를 지나갈 것이고, 최대 일식은 20시 41분 UTC*에 일어날 것이며, 그때 태양 원반의 64%까지 달에 의해 가려질 것이다. 그 일식의 최대치를 보기 위해, 관찰자들은 남극 반도의 서쪽인 남극해에 위치해야 할 것이다. 하지만 칠레와 아르헨티나의 최남단 지역에서 일식을 쫓는 사람들은 달에 의해 가려진 태양의 약 60%를 볼 수 있을 것이다. 부분 일식의 모든 단계를 안전하게 보기 위해서는 보호안경이 필요하다. 비록 태양이 하늘에서 밝게 보이지 않을지라도, 그것을 직접 응시하는 것은 당신의 눈을 심각하게 다치게 할 수 있다.

*UTC: 협정 세계시

VOCA

• visible 보이는

• occur 발생하다

• blot out 가리다

• phases 단계

• injure 다치게 하다

더 알아보기

부대 상황

• 부대 상황이란 주된 상황에 곁들여서 일어나는 상황을 말한다.

• 'with+목적어+목적격 보어'의 형태를 가진다. 목적격 보어에는 부사[부사구], 형용사, 현재분사, 과거분사가 들어갈 수 있다.

with+목적어 +부사[부사구]	예 I walked with both hands in my pockets. (나는 주머니 안에 양손을 넣고 걸었다.)
with+목적어 +형용사	예 Don't speak with your mouth full. (입을 가득 채우고 말하지 마라.)
with+목적어 +현재분사	예 He said "Yes" with his head nodding. (그는 머리를 끄덕이면서 "네"라고 말했다.)
with+목적어 +과거분사	예 She sat on the sofa with her eyes bandaged. (그녀는 눈을 붕대로 감은 채 소파에 앉았다.)

• with를 생략하여 나타낼 수도 있는데, 이때 생략된 with 앞에 쉼표(,)를 찍어 준다.

　예 He sat on the chair with his legs crossed.

　　→ He sat on the chair, his legs crossed.

　　(그는 다리를 꼬고 의자에 앉았다.)

　예 She told me the sad story with tears in her eyes.

　　→ She told me the sad story, tears in her eyes.

　　(그녀는 눈물을 글썽이며 나에게 슬픈 이야기를 하였다.)

04 난도 ★☆☆   정답 ③

독해 > 빈칸 완성 > 단어·구·절

정답의 이유

③ 'ignorant and ~'와 같은 병렬 구조에서는 ignorant(무지한, 무지막지한)와 같은 부정적 의미의 형용사가 와야 한다. 따라서 (A)에 알맞은 것은 '상스러운, 천박한'이라는 의미를 가진 'boorish'이다. 또한 (B)에도 'clown(광대)'과 상응하는 'vulgarity(천박함)'가 알맞다.

오답의 이유

① 근면 성실한 - 인기
② 합리적인 - 감각
④ 특이한 - 지성
⑤ 자랑하는 - 즉흥

본문해석

"그것 봐! 그것이 우리가 주도하는 삶이다. 이것은 사람을 울리기에 충분하다. 사람은 일하고 최선을 다하지만 사람은 지치고, 밤에 잠을 자지 못하고, 최선을 위해 무엇을 해야 할지에 대해 머리를 쥐어짠다. 그다음엔 무슨 일이 일어날까? 우선, 대중은 무지하고 (A) 상스럽다. 나는 그들에게 최고의 오페레타, 우아한 가극과 일류의 음악 홀 아티스트들을 선사한다. 하지만 그게 그들이 원하는 것이라고 생각하는가? 그들은 그런 종류의 어떤 것도 진가를 알지 못한다. 그들은 광대를 원한다; 그들이 요구하는 것은 (B) 천박함이다."

VOCA

• utmost 최대한
• appreciate 감상하다, 진가를 알다

05 난도 ★★☆   정답 ④

독해 > 대의 파악 > 제목, 주제

정답의 이유

글의 서두에 주제를 제시하는 두괄식 형식의 글이다. 첫 번째 문장이 주제문으로 유동적인 재료들이 아이들의 감정 표현의 훌륭한 매체라는 내용을 언급하고 있다. 그 이후 그에 대한 구체적 사례들이 제시되고 있으므로 글의 제목은 ④ 'Developing Expressivity through Play(놀이를 통한 표현력 발달)'이 가장 적절하다.

오답의 이유

① 다양한 종류의 유동적인 재료
② 놀이 속에서의 개인적인 차이
③ 놀이에 대한 문화의 영향
⑤ 놀이에서 유동 재료를 사용하는 것의 장점과 단점

본문해석

점토나 핑거 페인트와 같은 유동적인 재료들은 아이들이 신체 부위와 기능에 대한 호기심뿐만 아니라 분노를 표현할 수 있는 훌륭한 매체이다. 아이들은 점토로, 무해하게 찢고 두드릴 수 있고, 그들은 또한 종종 해부학적으로 정확한 부분을 가진 사람의 형태를 만들 수도 있다. 점토, 모래 또는 블록으로, 그들은 안전하게 파괴적일 수 있고 그들 자신의 파괴적인 충동이 반드시 해로운 것만은 아니며 그들을 놀라게 해서는 안 된다는 것을 배울 것이다. 때때로 창조의 즐거움은 자신이 창조한 것을 파괴할 것이라는 기대감에 의해 강화된다. 인형으로, 아이들은 가족적인 장면을 연출하고 가족과 관련된 걱정거리를 탐구할 수 있다. 만약 그들이 손인형을 사용할 때 자유롭게 의사소통을 할 수 있도록 허락된다면, 의사소통을 하는 것은 그들이 아니라 손인형이기 때문에, 아이들은 그들의 가장 깊은 감정의 일부를 행동이나 말로 드러낼 수 있다. 어른들은 어린 아이들의 행동을 통제할 필요가 있다. 그렇기에 그들은 재료를 사용해서 자유롭게 표현하는 데 제한을 두어야 한다. 예를 들어, 점토는 두드려지거나, 잡아당겨 지거나, 짓밟힐 수 있지만, 벽이나 다른 아이들에게 던져져서는 안 된다. 하지만, 어른들은 그들이 지나치게 구속하면, 그 놀이는 아이들을 위한 그것의 감정적인 가치를 어느 정도 잃을 것이라는 것을 기억하려고 노력해야 한다. 그들은 어린 아이라도 자신이 만든 블록 구조물을 넘어뜨리는 것과 교실에 있는 가구를 넘어뜨리는 것을 구분할 수 있다는 점도 자각해야 한다.

VOCA

• curiosity 호기심
• function 기능
• destructive 파괴적인
• impulse 충동
• reveal 드러내다
• restrictive 제한적인

더 알아보기

빠른 독해 비법

대부분의 지문은 글의 서두에 주제를 제시하는 두괄식 형식의 글이기 때문에 주제 또는 제목을 찾는 문제에서는 지문의 앞부분을 공략하도록 하자. 정답을 찾을 때는 핵심 내용이 어떤 단어들로 표현되는지에 집중해야 한다. 핵심 내용은 핵심 키워드를 포함하면서도 본문의 요지를 담고 있어야 한다. 지나치게 광범위하거나 지나치게 세부적인 내용은 주제나 제목으로 적절하지 않다.

06 난도 ★★☆　　　　　　　　　　　정답 ②

독해 > 글의 일관성 > 글의 순서

정답의 이유

내용 흐름에서 반복되는 단어들로 정답을 찾을 수 있는 문제이다. 주어진 글의 뒷부분에서 원인과 결과, 개연성과 우연의 복잡한 거미줄에 의해 각각의 상황과 사건들의 앞의 것과 뒤의 것들이 연결되어 있다고 했으므로 (B)의 현재가 사고의 결과일 수도 있고 거부할 수 없는 힘의 결과일 수도 있다는 내용으로 이어진다. (A)에서는 이 유일한 현재는 역사를 이해하지 않는 한 이해할 수 없으며, 역사의 사건들은 혼란(chaos) 그 이상이라고 하며, 이는 (C)의 첫 문장에 쓰인 과거의 혼란스러운(chaotic) 기록에 대한 언급과 이어진다. 따라서 정답은 ② '(B) − (A) − (C)'이다.

본문해석

'역사의 교훈'은 정말로 친숙한 구절이기 때문에 가끔 그 교훈은 너무 잘 학습된다. 역사는 절대로 정확하게 반복되지 않는다. 어떠한 역사적 상황도 다른 것과 같지 않다. 심지어 두 가지의 유사한 사건들도 첫 번째 사건은 전례가 없는 반면 두 번째 사건은 전례가 있다는 점에서 다르다. 하지만 이런 점에서도, 역사는 교훈을 줄 수 있다. 다시 말해, 어느 것도 그대로 머물러 있지 않는다. 인간사에서 유일하게 변하지 않는 것은 변화 그 자체의 불변성이다. 역사의 과정은 유일무이하지만 그럼에도 불구하고 이해할 수 있다. 각각의 상황과 사건은 구별되지만, 각각은 원인과 결과, 개연성과 우연의 복잡한 거미줄에 의해 모든 앞의 것과 이후의 것들에 연결된다.
(B) 현재가 사고의 결과일 수도 있고, 거부할 수 없는 힘의 결과일 수도 있지만, 어느 경우든 과거 사건의 현재 결과는 현실적이고 되돌릴 수 없다.
(A) 과거의 각각의 독특한 지점과 마찬가지로, 그 독특한 현재도, 그것이 어떻게 생겨났는지에 대한 역사를 이해하지 않는 한 절대 이해할 수 없다. 역사는 독특한 사건들의 기록이지만, 그것은 혼란 그 이상이다.
(C) 과거 사건의 혼란스러운 기록에서 질서의 요소를 인식하는 것은 역사학자의 큰 임무이다. 사건, 사람, 집단, 기관은 적어도 부분적인 규칙성을 보이는 어떤 계층으로 나뉜다.

VOCA
- precedent　전례
- in this respect　이러한 점에서
- constancy　불변성
- intelligible　이해할 수 있는
- probability　개연성, 확률

07 난도 ★☆☆　　　　　　　　　　　정답 ②

독해 > 세부 내용 찾기 > 내용 (불)일치

정답의 이유

글의 주제인 거래 기억 소스의 개념을 이해하면 쉽게 정답을 찾을 수 있는 문제이다. 본문은 인터넷과 기술이 수많은 정보를 우리의 뇌 대신 저장해 주고 있으므로 우리는 모든 것을 다 기억할 필요는 없다고 말하고 있다. 따라서 거래 기억 소스로 간주되기 어려운 것은 현대의 기술과는 거리감이 있는 ② 'A photo album of your childhood(어린 시절의 사진 앨범)'이다.

오답의 이유
① 다가오는 이벤트를 알려주는 알림 앱
③ 저장된 경로로 길을 찾는 것을 도와주는 GPS 장치
④ 다른 웹사이트의 비밀번호 서면 목록
⑤ 연락처 목록이 있는 휴대폰

본문해석

검색 엔진은 우리가 인터넷을 사용하는 방식을 바꿔왔고, 클릭 몇 번만으로 방대한 정보 소스를 축적했다. 그러나 최근의 한 연구는 웹사이트와 인터넷이 기술 자체보다 훨씬 더 많이 변화하고 있다는 것을 보여준다. 그것들은 우리의 기억이 기능하는 방식을 바꾸고 있다. Dr. Wegner의 최근 연구인 'Google이 기억에 미치는 영향: 손끝에서 정보를 얻을 수 있는 것에 대한 인지적 결과'는 사람들이 검색 엔진에 접근할 때, 그들은 쉽게 사용할 수 있는 지름길로서 '검색'에 의존할 수 있다는 것을 알기 때문에 더 적은 사실과 더 적은 정보를 기억한다는 것을 보여준다. Wegner는 새로운 연구 결과들이 인터넷이 우리의 뇌가 정보를 구분하는 방법인 거래 기억 소스의 일부가 되었다는 것을 보여준다고 믿는다. 1985년에 Wegner에 의해 처음 가설된 거래 기억은 여러 형태로 존재하는데 이는 남편이 친척의 생일을 기억하기 위해 아내에게 의존하는 것과 같다. "이 기억의 전체 네트워크야말로 당신이 직접 세상의 모든 것을 기억할 필요가 없는 곳이다."라고 그는 말한다. "당신은 그저 누가 그것을 알고 있는지만 기억하면 된다." 이제 컴퓨터와 기술도 우리 기억의 가상 확장이 되고 있다.

VOCA
- cognitive　인지의
- consequence　결과
- rely on　~에 의존하다
- hypothesize　가설을 세우다, 가정하다

08 난도 ★★☆　　　　　　　　　　　정답 ⑤

독해 > 세부 내용 찾기 > 내용 (불)일치

정답의 이유

본문의 후반 내용을 보면 'incubation period(= Latency)'란 충격적인 사고 이후 외상 후 신경증이 나타날 때까지의 잠복 기간이라고 말한다. 따라서 지문의 내용과 일치하는 것은 ⑤ 'Latency refers to the period when the impact of the shocking events remains dormant(잠재기란 충격적인 사고의 영향이 휴면 상태로 남아 있는 시기를 지칭한다).'이다.

오답의 이유
① 충격적인 사고 후 고통의 재발은 잘 알려진 사실이다.
② '외상 후 신경증'은 바이러스에 감염되었을 때 생긴다.
③ 잠복기라는 용어는 전염병과 관련이 없다.
④ '외상 후 신경증'이란 사고 직후 느끼는 충격을 지칭한다.

예를 들어 기차 충돌과 같은 충격적인 사고를 당한 장소에서 누군가 겉으로는 다치지 않은 채 그곳을 벗어나는 일이 생길 수 있다. 그러나 그 후 몇 주 동안 그는 오직 쇼크 또는 사고 당시 발생한 다른 무언가 때문에 일련의 심각한 정신적, 운동적 증상을 나타낼 수 있다. 그는 '외상 후 신경증'을 앓게 된 것이다. 이것은 상당히 이해할 수 없는 것으로 보이므로 새로운 사실이다. 사고와 최초의 증상 발현 사이의 시간은 '잠복기'라고 불리는데, 그것은 병적인 측면으로의 투명한 암시이다. 그것은 소위 'latency(잠재기)'라고 칭하기도 하는 것의 특성이다.

VOCA

• apparently 겉으로는, 보여지기로는
• collision 충돌
• be ascribed to ～때문이다
• incomprehensible 이해할 수 없는
• elapse (시간이) 지나다
• infectious 전염되는

09 난도 ★☆☆ 정답 ④

독해 > 빈칸 완성 > 단어·구·절

정답의 이유

But 바로 앞 문장에서 우리가 다른 사람에게 기울이는 주의 깊은 관심이 그들의 표정과 단서들을 포착하여 우리들이 그 사람이 어떻게 느끼는지 동조하게 한다고 하였으므로 But 다음 문장에는 그와 반대의 내용이 와야 한다. 따라서 빈칸에 들어갈 적절한 것은 ④ 'we may miss those signals(우리는 그 신호를 놓칠지도 모른다)'이다.

오답의 이유

① 우리는 그 사람에게 더 관심을 기울일지도 모른다.
② 우리의 공감이 강화될 것이다.
③ 우리는 그 사람의 행동에 덜 동조된다.
⑤ 우리는 그 사람에게 무관심을 느낀다.

본문해석

다른 사람과 함께 있는 것은 지속적이고 배려하는 관심이며, 연민의 기본적인 형태로 볼 수 있다. 다른 사람에 기울이는 주의 깊은 관심은 또한 공감을 증진시켜, 우리가 찰나의 표정과 그와 같은 다른 단서들을 더 많이 포착하게끔 하여 그 사람이 그 순간 어떻게 느끼는지 우리가 동조하게 한다. 하지만 만약 우리의 주의가 '깜빡'한다면, 우리는 그 신호들을 놓칠지도 모른다.

VOCA

• sustained 지속적인
• compassion 연민
• enhance 강화시키다
• fleeting 순식간의, 잠깐 동안의
• attune (악기를) 조율하다, (마음을) 맞추다, 조화시키다
• empathy 공감

10 난도 ★☆☆ 정답 ③

어법 > 비문 찾기

정답의 이유

③이 포함된 문장은 등위접속사 and로 연결된 병렬 구조로, and 앞에서 'Personality plays a big part in how you react'라고 현재시제 동사가 나왔다. 따라서 and 다음에도 주어(women)에 맞는 현재시제 동사가 나와야 하므로 tending → tend가 되어야 한다.

오답의 이유

① 선행사 people을 수식하는 관계사절이 and로 이어졌으며, 앞선 관계사절 'who express ～'와도 병렬 구조를 이루어 who recognize ～라고 했으므로 옳은 표현이다.
② know의 목적어인 명사절이 'how+형용사+주어+동사'의 구조로 바르게 사용되었다.
④ realizing은 명사절(주어부)을 이끄는 동명사이며, 이때 어순인 '동명사+주어(you)+동사(are)'가 바르게 쓰였다.
⑤ 동사 recommend는 동명사(-ing)를 목적어로 취하는 동사이므로 remaining은 어법상 옳은 표현이다.

본문해석

"너 자신을 사랑하고 그 경험에서 공통된 인간성을 인식하라."라고 연구원 David Sbarra는 말한다. 이것은 '자기 연민'이라고 불린다. 자기애를 표현하고 자신은 혼자가 아니며 다른 사람들도 그들이 느끼는 것을 느낀다고 인지하는 사람들은 이별에 대처할 때 더 많은 회복력을 가진다. 당신이 겁에 질렸을 때 누군가가 당신에게 "긴장을 풀라."라고 말하면 그것이 얼마나 실망스러운지 당신은 알고 있다. 그것은 이별 후 자기 연민을 배우는 문제의 일부이다. 불안은 당신이 스스로에게 친절하고 사랑하는 것을 막을 수 있다. 하지만 당신은 그 불안에서 스스로를 몰아낼 수 없으며 당신은 분명히 더 이상 스스로를 자책할 수 없다. 성격은 당신이 어떻게 반응하는지에 큰 역할을 하며 여자들은 남자들보다 더 자기 연민으로 그것을 다루는 경향이 있다. 긴 안목에서 당신의 경험을 유지하며, 이별 후에 스스로에게 더욱 친절해라. 많은 사람들이 고통스럽고 힘든 이별을 경험하고, 당신은 혼자가 아니다. 이별은 인간의 경험의 일부이며, 당신이 집단의 일부라는 것을 깨닫는 것은 당신의 인식을 더 건강한 곳으로 옮기는 데 도움을 줄 것이다. Dr. Sbarra는 또한 현재에 유념하고 현재에 남아있을 것을 제안한다. 당신이 분노와 질투를 느낄 때를 잘 알아차리고 그것을 받아들이고 발산해라. 당신이 그것을 발산하는 것이 힘들지라도 그것을 판단하지 마라.

VOCA

• self-compassion 자기 연민
• anxiety 불안
• in perspective 전체적인 관점에서
• realize 깨닫다
• release 방출

11 난도 ★★☆　　　　　　　　　　　　　　정답 ①

독해 > 빈칸 완성 > 단어·구·절

[정답의 이유]

① 첫 문장에서 'the paradox is that scientific methodology is the product of human hands and thus cannot reach some permanent truth.'라고 과학적 방법론의 역설을 말한다.

빈칸 (A)가 포함된 문장에서 '이것은 또한 과학적 지식을 실존적, 본능적 본성 또는 인간의 삶에 ~하게 만들기도'라고 했고, (A) 다음의 '~ which is unique and subjective and unpredictable'로 미루어 문맥상 빈칸 (A)에는 'inapplicable(적용할 수 없는)'이 적절함을 유추할 수 있다.

(B) 앞부분의 'Science may provide the most useful way to organize empirical, reproducible data'라고 한 다음에 'but its power to do so is predicated on ~(하지만, 그렇게 하는 그것의 힘은 인간 삶의 가장 중심적인 측면을 파악하는 ~ 에 입각한다)'으로 미루어 문맥상 빈칸 (B)에는 inability(무능함)'이 적절함을 유추할 수 있다.

[오답의 이유]

② 무관한 – 혐오

③ 비슷한 – 나머지

④ 필수적인 – 현세, 속세

⑤ 낡은 – 장점

본문해석

그러나 역설은 과학적 방법론은 인간의 손의 산물이고 어떤 영구적인 진리에 도달할 수 없다는 것이다. 우리는 현상을 다루기 쉬운 단위로 축소하기 위해 세계를 조직하고 조작할 과학적 이론을 구축한다. 과학은 재현 가능성과 조작된 객관성에 기반을 둔다. 그것이 물질과 에너지에 대한 주장을 생성하는 능력을 만들어낼 만큼 강하면서도, 이것은 또한 과학적 지식을 실존적, 본능적 본성 또는 인간의 삶에 (A) 적용할 수 없게 만들기도 하는데, 이것은 독특하고 주관적이며 예측할 수 없는 것이다. 과학은 경험적이고 재현 가능한 데이터를 구성하는 데에 가장 유용한 방법을 제공할 수 있지만, 그렇게 하는 그것의 힘은 희망, 두려움, 사랑, 미움, 아름다움, 시기, 명예, 나약함, 노력, 고통, 미덕 등 인간 삶의 가장 중심적인 측면을 파악하는 (B) 무능함에 근거한다.

VOCA

- paradox　역설
- permanent　영구적인
- manipulate　조작하다
- manageable　다루기 쉬운
- unpredictable　예측할 수 없는
- empirical　경험적인

12 난도 ★☆☆　　　　　　　　　　　　　　정답 ⑤

어법 > 비문 찾기

[정답의 이유]

⑤ 문장의 주어인 Observations가 복수이므로 has been fitted → have been fitted가 되어야 한다.

[오답의 이유]

① to form은 to부정사의 형용사적 용법으로 명사 capability를 꾸며주고 있으므로 어법상 옳다.

② '~을 하는 것에 적응'의 의미로 adaptation to –ing 형태를 사용할 수 있으므로 오류가 없다. 이때 changing은 전치사 to의 목적어인 동명사로 사용되었다.

③ 선행사 observations를 꾸며 주는 현재분사 형태인 indicating이 사용되었다. 그 뒤에 that절이 indicating의 복적어로 사용되었다.

④ date back은 '~로 거슬러 올라간다'의 의미로 주어인 Observations가 복수 형태이므로 동사원형으로 사용하는 것이 맞다.

본문해석

기억을 형성하는 능력은 변화하는 환경적인 요구에 대한 유기체의 전략적 적응에 매우 중요하다. 수면이 기억력에 도움이 된다는 것을 나타내는 관찰은 초기의 실험적인 기억 연구로 거슬러 올라가며, 그 이후로 상당히 다른 개념들이 적용되었다.

VOCA

- strategic　전략적인
- adaptation　적응
- benefit　이롭다, 도움이 되다
- experimental　실험적인

13 난도 ★☆☆　　　　　　　　　　　　　　정답 ③

독해 > 글의 일관성 > 무관한 어휘·문장

[정답의 이유]

본문의 내용에서는 Oedipus가 자신이 왕의 살인자라는 것을 처음부터 알고 있지만 모르는 척하고 있다고 하였으므로 문맥의 흐름상 맞지 않는 것은 ③ 'innocent(결백한)'이다. ③의 바로 뒤따르는 문장에서 그가 그저 진실을 모르는 척하고 있다는 문장이 힌트가 된다.

본문해석

수년 동안 비평가들은 고대 그리스 연극 Oedipus Rex에 대해 논쟁해 왔다. 어떤 사람들은 Oedipus가 자신의 아버지를 살해했다는 사실이 밝혀지는 연극의 마지막까지 자신의 죄를 전혀 모른다고 주장해 왔다. 다른 사람들은 Oedipus가 그의 죄에 대해 모든 것을 알고 있다고 주장해 왔다. 이러한 관점으로 보면, 뛰어난 수수께끼 해결사인 Oedipus는 자신이 왕의 살인자라는 것에 대한 늘어나는 증거를 무시할 수 없었다. 단지 이 논쟁이 어떻게 또는 왜 그토록 오랫동안 격렬해졌는지는 미스터리로 남아 있다. 정확한 해석은 너무나 명백하다. Oedipus는 처음부터 자신이 <u>무죄(→ 유죄)</u>라는 것을 알고 있다. 그는 그저 진실을 모르는 척할 뿐이다. 예를 들어, 신하는 왕의 살해 이야기를 할 때, '노상강도들(bandits)'이라는 단어를 사용한다. 하지만 Oedipus가 그의 이야기를 반복할 때, 그는 단수형인 '노상강도(bandit)'를 사용한다. 소포클레스는 연극 내내 이와 같은 단서를 제공한다. 그러므로 Oedipus가 그의 범죄에 대한 진실을 몰랐다고 생각하는지 이해하기 어렵다.

VOCA

• evidence 증거
• murder 살해하다
• aware 알고 있다
• interpretation 해석
• ignorant 무지한
• bandit 노상강도

14 난도 ★☆☆　　　　　정답 ⑤

어휘 > 단어

정답의 이유

밑줄 친 inadvertently는 '무심코, 우연히, 부주의로'의 뜻으로 이와 의미가 가장 가까운 것은 ⑤ 'unintentionally(무심결에)'이다.

오답의 이유

① 고의로
② 모순되어
③ 부수적으로
④ 몰래, 부정하게

본문해석

재능은 나쁜 것인가? 우리는 모두 똑같이 재능이 있는가? 아니, 그렇지 않다. 어떤 기술의 학습 곡선을 빠르게 올라가는 능력은 분명히 매우 좋은 것이다. 그리고 좋든, 싫든 간에, 우리들 중 일부는 다른 이들보다 이것을 더 잘한다. 그렇다면 왜 '노력하는 자'보다 '타고난 자'를 선호하는 것이 그렇게 나쁜 것일까? *America's Got Talent, The X Factor, Child Genius* 같은 TV 쇼들의 부정적인 면은 무엇일까? 우리가 일곱 살에서 여덟 살 정도의 아이들을 두 그룹, 즉 '타고난 재능'을 지닌 소수의 아이들과 그렇지 않은 수많은 아이들의 그룹으로 나눠서는 안 되는 이유는 무엇인가? 탤런트 쇼가 '탤런트 쇼'로 명명되는 것이 실제로 무슨 해가 될까? 나의 견해로는 재능에 대한 집착이 해로울 수 있는 가장 큰 이유는 단순하다. 재능에 스포트라이트를 비춤으로써 우리는 다른 모든 것들을 그림자 속에 남겨둘 위험이 있다. 우리는 <u>무심코</u> 이러한 다른 요인들ー투지를 포함하여ー실제로 그들이 하는 것만큼 중요하지 않다는 메시지를 보낸다.

VOCA

• separate 나누다, 분리하다
• preoccupation 집착

15 난도 ★☆☆　　　　　정답 ②

어법 > 비문 찾기

정답의 이유

② '~에 책임이 있다'는 be held responsible for이므로 cannot hold → cannot be held가 되어야 한다.

오답의 이유

① how 의문문으로 의문부사 how와 의문문의 어순인 '조동사(do)+주어(we)+동사(attribute)+목적어(responsibility)'가 바르게 쓰였다.
③ since로 시작하는 부사절로써 주어 they와 동사인 lack 그리고 목적어 consciousness, free will, emotions, the capability to form intentions, and the like를 포함하는 어법상 옳은 문장이다.
④ 주어 humans와 동사 delegate, 목적어 agency 그리고 전치사구 to the machine이 오류 없이 사용되었다. delegate A to B는 'A를 B에게 위임하다'의 뜻이다.
⑤ 콤마(,)와 관계대명사 which를 사용한 계속적 용법의 관계대명사절이다. 관계대명사 which의 선행사는 앞 문장 전체이며 3인칭 단수 취급되므로 이어지는 동사는 gives로 사용되었으므로 어법상 옳은 문장이다.

본문해석

만약 인공지능(AI)이 더 많은 대리권을 받고 인간이 하던 일을 맡게 된다면, 우리는 어떻게 도덕적 책임을 돌리겠는가? 인간이 AI에게 대리권과 결정을 위임할 때 기술의 해로움과 이로움에 대한 책임은 누구에게 있는가? 첫 번째 문제는 AI 시스템이 윤리적 결과를 가져오는 조치를 취하고 결정을 내릴 수 있지만, 무엇을 하는지 알지 못하고 도덕적인 사고를 할 수 없기 때문에 그것이 하는 일에 대해 도덕적으로 책임을 물을 수 없다는 것이다. 기계는 의식, 자유의지, 감정, 의도를 형성하는 능력 등이 부족하기 때문에 행위자가 될 수는 있지만 도덕적 행위자는 될 수 없다. 예를 들어, 아리스토텔레스적 관점에서는 인간만이 자발적인 행동을 수행하고 자신의 행동에 대해 신중히 생각할 수 있다. 만약 이것이 사실이라면 유일한 해결책은 기계가 하는 일에 대해 인간이 책임을 지게 하는 것이다. 인간은 그러면 기계에 대리권을 위임하지만 그 책임은 유지한다. 그러나 이 해결책은 몇 가지 문제점에 직면한다. AI 시스템은 매우 빠르게 스스로 결정을 내리고 행동할 수 있는데 예를 들면 초단타매매 또는 자동차 자율주행에서 그러하며, 이 경우 인간이 최종 결정을 내리고 개입하기에는 시간이 부족하다. 이러한 행동과 결정에 있어서 과연 인간이 책임질 수 있을까?

VOCA

• take action ~에 대해 조치를 취하다
• voluntary 자발적인
• deliberate 신중히 생각하다
• delegate A to B A를 B에게 위임하다
• intervene 개입하다

16 난도 ★☆☆　　　　　　　　　　정답 ②

어휘 > 단어

정답의 이유

두 번째 문장에서 비(rain)와 눈(snow)을 언급한 것을 통해 빈칸에 적절한 것이 ② 'precipitation(강수량)'이라는 것을 쉽게 알 수 있다. 또한 그 뒤에 이어지는 문장 속의 습기(moisture)도 좋은 힌트가 된다.

오답의 이유

① 순환
③ 하수구
④ 가뭄
⑤ 관개

본문해석

사람들은 강수량이 '정상적인', 다시 말해 전형적이고 예상되며 드물지 않은 양이라는 것에 의존한다. 정상적인 (양의) 비와 눈이 녹는 것은 지속적인 농업에 필수적인데, 이는 지구의 73억 명의 사람들을 먹여 살리기 위한 것이다. 모든 식물들과 동물들은 그들의 환경을 위한 정상적인 양의 습기에 적응한다. 하지만 '정상'이 항상 일어나지는 않는다.

VOCA

• consistent　지속적인
• agriculture　농업

17 난도 ★★☆　　　　　　　　　　정답 ④

독해 > 대의 파악 > 제목, 주제

정답의 이유

글의 서두에 주제를 제시하는 두괄식 형식의 글이다. 두 번째 문장에서 '~risk taking is not binary'라고 한 다음에 사람마다 감수하는 위험의 종류가 다르다고 했다. 사람들이 저마다 느낄 수 있는 위험의 출처로 비행기에서 뛰어내리는 스포츠와 많은 사람들 앞에서의 연설을 예로 들었다. 따라서 이 글의 주제는 ④ 'Perception of riskiness differs from person to person(위험에 대한 인식은 사람마다 다르다.)'가 가장 적절하다.

오답의 이유

① 신체적·사회적 위험을 모두 감수하는 것은 우리에게 유익하다.
② 우리는 위험을 신체적 위험과 사회적 위험의 두 가지 범주로 분리해야 한다.
③ 신체적 위험을 감수하는 것은 저자에게 큰 도전을 제기한다.
⑤ 위험을 감수하려는 의지가 성공의 전제 조건이다.

본문해석

새로운 것을 시도하는 것은 위험을 감수하려는 의지가 필요하다. 하지만 위험을 감수하는 것은 이분법이 아니다. 나는 당신이 어떤 종류의 위험을 감수하는 것에는 편안함을 느끼고 다른 종류의 위험을 감수하는 것에 상당히 불편함을 느낄 것이라고 장담한다. 당신은 심지어 당신이 감당하기에 편안한 위험을 보지 못할 수도 있고, 그들의 위험을 무시할 수도 있지만, 당신을 더 불안하게 만드는 것들의 위험성을 증폭시키기 쉽다. 예를 들어, 당신은 번개처럼 빠른 속도로 스키 슬로프를 내려오거나 비행기에서 뛰어내리는 것을 좋아할 수 있으며, 이러한 활동을 위험하다고 여기지 않을 수도 있다. 만약 그렇다면, 당신은 상당한 신체적 위험을 감수하고 있다는 사실을 모르고 있는 것이다. 나처럼 신체적 위험을 감수하지 않는 사람들은 스키징에서 헛초고를 마시거나 쓰스모를 비행기 피석에 단단히 묶어두고 싶어 한다. 그 대신, 많은 사람들에게 연설을 하는 것과 같은 사회적 위험에 대해서는 완전히 편안함을 느낄지도 모른다. 이것은 나에게 전혀 위험해 보이지 않는다. 하지만 비행기에서 뛰어내리는 것을 완벽히 행복해 하는 다른 사람들은 파티에서 축배를 들어올릴 생각은 절대 하지 않을 것이다.

VOCA

• willingness　의지
• amplify　증폭시키다
• significant　상당한
• give a toast　축배를 들다

18 난도 ★☆☆　　　　　　　　　　정답 ①

어휘 > 단어

정답의 이유

① (A) 화자의 의견(a woman must have money and a room of her own if she is to write fiction.)에 대한 부연 설명으로, 'they have some (A) upon women and some upon fiction(일부는 여성과 ~하고, 일부는 소설과 ~하다)'이라고 했으므로 문맥상 빈칸 (A)에는 'have bearing upon(~와 관련이 있다)'의 bearing이 적절하다. 또한 빈칸 (B) 앞의 the chance of와 (B) 다음의 목적어 '그들의 결론(their own conclusions)'으로 미루어 빈칸 (B)에는 '결론을 도출해내다'의 의미인 draw의 동명사형인 drawing이 적절하다. 빈칸 (C) 앞부분인 'making use of all the liberties and ~ of a novelist(소설가의 모든 자유와 ~을 이용해서)'와 (C) 다음의 'to tell you the story of the two days that preceded my coming here'로 미루어 문맥상 (C)에는 소설가의 자유와 자격(면허)을 의미하는 licenses가 적절하다.

오답의 이유

② 안도감 – 쓰기 – 상상력
③ 실력, 솜씨 – 익사 – 창의력
④ 관련성 – 던지기 – 의무
⑤ 기부 – 수집 – 직업

내가 할 수 있는 일은 당신에게 한 가지 사소한 점에 대한 의견을 제시하는 것뿐이었는데, 그것은 여성이 소설을 쓰려면 돈과 자기 방이 있어야 한다는 것이다. 나는 당신 앞에서 할 수 있는 한 완전하고 자유롭게 내가 그렇게 생각하게 된 일련의 생각을 발전시킬 것이다. 아마도 내가 이 진술의 이면에 있는 생각, 편견을 밝히면, 여러분은 그것들이 여성과, 일부는 소설과 (A) 관련이 있다는 것을 알게 될 것이다. 어쨌든, 어떤 주제가 매우 논란이 많을 때—그리고 성에 관한 질문이 있는 경우에—사람은 진실을 말하는 것을 바랄 수 없다. 그는 어떤 의견을 가지고 있든지 간에 자신이 어떻게 그런 의견을 갖게 되었는지 단지 보여줄 뿐이다. 그는 단지 청중들이 연설자의 한계와 편견, 그리고 특이한 성격을 관찰하면서 그들 스스로의 결과를 (B) 도출할 기회를 줄 따름이다. 이 지점에서 소설은 사실보다 더 많은 진실을 담고 있을 가능성이 높다. 그러므로, 나는 소설가의 모든 자유와 (C) 자격을 이용하여, 이곳에 오기 전 이틀 동안의 이야기를 당신에게 들려줄 것을 제안한다.

VOCA

• controversial 논란이 많은
• have bearing upon ~와 관련이 있다(=have bearing on)
• limitation 제한, 제약
• prejudice 편견
• idiosyncrasy 특이한 성격

19 난도 ★★★ 정답 ③

독해 > 세부 내용 찾기 > 내용 (불)일치

정답의 이유

본문의 세부 내용을 묻는 문제이므로 모든 내용을 다 살펴봐야 한다. 본문 내용에 따르면 환경 옹호자들은 우리가 사는 이 시대의 명칭을 바꿈으로써 우리가 이 지구의 환경에 막대한 부정적인 영향을 끼치고 있음을 말하려고 하는 것이므로 정답은 ③ 'The environmental advocates believe that human beings will get aware of their rampant activities which cause destruction if the time period of the Earth is renamed(환경 옹호자들은 만약 지구의 시대가 다시 명명되면 인류가 파괴를 일으키는 만연한 활동에 대해 알게 될 것이라고 믿는다).'이다. 다른 보기들은 본문에 언급되지 않거나 잘못 해석된 내용이다.

오답의 이유

① 지질학자들은 환경보호론자들이 그 기간의 이름을 바꾸는 행동을 지지함으로써 그들보다 우위에 서는 것을 원하지 않는다.
② 층서학자들은 지구의 시간대를 재명명함에 있어서 문화를 고려할 필요가 있다.
④ 지질학자들은 인간에 의해 야기된 변화가 짧은 시간 동안 계속되어 왔다고 믿는다.
⑤ 일부 인류세 지지자들은 진흙 속에서 표본을 발견하는 것이 어렵다는 층서학자들의 의견에 동의한다.

인류가 지구를 영구적으로 변화시켰는가? 이러한 겉보기에 단순한 질문은 우리가 살고 있는 기간을 무엇이라고 불러야 하는지에 대해 지질학자와 환경 옹호자들 사이의 새로운 싸움을 촉발시켰다. 국제지질학 연합(International Union of Geological Sciences)에 따르면 우리는 공식적으로 마지막 주요 빙하기 이후 11,700년 전에 시작된 홀로세(Holocene epoch)에 살고 있다. 그러나 그 명칭은 구식이라고 일부 전문가들은 말한다. 그들은 '인류세(Anthropocene)'를 주장하는데—anthropo는 '인간'을 의미하고, cene는 '새로운'을 의미한다.—왜냐하면 인류가 다른 지속적인 영향들 중에서, 동식물종의 대량 멸종을 일으키고 바다를 오염시키고 대기를 변화시켰기 때문이다. 그러나 많은 층서학자(암층을 연구하는 과학자들)들은 새로운 시대에 대한 명확한 증거가 존재하지 않는다고 하면서 이 아이디어를 비판한다. 그들에 따르면 지질학적 시간 용어에 이름을 붙이기 시작할 때, 우리는 그 경계가 정확히 무엇인지와 그것이 암석 지층에서 어디에 나타나는지를 정의해야 한다. Anthropocene은 자연 과학보다는 대중 문화에 관한 것이다. 중요한 질문은 인간이 언제 지구에 흔적을 남기기 시작했는지를 정확히 명시하는 것이다. 예를 들어, 원자력 시대는 지구상의 토양에 방사선의 흔적을 남겼지만, 반면에 더 깊은 암석 지층에서는 서기 900년까지 거슬러 올라가 유럽 농업의 특징이 발견될 수 있다. 한 층서학자는 "인류세는 눈길을 끄는 전문 용어를 제공하지만 지질학적 측면에서는 코드에 맞는 기본적인 사실이 필요하다."라고 말한다. 일부 인류세 지지자들은 그 어려움을 인정한다. 그러나 진흙탕에 빠지지 말고 날짜를 명시하고 넘어가라고 그들은 말한다. 호주국립대학교의 기후변화연구소 소장인 Will Steffen은 그 새 이름이 다음과 같은 메시지를 전달한다고 말한다. "우리가 현재 지구 전체의 규모에서 환경에 부정할 수 없는 영향을 주고 있어서 새로운 지질 시대가 시작되었다는 것을 일반적인 대중에게 강력하게 상기시켜 줄 것이다."

VOCA

• mass extinction 대량멸종
• boundary 경계
• stratigrapher 층서학자
• proponent 지지자
• undeniable 부정할 수 없는

20 난도 ★★★   정답 ②

독해 > 대의 파악 > 추론

정답의 이유

추론 유형은 지문의 모든 내용을 다 살펴봐야 한다. 지문 내용에 따르면 우리의 윤리적인 소비 패턴은 우리의 경제력과 교육 수준에 근거한다고 보여지며, 이는 존경과 지위를 불러온다고 한다. 반대로 윤리적 소비를 하지 못하는 사람은 환경을 향한 그의 관심과는 상관없이 무례함과 무시를 경험할 수도 있다고 한다. 따라서 정답은 ② 'What we buy is often related to our cultural and educational capital, and consumption patterns can reinforce existing social hierarchies(우리가 구매하는 것은 종종 우리의 문화적이고 교육적인 자본과 관련이 있고, 소비 패턴은 기존의 사회 계층을 강화할 수 있다).'이다.

오답의 이유

① 오염을 일으키는 디젤차를 하이브리드 모델로 교체하지 않는 사람은 윤리적인 소비자가 아니다.

③ 상품 소비를 늘리는 것은 윤리적 소비자의 바람직한 목표이다.

④ 소비야말로 진정한 윤리적인 삶을 실천하는 것의 수단이다.

⑤ 더 많은 문화적 자본을 가진 사람들이 더 낮은 수준의 문화적 자본을 가진 사람들보다 도덕적으로 더 우월할 것이다.

본문해석

전 세계의 많은 사람들은 글로벌 공급 체인을 괴롭히는 골치 아픈 상황들과 인간이 만든 기후 위기에 대응하여 소비자 윤리를 고려하고 일상 생활에서 윤리적인 소비자 선택을 하기 위해 일한다. 소비자 표시 체계에서 공정무역, 지역적으로 재배되고 지속 가능한 제품인 유기농 제품을 구매하기 위해 윤리적인 선택을 하는 사람들은 종종 이런 종류의 구매를 모르거나 신경 쓰지 않는 사람들보다 더 윤리적으로 우월한 것으로 보여진다. 소비재 분야에서 윤리적 소비자가 된다는 것은 다른 소비자에 비해 문화적 자본이 높고 사회적 지위가 높은 사람에게 수여되는 것이다. 예를 들어, 하이브리드 차량을 구입하는 것은 다른 사람들에게 환경 문제에 대해 염려하고 있다는 신호이며, 차도에서 그 차를 지나가는 이웃들은 심지어 그 차 소유자를 더 긍정적으로 볼 수도 있다. 그러나 20년 된 차를 교체할 여유가 없는 사람 역시 그만큼 환경에 관심을 가질 수도 있지만, 그것을 소비 패턴을 통해서 증명할 수는 없을 것이다. 그들이 만나는 사람들은 그들에 대해 가난하고 교육 수준이 낮다고 생각할 수도 있다. 그들은 그들이 타인에게 어떻게 행동하든 매일같이 무례와 무시를 경험할 수도 있다.

VOCA

• ethical 윤리적인

• morally 도덕적으로

• sustainable (환경 파괴 없이) 지속 가능한

• demonstrate 증명하다

• undereducated 교육을 받지 못한

더 알아보기

추론 유형 해결 비법

세부 정보 추론 유형은 본문의 내용을 전체적으로 이해해야 하고 반드시 본문에 근거하여 정답을 찾아야 한다. 추론 문제의 경우 보기를 먼저 읽고 나서, 그 후 지문을 바탕으로 추론할 수 있는 내용의 보기를 선택하는 것을 추천한다. 이때 본문의 핵심 어구를 그대로 언급하거나 의역을 바르게 한 것이 정답이 된다.

21 난도 ★★☆   정답 ④

독해 > 빈칸 완성 > 단어 · 구 · 절

정답의 이유

글의 서두에 주제를 제시하는 두괄식 형식의 글이며 그 주제가 글의 마지막에 한 번 더 반복된다. 첫 문장에서 계몽운동의 남자와 여자가 철학적이고 지리학적인 프로젝트를 통해 동유럽을 발명했다고 했으므로 정답은 ④ 'an intellectual invention(지적 발명)'이다.

오답의 이유

① 허구적인 생각

② 무의식적인 투영

③ 지리적인 지도 제작

⑤ 헛된 꿈

본문해석

동유럽 발명은 계몽운동의 남자와 여자들에 의해 수행되었던 철학적이고 지리학적인 통합 프로젝트였다. 분명히 동유럽의 땅은 그 자체로 발명되거나 허구적인 것은 아니었다. 그 땅과 그곳에 살았던 사람들은 언제나 아주 실제였고, 실제로 상대적으로 서쪽에 있는 다른 땅들의 동쪽에 상대적으로 놓여 있었다. 발명의 프로젝트는 분명히 18세기에 번성했지만, 이것은 단순히 그 진짜 땅이 발명되거나 신화적인 속성을 부여하는 문제가 아니었다. 계몽주의의 설명은 완전히 거짓이거나 허구가 아니었다. 반대로, 점점 야심찬 여행과 더 비판적인 관찰의 시대에서 그 땅은 그 어느 때보다 더 많이 방문되고 철저하게 연구되었다. 발명 작업은 종합적인 토지의 연합에 있었고, 이것은 사실과 허구를 바탕으로, 동유럽의 일반적인 루브릭(평가기준)을 생성하기 위함이었다. 그 루브릭은 토지와 민족의 다양한 영역에 대한 일반적이고 연상적인 관찰의 종합을 대표했다. 그런 의미에서 동유럽은 문화적 건축물, 즉 계몽주의의 지적 발명이다.

VOCA

• Enlightenment 계몽운동

• attribute 자질, 속성

• synthetic 종합적인

• aggregation 종합

22 난도 ★★☆ 정답 ⑤

독해 > 글의 일관성 > 문장 삽입

정답의 이유

⑤ 주어진 문장에서 우리 인간이 타 동물들과는 다른 상징적 언어, 사회 제도, 종교 등을 가지고 있으며 기술의 발달을 통해 이동하고 소통한다고 말하고 있다. 본문의 마지막 문장에서 우리 인간이 유인원과 해부학적인 차이보다 행동과 제도의 차이가 훨씬 눈에 띈다고 했으므로 (E)에 문장을 삽입하는 것이 적절하다. 주어진 문장은 (E) 앞에서 언급한 행동과 제도의 차이의 예시가 된다.

오답의 이유

(A)~(D)의 앞뒤 내용에서는 인간과 침팬지 및 다른 종류의 동물들의 유사성에 대해 말하고 있으므로 인간의 독보적인 행동과 제도를 나타내는 주어진 문장이 삽입되기에는 적절하지 않다.

본문해석

침팬지는 우리 종인 호모 사피엔스의 가장 가까운 친척이다. 침팬지와 인간의 골격 사이에는 뼈 하나하나의 정확한 일치가 존재한다. 인간은 유인원과 다른 포유류처럼 새끼를 낳는다. 인간은 조류, 파충류, 양서류와 유사한 장기와 팔다리를 가지고 있다. 이 유사성은 척추동물의 공통된 진화적 기원을 반영한다. 하지만 우리 종의 뚜렷한 고유함을 알아차리는 데 많은 설명(묘사)이 필요하지는 않다. 인간과 침팬지 사이의 뚜렷한 해부학적 차이는 이족보행과 확대된 뇌를 포함한다. 해부학적인 차이보다 훨씬 더 눈에 띄는 것은 뚜렷이 구별되는 행동과 제도이다. 인간은 상징적 언어, 정교한 사회 및 정치 제도, 법전, 문학 및 예술, 윤리 및 종교를 가지고 있다. 인간은 도로와 도시를 건설하고 자동차, 배, 비행기로 이동하며 전화, 컴퓨터, 텔레비전을 통해 의사소통한다.

VOCA

- correspondence 유사성
- reptile 파충류
- amphibian 양서류
- vertebrate 척추동물
- conspicuous 눈에 띄는, 뚜렷한
- anatomical 해부학적인

23 난도 ★☆☆ 정답 ②

어법 > 비문 찾기

정답의 이유

② etching은 타동사로서 그 뒤에 목적어가 와야 한다. 주어진 문장에서는 목적어가 없으며, '기억에 새겨진 ~'이라는 의미인 수동태로 쓰여야 하므로 etching → etched가 되어야 한다.

오답의 이유

① which is가 생략된 관계대명사절로 determined가 알맞게 사용되었다.
③ 동사 rule out의 목적어로써 동명사 playing이 바르게 사용되었다.
④ cater for는 자동사이며 현 문장에서 현재분사 catering이 바르게 사용되었다.
⑤ helping은 전치사 by의 목적어인 동명사 형태로 바르게 사용되었다.

본문해석

만약 당신이 스포츠를 좋아하지 않는다면, 당신은 아마도 전염병처럼 대학 스포츠팀을 피할 것을 계획하고 있을 것이며, 이것은 당신의 기억 속에 새겨져 있는 학교 스포츠 수업에서의 끔찍한 기억을 떠올리는 것을 피하기로 결심한 것이다. 하지만 어느 정도는 대학에서 스포츠를 하는 것을 배제하지는 마라. 대학에는 할 수 있는 다양한 스포츠가 있을 뿐만 아니라, 매우 활동적인 사람부터 완전한 초보자의 수준에 이르기까지 광범위하다. 만약 당신이 자신에게 맞는 클럽을 찾는다면, 단지 당신이 지난밤 먹은 피자를 해결하는 것을 돕는 것이 아니라 당신의 대학의 경험을 향상시킬 수 있는 몇 가지 방법들이 있다.

VOCA

- avoid 피하다
- determine 결심하다
- etch 새기다
- cater for ~에 맞추다, 부응하다

독해 > 대의 파악 > 제목, 주제

정답의 이유

본문은 수면 시간의 증가와 감소에 대한 연구조사를 언급하고 있으므로 제목으로 적절한 것은 ① 'Are We Really Sleep-Deprived (우리는 정말 잠이 부족한가)?'이다.

오답의 이유

② 수면 장애는 어떻게 진단되는가?

③ 수면 장애의 다른 유형들은 무엇인가?

④ 왜 우리는 충분한 잠이 필요한가?

⑤ 수면 부족의 결과는 무엇인가?

본문해석

수면 패턴을 파악하는 것은 정기적인 고품질의 설문조사의 부족 때문에 어렵다. 그러나 2004년의 한 설문조사는 설문에 참여한 3분의 2의 사람들이 하룻밤에 5.5∼8.5시간을 잔다고 답한 것을 통해서 평균 수면 시간이 7시간이라는 것을 알아냈다. 약 3분의 1은 대부분의 밤에 최소 한 번의 수면 장애를 경험했다고 보고했다. 수면 시간이 줄었는지 아닌지는 판단하기 어렵다. 한 연구(1983–2005)에 따르면 성인의 평균 수면 시간은 50분 증가했고, 짧은 수면(6시간 미만)의 발생은 15%에서 10%로 감소했으며, 긴 수면(9시간 초과)의 발생은 16%에서 28%로 증가했다. 어린이들의 수면 경향에 대한 증거는 결론을 내릴 수 없다. 그러나, 최근의 추가적인 연구는 아이들의 수면이 지난 1세기 동안 대략 1시간 정도 증가했음을 알아냈다. 비록 수면이 악화되지는 않았더라도, 전문가들은 충분하지 않은 수면 시간은 중요한 공중보건 문제라고 강조한다.

VOCA

• prevalence 유행, 횡행, 발생

• inconclusive 결정적이 아닌, 결론에 이르지 못하는

• emphasize 강조하다

• insufficient 불충분한, 부족한

독해 > 글의 일관성 > 무관한 어휘 · 문장

정답의 이유

본문은 지도 제작에서 지켜지고 고려되어야 하는 사항들에 대한 내용이다. 지도는 사용자로 하여금 쉽게 사용하고 이해할 수 있도록 너무 지나친 세부 사항은 생략하며 지도의 용도에 맞게 정보를 단순화하는 작업이 필요하다고 했으므로 과거의 지도 제작 방식에 대한 ③ 'Until the 1970s, most maps were being drawn with ink pens and rulers, but now they are composed on computers and printed by machine(1970년대까지는 대부분의 지도가 잉크펜과 자로 그려졌으나 지금은 컴퓨터로 작성되고 기계로 인쇄된다).'은 전체적인 글의 흐름과 맞지 않는다.

오답의 이유

① 문장은 지도가 시각적으로 사용되기 쉬워야 하며 혼란이 없어야 한다는 내용을 담고 있다.

② 지도가 사용자의 편의를 위해 단순화된 것의 예시이므로 흐름상 자연스럽다.

④ · ⑤ 우리가 지도를 만들 때 데이터를 어떻게 표현해야 하는지에 대한 내용을 담고 있으므로 글의 주제와 연결된다.

본문해석

지도 제작은 수학과 공학의 도구와 그래픽 디자인의 도구를 결합한 고도의 기술적이며 어느 정도 예술적인 추구이다. 지도는 정확해야 하며, 왜곡되거나 부적절하게 위치하거나 정보가 잘못 표기된 것이 아닌 실제 존재하는 대로 상황을 묘사해야 한다. 그것들은 시각적으로 사용하기 쉬워야 하며, 불필요한 정보로 인한 혼란 없이 사용자가 필요로 하는 자료를 눈에 띄게 보여줘야 한다. 이것이 바로, 예를 들자면, 로드맵이 보통 가장 간단한 길을 제외하고는 산과 언덕을 표시하지 않는 이유이다. 1970년대까지는 대부분의 지도가 잉크펜과 자로 그려졌으나 지금은 컴퓨터로 작성되고 기계로 인쇄된다. 그렇게 하면 도로를 나타내는 선들로 이미 채워진 지도에 많은 선들을 추가할 것이다. 지리적인 데이터를 지표면의 원래 형태에서 지도 위의 단순화된 형태로 변환할 때, 우리는 이 정보가 어떻게 표현되어야 할지에 대해 많은 결정을 내려야 한다. 우리가 지도를 어떻게 그리든 우리는 세상의 모든 상세한 부분을 있는 그대로 정확하게 보여줄 수 없으며 또 그것을 원하지도 않을 것이다. 축척과 투영은 정보가 표현되는 방식을 결정하는 지도의 두 가지의 기본적인 속성이다.

VOCA

• accurate 정확한

• distorted 왜곡된

• prominently 눈에 띄게

• ways [단수 취급] (장)거리, 길

• convert 변환하다

• fundamental 기본적인, 핵심적인

영어 | 2021년 국회직 8급

한눈에 훑어보기

✓ 영역 분석

어휘   01 02 05 15
4문항, 16%

독해   06 08 09 10 11 12 13 14 19 20 21 22
          23 24 25
15문항, 60%

어법   03 04 07 16 17 18
6문항, 24%

✓ 빠른 정답

01	02	03	04	05	06	07	08	09	10
①	③	④	③	④	④	①	③	①	④
11	**12**	**13**	**14**	**15**	**16**	**17**	**18**	**19**	**20**
②	⑤	③	④	②	①	②	①	⑤	⑤
21	**22**	**23**	**24**	**25**					
①	③	⑤	②	④					

✓ 점수 체크

구분	1회독	2회독	3회독
맞힌 문항 수	/ 25	/ 25	/ 25
나의 점수	점	점	점

01 난도 ★★★   정답 ①

어휘 > 단어

[정답의 이유]

문맥상 프로 골퍼로서의 성공과 금전적인 부를 동시에 달성했다는 내용이 자연스러우므로 빈칸에 가장 적절한 것은 ① 'concomitant (수반되는)'이다.

[오답의 이유]

② 계속 오가는

③ 지겨운

④ 햇병아리, 풋내기

⑤ (책 속의 작은) 삽화

[본문해석]

Jack Nicklaus의 골프 코스에서의 성공과 그에 수반되는 그의 은행 계좌의 증가는 그를 모든 프로 골퍼들의 부러움의 대상이 되도록 하였다.

[VOCA]

• bank account (예금) 계좌

• envy 부러워하다, 부러움, 선망(의 대상)

02 난도 ★★☆   정답 ③

어휘 > 단어

[정답의 이유]

빈칸 다음 문장에서 'reflects the fact that penalties laid down in the code were extremely severe'라고 했고, 좀도둑질을 살인과 같은 형벌인 사형으로 다스렸다고 했으므로 빈칸에 가장 적절한 말은 ③ 'harsh(가혹한)'이다.

[오답의 이유]

① 상냥한, 유순한

② 경계하는

④ 상서로운

⑤ ~에 좋은[유리한]

Draconian법은 아테네에서 만들어진 최초의 성문법전으로, 기원전 621년이나 620년에 Draco라는 정치인에 의해서 도입되었다고 여겨진다. 비록 그 법의 세부 사항은 불분명하지만, 그 법들은 분명히 많은 범죄행위를 다루었다. 현대 형용사 'Draconian'은 지나치게 가혹함을 의미하는데, 그 법에 명시된 형벌들이 극도로 엄격했다는 사실을 반영한다. 좀도둑질이 살인과 동일한 형벌인 사형을 처벌받았던 것이다. 기원전 4세기의 한 정치인은 Draco가 그의 법들을 잉크가 아니라 피로 썼다고 비꼬았다.

VOCA
- written code of laws 성문법전
- draw up 만들다, 나가와서 서나
- statesman 정치인
- obscure 어두운, 분명치 않은
- offence 위법 행위, 범죄, 모욕
- lay down (법칙·원칙 등을 지키도록) 정하다
- pilfering 좀도둑질
- quip 비꼬다, 풍자하다

03 난도 ★★☆ 정답 ④

어법 > 비문 찾기

정답의 이유

④ aspire(열망하다)는 to부정사를 목적어로 취하므로 becoming → to become이 되어야 한다.

오답의 이유

① 선행사(a person)가 단수이므로 주격 관계대명사(who) 다음에 단수 동사(is skilled)가 올바르게 사용되었다.
② 주어(the term)가 단수이므로 3인칭 단수 동사 현재(originates)로 올바르게 사용되었다.
③ such as(예를 들어, ~와 같은) 다음에 명사구 Leonardo Da Vinci or Michelangelo가 올바르게 사용되었다.
⑤ 'People expected them to speak several languages, ~'의 수동태로 They were expected to speak ~(be expected to+동사원형)가 올바르게 사용되었다.

본문해석

르네상스적인 인물은 많은 분야에서 숙련되고, 많은 주제들에서 광범위한 학식을 가진 사람이다. '르네상스적인 인물'이란 용어는 Leonardo Da Vinci나 Michelangelo 같은 유럽의 르네상스 시대 예술가들과 학자들로부터 기원한다. 르네상스 시대에, 교육받은 사람들은 다재다능한 사람이 되기를 열망하였다. 그들은 여러 언어들을 구사하고, 문학과 예술을 감상하고, 또한 훌륭한 스포츠맨이 될 것으로 기대되었다.

VOCA
- skilled 능한, 숙련된
- term 용어
- a broad range of 광범위한, 다양하고 폭넓은
- subject 주제, 과목, 분야
- originate from ~로부터 비롯되다, ~로부터 기원[유래]하다
- multi-talented 다재다능한
- appreciate 감상하다, 이해하다, 평가하다, 고맙게 여기다

더 알아보기

to부정사를 목적어로 취하는 동사

주로 '미래' 또는 '긍정'의 뜻을 가진 동사들이 to부정사를 목적어로 취한다.

희망	want(원하다), wish(바라다), hope(희망하다), expect(기대하다), aspire(열망하다), desire(원하다), long(바라다) 예 You can't expect *to learn* a foreign language in a few months. (외국어를 몇 달 만에 배울 기리고 기대할 수는 없다.) 예 I wish *to speak* to the manager. (매니저와 이야기하고 싶어요.)
계획	plan(계획하다), intend(~하려고 하다), mean(의도하다), prepare(준비하다) 예 We intend *to go* to Australia next year. (우리는 내년에 호주에 갈 계획이다.)
시도·노력	try(노력하다), attempt(시도하다), seek(추구하다) 예 They sought *to reassure* the public. (그들은 대중을 안심시키려고 노력했다.)
그 외 빈출	decide(결정하다), agree(동의하다), offer(제공하다), manage(간신히 ~하다), afford(~할 여유가 되다), need(필요로 하다), demand(요구하다), ask(묻다, 요구하다), dare(감히 ~ 하다) 예 We managed *to get* to the airport in time. (우리는 간신히 시간 내에 공항에 도착했다.)

04 난도 ★☆☆ 정답 ③

어법 > 정문 찾기

정답의 이유

③ 현재 사실의 반대를 표현할 때는 가정법 과거, 과거 사실의 반대를 표현할 때는 가정법 과거완료를 사용한다. 가정법 과거완료는 '만약에 ~했었다면, …했었을 텐데'의 뜻으로 'If+주어+had+p.p. ~, 주어+would[should/could/might]+have+p.p.'로 나타내므로 문법적으로 옳은 표현이다.(→ 만약 날씨가 더 좋았더라면, 나는 그가 도착했을 때 정원에 앉아 있었을 텐데.)

오답의 이유

① hold는 '열다, 개최하다'의 뜻으로 주로 수동태로 사용되므로 will held → will be held가 되어야 한다.(→ 제3차 국제지리학회가 서울에서 개최될 것이다.)
② hurt는 A-A-A 타입의 동사이므로 hurted → hurt가 되어야 한다.(→ Susan이 나를 떠났을 때, 나는 너무나 상처받았다.)
④ 성품을 나타내는 형용사(kind)의 경우, to부정사의 의미상 주어는 'of+목적격'이므로 kind with him to invite → kind of him to invite가 되어야 한다.(→ 그의 80번째 생일파티에 나를 초대하다니 그는 정말 친절하다.)

⑤ 문맥상 '계획을 생각해냈다'는 과거의 시작된 일이 현재에 완료 됨을 의미하므로 현재완료 시제를 써야 한다. 따라서 has came up with → has come up with가 되어야 한다.(→ 그녀는 자신 의 수입을 두 배로 늘릴 몇몇 놀라운 계획을 생각해냈다.)

05 난도 ★★★   정답 ④

어휘 > 단어

정답의 이유

(A) stupefaction (해리 포터에 자주 등장하는 주문 stupefy의 명 사형)은 '망연자실, 깜짝 놀람'의 뜻으로 ①, ②, ④와 그 의미가 비 슷하다. (B) congruence는 '일치, 합치'의 뜻으로 ③, ④와 의미가 비슷하다. 따라서 밑줄 친 (A), (B)와 의미가 가까운 것은 ④ 'astonishment(깜짝 놀람) - accordance(일치, 합치)'이다.

오답의 이유

① 놀라움 - 불일치
② 경이(로운 것) - 독특함
③ 행복 - 조화
⑤ 만족 - 일치

본문해석

"한 장의 사진 속에서, 내가 그녀를 기억할 수 있기 전에, 나는 내 어머니가 입었던 옷으로부터 나의 부재를 읽을 수 있었다. 익숙한 존재가 다르게 옷을 차려입고 있는 것을 보았을 때 일종의 (A) 놀라움이 있다."라고 Roland Barthes는 *Camera Lucida*에서 자신의 출생 이전부터의 가족 사진을 훑어보면서 썼다. Barthes는 우리에게 말하기를, 한 장의 사진에서, 그녀가 목숨을 잃은 병을 앓는 동안 자신이 간호했던 늙고 허약한 노파와 그 어린아이가 재회하고 있다고 했다. "그녀는 나의 어린 딸이 되어, 나를 위해 첫 사진 속의 소중한 아이와 하나가 되었다." 거기서 그는 자기 어머니의 확신에 찬 온화함과 친절함을 발견한다. 거기서 그는 자신의 어머니뿐 아니라 그들 사이의 관계, 즉 '내 어머니의 존재와 그녀의 죽음에 대한 내 슬픔' 사이에서 (B) 일치를 발견한다.

VOCA

• non-existence 존재하지 않음
• stupefaction 망연자실, 크게 놀람
• search through ~을 철저하게 조사하다, ~을 찾아내다
• rejoin 재회하다
• frail 허약한
• assertive 적극적인, 확신에 찬
• gentleness 온화함, 관대함, 정다움
• congruence 일치
• amazement 놀람
• accordance 일치, 조화

06 난도 ★★☆   정답 ④

독해 > 글의 일관성 > 문장 삽입

정답의 이유

주어진 글의 'It eventually turned out that the signal was indeed a false alarm(결국 그 신호는 실제로 사람의 실수로 인한 잘못된 경보임이 판명되었다)'로 미루어 주어진 글 앞에는 신호 (signal)가 선행한다는 것을 유추할 수 있다. 또 주어진 글의 뒷부분에 'by mistake inserted(실수로 주입했다)'가 있으므로 주어진 글은 문맥상 'But the general concluded that the signal was probably a false alarm ~'으로 시작하는 (C) 다음에 오는 것이 적절하다. 따라서 주어진 문장이 들어갈 위치로 적절한 곳은 ④ (D)이다.

본문해석

모든 복잡한 기술들과 마찬가지로, 미사일 감지 시스템은 오작동과 해석의 모호함에 영향받기 쉽다. 우리는 미국의 감지 시스템에 의해 주어진 최소한 세 번의 잘못된 경보를 알고 있다. 예를 들어, 1979년 11월 9일에, 미국 시스템 담당 당직사관으로 근무 중이던 미 육군 장군은 그 당시 국방부 차관인 William Perry에게 한밤중에 전화를 걸어, 말하기를, "제 감시 컴퓨터상에 소련에서 미국으로 날아오는 ICBM 200개가 보입니다."라고 했다. 그러나 그 장군은 그 신호가 아마 잘못된 경보일 것이라고 결론지었고, Perry 차관은 Carter 대통령을 깨우지 않았으며, Carter 대통령은 버튼을 누르지 않았고, 불필요하게 수백만의 소련인들을 죽이지도 않았다. 결국 그 신호는 실제로 사람의 실수로 인한 잘못된 경보로 판명되었다. 컴퓨터 운영자가 실수로 소련 ICBM 200대의 발사를 가정한 훈련 테이프를 미국 경보 시스템 컴퓨터에 삽입했던 것이다. 우리는 또한 러시아 감지 시스템에 의해 유발된 잘못된 경보가 최소 한 번 발생했다는 사실도 알고 있다. 1995년 노르웨이에서 떨어진 한 섬에서 북극으로 발사된 비군사용 로켓이 러시아 레이더의 자동 추적 알고리즘에 의해 미국 잠수함에서 발사된 미사일로 오인 식별되었다. 이 사건들은 중요한 점을 보여준다. 경고 신호는 분명하지 않은 것이다.

VOCA

• insert into ~에 삽입하다
• detection 발견, 간파, 탐지
• subject to ~하기 쉬운
• malfunction 오작동
• ambiguity 모호함
• watch office 당직 사관
• Under-Secretary of Defence 국방 차관
• ICBM 대륙간 탄도 미사일(Intercontinental Ballistic Missile)
• turn out ~임이 판명되다
• simulate 모의실험을 하다
• misidentify 오인하다
• algorithm 알고리즘, 연산 방식
• unambiguous 명백한

어법 > 비문 찾기

정답의 이유

① 접속사 as가 이끄는 절의 주어(dissatisfaction with working conditions or with the nature of the job)가 단수이므로 단수 동사 mount → mounts가 되어야 한다.

오답의 이유

② so+형용사(bad)~+that절 구문은 '너무나 ~ 해서 결국 … 하다'의 뜻으로 어법상 올바르게 사용되었다.

③ those who were the most idealistic and driven은 '가장 이상적이며 의욕적인 사람들'의 뜻이다. 'those who ~'는 '~ 하는 사람들'의 뜻으로 복수 동사로 받는다.

④ 감정유발동사의 경우, 주어가 감정을 일으키는 원인일 때는 현재분사를, 감정을 느끼는 대상(주로 사람)일 때는 과거분사를 쓴다. 주어(the realization)가 감정을 일으키는 원인이므로 현재분사 'disappointing and demoralizing'이 올바르게 사용되었다.

⑤ 선행사(idealism)를 수식하는 본래의 관계절은 'they may have entered a profession with the idealism'으로 전치사가 관계대명사 앞으로 이동하여 '전치사+관계대명사(with which)'로 올바르게 사용되었다.

본문해석

중년기의 직업 만족도는 보편적이지 않다. 어떤 사람들에게는 일이 점차 스트레스가 되어가고 있는데, 직장 여건이나 직업 특성에 대한 불만족이 커지기 때문이다. 어떤 경우에는 여건들이 너무 나빠져서 그 결과로 번아웃(극도의 피로) 또는 직업을 바꿀 결심을 하기도 한다. 번아웃은 근로자가 자신의 일에서 불만족, 환멸, 좌절, 권태를 경험할 때 발생한다. 번아웃은 타인을 돕는 일과 관련된 직종에서 자주 발생하며, 일 시작 초기에는 가장 이상적이며 의욕이 넘쳤던 그런 사람들에게 종종 타격을 가한다. 어떤 면에서, 그러한 근로자들은 자기 일에 지나치게 몰두해 있어서, 빈곤이나 의료 지원 같은 거대한 사회적 문제들에서 자신들이 단지 작은 영향을 줄 수밖에 없다는 것을 인식하면 실망하고 사기가 저하될 수 있다. 그로 인하여, 그들이 직업에 입문할 때 가졌던 이상주의는, 비관주의와 문제에 대한 의미 있는 해결책 제시가 불가능하다는 태도로 대체된다.

VOCA

• dissatisfaction 불만
• mount 늘다, 증가하다
• burnout 극도의 피로, 신경 쇠약
• disillusionment 환멸
• weariness 권태, 피로
• idealistic 이상적인
• driven 동기를 부여받은, 추진력을 갖춘, 의욕이 넘치는
• overcommitted 지나치게 헌신적인
• medical care 의료 지원
• make a dent in ~에 영향을 주다
• demoralize 사기를 저하시키다
• pessimism 비관론, 염세주의

독해 > 세부 내용 찾기 > 내용 (불)일치

정답의 이유

네 번째 문장에서 'Modern environments and experiences cut across all boundaries of geography and ethnicity ~'라고 한 다음, 'modernity can be said to unite all mankind(현대성이 모든 인류를 통합한다)'라고 했으므로 글의 내용과 일치하지 않는 것은 ③ 'Modernity separates mankind according to the different geographical locations(현대성은 인류를 다른 지리적 위치에 따라 분리시킨다).'이다.

오답의 이유

① 현대성은 전 세계 사람들에 의해 공유되는 경험의 한 방식을 의미한다. → 첫 번째 문장에서 'There is a mode of vital experience—experience of space and time, ~ shared by men and women all over the world today.'라고 했으므로 글의 내용과 일치한다.

② 현대성은 우리가 가진 모든 것을 파괴할 위협적인 환경에 처해 있다는 것을 발견한다. → 세 번째 문장에서 'To be modern is to find ourselves in an environment ~ that threatens to destroy everything we have, everything we know, everything we are.'라고 했으므로 글의 내용과 일치한다.

④ 현대성은 삶의 가능성과 위험을 포함하는 경험의 한 방식이다. → 첫 번째 문장에서 '~ experience of space and time, of the self and others, of life's possibilities and perils ~'라고 했으므로 글의 내용과 일치한다.

⑤ 현대성은 민족성, 국적, 그리고 관념의 경계들을 가로지른다. → 네 번째 문장에서 'Modern environments and experiences cut across all boundaries of geography and ethnicity ~'라고 했으므로 글의 내용과 일치한다.

본문해석

오늘날 전 세계의 남성과 여성에 의해 공유되는 필수적인 경험, 즉 공간과 시간, 나 자신과 타인들, 삶의 가능성과 위험성의 경험에 대한 한 가지 양식이 있다. 나는 이 경험을 '현대성'이라고 부를 것이다. 현대적으로 된다는 것은, 우리에게 모험, 힘, 기쁨, 성장, 우리 자신과 세상의 변형 등을 약속하며, 동시에 우리가 가진 모든 것, 우리가 아는 모든 것, 우리 자신을 파괴할 수 있는 위협을 가하는 환경에 놓인 우리 스스로를 발견하는 것이다. 현대의 환경과 경험은 지리와 민족성, 계층과 국적, 종교와 이념의 모든 경계를 가로지른다. 이런 의미에서, 현대성이 온 인류를 통합한다고 말할 수 있다. 그러나 그것은 역설적 통합, 즉 분열의 통합이다. 그것은 우리 모두를 끊임없이 계속되는 분열과 회복, 갈등과 모순, 모호함과 번민의 소용돌이 속으로 몰아넣는다.

VOCA

• vital 중요한, 생명유지에 필수적인
• peril 위험
• cut cross ~을 질러가다
• ethnicity 민족성

- paradoxical 역설적인
- disunity 분열
- maelstrom 대혼란, 큰 소용돌이
- perpetual 끊임없이 계속되는
- disintegration 붕괴
- contradiction 모순, 반박, 반대
- ambiguity 모호함
- anguish 고통, 번민
- traverse 가로지르다

- autarky 경제적 자급 자족(self-sufficiency)
- hazy 흐릿한, 모호한
- flesh out ～을 더 구체화하다
- aid 원조
- ebullient 패기만만한, 사기충천한
- jingoism 맹목적 애국주의, 대외적 강경론
- cabinet 내각

09 난도 ★★☆　　　　　　　　　　　　　　　정답 ①

독해 > 빈칸 완성 > 단어·구·절

[정답의 이유]

빈칸 앞 문장 '～ billed as the most radical such review since the end of the cold war'에서 Johnson 정부의 국가정책에 대한 통합 평론지가 냉전 종식 이후 가장 급진적인 비평이라고 홍보되었다고 했고, 빈칸 다음 문장에서 'The text is free of the ebullient jingoism ～(그 글에는 맹목적 애국주의가 없는 ～)'이라고 했으므로 빈칸에 가장 적절한 것은 ① 'it defies expectations(그것은 예상을 거스른다)'이다.

[오답의 이유]

② 그것은 인기를 얻는다

③ 그것은 브렉시트에 부합한다

④ 이것은 당의 추천을 동의한다

⑤ 이것은 그 나라의 경제적 상황을 간과한다

본문해석

'글로벌 영국'이라는 슬로건은, 2016년 EU(유럽연합)를 탈퇴하기 위한 국민투표 몇 개월 후에 처음 통용되었다. Theresa May는 수상으로서 처음으로 보수당 총회에서 연설할 때 이 표현을 다섯 번이나 사용하였다. 며칠 뒤 그것은 Boris Johnson이 May의 외무장관으로서 한 첫 번째 정책 연설의 제목이었다. 브렉시트가 경제적 자급자족을 의미하지 않는다는 것을 영국인들에게 안심시키기 위한 시도를 뛰어넘어, 그것이 실제로 의미하는 것은 모호한 상태로 남았다. 그 개념이 드디어 구체화되고 있다. 3월 16일, Johnson 정부는 '경쟁 시대의 글로벌 영국'이라는 제목으로 국가의 외교, 안보, 국방, 원조 정책에 대한 114페이지에 달하는 '통합 비평'을 출판했는데, 그것은 냉전 종식 이후 가장 급진적인 비평이라고 홍보되었다. 여러 가지 측면에서, 그것은 예상을 거스른다. 그 글에는 Johnson과 그의 내각이 아주 좋아하는 맹목적 애국주의가 없다. 많은 관찰자들은 영국이 EU와 외교 참호전에 갇혀있는 유럽에서 벗어나 아시아의 떠오르는 강대국들을 향해 구심점을 옮길 것을 예상했다.

VOCA

- gain currency 퍼지다, 통용하기 시작하다
- deploy 배치하다, 효율적으로 사용하다, 전개하다
- Conservative Party 보수당
- in practice 실제로
- Brexit 브렉시트(영국의 유럽연합 탈퇴)

10 난도 ★★☆　　　　　　　　　　　　　　　정답 ④

독해 > 글의 일관성 > 글의 순서

[정답의 이유]

주어진 글에서 빅뱅 직후 뜨거운 우주의 상황이 제시되었으므로 다음에는 우주가 식는 상황이 이어져야 한다. 식는 상황은 (C)의 'Then, as time went on, we would see the Universe cool, ～'로 이어진 다음 (A)의 'As it continued to cool ～'로 연결되는 것이 자연스럽다. (D)에서 전자의 자유 활동으로 빛이 산란되어 우주가 불투명했다고 한 다음, (B)에서 전자가 원자 형성을 위해 흡수되면 빛 산란도 없어지므로 우주가 순간 투명해진다고 연결되는 것이 자연스럽다. 따라서 글의 순서로 알맞은 것은 ④ '(C) - (A) - (D) - (B)'이다.

본문해석

물리학 이론에 따르면, 만약 우리가 빅뱅 1초 후에 우주를 관찰한다면, 우리가 보게 되는 것은 중성자, 양성자, 전자, 반전자(양전자), 광자, 중성미립자들로 이루어진 100억 도의 바다이다.

(C) 그리고 나서 시간이 지남에 따라, 우리는 우주가 식어서 중성자가 양성자와 전자로 분해되거나, 또는 중수소(수소의 동위원소)를 만들기 위해 양성자와 결합하는 것을 보게 될 것이다.

(A) 우주가 계속 식어감에 따라, 전자가 원자핵과 결합하여 결국 중성 원자를 형성하는 온도에 이를 것이다.

(D) 이 '재결합'이 발생하기 전에, 우주는 불투명했을 것인데, 햇빛이 구름 속 물방울로부터 산란되는 방식으로, 자유 전자들이 빛(광자)의 산란을 초래했을 것이기 때문이다.

(B) 그러나 자유 전자가 흡수되어 중성 원자를 형성하게 되면, 우주는 갑자기 투명해진다.

이 동일한 광자들, 즉 우주의 배경 복사라고 알려진 빅뱅의 잔광이 오늘날 관측될 수 있다.

VOCA

- neutron 중성자
- proton 양성자
- electron 전자
- anti-electron 반전자
- positron 양전자
- photon 광자
- neutrino 중성미립자
- deuterium 중수소
- isotope 동위 원소
- nuclei 원자핵(nucleus의 복수형)

- neutral atom 중성 원자
- opaque 불투명한
- transparent 투명한
- droplet 작은 방울
- cosmic background radiation 우주 배경 복사

11 난도 ★★☆   정답 ②

독해 > 대의 파악 > 제목, 주제

정답의 이유

제시문의 서두에서는 인구 증가로 인해 식량 생산에 한계가 있음을 설명하고, 후반에서는 바다로부터 나오는 식량(해상 식량) 생산이 인류를 먹여 살리기 위해 필요하다는 것을 대안으로 제시한다. 따라서 글의 제목으로 적절한 것은 ② 'The Future of Food from the Sea(해상 식량 자원의 미래)'이다

오답의 이유

① 세계 식량 수요의 증가
③ 기후 변화와 생물 다양성의 손실
④ 대양에서 식량을 생산하는 지역들
⑤ 해상 식량 자원과 해양 재배

본문해석

인구 증가, 소득 상승, 선호도 변화는 향후 몇 십 년간 영양가 있는 식품에 대한 세계적인 수요를 상당히 증가시킬 것이다. 영양실조와 기아로 인해 많은 나라들이 여전히 고통받고 있고, 2050년까지의 인구와 소득 추정치는 향후 인류의 소비 목적으로 해마다 최소 500 메가톤의 육류가 필요할 것이라고 제안한다. 육지 재배 식용작물의 생산량을 늘리는 것은 어려운 일인데, 그것은 수확률 감소, 부족한 토지와 수자원과의 경쟁 때문이다. 육지에서 생산되는 해산물(민물 양식과 내륙 포획 수산물을 의미하며, 우리는 모든 수중 식용작물과 해양 식량, 특히 해양자원을 나타내기 위해 해산물이란 용어를 사용한다)은 식량안보와 전 세계적인 공급에 중요한 역할을 하지만, 그것의 확장 역시 제한적이다. 육지 기반의 다른 생산물들과 마찬가지로, 육지 기반 수경재배의 확장은 물, 토양, 생물 다양성, 기후에 영향을 미치는 상당한 환경적 외부 영향을 초래했으며, 이는 환경의 식량생산능력을 위태롭게 했다. 수산물 생산에서 육지 수경재배의 중요성에도 불구하고, 많은 국가들(특히 최대 내륙 수경재배 생산국인 중국)은 이 목적으로의 육지와 물 사용을 제한하여, 그 확장을 제한하고 있다. 비록 내륙 포획 어업이 식량안보에 중요하지만, 전 세계 수산물 생산에서 차지하는 비중이 제한적이고, 생태계 제약으로 인해 그 확장이 방해받는다. 따라서 미래의 수요와 (육지 기반 어류 및 다른 식량 자원 역시 해결책의 일부라는 인식을) 충족하기 위해, 우리는 바다로부터 나오는 지속 가능한 식량 생산이 미래의 식량공급에서 중요한 역할을 하는지 여부를 묻게 된다.

VOCA

- shift 변화
- nutritious 영양가 있는
- malnutrition 영양실조
- plague 역병(에) 걸리게 하다

- projection 예상, 투사
- scale up 확대하다
- challenging 힘든
- scarce 부족한
- aquaculture 수경재배
- fishery 어장, 어업
- denote 표시하다, 나타내다
- aquatic 수생의
- compromise 위태롭게 하다
- terrestrial 육지의
- notably 현저히
- hamper 방해하다

12 난도 ★★☆   정답 ⑤

독해 > 빈칸 완성 > 단어 · 구 · 절

정답의 이유

(A) 다음에서 현존하는 Endangered Species Act는 멸종 위기종에 대한 보호를 목적으로 하는 법이고, 의회는 이를 저해할 수 있는 법안을 고려하고 있으므로 빈칸에는 Endangered Species Act에 대한 변화를 시작할 수 있다는 의미의 ①, ⑤가 적절하다.
(B) 다음의 'courts' power to overturn decisions to lift or loosen species protections'는 멸종 위기종 보호에 대한 결정을 뒤집는 법원의 힘을 뜻하므로 빈칸에는 법원의 힘을 제한한다는 의미의 ①, ⑤가 적절하다.
(C) 앞에서 'These bills discard science, increasing the likelihood of harm to species and habitat, create hurdles to protecting species'라고 하면서 이러한 법안들이 종들과 서식지에 대한 피해 가능성을 증가시키고 종들을 보호하는 데 장애물을 만든다고 했으므로 빈칸에는 법을 집행하는 시민의 능력을 약화시킨다는 의미의 ③, ④, ⑤가 적절하다.
따라서 빈칸에 가장 적절한 것은 ⑤ '(A) institute(시작하다) – (B) limit(제한하다) – (C) undermine(약화시키다)'이다.

오답의 이유

① 시작하다 – 방해하다 – 고치다
② 강화하다 – 채우다 – 바로잡다
③ 무효화하다 – 확대하다 – 망치다
④ 지시하다 – 넓히다 – 막다

본문해석

의회는, 만약 법으로 통과되면, 멸종 위기종의 법에 대한 변화를 (A) 시작하게 되어 보존방법에 대한 통제력을 주와 지역 정부로 이전하고, 종들의 보호에 대한 필요여부 결정을 가속화하고, 종 보호를 해제하거나 감소하는 결정을 뒤집는 법원의 힘을 (B) 제한시킬 일련의 법안들을 고려하고 있다고, Associated Press(AP) 통신은 보도한다. 많은 민주당원들과 야생생물 옹호자들은 제시된 변화들이 세계의 생물다양성을 위험에 빠뜨릴 것이라 주장한다. "야생생물 멸종 패키지는 멸종 위기종 보호법에 대한 극단적이고 모든 것을 아우르는 공격이다."라고 비영리 보호단체인 Defenders of Wildlife의

보호 프로그램의 수석부회장 Bob Dreher는 YubaNet.com에 게시된 성명문에서 말한다. "이 법안들은 과학을 버리는 것이고, 종과 서식지에 대한 위험성을 증가시키며, 위기종을 보호하는 것에 방해물을 만들게 되며, 법원에서 법을 집행할 수 있는 시민의 능력을 (C) 약화시키는 반면, 그것을 맡을 준비가 되지 않은 각 주, 심지어 기업이나 개인에게 종 관리에 대한 권한을 위임해버리는 것이다."

13 난도 ★★☆   정답 ③

독해 > 세부 내용 찾기 > 내용 (불)일치

정답의 이유

식수 회사에 의한 피해 보상은 제시문 어디에도 나와 있지 않으므로 글에 언급되지 않은 것은 ③ 'compensation for damage by the water company(식수 회사에 의한 피해보상)'이다.

오답의 이유

① 그 사건이 일어난 시간과 장소 → 첫 번째 문장에서 'In the first week of May 2000, unseasonably heavy rain drenched the rural town of Walkerton, Canada.'라고 했으므로 언급된 내용이다.

② 질병 발생의 주요 원인들 → 네 번째 문장에서 '~ the town's drinking water was contaminated with a deadly strain of E. coli'라고 했으므로 언급된 내용이다.

④ 그 마을의 사망자 숫자 → 마지막에서 두 번째, 세 번째 문장에서 '~ three adults and a baby died from their illnesses. ~ three more people succumbed'라고 했으므로 언급된 내용이다.

⑤ 그 마을의 인구 규모 → 마지막 문장에서 'In total, half of Walkerton's 5,000-strong population ~'라고 했으므로 언급된 내용이다.

2000년 5월 첫째 주에, 계절에 어울리지 않은 폭우가 캐나다 Walkerton의 시골 마을을 흠뻑 적셨다. 폭풍우가 지나가자, 많은 Walkerton 주민들이 병에 걸리기 시작했다. 위장염과 출혈을 동반한 설사가 생기는 사람들이 점점 많아지자, 당국은 물 공급을 점검했다. 그들은 식수 회사가 한동안 밝히지 않았던 사실을 발견했다. 그 마을의 식수가 치명적인 종류의 대장균(E. coli)으로 오염되었던 것이다. 식수 회사 사장들이 마을의 우물들 중 한 곳의 염소 처리 시스템이 고장 났다는 것을 몇 주 동안 알고 있었다는 것이 밝혀졌다. 비가 내리는 동안, 그들의 부주의로 인한 농지로부터의 유출이 결국 거름의 잔여물을 바로 상수도로 운반했다는 것을 의미했다. 오염이 밝혀지고 하루 뒤에 성인 세 명과 아기 한 명이 그들의 질병으로 사망했다. 그 후 몇 주 동안 세 명이 추가로 사망했다. 통틀어 Walkerton의 건강한 인구 5천 명 중 절반이 단 2주 만에 감염되었다.

14 난도 ★★☆   정답 ④

독해 > 빈칸 완성 > 단어·구·절

정답의 이유

빈칸 앞에서 '~ known as price fixing(가격 담합), is generally held to be an anticompetitive act'라고 했고, 빈칸 다음에서 '~ in this manner are generally trying to ensure higher prices for their products ~'라고 했으므로 빈칸에 들어갈 적절한 것은 ④ 'collude(공모하는)'이다.

오답의 이유

① (법 등을 공공연히) 어기는
② 혹평하는, 비싸게 파는
③ (능력 등을) ~에게 부여하는
⑤ 검열하는

대개의 경우, 둘 또는 그 이상 기업의 대표들이 비밀리에 그들의 제품에 대해서 비슷한 가격을 책정하는 것은 불법이다. 가격 담합으로 알려진 이 관행은, 일반적으로 반경쟁적인 행위로 간주된다. 이런 방식으로 공모하는 기업들은 그들의 제품에 대해 만약 시장이 자유롭게 기능할 경우, 일반적으로 이용 가능한 것보다 더 높은 가격을 확보하려고 노력한다.

VOCA
- competitive 경쟁적인
- ensure 확보하다, 보장하다
- function 기능하다

15 난도 ★☆☆ 　　　　　　　정답 ②

어휘 > 어구

정답의 이유

밑줄 친 at large는 '아직 잡히지 않은'의 뜻이므로 이와 의미가 가장 가까운 것은 ② 'not yet confined(아직 붙잡히지 않은)'이다.

오답의 이유
① 분리되지 않은
③ 집단 안에서 변장한
④ 사람들과 함께 사라진
⑤ 은밀하게 위장한

본문해석

그 독약이 아직 잡히지 않고 공격을 실행하려고 단단히 결심한 다른 자들에 의해서, 우리가 알지 못하는 어딘가로 옮겨졌을 수도 있다는 심각한 우려가 있다.

VOCA
- poison 독, 독약
- at large (위험한 사람·동물이) 잡히지 않은[활개 치고 다니는]
- determined 단단히 결심한
- carry out 수행하다
- attack 폭행, 공격

16 난도 ★☆☆ 　　　　　　　정답 ⑤

어법 > 비문 찾기

정답의 이유

⑤ 분사구문의 주어와 주절의 주어(the rules)가 같아 생략되었으며, 문맥상 분사구문의 주어(the rules)가 규정들이 '승인되다'라는 수동 의미이므로 If endorsing → If (being) endorsed가 되어야 한다.

오답의 이유
① are being은 진행 수동으로 '~되어지고 있는 중이다'의 뜻으로 올바르게 사용되었다.
② 주장 동사(state) 다음의 that절에는 '(should)+동사원형'이 오므로 should give가 올바르게 사용되었다.
③ preference(우선권, 선호도)는 수여동사(give)의 직접목적어로 쓰였으며, '~에 대한 우선권'의 뜻으로 전치사 for가 올바르게 사용되었다.
④ 'make+목적어+목적격 보어'가 '목적어가 ~하게 만들다'의 뜻으로 쓰였으며, 이때 it은 가목적어로, 진목적어(to fine the companies which ignore the rules)를 대신하고 있으므로 올바르게 사용되었다.

본문해석

유럽에서, 긍정적인 차별에 대한 규정들이 각 나라에서 논의되고 있다. 그 규정들은 여성들이 이사회 전체의 40%가 될 때까지, 더 나은 자격을 갖춘 남성 후보자가 없는 한, 기업들은 여성에게 비상임직에 대한 우선권을 주어야만 한다고 명시한다. 그 법률 초안은 그 규정을 무시하는 기업들에 대한 벌금 부과를 가능하게 만들었다. 만약 승인된다면, 규정이 시행되기까지는 7년이 걸릴 것이다.

VOCA
- discrimination 차별
- non-executive post 비상임직
- boardroom 이사회실
- endorse 보증하다, 승인하다
- come into force 시행되다, 효력을 발생하다

17 난도 ★★☆ 　　　　　　　정답 ②

어법 > 비문 찾기

정답의 이유

② 'be likely to(~할 것 같다)'에서 likely는 형용사로, 조동사(would) 다음에 바로 올 수 없으므로 동사(be)를 추가하여 would likely to → would be likely to가 되어야 한다. 참고로 'would like to+동사원형(~ 하고 싶다)'은 현재의 소망을 나타낸다.

오답의 이유
① reach는 타동사로 다음에 목적어(them)가 바로 왔으므로 어법상 올바르게 사용되었다.
③ 접속사 Each time(~할 때마다) 다음에 절(they reached an island)이 왔으므로 어법상 올바르게 사용되었다.
④ 동사 posit(~라고 가정하다)의 목적어로 완전한 절(we might create ~ the same way)이 왔으므로 명사절 접속사 that이 올바르게 사용되었다.
⑤ 관계대명사 that의 수식을 받는 주어(rogue planets)와 동사가 '떠돌이 행성들이 추방되다'라는 의미의 수동 관계이므로 have been ejected from이 올바르게 사용되었다.

별들까지의 거리는 헤아릴 수 없을 정도로 어마어마하게 보일 수 있다. Princeton의 물리학자 Freeman Dyson은, 별에 도달하기 위해서 우리는 수천 년 전 폴리네시아인들의 항해로부터 무언가 배울 것이 있을지도 모른다고 시사한다. 시도했다면 재앙으로 끝났을 것 같은, 태평양을 가로지르는 한 번의 긴 여정을 시도하는 대신에, 그들은 이 섬 저 섬으로 가며, 광활한 그 대양의 대지를 한 번에 하나씩 가로질러 나아갔다. 그들이 섬 하나에 도착할 때마다, 그들은 영구 정착지를 세우고 나서 다음 섬으로 이동했다. 그는 우리가 같은 방식으로 먼 우주에 중간 단계의 집단 거주지를 만들 수 있을 것이라 가정한다. 이 전략의 핵심은 혜성들일 것인데, 이것들은 어떤 이유로 태양계로부터 추방된 떠돌이 행성들과 함께 별들에 이르는 경로를 어지럽힐 수 있다.

VOCA

- unfathomably 헤아릴 수 없을 정도로
- immense 거대한, 어마어마한
- island-hopping 이 섬 저 섬으로 여행 다니기
- landmass 광대한 대지(양)
- posit 가정하다, 단정하다
- rogue planet 떠돌이 행성
- somehow 어떻게든, 왜 그런지, 왠지
- eject 튀어나오게 하다, 추방하다
- litter 어지럽히다[어수선하게 만들다]

18 난도 ★★☆   정답 ①

어법 > 정문 찾기

정답의 이유

문맥상 '그의 탄생이 봄에 일어났을지도 모른다'라는 뜻으로, 과거의 불확실한 상황에 대한 추측을 나타내는 'may have+p.p. ~(~했을지도 모른다)'가 되어야 하므로 빈칸에 들어갈 적절한 것은 ① 'may have occurred(일어났을지도 모른다)'이다.

본문해석

기독교 신앙의 초기에는 부활절이 주요 기념일이었고, 예수의 탄생은 축하받지 못했다. 4세기에 교회 성직자들이 예수의 탄생일을 기념일로 선언하기로 결정했다. 불행하게도 성경은 예수의 탄생일을 언급하지 않는다. (청교도들이 차후에 기념의 정당성을 부정하기 위해 지적한 사실이다.) 비록 몇몇 증거들이 그의 탄생이 봄에 일어났을지도 모른다고 (왜 양치기들이 한겨울에 양떼를 몰고 있겠는가?) 암시하고 있음에도 불구하고, 교황 Julius 1세는 12월 25일을 선택했다. 이것은 교회가 이교도들의 농신제 전통을 받아들이고 흡수하기 위한 노력으로 이 날을 선택했다고 흔히 믿어진다.

VOCA

- Christianity 기독교 신앙
- Easter 부활절
- declare 선언하다
- Puritan 청교도
- point out 지적하다
- legitimacy 정당성, 합법성, 타당성, 적법
- shepherd 양치기
- Pope 교황
- pagan 이교도
- Saturnalia festival 농신제(현재 크리스마스 무렵에 행해지던 고대 로마의 축제)

더 알아보기

조동사+have p.p.

- 조동사+have p.p.는 과거에 대한 '추측'과 '후회, 원망'을 나타낼 때 쓰는 표현이다.

추측	• would have p.p. : ~했을 것이다 • must have p.p. : ~했음에 틀림없다 　예 The garden is all wet. It <u>must have rained</u> last night. 　(정원이 온통 젖어 있다. 어젯밤에 비가 왔음에 틀림없다.) • cannot have p.p. : ~했을 리가 없다 　예 He <u>cannot have done</u> such a stupid thing. 　(그가 그렇게 어리석은 짓을 했을 리가 없다.) • may[might] have p.p. : ~했을지도 모른다 　예 Amy is very late. She <u>may have missed</u> her train. 　(Amy는 매우 늦었다. 그녀는 기차를 놓쳤을지도 모른다.) • could have p.p. : ~했을 수도 있다
후회	• should[ought to] have p.p. : ~했어야 했는데 (하지 않았다) 　예 Thomas <u>should have apologized</u> earlier. 　(Thomas는 더 일찍 사과했어야 했다.) • shouldn't[ought not to] have p.p. : ~하지 말았어야 했는데 (했다) 　예 He <u>ought not to have been driving</u> so fast. 　(그가 그렇게 빨리 차를 몰아서는 안 되는 일이었다.)

- need have p.p. vs. need not have p.p.

필요	• need have p.p. : ~할 필요가 있었다 (그런데 하지 않았다) • need not have p.p. : ~할 필요가 없었다 (그런데 했다) 　예 I <u>need not have watered</u> the flowers. Just after I finished it started raining. 　(나는 꽃에 물을 줄 필요가 없었다. 내가 끝나자마자 비가 내리기 시작했다.)

영어

국회직

19 난도 ★★☆ 정답 ⑤

독해 > 세부 내용 찾기 > 내용 (불)일치

[정답의 이유]

제시문 후반에 'Map these forms and conduits against each other, and you get what we think of as "the power structure"(이 형태들과 전달자들을 서로 매핑하면, 우리가 아는 '권력 구조'가 도출된다).'라고 했으므로 글의 내용과 일치하는 것은 ⑤ 'Relations between the forms and conduits of power help identify its structure(권력의 형태와 전달자들 사이의 관계들은 그것의 구조를 확인하도록 돕는다).'이다.

[오답의 이유]

① 권력은 널리 환영받으며 편안하게 토론되는 단어이다. → 첫 번째 문장에서 'Power is something we are often uncomfortable naming and talking about explicitly.'라고 했으므로 글의 내용과 일치하지 않는다.

② 우리 시민들은 권력의 논리를 토론하고 이용할 권리가 없다. → 제시문의 중반부에서 'Civic power is that capacity exercised by citizens in public ~'라고 했으므로 글의 내용과 일치하지 않는다.

③ 시민 권력은 주로 정부 관리들이 행사하는 능력이다. → 제시문의 중반부에서 'Civic power is that capacity exercised by citizens in public ~'라고 했으므로 글의 내용과 일치하지 않는다.

④ 일상생활에서 사람들 대다수는 시민 권력을 능숙하게 매핑하는 경향이 있다. → 마지막 세 번째 문장에서 '~ too many people aren't able to draw, read or follow such a map.'이라고 했으므로 글의 내용과 일치하지 않는다.

[본문해석]

권력은 우리가 이름 붙이고 터놓고 말하기에 종종 불편한 어떤 것이다. 우리의 일상대화에서, 권력은 '권력에 미친', '권력에 굶주린', '권력의 과시' 등 도덕적으로 부정적인 분위기를 풍긴다. 그러나 권력은 본질적으로 불이나 물리학처럼 그 자체가 더 좋거나 나쁘지 않다. 권력은 그저 권력일 뿐이다. 유일한 질문은 우리가 그것을 이해하려고 노력하고 이용할 것인가이다. 민주주의의 문화와 신화에서, 권력은 대중에게 귀속되어야 한다. 여기 권력에 대한 나의 간단한 정의가 있다. 그것은 여러분이 바라는 대로 타인이 하도록 보장하는 능력이다. 시민 권력은, 선거나 정부에서, 사회적 그리고 경제적 영역에서 시민에 의해 공개적으로 행사되는 능력이다. 시민 생활에서 권력은 강제력, 부, 국가배상, 이념, 사회적 규범, 집단 수와 같은 여러 형태를 띠게 된다. 그리고 그것은 기관, 조직, 네트워크, 법과 규칙, 서사와 이념 같은 여러 전달자를 통해 흘러간다. 이 형태들과 전달자들을 서로 매핑하면, 우리가 아는 '권력 구조'가 도출된다. 오늘날의 문제는 너무 많은 사람들이 그런 지도를 그리거나 읽거나 이해하지 못한다는 점이다. 너무 많은 사람들이 권력에 대해 심각하게 문맹이다. 그 결과, 시민 생활에서 권력이 어떻게 작동하는지를 이해하는 사람들이 불균형적인 영향력을 행사하고 다수의 무지에 의해 생겨난 빈틈을 채우는 것이 더욱더 쉬워졌다.

VOCA

- explicitly 숨김없이, 명쾌하게
- vibe 분위기, 느낌, 낌새
- inherently 선천적으로, 본래
- harness 이용하다
- reside 살다, 존재하다
- norm 기준, 규범
- conduit (정보나 물자의) 전달자[전달 기관/국가]
- map 지도를 만들다[그리다]
- profoundly 심오하게
- illiterate 문맹의, 무식한
- wield 휘두르다
- disproportionate 불균형이
- void 빈틈

20 난도 ★★☆ 정답 ⑤

독해 > 글의 일관성 > 글의 순서

[정답의 이유]

주어진 글의 마지막 문장에 등장하는 hesitant는 현대 경제학자들의 주저함을 기술하고, (C)에서 그러한 꺼림(their reluctance)을 설명하는 것은 어렵지 않다고 이어가는 것이 자연스럽다. 표준 가정의 만족과 복지 후생의 결과가 생기는 모형(a model)을 제시하고, (B)에서 '그렇지 않으면(Otherwise)'으로 이어지는 흐름에서 the model로 연결되는 문맥과 (A)에서 추가적인 설명의 단어 moreover를 통해 경제학자의 또 다른 특성을 설명하는 것이 자연스럽다. 따라서 글의 순서로 알맞은 것은 ⑤ '(C) - (B) - (A)'이다.

[본문해석]

다른 분야에서 학자들의 수가 증가하는 것과는 대조적으로, 경제학자들은 상대적으로 소비 사회에 대한 최근의 비판에 거의 기여하지 못했다. 몇 가지 주목할 만한 예외를 제외하고, 현대 경제학자들은 소비와 삶의 질 사이의 관계에 대해 질문하는 것을 주저해 왔다.

(C) 그들의 꺼림을 설명하기는 어렵지 않다. 대부분의 경제학자들은 일반적인 표준 가정이 충족되는 한, 소비는 틀림없이 복지를 양성한다는 모형을 지지한다.

(B) 그렇지 않으면 그런 일은 일어나지 않는다. 실제로 우리게 보게 될 것처럼, 그 모형의 영향은 훨씬 더 강력하다.

(A) 게다가, 경제학자들은 일반적으로 가치와 선호도에 대한 비판적 논의에 끼어들기를 주저한다. 그러한 논의가 없다면, 기존 소비자 선택의 형태가 최적이라고 쉽게 가정하게 된다.

VOCA

- critique 비판, 평론
- consumer society 소비 사회
- entertain (생각 · 희망 · 감정 등을) 품다
- reluctance 꺼려함
- subscribe to ~에 동의하다
- assumption 추정
- yield 굴복하다, 양성(산)하다

- implication 영향[결과], 함축, 암시
- unwilling 마지못해 하는
- preference 우선권
- in the absence of ~이 없을 때에, ~이 없어서
- existing 기존의, 현재 사용되는
- configuration 배치, 배열, 형태, 구성
- optimal 최적의

21 난도 ★☆☆   정답 ①

독해 > 빈칸 완성 > 단어 · 구 · 절

정답의 이유

빈칸 문장의 앞부분에서 흑사병 때문에 노동력이 급감하면서 지주들이 노동자들에게 임금 혹은 집세를 주게 되었고, 전반적인 임금 상승도 있었다고 했고, 빈칸 뒷부분의 'to the hitherto rigid stratification of society(지금까지 견고했던 사회 계층에)'로 미루어, 빈칸에 들어갈 말로 가장 적절한 것은 ① 'fluidity(유동성)'이다.

오답의 이유

② 폭력
③ 의학
④ 경계
⑤ 군주제

본문해석

1347년과 1351년 사이 유럽을 황폐화시킨 유행병인 흑사병은, 그 당시까지 알려진 다른 어떤 전염병이나 전쟁보다 비율적으로 더 많은 목숨을 앗아갔다. 이 끔찍한 대재앙의 결과는 엄청났다. 전쟁이 중단되고, 무역의 갑작스러운 침체가 즉시 이어졌지만, 단지 짧은 기간 동안 지속될 뿐이었다. 더 지속적이고 심각한 결과는 너무나 많은 노동자들의 사망으로 인한 경작지 면적의 급격한 감소였다. 이 것은 많은 지주들의 몰락으로 입증되었다. 노동력 부족은 지주들이 소작인들을 유지하기 위한 노력으로 노동 서비스 대신에 그들의 임금 혹은 집세를 대체하도록 했다. 숙련공들과 소작농들에 대한 임금의 전반적인 상승도 있었다. 이러한 변화들이 지금까지 견고했던 사회 계층에 새로운 유동성을 가져왔다.

VOCA

- Black Death 흑사병
- pandemic 유행병
- ravage 파괴하다
- proportionately 비례해서
- toll of life 사망자 수(=death toll)
- catastrophe 재앙
- cessation 정지
- under cultivation 경작 중인
- money rent 집세
- in place of ~ 대신에
- tenant 소작인
- hitherto 지금까지
- stratification 계층화, 성층

22 난도 ★★☆   정답 ③

독해 > 빈칸 완성 > 단어 · 구 · 절

정답의 이유

(A) 다음의 'amounts of money ~'로 미루어 문맥상 (A)에는 선지 ①~⑤가 모두 가능함을 유추할 수 있다. 빈칸 (B) 다음 문장에서 'As humans, we evolved to respond more strongly to negative stimuli than positive ones.'라고 했고, (B) 다음의 'our worst tendencies(우리의 최악의 취향)'라고 했으므로 (B)에는 ③, ④가 가능하다. 빈칸 (C) 다음에서 이러한 알고리즘은 우리를 점점 더 부정적인 토끼 굴로 내려보내는 콘텐츠를 골라낸다고 했으므로 (C)에는 'reinforce(강화하다)'가 적절하다. 따라서 빈칸에 들어갈 적절한 것은 ③ '(A) staggering(엄청난) – (B) amplify(증폭시키다 – (C) reinforce(강화하다)'이다.

오답의 이유

① 엄청난 – 단축하다 – 과소평가하다
② 놀라운 – 압축하다 – 말하다
④ 놀라운 – 확대하다 – 개조하다
⑤ 경탄할 만한 – 압축하다 – 보강하다

본문해석

현대의 온라인 허위 정보는 우리가 현재 알고 있는 것처럼 대부분 인터넷을 동력으로 작동하는 관심 집중형 사업 모델을 이용한다. 구글과 페이스북 같은 플랫폼들은 우리의 관심을 끌고 사로잡아 우리에게 유료 광고를 보여줌으로써 (A) 엄청난 금액의 돈을 번다. 이러한 관심은 우리가 어떤 콘텐츠와 관련되는지 측정하고, 자동적으로 그와 유사한 더 많은 콘텐츠를 우리에게 보여주는 알고리즘을 이용해 조작된다. 문제는, 물론, 이러한 알고리즘이 자동적으로 우리의 최악의 취향을 추천하고 (B) 증폭시킬 때 나타난다. 인간으로서, 우리는 긍정적 자극들보다 부정적 자극들에 더 강하게 반응하도록 진화했다. 이런 알고리즘은 그것을 감지하고 (C) 강화하여, 우리를 점점 더 부정적인 토끼 굴로 내려보내는 콘텐츠를 골라낸다.

VOCA

- disinformation 허위 정보
- exploit 개발하다, 이용하다
- engage with 다루다, 관여하다, ~와 맞물리게 하다
- algorithm 알고리즘
- tendency 성향, 취향
- stimuli 자극
- detect 탐지하다
- rabbit hole 토끼 굴(헤어 나오기 힘든 어떤 것)

독해 > 글의 일관성 > 무관한 어휘 · 문장

정답의 이유

첫 문장에서 'a fluctuating proportion of the world's population has believed that the end of the world is imminent'라고 한 다음, 제시문 전반에 걸쳐 종말론이 환경주의를 비롯해 여러 사상에 미친 영향을 서술하고 있는데, ⑤의 문장은 유라시아인들이 종말론을 항상 믿은 것은 아니라는 내용이다. 따라서 글의 흐름상 어색한 문장은 ⑤ 'Eurasians have not always believed that their world will end someday(유라시아인들은 그들의 세계가 언젠간 종말을 맞이하게 될 것이라고 항상 믿어온 것은 아니었다).'이다.

본문해석

최소한 3천 년 동안, 변동을 거듭해 온 세계 인구 비율은 세상의 종말이 임박했다고 믿어왔다. 학자들은 그 기원에 대해 논쟁하지만, 오늘날의 많은 환경주의를 굴절시킨 종말론적인 서술의 독특한 구조는 대략 기원전 1200년경, 조로아스터 또는 짜라투스트라로 알려진 이란의 예언자의 생각에서 시작했던 것처럼 보인다. 세상의 점진적인 쇠퇴의 개념은 고대 문명에서 널리 퍼졌다. 하지만 조로아스터는 유대교, 기독교 그리고 그 후 역사의 세속적 모형에도 세상의 종말에 대한 긴급함을 전파하였다. 로마 유대교의 광신도들로부터 다윗교 분파에 이르기까지, 아주 많은 신자들이 임박한 종말에 대한 공포와 희망 속에서 싸우고 죽어간 반면, 나치와 공산주의자를 포함한 몇몇 사람들은 위기와 분쟁에 대한 예언이 필연적으로 자신들을 충족시켜 주었기 때문에 파멸적인 결과를 가진 종말론적 수사법을 채택했다. 그러나 거의 틀림없이 비슷한 수사 전략들은 그것의 가장 눈에 띄는 성공들을 환경 운동에 제공했다. 유라시아인들은 그들의 세계가 언젠간 종말을 맞이하게 될 것이라고 항상 믿어온 것은 아니었다. 이를 염두에 두면, 환경 보호적이고 급진적인 생태학적 담론에서 우리가 종말론적 이야기의 과거와 미래의 역할을 고려하는 것은 중요하다.

VOCA

- fluctuating 변동이 있는, 동요하는, 오르내리는
- imminent 긴박한
- distinctive 독특한
- apocalyptic 종말이 온 듯한, 종말론적인
- narrative 서술, 설화, 화술
- inflect 구부리다, 굴곡시키다
- prophet 예언자
- bequeath 물려주다, 유증하다, 계승하다
- secular 현세의, 세속의, 비종교적인
- urgency 긴급함
- demise 종말, 죽음, 사망
- catastrophic 참사의, 재난의
- inexorably 냉혹하게, 가차 없이
- arguably 주장하건대, 거의 틀림없이
- striking 현저한, 눈에 띄는
- with this in mind 이로 인하여

독해 > 빈칸 완성 > 단어 · 구 · 절

정답의 이유

빈칸 다음 문장에서 이러한 의존 관계는 상호 진화의 긴 역사를 시작했고, 바이러스는 숙주에 기생하여 살게 되면서 의존 관계를 형성했다고 했으므로 빈칸에 들어갈 말로 가장 적절한 것은 ② 'lost their autonomy as they evolved to thrive as parasites on other cells(그들이 다른 세포에서 기생충으로 자라도록 진화하면서 그들의 자율성을 잃었다)'이다.

오답의 이유

① 초기 세포의 원형들에게 많은 원시적인 특징들을 주입했다
③ 모기가 무는 것에서 침을 통해 인간에게 전해졌고 그것들로부터 독립되었다
④ 감각기를 이용해 세포막을 통해 전해졌고 계속 변형되었다
⑤ 약해진 바이러스에 노출되었고 그런 특정 침입자를 인지했다

본문해석

세포는 생명의 기본으로 여겨지지만, 모든 유전적 다양성을 지닌 바이러스가 그 역할을 공유할지도 모른다. 우리 지구의 가장 초기 바이러스와 세포는 포식자와 먹이라는 뒤얽히고 때로는 공생하는 관계로 진화해왔을 것이다. 증거는 심지어 바이러스가 세포로 시작했지만 그들이 다른 세포에서 기생충으로 자라도록 진화하면서 그들의 자율성을 잃었다는 것을 시사한다. 이러한 의존 관계는 상호 진화의 긴 역사를 시작했다. 세포 안에 사는 바이러스는 그들의 숙주들이 적응하도록 만들고, 그런 변화들은 바이러스로 하여금 결코 끝나지 않는 한 수 앞서는 사이클에 적응하도록 야기시킨다.

VOCA

- genetic 유전의
- intertwine 뒤얽히다
- symbiotic 공생의
- lose one's autonomy 자율성을 잃다
- parasite 기생생물, 기생충 같은
- coevolution 상호 진화
- one-upmanship 한 발[한 수] 앞서기, 우월의식
- autonomy 자율성
- membrane 세포막
- receptor 감각기관
- invader 침입자

독해 > 대의 파악 > 제목, 주제

[정답의 이유]

첫 번째 문장에서 유전적 변이의 개념을 설명하고, 이를 입증하는 과정과 여러 예시들을 나열하면서 변이가 생기는 원인을 설명하고 있으므로 글의 제목으로 적절한 것은 ④ 'Inherited Causes of Variation(변이의 유전적 원인들)'이다.

[오답의 이유]

① 성별 차이의 원인들

② 자녀와 부모의 식별

③ 유전자 식별과 DNA

⑤ 사회적 유전성의 원인과 결과

본문해석

부모로부터의 유전적 정보의 결과물인 특질의 변이는 유전적 변이라고 불린다. 자녀들은 대개 아빠와도 약간 닮고, 엄마와도 약간 닮지만, 그들은 그들의 부모 중 어느 한쪽과도 똑같지는 않을 것이다. 이는 그들이 DNA 절반과 유전적 특징들을 각각의 부모로부터 받기 때문이다. 각각의 난자와 각각의 정자 세포는 개인에게 필요한 유전 정보의 절반을 포함하고 있다. 이것들이 수정 과정에서 합쳐질 때 새로운 세포는 개인에게 필요한 모든 유전 정보로 구성된다. 여기에 인간에게 유전된 변이의 몇 가지 예시가 있는데, 눈 색깔, 머리카락 색깔, 피부색, 귓불이 있거나 없는 귀, 혀를 말 수 있는 능력 등이다. 성별 역시 유전된 변이인데, 왜냐하면 당신이 남성인지 여성인지는 당신이 부모로부터 물려받는 유전자의 결과이기 때문이다.

VOCA

- variation 변화, 변동, 변이
- inherited 상속한, 유전의, 선천적인, 타고난
- egg cell 난자
- sperm 정자
- fertilization 수정
- lobe 귓불
- inheritance 유전성

영어 | 2020년 국회직 8급

한눈에 훑어보기

✓ 영역 분석

어휘 01 02 09 14 15 22
6문항, 24%

독해 04 05 07 08 10 11 12 17 18 20 21 23 24 25
14문항, 56%

어법 03 06 13 16 19
5문항, 20%

✓ 빠른 정답

01	02	03	04	05	06	07	08	09	10
①	②	⑤	④	⑤	②	⑤	④	④	③
11	**12**	**13**	**14**	**15**	**16**	**17**	**18**	**19**	**20**
①	②	①	①	①	⑤	③	⑤	②	⑤
21	**22**	**23**	**24**	**25**					
①	②	⑤	③	①					

✓ 점수 체크

구분	1회독	2회독	3회독
맞힌 문항 수	/ 25	/ 25	/ 25
나의 점수	점	점	점

01 난도 ★☆☆ 정답 ①

어휘 > 단어

[정답의 이유]

밑줄 친 discursive는 '(글이나 말이) 두서없는, 산만한'의 뜻으로
이와 의미가 가장 가까운 것은 ① 'meandering(두서없이 이야기하
는)'이다.

[오답의 이유]

② 돈키호테 같은, 비현실적인
③ (자기감정 등에 대해) 말을 잘 안 하지 않는
④ 매도하는, 욕설의
⑤ 잘 부러지는, (기분이) 불안정한

본문해석

그는 일반적으로 산만한 작가로 평가되는데, 특히 단어의 경제적인
사용에 능숙하지 않다.

VOCA

• be regarded as ～로 여겨지다
• adept at ～에 능숙한
• economical 경제적인, 실속 있는

02 난도 ★☆☆ 정답 ②

어휘 > 단어

[정답의 이유]

빈칸 다음의 목적어(a wrong done to a person)로 미루어, 문맥상
빈칸에는 '잘못을 바로잡는다'의 의미가 자연스러우므로 빈칸에 들
어갈 말로 적절한 것은 ② 'redress(바로잡다)'이다.

[오답의 이유]

① (증거 · 이유 등을) 제시하다
③ 중재하다, 조정하다
④ 슬슬 거닐다, 배회하다
⑤ 비난[힐난]하다

본문해석

불법행위법은 대부분의 민사 소송에 적용되는 법의 한 분야이다. 일
반적으로, 계약상 분쟁을 제외하고서 민사 법정에서 발생하는 모든
청구는 불법행위법의 범위에 들어간다. 이 법 영역의 개념은 어떤
사람에게 행해진 잘못을 바로잡고, 보통 금전적 손해배상을 함으로
써 타인의 부당행위로부터 구제하는 것이다. 불법행위의 본래 취지
는 입증된 손해에 대해 충분한 손해배상금을 제공하는 것이다.

VOCA

- tort (민사 소송으로 이어질 수 있는) 불법행위
- civil suit 민사 소송
- claim (권리로서의) 청구, 요구
- with the exception of ~은 제외하고
- contractual 계약상의
- dispute 분쟁, 분규
- fall under ~에 해당하다, ~의 범위에 들어가다
- award (~에게 배상금 등을) 주다, (상·장학금 등을) 수여하다
- monetary 금전(상)의; 화폐의
- compensation 보상(금)

03 난도 ★★★ 정답 ⑤

어법 > 비문 찾기

정답의 이유

⑤ 'many a tale has been told parents who ~'에서 told는 수여동 사(tell)의 수동태로 착각하기 쉽지만, 문맥상 parents가 간접 목적어가 아니라 'tell about parents(부모들에 대해 말하다)'의 뜻으로 사용되었음을 알 수 있다. '부모들에 관한 많은 이야기가 전해 진다'라고 해석하는 것이 적절하므로 told parents → told about parents가 되어야 한다. 참고로 능동태 문장은 'People[They] have told many a tale about parents who ~'이다.

오답의 이유

① 'they are intended only for' 다음에 선행사(the day)와 형용사 절(they are delivering the news) 사이에 관계부사 when이 생략된 구조이므로 어법상 올바르게 사용되었다.

② 부분이나 전체를 나타내는 표현(One-third of the workers)이 주어일 경우, of 다음의 명사에 동사의 수를 일치시키므로 주어 (One-third of the workers)와 동사(are)의 수일치가 올바른 문장이다.

③ 관계대명사절의 동사(brings)와 선행사(a stylish design element)의 수일치가 올바르게 사용되었다. 관계대명사절 내에서 in a way 다음에 목적격 관계대명사 that이 생략되었다.

④ neither A nor B(A도 아니고 B도 아닌)에서 A(congress)와 B(state legislatures)가 병렬 구조이며, 동사는 B에 일치시켜야 하므로 문법적으로 옳은 문장이다.

본문해석

① 신문은 하루살이 글이다. 즉, 그것들은 뉴스를 전달하는 날만을 위한 것이다.

② 근로자의 3분의 1은 경영진과 임원들의 엄청난 임금 합의의 결과로 인해 현재 평균 임금보다 더 적게 벌고 있다.

③ 바닥 조명은 가구와 예술품이 겨룰 수 없는 방식으로 공간에 흥미로움과 극적인 효과를 가져오는 멋스러운 디자인 요소가 되었다.

④ 의회도 주 입법부도 그러한 체계(장치)의 개발을 공인하지 않았으며, 점점 더 많은 의원들이 그 기술이 위험한 도구라며 비판하고 있다.

⑤ 교육은 신분 상승의 가장 중요한 수단 중 하나로 여겨져 왔으며, 자녀가 반드시 좋은 교육을 받을 수 있도록 모든 것을 희생한 부모들에 관한 많은 이야기들이 전해져 오고 있다.

VOCA

- ephemeral 수명이 짧은, 단명하는
- soaraway 엄청난, 급속히 이루어지는
- compete with ~와 겨루다
- legislature 입법 기관, 입법부
- upward 위쪽을 향한; (양·가격이) 상승하고 있는

더 알아보기

수여동사의 수동태

- 목적어가 2개인 수여동사는 2가지 형태의 수동태가 가능하다.

능동태	주어+동사+간접 목적어+직접 목적어
수동태	직접 목적어+be p.p+간접 목적어+by+주어
	간접 목적어+be p.p+직접 목적어+by+주어

예 They had already shown the policeman Sam's photo.
(그들은 이미 경찰관에게 Sam의 사진을 보여주었다.)
→ Sam's photo had already been shown to the policeman (by them).
→ The policeman had already been shown Sam's photo (by them).

- 수여동사가 항상 2개의 수동태 문장이 될 수 있는 것은 아니다. 동사의 행위를 직접적으로 받기 어려운 대상이 수동태의 주어가 되는 경우 의미가 부자연스러워진다.

예 Father made his son a new chair.
(아버지는 그의 아들에게 새 의자를 만들어 주었다.)
→ A new chair was made for his son by father. (O)
→ His son was made a new chair by father. (×)
※ 의자가 아버지에 의해 만들어질 수 있지만, 그의 아들이 만들어질 수 있는 것은 아니다.

- 명사절을 목적어로 취하는 문장의 수동태: 두 가지 형태의 수동태가 가능하다.

능동태	주어+동사+that 명사절(주어+동사)
수동태	• It be p.p+that 명사절(주어+동사) • that절의 주어+be p.p+to부정사(that절의 동사)

예 They allege that he has hit a police officer.
(그가 경찰관을 쳤다고 추정된다.)
→ It is alleged that he has hit a police officer (by them).
→ He is alleged to have hit a police officer (by them).
예 People say that time heals all wounds.
→ It is said that time heals all wounds.
→ Time is said to heal all wounds.
(시간이 약이라고 말해진다.)

04 난도 ★☆☆   정답 ④

독해 > 글의 일관성 > 글의 순서

정답의 이유

주어진 글은 각 편마다 완결된 스토리 구조를 가져 순서에 상관없이 방영되거나 반복될 수 있는 TV 시리즈의 특징을 소개하고 있으며, (B)에서 TV 시리즈 등장인물들은 에피소드가 전개, 성장해도 바뀌지 않는다는 내용으로 이어진다. 'on the other hand(반면에)'로 시작하는 (C)에서 TV 시리즈와 차별화되는 연속극의 특징이 서술된다. (A)의 'Their characters'에서 'their'는 (C)의 'serials(연속극)'를 받으며, 연속극 등장인물들의 특징이 전개된다. 따라서 주어진 글 다음에 이어질 글의 순서로 적절한 것은 ④ '(B) – (C) – (A)'이다.

본문해석

TV 시리즈에는 각각의 에피소드에 동일한 주인공들이 등장하지만, 각각의 에피소드는 결말이 다른 이야기를 가진다. 에피소드들 사이에는 'dead time'이 있어서 한 편에서 다른 편으로 옮겨 가는 기억이 없고, 에피소드들은 순서에 상관없이 방영되거나 반복될 수 있다.
(B) 주인공들은, 에피소드들 사이가 아닌, 오직 각각의 에피소드에만 살아 있는 것으로 보이며, 에피소드가 이어지면서 성장하거나 변화하지 않는다.
(C) 반면, 연속극은 같은 등장인물을 가지고 있지만, 에피소드에서 에피소드로 이어지는 보통 하나 이상의 연속적인 줄거리를 가지고 있다.
(A) 그들의 등장인물들은 에피소드들 사이에 계속 살아 있는 것처럼 보인다. 그들은 시간에 따라 성장하고 변화하며, 이전 사건들에 대한 생생한 기억을 가지고 있다.

VOCA

- memory 기억
- screen (주로 수동태로) 상영[방영]하다
- continuously 연달아
- active 활발한, 활동력이 있는
- previous 이전의, 앞선
- main character 주인공
- serial (텔레비전 · 라디오의) 연속극
- storyline (소설 · 연극 · 영화 등의) 줄거리
- normally 보통(은), 보통 때는

05 난도 ★★☆   정답 ⑤

독해 > 글의 일관성 > 무관한 어휘 · 문장

정답의 이유

⑤ 'demolishing(파괴하는)'은 바로 앞의 'as a guarantee of checks and balances(견제와 균형의 보장으로서)'를 수식하는데, 문맥상 '입법부와 행정부를 파괴하는 견제와 균형의 보장으로서'가 되어 자연스럽지 않으므로 constraining으로 고쳐야 한다.

본문해석

민주주의 국가의 행동, 산출, 성과에 대한 비교 연구 결과 중 하나는 단순 일반화는 적합하지 않다는 것이다. 한 예로 미국이나 영국형인 다수제 민주주의가 다른 모든 형태의 민주주의보다 우월하다는 널리 퍼진 믿음을 들 수 있다. 다수제 민주주의는 오랫동안 더 안정적이고, 심지어 양 세계 대전 사이와 제2차 세계 대전 동안과 같은 역경에서도 생존에 더 적합하며, 문제를 해결하는 데에도 더 나은 것으로 여겨졌다. 그 믿음은 이 시기에 광범위한 민주주의 국가의 붕괴와 이탈리아 파시즘, 독일 · 오스트리아의 국가사회주의[나치즘]의 대두와는 반대로, 1920년대와 1930년대 영어권 민주주의 국가의 생존이 주로 반영되었다. 더욱이, 특히 웨스트민스터 유형의 다수제 민주주의는, 유일한 길은 아닐지라도, 완전한 의회 주권, 효율적인 정부 구성, 어야의 명확한 업무 분장, 투명성, 책임성 그리고 혁신적인 방식으로 새로운 도전과 기회에 대응하는 능력 또는 그 대신에 입법부와 행정부를 파괴하는(→ 제한하는) 견제와 균형을 보장하는 것으로 여겨졌다.

VOCA

- outcome 결과, 성과, 결말
- widespread 광범위한, 널리 퍼진
- majoritarian 다수결주의자(의), 다수결[에 의한]; 다수결주의의
- brand 상표, 종류[유형]
- be superior to ~보다 뛰어나다
- under adverse circumstances 역경에 처하여
- interwar (제1, 2차 세계 대전) 양 대전 사이의
- as opposed to ~와는 대조적으로, ~에 정반대로
- a wide variety of 매우 다양한
- sovereignty 주권, 통치권, 자주권
- incumbent 재임 중인, 현직의
- checks and balances (권력의) 견제와 균형, 견제 원칙

06 난도 ★☆☆   정답 ②

어법 > 비문 찾기

정답의 이유

② starred Jodie Foster as ~는 주절의 주어(The movie)와 동사(involves) 사이에 삽입된 분사구문으로, 이 분사구문에 사용된 동사(starred)의 주어는 주절의 주어(The movie)와 같으며, 이 때 주어와 동사의 관계가 능동이므로 현재분사를 사용해야 한다. 따라서 starred → starring이 되어야 한다.

오답의 이유

① 2형식 동사(become) 다음에 보어로 분사형 형용사(known)가 왔으므로 올바르게 사용되었다.
③ 5형식 동사(make) 다음에 목적격 보어로 형용사(possible)가 왔으므로 올바르게 사용되었다.
④ 주절의 동사(estimates)가 현재, 현재완료, 미래이면 종속절의 동사(was gone)는 제한 없이 쓰이므로 올바르게 사용되었다.
⑤ 'only'의 대용 표현인 'nothing but'이 올바르게 사용되었다.

본문해석

과학자들은 수 세기 동안 'Occam의 면도날의 원칙'에 익숙했지만, 그것은 1997년에 영화 Contact가 나온 이후 일반 대중에게 더욱 널리 알려지게 되었다. Carl Sagan의 소설을 바탕으로 한 그 영화는 Jodie Foster가 SETI 과학자 Ellie Arroway 박사 역으로 주연을 맡았으며, 외계 지성체에 의해 지구에 수신된 최초의 통신 확인을 포함한다. 그 통신은 결국 하나의 트랜스포터를 만들기 위한 도식으로 밝혀지는데, Ellie는 그것에 탑승하여 행성 간의 우주여행을 향한 첫 번째 단계에서 일련의 웜홀을 지나 그러한 이동을 가능하게 한 외계인 중 한 명과 이야기를 나눈다. Ellie는 돌아와서, 자신이 18시간 정도 떠나 있었다고 추정하지만, 지구 시간으로는 자신이 떠난 적이 없었던 것으로 나타났다는 사실을 알게 된다. 그녀의 이야기는 특히 그녀의 녹음 장치가 단지 잡음만을 녹음했다는 사실이 밝혀지자 의심받는다. Ellie가 다른 사람들에게 자신이 실제로 시간 여행을 했다고 설득하려 할 때, 그녀는 'Occam의 면도날의 원칙', 즉 가장 쉬운 설명이 정확한 것일 경향이 있다는 것을 떠올린다. 그 의미는, 그녀는 아마도 결코 떠나지 않았다는 것일 것이다.

VOCA

- Occam's razor Occam의 면도날(어떤 현상을 설명하기 위한 가설의 체계는 간결해야 한다는 원리)
- SETI(search for extraterrestrial intelligence) 외계 지적 생명체 탐사
- extraterrestrial 지구[대기권] 밖의, 외계의
- communication 통신, (정보 전달을 위한) 서류, 메시지
- visit with ~와 이야기[한담]를 나누다
- nothing but 오직; 그저[단지] ~일 뿐인
- static (수신기의) 잡음; (변화 · 움직임이 없이) 고정된, 정지 상태의

---

07 난도 ★☆☆   정답 ⑤

독해 > 세부 내용 찾기 > 내용 (불)일치

[정답의 이유]

다섯 번째 문장에서 강의 일정 구간에서의 래프팅은 익스트림 스포츠로 간주되며 치명적일 수 있다고 했지만 이러한 위험 때문에 금지되었다는 내용은 없으므로 글의 내용과 일치하지 않는 것은 ⑤ 'Single-person rafting is banned in some rivers because of risks(1인 래프팅은 일부 강에서 위험 때문에 금지된다).'이다.

[오답의 이유]

① 그것은 야외 모험 스포츠이다. → 첫 번째 문장에서 'Rafting and whitewater rafting are recreational outdoor activities ~(래프팅과 급류 래프팅은 ~ 레크리에이션 야외 활동이다)'라고 했고, 네 번째 문장에서 'This activity as an adventure sport ~(모험 스포츠로서 이 활동은 ~)'라고 했으므로 글의 내용과 일치한다.

② 그것들은 1950년대 이후로 인기를 끌었다. → 네 번째 문장에서 'This activity ~ has become popular since the 1950s, ~(이 활동은 1950년대 이후로 인기를 끌었는데 ~)'라고 했으므로 글의 내용과 일치한다.

③ 위험을 다루는 것은 경험의 일부분이다. → 세 번째 문장에서 'Dealing with risks ~ are a part of the experience(위험을 다루는 것은 ~ 경험의 일부이다)'라고 했으므로 글의 내용과 일치한다.

④ 래프팅은 전 세계에서 행해지는 경쟁적인 스포츠이다. → 여섯 번째 문장에서 'Rafting is also a competitive sport practiced around the world ~(래프팅은 또한 ~ 전 세계에서 행해지는 경쟁적인 스포츠이다)'라고 했으므로 글의 내용과 일치한다.

본문해석

래프팅과 급류 래프팅은 강이나 다른 수역을 항해하기 위해 공기 주입식 보트를 이용하는 레크리에이션 야외 활동이다. 이것은 보통 급류나 정도의 차이가 있는 거친 물결 위에서 이루어진다. 위험을 다루는 것과 팀워크의 필요성은 경험의 일부이다. 모험 스포츠로서 이 활동은 1950년대 이후로 인기를 끌었는데, 이중날 노 또는 노를 갖춘 10피트(3미터) ~ 14피트(4.3미터) 길이의 개인용 고무보트로부터 단날 노를 저어서 나아가고, 선미에서 사람이 조종하거나 노를 사용하여 추진되는 다인용 고무보트로 발전했다. 강의 일정 구간에서의 래프팅은 익스트림 스포츠로 간주되며 치명적일 수 있는 반면, 다른 구간은 그렇게 극단적이거나 힘들지 않다. 래프팅은 또한 참가국들 간의 세계 래프팅 챔피언십 경기로 절정에 이르는 전 세계에서 행해지는 경쟁적인 스포츠이다. 흔히 IRF라고 불리는 국제 래프팅 연맹은 이 스포츠의 모든 측면을 감독하는 세계적인 기관이다.

VOCA

- whitewater 급류
- inflatable 부풀리게 되어 있는
- evolve from ~에서 진화[발달]하다
- paddle 노를 젓다; (작은 보트, 특히 카누용의 짧은) 노
- oar 노
- propel ~을 나아가게 하다, 추진하다
- steer 조종하다[몰다]
- culminate 절정에 달하다, (~으로) 끝이 나다
- participating nation 참가국
- referred to as ~로 불리다

---

08 난도 ★☆☆   정답 ④

독해 > 빈칸 완성 > 단어 · 구 · 절

[정답의 이유]

제시문은 난초 종이 꽃가루 매개자를 끌어들이기 위해 음식 속임수와 성적 속임수를 사용한다는 내용이다. 여덟 번째 문장에서 'From an evolutionary perspective, the sexual strategy is a bit puzzling(진화론적인 관점에서 보면, 성적인 전략은 다소 어리둥절하다).'이라고 하였고, 빈칸 문장의 앞부분에서 'So in appealing to sex, these orchids limit their potential pollinators, ~(그래서 성에 호소하는 데 있어, 이러한 난초들은 잠재적인 꽃가루 매개자를 제한한다)'라고 했으므로 빈칸에 들어갈 적절한 것은 ④ 'reproductive disadvantage(번식상 불리한 점)'이다.

① 상호 합의

② 매력적인 전략

③ 수익성 있는 투자

⑤ 진화상 진보

본문해석

대부분 꽃식물이 꽃가루 매개자에게 맛있는 꿀로 보답하는 반면, 많은 난초 종들은 속임수에 의지한다. 일부는 음식 속임수라고 불리는 것을 사용한다. 그것들은 음식을 제공하는 것처럼 보이거나 냄새를 풍기는 꽃을 생산하지만 먹을 수 있는 보상은 제공하지 않는다. 다른 난초들은 성적 속임수를 사용한다. 그것들은 대개 벌이나 말벌과 같은 암컷 곤충처럼 보이거나 냄새를 풍기는 꽃을 생산한다. 수컷들은 섹시한 꽃에 이끌려 그것들과 짝짓기를 시도한다. 그렇게 하면서 그것들은 우연히 몸에 꽃가루를 모으게 되는데, 이것은 그것들이 다음에 찾아가는 난초를 수정시킨다. 진화론적인 관점에서 보면, 성적인 전략은 다소 어리둥절하다. 꿀을 제공하거나 음식을 흉내 내는 난초는 벌이나 말벌, 파리, 개미 등 매우 다양한 먹이를 찾는 꽃가루 매개자들을 끌어들일 수 있다. 하지만 성적 과시 행동은 오직 한 종의 수컷들에게만 매력적인데, 암컷 말벌처럼 보이는 꽃은 다른 곤충이 아닌 오직 수컷 말벌만을 유인할 것이다. 그래서 성에 호소하는 데 있어, 이러한 난초들은 잠재적인 꽃가루 매개자를 제한하는데, 이는 번식상 불리한 점으로 보인다.

VOCA

• pollinator 꽃가루 매개자(곤충 등)

• turn to somebody[something] ~에 의지하다

• trickery 속임수, 사기, 협잡

• deception 속임수, 속임

• edible 식용의, 먹을 수 있는

• wasp 말벌

• evolutionary 진화의, 진화(론)적인

• perspective 관점

• mimic 흉내 내다

---

09 난도 ★★☆   정답 ④

어휘 > 단어

밑줄 친 'annulled'는 '취소하다, 무효하게 하다'의 뜻으로 이와 의미가 가장 가까운 것은 ④ 'repealed(폐지했다)'이다.

① ~의 정당성을(무죄를) 입증했다

② (서류를) 공증했다

③ 입증했다; 인증했다

⑤ 극찬했다

본문해석

대헌장은 한쪽은 왕, 다른 한쪽은 바라구 귀족들이 두 무장 저파 지도자들의 협상에서 타결되었다. 어느 한쪽도 그 문제를 해결할 것으로 기대하지 않았고, 양측 모두 왕과 귀족들 사이에 지속적인 전쟁을 예상했다. Runnymede에서 그것이 공표된 지 3개월도 안 되어서, 교황 Innocent 3세는 그 헌장을 무효화했다. 반군들은 왕에 대한 경의를 포기했고, 프랑스 왕의 아들을 초청하여 John 대신 영국 왕관을 차지하도록 했다.

VOCA

• hammer out (토의하여) 문제를 타결하다

• rebel 반역자

• baron 귀족, 봉신; 남작

• settle (논쟁 등을) 해결하다, 합의 보다

• annul (법적으로) 취소하다[무효하게 하다]

• charter (권리를 명시한) 헌장

• renounce 버리다[그만두다]

• homage 경의, 존경의 표시

---

10 난도 ★★☆   정답 ③

독해 > 글의 일관성 > 무관한 어휘·문장

제시문은 도입부에서 불안장애의 하나인 비행기 공포증을 소개하고 있으므로 이를 통해 앞으로 불안장애에 대해 서술될 것이라는 것을 유추할 수 있다. ①에서 불안장애의 일반적인 특징을 설명하고, 미국에서 비행기 여행은 안전하다는 내용에 대한 근거로 ②에서 학자의 통계적 수치를 제시한다. ③의 앞 문장은 대조 연결사(In contrast)를 사용하여 실제로는 교통사고 사망률이 가장 높다는 내용인데, ③에서는 성공적인 비행 경험을 하고 나서도 사람들이 계속해서 비행을 두려워하는 원인에 대해서는 밝혀진 게 거의 없다고 했으므로 문맥상 전후 연결이 맞지 않는다. 또한 ③ 다음 문장에서 'But for many, statistics are not enough to quell phobias.'라고 했는데, 이 통계는 ②의 '8만 5천분의 1'을 가리키는 것이므로 글의 흐름상 어색한 문장은 ③이다.

비행에 대한 두려움, 즉 비행기 공포증은 일종의 불안장애이다. 일반 대중의 40% 정도가 비행을 무서워하며, 2.5%는 임상 공포증으로 분류되는데, 비행하기를 피하거나 상당히 고통스럽게 비행하는 상태를 말한다. 다른 상황 공포증들의 경우처럼, 두려움(비행기 공포증)은 처하게 된 위험과 불균형적이다. 미국의 민간 항공기로 여행하는 것은 대단히 안전하다. 노스웨스턴 대학교 경제학과 부학과장인 Ian Savage의 분석에 따르면, 1년간 매일 500마일을 비행한 사람의 치사 위험은 1/85,000일 것이다. 그에 반해서, 고속도로 여행은 전국 교통 사망자의 94.4%를 차지한다. 성공적인 비행 경험을 접하고 나서도 사람들을 계속해서 두렵게 하는 것에 대해서는 거의 알려지지 않았다. 그러나 많은 사람들에게 있어 통계는 공포증을 잠재우기에는 충분하지 않다. 미국 불안 및 우울증 협회(ADAA)는 유발 계기를 식별하고 그것을 진정하는 데 도움을 주는 8가지 단계를 제안한다. 이 단계를 작성한 임상 심리학자 Martin Seif은 공포증을 구성할 수도 있는 다양한 양상들을 식별한다. 그중에는 공황장애, 사회 불안장애, 강박장애가 있다. 어떤 사람들에게는 호흡 운동, 항불안제, 인지행동치료가 효과가 있다. 하지만 방법들이 모두에게 효과가 있는 것은 아니다.

• aviophobia 비행기 공포(증)
• phobia 공포증
• distress (정신적) 고통, 괴로움
• disproportionate to ~와 균형이 맞지 않는
• fatality 치사율; 사망자
• associate [흔히 직함에 쓰여] 준(準)[부/조]-
• account for 차지하다, 설명하다
• quell (강렬하거나 불쾌한 감정을) 가라앉히다. (반란·소요 등을) 진압하다
• defuse 진정시키다, (폭탄의) 뇌관을 제거하다
• comprise 구성하다, 차지하다, ~으로 구성되다
• obsessive compulsive disorder 강박장애

11 난도 ★★☆   정답 ①

독해 > 빈칸 완성 > 연결어

정답의 이유

① (A) 앞 문장에서 통신과 정보를 가로채고 접근할 수 있는 법적 권한이 있지만 이를 위한 기술적 능력이 부족하다고 했고, (A) 다음에서 새로운 연구 결과는 감시기관들이 데이터 블랙아웃으로 어려움을 겪고 있다는 주장은 잘못되었다고 언급하므로 (A)에는 역접 접속사 'However'나 'Nevertheless'가 들어갈 수 있다. (B) 앞 문장에서는 FBI 국장의 주장은 잘못되었다는 내용이, (B) 다음 문장에서는 사물인터넷이 엄청난 감시 기회를 제공한다는 내용이 전개되므로 논지가 전환된다는 것을 알 수 있다. 따라서 (B)에는 대조 연결사 'On the contrary'가 적절하다.

② 마찬가지로 – 뿐만 아니라
③ 예를 들어 – 그러므로
④ 그럼에도 – 게다가
⑤ 따라서 – 반면에

2013년 Snowden의 폭로가 정부 감시 프로그램의 범위를 밝힌 이후로, 정보기관들이 하는 기본적인 주장은, 기술 회사들에 의한 단대단 암호화 사용이 증가하여 신기술 사용 용의자 추적 능력이 위험에 처했으니, 자신들의 더 많은 권한 부여에 대한 정당화를 모색해야 한다는 것이었다. 예를 들어, 2014년 가을 한 연설에서 FBI 국장 James Comey는 다음과 같이 주장했다. "법은 기술을 따라가지 못했으며, 이 단절로 인해 중대한 공공 안전 문제가 발생했습니다. 우리는 그것을 '고잉 다크(Going Dark)'라고 부릅니다. 우리는 법원의 결정에 따라 통신과 정보를 가로채고 접근할 수 있는 법적 권한이 있지만, 종종 그렇게 하기 위한 기술적 능력이 부족합니다." (A) 그러나 하버드 대학교가 어제 발표하고, Hewlett Foundation이 후원한 새로운 연구 결과는 감시기관들이 데이터 블랙아웃으로 어려움을 겪고 있다는 주장이 틀렸음을 밝힌다. (B) 그와 반대로, 그것은 주장하기를, 연결된 장치(소위 말하는 사물인터넷)의 부상은 감시를 위한 엄청난 기회를 제공하는데, 이는 그들 자신들의 사용자들의 데이터 마이닝에 의존하는 사업 모델을 가진 기술 회사들에 의해 지지되는 것으로, 그들은 사용자들이 IoT 데이터를 견고하게 암호화하지 않도록 그들에게 인센티브를 제공한다고 한다.

• surveillance 감시, 원격 감시
• end-to-end 단대단(단말 장치에서 단말 장치로의 통신, 호스트 컴퓨터의 제어를 받지 않음)
• encryption 암호화
• Going Dark 고잉 다크. 암호화를 포함한 보안기술 발달로 사법기관이 영장을 집행한 뒤에도 범죄 용의자나 테러리스트들에 대한 정보를 수집하지 못해 어려움을 겪고 있다는 FBI의 주장을 말한다.
• pursuant to ~에 의하여
• debunk (생각·믿음 등이) 틀렸음을 밝히다
• Internet of Things(IoT) 사물인터넷
• data-mining 데이터 마이닝(대규모 자료를 토대로 새로운 정보를 찾아내는 것)
• robustly 견고하게, 강건하게

12 난도 ★★☆ 정답 ②

독해 > 세부 내용 찾기 > 내용 (불)일치

정답의 이유

다섯 번째 문장과 여섯 번째 문장에서 시간을 두고 정해진 간격으로 정기적으로 정보를 다시 반복하는 간격 반복은 매우 효과가 있다고 했으므로 글의 내용에서 유추할 수 있는 것은 ② 'Manipulation of repetition timing can be a means to improve recall(반복 시기 조작은 기억을 개선하는 수단이 될 수 있다).'이다.

오답의 이유

① 인간 두뇌의 지식을 저장하는 능력은 무한하다. → 첫 번째 문장에서 두뇌의 내재된 한계를 염두에 두어야 한다고 했으므로 글의 내용에서 유추할 수 없다.

③ 벼락치기는 우리의 뇌가 실제 작용하는 방식과 적절하게 일치한다. → 두 번째 문장에서 벼락치기는 재앙을 부르는 지름길이라고 했으므로 글의 내용에서 유추할 수 없다.

④ 뇌와 근육이 자극에 반응하는 방식에는 근본적인 차이가 있다. → 일곱 번째 문장에서 '근육과 마찬가지로'라는 표현이 언급되었고, 근육이 자극에 반응하는 방식은 언급되지 않았으므로 글의 내용에서 유추할 수 없다.

⑤ 지식의 보유는 뇌의 내재적 한계 때문에 측정하기 어려울지도 모른다. → 지식의 보유의 측정에 관해서는 언급되지 않았다.

본문해석

학습을 위한 어떤 효과적인 접근법도 두뇌의 내재된 한계를 염두에 두고 개발되어야 한다. 만약 뇌가 짧은 시간 동안 많은 정보를 효과적으로 저장하고 기억해낼 수 없다는 것을 안다면 '벼락치기'는 재앙을 부르는 지름길이다. 마찬가지로, 우리는 뇌가 중요하다고 생각하는 정보를 우선적으로 저장한다는 것을 안다. 그것은 규칙적으로, 그리고 자주 마주치는 것들에 관한 기억을 강화하고 통합한다. 그래서 시간에 따라 정해진 간격으로 정기적으로 정보를 재검토하는 간격 반복은 많은 의미가 있다. 간격 반복은 단순하지만, 뇌 작동 방식을 의도적으로 해킹하기 때문에 매우 효과적이다. 그것은 학습을 노력이 필요하게 강요하고, 근육과 마찬가지로, 뇌는 신경세포 사이의 연결을 강화함으로써 그 자극에 반응한다. 간격을 넓게 띄워둠으로써 여러분은 매번 이러한 연결고리들을 더 연습한다. 그것은 장기적이고 지속적인 지식의 보유를 생산하며, 내 경험상 사람들이 일단 그것을 사용하기 시작하면 그들은 그것을 깊이 신뢰한다.

VOCA

• a recipe for disaster 재앙으로 가는 길
• cramming 벼락공부; 주입식 교육
• preferentially 우선적으로
• deem (~로) 여기다[생각하다]
• consolidate 합병하다, 통합 정리하다
• revisit [문제 등을] 다시 돌아보다, 재검토하다
• deliberately 고의로, 일부러
• swear by ~을 깊이 신뢰하다

13 난도 ★☆☆ 정답 ④

어법 > 비문 찾기

정답의 이유

④ (D) 문장의 dissuade A from B는 'A가 B하는 것을 단념하게 하다'라는 의미이므로 of using → from using으로 고쳐야 한다.

오답의 이유

① (A) 선행사(vaping oils) 뒤에 콤마가 있으므로 관계대명사의 계속적 용법이 쓰였음을 알 수 있다. 따라서 관계대명사 'which'를 사용한 것은 올바르다.

② (B) both A and B는 'A와 B 둘 다'라는 의미이며, 이때 A와 B는 병렬 구조이므로 그 사이에 'his lungs were heavily congested'와 'his oxygen levels were quickly depleting'이 올바르게 사용되었다. 또한 이때 앞의 어구는 문맥상 수동의 의미이므로 과거분사 'congested'가, 뒤의 어구는 문맥상 능동의 의미이므로 현재분사 'depleting'을 사용한 것도 올바르다.

③ (C) Due to ~(~ 때문에)는 부사구를 이끌며, 전치사(to) 다음에는 명사 또는 명사 상당 어구(his severe condition)가 올바르게 사용되었다.

⑤ (E) 선행사를 포함하는 관계대명사 what이 올바르게 쓰였다.

본문해석

펜실베이니아의 십대 청소년이 베이핑으로 인해 폐가 크게 손상된 이후 현재 사투를 벌이고 있는데, 그의 폐는 의사들이 베이컨 기름에 비유하는 응고된 베이핑 오일로 거의 완전히 막혔다. 19세인 Anthony Mayo는 의사가 그의 폐가 전부 심하게 울혈로 막혀있는 것과 산소 수치가 빠르게 감소하고 있는 것 둘 다 발견한 후에 이달 초 펜실베이니아 Erie에 있는 Millcreek Community 병원의 중환자실에 입원했다. 그의 심각한 상태 때문에, 의사들은 Anthony의 부모인 Tanya와 Keith Mayo에게 말하기를, 그들의 아들이 "현재 평생 담배를 많이 피운 70세의 폐를 가지고 있어요."그리고 "완전한 회복은 불확실해요."라고 했다. 이제 그들은 기적에 희망을 걸면서, Tanya는 베이핑의 위험성에 대한 경각심을 일깨우고 다른 부모들이 그들의 자녀가 전자담배를 사용하지 못하도록 하기 위해 아들의 손상된 폐 사진을 공유하고 있다. "이것은 그렇지 않았더라면 건강했을 19세 아들이 중환자실에 입원하게 되었을 때의 베이핑으로 인한 모습입니다."라고 Tanya는 Anthony의 폐 사진 두 장 옆에 적었다.

VOCA

• vaping 베이핑(전자담배 모양의 전자기기로 향기 나는 수증기를 대기 중에 내뱉는 행위)
• solidify [액체 모양의 물질을] 응고[응결]시키다, 굳히다
• grease (끈적끈적한) 기름, (굳어 있는 동물성) 기름[지방]
• intensive care unit(ICU) 집중 치료 병동, 중환자실
• congested 울혈[점액]로 막힌, 충혈된
• deplete ~을 감소시키다; ~을 비우다
• in a bid to do ~하기 위하여, ~을 겨냥하여
• dissuade (~하지 않도록) 만류하다 (from)
• otherwise 그렇지 않았더라면

14 난도 ★★☆　　　　　　　　　　　정답 ①

어휘 > 단어

정답의 이유

밑줄 친 venal은 '부패한, 타락한'의 뜻으로 이와 의미가 가장 반대인 것은 ① 'laudable(칭찬할 만한)'이다. 나머지 선지들에는 모두 부정적인 뜻이 담겨 있다.

오답의 이유

② 분별이 없는, 경솔한

③ 비열한, 야비한

④ 타락하기 쉬운; 뇌물이 통하는

⑤ (사람이) 불경스러운; 모독적인

본문해석

기존의 경찰 자원은 비록 어떤 사악하거나 부패한 이유 때문은 아니지만, 현명하게 사용되지 않는다.

VOCA

· existing 기존의, 현재 사용되는

· wicked 사악한

15 난도 ★☆☆　　　　　　　　　　　정답 ⑤

어휘 > 단어

정답의 이유

빈칸 다음의 'such pairings(그러한 짝)'는 빈칸 앞쪽에 있는 'particular gestures(특정한 제스처)'와 빈칸 다음에 있는 'particular sounds(특정한 소리)'를 가리킨다. 이어서 '~ may not have the same meanings when separated(~ 분리되면 동일한 의미를 가지지 못할 수도 있다)'라고 했으므로 빈칸에는 특정한 제스처와 특정한 소리가 분리되지 않은 상태를 의미하는 어휘가 들어가야 한다. 따라서 빈칸에 들어갈 말로 알맞은 것은 ⑤ 'accompanied(동반된)'이다.

오답의 이유

① 괴롭혀진

② 변장된

③ 방해받는

④ 중단된

본문해석

준언어적 의사소통의 경계를 정의하는 것은 어렵다. 준언어적 의사소통은 제스처, 신체 자세, 다른 비언어적 형태의 의사소통을 포함하는 동적 의사소통과 밀접한 관련이 있다. 종종, 특정한 제스처는 일상적으로 특정한 소리와 동반된다. 그러한 짝은 분리되면 동일한 의미를 갖지 못할 수도 있다.

VOCA

· paralinguistic 준언어적인(말이 아니라 어조, 표정, 동작 등으로 의사소통을 하는 것과 관련된 것)

· be closely related to ~와 밀접한 관계가 있다

· kinetic 운동의, 운동에 의해 생기는

· be accompanied by ~에 의해 동반되다

· pairing 한 쌍, 짝을 이루기

16 난도 ★★★　　　　　　　　　　　정답 ①

어법 > 비문 찾기

정답의 이유

① 'forward'는 전치사 'to'와 함께 쓰여 '~로 보내다'의 뜻으로 쓰이며, 'or'로 연결되어 앞의 'refer back to'와 병치되므로 뒤는 '(refer) forward to the next (sentence)'가 되어야 한다. 'next'가 명사로 쓰이려면 관사(the)와 함께 와야 하므로 forward next → forward to the next로 고쳐야 한다.

오답의 이유

② '전치사+관계대명사(in which)' 다음에 완전한 문장(language can assume a particular meaning ~)이 왔으므로 문법적으로 올바른 문장이다.(→ 의미를 전달하기 위한 강력한 도구는 언어가 특정한 의미를 직접적으로 단언하지 않고 추정할 수 있는 방식이다.)

③ suggest가 '암시하다, 시사하다'의 뜻일 경우, 시제일치의 원칙을 따라야 하며, 주절의 시제가 현재(suggests)이므로 that절에는 미래(will be primarily devoted) 시제가 올 수 있다.(→ '신문'이라는 용어는 신문의 내용이 주로 그날의 뉴스와 이 뉴스에 약간의 분석과 코멘트에 할애된다는 것을 시사한다.)

④ 과거 시간 부사구(By the end of the 1930s) 다음에 과거완료(had recognized) 시제가 왔으므로 문법적으로 올바른 문장이다. in the 1930s인 경우에는 과거 시제를 쓴다.(→ 1930년대 말까지, 주들은 자연자원 보존의 중요성을 인식하고, 동·식물상을 보호하기 위해 몇 가지 협정을 체결했다.)

⑤ 'it 가주어 to 진주어' 구문이 올바르게 쓰였다.(→ can, would, should 같은 법조동사는 다양한 의미를 지니고 있을 것이며, 동사와 의미 사이에 고정된 1:1 관계를 식별하려고 시도하는 것은 실수이다.)

VOCA

· develop 전개하다, 진전시키다

· assume 추정하다

· assert ~을 단언하다, 주장하다

· conserve 보호[보존]하다

· fauna 동물상

· flora 식물상

17 난도 ★★☆　　　　　　　　　　정답 ③

독해 > 글의 일관성 > 글의 순서

정답의 이유

주어진 글의 마지막 부분에서 정치는 유형 재화의 분배에 관한 논쟁을 해결하는 것이라고 하였고, 이를 (B)에서 'This'로 받는다. 이후 (A)의 정치가 '분배(distribution)'에만 관련이 있다는 생각은 (B)의 누진 과세와 복지 시책을 받으므로 (B) 다음에 (A)가 이어진다. (A)에서 정치에서 '포스트 이데올로기'적 논쟁의 증가는 (C)에서 현대 정치 토론의 주제를 소개하는 내용과 연결되므로 주어진 글 다음에 이어질 글의 순서는 ③ '(B) − (A) − (C)'가 적절하다.

본문해석

우선, 정치는 무엇인가? 이 질문에 대한 고전적인 대답 중 하나는 정치는 누가 무엇을, 언제, 그리고 어떻게 얻는가에 관한 것이다. 이 관점에서 보면 정치는 본질적으로 유형 재화의 분배에 관한 논쟁을 해결하는 것이다.

(B) 이것은 제2차 세계 대전 이후, 즉 비교적 중앙집권화된 국가에 의한 누진 과세와 복지 시책의 출시 그리고 전통적인 좌우 이념 분열에 기초한 정당 정치제도를 경험한 시대의 정치에 대한 공정한 정의였을지도 모른다.

(A) 하지만 정치가 오로지, 다시 말해 주로 분배에만 관련이 있다는 개념은 지난 30년 이상 동안 도전을 받아왔다. 가치관과 생활양식을 둘러싼 '탈이데올로기'적 논쟁의 중요성이 증가하면서 정치는 물질적 자원만큼이나 정체성과 문화에 관한 것이거나, 그 이상이 될 수 있다는 점을 시사한다.

(C) 우리의 현대 정치 토론의 대부분은 환경, 성과 성적 권리, 이민, 안보와 같은 좌 또는 우로 깔끔하게 분류되지 않는 이슈들을 중심으로 다룬다.

VOCA

- contestation 논쟁; 쟁점, 주장
- salience 특징, 중요점
- characterization 묘사, 정의
- progressive taxation 누진 과세
- cleavage (사람들·집단 사이의) 분열
- revolve around ~을 중심으로 다루다

18 난도 ★★☆　　　　　　　　　　정답 ⑤

독해 > 글의 일관성 > 무관한 어휘·문장

정답의 이유

제시문은 아동기 교육의 중요성을 강조하면서 아동의 기초 능력을 키워줄 것을 강조하는 글이다. ⑤ 문장의 aggravate는 악화하다의 뜻으로, 마지막 문장 and 앞의 'are used to acquire new knowledge'로 미루어, and 다음에도 이와 유사한 논조의 어구가 들어가야 하는데, 'aggravate novel problems(새로운 문제를 악화하다)'는 문맥상 어색하므로 tackle로 고쳐야 한다.

본문해석

노벨 경제학상 수상자인 Jim Heckman과 그의 공동 연구자들은 유년기에 쌓은 튼튼한 기초 능력이 사회·경제적 성공에 결정적이라는 것을 밝혔다. 이러한 기초 능력은 '능력이 능력을 낳게' 할 수 있도록 배우려는 자기강화 동기로 이끈다. 이것은 보수가 좀 더 좋은 일자리, 더 건강한 라이프 스타일 선택, 더 많은 사회 참여, 그리고 더 생산적인 사회로 이어진다. 증가하는 연구는 또한 이러한 혜택이 인지 능력과 사회·정서적 능력의 초기 기초가 인간의 전 생애에 걸쳐 건강한 두뇌 발달에 작용하는 중요한 역할과 관련 되어 있다는 것을 보여준다. 뇌의 복잡성, 즉 신경 경로와 신경망의 다양성과 복잡성은 어린 시절에 형성되며 인지적, 사회·정서적 인간 능력의 발달에 지속적인 영향을 준다. 아동기의 인지 능력은 성인 인지 기능의 기초를 세상한다. 이것은 성공적인 두뇌 발달이 아동이 기본적인 인지 능력을 발달시킬 수 있도록 보장한다는 것을 의미한다. 높은 수준의 인지 과정의 기초가 되는 이른바 '유동 능력'(기억력, 추리력, 사고의 속도, 문제해결력) 등은 새로운 지식을 습득하고 새로운 문제를 악화하는(→ 해결하는) 데 사용된다.

VOCA

- laureate (뛰어난 업적으로 훈장·상을 받은) 수상자
- collaborator 공동 연구자[저자]
- crucial 중대한, 결정적인
- beget ~을 낳게 하다, ~을 (결과로서) 초래하다
- underlie (사상·행동 등의) 근저에 있다, 기초[기반]가 되다, 근거가 되다
- novel 새로운 종류의, 기발한, 참신한, 지금까지 보지 못한

19 난도 ★☆☆　　　　　　　　　　정답 ②

어법 > 비문 찾기

정답의 이유

② 문맥상 'tu'를 절친한 친구 사이나 싸움을 걸려는 사람들에게만 사용한다는 취지이므로 'or'로 연결된 'intimates'와 'people ~ fight'가 병치되어야 한다. 따라서 'people' 이하는 'people'을 수식하는 분사구로 처리해야 하므로 try → trying으로 고쳐야 한다.

오답의 이유

① 형용사(different)를 수식하고 있으므로 부사 'dramatically'가 올바르게 쓰였다.

③ 목적어(first names)가 있는 능동 관계이므로 현재분사(using)가 올바르게 사용되었다.

④ 전치사 to가 동사(prefer)에 이어지는 것이므로 올바르게 사용되었다. 'prefer to ~'는 '~보다 선호하다'라는 의미이다.

⑤ 선행사(first name)가 사물이므로 주격 관계대명사(which)가 올바르게 사용되었으며, 관계대명사 앞에 콤마가 있으므로 관계대명사의 계속적 용법으로 사용되었다.

본문해석

현대 바이올린의 형태와 디자인은 이탈리아 크레모나 출신의 두 명의 제작자에게서 큰 영향을 받았다. 그 악기는 Andrea Amati가 만들어냈으며, 이후 Antonio Stradivari가 개선시켰다. Amati와 Stradivari의 구성 방식은 세심하게 검토되었지만, 그것들의 인기에 기여하는 근본적인 음향적 특성은 거의 이해되지 않는다. 바로크 음악 바이올린 연주자인 Geminiani에 따르면, 이상적인 바이올린 톤은 '가장 완벽한 인간의 목소리와 필적해야' 한다. Amati와 Stradivari의 바이올린이 목소리 같은 특징을 만들어내는지 조사하기 위해 우리는 남녀 가수뿐만 아니라 골동품적 가치가 있는 이탈리아 바이올린 15대의 음계를 녹음했다. 주파수 반응 곡선은 Andrea Amati 바이올린과 인간 가수 사이에서 4.2kHz까지 유사하다. 선형 예측 코딩 분석에 의해 Amati의 처음 두 포먼트는 모음 다이어그램의 중앙 영역에 나타나는 모음과 같은 특성(F1/F2=503/1,583Hz)을 보인다. 그것의 제3포먼트와 제4포먼트(F3/F4=2,602/3,731Hz)는 남성 가수들에 의해 만들어진 것들과 유사하다.

VOCA

• underlying 근본적인[근원적인]
• acoustic 음향의, 청각의
• contribute to ~에 기여하다
• frequency response curve 주파수 반응곡선
• linear 선의, 선으로 된
• predictive 예측[예견]의
• coding 부호화
• formant 포먼트(모음을 특징짓는 주파수 성분)
• vowel-like 모음과 같은
• map 배치구조 등에 대한 정보를) 발견하다[보여주다]
• vowel diagram 모음도

본문해석 (왼쪽 단)

응대 태도, 존경, 위계질서의 형태는 문화마다 극적으로 다르며, 만일 화자가 다른 문화 집단의 가치를 직시하지 않으면 의사소통 오류가 발생할 수 있다. 멕시코에서 스페인어 학습자가 'tu'를 사용하여 모든 사람을 상대로 말한 사례가 있었는데, 멕시코인들이 'tu'를 절친한 친구나 싸움을 걸려는 사람들을 위해 남겨놓는다는 사실을 몰라서 생긴 일이었다. 사업 협상에서 차이점은 명백하다. 영미권 사업가들은 처음부터 이름을 사용하는 친밀하고 우호적이며 평등주의적 관계, 대칭적 연대를 선호한다. 아시아인들은 대개 대칭적인 존경과 성을 따르기를 선호한다. 그들은 이름을 사용하기를 고집하는 서구인들을 설득하기 위해 서양식 이름을 만들어내고, 종종 본인의 이름을 보호하는데, 그 이름은 절친한 친구들을 위해 남겨진다.

VOCA

• deference 존중[경의](을 표하는 행동)
• reserve ~을 따로 남겨두다, 마련해 두다
• intimate 친밀한, 친한, 절친한 친구
• pick a fight 싸움을 걸다
• egalitarian 평등주의의
• solidarity 연대, 결속
• get round ~을 설득하다

20 난도 ★★☆   정답 ②

독해 > 세부 내용 찾기 > 내용 (불)일치

정답의 이유

제시문의 마지막 문장에서 'Its third and fourth formants ~ resemble those produced by male singers(그것의 제3포먼트와 제4포먼트는 ~ 남성 가수들에 의해 만들어진 것들과 유사하다).'라고 했으므로 글의 내용과 일치하는 것은 ② 'The third and fourth formants of the Amati violin are similar to those of male singers(아마티 바이올린의 제3포먼트와 제4포먼트는 남자 가수들의 것들과 유사했다).'이다.

오답의 이유

① 이탈리아 크레모나 출신의 Antonio Stradivari는 최초로 바이올린을 만든 공이 있는 것으로 여겨진다. → 두 번째 문장에서 'The instrument was invented by Andrea Amati and then improved by Antonio Stradivari.'라고 했으므로 글의 내용과 일치하지 않는다.

③ 바로크 음악 바이올린 연주자인 Geminiani는 이탈리아 바이올린의 음향 특성을 조사했다. → 네 번째 문장과 다섯 번째 문장을 통해 Geminiani는 이상적인 바이올린 톤에 대해 주장하였으며, Amati와 Stradivari 바이올린이 목소리 같은 특징을 만들어내는지 조사했다는 것을 알 수 있다.

④ Amati 바이올린의 제2포먼트는 Stradivari의 제1포먼트에 해당한다. → 언급되지 않은 내용이다.

⑤ 이탈리아의 남녀 가수들의 소리와 현대 바이올린의 소리가 비교되었다. → 다섯 번째 문장에서 'To investigate whether Amati and Stradivari violins produce voice-like features,

21 난도 ★★☆   정답 ①

독해 > 빈칸 완성 > 단어 · 구 · 절

정답의 이유

빈칸 앞부분에서 그러한 신뢰는 지속될 수 없다고 했고, 뒷부분에서 신속하고 완전하게 무엇을 해야 한다는 조건이 제시되었다. 따라서 문맥상 그 조건에 해당하는 것은 '신속하고 완전하게' 사법적 결정이 집행되지 않을 경우 그러한 신뢰는 지속될 수 없다는 것이 적절하므로 빈칸에 들어갈 적절한 것은 ① 'judicial decisions are not executed(사법적 결정이 집행되지 않는다)'이다.

오답의 이유

② 민주적 가치가 붕괴된다
③ 공공정책이 실행되지 않는다
④ 입법 절차가 진행되지 않는다
⑤ 의사 진행이 행해지지 않는다

본문해석

협약 제6조에 규정된 독립 재판소의 개념은 법원의 구속력 있는 결정 채택 권한을 포함하고 있는데, 이는 비사법 기관의 변경, 승인이나 비준을 받을 수 없다. 사법적 결정을 집행하지 못하는 것, 즉 장기간의 미집행은 사법제도의 신뢰성과 안정성을 위험에 빠뜨리고, 궁극적으로 우리 민주주의를 지키는 데 필요한 핵심 가치를 훼손할 수 있다. 사법제도에서 국민의 신뢰 유지에 대해서라면 집행은 특히 중요하다. 신속하고 완전하게 <u>사법적 결정이 집행되지</u> 않으면 그러한 신뢰는 지속될 수 없다. 회원국은 최종적이고 구속력 있는 법원의 판결을 받는 모든 사람이 그 법 집행권을 갖도록 보장할 의무가 있다. 공공단체는 사법적 결정을 존중하고 직무상 신속하게 이행해야 할 의무가 있다. 국가기관이 법원의 결정에 복종하지 않는다는 바로 그 생각은 법의 최고성 개념을 훼손한다.

VOCA

- tribunal (특별한 문제를 다루는) 재판소, 법원
- binding 법적 구속력이 있는
- ratification (조약 따위의) 비준, 승인
- when it comes to ~에 관한 한, ~에 대해서라면
- ex officio 직권에 의한, 직무상의
- undermine ~의 기초를 위태롭게 하다
- primacy 최고, 으뜸

22 난도 ★★☆ 정답 ②

어휘 > 단어

정답의 이유

빈칸 다음의 '~ as expressions of identity'를 통해 빈칸에 들어갈 단어로 적절한 것이 ② 'allegiance(충성)'임을 알 수 있다.

오답의 이유

① 변화, 변경
③ 경감, 완화
④ 두운(법)
⑤ 탄약

본문해석

축구 선수들은 일반적으로 자신의 팬들이 멀어지게 만드는 것을 피하는데, <u>충성의 표시</u>와 국기로 자신을 감싸는 것은 부분적으로는 동질감의 표현일 뿐만 아니라, 팬들의 기대에 대한 현명한 반응이자 불성실하다는 비난을 피하기 위한 수단으로 보일 수 있다.

VOCA

- alienate 멀어지게 만들다
- accusation 비난, 고발

23 난도 ★★☆ 정답 ⑤

독해 > 글의 일관성 > 문장 삽입

정답의 이유

주어진 문장의 'They'가 가리키는 것을 찾아 그다음에 삽입해야 한다. 주어진 글은 '그들은 학문·가정·사회적으로 성공을 거두었고, 항상 새로운 기회를 이용할 준비가 되어 있었다'는 긍정적인 내용이므로 나머지 3분의 1은 유능하고, 자신감 있고, 자상한 젊은이로 성장했다는 내용의 다음인 ⑤ (E)가 삽입될 위치로 적절하다.

본문해석

1989년 발달 심리학자 Emmy Werner가 32년간의 장기 프로젝트의 결과를 발표했다. 그녀는 하와이 Kauai에서 698명의 아이들을 테이니기 전부디 30년 동안 추적했다. 그 과정에서, 그녀는 그들이 자궁에 있을 때의 스트레스(자궁에서의 모성 스트레스, 가난, 가족 문제 등)에 노출되는 것을 관찰했다. 아이들의 3분의 2는 근본적으로 안정적이고, 성공적이고 행복한 배경 출신이었다. 나머지 3분의 1은 '위험한 환경'에 있었다. 그녀는 곧 위험에 처한 아이들이 모두 같은 방식으로 스트레스에 반응하는 것은 아니라는 것을 발견했다. 그들 중 3분의 2는 10세 무렵에 심각한 학습 또는 행동 문제가 발생하거나, 18세 무렵에는 비행 기록이나 정신건강 문제, 혹은 10대 임신이 있었다. 그러나 나머지 3분의 1은 유능하고, 자신감 있고, 자상한 젊은이로 성장했다. <u>그들은 학문적, 가정적, 사회적 성공을 거두었고, 항상 새로운 기회를 이용할 준비가 되어 있었다.</u>

VOCA

- longitudinal 장기에 걸친(변화를 다룬)
- capitalize on ~을 활용하다[기회로 삼다]
- uterus 자궁(복수: uteri)
- delinquency (청소년의) 비행[범죄]

24 난도 ★★☆ 정답 ③

독해 > 글의 일관성 > 무관한 어휘·문장

정답의 이유

③ loomed는 '나타났다'의 뜻으로, 제시문의 앞부분에서 이미 '풍요로운 사회를 만들고, 나머지 시간은 여가와 다른 비경제적인 목적들에 바칠 것으로 추측했다'고 했으므로 미래에는 사회가 더욱 더 풍요로워져서 더 큰 부를 위해 노력하는 모습이 희미해진다는 문맥이 되어야 한다. 따라서 loomed → faded가 되어야 한다.

본문해석

1930년에 영국의 경제학자 John Maynard Keynes는 양 대전 사이의 경제 문제에 관해 글을 쓰는 것에서 잠깐 벗어나 미래학에 조금 빠져들었다. 'Economic Possibilities for Our Grandchildren'이라는 제목의 에세이에서, 그는 2030년까지 자본 투자와 기술 진보가 생활 수준을 8배만큼 끌어올려 사람들이 일주일에 불과 15시간만 일해도 될 만큼 풍요로운 사회를 만들고, 그들의 나머지 시간은 여가와 다른 '비경제적인 목적들'에 바칠 것으로 추측했다. 더 큰 풍요를 위해 노력하는 것이 나타나면서(→ 희미해지면서), 그는 '소유물로써의 돈에 대한 사랑은 … 그것이 무엇인지, 다소 역겨운 병적인 것으로 인식될 것'이라고 예측했다. 이 변화는 아직 일어나지 않았으며, 대부분의 경제 정책 입안자들은 여전히 경제 성장률을 최대화하는 데 전념하고 있다.

VOCA

- futurology 미래학
- speculate 사색하다, 추측하다
- affluence 풍부함, 유복
- morbidity (정신의) 병적 상태

25 난도 ★★☆　　　　　　　　　　정답 ①

독해 > 빈칸 완성 > 단어 · 구 · 절

[정답의 이유]

① 문맥상 보존 전문가들이 그것이 역사상 가장 중요하고 존경받는 예술가 중 한 명의 작품이라는 사실을 뒷받침하기 위해 다양한 장비를 사용했다고 했으므로 (A)에는 'bolster(지지하다)'가 들어가는 것이 적절하다. (B)에는 전치사 'with'와 함께 쓰여 외부 전문가들이 뉴욕대의 평가에 'concurred(동의했다)' 외에는 어울리는 말이 존재하지 않는다.

[오답의 이유]

② 무죄를 선고하다 – 고안했다
③ 휴회하다 – 간섭했다
④ 방해하다 – 옹호했다
⑤ 활성화하다 – 대처했다

본문해석

현대 기술과 일부 전문 조사관의 작업 덕분에, 오랫동안 Rembrandt 화실의 무명 화가가 그린 작품인 줄 알았던 거의 400년이 된 그림이 이제 바로 그 네덜란드 장인의 것으로 판정되었다. 수십 년 동안, Allentown 미술관은 '젊은 여인의 초상'이라고 불리는 오크 판에 유화로 그린 그림을 전시하였고 그것을 'Rembrandt 화실'의 작품이라고 인정받았다. 2년 전에, 그 그림은 보존과 세척을 위해 뉴욕대학교로 보내졌다. 그곳에서 복원가들은 첩첩이 덧칠해진 층과 수백 년에 걸쳐 덧칠된 어둡고, 두꺼운 유약을 제거하기 시작했다. 그리고 그들은 내심 바로 Rembrandt 그 자신이 바로 이 독창적이고 섬세한 붓질을 한 사람이 아닌가 하고 생각하기 시작했다. "우리 그림은 수많은 유약 층을 가지고 있었고 그것이 원래의 색채뿐만 아니라 원래의 화법으로 여러분이 볼 수 있는 것을 실제로 보기 어렵게 했습니다."라고 Allentown 미술관의 큐레이터 총괄 부관장인 Elaine Mehalakes는 말했다. 복원가들은 그것이 역사상 가장 중요하고 존경받는 예술가 중 한 명의 작품이라는 사실을 (A) 지지하기 위해 엑스레이, 적외선과 전자 현미경을 포함한 다양한 장비를 사용했다. 과학적인 분석은 화법과 그 화법에 대한 생동감을 보여주었는데, 그것은 Rembrandt의 다른 작품들과 아주 일관되었다. 2년간의 복원이 완료된 후 그 1632년 그림을 검토한 외부 전문가들은 그것이 Rembrandt의 진품이라는 뉴욕대의 평가에 (B) 동의했다.

VOCA

- credit B to A A에게 B의 공로를 인정하다
- varnish 니스, 광택제, 유약
- be responsible for ～을 맡다, 담당하다
- underneath 속으로[내심]
- revered 존경받는
- electron microscopy 전자 현미경 검사
- restoration 복원, 회복, 부활
- authentic 진본인, 진짜인

영어

국회직

영어 | 2019년 국회직 8급

한눈에 훑어보기

✔ 빠른 정답

01	02	03	04	05	06	07	08	09	10
④	④	④	①	⑤	③	①	①	⑤	③
11	**12**	**13**	**14**	**15**	**16**	**17**	**18**	**19**	**20**
④	④	④	①	②	②	④	④	①	⑤
21	**22**	**23**	**24**	**25**					
②	③	③	④	⑤					

✔ 점수 체크

구분	1회독	2회독	3회독
맞힌 문항 수	/ 25	/ 25	/ 25
나의 점수	점	점	점

01 난도 ★★☆   정답 ④

어휘 > 단어

정답의 이유

밑줄 친 'cavalier'은 '무신경한'의 뜻으로 ④ 'apathetic(무관심한)'과 가장 비슷한 뜻을 가지고 있다.

오답의 이유

① 심각한
② 말이 없는, 과묵한
③ 속물적인, 고상한 체하는
⑤ 오싹하게 하는

본문해석

어떤 명백한 실수들은 피할 수 없다. 예를 들어, 이러한 실수들은 의료인이 습관적으로 환자에 대해 <u>무신경하게</u> 행동하는 것으로부터 생길 수도 있다.

VOCA

- unequivocal 명백한, 분명한
- careprovider 의료인, 담당 의사/약사
- cavalier 무신경한

02 난도 ★★☆   정답 ④

어휘 > 단어

정답의 이유

넷플릭스의 상영 방식은 기존의 영화 산업에 비해 새로운 것으로 묘사되고 있으며, 현재 산업의 'bottom line'이 무엇인지 which절에서 설명해주고 있다. 즉, 흥행과 할인표로 돈을 버는 것은 새로운 것과 대치되는 기존의 것으로 묘사되며 이러한 의미를 드러내는 단어는 ④ 'settled accounts(지불필 결산명세서: 쌍방이 합의하고 수락한 결산명세서로, 이미 지불 금액이 결정되어 바꿀 수 없는 증명서류)'가 가장 알맞다.

오답의 이유

① 최종 결론
② 기본 원칙
③ 최저 수용 가격
⑤ 성장 가능성

넷플릭스에 있어서, 오스카(아카데미 상)는 재능 있는 사람들의 환심을 사는 데 이용될 수 있고, 구독자들을 위해 보다 독점적인 콘텐츠를 만드는 데 도움을 줄 수 있다. 오스카는 또한 넷플릭스의 영화 개봉 방식을 업계 표준으로 만들 수 있다. 넷플릭스는 그동안 극장 상영과 동시에 자신들의 서비스를 통해 원작을 공개해 왔으며, 때로는 아예 극장에서 개봉하지 않는 경우도 있다. 그것은 흥행과 할인표 판매로 돈을 버는 극장업계의 관행에 대한 위협이다.

VOCA
- court ~의 환심을 사려고 하다
- concession sales 할인 표

03 난도 ★★☆   정답 ④

어법 > 비문 찾기

정답의 이유

④의 what은 명사절 관계대명사로써 그 자체가 명사절 역할을 한다. 하지만 주어진 자리는 'interview'에 대한 부연설명으로써 형용사절을 이끄는 'which'가 알맞다. 'what'이 정답이 되기 위해서는 what절을 목적어로 받을 수 있는 주어나 동사가 새로운 절로 등장해야 하는데 ④ 앞의 'and'는 that절과 what절을 나열하는 역할을 하므로 주어나 동사가 없고, 해석상으로도 선행사인 'the interview'를 꾸며주는 형용사절이 되어야 매끄럽다(주어를 꾸며주는 관계대명사절은 그 길이가 길 경우 문장 맨 뒤에 나올 수 있다).

본문해석

인터뷰는 정보를 수집하는 자연스럽고 사회적으로 용인되는 방법으로, 대부분의 사람들은 거기에 편안함을 느끼고 다양한 상황에서 일어날 수 있다.

04 난도 ★★★   정답 ①

어법 > 정문 찾기

정답의 이유

① (A) 연구로 발견된 사실을 묘사할 때, 동사 'find'는 관용적으로 주어와 목적어의 자리를 바꿔 쓸 수 있다.

오답의 이유

② (B) 부사절은 완벽한 문장을 포함하고 있으므로(women 주어, continue to 동사) 전치사인 despite이 아닌 종속접속사 'although'나 'even though'가 들어가야 한다.

③ (C) 주어와 목적어가 같을 때에는 목적어 자리에 재귀대명사가 들어가야 한다. 스스로 올바른 결정을 내려야 하는 것이므로 'help them' → 'help themselves'가 들어가야 알맞다.

④ (D) 'used'의 용법을 묻는 문제다. 'be used to RV'는 '~하기 위해 사용되다', 'be used to ~ing'는 '~하는 것에 익숙해져 있다'라는 뜻으로 해석상 'relieving' → 'relieve'가 되어야 한다.

⑤ (E) 주어 동사 수일치 문제이다. 주어의 'treatments'는 복수 명사이므로 동사는 'is' → 'are'가 적합하다.

본문해석

호르몬 대체요법(HRT) 알약은 희귀하지만 심각한 혈액 응고의 높은 위험성을 가진다는 것이 오늘 The BMJ의 연구에서 발견되었다. HRT를 선택한 대다수의 여성들이 계속해서 경구용 약제를 처방받고 있음에도 불구하고 HRT 피부 패치, 젤 또는 크림에서는 증가된 위험성은 발견되지 않았다. 연구자들은 이러한 발견들이 여성들에게, 그리고 그들의 의사들에게 그들이 최상의 치료 방법을 선택할 수 있도록 도와주는 중요한 정보를 제공한다고 말한다. HRT는 열감과 식은땀과 같은 폐경 증상을 완화하는 데 사용된다. 증상에 따라 다른 치료법이 가능하다.

VOCA
- tablet 알약
- preparation 조제용 물질, 조제약
- menopausal 폐경기의

05 난도 ★★☆   정답 ⑤

어법 > 비문 찾기

정답의 이유

⑤ 문장의 서두에 위치한 Despite는 대조 관계의 전치사이다. 주절 앞에는(despite 부분) 부정적인 스포츠 이야기를 통한 부정적 영향이 서술되었으므로, 주절에는 그와 역접 관계인 스포츠의 긍정적인 영향에 대한 내용이 필요하다. 긍정적인 스포츠의 이야기들이 우리의 지지에 대한 '입증'이 되어야 논리적으로 알맞다. 그러므로 'disprove' 대신 'prove'가 들어가야 알맞다.

본문해석

스포츠는 사회의 통상적인 문화의 규범과 가치를 반영한다. 대부분의 세계문화에서와 같이 미국 문화에서도 승리와 성공은 매우 가치 있는 상품이다. 스포츠는 "어떤 일이 있더라도 이기기를" 염원하는 철학의 훌륭한 본보기가 될 수 있다. 이러한 지배적인 태도는 종종 엘리트주의, 인종차별주의, 민족주의, 극단적인 경쟁주의, 약물 남용(경기력 향상 약물을 포함한)과 도박, 그리고 그 밖의 많은 다른 일탈 행위로 이어진다. 하지만 진정한 스포츠 정신도 또한 종종 드러난다. 협력과 팀워크, 페어플레이, 스포츠맨십, 노력, 헌신, 개인의 자아 성취에의 도달, 규칙에 대한 복종, 헌신, 충성심 또한 미국 사회의 존경받는 가치관이며, 어쩌면 미국인들이 스포츠를 그토록 좋아하는 일차적인 이유일 수도 있다. 대중 매체에 의해 종종 선정적으로 보도되는 매우 널리 알려진 부정적인 스포츠 이야기에도 불구하고, 훨씬 더 많은 긍정적인 스포츠 관련 이야기들이 있는데, 그것은 우리가 좋아하는 팀과 운동선수들에 대한 우리의 지지가 헛된 노력이 아니라는 것을 증명하는 데 도움이 된다.

VOCA
- commodity 상품, 재화
- cherish 소중히 여기다, 아끼다
- prevailing 지배적인, 우세한
- performance-enhancing drug 경기력 향상 약물
- deviant 벗어난, 일탈적인

• revere 숭배하다

06 난도 ★★★ 정답 ③

독해 > 세부 내용 찾기 > 지시어

정답의 이유

it은 단수명사를 받는 대명사이며, 기본적으로 대명사는 앞에 이미 언급된 명사를 재언급할 때 사용한다. 그러므로 앞부분에서 가능한 단수명사를 먼저 찾아보면 that절의 주어인 'the human self, tran-scendental ego'가 있고, 다음으로 선택지에는 'the human self'만 제시되어 있어 해석 확인을 해보아도 의미가 통하므로 답은 ③이 된다.

본문해석

형식주의적 관념론이라고도 불리우는 초월적(선험적) 관념론은 18세기 독일 철학자 Immanuel kant의 인식론에 적용되는 용어로, 그는 인간의 자아나 초월적 자아가 지식을 구성하는 것은 감각적 인상과 범주라고 불리우는 보편적 개념에서 나오며, 그 범주는 인간이 감각에 붙이는 것이다.

VOCA

• transcendental 선험적인, 초월적인
• epistemology 인식론
• impose upon ~에게 …을 부과하다

07 난도 ★★☆ 정답 ①

독해 > 세부 내용 찾기 > 내용 (불)일치

정답의 이유

중국의 사업 추진력을 미루어 보았을 때, 달에 도달하는 목표를 이룰 국가는 현재 중국으로 보인다는 내용의 지문이다. 그러므로 중국이 달에 우주인을 보내 지구로 메시지를 전송할 것이라는 해석이 가능하다. 그러므로 답은 ① '중국이 달에 유인 우주선을 착륙시킬 다음번 국가일 가능성이 있다.'이다.

오답의 이유

② 모든 우주비행사의 표준어로 중국어가 채택될 가능성이 높다.
③ 다음에 달에 도착하는 사람이 누구이든 그 도착을 중국에 먼저 알려줄 가능성이 있다.
④ 중국은 그들의 우주비행사들이 달에서 그들의 국어를 완벽하게 말할 수 있도록 교육할 것이다.
⑤ 중국이 마침내 아이들을 달에 보내는 데 성공할 가능성이 있다.

본문해석

오늘날, 중국은 달의 저편에 자국민을 보내기에 — 이르면 2020년대 후반에 도달하고자 하는 목표이다 — 가장 좋은 위치를 차지하고 있는 나라이며, 그렇게 된다면 우리 75억 전체를 대표하게 된다. 중국의 우위는 그들이 모든 거대한 프로젝트들을 밀고 나가는 데에 있어서 편집광적으로 한 가지에만 집중하는 방식에 크게 기인하는데, 예를 들면 2008년 올림픽이나, 계속해서 뻗어나가는 철도망과 지하철망, 세계적인 일대일로 사업이 있다. 경제, 사회의 모든 측면을 완전히 통제하는 하향식 시스템은 중국의 위대한 업적을 실현시킬 수 있게 한다. Joan Johnson-Freese 미 해군대학 교수는 "달에서 오는 다음번 음성 전송은 중국어일 확률이 높다"고 CNN에서 말했다.

VOCA

• edge 우위, 유리함
• monomaniacally 편집광적으로, 한가지에만 몰두하여
• sprawling 제멋대로 뻗어나가는
• Belt and Road Initiative 일대일로 사업(중국이 추진 중인 신 실크로드 전략으로 유럽, 아시아, 아프리카 대륙을 연결하는 중국의 기반 시설 개발이 골자이다)

08 난도 ★★★ 정답 ①

독해 > 빈칸 완성 > 단어·구·절

정답의 이유

① (A)가 들어있는 문장에서 미 의회가 세계 보건 정책 프로그램을 통해 이끌어 낸 결과들을 나열하고 있다. 'funding'은 단순한 자금이 아닌 '재정 지원, 제공'의 의미를 가지며, 이미 모아진 돈을 보증, 입법, 점검하는 것은 해석상 알맞지 않다. 지원금을 '사용'한 것이 프로그램의 결과로 나열되어야 자연스러우므로 (A)에 들어갈 수 있는 단어는 'appropriation[(돈의) 책정]'이나 'ratification(승인)'이다. (B)가 들어가는 문장은 이러한 결과를 이끌어내기 위해 의회가 한 직접적인 행동들을 나열하고 있으며, 실행, 효과를 '감독'해야 하는데, 여기에 알맞은 단어로는 'overseeing(감독)'이나 'superintending(감독)'이 있다.

오답의 이유

② 지지, 보증/관리, 감독하다
③ 비준, 승인/간과하다, 못본 체 하다
④ 입법/안내, 인도하다
⑤ 점검/명령, 지휘하다

본문해석

미국 정부의 입법기관인 미 의회는 정부의 세계 보건 정책과 프로그램을 결정하고 형성하는데 중요한 역할을 한다. 많은 미 정부 독립체들 중 한 곳만이 세계 보건에 관여하지만, 그 업무는 지난 15년 동안 특히 두드러졌는데, 이는 미국의 세계 보건 노력에 대한 전례 없는 양당의 지지가 특징적이며, 미국 대통령의 에이즈 구제 비상 계획, 세계 HIV에 대한 미국 정부의 합동 대응, 그리고 전 세계의 국제적 건강 문제 하나에 초점을 맞춘 가장 큰 프로그램, 또한 엄청나게 많은 자금 책정을 이끌어냈다. 실제로, 의회는 미국의 글로벌 보

건 정책에서 핵심 역할을 수행하는데, 미국 세계 보건 프로그램의 광범위한 매개변수와 우선순위를 설정하고, 그들의 자금 지원 수준을 결정하고, 지원되는 노력의 실행과 효과를 감독한다. 이 영역에서 의회의 활동은 수많은 이해 당사자 각각에 의해 다양한 수준으로 보완되고 영향을 받는데, 그들은 비록 준비단계에서 검토되지는 않지만 정책 결정 과정의 핵심 행위자이다. 그러한 이해당사자들로는 지지자, 민간 부문, 두뇌 집단, 학술기관, 종교계 및 단체, 글로벌 보건 문제의 직접적인 영향을 받는 사람들(예: HIV에 감염된 사람들) 등이 있다.

VOCA

- entity 독립체
- engagement 업무/관계, 참여
- unprecedented 전례 없는
- bipartisan 양당의
- appropriation (돈의) 유용, 책정, 책정액
- stakeholder 이해당사자

09 난도 ★★☆　　　　　　　　　　정답 ⑤

독해 > 글의 일관성 > 무관한 어휘 · 문장

정답의 이유

바람직한 학습 환경을 만들기 위해서 어른들이 목표와 관련해 고려해야 할 점은 아동들에게 목표가 가치 있어 보여야 한다는 것이다. 다행스럽게도 스포츠에는 관심, 집중, 동기부여 등의 특성이 이미 '내재되어' 있다고 설명하고 있다. 따라서 이 요소 이외에 '외적 동기부여를 제공할 필요가 없다'는 내용이 뒤에 이어져야 자연스러우므로 ⑤의 intrinsic(내재적인)을 반의어인 extrinsic(외재적인)으로 바뀌어야 한다.

본문해석

바람직한 학습 상황이 널리 퍼지려면, 어른들은 학습 활동을 이끌어가는 뚜렷한 목표에 관한 특정 특징을 고려해야 한다. 가장 중요한 것은 그 목표가 아이에게 가치있는 것으로 보여야 한다는 것이다. 이것은 흥미, 관심, 동기 부여와 같은 요소들을 포함할 것이다. 다행히 스포츠에서, 흥미, 관심, 관심, 동기 부여는 "내재된" 특징인 경향이 있다. 따라서, 어른들은 굳이 다양한 종류의 내재적인(→외재적인) 동기부여 장치들로 아이를 <u>각성시킬</u> 필요가 없다.

VOCA

- prevail 널리 퍼지다, 우세하다
- worthwhile ~할 가치가 있는
- intrinsic 고유한, 본질적인, 내재적인

10 난도 ★★☆　　　　　　　　　　정답 ③

독해 > 글의 일관성 > 글의 순서

정답의 이유

글의 순서 문제에서는 언제나 논리 관계를 설명하는 강력한 힌트가 등장하는데, 보통은 접속 부사로 표현된다. 이 문제도 'likewise, in particular, thus' 같은 접속 부사를 통해 명확한 논리 관계를 보여준다. 'Likewise'는 앞 문장과 같은 논조를 가지고 층위가 같은 새로운 소재를 소개할 때, 'in particular'는 앞 문장보다 층위가 낮은 (더 세부적이고 자세한 관계) 이야기를 이어줄 때, thus는 인과관계를 이어줄 때 쓴다. 첫 문장은 문화의 차이가 우리의 생각 방식에 영향을 미친다는 내용이며, 일반적 진술과 층위가 맞지 않는 (A)는 그 다음 문장으로 나올 수 없다(예시에 가까움). (A)와 같은 층위의 예시 문장은 (C)이므로 (C) 뒤에 (A)가 들어가야 하며, (B)는 첫 번째 문장을 조금 더 자세히 풀어 쓴 문장이므로 두 번째 문장의 자리에 적합하다. (B)와 (C)를 비교해 보았을 때, (B)가 더 포괄적인 내용이므로 (C) – (A)의 앞에 들어가면 적절하다. 따라서 ③ (B) – (C) – (A) 구성이 자연스럽다.

본문해석

문화 간의 차이는 많은 면에서 우리에게 영향을 미친다. — 우리가 다른 사람들의 행동에 대해 생각하는 방식도 포함해서.

(B) 특히, 개인주의적 문화에서 온 사람들은 일상적으로 다른 이들의 행동을 상황이 아닌 기질에 귀속시킨다. — 심지어 상황이 중요한 역할을 하고 있다고 믿을 만한 충분한 근거가 있을 때에도.

(C) 따라서 유럽 혈통의 북미인들은 정부 보조금을 받는 사람들이, 예를 들면, 실업률이 높고 하급직 자리가 적은 경제에서 고군분투한다고 보는 대신에 게으르다고(기질적 요인) 보는 경향이 있다.

(A) 마찬가지로 이러한 문화권의 구성원들은 시험에서 성적이 나쁜 것을 지나치게 어려운 시험(상황)의 결과로 보기보다는 낮은 지능(기질)의 표시라고 생각하는 경향이 있다. 이러한 편견은 매우 만연하여 이것은 근본적 귀인 오류라고 불린다.

VOCA

- heritage 혈통, 유산
- entry−level positions 하급 직위

11 난도 ★★☆　　　　　　　　　　정답 ④

어휘 > 단어

정답의 이유

기본적으로는 단어 뜻을 알고 있는지 묻는 문제이지만, 해석상 'insipidness(지루함)'의 의미를 파악해야 한다. 'insipidness'는 문맥상 동의의 특징 중 하나여야 하며, 이것이 없어야 딸이 관심을 가지므로, 부정적인 의미여야 한다. 이 둘을 모두 만족시키는 선지는 ④라고 유추해볼 수 있다.

오답의 이유

① 장황한 비난, 장광설

② 활력

③ 포기, 태만

⑤ 심리적인 (동요)

본문해석

그 노래는 많은 동요에 들어 있는 지루함이 없기 때문에 내 딸의 관심을 끌지도 모른다.

VOCA

• insipidness 재미없음, 김빠짐

12 난도 ★★☆ 정답 ④

독해 > 세부 내용 찾기 > 내용 (불)일치

정답의 이유

④ 세 번째 문장에 따르면, Napoleon은 3월 1일에 Cannes에 상륙했다. 네 번째 문장에서 루이 18세는 3월 13일 Ghent로 도망갔으며 Napoleon은 1주일 후에 파리에 입성했다고 하였으므로 나폴레옹이 3월 20일에 파리에 도착했음을 알 수 있다. Napoleon이 파리에 도착한 날짜는 첫 문장에도 제시되어 있다.

오답의 이유

① Napoleon은 그의 의지와는 달리 1년 이상 Elba에 머물렀다.

② Napoleon은 루이 18세가 파리로 돌아온 1815년 7월 8일에 다시 퇴위하였다.

③ Napoleon은 그의 경쟁자들을 탄압하기 위해 제국 헌법을 바꾸었다.

⑤ Napoleon은 9월 15일에 그를 St. Helena로 데려간 Rochefort에서 내렸다.

본문해석

프랑스 역사에서 100일은 Napoleon이 Elba에서의 망명으로부터 탈출해 파리에 도착한 날인 1815년 3월 20일과 루이 18세가 파리로 귀환한 날인 1815년 7월 8일 사이의 기간을 지칭한다. 이 표현은 Seine의 시장 Chabrol de Volvic 백작이 왕을 환영하는 연설에서 처음 사용하였다. Napoleon은 퇴위(1814년 4월 6일)와 부르봉 왕정 복고 이후 1년도 채 되지 않아 Tyrrhenian 해의 섬 유배지를 떠나 3월 1일 1,500명을 이끌고 Cannes에 상륙하였으며, 곧바로 파리로 진격했다. 루이 18세는 3월 13일 Ghent로 도망쳤고 Napoleon은 1주일 후 파리에 입성했다. 그의 지지층을 넓히기 위해 Napoleon 제국 헌법에 진보적인 변화를 주었는데, 이는 이전의 많은 반대자들을, 가장 눈에 띄게는 Benjamin Constant를, 자신의 대의명분에 결집시켰다. 3월 25일, 오스트리아, 영국, 프로이센, 러시아는 Napoleon에 대항하는 동맹을 체결하고 일련의 군사적 교전을 강행했는데, 이는 치열한 워털루 전투(6월 18일)로 이어졌다. 6월 22일, Napoleon은 두 번째로 퇴위했고, 7월 15일 로체포트에서 영국 군함에 본질적으로 포로가 되어 탑승했다. 그리고 정확히 3개월 후에 그는 남대서양에 있는 영국의 섬 St. Helena에 도착했다. 그동안, 7월 8일에 루이 18세는 두 번째 부르봉 왕정 복고로 파리로 귀환했다.

VOCA

• exile 망명, 추방, 유배

• prefect 도지사

• abdication 퇴위

• rally 결집하다, 결집시키다

• restoration 왕정 복고

• oppress 탄압하다

13 난도 ★★☆ 정답 ④

독해 > 빈칸 완성 > 단어 · 구 · 절

정답의 이유

첫 번째 문장에서 도덕과 윤리의 차이점을 설명한 부분을 보면, 도덕은 명령 및 금지 체제와 관련되어 있다고 하였으며, 이는 해당 문장에서 다시 한 번 'rules and prohibitions'로 제시된 것을 확인할 수 있다. 이 규칙과 금지는 while의 대조관계 종속접속사와 연결되어 '권고되는' 윤리의 규칙과 반대되어야 한다. 권고되는 것과 반대되는 의미는 ④ 'imposed(부과된)'이다.

오답의 이유

① 버려진

② 우회된

③ 제약된

⑤ 시사하는

본문해석

Foucault에 따르면, 도덕은 공식화된 규칙에 관련해 만들어진 명령 및 금지 체계와 관련이 있다. 윤리는 일상 생활에서 어떻게 자신을 신경 써야 하는지에 대한 조언과 관련이 있다. 도덕은 부과된 규칙과 금지를 통해 작동하지만, 윤리는 그들에게 부과된 규칙과 관련하여 대상들의 실제 행동에 관심을 갖는다. 이러한 규칙은 다양한 수준의 준수성과 창의성을 가지고 정해진다.

VOCA

• injunction 명령, 경고

• interdiction 차단

• compliance 준수, 따름

14 난도 ★★☆ 정답 ①

독해 > 글의 주제, 요지

정답의 이유

아카이브로써의 역사적 장소가 가치 있다는 것에서부터 시작해 도보 여행을 통해 공간과 그 아카이브에 대해 배우는 방법을 추천하고 있다. ①(도보 여행의 가치)이 제목으로 가장 알맞으며 ②는 너무 넓은 개념, ③ · ④ · ⑤는 주제에서 벗어나 지엽적인 소재만을 포함하고 있다.

오답의 이유

② 아카이브의 중요성

③ 도시 관광의 기능

④ 관광 명소와 관광객들

⑤ 관광산업의 요소

우리는 보통 아카이브를 서류나 문서의 집합으로 생각한다. 그러나 도시, 마을 또는 국립공원 또한 일종의 아카이브로 기능할 수 있다. — 이 곳에서 당신은 역사적, 정치적, 그리고 문화적인 중요성을 지닌 장소들을 발견할 수 있다.

확실히 공공 공간과 그 아카이브에 대해 배우는 가장 좋은 방법 중 하나는 도보 여행을 하는 것이다. 도시, 마을, 지방 및 국립공원, 식물원, 박물관, 캠퍼스, 묘지, 그리고 이 나라 전역의 역사적인 건물들은 방문객들에게 그 곳의 역사를 보여주기 위한 도보 여행을 보유하고 있다; 쇼핑하기 좋은 장소, 인기 있는 식당, 시인, 예술가 그리고 정치인들의 집, 거의 알려지지 않은 사적, 그리고 기타 등등. 이러한 투어들에는 보통 투어 내의 관광지에 대한 단계별 가이드, 쉽게 따라갈 수 있는 지도, 각 장소의 중요성에 대한 간결한 설명이 포함된다.

VOCA

- historic interest 사적, 고적
- succinct 간단명료한, 간단한

15 난도 ★★☆   정답 ②

어휘 > 단어

정답의 이유

밑줄 친 'perishability'의 의미 자체는 '금방 사라져버리는 사멸성'이며, 앞 문장의 바로 이전, 이후가 아니라 대중이 원하는 바로 그 때에만 효용성이 있다는 설명으로도 그 뜻을 유추해볼 수 있다. 이를 가장 잘 표현하는 단어는 시기의 중요성을 묘사하는 ② 'temporal sensitivity(시간 민감도)'이다.

오답의 이유

① 대량 소비
③ 기술 의존도
④ 무제한적인 효용
⑤ 추정되는 확실성

본문해석

오락은 필수품이 아닌 사치품이다. 영화는 직장까지 태워주는 믿을 만한 탈 것이 아니며, 다운로드 받은 노래는 일주일 동안 가족을 먹여살리지 못한다. 사람들은 시간, 돈, 그리고 그렇게 하고 싶은 욕구가 있을 때에만 오락거리를 소비할 것이다. 그 욕망은 여러 가지 변수를 통해서 생겨나지만, 일단 그 욕구가 있다면 지금이라도 소비하는 것이 좋다. 오락은 대중이 그것을 원할 때 1분 먼저, 1초 이후가 아닌 바로 그때에 이용 가능해야만 한다. 업계에 던져지는 가장 큰 시련은 바로 이런 사멸성이다. 자동차나 가정용품의 동향은 — 대규모 투자 — 몇 년에 걸쳐 변동한다. 이러한 산업은 제품의 수명에 있어 선형 경로를(고정된 단계별 추이) 따를 수 있으며, 새로운 버전, 모델, 스타일을 만드는 데 더 많은 시간이 걸린다. 오락은? 오늘의 인기 있는 것은 내일 진부한 것으로 식어버릴 수 있다. 소비하는 대중은 변덕스럽기 때문에 그들의 관심에 편승하려면 즉시 당신의 모든 영향력을 동원할 필요가 있다.

VOCA

- variable 변수
- perishability 사멸성
- take advantage of ~에 편승하다, 이용하다

16 난도 ★★☆   정답 ②

어법 > 비문 찾기

정답의 이유

② 주어 동사의 수일치 문제이다. (B)의 주어는 'The number', 즉 숫자를 말하며 이는 단수명사이므로 동사로 'have'가 아닌 'has'를 받아야 한다.

본문해석

모두를 위한 무상 교육은 미국의 이상이다. 미국의 일반적인 교육 수준은 꾸준히 상승했다. 지난 반세기 동안 학교에 다니는 학생들의 수는 두 배 이상 증가했다. 5세에서 19세 사이 인구의 3/4 이상이 현재 입학했다. 제2차 세계 대전 후, 대학 진학률이 엄청나게 증가했는데, 이는 수천 명의 참전용사들이 정부 비용으로 제공되는 고등 교육 프로그램을 이용했기 때문이다.

VOCA

- enrollment 등록

17 난도 ★★★   정답 ④

어법 > 비문 찾기

정답의 이유

④의 문장에는 가정법 과거 완료가 쓰였다. If절에는 '주어+과거완료', 주절에는 '주어+would/could/should/might+현재완료'가 나와야 한다. 주어진 문장은 'he watched → he would have watched'로 바뀌어야 한다.(→ 만일 그녀가 물고기가 관찰되기를 원하는 이유를 그에게 제대로 설명했다면, 동시에 고양이가 물고기를 좋아하는 것을 특별히 언급했다면, 의심할 여지없이 그는 더욱 유효하게 그것을 지켜보았을 것이다.)

오답의 이유

① 현재 우리는 약시를 위한 장막을 걷고, 시력이 좋은 사람들로부터 그것을 빼앗는다; 그래서 우리는 모든 구성원들을 성가시게 하면서 만족시킨다.
② 우리는 점점 더 많은 노력과 돈을 써서 충분한 수의 재능 있는 고등학교 졸업생을 얻는 데 노력하고 있지만, 충분한 수의 졸업생을 찾는데 어려움을 겪고 있다.
③ 지난 몇 년 동안 어획량이 크게 증가했음에도 불구하고, 어류 전체 개체수는 인구수보다 더 빠르게 증가하고 있다.
⑤ 그리고 인류는 이러한 당혹스러운 질문들을 풀지 않고 살아가는 것을 견딜 수 없기 때문에, 세계 곳곳의 모든 문화는 특정한 고대의 관습, 소중한 믿음 또는 자연의 섭리를 설명하는 자신들만의 신화를 가지고 있다.

VOCA

- plague 괴롭히다
- perplexing 복잡한, 당황시키는

18 난도 ★★★   정답 ④

어법 > 비문 찾기

정답의 이유

④ 배수사를 표현할 때에는 '배수사+as 도량형의 형용사 as+명사', '배수사+the 도량형의 명사 of+명사'의 규칙을 따라야 한다. 그러므로 (D)의 밑줄친 문장을 'twice the rate'로 바꿔야 올바르다.

본문해석

2017년 전 세계의 약 5,600만 명이 사망했다. 이는 1990년보다 1,000만 명이 늘어난 것인데, 그동안 세계 인구가 늘고 평균 수명도 길어졌다. 70% 이상이 비전염성 만성 질환으로 사망한다. 이것은 사람에게서 사람으로 전달되지 않고 일반적으로 서서히 진행된다. 가장 큰 단일 사망 원인은 심혈관 질환으로, 심장과 동맥에 영향을 미치고 사망 원인의 1/3이 된다. 이는 전체 사망자의 6명 중 약 1명을 차지하는 두 번째 원인인 암 발병률의 두 배다. 당뇨, 특정 호흡기 질환, 치매 등 다른 비협착성 질환도 상위권에 존재한다.

VOCA

- non-communicable 비전염성의
- chronic 만성의
- cardiovascular 심혈관의

19 난도 ★★★   정답 ①

독해 > 빈칸 완성 > 단어 · 구 · 절

정답의 이유

빈칸 문장의 뒤에 유사관계대명사 'as'는 '~처럼, ~같이'라고 해석된다. 앞 부분에서 의회는 정부의 수장을 선출, 해임시킬 수 없다고 하였으므로 유사관계를 가지는 단어로 '해산'이라는 뜻의 'dissolution'이 적절하다. '조기'라고 하는 빈칸 앞 수식어와의 어울림을 고려해보아도 ①이 가장 잘 어울린다.

오답의 이유

② 분해, 분열
③ 분리
④ 분열, 붕괴
⑤ 무례, 결례

본문해석

내각제는 대통령제와는 대조될 수 있는데, 그것은 더 엄격한 권력분립하에서 운영되며 이 대통령제에서는 행정부가 국회나 입법부의 일부를 형성하지도 않고, 국회나 입법부에 의해 임명되지도 않는다. 이러한 제도에서는 국회나 의회가 정부 수반들을 선출하거나 해임하지 않으며, 정부는 의회에 해당되는 것과 같이 조기 해산을 요청할 수 없다.

VOCA

- whereby (그것에 의하여) ~하는
- the executive 행정부
- parliament 국회
- congress 의회

20 난도 ★★★   정답 ⑤

독해 > 빈칸 완성 > 단어 · 구 · 절

정답의 이유

Dominic Thiem의 인상적인 경기가 경기장의 사람들에게 어떤 감정을 불러 일으켰는지 생각해보았을 때, 멋진 경기를 본 관중의 반응은 ⑤ 'in awe(경외하는)'가 알맞다.

오답의 이유

① 어리벙벙한
② 처참한
③ 승리감에 넘치는, 의기양양한
④ 화난, 약오른

본문해석

Dominic Thiem은 일요일에 특별한 활약을 펼쳐 BNP Paribas Open 결승전에서 Federe를 꺾고 그의 생애 최고의 타이틀을 차지했다. 세 번째 출전은 이 오스트리아 선수에게 행운의 부적이었는데, 그는 세 번째 결승전 출전에서 첫 ATP* Masters 1,000 트로피를 차지했다. Thiem은 2시간여 만에 3-6, 6-3, 7-5로 역전승을 거두며 Federer가 역대 6번째 BNP Paribas Open 왕관을 차지하는 것을 막았다. 25세의 이 선수는 남부 캘리포니아의 태양 아래에서 인상적인 경기를 펼치며, 질책을 잠재우고 Federe(스위스인)을 좌절시키면서 Indian Wells Tennis Garden에 있던 모든 사람들을 경외하게 만들었다. "비현실적이에요."라고 Thiem은 말했다. "이 엄청난 결승전에서 Roger와 겨루게 되어 기쁩니다. 이전의 두 Masters 1,000 결승에서 졌지만 이번 대회에서 우승했고 그랜드 슬램처럼 기분이 좋습니다."

* ATP: 세계 남자 테니스 협회

VOCA

- charm (행운의) 부적
- set down 질책
- stun 기절시키다, 망연자실하게 만들다

21 난도 ★★★   정답 ②

독해 > 빈칸 완성 > 단어 · 구 · 절

정답의 이유

② 주어진 밑줄은 추상적 표현주의가 강조하는 또 다른 대상을 표현하는 말이 들어가야 한다. 문장에서 아무런 대조관계의 연결어가 없으므로 앞 문장과 층위와 논조가 같으면서 새로운 소재가 등장해야 한다는 점을 기억하며, 밑줄 뒷부분에서 밑줄 내용의 부연설명이 나올 것이라는 것도 예측 가능하다. 앞 문장은 기법이나 표현의 자유성을 이야기하고 있으므로, 붓칠의 계획성을

이야기하는 ①과 정교하게 사용하는 ③은 제외하고, 뒷부분에서는 즉흥성의 형태를 띄고 있다고 했으므로 직관적인 페인트 사용을 포함하는 ②가 정답이 된다. ④·⑤는 본문에서 언급되지 않았다. 화가가 꿈에서 보았던 이미지를 표현한다고도 하지 않았고, 화가의 감정을 드러내는 것이 아닌 개인적인 감정과 같은 추상적인 것들을 표현한다고 서술되어있다.

오답의 이유

① 세심하게 계획되고 정확하게 행해지는 붓칠
③ 페인트 및 브러시 사용을 정교하게 보이도록 하는 방법
④ 예술가의 꿈에서 본 이미지를 얼마나 자유롭게 이끌어내고 표현할 수 있는지
⑤ 예술가 감정의 충실한 표현

본문해석

용인되는 명칭이긴 하지만 추상적 표현주의는 이들 예술가들이 만든 작품의 본질을 정확하게 묘사하는 것은 아니다. 실제로, 그 사조는 기술과 표현의 질 모두가 다른 다양한 많은 회화적 스타일로 구성되어있다. 이러한 다양성에도 불구하고 추상적 표현주의 그림들은 몇 가지의 폭넓은 특징들을 공유한다. 그 작품들은 기본적으로 추상적이다. — 즉, 그들은 눈에 보이는 세계에서 뽑아낸 형태를 묘사하는 것이 아니다. 그들은 자유롭고 자발적이며 개인적 감정의 표현을 강조하고, 이러한 목표를 달성하기 위해 기법과 행위에 있어 상당한 자유도를 행사하는데, 겉으로 드러나는 특성(예: 감각성, 역동성, 폭력성, 신비성, 서정성)을 불러일으키기 위해 페인트의 가변적인 물리적 특성을 활용하는 것을 특히 강조한다. 그들은 초자연적인 즉흥작품의 형태로 페인트를 꾸며내지 않고 직관적으로 사용하는 것 또한 비슷하게 강조하는데, 그러한 작품은 예술에 있어서 창조적인 무의식의 힘을 표현하고자 하는 비슷한 의도를 가진 초현실주의의 오토마티즘과 비슷하다.

VOCA

• comprise ~으로 구성되어 있다, 구성하다
• painterly 화가 특유의, 추상적인
• evoke 환기시키다, 떠올리게 하다
• execution 실행, 수행, 집행, 솜씨
• attain 달성하다
• exploitation 착취, 사용, 이용
• unstudied 자연스러운, 편한, 무리 없는
• sensuousness 감각성
• lyricism 서정성
• improvisation 즉흥, 즉흥 연주, 즉흥 공연
• unconscious 무의식의

22 난도 ★★★   정답 ③

독해 > 글의 일관성 글의 순서

정답의 이유

(A)부터 순차적으로 해석 후 앞에 들어갈지 뒤에 들어갈지 결정해 나간다. (A)와 (B)는 같은 내용이므로(대조 관계가 아닌 유사 관계) 더 일반적이고 넓은 서술이(General) 앞쪽에, 더 세부적이고 자세

한 서술이(Specific) 뒷쪽에 들어가도록 B-A를 연결하고, (C)는 (A)와 같은 층위이므로(B에 대한 자세한 설명, 원인이다) (A)의 앞이나 뒤에 들어가야 하는데 연결어나 지시어 힌트가 딱히 없으므로 B-C-A / B-A-C가 가능하다는 정도로만 뼈대를 세운다. (D)에는 'this account'라는 지시어가 들어가 있으므로 독서량이 줄어드는 이유가 앞쪽에 나와야 하고, (E)는 'these defects'라는 지시어를 통해 앞쪽에 소설의 단점이 들어가야 함을 알 수 있다. (C)가 소설의 단점을 묘사했기 때문에 B-(C-E)-A / B-A-(C-E)를 연결한 후, (E)에는 'But'이라는 대조관계의 연결어가 있으므로 사람들이 소설을 많이 읽었다는 내용과 반대되는 (D)는 'but' 이전이 아닌 이후에 들어가야 한다. 또한 여기에서 소설이 많이 읽혔다는 장점에 대한 내용인 (A)도 (D) 이후에는 들어갈 수 없다. 그러므로 ③ (B)-(A)-(C)-(E)-(D)의 순서가 적절하다.

본문해석

(B) 과거의 독자들은 오늘날의 독자들보다 더 인내심이 강했던 것 같다.
(A) 다른 눈 돌릴 만한 것이 거의 없었으므로, 그들은 오늘날의 우리들에게는 과도하게 느껴지는 길이의 소설을 읽을 시간이 더 많았다.
(C) 서사를 방해하는 여담이나 관련 없는 이야기들에 짜증이 나지 않았을 수 있다.
(E) 그러나 이러한 결함에 시달리는 소설들 중에는 지금까지 쓰여진 것 중 가장 위대한 소설에 속하는 것들도 있다.
(D) 이러한 이유로 그들이 점점 덜 읽게 되었다는 것은 안타까운 일이다.

VOCA

• diversion (방향) 바꾸기, 주의를 딴 데로 돌리게 하는 것
• inordinate 과도한, 지나친
• digression 여담, 탈선
• irrelevance 무관함, 무관한 것
• deplorable 개탄스러운
• on this account 이 때문에

23 난도 ★★★   정답 ③

독해 > 빈칸 완성 > 단어·구·절

정답의 이유

밑줄이 들어 있는 문장에는 대조관계의 연결어 'Although'가 있다. 'Although'로 시작되는 부사절은 임기제한이 기각되었다는 내용이므로, 주절에는 임기제한을 지지한다는, 혹은 긍정적으로 평가하는 내용이 들어가야 한다. 이를 충족하는 선지는 ③이다. 상황은 변할 수 있다는 내용이 'However'로 연결되면서 임기제한을 소개했으므로, 'However' 앞에서 현직 의원들의 재선 가능성이 많다는 언급과 연결해 본다면 임기제한을 지지하는 이유는 재선이 아닌 다양한 후보자의 경쟁을 원한다는 것으로 유추할 수 있다. 또한 밑줄 친 부분은 'voters', 즉 의원이 아닌 투표자를 수식하는 내용이므로 ①·④는 불가능하다는 것도 알아두도록 한다.

오답의 이유

① 여론을 수렴하기 위해 모든 노력을 기울이는
② 선거구 내 다수가 원하는 방향을 지지하는

④ 그들의 유권자의 견해를 고려하는

⑤ 최선의 판단으로 투표하는

본문해석

의회 의원들은 그들의 의석을 빼앗으려는 의원들보다 분명한 이점을 가지고 있다. 현재 구성원들은 재직 중으로, 이미 그 사무실을 차지하고 있는 재선 후보자들이다. 이와 같이 그들은 그 지역이나 주의 사람들이 그들을 알고 있기 때문에 인지도를 가진다. 그들은 Franking 특권을 사용할 수 있는데, 이는 우편물을 자유롭게 사용할 수 있는 것으로, 유권자들에게 그들의 견해를 알리거나 조언을 구하기 위해 뉴스레터를 보낸다. 현직의원들은 예전부터 표를 얻기 위한 선거 자금과 자원봉사자들을 더 쉽게 구할 수 있었다. 현직의 90%가 재선되는 것은 놀라운 일이 아니다. 그러나 상황은 불가변적이지 않다. 입법자들은 다른 공직에 출마하고, 공석은 사망이나 퇴직, 사임으로도 만들어진다. 비록 개인이 연임할 수 있는 연임 수를 제한하는 임기 제한이 대법원에서 기각되었지만, 그 생각은 더 많은 공개적 경쟁을 원하는 유권자들의 지지를 계속해서 받고 있다.

VOCA

· incumbent 재임자

· franking privilege (연방 의회 의원에게 허용되는) 무료 우송의 특권

· constituent 유권자, 주민

· static 고정적인

24 난도 ★★☆　　　　　　　　　　　정답 ④

독해 > 글의 일관성 > 무관한 어휘 · 문장

정답의 이유

첫 번째 문장에서 모두가 비슷한 소비자라는 사실을 얘기하고, 두 번째 문장부터는 '하지만(Yet) 서로 다른 특성을 가지고 있다'는 서술을 하고 있다. 여기에서 ④ 문장은 공통된 '소비자 문화'에 대한 인식을 유지해야 한다고 말하면서 앞뒤 문장인 ③ · ⑤ 문장과 반대의 주장을 하고 있으므로 전체 지문의 논조를 해친다.

본문해석

사람들은 상품을 사고 쓰고, 저장하고, 유지하고, 관리하고, 공상한다는 점에서 소비자로 표현된다. ① 그러나 우리는 사람들이 이러한 다양한 활동을 수행하는 동안 실제로 어느 정도까지 자신을 소비자로 생각하는지를 스스로에게 거의 묻지 않는다. ② 이 문제에 대해 인식하고 나면, 우리는 소비가 가지는 복합적인 의미에 대해 예민해진다. ③ 우리 모두는 소비하지만, 우리 모두는 각기 다르게 소비하고, 확실히 그것에 대해 다르게 생각한다. ④ 이것은 우리가 '소비자 문화'의 개념을 유지해야 한다는 것을 의미할 것이다. ⑤ 전통적으로 우리는 '소비자 문화'를 단수형으로 말하는 반면, 서로 다른, 다양한 상황에 놓인, 다양하게 일상화가 된 복수형의 소비자 문화도 있다.

VOCA

· sensitize 예민, 민감하게 만들다

· awareness 인식, 인지

· singular 단수형

· plural 복수형

25 난도 ★★☆　　　　　　　　　　　정답 ⑤

독해 > 글의 일관성

정답의 이유

⑤ 열은 유기체가 체온을 유지하도록 도울 뿐만 아니라 화학적 변화를 가속화한다. → 마지막 문장에서 열은 생물계에서 일을 수행할 수 없다고 말하고 있다.

오답의 이유

① 열역학 법칙에 따르면, 물리화학적 변화는 엔트로피를 증가시킨다. → 두 번째 문장에 직접적으로 언급되어 있다.

② 생물은 성장 과정에서 에너지를 파괴하지 않는다. → 네 번째 문장에 직접적으로 언급되어 있다.

③ 자유 에너지는 유기체 내에서 화학적 변화를 만든다. → 마지막에서 세 번째 문장에 직접적으로 언급되어 있다.

④ 화학적 변화 과정에서 사용되지 않은 에너지는 보통 열로 방출된다. → 마지막에서 두 번째 문장에 직접적으로 언급되어 있다.

본문해석

물리화학적 과정과 관련된 에너지 변화는 물리학의 하위 학문인 열역학의 영역이다. 열역학의 1, 2법칙은 본질적으로 에너지는 생성되거나 파괴될 수 없으며 물리적, 화학적 변화의 영향은 우주의 무질서, 즉 임의성(엔트로피)을 증가시킨다는 것이다. 비록 생물학적인 과정이 ― 그 과정을 통해 유기체가 매우 질서있고 복잡한 방식으로 성장하고, 그들의 삶 전체에 걸쳐 질서와 복잡성을 유지하고, 다음 세대에 질서에 대한 지침을 전달한다. ― 이러한 법칙에 위배된다고 볼 수 있지만, 이것은 그렇지 않다. 살아 있는 유기체는 에너지를 소비하지도, 생성하지도 않는다: 그들은 오직 에너지를 한 형태에서 다른 형태로만 변형시킬 수 있다. 주변 환경으로부터 그들은 에너지를 그들에게 유용한 형태로 흡수한다; 주변 환경에 동등한 양의 에너지를 생물학적으로 덜 유용한 형태로 반환한다. 유용한 에너지 또는 자유 에너지는 등온 조건(온도 격차가 존재하지 않는 환경)에서 일을 수행할 수 있는 에너지로 정의될 수 있다; 자유 에너지는 모든 화학적 변화와 관련이 있다. 자유 에너지보다 덜 유용한 에너지는 보통 열로 환경에 반환된다. 열은 생물학적 시스템에서 일을 수행할 수 없는데, 이는 세포의 모든 부분이 본질적으로 동일한 온도와 압력을 가지고 있기 때문이다.

VOCA

· thermodynamics 열역학

· contravention 위반, 위배, 반박

· differential 차이, 격차

· equivalent 동등한

영어 | 2018년 국회직 8급

한눈에 훑어보기

✓ 영역 분석

어휘   01 02 03 22
4문항, 16%

독해   06 07 08 09 10 12 13 14 15 16 17 18
         19 20 21 23 24 25
18문항, 72%

어법   04 05 11
3문항, 12%

✓ 빠른 정답

01	02	03	04	05	06	07	08	09	10
②	②	④	③	④	⑤	①	③	⑤	④
11	**12**	**13**	**14**	**15**	**16**	**17**	**18**	**19**	**20**
①	①	③	①	②	①	③	⑤	③	②
21	**22**	**23**	**24**	**25**					
②	⑤	③	⑤	④					

✓ 점수 체크

구분	1회독	2회독	3회독
맞힌 문항 수	/ 25	/ 25	/ 25
나의 점수	점	점	점

---

01 난도 ★★★   정답 ②

어휘 > 단어

정답의 이유

이것은 하나의 단순한 신념에 주의를 집중하고 그것을 단단히 붙잡는 능력이라고 했으므로, 의미상 빈칸에는 ② 'tenacity(끈기)'가 들어가야 자연스럽다.

오답의 이유

① 유연성

③ 적응성

④ 융통성

⑤ 신용

본문해석

한 나라의 지도자는 끈기를 반드시 가져야 하는데, 이것은 복잡함과 혼란을 극복하고, 본능적으로 그리고 단호하게 하나의 단순한 신념에 주의를 집중하고 그것을 단단히 붙잡는 능력이다.

VOCA

- fixate 정착하다, 고정하다, 응시하다
- conviction 신념
- viscerally 본능적으로
- unflinchingly 단호하게, 굴하지 않고
- flexibility 유연성
- tenacity 끈기, 완고함
- adaptability 적응성, 순응성, 융통성
- versatility 융통성
- credibility 신용

02 난도 ★★★   정답 ②

어휘 > 단어

정답의 이유

'denigration(모욕)'과 비슷한 의미를 가진 어휘를 묻고 있으므로, ② 'impugnment(비난)'가 적절하다.

오답의 이유

① 칭찬

③ 경의

④ 풍부

⑤ 진지함

롤스는 그의 획기적인 논문 「공정으로서의 정의」의 출간과 함께 1958년에 별안간 유명해졌다. 그것이 그의 첫 번째 중요한 출판물은 아니었으나, 롤스가 주장한 것은 이것(사회계약론)의 칸트 철학 버전이었지만, 이것(논문)은 흄의 비평과 공리주의자들과 실용주의자들에 의한 비난의 결과로써 차츰 쇠약해지고 있었던 사회계약론을 소생시켰다. 이것은 1971년에 출간된 대단히 발달된 책의 형태인 「정의론」으로 이어졌는데, 이것은 거의 틀림없이 지난 세기의 하반기 동안 미국 철학계에서 출간된 가장 중요한 책이다.

VOCA

- prominence 유명함, 명성
- game-changing 획기석인
- languishing 차츰 쇠약해지는
- in the wake of ~에 뒤이어
- critique 비평
- denigration 폄하, 모욕, 명예 훼손
- utilitarian 공리주의자
- pragmatist 실용주의자
- advocate 지지하다
- arguably 거의 틀림없이
- laudation 칭찬, 찬양
- impugnment 비난, 공격
- homage 경의
- exuberance 풍부
- sobriety 진지함

03 난도 ★★☆ 정답 ④

어휘 > 단어

정답의 이유

식물에 유전자가 조작된 바이러스를 주입하면, 바이러스라는 항원을 비활성화시키고, 싸우기 위해 항체가 생성된다. 따라서 ④ 'antibodies(항체)'가 가장 적절하다.

오답의 이유

① 미생물
② 해충
③ 독약
⑤ 손상

본문해석

ZMapp은 식물에 유전자가 조작된 바이러스를 주입함으로써 만들어진다. 이것은 식물 세포들이 에볼라 바이러스의 항체를 생성하게 하는 데, 그 후에 과학자들이 이것들을 추출하고 정제한다. ZMapp은 몇몇 사람들에게 제공되어왔다. 그러나, 그것은 비교적 검증되지 않았고, 그것의 안전성과 효능은 알려지지 않았다.

VOCA

- inject 주입하다
- genetically modified 유전자가 조작된
- extract 추출하다
- purify 정제하다
- efficacy 효험
- microbe 미생물
- vermin 해충
- toxicant 독약, 독물
- antibody 항체
- detriment 손상

04 난도 ★★☆ 정답 ③

어법 > 비문 찾기

정답의 이유

③ 가산 명사(substitute)는 단수일 때 관사와 함께 쓰여야 하므로 부정관사(a/an)를 써서 'substitute'를 'a substitute'로 고쳐야 한다.

오답의 이유

① 문맥상 '재산과 관습들에 관해'라는 의미가 되어야 자연스러우므로 '~에 관해'라는 의미를 나타내는 전치사 of가 올바르게 쓰였다.
② 문맥상 '배심원의 의무에 소환되다'라는 의미가 되어야 하므로 '~에'라는 의미를 나타내는 전치사 to가 올바르게 쓰였다.
④ 부정을 나타내는 부사(nor)가 강조되어 문장 맨 앞에 나오면 주어와 조동사가 도치되어 '조동사(do)+주어(we)+동사원형(allow)'의 어순이 되어야 하므로, 'Nor do we allow'가 올바르게 쓰였다.
⑤ '이미 언급된 사람(citizens) 이외의 다른 사람들'을 의미하고 있으므로 '이미 언급한 것 이외의 다른 몇몇'을 의미하는 부정대명사 'others'가 올바르게 쓰였다.

본문해석

비슷한 무언가가 다른 소중한 재산과 관습들에 관해 말해질 수 있다. 시민권에 속하는 권리와 의무를 생각해보자. 만약 당신이 배심원의 의무에 소환된다면, 당신은 당신의 자리를 대신할 대리인을 고용하지 않을 것이다. 또한 다른 사람들이 그것들을 사고 싶어 할지라도, 우리는 시민들이 그들의 투표권을 팔도록 허락하지도 않는다.

VOCA

- cherish 소중히 하다
- obligation 의무
- citizenship 시민권
- jury duty 배심원의 의무
- substitute 대리인
- be eager to ~를 하고 싶어하다

05 난도 ★★☆   정답 ④

어법 > 정문 찾기

정답의 이유

빈칸이 있는 문장이 문맥상 '만약 그들에게 다른 사람의 기회가 있다면'이라는 의미로 현재 상황의 반대를 가정하는 가정법 과거의 if절이다. 따라서 빈칸에도 가정법 과거를 만드는 '주어(they)＋would＋동사원형(do)'의 형태가 와야 한다. 또한, 전치사(about)의 목적어 자리이므로 명사절 접속사 what이 이끄는 ④ 'what they would do'가 들어가야 한다.

본문해석

정서 부적응의 대부분의 경우는 사람들이 그들 스스로를 받아들이려 하지 않는다는 사실에 기인한다. 그들은 만약 그들에게 다른 사람이 가진 기회가 있다면 그들이 무엇을 할지에 대해 계속해서 몽상한다. 그래서 그들 자신의 가능성들을 무시한 채, 그들은 그들 자신으로부터 무언가 가치 있는 것을 전혀 만들어 내지 않는다. 자, 누구든 그들 자신의 운명을 싫어할 충분한 이유를 찾을 수 있다. 그러나 역사 속에서 가장 고무적인 성공들은 어떤 종류의 한계와 악조건에 마주쳤지만 그럼에도 불구하고 그것들을 삶의 게임의 일부로 받아들여 훌륭하게 경기를 했던 사람들로부터 왔다.

VOCA

- emotional maladjustment （심리학) 정서 부적응
- daydream 몽상하다, 공상에 잠기다
- disregard 무시하다
- sufficient 충분한
- stimulating 고무적인
- limitation 한계
- splendidly 훌륭하게

06 난도 ★★★   정답 ⑤

독해 > 빈칸 완성

정답의 이유

문맥상 빈칸에 과두제와 민주주의 사이 초기의 충돌이 무엇에 대한 논쟁인지와 관련된 내용이 들어가야 한다는 것을 알 수 있다. 지문 중간에 과두제는 '소수에 의한 통치(rule by a few)'를 의미한다는 내용이 있고, 빈칸 뒤 문장에서 민주주의자들은 과두제 집권층의 일원들이 받아들일 수 있는 것보다 더 높은 숫자를 요구한다고 했으므로, '그 소수(the few)'에 얼마나 많은 사람을 포함할 것인가'에 대한 논쟁이라고 한 ⑤가 빈칸에 가장 적절하다.

오답의 이유

① 가장 수준 높은 사회를 어디서 시작해야 하는가
② 어떻게 더 발달한 사회를 형성할 것인가
③ 언제 그리고 어디서 군주제를 멈출 것인가
④ 아테네의 권력을 누가 장악할 것인가

얼마나 많은 사람들이 사회에서 권력을 가지고 있는지 그리고 그들이 그것을 어떻게 행사하는지는 정치적 논쟁의 영원한 주제이다. 한 극단에서는 한 사람이 통치한다. 그러한 체계는 보통 그 지위가 가족 내에서 상속될 수 있을 때 군주제(그리스어로 '한 사람에 의한 통치')라고 불린다. 권력이 사회의 한 개인 구성원에 의해 장악되거나 혹은 주어질 때 그것은 (그리스 역사 속 예들의) 전제 정치 혹은 (로마의) 독재와 같은 그런 이름들이 주어지기 쉽다. 다른 극단은 민주주의(그리스어로 '민중의 권력')인데, 그것에서 이론적으로 모든 성인은 집단 의사 결정들에 영향을 미칠 수 있다. 그런 평등주의 접근법은 작은 부족 집단들의 풍습을 연구하는 인류학자에게 친숙하지만, 그것은 더 발달한 사회들에서는 희귀한 것이었다. 두 극단 사이에 과두제(그리스어로 '소수에 의한 통치')가 있다. 어떤 의미에서는 과두제와 민주주의 사이의 모든 초기의 충돌은, 민주주의자들이 과두제 집권층의 일원들이 받아들일 수 있는 것보다 더 높은 숫자를 요구하며, 그 소수에 얼마나 많은 사람을 포함할 것인가에 대한 논쟁이다. 수준 높은 민주주의가 시작되는 아테네에서조차 공동체의 적은 비율만이 투표할 수 있다.

VOCA

- debate 논쟁
- monarchy 군주제, 군주국
- inherit 상속받다, 물려받다
- tyranny 독재, 독재 국가
- seize 장악하다
- grant 주다
- theoretically 이론적으로
- egalitarian 평등주의의; 평등주의자
- anthropologist 인류학자
- oligarchy 과두제
- sophisticated 수준 높은, 정교한

07 난도 ★★★   정답 ①

독해 > 글의 주제, 요지

정답의 이유

지문 뒷부분에 '우리의 과제(독창성을 정도를 규명하는 것)는 어렵지만 이것이 우리가 노력하지 않아야 한다는 것을 의미하지는 않고, 우리의 노력의 결과가 무엇이든 그 과정에서 틀림없이 예술 작품에 대해 많은 것을 배울 것'이라는 내용이 있으므로, 이 지문의 주제를 ① '비록 불완전할지라도, 예술의 독창성의 정도를 평가하는 것은 중요하다'로 보는 것이 자연스럽다.

오답의 이유

② 독창성은 상대적인 방법으로 예술적 가치를 측정하는 데 적용될 수 있다.
③ 한 예술 작품은 그것이 완전한 사본이 아닌 한 독창적이다.

④ 독창성의 등급을 규명하는 일은 실용적인 이유들로 추구 할 가 치가 없다.

⑤ 독창성 등급의 부정확함은 그것을 되는 대로 사용하는 것의 이 익보다 크다.

본문해석

독창성은 예술을 기술과 구별하는 무언가이다. 이것은 예술적 위대 함 혹은 중요성의 기준이다. 불행하게도, 독창성이 무엇인지를 정의 하는 것은 또한 매우 어렵다. 독특함, 참신함, 그리고 신선함과 같은 흔한 유의어들은 우리에게 크게 도움이 되지 않으며, 사전들은 우리 에게 독창적인 작품은 사본이 아니어야 한다는 것만 알려 준다. 그 러므로 만약 우리가 '독창성 등급'에 따라 예술 작품들을 평가하기 를 원한다면, 우리의 문제는 주어진 작품이 독창적인가 아닌가를 결 정하는 데 있는 것이 아니라, 단지 그것이 정확히 얼마나 독창적인 가를 규명하는 데 있다. 그렇게 하는 것은 불가능하지 않다. 그러나, 우리의 과제에 끊임없이 붙어 다니는 어려움들은 매우 커서 그 결 과 우리는 시험적이고 완성된 답변들 이상의 것을 바랄 수 없는데, 이는 당연하게도 우리가 노력하지 않아야 한다는 것을 의미하지 않 는다. 정반대로, 어떤 특수한 경우에서 우리의 노력의 결과가 무엇 이든지, 우리는 그 과정에서 예술 작품들에 대해 많은 것을 배울 것 이다.

VOCA

• originality 독창성
• distinguish 구별 짓다, 구분하다
• yardstick 기준
• synonym 유의어, 동의어
• besetting 끊임없이 붙어 다니는
• tentative 잠정적인, 머뭇거리는

08 난도 ★★☆　　　　정답 ③

독해 > 빈칸 완성

정답의 이유

본문에서 독감이 단순히 호흡만으로도 비교적 쉽게 감염될 수 있다 는 그 위험성을 언급했다. 그러므로, 독감에 걸렸을 때는 다른 사람 을 감염시키지 않기 위해 매우 조심해야 하므로 이와 의미가 상통 하기 위해서는 '저자세를 취하다, 두드러지지 않다, 세간의 이목을 피하다, 겸손함을 유지하다'라는 뜻을 가진 ③이 가장 적절하다.

오답의 이유

① 버럭 화를 내다
② 말을 빙빙 돌리다
④ 소문으로 듣다
⑤ 큰 돈이 들다

본문해석

2018 독감 공황은 한참 진행 중이고, 그것은 매우 타당한 이유가 있다. 질병 대책 센터(CDC)에 의해 이미 '중증도 중증'으로 일컬어 지며, 이 독감철이 악화되기만 할 것이라는 징후들이 있고, 이 독감 은 지금까지 최소 30명의 아이들의 (그리고 많은 성인들의) 목숨을 빼앗아왔다. 한편, 메릴랜드 대학의 새로운 연구는 그 독감 바이러 스가 공기로 운반되기 위해 재채기나 기침을 필요로 하지 않을지 모른다는 것을 시사했는데, 그것은 단순하게 호흡을 통해 퍼질 수도 있다. 당신은 이미 독감 주사를 맞아야 하는 것 (그리고 그것은 여전 히 맞을 가치가 있다), 당신의 손을 많이 씻어야 하는 것, 그리고 만 약 당신이 아프면 당신의 독감이 다른 사람들에게 전염되지 않도록 조심하는 태도를 지켜야 하는 것을 안다. 현재, 걱정하는 사람들은 수술용 마스크를 쓰면서 한 단계 더 나아간 예방책을 취하고 있는 데, 이는 독감에 걸리는 것을 피하는 것과 그들이 이미 걸린 독감의 확산을 막기 위한 것 둘 다를 위해서이다.

VOCA

• in full swing 한창 진행 중인
• moderately severe 중증도 중증
• claim (죽음, 병 등이 목숨을) 빼앗다
• airborne 공기로 운반되는
• flu shot 독감 예방 주사
• copiously 많이, 풍부하게
• contagious 전염되는

09 난도 ★★☆　　　　정답 ⑤

독해 > 글의 주제, 요지

정답의 이유

광공해가 생태계에 미치는 부정적인 영향을 소개한 뒤, 빛과 어둠 에 의해 조절되는 신체 주기와 과도한 빛의 노출이 멜라토닌 생산 에 의존적인 인간에게 불러오는 건강 문제들을 나열하고 있다. 마 지막으로 지나치게 공급되는 빛은 에너지 낭비라고 주장한다. 따라 서 이 지문의 제목을 ⑤ '광공해의 해로운 영향들'로 보는 것이 자연 스럽다.

오답의 이유

① 더 나은 생태계를 위해 광공해를 줄이는 방법
② 세계적인 수준으로 급속하게 증가하는 광공해
③ 빛과 어둠의 다양한 하루 동안의 패턴
④ 인간의 건강에 있어서 빛의 중요성

생태계를 붕괴시키는 데 있어서, 광공해는 식물과 동물의 생리에 부정적인 영향을 미치고, 특히 야행성 야생동물에게 심각한 위협을 가한다. 그것은 동물들의 이동 패턴을 혼란스럽게 할 수 있고, 동물들의 경쟁적인 상호 작용을 바꿀 수 있고, 포식자-피식자 관계를 변화시킬 수 있고, 생리적 피해를 야기할 수 있다. 삶의 리듬은 빛과 어둠의 자연스러운 하루 동안의 패턴에 의해 조정된다. 그래서 이 패턴에 대한 방해는 생태계의 역학 관계에 영향을 미친다. 건강에 미치는 부정적인 영향에 대하여 많은 종들, 특히 인간은 24시간 주기 리듬이라고 불리는 자연적인 신체 주기와 멜라토닌의 생산에 의존적인데, 이는 빛과 어둠(예를 들어, 낮과 밤)에 의해 조절된다. 만약 인간이 자는 동안 빛에 노출된다면, 멜라토닌 생성은 억제될 수 있다. 이는 수면 부족과 증가된 불안으로 인한 수면 장애와 증가하는 두통, 근로자 피로, 의학적으로 정의된 스트레스, 몇몇 형태의 비만과 같은 다른 건강 문제들로 이어질 수 있다. 그리고 몇 가지 종류의 암과의 연결고리가 발견되고 있다. 또한 불쾌한 빛이 노안에 미치는 영향이 있다. 건강에 미치는 영향은 과다한 빛 또는 오랜 시간 동안 빛의 지나친 노출 때문만이 아니라, 부적절한 빛의 스펙트럼 구성(예를 들어, 특정 색의 빛) 때문이기도 하다. 에너지 낭비의 측면에서 조명은 세계적으로 모든 전력 소비량의 최소 4분의 1정도의 책임이 있다. 과도한 빛은 에너지 낭비인데, 특히 밤에 위쪽을 향해진 조명이 그렇다. 에너지 낭비는 또한 돈과 탄소 발자국의 측면에서 낭비이다.

VOCA

- disrupt 방해하다, 지장을 주다
- nocturnal 야행성의
- migratory 이동하는
- predator-prey interaction 포식자-피식자 관계
- orchestrate 조정하다
- diurnal 하루 동안의
- suppress 진압하다, 참다
- obesity 비만
- inimical 해로운

10 난도 ★★☆   정답 ④

독해 > 글의 순서

정답의 이유

농부들은 부모의 특성들이 자손에게 전해진다는 것을 인식하고 이를 이용해 농작물과 가축을 개선시켰다고 언급한다. 이후, (C)에서 농부들의 이러한 관행들(these practices)이 대체로 주먹구구식이었지만 상황이 변화 중이라고 시사한다. 이어서 (B)에서 현재 인간 과학에서 가장 활발한 두 가지 부문인 행동유전학과 진화심리학을 소개하고, (A)에서 이 두 가지 접근법(Both approaches)은 천성과 교육의 결합을 추정하며, 이러한 동향이 다음 반 세기에 확대될 것이라고 설명한 뒤, (D)에서 비록 단 하나 또는 몇몇 유전자의 작용에 의존하는 특성들이 거의 없다 할지라도 유전 공학자들은 '맞춤

아기'의 시대를 기대하고 있음을 설명하고 있다. 따라서 ④ (C)-(B)-(A)-(D)가 정답으로 적절하다.

누군가가 유전자의 존재를 알아채기 훨씬 전에, 농부들은 부모의 특성들이 자손에게 전해진다는 것을 인식했고, 그래서 그에 따라 그들은 최고의 표본들을 서로 선택적으로 번식시킴으로써 호박의 생산량이나 돼지의 크기를 개선시킬 수 있었다.

(C) 이러한 관행들의 대부분은 주먹구구식이었는데, 한 세대에서 다음 세대로 여러 특성들이 어떻게 유전되는지에 대한 이해의 기반도 없었다. 그러나 이 상황은 다가오는 수십 년 동안 급격하게 변하려는 듯하다.

(B) 현재 인간과학에서 가장 활발한 두 가지 부문은 조현병, 이혼하는 경향, 정치적인 신념, 그리고 심지어 행복감과 같은 행동적인 특성들의 계승할 수 있는 정도를 규명하려 하는 행동유전학과 이러한 특성들이 한 세대에서 다음 세대로 선택되고 유전되는 방법들을 찾아내는 진화심리학이다.

(A) 두 가지 접근법은 천성과 교육이 우리의 행동, 생각, 그리고 감정을 형성할 때 밀접하게 결합된다고 추정한다. 이러한 동향은 유전학의 진보의 결과로서 다음 반세기에 엄청나게 확대될 가능성이 크다.

(D) 비록 단 하나 또는 몇몇 유전자의 작용에 의존할 것 같은 중요한 특성들은 거의 없다 할지라도, 일부 유전공학자들은 '맞춤 아기'의 시대가 가까워졌다고 자신한다.

VOCA

- offspring 자손
- specimen 표본
- nurture 교육, 양성
- implicate 연루되었음을 보여주다, 원인임을 보여주다
- ascertain 알아내다
- schizophrenia 조현병
- propensity 경향
- evolutionary psychology 진화 심리학

11 난도 ★★☆   정답 ①

어법 > 정문 찾기

정답의 이유

① 문맥상 '그들의 일반 과목들에 쏟는 것만큼'이라는 의미가 되어야 자연스럽다. 두 대상의 동등함을 나타내는 원급 표현은 'as+형용사의 원급(much)+명사(commitment)+as'(~만큼 ~한)을 사용하여 나타낼 수 있으므로 'as much commitment ~ as'가 올바르게 쓰였다(학생들은 그들이 그들의 일반 과목들에 쏟는 것만큼 과외 활동에 전념한다.).

오답의 이유

② 문맥상 '장관을 이루는 풍경으로 알려진'이라는 의미가 되어야 자연스럽다. '~으로'는 이유나 원인을 나타내는 전치사 for를 사용하여 나타낼 수 있으므로, 자격이나 기능을 나타내는 전치사

as(~로서)를 전치사 for로 고쳐야 한다(그녀는 북아프리카의 아디스아바바 지방에서 태어났는데, 그 지역은 장관을 이루는 풍경으로 알려져 있다.).

③ 선행사 the land가 장소이고, 관계사 뒤에 완전한 절(you live and grow up)이 왔고, 관계부사 where는 '전치사+관계대명사' 형태인 in which로 바꾸어 쓸 수 있으므로 선행사(the land)와 관계절(you ~ grow up) 사이에 관계부사 where 또는 in which를 넣어야 한다. 또한 선행사와 관계절 사이에 목적격 관계대명사 that이 생략된 형태라고 생각할 경우, 자동사 live와 grow up이 목적어 the land를 갖기 위해서는 전치사가 필요하므로 'the land (that) you live in and grow up in'의 형태로 고쳐야 한다(당신이 살고 성장하는 땅을 돌보는 것을 시작하는 데 너무 이른 시기란 없다.).

④ 불가산 명사 clothing은 가산 복수 명사 앞에 올 수 있는 수량 표현 few와 함께 쓰일 수 없으므로 few를 불가산명사 앞에 오는 수량 표현 'little'로 고쳐야 한다(그가 캠프에 도착했을 때 그는 겨울 옷이 거의 없었다.).

⑤ access는 명사와 타동사로 모두 사용할 수 있다. 타동사로 사용된 경우 목적어가 필요하다. 따라서 전치사 to와 access를 함께 쓸 수 없다. 하지만 명사로 사용된다면 access 뒤에 '~로'를 의미하는 전치사 to와 함께 쓰일 수 있지만, 동사 자리이므로 access를 동사로 만들기 위해 'have'가 필요하다(그는 TV에 접근하지 못하는 아이들에게 이야기책을 읽어 준다.).

VOCA

• commitment 전념, 헌신
• extracurricular 과외의, 정규 교과 이외의
• vista 풍경

12 난도 ★★★   정답 ①

독해 > 빈칸 완성

정답의 이유

빈칸이 있는 문장을 통해 빈칸에 카룩어에서 p와 b 소리가 영어 pear와 bear와 비교해 어떠한지에 대한 내용이 나와야 적절하다는 것을 알 수 있다. 빈칸 앞 문장에서 'pear'의 번역 차용어가 virusur 'bear'로 불린다고 했으므로, 카룩어에서 p와 b소리는 영어 pear와 bear처럼 ① '구별되지 않는다'가 들어가야 한다.

오답의 이유

② 카룩어에 존재하지 않는다.
③ 'peer'와 'bear'에 모두 일어나지 않는다.
④ 오직 입술로만 만들어진다.
⑤ 단어가 시작하는 자리에 놓여진다.

본문해석

아메리칸 인디언 집단과 유럽인들 사이의 접촉은 차용 어휘라는 결과를 초래했는데, 일부 집단들은 유럽인들과 또 다른 집단들로부터 거의 차용하지 않았다. 유럽 언어들 역시 북미 원주민의 언어들로부터 용어들을 차용했다. 아메리칸 인디언 집단들 사이에서 유럽 문화에 대한 언어적 적응의 유형과 정도는 사회 문화적 요소들에 따라 크게 차이가 있어 왔다. 예를 들어, 백인들의 손에 의해 가혹한 대우를 겪은 부족인 북서 캘리포니아의 카룩족 사이에서는 'apple'의 *á pus*와 같은 영어로부터의 다만 몇 안 되는 차용어들과, 'pear'가 '*virusur* bear'로 불리는 것과 같은 몇몇 번역 차용어들(차용 번역들)이 있는데, 카룩어에서 p와 b 소리는 영어 pear와 bear처럼 구별되지 않기 때문이다. 문화 변용의 새로운 항목들을 위한 수많은 단어들이 토착어들을 기반으로 생산되었는데, 예를 늘어 '먹는 상소' amnaam으로 불리는 호텔이 있다. 북미 원주민의 언어들은 독일어, 영어, 프랑스어, 러시아어, 스페인어(스페인적인 말이라고 불리는), 그리고 스웨덴어에서 단어들을 차용해 왔다. 아메리칸 인디언의 언어들은 유럽 언어의 수많은 단어, 특히 식물, 동물, 그리고 토착 문화 품목들의 이름에 기여해왔다. 알곤킨족 언어로부터 영어는 '카리부', '얼룩다람쥐', '히코리', '모카신', '무스', '주머니쥐', '감', '집회', '라쿤', '스컹크', '짓누르다', '토마호크', '토템', '원뿔형 오두막집', 그리고 또 다른 단어들을 받았다.

VOCA

• sociocultural 사회 문화적인
• harsh 가혹한
• loanword 차용어, 외래어
• loan translation 차용 번역
• acculturation 문화 변용
• hispanism 스페인적인 말

13 난도 ★★★   정답 ③

독해 > 글의 흐름

정답의 이유

instead of는 '~대신에'라는 의미로 instead of의 앞뒤의 성격은 상반된다. 제시문에서 instead of 뒤에 'straightforward(간단한)'이라는 성격이 제시되었으므로, 빈칸에는 이와 반대되는 특징이 적절하다. 따라서 '복잡하게 뒤얽힌 것'을 의미하는 ③이 정답이다.

오답의 이유

① 증가
② 불안
④ 혜택
⑤ 간단

본문해석

공제에도 불구하고 세법이 총 수입에 기반한 간단한 구분이 아니라 이처럼 복잡하게 뒤얽힌 것이라니 이해할 수 없다.

14 난도 ★★☆　　　　　　　　　　　정답 ①

독해 > 글의 일관성

[정답의 이유]
빈칸 뒤에 "듣기에 매우 힘들다"라고 언급을 했으므로 빈칸에는 부정적인 어휘가 들어가야 함을 유추할 수 있다. 따라서 문맥상 ① '폄하하는, 헐뜯는'이 가장 적절하다.

[오답의 이유]
② 마음이 누그러지는
③ 훌륭한
④ 양심적인
⑤ 공평한

[본문해석]
때때로 사랑하는 누군가의 부정적인 비판은 한층 더 폄하하는 것이 되는데, 그들이 듣기에 가장 고통스럽기 때문이다.

VOCA
- criticism 비판
- disparaging 폄하하는, 헐뜯는

15 난도 ★★☆　　　　　　　　　　　정답 ②

독해 > 빈칸 완성

[정답의 이유]
(A) 소매업자들이 그들의 "판매를 만회하려 하였다(make up for)"는 관용표현을 통해 판매가 부진했음을 유추할 수 있다. 따라서 'sluggish(부진한)'이 빈칸에 적절하다.
(B) 빈칸 뒷문장에서 빈폴 사의 온라인 판매 방식을 통해 빈칸을 유추할 수 있다. "빈폴 사가 오직(only) 인터넷으로만 판매를 하는 제품 라인을 도입했다"라는 문장에서 only와 의미가 상통하는 'exclusively(독점적으로)'가 빈칸에 적절하다.
따라서 ②가 정답으로 적절하다.

[본문해석]
소매업자들은 그들의 오프라인 상점에서 부진한 판매를 만회하기 위해 온라인 채널들을 오랫동안 사용해왔으나, 최근 그들은 온라인에 독점적으로 제품들을 소개하면서 또 다른 단계로 옮겨왔다. 유행에 민감한 패션과 화장품 분야는 이 새로운 전략의 선두에 있다. Beanpole Ladies는 최근에 오직 그것의 웹사이트에서만 판매되는 제품 시리즈인 Lime Beanpole을 표했다.

16 난도 ★★☆　　　　　　　　　　　정답 ①

독해 > 빈칸 완성

[정답의 이유]
문맥상 '돌아가는 것 외에 갈 곳은 없다'라는 의미가 되어야 하므로, 빈칸에는 '~외에(= except)'라는 의미의 전치사 ① 'but'이 들어가야 한다.

[본문해석]
당신이 고무 밴드를 들고 있다고 상상하라. 이제 당신의 오른쪽으로 그것을 잡아당김으로써 당신의 고무 밴드를 늘이기 시작하라. 이 특정한 고무 밴드는 12인치까지 늘어날 수 있다. 고무 밴드가 12인치까지 잡아당겨졌을 때, 돌아가는 것 외에 갈 곳은 없다. 그리고 그것이 돌아갈 때, 그것은 많은 힘과 탄력을 가진다.

17 난도 ★★☆　　　　　　　　　　　정답 ③

독해 > 문장 삽입

[정답의 이유]
주어진 문장에서 외모와 시대의 지배적인 이상형이 서로 연관되어 있다고 언급한다. 따라서 주어진 문장 뒤에는 어떻게 연관되어 있는 지 그 예시가 등장하면 글의 흐름이 자연스럽다. (C)의 뒷문장은 1800년 초기, 1890년대, 1920년대의 사례를 언급하므로 주어진 문장은 ③ (C)에 들어가는 것이 가장 적절하다.

[본문해석]
우리는 보통 특정한 '용모' 혹은 미의 이상을 통해 역사의 시기들을 특징 짓는다. 대개 이것들은 운동과 단련된 신체에 두는 오늘날의 주안점과 같이 더 전반적인 문화적 사건들과 관련 있다. 미국 역사에서의 외모는 일련의 지배적인 이상형을 드러낸다. 건강과 활기에 주안점을 둔 오늘날과 극명하게 대조적으로, 1800년대 초에는 아파보일 정도까지 연약하게 보이는 것이 유행이었다. 시인 존 키츠는 그 당시의 이상적인 여성을 '남성의 보호를 받기 위해 매애하고 우는 우유 같이 하얀 양'으로 묘사했다. 다른 과거의 외모는 릴리안 러셀덕에 대중적이게 된 육감적이고 생기가 넘치는 여성, 1890년대의 건강한 기브슨식 미녀와 무성 영화의 여배우 클라라 바우가 좋은 사례인 1920년대의 작고 소년같은 신여성을 포함한다.

- dominant 지배적인
- ideal 이상
- vigor 활기
- delicate 연약한
- bleat (양, 염소가) 매애 하고 울다
- voluptuous 육감적인
- lusty 생기가 넘치는, 건장한
- athletic 건강한, 탄탄한
- flapper 신여성
- exemplify 좋은 예가 되다

18 난도 ★★☆   정답 ⑤

독해 > 글의 주제, 요지

정답의 이유

유대인들은 payot라고 불리는 독특한 귀밑털을 기른다고 언급한다. 이어서 Skver(하시디즘 왕조), 구어, 리투아니아의 유대교를 예를 들며 유대교의 종파들마다 서로 다른 payot 스타일을 가지고 있다는 것을 설명하고 있으므로, 지문의 주제는 ⑤ '유대교의 다양한 종파들은 다양한 귀밑털 스타일들을 가진다'이다.

오답의 이유

① 유대인의 귀밑털은 수천 년 지속되어왔다.
② 많은 유대인 남성들에게 귀밑털은 남성성의 전형을 나타낸다.
③ 유대교는 성결 법전을 이행하는 것에 큰 중점을 둔다.
④ 다양한 유대교 종파들은 변화하는 시대에 대한 다양한 반응을 반영한다.

본문해석

유대인 남성들이 귀밑털 혹은 "사이드록"으로 기르는 독특한 긴 머리카락은 payot이라고 불리는데, 이는 영어로 측면 혹은 가장자리로 번역되는 히브리어이다. 레위기 19~27장의 성결 법전은 머리 귀퉁이를 깎는 것을 금지한다. 유대교의 다양한 종파들은 그들만의 나팔 모양(의 머리카락)을 payot에 부착한다. 예멘 사람들은 그것들을 표시를 의미하는 simanim이라고 부르는데, 그것들이 예멘의 이슬람교도들과 그들을 구분 짓기 때문이다. 그들은 길고 얇으면서 꼬아진 머리카락을 기르며, 이는 대개 상박까지 닿는다. Skver(하시디즘 왕조)는 그들의 것을 비틀어서 단단히 말린 머리카락으로 만들고 그것을 귀 앞에 기른다. 구어는 그들의 payots를 관자놀이에서 올려서 야물커 아래로 밀어넣는다. 리투아니아의 유대교는 일반적으로 조금의 짧은 자르지 않은 가닥들을 남기고 그것들을 그들 귀 뒤로 밀어넣는데, 이는 예시바 학생들 사이에서 가장 흔하게 발견되는 스타일이다.

VOCA

- sideburns 귀밑털
- sect 종파
- Yemenites 예멘 사람의
- lock 머리털
- Hasid (유대교) 하시디즘

- temple 관자놀이
- tuck 밀어넣다
- yarmulke 야물커(유대인 남자들이 쓰는 모자)
- Lithuanian 리투아니아(사람)의
- strand 가닥
- epitome 전형
- masculinity 남성성

19 난도 ★★☆   정답 ③

독해 > 빈칸 완성

정답의 이유

빈칸 (A)와 (B)의 앞 문장에서 다른 당사자가 소중히 여기는 덕목에 대한 서로의 이해를 기반으로 하는 우정의 마지막 형태는 우정의 다른 두 유형의 보상을 자동적으로 포함한다고 했으므로, ③ 빈칸 (A)에는 우정의 첫 번째 유형의 보상인 'beneficial(유익한)'이 들어가야 적절하고, 빈칸 (B)에는 우정의 두 번째 유형의 보상인 'pleasurable(즐거운)'이 들어가야 적절하다.

본문해석

아리스토텔레스는 일반적인 우정의 세 가지 유형의 개요를 서술했다. 첫 번째는 유용성의 우정이다. 이 관계의 유형에서 두 당사자들은 서로에 대한 애정으로 그것에 속해 있지 않고, 각각의 당사자들은 상호 교환으로 이익을 받기 때문에 더욱 그러하다. 비슷하게도, 두 번째 우정의 유형은 즐거움에 기반을 둔 것이다. 이것은 더 젊은 사람들에게 더 흔하다. 그것은 대학 친구들 혹은 같은 스포츠 팀에 참가하는 사람들 사이에서 흔히 보이는 관계의 유형이다. 아리스토텔레스가 개요를 서술한 우정의 마지막 형태는 세 가지 중에서 가장 선호된다. 유용성이나 즐거움보다는, 이 유형의 관계는 다른 당사자가 소중히 여기는 덕목에 대한 서로의 이해를 기반으로 한다. 깊이와 친밀함을 넘어서, 이러한 관계의 아름다움은 그것들이 우정의 다른 두 유형의 보상을 자동적으로 포함한다는 것이다. 그것들은 유익하고 즐겁다.

VOCA

- mutual 서로의
- hold dear 소중히 여기다
- intimacy 친밀함
- beneficial 유익한
- virtuous 도덕적인, 고결한
- intimate 친밀한
- affectionate 애정 어린, 상냥한
- durable 튼튼한
- accidental 우연한
- intentional 고의적인
- utilitarian 실용적인
- devotional 헌신적인

20 난도 ★★☆
정답 ②

독해 > 세부 내용 찾기

정답의 이유

(A), (C), (D), (E) 모두 Wiliam Charles Fryda 신부를 지칭하지만, (B)는 Bob Silvio 신부를 지칭하고 있다. 따라서 ②가 정답으로 적절하다.

본문해석

가난한 사람들을 위한 두 개의 주요 병원에 대한 (A) 미국인 신부와 케냐 수녀 단체 사이의 논쟁은 지난주 후반에 병원들 중 하나를 수녀들이 습격했을 때 해결되었다. "그들은 아침에 그 병원을 습격했습니다. 수녀들은 경찰 파견대와 다른 시민들과 함께 왔습니다. 저희는 현재 (병원 운영권을) 양도하는 중입니다. 모두 평화로워요." 수녀들이 금요일에 되찾은 병원의 (B) 사제인 Bob Silvio 신부는 Religion News Service에 말했다. 나이로비의 The Assumptoin Sisters는 그 성당을 설립하도록 도왔던 (C) 선교사인 William Charles Fryda 신부와 그 두 건물에 대한 통제권을 위해 싸우면서 6년 이상 동안 법정에 섰다. Fryda는 (D) 그가 그 병원들을 그가 번 돈으로 설립했기 때문에 그것들이 그의 것이라고 주장했지만, 수녀들은 병원을 설립하자는 그 생각이 그들의 것이었다고 반박했다. 이 사건은 현지 수녀들과 싸우는 (E) 미국인 신부라는 구경거리 때문에 케냐에서 매우 많은 대중매체의 관심을 얻었다.

VOCA
• priest 신부, 성직자
• nun 수녀
• storm 습격하다
• contingent 파견대
• hand over 양도하다, 넘겨주다
• reverend 신부, 목사
• chaplain 사제
• retake 되찾다
• missionary 선교사
• garner 얻다

21 난도 ★★★
정답 ②

독해 > 빈칸 완성

정답의 이유

빈칸 (A)에는 문맥상 헌법이 국회에 입법권을 'vest(부여한다)'는 내용이 들어가야 하고, 빈칸 (B)에는 문맥상 행정부가 예산 밖에서 나라의 경제적 책임을 'incur(발생시킬)'지 모르는 계약이라는 내용이 들어가야 한다. 마지막으로 빈칸 (C)에는 문맥상 국회는 조약의 체결과 'ratification(비준)'에 그것의 동의를 부여한다는 내용이 들어가야 한다. 따라서 ②가 정답으로 적절하다.

본문해석

현행 1987년 헌법은 대한민국을 민주주의 공화국으로 공표하고 대통령제를 확립한다. 전국적인 직접 비밀 투표에 의해 선출되는 대통령은 나라의 지도자이며 5년 단임으로 일한다. 대통령은 공무원들을 임명하는데, 이는 국무총리와 책임집행기관의 장관들을 포함한다. 국무총리의 임명은 국회에 의해 승인되어야 한다. 국무회의의 다른 의원들은 국무총리의 추천으로 대통령에 의해 임명된다. 헌법은 국회에 입법권을 부여한다. 대통령은 국회에 참석하여 연설하거나 그 또는 그녀의 견해를 서면 메시지로 보낼 수도 있다. 국회는 또한 국가 예산안을 심의하고 결정한다. 행정부가 국채를 발행하거나 혹은 예산 밖에서 나라의 경제적 책임을 발생시킬지 모르는 계약을 체결하는 입안을 할 때, 그것은 국회의 사전 동의를 얻어야 한다. 더 나아가, 국회는 조약, 전쟁 선언, 해외 국가로의 군대 파견, 그리고 대한민국의 영토 내 외국 군대의 주둔의 체결과 비준에 그것의 동의를 부여한다. 국회는 또한 국무총리 또는 국무회의 의원의 관직으로부터 해임안을 통과시킬 수 있다. 해임안은 전체 국회의원의 3분의 1 이상에 의해 제출될 것이며, 국회 전체 의원 과반수의 동의하는 투표와 함께 통과되어야 한다.

VOCA
• constitution 헌법
• ballot 비밀투표
• legislative 입법의, 입법부의
• deliberate 심의하다
• national bonds 국채
• concurrence 동의
• dispatch 파견
• station 주둔시키다
• alien 외국의
• endorsement 승인
• vest (권리를) 부여하다
• ratification 비준, 인가
• dissipate 없애다
• revocation 폐지
• bestow 부여하다
• defy 무시하다, 반항하다
• condolence 애도

22 난도 ★★☆
정답 ⑤

어휘 > 어구

정답의 이유

새로운 기술이 우리 삶에 큰 영향을 미치므로 이에 대해 입법자, 기술 회사 등이 책임을 져야 한다고 언급한다. 하지만 마지막 문장에서 접속사 'But'을 사용하였으므로 앞서 책임을 져야 할 단체들이 그 책임을 다하지 않았음을 유추할 수 있다. 따라서 그들이 로비스트나 학회를 떠난 고용인들에게 교육에 대한 책임을 떠넘기고 ⑤ '무관심했다'는 것을 알 수 있다.

① 경솔하다
② 경계하다
③ 불필요하다
④ 무능하다

본문해석

요즘에는 빅데이터, 인공 지능 그리고 그것들이 작동하게 하는 기술 플랫폼이 막대한 영향력과 힘을 가진다. 컴퓨터가 결정을 내리고 있을 때 많은 것이 잘못될 수 있다는 것은 말할 것도 없다. 우리 입법자들은 그들이 적절하게 규제할 수 있도록 이것이 편견 없는 방식으로 그들에게 설명하는 것이 몹시 필요하고, 기술 회사들은 우리 삶의 모든 요소 전부에 대한 그들의 영향력에 대해 책임질 필요가 있다. 그러나 학회들은 보수가 좋은 로비스트들과 학회를 떠난 고용인들에게 이 교육에 대한 책임을 맡기면서 <u>무관심했다</u>.

VOCA

- It goes without saying that ~은 말할 것도 없다
- desperately 몹시
- unbiased 편견 없는
- doze off at the wheel 졸음 운전을 하다, (책임이나 의무에) 무관심하다
- impudent 무례한, 버릇없는
- watchful 경계하는
- superfluous 불필요한
- incapable 무능한
- unmindful 무관심한, 부주의한

23 난도 ★★★   정답 ③

독해 > 글의 일관성

정답의 이유

보기 ③의 키워드인 'heavy tax on cotton thread and cloth(면사와 옷감에 무거운 세금)'가 그대로 등장한 지문 주변의 내용에서 1774년에 영국에서 만들어진 면사와 옷감에 대한 무거운 세금이 폐지되면서 한층 더 면직물 산업을 성장시켰다고 했으므로, 1774년에 면사와 옷감에 무거운 세금을 징수하는 것이 면직물 산업을 위태롭게 했다는 ③의 내용은 지문의 내용과 반대이다.

오답의 이유

① 18세기 동안, 면직물은 영국 사람들이 옷 입는 방식을 변화시켰다.
② 항구의 안정된 수송 연결들은 리버풀을 면직 공장에 적합하도록 만들었다.
④ 고품질의 실은 '다축 방적기'에 의해서보다 '수력 방적기'에 의해 자아졌다.
⑤ 영국의 면직물 산업은 볼턴과 와트의 증기 기관 때문에 극적으로 향상했다.

본문해석

영국의 면직물 산업은 산업혁명 동안 한 걸음씩 성장했다. 면직물은 16세기 그 나라에 도입되었고 1700년대까지 그것은 사람들이 옷을 입는 방식을 바꿔 놓았다. 증가하는 수요에 뒤지지 않기 위해 면직 공장들이 영국 도처에, 특히 영국의 북부에 갑자기 생겨났다. 페나인 산맥으로부터 내려오는 물 덕분에 영국의 북부는 번영하는 면직물 산업을 발달시켰다. 페나인 산맥으로부터 내려오는 이 빠르게 흐르는 강들은 비록 이것(동력)이 나중에는 화력 에너지에 의해 공급되었지만, 공장들에 동력 공급을 제공했다. 그것은 또한 직물을 씻을 신선하고 깨끗한 물을 제공했다. 리버풀 또한 그것의 항구를 통한 안정된 수송 연결로 덕분에 번영하는 면직물 산업을 자랑했다. 1774년에 영국에서 만들어진 면사와 옷감에 대한 무거운 세금이 폐지되었고, 이는 한층 더 면직물 산업을 성상시켰다. 뿐만 아니라 수많은 발명품들과 기술의 발달은 면직물 산업을 변화시켰으며, 결과적으로 영국을 면직물의 '세계 작업장'으로 확고히 되는 것을 도왔다. 이러한 발명품 중 하나는 '플라잉 셔틀'이었는데, 이것은 1733년 존 케이에 의해서 만들어졌고 옷이 전보다 빠르게 엮어질 수 있게 했다. 또 다른 것은 '다축 방적기'인데, 이것은 1765년 제임스 하그리브스에 의해 만들어졌다. 1769년에 리처드 아크라이트가 특허를 받은 '수력 방적기'는 수력을 이용했지만, 이것은 또한 하그리브스의 다축 방적기보다 고품질의 실을 생산했다. 1779년에 크럼프턴의 '뮬'과 몇 년 후 볼턴과 와트의 증기 기관 덕분에 산업은 극적으로 변화되었다.

VOCA

- cotton mills 면직 공장
- spring up 갑자기 생겨나다
- boast 자랑하다
- cotton thread 면사
- repeal 폐지하다
- weave 엮다
- levy (세금 등을) 징수하다
- jeopardize 위태롭게 하다
- spin (실을) 잣다

24 난도 ★★☆   정답 ⑤

독해 > 글의 일관성

정답의 이유

빈칸에 특정한 문제를 해결하도록 개별적으로 고안된 프로그램들이 만약 동시에 활성화된다면 어떻게 될 수 있는지에 대한 내용이 나와야 적절하다는 것을 알 수 있다. 빈칸 뒤 문장에서 상황에 대한 예로 수면과 포식자로부터의 도피는 서로 모순된 행동, 계산, 그리고 생리학적 상태를 요구하기 때문에 당신의 심장과 정신이 두려움으로 바쁘게 돌아가고 있을 때 잠자는 것은 어렵다는 내용이 있으므로, ⑤ '서로 충돌하는 결과를 가져올 수 있다'가 들어가야 자연스럽다.

① 각각의 프로그램의 기능적인 생산물을 강화하다
② 모든 적응성의 문제들을 즉시 해결하기 위해 진화하다
③ 모든 마이크로 프로그램의 기능을 개선하다
④ 서로 조화로운 결과들을 보여주다

본문해석

진화론적인 관점은 사람들이 정신을 발달된 영역 특수적인 프로그램들로 붐비는 동물원이라고 생각하도록 이끈다. 각각은 얼굴 인식, 수렵 채집, 배우자 선택, 심박수 조절, 수면 관리, 혹은 포식자 경계와 같은 인류 진화의 역사 동안 일어난 다양한 적응성의 문제를 해결하기 위해 기능적으로 분화되었고, 각각은 환경으로부터 오는 서로 다른 일련의 신호들에 의해 활성화된다. 그러나 이 모든 마이크로 프로그램 자체의 존재는 적응성의 문제를 만든다. 특정한 적응성의 문제를 해결하도록 개별적으로 고안된 프로그램들은, 만약 동시에 활성화된다면, 서로의 기능적인 생산물들을 방해하거나 무효화하면서 서로 충돌하는 결과를 가져올 수 있다. 예를 들어, 수면과 포식자로부터의 도피는 서로 모순된 행동, 계산, 그리고 생리학적 상태를 요구한다. 당신의 심장과 정신이 두려움으로 바쁘게 돌아가고 있을 때 잠자는 것은 어렵고, 이것은 우연이 아니다. 만약 자기 수용의 신호가 몰래 접근하는 사자의 모습이 포식자 회피를 위해 고안된 것들을 활성화시키는 동시에 수면 프로그램을 활성화시키고 있다면 비참한 결과가 뒤따를 것이다. 이러한 결과를 피하기 위해, 정신은 다른 것들이 활성화될 때 일부 프로그램보다 우위에서는 상위의 프로그램을 (예를 들면, 포식자 회피 서브루틴이 활성화될 때 수면 프로그램을 비활성화시키는 한 프로그램) 갖춰야 한다.

VOCA

• domain-specific 영역 특수적
• hominid 인류
• foraging 수렵 채집
• vigilance 경계, 조심
• cue 신호
• simultaneously 동시에
• nullify 무효화하다

25 난도 ★★☆　　　　　정답 ④

독해 > 글의 주제, 요지

정답의 이유

'최근 연구들은 자신감, 감사하는 마음, 연민이 미래의 가치를 무시하는 성향을 약하게 하고 사람들이 인생에서 성공하도록 돕는다는 것을 증명한다'고 설명하고 있으므로, ④ '미래의 가치를 인정하는 것이 성공과 연관된다'가 정답으로 적절하다.

오답의 이유

① 유혹에 굴복하는 사람은 거의 없다.
② 자부심은 성공적인 사회 상호작용을 방해한다.
③ 마시멜로 실험 조사 결과는 되풀이하여 인정된다.
⑤ 월터 미셸은 성공하는 아이들을 정확하게 특징지었다.

본문해석

인간은 유혹에 저항하는 것에 서투른 것으로 악명 높다. 미래의 만족보다 현재의 기쁨을 더 가치 있게 평가하는 우리의 성향에는 상당한 대가가 따른다. 월터 미셸은 아이들을 대상으로 한 그의 유명한 마시멜로 실험으로 다르게 하고 싶은 유혹에 직면하여 그들의 장기적인 목표를 향해 인내할 수 있는 사람들은 성공에 대해 가장 좋은 위치에 놓인다는 것을 시사했다. 그러나 자제력에 대한 이 관점은 잘못됐다. 최근 연구들은 자제력 아니라 자신감, 감사하는 마음, 그리고 연민이 미래의 가치를 무시하는 인간 정신의 성향을 약하게 하고, 사람들이 인생에서 성공하도록 돕는다는 것을 증명한다. 그러므로, 이 감정들을 함양하라. 당신이 주어진 무엇에 감사한지 깊이 생각하라. 당신의 마음을 어려움에 처한 사람들의 입장을 이해하고 그들에게 동정하도록 허락하라. 당신의 목표로 가는 길 위의 작은 성취에 자부심을 가져라.

VOCA

• notoriously 악명 높게
• persevere 인내하다
• compassion 연민, 동정심
• cultivate 함양하다, 기르다
• reflect on 깊이 생각하다
• in need 어려움에 처한
• succumb 굴복하다
• hamper 방해하다
• finding 조사 결과
• uphold 인정하다, 지지하다

작은 기회로부터 종종 위대한 업적이 시작된다.

- 데모스테네스 -

PART 5

행정법

행정법 | 2023년 국회직 8급

한눈에 훑어보기

✔ 영역 분석

행정법통론
2문항, 8%
06 11

행정작용법
8문항, 32%
02 04 09 10 13 14 16 23

행정과정의 규율
3문항, 12%
01 12 18

실효성 확보수단
2문항, 8%
15 24

손해전보
2문항, 8%
03 20

행정쟁송
4문항, 16%
05 17 19 25

각론
4문항, 16%
07 08 21 22

✔ 빠른 정답

01	02	03	04	05	06	07	08	09	10
④	⑤	③	②	⑤	④	②	③	④	①
11	**12**	**13**	**14**	**15**	**16**	**17**	**18**	**19**	**20**
④	⑤	⑤	①	③	②	②	①	②	⑤
21	**22**	**23**	**24**	**25**					
①	⑤	①	④	②					

✔ 점수 체크

구분	1회독	2회독	3회독
맞힌 문항 수	/ 25	/ 25	/ 25
나의 점수	점	점	점

01 난도 ★★☆   정답 ④

행정과정의 규율 > 행정절차

정답의 이유

④ 행정절차법이 아니라 행정기본법 제27조 내용이다. 행정절차법은 공법상 계약이나 행정조사를 규정하고 있지 않다.

> **행정기본법 제27조(공법상 계약의 체결)**
> ② 행정청은 공법상 계약의 상대방을 선정하고 계약 내용을 정할 때 공법상 계약의 공공성과 제3자의 이해관계를 고려하여야 한다.

오답의 이유

① 행정절차법 제40조의2 제2항
② 행정절차법 제40조의3 제3항
③ 행정절차법 제40조의4
⑤ 행정절차법 제48조 제2항

02 난도 ★☆☆   정답 ⑤

행정작용법 > 행정행위

정답의 이유

⑤ 원래 행정처분을 한 처분청은 그 처분에 하자가 있는 경우에는 원칙적으로 별도의 법적 근거가 없더라도 스스로 이를 직권으로 취소할 수 있지만, 그와 같이 직권취소를 할 수 있다는 사정만으로 이해관계인에게 처분청에 대하여 그 취소를 요구할 신청권이 부여된 것으로 볼 수는 없다(대판 2006.6.30. 2004두701).

오답의 이유

① 행정기본법 제18조 제1항 단서
② 행정기본법 제18조 제2항 제2호

> **제18조(위법 또는 부당한 처분의 취소)**
> ① 행정청은 위법 또는 부당한 처분의 전부나 일부를 소급하여 취소할 수 있다. 다만, 당사자의 신뢰를 보호할 가치가 있는 등 정당한 사유가 있는 경우에는 장래를 향하여 취소할 수 있다.
> ② 행정청은 제1항에 따라 당사자에게 권리나 이익을 부여하는 처분을 취소하려는 경우에는 취소로 인하여 당사자가 입게 될 불이익을 취소로 달성되는 공익과 비교·형량(衡量)하여야 한다. 다만, 다음 각 호의 어느 하나에 해당하는 경우에는 그러하지 아니하다.
>   1. 거짓이나 그 밖의 부정한 방법으로 처분을 받은 경우
>   2. 당사자가 처분의 위법성을 알고 있었거나 중대한 과실로 알지 못한 경우

③ 행정기본법 제19조 제2항

④ 대판 2019.10.17. 2018두104

03 난도 ★★☆　　　　　　　　　　　　　　정답 ③

손해전보 > 행정상 손해배상

[정답의 이유]

③ 국가배상법 제7조는 우리나라만이 입을 수 있는 불이익을 방지하고 국제관계에서 형평을 도모하기 위하여 외국인의 국가배상청구권의 발생요건으로 '외국인이 피해자인 경우에는 해당 국가와 상호보증이 있을 것'을 요구하고 있는데, …(중략)… 상호보증은 외국의 법령, 판례 및 관례 등에 의하여 발생요건을 비교하여 인정되면 충분하고 반드시 당사국과의 조약이 체결되어 있을 필요는 없으며, 당해 외국에서 구체적으로 우리나라 국민에게 국가배상청구를 인정한 사례가 없더라도 실제로 인정될 것이라고 기대할 수 있는 상태이면 충분하다(대판 2015.6.11. 2013다208388).

[오답의 이유]

① 영업허가취소처분이 나중에 행정심판에 의하여 재량권을 일탈한 위법한 처분임이 판명되어 취소되었다고 하더라도 그 처분이 당시 시행되던 공중위생법 시행규칙에 정하여진 행정처분의 기준에 따른 것인 이상 그 영업허가취소처분을 한 행정청 공무원에게 그와 같은 위법한 처분을 한 데 있어 어떤 직무집행상의 과실이 있다고 할 수는 없다(대판 1994.11.8. 94다26141).

② 공무원이 직무를 수행함에 있어 경과실로 타인에게 손해를 입힌 경우에는 그 직무수행상 통상 예기할 수 있는 흠이 있는 것에 불과하므로, 이러한 공무원의 행위는 여전히 국가 등의 기관의 행위로 보아 그로 인하여 발생한 손해에 대한 배상책임도 전적으로 국가 등에만 귀속시키고 공무원 개인에게는 그로 인한 책임을 부담시키지 아니하여 공무원의 공무집행의 안정성을 확보한다(대판 1996.2.15. 95다38677 전합).

④ 지방자치단체가 손해를 배상할 책임이 있는 경우에 영조물의 설치 · 관리를 맡은 자와 영조물의 설치 · 관리 비용을 부담하는 자가 동일하지 아니하면 그 비용을 부담하는 자도 손해를 배상하여야 한다(국가배상법 제6조 제1항).

⑤ 헌법 제29조 제1항과 국가배상법 제2조의 해석상 일반적으로 공무원이 공무수행 중 불법행위를 한 경우에, 고의 · 중과실에 의한 경우에는 공무원 개인이 손해배상책임을 부담하고 경과실의 경우에는 개인책임은 면책되며, 한편 공무원이 자기 소유의 자동차로 공무수행 중 사고를 일으킨 경우에는 그 손해배상책임은 자동차손해배상보장법이 정한 바에 의하게 되어, 그 사고가 자동차를 운전한 공무원의 경과실에 의한 것인지 중과실 또는 고의에 의한 것인지를 가리지 않고 그 공무원이 자동차손해배상보장법 제3조 소정의 '자기를 위하여 자동차를 운행하는 자'에 해당하는 한 손해배상책임을 부담한다(대판 1996.5.31. 94다15271).

04 난도 ★★★　　　　　　　　　　　　　　정답 ②

행정작용법 > 행정행위

[정답의 이유]

㉠ (○) 도로법 제40조 제1항에 의한 도로점용은 일반공중의 교통에 사용되는 도로에 대하여 이러한 일반사용과는 별도로 도로의 특정부분을 유형적 · 고정적으로 특정한 목적을 위하여 사용하는 이른바 특별사용을 뜻하는 것이고, 이러한 도로점용의 허가는 특정인에게 일정한 내용의 공물사용권을 설정하는 설권행위로서, 공물관리자가 신청인의 적격성, 사용목적 및 공익상의 영향 등을 참작하여 허가를 할 것인지의 여부를 결정하는 재량행위이다(대판 2002.10.25. 2002두5795).

㉡ (○) 도로법 제40조 및 제80조의2에서 말하는 도로의 점용이라 함은 일반공중의 교통에 공용되는 도로에 대하여 이러한 일반사용과는 별도로 도로의 특정부분을 유형적, 고정적으로 사용하는 이른바 특별사용을 뜻하는 것인바, 도로점용허가는 특허행위로서 상대방의 신청 또는 동의를 요하는 쌍방적 행정행위이며, 권리를 설정하여 주는 행위로서 자유재량행위이고, 그에 의하여 부여되는 특별사용권(강학상 특허사용권)은 행정주체에 대하여 공공용물의 배타적, 독점적인 사용을 청구할 수 있는 권리로서 공법상의 채권이다(헌재 2007.12.27. 2004헌바98).

㉢ (○) 하천법 및 공유수면관리법에 규정된 하천 또는 공유수면의 점용이라 함은 하천 또는 공유수면에 대하여 일반사용과는 별도로 하천 또는 공유수면의 특정부분을 유형적 · 고정적으로 특정한 목적을 위하여 사용하는 이른바 특별사용을 의미하는 것이므로, 이러한 특별사용에 있어서의 점용료 부과처분은 공법상의 의무를 부과하는 공권적인 처분으로서 항고소송의 대상이 되는 행정처분에 해당한다(대판 2004.10.15. 2002두68485).

㉣ (○) 구 지역균형개발 및 지방중소기업 육성에 관한 법률 및 동법 시행령의 내용 및 취지 등에 비추어 보면, 개발촉진지구 안에서 시행되는 지역개발사업(국가 또는 지방자치단체가 직접 시행하는 경우를 제외한다. 이하 '지구개발사업'이라 한다)에서 지정권자의 실시계획승인처분은 단순히 시행자가 작성한 실시계획에 대한 보충행위로서의 성질을 가지는 것이 아니라 시행자에게 구 지역균형개발법상 지구개발사업을 시행할 수 있는 지위를 부여하는 일종의 설권적 처분의 성격을 가진 독립된 행정처분으로 보아야 한다(대판 2014.9.26. 2012두5619).

㉤ (×) 공유재산법의 규정들 및 이에 관한 관련 법리들을 종합하여 보면, 행정재산이 용도폐지로 일반재산이 된 경우에 용도폐지되기 이전의 행정재산에 대하여 한 사용허가는 소멸되며 그 사용허가나 공유재산법 제22조를 근거로 하여 사용료를 부과할 수 없다(대판 2015.2.26. 2012두6612).

05 난도 ★★☆

행정쟁송 > 행정소송

정답의 이유

⑤ 경업자에 대한 행정처분이 경업자에게 불리한 내용이라면 그와 경쟁관계에 있는 기존의 업자에게는 특별한 사정이 없는 한 유리할 것이므로 기존의 업자가 그 행정처분의 무효확인 또는 취소를 구할 이익은 없다(대판 2020.4.9. 2019두49953).

오답의 이유

① 일반적으로 면허나 인허가 등의 수익적 행정처분의 근거가 되는 법률이 해당 업자들 사이의 과당경쟁으로 인한 경영의 불합리를 방지하는 것도 그 목적으로 하고 있는 경우, 다른 업자에 대한 면허나 인허가 등의 수익적 행정처분에 대하여 미리 같은 종류의 면허나 인허가 등의 수익적 행정처분을 받아 영업을 하고 있는 기존의 업자는 경업자에 대하여 이루어진 면허나 인허가 등 행정처분의 상대방이 아니라 하더라도 당해 행정처분의 취소를 구할 당사자적격이 있다(대판 2010.11.11. 2010두4179).

② 대판 2018.4.26. 2015두53824

③ 인가·허가 등 수익적 행정처분을 신청한 여러 사람이 서로 경원관계에 있어서 한 사람에 대한 허가 등 처분이 다른 사람에 대한 불허가 등으로 귀결될 수밖에 없을 때허가 등 처분을 받지 못한 사람은 신청에 대한 거부처분의 직접 상대방으로서 원칙적으로 자신에 대한 거부처분의 취소를 구할 원고적격이 있다(대판 2015.10.29. 2013두27517).

④ 대판 1995.9.26. 94누14544

06 난도 ★☆☆

행정법통론 > 행정상 법률관계의 원인

정답의 이유

ⓛ 대판 1995.12.22. 95누4636

ⓒ 갑 지방자치단체가 을 주식회사 등 4개 회사로 구성된 공동수급체를 자원회수시설과 부대시설의 운영·유지관리 등을 위탁할 민간사업자로 선정하고 을 회사 등의 공동수급체와 위 시설에 관한 위·수탁 운영 협약을 체결하였는데, 민간위탁 사무감사를 실시한 결과 을 회사 등이 위 협약에 근거하여 노무비와 복지후생비 등 비정산비용 명목으로 지급받은 금액 중 집행되지 않은 금액에 대하여 회수하기로 하고 을 회사에 이를 납부하라고 통보하자, 을 회사 등이 이를 납부한 후 회수통보의 무효확인 등을 구하는 소송을 제기한 사안에서, 위 협약은 갑 지방자치단체가 사인인 을 회사 등에 위 시설의 운영을 위탁하고 그 위탁운영비용을 지급하는 것을 내용으로 하는 용역계약으로서 상호 대등한 입장에서 당사자의 합의에 따라 체결한 사법상 계약에 해당한다(대판 2019.10.17. 2018두60588).

ⓜ 국유재산법 제51조 제1항은 국유재산의 무단점유자에 대하여는 대부 또는 사용, 수익허가 등을 받은 경우에 납부하여야 할 대부료 또는 사용료 상당액 외에도 그 징벌적 의미에서 국가측이 일방적으로 그 2할 상당액을 추가하여 변상금을 징수토록 하고 있으며 동조 제2항은 변상금의 체납 시 국세징수법에 의하여 강제

징수토록 하고 있는 점 등에 비추어 보면 국유재산의 관리청이 그 무단점유자에 대하여 하는 변상금부과처분은 순전히 사경제 주체로서 행하는 사법상의 법률행위라 할 수 없고 이는 관리청이 공권력을 가진 우월적 지위에서 행한 것으로서 행정소송의 대상이 되는 행정처분이라고 보아야 한다(대판 1988.2.23. 87누1046 등).

오답의 이유

ⓛ 한국공항공단이 무상 사용허가를 받은 행정재산에 대하여 하는 전대(轉貸)행위는 통상의 사인 간의 임대차와 다를 바 없고, 그 임대차계약이 임차인의 사용승인신청과 임대인의 사용승인의 형식으로 이루어졌다고 하여 달리 볼 것은 아니다(대판 2004.1.15. 2001다12638).

ⓓ 예산회계법에 따라 체결되는 계약은 사법상의 계약이라고 할 것이고 동법 제70조의5의 입찰보증금은 낙찰자의 계약체결의무이행의 확보를 목적으로 하여 그 불이행시에 이를 국고에 귀속시켜 국가의 손해를 전보하는 사법상의 손해배상 예정으로서의 성질을 갖는 것이라고 할 것이므로 입찰보증금의 국고귀속조치는 국가가 사법상의 재산권의 주체로서 행위하는 것이지 공권력을 행사하는 것이거나 공권력작용과 일체성을 가진 것이 아니라 할 것이므로 이에 관한 분쟁은 행정소송이 아닌 민사소송의 대상이 될 수밖에 없다고 할 것이다(대판 1983.12.27. 81누366).

07 난도 ★★★

각론 > 특별행정작용법 > 급부행정법

정답의 이유

② 사용허가를 받은 자는 허가기간이 끝나거나 국유재산법 제36조에 따라 사용허가가 취소 또는 철회된 경우에는 그 재산을 원래 상태대로 반환하여야 한다. 다만, 중앙관서의 장이 미리 상태의 변경을 승인한 경우에는 변경된 상태로 반환할 수 있다(국유재산법 제38조).

오답의 이유

① 국유재산법 제36조 제1항 제1호

제36조(사용허가의 취소와 철회)

① 중앙관서의 장은 행정재산의 사용허가를 받은 자가 다음 각 호의 어느 하나에 해당하면 그 허가를 취소하거나 철회할 수 있다.

1. 거짓 진술을 하거나 부실한 증명서류를 제시하거나 그 밖에 부정한 방법으로 사용허가를 받은 경우
2. 사용허가 받은 재산을 제30조 제2항을 위반하여 다른 사람에게 사용·수익하게 한 경우
3. 해당 재산의 보존을 게을리하였거나 그 사용목적을 위배한 경우
4. 납부기한까지 사용료를 납부하지 아니하거나 제32조 제2항 후단에 따른 보증금 예치나 이행보증조치를 하지 아니한 경우
5. 중앙관서의 장의 승인 없이 사용허가를 받은 재산의 원래 상태를 변경한 경우

---

③ 국유재산법 제37조

④ 국유재산법 제36조 제2항·제3항

제36조(사용허가의 취소와 철회)
② 중앙관서의 장은 사용허가한 행정재산을 국가나 지방자치단체가 직접 공용이나 공공용으로 사용하기 위하여 필요하게 된 경우에는 그 허가를 철회할 수 있다.
③ 제2항의 경우에 그 철회로 인하여 해당 사용허가를 받은 자에게 손실이 발생하면 그 재산을 사용할 기관은 대통령령으로 정하는 바에 따라 보상한다.

⑤ 국유재산 등의 관리청이 하는 행정재산의 사용·수익에 대한 허가는 순전히 사경제주체로서 행하는 사법상의 행위가 아니라 관리청이 공권력을 가진 우월적 지위에서 행하는 행정처분으로서 특정인에게 행정재산을 사용할 수 있는 권리를 설정하여 주는 강학상 특허에 해당한다(대판 2006.3.9. 2004다31074).

08 난도 ★☆☆   정답 ③

각론 > 특별행정작용법 > 경찰행정법

[정답의 이유]
③ 불심검문을 하게 된 경위, 불심검문 당시의 현장상황과 검문을 하는 경찰관들의 복장, 피고인이 공무원증 제시나 신분 확인을 요구하였는지 여부 등을 종합적으로 고려하여, 검문하는 사람이 경찰관이고 검문하는 이유가 범죄행위에 관한 것임을 피고인이 충분히 알고 있었다고 보이는 경우에는 신분증을 제시하지 않았다고 하여 그 불심검문이 위법한 공무집행이라고 할 수 없다(대판 2014.12.11. 2014도7976).

[오답의 이유]
① 경찰관직무집행법 제8조의2 제1항
② 경찰관직무집행법 제5조 제1항 제3호

제5조(위험 발생의 방지 등)
① 경찰관은 사람의 생명 또는 신체에 위해를 끼치거나 재산에 중대한 손해를 끼칠 우려가 있는 천재(天災), 사변(事變), 인공구조물의 파손이나 붕괴, 교통사고, 위험물의 폭발, 위험한 동물 등의 출현, 극도의 혼잡, 그 밖의 위험한 사태가 있을 때에는 다음 각 호의 조치를 할 수 있다.
1. 그 장소에 모인 사람, 사물(事物)의 관리자, 그 밖의 관계인에게 필요한 경고를 하는 것
2. 매우 긴급한 경우에는 위해를 입을 우려가 있는 사람을 필요한 한도에서 억류하거나 피난시키는 것
3. 그 장소에 있는 사람, 사물의 관리자, 그 밖의 관계인에게 위해를 방지하기 위하여 필요하다고 인정되는 조치를 하게 하거나 직접 그 조치를 하는 것

④ 경찰관직무집행법 제3조 제1항 제1호·제3항

제3조(불심검문)
① 경찰관은 다음 각 호의 어느 하나에 해당하는 사람을 정지시켜 질문할 수 있다.
1. 수상한 행동이나 그 밖의 주위 사정을 합리적으로 판단하여 볼 때 어떠한 죄를 범하였거나 범하려 하고 있다고 의심할 만한 상당한 이유가 있는 사람
2. 이미 행하여진 범죄나 행하여지려고 하는 범죄행위에 관한 사실을 안다고 인정되는 사람
③ 경찰관은 제1항 각 호의 어느 하나에 해당하는 사람에게 질문을 할 때에 그 사람이 흉기를 가지고 있는지를 조사할 수 있다.

⑤ 경찰관직무집행법 제4조 제1항 제2호

제4조(보호조치 등)
① 경찰관은 수상한 행동이나 그 밖의 주위 사정을 합리적으로 판단해 볼 때 다음 각 호의 어느 하나에 해당하는 것이 명백하고 응급구호가 필요하다고 믿을 만한 상당한 이유가 있는 사람(이하 "구호대상자"라 한다)을 발견하였을 때에는 보건의료기관이나 공공구호기관에 긴급구호를 요청하거나 경찰관서에 보호하는 등 적절한 조치를 할 수 있다.
1. 정신착란을 일으키거나 술에 취하여 자신 또는 다른 사람의 생명·신체·재산에 위해를 끼칠 우려가 있는 사람
2. 자살을 시도하는 사람
3. 미아, 병자, 부상자 등으로서 적당한 보호자가 없으며 응급구호가 필요하다고 인정되는 사람. 다만, 본인이 구호를 거절하는 경우는 제외한다.

09 난도 ★☆☆   정답 ④

행정작용법 > 행정행위

[정답의 이유]
④ 집합건물 중 일부 구분건물의 소유자인 피고인이 관할 소방서장으로부터 소방시설 불량사항에 관한 시정보완명령을 받고도 따르지 아니하였다는 내용으로 기소된 사안에서, 담당 소방공무원이 행정처분인 위 명령을 구술로 고지한 것은 행정절차법 제24조를 위반한 것으로 하자가 중대하고 명백하여 당연무효이고, 무효인 명령에 따른 의무위반이 생기지 아니하는 이상 피고인에게 명령 위반을 이유로 소방시설 설치유지 및 안전관리에 관한 법률 제48조의2 제1호에 따른 행정형벌을 부과할 수 없다(대판 2011.11.10. 2011도11109).

[오답의 이유]
① 대판 2012.2.16. 2010두10907 전합
② 표준지공시지가결정은 이를 기초로 한 수용재결 등과는 별개의 독립된 처분으로서 서로 독립하여 별개의 법률효과를 목적으로 하는 것이나, 표준지공시지가는 이를 인근 토지의 소유자나 기타 이해관계인에게 개별적으로 고지하도록 되어 있는 것이 아니어서 인근 토지의 소유자 등이 표준지공시지가결정 내용을 알고

있었다고 전제하기가 곤란할 뿐만 아니라 결정된 표준지공시지가가 공시될 당시 보상금 산정의 기준이 되는 표준지의 인근 토지를 함께 공시하는 것이 아니어서 인근 토지 소유자는 보상금 산정의 기준이 되는 표준지가 어느 토지인지를 알 수 없으므로 (더욱이 표준지공시지가가 공시된 이후 자기 토지가 수용되리라는 것을 알 수도 없다) 인근 토지 소유자가 표준지의 공시지가가 확정되기 전에 이를 다투는 것은 불가능하다. …(중략)… 따라서 표준지공시지가결정에 위법이 있는 경우에는 그 자체를 행정소송의 대상이 되는 행정처분으로 보아 그 위법 여부를 다툴 수 있음은 물론, 수용보상금의 증액을 구하는 소송에서도 선행처분으로서 그 수용대상 토지 가격 산정의 기초가 된 비교표준지공시지가결정의 위법을 독립된 사유로 주장할 수 있다(대판 2008.8.21. 2007두13845).

③ 대판 2013.7.11. 2011두27544

⑤ 증액경정처분은 당초 처분과 증액되는 부분을 포함하여 전체로서 하나의 과세표준과 세액을 다시 결정하는 것이어서 당초 처분은 증액경정처분에 흡수되어 독립된 존재가치를 상실하고 오직 증액경정처분만이 쟁송의 대상이 되어 납세의무자로서는 증액된 부분만이 아니라 당초 처분에서 확정된 과세표준과 세액에 대하여도 그 위법 여부를 다툴 수 있는 것이지만, 증액경정처분이 제척기간 도과 후에 이루어진 경우에는 증액부분만이 무효로 되고 제척기간 도과 전에 있었던 당초 처분은 유효한 것이므로, 납세의무자로서는 그와 같은 증액경정처분이 있었다는 이유만으로 당초 처분에 의하여 이미 확정되었던 부분에 대하여 다시 위법 여부를 다툴 수는 없다(대판 2004.2.13. 2002두9971).

10 난도 ★★★ 정답 ①

행정작용법 > 행정행위

[정답의 이유]

① 하자 있는 행정처분이 당연무효가 되기 위하여는 그 하자가 법규의 중요한 부분을 위반한 중대한 것으로서 객관적으로 명백한 것이어야 하며 하자가 중대하고 명백한 것인지 여부를 판별함에 있어서는 그 법규의 목적, 의미, 기능 등을 목적론적으로 고찰함과 동시에 구체적 사안 자체의 특수성에 관하여도 합리적으로 고찰함을 요한다(대판 2002.12.10. 2001두4566). 이는 행정행위의 무효에 대한 중대명백설 및 판례의 태도인데, 행정기본법에 규정되어 있지는 않다.

[오답의 이유]

② 대판 2007.6.14. 2004두619

③ 행정처분의 무효확인을 구하는 청구에는 특별한 사정이 없는 한 그 처분의 취소를 구하는 취지까지도 포함되어 있다고 볼 수는 있으나 위와 같은 경우에 취소청구를 인용하려면 먼저 취소를 구하는 항고소송으로서의 제소요건을 구비한 경우에 한한다(대판 1986.9.23. 85누838).

④ 대판 2017.7.11. 2016두35120

⑤ 선행처분과 후행처분이 서로 독립하여 별개의 법률효과를 목적으로 하는 때에도 선행처분이 당연무효이면 선행처분의 하자를 이유로 후행처분의 효력을 다툴 수 있다. 도시계획시설사업의

시행자가 작성한 실시계획을 인가하는 처분은 도시계획시설사업 시행자에게 도시계획시설사업의 공사를 허가하고 수용권을 부여하는 처분으로서 선행처분인 도시계획시설사업 시행자 지정 처분이 처분 요건을 충족하지 못하여 당연무효인 경우에는 사업시행자 지정 처분이 유효함을 전제로 이루어진 후행처분인 실시계획 인가처분도 무효라고 보아야 한다(대판 2017.7.11. 2016두35120).

11 난도 ★☆☆ 정답 ④

행정법통론 > 행정 · 행정법

[정답의 이유]

ⓒ 행정청은 공익 또는 제3자의 이익을 현저히 해칠 우려가 있는 경우를 제외하고는 행정에 대한 국민의 정당하고 합리적인 신뢰를 보호하여야 한다(행정기본법 제12조 제1항).

ⓔ 법적확신설에 따르면 특정 사항에 관하여 신뢰보호원칙상 행정청이 그와 배치되는 조치를 할 수 없을 정도의 행정관행이 성립되었다고 하려면 상당한 기간에 걸쳐 그 사항에 관하여 동일한 처분을 하였다는 객관적 사실이 존재하는 것뿐만 아니라 이러한 장기적 관행이 당사자들에 의해 법으로 받아들여진 법적 승인이 있어야 한다.

> **행정절차법 제4조(신의성실 및 신뢰보호)**
> ② 행정청은 법령 등의 해석 또는 행정청의 관행이 일반적으로 국민들에게 받아들여졌을 때에는 공익 또는 제3자의 정당한 이익을 현저히 해칠 우려가 있는 경우를 제외하고는 새로운 해석 또는 관행에 따라 소급하여 불리하게 처리하여서는 아니 된다.

[오답의 이유]

ⓐ · ⓑ 과세관청의 공적 견해표명이 있었는지의 여부를 판단하는 데 있어 반드시 행정조직상의 형식적인 권한분장에 구애될 것은 아니고 담당자의 조직상의 지위와 임무, 당해 언동을 하게 된 구체적인 경위 및 그에 대한 납세자의 신뢰가능성에 비추어 실질에 의하여 판단하여야 한다(대판 1996.1.23. 95누13746).

ⓓ 신뢰보호의 원칙은 행정청이 공적인 견해를 표명할 당시의 사정이 그대로 유지됨을 전제로 적용되는 것이 원칙이므로, 사후에 그와 같은 사정이 변경된 경우에는 그 공적 견해가 더 이상 개인에게 신뢰의 대상이 된다고 보기 어려운 만큼, 특별한 사정이 없는 한 행정청이 그 견해표명에 반하는 처분을 하더라도 신뢰보호의 원칙에 위반된다고 할 수 없다(대판 2020.6.25. 2018두34732).

행정과정의 규율 > 정보공개와 개인정보 보호

정답의 이유

⑤ 소비자기본법 제29조에 따라 공정거래위원회에 등록한 후 3년이 경과한 소비자단체가 법원에 권리침해 행위의 중지를 구하는 단체소송을 제기할 수 있다(개인정보 보호법 제51조 제1호 다목).

제51조(단체소송의 대상 등)

다음 각 호의 어느 하나에 해당하는 단체는 개인정보처리자가 제49조에 따른 집단분쟁조정을 거부하거나 집단분쟁조정의 결과를 수락하지 아니한 경우에는 법원에 권리침해 행위의 금지ㆍ중지를 구하는 소송(이하 "단체소송"이라 한다)을 제기할 수 있다.

1. 「소비자기본법」 제29조에 따라 공정거래위원회에 등록한 소비자단체로서 다음 각 목의 요건을 모두 갖춘 단체

　가. 정관에 따라 상시적으로 정보주체의 권익증진을 주된 목적으로 하는 단체일 것

　나. 단체의 정회원수가 1천 명 이상일 것

　다. 「소비자기본법」 제29조에 따른 등록 후 3년이 경과하였을 것

오답의 이유

① 개인정보 보호법 제39조 제1항

② 개인정보자기결정권은 자신에 관한 정보가 언제 누구에게 어느 범위까지 알려지고 또 이용되도록 할 것인지를 그 정보주체가 스스로 결정할 수 있는 권리, 즉 정보주체가 개인정보의 공개와 이용에 관하여 스스로 결정할 권리를 말하는바, 개인의 고유성, 동일성을 나타내는 지문은 그 정보주체를 타인으로부터 식별가능하게 하는 개인정보이므로, 시장ㆍ군수 또는 구청장이 개인의 지문정보를 수집하고, 경찰청장이 이를 보관ㆍ전산화하여 범죄수사목적에 이용하는 것은 모두 개인정보자기결정권을 제한하는 것이다(헌재 2005.5.26. 99헌마513ㆍ2004헌마190 병합). 이러한 개인정보자기결정권은 독자적 기본권으로서 헌법에 명시되지 아니한 기본권이다.

③ 개인정보 보호법 제2조 제1호

제2조(정의)

이 법에서 사용하는 용어의 뜻은 다음과 같다.

1. "개인정보"란 살아 있는 개인에 관한 정보로서 다음 각 목의 어느 하나에 해당하는 정보를 말한다.

　가. 성명, 주민등록번호 및 영상 등을 통하여 개인을 알아볼 수 있는 정보

　나. 해당 정보만으로는 특정 개인을 알아볼 수 없더라도 다른 정보와 쉽게 결합하여 알아볼 수 있는 정보. 이 경우 쉽게 결합할 수 있는지 여부는 다른 정보의 입수 가능성 등 개인을 알아보는 데 소요되는 시간, 비용, 기술 등을 합리적으로 고려하여야 한다.

④ 개인정보 보호법 제49조 제1항

행정작용법 > 기타 행정작용

정답의 이유

㉠ 다른 법률에 특별한 규정이 있는 경우이거나 또는 지방계약법의 개별규정의 규율내용이 매매, 도급 등과 같은 특정한 유형ㆍ내용의 계약을 규율대상으로 하고 있는 경우가 아닌 한, 지방자치단체를 당사자로 하는 계약에 관하여는 그 계약의 성질이 사법상 계약인지 공법상 계약인지와 상관없이 원칙적으로 지방자치단체를 당사자로 하는 계약에 관한 법률의 규율이 적용된다고 보아야 한다(대판 2020.12.10. 2019다234617).

㉡ 중소기업 정보화지원사업에 따른 지원금 출연을 위하여 중소기업청장이 체결하는 협약은 공법상 대등한 당사자 사이의 의사표시의 합치로 성립하는 공법상 계약에 해당하고 달리 지원금 환수에 관한 구체적인 법령상 근거가 없는 점 등을 종합하면, 협약의 해지 및 그에 따른 환수통보는 공법상 계약에 따라 행정청이 대등한 당사자의 지위에서 하는 의사표시로 보아야 하고, 이를 행정청이 우월한 지위에서 행하는 공권력의 행사로서 행정처분에 해당한다고 볼 수는 없다(대판 2015.8.27. 2015두41449).

㉢ 지방자치단체가 일방 당사자가 되는 이른바 '공공계약'이 사경제의 주체로서 상대방과 대등한 위치에서 체결하는 사법상 계약에 해당하는 경우 그에 관한 법령에 특별한 정함이 있는 경우를 제외하고는 사적 자치와 계약자유의 원칙 등 사법의 원리가 그대로 적용된다(대판 2018.2.13. 2014두11328).

㉣ 행정청은 법령 등을 위반하지 아니하는 범위에서 행정목적을 달성하기 위하여 필요한 경우에는 공법상 법률관계에 관한 계약(공법상 계약)을 체결할 수 있다. 이 경우 계약의 목적 및 내용을 명확하게 적은 계약서를 작성하여야 한다(행정기본법 제27조 제1항).

행정작용법 > 기타 행정작용

정답의 이유

① 행정지도는 의무를 부과하거나 권익을 제한하는 것은 아니지만, 행정지도의 명확성을 담보하고 자의적인 행정지도를 억제할 필요성이 강하게 요구되므로 행정절차법은 행정지도에 관한 명시적인 규정을 두고 있다. 따라서 행정지도는 행정절차법의 적용을 받는다(행정절차법 제3조 제1항ㆍ제48조).

제3조(적용 범위)

① 처분, 신고, 확약, 위반사실 등의 공표, 행정계획, 행정상 입법예고, 행정예고 및 행정지도의 절차(이하 "행정절차"라 한다)에 관하여 다른 법률에 특별한 규정이 있는 경우를 제외하고는 이 법에서 정하는 바에 따른다.

제48조(행정지도의 원칙)

① 행정지도는 그 목적 달성에 필요한 최소한도에 그쳐야 하며, 행정지도의 상대방의 의사에 반하여 부당하게 강요하여서는 아니 된다.

② 행정기관은 행정지도의 상대방이 행정지도에 따르지 아니하였다는 것을 이유로 불이익한 조치를 하여서는 아니 된다.

② 교육인적자원부장관의 대학총장들에 대한 이 사건 학칙시정요구는 고등교육법 제6조 제2항, 동법 시행령 제4조 제3항에 따른 것으로서 그 법적 성격은 대학총장의 임의적인 협력을 통하여 사실상의 효과를 발생시키는 행정지도의 일종이지만, 그에 따르지 않을 경우 일정한 불이익조치를 예정하고 있어 사실상 상대방에게 그에 따를 의무를 부과하는 것과 다를 바 없으므로 단순한 행정지도로서의 한계를 넘어 규제적·구속적 성격을 상당히 강하게 갖는 것으로서 헌법소원의 대상이 되는 공권력의 행사라고 볼 수 있다(헌재 2003.6.26. 2002헌마337, 2003헌마7·8 병합).

③ 대판 1996.3.22. 96누433

④ 행정관청이 국토이용관리법 소정의 토지거래계약신고에 관하여 공시된 기준시가를 기준으로 매매가격을 신고하도록 행정지도를 하고 피고인이 그에 따라 허위신고를 한 것이라 하더라도 이와 같은 행정지도는 법에 어긋나는 것으로서 피고인이 그와 같은 행정지도나 관행에 따라 허위신고행위에 이르렀다고 하여도 이것만 가지고서는 그 범법행위가 정당화 될 수 없다고 할 것이다(대판 1994.6.14. 93도3247).

⑤ 대판 2008.9.25. 2006다18228

15 난도 ★★☆   정답 ③

실효성 확보수단 > 종합

③ 행정청이 행정대집행의 방법으로 건물철거의무의 이행을 실현할 수 있는 경우에는 건물철거 대집행 과정에서 부수적으로 건물의 점유자들에 대한 퇴거 조치를 할 수 있고, 점유자들이 적법한 행정대집행을 위력을 행사하여 방해하는 경우 형법상 공무집행방해죄가 성립하므로, 필요한 경우에는 '경찰관 직무집행법'에 근거한 위험발생 방지조치 또는 형법상 공무집행방해죄의 범행방지 내지 현행범체포의 차원에서 경찰의 도움을 받을 수도 있다(대판 2017.4.28. 2016다213916).

① 행정기본법 제31조 제5항

② 경찰서장이 범칙행위에 대하여 통고처분을 한 이상, 범칙자의 위와 같은 절차적 지위를 보장하기 위하여 통고처분에서 정한 범칙금 납부기간까지는 원칙적으로 경찰서장은 즉결심판을 청구할 수 없고, 검사도 동일한 범칙행위에 대하여 공소를 제기할 수 없다고 보아야 한다(대판 2020.4.29. 2017도13409).

④ 가맹사업거래의 공정화에 관한 법률(이하 '가맹사업법'이라 한다) 제35조 제1항에 따르면, 공정거래위원회는 가맹사업법 위반행위에 대하여 과징금을 부과할 것인지와 만일 과징금을 부과할 경우 가맹사업법과 가맹사업거래의 공정화에 관한 법률 시행령이 정하고 있는 일정한 범위 안에서 과징금의 액수를 구체적으로 얼마로 정할 것인지를 재량으로 판단할 수 있으므로, 공정거래위원회의 법 위반행위자에 대한 과징금 부과처분은 재량행위이다. 다만 이러한 재량을 행사하면서 과징금 부과의 기초가 되는 사실을 오인하였거나, 비례·평등원칙에 반하는 사유가 있다면 이는 재량권의 일탈·남용으로서 위법하다(대판 2021.9.30. 2020두48857).

⑤ 질서위반행위 후 법률이 변경되어 그 행위가 질서위반행위에 해당하지 아니하게 되거나 과태료가 변경되기 전의 법률보다 가볍게 된 때에는 법률에 특별한 규정이 없는 한 변경된 법률을 적용한다(질서위반행위규제법 제3조 제2항).

16 난도 ★☆☆   정답 ②

행정작용법 > 행정행위

② 사도개설허가에서 정해진 공사기간 내에 사도로 준공검사를 받지 못한 경우, 이 공사기간을 사도개설허가 자체의 존속기간(유효기간)으로 볼 수 없다는 이유로 사도개설허가가 당연히 실효되는 것은 아니다(대판 2004.11.25. 2004두7023).

① 행정기본법 제17조 제2항

③ 행정행위의 부관은 부담의 경우를 제외하고는 독립하여 행정소송의 대상이 될 수 없는 것인바, 행정청이 한 공유수면매립준공인가 중 매립지 일부에 대하여 한 국가귀속처분은 매립준공인가를 함에 있어서 매립의 면허를 받은자의 매립지에 대한 소유권취득을 규정한 공유수면매립법 제14조의 효과 일부를 배제하는 부관을 붙인 것이므로 이러한 행정행위의 부관에 대하여는 독립하여 행정소송의 대상으로 삼을 수 없다(대판 1991.12.13. 90누8503).

④ 수익적 행정처분에 있어서는 법령에 특별한 근거규정이 없다고 하더라도 그 부관으로서 부담을 붙일 수 있고, 그와 같은 부담은 행정청이 행정처분을 하면서 일방적으로 부가할 수도 있지만 부담을 부가하기 이전에 상대방과 협의하여 부담의 내용을 협약의 형식으로 미리 정한 다음 행정처분을 하면서 이를 부가할 수도 있다(대판 2009.2.12. 2005다65500).

⑤ 공익법인의 기본재산처분허가에 부관을 붙인 경우 그 처분허가의 법률적 성질이 형성적 행정행위로서의 인가에 해당한다고 하여 조건으로서의 부관의 부과가 허용되지 아니한다고 볼 수는 없다(대판 2005.9.28. 2004다50044).

17 난도 ★★☆   정답 ②

행정쟁송 > 행정소송

(가) 행정청의 처분 등이나 부작위에 대하여 제기하는 소송은 항고소송이며, 이에 해당하는 해당하는 사례는 ⓛ이다.
   ⓛ 재단법인 한국연구재단의 과학기술기본법령상 사업 협약의 해지 통보는 단순히 대등 당사자의 지위에서 형성된 공법상 계약을 계약당사자의 지위에서 종료시키는 의사표시에 불과한 것이 아니라 행정청이 우월적 지위에서 연구개발비의 회수 및 관련자에 대한 국가연구개발사업 참여제한 등의 법률상 효과를 발생시키는 행정처분에 해당한다(대판 2014.12.11. 2012두28704).

(나) 행정청의 처분 등을 원인으로 하는 법률관계에 관한 소송, 그 밖에 공법상의 법률관계에 관한 소송으로서 그 법률관계의 한쪽 당사자를 피고로 하는 소송은 당사자소송이며, 이에 해당하는 사례는 ㉠, ㉢이다.

㉠ 고용보험 및 산업재해보상보험의 보험료징수 등에 관한 법률 제4조, 제16조의2, 제17조, 제19조, 제23조의 각 규정에 의하면, 사업주가 당연가입자가 되는 고용보험 및 산재보험에서 보험료 납부의무부존재확인의 소는 공법상의 법률관계 자체를 다투는 소송으로서 공법상 당사자소송이다(대판 2016.10.13. 2016다221658).

㉢ 지방자치단체가 보조금 지급결정을 하면서 일정 기한 내에 보조금을 반환하도록 하는 교부조건을 부가한 사안에서, 보조사업자에 대한 지방자치단체의 보조금반환청구는 행정소송법 제3조 제2호에 규정한 당사자소송의 대상이다(대판 2011.6.9. 2011다2951).

18 난도 ★☆☆   정답 ①

행정과정의 규율 > 정보공개와 개인정보 보호

[정답의 이유]

① 청구인이 정보공개거부처분의 취소를 구하는 소송에서 공공기관이 청구정보를 증거 등으로 법원에 제출하여 법원을 통하여 그 사본을 청구인에게 교부 또는 송달하게 하여 결과적으로 청구인에게 정보를 공개하는 셈이 되었다고 하더라도, 이러한 우회적인 방법은 법이 예정하고 있지 아니한 방법으로서 법에 의한 공개라고 볼 수는 없으므로, 당해 문서의 비공개결정의 <u>취소를 구할 소의 이익은 소멸되지 않는다고 할 것이다</u>(대판 2004.3.26. 2002두6583).

[오답의 이유]

② 공공기관의 정보공개에 관한 법률 제11조 제3항

③ 공공기관의 정보공개에 관한 법률 제11조의2 제1항 제1호

제11조의2(반복 청구 등의 처리)
① 공공기관은 제11조에도 불구하고 제10조 제1항 및 제2항에 따른 정보공개 청구가 다음 각 호의 어느 하나에 해당하는 경우에는 정보공개 청구 대상 정보의 성격, 종전 청구와의 내용적 유사성·관련성, 종전 청구와 동일한 답변을 할 수밖에 없는 사정 등을 종합적으로 고려하여 해당 청구를 종결 처리할 수 있다. 이 경우 종결 처리 사실을 청구인에게 알려야 한다.
  1. 정보공개를 청구하여 정보공개 여부에 대한 결정의 통지를 받은 자가 정당한 사유 없이 해당 정보의 공개를 다시 청구하는 경우
  2. 정보공개 청구가 제11조 제5항에 따라 민원으로 처리되었으나 다시 같은 청구를 하는 경우

④ 공공기관의 정보공개에 관한 법률 제21조 제2항

제21조(제3자의 비공개 요청 등)
① 제11조 제3항에 따라 공개 청구된 사실을 통지받은 제3자는 그 통지를 받은 날부터 3일 이내에 해당 공공기관에 대하여 자신과 관련된 정보를 공개하지 아니할 것을 요청할 수 있다.
② 제1항에 따른 비공개 요청에도 불구하고 공공기관이 공개 결정을 할 때에는 공개 결정 이유와 공개 실시일을 분명히 밝혀 지체 없이 문서로 통지하여야 하며, 제3자는 해당 공공기관에 문서로 이의신청을 하거나 행정심판 또는 행정소송을 제기할 수 있다. 이 경우 이의신청은 통지를 받은 날부터 7일 이내에 하여야 한다.

⑤ 정보공개제도는 공공기관이 보유·관리하는 정보를 그 상태대로 공개하는 제도로서 공개를 구하는 정보를 공공기관이 보유·관리하고 있을 상당한 개연성이 있다는 점에 대하여 원칙적으로 공개청구자에게 증명책임이 있다고 할 것이지만, 공개를 구하는 정보를 공공기관이 한 때 보유·관리하였으나 후에 그 정보가 담긴 문서 등이 폐기되어 존재하지 않게 된 것이라면 그 정보를 더 이상 보유·관리하고 있지 아니하다는 점에 대한 증명책임은 공공기관에게 있다(대판 2004.12.9. 2003두12707).

19 난도 ★★☆   정답 ②

행정쟁송 > 행정소송

[정답의 이유]

㉠ 불고불리의 원칙으로 당사자주의 내지 처분권주의를 의미한다.

㉢ 행정소송법 제25조 제2항

제25조(행정심판기록의 제출명령)
① 법원은 당사자의 신청이 있는 때에는 결정으로써 재결을 행한 행정청에 대하여 행정심판에 관한 기록의 제출을 명할 수 있다.
② 제1항의 규정에 의한 제출명령을 받은 행정청은 지체없이 당해 행정심판에 관한 기록을 법원에 제출하여야 한다.

[오답의 이유]

㉡ 행정소송에 있어서 법원은 원고의 청구범위를 초월하여 그 이상의 청구를 인용할 수 없다.

㉣ 행정소송에서 쟁송의 대상이 되는 행정처분의 존부는 소송요건으로서 직권조사사항이고, 자백의 대상이 될 수 없는 것이므로, 설사 그 존재를 당사자들이 다투지 아니한다 하더라도 그 존부에 관하여 의심이 있는 경우에는 이를 직권으로 밝혀 보아야 할 것이고, 사실심에서 변론종결 시까지 당사자가 주장하지 않던 직권조사사항에 해당하는 사항을 상고심에서 비로소 주장하는 경우 <u>그 직권조사사항에 해당하는 사항은 상고심의 심판범위에 해당한다</u>(대판 2004.12.24. 2003두15195).

손해전보 > 행정상 손실보상

정답의 이유

⑤ 어떤 보상항목이 공익사업을 위한 토지 등의 취득 및 보상에 관한 법령상 손실보상대상에 해당함에도 관할 토지수용위원회가 사실을 오인하거나 법리를 오해함으로써 손실보상대상에 해당하지 않는다고 잘못된 내용의 재결을 한 경우에는, 피보상자는 관할 토지수용위원회를 상대로 그 재결에 대한 취소소송을 제기할 것이 아니라, 사업시행자를 상대로 구 공익사업을 위한 토지 등의 취득 및 보상에 관한 법률 제85조 제2항에 따른 보상금증감소송을 제기하여야 한다(대판 2018.7.20. 2015두4044).

오답의 이유

① 중앙토지수용위원회의 이의재결에 대한 행정소송은 재결서를 받은 날부터 60일 이내에 (수용재결을 대상으로) 제기하여야 한다(공익사업을 위한 토지 등의 취득 및 보상에 관한 법률 제85조 제1항).

> **제85조(행정소송의 제기)**
> ① 사업시행자, 토지소유자 또는 관계인은 제34조에 따른 재결에 불복할 때에는 재결서를 받은 날부터 90일 이내에, 이의신청을 거쳤을 때에는 이의신청에 대한 재결서를 받은 날부터 60일 이내에 각각 행정소송을 제기할 수 있다. 이 경우 사업시행자는 행정소송을 제기하기 전에 제84조에 따라 늘어난 보상금을 공탁하여야 하며, 보상금을 받을 자는 공탁된 보상금을 소송이 종결될 때까지 수령할 수 없다.

② 지방토지수용위원회의 재결에 대하여 이의를 신청하여 중앙토지수용위원회의 재결을 받은 자가 재결의 취소소송을 제기하려면 원칙적으로 지방토지수용위원회의 수용재결을 대상으로 하여야 한다.

③ 공익사업의 시행자는 해당 공익사업을 위한 공사에 착수하기 이전에 토지소유자와 관계인에게 보상액 전액을 지급하여야 한다. 공익사업의 시행자가 토지소유자와 관계인에게 보상액을 지급하지 않고 승낙도 받지 않은 채 공사에 착수함으로써 토지소유자와 관계인이 손해를 입은 경우, 토지소유자와 관계인에 대하여 불법행위가 성립할 수 있고, 사업시행자는 그로 인한 손해를 배상할 책임을 진다(대판 2021.11.11. 2018다204022).

④ 공익사업으로 인하여 영업을 폐지하거나 휴업하는 자가 구 공익사업을 위한 토지 등의 취득 및 보상에 관한 법률 제34조, 제50조 등에 규정된 재결절차를 거치지 않은 채 곧바로 사업시행자를 상대로 영업손실보상을 청구할 수 없다(대판 2011.9.29. 2009두10963).

각론 > 행정조직법 > 공무원법

정답의 이유

① 국가공무원법 제73조의3 제2항은 직위해제처분을 한 경우에도 그 사유가 소멸되면 지체 없이 직위를 부여하여야 함을 명시하였다. 이는 같은 조 제1항 제3호의 요건 중 하나인 '중징계의결이 요구 중인 자'의 의미 및 '중징계의결 요구'의 종기에 관한 해석과 관계된다. 국가공무원법은 '징계의결 요구(제78조), 징계의결(제82조 제1항), 징계의결 통보(공무원 징계령 제18조), 징계처분(제78조 및 공무원 징계령 제19조) 또는 심사 · 재심사 청구(제82조 제2항 및 공무원 징계령 제24조)' 등 징계절차와 그 각 단계를 명확히 구분하여 규정하였고, '재징계의결 요구(제78조의3)'는 징계처분이 무효 · 취소된 경우에 한하는 것으로 명시함으로써 '심사 · 재심사 청구'가 이에 포함되지 않는다는 점 역시 문언상 분명하다. 이러한 관련 규정의 문언 내용 · 체계에 비추어 보면, '중징계의결이 요구 중인 자'는 국가공무원법 제82조 제1항 및 공무원 징계령 제12조에 따른 징계의결이 이루어질 때까지로 한정된다고 보는 것이 타당하다(대판 2022.10.14. 2022두45623). 즉, 직위해제처분의 상대방은 '중징계의결이 요구 중인 자'인데, '심사 · 재심사 청구'는 이에 포함되지 않는다. 따라서 중징계의결이 있은 후 징계의결요구권자가 심사 · 재심사 청구를 하였다면 이는 '중징계의결이 요구 중'인 경우에 해당하지 않으므로 심사 · 재심사 청구에 대한 결정이 있을 때까지 직위해제를 유지할 수 없다.

오답의 이유

② 형법 제127조는 공무원 또는 공무원이었던 자가 법령에 의한 직무상 비밀을 누설하는 것을 구성요건으로 하고 있는데, 여기서 '법령에 의한 직무상 비밀'이란 반드시 법령에 의하여 비밀로 규정되었거나 비밀로 분류 명시된 사항에 한하지 아니하고, 정치, 군사, 외교, 경제, 사회적 필요에 따라 비밀로 된 사항은 물론 정부나 공무소 또는 국민이 객관적, 일반적인 입장에서 외부에 알려지지 않는 것에 상당한 이익이 있는 사항도 포함하나, 실질적으로 그것을 비밀로서 보호할 가치가 있다고 인정할 수 있는 것이어야 한다(대판 2021.11.25. 2021도2486).

③ 강등은 1계급 아래로 직급을 내리고(고위공무원단에 속하는 공무원은 3급으로 임용하고, 연구관 및 지도관은 연구사 및 지도사로 한다) 공무원신분은 보유하나 3개월간 직무에 종사하지 못하며 그 기간 중 보수는 전액을 감한다. 다만, 제4조 제2항에 따라 계급을 구분하지 아니하는 공무원과 임기제공무원에 대해서는 강등을 적용하지 아니한다(국가공무원법 제80조 제1항).

④ 국가공무원법 제50조의2 제3항

⑤ 국가공무원법 제83조의2 제1항 제3호

제83조의2(징계 및 징계부가금 부과 사유의 시효)

① 징계의결등의 요구는 징계 등 사유가 발생한 날부터 다음 각 호의 구분에 따른 기간이 지나면 하지 못한다.

　　1. 징계 등 사유가 다음 각 목의 어느 하나에 해당하는 경우: 10년
　　　　가. 「성매매알선 등 행위의 처벌에 관한 법률」 제4조에 따른 금지행위
　　　　나. 「성폭력범죄의 처벌 등에 관한 특례법」 제2조에 따른 성폭력범죄
　　　　다. 「아동·청소년의 성보호에 관한 법률」 제2조 제2호에 따른 아동·청소년대상 성범죄
　　　　라. 「양성평등기본법」 제3조 제2호에 따른 성희롱
　　2. 징계 등 사유가 제78조의2 제1항 각 호의 어느 하나에 해당하는 경우: 5년
　　3. 그 밖의 징계 등 사유에 해당하는 경우: 3년

22 난도 ★★☆　　　　　　　　　　　　　　　정답 ⑤

각론 > 행정조직법 > 지방자치법

[정답의 이유]

⑤ 2개 이상의 지방자치단체가 공동으로 특정한 목적을 위하여 광역적으로 사무를 처리할 필요가 있을 때에는 특별지방자치단체를 설치할 수 있다. 이 경우 특별지방자치단체를 구성하는 지방자치단체(이하 "구성 지방자치단체"라 한다)는 상호 협의에 따른 규약을 정하여 구성 지방자치단체의 지방의회 의결을 거쳐 행정안전부장관의 승인을 받아야 한다(지방자치법 제199조 제1항).

[오답의 이유]

① 지방자치법 제176조 제1항·제2항

제176조(지방자치단체조합의 설립)

① 2개 이상의 지방자치단체가 하나 또는 둘 이상의 사무를 공동으로 처리할 필요가 있을 때에는 규약을 정하여 지방의회의 의결을 거쳐 시·도는 행정안전부장관의 승인, 시·군 및 자치구는 시·도지사의 승인을 받아 지방자치단체조합을 설립할 수 있다. 다만, 지방자치단체조합의 구성원인 시·군 및 자치구가 2개 이상의 시·도에 걸쳐 있는 지방자치단체조합은 행정안전부장관의 승인을 받아야 한다.

② 지방자치단체조합은 법인으로 한다.

② 지방자치법 제4조 제2항

제4조(지방자치단체의 기관구성 형태의 특례)

① 지방자치단체의 의회(이하 "지방의회"라 한다)와 집행기관에 관한 이 법의 규정에도 불구하고 따로 법률로 정하는 바에 따라 지방자치단체의 장의 선임방법을 포함한 지방자치단체의 기관구성 형태를 달리 할 수 있다.

② 제1항에 따라 지방의회와 집행기관의 구성을 달리하려는 경우에는 「주민투표법」에 따른 주민투표를 거쳐야 한다.

③ 지방자치법 제189조 제2항

제189조(지방자치단체의 장에 대한 직무이행명령)

① 지방자치단체의 장이 법령에 따라 그 의무에 속하는 국가위임사무나 시·도위임사무의 관리와 집행을 명백히 게을리하고 있다고 인정되면 시·도에 대해서는 주무부장관이, 시·군 및 자치구에 대해서는 시·도지사가 기간을 정하여 서면으로 이행할 사항을 명령할 수 있다.

② 주무부장관이나 시·도지사는 해당 지방자치단체의 장이 제1항의 기간에 이행명령을 이행하지 아니하면 그 지방자치단체의 비용 부담으로 대집행 또는 행정상·재정상 필요한 조치(이하 이 조에서 "대집행 등"이라 한다)를 할 수 있다. 이 경우 행정대집행에 관하여는 「행정대집행법」을 준용한다.

④ 지방자치법 제190조 제1항

제190조(지방자치단체의 자치사무에 대한 감사)

① 행정안전부장관이나 시·도지사는 지방자치단체의 자치사무에 관하여 보고를 받거나 서류·장부 또는 회계를 감사할 수 있다. 이 경우 감사는 법령 위반사항에 대해서만 한다.

23 난도 ★★★　　　　　　　　　　　　　　　정답 ①

행정작용법 > 행정입법

[정답의 이유]

㉠ 군인사법 제47조의2는 국가의 독립과 영토의 보전 등에 관한 대통령의 헌법상 책무를 다하도록 하기 위하여 헌법이 대통령에게 부여한 군통수권을 실질적으로 존중한다는 차원에서 군인의 복무에 관한 사항을 규율할 권한을 대통령령에 위임한 것이라 할 수 있고, 그 조항이 대통령령으로 규정될 내용 및 범위에 관한 기본적인 사항을 다소 광범위하게 위임하였다 하더라도 이를 헌법 제75조에 어긋나는 것이라고 보기 어렵다(헌재 2010.10.28. 2008헌마638).

㉡ 법령에서 행정처분의 요건 중 일부 사항을 부령으로 정할 것을 위임한 데 따라 시행규칙 등 부령에서 이를 정한 경우에 그 부령의 규정은 국민에 대해서도 구속력이 있는 법규명령에 해당한다고 할 것이지만, 법령의 위임이 없음에도 법령에 규정된 처분 요건에 해당하는 사항을 부령에서 변경하여 규정한 경우에는 그 부령의 규정은 행정청 내부의 사무처리 기준 등을 정한 것으로서 행정조직 내에서 적용되는 행정명령의 성격을 지닐 뿐 국민에 대한 대외적 구속력은 없다고 보아야 한다(대판 2013.9.12. 2011두10584).

[오답의 이유]

㉢ 중앙행정기관이 제정·개정 후 10일 내에 제출한 대통령령·총리령 및 부령이 그 위임 법률의 취지 또는 내용에 합치되지 아니한다고 국회 소관 상임위원회가 판단한 경우 상임위원회는 대통령령 또는 총리령의 경우 검토의 결과와 처리 의견 등을 기재한 검토결과보고서를 의장에게 제출하고, 부령의 경우 소관 중앙행

정기관의 장에게 그 내용을 통보할 수 있다(국회법 제98조의2 제1항·제3항·제4항·제7항).

> **제98조의2(대통령령 등의 제출 등)**
> ① 중앙행정기관의 장은 법률에서 위임한 사항이나 법률을 집행하기 위하여 필요한 사항을 규정한 대통령령·총리령·부령·훈령·예규·고시 등이 제정·개정 또는 폐지되었을 때에는 10일 이내에 이를 국회 소관 상임위원회에 제출하여야 한다. 다만, 대통령령의 경우에는 입법예고를 할 때(입법예고를 생략하는 경우에는 법제처장에게 심사를 요청할 때를 말한다)에도 그 입법예고안을 10일 이내에 제출하여야 한다.
> ③ 상임위원회는 위원회 또는 상설소위원회를 정기적으로 개회하여 그 소관 중앙행정기관이 제출한 「대통령령·총리령 및 부령(이하 이 조에서 "대통령령 등"이라 한다)의 법률 위반 여부 등을 검토하여야 한다.
> ④ 상임위원회는 제3항에 따른 검토 결과 <u>대통령령 또는 총리령이 법률의 취지 또는 내용에 합치되지 아니한다고 판단되는 경우에는 검토의 경과와 처리 의견 등을 기재한 검토결과보고서를 의장에게 제출하여야 한다.</u>
> ⑦ 상임위원회는 제3항에 따른 검토 결과 <u>부령이 법률의 취지 또는 내용에 합치되지 아니한다고 판단되는 경우에는 소관 중앙행정기관의 장에게 그 내용을 통보할 수 있다.</u>

ㄹ 재위임에 의한 부령의 경우에도 위임에 의한 대통령령에 가해지는 헌법상의 제한이 당연히 적용되어야 할 것이므로 법률에서 위임받은 사항을 전혀 규정하지 아니하고 그대로 재위임하는 것은 허용되지 않으며 <u>위임받은 사항에 관하여 대강을 정하고 그 중의 특정사항을 범위를 정하여 하위법령에 다시 위임하는 경우에만 재위임이 허용된다</u>(헌재 1996.2.29. 94헌마213). 즉, 헌법상 구체적 위임의 요구는 법률이 대통령령에 위임하는 경우에 국한되는 것은 아니다. 따라서 대통령령이 법률에서 위임받은 사항을 다시 부령에 재위임하는 경우에도 구체적 위임이 요구된다(포괄위임금지원칙).

24 난도 ★★☆ 정답 ④

실효성 확보수단 > 행정조사

[정답의 이유]
④ 군사시설·군사기밀보호 또는 방위사업에 관한 사항은 원칙적으로 행정조사기본법의 적용범위가 아니지만, 그럼에도 불구하고 행정조사의 기본원칙은 적용된다(행정조사기본법 제3조 제2항 제2호 가목·제3항).

> **제3조(적용범위)**
> ② 다음 각 호의 어느 하나에 해당하는 사항에 대하여는 이 법을 적용하지 아니한다.
> 　1. 행정조사를 한다는 사실이나 조사내용이 공개될 경우 국가의 존립을 위태롭게 하거나 국가의 중대한 이익을 현저히 해칠 우려가 있는 국가안전보장·통일 및 외교에 관한 사항

> 　2. 국방 및 안전에 관한 사항 중 다음 각 목의 어느 하나에 해당하는 사항
> 　　가. 군사시설·군사기밀보호 또는 방위사업에 관한 사항
> 　　나. 「병역법」·「예비군법」·「민방위기본법」·「비상대비에 관한 법률」에 따른 징집·소집·동원 및 훈련에 관한 사항
> 　　〈시행일: 2024. 1. 18. 삭제〉
> 　3. 「공공기관의 정보공개에 관한 법률」 제4조 제3항의 정보에 관한 사항
> 　4. 「근로기준법」 제101조에 따른 근로감독관의 직무에 관한 사항
> 　5. 조세·형사·행형 및 보안처분에 관한 사항
> 　6. 금융감독기관의 감독·검사·조사 및 감리에 관한 사항
> 　7. 「독점규제 및 공정거래에 관한 법률」, 「표시·광고의 공정화에 관한 법률」, 「하도급거래 공정화에 관한 법률」, 「가맹사업거래의 공정화에 관한 법률」, 「방문판매 등에 관한 법률」, 「전자상거래 등에서의 소비자보호에 관한 법률」, 「약관의 규제에 관한 법률」 및 「할부거래에 관한 법률」에 따른 공정거래위원회의 법률위반행위 조사에 관한 사항
> ③ 제2항에도 불구하고 제4조(행정조사의 기본원칙), 제5조(행정조사의 근거) 및 제28조(정보통신수단을 통한 행정조사)는 제2항 각 호의 사항에 대하여 적용한다.

[오답의 이유]
① 행정기관의 장은 법령 등에 특별한 규정이 있는 경우를 제외하고는 행정조사의 결과를 확정한 날부터 7일 이내에 그 결과를 조사대상자에게 통지하여야 한다(행정조사기본법 제24조).
② 유사하거나 동일한 사안에 대하여 서로 다른 기관이 공동으로 조사하는 것은 원칙적으로 허용된다(행정조사기본법 제4조 제3항·제14조 제1항).

> **제4조(행정조사의 기본원칙)**
> ③ <u>행정기관은 유사하거나 동일한 사안에 대하여는 공동조사 등을 실시함으로써 행정조사가 중복되지 아니하도록 하여야 한다.</u>
>
> **제14조(공동조사)**
> ① 행정기관의 장은 다음 각 호의 어느 하나에 해당하는 행정조사를 하는 경우에는 <u>공동조사</u>를 하여야 한다.
> 　1. 당해 행정기관 내의 2 이상의 부서가 동일하거나 유사한 업무분야에 대하여 동일한 조사대상자에게 행정조사를 실시하는 경우
> 　2. <u>서로 다른 행정기관이 대통령령으로 정하는 분야에 대하여 동일한 조사대상자에게 행정조사를 실시하는 경우</u>

③ 행정조사는 정기적으로 실시함을 원칙으로 한다(행정조사기본법 제7조).

> 제7조(조사의 주기)
> 행정조사는 법령 등 또는 행정조사운영계획으로 정하는 바에 따라 정기적으로 실시함을 원칙으로 한다. 다만, 다음 각 호 중 어느 하나에 해당하는 경우에는 수시조사를 할 수 있다.
> 1. 법률에서 수시조사를 규정하고 있는 경우
> 2. 법령 등의 위반에 대하여 혐의가 있는 경우
> 3. 다른 행정기관으로부터 법령 등의 위반에 관한 혐의를 통보 또는 이첩받은 경우
> 4. 법령 등의 위반에 대한 신고를 받거나 민원이 접수된 경우
> 5. 그 밖에 행정조사의 필요성이 인정되는 사항으로서 대통령령으로 정하는 경우

⑤ 행정조사를 실시한 행정기관의 장은 이미 조사를 받은 조사대상자에 대하여 위법행위가 의심되는 새로운 증거를 확보한 경우에는 예외적으로 동일한 사안에 대하여 동일한 조사대상자를 재조사할 수 있다(행정조사기본법 제15조 제1항).

> 제15조(중복조사의 제한)
> ① 제7조에 따라 정기조사 또는 수시조사를 실시한 행정기관의 장은 동일한 사안에 대하여 동일한 조사대상자를 재조사 하여서는 아니 된다. 다만, 당해 행정기관이 이미 조사를 받은 조사대상자에 대하여 위법행위가 의심되는 새로운 증거를 확보한 경우에는 그러하지 아니하다.

25 난도 ★☆☆

정답 ②

행정쟁송 > 행정심판

정답의 이유

② 거부처분의 취소를 구하는 행정심판 및 취소재결의 기속력도 현행 행정심판법상 인정된다. 따라서 행정청의 거부처분에 대해서는 의무이행심판을 청구할 수 있고, 취소심판이나 무효확인심판도 청구할 수 있다. 단, 행정청의 부작위에 대해서는 의무이행심판을 청구하여야 하고, 취소심판이나 무효확인심판은 청구할 수 없다.

> 행정심판법 제5조(행정심판의 종류)
> 행정심판의 종류는 다음 각 호와 같다.
> 1. 취소심판: 행정청의 위법 또는 부당한 처분을 취소하거나 변경하는 행정심판
> 2. 무효등확인심판: 행정청의 처분의 효력 유무 또는 존재 여부를 확인하는 행정심판
> 3. 의무이행심판: 당사자의 신청에 대한 행정청의 위법 또는 부당한 거부처분이나 부작위에 대하여 일정한 처분을 하도록 하는 행정심판

오답의 이유
① 행정심판법 제14조
③ 행정심판법 제20조 제1항
④ 행정심판법 제39조
⑤ 행정심판법 제44조 제1항

한눈에 훑어보기

 영역 분석

행정법통론 09 17
2문항, 8%

행정작용법 03 04 05 06 08
5문항, 20%

행정과정의 규율 10 11 12
3문항, 12%

실효성 확보수단 07 13 14 15 22
5문항, 20%

손해전보 19 23
2문항, 8%

행정쟁송 16 20 21 25
4문항, 16%

각론 01 02 18 24
4문항, 16%

✔ 빠른 정답

01	02	03	04	05	06	07	08	09	10
⑤	④	⑤	①	②	⑤	③	①	②	①
11	**12**	**13**	**14**	**15**	**16**	**17**	**18**	**19**	**20**
②	③	③	⑤	②	⑤	③	①	④	⑤
21	**22**	**23**	**24**	**25**					
②	②	③	④	③					

✔ 점수 체크

구분	1회독	2회독	3회독
맞힌 문항 수	/ 25	/ 25	/ 25
나의 점수	점	점	점

---

01 난도 ★★☆ 정답 ⑤

각론 > 행정조직법 > 공무원법

[정답의 이유]

⑤ 항고소송은 원칙적으로 당해 처분을 대상으로 하나, 당해 처분에 대한 재결 자체에 고유한 주체, 절차, 형식 또는 내용상의 위법이 있는 경우에 한하여 그 재결을 대상으로 할 수 있다고 해석되므로, 징계혐의자에 대한 감봉 1월의 징계처분을 견책으로 변경한 소청결정 중 그를 견책에 처한 조치는 재량권의 남용 또는 일탈로서 위법하다는 사유는 소청결정 자체에 고유한 위법을 주장하는 것으로 볼 수 없어 소청결정의 취소사유가 될 수 없다(대판 1993.8.24. 93누5673). 따라서 원처분주의에 따라 원처분청을 피고로 하여 정직 2월로 변경된 원처분에 대한 취소소송을 제기하여야 한다.

[오답의 이유]

① 국가공무원법에 규정되어 있는 공무원임용결격사유는 임용 당시에 시행되던 법률을 기준으로 하여 판단할 것이며, 임용 당시 공무원임용결격사유가 있었다면 비록 국가의 과실에 의하여 임용결격자임을 밝혀내지 못하였다 하더라도 그 임용행위는 당연무효이고, 국가가 사후에 결격사유가 있는 자임을 발견하고 공무원임용행위를 취소함은 당사자에게 원래의 임용행위가 당초부터 당연무효이었음을 통지하여 확인시켜 주는 행위에 지나지 아니하는 것이므로 신의칙 내지 신뢰의 원칙을 적용할 수 없고, 그러한 의미의 취소권은 시효로 소멸되는 것도 아니며 또한 당연무효인 임용결격자에 대한 임용행위에 의하여는 공무원의 신분을 취득하거나 근로고용관계가 성립될 수 없는 것이므로 임용결격자가 공무원으로 임명되어 사실상 근무하여 왔다 하더라도 그러한 피임용자는 퇴직금 청구를 할 수 없다(대판 1987.4.14. 86누459).

② 임용결격자가 공무원으로 임용되어 사실상 근무하여 왔다 하더라도 적법한 공무원으로서의 신분을 취득하지 못한 자로서는 공무원연금법이나 근로자퇴직급여 보장법에서 정한 퇴직급여를 청구할 수 없다. 나아가 이와 같은 법리는 임용결격사유로 인하여 임용행위가 당연무효인 경우뿐만 아니라 임용행위의 하자로 임용행위가 취소되어 소급적으로 지위를 상실한 경우에도 마찬가지로 적용된다(대판 2017.5.11. 2012다200486).

③ 헌법상의 무죄추정의 원칙이나 위와 같은 직위해제 제도의 목적에 비추어 볼 때, 형사 사건으로 기소되었다는 이유만으로 직위해제처분을 하는 것은 정당화될 수 없고, 당사자가 당연퇴직 사유인 국가공무원법에 해당하는 유죄판결을 받을 고도의 개연성이 있는지 여부, 당사자가 계속 직무를 수행함으로 인하여 공정한 공무집행에 위험을 초래하는지 여부 등 구체적인 사정을 고

려하여 그 위법 여부를 판단하여야 한다(대판 2017.6.8. 2016 두38273).

④ 성희롱을 사유로 한 징계처분의 당부를 다투는 행정소송에서 징계사유에 대한 증명책임은 그 처분의 적법성을 주장하는 피고에게 있다. 다만 민사소송이나 행정소송에서 사실의 증명은 추호의 의혹도 없어야 한다는 자연과학적 증명이 아니고, 특별한 사정이 없는 한 경험칙에 비추어 모든 증거를 종합적으로 검토하여 볼 때 어떤 사실이 있었다는 점을 시인할 수 있는 고도의 개연성을 증명하는 것이면 충분하다. 민사책임과 형사책임은 지도이념과 증명책임, 증명의 정도 등에서 서로 다른 원리가 적용되므로, 징계사유인 성희롱 관련 형사재판에서 성희롱 행위가 있었다는 점을 합리적 의심을 배제할 정도로 확신하기 어렵다는 이유로 공소사실에 관하여 무죄가 선고되었다고 하여 그러한 사정만으로 행정소송에서 징계사유의 존재를 부정할 것은 아니다(대판 2018.4.12. 2017두74702).

02 난도 ★★☆   정답 ④

각론 > 행정조직법 > 총설

정답의 이유

㉠ 행정권한의 위임은 권한의 귀속의 변경이 발생하므로 법률의 근거가 필요하지만, 행정권한의 내부위임은 법률상 권한의 귀속의 변경은 발생하지 않고, 내부적인 사무처리규정에 따라 하급청이 사실상 권한 행사를 할 뿐이므로 법률의 근거를 요하지 않는다.

더 알아보기

[관련판례] 행정권한의 위임은 행정관청이 법률에 따라 특정한 권한을 다른 행정관청에 이전하여 수임관청의 권한으로 행사하도록 하는 것이어서 권한의 법적인 귀속을 변경하는 것임에 대하여, 행정권한의 내부위임은 행정관청의 내부적인 사무처리의 편의를 도모하기 위하여 그의 보조기관 또는 하급행정관청으로 하여금 그의 권한을 사실상 행하도록 하는 데 그치는 것이므로, 권한위임의 경우에는 수임관청이 자기의 이름으로 그 권한을 행사할 수 있지만, 내부위임의 경우에는 수임관청은 위임관청의 이름으로만 그 권한을 행사할 수 있을 뿐 자기의 이름으로는 그 권한을 행사할 수 없다(대판 1989.9.12. 89누671).

㉢ 행정처분의 취소 또는 무효확인을 구하는 행정소송은 다른 법률에 특별한 규정이 없는 한 그 처분을 행한 행정청을 피고로 하여야 하며, 행정처분을 행할 적법한 권한 있는 상급행정청으로부터 내부위임을 받은 데 불과한 하급행정청이 권한 없이 행정처분을 한 경우에도 실제로 그 처분을 행한 하급행정청을 피고로 하여야 할 것이지 그 처분을 행할 적법한 권한 있는 상급행정청을 피고로 할 것은 아니다(대판 1994.8.12. 94누2763).

㉣ 한국토지공사는 정부가 자본금의 전액을 출자하여 설립한 법인이고, 공익사업을 위한 토지 등의 취득 및 보상에 관한 법률, 한국토지공사법의 규정에 의하여 본래 시·도지사나 시장·군수 또는 구청장의 업무에 속하는 대집행권한을 한국토지공사에게 위탁하도록 되어 있는바, 한국토지공사는 이러한 법령의 위탁에 의하여 대집행을 수권받은 자로서 공무인 대집행을 실시함에 따

르는 권리·의무 및 책임이 귀속되는 행정주체의 지위에 있다고 볼 것이지 지방자치단체 등의 기관으로서 국가배상법 제2조 소정의 공무원에 해당한다고 볼 것은 아니다(대판 2010.1.28. 2007다82950 등).

오답의 이유

㉡ 전결과 같은 행정권한의 내부위임은 법령상 처분권자인 행정관청이 내부적인 사무처리의 편의를 도모하기 위하여 그의 보조기관 또는 하급 행정관청으로 하여금 그의 권한을 사실상 행사하게 하는 것으로서 법률이 위임을 허용하지 않는 경우에도 인정되는 것이므로, 설사 행정관청 내부의 사무처리규정에 불과한 전결규정에 위반하여 원래의 전결권자 아닌 보조기관 등이 처분권자인 행정관청의 이름으로 행정처분을 하였다고 하더라도 그 처분이 권한 없는 자에 의하여 행하여진 무효의 처분이라고는 할 수 없다(대판 1998.2.27. 97누1105).

더 알아보기

권한의 위임

• 법적근거: 권한의 위임은 법령상 권한 자체의 귀속 변경을 초래하므로, 반드시 법적근거가 있어야 한다. 따라서 법령의 근거가 없는 권한의 위임은 무효이다.

• 범위: 권한의 '일부'에 대해서만 가능하다. 권한의 전부에 대하여 위임이 가능하다면, 위임관청은 존재할 이유가 없어지기 때문이다.

• 효과: 권한의 위임이 있는 경우에는 그 권한 자체가 수임관청의 권한이 되므로, 그 법적효과도 수임관청에게 귀속된다.

03 난도 ★☆☆   정답 ⑤

행정작용법 > 행정행위

정답의 이유

⑤ 적법한 건축물에 대한 철거명령은 그 하자가 중대하고 명백하여 당연무효이므로, 그 후행행위인 건축물철거 대집행 계고처분 역시 당연무효이다(대판 1999.4.27. 97누6780).

오답의 이유

① 행정행위를 한 처분청은 비록 그 처분 당시에 별다른 하자가 없었고, 또 그 처분 후에 이를 취소할 별도의 법적 근거가 없다 하더라도 원래의 처분을 존속시킬 필요가 없게 된 사정변경이 생겼거나 또는 중대한 공익상의 필요가 발생한 경우에는 그 효력을 상실케하는 별개의 행정행위로 이를 취소할 수 있다(대판 1995.5.26. 94누8266).

② 지방병무청장이 재신체검사 등을 거쳐 현역병입영대상편입처분을 보충역편입처분이나 제2국민역편입처분으로 변경하거나 보충역편입처분을 제2국민역편입처분으로 변경하는 경우 비록 새로운 병역처분의 성립에 하자가 있다고 하더라도 그것이 당연무효가 아닌 한 일단 유효하게 성립하고 제소기간의 경과 등 형식적 존속력이 생김과 동시에 종전의 병역처분의 효력은 취소 또는 철회되어 확정적으로 상실된다고 보아야 할 것이므로 그 후 새로운 병역처분의 성립에 하자가 있었음을 이유로 하여 이를 취소한다고 하더라도 종전의 병역처분의 효력이 되살아난다고 할 수 없다(대판 2002.5.28. 2001두9653).

③ 조세의 부과처분과 압류 등의 체납처분은 별개의 행정처분으로서 독립성을 가지므로 부과처분에 하자가 있더라도 그 부과처분이 취소되지 아니하는 한 그 부과처분에 의한 체납처분은 위법이라고 할 수는 없지만, 체납처분은 부과처분의 집행을 위한 절차에 불과하므로 그 부과처분에 중대하고도 명백한 하자가 있어 무효인 경우에는 그 부과처분의 집행을 위한 체납처분도 무효라 할 것이다(대판 1987.9.22. 87누383).

④ 민사소송에 있어서 어느 행정처분의 당연무효 여부가 선결문제로 되는 때에는 이를 판단하여 당연무효임을 전제로 판결할 수 있고 반드시 행정소송 등의 절차에 의하여 그 취소나 무효확인을 받아야 하는 것은 아니다(대판 2010.4.8. 2009다90092).

04 난도 ★★☆ 　　　　　　　　　　　　　정답 ①

행정작용법 > 행정행위

정답의 이유

㉠ 사립학교법은 학교법인의 이사장·이사·감사 등의 임원은 이사회의 선임을 거쳐 관할청의 승인을 받아 취임하도록 규정하고 있는바, 관할청의 임원취임승인행위는 학교법인의 임원선임행위의 법률상 효력을 완성케 하는 보충적 법률행위이다(대판 2007.12.27. 2005두9651). 즉, 인가에 해당한다.

㉡ 자동차운수사업법에 의한 개인택시운송사업면허는 특정인에게 권리나 이익을 부여하는 행정행위로서 법령에 특별한 규정이 없는 한 재량행위이고, 그 면허를 위하여 필요한 기준을 정하는 것도 역시 행정청의 재량에 속한다(대판 1996.10.11. 96누6172). 즉, 특허에 해당한다.

오답의 이유

㉢ 공유수면 관리 및 매립에 관한 법률에 따른 공유수면의 점용·사용허가는 특정인에게 공유수면 이용권이라는 독점적 권리를 설정하여 주는 처분으로서 처분 여부 및 내용의 결정은 원칙적으로 행정청의 재량에 속한다(대판 2017.4.28. 2017두30139). 즉, 특허에 해당한다.

㉣ 국토이용관리법상 토지거래허가가 규제지역 내의 모든 국민에게 전반적으로 토지거래의 자유를 금지하고 일정한 요건을 갖춘 경우에만 금지를 해제하여 계약체결의 자유를 회복시켜 주는 성질의 것이라고 보는 것은 위 법의 입법 취지를 넘어선 지나친 해석이라고 할 것이고, 규제지역 내에서도 토지거래의 자유가 인정되지만, 위 허가는 허가 전의 유동적 무효 상태에 있는 법률행위의 효력을 완성시켜 주는 인가적 성질을 띤 것이라고 보는 것이 타당하다(대판 1991.12.24. 90다12243 전합).

05 난도 ★☆☆ 　　　　　　　　　　　　　정답 ②

행정작용법 > 행정행위

정답의 이유

② 사업양도·양수에 따른 허가관청의 지위승계신고의 수리는 적법한 사업의 양도·양수가 있었음을 전제로 하는 것이므로 그 수리대상인 사업양도·양수가 존재하지 아니하거나 무효인 때에는 수리를 하였다 하더라도 그 수리는 유효한 대상이 없는 것

으로서 당연히 무효라 할 것이고, 사업의 양도행위가 무효라고 주장하는 양도자는 민사쟁송으로 양도·양수행위의 무효를 구함이 없이 막바로 허가관청을 상대로 하여 행정소송으로 위 신고수리처분의 무효확인을 구할 법률상 이익이 있다(대판 2005.12.23. 2005두3554).

오답의 이유

① 체육시설의 설치·이용에 관한 법률에 의하면, 당구장업과 같은 신고체육시설업을 하고자 하는 자는 해당 시설을 갖추어 소정의 양식에 따라 신고서를 제출하는 방식으로 시·도지사에 신고하도록 규정하고 있으므로, 소정의 시설을 갖추지 못한 체육시설업의 신고는 부적법한 것으로 그 수리가 거부될 수밖에 없고 그러한 상태에서 신고체육시설업의 영업행위를 계속하는 것은 무신고 영업행위에 해당할 것이지만, 이에 반하여 적법한 요건을 갖춘 신고의 경우에는 행정청의 수리처분 등 별단의 조치를 기다릴 필요 없이 그 접수 시에 신고로서의 효력이 발생하는 것이므로 그 수리가 거부되었다고 하여 무신고 영업이 되는 것은 아니다(대판 1998.4.24. 97도3121).

> **더 알아보기**
>
> [관련판례] 축산물가공처리법에 의하면, 축산물판매업을 하고자 하는 자는 농림부령이 정하는 기준에 적합한 시설을 갖추고 시장·군수·구청장에게 신고하여야 한다고만 규정하고 있는바, 이러한 법령에 비추어 볼 때 행정관청으로서는 위 법령에서 규정하는 시설기준을 갖추어 축산물판매업 신고를 하는 경우 당연히 그 신고를 수리하여야 하고, 적법한 요건을 갖춘 신고의 경우에는 행정관청의 수리처분 등 별단의 조치를 기다릴 필요 없이 그 접수 시에 신고로서의 효력이 발생하는 것이므로 그 수리가 거부되었다고 하여 미신고 영업이 되는 것은 아니다(대판 2010.4.29. 2009다9792).

③ 시장·군수 또는 구청장의 주민등록전입신고 수리 여부에 대한 심사는 주민등록법의 입법 목적의 범위 내에서 제한적으로 이루어져야 한다. 한편, 주민등록법의 입법 목적에 관한 제1조 및 주민등록 대상자에 관한 제6조의 규정을 고려해 보면, 전입신고를 받은 시장·군수 또는 구청장의 심사 대상은 전입신고자가 30일 이상 생활의 근거로 거주할 목적으로 거주지를 옮기는지 여부만으로 제한된다고 보아야 한다. 따라서 전입신고자가 거주의 목적 이외에 다른 이해관계에 관한 의도를 가지고 있는지 여부, 무허가 건축물의 관리, 전입신고를 수리함으로써 당해 지방자치단체에 미치는 영향 등과 같은 사유는 주민등록법이 아닌 다른 법률에 의하여 규율되어야 하고, 주민등록전입신고의 수리 여부를 심사하는 단계에서는 고려 대상이 될 수 없다(대판 2009.06.18. 2008두10997 전합).

④ 대판 1993.10.12. 93누883

⑤ 건축법에서 인허가의제 제도를 둔 취지는, 인허가의제사항과 관련하여 건축허가 또는 건축신고의 관할 행정청으로 그 창구를 단일화하고 절차를 간소화하며 비용과 시간을 절감함으로써 국민의 권익을 보호하려는 것이지, 인허가의제사항 관련 법률에 따른 각각의 인허가 요건에 관한 일체의 심사를 배제하려는 것으로 보기는 어렵다. 따라서 인허가의제 효과를 수반하는 건축

신고는 일반적인 건축신고와는 달리, 특별한 사정이 없는 한 행정청이 그 실체적 요건에 관한 심사를 한 후 수리하여야 하는 이른바 '수리를 요하는 신고'로 보는 것이 옳다(대판 2011.1.20. 2010두14954 전합).

06 난도 ★★☆   정답 ⑤

행정작용법 > 행정행위

정답의 이유

ⓒ 부담부 행정처분에 있어서 처분의 상대방이 부담을 이행하지 아니한 경우, 처분행정청으로서는 당해 처분을 취소(철회)할 수 있을 뿐이지(대판 1989.10.24. 89누2431), 부담의 불이행 자체로 당해 처분(사업계획승인)의 효력이 당연히 소멸하는 것은 아니다.

ⓒ 수익적 행정처분에 있어서는 법령에 특별한 근거규정이 없다고 하더라도 그 부관으로서 부담을 붙일 수 있고, 그와 같은 부담은 행정청이 행정처분을 하면서 일방적으로 부가할 수도 있지만 부담을 부가하기 이전에 상대방과 협의하여 부담의 내용을 협약의 형식으로 미리 정한 다음 행정처분을 하면서 이를 부가할 수도 있다(대판 2009.2.12. 2005두65500).

ⓔ 일반적으로 기속행위나 기속적 재량행위에는 부관을 붙일 수 없고 가사 부관을 붙였다 하더라도 무효이다(대판 1995.6.13. 94다56883).

오답의 이유

ⓖ 행정대집행은 대체적 작위의무의 위반을 대상으로 한다. 그런데 '부담'에 의하여 발행한 甲의 의무는 기부채납의무로서 이는 부대체적 작위의무이다. 따라서 행정대집행을 할 수는 없다.

07 난도 ★★☆   정답 ③

실효성 확보수단 > 행정강제

정답의 이유

③ 국세기본법의 문언과 체계, 재조사를 엄격하게 제한하는 입법 취지, 그 위반의 효과 등을 종합하여 보면, 금지되는 재조사에 기하여 과세처분을 하는 것은 단순히 당초 과세처분의 오류를 경정하는 경우에 불과하다는 등의 특별한 사정이 없는 한 그 자체로 위법하고, 이는 과세관청이 그러한 재조사로 얻은 과세자료를 과세처분의 근거로 삼지 않았다거나 이를 배제하고서도 동일한 과세처분이 가능한 경우라고 하여 달리 볼 것은 아니다(대판 2017.12.13. 2016두55421).

오답의 이유

① 교육인적자원부장관의 대학총장들에 대한 학칙시정요구는 대학 총장의 임의적인 협력을 통하여 사실상의 효과를 발생시키는 행정지도의 일종이지만, 그에 따르지 않을 경우 일정한 불이익조치를 예정하고 있어 사실상 상대방에게 그에 따를 의무를 부과하는 것과 다를 바 없으므로 단순한 행정지도로서의 한계를 넘어 규제적·구속적 성격을 상당히 강하게 갖는 것으로서 헌법소원의 대상이 되는 공권력의 행사라고 볼 수 있다(헌재 2003.6.26. 2002헌마337).

② 행정지도는 그 목적 달성에 필요한 최소한도(비례원칙)에 그쳐야 하며, 행정지도의 상대방의 의사에 반하여 부당하게 강요하여서는 아니 된다(행정절차법 제48조 제1항). 따라서 이를 위반하면 위법하다.

④ 우편물 통관검사절차에서 이루어지는 우편물의 개봉, 시료채취, 성분분석 등의 검사는 수출입물품에 대한 적정한 통관 등을 목적으로 한 행정조사의 성격을 가지는 것으로서 수사기관의 강제처분이라고 할 수 없으므로, 압수·수색영장 없이 우편물의 개봉, 시료채취, 성분분석 등의 검사가 진행되었다 하더라도 특별한 사정이 없는 한 위법하다고 볼 수 없다(대판 2013.9.26. 2013도7718).

⑤ 행정조사기본법 제24조

08 난도 ★★☆   정답 ①

행정작용법 > 기타 행정작용

정답의 이유

ⓐ 갑 광역자치단체가 을 유한회사와 '관계 법령 등의 변경으로 사업의 수익성에 중대한 영향을 미치는 경우 협약당사자 간의 협의를 통해 통행료를 조정하고, 보조금을 증감할 수 있다'는 내용의 터널 민간투자사업 실시협약을 체결한 경우, 이는 공법상 계약에 해당한다. 따라서 민간투자사업 실시협약을 체결한 당사자가 공법상 당사자소송에 의하여 그 실시협약에 따른 재정지원금의 지급을 구하는 경우에, 수소법원은 단순히 주무관청이 재정지원금액을 산정한 절차 등에 위법이 있는지 여부를 심사하는 데 그쳐서는 아니 되고, 실시협약에 따른 적정한 재정지원금액이 얼마인지를 구체적으로 심리·판단하여야 한다(대판 2019.1.31. 2017두46455).

ⓑ 중소기업 정보화지원사업에 따른 지원금 출연을 위하여 중소기업청장이 체결하는 협약은 공법상 대등한 당사자 사이의 의사표시의 합치로 성립하는 공법상 계약에 해당한다. 따라서 협약의 해지 및 그에 따른 환수통보는 공법상 계약에 따라 행정청이 대등한 당사자의 지위에서 하는 의사표시로 보아야 하고, 이를 행정청이 우월한 지위에서 행하는 공권력의 행사로서 행정처분에 해당한다고 볼 수는 없다(대판 2015.8.27. 2015두41449).

오답의 이유

ⓒ 도시계획사업의 시행자가 그 사업에 필요한 토지를 협의취득하는 행위는 사경제주체로서 행하는 사법상의 법률행위에 지나지 않으며 공권력의 주체로서 우월한 지위에서 행하는 공법상의 행정처분이 아니므로 행정소송의 대상이 되지 않는다(대판 1992.10.27. 91누3871).

ⓓ 국유일반재산을 대부하는 행위는 국가가 사경제 주체로서 상대방과 대등한 위치에서 행하는 사법상의 계약이고, 행정청이 공권력의 주체로서 상대방의 의사 여하에 불구하고 일방적으로 행하는 행정처분이라고 볼 수 없으며, 국유일반재산에 관한 대부료의 납부고지 역시 사법상의 이행청구에 해당하고, 이를 행정처분이라고 할 수 없다(대판 2000.2.11. 99다61675).

행정법통론 > 행정 · 행정법

정답의 이유

② 텔레비전 방송수신료는 대다수 국민의 재산권 보장의 측면이나 한국방송공사에게 보장된 방송자유의 측면에서 국민의 기본권 실현에 관련된 영역에 속하고, 수신료금액의 결정은 납부의무자의 범위 등과 함께 수신에 관한 본질적인 중요한 사항이므로 국회가 스스로 행하여야 하는 사항에 속하는 것임에도 불구하고 한국방송공사법 제36조 제1항에서 국회의 결정이나 관여를 배제한 채 한국방송공사로 하여금 수신료금액을 결정해서 문화관광부장관의 승인을 얻도록 한 것은 법률유보원칙에 위반된다(헌재 1999.5.27. 98헌바70).

더 알아보기

[비교판례] 수신료 징수업무를 한국방송공사가 직접 수행할 것인지 제3자에게 위탁할 것인지, 위탁한다면 누구에게 위탁하도록 할 것인지, 위탁받은 자가 자신의 고유업무와 결합하여 징수업무를 할 수 있는지는 징수업무 처리의 효율성 등을 감안하여 결정할 수 있는 사항으로서 국민의 기본권 제한에 관한 본질적인 사항이 아니라 할 것이다. 따라서 방송법 제64조 및 제67조 제2항은 법률유보의 원칙에 위반되지 아니한다(헌재 2008.2.28. 2006헌바70).

오답의 이유

① 행정기본법 제16조 제1항

제16조(결격사유)

① 자격이나 신분 등을 취득 또는 부여할 수 없거나 인가, 허가, 지정, 승인, 영업등록, 신고 수리 등(이하 "인허가"라 한다)을 필요로 하는 영업 또는 사업 등을 할 수 없는 사유(이하 이 조에서 "결격사유"라 한다)는 법률로 정한다.

③ 토지등소유자가 도시환경정비사업을 시행하는 경우 사업시행인가 신청 시 필요한 토지등소유자의 동의는, 개발사업의 주체 및 정비구역 내 토지등소유자를 상대로 수용권을 행사하고 각종 행정처분을 발할 수 있는 행정주체로서의 지위를 가지는 사업시행자를 지정하는 문제로서, 그 동의요건을 정하는 것은 국민의 권리와 의무의 형성에 관한 기본적이고 본질적인 사항이므로 국회가 스스로 행하여야 하는 사항에 속하는 것임에도 불구하고, 사업시행인가 신청에 필요한 동의정족수를 토지등소유자가 자치적으로 정하여 운영하는 규약에 정하도록 한 것은 법률유보원칙에 위반된다(헌재 2012.4.24. 2010헌바1).

④ 조례의 제정권자인 지방의회는 선거를 통해서 그 지역적인 민주적 정당성을 지니고 있는 주민의 대표기관이고 헌법이 지방자치단체에 포괄적인 자치권을 보장하고 있는 취지로 볼 때, 조례에 대한 법률의 위임은 법규명령에 대한 법률의 위임과 같이 반드시 구체적으로 범위를 정하여 할 필요가 없으며 포괄적인 것으로 족하다(헌재 1995.4.20. 92헌마264 등).

⑤ 헌법 제75조, 제95조가 정하는 포괄적인 위임입법의 금지는, 그 문리해석상 정관에 위임한 경우까지 그 적용 대상으로 하고 있지 않고, 또 권력분립의 원칙을 침해할 우려가 없다는 점 등을 볼 때, 법률이 정관에 자치법적 사항을 위임한 경우에는 원칙적으로 적용되지 않는다(헌재 2001.4.26. 2000헌마122).

행정과정의 규율 > 행정절차

정답의 이유

① 행정청은 처분 후 1년 이내에 당사자 등이 요청하는 경우에는 청문 · 공청회 또는 의견제출을 위하여 제출받은 서류나 그 밖의 물건을 반환하여야 한다(행정절차법 제22조 제6항).

오답의 이유

② 행정절차법 제15조 제3항

제15조(송달의 효력 발생)

③ 제14조 제4항의 경우에는 다른 법령 등에 특별한 규정이 있는 경우를 제외하고는 공고일부터 14일이 지난 때에 그 효력이 발생한다. 다만, 긴급히 시행하여야 할 특별한 사유가 있어 효력 발생 시기를 달리 정하여 공고한 경우에는 그에 따른다.

③ 행정절차법 제23조 제2항

제23조(처분의 이유 제시)

① 행정청은 처분을 할 때에는 다음 각 호의 어느 하나에 해당하는 경우를 제외하고는 당사자에게 그 근거와 이유를 제시하여야 한다.

  1. 신청 내용을 모두 그대로 인정하는 처분인 경우

  2. 단순 · 반복적인 처분 또는 경미한 처분으로서 당사자가 그 이유를 명백히 알 수 있는 경우

  3. 긴급히 처분을 할 필요가 있는 경우

② 행정청은 제1항 제2호 및 제3호의 경우에 처분 후 당사자가 요청하는 경우에는 그 근거와 이유를 제시하여야 한다.

④ 행정절차법 제10조 제4항

⑤ 행정절차법 제14조 제3항

행정과정의 규율 > 행정절차

정답의 이유

② 퇴직연금의 환수결정은 당사자에게 의무를 과하는 처분이기는 하나, 관련 법령에 따라 당연히 환수금액이 정하여지는 것이므로, 퇴직연금의 환수결정에 앞서 당사자에게 의견진술의 기회를 주지 아니하여도 행정절차법 제22조 제3항이나 신의칙에 어긋나지 아니한다(대판 2000.11.28. 99두5443).

오답의 이유

① 식품위생법 규정에 의하면, 압류재산 매각절차에 따라 영업시설의 전부를 인수함으로써 그 영업자의 지위를 승계한 자가 관계 행정청에 이를 신고하여 행정청이 이를 수리하는 경우에는 종전의 영업자에 대한 영업허가 등은 그 효력을 잃는다 할 것이므로, 행정청이 식품위생법 규정에 의하여 영업자지위승계신고를 수

리하는 처분은 종전의 영업자의 권익을 제한하는 처분이라 할 것이다. 따라서 종전의 영업자는 그 처분에 대하여 직접 그 상대가 되는 자에 해당한다고 봄이 상당하므로, 행정청으로서는 종전의 영업자에 대하여 처분의 사전통지를 하고 의견제출의 기회를 주어야 한다(대판 2003.2.14. 2001두7015).
③ 행정청이 당사자와 사이에 도시계획사업의 시행과 관련한 협약을 체결하면서 관계 법령 및 행정절차법에 규정된 청문의 실시 등 의견청취절차를 배제하는 조항을 두었다고 하더라도, 국민의 행정참여를 도모함으로써 행정의 공정성·투명성 및 신뢰성을 확보하고 국민의 권익을 보호한다는 행정절차법의 목적 및 청문제도의 취지 등에 비추어 볼 때, 위와 같은 협약의 체결로 청문의 실시에 관한 규정의 적용을 배제할 수 있다고 볼 만한 법령상의 규정이 없는 한, 이러한 협약이 체결되었다고 하여 청문의 실시에 관한 규정의 적용이 배제된다거나 청문을 실시하지 않아도 되는 예외적인 경우에 해당한다고 할 수 없다(대판 2004.7.8. 2002두8350).
④ 행정절차법 제31조 제3항
⑤ 행정절차법 제35조 제2항

12 난도 ★☆☆ 　　　　정답 ③

행정과정의 규율 > 정보공개와 개인정보 보호

정답의 이유

③ 정보공개법 제21조 제1항

오답의 이유

① 정보공개청구의 대상이 이미 널리 알려진 사항이라 하더라도 그 공개의 방법만을 제한할 수 있도록 규정하고 있을 뿐 공개 자체를 제한하고 있지는 아니하므로, 공개청구의 대상이 되는 정보가 이미 다른 사람에게 공개하여 널리 알려져 있다거나 인터넷이나 관보 등을 통하여 공개하여 인터넷 검색이나 도서관에서의 열람 등을 통하여 쉽게 알 수 있다는 사정만으로는 소의 이익이 없다거나 비공개결정이 정당화될 수는 없다(대판 2008.11.27. 2005두15694).
② 법원이 정보공개거부처분의 위법 여부를 심리한 결과, 공개가 거부된 정보에 비공개대상정보에 해당하는 부분과 공개가 가능한 부분이 혼합되어 있으며, 공개청구의 취지에 어긋나지 아니하는 범위 안에서 두 부분을 분리할 수 있다고 인정할 수 있을 때에는, 공개가 거부된 정보 중 공개가 가능한 부분을 특정하고, 판결의 주문에 정보공개거부처분 중 공개가 가능한 정보에 관한 부분만을 취소한다고 표시하여야 한다(대판 2010.2.11. 2009두6001).
④ 국민으로부터 보유·관리하는 정보에 대한 공개를 요구받은 공공기관으로서는, 정보공개법 제9조 제1항 각 호에서 정하고 있는 비공개사유에 해당하지 않는 한 이를 공개하여야 한다. 이를 거부하는 경우라 할지라도, 대상이 된 정보의 내용을 구체적으로 확인·검토하여, 어느 부분이 어떠한 법익 또는 기본권과 충돌되어 정보공개법 제9조 제1항 몇 호에서 정하고 있는 비공개사유에 해당하는지를 주장·증명하여야만 하고, 그에 이르지 아니한 채 개괄적인 사유만을 들어 공개를 거부하는 것은 허용되

지 아니한다(대판 2018.4.12. 2014두5477).
⑤ 정보공개 의무기관을 정하는 것은 입법자의 입법형성권에 속하고, 이에 따라 입법자는 정보공개법 제2조 제3호에서 정보공개 의무기관을 공공기관으로 정하였는바, 공공기관은 국가기관에 한정되는 것이 아니라 지방자치단체, 정부투자기관, 그 밖에 공동체 전체의 이익에 중요한 역할이나 기능을 수행하는 기관도 포함되는 것으로 해석되고, 여기에 정보공개의 목적, 교육의 공공성 및 공·사립학교의 동질성, 사립대학교에 대한 국가의 재정지원 및 보조 등 여러 사정을 고려해 보면, 시행령에서 정보공개의무를 지는 공공기관의 하나로 사립대학교를 들고 있는 것이 모법인 정보공개법의 위임 범위를 벗어났다거나 사립대학교가 국비의 지원을 받는 범위 내에서만 공공기관의 성격을 가진다고 볼 수 없다(대판 2006.8.24. 2004두2783).

13 난도 ★★☆ 　　　　정답 ③

실효성 확보수단 > 행정벌

정답의 이유

③ 질서위반행위규제법 제12조 제3항

오답의 이유

① 행정청은 당사자가 납부기한까지 과태료를 납부하지 아니한 때에는 납부기한을 경과한 날부터 체납된 과태료에 대하여 100분의 3에 상당하는 가산금을 징수한다(질서위반행위규제법 제24조 제1항).
② 행정청은 질서위반행위가 종료된 날(다수인이 질서위반행위에 가담한 경우에는 최종행위가 종료된 날을 말한다)부터 5년이 경과한 경우에는 해당 질서위반행위에 대하여 과태료를 부과할 수 없다(질서위반행위규제법 제19조 제1항).
④ 고의 또는 과실이 없는 질서위반행위는 과태료를 부과하지 아니한다(질서위반행위규제법 제7조).
⑤ 법인의 대표자, 법인 또는 개인의 대리인·사용인 및 그 밖의 종업원이 업무에 관하여 법인 또는 그 개인에게 부과된 법률상의 의무를 위반한 때에는 법인 또는 그 개인에게 과태료를 부과한다(질서위반행위규제법 제11조 제1항).

14 난도 ★☆☆ 　　　　정답 ⑤

실효성 확보수단 > 행정강제

정답의 이유

⑤ 건물의 소유자에게 위법건축물을 일정 기간까지 철거할 것을 명함과 아울러 불이행할 때에는 대집행한다는 내용의 철거대집행계고처분을 고지한 후 이에 불응하자 다시 제2차, 제3차 계고서를 발송하여 일정 기간까지의 자진철거를 촉구하고 불이행하면 대집행을 한다는 뜻을 고지하였다면, 행정대집행법상의 건물철거의무는 제1차 철거명령 및 계고처분으로서 발생하였고 제2차, 제3차의 계고처분은 새로운 철거의무를 부과한 것이 아니고 다만 대집행기한의 연기통지에 불과하므로 행정처분이 아니다(대판 1994.10.28. 94누5144).

① 행정청이 행정대집행의 방법으로 건물의 철거 등 대체적 작위의 무의 이행을 실현할 수 있는 경우에는 따로 민사소송의 방법으로 그 의무의 이행을 구할 수 없다. 한편 건물의 점유자가 철거의무자일 때에는 건물철거의무에 퇴거의무도 포함되어 있는 것이어서 별도로 퇴거를 명하는 집행권원이 필요하지 않다(대판 2017.4.28. 2016다213916).

② 행정대집행법 제2조

제2조(대집행과 그 비용징수)

법률(法律의 委任에 依한 命令, 地方自治團體의 條例를 包含한다)에 의하여 직접명령되었거나 또는 법률에 의거한 행정청의 명령에 의한 행위로서 타인이 대신하여 행할 수 있는 행위를 의무자가 이행하지 아니하는 경우 다른 수단으로써 그 이행을 확보하기 곤란하고 또한 그 불이행을 방치함이 심히 공익을 해할 것으로 인정될 때에는 당해 행정청은 스스로 의무자가 하여야 할 행위를 하거나 또는 제삼자로 하여금 이를 하게 하여 그 비용을 의무자로부터 징수할 수 있다.

---

③ 행정기관의 권한에는 사무의 성질 및 내용에 따르는 제약이 있고, 지역적·대인적으로 한계가 있으므로 이러한 권한의 범위를 넘어서는 권한유월의 행위는 무권한 행위로서 원칙적으로 무효이고, 선행행위가 부존재하거나 무효인 경우에는 그 하자는 당연히 후행행위에 승계되어 후행행위도 무효로 된다. 그런데 주택건설촉진법은 부작위의무 위반행위에 대하여 대체적 작위의무로 전환하는 규정을 두고 있지 아니하므로 금지규정으로부터 그 위반결과의 시정을 명하는 원상복구명령을 할 수 있는 권한이 도출되는 것은 아니다. 결국 행정청의 원고에 대한 원상복구명령은 권한 없는 자의 처분으로 무효이므로, 후행처분인 계고처분 역시 무효로 된다(대판 1996.6.28. 96누4374).

④ 공공용지의 취득 및 손실보상에 관한 특례법에 따른 토지 등의 협의취득은 공공사업에 필요한 토지 등을 그 소유자와의 협의에 의하여 취득하는 것으로서 공공기관이 사경제주체로서 행하는 사법상 매매 내지 사법상 계약의 실질을 가지는 것이므로, 그 협의취득시 건물소유자가 매매대상 건물에 대한 철거의무를 부담하겠다는 취지의 약정을 하였다고 하더라도 이러한 철거의무는 공법상의 의무가 될 수 없고, 이 경우에도 행정대집행법을 준용하여 대집행을 허용하는 별도의 규정이 없는 한 위와 같은 철거의무는 행정대집행법에 의한 대집행의 대상이 되지 않는다(대판 2006.10.13. 2006두7096).

15 난도 ★★☆
정답 ②

실효성 확보수단 > 행정강제

㉠ 행정대집행은 대체적 작위의무에 대한 강제집행수단으로, 이행강제금은 부작위의무나 비대체적 작위의무에 대한 강제집행수단으로 이해되어 왔으나, 이행강제금은 대체적 작위의무의 위반에 대하여도 부과될 수 있다. 행정청은 개별사건에 있어서 위반

내용, 위반자의 시정의지 등을 감안하여 대집행과 이행강제금을 선택적으로 활용할 수 있으며, 합리적인 재량에 의해 선택하여 활용하는 이상 이중처벌금지의 원칙에 위반되지 아니한다(헌재 2004.2.26. 2001헌바80 등).

㉣ 비록 건축주 등이 장기간 시정명령을 이행하지 아니하였더라도, 그 기간 중에는 시정명령의 이행 기회가 제공되지 아니하였다가 뒤늦게 시정명령의 이행 기회가 제공된 경우라면, 시정명령의 이행 기회 제공을 전제로 한 1회분의 이행강제금만을 부과할 수 있고, 시정명령의 이행 기회가 제공되지 아니한 과거의 기간에 대한 이행강제금까지 한꺼번에 부과할 수는 없다(대판 2016.7.14. 2015두46598).

① 공매처분은 하면서 체납자 등에게 공매통지를 하지 않았거나 공매통지를 하였더라도 그것이 적법하지 아니한 경우에는 절차상의 흠이 있어 그 공매처분이 위법하게 되는 것이지만, 공매통지 자체가 그 상대방인 체납자 등의 법적 지위나 권리·의무에 직접적인 영향을 주는 행정처분에 해당한다고 할 것은 아니므로 다른 특별한 사정이 없는 한 체납자 등은 공매통지의 결여나 위법을 들어 공매처분의 취소 등을 구할 수 있는 것이지 공매통지 자체를 항고 소송의 대상으로 삼아 그 취소 등을 구할 수는 없다(대판 2011.3.24. 2010두25527).

㉡ 행정청이 행정대집행의 방법으로 건물의 철거 등 대체적 작위의 무의 이행을 실현할 수 있는 경우에는 따로 민사소송의 방법으로 그 의무의 이행을 구할 수 없다. 한편 건물의 점유자가 철거의무자일 때에는 건물철거의무에 퇴거의무도 포함되어 있는 것이어서 별도로 퇴거를 명하는 집행권원이 필요하지 않다(대판 2017.4.28. 2016다213916).

16 난도 ★★☆
정답 ⑤

행정쟁송 > 행정심판

⑤ 간접강제 결정에 기초한 강제집행에 관하여 이 법에 특별한 규정이 없는 사항에 대하여는 민사집행법의 규정을 준용한다. 간접강제 결정서 정본은 청구인의 소송제기와 관계없이 민사집행법에 따른 강제집행에 관하여는 집행권원과 같은 효력을 가진다(행정심판법 제50조의2 제5항).

① 행정심판법 제50조의2 제1항
② 행정심판법 제50조의2 제3항
③ 행정심판법 제50조의2 제5항
④ 행정심판법 제50조의2 제4항

제50조의2(위원회의 간접강제)

① 위원회는 피청구인이 제49조 제2항(제49조 제4항에서 준용하는 경우를 포함한다) 또는 제3항에 따른 처분을 하지 아니하면 청구인의 신청에 의하여 결정으로 상당한 기간을 정하고 피청구인이 그 기간 내에 이행하지 아니하는 경우에는 그 지연기간에 따라 일정한 배상을 하도록 명하거나 즉시 배상을 할 것을 명할 수 있다.

② 위원회는 사정의 변경이 있는 경우에는 당사자의 신청에 의하여 제1항에 따른 결정의 내용을 변경할 수 있다.

③ 위원회는 제1항 또는 제2항에 따른 결정을 하기 전에 신청 상대방의 의견을 들어야 한다.

④ 청구인은 제1항 또는 제2항에 따른 결정에 불복하는 경우 그 결정에 대하여 행정소송을 제기할 수 있다.

⑤ 제1항 또는 제2항에 따른 결정의 효력은 피청구인인 행정청이 소속된 국가 · 지방자치단체 또는 공공단체에 미치며, 결정서 정본은 제4항에 따른 소송제기와 관계없이 「민사집행법」에 따른 강제집행에 관하여는 집행권원과 같은 효력을 가진다. 이 경우 집행문은 위원장의 명에 따라 위원회가 소속된 행정청 소속 공무원이 부여한다.

17 난도 ★☆☆ 　　　　　　　　　정답 ③

행정법통론 > 행정상 법률관계

정답의 이유

③ 민법상으로는 기간의 말일이 종료됨으로써 기간이 만료되나(민법 제159조), 그 날이 토요일 또는 공휴일에 해당하는 때에는 그 익일에 기간이 만료된다(민법 제161조). 그러나 국민의 권익이 제한되거나 의무가 지속되는 기간의 경우에는 말일이 토요일 또는 공휴일인 경우에도 그 날로 만료한다(행정기본법 제6조 제2항 제2호).

오답의 이유

① 행정기본법 제6조 제1항

② 행정기본법 제6조 제2항 제1호

④ 행정기본법 제7조 제1호

⑤ 행정기본법 제7조 제2호

더 알아보기

초일불산입원칙에 대한 예외(초일을 산입하는 경우)

- 연령계산(민법 제158조)
- 민원처리기간(민원처리에 관한 법률 제19조 제2항)
- 영(零)시부터 기간이 시작하는 경우(민법 제157조 단서)
- 사망신고기간(가족관계의 등록 등에 관한 법률 제37조 제1항)
- 출생신고기간(가족관계의 등록 등에 관한 법률 제37조 제1항)
- 국회회기기간(국회법 제168조)
- 공소시효기간(형법 제85조 및 형사소송법 제66조 제1항)
- 구속기간(형법 제85조 및 형사소송법 제66조 제1항)

18 난도 ★★★ 　　　　　　　　　정답 ①

각론 > 행정조직법 > 지방자치법

정답의 이유

㉠ 지방자치법 제20조 제1항

㉡ 지방자치법 제188조 제2항

오답의 이유

㉢ 주민소송 제도는 주민으로 하여금 지방자치단체의 위법한 재무회계행위의 방지 또는 시정을 구할 수 있도록 함으로써 지방재무회계에 관한 행정의 적법성을 확보하려는 데 목적이 있다. 그러므로 지방자치법에 따라 주민소송의 대상이 되는 '재산의 관리 · 처분에 관한 사항'이나 '공금의 부과 · 징수를 게을리한 사항'이란 지방자치단체의 소유에 속하는 재산의 가치를 유지 · 보전 또는 실현함을 직접 목적으로 하는 행위 또는 그와 관련된 공금의 부과 · 징수를 게을리한 행위를 말하고, 그 밖에 재무회계와 관련이 없는 행위는 그것이 지방자치단체의 재정에 어떤 영향을 미친다고 하더라도, 주민소송의 대상이 되는 '재산의 관리 · 처분에 관한 사항' 또는 '공금의 부과 · 징수를 게을리한 사항'에 해당하지 않는다(대판 2015.9.10. 2013두16746).

㉣ 지방자치단체는 법령의 범위 안에서 그 사무에 관하여 조례를 제정할 수 있다(지방자치법 제29조). 지방의회의 조례제정과 관련하여 특히 주의할 점은 조례제정의 범위인바, 지방의회는 원칙적으로 당해 지방자치단체의 자치사무와 단체위임사무에 대해서만 조례를 제정할 수 있고, 기관위임사무에 대해서는 조례를 제정할 수 없다. 다만, 예외적으로 비록 기관위임사무에 관한 사항이라도 상위 법령에서 조례로 정하도록 규정한 때에는 기관위임사무에 대한 조례제정도 가능한데, 이를 특별히 '위임조례'라고 한다(대판 2000.5.30. 99추85).

19 난도 ★☆☆ 　　　　　　　　　정답 ④

손해전보 > 행정상 손실보상

정답의 이유

④ 사업시행자는 동일한 소유자에게 속하는 일단(一團)의 토지의 일부를 취득하거나 사용하는 경우 해당 공익사업의 시행으로 인하여 잔여지(殘餘地)의 가격이 증가하거나 그 밖의 이익이 발생한 경우에도 그 이익을 그 취득 또는 사용으로 인한 손실과 상계할 수 없다(토지보상법 제66조).

오답의 이유

① 토지보상법 제67조 제1항

② '토지보상법'이 정한 수용청구권은 잔여지 수용청구권과 같이 손실보상의 일환으로 토지소유자에게 부여되는 권리로서 그 청구에 의하여 수용효과가 생기는 형성권의 성질을 지니므로, 토지소유자의 토지수용청구를 받아들이지 아니한 토지수용위원회의 재결에 대하여 토지소유자가 불복하여 제기하는 소송은 토지보상법에 규정되어 있는 '보상금의 증감에 관한 소송'에 해당하고, 피고는 토지수용위원회가 아니라 사업시행자로 하여야 한다(대판 2015.4.9. 2014두46669).

제72조(사용하는 토지의 매수청구 등)

사업인정고시가 된 후 다음 각 호의 어느 하나에 해당할 때에는 해당 토지소유자는 사업시행자에게 해당 토지의 매수를 청구하거나 관할 토지수용위원회에 그 토지의 수용을 청구할 수 있다. 이 경우 관계인은 사업시행자나 관할 토지수용위원회에 그 권리의 존속을 청구할 수 있다.

1. 토지를 사용하는 기간이 3년 이상인 경우

③ 토지보상법 제65조

⑤ 토지보상법 제77조 제1항

20 난도 ★☆☆　　　　　　　　　　　　　　　정답 ⑤

행정쟁송 > 행정소송

정답의 이유

⑤ 조례가 집행행위의 개입 없이도 그 자체로서 직접 국민의 구체적인 권리의무나 법적 이익에 영향을 미치는 등의 법률상 효과를 발생하는 경우 그 조례는 항고소송의 대상이 되는 행정처분에 해당하고, 이러한 조례에 대한 무효확인소송을 제기함에 있어서 행정소송법에 의하여 피고적격이 있는 처분 등을 행한 행정청은, 행정주체인 지방자치단체 또는 지방자치단체의 내부적 의결기관으로서 지방자치단체의 의사를 외부에 표시한 권한이 없는 지방의회가 아니라, 지방자치단체의 집행기관으로서 조례로서의 효력을 발생시키는 공포권이 있는 지방자치단체의 장이다(대판 1996.9.20. 95누8003).

오답의 이유

① 행정소송법 제13조 제1항

제13조(피고적격)

① 취소소송은 다른 법률에 특별한 규정이 없는 한 그 처분 등을 행한 행정청을 피고로 한다. 다만, 처분 등이 있은 뒤에 그 처분 등에 관계되는 권한이 다른 행정청에 승계된 때에는 이를 승계한 행정청을 피고로 한다.

② 제1항의 규정에 의한 행정청이 없게 된 때에는 그 처분 등에 관한 사무가 귀속되는 국가 또는 공공단체를 피고로 한다.

② 합의제행정기관의 경우, 합의제기관 자체가 당해 처분에 대해서 항고소송의 피고가 되는 것이 원칙이다. 예를 들면 공정거래위원회의 처분에 대해서는 공정거래위원회가, 토지수용위원회의 처분에 대해서는 토지수용위원회가 취소소송의 피고가 된다. 그러나 중앙노동위원회의 경우 법률의 규정(노동위원회법 제27조 제1항)에 따라 중앙노동위원회가 아닌 중앙노동위원회의 위원장이 취소소송의 피고가 된다.

③ 항고소송은 다른 법률에 특별한 규정이 없는 한 원칙적으로 소송의 대상인 행정처분을 외부적으로 행한 행정청을 피고로 하여야 하고(행정소송법 제13조 제1항 본문), 다만 대리기관이 대리관계를 표시하고 피대리 행정청을 대리하여 행정처분을 한 때에는 피대리 행정청이 피고로 되어야 한다. 따라서 한국농어촌공사가 '농림축산식품부장관의 대행자'지위에서 납부통지를 하였

음을 분명하게 밝힌 이상, 농림축산식품부장관이 이 사건 농지보전부담금 부과처분을 외부적으로 자신의 명의로 행한 행정청으로서 항고소송의 피고가 되어야 하고, 단순한 대행자에 불과한 한국농어촌공사를 피고로 삼을 수는 없다(대판 2018.10.25. 2018두43095).

④ 대리권을 수여받은 데 불과하여 그 자신의 명의로는 행정처분을 할 권한이 없는 행정청의 경우 대리관계를 밝힘이 없이 그 자신의 명의로 행정처분을 하였다면 그에 대하여는 처분명의자인 당해 행정청이 항고소송의 피고가 되어야 하는 것이 원칙이지만, 비록 대리관계를 명시적으로 밝히지는 아니하였다 하더라도 처분명의자가 피대리 행정청 산하의 행정기관으로서 실제로 피대리 행정청으로부터 대리권한을 수여받아 피대리 행정청을 대리한다는 의사로 행정처분을 하였고 처분명의자는 물론 그 상대방도 그 행정처분이 피대리 행정청을 대리하여 한 것임을 알고서 이를 받아들인 예외적인 경우에는 피대리 행정청이 피고가 되어야 한다(대결 2006.2.23. 2005부4).

21 난도 ★★☆　　　　　　　　　　　　　　　정답 ②

행정쟁송 > 행정심판

정답의 이유

② 임시처분은 집행정지로 목적을 달성할 수 있는 경우에는 허용되지 아니한다(행정심판법 제31조 제3항).

오답의 이유

① 행정심판법 제31조 제1항

③ 행정심판위원회는 직권으로 또는 당사자의 신청에 의하여 임시처분을 결정할 수 있다(행정심판법 제31조 제1항).

④ '심판청구의 계속성'은 명문으로 요구하고 있지는 않지만 필요하다고 해석한다.

⑤ 행정심판법 제31조 제2항

제31조(임시처분)

① 위원회는 처분 또는 부작위가 위법·부당하다고 상당히 의심되는 경우로서 처분 또는 부작위 때문에 당사자가 받을 우려가 있는 중대한 불이익이나 당사자에게 생길 급박한 위험을 막기 위하여 임시지위를 정하여야 할 필요가 있는 경우에는 직권으로 또는 당사자의 신청에 의하여 임시처분을 결정할 수 있다.

② 제1항에 따른 임시처분에 관하여는 제30조 제3항부터 제7항까지(집행정지에 관한 규정)를 준용한다. 이 경우 같은 조 제6항 전단 중 "중대한 손해가 생길 우려"는 "중대한 불이익이나 급박한 위험이 생길 우려"로 본다.

③ 제1항에 따른 임시처분은 제30조 제2항에 따른 집행정지로 목적을 달성할 수 있는 경우에는 허용되지 아니한다.

실효성 확보수단 > 새로운 의무이행확보수단

정답의 이유

② 공정거래위원회가 과징금 산정 시 위반 횟수 가중의 근거로 삼은 위반행위에 대한 시정조치가 그 후 '위반행위 자체가 존재하지 않는다는 이유로 취소판결이 확정된 경우' 과징금 부과처분의 상대방은 결과적으로 처분 당시 객관적으로 존재하지 않는 위반행위로 과징금이 가중되므로, 그 처분은 비례·평등원칙 및 책임주의 원칙에 위배될 여지가 있다(대판 2019.7.25. 2017두55077).

오답의 이유

① 행정소송에서 행정처분의 위법 여부는 행정처분이 있을 때의 법령과 사실상태를 기준으로 하여 판단하여야 하고, 처분 후 법령의 개폐나 사실상태의 변동에 의하여 영향을 받지 않는다(대판 2002.7.9. 2001두10684).

③ 항고소송에 있어서 행정처분의 위법 여부를 판단하는 기준 시점에 대하여 판결 시가 아니라 처분 시라고 하는 의미는 행정처분이 있을 때의 법령과 사실상태를 기준으로 하여 위법 여부를 판단할 것이며 처분 후 법령의 개폐나 사실상태의 변동에 영향을 받지 않는다는 뜻이고 처분 당시 존재하였던 자료나 행정청에 제출되었던 자료만으로 위법 여부를 판단한다는 의미는 아니므로, 처분 당시의 사실상태 등에 대한 입증은 사실심 변론종결 당시까지 할 수 있고, 법원은 행정처분 당시 행정청이 알고 있었던 자료뿐만 아니라 사실심 변론종결 당시까지 제출된 모든 자료를 종합하여 처분 당시 존재하였던 객관적 사실을 확정하고 그 사실에 기초하여 처분의 위법 여부를 판단할 수 있다(대판 1993.5.27. 92누19033).

④ 행정청으로부터 행정처분을 받았으나 나중에 그 행정처분이 행정쟁송절차에서 취소되었다면, 그 행정처분은 처분 시에 소급하여 효력을 잃게 된다(대판 1993.5.27. 92누19033).

⑤ 법 위반행위 자체가 존재하지 않아 위반행위에 대한 시정조치에 대하여 취소판결이 확정된 경우에 위반 횟수 가중을 위한 횟수 산정에서 제외되더라도, 그 사유가 과징금 부과처분에 영향을 미치지 아니하여 처분의 정당성이 인정되는 경우에는 그 처분을 위법하다고 할 수 없다(대판 2002.7.9. 2001두10684).

손해전보 > 행정상 손해배상

정답의 이유

③ 헌법재판소는 법령의 위임에 따라 치과전문의제도의 실시를 위한 구체적 조치를 마련할 보건복지부장관의 행정입법 의무가 있음에도, 20년 이상이 경과하도록 제도적 조치를 취하지 아니하여 전공의 수련과정을 사실상 마친 사람들의 기본권을 침해한다는 이유로, 보건복지부장관이 의료법의 위임에 따라 치과전문의 자격시험제도를 실시할 수 있는 절차를 마련하지 아니하는 입법부작위는 위헌임을 확인하는 결정을 하였다. 즉 이 사건 위헌결정은 보건복지부장관에게 구 의료법 및 구 전문의 규정의 위임에 따라 치과의사전문의 자격시험제도를 실시하기 위하여 필요한 시행규칙의 개정 등 절차를 마련하여야 할 헌법상 입법의무가 부과되어 있다고 판시하였을 뿐, 사실상 전공의 수련과정을 수료한 치과의사들에게 그 수련경력에 대한 기득권을 인정하는 경과조치를 마련하지 아니한 보건복지부장관의 행정입법부작위가 위헌·위법하다고까지 판시한 것은 아니다. 따라서 이 사건 위헌결정의 기속력이 곧바로 위와 같은 경과조치 마련에 대하여까지 미친다고는 볼 수 없다(대판 2018.6.15. 2017다249769).

오답의 이유

① 국가가 일정한 사항에 관하여 헌법에 의하여 부과되는 구체적인 입법의무를 부담하고 있음에도 불구하고 그 입법에 필요한 상당한 기간이 경과하도록 고의 또는 과실로 이러한 입법의무를 이행하지 아니하는 등 극히 예외적인 사정이 인정되는 사안에 한정하여 국가배상법 소정의 배상책임이 인정될 수 있으며, 위와 같은 구체적인 입법의무 자체가 인정되지 않는 경우에는 애당초 부작위로 인한 불법행위가 성립할 여지가 없다(대판 2008.5.29. 2004다33469).

② 국회의원의 입법행위는 그 입법 내용이 헌법의 문언에 명백히 위배됨에도 불구하고 국회가 굳이 당해 입법을 한 것과 같은 특수한 경우가 아닌 한 국가배상법 제2조 제1항 소정의 위법행위에 해당한다고 볼 수 없다(대판 2008.5.29. 2004다33469).

④ 공무원이 직무수행 중 불법행위로 타인에게 손해를 입힌 경우에 국가 등이 국가배상책임을 부담하는 외에 공무원 개인도 고의 또는 중과실이 있는 경우에는 불법행위로 인한 손해배상책임을 지고, 공무원에게 경과실이 있을 뿐인 경우에는 공무원 개인은 손해 배상책임을 부담하지 아니한다. 이처럼 경과실이 있는 공무원이 피해자에 대하여 손해배상책임을 부담하지 아니함에도 피해자에게 손해를 배상하였다면 그것은 채무자 아닌 사람이 타인의 채무를 변제한 경우에 해당하고, 이는 민법 제469조의 '제3자의 변제' 또는 민법 제744조의 '도의관념에 적합한 비채변제'에 해당하여 피해자는 공무원에 대하여 이를 반환할 의무가 없고, 그에 따라 피해자의 국가에 대한 손해배상청구권이 소멸하여 국가는 자신의 출연 없이 채무를 면하게 되므로, 피해자에게 손해를 직접 배상한 경과실이 있는 공무원은 특별한 사정이 없는 한 국가에 대하여 국가의 피해자에 대한 손해배상책임의 범위 내에서 공무원이 변제한 금액에 관하여 구상권을 취득한다(대판 2014.8.20. 2012다54478).

⑤ 일반적으로 공무원이 관계법규를 알지 못하거나 필요한 지식을 갖추지 못하고 법규의 해석을 그르쳐 행정처분을 하였다면 그가 법률 전문가 아닌 행정직 공무원이라고 하더라도 과실이 있다고 할 것이다(대판 1981.8.25. 80다1598).

각론 > 특별행정작용법 > 군사행정법

정답의 이유

㉠ 병무청장이 하는 병역의무 기피자의 인적사항 등 공개는, 특정인을 병역의무 기피자로 판단하여 그 사실을 일반 대중에게 공표함으로써 그의 명예를 훼손하고 그에게 수치심을 느끼게 하여 병역의무 이행을 간접적으로 강제하려는 조치로서 병역법에 근거하여 이루어지는 공권력의 행사에 해당한다(대판 2019.6.27. 2018두49130).

㉢ 병무청 인터넷 홈페이지에 공개 대상자의 인적사항 등이 게시되는 경우 그의 명예가 훼손되므로, 공개 대상자는 자신에 대한 공개결정이 병역법령에서 정한 요건과 절차를 준수한 것인지를 다툴 법률상 이익이 있다. 병무청장이 인터넷 홈페이지 등에 게시하는 사실행위를 함으로써 공개 대상자의 인적사항 등이 이미 공개되었더라도, 재판에서 병무청장의 공개결정이 위법함이 확인되어 취소판결이 선고되는 경우, 병무청장은 취소판결의 기속력에 따라 위법한 결과를 제거하는 조치를 할 의무가 있으므로 공개 대상자의 실효적 권리구제를 위해 병무청장의 공개결정을 행정처분으로 인정할 필요성이 있다(대판 2019.6.27. 2018두49130).

오답의 이유

㉡ 관할 지방병무청장의 공개 대상자 결정의 경우 상대방에게 통보하는 등 외부에 표시하는 절차가 관계 법령에 규정되어 있지 않아, 행정실무상으로도 상대방에게 통보되지 않는 경우가 많다. 또한 관할 지방병무청장이 위원회의 심의를 거쳐 공개 대상자를 1차로 결정하기는 하지만, 병무청장에게 최종적으로 공개 여부를 결정할 권한이 있으므로, 관할 지방병무청장의 공개 대상자 결정은 병무청장의 최종적인 결정에 앞서 이루어지는 행정기관 내부의 중간적 결정에 불과하다. 가까운 시일 내에 최종적인 결정과 외부적인 표시가 예정된 상황에서, 외부에 표시되지 않은 행정기관 내부의 결정을 항고소송의 대상인 처분으로 보아야 할 필요성은 크지 않다. 관할 지방병무청장이 1차로 공개 대상자 결정을 하고, 그에 따라 병무청장이 같은 내용으로 최종적 공개결정을 하였다면, 공개 대상자는 병무청장의 최종적 공개결정만을 다투는 것으로 충분하고, 관할 지방병무청장의 공개 대상자 결정을 별도로 다툴 소의 이익은 없어진다(대판 2019.6.27. 2018두49130).

행정쟁송 > 행정소송

정답의 이유

㉠ 갑이 국민권익위원회에 신분보장조치를 요구하였고, 국민권익위원회가 갑의 소속기관 장인 을 시·도선거관리위원회 위원장에게 '갑에 대한 중징계요구를 취소하고 향후 신고로 인한 신분상 불이익처분 및 근무조건상의 차별을 하지 말 것을 요구'하는 내용의 조치요구를 한 사안에서, 처분성이 인정되는 위 조치요구에 불복하고자 하는 을 시·도선거관리위원회 위원장으로서

는 조치요구의 취소를 구하는 항고소송을 제기하는 것이 유효·적절한 수단이므로 비록 을이 국가기관이더라도 당사자능력 및 원고적격을 가진다(대판 2013.7.25. 2011두1214).

㉣ 기존 시내버스 업자로서는, 다른 운송사업자가 운행하고 있는 기존 시외버스를 시내버스로 전환을 허용하는 사업계획변경인가처분에 대하여 그 취소를 구할 법률상의 이익이 있다고 할 것이다(대판 1987.9.22. 85누985).

㉤ 재단법인 한국연구재단이 갑 대학교 총장에게 연구개발비의 부당집행을 이유로 '해양생물유래 고부가식품·향장·한약 기초소재 개발 인력양성사업'에 대한 2단계 두뇌한국(BK)21 사업'협약을 해지하고 연구팀장 을에 대한 국가연구개발사업의 3년간 참여제한 등을 명하는 통보를 하자 을이 통보 취소를 청구한 사안에서, 을은 위 협약 해지 통보의 효력을 다툴 법률상 이익이 있다(대판 2014.12.11. 2012두28704).

오답의 이유

㉢ 재단법인 갑 수녀원이, 매립목적을 택지조성에서 조선시설용지로 변경하는 내용의 공유수면매립목적 변경 승인처분으로 인하여 법률상 보호되는 환경상 이익을 침해받았다면서 행정청을 상대로 처분의 무효확인을 구하는 소송을 제기한 경우, 공유수면매립목적 변경 승인처분으로 갑 수녀원에 소속된 수녀 등이 쾌적한 환경에서 생활할 수 있는 환경상 이익을 침해받는다고 하더라도 이를 가리켜 곧바로 갑 수녀원의 법률상 이익이 침해된다고 볼 수 없고, 자연인이 아닌 갑 수녀원은 쾌적한 환경에서 생활할 수 있는 이익을 향수할 수 있는 주체가 아니므로 갑 수녀원에 처분의 무효확인을 구할 원고적격이 없다(대판 2012.6.28. 2010두2005).

㉥ 교육부장관이 사학분쟁조정위원회의 심의를 거쳐 갑 대학교를 설치·운영하는 을 학교법인의 이사 8인과 임시이사 1인을 선임한 데 대하여 갑 대학교 교수협의회와 총학생회 등이 이사선임처분의 취소를 구하는 소송을 제기한 사안에서, 갑 대학교 교수협의회와 총학생회는 이사선임처분을 다툴 법률상 이익을 가지지만, 전국대학노동조합 갑 대학교지부는 법률상 이익이 없다(대판 2015.7.23. 2012두19496 등).

더 알아보기

항고소송과 당사자소송의 비교

구분	항고소송	당사자소송
원고적격	법률상 이익이 있는 자	규정 없음 (행정소송법 제8조 제2항에 근거. 민사소송법을 적용 → 권리보호이익 있는 자)
피고적격	행정청	행정주체
대상적격	처분 등	법률관계 존부 • 공법상 지위, 신분 다툼 • 공법상 금전 다툼 • 공법상 계약 다툼

행정법 | 2021년 국회직 8급

✔ 빠른 정답

01	02	03	04	05	06	07	08	09	10
②	④	②	⑤	⑤	③	①	⑤	①	②
11	12	13	14	15	16	17	18	19	20
③	②	③	②	④	④	①	①	③	②
21	22	23	24	25					
④	②	⑤	⑤	④					

✔ 점수 체크

구분	1회독	2회독	3회독
맞힌 문항 수	/ 25	/ 25	/ 25
나의 점수	점	점	점

01 난도 ★★☆　　　　　　　　정답 ②

행정법통론 > 행정상 법률관계의 원인

[정답의 이유]

㉠ 국가를 당사자로 하는 계약에 관한 법률에 따라 지방자치단체가 당사자가 되는 이른바 공공계약은 사경제의 주체로서 상대방과 대등한 위치에서 체결하는 사법상의 계약으로서 사인 간의 계약과 다를 바가 없으므로, 법령에 특별한 정함이 있는 경우를 제외하고는 사적 자치와 계약자유의 원칙 등 사법의 원리가 그대로 적용된다(대결 2006.6.19. 2006마117).

㉢ 공기업·준정부기관이 법령 또는 계약에 근거하여 선택적으로 입찰참가자격 제한 조치를 할 수 있는 경우, 계약상대방에 대한 입찰참가자격 제한 조치가 법령에 근거한 행정처분인지 아니면 계약에 근거한 권리행사인지는 원칙적으로 의사표시의 해석 문제이다(대판 2018.10.25. 2016두33537).

㉣ 행정재산의 사용·수익에 대한 허가는 순전히 사경제주체로서 행하는 사법상의 행위가 아니라 관리청이 공권력을 가진 우월적 지위에서 행하는 행정처분으로서 특정인에게 행정재산을 사용할 수 있는 권리를 설정하여 주는 강학상 특허에 해당한다(대판 2006.3.9. 2004다31074).

[오답의 이유]

㉡ 관악구청장이 국가를당사자로하는계약에관한법률에 의하여 원고 회사의 입찰참가자격을 제한시킨 조치는 처분에 해당한다(대판 1999.3.9. 98두18565). 즉, 사법상 행위가 아니라 공법상의 행위이다.

㉤ 사립학교 교원은 학교법인 또는 사립학교 경영자에 의하여 임면되는 것으로서 사립학교 교원과 학교법인의 관계를 공법상의 권력관계라고는 볼 수 없으므로 사립학교 교원에 대한 학교법인의 해임처분을 취소소송의 대상이 되는 행정청의 처분으로 볼 수 없다(대판 1993.2.12. 92누13707).

02 난도 ★★☆　　　　　　　　정답 ④

실효성 확보수단 > 행정강제

[정답의 이유]

④ 공매처분을 하면서 체납자 등에게 공매통지를 하지 않았거나 공매통지를 하였더라도 그것이 적법하지 아니한 경우에는 절차상의 흠이 있어 그 공매처분이 위법하게 되는 것이지만, 공매통지 자체가 그 상대방인 체납자 등의 법적 지위나 권리·의무에 직접적인 영향을 주는 행정처분에 해당한다고 할 것은 아니므로 다른 특별한 사정이 없는 한 체납자 등은 공매통지의 결여나 위법을 들어 공매처분의 취소 등을 구할 수 있는 것이지 공매통지

자체를 항고 소송의 대상으로 삼아 그 취소 등을 구할 수는 없다(대판 2011.3.24. 2010두25527).

오답의 이유
① 대집행계고처분 취소소송의 변론종결 전에 대집행영장에 의한 통지절차를 거쳐 사실행위로서 대집행의 실행이 완료된 경우에는 행위가 위법한 것이라는 이유로 손해배상이나 원상회복 등을 청구하는 것은 별론으로 하고 처분의 취소를 구할 법률상 이익은 없다(대판 1993.6.8. 93누6164).
② 과세관청이 체납처분으로서 행하는 공매는 우월한 공권력의 행사로서 행정소송의 대상이 되는 공법상의 행정처분이며 공매에 의하여 재산을 매수한 자는 그 공매처분이 취소된 경우에 그 취소처분의 위법을 주장하여 행정소송을 제기할 법률상 이익이 있다(대판 1984.9.25. 84누201).
③ 행정청이 위법 건축물에 대한 시정명령을 하고 나서 위반자가 이를 이행하지 아니하여 전기·전화의 공급자에게 그 위법 건축물에 대한 전기·전화공급을 하지 말아 줄 것을 요청한 행위는 권고적 성격의 행위에 불과한 것으로서 전기·전화공급자나 특정인의 법률상 지위에 직접적인 변동을 가져오는 것은 아니므로 이를 항고소송의 대상이 되는 행정처분이라고 볼 수 없다(대판 1996.3.22. 96누433).
⑤ 행정대집행은 대체적 작위의무에 대한 강제집행수단으로, 이행강제금은 부작위의무나 비대체적 작위의무에 대한 강제집행수단으로 이해되어 왔으나, 이행강제금은 대체적 작위의무의 위반에 대하여도 부과될 수 있다. 행정청은 개별사건에 있어서 위반내용, 위반자의 시정의지 등을 감안하여 대집행과 이행강제금을 선택적으로 활용할 수 있으며, 합리적인 재량에 의해 선택하여 활용하는 이상 이중처벌금지의 원칙에 위반되지 아니한다(헌재 2004.2.26. 2001헌바80·84·102·103·2002 헌바26(병합)).

03 난도 ★★☆   정답 ②

행정법통론 > 행정·행정법

정답의 이유
② 총괄청은 일반재산을 보존용재산으로 전환하여 관리할 수 있다(국유재산법 제8조 제1항·제2항).

오답의 이유
① 국유재산은 그 용도에 따라 행정재산과 일반재산으로 구분되며(국유재산법 제6조 제1항), 그중 행정재산은 공용재산, 공공용재산, 기업용재산, 보존용재산으로 구성된다(국유재산법 제6조 제2항).

제6조(국유재산의 구분과 종류)
① 국유재산은 그 용도에 따라 행정재산과 일반재산으로 구분한다.
② 행정재산의 종류는 다음 각 호와 같다.
  1. 공용재산: 국가가 직접 사무용·사업용 또는 공무원의 주거용(직무 수행을 위하여 필요한 경우로서 대통령령으로 정하는 경우로 한정한다)으로 사용하거나 대통령령으로 정하는 기한까지 사용하기로 결정한 재산

  2. 공공용재산: 국가가 직접 공공용으로 사용하거나 대통령령으로 정하는 기한까지 사용하기로 결정한 재산
  3. 기업용재산: 정부기업이 직접 사무용·사업용 또는 그 기업에 종사하는 직원의 주거용(직무 수행을 위하여 필요한 경우로서 대통령령으로 정하는 경우로 한정한다)으로 사용하거나 대통령령으로 정하는 기한까지 사용하기로 결정한 재산
  4. 보존용재산: 법령이나 그 밖의 필요에 따라 국가가 보존하는 재산
③ "일반재산"이란 행정재산 외의 모든 국유재산을 말한다.

③ 공유재산 및 물품관리법(이하 '공유재산법')의 내용과 변상금 제도의 입법 취지에 비추어 보면, 사용·수익허가 없이 행정재산을 유형적·고정적으로 특정한 목적을 위하여 사용·수익하거나 점유하는 경우 공유재산법에서 정한 변상금 부과대상인 '무단점유'에 해당하고, 반드시 그 사용이 독점적·배타적일 필요는 없으며, 점유 부분이 동시에 일반 공중의 이용에 제공되고 있다고 하여 점유가 아니라고 할 수는 없다(대판 2019.9.9. 2018두48298).
④ 공용폐지의 의사표시는 묵시적인 방법으로도 가능하나 행정재산이 본래의 용도에 제공되지 않는 상태에 있다는 사정만으로는 묵시적인 공용폐지의 의사표시가 있다고 볼 수 없다(대판 1998.11.10. 98다42974).
⑤ 국유재산법 제40조 제1항 1호

제40조(용도폐지)
① 중앙관서의 장은 행정재산이 다음 각 호의 어느 하나에 해당하는 경우에는 지체 없이 그 용도를 폐지하여야 한다.
  1. 행정목적으로 사용되지 아니하게 된 경우
  2. 행정재산으로 사용하기로 결정한 날부터 5년이 지난 날까지 행정재산으로 사용되지 아니한 경우
  3. 제57조에 따라 개발하기 위하여 필요한 경우

04 난도 ★★☆   정답 ⑤

손해전보 > 행정상 손해배상

정답의 이유
⑤ 하자의 의미에 관한 객관설은 관리자의 주의의무위반을 요건으로 하지 않는 무과실책임설이므로, 관리자의 관리행위가 미칠 수 없는 상황, 즉 관리자의 과실이 없는 경우에도 하자를 인정하는 견해이다.

오답의 이유
① 소음 등을 포함한 공해 등의 위험지역으로 이주하여 들어가 거주하는 경우와 같이 위험의 존재를 인식하거나 과실로 인식하지 못하고 이주한 경우에는 손해배상액의 산정에 있어 형평의 원칙상 과실상계에 준하여 감경 또는 면제사유로 고려하여야 한다(대판 2010.11.11. 2008다57975).
② 국가의 철도운행사업은 국가가 공권력의 행사로서 하는 것이 아니고 사경제적 작용이라 할 것이므로, 이로 인한 사고에 공무원

이 간여하였다고 하더라도 국가배상법을 적용할 것이 아니고 일반 민법의 규정에 따라야 한다(대판 1999.6.22. 99다7008).

더 알아보기

[비교판례] 그러나 공공의 영조물인 철도시설물의 설치 또는 관리의 하자로 인한 불법행위를 원인으로 하여 국가에 대하여 손해배상청구를 하는 경우에는 국가배상법이 적용된다(대판 1999.6.22. 99다7008).

③ 차량이 통행하는 도로에서 유입되는 소음 때문에 인근 주택의 거주자에게 사회통념상 일반적으로 수인할 정도를 넘어서는 침해가 있는지 여부는, 주택법 등에서 제시하는 주택건설기준보다는 환경정책기본법 등에서 설정하고 있는 환경기준을 우선적으로 고려하여 판단하여야 한다(대판 2008.8.21. 2008다9358·9365).

④ 국가나 지방자치단체가 손해를 배상할 책임이 있는 경우에 공무원의 선임·감독 또는 영조물의 설치·관리를 맡은 자와 공무원의 봉급·급여, 그 밖의 비용 또는 영조물의 설치·관리 비용을 부담하는 자가 동일하지 아니하면 그 비용을 부담하는 자도 손해를 배상하여야 한다(국가배상법 제6조 제1항). 따라서 피해자는 양자에 대해 선택적으로 손해배상청구권을 행사할 수 있다.

05 난도 ★★★　　　　　　　　　　　　　정답 ⑤

행정법통론 > 행정·행정법

정답의 이유

㉠ 도시기본계획이라는 것은 도시의 장기적 개발방향과 미래상을 제시하는 도시계획 입안의 지침이 되는 장기적·종합적인 개발계획으로서 직접적인 구속력은 없는 것이므로, 도시계획시설결정 대상면적이 도시기본계획에서 예정했던 것보다 증가하였다 하여 그것이 도시기본계획의 범위를 벗어나 위법한 것은 아니다(대판 1998.11.27. 96누13927).

㉡ 도시계획법의 관련규정과 헌법상 개인의 재산권 보장의 취지에 비추어 보면, 도시계획구역 내 토지 등을 소유하고 있는 주민으로서는 입안권자에게 도시계획입안을 요구할 수 있는 법규상 또는 조리상의 신청권이 있다고 할 것이고, 이러한 신청에 대한 거부행위는 항고소송의 대상이 되는 행정처분에 해당한다(대판 2004.4.28. 2003두1806).

㉢ 행정청이 지구단위계획을 수립하면서 그 권장용도를 판매·위락·숙박시설로 결정하여 고시한 행위를 당해 지구 내에서는 공익과 무관하게 언제든지 숙박시설에 대한 건축허가가 가능하리라는 공적 견해를 표명한 것이라고 평가할 수는 없다(대판 2005.11.25. 2004두6822·6839·6846).

㉣ 행정계획의 관계 법령에는 추상적인 행정목표와 절차만이 규정되어 있을 뿐 행정계획의 내용에 관하여는 별다른 규정을 두고 있지 아니하므로 행정주체는 구체적인 행정계획을 입안·결정함에 있어서 비교적 광범위한 형성의 자유를 가지는 것이지만, 행정주체가 가지는 이와 같은 형성의 자유는 무제한적인 것이 아니라 그 행정계획에 관련되는 자들의 이익을 공익과 사익 사이에서는 물론이고 공익 상호간과 사익 상호간에도 정당하게 비

교교량하여야 한다는 제한이 있으므로, 행정주체가 행정계획을 입안·결정함에 있어서 이익형량을 전혀 행하지 아니하거나 이익형량의 고려 대상에 마땅히 포함시켜야 할 사항을 누락한 경우 또는 이익형량을 하였으나 정당성과 객관성이 결여된 경우에는 그 행정계획결정은 형량에 하자가 있어 위법하게 된다(대판 2007.4.12. 2005두1893).

㉤ 도시·군계획시설에 대한 도시·군관리계획의 결정의 고시일부터 10년 이내에 사업이 시행되지 아니하는 경우의 소유자는 관할 행정청을 상대로 그 토지의 매수를 청구할 수 있으므로(국토의 계획 및 이용에 관한 법률 제47조), 관할 행정청의 매수 거부 결정은 항고소송의 대상인 처분에 해당한다(대판 2007.12.28. 2006두4738).

06 난도 ★☆☆ ※개정·변경된 내용으로 선지 교체　　　정답 ③

행정과정의 규율 > 행정절차

정답의 이유

③ 행정청이 청문서 도달기간을 다소 어겼다하더라도 영업자가 이에 대하여 이의하지 아니한 채 스스로 청문일에 출석하여 그 의견을 진술하고 변명하는 등 방어의 기회를 충분히 가졌다면 청문서 도달기간을 준수하지 아니한 하자는 치유된다(대판 1992.10.23. 92누2844).

오답의 이유

① 행정절차법 제53조 제1항
② 행정절차법 제53조 제2항
④ 행정절차법 제39조의3
⑤ 과세의 절차 내지 형식에 위법이 있어 과세처분을 취소하는 판결이 확정되었을 때는 그 확정판결의 기판력은 거기에 적시된 절차 내지 형식의 위법사유에 한하여 미치는 것이므로, 과세관청은 그 위법사유를 보완하여 다시 새로운 과세처분을 할 수 있고 그 새로운 과세처분은 확정판결에 의하여 취소된 종전의 과세처분과는 별개의 처분이라 할 것이어서 확정판결의 기판력에 저촉되는 것이 아니다(대판 1987.2.10. 86누91).

07 난도 ★★☆　　　　　　　　　　　　　정답 ①

각론 > 행정조직법 > 공무원법

정답의 이유

① 국가공무원법 제17조 제2항

제17조(인사에 관한 감사)
② 국회·법원·헌법재판소 및 선거관리위원회 소속 공무원의 인사 사무에 대한 감사는 국회의장, 대법원장, 헌법재판소장 또는 중앙선거관리위원회위원장의 명을 받아 국회사무총장, 법원행정처장, 헌법재판소사무처장 및 중앙선거관리위원회사무총장이 각각 실시한다.

행정법

국회직

② 당연무효인 임용결격자에 대한 임용행위에 의하여는 공무원의 신분을 취득하거나 근로고용관계가 성립될 수 없는 것이므로 임용결격자가 공무원으로 임명되어 사실상 근무하여 왔다 하더라도 그러한 피임용자는 위 법률 소정의 퇴직금 청구를 할 수 없다(대판 1987.4.14. 86누459).

③ 계약직공무원제도는 폐지되었으며 해당 용도로는 임기제공무원을 임용할 수 있다(국가공무원법 제26조의5 제1항).

> **제26조의5(근무기간을 정하여 임용하는 공무원)**
> ① 임용권자는 전문지식·기술이 요구되거나 임용관리에 특수성이 요구되는 업무를 담당하게 하기 위하여 경력직공무원을 임용할 때에 일정기간을 정하여 근무하는 공무원(이하 "임기제공무원"이라 한다)을 임용할 수 있다.

④ 국가공무원으로 임용되기 전의 행위는 원칙적으로 재직중의 징계사유로 삼을 수 없다 할 것이나, 비록 임용전의 행위라 하더라도 이로 인하여 임용후의 공무원의 체면 또는 위신을 손상하게 된 경우에는 징계사유로 삼을 수 있다. 따라서 뇌물을 공여한 행위는 공립학교 교사로 임용되기 전이었더라도 그 때문에 임용후의 공립학교 교사로서의 체면과 위신이 크게 손상되었다면 이를 징계사유로 삼은 것은 정당하다(대판 1990.5.22. 89누7368).

⑤ 감사보고서의 내용이 직무상 비밀에 속하지 않는다고 할지라도 그 보고서의 내용이 그대로 신문에 게재되게 한 감사원 감사관의 행위는 감사자료의 취급에 관한 내부수칙을 위반한 것이고, 이로 인하여 관련 기업이나 관계 기관의 신용에 적지 않은 피해를 입힌 것으로서 공무원의 성실의무 등 직무상의 의무를 위반한 것으로서 국가공무원법 제78조 소정의 징계사유에 해당한다. 다만, 그 감사관의 경력, 감사 중단의 경위, 공개된 보고서의 내용과 영향, 법령 위반의 정도 등을 참작하여 볼 때, 그 감사관에 대한 징계의 종류로 가장 무거운 파면을 선택한 징계처분은 지나치게 무거워 재량권을 일탈하였다(대판 1996.10.11. 94누7171).

08 난도 ★★★

정답 ⑤

행정쟁송 > 행정소송

ⓒ 법무사규칙이 이의신청 절차를 규정한 것은 채용승인을 신청한 법무사뿐만 아니라 사무원이 되려는 사람의 이익도 보호하려는 취지로 볼 수 있다. 따라서 지방법무사회의 사무원 채용승인 거부처분 또는 채용승인 취소처분에 대해서는 처분 상대방인 법무사뿐만 아니라 그 때문에 사무원이 될 수 없게 된 사람도 원고적격이 인정된다(대판 2020.4.9. 2015다34444).

ⓒ 갑 주식회사가 조달청과 물품구매계약을 체결하고 국가종합전자조달시스템인 나라장터 종합쇼핑몰 인터넷 홈페이지를 통해 요구받은 제품을 수요기관에 납품하였는데, 조달청이 일부 제품이 계약 규격과 다르다는 이유로 갑 회사에 대하여 6개월의 나라장터 종합쇼핑몰 거래정지 조치를 한 경우, 거래정지 조치는 항고소송의 대상이 되는 행정처분에 해당한다(대판 2018.11.29. 2015두52395).

ⓔ 납세고지서에 공동상속인들이 납부할 총세액 등을 기재함과 아울러 공동상속인들 각자의 상속재산 점유비율과 그 비율에 따라 산정한 각자가 납부할 상속세액 등을 기재한 연대납세의무자별 고지세액 명세서를 첨부하여 공동상속인들 각자에게 고지하였다면 그와 같은 납세고지에 의하여 공동상속인들 중 1인에게 한 다른 공동상속인들의 상속세에 대한 연대납부의무의 징수고지는 다른 공동상속인들 각자에 대한 과세처분에 따르는 징수절차상의 처분으로서의 성격을 가지는 것이어서, 다른 공동상속인들에 대한 과세처분이 무효 또는 부존재가 아닌 한 그 과세처분에 있어서의 하자는 그 징수처분에 당연히 승계된다고는 할 수 없으므로, 연대납부의무의 징수처분을 받은 공동상속인들 중 1인은 다른 공동상속인들에 대한 과세처분 자체에 취소사유가 있다는 이유만으로는 그 징수처분의 취소를 구할 수 없게 된다(대판 2001.11.27. 98두9530).

ⓜ 외국인에게는 원칙적으로 사증발급 거부처분의 취소를 구할 원고적격 내지 법률상 이익이 부정된다(대판 2018.5.15. 2014두42506). 다만, 외국인이더라도 대한민국과 실질적 관련성 등이 있는 경우에는 원고적격 내지 법률상 이익이 예외적으로 인정된다(대판 2018.5.15. 2014두42506).

더 알아보기

[비교판례] 행정처분에 대한 취소소송에서 원고적격이 있는지는, 처분의 상대방인지 여부에 따라 결정되는 것이 아니라 그 취소를 구할 법률상 이익이 있는지 여부에 따라 결정된다. 원고(스티브 유)는 대한민국에서 출생하여 오랜 기간 대한민국 국적을 보유하면서 거주한 사람이므로 이미 대한민국과 실질적 관련성이 있거나 대한민국에서 법적으로 보호가치 있는 이해관계를 형성하였다고 볼 수 있다. 또한 재외동포의 대한민국 출입국과 대한민국 안에서의 법적 지위를 보장함을 목적으로 「재외동포의 출입국과 법적 지위에 관한 법률」이 특별히 제정되어 시행 중이다. 따라서 원고는 사증발급 거부처분의 취소를 구할 법률상 이익이 인정된다(대판 2019.7.11. 2017두38874).

㉠ 한정면허를 받은 시외버스운송사업자라고 하더라도 일반면허를 받은 시외버스운송사업자와 본질적인 차이가 없으므로, 일반면허를 받은 시외버스운송사업자에 대한 사업계획변경 인가처분으로 인하여 기존에 한정면허를 받은 기존업자의 수익감소가 예상된다면, 기존의 한정면허를 받은 시외버스운송사업자와 일반면허를 받은 시외버스운송사업자는 경업관계에 있는 것으로 보는 것이 타당하다. 따라서 기존의 한정면허를 받은 시외버스운송사업자는 일반면허 시외버스운송사업자에 대한 사업계획변경 인가처분의 취소를 구할 법률상의 이익이 있다(대판 2018.4.26. 2015두53824).

행정법통론 > 행정 · 행정법

정답의 이유

① 소급입법은 새로운 입법으로 이미 종료된 사실관계 또는 법률관계에 작용케 하는 진정소급입법과 현재 진행중인 사실관계 또는 법률관계에 작용케 하는 부진정소급입법으로 나눌 수 있다. 부진정소급입법은 원칙적으로 허용되지만 소급효를 요구하는 공익상의 사유와 신뢰보호의 요청 사이의 교량과정에서 신뢰보호의 관점이 입법자의 형성권에 제한을 가하게 되는 데 반하여, 기존의 법에 의하여 형성되어 이미 굳어진 개인의 법적 지위를 사후입법을 통하여 박탈하는 것 등을 내용으로 하는 진정소급입법은 개인의 신뢰보호와 법적 안정성을 내용으로 하는 법치국가원리에 의하여 특단의 사정이 없는 한 헌법적으로 허용되지 아니하는 것이 원칙이고, 다만 일반적으로 ① 국민이 소급입법을 예상할 수 있었거나 법적 상태가 불확실하고 혼란스러워 보호할만한 신뢰이익이 "적은"경우, ② 소급입법에 의한 당사자의 손실이 "없거나"아주 "경미"한 경우, ③ 신뢰보호의 요청에 우선하는 심히 중대한 공익상의 사유가 소급입법을 "정당화"하는 경우 등에는 예외적으로 진정소급입법이 허용된다(헌재 1999. 7. 22. 97헌바76).

오답의 이유

② 재건축조합에서 일단 내부 규범이 정립되면 조합원들은 특별한 사정이 없는 한 그것이 존속하리라는 신뢰를 가지게 되므로, 내부 규범 변경을 통해 달성하려는 이익이 종전 내부 규범의 존속을 신뢰한 조합원들의 이익보다 우월해야 한다(대판 2020. 6. 25. 2018두34732).

③ 대판 2020. 6. 25. 2018두34732

④ 대판 2008. 9. 18. 2007두2173 전합

⑤ 관할관청이 위법한 직업능력개발훈련과정 인정제한처분을 하여 사업주로 하여금 제때 훈련과정 인정신청을 할 수 없도록 하였음에도, 인정제한처분에 대한 취소판결 확정 후 사업주가 인정제한 기간 내에 실제로 실시하였던 훈련에 관하여 비용지원신청을 한 경우에, 관할관청은 단지 해당 훈련과정에 관하여 사전에 훈련과정 인정을 받지 않았다는 이유만을 들어 훈련비용 지원을 거부할 수는 없음이 원칙이다. 이러한 거부행위는 위법한 훈련과정 인정제한처분을 함으로써 사업주로 하여금 제때 훈련과정 인정신청을 할 수 없게 한 장애사유를 만든 행정청이 사업주에 대하여 사전에 훈련과정 인정신청을 하지 않았음을 탓하는 것과 다름없으므로 신의성실의 원칙에 반하여 허용될 수 없다(대판 2019. 1. 31. 2016두52019).

행정작용법 > 행정행위

정답의 이유

② 기속행위의 경우에는 법률의 근거 없이 부관을 붙일 수 없다(행정기본법 제17조 제2항). 그러나 부담이 위법하여 무효이더라도, 부담의 이행으로 이루어지 사법행위(매매 또는 증여)까지 당연히 무효가 되는 것은 아니다(대판 2009. 6. 25. 2006다18174).

제17조(부관)

① 행정청은 처분에 재량이 있는 경우에는 부관(조건, 기한, 부담, 철회권의 유보 등을 말한다. 이하 이 조에서 같다)을 붙일 수 있다.

② 행정청은 처분에 재량이 없는 경우에는 법률에 근거가 있는 경우에 부관을 붙일 수 있다.

더 알아보기

[관련판례] 행정처분에 부담인 부관을 붙인 경우 부관의 무효화에 의하여 본체인 행정처분 자체의 효력에도 영향이 있게 될 수는 있지만, 그 처분을 받은 사람이 부담의 이행으로 사법상 매매 등의 법률행위를 한 경우에는 그 부관은 특별한 사정이 없는 한 법률행위를 하게 된 동기 내지 연유로 작용하였을 뿐이므로, 이는 법률행위의 취소사유가 될 수 있음은 별론으로 하고 그 법률행위 자체를 당연히 무효화하는 것은 아니다(대판 2009. 6. 25. 2006다18174).

오답의 이유

① 수익적 행정처분에 있어서는 법령에 특별한 근거규정이 없다고 하더라도 그 부관으로서 부담을 붙일 수 있고, 그와 같은 부담은 행정청이 행정처분을 하면서 일방적으로 부가할 수도 있지만 부담을 부가하기 이전에 상대방과 협의하여 부담의 내용을 협약의 형식으로 미리 정한 다음 행정처분을 하면서 이를 부가할 수도 있다(대판 2009. 2. 12. 2005다65500).

③ 행정처분에 이미 부담이 부가되어 있는 상태에서 그 의무의 범위 또는 내용 등을 변경하는 부관의 사후변경은 ① "법률"에 명문의 규정이 있거나 ② 그 변경이 미리 "유보"되어 있는 경우 또는 ③ 상대방의 "동의"가 있는 경우에 한하여 허용되는 것이 원칙이지만, ④ "사정변경"으로 인하여 당초에 부담을 부가한 목적을 달성할 수 없게 된 경우에도 그 목적달성에 필요한 범위 내에서 예외적으로 허용된다(대판 1997. 5. 30. 97누2627).

④ 부담은 다른 부관과는 달리 부담만의 취소, 즉 진정일부취소소송의 대상이 된다.

⑤ 일반적으로 기속행위나 기속적 재량행위에는 부관을 붙일 수 없고 가사 부관을 붙였다 하더라도 무효이다(대판 1995. 6. 13. 94다56883). 따라서 甲은 기부채납 부담을 이행할 의무가 없다.

더 알아보기

[관련판례] 행정행위의 부관은 행정행위의 일반적인 효력이나 효과를 제한하기 위하여 의사표시의 주된 내용에 부가되는 종된 의사표시이지 그 자체로서 직접 법적 효과를 발생하는 독립된 처분이 아니므로, 부관 그 자체만을 독립된 쟁송의 대상으로 할 수 없는 것이 원칙이나 행정행위의 부관 중에서도 부담의 경우에는 다른 부관과는 달리 행정행위의 불가분적인 요소가 아니고 그 존속이 본체인 행정행위의 존재를 전제로 하는 것일 뿐이므로 부담 그 자체로서 행정쟁송의 대상이 될 수 있다(대판 1992. 1. 21. 91누1264).

11 난도 ★★☆

행정과정의 규율 > 정보공개와 개인정보 보호

정답의 이유

③ 공공기관의 정보공개에 관한 법률 제7조 제1항 제3호, 동법 시행령 제14조 제1항 제5호

제7조(정보의 사전적 공개 등)

① 공공기관은 다음 각 호의 어느 하나에 해당하는 정보에 대해서는 공개의 구체적 범위, 주기, 시기 및 방법 등을 미리 정하여 정보통신망 등을 통하여 알리고, 이에 따라 정기적으로 공개하여야 한다. 다만, 제9조 제1항 각 호의 어느 하나에 해당하는 정보에 대해서는 그러하지 아니하다.

1. 국민생활에 매우 큰 영향을 미치는 정책에 관한 정보
2. 국가의 시책으로 시행하는 공사(工事) 등 대규모 예산이 투입되는 사업에 관한 정보
3. 예산집행의 내용과 사업평가 결과 등 행정감시를 위하여 필요한 정보
4. 그 밖에 공공기관의 장이 정하는 정보

시행령 제14조(정보공개 방법)

① 정보는 다음 각 호의 구분에 따른 방법으로 공개한다.

5. 법 제7조 제1항에 따른 정보 등 공개를 목적으로 작성되고 이미 정보통신망 등을 통하여 공개된 정보: 해당 정보의 소재(所在) 안내

오답의 이유

① 정보공개의 목적, 교육의 공공성 및 공·사립학교의 동질성, 사립대학교에 대한 국가의 재정지원 및 보조 등 여러 사정을 고려해 보면, 시행령에서 정보공개의무를 지는 공공기관의 하나로 사립대학교를 들고 있는 것이 모법인 정보공개법의 위임 범위를 벗어났다거나 사립대학교가 국비의 지원을 받는 범위 내에서만 공공기관의 성격을 가진다고 볼 수 없다(대판 2006.8.24. 2004두2783).

② 정보공개법에 의한 정보공개제도는 공공기관이 보유·관리하는 정보를 그 상태대로 공개하는 제도이지만, 전자적 형태로 보유·관리되는 정보의 경우에는, 그 정보가 청구인이 구하는 대로는 되어 있지 않다고 하더라도, 공개청구를 받은 공공기관이 공개청구대상정보의 기초자료를 전자적 형태로 보유·관리하고 있고, 당해 기관에서 통상 사용되는 컴퓨터 하드웨어 및 소프트웨어와 기술적 전문지식을 사용하여 그 기초자료를 검색하여 청구인이 구하는 대로 편집할 수 있으며, 그러한 작업이 당해 기관의 컴퓨터 시스템 운용에 별다른 지장을 초래하지 아니한다면, 그 공공기관이 공개청구대상정보를 보유·관리하고 있는 것으로 볼 수 있고, 이러한 경우에 기초자료를 검색·편집하는 것은 새로운 정보의 생산 또는 가공에 해당한다고 할 수 없다(대판 2010.2.11. 2009두6001).

④ 형사소송법 제59조의2는 형사재판확정기록의 공개 여부나 공개 범위, 불복절차 등에 대하여 정보공개법과 달리 규정하고 있으므로, 정보공개법 제4조 제1항에서 정한 '정보의 공개에 관하여

다른 법률에 특별한 규정이 있는 경우'에 해당한다. 따라서 형사재판확정기록의 공개에 관하여는 정보공개법에 의한 공개청구가 허용되지 아니한다(대판 2016.12.15. 2013두20882).

⑤ 법원 이외의 공공기관이 정보공개법 제9조 제1항 제4호에서 정한 '진행 중인 재판에 관련된 정보'에 해당한다는 사유로 정보공개를 거부하기 위하여는 반드시 그 정보가 진행 중인 재판의 소송기록 자체에 포함된 내용일 필요는 없다. 그러나 재판에 관련된 일체의 정보가 그에 해당하는 것은 아니고 진행 중인 재판의 심리 또는 재판결과에 구체적으로 영향을 미칠 위험이 있는 정보에 한정된다고 보는 것이 타당하다(대판 2011.11.24. 2009두19021).

더 알아보기

공공기관의 정보공개에 관한 법률 제2조(정의)

이 법에서 사용하는 용어의 뜻은 다음과 같다.

1. "정보"란 공공기관이 직무상 작성 또는 취득하여 관리하고 있는 문서(전자문서를 포함한다. 이하 같다) 및 전자매체를 비롯한 모든 형태의 매체 등에 기록된 사항을 말한다.
2. "공개"란 공공기관이 이 법에 따라 정보를 열람하게 하거나 그 사본·복제물을 제공하는 것 또는 전자정부법 제2조 제10호에 따른 정보통신망(이하 "정보통신망"이라 한다)을 통하여 정보를 제공하는 것 등을 말한다.
3. "공공기관"이란 다음 각 목의 기관을 말한다.
    가. 국가기관
        1) 국회, 법원, 헌법재판소, 중앙선거관리위원회
        2) 중앙행정기관(대통령 소속 기관과 국무총리 소속 기관을 포함한다) 및 그 소속 기관
        3) 행정기관 소속 위원회의 설치·운영에 관한 법률에 따른 위원회
    나. 지방자치단체
    다. 공공기관의 운영에 관한 법률 제2조에 따른 공공기관
    라. 지방공기업법에 따른 지방공사 및 지방공단
    마. 그 밖에 대통령령으로 정하는 기관

---

12 난도 ★★☆

정답 ②

각론 > 행정조직법 > 지방자치법

정답의 이유

㉠ 헌재 1998.3.26. 96헌마345 참고

㉡ 하천법은 국가하천의 하천관리청은 국토교통부장관이고(제8조 제1항), 하천공사와 하천의 유지·보수는 원칙적으로 하천관리청이 시행한다고 정하고 있다(제27조 제5항). 위와 같은 규정에 따르면, 국가하천에 관한 사무는 다른 법령에 특별한 정함이 없는 한 국가사무로 보아야 한다. 지방자치단체가 비용 일부를 부담한다고 해서 국가사무의 성격이 자치사무로 바뀌는 것은 아니다(대판 2020.12.30. 2020두37406).

㉣ 지방자치법 제157조 제1항 전문 및 후문에서 규정하고 있는 지방자치단체의 사무에 관한 그 장의 명령이나 처분이 법령에 위반되는 경우라 함은 명령이나 처분이 현저히 부당하여 공익을

해하는 경우, 즉 합목적성을 현저히 결하는 경우와 대비되는 개념으로, 시·군·구의 장의 사무의 집행이 명시적인 법령의 규정을 구체적으로 위반한 경우뿐만 아니라 그러한 사무의 집행이 재량권을 일탈·남용하여 위법하게 되는 경우를 포함한다고 할 것이므로, 시·군·구의 장의 자치사무의 일종인 당해 지방자치단체 소속 공무원에 대한 승진처분이 재량권을 일탈·남용하여 위법하게 된 경우 시·도지사는 지방자치법 제157조 제1항 후문에 따라 그에 대한 시정명령이나 취소 또는 정지를 할 수 있다(대판 2007.3.22. 2005추62 전합)

ⓒ 지방의회는 원칙적으로 당해 지방자치단체의 자치사무와 단체위임사무에 대해서만 조례를 제정할 수 있고, 기관위임사무에 대해서는 조례를 제정할 수 없다. 다만, 예외적으로 비록 기관위임사무에 관한 사항이라도 상위 법령에서 조례로 정하도록 규정한 때에는 기관위임사무에 대한 조례제정도 가능한데, 이를 특별히 '위임조례'라고 한다(대판 2000.5.30. 99추85).

ⓓ 주민감사청구가 '지방자치단체와 그 장의 권한에 속하는 사무의 처리'를 대상으로 하는 데 반하여, 주민소송은 '그 감사청구한 사항과 관련이 있는 위법한 행위나 업무를 게을리한 사실'에 대하여 제기할 수 있는 것이므로, 주민소송의 대상은 주민감사를 청구한 사항과 관련이 있는 것으로 충분하고, 주민감사를 청구한 사항과 반드시 동일할 필요는 없다(대판 2020.7.29. 2017두63467).

13 난도 ★☆☆ 정답 ③

행정쟁송 > 행정소송

정답의 이유

③ 심판청구기간에 대한 불고지 내지 오고지 규정은 행정심판법에만 존재하며(행정심판법 제27조 제5항 해당), 이는 행정소송법에 준용되지 않는다.

오답의 이유

① 행정소송은 당사자소송이 인정되지만, 행정심판에서는 당사자심판에 관한 일반규정은 없고 개별법상 필요한 경우에 유사한 규정으로 개별적으로 규율하고 있을 뿐이다.

② 의무이행심판은 인정되지만, 의무이행소송은 권력분립의 원칙상 채택하고 있지 않다.

④ 행정심판의 경우에는 간접강제이외에도 직접처분을 통한 구제가 가능하지만, 행정소송의 경우에는 권력분립의 원칙상 간접강제만 가능할 뿐이며, 직접처분 규정이 없다.

⑤ 재처분의무에 관해서는 행정심판법과 행정소송법 모두 규정하고 있다.

14 난도 ★★☆ 정답 ②

각론 > 행정조직법 > 총설

정답의 이유

② 수임 및 수탁사무의 처리에 관하여 위임 및 위탁기관은 수임 및 수탁기관에 대하여 사전승인을 받거나 협의를 할 것을 요구할 수 없다(행정권한의 위임 및 위탁에 관한 규정 제7조).

오답의 이유

① 행정권한의 위임은 개별법률에 근거가 있는 경우뿐만 아니라 일반법적 근거가 있는 경우에도 허용된다. 일반법적 근거로는 정부조직법 제6조, 행정권한의 위임과 위탁에 관한 규정 제4조 등을 들 수 있다.

③·④ 의사결정권을 내부위임한 경우, 내부위임을 받은 하급청은 대외적으로 자기이름으로 처분할 권한이 없으므로 상급 위임청의 이름으로 처분을 하여야 하며 이 경우 피고적격은 상급 위임청이다. 반면에 하급청이 자신의 이름으로 처분을 하면 권한 없는 처분이므로 무효이고, 이 경우 피고적격은 위법하지만 자신의 이름으로 처분을 한 하급행정청이다.

⑤ 대리기관이 대리관계를 표시하여 처분을 한 경우에는 피대리청이 피고적격을 가진다. 그러나 대리기관이 대리관계를 밝히지 않았다면 원칙적으로는 대리기관이 피고가 되지만, 상대방이 대리관계를 알고서 받아들인 예외적인 경우에는 피대리청이 피고가 된다.

> **더 알아보기**
>
> [관련판례] 대리권을 수여받은 데 불과하여 그 자신의 명의로는 행정처분을 할 권한이 없는 행정청의 경우 대리관계를 밝힘이 없이 그 자신의 명의로 행정처분을 하였다면 그에 대하여는 처분명의자인 당해 행정청이 항고소송의 피고가 되어야 하는 것이 원칙이지만, 비록 대리관계를 명시적으로 밝히지는 아니하였다 하더라도 처분명의자가 피대리 행정청 산하의 행정기관으로서 실제로 피대리 행정청으로부터 대리권한을 수여받아 피대리 행정청을 대리한다는 의사로 행정처분을 하였고 처분명의자는 물론 그 상대방도 그 행정처분이 피대리 행정청을 대리하여 한 것임을 알고서 이를 받아들인 예외적인 경우에는 피대리 행정청이 피고가 되어야 한다(대결 2006.2.23. 2005부4).

15 난도 ★★☆ 정답 ④

행정쟁송 > 행정소송

정답의 이유

④ 교원소청심사위원회가 한 결정의 취소를 구하는 소송에서 그 결정의 적부는 결정이 이루어진 시점을 기준으로 판단하여야 하지만, 그렇다고 하여 소청심사 단계에서 이미 주장된 사유만을 행정소송의 판단대상으로 삼을 것은 아니다. 따라서 소청심사 결정 후에 생긴 사유가 아닌 이상 소청심사 단계에서 주장하지 아니한 사유도 행정소송에서 주장할 수 있고, 법원도 이에 대하여 심리·판단할 수 있다(대판 2018.7.12. 2017두65821)

오답의 이유

① 항고소송에 있어서 행정처분의 위법 여부를 판단하는 기준 시점에 대하여 판결 시가 아니라 처분 시라고 하는 의미는 행정처분이 있을 때의 법령과 사실상태를 기준으로 하여 위법 여부를 판단할 것이며 처분 후 법령의 개폐나 사실상태의 변동에 영향을 받지 않는다는 뜻이고 처분 당시 존재하였던 자료나 행정청에 제출되었던 자료만으로 위법 여부를 판단한다는 의미는 아니므로, 처분 당시의 사실상태 등에 대한 입증은 사실심 변론종결 당

시까지 할 수 있고, 법원은 행정처분 당시 행정청이 알고 있었던 자료뿐만 아니라 사실심 변론종결 당시까지 제출된 모든 자료를 종합하여 처분 당시 존재하였던 객관적 사실을 확정하고 그 사실에 기초하여 처분의 위법 여부를 판단할 수 있다(대판 1993. 5. 27. 92누19033).

② 행정심판과 달리 행정소송의 경우에는 권력분립의 원칙상 적극적 변경까지 포함하는 의미는 아니며, 소극적 변경(즉, 일부취소)만 가능하다.

③ 과세처분 취소청구를 기각하는 판결이 확정되면 그 처분이 적법하다는 점에 관하여 기판력이 생기고 그 후 원고가 이를 무효라 하여 무효확인을 소구할 수 없는 것이어서 과세처분의 취소소송에서 청구가 기각된 확정판결의 기판력은 그 과세처분의 무효확인을 구하는 소송에도 미친다(대판 1998. 7. 24. 98다10854).

⑤ 행정소송법 제38조 제1항이 무효확인 판결에 관하여 취소판결에 관한 규정을 준용함에 있어서 같은 법 제30조 제2항을 준용한다고 규정하면서도 같은 법 제34조는 이를 준용한다는 규정을 두지 않고 있으므로, 행정처분에 대하여 무효확인 판결이 내려진 경우에는 그 행정처분이 거부처분인 경우에도 행정청에 판결의 취지에 따른 재처분의무가 인정될 뿐 그에 대하여 간접강제까지 허용되는 것은 아니라고 할 것이다(대결 1998. 12. 24. 자 98무37).

16 난도 ★★☆　　　　　　　　　　　　　　정답 ④

행정쟁송 > 행정소송

정답의 이유

④ 갑 시장이 감사원으로부터 감사원법에 따라 을에 대하여 징계의 종류를 정직으로 정한 징계 요구를 받게 되자 감사원법 제36조 제2항에 따라 감사원에 징계 요구에 대한 재심의를 청구하였고, 감사원이 재심의청구를 기각하자 을이 감사원의 징계 요구와 그에 대한 재심의결정의 취소를 구하고 갑 시장이 감사원의 재심의결정 취소를 구하는 소를 제기한 경우, 징계 요구는 징계 요구를 받은 기관의 장이 요구받은 내용대로 처분하지 않더라도 불이익을 받는 규정도 없고, 징계 요구 자체만으로는 징계 요구 대상 공무원의 권리·의무에 직접적인 변동을 초래하지도 아니하므로, 행정청 사이의 내부적인 의사결정의 경로로서 '징계 요구, 징계 절차 회부, 징계'로 이어지는 과정에서의 중간처분에 불과하여, 감사원의 징계 요구와 재심의결정이 항고소송의 대상이 되는 행정처분이라고 할 수 없다(대판 2016. 12. 27. 2014두5637).

오답의 이유

① 어떠한 처분에 법령상 근거가 있는지, 행정절차법에서 정한 처분절차를 준수하였는지는 본안에서 당해 처분이 적법한가를 판단하는 단계에서 고려할 요소이지, 소송요건 심사단계에서 고려할 요소가 아니다(대판 2020. 1. 16. 2019다264700).

② 국방전력발전업무훈령에 의한 연구개발확인서 발급은 개발업체가 '업체투자연구개발'방식 또는 '정부·업체공동투자연구개발' 방식으로 전력지원체계 연구개발사업을 성공적으로 수행하여 군사용 적합판정을 받고 국방규격이 제·개정된 경우에 사업관

리기관이 개발업체에게 해당 품목의 양산과 관련하여 경쟁입찰에 부치지 않고 수의계약의 방식으로 국방조달계약을 체결할 수 있는 지위(경쟁입찰의 예외사유)가 있음을 인정해 주는 '확인적 행정행위'로서 공권력의 행사인 '처분'에 해당하고, 연구개발확인서 발급 거부는 신청에 따른 처분 발급을 거부하는 '거부처분'에 해당한다(대판 2020. 1. 16. 2019다264700).

③ 근로복지공단이 사업주에 대하여 하는 '개별 사업장의 사업종류 변경결정'은 행정청이 행하는 구체적 사실에 관한 법집행으로서의 공권력의 행사인 '처분'에 해당한다(대판 2020. 4. 9. 2019두61137).

⑤ 임용권자 등이 자의적인 이유로 승진후보자 명부에 포함된 후보자를 승진임용에서 제외하는 처분을 한 경우에, 이러한 승진임용제외처분을 항고소송의 대상이 되는 처분으로 보지 않는다면, 달리 이에 대하여는 불복하여 침해된 권리 또는 법률상 이익을 구제받을 방법이 없다. 따라서 교육공무원법상 승진후보자 명부에 의한 승진심사 방식으로 행해지는 승진임용에서 승진후보자 명부에 포함되어 있던 후보자를 승진임용인사발령에서 제외하는 행위는 불이익처분으로서 항고소송의 대상인 처분에 해당한다고 보아야 한다(대판 2018. 3. 27. 2015두47492).

17 난도 ★★☆　　　　　　　　　　　　　　정답 ①

행정과정의 규율 > 정보공개와 개인정보 보호

정답의 이유

① 주민등록번호를 제외한 고유식별정보는 별도의 동의를 받으면 처리할 수 있지만(개인정보보호법 제24조 제1항 제1호), 주민등록번호는 제24조의2 제1항 각호의 사유를 제외하고는 처리할 수 없다.

제24조의2(주민등록번호 처리의 제한)

① 제24조 제1항에도 불구하고 개인정보처리자는 다음 각 호의 어느 하나에 해당하는 경우를 제외하고는 주민등록번호를 처리할 수 없다.

　1. 법률·대통령령·국회규칙·대법원규칙·헌법재판소규칙·중앙선거관리위원회규칙 및 감사원규칙에서 구체적으로 주민등록번호의 처리를 요구하거나 허용한 경우

　2. 정보주체 또는 제3자의 급박한 생명, 신체, 재산의 이익을 위하여 명백히 필요하다고 인정되는 경우

　3. 제1호 및 제2호에 준하여 주민등록번호 처리가 불가피한 경우로서 보호위원회가 고시로 정하는 경우

오답의 이유

② 개인정보보호법 제2조 제1호의2

③ 개인정보보호법 제15조 제3항

④ 개인정보보호법 제15조 제1항 제6호

⑤ 개인정보보호법 제2조 제1호

18 난도 ★★★

행정쟁송 > 행정소송

정답의 이유

① 공유재산 및 물품관리법(이하 '공유재산법')의 내용과 체계에 관련 법리를 종합하면, 지방자치단체의 장이 공유재산법에 근거하여 기부채납 및 사용·수익허가 방식으로 민간투자사업을 추진하는 과정에서 사업시행자를 지정하기 위한 전 단계에서 공모제안을 받아 일정한 심사를 거쳐 우선협상대상자를 선정하는 행위와 이미 선정된 우선협상대상자를 그 지위에서 배제하는 행위는 민간투자사업의 세부내용에 관한 협상을 거쳐 공유재산법에 따른 공유재산의 사용·수익허가를 우선적으로 부여받을 수 있는 지위를 설정하거나 또는 이미 설정한 지위를 박탈하는 조치이므로 모두 항고소송의 대상이 되는 행정처분으로 보아야 한다(대판 2020.4.29. 2017두31064).

오답의 이유

② 기부채납받은 공유재산을 무상으로 기부자에게 사용을 허용하는 행위는 사경제주체로서 상대방과 대등한 입장에서 하는 사법상 행위이지 행정청이 공권력의 주체로서 행하는 공법상 행위라고 할 수 없으므로, 기부자가 기부채납한 부동산을 일정기간 무상사용한 후에 한 사용허가기간 연장신청을 거부한 행정청의 행위도 단순한 사법상의 행위일 뿐 행정처분 기타 공법상 법률관계에 있어서의 행위는 아니다(대판 1994.1.25. 93누7365).

③ 전문직 공무원인 공중보건의사의 채용계약 해지의 의사표시는 일반공무원에 대한 징계처분과는 달라서 항고소송의 대상이 되는 처분 등의 성격을 가진 것으로 인정되지 아니하고, 관할 도지사가 채용계약 관계의 한쪽 당사자로서 대등한 지위에서 행하는 의사표시이므로, 공중보건의사 채용계약 해지의 의사표시에 대하여는 대등한 당사자간의 소송형식인 공법상의 당사자소송으로 그 의사표시의 무효확인을 청구할 수 있는 것이지, 항고소송을 제기할 수는 없다(대판 1996.5.31. 95누10617).

④ 과학기술기본법령상 사업 협약의 해지 통보는 단순히 대등 당사자의 지위에서 형성된 공법상계약을 계약당사자의 지위에서 종료시키는 의사표시에 불과한 것이 아니라 행정청이 우월적 지위에서 연구개발비의 회수 및 관련자에 대한 국가연구개발사업 참여제한 등의 법률상 효과를 발생시키는 행정처분에 해당한다(대판 2014.12.11. 2012두28704).

⑤ 계약직 공무원 채용계약해지의 의사표시는 일반공무원에 대한 징계처분과는 달라서 항고소송의 대상이 되는 처분 등의 성격을 가진 것으로 인정되지 아니하고, 일정한 사유가 있을 때에 국가 또는 지방자치단체가 채용계약 관계의 한쪽 당사자로서 대등한 지위에서 행하는 의사표시로 취급되는 것으로 이해되므로, 이를 징계해고 등에서와 같이 그 징계사유에 한하여 효력 유무를 판단하여야 하거나, 행정처분과 같이 행정절차법에 의하여 근거와 이유를 제시하여야 하는 것은 아니다(대판 2002.11.26. 2002두5948).

19 난도 ★☆☆

행정작용법 > 행정입법

정답의 이유

③ 보건복지부 고시인 약제급여·비급여목록 및 급여상한금액표는 다른 집행행위의 매개 없이 그 자체로서 국민건강보험가입자, 국민건강보험공단, 요양기관 등의 법률관계를 직접 규율하는 성격을 가지므로 항고소송의 대상이 되는 행정처분에 해당한다(대판 2006.9.22. 2005두2506). 따라서 고시라 하더라도 국민에게 직접 손해를 발생시키는 경우에는 국가배상책임의 성립요건인 직무행위에 해당할 수 있다.

오답의 이유

① 법령의 위임이 없음에도 법령에 규정된 처분 요건에 해당하는 사항을 부령에서 변경하여 규정한 경우에는 그 부령의 규정은 행정청 내부의 사무처리 기준 등을 정한 것으로서 행정조직 내에서 적용되는 행정명령의 성격을 지닐 뿐 국민에 대한 대외적 구속력은 없다. 따라서 어떤 행정처분이 그와 같이 법규성이 없는 시행규칙 등의 규정에 위배된다고 하더라도 그 이유만으로 처분이 위법하게 되는 것은 아니라 할 것이고, 또 그 규칙 등에서 정한 요건에 부합한다고 하여 반드시 그 처분이 적법한 것이라고 할 수도 없다. 이 경우 당해 처분의 적법 여부는 그러한 규칙에서 정한 요건에 합치하는지 여부가 아니라, 법률 등 법규성이 있는 관계 법령의 규정을 기준으로 판단하여야 한다(대판 2013.9.12. 2011두10584).

② 국회법 제98조의2 제1항

④ 일반적으로 시행령이 헌법이나 법률에 위반된다는 사정은 그 시행령의 규정을 위헌 또는 위법하여 무효라고 선언한 대법원의 판결이 선고되지 아니한 상태에서는 그 시행령 규정의 위헌 내지 위법 여부가 해석상 다툼의 여지가 없을 정도로 명백하였다고 인정되지 아니하는 이상 객관적으로 명백한 것이라 할 수 없으므로, 이러한 시행령에 근거한 행정처분의 하자는 취소사유에 해당할 뿐이다(대판 2007.6.14. 2004두619).

⑤ 하위 행정입법의 제정 없이 상위 법령의 규정만으로도 집행이 이루어질 수 있는 경우라면 하위 행정입법을 하여야 할 헌법적 작위의무는 인정되지 아니한다(헌재 2005.12.22. 2004헌마66).

20 난도 ★★☆

손해전보 > 행정상 손해배상

정답의 이유

ⓛ 공무원이 직무수행 중 불법행위로 타인에게 손해를 입힌 경우에 국가 등이 국가배상책임을 부담하는 외에 공무원 개인도 고의 또는 중과실이 있는 경우에는 불법행위로 인한 손해배상책임을 진다고 할 것이지만, 공무원에게 경과실뿐인 경우에는 공무원 개인은 손해배상책임을 부담하지 아니 한다(대판 1996.2.15. 95다38677 전합).

㉠ 공무원이 직무수행 중 불법행위로 타인에게 손해를 입힌 경우에 국가 등이 국가배상책임을 부담하는 외에 공무원 개인도 고의 또는 중과실이 있는 경우에는 불법행위로 인한 손해배상책임을 지고, 공무원에게 경과실이 있을 뿐인 경우에는 공무원 개인은 손해 배상책임을 부담하지 아니한다. 이처럼 경과실이 있는 공무원이 피해자에 대하여 손해배상책임을 부담하지 아니함에도 피해자에게 손해를 배상하였다면 그것은 채무자 아닌 사람이 타인의 채무를 변제한 경우에 해당하고, 이는 민법 제469조의 '제3자의 변제' 또는 민법 제744조의 '도의관념에 적합한 비채변제'에 해당하여 피해자는 공무원에 대하여 이를 반환할 의무가 없고, 그에 따라 피해자의 국가에 대한 손해배상청구권이 소멸하여 국가는 자신의 출연 없이 채무를 면하게 되므로, 피해자에게 손해를 직접 배상한 경과실이 있는 공무원은 특별한 사정이 없는 한 국가에 대하여 국가의 피해자에 대한 손해배상책임의 범위 내에서 공무원이 변제한 금액에 관하여 구상권을 취득한다(대판 2014.8.20. 2012다54478).

㉢ 한국토지공사는 법령의 위탁에 의하여 대집행을 수권받은 자로서 공무인 대집행을 실시함에 따르는 권리·의무 및 책임이 귀속되는 행정주체의 지위에 있다고 볼 것이지 지방자치단체 등의 기관으로서 국가배상법 제2조 소정의 공무원에 해당한다고 볼 것은 아니다(대판 2010.1.28. 2007다82950·82967).

㉣ 행정입법부작위로 인하여 손해를 입은 경우에도 국가배상청구를 할 수 있다.

더 알아보기

[관련판례] 군법무관의 보수를 법관 및 검사의 예에 준하도록 규정하면서 그 구체적 내용을 시행령에 위임하고 있는 이상, 위 법률의 규정 들은 군법무관의 보수의 내용을 법률로써 일차적으로 형성한 것이고, 위 법률들에 의해 상당한 수준의 보수청구권이 인정되는 것이므로, 위 보수청구권은 단순한 기대이익을 넘어서는 것으로서 법률의 규정에 의해 인정된 재산권의 한 내용이 되는 것으로 봄이 상당하고, 따라서 행정부가 정당한 이유 없이 시행령을 제정하지 않은 것은 위 보수청구권을 침해하는 불법행위에 해당하므로 국가배상청구가 가능하다(대판 2007.11.29. 2006다3561).

21 난도 ★★☆　　　　　　　　　　　　　　정답 ④

행정법통론 > 행정조사기본법

④ 당해 행정기관 내의 2 이상의 부서가 동일하거나 유사한 업무분야에 대하여 동일한 조사대상자에게 행정조사를 실시하는 경우에는 공동조사를 하여야 한다(행정조사기본법 제14조 제1항 제1호).

① 행정조사기본법 제4조 제2항, 제19조 제1항

제4조(행정조사의 기본원칙)
② 행정기관은 조사목적에 적합하도록 조사대상자를 선정하여 행정조사를 실시하여야 한다.

제19조(제3자에 대한 보충조사)
① 행정기관의 장은 조사대상자에 대한 조사만으로는 당해 행정조사의 목적을 달성할 수 없거나 조사대상이 되는 행위에 대한 사실 여부 등을 입증하는 데 과도한 비용 등이 소요되는 경우로서 다음 각 호의 어느 하나에 해당하는 경우에는 제3자에 대하여 보충조사를 할 수 있다.
　　1. 다른 법률에서 제3자에 대한 조사를 허용하고 있는 경우
　　2. 제3자의 동의가 있는 경우

② 행정조사기본법 제5조
③ 행정조사기본법 제17조 제1항 제3호
⑤ 행정조사기본법 제24조

22 난도 ★★★　　　　　　　　　　　　　　정답 ③

행정작용법 > 행정작용

㉠ 주택건설촉진법상 주택건설사업계획의 승인은 상대방에게 권리나 이익을 부여하는 효과를 수반하는 이른바 수익적 행정처분으로서 법령에 행정처분의 요건에 관하여 일의적으로 규정되어 있지 아니한 이상 행정청의 재량행위에 속한다 할 것이고, 이러한 승인을 받으려는 주택건설사업계획이 관계 법령이 정하는 제한에 배치되는 경우는 물론이고 그러한 제한사유가 없는 경우에도 공익상 필요가 있으면 처분권자는 그 승인신청에 대하여 불허가 결정을 할 수 있다(대판 2005.4.15. 2004두10883).

㉡ 부동산 실권리자명의 등기에 관한 법률 시행령 제4조의2 단서는 조세를 포탈하거나 법령에 의한 제한을 회피할 목적이 아닌 경우에 과징금의 100분의 50을 감경할 수 있다고 규정하고 있고, 이는 임의적 감경규정임이 명백하므로, 감경사유가 존재하더라도 과징금 부과관청이 감경사유까지 고려하고도 과징금을 감경하지 않은 채 과징금 전액을 부과하는 처분을 한 경우에는 이를 위법하다고 단정할 수는 없으나, 행정행위를 함에 있어 이익형량을 전혀 하지 아니하거나 이익형량의 고려대상에 마땅히 포함시켜야 할 사항을 누락한 경우 또는 이익형량을 하였으나 정당성·객관성이 결여된 경우에는 그 행정행위는 재량권을 일탈·남용한 위법한 처분이라고 할 수밖에 없다(대판 2005.9.15. 2005두3257).

㉣ 의료법의 문언과 체제, 형식, 모든 국민이 수준 높은 의료 혜택을 받을 수 있도록 국민의료에 필요한 사항을 규정함으로써 국민의 건강을 보호하고 증진하려는 의료법의 목적 등을 종합하면, 불확정개념으로 규정되어 있는 의료법 제59조 제1항에서 정한 지도와 명령의 요건에 해당하는지, 나아가 요건에 해당하는 경우 행정청이 어떠한 종류와 내용의 지도나 명령을 할 것인지의 판단에 관해서는 행정청에 재량권이 부여되어 있다(대판 2016.1.28. 2013두21120).

ⓒ 기속행위나 기속적 재량행위에는 부관을 붙일 수 없고 가사 부관을 붙였다 하더라도 무효이지만(대판 1995.6.13. 94다56883), 재량행위의 경우에는 법률의 근거가 없어도 부관을 붙일 수 있다(행정기본법 제17조 제1항).

ⓜ 행정행위를 기속행위와 재량행위로 구분하는 경우 양자에 대한 사법심사는, 전자의 경우 그 법규에 대한 원칙적인 기속성으로 인하여 법원이 사실인정과 관련 법규의 해석·적용을 통하여 일정한 결론을 도출한 후 그 결론에 비추어 행정청이 한 판단의 적법 여부를 독자의 입장에서 판정하는 방식에 의하게 되나, 후자의 경우 행정청의 재량에 기한 공익판단의 여지를 감안하여 법원은 독자의 결론을 도출함이 없이 당해 행위에 재량권의 일탈·남용이 있는지 여부만을 심사하게 되고, 이러한 재량권의 일탈·남용 여부에 대한 심사는 사실오인, 비례·평등의 원칙 위배 등을 그 판단 대상으로 한다(대판 2005.7.14. 2004두6181).

기속행위와 재량행위의 비교

구분	기속행위	재량행위
위반효과	위법	부당 또는 위법(부당: 단순히 재량을 그르친 행위)
행정심판	가능	가능
행정소송	원칙적 심사	제한적 심사(재량권의 한계를 일탈·남용한 경우에 한하여 심사 가능)
부관의 가부	불가능	가능
개인적공권	행정개입청구권	무하가재량행사청구권

※ 불가변력: 기속행위와 재량행위 구별 실익에 해당 하지 않음(통설) → 불가변력은 상급청의 판단을 전제로 할 뿐이지, 그 판단이 기속행위인지 재량행위인지는 불문함

23 난도 ★★☆ 　　　　　　　　　　정답 ⑤

행정쟁송 > 행정소송

⑤ 행정심판법 제59조 제1항

① 국회사무총장의 처분에 대한 행정심판의 청구에 대해서는 국회사무총장 소속의 행정심판위원회에서 심리·재결한다(행정심판법 제6조 제1항 제2호).

② 위원회는 처분 또는 부작위가 위법·부당하다고 상당히 의심되는 경우로서 처분 또는 부작위 때문에 당사자가 받을 우려가 있는 중대한 불이익이나 당사자에게 생길 급박한 위험을 막기 위하여 임시지위를 정하여야 할 필요가 있는 경우에는 직권으로 또는 당사자의 신청에 의하여 임시처분을 결정할 수 있다(행정심판법 제31조).

③ 중앙행정심판위원회의 위원장은 국민권익위원회의 부위원장 중 1명이 되며, 위원장이 필요하다고 인정하는 경우에는 상임위원(상임으로 재직한 기간이 긴 위원 순서로, 재직기간이 같은 경우에는 연장자 순서로 한다)이 위원장의 직무를 대행한다(행정심판법 제8조 제2항).

④ 위원회는 당사자의 권리 및 권한의 범위에서 당사자의 동의를 받아 심판청구의 신속하고 공정한 해결을 위하여 조정을 할 수 있다. 다만, 그 조정이 공공복리에 적합하지 아니하거나 해당 처분의 성질에 반하는 경우에는 그러하지 아니하다(행정심판법 제43조의2 제1항).

24 난도 ★★☆ 　　　　　　　　　　정답 ⑤

행정쟁송 > 행정소송

⑤ 하자 있는 행정처분을 놓고 이를 무효로 볼 것인지 아니면 단순히 취소할 수 있는 처분으로 볼 것인지는 동일한 사실관계를 토대로 한 법률적 평가의 문제에 불과하고, 행정처분의 무효확인을 구하는 소에는 특단의 사정이 없는 한 그 취소를 구하는 취지도 포함되어 있다고 보아야 하는 점 등에 비추어 볼 때, 동일한 행정처분에 대하여 무효확인의 소를 제기하였다가 그 후 그 처분의 취소를 구하는 소를 추가적으로 병합한 경우, 주된 청구인 무효확인의 소가 적법한 제소기간 내에 제기되었다면 추가로 병합된 취소청구의 소도 적법하게 제기된 것으로 봄이 상당하다(대판 2005.12.23. 2005두3554).

① 행정처분에 대한 무효확인과 취소청구는 서로 양립할 수 없는 청구이므로 선택적 병합이나 단순 병합은 허용되지 아니한다. 주위적·예비적 청구로서만 병합이 가능할 뿐이다(대판 1999.8.20. 97누6889).

② 행정처분의 당연무효를 선언하는 의미에서 취소를 구하는 행정소송을 제기한 경우에도 제소기간의 준수 등 취소소송의 제소요건을 갖추어야 한다(대판 1993.3.12. 92누11039).

③ 취소소송과 무효확인소송은 이론상 별개의 소송이기는 하지만 실제로는 영역이 겹치므로 당사자가 처분취소의 소를 제기한 경우에도 그 처분에 무효사유가 있다고 판단하면, 처분을 취소하는 원고 전부승소의 판결(무효를 선언하는 의미의 취소판결)을 해야 한다.

④ 행정소송법상 무효확인소송에서는 일반적인 민사소송에서나 요구되는 확인의 이익(즉시확정의 이익)을 요건으로 하지 않는다.

[관련판례] 무효확인소송의 보충성을 규정하고 있는 외국의 일부 입법례와는 달리 우리나라 행정소송법에는 명문의 규정이 없어 이로 인한 명시적 제한이 존재하지 않는다. 이와 같은 사정을 비롯하여 행정에 대한 사법통제, 권익구제의 확대와 같은 행정소송의 기능 등을 종합하여 보면, 행정처분의 근거 법률에 의하여 보호되는 직접적이고 구체적인 이익이 있는 경우에는 행정소송법 제35조에 규정된 '무효확인을 구할 법률상 이익'이 있다고 보아야 하고, 이와 별도로 무효확인소송의 보충성이 요구되는 것은 아니므로 행정처분의 무효를 전제로 한 이행소송 등과 같은 직접적인 구제수단이 있는지 여부를 따질 필요가 없다고 해석함이 상당하다(대판 2008.3.20. 2007두6342 전합).

25 난도 ★★☆　　　　　　　　　　정답 ④

행정쟁송 > 행정소송

정답의 이유

④ 공공용지의취득및손실보상에관한특례법이 사업시행자에게 이주대책의 수립·실시의무를 부과하고 있다고 하더라도 그 규정 자체만에 의하여 구체적인 권리(수분양권)가 직접 발생하는 것이라고는 볼 수 없고, 사업시행자가 이주대책에 관한 구체적인 계획을 수립하여 이를 해당자에게 통지 내지 공고한 후, 이주자가 사업시행자에게 선정신청을 하고 사업시행자가 이를 받아들여 이주대책 대상자로 확인·결정하여야만 비로소 구체적인 수분양권이 발생한다(대판 1995.10.12. 94누11279).

오답의 이유

① 재결에 대하여 불복절차를 취하지 아니함으로써 그 재결에 대하여 더 이상 다툴 수 없게 된 경우에는 기업자는 그 재결이 당연무효이거나 취소되지 않는 한, 이미 보상금을 지급받은 자에 대하여 민사소송으로 그 보상금을 부당이득이라 하여 반환을 구할 수 없다(대판 2001.4.27. 2000다50237).

② 행정처분의 당연무효를 선언하는 의미에서 그 취소를 구하는 행정소송을 제기한 경우에도 제소기간의 준수 등 취소소송의 제소요건을 갖추어야 하는 것이므로(당원 1984.5.29. 선고 84누175 판결; 1987.6.9. 선고 87누219 판결; 1990.12.26. 선고 90누6279 판결등 참조) 원고가 주위적 청구로 이 사건 이의재결의 취소를 구하고 있는 이상 그 취지가 위 이의재결의 당연무효를 선언하는 의미에서 취소를 구하는 것이라 하더라도 토지수용법 제75조의2 소정의 제소기간을 준수하여야 할 것인데 기록에 의하면 원고는 당초 원재결의 취소를 구하는 행정소송을 제기하였다가 이 사건 이의신청에 대한 재결서를 받고서도 그때부터 1월이 훨씬 지난 뒤인 1990.11.1.에야 청구취지를 이의재결의 취소를 구하는 것으로 변경한 사실이 분명하므로 결국 이 사건 소송은 불변기간을 넘어서 제기된 것으로 부적법하고 그 흠결은 보정될 수 없는 것이라고 하겠다(대판 1993.3.12. 92누11039).

③ 하나의 재결에서 피보상자별로 여러 가지의 토지, 물건, 권리 또는 영업(이하 '보상항목'이라고 한다)의 손실에 관하여 심리·판단이 이루어졌을 때, 피보상자 또는 사업시행자가 반드시 재결 전부에 관하여 불복하여야 하는 것은 아니며, 여러 보상항목들 중 일부에 관해서만 불복하는 경우에는 그 부분에 관해서만 개별적으로 불복의 사유를 주장하여 행정소송을 제기할 수 있다(대판 2018.5.15. 2017두41221).

⑤ 토지보상법에 의한 보상합의는 공공기관이 사경제주체로서 행하는 사법상 계약의 실질을 가지는 것으로서, 당사자 간의 합의로 같은 법 소정의 손실보상의 기준에 의하지 아니한 손실보상금액에 관한 합의를 하였다고 하더라도 그러한 합의는 착오 등을 이유로 적법하게 취소되지 않는 한 유효하다. 따라서 공익사업법에 의한 보상을 하면서 손실보상금에 관한 당사자 간의 합의가 성립하면 그 합의 내용대로 구속력이 있고, 손실보상금에 관한 합의 내용이 공익사업법에서 정하는 손실보상 기준에 맞지 않는다고 하더라도 합의가 적법하게 취소되는 등의 특별한 사정이 없는 한 추가로 공익사업법상 기준에 따른 손실보상금 청구를 할 수는 없다(대판 2013.8.22. 2012다3517).

행정법 | 2020년 국회직 8급

한눈에 훑어보기

✓ 영역 분석

행정법통론   08   10
2문항, 8%

행정작용법   01   03   06   13   16   20   22
7문항, 28%

행정과정의 규율   02   11   21   23   25
5문항, 20%

실효성 확보수단   04   05   07   17
4문항, 16%

손해전보   09   15
2문항, 8%

행정쟁송   12   14   18   19   24
5문항, 20%

✓ 빠른 정답

01	02	03	04	05	06	07	08	09	10
①	③	①	④	④	①	③	③	④	⑤
11	**12**	**13**	**14**	**15**	**16**	**17**	**18**	**19**	**20**
②	②	②	②	⑤	④	①	①	③	③
21	**22**	**23**	**24**	**25**					
②	④	⑤	③	⑤					

✓ 점수 체크

구분	1회독	2회독	3회독
맞힌 문항 수	/ 25	/ 25	/ 25
나의 점수	점	점	점

01 난도 ★★☆   정답 ①

행정작용법 > 행정행위

정답의 이유

① 재개발조합설립인가신청에 대한 행정청의 조합설립 인가처분은 단순히 사인(私人)들의 조합설립행위에 대한 보충행위로서의 성질을 가지는 것이 아니라 법령상 일정한 요건을 갖추는 경우 행정주체(공법인)의 지위를 부여하는 일종의 설권적 처분의 성질을 가진다고 보아야 한다. 그러므로 구 도시 및 주거환경정비법상 재개발조합설립 인가신청에 대하여 행정청의 조합설립 인가처분이 있은 이후에는, 조합설립동의에 하자가 있음을 이유로 재개발조합 설립의 효력을 부정하려면 항고소송으로 조합설립 인가처분의 효력을 다투어야 한다(대판 2010.1.28. 2009두4845).

오답의 이유

② 재개발조합설립 인가신청에 대한 행정청의 조합설립 인가처분은 단순히 사인(私人)들의 조합설립행위에 대한 보충행위로서의 성질을 가지는 것이 아니라 법령상 일정한 요건을 갖추는 경우 행정주체(공법인)의 지위를 부여하는 일종의 설권적 처분의 성질을 가진다고 보아야 한다(대판 2010.1.28. 2009두4845).

③ 사회복지사업에 관한 기본적 사항을 규정하여 그 운영의 공정·적절을 기함으로써 사회복지의 증진에 이바지함을 목적으로 하는 구 사회복지사업법의 입법 취지와 같은 법 제12조·제25조 등의 규정에 사회복지법인의 설립이나 설립 후의 정관변경의 허가에 관한 구체적인 기준이 정하여져 있지 아니한 점 등에 비추어 보면, 사회복지법인의 정관변경을 허가할 것인지의 여부는 주무관청의 정책적 판단에 따른 재량에 맡겨져 있다고 할 것이고, 주무관청이 정관변경허가를 함에 있어서는 비례의 원칙 및 평등의 원칙에 적합하고 행정처분의 본질적 효력을 해하지 않는 한도 내에서 부관을 붙일 수 있다(대판 2002.9.24. 2000두5661).

④ 도시 및 주거환경정비법상 행정주체인 주택재건축정비사업조합을 상대로 관리처분계획안에 대한 조합 총회결의의 효력 등을 다투는 소송은 행정처분에 이르는 절차적 요건의 존부나 효력 유무에 관한 소송으로서 그 소송결과에 따라 행정처분의 위법 여부에 직접 영향을 미치는 공법상 법률관계에 관한 것이므로, 이는 행정소송법상의 당사자소송에 해당한다(대판 2009.9.17. 2007다2428 전합).

⑤ 도시 및 주거환경정비법 관련 규정의 내용, 형식 및 취지 등에 비추어 보면, 당초 관리처분계획의 경미한 사항을 변경하는 경우와 달리 관리처분계획의 주요 부분을 실질적으로 변경하는 내

용으로 새로운 관리처분계획을 수립하여 시장 · 군수의 인가를 받은 경우에는, 당초 관리처분계획은 달리 특별한 사정이 없는 한 효력을 상실한다(대판 2012.3.22. 2011두6400 전합).

02 난도 ★★☆ 정답 ③

행정과정의 규율 > 행정절차

정답의 이유

③ 행정절차법 제21조 제1항은 행정청은 당사자에게 의무를 과하거나 권익을 제한하는 처분을 하는 경우에는 미리 처분의 제목, 당사자의 성명 또는 명칭과 주소, 처분하고자 하는 원인이 되는 사실과 처분의 내용 및 법적 근거, 그에 대하여 의견을 제출할 수 있다는 뜻과 의견을 제출하지 아니하는 경우의 처리방법, 의견제출기관의 명칭과 주소, 의견제출기한 등을 당사자 등에게 통지하도록 하고 있는바, 신청에 따른 처분이 이루어지지 아니한 경우에는 아직 당사자에게 권익이 부과되지 아니하였으므로 특별한 사정이 없는 한 신청에 대한 거부처분이라고 하더라도 직접 당사자의 권익을 제한하는 것은 아니어서 신청에 대한 거부처분을 여기에서 말하는 '당사자의 권익을 제한하는 처분'에 해당한다고 할 수 없는 것이어서 처분의 사전통지대상이 된다고 할 수 없다(대판 2003.11.28. 2003두674).

오답의 이유

① 체포 · 구속 · 압수 또는 수색을 할 때에는 적법한 절차에 따라 검사의 신청에 의하여 법관이 발부한 영장을 제시하여야 한다. 다만, 현행범인인 경우와 장기 3년 이상의 형에 해당하는 죄를 범하고 도피 또는 증거인멸의 염려가 있을 때에는 사후에 영장을 청구할 수 있다(헌법 제12조 제3항).

② 행정청이 침해적 행정처분을 함에 있어서 당사자에게 위와 같은 사전통지를 하거나 의견 제출의 기회를 주지 아니하였다면 사전통지를 하지 않거나 의견제출의 기회를 주지 아니하여도 되는 예외적인 경우에 해당하지 아니하는 한 그 처분은 위법하여 취소를 면할 수 없다(대판 2000.11.14. 99두5870).

④ 행정절차법 제22조 제1항

제22조(의견청취)

① 행정청이 처분을 할 때 다음 각 호의 어느 하나에 해당하는 경우에는 청문을 한다.

1. 다른 법령 등에서 청문을 하도록 규정하고 있는 경우
2. 행정청이 필요하다고 인정하는 경우
3. 다음 각 목의 처분 시 제21조 제1항 제6호에 따른 의견제출기한 내에 당사자 등의 신청이 있는 경우
   가. 인허가 등의 취소
   나. 신분 · 자격의 박탈
   다. 법인이나 조합 등의 설립허가의 취소

---

⑤ 행정청이 청문서 도달기간을 다소 어겼다더라도 영업자가 이에 대하여 이의하지 아니한 채 스스로 청문일에 출석하여 그 의견을 진술하고 변명하는 등 방어의 기회를 충분히 가졌다면 청문서 도달기간을 준수하지 아니한 하자는 치유되었다고 봄이 상당하다(대판 1992.10.23. 92누2844).

03 난도 ★★★ 정답 ①

행정작용법 > 행정행위

정답의 이유

① 공정력은 행정행위의 위법을 적법하게 통용되도록 하는 내용적 구속력과는 다르다.

오답의 이유

② 공정력에 관해서는 법적안정성설이 현재 통설의 입장이다.

③ 과세처분에 관한 불복절차과정에서 과세관청이 그 불복사유가 옳다고 인정하고 이에 따라 필요한 처분을 하였을 경우에는, 불복제도와 이에 따른 시정방법을 인정하고 있는 위와 같은 법 규정들의 취지에 비추어 동일 사항에 관하여 특별한 사유 없이 이를 번복하고 다시 종전의 처분을 되풀이할 수는 없는 것이므로, 과세처분에 관한 이의신청 절차에서 과세관청이 이의신청 사유가 옳다고 인정하여 과세처분을 직권으로 취소한 이상 그 후 특별한 사유 없이 이를 번복하고 종전 처분을 되풀이하는 것은 허용되지 아니한다(대판 2010.9.30. 2009두1020).

④ 대판 2006.6.30. 2005두14363

⑤ 구성요건적 효력을 직접적으로 인정하는 법 규정은 없다.

더 알아보기

행정행위의 효력

구속력	행정행위가 적법요건을 갖추어 행하여진 경우에는 그 내용에 따라 당사자들에 발생하는 법적 효력
공정력	하자가 있는 행정행위라도 그 하자가 중대명백하여 무효가 아닌 한 권한 있는 기관에 의하여 취소되기 전까지는 행정행위의 상대방이나 이해관계인들에게 구속력이 있는 것으로 통용되는 힘
불가쟁력	행정행위에 대한 쟁송제기기간이 경과한 후, 상대방 또는 이해관계인은 더 이상 그 행정행위의 효력을 다툴 수 없게 되는 효력
불가변력	일정한 경우에 행정행위를 발한 행정청 자신도 행정행위의 하자 등을 이유로 직권을 취소 · 변경 · 철회할 수 없는 제한을 받게 되는 효력
강제력	법률이 인정하는 경우에 한하여 인정되는 효력

---

04 난도 ★★☆ 정답 ④

실효성 확보수단 > 행정조사

정답의 이유

④ 당초의 세무조사가 다른 세목이나 다른 과세기간에 대한 세무조사 도중에 해당 세목이나 과세기간에도 동일한 잘못이나 세금탈루 혐의가 있다고 인정되어 관련 항목에 대하여 세무조사 범위가 확대됨에 따라 부분적으로만 이루어진 경우와 같이 당초 세무조사 당시 모든 항목에 걸쳐 세무조사를 하는 것이 무리였다는 등의 특별한 사정이 있는 경우에는 당초 세무조사를 한 항목을 제외한 나머지 항목에 대하여 향후 다시 세무조사를 하는 것은 구 국세기본법 제81조의4 제2항에서 금지하는 재조사에 해당하지 아니한다(대판 2015.2.26. 2014두12062).

① 소득세법 제119조 제1항, 동법 시행령 제167조 제1항, 제168조 등에 근거하여 과세표준과 세액을 납세의무자의 신고에 의하여 서면심리로 결정하게 될 경우, 과세관청은 비록 사후에 그 과세표준과 세액에 탈루 또는 오류가 있는 것이 발견되더라도 그것이 납세의무자의 신고내용에 포함되지 않고 처음부터 탈루된 것이거나 신고내용 자체에 의하여 탈루 또는 오류를 범한 것임이 객관적으로 명백한 경우에 한하여 이를 경정할 수 있을 뿐, 그 신고시 제출한 서면상의 형식적인 미비 또는 오류가 없는 이상 신고내용대로 인정하여야 하고 실지조사하여 과세표준과 세액을 경정할 수는 없다(대판 1990.2.13. 89누2851).

② 세무공무원이 어느 세목의 특정 과세기간에 대하여 모든 항목에 걸쳐 세무조사를 한 경우는 물론 그 과세기간의 특정 항목에 대하여만 세무조사를 한 경우에도 다시 그 세목의 같은 과세기간에 대하여 세무조사를 하는 것은 구 국세기본법 제81조의4 제2항에서 금지하는 재조사에 해당하고, 세무공무원이 당초 세무조사를 한 특정 항목을 제외한 다른 항목에 대하여만 다시 세무조사를 함으로써 세무조사의 내용이 중첩되지 아니하였다고 하여 달리 볼 것은 아니다(대판 2015.2.26. 2014두12062).

③ 이 사건 토양오염실태조사가 감사원 소속 감사관의 주도 하에 실시되었다는 사정만으로 이 사건 토양정밀조사명령에 이를 위법한 것으로서 취소해야 할 정도의 하자가 있다고 볼 수는 없다(대판 2009.1.30. 2006두9498).

⑤ 행정조사는 조사목적을 달성하는데 필요한 최소한의 범위 안에서 실시하여야 하며, 다른 목적 등을 위하여 조사권을 남용하여서는 아니 된다(행정조사기본법 제4조 제1항).

05 난도 ★★☆　　　　　　　　　　　정답 ④

실효성 확보수단 > 행정강제

④ 관리권자인 보령시장이 행정대집행을 실시하지 아니하는 경우 국가에 대하여 이 사건 토지 사용청구권을 가지는 원고로서는 위 청구권을 보전하기 위하여 국가를 대위하여 피고들을 상대로 민사소송의 방법으로 이 사건 시설물의 철거를 구하는 이외에는 이를 실현할 수 있는 다른 절차와 방법이 없어 그 보전의 필요성이 인정되므로, 원고는 국가를 대위하여 피고들을 상대로 민사소송의 방법으로 이 사건 시설물의 철거를 구할 수 있다고 보아야 할 것이다(대판 2009.6.11. 2009다1122).

① 피수용자 등이 기업자에 대하여 부담하는 수용대상 토지의 인도 의무에 관한 구 토지수용법 제63조, 제64조, 제77조 규정에서의 '인도'에는 명도도 포함되는 것으로 보아야 하고, 이러한 명도 의무는 그것을 강제적으로 실현하면서 직접적인 실력행사가 필요한 것이지 대체적 작위의무라고 볼 수 없으므로 특별한 사정이 없는 한 행정대집행법에 의한 대집행의 대상이 될 수 있는 것이 아니다(대판 2005.8.19. 2004다2809).

② 대집행을 한다는 뜻을 미리 문서로 계고하여야 하나, 비상 또는 위험이 절박한 경우에 있어서 수속을 취할 여유가 없을 때에는

그 수속을 거치지 않고 대집행을 할 수 있다(행정대집행법 제3조 제1항·제2항·제3항)

> **제3조(대집행의 절차)**
> ① 전조의 규정에 의한 처분(이하 대집행이라 한다)을 하려함에 있어서는 상당한 이행기한을 정하여 그 기한까지 이행되지 아니할 때에는 대집행을 한다는 뜻을 미리 문서로써 계고하여야 한다. 이 경우 행정청은 상당한 이행기한을 정함에 있어 의무의 성질·내용 등을 고려하여 사회통념상 해당 의무를 이행하는 데 필요한 기간이 확보되도록 하여야 한다.
> ② 의무자가 전항의 계고를 받고 지정기한까지 그 의무를 이행하지 아니할 때에는 당해 행정청은 대집행영장으로써 대집행을 할 시기, 대집행을 시키기 위하여 파견하는 집행책임자의 성명과 대집행에 요하는 비용의 개산에 의한 견적액을 의무자에게 통지하여야 한다.
> ③ 비상시 또는 위험이 절박한 경우에 있어서 당해 행위의 급속한 실시를 요하여 전2항에 규정한 수속을 취할 여유가 없을 때에는 그 수속을 거치지 아니하고 대집행을 할 수 있다.

③ 공유재산의 점유자가 그 공유재산에 관하여 대부계약 외 달리 정당한 권원이 있다는 자료가 없는 경우 그 대부계약이 적법하게 해지된 이상 그 점유자의 공유재산에 대한 점유는 정당한 이유 없는 점유라 할 것이고, 따라서 지방자치단체의 장은 지방재정법 제85조에 의하여 행정대집행의 방법으로 그 지상물을 철거시킬 수 있다(대판 2001.10.12. 2001두4078).

⑤ 계고서라는 명칭의 1장의 문서로서 일정기간 내에 위법건축물의 자진철거를 명함과 동시에 그 소정기한 내에 자진철거를 하지 아니할 때에는 대집행할 뜻을 미리 계고한 경우라도 건축법에 의한 철거명령과 행정대집행법에 의한 계고처분은 독립하여 있는 것으로서 각 그 요건이 충족되었다고 볼 것이다(대판 1992.6.12. 91누13564).

06 난도 ★★☆　　　　　　　　　　　정답 ①

행정작용법 > 행정행위

① 조세의 과·오납이 부당이득이 되기 위하여는 납세 또는 조세의 징수가 실체법적으로나 절차법적으로 전혀 법률상의 근거가 없거나 과세처분의 하자가 중대하고 명백하여 당연무효이어야 하고, 과세처분의 하자가 단지 취소할 수 있는 정도에 불과할 때에는 과세관청이 이를 스스로 취소하거나 항고소송절차에 의하여 취소되지 않는 한 그로 인한 조세의 납부가 부당이득이 된다고 할 수 없다(대판 1994.11.11. 94다28000).

② 위법한 행정대집행이 완료되면 그 처분의 무효확인 또는 취소를 구할 소의 이익은 없다 하더라도, 미리 그 행정처분의 취소판결이 있어야만, 그 행정처분의 위법임을 이유로 한 손해배상 청구를 할 수 있는 것은 아니다(대판 1972.4.28. 72다337).

③ 연령미달의 결격자인 피고인이 소외인의 이름으로 운전면허시험에 응시, 합격하여 교부받은 운전면허는 당연무효가 아니고

도로교통법 제65조 제3호의 사유에 해당함에 불과하여 취소되지 않는 한 유효하므로 피고인의 운전행위는 무면허운전에 해당하지 아니한다(대판 1982.6.8. 80도2646).

④ 도시계획법 제78조 제1항에 정한 처분이나 조치명령을 받은 자가 이에 위반한 경우 이로 인하여 도시계획법 제92조에 정한 처벌을 하기 위하여는 그 처분이나 조치명령이 적법한 것이라야 하고, 그 처분이 당연무효가 아니라 하더라도 그것이 위법한 처분으로 인정되는 한 도시계획법 제92조 위반죄가 성립될 수 없다(대판 1992.8.18. 90도1709).

⑤ 민사소송에 있어서 어느 행정처분의 당연무효 여부가 선결문제로 되는 때에는 이를 판단하여 당연무효임을 전제로 판결할 수 있고 반드시 행정소송 등의 절차에 의하여 그 취소나 무효확인을 받아야 하는 것은 아니다(대판 2010.4.8. 2009다90092).

07 난도 ★★★ ※선지의 오류로 인해 선지 변경   정답 ③

실효성 확보수단 > 행정벌

정답의 이유

③ 행정청이 질서위반행위에 대하여 과태료를 부과하고자 하는 때에는 미리 당사자에게 대통령령으로 정하는 사항을 통지하고, 10일 이상의 기간을 정하여 의견을 제출할 기회를 주어야 한다. 이 경우 지정된 기일까지 의견 제출이 없는 경우에는 의견이 없는 것으로 본다(질서위반행위규제법 제16조).

오답의 이유

① 질서위반행위규제법 제20조

② 질서위반행위규제법 제13조 제1항

④ 질서위반행위규제법 제15조

⑤ 질서위반행위규제법 제7조

08 난도 ★★☆   정답 ③

행정법통론 > 행정상 법률관계의 원인

정답의 이유

㉠ 위 거래정지 조치는 비록 추가특수조건이라는 사법상 계약에 근거한 것이지만 행정청인 조달청이 행하는 구체적 사실에 관한 법집행으로서의 공권력의 행사로서 그 상대방인 甲 회사의 권리·의무에 직접 영향을 미치므로 항고소송의 대상이 되는 행정처분에 해당한다(대판 2018.11.29. 2015두52395).

㉣ 사립학교 교원에 대한 징계처분의 경우에는 학교법인 등의 징계처분은 행정처분성이 없는 것이고 그에 대한 소청심사청구에 따라 위원회가 한 결정이 행정처분이다(대판 2013.7.25. 2012두12297).

오답의 이유

㉡ 중학교 의무교육의 위탁관계는 초·중등교육법 제12조 제3항, 제4항 등 관련 법령에 의하여 정해지는 공법적 관계이다(대판 2015.1.29. 2012두7387).

㉢ 징발재산 정리에 관한 특별조치법 제20조 소정의 환매권은 일종의 형성권으로서 그 존속기간은 제척기간으로 보아야 할 것이며, 위 환매권은 재판상이든 재판외든 그 기간 내에 행사하면 이로

써 매매의 효력이 생기고, 위 매매는 같은 조 제1항에 적힌 환매권자와 국가 간의 사법상의 매매라 할 것이다(대판 1992.4.24. 92다4673).

09 난도 ★★☆   정답 ④

손해전보 > 행정상 손실보상

정답의 이유

④ 일시적인 이용 상황과 토지소유자나 관계인이 갖는 주관적 가치 및 특별한 용도에 사용할 것을 전제로 한 경우 등은 고려사항이 아니다. 공익사업을 위한 토지 등의 취득 및 보상에 관한 법률 제70조 제2항

> **제70조(취득하는 토지의 보상)**
> ② 토지에 대한 보상액은 가격시점에서의 현실적인 이용상황과 일반적인 이용방법에 의한 객관적 상황을 고려하여 산정하되, 일시적인 이용상황과 토지소유자나 관계인이 갖는 주관적 가치 및 특별한 용도에 사용할 것을 전제로 한 경우 등은 고려하지 아니한다.

오답의 이유

① 공익사업을 위한 토지 등의 취득 및 보상에 관한 법률 제61조

② 공익사업을 위한 토지 등의 취득 및 보상에 관한 법률 제64조

③ 공익사업을 위한 토지 등의 취득 및 보상에 관한 법률 제66조

⑤ 공익사업을 위한 토지 등의 취득 및 보상에 관한 법률 제77조 제3항

10 난도 ★★☆   정답 ⑤

행정법통론 > 행정상 법률관계의 원인

정답의 이유

⑤ 도시 및 주거환경정비법상 주택재건축정비사업조합이 도시 및 주거환경정비법 제48조에 따라 수립한 관리처분계획에 대하여 관할 행정청의 인가·고시까지 있게 되면 관리처분계획은 행정처분으로서 효력이 발생하게 되므로, 총회결의의 하자를 이유로 하여 행정처분의 효력을 다투는 항고소송의 방법으로 관리처분계획의 취소 또는 무효확인을 구하여야 하고, 그와 별도로 행정처분에 이르는 절차적 요건 중 하나에 불과한 총회결의 부분만을 따로 떼어내어 효력 유무를 다투는 확인의 소를 제기하는 것은 특별한 사정이 없는 한 허용되지 않는다(대판 2009.9.17. 2007다2428 전합).

오답의 이유

① 대판 1996.5.16. 95누4810 전합

② 대판 1991.12.24. 90다12243 전합

③ 대판 2008.1.10. 2007두16691 전합

④ 관할관청의 개인택시 운송사업면허의 양도·양수에 대한 인가에는 양도인과 양수인 간의 양도행위를 보충하여 그 법률효과를 완성시키는 의미에서의 인가처분뿐만 아니라 양수인에 대해 양도인이 가지고 있던 면허와 동일한 내용의 면허를 부여하는 처분이 포함되어 있다(대판 1997.8.23. 94누4882).

11 난도 ★★★　　　　　　　　　　정답 ②

행정과정의 규율 > 행정절차

정답의 이유

㉠ 행정절차법 제15조 제2항

㉡ 내용증명우편이나 등기우편과는 달리, 보통우편의 방법으로 발송되었다는 사실만으로는 그 우편물이 상당한 기간 내에 도달하였다고 추정할 수 없고, 송달의 효력을 주장하는 측에서 증거에 의하여 이를 입증하여야 한다(대판 2009.12.10. 2007두20140).

㉣ 행정절차법 제14조 제6항

㉧ 행정절차법 제14조 제4항

제14조(송달)

④ 다음 각 호의 어느 하나에 해당하는 경우에는 송달받을 자가 알기 쉽도록 관보, 공보, 게시판, 일간신문 중 하나 이상에 공고하고 인터넷에도 공고하여야 한다.

　1. 송달받을 자의 주소등을 통상적인 방법으로 확인할 수 없는 경우

　2. 송달이 불가능한 경우

오답의 이유

㉢ 수취인이나 그 가족이 주민등록지에 실제로 거주하고 있지 아니하면서 전입신고만을 해 두었고, 그 밖에 주민등록지 거주자에게 송달수령의 권한을 위임하였다고 보기 어려운 사정이 인정된다면, 등기우편으로 발송된 납세고지서가 반송된 사실이 인정되지 아니한다 하여 납세의무자에게 송달된 것이라고 볼 수는 없다 할 것이다(대판 1998.2.13. 97누8977).

㉤ 납세고지서의 송달을 받아야 할 자가 부과처분 제척기간이 임박하자 그 수령을 회피하기 위하여 일부러 송달을 받을 장소를 비워 두어 피고 소속공무원이 송달을 받을 자와 보충송달을 받을 자를 만나지 못하여 부득이 원고 소재지의 사업장에 납세고지서를 두고 왔다고 하더라도 이로써 신의성실의 원칙을 들어 그 납세고지서가 송달되었다고 볼 수는 없는 것이다(대판 2004.4.9. 2003두13908).

12 난도 ★★☆　　　　　　　　　　정답 ②

행정쟁송 > 행정심판

정답의 이유

② 응시자격은 이미 법령에 구체적으로 정해져 있는 것이 아니라 이 사건 공고를 통해서야 비로소 확정되는 것이므로, 이 사건 공고는 헌법소원의 대상이 되는 공권력의 행사에 해당하다 할 것이다(헌재 2008.7.31. 2007헌마601).

오답의 이유

① 공고에 의하여 규율사항이 정해지는 경우에는 법적인 구제수단의 기회를 주는 것이 타당하다.

③ 국가나 지방자치단체는 공무원 또는 공무를 위탁받은 사인(이하 "공무원"이라 한다)이 직무를 집행하면서 고의 또는 과실로 법령을 위반하여 타인에게 손해를 입히거나, 자동차손해배상 보장법

에 따라 손해배상의 책임이 있을 때에는 이 법에 따라 그 손해를 배상하여야 한다(국가배상법 제2조 제1항).

④ 공권력의 행사에 해당하는 공고이므로 직접성이 인정되는 경우 헌법소원을 청구할 수 있다.

⑤ 헌재결 2019.5.30. 2018헌마1208 · 1227

13 난도 ★★★　　　　　　　　　　정답 ②

행정작용법 > 행정행위

정답의 이유

㉠ 위헌법률에 기한 행정처분의 집행이나 집행력을 유지하기 위한 행위는 위헌결정의 기속력에 위반되어 허용되지 않는다고 보아야 할 것인데, 그 규정 이외에는 체납부담금을 강제로 징수할 수 있는 다른 법률적 근거가 없으므로, 그 위헌결정 이전에 이미 부담금 부과처분과 압류처분 및 이에 기한 압류등기가 이루어지고 위의 각 처분이 확정되었다고 하여도, 위헌결정 이후에는 별도의 행정처분인 매각처분, 분배처분 등 후속 체납처분절차를 진행할 수 없는 것은 물론이고, 특별한 사정이 없는 한 기존의 압류등기나 교부 청구만으로는 다른 사람에 의하여 개시된 경매절차에서 배당을 받을 수도 없다(대판 2002.8.23. 2001두2959).

㉢ 헌재 1993.5.13. 92헌가10

오답의 이유

㉡ 위헌인 법률에 근거한 행정처분이 당연무효인지의 여부는 위헌결정의 소급효와는 별개의 문제로서, 위헌결정의 소급효가 인정된다고 하여 위헌인 법률에 근거한 행정처분이 당연무효가 된다고는 할 수 없고, 오히려 이미 취소소송의 제기기간을 경과하여 확정력이 발생한 행정처분에는 위헌결정의 소급효가 미치지 않는다고 보아야 한다(대판 1994.10.28. 92누9463).

㉣ 법률에 근거하여 행정처분이 발하여진 후에 헌법재판소가 그 행정처분의 근거가 된 법률을 위헌으로 결정하였다면 결과적으로 행정처분은 법률의 근거가 없이 행하여진 것과 마찬가지가 되어 하자가 있는 것이 되나, 하자 있는 행정처분이 당연무효가 되기 위하여는 그 하자가 중대할 뿐만 아니라 명백한 것이어야 하는데, 일반적으로 법률이 헌법에 위반된다는 사정이 헌법재판소의 위헌결정이 있기 전에는 객관적으로 명백한 것이라고 할 수는 없으므로 헌법재판소의 위헌결정 전에 행정처분의 근거되는 당해 법률이 헌법에 위반된다는 사유는 특별한 사정이 없는 한 그 행정처분의 취소소송의 전제가 될 수 있을 뿐 당연무효사유는 아니라고 봄이 상당하다(대판 1994.10.28. 92누9463).

14 난도 ★★☆　　　　　　　　　　정답 ②

행정쟁송 > 행정심판

정답의 이유

② 중앙행정심판위원회는 심판청구를 심리 · 재결할 때에 처분 또는 부작위의 근거가 되는 명령 등(대통령령 · 총리령 · 부령 · 훈령 · 예규 · 고시 · 조례 · 규칙 등을 말한다. 이하 같다)이 법령에 근거가 없거나 상위 법령에 위배되거나 국민에게 과도한 부담을 주는 등 크게 불합리하면 관계 행정기관에 그 명령 등의 개정 ·

폐지 등 적절한 시정조치를 요청할 수 있다. 이 경우 중앙행정심판위원회는 시정조치를 요청한 사실을 법제처장에게 통보하여야 한다(행정심판법 제59조 제1항).

오답의 이유
① 행정심판위원회(행정심판법 제6조 제1항)
③ 행정심판위원회(행정심판법 제16조 제7항)
④ 청구인(행정심판법 제18조)
⑤ 행정심판위원회(행정심판법 제17조)

15 난도 ★★☆   정답 ⑤

손해전보 > 행정상 손실보상

정답의 이유
⑤ 주거용 건물의 거주자에 대하여는 주거 이전에 필요한 비용과 가재도구 등 동산의 운반에 필요한 비용을 산정하여 보상하여야 한다(공익사업을 위한 토지 등의 취득 및 보상에 관한 법률 제78조 제6항).

오답의 이유
① 공익사업을 위한 토지 등의 취득 및 보상에 관한 법률에서 정한 이주대책은 이주자들에 대하여 종전의 생활상태를 원상으로 회복시키면서 동시에 인간다운 생활을 보장하여 주기 위한 이른바 생활보상의 일환으로 국가의 적극적이고 정책적인 배려에 의하여 마련된 제도이다(대판 2007.11.29. 2006두8495).
② 공익사업을 위한 토지 등의 취득 및 보상에 관한 법률 제78조 제1항
③ 공익사업을 위한 토지 등의 취득 및 보상에 관한 법률 제78조 제2항
④ 사업시행자는 이주대책기준을 정하여 이주대책대상자 중에서 이주대책을 수립·실시하여야 할 자를 선정하여 그들에게 공급할 택지 또는 주택의 내용이나 수량을 정할 수 있고, 이를 정하는 데 재량을 가진다(대판 2009.3.12. 2008두12610).

16 난도 ★★☆   정답 ④

행정작용법 > 행정행위

정답의 이유
④ 행정소송법 제30조 제1항에 의하여 인정되는 취소소송에서 처분 등을 취소하는 확정판결의 기속력은 주로 판결의 실효성 확보를 위하여 인정되는 효력으로서 판결의 주문뿐만 아니라 그 전제가 되는 처분 등의 구체적 위법사유에 관한 이유 중의 판단에 대하여도 인정된다(대판 2001.3.23. 99두5238).

오답의 이유
① 행정처분의 적법 여부는 그 행정처분이 행하여 진 때의 법령과 사실을 기준으로 하여 판단하는 것이므로 거부처분 후에 법령이 개정·시행된 경우에는 개정된 법령 및 허가기준을 새로운 사유로 들어 다시 이전의 신청에 대한 거부처분을 할 수 있으며 그러한 처분도 행정소송법 제30조 제2항에 규정된 재처분에 해당된다(대결 1998.1.7. 97두22).

② 처분 등을 취소하는 확정판결은 그 사건에 관하여 당사자인 행정청과 그 밖의 관계행정청을 기속한다(행정소송법 제30조 제1항).
③ 행정소송법 제34조 제2항
⑤ 확정판결의 당사자인 처분행정청이 그 행정소송의 사실심 변론 종결 이전의 사유를 내세워 다시 확정판결과 저촉되는 행정처분을 하는 것은 허용되지 않는 것으로서 이러한 행정처분은 그 하자가 중대하고도 명백한 것이어서 당연무효라 할 것이다(대판 1990.12.11. 90누3560).

17 난도 ★★☆   정답 ①

실효성 확보수단 > 행정강제

정답의 이유
① 허가권자는 제79조 제1항에 따라 시정명령을 받은 후 시정기간 내에 시정명령을 이행하지 아니한 건축주등에 대하여는 그 시정명령의 이행에 필요한 상당한 이행기한을 정하여 그 기한까지 시정명령을 이행하지 아니하면 다음 각 호의 이행강제금을 부과한다(건축법 제80조 제1항).

오답의 이유
② 건축법상의 이행강제금은 시정명령의 불이행이라는 과거의 위반행위에 대한 제재가 아니라, 의무자에게 시정명령을 받은 의무의 이행을 명하고 그 이행기간 안에 의무를 이행하지 않으면 이행강제금이 부과된다는 사실을 고지함으로써 의무자에게 심리적 압박을 주어 의무의 이행을 간접적으로 강제하는 행정상의 간접강제 수단에 해당한다. 이러한 이행강제금의 본질상 시정명령을 받은 의무자가 이행강제금이 부과되기 전에 그 의무를 이행한 경우에는 비록 시정명령에서 정한 기간을 지나서 이행한 경우라도 이행강제금을 부과할 수 없다(대판 2018.1.25. 2015두35116).
③ 허가권자는 제79조 제1항에 따라 시정명령을 받은 자가 이를 이행하면 새로운 이행강제금의 부과를 즉시 중지하되, 이미 부과된 이행강제금은 징수하여야 한다(건축법 제80조 제6항).
④ 헌재 2004.2.26. 2001헌바80
⑤ 헌재 2011.10.25. 2009헌바140

18 난도 ★★★   정답 ①

행정쟁송 > 행정소송

정답의 이유
㉠ 다른 업자에 대한 면허나 인·허가 등의 수익적 행정처분에 대하여 미리 같은 종류의 면허나 인·허가 등의 수익적 행정처분을 받아 영업을 하고 있는 기존의 업자는 경업자에 대하여 이루어진 면허나 인·허가 등 행정처분의 상대방이 아니라 하더라도 당해 행정처분의 취소를 구할 원고적격이 있다(대판 2008.3.27. 2007두23811).

오답의 이유
㉡ 구내소매인과 일반소매인 사이에서는 구내소매인의 영업소와 일반소매인의 영업소 간에 거리제한을 두지 아니할 뿐 아니라 건축물 또는 시설물의 구조·상주인원 및 이용인원 등을 고려하

여 동일 시설물 내 2개소 이상의 장소에 구내소매인을 지정할 수 있으며, 이 경우 일반소매인이 지정된 장소가 구내소매인 지정대상이 된 때에는 동일 건축물 또는 시설물 안에 지정된 일반소매인은 구내소매인으로 보고, 구내소매인이 지정된 건축물 등에는 일반소매인을 지정할 수 없으며, 구내소매인은 담배진열장 및 담배소매점 표시판을 건물 또는 시설물의 외부에 설치하여서는 아니 된다고 규정하는 등 일반소매인의 입장에서 구내소매인과의 과당경쟁으로 인한 경영의 불합리를 방지하는 것을 그 목적으로 할 수 있다고 보기 어려우므로, 일반소매인으로 지정되어 영업을 하고 있는 기존업자의 신규 구내소매인에 대한 이익은 법률상 보호되는 이익이 아니라 단순한 사실상의 반사적 이익이라고 해석함이 상당하므로, 기존 일반소매인은 신규 구내소매인 지정처분의 취소를 구할 원고적격이 없다(대판 2008.4.10. 2008두402).

ⓒ 丁이 담배 일반소매인으로 지정을 받은 장소가 甲의 영업소에서 120m 떨어진 곳이자 丙이 담배 구내소매인으로 지정을 받은 곳에서 50m 떨어져 있다면, 甲과 丙이 공동소송으로 제기한 丁의 일반소매인 지정에 대한 취소소송에서 甲과 丙은 각각 원고적격이 일반소매인의 경우 영업소 간 거리 제한은 100m로 규정되어 있기 때문에 甲은 丁에 대한 원고적격이 없다.

19 난도 ★★☆ 정답 ③

행정쟁송 > 행정소송

정답의 이유

③ 허가관청의 사업양수에 의한 지위승계신고의 수리는 적법한 사업의 양도가 있었음을 전제로 하는 것이므로 사업의 양도행위가 무효라고 주장하는 양도자는 민사쟁송으로 양도행위의 무효를 구함이 없이 막바로 허가관청을 상대로 하여 행정소송으로 위 신고수리처분의 무효확인을 구할 법률상 이익이 있다(대판 1993.6.8. 91누11544).

오답의 이유

① 과세관청이 조세의 징수를 위하여 체납자가 점유하고 있는 제3자의 소유 동산을 압류한 경우, 그 체납자는 그 압류처분에 의하여 당해 동산에 대한 점유권의 침해를 받은 자로서 그 압류처분에 대하여 법률상 직접적이고 구체적인 이익을 가지는 것이어서 그 압류처분의 취소나 무효확인을 구할 원고적격이 있다(대판 2006.4.13. 2005두15151).

② 원천징수의무자인 법인에 대한 소득금액변동통지는 원천징수의무자인 법인의 납세의무에 직접 영향을 미치는 조세 행정처분으로서, 원천징수의무자인 법인은 소득금액변동통지서를 받은 날에 그 통지서에 기재된 소득의 귀속자에게 당해 소득금액을 지급한 것으로 의제되어 그때 원천징수하는 소득세 또는 법인세의 납세의무가 성립함과 동시에 확정되고, 원천징수의무자인 법인으로서는 소득금액변동통지서에 기재된 소득처분의 내용에 따라 원천징수세액을 그 다음 달 10일까지 관할 세무서장 등에게 납부하여야 할 의무를 부담한다(대판 2013.9.26. 2011두12917).

④ 형사소송법에 의하면 검사가 공소를 제기한 사건은 기본적으로 법원의 심리대상이 되고 피의자 및 피고인은 수사의 적법성 및 공소사실에 대하여 형사소송절차를 통하여 불복할 수 있는 절차와 방법이 따로 마련되어 있으므로 검사의 공소제기가 적법절차에 의하여 정당하게 이루어진 것이냐의 여부에 관계없이 검사의 공소에 대하여는 형사소송절차에 의하여서만 이를 다툴 수 있고 행정소송의 방법으로 공소의 취소를 구할 수는 없다(대판 2000.3.28. 99두11264).

⑤ 독점규제 및 공정거래에 관한 법률 제54조 제1항에 따르면, 위 법에 의한 공정거래위원회의 처분에 대하여 불복의 소를 제기하고자 할 때에는 처분의 통지를 받은 날 또는 이의신청에 대한 재결서의 정본을 송달받은 날부터 30일 이내에 소를 제기하여야 한다. 청구취지를 추가하는 경우, 청구취지가 추가된 때에 새로운 소를 제기한 것으로 보므로, 추가된 청구취지에 대한 제소기간 준수 등은 원칙적으로 청구취지의 추가·변경 신청이 있는 때를 기준으로 판단하여야 한다(대판 2018.11.15. 2016두48737).

20 난도 ★★☆ ※개정·변경된 내용으로 선지 교체 정답 ③

행정작용법 > 행정행위

정답의 이유

③ 공무원에 대하여 징계처분 등을 할 때나 강임·휴직·직위해제 또는 면직처분을 할 때에는 그 처분권자 또는 처분제청권자는 처분사유를 적은 설명서를 교부(交付)하여야 한다. 다만, 본인의 원(願)에 따른 강임·휴직 또는 면직처분은 그러하지 아니하다(국가공무원법 제75조 제1항).

오답의 이유

① 국가공무원법 제82조 제2항
② 국가공무원법 제81조 제1항
④ 국가공무원법 제78조 제4항
⑤ 국가공무원법 제83조의2 제1항

21 난도 ★★☆ 정답 ②

행정과정의 규율 > 행정절차

정답의 이유

② 행정절차법 제3조 제2항 제9호, 행정절차법 시행령 제2조 제2호 등 관련 규정들의 내용을 행정의 공정성, 투명성, 신뢰성을 확보하고 처분상대방의 권익보호를 목적으로 하는 행정절차법의 입법 목적에 비추어 보면, 행정절차법의 적용이 제외되는 '외국인의 출입국에 관한 사항'이란 해당 행정작용의 성질상 행정절차를 거치기 곤란하거나 거칠 필요가 없다고 인정되는 사항이나 행정절차에 준하는 절차를 거친 사항으로서 행정절차법 시행령으로 정하는 사항만을 가리킨다. '외국인의 출입국에 관한 사항'이라고 하여 행정절차를 거칠 필요가 당연히 부정되는 것은 아니다(대판 2019.7.11. 2017두38874).

① 대판 2014.5.16. 2012두26180

③ 지방병무청장이 병역법 제41조 제1항 제1호, 제40조 제2호의 규정에 따라 산업기능요원에 대하여 한 산업기능요원 편입취소 처분은, 행정처분을 할 경우 '처분의 사전통지'와 '의견제출 기회의 부여'를 규정한 행정절차법 제21조 제1항, 제22조 제3항에서 말하는 '당사자의 권익을 제한하는 처분'에 해당하는 한편, 행정절차법의 적용이 배제되는 사항인 행정절차법 제3조 제2항 제9호, 행정절차법 시행령 제2조 제1호에서 규정하는 '병역법에 의한 소집에 관한 사항'에는 해당하지 아니하므로, 행정절차법상의 '처분의 사전통지'와 '의견제출 기회의 부여' 등의 절차를 거쳐야 한다(대판 2002.9.6. 2002두554).

④ 공정거래법 규정에 의한 처분의 상대방에게 부여된 절차적 권리의 범위와 한계를 확정하려면 행정절차법이 당사자에게 부여한 절차적 권리의 범위와 한계 수준을 고려하여야 한다(대판 2018.12.27. 2015두44028).

⑤ 행정절차법 시행령 제2조 제8호는 '학교 · 연수원 등에서 교육 · 훈련의 목적을 달성하기 위하여 학생 · 연수생들을 대상으로 하는 사항'을 행정절차법의 적용이 제외되는 경우로 규정하고 있으나, 이는 교육과정과 내용의 구체적 결정, 과제의 부과, 성적의 평가, 공식적 징계에 이르지 아니한 질책 · 훈계 등과 같이 교육 · 훈련의 목적을 직접 달성하기 위하여 행하는 사항을 말하는 것으로 보아야 하고, 생도에 대한 퇴학처분과 같이 신분을 박탈하는 징계처분은 여기에 해당한다고 볼 수 없다(대판 2018.3.13. 2016두33339).

22 난도 ★★★   정답 ④

행정작용법 > 행정행위

ⓔ 서울특별시립무용단 단원의 위촉은 공법상의 계약이라고 할 것이고, 따라서 그 단원의 해촉에 대하여는 공법상의 당사자소송으로 그 무효 확인을 청구할 수 있다(대판 1995.12.22. 95누4636).

ⓗ 계약직공무원에 관한 현행 법령의 규정에 비추어 볼 때, 계약직공무원 채용계약해지의 의사표시는 일반공무원에 대한 징계처분과는 달라서 항고소송의 대상이 되는 처분 등의 성격을 가진 것으로 인정되지 아니하고, 일정한 사유가 있을 때에 국가 또는 지방자치단체가 채용계약 관계의 한쪽 당사자로서 대등한 지위에서 행하는 의사표시로 취급되는 것으로 이해되므로, 이를 징계해고 등에서와 같이 그 징계사유에 한하여 효력 유무를 판단하여야 하거나, 행정처분과 같이 행정절차법에 의하여 근거와 이유를 제시하여야 하는 것은 아니다(대판 2002.11.26. 2002두5948).

ⓐ 근로기준법 등의 입법 취지, 지방공무원법과 지방공무원 징계 및 소청 규정의 여러 규정에 비추어 볼 때, 채용계약상 특별한 약정이 없는 한, 지방 계약직공무원에 대하여 지방공무원법, 지방공무원 징계 및 소청 규정에 정한 징계절차에 의하지 않고서

는 보수를 삭감할 수 없다고 봄이 상당하다(대판 2008.6.12. 2006두16328).

ⓑ 행정청이 자신과 상대방 사이의 법률관계를 일방적인 의사표시로 종료시켰다고 하더라도 곧바로 의사표시가 행정청으로서 공권력을 행사하여 행하는 행정처분이라고 단정할 수는 없고, 관계 법령이 상대방의 법률관계에 관하여 구체적으로 어떻게 규정하고 있는지에 따라 의사표시가 항고소송의 대상이 되는 행정처분에 해당하는지 아니면 공법상 계약관계의 일방 당사자로서 대등한 지위에서 행하는 의사표시인지를 개별적으로 판단하여야 한다(대판 2015.8.27. 2015두41449).

ⓒ 대판 2015.12.24. 2015두264

ⓜ 공법상계약에 기초한 공무원의 근무관계에서의 징계행위는 행정처분으로 본다.

행정작용의 형식과 유형

			일반 · 추상적	법규명령, 조례	
공법적 형식	법적 행위	외부 관계		구체적	일방적	행정행위 · 그 밖의 의사표시
				쌍방적	공법상 계약
		내부 관계	일반 · 추상적	행정규칙	
			구체적	개별지시	
	사실 행위		권력적 사실행위, 비권력적 사실행위		
사법적 형식			협의의 국고작용, 영리 · 경제적 작용, 행정사법		

외부에 대한 직접적 효과를 가져오는 행위

외부적 행위	• 행정조직 내부의 행위는 행정행위가 아님 예 직무명령 • 다른 행정청의 동의를 얻어야 하는 행정행위에서 다른 행정청의 동의는 행정행위가 아님 • 특별권력관계에 있어서의 처분은 행정행위성이 인정됨 예 공무원의 징계처분
법적 행위 (법적 규율)	• 법적 효과를 발생시키지 않는 단순한 조사 · 사실행위는 행정행위가 아님 • 권력적 사실행위는 행정행위에 해당함 예 압류 • 급부행정의 분야에서도 행정행위를 발할 수 있음 예 하천의 이용관계에서 적용허가

23 난도 ★★☆   정답 ⑤

행정과정의 규율 > 행정절차

ⓛ 지방자치법 제14조 제1항

ⓒ 지방자치법 제49조 제3항

ⓔ 헌재 1995.4.20. 92헌마264 · 279

㉠ 지방의회에서 의결할 의안의 발의는 각 지자체의 조례에서 정하는 바에 따라 찬성의 수가 달라진다(지방자치법 제76조 제1항).

> **제76조(의안의 발의)**
> ① 지방의회에서 의결할 의안은 지방자치단체의 장이나 조례로 정하는 수 이상의 지방의회의원의 찬성으로 발의한다.

24 난도 ★★☆   정답 ③

행정쟁송 > 행정심판

③ 공유재산 및 물품 관리법 제83조 제1항은 '지방자치단체의 장은 정당한 사유 없이 공유재산을 점유하거나 공유재산에 시설물을 설치한 경우에는 원상복구 또는 시설물의 철거 등을 명하거나 이에 필요한 조치를 할 수 있다.'라고 규정하고, 제2항은 '제1항에 따른 명령을 받은 자가 그 명령을 이행하지 아니할 때에는 행정대집행법에 따라 원상복구 또는 시설물의 철거 등을 하고 그 비용을 징수할 수 있다.'라고 규정하고 있다. 위 규정에 따라 지방자치단체장은 행정대집행의 방법으로 공유재산에 설치한 시설물을 철거할 수 있고, 이러한 행정대집행의 절차가 인정되는 경우에는 민사소송의 방법으로 시설물의 철거를 구하는 것은 허용되지 아니한다(대판 2017.4.13. 2013다207941).

① 행정 목적을 위하여 공용되는 행정재산은 공용폐지가 되지 않는 한 사법상 거래의 대상이 될 수 없으므로 취득시효의 대상도 되지 않는 것이고, 공물의 용도폐지 의사표시는 명시적이든, 묵시적이든 불문하나 적법한 의사표시이어야 하고 단지 사실상 공물로서의 용도에 사용되지 아니하고 있다는 사실만으로 용도폐지의 의사표시가 있다고 볼 수는 없는 것이다(대판 1995.12.22. 95다19478).

② 도로법 제40조 제1항에 의한 도로점용은 일반공중의 교통에 사용되는 도로에 대하여 이러한 일반사용과는 별도로 도로의 특정부분을 유형적·고정적으로 특정한 목적을 위하여 사용하는 이른바 특별사용을 뜻하는 것이고, 이러한 도로점용의 허가는 특정인에게 일정한 내용의 공물사용권을 설정하는 설권행위로서, 공물관리자가 신청인의 적격성, 사용목적 및 공익상의 영향 등을 참작하여 허가를 할 것인지의 여부를 결정하는 재량행위이다(대판 2002.10.25. 2002두5795).

④ 국유재산의 관리청이 그 무단점유자에 대하여 하는 변상금부과처분은 순전히 사경제 주체로서 행하는 사법상의 법률행위라 할 수 없고 이는 관리청이 공권력을 가진 우월적 지위에서 행한 것으로서 행정소송의 대상이 되는 행정처분이라고 보아야 한다(대판 1998.2.23. 87누1046).

⑤ 국유잡종재산에 관한 관리 처분의 권한을 위임받은 기관이 국유잡종재산을 대부하는 행위는 국가가 사경제 주체로서 상대방과 대등한 위치에서 행하는 사법상의 계약이고, 행정청이 공권력의 주체로서 상대방의 의사 여하에 불구하고 일방적으로 행하는 행정처분이라고 볼 수 없으며, 국유잡종재산에 관한 대부료의 납부고지 역시 사법상의 이행청구에 해당하고, 이를 행정처분이라고 할 수 없다(대판 1995.5.12. 94누5281).

25 난도 ★★☆   정답 ⑤

행정과정의 규율 > 행정절차

⑤ 환경영향평가법 제16조 제1항, 제28조 제1항 본문, 제3항, 제51조 제1호 및 제52조 제2항 제2호의 내용, 형식 및 체계에 비추어 보면, 환경영향평가법 제28조 제1항 본문이 환경영향평가 절차가 완료되기 전에 공사시행을 금지하고, 제51조 제1호 및 제52조 제2항 제2호가 그 위반행위에 대하여 형사처벌을 하도록 한 것은 환경영향평가의 결과에 따라 사업계획 등에 대한 승인 여부를 결정하고, 그러한 사업계획 등에 따라 공사를 시행하도록 하여 당해 사업으로 인한 해로운 환경영향을 피하거나 줄이고자 하는 환경영향평가 제도의 목적을 달성하기 위한 데에 입법 취지가 있다. 따라서 사업자가 이러한 사전 공사시행 금지 규정을 위반하였다고 하여 승인기관의 장이 한 사업계획 등에 대한 승인 등의 처분이 위법하게 된다고는 볼 수 없다(대판 2014.3.13. 2012두1006).

① "환경영향평가"란 환경에 영향을 미치는 실시계획·시행계획 등의 허가·인가·승인·면허 또는 결정 등(이하 "승인 등"이라 한다)을 할 때에 해당 사업이 환경에 미치는 영향을 미리 조사·예측·평가하여 해로운 환경영향을 피하거나 제거 또는 감소시킬 수 있는 방안을 마련하는 것을 말한다(환경영향평가법 제2조 제2호).

② 대판 2006.3.16. 2006두330 전합

③ 대판 2006.3.16. 2006두330 전합

④ 환경영향평가를 거쳐야 할 대상사업에 대하여 환경영향평가를 거치지 아니하였음에도 불구하고 승인 등 처분이 이루어진다면, 사전에 환경영향평가를 함에 있어 평가대상지역 주민들의 의견을 수렴하고 그 결과를 토대로 하여 환경부장관과의 협의내용을 사업계획에 미리 반영시키는 것 자체가 원천적으로 봉쇄되는바, 이렇게 되면 환경파괴를 미연에 방지하고 쾌적한 환경을 유지·조성하기 위하여 환경영향평가 제도를 둔 입법 취지를 달성할 수 없게 되는 결과를 초래할 뿐만 아니라 환경영향평가 대상지역 안의 주민들의 직접적이고 개별적인 이익을 근본적으로 침해하게 되므로, 이러한 행정처분의 하자는 법규의 중요한 부분을 위반한 중대한 것이고 객관적으로도 명백한 것이라고 하지 않을 수 없어, 이와 같은 행정처분은 당연무효이다(대판 2006.6.30. 2005두14363).

행정법 | 2019년 국회직 8급

한눈에 훑어보기

 영역 분석

행정법통론 01 05 09 12 16 18 20 25
8문항, 32%

행정작용법 02 08 11
3문항, 12%

행정과정의 규율 15 21
2문항, 8%

실효성 확보수단 04 24
2문항, 8%

손해전보 07 14 23
3문항, 12%

행정쟁송 03 06 10 13 17 19 22
7문항, 28%

빠른 정답

01	02	03	04	05	06	07	08	09	10
④	③	③	④	③	②	①	②	①	⑤
11	12	13	14	15	16	17	18	19	20
①	③	⑤	②	②	⑤	①	④	③	④
21	22	23	24	25					
②	④	③	⑤	③					

점수 체크

구분	1회독	2회독	3회독
맞힌 문항 수	/ 25	/ 25	/ 25
나의 점수	점	점	점

01 난도 ★★☆   정답 ④

행정법통론 > 행정법의 법원

정답의 이유

(가)는 비례의 원칙, (나)는 자기구속의 원칙, (다)는 신뢰보호의 원칙, (다)는 부당결부금지의 원칙이다.

④ 행정청의 행위에 대하여 신뢰보호의 원칙이 적용되기 위한 요건 중 공적견해의 표명이라는 요건 등 일부 요건이 충족된 경우라고 하더라도 행정청이 앞서 표명한 공적인 견해에 반하는 행정처분을 함으로써 달성하려는 공익이 행정청의 공적견해표명을 신뢰한 개인이 그 행정처분으로 인하여 입게 되는 이익의 침해를 정당화할 수 있을 정도로 강한 경우에는 신뢰보호의 원칙을 들어 그 행정처분이 위법하다고 할 수는 없다(대판 2008.4.24. 2007두25060).

오답의 이유

① 자동차 등을 이용하여 범죄행위를 하기만 하면 그 범죄행위가 얼마나 중한 것인지, 그러한 범죄행위를 행함에 있어 자동차 등이 당해 범죄 행위에 어느 정도로 기여했는지 등에 대한 아무런 고려 없이 무조건 운전면허를 취소하도록 하고 있으므로 비난의 정도가 극히 미약한 경우까지도 운전면허를 취소할 수밖에 없도록 하는 것으로 최소침해성의 원칙에 위반된다고 할 것이다(헌재 2005.11.24. 2004헌가28).

② 평등의 원칙은 본질적으로 같은 것을 자의적으로 다르게 취급함을 금지하는 것이고, 위법한 행정처분이 수차례에 걸쳐 반복적으로 행하여졌다 하더라도 그러한 처분이 위법한 것인 때에는 행정청에 대하여 자기구속력을 갖게 된다고 할 수 없다(대판 2009.6.25. 2008두13132).

③·⑤ 고속국도의 유지관리 및 도로확장 등의 사유로 접도구역에 매설한 송유시설의 이설이 불가피할 경우 그 이설비용을 부담하도록 한 것은, 고속국도 관리청이 접도구역의 송유관 매설에 대한 허가를 할 것을 전제로 한 것으로, 상대방은 공작물설치자로서 특별한 관계가 있다고 볼 수 있고, 관리청인 원고로부터 접도구역의 송유관 매설에 관한 허가를 얻게 됨으로써 접도구역이 아닌 사유지를 이용하여 매설하는 경우에 비하여는 공사절차 등의 면에서 이익을 얻는다고 할 수 있으며 처음부터 이러한 경제적 이해관계를 고려하여 이 사건 협약을 체결한 것이라고 할 것이므로 부당결부금지원칙에 위반된 것이라고 할 수는 없다(대판 2009.2.12. 2005다65500).

02 난도 ★★☆   정답 ③

행정작용법 > 행정입법

[정답의 이유]

③ 작성요령은 법률의 위임을 받은 것이기는 하나 법인세의 부과징수라는 행정적 편의를 도모하기 위한 절차적 규정으로서 단순히 행정규칙의 성질을 가지는 데 불과하여 과세관청이나 일반국민을 기속하는 것이 아니다(대판 2003.9.5. 2001두403).

[오답의 이유]

① 국회는 법률에 저촉되지 아니하는 범위 안에서 의사와 내부규율에 관한 규칙을 제정할 수 있다(헌법 제64조 제1항).

② 대통령령은 총리령 및 부령보다 우월한 효력을 가진다. 대통령령은 시행령, 총리령과 부령은 시행규칙의 형식으로 제정된다.

④ '학교장·교사 초빙제 실시'는 학교장·교사 초빙제의 실시에 따른 구체적 시행을 위해 제정한 사무처리지침으로서 행정조직 내부에서만 효력을 가지는 행정상의 운영지침을 정한 것이어서, 국민이나 법원을 구속하는 효력이 없는 행정규칙에 해당하므로 헌법소원의 대상이 되지 않는다.(헌재 2001.5.31. 99헌마413).

⑤ 심사지침인 '방광내압 및 요누출압 측정 시 검사방법'은 불필요한 수술 등을 하게 되는 경우가 있어 이를 방지하고 적정진료를 하도록 유도할 목적으로, 법령에서 정한 요양급여의 인정기준을 구체적 진료행위에 적용하도록 마련한 건강보험심사평가원의 내부적 업무처리 기준으로서 행정규칙에 불과하다(대판 2017.7.11. 2015두2864).

03 난도 ★★☆   정답 ③

행정쟁송 > 행정심판

[정답의 이유]

ⓛ 행정심판법 제8조 제2항

ⓒ 중앙행정심판위원회의 상임위원은 일반직공무원으로서 국가공무원법 제26조의5에 따른 임기제공무원으로 임명하되, 3급 이상 공무원 또는 고위공무원단에 속하는 일반직공무원으로 3년 이상 근무한 사람이나 그 밖에 행정심판에 관한 지식과 경험이 풍부한 사람 중에서 중앙행정심판위원회 위원장의 제청으로 국무총리를 거쳐 대통령이 임명한다(행정심판법 제8조 제3항).

[오답의 이유]

ⓒ 중앙행정심판위원회는 위원장 1명을 포함하여 70명 이내의 위원으로 구성하되, 위원 중 상임위원은 4명 이내로 한다(「행정심판법」 제8조 제1항).

ⓔ 중앙행정심판위원회의 비상임위원은 제7조 제4항 각 호의 어느하나에 해당하는 사람 중에서 중앙행정심판위원회 위원장의 제청으로 국무총리가 성별을 고려하여 위촉한다(행정심판법 제8조 제4항).

제7조(행정심판위원회의 구성)

④ 행정심판위원회의 위원은 해당 행정심판위원회가 소속된 행정청이 다음 각 호의 어느 하나에 해당하는 사람 중에서 성별을 고려하여 위촉하거나 그 소속 공무원 중에서 지명한다.

1. 변호사 자격을 취득한 후 5년 이상의 실무 경험이 있는 사람

2. 「고등교육법」 제2조 제1호부터 제6호까지의 규정에 따른 학교에서 조교수 이상으로 재직하거나 재직하였던 사람

3. 행정기관의 4급 이상 공무원이었거나 고위공무원단에 속하는 공무원이었던 사람

4. 박사학위를 취득한 후 해당 분야에서 5년 이상 근무한 경험이 있는 사람

5. 그 밖에 행정심판과 관련된 분야의 지식과 경험이 풍부한 사람

ⓒ 중앙행정심판위원회의 회의(제6항에 따른 소위원회 회의는 제외한다)는 위원장, 상임위원 및 위원장이 회의마다 지정하는 비상임위원을 포함하여 총 9명으로 구성한다(행정심판법 제8조 제5항).

04 난도 ★★☆   정답 ④

실효성 확보수단 > 행정강제

[정답의 이유]

④ 건축법상의 이행강제금은 시정명령의 불이행이라는 과거의 위반행위에 대한 제재가 아니라, 의무자에게 시정명령을 받은 의무의 이행을 명하고 그 이행기간 안에 의무를 이행하지 않으면 이행강제금이 부과된다는 사실을 고지함으로써 의무자에게 심리적 압박을 주어 의무의 이행을 간접적으로 강제하는 행정상의 간접강제 수단에 해당한다(대판 2018.1.25. 2015두35116).

[오답의 이유]

① 대판 2017.4.28. 2016다213916

② 이행강제금과 대집행은 서로 다른 성질의 제도이므로, 이행강제금을 부과하였더라도 대집행을 집행할 수 있다.

③ 한국자산공사가 당해 부동산을 인터넷을 통하여 재공매(입찰)하기로 한 결정 자체는 내부적인 의사결정에 불과하여 항고소송의 대상이 되는 행정처분이라고 볼 수 없고, 또한 한국자산공사가 공매통지는 공매의 요건이 아니라 공매사실 자체를 체납자에게 알려주는 데 불과한 것으로서, 통지의 상대방의 법적 지위나 권리·의무에 직접 영향을 주는 것이 아니라고 할 것이므로 이것 역시 행정처분에 해당한다고 할 수 없다(대판 2007.7.27. 2006두8464).

⑤ 제1차로 철거명령 및 계고처분을 한 데 이어 제2차로 계고서를 송달하였음에도 불응함에 따라 대집행을 일부 실행한 후 제3차로 철거명령 및 대집행계고를 한 경우, 행정대집행법상의 철거의무는 제1차 철거명령 및 계고처분으로써 발생하였다고 할 것이고, 제3차 철거명령 및 대집행계고는 새로운 철거의무를 부과하는 것이라고는 볼 수 없으며, 단지 종전의 계고처분에 의한 건물철거를 독촉하거나 그 대집행기한을 연기한다는 통지에 불과하므로 취소소송의 대상이 되는 독립한 행정처분이라고 할 수 없다(대판 2000.2.22. 98두4665).

05 난도 ★★☆　　　　　　　　　　정답 ③

행정법통론 > 법치주의

정답의 이유

③ 건의 제도의 취지는 위법 또는 오류의 의심이 있는 명령을 받은 부하가 명령 이행 전에 상관에게 명령권자의 과오나 오류에 대하여 자신의 의견을 제시할 수 있도록 함으로써 명령의 적법성과 타당성을 확보하고자 하는 것일 뿐 그것이 군인의 재판청구권 행사에 앞서 반드시 거쳐야 하는 군 내 사전절차로서의 의미를 갖는다고 보기 어렵다(대판 2018.3.22. 2012두26401).

오답의 이유

① 제재처분의 본질적인 사항, 즉 입찰참가자격 제한처분의 주체, 사유, 대상, 기간 및 내용 등을 법률에서 규정하고, 이 사건 위임조항은 이 사건 제한 조항을 기준으로 한 세부적인 입찰참가자격의 제한기준 등에 관하여 필요한 사항을 기획재정부령으로 정하도록 위임하고 있는 이상, 이 사건 위임 조항이 의회유보원칙에 위배된다고 볼 수 없다(헌재결 2017.8.31. 2015헌바388).

② 개인택시 운송사업자가 음주운전을 하다가 사망한 경우 그 망인에 대하여 음주운전을 이유로 운전면허 취소처분을 하는 것은 불가능하고, 음주운전은 운전면허의 취소사유에 불과할 뿐 개인택시 운송사업면허의 취소사유가 될 수는 없으므로, 음주운전을 이유로 한 개인택시 운송사업면허의 취소처분은 위법하다(대판 2008.5.15. 2007두26001).

④ 규율대상이 기본권적 중요성을 가질수록 그리고 그에 관한 공개적 토론의 필요성 내지 상충하는 이익 간 조정의 필요성이 클수록, 그것이 국회의 법률에 의해 직접 규율될 필요성 및 그 규율밀도의 요구정도는 그만큼 더 증대되는 것으로 보아야 한다(헌재 2004.3.25. 2001헌마882).

⑤ 행정청이 객관적으로 처분상대방이 이행할 가능성이 없는 조건을 붙여 행정처분을 하는 것은 법치행정의 원칙상 허용될 수 없으므로, 건축행정청은 신청인의 건축계획상 하나의 대지로 삼으려고 하는 '하나 이상의 필지의 일부'가 관계 법령상 토지분할이 가능한 경우인지를 심사하여 토지분할이 관계 법령상 제한에 해당되어 명백히 불가능하다고 판단되는 경우에는 토지분할 조건부 건축허가를 거부하여야 한다(대판 2018.6.28. 2015두47737).

06 난도 ★★☆　　　　　　　　　　정답 ②

행정쟁송 > 행정소송

정답의 이유

② 소청심사위원회의 변경이 있는 경우 처분의 상대방은 원처분청을 피고로 하여 변경된 처분에 대한 취소소송을 제기할 수 있다.

오답의 이유

① 행정소송법 제19조는 취소소송은 행정청의 원처분을 대상으로 하되(원처분주의), 다만 "재결 자체에 고유한 위법이 있음을 이유로 하는 경우"에 한하여 행정심판의 재결도 취소소송의 대상으로 삼을 수 있도록 규정하고 있으므로 재결 취소소송의 경우 재결 자체에 고유한 위법이 있는지 여부를 심리할 것이고, 재결 자체에 고유한 위법이 없는 경우에는 원처분의 당부와는 상관없이 당해 재결 취소소송은 이를 기각하여야 한다(대판 1994.1.25. 93누16901).

③ 대판 1984.4.10. 84누91

④ 수용재결에 불복하여 취소소송을 제기하는 때에는 이의신청을 거친 경우에도 수용재결을 한 중앙토지수용위원회 또는 지방토지수용위원회를 피고로 하여 수용재결의 취소를 구하여야 한다(대판 2010.1.28. 2008두1504).

⑤ 법원이 교원소청 심사위원회 결정의 결론이 타당하다고 하여 학교법인 등의 청구를 기각하게 되면 결국 행정소송의 대상이 된 교원소청 심사위원회의 결정이 유효한 것으로 확정되어 학교법인 등이 이에 기속되므로, 그 결정의 잘못을 바로잡을 길이 없게 되고 학교법인 등도 해당 교원에 대하여 적절한 재처분을 할 수 없게 되기 때문에, 학교법인 등이 제기한 행정소송 절차에서 심리한 결과 처분사유 중 일부 사유는 인정된다고 판단되면 법원으로서는 교원소청 심사위원회의 결정을 취소하여야 한다(대판 2018.7.12. 2017두65821).

07 난도 ★★★　　　　　　　　　　정답 ①

손해전보 > 행정상 손실보상

정답의 이유

① 잔여지 수용청구의 의사표시는 관할 토지수용위원회에 하여야 하는 것으로서, 관할 토지수용위원회가 사업시행자에게 잔여지 수용청구의 의사표시를 수령할 권한을 부여하였다고 인정할 만한 사정이 없는 한, 사업시행자에게 한 잔여지 매수청구의 의사표시를 관할 토지수용위원회에 한 잔여지 수용청구의 의사표시로 볼 수는 없다(대판 2010.8.19. 2008두822).

오답의 이유

② 규정에 의한 손실보상청구권은 종전의 '하천법' 규정 자체에 의하여 하천구역으로 편입되어 국유로 되었으나 그에 대한 보상규정이 없거나 보상청구권이 시효로 소멸되어 보상을 받지 못한 토지에 대하여, 국가가 반성적 고려와 국민의 권리구제 차원에서 손실을 보상하기 위하여 규정한 것으로서, 법적 성질은 '하천법'이 원래부터 규정하고 있던 하천구역에의 편입에 의한 손실보상청구권과 다를 바가 없는 공법상의 권리이다(대판 2016.8.24. 2014두46966). 이는 예외적으로 공법상 권리를 인정한 판례이다.

③ 구 공익사업을 위한 토지 등의 취득 및 보상에 관한 법률(이하 구 공익사업법이라 한다)의 관련 규정에 의하여 취득하는 어업 피해에 관한 손실보상청구권은 민사소송의 방법으로 행사할 수는 없고, 구 공익사업법 제34조, 제50조 등에 규정된 재결절차를 거친 다음 그 재결에 대하여 불복이 있는 때에 비로소 권리구제를 받아야 하며, 이러한 재결절차를 거치지 않은 채 곧바로 사업시행자를 상대로 손실보상을 청구하는 것은 허용되지 않는다고 봄이 타당하다(대판 2014.5.29. 2013두12478).

④ 대판 2016.7.14. 2015두58645

⑤ 체육시설업의 영업주체가 영업시설의 양도나 임대 등에 의하여 변경되었음에도 그에 관한 신고를 하지 않은 채 영업을 하던 중

에 공익사업으로 영업을 폐지 또는 휴업하게 된 경우라 하더라도, 그 임차인 등의 영업을 보상대상에서 제외되는 위법한 영업이라고 할 것은 아니다. 따라서 그로 인한 영업손실에 대해서는 법령에 따른 정당한 보상이 이루어져야 마땅하다(대판 2012.12.13. 2010두12842).

08 난도 ★★☆   정답 ②

행정작용법 > 행정행위

[정답의 이유]

㉠ 사립학교법 제20조 제2항에 의한 학교법인의 임원에 대한 감독청의 취임승인은 학교법인의 임원선임행위를 보충하여 그 법률상의 효력을 완성케하는 보충적 행정행위이다(대판 1987.8.18. 86누152).

㉣ 가행정행위는 잠정적인 성질을 가지나 행정행위성이 인정되므로 통상의 행정행위와 같은 권리구제수단을 통해 구제가 가능하다.

[오답의 이유]

㉡ 특허기업의 사업양도허가는 인가에 해당한다.

㉢ 행정처분의 효력발생요건으로서의 도달이란 상대방이 그 내용을 현실적으로 양지할 필요까지는 없고 상대방이 양지할 수 있는 상태에 놓여짐으로써 충분하다(대판 1989.1.31. 88누940).

㉤ 구 도시 및 주거환경정비법상 재개발 조합설립 인가신청에 대하여 행정청의 조합설립 인가처분이 있은 이후에 조합설립결의에 하자가 있음을 이유로 재개발 조합설립의 효력을 부정하기 위해서는 항고소송으로 조합설립 인가처분의 효력을 다투어야 한다(대결 2009.9.24. 2009마168 · 169).

09 난도 ★★☆   정답 ①

행정법통론 > 공법과 사법의 구별

[정답의 이유]

① 인 · 허가의제 효과를 수반하는 건축신고는 일반적인 건축신고와는 달리, 특별한 사정이 없는 한 행정청이 그 실체적 요건에 관한 심사를 한 후 수리하여야 하는 이른바 '수리를 요하는 신고'로 보는 것이 옳다(대판 2011.1.20. 2010두14954 전합).

[오답의 이유]

② 행정청으로서는 신고서 기재사항에 흠결이 없고 정해진 서류가 구비된 때에는 이를 수리하여야 하고, 이러한 형식적 요건을 모두 갖추었음에도 신고대상이 된 교육이나 학습이 공익적 기준에 적합하지 않는다는 등 실체적 사유를 들어 신고 수리를 거부할 수는 없다(대판 2011.7.28. 2005두11784).

③ 구 유통산업발전법은 기존의 대규모점포의 등록된 유형 구분을 전제로 '대형마트로 등록된 대규모점포'를 일체로서 규제 대상으로 삼고자 하는 데 취지가 있는 점, 대규모점포의 개설 등록은 이른바 '수리를 요하는 신고'로서 행정처분에 해당한다(대판 2015.11.19. 2015두295 전합)

④ 특별자치시장 · 특별자치도지사 또는 시장 · 군수 · 구청장은 제1항에 따른 신고를 받은 날부터 5일 이내에 신고수리 여부 또는 민원 처리 관련 법령에 따른 처리기간의 연장 여부를 신고인에

게 통지하여야 한다. 다만, 이 법 또는 다른 법령에 따라 심의, 동의, 협의, 확인 등이 필요한 경우에는 20일 이내에 통지하여야 한다(건축법 제14조 제3항).

⑤ 납골당설치 신고는 이른바 '수리를 요하는 신고'라 할 것이므로, 납골당설치 신고가 구 장사법 관련 규정의 모든 요건에 맞는 신고라 하더라도 신고인은 곧바로 납골당을 설치할 수는 없고, 이에 대한 행정청의 수리처분이 있어야만 신고한 대로 납골당을 설치할 수 있다(대판 2011.9.8. 2009두6766).

10 난도 ★★☆   정답 ⑤

행정쟁송 > 행정소송

[정답의 이유]

⑤ 임용권자 등이 자의적인 이유로 승진후보자 명부에 포함된 후보자를 승진임용에서 제외하는 처분을 한 경우에, 이러한 승진임용 제외처분을 항고소송의 대상이 되는 처분으로 보지 않는다면, 달리 이에 대하여는 불복하여 침해된 권리 또는 법률상 이익을 구제받을 방법이 없다. 따라서 이는 항고소송의 대상인 처분에 해당한다고 보아야 한다(대판 2018.3.27. 2015두47492).

[오답의 이유]

① 토지대장에 기재된 일정한 사항을 변경하는 행위는, 그것이 지목의 변경이나 정정 등과 같이 토지소유권 행사의 전제요건으로서 토지소유자의 실체적 권리관계에 영향을 미치는 사항에 관한 것이 아닌 한 행정사무집행의 편의와 사실증명의 자료로 삼기 위한 것일 뿐이어서, 그 소유자 명의가 변경된다고 하여도 이로 인하여 당해 토지에 대한 실체상의 권리관계에 변동을 가져올 수 없고 토지 소유권이 지적공부의 기재만에 의하여 증명되는 것도 아니다. 따라서 소관청이 토지대장상의 소유자명의변경신청을 거부한 행위는 이를 항고소송의 대상이 되는 행정처분이라고 할 수 없다(대판 2012.1.12. 2010두12354).

② 서울특별시 지하철공사의 임원과 직원의 근무관계의 성질은 지방공기업법의 모든 규정을 살펴보아도 공법상의 특별권력관계라고는 볼 수 없고 사법관계에 속할 뿐만 아니라, 위 지하철공사의 사장이 그 이사회의 결의를 거쳐 제정된 인사규정에 의거하여 소속직원에 대한 징계처분을 한 경우 위 사장은 행정소송법 제13조 제1항 본문과 제2조 제2항 소정의 행정청에 해당되지 않으므로 공권력발동주체로서 위 징계처분을 행한 것으로 볼 수 없다(대판 1989.9.12. 89누2103).

③ 무허가건물관리대장은, 행정관청이 행정상 사무처리의 편의와 사실증명의 자료로 삼기 위하여 작성, 비치하는 대장으로서 무허가건물을 무허가건물관리대장에 등재하거나 등재된 내용을 변경 또는 삭제하는 행위로 인하여 당해 무허가 건물에 대한 실체상의 권리관계에 변동을 가져오는 것이 아니므로, 관할관청이 당해 무허가건물을 무허가건물관리대장에서 삭제하는 행위는 다른 특별한 사정이 없는 한 항고소송의 대상이 되는 행정처분이 아니다(대판 2009.3.12. 2008두11525).

④ 각 군 참모총장이 수당지급대상자 결정절차에 대하여 수당지급대상자를 추천하거나 신청자 중 일부를 추천하지 아니하는 행위는 행정기관 상호간의 내부적인 의사결정과정의 하나일 뿐 그

자체만으로는 직접적으로 국민의 권리·의무가 설정, 변경, 박탈되거나 그 범위가 확정되는 등 기존의 권리상태에 어떤 변동을 가져오는 것이 아니므로 이를 항고소송의 대상이 되는 처분이라고 할 수는 없다(대판 2009.12.10. 2009두14231).

11 난도 ★☆☆   정답 ①

행정작용법 > 행정행위

[정답의 이유]
① 심판청구를 인용하는 재결은 피청구인과 그 밖의 관계 행정청을 기속(羈束)한다(행정심판법 제49조 제1항).

[오답의 이유]
② 행정심판법 제49조 제2항
③ 행정심판법 제46조 제1항·제3항

> **제46조(재결의 방식)**
> ① 재결은 서면으로 한다.
> ③ 재결서에 적는 이유에는 주문 내용이 정당하다는 것을 인정할 수 있는 정도의 판단을 표시하여야 한다.

④ 행정심판법 제48조 제4항
⑤ 행정심판법 제43조 제5항

12 난도 ★★☆   정답 ④

행정법통론 > 행정상 법률관계의 원인

[정답의 이유]
④ 한국토지공사는 구 한국토지공사법 제2조, 제4조에 의하여 정부가 자본금의 전액을 출자하여 설립한 법인이고, 이러한 법령의 위탁에 의하여 대집행을 수권받은 자로서 공무인 대집행을 실시함에 따르는 권리·의무 및 책임이 귀속되는 행정주체의 지위에 있다고 볼 것이지 지방자치단체 등의 기관으로서 국가배상법 제2조 소정의 공무원에 해당한다고 볼 것은 아니다(대판 2010.1.28. 2007다82950·82967)

[오답의 이유]
① 행정권한의 위임은 행정관청이 법률에 따라 특정한 권한을 다른 행정관청에 이전하여 수임관청의 권한으로 행사하도록 하는 것이어서 권한의 법적인 귀속을 변경하는 것이므로 법률이 위임을 허용하고 있는 경우에 한하여 인정된다(대판 1995.11.28. 94누6475).
② 행정권한의 내부위임은 법률이 위임을 허용하고 있지 아니한 경우에도 행정관청의 내부적인 사무처리의 편의를 도모하기 위하여 그의 보조기관 또는 하급행정관청으로 하여금 그의 권한을 사실상 행사하게 하는 것이다(대판 1995.11.28. 94누6475).
③ 국가사무로서 지방자치단체의 장에게 위임된 이른바 기관위임사무에 해당하는 사무는 시·도지사가 지방자치단체의 조례에 의하여 이를 구청장 등에게 재위임할 수는 없고 행정권한의 위임 및 위탁에 관한 규정 제4조에 의하여 재위임하는 것만이 가능하다(대판 1995.7.11. 94누4615 전합).

⑤ 원천징수하는 소득세에 있어서는 법령이 정하는 바에 따라 그 세액이 자동적으로 확정되고, 원천징수의무자는 이와 같이 자동적으로 확정되는 세액을 수급자로부터 징수하여 과세관청에 납부하여야 할 의무를 부담하고 있으므로, 원천징수의무자의 원천징수행위는 공권력의 행사로서의 행정처분을 한 경우에 해당되지 아니한다(대판 1990.3.23. 89누4789).

13 난도 ★★★   정답 ⑤

행정쟁송 > 행정소송

[정답의 이유]
⑤ 건축물에 대한 사용검사처분의 무효확인을 받거나 그 처분이 취소된다고 하더라도 사용검사 전의 상태로 돌아가 그 건축물을 사용할 수 없게 되는 것에 그칠 뿐 곧바로 건축물의 하자 상태 등이 제거되거나 보완되는 것이 아니고, 입주자나 입주예정자들은 민사소송 등을 통하여 권리구제를 받을 수 있으므로, 사용검사처분의 무효확인 또는 취소 여부에 의하여 그 법률적인 지위가 달라진다고 할 수 없다. 따라서, 구 주택법상 입주자나 입주예정자는 사용검사처분의 무효확인 또는 취소를 구할 법률상 이익을 보유하고 있다고 보기 어려우므로, 이 사건 소는 원고적격이 없는 사람에 의하여 제기된 것으로 부적법하다(대판 2015.1.29. 2013두24976).

[오답의 이유]
① 건축협의 취소는 상대방이 다른 지방자치단체 등 행정주체라 하더라도 '행정청이 행하는 구체적 사실에 관한 법집행으로서의 공권력 행사'(행정소송법 제2조 제1항 제1호)로서 처분에 해당한다고 볼 수 있고, 지방자치단체인 원고가 이를 다툴 실효적 해결 수단이 없는 이상, 원고는 건축물 소재지 관할 허가권자인 지방자치단체의 장을 상대로 항고소송을 통해 건축협의 취소의 취소를 구할 수 있다(대판 2014.2.27. 2012두22980).
② 구속된 피고인은 형사소송법 규정에 따라 타인과 접견할 권리를 가지며 행형법의 규정에 의하면 교도소에 미결수용된 자는 소장의 허가를 받아 타인과 접견할 수 있으므로(이와 같은 접견권은 헌법상 기본권의 범주에 속하는 것이다) 특별한 사정이 없는 한 구속된 피고인은 교도소장의 접견허가 거부처분으로 인하여 자신의 접견권이 침해되었음을 주장하여 위 거부처분의 취소를 구할 원고적격을 가진다(대판 1992.5.8. 91누7552).
③ 처분의 상대방은 허무인이 아니라 '을'이라는 위명을 사용한 갑이므로, 갑이 처분의 취소를 구할 법률상 이익이 있다(대판 2017.3.9. 2013두16852).
④ 행정기관인 국민권익위원회가 행정기관의 장에게 일정한 의무를 부과하는 내용의 조치요구를 한 것에 대하여 그 조치요구의 상대방인 행정기관의 장이 다투고자 할 경우에, 조치요구를 이행할 의무를 부담하는 행정기관의 장으로서는 기관소송으로 조치요구를 다툴 수 없는 점 등에 비추어, 처분성이 인정되는 국민권익위원회의 조치요구에 불복하고자 하는 소방청장으로서는 조치요구의 취소를 구하는 항고소송을 제기하는 것이 유효·적절한 수단으로 볼 수 있으므로 소방청장은 예외적으로 당사자능력과 원고적격을 가진다(대판 2018.8.1. 2014두35379).

손해전보 > 행정상 손해배상

정답의 이유

ⓒ 국가배상법 제2조 제1항은 "국가나 지방자치단체는 공무원 또는 공무를 위탁받은 사인(이하 '공무원'이라고 한다)이 직무를 집행하면서 고의 또는 과실로 법령을 위반하여 타인에게 손해를 입히거나, 자동차손해배상 보장법에 따라 손해배상의 책임이 있을 때에는 이 법에 따라 그 손해를 배상하여야 한다."라고 규정하고 있다. 따라서 국가배상책임이 성립하기 위해서는 공무원의 직무집행이 위법하다는 점만으로는 부족하고, 그로 인해 타인의 권리 · 이익이 침해되어 구체적 손해가 발생하여야 한다(대판 2016.8.30. 2015두60617).

오답의 이유

㉠ 공무원이 법령에서 부과된 직무상 의무를 위반한 것을 계기로 제3자가 손해를 입은 경우에 제3자에게 손해배상청구권이 발생하기 위하여는 공무원의 직무상 의무 위반행위와 제3자의 손해 사이에 상당인과관계가 있지 아니하면 아니되는 것이고, 공무원에게 직무상 의무를 부과한 법령의 보호목적이 단순히 공공일반의 이익이나 행정기관 내부의 질서를 규율하기 위한 것이라면, 가사 공무원이 그 직무상 의무를 위반한 것을 계기로 하여 제3자가 손해를 입었다 하더라도 공무원이 직무상 의무를 위반한 행위와 제3자가 입은 손해 사이에는 법리상 상당인과관계가 있다고 할 수 없다(대판 2001.4.13. 2000다34891).

ⓛ 도로의 유지 · 관리에 관한 상위 지방자치단체의 행정권한이 행정권한 위임조례로 하위 지방자치단체장에게 위임되었다면 그것은 기관위임이지 단순한 내부위임이 아니다. 기관위임의 경우 위임받은 하위 지방자치단체장은 상위 지방자치단체 산하 행정기관의 지위에서 그 사무를 처리하는 것이므로 사무귀속의 주체가 달라진다고 할 수 없다. 따라서 하위 지방자치단체장을 보조하는 그 지방자치단체 소속 공무원이 위임사무를 처리하면서 고의 또는 과실로 타인에게 손해를 가하거나 위임사무로 설치 · 관리하는 영조물의 하자로 타인에게 손해를 발생하게 한 경우에는 권한을 위임한 상위 지방자치단체가 그 손해배상책임을 진다(대판 2017.9.21. 2017다223538).

ⓔ 소방공무원의 행정권한 행사가 관계 법률의 규정 형식상 소방공무원의 재량에 맡겨져 있더라도 소방공무원에게 그러한 권한을 부여한 취지와 목적에 비추어 볼 때 구체적인 상황 아래에서 소방공무원이 권한을 행사하지 아니한 것이 현저하게 합리성을 잃어 사회적 타당성이 없는 경우에는 소방공무원의 직무상 의무를 위반한 것으로서 위법하게 된다(대판 2016.8.25. 2014다225083).

행정과정의 규율 > 정보공개와 개인정보보호

정답의 이유

② 국내에 일정한 주소를 두고 거주하거나 학술 · 연구를 위하여 일시적으로 체류하는 외국인은 정보공개를 청구할 수 있다(공공기관의 정보공개에 관한 법률 시행령 제3조 제1호).

제3조(외국인의 정보공개 청구) 법 제5조 제2항에 따라 정보공개를 청구할 수 있는 외국인은 다음 각 호의 어느 하나에 해당하는 자로 한다.

1. 국내에 일정한 주소를 두고 거주하거나 학술 · 연구를 위하여 일시적으로 체류하는 사람
2. 국내에 사무소를 두고 있는 법인 또는 단체

오답의 이유

① 정보의 공개에 관하여는 다른 법률에 특별한 규정이 있는 경우를 제외하고는 이 법에서 정하는 바에 따른다(공공기관의 정보공개에 관한 법률 제4조 제1항).

③ 회의록 공개에 의하여 보호되는 알권리의 보장과 비공개에 의하여 보호되는 업무수행의 공정성 등의 이익 등을 비교 · 교량해 볼 때, 위 회의록은 정보공개법에서 정한 '공개될 경우 업무의 공정한 수행에 현저한 지장을 초래한다고 인정할 만한 상당한 이유가 있는 정보'에 해당한다고 보아야 할 것이다(대판 2014.7.24. 2013두20301).

④ 행정안전부장관 소속으로 정보공개위원회를 둔다(공공기관의 정보공개에 관한 법률 제22조).

제22조(정보공개위원회의 설치)

다음 각 호의 사항을 심의 · 조정하기 위하여 행정안전부장관 소속으로 정보공개위원회(이하 "위원회"라 한다)를 둔다.

1. 정보공개에 관한 정책 수립 및 제도 개선에 관한 사항
2. 정보공개에 관한 기준 수립에 관한 사항
3. 제12조에 따른 심의회 심의결과의 조사 · 분석 및 심의기준 개선 관련 의견제시에 관한 사항
4. 제24조제2항 및 제3항에 따른 공공기관의 정보공개 운영실태 평가 및 그 결과 처리에 관한 사항
5. 정보공개와 관련된 불합리한 제도 · 법령 및 그 운영에 대한 조사 및 개선권고에 관한 사항
6. 그 밖에 정보공개에 관하여 대통령령으로 정하는 사항

---

⑤ 행정안전부장관은 정보공개에 관하여 필요할 경우에 공공기관(국회 · 법원 · 헌법재판소 및 중앙선거관리위원회는 제외한다)의 장에게 정보공개 처리 실태의 개선을 권고할 수 있고, 전년도의 정보공개 운영에 관한 보고서를 매년 정기국회 개회 전까지 국회에 제출하여야 한다(공공기관의 정보공개에 관한 법률 제24조 제4항, 제26조 제1항).

행정법

국회직

제24조(제도 총괄 등)

④ 행정안전부장관은 정보공개에 관하여 필요할 경우에 공공기관(국회 · 법원 · 헌법재판소 및 중앙선거관리위원회는 제외한다)의 장에게 정보공개 처리 실태의 개선을 권고할 수 있다. 이 경우 권고를 받은 공공기관은 이를 이행하기 위하여 성실하게 노력하여야 하며, 그 조치 결과를 행정안전부장관에게 알려야 한다.

제26조(국회에의 보고)

① 행정안전부장관은 전년도의 정보공개 운영에 관한 보고서를 매년 정기국회 개회 전까지 국회에 제출하여야 한다.

---

16 난도 ★★★　　　　　　　　　　　　　　　정답 ⑤

행정법통론 > 행정상 법률관계의 원인

[정답의 이유]

⑤ 지방자치단체의 하부집행기관인 동장에게 인사와 관련된 사무권한의 행사에 있어서 … 이는 구의회의 본회의 또는 위원회의 활동과 관련 없이 구의원 개인에게 하부집행기관의 사무집행에 관여하도록 함으로써 하부집행기관의 권능을 제약한 것에 다름 아니므로, 이러한 규정은 법이 정한 의결기관과 집행기관 사이의 권한분리 및 배분의 취지에 위반되는 위법한 규정이라고 볼 수밖에 없다(대판 1992.7.28. 92추31).

[오답의 이유]

① 지방자치법에서 합의제 행정기관의 설치 · 운영에 관하여 필요한 사항을 조례로 정하도록 위임한 취지는 각 지방자치단체의 특수성을 고려하여 그 실정에 맞게 합의제 행정기관을 조직하도록 한 것이어서, 해당 지방자치단체가 합의제 행정기관의 일종인 민간위탁적격자 심사위원회의 위원의 정수 및 구성비를 어떻게 정할 것인지는 해당 지방의회가 조례로써 정할 수 있는 입법재량에 속하는 문제로서 조례제정권의 범위 내라고 보는 것이 타당하다(대판 2012.11.29. 2011추87).

② 지방자치단체의 장은 합의제 행정기관을 설치할 고유의 권한을 가지며 이러한 고유권한에는 그 설치를 위한 조례안의 제안권이 포함된다고 봄이 타당하므로, 지방의회가 합의제 행정기관의 설치에 관한 조례안을 발의하여 이를 그대로 의결, 재의결하는 것은 지방자치단체장의 고유권한에 속하는 사항의 행사에 관하여 지방의회가 사전에 적극적으로 개입하는 것으로서 관련 법령에 위반되어 허용되지 아니한다(대판 2014.11.13. 2013추111).

③ 지방자치단체의 장의 고유권한에 속하는 소속 지방공무원에 대한 임용권 행사에 대하여 지방의회가 동의 절차를 통하여 단순한 견제의 범위를 넘어 적극적으로 관여하는 것을 허용하고 있으므로 법령에 위반된다(대판 2001.2.23. 2000추67).

④ 지방자치단체 사무의 민간위탁에 관하여 지방의회의 사전 동의를 받도록 한 것은 지방자치단체장의 민간위탁에 대한 일방적인 독주를 제어하여 민간위탁의 남용을 방지하고 그 효율성과 공정성을 담보하기 위한 장치에 불과하고, 지방자치단체장의 집행권한을 본질적으로 침해하는 것으로 볼 수 없다. 또한 지방자치단체장이 기존 위탁계약의 중요한 사항을 변경하고자 할 때 지방

의회의 동의를 받도록 한 목적은 민간위탁에 관한 지방의회의 적절한 견제기능이 지속적으로 이루어질 수 있도록 하는 데 있으므로, 지방자치단체장의 집행권한을 본질적으로 침해하는 것으로 볼 수 없다(대판 2011.2.10. 2010추11).

---

17 난도 ★★☆　　　　　　　　　　　　　　　정답 ①

행정쟁송 > 행정소송

[정답의 이유]

① 소득금액변동통지는 납세의무에 직접 영향을 미치는 과세관청의 행위로 항고소송의 대상이 된다. 그리고 소득세의 납세의무를 이행하지 아니함에 따라 과세관청이 하는 납세고지는 확정된 세액의 납부를 명하는 징수처분에 해당하므로 선행처분인 소득금액변동통지에 하자가 존재하더라도 그 하자가 당연무효 사유에 해당하지 않는 한 후행처분인 징수처분에 그대로 승계되지 아니한다. 따라서 과세관청의 소득처분과 그에 따른 소득금액변동통지가 있는 경우 원천징수하는 소득세의 납세의무에 관하여는 이를 확정하는 소득금액변동통지에 대한 항고소송에서 다투어야 하고 그 소득금액변동통지가 당연무효가 아닌 한 징수처분에 대한 항고소송에서 이를 다툴 수는 없다(대판 2012.1.26. 2009두14439).

[오답의 이유]

② 토지구획정리사업의 시행인가는 사업지구에 편입될 목적물의 범위를 확정하고 시행자로 하여금 목적물에 관한 현재 및 장래의 권리자에게 대항할 수 있는 법적 지위를 설정해 주는 행정처분의 성격을 갖는 것이므로, 토지소유자 등은 시행인가 단계에서 그 하자를 다투었어야 하며, 시행인가처분에 명백하고도 중대한 하자가 있어 당연무효라고 볼 특별한 사정이 없는 한 사업 시행 후 시행인가처분의 하자를 이유로 환지청산금 부과처분의 효력을 다툴 수는 없다(대판 2004.10.14. 2002두424).

③ 노선에 대한 운수권배분과 이를 기초로 한 노선면허처분은 각 처분과는 독립하여 별개의 법률효과를 목적으로 하는 독립한 행정처분이므로, 선행처분인 위 운수권배분 실효처분 및 노선면허 거부처분에 대하여 이미 불가쟁력이 생겨 그 효력을 다툴 수 없게 된 이상 그에 위법사유가 있더라도 그것이 당연무효 사유가 아닌 한 그 하자가 후행처분인 이 사건 노선면허처분에 승계된다고 할 수 없다(대판 2004.11.26. 2003두3123).

④ 선행처분인 개별공시지가결정이 위법하여 그에 기초한 개발부담금 부과처분도 위법하게 된 경우 그 하자의 치유를 인정하면 개발부담금 납부의무자로서는 위법한 처분에 대한 가산금 납부의무를 부담하게 되는 등 불이익이 있을 수 있으므로, 그 후 적법한 절차를 거쳐 공시된 개별공시지가결정이 종전의 위법한 공시지가결정과 그 내용이 동일하다는 사정만으로는 위법한 개별공시지가결정에 기초한 개발부담금 부과처분이 적법하게 된다고 볼 수 없다(대판 2001.6.26. 99두11592).

⑤ 선행처분인 계고처분이 하자가 있는 위법한 처분이라면, 비록 그 하자가 중대하고도 명백한 것이 아니어서 당연무효의 처분이라고 볼 수 없고 대집행의 실행이 이미 사실행위로서 완료되어 그 계고처분의 취소를 구할 법률상의 이익이 없게 되었으며, 또

대집행비용납부명령 자체에는 아무런 하자가 없다고 하더라도, 후행처분인 대집행비용납부명령의 취소를 청구하는 소송에서 청구원인으로 선행처분인 계고처분이 위법한 것이기 때문에 그 계고처분을 전제로 행하여진 대집행비용납부명령도 위법한 것이라는 주장을 할 수 있다고 보아야 할 것이다(대판 1993.11.9. 93누14271).

18 난도 ★★★ 정답 ④

행정법통론 > 행정·행정법

정답의 이유

④ 주민소송은 원칙적으로 지방자치단체의 재무회계에 관한 사항의 처리를 직접 목적으로 하는 행위에 대하여 제기할 수 있고, 지방자치법에서 주민소송의 대상으로 규정한 '재산의 취득·관리·처분에 관한 사항'에 해당하는지 여부도 그 기준에 의하여 판단하여야 한다. 특히 도로 등 공물이나 공공용물을 특정 사인이 배타적으로 사용하도록 하는 점용허가가 도로 등의 본래 기능 및 목적과 무관하게 그 사용가치를 실현·활용하기 위한 것으로 평가되는 경우에는 주민소송의 대상이 되는 재산의 관리·처분에 해당한다(대판 2016.5.27. 2014두8490).

오답의 이유

① 공물의 인접주민은 다른 일반인보다 인접공물의 일반사용에 있어 특별한 이해관계를 가지는 경우가 있고, 그러한 의미에서 다른 사람에게 인정되지 아니하는 이른바 고양된 일반사용권이 보장될 수 있으나. 그 권리도 공물의 일반사용의 범위 안에서 인정되는 것이므로. 이른바 고양된 일반사용권으로서의 권리가 인정될 수 있는지의 여부는 당해 공물의 목적과 효용, 일반사용관계, 고양된 일반사용권을 주장하는 사람의 법률상의 지위와 당해 공물의 사용관계의 인접성, 특수성 등을 종합적으로 고려하여 판단하여야 한다(대판 2006.12.22. 2004다68311·68328).

② 이 사건 토지에 관하여 공물지정행위는 있었지만 아직 도로의 형태를 갖추지 못하여 완전한 공공용물이 성립되었다고는 할 수 없으므로 일종의 예정공물이라고 볼 수 있는데, 국유재산법 및 같은 법 시행령에 의하여 국가가 1년 이내에 사용하기로 결정한 재산도 행정재산으로 간주하고 있는 점, 도시계획법에서 도시계획구역 안의 국유지로서 도로의 시설에 필요한 토지에 대하여는 도시계획으로 정하여진 목적 이외의 목적으로 매각 또는 양도할 수 없도록 규제하고 있는 점, 위 토지를 포함한 일단의 토지에 관하여 도로확장공사를 실시할 계획이 수립되어 아직 위 토지에까지 공사가 진행되지는 아니하였지만 도로확장공사가 진행 중인 점 등에 비추어 보면 이와 같은 경우에는 예정공물인 토지도 일종의 행정재산인 공공용물에 준하여 취급하는 것이 타당하다고 할 것이므로 구 국유재산법이 준용되어 시효취득의 대상이 될 수 없다(대판 1994.5.10. 93다23442).

③ 대판 1994.8.12. 94다12593

⑤ 도로법의 제반 규정에 비추어 보면, 같은 법 제80조의2의 규정에 의한 변상금 부과권한은 적정한 도로관리를 위하여 도로의 관리청에게 부여된 권한이라 할 것이지 도로부지의 소유권에 기한 권한이라고 할 수 없다(대판 2005.11.25. 2003두7194).

19 난도 ★★★ 정답 ③

행정쟁송 > 행정소송

정답의 이유

③ 기속행위 내지 기속적 재량행위 행정처분에 부담인 부관을 붙인 경우 일반적으로 그 부관은 무효라 할 것이고 그 부관의 무효화에 의하여 본체인 행정처분 자체의 효력에도 영향이 있게 될 수는 있지만, 그러한 사유는 그 처분을 받은 사람이 그 부담의 이행으로서의 의사표시를 하게 된 동기 내지 연유로 작용하였을 뿐이므로 취소사유가 될 수 있음은 별론으로 하여도 그 의사표시 자체를 당연히 무효화하는 것은 아니다(대판 1998.12.22. 98다51305).

오답의 이유

① 행정행위의 부관은 부담의 경우를 제외하고는 독립하여 행정소송의 대상이 될 수 없는 것인바, 행정청이 한 공유수면 매립준공인가 중 매립지 일부에 대하여 한 국가귀속처분은 매립준공인가를 함에 있어서 매립의 면허를 받은 자의 매립지에 대한 소유권 취득을 규정한 공유수면매립법 제14조의 효과 일부를 배제하는 부관을 붙인 것이므로 이러한 행정행위의 부관에 대하여는 독립하여 행정소송의 대상으로 삼을 수 없다(대판 1991.12.13. 90누8503).

② 공익상의 이유로 허가를 할 수 없는 영업의 종류를 지정할 권한을 부여한 구 식품위생법에 따라 보건사회부장관이 발한 고시인 식품영업허가기준은 실질적으로 법의 규정내용을 보충하는 기능을 지니면서 그것과 결합하여 대외적으로 구속력이 있는 법규명령의 성질을 가진 것이므로, 위 고시에 정한 허가기준에 따른 내용의 조건은 이른바 법정부관으로서 행정청의 의사에 기하여 붙여지는 본래의 의미에서의 행정행위의 부관은 아니다. 따라서 이와 같은 법정부관에 대하여는 행정행위에 부관을 붙일 수 있는 한계에 관한 일반적인 원칙이 적용되지 않는다(대판 1995.11.14. 92도496).

④ 행정처분에 부담인 부관을 붙인 경우 그 처분을 받은 사람이 부담의 이행으로 사법상 매매 등의 법률행위를 한 경우에는 그 부관은 특별한 사정이 없는 한 법률행위를 하게 된 동기 내지 연유로 작용하였을 뿐이므로 이는 법률행위의 취소사유가 될 수 있음은 별론으로 하고 그 법률행위 자체를 당연히 무효화하는 것은 아니다. 또한, 행정처분에 붙은 부담인 부관이 제소기간의 도과로 확정되어 이미 불가쟁력이 생겼다면 그 하자가 중대하고 명백하여 당연 무효로 보아야 할 경우 외에는 누구나 그 효력을 부인할 수 없을 것이지만, 부담의 이행으로서 하게 된 사법상 매매 등의 법률행위는 부담을 붙인 행정처분과는 어디까지나 별개의 법률행위이므로 그 부담의 불가쟁력의 문제와는 별도로 법률행위가 사회질서 위반이나 강행규정에 위반되는지 여부 등을 따져보아 그 법률행위의 유효 여부를 판단하여야 한다(대판 2009.6.25. 2006다18174).

⑤ 행정행위의 부관은 부담인 경우를 제외하고는 독립하여 행정소송의 대상이 될 수 없는바, 기부채납받은 행정재산에 대한 사용·수익허가에서 공유재산의 관리청이 정한 사용·수익허가의 기간은 그 허가의 효력을 제한하기 위한 행정행위의 부관으로서

이러한 사용·수익허가의 기간에 대해서는 독립하여 행정소송을 제기할 수 없다(대판 2001.6.15. 99두509).

20 난도 ★★☆ 정답 ④

행정법통론 > 행정·행정법

정답의 이유

④ 행정행위 중 당사자의 신청에 의하여 인·허가 또는 면허 등 이익을 주거나 그 신청을 거부하는 처분을 하는 것을 내용으로 하는 이른바 신청에 의한 처분의 경우에는 신청에 대하여 일단 거부처분이 행해지면 그 거부처분이 적법한 절차에 의하여 취소되지 않는 한, 사유를 추가하여 거부처분을 반복하는 것은 존재하지도 않는 신청에 대한 거부처분으로서 당연무효이다(대판 1999.12.28. 98두1895).

오답의 이유

① 절차상 또는 형식상 하자로 인하여 무효인 행정처분이 있은 후 행정청이 관계 법령에서 정한 절차 또는 형식을 갖추어 다시 동일한 행정처분을 하였다면 당해 행정처분은 종전의 무효인 행정처분과 관계없이 새로운 행정처분이라고 보아야 한다(대판 2014.3.13. 2012두1006).

② 재거부처분은 종전 거부처분 후 해당 토지 일대가 개발행위허가 제한지역으로 지정되었다는 새로운 사실을 사유로 하는 것으로, 이는 종전 거부처분 사유와 내용상 기초가 되는 구체적인 사실관계가 달라 기본적 사실관계가 동일하다고 볼 수 없다는 이유로, 행정소송법 제30조 제2항에서 정한 재처분에 해당하고 종전 거부처분을 취소한 확정판결의 기속력에 반하는 것은 아니다(대판 2011.10.27. 2011두14401).

③ 행정소송법 제30조 제2항·제3항

> **제30조(취소판결등의 기속력)**
> ② 판결에 의하여 취소되는 처분이 당사자의 신청을 거부하는 것을 내용으로 하는 경우에는 그 처분을 행한 행정청은 판결의 취지에 따라 다시 이전의 신청에 대한 처분을 하여야 한다.
> ③ 제2항의 규정은 신청에 따른 처분이 절차의 위법을 이유로 취소되는 경우에 준용한다.

⑤ 행정소송법 제30조 제2항의 규정에 의하면 행정청의 거부처분을 취소하는 판결이 확정된 경우에는 그 처분을 행한 행정청이 판결의 취지에 따라 이전의 신청에 대하여 재처분할 의무가 있으나, 이때 확정판결의 당사자인 처분 행정청은 그 행정소송의 사실심 변론종결 이후 발생한 새로운 사유를 내세워 다시 이전의 신청에 대한 거부처분을 할 수 있고 그러한 처분도 위 조항에 규정된 재처분에 해당된다(대판 1997.2.4. 96두70).

21 난도 ★★☆ 정답 ②

행정과정의 규율 > 행정절차

정답의 이유

② 소청심사위원회가 의원면직처분의 전제가 된 사의표시에 절차상 하자가 있다는 이유로 의원면직처분을 취소하는 결정을 하였

다고 하더라도, 그 효력은 의원면직처분을 취소하여 당해 공무원으로 하여금 공무원으로서의 신분을 유지하게 하는 것에 그치고, 당해 공무원이 국가공무원법에 정한 징계사유에 해당하는 이상 같은 항에 따라 징계권자로서는 반드시 징계절차를 열어 징계처분을 하여야 하므로, 이러한 징계절차는 소청심사위원회의 의원면직처분 취소결정과는 별개의 절차로서 여기에 국가공무원법 제16조 제6항 소정의 불이익변경금지의 원칙이 적용될 여지는 없다(대판 2008.10.9. 2008두11853·11860).

오답의 이유

① 정규임용처분을 취소하는 처분은 성질상 행정절차를 거치는 것이 불필요하여 행정절차법의 적용이 배제되는 경우에 해당하지 않으므로, 그 처분을 하면서 사전통지를 하거나 의견제출의 기회를 부여하지 않은 것은 위법하다(대판 2009.1.30. 2008두16155).

③ 행정과정에 대한 국민의 참여와 행정의 공정성, 투명성 및 신뢰성을 확보하고 국민의 권익을 보호함을 목적으로 하는 행정절차법의 입법목적과 내용 등에 비추어 보면, 공무원 인사관계 법령에 의한 처분에 관한 사항 전부에 대하여 「행정절차법」의 적용이 배제되는 것이 아니라 성질상 행정절차를 거치기 곤란하거나 불필요하다고 인정되는 처분이나 행정절차에 준하는 절차를 거치도록 하고 있는 처분의 경우에만 「행정절차법」의 적용이 배제된다(대판 2007.9.21. 2006두20631).

④ 군인사법 및 그 시행령에 이 사건 처분과 같이 진급예정자 명단에 포함된 자의 진급선발을 취소하는 처분을 함에 있어 행정절차에 준하는 절차를 거치도록 하는 규정이 없을 뿐만 아니라 위 처분이 성질상 행정절차를 거치기 곤란하거나 불필요하다고 인정되는 처분이라고 보기도 어렵다고 할 것이어서 이 사건 처분이 행정절차법의 적용이 제외되는 경우에 해당한다고 할 수 없으며, 이 사건 처분이 「행정절차법」에 따라 사전통지를 하지 않거나 의견제출의 기회를 주지 아니하여도 되는 예외적인 경우에 해당한다고 할 수 없으므로, 처분을 함에 있어 의견제출의 기회를 부여하지 아니한 이상 절차상 하자가 있어 위법하다고 할 것이다(대판 2007.9.21. 2006두20631).

⑤ 구 군인사법상 보직해임처분은 구 행정절차법 제3조 제2항 제9호, 같은 법 시행령 제2조 제3호에 의하여 당해 행정작용의 성질상 행정절차를 거치기 곤란하거나 불필요하다고 인정되는 사항 또는 행정절차에 준하는 절차를 거친 사항에 해당하므로, 처분의 근거와 이유 제시 등에 관한 구 행정절차법의 규정이 별도로 적용되지 아니한다고 봄이 상당하다(대판 2014.10.15. 2012두5756).

22 난도 ★★☆ 정답 ④

행정쟁송 > 행정소송

정답의 이유

④ 행정심판청구의 기간에 관한 규정은 무효등확인심판청구와 부작위에 대한 의무이행심판청구에 적용하지 아니한다(행정심판법 제27조 제7항).

① 행정소송법 제20조 제2항은 행정심판을 제기하지 아니하거나 그 재결을 거치지 아니하는 사건을 적용대상으로 한 것임이 규정자체에 의하여 명백하고, 행정처분의 상대방이 아닌 제3자가 제기하는 사건은 같은 법 제18조 제3항 소정의 행정심판을 제기하지 아니하고 제소할 수 있는 사건에 포함되어 있지 않으므로 같은 법 제20조 제2항 단서를 적용하여 제소에 관한 제척기간의 규정을 배제할 수는 없다(대판 1989.5.9. 88누5150).

② 부작위위법확인의 소는 부작위상태가 계속되는 한 그 위법의 확인을 구할 이익이 있다고 보아야 하므로 원칙적으로 제소기간의 제한을 받지 않는다. 그러나 행정소송법 제38조 제2항이 제소기간을 규정한 같은 법 제20조를 부작위위법확인소송에 준용하고 있는 점에 비추어 보면, 행정심판 등 전심절차를 거친 경우에는 행정소송법 제20조가 정한 제소기간 내에 부작위위법확인의 소를 제기하여야 한다(대판 2009.7.23. 2008두10560).

③ 최초의 부작위위법확인의 소가 적법한 제소기간 내에 제기된 이상 그 후 처분 취소소송으로의 교환적 변경과 처분 취소소송에의 추가적 변경 등의 과정을 거쳤다고 하더라도 여전히 제소기간을 준수한 것으로 봄이 상당하다(대판 2009.7.23. 2008두10560).

⑤ 행정처분의 당연무효를 선언하는 의미에서 그 취소를 청구하는 행정소송을 제기하는 경우에도 소원의 전치와 제소기간의 준수 등 취소소송의 제소요건을 갖추어야 한다(대판 1983.5.10. 83누69).

23 난도 ★★☆   정답 ③

손해전보 > 행정상 손해배상

③ 국가배상법 제2조 제1항 단서가 명시적으로 '다른 법령에 따라 보상을 지급받을 수 있을 때에는 국가배상법 등에 따른 손해배상을 청구할 수 없다'고 규정하고 있는 것과 달리 보훈보상자법은 국가배상법에 따른 손해배상금을 지급받은 자를 보상금 등 보훈급여금의 지급대상에서 제외하는 규정을 두고 있지 않은 점, 국가배상법 제2조 제1항 단서의 입법 취지 및 보훈보상자법이 정한 보상과 국가배상법이 정한 손해배상의 목적과 산정방식의 차이 등을 고려하면 국가배상법 제2조 제1항 단서가 보훈보상자법 등에 의한 보상을 받을 수 있는 경우 국가배상법에 따른 손해배상청구를 하지 못한다는 것을 넘어 국가배상법상 손해배상금을 받은 경우 보훈보상자법상 보상금 등 보훈급여금의 지급을 금지하는 것으로 해석하기는 어려운 점 등에 비추어, 국가보훈처장은 국가배상법에 따라 손해배상을 받았다는 사정을 들어 보상금 등 보훈급여금의 지급을 거부할 수 없다(대판 2017.2.3. 2015두60075).

① 국가배상법 제2조 소정의 "공무원"이라 함은 국가공무원법이나 지방공무원법에 의하여 공무원으로서의 신분을 가진 자에 국한하지 않고, 널리 공무를 위탁받아 실질적으로 공무에 종사하고 있는 일체의 자를 가리킨다(대판 1991.7.9. 91다5570).

② 국가배상법 제2조 제1항

> **제2조(배상책임)**
> ① 국가나 지방자치단체는 공무원 또는 공무를 위탁받은 사인(이하 "공무원"이라 한다)이 직무를 집행하면서 고의 또는 과실로 법령을 위반하여 타인에게 손해를 입히거나, 자동차손해배상 보장법에 따라 손해배상의 책임이 있을 때에는 이 법에 따라 그 손해를 배상하여야 한다. 다만, 군인·군무원·경찰공무원 또는 예비군대원이 전투·훈련 등 직무 집행과 관련하여 전사(戰死)·순직(殉職)하거나 공상(公傷)을 입은 경우에 본인이나 그 유족이 다른 법령에 따라 재해보상금·유족연금·상이연금 등의 보상을 지급받을 수 있을 때에는 이 법 및 민법에 따른 손해배상을 청구할 수 없다.

④ 개정된 국가배상법 단서에서는 '전투·훈련 등 직무집행'이라고 규정하여 개정에도 불구하고 그 실질적 내용은 동일한 것으로 보이는 점이나, 개정 과정에서 당초의 법률안에 수정이 이루어진 과정을 종합해 볼 때, 현행 국가배상법 제2조 제1항 단서의 취지도 개정 전의 규정과 마찬가지로 전투·훈련 또는 이에 준하는 직무집행 뿐 아니라 일반 직무집행에 관하여도 국가나 지방자치단체의 배상책임을 제한하려는 취지로 이해된다(서울고등법원 2010.9.10. 2010나2697).

⑤ 특별송달우편물의 배달업무에 종사하는 우편집배원으로서는 압류 및 전부명령 결정 정본에 대하여 적법한 송달이 이루어지지 아니할 경우에는 법령에 정해진 일정한 효과가 발생하지 못하고 그로 인하여 국민의 권리 실현에 장애를 초래하여 당사자가 불측의 피해를 입게 될 수 있음을 충분히 예견할 수 있다고 봄이 상당하다. 따라서 우편집배원의 위와 같은 직무상 의무위반과 집행채권자의 손해 사이에는 상당인과관계가 있다고 봄이 상당하고, 국가는 국가배상법에 의하여 그 손해에 대하여 배상할 책임이 있다(대판 2009.7.23. 2006다87798).

24 난도 ★★☆   정답 ⑤

실효성 확보수단 > 행정벌

⑤ 질서위반행위규제법은 '질서위반행위의 성립과 과태료 처분은 행위 시의 법률에 따른다'고 하면서도(제3조 제1항), '질서위반행위 후 법률이 변경되어 그 행위가 질서위반행위에 해당하지 아니하게 되거나 과태료가 변경되기 전의 법률보다 가볍게 된 때에는 법률에 특별한 규정이 없는 한 변경된 법률을 적용한다'고 규정하고 있다(제3조 제2항). 따라서 질서위반행위에 대하여 과태료를 부과하는 근거 법령이 개정되어 행위 시의 법률에 의하면 과태료 부과대상이었지만 재판 시의 법률에 의하면 부과대상이 아니게 된 때에는 개정 법률의 부칙 등에서 행위 시의 법률을 적용하도록 명시하는 등 특별한 사정이 없는 한 재판 시의 법률을 적용하여야 하므로 과태료를 부과할 수 없다(대결 2017.4.7.자 2016마1626).

① 도로교통법 제118조에서 규정하는 경찰서장의 통고처분은 행정
소송의 대상이 되는 행정처분이 아니므로 그 처분의 취소를 구
하는 소송은 부적법하고, 도로교통법상의 통고처분을 받은 자가
그 처분에 대하여 이의가 있는 경우에는 통고처분에 따른 범칙금
의 납부를 이행하지 아니함으로써 경찰서장의 즉결심판청구에
의하여 법원의 심판을 받을 수 있게 될 뿐이다(대판 1995.6.29.
95누4674).
② 질서위반행위규제법 제20조 제1항
③ 행형법상의 징벌은 수형자의 교도소 내의 준수사항 위반에 대하
여 과하는 행정상의 질서벌의 일종으로서 사회일반의 형벌법령
에 위반한 행위에 대한 형사책임과는 그 목적, 성격을 달리하는
것이므로 징벌을 받은 뒤에 형사처벌을 한다 하여 일사부재리의
원칙에 반하는 것은 아니다(대판 1987.11.24. 87도1463).
④ 질서위반행위규제법 제15조 제1항

25 난도 ★★★   정답 ③

행정법통론 > 행정·행정법

③ 국가나 지방자치단체가 사업시행자인 경우에는 담보를 제공하
지 아니할 수 있다(공익사업을 위한 토지 등의 취득 및 보상에
관한 법률 제39조 제1항).

① 구 공익사업을 위한 토지 등의 취득 및 보상에 관한 법률 제77조
등의 규정 내용 및 입법 취지 등을 종합하여 보면, 공익사업으로
인하여 영업을 폐지하거나 휴업하는 자가 사업시행자에게서 구
공익사업법 제77조 제1항에 따라 영업손실에 대한 보상을 받기
위해서는 같은 법에 규정된 재결절차를 거친 다음 재결에 대하
여 불복이 있는 때에 비로소 같은 법 제83조 내지 제85조에 따
라 권리구제를 받을 수 있을 뿐, 이러한 재결절차를 거치지 않은
채 곧바로 사업시행자를 상대로 손실보상을 청구하는 것은 허용
되지 않는다고 보는 것이 타당하다(대판 2011.9.29. 2009두
10963).
② 사업시행자는 제1항에 따라 사업인정이 실효됨으로 인하여 토지
소유자나 관계인이 입은 손실을 보상하여야 한다(공익사업을 위
한 토지 등의 취득 및 보상에 관한 법률 제23조 제2항).
④ 공익사업을 위한 토지 등의 취득 및 보상에 관한 법률 제30조 제
1항
⑤ 제26조에 따른 협의가 성립되지 아니하거나 협의를 할 수 없을
때(제26조 제2항 단서에 따른 협의 요구가 없을 때를 포함한다)
에는 사업시행자는 사업인정고시가 된 날부터 1년 이내에 대통
령령으로 정하는 바에 따라 관할 토지수용위원회에 재결을 신청
할 수 있다(공익사업을 위한 토지 등의 취득 및 보상에 관한 법
률 제28조 제1항).

한눈에 훑어보기

✓ 빠른 정답

01	02	03	04	05	06	07	08	09	10
③	④	③	①	②	⑤	⑤	②	①	⑤
11	12	13	14	15	16	17	18	19	20
④	⑤	③	④	②	①	④	②	⑤	③
21	22	23	24	25					
①	④	④	②	④					

✓ 점수 체크

구분	1회독	2회독	3회독
맞힌 문항 수	/ 25	/ 25	/ 25
나의 점수	점	점	점

---

01   난도 ★★☆   정답 ③

행정법통론 > 행정 · 행정법

[정답의 이유]

③ 국유재산법상의 행정재산이란 국가가 소유하는 재산으로서 직접 공용, 공공용, 또는 기업용으로 사용하거나 사용하기로 결정한 재산을 말하는 것이고, 그중 도로와 같은 인공적 공공용 재산은 법령에 의하여 지정되거나 행정처분으로써 공공용으로 사용하기로 결정한 경우, 또는 행정재산으로 실제로 사용하는 경우의 어느 하나에 해당하여야 비로소 행정재산이 되는 것인데, 특히 도로는 도로로서의 형태를 갖추고, 도로법에 따른 노선의 지정 또는 인정의 공고 및 도로구역 결정 · 고시를 한 때 또는 도시계획법 또는 도시재개발법 소정의 절차를 거쳐 도로를 설치하였을 때에 공공용물로서 공용개시행위가 있다고 할 것이므로, 토지의 지목이 도로이고 국유재산대장에 등재되어 있다는 사정만으로 바로 그 토지가 도로로서 행정재산에 해당한다고 할 수는 없다(대판 2000.2.25. 99다54332).

[오답의 이유]

① 행정재산은 민법 제245조에도 불구하고 시효취득(時效取得)의 대상이 되지 아니한다(국유재산법 제7조 제2항). 시효취득의 대상이 되지 않는 것은 국유재산이다.

② 국유 하천부지는 공공용 재산이므로 그 일부가 사실상 대지화되어 그 본래의 용도에 공여되지 않는 상태에 놓여 있더라도 국유재산법령에 의한 용도폐지를 하지 않은 이상 당연히 잡종재산으로 된다고는 할 수 없다(대판 1997.8.22. 96다10737).

④ 공물의 공용폐지에 관하여 국가의 묵시적인 의사표시가 있다고 인정되려면 공물이 사실상 본래의 용도에 사용되고 있지 않다거나 행정주체가 점유를 상실하였다는 정도의 사정만으로는 부족하고, 주위의 사정을 종합하여 객관적으로 공용폐지 의사의 존재가 추단될 수 있어야 한다(대판 2009.12.10. 2006다87538).

⑤ 국유재산의 관리청이 행정재산의 사용 · 수익을 허가한 다음 그 사용 · 수익하는 자에 대하여 하는 사용료 부과는 순전히 사경제주체로서 행하는 사법상의 이행청구라 할 수 없고, 이는 관리청이 공권력을 가진 우월적 지위에서 행한 것으로서 항고소송의 대상이 되는 행정처분이라 할 것이다(대판 1996.2.13. 95누11023).

02 난도 ★★★
정답 ④

행정쟁송 > 행정소송

정답의 이유

④ 원심은, 피고가 위와 같은 지정행위를 함으로써 원고의 접견 시마다 사생활의 비밀 등 권리에 제한을 가하는 교도관의 참여, 접견내용의 청취·기록·녹음·녹화가 이루어졌으므로 이는 피고가 그 우월적 지위에서 수형자인 원고에게 일방적으로 강제하는 성격을 가진 공권력적 사실행위의 성격을 갖고 있는 점, 위 지정행위는 오랜 기간 동안 지속되어 왔으며, 원고로 하여금 이를 수인할 것을 강제하는 성격도 아울러 가지고 있는 점 등을 고려하면 위와 같은 지정행위는 수형자의 구체적 권리의무에 직접적 변동을 초래하는 행정청의 공법상 행위로서 항고소송의 대상이 되는 '처분'에 해당한다고한 원심의 위와 같은 판단은 정당하다(대판 2014.2.13. 2013두20899).

오답의 이유

① 상훈대상자를 결정할 권한이 없는 국가보훈처장이 기포상자에게 훈격재심사계획이 없다고 한 회신은 단순한 사실행위에 불과하다(대판 1989.1.24. 88누3116).

② 행정처분이라 함은 행정청이 특정한 사건에 대하여 법규에 의한 권리설정이나 의무를 명하는 등 법률상 효과를 발생케 하는 외부에 표시된 공법상의 법률행위이므로 군수가 농지의 보전 및 이용에 관한 법률에 의하여 특정 지역의 주민들을 대리경작자로 지정한 행위는 그 주민들에게 유휴농지를 경작할 수 있는 권리를 부여하는 행정처분이고 이에 따라 그 지역의 읍장과 면장이 영농할 세대를 선정한 행위는 위 행정처분의 통지를 대행한 사실행위에 불과하다(대판 1980.9.9. 80누308).

③ 피고의 행위 즉 부산시 서구청장이 원고 소유의 밭에 측백나무 300주를 식재한 것은 공법상의 법률행위가 아니라 사실행위에 불과하므로 행정소송의 대상이 아니다(대판 1979.7.24. 79누173).

⑤ 건물의 소유자에게 위법건축물을 일정기간까지 철거할 것을 명함과 아울러 불이행할 때에는 대집행한다는 내용의 철거대집행 계고처분을 고지한 후 이에 불응하자 다시 제2차, 제3차 계고서를 발송하여 일정기간까지의 자진철거를 촉구하고 불이행하면 대집행을 한다는 뜻을 고지하였다면 행정대집행법상의 건물철거의무는 제1차 철거명령 및 계고처분으로서 발생하였고 제2차, 제3차의 계고처분은 새로운 철거의무를 부과한 것이 아니고 다만 대집행기한의 연기통지에 불과하므로 행정처분이 아니다(대판 1994.10.28. 94누5144).

03 난도 ★★★
정답 ③

행정법통론 > 행정·행정법

정답의 이유

③ 구 건축법 제11조 제7항에는 건축허가의 행정목적이 신속하게 달성될 것을 추구하면서도 건축허가를 받은 자의 이익을 함께 보호하려는 취지가 포함되어 있으므로, 건축허가를 받은 자가 건축허가가 취소되기 전에 공사에 착수하였다면 허가권자는 그

착수기간이 지났다고 하더라도 건축허가를 취소하여야 할 특별한 공익상 필요가 인정되지 않는 한 건축허가를 취소할 수 없다(대판 2017.7.11. 2012두22973).

오답의 이유

① 대판 2015.10.29. 2013두27517

② 대판 2005.9.28. 2004다50044

④ 어업에 관한 허가 또는 신고의 경우에는 어업면허와 달리 유효기간연장제도가 마련되어 있지 아니하므로 그 유효기간이 경과하면 그 허가나 신고의 효력이 당연히 소멸하며, 재차 허가를 받거나 신고를 하더라도 허가나 신고의 기간만 갱신되어 종전의 어업허가나 신고의 효력 또는 성질이 계속된다고 볼 수 없고 새로운 허가 내지 신고로서 의 효력이 발생한다고 할 것이다(대판 2011.7.28. 2011두5728).

⑤ 정당한 어업허가를 받고 공유수면매립사업지구 내에서 허가어업에 종사하고 있던 어민들에 대하여 손실보상을 할 의무가 있는 사업시행자가 손실보상의무를 이행하지 아니한 채 공유수면매립공사를 시행함으로써 실질적이고 현실적인 침해를 가한 때에는 불법행위를 구성하는 것이고, 이 경우 허가어업자들이 입게 되는 손해는 그 손실보상금 상당액이다(대판 1999.11.23. 98다11529).

04 난도 ★★☆
정답 ①

행정법통론 > 행정·행정법

정답의 이유

① 일반적으로 조례가 법률 등 상위법령에 위배된다는 사정은 그 조례의 규정을 위법하여 무효라고 선언한 대법원의 판결이 선고되지 아니한 상태에서는 그 조례 규정의 위법 여부가 해석상 다툼의 여지가 없을 정도로 명백하였다고 인정되지 아니하는 이상 객관적으로 명백한 것이라 할 수 없으므로, 이러한 조례에 근거한 행정처분의 하자는 취소사유에 해당할 뿐 무효사유가 된다고 볼 수는 없다(대판 2009.10.29. 2007두26285).

오답의 이유

② 대판 1999.9.3. 98두15788

③ 주무부장관이나 시·도지사는 재의결된 사항이 법령에 위반된다고 판단됨에도 불구하고 해당 지방자치단체의장이 소를 제기하지 아니하면 그 지방자치단체의 장에게 제소를 지시하거나 직접 제소 및 집행정지결정을 신청할 수 있다(지방자치법 172조 제4항), 제1항에 따른 지방의회의 의결이나 제2항에 따라 재의결된 사항이 둘 이상의 부처와 관련되거나 주무부장관이 불분명하면 행정안전부장관이 재의요구 또는 제소를 지시하거나 직접 제소 및 집행정지결정을 신청할 수 있다(지방자치법 제172조 제8항).

④ 대판 1991.8.27. 90누6613

⑤ 조례안 재의결의 내용전부가 아니라 그 일부만이 위법한 경우에도 대법원은 의결전부의 효력을 부인할 수밖에 없다. 왜냐하면 의결의 일부에 대한 효력배제는 결과적으로 전체적인 의결의 내용을 변경하는 것에 다름 아니어서 의결기관인 지방의회의 고유권한을 침해하는 것이 될 뿐 아니라, 그 일부만의 효력배제는 자

칫 전체적인 의결내용을 지방의회의 당초의 의도와는 다른 내용으로 변질시킬 우려도 있기 때문이다(대판 1992.7.28. 92추31).

05 난도 ★★☆   정답 ②

행정작용법 > 행정행위

정답의 이유

② 행정행위 효력요건은 정당한 권한있는 기관이 필요한 수속을 거치고 필요한 표시의 형식을 갖추어야 할 뿐만 아니라, 행정행위의 내용이 법률상 효과를 발생할 수 있는 것이어야 되며 그중의 어느 하나의 요건의 흠결도 당해 행정행위의 절대적 무효를 초래하는 것이며 행정행위의 내용이 법률상 결과를 발생할 수 없는 권리의무를 목적한 것이면 그 행정행위 및 부관은 절대무효이다(대판 1959.5.14. 4290민상834).

오답의 이유

① 대판 1999.12.28. 98두1895

③ 대판 2017.3.15. 2014두41190

④ 사립학교법 제20조 제2항에 의한 학교법인의 임원에 대한 감독청의 취임승인은 학교법인의 임원선임행위를 보충하여 그 법률상의 효력을 완성케하는 보충적 행정행위로서 성질상 기본행위를 떠나 승인처분 그 자체만으로는 법률상 아무런 효력도 발생할 수 없으므로 기본행위인 학교법인의 임원선임행위가 불성립 또는 무효인 경우에는 비록 그에 대한 감독청의 취임승인이 있었다 하여도 이로써 무효인 그 선임행위가 유효한 것으로 될 수는 없다(대판 1987.8.18. 86누152).

⑤ 대판 2013.12.12. 2011두3388

06 난도 ★★☆   정답 ⑤

행정쟁송 > 행정소송

정답의 이유

⑤ 기판력은 사실심 변론종결시(표준시)를 기준으로 하여 발생한다. 기판력은 표준시에 있어서의 권리관계의 존부판단에 대하여 생기므로, 전소 변론종결시 이전에 제출(주장)할 수 있었으나 변론종결시까지 제출하지 않은 공격방어방법은 후소에서 제출하지 못한다(주장했던 공격방어 방법은 당연히 차단된다).

오답의 이유

① 행정처분의 적법 여부는 그 행정처분이 행하여진 때의 법령과 사실을 기준으로 하여 판단하는 것이므로 거부처분 후에 법령이 개정·시행된 경우에는 개정된 법령 및 허가기준을 새로운 사유로 들어 다시 이전의 신청에 대한 거부처분을 할 수 있으며 그러한 처분도 행정소송법 제30조 제2항에 규정된 재처분에 해당된다(대결 1998.1.7.자 97두22).

② 행정소송법 제30조 제2항의 규정에 의하면 행정청의 거부처분을 취소하는 판결이 확정된 경우에는 그 처분을 행한 행정청이 판결의 취지에 따라 이전의 신청에 대하여 재처분할 의무가 있으나, 이 때 확정판결의 당사자인 처분 행정청은 그 행정소송의 사실심 변론종결 이후 발생한 새로운 사유를 내세워 다시 이전의 신청에 대한 거부처분을 할 수 있고 그러한 처분도 위 조항에

규정된 재처분에 해당된다(대결 1997.2.4.자 96두70).

③ 처분 등을 취소하는 확정판결은 그 사건에 관하여 당사자인 행정청과 그 밖의 관계행정청을 기속한다(행정소송법 제30조 제1항). 기속력은 인용판결에 인정되며 기판력은 인용판결과 기각판결 모두에 인정된다.

④ 취소판결의 기판력은 소송물로 된 행정처분의 위법성 존부에 관한 판단 그 자체에만 미치는 것이므로 전소와 후소가 그 소송물을 달리하는 경우에는 전소 확정판결의 기판력이 후소에 미치지 아니한다(대판 1996.4.26. 95누5820).

07 난도 ★★★   정답 ⑤

손해전보 > 행정상 손해배상

정답의 이유

⑤ 원래 광역시가 점유·관리하던 일반국도 중 일부 구간의 포장공사를 국가가 대행하여 광역시에 도로의 관리를 이관하기 전에 교통사고가 발생한 경우, 광역시는 그 도로의 점유자 및 관리자, 도로법 제56조, 제55조, 도로법시행령 제30조에 의한 도로관리비용 등의 부담자로서의 책임이 있고, 국가는 그 도로의 점유자 및 관리자, 관리사무귀속자, 포장공사비용 부담자로서의 책임이 있다고 할 것이며, 이와 같이 광역시와 국가 모두가 도로의 점유자 및 관리자, 비용부담자로서의 책임을 중첩적으로 지는 경우에는, 광역시와 국가 모두가 국가배상법 제6조 제2항 소정의 궁극적으로 손해를 배상할 책임이 있는 자라고 할 것이고, 결국 광역시와 국가의 내부적인 부담 부분은, 그 도로의 인계·인수 경위, 사고의 발생 경위, 광역시와 국가의 그 도로에 관한 분담비용 등 제반 사정을 종합하여 결정함이 상당하다(대판 1998.7.10. 96다42819).

오답의 이유

①·③ 국가배상법 제5조 제1항 소정의 영조물의 설치 또는 관리의 하자라 함은 영조물이 그 용도에 따라 통상 갖추어야 할 안전성을 갖추지 못한 상태에 있음을 말하는 것으로서, 안전성의 구비 여부를 판단함에 있어서는 당해 영조물의 용도, 그 설치장소의 현황 및 이용 상황 등 제반 사정을 종합적으로 고려하여 설치 관리자가 그 영조물의 위험성에 비례하여 사회통념상 일반적으로 요구되는 정도의 방호조치의무를 다하였는지 여부를 그 기준으로 삼아야 할 것이며, 객관적으로 보아 시간적·장소적으로 영조물의 기능상 결함으로 인한 손해발생의 예견가능성과 회피가능성이 없는 경우, 즉 그 영조물의 결함이 영조물의 설치관리자의 관리행위가 미칠 수 없는 상황 아래에 있는 경우에는 영조물의 설치·관리상의 하자를 인정할 수 없다(대판 2007.9.21. 2005다65678).

② 국가배상법 제5조 소정의 영조물의 설치·관리상의 하자로 인한 책임은 무과실책임이고 나아가 민법 제758조 소정의 공작물의 점유자의 책임과는 달리 면책사유도 규정되어 있지 아니하므로, 국가 또는 지방자치단체는 영조물의 설치·관리상의 하자로 인하여 타인에게 손해를 가한 경우에 그 손해의 방지에 필요한 주의를 해태하지 아니하였다 하여 면책을 주장할 수 없다(대판 1994.11.22. 94다32924).

④ 영조물이 그 용도에 따라 갖추어야 할 안전성을 갖추지 못한 상태, 즉 타인에게 위해를 끼칠 위험성이 있는 상태라 함은 당해 영조물을 구성하는 물적 시설 그 자체에 있는 물리적 · 외형적 흠결이나 불비로 인하여 그 이용자에게 위해를 끼칠 위험성이 있는 경우뿐만 아니라, 그 영조물이 공공의 목적에 이용됨에 있어 그 이용 상태 및 정도가 일정한 한도를 초과하여 제3자에게 사회통념상 수인할 것이 기대되는 한도를 넘는 피해를 입히는 경우까지 포함된다고 보아야 한다(대판 2005.1.27. 2003다49566).

08 난도 ★★☆　　　　　　　　　　　　　정답 ②

실효성 확보수단 > 행정강제

정답의 이유

㉠ 행정청이 행정대집행의 방법으로 건물철거의무의 이행을 실현할 수 있는 경우에는 건물철거 대집행 과정에서 부수적으로 건물의 점유자들에 대한 퇴거 조치를 할 수 있다(대판 2017.4.28. 2016다213916).

㉣ [1] 계고서라는 명칭의 1장의 문서로서 일정기간 내에 위법건축물의 자진철거를 명함과 동시에 그 소정기한 내에 자진철거를 하지 아니할 때에는 대집행할 뜻을 미리 계고한 경우라도 건축법에 의한 철거명령과 행정대집행법에 의한 계고처분은 독립하여 있는 것으로서 각 그 요건이 충족되었다고 볼 것이다. [2] 위 '[1]' 항의 경우, 철거명령에서 주어진 일정기간이 자진철거에 필요한 상당한 기간이라면 그 기간 속에는 계고 시에 필요한 '상당한 이행기간'도 포함되어 있다고 보아야 할 것이다(대판 1992.6.12. 91누13564).

오답의 이유

㉡ 점유자들이 적법한 행정대집행을 위력을 행사하여 방해하는 경우 형법상 공무집행방해죄가 성립하므로, 필요한 경우에는 경찰관 직무집행법에 근거한 위험발생 방지조치 또는 형법상 공무집행방해죄의 범행방지 내지 현행범체포의 차원에서 경찰의 도움을 받을 수도 있다(대판 2017.4.28. 2016다213916).

㉢ 행정청이 행정대집행법 제3조 제1항에 의한 대집행계고를 함에 있어서는 의무자가 스스로 이행하지 아니하는 경우에 대집행할 행위의 내용 및 범위가 구체적으로 특정되어야 하나, 그 행위의 내용 및 범위는 반드시 대집행계고서에 의하여서만 특정되어야 하는 것이 아니고 계고처분 전후에 송달된 문서나 기타 사정을 종합하여 행위의 내용이 특정되면 족하다(대판 1994.10.28. 94누5144).

09 난도 ★★☆　　　　　　　　　　　　　정답 ①

행정작용법 > 행정행위

정답의 이유

① 일반적으로 행정처분이나 행정심판 재결이 불복기간의 경과로 인하여 확정될 경우 그 확정력은, 그 처분으로 인하여 법률상 이익을 침해받은 자가 당해 처분이나 재결의 효력을 더 이상 다툴 수 없다는 의미일 뿐, 더 나아가 판결에 있어서와 같은 기판력이 인정되는 것은 아니어서 그 처분의 기초가 된 사실관계나 법률적

판단이 확정되고 당사자들이나 법원이 이에 기속되어 모순되는 주장이나 판단을 할 수 없게 되는 것은 아니다(대판 2004.7.8. 2002두11288).

오답의 이유

② 피고인이 행정청으로부터 자동차 운전면허 취소처분을 받았으나 나중에 그 행정처분 자체가 행정쟁송절차에 의하여 취소되었다면, 위 운전면허 취소처분은 그 처분 시에 소급하여 효력을 잃게 되고, 피고인은 위 운전면허 취소처분에 복종할 의무가 원래부터 없음이 후에 확정되었다고 봄이 타당할 것이고, 행정행위에 공정력의 효력이 인정된다고 하여 행정소송에 의하여 적법하게 취소된 운전면허 취소처분이 단지 장래에 향하여서만 효력을 잃게 된다고 볼 수는 없다(대판 1999.2.5. 98도4239).

③ 민사소송에 있어서 어느 행정처분의 당연무효 여부가 선결문제로 되는 때에는 이를 판단하여 당연무효임을 전제로 판결할 수 있고 반드시 행정소송 등의 절차에 의하여 그 취소나 무효확인을 받아야 하는 것은 아니다(대판 2010.4.8. 2009다90092, 대판 1972.10.10. 71다2279).

④ 원래 행정처분이 아무리 위법하다고 하여도 그 하자가 중대하고 명백하여 당연무효라고 보아야 할 사유가 있는 경우를 제외하고는 아무 그 하자를 이유로 무단히 그 효과를 부정하지 못하는 것으로, 이러한 행정행위의 공정력은 판결의 기판력과 같은 효력은 아니지만 그 공정력의 객관적 범위에 속하는 행정행위의 하자가 취소사유에 불과한 때에는 그 처분이 취소되지 않는 한 처분의 효력을 부정하여 그로 인한 이득을 법률상 원인 없는 이득이라고 말할 수 없게 하는 것이다. 따라서 국세의 과오납이 취소할 수 있는 위법한 과세처분에 의한 것이라도 그 처분이 취소되지 않는 한 그로 인한 납세액을 곧바로 부당이득이라고 하여 반환을 구할 수 있는 것이 아니다(대판 1994.11.11. 94다28000).

⑤ 제소기간이 이미 도과하여 불가쟁력이 생긴 행정처분에 대하여는 개별 법규에서 그 변경을 요구할 신청권을 규정하고 있거나 관계 법령의 해석상 그러한 신청권이 인정될 수 있는 등 특별한 사정이 없는 한 국민에게 그 행정처분의 변경을 구할 신청권이 있다 할 수 없다(대판 2007.4.26. 2005두11104).

10 난도 ★★☆　　　　　　　　　　　　　정답 ⑤

행정과정의 규율 > 행정절차

정답의 이유

⑤ 한국방송공사의 설치 · 운영에 관한 사항을 정하고 있는 방송법은 제50조 제2항에서 "사장은 이사회의 제청으로 대통령이 임명한다."고 규정하고 있는데, 한국방송공사 사장에 대한 해임에 관하여는 명시적 규정을 두고 있지 않다. 그러나 방송법에서 '임면' 대신 '임명'이라는 용어를 사용한 입법 취지가 대통령의 해임권을 배제하기 위한 것으로 보기 어려운 점 등 방송법의 입법 경과와 연혁, 다른 법률과의 관계, 입법 형식 등을 종합하면, 한국방송공사 사장의 임명권자인 대통령에게 해임권한도 있다고 보는 것이 타당하다(대판 2012.2.23. 2011두5001).

① 행정절차법 제3조 제2항 제9호의 규정 내용 등에 비추어 보면, 공무원 인사관계 법령에 의한 처분에 관한 사항 전부에 대하여 행정절차법의 적용이 배제되는 것이 아니라 성질상 행정절차를 거치기 곤란하거나 불필요하다고 인정되는 처분이나 행정절차에 준하는 절차를 거치도록 하고 있는 처분의 경우에만 행정절차법의 적용이 배제된다(대판 2007.9.21. 2006두20631).

② 진급선발을 취소하는 처분은 진급예정자로서 가지는 원고의 이익을 침해하는 처분이라 할 것이고, 한편 군인사법 및 그 시행령에 이 사건 처분과 같이 진급예정자 명단에 포함된 자의 진급선발을 취소하는 처분을 함에 있어 행정절차에 준하는 절차를 거치도록 하는 규정이 없을 뿐만 아니라 위 처분이 성질상 행정절차를 거치기 곤란하거나 불필요하다고 인정되는 처분이라고 보기도 어렵다고 할 것이어서 이 사건 처분이 행정절차법의 적용이 제외되는 경우에 해당한다고 할 수 없으며, 피고가 이 사건 처분을 함에 있어 원고에게 의견제출의 기회를 부여하지 아니한 이상, 이 사건 처분은 절차상 하자가 있어 위법하다고 할 것이다(대판 2007.9.21. 2006두20631).

③ 이 법은 국회 또는 지방의회의 의결을 거치거나 동의 또는 승인을 받아 행하는 사항에 대하여는 적용하지 아니한다(행정절차법 제3조 제2항).

④ 대판 2017.7.18. 2016두49938

11 난도 ★★☆   정답 ④

실효성 확보수단 > 즉시강제

ⓒ 즉시강제의 법적 성질은 권력적 사실행위이다. 따라서 처분에 해당하여 항고소송의 대상이 된다. 다만, 행정상 즉시강제가 단시간에 종료되는 경우 소의 이익(권리보호의 필요)이 없기 때문에 행정쟁송의 제기가 불가능하다. 이 경우에는 민사상 손해배상을 통하여 권리구제를 받아야 한다.

ⓒ 영장주의가 행정상 즉시강제에도 적용되는지에 관하여는 논란이 있으나, 행정상 즉시강제는 상대방의 임의이행을 기다릴 시간적 여유가 없을 때 하명 없이 바로 실력을 행사하는 것으로서, 그 본질상 급박성을 요건으로 하고 있어 법관의 영장을 기다려서는 그 목적을 달성할 수 없다고 할 것이므로, 원칙적으로 영장주의가 적용되지 않는다고 보아야 할 것이다. 만일 어떤 법률조항이 영장주의를 배제할 만한 합리적인 이유가 없을 정도로 급박성이 인정되지 아니함에도 행정상 즉시강제를 인정하고 있다면, 이러한 법률조항은 이미 그 자체로 과잉금지의 원칙에 위반되는 것으로서 위헌이라고 할 것이다. 이 사건 법률조항은 앞에서 본바와 같이 급박한 상황에 대처하기 위한 것으로서 그 불가피성과 정당성이 충분히 인정되는 경우이므로, 이 사건 법률조항이 영장 없는 수거를 인정한다고 하더라도 이를 두고 헌법상 영장주의에 위배되는 것으로는 볼 수 없다(헌재 2002.10.31. 2000헌가12).

ⓒ 행정상의 단속을 주안으로 하는 법규라 하더라도 '명문규정이 있거나 해석상 과실범도 벌할 뜻이 명확한 경우'를 제외하고는 형법의 원칙에 따라 '고의'가 있어야 벌할 수 있다(대판 2010.2.11. 2009도9807).

ⓒ 양벌규정에 의한 영업주의 처벌은 금지위반행위자인 종업원의 처벌에 종속하는 것이 아니라 독립하여 그 자신의 종업원에 대한 선임감독상의 과실로 인하여 처벌되는 것이므로 종업원의 범죄성립이나 처벌이 영업주 처벌의 전제조건이 될 필요는 없다(대판 2006.2.24. 2005도7673).

ⓒ 행정상 즉시강제란 행정강제의 일종으로서 목전의 급박한 행정상 장해를 제거할 필요가 있는 경우에, 미리 의무를 명할 시간적 여유가 없을 때 또는 그 성질상 의무를 명하여 가지고는 목적달성이 곤란할 때에, 직접 국민의 신체 또는 재산에 실력을 가하여 행정상 필요한 상태를 실현하는 작용이며, 법령 또는 행정처분에 의한 선행의 구체적 의무의 존재와 그 불이행을 전제로 하는 행정상 강제집행과 구별된다(헌재 2002.10.31. 2000헌가12).

12 난도 ★★☆   정답 ⑤

행정작용법 > 행정행위

⑤ 중기조종사면허의 효력을 정지하는 처분이 그 상대방에게 고지되지 아니하였고, 상대방이 그 정지처분이 있다는 사실을 알지 못하고 굴삭기를 조종하였다면 이는 중기관리법의 조종면허에 관한 규정에 위반하는 조종을 하였다고 할 수 없을 것이고 중기관리법에 도로교통법 시행령 제53조와 같은 운전면허의 취소 정지에 대한 통지에 관한 규정이 없다고 하여 중기조종사면허의 취소나 정지는 상대방에 대한 통지를 요하지 아니한다고 할 수 없고, 오히려 반대의 규정이 없다면 행정행위의 일반원칙에 따라 이를 상대방에게 고지하여야 효력이 발생한다고 볼 것이다(대판 1993.6.29. 93다10224).

① 행정처분에 그 효력기간이 정하여져 있는 경우에 그 처분의 효력 또는 집행이 정지된 바 없다면 위 기간의 경과로 그 행정처분의 효력은 상실되는 것이므로, 그 기간경과 후에는 그 처분이 외형상 잔존함으로 인하여 어떠한 법률상 이익이 침해되고 있다고 볼 만한 별다른 사정이 없는 한 그 처분의 취소를 구할 법률상의 이익이 없다고 할 것이다(대판 1991.4.26. 91누179).

② 침익적 행정행위의 근거가 되는 행정법규는 엄격하게 해석·적용하여야 하고 그 행정행위의 상대방에게 불리한 방향으로 지나치게 확장해석하거나 유추해석해서는 안되며, 그 입법 취지와 목적 등을 고려한 목적론적 해석이 전적으로 배제되는 것은 아니라고 하더라도 그 해석이 문언의 통상적인 의미를 벗어나서는 안 된다(대판 2013.12.12. 2011두3388).

③ 과세처분이 당연무효라고 볼 수 없는 한 과세처분에 취소할 수 있는 위법사유가 있다 하더라도 그 과세처분은 행정행위의 공정력 또는 집행력에 의하여 그것이 적법하게 취소되기 전까지는 유효하다 할 것이므로, 민사소송절차에서 그 과세처분의 효력을 부인할 수 없다(대판 1999.8.20. 99다20179).

④ 행정행위인 허가 또는 특허에 붙인 조항으로서 종료의 기한을 정한 경우 그 기한이 그 허가 또는 특허된 사업의 성질상 부당하게 짧은 기한을 정한 경우에 있어서는 그 기한은 그 허가 또는 특허의 조건의 존속기간을 정한 것이며 그 기한이 도래함으로써 그 조건의 개정을 고려한다는 뜻으로 해석하여야 할 것이다(대판 1995.11.10. 94누11866).

13 난도 ★★☆   정답 ③

손해전보 > 행정상 손실보상

정답의 이유

③ 도시계획법 제21조에 규정된 개발제한구역제도 그 자체는 원칙적으로 합헌적인 규정인데 다만 개발제한구역의 지정으로 말미암아 일부 토지소유자에게 사회적 제약의 범위를 넘는 가혹한 부담이 발생하는 예외적인 경우에 대하여 보상규정을 두지 않은 것에 위헌성이 있는 것이고, 보상의 구체적 기준과 방법은 헌법재판소가 결정할 성질의 것이 아니라 광범위한 입법형성권을 가진 입법자가 입법정책적으로 정할 사항이므로, 입법자가 보상입법을 마련함으로써 위헌적인 상태를 제거할 때까지 위 조항을 형식적으로 존속케 하기 위하여 헌법불합치결정을 하는 것인바, 입법자는 되도록 빠른 시일 내에 보상입법을 하여 위헌적 상태를 제거할 의무가 있고, 행정청은 보상입법이 마련되기 전에는 새로 개발제한구역을 지정하여서는 아니되며, 토지소유자는 보상입법을 기다려 그에 따른 권리행사를 할 수 있을 뿐 개발제한구역의 지정이나 그에 따른 토지재산권의 제한 그 자체의 효력을 다투거나 위 조항에 위반하여 행한 자신들의 행위의 정당성을 주장할 수는 없다(헌재 1998.12.24. 89헌마214).

오답의 이유

① 손실보상은 재산권에 특별한 희생이 발생하여야 인정되는 것인바, 특별희생이란 재산권의 사회적 기속을 넘어서는 손실을 의미하므로 사회적 제약에 해당하는 공용제한에 대하여는 보상규정을 두지 않아도 된다.

② 위 지문은 경계이론에 대한 내용으로 경계이론은 무보상의 사회적 제약에 대한 재산권 제한의 정도(침해의 강도)가 일정한 기준(특별희생)을 넘어가면서 보상을 필요로 하는 공용침해로 전환된다고 본다. 보상규정이 없는 경우 대법원은 개별법령상의 관련 보상규정을 유추적용하여 보상하거나 불법행위에 기한 손해배상을 인정한다. 따라서 보상규정이 없는 경우에도 손실보상이 인정될 수 있다.

④ 공공사업의 시행 결과 공공사업의 기업지 밖에서 발생한 간접손실에 대하여 사업시행자와 협의가 이루어지지 아니하고, 그 보상에 관한 명문의 법령이 없는 경우, 피해자는 공공용지의 취득 및 손실보상에 관한 특례법 시행규칙상의 손실보상에 관한 규정을 유추적용하여 사업시행자에게 보상을 청구할 수 있다(대판 1999.10.8. 99다27231).

⑤ 헌재 1998.12.24. 89헌마214

14 난도 ★★☆   정답 ②

행정작용법 > 행정입법

정답의 이유

② 법령의 위임이 없음에도 법령에 규정된 처분 요건에 해당하는 사항을 부령에서 변경하여 규정한 경우에는 그 부령의 규정은 행정청 내부의 사무처리 기준 등을 정한 것으로서 행정조직 내에서 적용되는 행정명령의 성격을 지닐 뿐 국민에 대한 대외적 구속력은 없다고 보아야 한다(대판 2013.9.12. 2011두10584).

오답의 이유

① 이 사건 규칙 조항이 법률에 규정된 것보다 한층 완화된 처분요건을 규정하여 그 처분대상을 확대하고 있다. 그러나 공공기관법 제39조 제3항에서 부령에 위임한 것은 '입찰참가자격의 제한 기준 등에 관하여 필요한 사항'일 뿐이고, 이는 그 규정의 문언상 입찰참가자격을 제한하면서 그 기간의 정도와 가중·감경 등에 관한 사항을 의미하는 것이지 처분의 요건까지를 위임한 것이라고 볼 수는 없다. 따라서 이 사건 규칙 조항에서 위와 같이 처분의 요건을 완화하여 정한 것은 상위법령의 위임 없이 규정한 것이므로 이는 행정기관 내부의 사무처리준칙을 정한 것에 지나지 않는다(대판 2013.9.12. 2011두10584).

③ 어떤 행정처분이 그와 같이 법규성이 없는 시행규칙 등의 규정에 위배된다고 하더라도 그 이유만으로 처분이 위법하게 되는 것은 아니라 할 것이고, 또 그 규칙 등에서 정한 요건에 부합한다고 하여 반드시 그 처분이 적법한 것이라고 할 수도 없다(대판 2013.9.12. 2011두10584).

④ 처분의 적법 여부는 그러한 규칙 등에서 정한 요건에 합치하는지 여부가 아니라 일반 국민에 대하여 구속력을 가지는 법률 등 법규성이 있는 관계 법령의 규정을 기준으로 판단하여야 한다(대판 2013.9.12. 2011두10584).

⑤ 법령에서 행정처분의 요건 중 일부 사항을 부령으로 정할 것을 위임한 데 따라 시행규칙 등 부령에서 이를 정한 경우에 그 부령의 규정은 국민에 대해서도 구속력이 있는 법규명령에 해당한다(대판 2013.9.12. 2011두10584).

15 난도 ★☆☆   정답 ②

행정쟁송 > 행정심판

정답의 이유

② 행정심판법 제3조 제2항

오답의 이유

① 관계 행정기관의 장이 특별행정심판 또는 이 법에 따른 행정심판 절차에 대한 특례를 신설하거나 변경하는 법령을 제정·개정할 때에는 미리 중앙행정심판위원회와 협의하여야 한다(행정심판법 제4조 제3항).

③ 국가인권위원회, 그 밖에 지위·성격의 독립성과 특수성 등이 인정되어 대통령령으로 정하는 행정청 또는 그 소속행정청의 처분 또는 부작위에 대한 행정심판의 청구에 대하여는 다음 각 호의 행정청에 두는 행정심판위원회에서 심리·재결한다(행정심판법 제6조 제1항 제3호).

④ 위원회는 필요하다고 인정하면 그 행정심판 결과에 이해관계가 있는 제3자나 행정청에 그 사건 심판에 참가할 것을 요구할 수 있다(행정심판법 제21조 제1항).

⑤ 사정재결(인용(認容)하는 것이 공공복리에 크게 위배된다고 인정하여 그 심판청구를 기각하는 재결)은 무효 등 확인심판에는 적용하지 아니한다.

16 난도 ★★★ 정답 ①

행정법통론 > 행정·행정법

정답의 이유

① 식품위생법 제25조 제3항에 의한 영업양도에 따른 지위승계신고를 수리하는 허가관청의 행위는 단순히 양도·양수인 사이에 이미 발생한 사법상의 사업양도의 법률효과에 의하여 양수인이 그 영업을 승계하였다는 사실의 신고를 접수하는 행위에 그치는 것이 아니라, 영업허가자의 변경이라는 법률효과를 발생시키는 행위라고 할 것이다(대판 1995.2.24. 94누9146).

오답의 이유

② 수리란 신고를 유효한 것으로 판단하고 법령에 의하여 처리할 의사로 이를 수령하는 수동적 행위이므로 수리행위에 신고필증 교부 등 행위가 꼭 필요한 것은 아니다(대판 2011.9.8. 2009두6766).

③ 행정청이 구 식품위생법규정에 의하여 영업자지위승계신고를 수리하는 처분은 종전의 영업자의 권익을 제한하는 처분이라 할 것이고 따라서 종전의 영업자는 그 처분에 대하여 직접 그 상대가 되는 자에 해당한다고 봄이 상당하므로, 행정청으로서는 위 신고를 수리하는 처분을 함에 있어서 행정절차법 규정 소정의 당사자에 해당하는 종전의 영업자에 대하여 위 규정 소정의 행정절차를 실시하고 처분을 하여야 한다(대판 2003.2.14. 2001두7015).

④ 사업양도·양수에 따른 허가관청의 지위승계신고의 수리는 적법한 사업의 양도·양수가 있었음을 전제로 하는 것이므로 그 수리대상인 사업양도·양수가 존재하지 아니하거나 무효인 때에는 수리를 하였다 하더라도 그 수리는 유효한 대상이 없는 것으로서 당연히 무효라 할 것이고, 사업의 양도행위가 무효라고 주장하는 양도자는 민사쟁송으로 양도·양수행위의 무효를 구함이 없이 막바로 허가관청을 상대로 하여 행정소송으로 위 신고수리처분의 무효확인을 구할 법률상 이익이 있다(대판 2005.12.23. 2005두3554).

⑤ 수허가자의 지위를 양수받아 명의변경신고를 할 수 있는 양수인의 지위는 단순한 반사적 이익이나 사실상의 이익이 아니라 산림법령에 의하여 보호되는 직접적이고 구체적인 이익으로서 법률상 이익이라고 할 것이고, 채석허가가 유효하게 존속하고 있다는 것이 양수인의 명의변경신고의 전제가 된다는 의미에서 관할 행정청이 양도인에 대하여 채석허가를 취소하는 처분을 하였다면 이는 양수인의 지위에 대한 직접적 침해가 된다고 할 것이므로 양수인은 채석허가를 취소하는 처분의 취소를 구할 법률상 이익을 가진다(대판 2003.7.11. 2001두6289).

17 난도 ★★★ 정답 ④

행정작용법 > 행정입법

정답의 이유

④ 공공기관의 정보공개에 관한 법률 제1조, 제3조, 헌법 제37조의 각 취지와 행정입법으로는 법률이 구체적으로 범위를 정하여 위임한 범위 안에서만 국민의 자유와 권리에 관련된 규율을 정할 수 있는 점 등을 고려할 때, 공공기관의 정보공개에 관한 법률 제7조 제1항 제1호 소정의 '법률에 의한 명령'은 법률의 위임규정에 의하여 제정된 대통령령, 총리령, 부령 전부를 의미한다기보다는 정보의 공개에 관하여 법률의 구체적인 위임 아래 제정된 법규명령(위임명령)을 의미한다(대판 2003.12.11. 2003두8395).

오답의 이유

① 일반적으로 법률의 위임에 따라 효력을 갖는 법규명령의 경우에 위임의 근거가 없어 무효였더라도 나중에 법 개정으로 위임의 근거가 부여되면 그때부터는 유효한 법규명령으로 볼 수 있다. 그러나 법규명령이 개정된 법률에 규정된 내용을 함부로 유추·확장하는 내용의 해석규정이 어서 위임의 한계를 벗어난 것으로 인정될 경우에는 법규명령은 여전히 무효이다(대판 2017.4.20. 2015두45700 전합).

② 헌법 제107조 제2항의 규정에 따르면 행정입법의 심사는 일반적인 재판절차에 의하여 구체적 규범통제의 방법에 의하도록 명시하고 있으므로, 당사자는 구체적 사건의 심판을 위한 선결문제로서 행정입법의 위법성을 주장하여 법원에 대하여 당해 사건에 대한 적용 여부의 판단을 구할 수 있을 뿐 행정입법 자체의 합법성의 심사를 목적으로 하는 독립한 신청을 제기할 수는 없다(대결 1994.4.26.자 93부32 전합).

③ 행정입법에 관여한 공무원이 입법 당시의 상황에서 다양한 요소를 고려하여 나름대로 합리적인 근거를 찾아 어느 하나의 견해에 따라 경과규정을 두는 등의 조치 없이 새 법령을 그대로 시행하거나 적용하였다면, 그와 같은 공무원의 판단이 나중에 대법원이 내린 판단과 같지 아니하여 결과적으로 시행령 등이 신뢰보호의 원칙 등에 위배되는 결과가 되었다고 하더라도, 이러한 경우에까지 국가배상법 제2조 제1항에서 정한 국가배상책임의 성립요건인 공무원의 과실이 있다고 할 수는 없다(대판 2013.4.26. 2011다14428).

⑤ 구 여객자동차 운수사업법 시행규칙 제31조 제2항 제1호, 제2호, 제6호는 법 제11조 제4항의 위임에 따라 시외버스운송사업의 사업계획변경에 관한 절차, 인가기준 등을 구체적으로 규정한 것으로서, 대외적인 구속력이 있는 법규명령이라고 할 것이고, 그것을 행정청 내부의 사무처리준칙을 규정한 행정규칙에 불과하다고 할 수는 없는 것이다(대판 2006.6.27. 2003두4355).

18 난도 ★★☆　　　　　　　　　　　정답 ②

행정과정의 규율 > 정보공개와 개인정보보호

[정답의 이유]

② 개인정보자기결정권의 보호대상이 되는 개인정보는 개인의 신체, 신념, 사회적 지위, 신분 등과 같이 인격주체성을 특징짓는 사항으로서 그 개인의 동일성을 식별할 수 있게 하는 일체의 정보를 의미하며, 반드시 개인의 내밀한 영역에 속하는 정보에 국한되지 않고 공적 생활에서 형성되었거나 이미 공개된 개인정보까지도 포함한다(대판 2014.7.24. 2012다49933).

[오답의 이유]

① 대판 2015.7.9. 2013도13070

③ 대판 2016.3.10. 2012다105482

④ 대판 2014.7.24. 2012다49933

⑤ 헌재 2010.2.25. 2008헌마324, 2009헌바31

19 난도 ★★☆　　　　　　　　　　　정답 ⑤

실효성 확보수단 > 새로운 의무이행확보수단

[정답의 이유]

⑤ 비록 원고가 이 사건 가산금 징수처분에 대하여 이 사건 부당이득금 부과처분과 달리 피고가 안내한 전심절차를 모두 밟지 않았다 하더라도 이 사건 부당이득금 부과처분에 대하여 위와 같은 전심절차를 거친 이상 이 사건 부당이득금 부과처분과 함께 행정소송으로 이를 다툴 것이다할 것이다(대판 2006.9.8. 2004두947).

[오답의 이유]

① 대판 2015.6.24. 2011두2170

② 경찰관직무집행법 제6조 제1항 중 경찰관의 제지에 관한 부분은 범죄의 예방을 위한 경찰 행정상 즉시강제에 관한 근거 조항이다. 행정상 즉시강제는 그 본질상 행정 목적 달성을 위하여 불가피한 한도 내에서 예외적으로 허용되는 것이므로, 위 조항에 의한 경찰관의 제지 조치 역시 그러한 조치가 불가피한 최소한도 내에서만 행사되도록 그 발동·행사 요건을 신중하고 엄격하게 해석하여야 한다(대판 2008.11.13. 2007도9794).

③ 대판 2017.3.16. 2014두8360

④ 행정소송에서 행정처분의 위법 여부는 행정처분이 행하여졌을 때의 법령과 사실상태를 기준으로 하여 판단해야하고, 이는 독점규제 및 공정거래에 관한 법률에 기한공정거래위원회의 시정명령 및 과징금 납부명령에서도 마찬가지이다. 따라서 공정거래위원회의 과징금 납부명령 등이 재량권 일탈·남용으로 위법한지는 다른 특별한 사정이 없는 한 과징금 납부명령 등이 행하여진 '의결일' 당시의 사실상태를 기준으로 판단하여야 한다(대판 2015.5.28. 2015두36256).

20 난도 ★★☆　　　　　　　　　　　정답 ③

행정작용법 > 행정행위

[정답의 이유]

③ 행정청이 행한 공사중지명령의 상대방은 그 명령 이후에 그 원인사유가 소멸하였음을 들어 행정청에게 공사중지 명령의 철회를 요구할 수 있는 조리상의 신청권이 있다(대판 2005.4.14. 2003두7590).

[오답의 이유]

① 대판 2005.4.29. 2004두11954

② 원래 행정처분을 한 처분청은 그 처분에 하자가 있는 경우에는 원칙적으로 별도의 법적 근거가 없더라도 스스로 이를 직권으로 취소할 수 있지만, 그와 같이 직권취소를 할 수 있다는 사정만으로 이해관계인에게 처분청에 대하여 그 취소를 요구할 신청권이 부여된 것으로 볼 수는 없다(대판 2006.6.30. 2004두701).

④ 외형상 하나의 행정처분이라 하더라도 가분성이 있거나 그 처분대상의 일부가 특정될 수 있다면 그 일부만의 취소도 가능하고 그 일부의 취소는 당해 취소부분에 관하여 효력이 생긴다고 할 것인바, 이는 한 사람이 여러 종류의 자동차운전면허를 취득한 경우 그 각 운전면허를 취소하거나 그 운전면허의 효력을 정지함에 있어서도 마찬가지이다(대판 1995.11.16. 95누8850 전합).

⑤ 직권취소의 절차에 관한 일반 규정은 존재하지 않으나, 직권취소는 독립된 행정행위의 성격을 가지므로 행정절차법상 처분절차의 적용을 받는다. 따라서 행정절차법 제23조의 이유제시(모든 처분), 행정절차법 제21조의 사전통지(불이익처분), 행정절차법 제22조 의견청취(불이익처분)의 절차를 거쳐야 한다.

21 난도 ★☆☆　　　　　　　　　　　정답 ①

행정법통론 > 행정상 법률관계의 원인

[정답의 이유]

① 취소소송은 처분 등의 취소를 구할 법률상 이익이 있는 자가 제기할 수 있다(행정소송법 제12조).

[오답의 이유]

② 행정에 관한 의사를 결정하여 표시하는 국가 또는 지방자치단체의 기관이나, 그 밖에 법령 또는 자치법규에 따라 행정권한을 가지고 있거나 위임 또는 위탁받은 공공단체 또는 그 기관이나 사인을 "행정청"이라 한다(행정절차법 제2조 제1호 가목, 나목).

③ 행정처분에 있어서 불이익처분의 상대방은 직접 개인적 이익의 침해를 받은 자로서 원고적격이 인정되지만 수익처분의 상대방은 그의 권리나 법률상 보호되는 이익이 침해되었다고 볼 수 없으므로 달리 특별한 사정이 없는 한 취소를 구할 이익이 없다(대판 1995.8.22. 94누8129).

④ 대판 1967.10.23. 67누126

⑤ 원상회복명령에 따른 복구의무는 타인이 대신하여 행할 수 있는 의무로서 일신전속적인 성질을 가진 것으로 보기 어려운 점에 비추어 보면, 산림을 무단형질변경한 자가 사망한 경우 당해 토지의 소유권 또는 점유권을 승계한 상속인은 그 복구의무를 부담한다고 봄이 상당하고, 따라서 관할 행정청은 그 상속인에 대

하여 복구명령을 할 수 있다고 보아야 한다(대판 2005.8.19. 2003두9817, 9824).

22 난도 ★★☆　　　　　　　　　　　　　　　정답 ④

행정법통론 > 행정상 법률관계의 원인

정답의 이유

㉠ 재개발조합은 공공조합이며, 공공조합은 특정한 행정목적을 위하여 일정한 자격을 가진 사람들에 의하여 구성된 공법상 사단법인이다. 재개발조합은 공공조합으로 행정주체성이 인정된다.

㉡ 공법상 재단법인이란 특정한 행정목적에 제공된 재산을 관리하기 위하여 설립된 법인을 의미하는바, 한국연구재단이 이에 해당하여 행정주체성이 인정된다.

㉢ 대한변호사협회는 공법상 사단법인에 해당하여 행정주체성이 인정된다.

㉤ 영조물법인은 일정한 행정목적을 실현하기 위하여 설립된 인적·물적 수단의 결합체에 공법상의 법인격이 부여된 경우를 의미하는바, 한국방송공사는 특정한 행정목적에 제공된 인적·물적 시설의 종합체이므로 영조물법인에 해당하여 행정주체성이 인정된다.

오답의 이유

㉣ 국립의료원은 영조물법인에 해당하여 행정주체성이 인정된다.

23 난도 ★★★　　　　　　　　　　　　　　　정답 ④

행정작용법 > 행정행위

정답의 이유

㉡ 행정주체는 구체적인 행정계획을 입안·결정함에 있어서 비교적 광범위한 형성의 자유를 가지는 것이지만, 행정주체가 가지는 이와 같은 형성의 자유는 무제한적인 것이 아니라 그 행정계획에 관련되는 자들의 이익을 공익과 사익 사이에서는 물론이고 공익 상호간과 사익 상호간에도 정당하게 비교교량 하여야 한다는 제한이 있으므로, 행정주체가 행정계획을 입안·결정함에 있어서 (1) 이익형량을 전혀 행하지 아니하거나 (2) 이익형량의 고려 대상에 마땅히 포함시켜야 할 사항을 누락한 경우 또는 (3) 이익형량을 하였으나 정당성과 객관성이 결여된 경우에는 그 행정계획결정은 형량에 하자가 있어 위법하게 된다(대판 2007.4.12. 2005두1893).

㉤ 공정력과 구성요건적 효력을 구분하는 입장에서는 구성요건적 효력이란 행정행위에 하자가 있더라도 그 하자가 당연무효가 아닌 한 법원을 포함한 모든 다른 국가기관은 행정행위의 존재와 효과를 존중하며, 스스로 판단의 기초 내지는 구성요건으로 삼도록 하는 힘을 의미한다고 본다. 구별설에 의하면 공정력은 처분의 상대방 또는 이해관계인에게 미치는 효력이라는 점에서 구별된다고 한다.

오답의 이유

㉠ 인가는 기본행위인 재단법인의 정관변경에 대한 법률상의 효력을 완성시키는 보충행위로서, 그 기본이 되는 정관변경 결의에 하자가 있을 때에는 그에 대한 인가가 있었다 하여도 기본행위

인 정관변경 결의가 유효한 것으로 될 수 없다(대판 1996.5.16. 95누4810 전합).

㉢ 행정대집행법 제2조는 '행정청의 명령에 의한 행위로서 타인이 대신하여 행할 수 있는 행위를 의무자가 이행하지 아니하는 경우'에 대집행할 수 있도록 규정하고 있는데, 이 사건 용도위반 부분을 장례식장으로 사용하는 것이 관계 법령에 위반한 것이라는 이유로 장례식장의 사용을 중지할 것과 이를 불이행할 경우 행정대집행법에 의하여 대집행하겠다는 내용의 이 사건 처분은, 이 사건 처분에 따른 '장례식장 사용중지 의무'가 원고 이외의 '타인이 대신' 할 수도 없고, 타인이 대신하여 '행할 수 있는 행위'라고도 할 수 없는 비대체적 부작위 의무에 대한 것이므로, 그 자체로 위법하다(대판 2005.9.28. 2005두7464).

㉣ 세액산출근거가 기재되지 아니한 납세고지서에 의한 부과처분은 강행법규에 위반하여 취소대상이 된다 할 것이므로 이와 같은 하자는 납세의무자가 전심절차에서 이를 주장하지 아니하였거나, 그 후 부과된 세금을 자진 납부 하였다거나, 또는 조세채권의 소멸시효기간이 만료되었다 하여 치유되는 것이라고는 할 수 없다(대판 1985.4.9. 84누431).

24 난도 ★☆☆　　　　　　　　　　　　　　　정답 ②

행정쟁송 > 행정심판

정답의 이유

② 법인이 아닌 사단 또는 재단으로서 대표자나 관리인이 정하여져 있는 경우에는 그 사단이나 재단의 이름으로 심판청구를 할 수 있다(행정심판법 제14조).

오답의 이유

① 행정심판법 제16조 제5항
③ 행정심판법 제17조 제2항
④ 행정심판법 제15조 제1항
⑤ 행정심판법 제22조 제1항

25 난도 ★★☆　　　　　　　　　　　　　　　정답 ④

행정쟁송 > 행정소송

정답의 이유

④ 부작위위법확인의 소는 행정청이 국민의 법규상 또는 조리상의 권리에 기한 신청에 대하여 상당한 기간 내에 그 신청을 인용하는 적극적 처분을 하거나 또는 각하 내지 기각하는 등의 소극적 처분을 하여야 할 법률상의 응답의무가 있음에도 불구하고 이를 하지 아니하는 경우 판결시를 기준으로 그 부작위의 위법함을 확인함으로써 행정청의 응답을 신속하게 하여 부작위 내지 무응답이라고 하는 소극적인 위법상태를 제거하는 것을 목적으로 하는 것이다(대판 1992.7.28. 91누7361).

오답의 이유

① 대판 2009.7.23. 2008두10560
② 대판 1990.9.25. 89누4758
③ 부작위위법확인의 소에 있어 당사자가 행정청에 대하여 어떠한 행정행위를 하여 줄 것을 요구할 수 있는 법규상 또는 조리상 권

리를 갖고 있지 아니한 경우에는 원고적격이 없거나 항고소송의 대상인 위법한 부작위가 있다고 볼 수 없어 그 부작위위법확인의 소는 부적법하다(대판 1999.12.7, 97누17568).

⑤ 부작위위법확인소송의 경우 행정청의 처분이 존재하지 않으므로 취소판결의 사정판결규정은 준용되지 않는다.

PART 6

행정학

한눈에 훑어보기

 영역 분석

행정학총론 08 10 19 22
4문항, 16%

정책론 13 18 20
3문항, 12%

조직론 05 06 09 11 14 16
6문항, 24%

인사행정론 01 04 23 25
4문항, 16%

재무행정론 12 21 24
3문항, 12%

지방행정론 03 07 15 17
4문항, 16%

행정환류 02
1문항, 4%

빠른 정답

01	02	03	04	05	06	07	08	09	10
②	③	①	①	②	④	①	⑤	③	⑤
11	12	13	14	15	16	17	18	19	20
①	②	④	③	②	④	⑤	③	⑤	④
21	22	23	24	25					
⑤	①	②	③	④					

점수 체크

구분	1회독	2회독	3회독
맞힌 문항 수	/ 25	/ 25	/ 25
나의 점수	점	점	점

---

01 난도 ★☆☆   정답 ②

인사행정론 > 인사행정의 기초이론

[정답의 이유]

② 혈연, 학연, 지연 등 사적 인간관계를 반영하여 공무원을 선발하는 것은 정실주의 인사제도에 대한 설명이다. 엽관주의와 정실주의는 정치적 임용이라는 측면에서 공통점이 있으나 동일한 제도는 아니다.

[오답의 이유]

① 엽관주의는 선거에서 승리한 정당이 관직을 차지하며, 정권 교체 시 공직의 대량경질로 인하여 행정의 안정성과 지속성 확보에 어려움이 있다는 단점이 있다.

③ 엽관주의는 선거에 의한 정권의 교체와 정권 교체에 따른 공직 교체를 가능하게 하므로 정당정치의 발달은 물론 행정의 민주화에 기여할 수 있다.

④ 정치적 충성도에 따른 인사가 이루어지므로 행정의 전문성을 저하시킬 수 있다.

⑤ 미국에서 1883년 펜들턴법(Pendleton Act)이 제정되면서 엽관주의의 폐단을 비판하며 전문성 있는 인력 확보를 중시하는 실적주의가 등장하였다.

---

02 난도 ★★☆   정답 ③

행정환류 > 행정책임과 통제

[정답의 이유]

ⓛ 특정한 관습이나 경험적 습성과 같은 것이 부패를 조장한다고 보는 입장은 사회문화적 접근법에 따른 것이다.

ⓒ 사회의 법과 제도상의 결함이나 이러한 것들에 대한 관리기구와 운영상의 문제들이 부패의 원인으로 작용한다고 보는 입장은 제도적 접근법에 따른 것이다.

---

03 난도 ★★★   정답 ①

지방행정론 > 지방재정

[정답의 이유]

① 지방자치단체는 해당 지방자치단체의 주민이 아닌 사람에 대해서만 고향사랑 기부금을 모금 · 접수할 수 있다(고향사랑 기부금에 관한 법률 제4조 제1항). 법인은 기부금 모금 대상이 아니다.

[오답의 이유]

② 지방자치단체는 모금 · 접수한 고향사랑 기부금의 효율적인 관리 · 운용을 위하여 기금을 설치하여야 한다(고향사랑 기부금에 관한 법률 제11조 제1항).

③ 고향사랑 기부금이란 지방자치단체가 주민복리 증진 등의 용도로 사용하기 위한 재원을 마련하기 위하여 해당 지방자치단체의 주민이 아닌 사람으로부터 자발적으로 제공받거나 모금을 통하여 취득하는 금전을 말한다(고향사랑 기부금에 관한 법률 제2조 제1호).

④ 지방자치단체는 현금, 고가의 귀금속 및 보석류를 답례품으로 제공하여서는 아니 된다(고향사랑 기부금에 관한 법률 제9조 제3항 제1호 · 제2호).

> 제9조(답례품의 제공)
> ③ 지방자치단체는 다음 각 호의 어느 하나에 해당하는 것을 답례품으로 제공하여서는 아니 된다.
> 　1. 현금
> 　2. 고가의 귀금속 및 보석류

⑤ 고향사랑 기부금의 모금 · 접수 및 사용 등에 관하여는 기부금품의 모집 및 사용에 관한 법률을 적용하지 아니한다(고향사랑 기부금에 관한 법률 제3조).

04 난도 ★★☆　　　　　　　　　　정답 ①

인사행정론 > 인사행정의 기초이론

정답의 이유

㉠ 결과의 측정을 위한 도구가 반복적인 측정에서 얼마나 일관성 있는 결과를 얻을 수 있는가는 시험의 신뢰성에 대한 설명이다.

05 난도 ★☆☆　　　　　　　　　　정답 ②

조직론 > 조직의 변동

정답의 이유

② 목표관리는 구성원의 지발적 참여에 의하여 목표를 설정하고 결과를 평가하여 환류하는 Y이론적 인간관에 기초한다.

오답의 이유

① 목표관리는 상급자와 하급자 간 상호협의를 통해 상대적으로 단기간 달성해야 할 구체적이고 계량적(정량적)인 업무목표를 설정한다.

③ 구성원들의 수평적인 참여가 중시되는 제도이므로 계급과 서열을 근거로 위계적으로 운영되는 권위주의적 계층적 조직에서는 효과가 크지 않을 수 있다.

④ 목표관리는 참여를 통한 목표 설정, 목표달성과정의 자율성, 성과에 따른 보상과 환류 등을 특징으로 한다.

⑤ 목표관리는 가시적이고 계량화된 목표를 중시하므로 양적 평가(정량적 평가)는 가능하나 질적 평가(정성적 평가)에는 한계가 있다.

06 난도 ★★☆　　　　　　　　　　정답 ④

조직론 > 조직의 양태와 조직유형

정답의 이유

④ 태스크포스는 특별한 임무를 수행하기 위하여 편성되는 임시조직으로, 관련 부서들을 횡적으로 연결시켜 여러 부서가 관련된 현안 문제를 해결하는 데 효과적인 조직 유형이다.

오답의 이유

① 동태적(탈관료적)인 조직은 공식적 규율과 통제에 의존하는 경직된 계층적 관계보다 Y이론적 인간관에 근거, 구성원의 자발적 참여를 통한 자율성을 높일 수 있는 유기적인 관계를 강조한다.

② 프로젝트 팀은 태스크포스와 함께 특별한 과제나 임무를 수행하기 위해 일시적으로 구성된 조직 형태이다.

③ 매트릭스 조직은 기능구조와 사업별 생산구조를 조합한 것으로, 구성원들은 명령계통의 원리를 벗어나 생산부서의 상관과 기능부서의 상관으로부터 이중적으로 지시를 받는 이중구조이다.

⑤ 애드호크라시는 다양한 전문인들로 구성되어 있기 때문에 수평적 분화의 정도는 높은 반면 수직적 분화의 정도는 낮다.

07 난도 ★☆☆　　　　　　　　　　정답 ①

지방행정론 > 지방자치단체와 국가

정답의 이유

① 특별지방행정기관의 소속 공무원은 지방공무원이 아니라 국가공무원이다. 따라서 상급기관과의 인사이동에 장벽이 없다. 실제로 중앙행정기관과 특별지방행정기관간 주기적인 인사이동이나 순환근무가 이루어진다.

오답의 이유

② 특별지방행정기관은 광역 단위 지방일선기관(지방청) 아래 말단 소속기관들을 두는 중층구조를 가진 경우가 많다. 지방경찰청 아래 경찰서나 지구대 등이 그 예다.

③ 특별지방행정기관은 중앙정부의 통제를 받는 일선하급기관으로 주민의 요구에 대한 대응이 둔감하고 지방자치에 역행하는 조직이다.

④ 특별지방행정기관은 자치단체보다 관할구역이 넓기 때문에 광역행정을 실현하기 위하여 특별지방행정기관의 설치가 필요할 경우가 있다.

⑤ 국가는 정부조직법 제3조에 따른 특별지방행정기관이 수행하고 있는 사무 중 지방자치단체가 수행하는 것이 더 효율적인 사무는 지방자치단체가 담당하도록 하여야 하며, 새로운 특별지방행정기관을 설치하고자 하는 때에는 그 기능이 지방자치단체가 수행하고 있는 기능과 유사하거나 중복되지 아니하도록 하여야 한다(지방자치분권 및 지역균형발전에 관한 특별법 제34조 제1항 · 제2항).

08 난도 ★☆☆   정답 ⑤

행정학총론 > 행정학의 주요 이론

정답의 이유

⑤ ㉠, ㉡, ㉢은 뉴거버넌스론의 특징에 해당하며 ㉣, ㉤은 신공공관리론의 특징에 해당한다. 뉴거버넌스론은 정치·행정 일원론적 성격을 지니며, 행정관료를 다양한 이해관계의 조정자나 중재자로 여긴다. 또한 시민을 국정관리의 한 주체로 인식하고 민주적 참여를 통해 정부에 대한 신뢰를 높인다. 신공공관리론은 정치·행정 이원론적 성격을 지니며, 행정관료를 공공기업가로 여긴다. 또한 성과에 대한 책심성을 통해 시민에 대한 대응성을 강조하고 공공부분의 효율성 제고를 위해 시장원리인 경쟁을 적극 활용한다.

09 난도 ★★☆   정답 ③

조직론 > 조직관리

정답의 이유

③ 로크(E. Locke)는 목표설정이론에서 달성하기 쉽고 단순한 목표보다 구체적이면서 곤란도가 높은 목표가 동기부여에 효과적이라고 하였다.

오답의 이유

① 브룸(V. Vroom)은 욕구충족과 직무수행 간의 직접적인 관련성을 강조하는 내용이론에 의문을 갖고 동기부여과정에서 사람마다 다르게 작용하는 주관적인 요인(기대감, 수단성, 유의성)을 강조하였다.

② 앨더퍼(C. Alderfer)는 욕구가 역순으로는 진행되지 않는다고 주장한 매슬로우(A. Maslow)와 달리 상위 욕구가 좌절될 경우 하위 욕구를 강조하게 되는 하향적 접근을 제시하였다.

④ 맥그리거(D. McGregor)는 저서 『기업의 인간적 측면』에서 매슬로우(A. Maslow)의 욕구계층이론을 토대로 인간의 본질에 관한 기본 가정을 X와 Y, 두 가지로 구분하였다.

⑤ 애덤스(J. Adams)는 공정성이론에서 자신이 투입한 노력과 보상 간 비율을 타인과 비교하여 불공정하다고 느낄 때 공정성을 실현하는(불공정을 제거하는) 방향으로 동기가 부여된다고 주장하였다.

10 난도 ★☆☆   정답 ⑤

행정학총론 > 행정학의 주요 이론

정답의 이유

⑤ 오스본(D. Osborne)과 게블러(T. Gaebler)의 「정부재창조론」이 영향을 준 것은 레이건 행정부가 아니라 클린턴(Clinton) 정부로, '정부재창조운동'의 이론적 기초가 되었다.

11 난도 ★☆☆   정답 ①

조직론 > 조직의 기초이론

정답의 이유

① 비공식조직은 공식조직 내에 형성된 자연발생적인 조직을 말한다.

오답의 이유

② 비공식조직은 구성원 간 공식적 업무과 관계없이 사적인 인간관계를 토대로 형성되는 자생조직이다.

③ 공식조직은 조직의 목표달성을 위해 공식적으로 업무와 역할이 할당된 조직이며, 비공식조직은 구성원의 인간적 관계 형성을 중요하게 여기는 조직이다.

④ 비공식조직은 구성원들의 심리적 안정감을 제고하고 공식조직의 경직성 완화, 업무 능률성 증대 등에 기여할 수 있다.

⑤ 비공식조직 간 적대감정이 생기면 공식조직이 와해되고, 공식조직 내 기능마비 현상이 나타날 수 있다.

12 난도 ★★☆   정답 ②

재무행정론 > 예산제도

정답의 이유

㉠ 사업별로 예산 산출 근거가 제시되므로 입법부의 예산심의가 용이하다.

㉢ 사업별로 예산을 편성하므로 예산과 사업의 연계가 용이하다.

㉤ 사업 중심의 예산이므로 품목별 예산제도에 비해 사업관리가 용이하다.

오답의 이유

㉡ 성과주의 예산의 편성단위는 최종적인 정책목표가 아니라 개별 단위사업이나 중간산출(output)에 초점을 두므로 정책목표의 설정이 곤란하고, 정책목표에 대한 인식도 부족하다. 정책목표 설정을 용이하게 하는 것은 계획예산제도이다.

㉣ 성과주의 예산제도는 업무측정단위, 즉 성과단위(work unit)에 의하여 업무량을 측정하고 업무단위당 단위원가를 산출해야 하는데 성과단위의 선정이 용이하지 않다.

㉥ 성과주의 예산제도에서 사업의 성과를 정확하게 측정하기 위해서는 현금주의보다 채권과 채무를 모두 인식하는 발생주의 회계 방식을 택하는 것이 용이하다.

13 난도 ★☆☆   정답 ④

정책론 > 정책결정모형

정답의 이유

④ 공공선택모형에 관한 설명이다. 공공선택모형에서는 독점적 정부관제가 정부실패를 가져오기 때문에 시민 개개인의 선호와 선택을 존중하고 경쟁을 통해 서비스를 생산하고 공급하게 함으로써 행정의 대응성을 높일 수 있다고 본다.

조직론 > 전자정부와 지식정부론

정답의 이유

ⓒ 행정기관 등의 장은 5년마다 해당 기관의 전자정부의 구현·운영 및 발전을 위한 기본계획을 수립하여 중앙사무관장기관의 장에게 제출하여야 한다(전자정부법 제5조의2 제1항).

ⓜ 전자정부의 경계는 국가기관, 지방자치단체, 공공기관 등 공공부문(G2G)만을 의미하는 것이 아니라 정부와 기업(G2B), 정부와 국민(G2C)과의 관계도 모두 포함된다.

오답의 이유

ⓖ 전자정부란 정보기술을 활용하여 행정기관 및 공공기관의 업무를 전자화하여 행정기관 등의 상호 간의 행정업무 및 국민에 대한 행정업무를 효율적으로 수행하는 정부를 말한다(전자정부법 제2조 제1호).

ⓛ 전자정부는 대내적으로는 후선지원업무(back office)에서의 효율성을, 대외적으로는 대민업무(front office)에서의 민주성을 행정이념으로 추구한다(전자정부법 제1조).

> **제1조(목적)**
> 이 법은 행정업무의 전자적 처리를 위한 기본원칙, 절차 및 추진방법 등을 규정함으로써 전자정부를 효율적으로 구현하고, 행정의 생산성, 투명성 및 민주성을 높여 국민의 삶의 질을 향상시키는 것을 목적으로 한다.

ⓔ 디지털예산회계시스템(dBrain)과 전자조달시스템(나라장터)은 IT기술을 이용하여 업무재설계를 통해 프로세스 중심으로 업무를 축소·재설계하고 정보시스템화한 것으로 평가할 수 있다.

---

15 난도 ★★★   **정답 ②**

지방행정론 > 지방자치단체와 주민

정답의 이유

② 지방재정법상 예산과정의 주민 참여 범위는 예산편성과 사업집행, 평가 등 예산과정에 참여할 수 있도록 규정하고 있다. 단, 예산의 심의·확정, 결산 승인 등 지방의회의 의결사항은 그 범위에서 제외된다(지방재정법 제39조 제1항).

> **제39조(지방예산 편성 등 예산과정의 주민 참여)**
> ① 지방자치단체의 장은 대통령령으로 정하는 바에 따라 지방예산 편성 등 예산과정(「지방자치법」 제47조에 따른 지방의회의 의결사항은 제외한다. 이하 이 조에서 같다)에 주민이 참여할 수 있는 제도를 마련하여 시행하여야 한다.

오답의 이유

① 주민참여예산은 주민들이 예산편성과정 등에 직접 참여하는 것으로, 재정민주주의 또는 재정거버넌스를 구현하기 위한 방안 중 하나이다.

---

③ 주민참여예산기구의 구성·운영과 그 밖에 필요한 사항은 해당 지방자치단체의 조례로 정하도록 하고 있다(지방재정법 제39조 제5항).

④ 예산의 심의, 결산의 승인 등 지방의회의 의결사항은 주민참여예산의 관여 범위가 아니다(지방재정법 제39조 제1항).

⑤ 주민참여예산제도의 운영을 위하여 지방자치단체장의 소속으로 주민참여예산위원회 등 주민참여예산기구를 둘 수 있다(지방재정법 제39조 제2항).

> **제39조(지방예산 편성 등 예산과정의 주민 참여)**
> ② 지방예산 편성 등 예산과정의 주민 참여와 관련되는 다음 각 호의 사항을 심의하기 위하여 지방자치단체의 장 소속으로 주민참여예산위원회 등 주민참여예산기구를 둘 수 있다.
>   1. 주민참여예산제도의 운영에 관한 사항
>   2. 제3항에 따라 지방의회에 제출하는 예산안에 첨부하여야 하는 의견서의 내용에 관한 사항
>   3. 그 밖에 지방자치단체의 장이 주민참여예산제도의 운영에 필요하다고 인정하는 사항

---

16 난도 ★★☆   **정답 ④**

조직론 > 조직관리

④ 화이트(R. White)와 리피트(R. Lippitt)가 11세의 보이스카우트 소년들을 대상으로 한 실험결과에 따르면, '민주형 - 권위형 - 자유방임형' 순으로 피험자들의 선호도가 높았으며, 민주형 리더십이 생산성과 산출물의 질 측면에서 가장 높은 성과를 이끌어 내는 것으로 조사되었다.

---

17 난도 ★★☆   **정답 ⑤**

지방행정론 > 지방자치단체와 국가

정답의 이유

ⓖ·ⓛ·ⓔ·ⓜ 농산물·임산물·축산물·수산물 및 양곡의 수급 조절에 관한 사무는 지방자치단체가 처리할 수 없는 국가사무이고, 나머지는 모두 지방자치단체의 사무에 해당한다(지방자치법 제13조 제2항).

> **제13조(지방자치단체의 사무 범위)**
> ② 제1항에 따른 지방자치단체의 사무를 예시하면 다음 각 호와 같다. 다만, 법률에 이와 다른 규정이 있으면 그러하지 아니하다.
>   1. 지방자치단체의 구역, 조직, 행정관리 등
>   2. 주민의 복지증진
>   3. 농림·수산·상공업 등 산업 진흥
>   4. 지역개발과 자연환경보전 및 생활환경시설의 설치·관리
>   5. 교육·체육·문화·예술의 진흥
>   6. 지역민방위 및 지방소방
>   7. 국제교류 및 협력

정책론 > 정책론의 기초이론

[정답의 이유]

③ 정책결정과정에서 분배정책의 경우 규제정책보다 선심성 예산 배분인 나눠먹기나 투표 담합인 담합 현상이 발생하기 쉽다.

[오답의 이유]

① 규제정책은 국가 공권력(법규)을 통해 관계 당사자의 순응을 강제하기 때문에 정책의 실효성은 높지만 행정권 남용의 가능성이 크다.

② 다원주의 정치와 조합주의 정치보다 엘리트 중심의 정치에서 편견의 동원에 의한 무의사결정 현상이 나타날 가능성이 크다.

④ 합리모형이 분석과 계산에 의존하는 계량적 접근방법이라면, 점증모형은 협상, 타협, 시행착오 등에 의존하는 경험적 접근방법에 가깝다.

⑤ 무의사결정은 엘리트들이 정책의제 채택을 방해하는 것으로 주로 의제채택과정에서 나타나지만 정책결정이나 집행 등 모든 정책과정 전반에 걸쳐 발생할 수 있다.

행정학총론 > 행정학의 기초이론

[정답의 이유]

⑤ 정부규제의 실패를 설명하는 툴락(Tullock)의 지대추구이론에 따르면, 정부는 개인이나 기업에게 제한된 공공재화를 배분하거나 경제행위를 할 수 있는 인허가 권한을 내주는 규제과정을 통하여 기업의 자릿값(지대, rent)을 만들어주게 되고, 기업은 이를 획득하려는 비생산적인 로비활동, 즉 지대추구행위를 조장하게 한다.

[오답의 이유]

① 정부규제는 교차보조 및 보호적 규제와 같이 경제주체들 간의 이해관계를 변화시켜 소득재분배 효과를 낳을 수 있다. 예를 들면, 일반대중들이 주로 이용하는 시내전화는 원가 이하로 이용료를 부가하게 하고 반면에 시외전화나 국제전화는 비싸게 하여 시내전화의 손실 부분을 시외전화와 국제전화요금으로 보전하는 것이다.

② 외부성이 존재하는 경우 효율적인 자원배분을 저해하므로 사회적 비용(외부불경제) 혹은 사회적 편익(외부경제)을 내부화할 필요성이 있다.

③ 자유시장이 자원배분에 효율적이더라도 사회적으로 바람직하지 않은 재화, 즉 비가치재의 생산이나 유통은 국가의 윤리적·도덕적 판단 차원에서 정부가 규제하는 것이 정당화될 수 있다.

④ 코즈의 정리란 시장에 외부성이 존재하더라도 거래비용(외부효과를 치유하기 위한 비용)이 적게 들어가고 소유권이 명확하다면 시장의 자발적 거래에 맡겨 정부개입은 신중해야 한다는 이론이다. 그러나 코즈의 정리가 내세운 전제조건과는 달리 자발적 거래에 필요한 완벽한 정보는 존재하기 어려우며, 자발적 거래에도 비용이 발생할 수 있다는 문제점이 있다.

정책론 > 정책결정

[정답의 이유]

④ 사업의 기간이 길어질수록 현재가치는 작아진다.

[오답의 이유]

① 비용편익분석은 총체주의(합리주의)에 근거한 총체적 예산결정 시 유용한 대안탐색 기법으로 사용된다.

② 내부수익률은 비용과 편익의 현재가치를 같도록 만들어주는 할인율을 의미한다. 즉, 순현재가치(편익-비용)를 0으로, 편익-비용비율을 1로 만드는 할인율을 말한다.

③ 형평성이라는 평가기준이 요구되는 재분배정책의 경우 공공사업의 분배적 효과를 감안한 타당성 평가를 하여야 하는데 이를 위해서 소득계층별로 다른 분배가중치(distributional weight)를 적용해 계층별 순편익을 조정·결정할 수 있다.

⑤ 현실에서는 비용편익분석을 하는 과정에서 의도적인 왜곡평가를 하려는 유인이 강하게 존재하므로 객관적 평가가 어려울 수 있다.

재무행정론 > 예산제도

[정답의 이유]

⑤ 영기준 예산제도에서 경직성 경비는 법률의 개정 없이는 삭감이 어렵기 때문에 경직성 경비가 많으면 예산삭감에 실패할 수 있다.

[오답의 이유]

① 방대한 의사결정 패키지의 우선순위를 정하는 과정에서 의사결정자들의 주관적 판단이 개입될 여지가 있다.

② 영기준 예산제도는 모든 것을 백지상태에서 시작하는 예산제도이기에 과거연도의 예산지출을 고려하지 않는다.

③ 동일 사업에 대해 전년도보다 더 낮은 수준, 동일 수준, 더 높은 수준으로 나누어 예산배분 수준별로 평가한 후 예산이 편성된다.

④ 총체주의적 예산제도이기 때문에 계속사업의 예산이 점증적으로 증가하는 과정에서 발생하는 비효율을 개선한다.

행정학총론 > 행정의 이념(가치)

[정답의 이유]

① 공익 과정설은 공익 실체설의 주장을 행정의 정당성과 통합성을 확보하기 위한 상징적 수사로 간주한다. 과정설에서는 실체설이 주장하는 절대적 가치나 도덕적 선 등은 구체적인 정책결정의 기준이 될 수 없다고 본다.

23 난도 ★☆☆

인사행정론 > 임용과 능력발전

정답의 이유

② 최근의 공무원 교육훈련은 과거 일방적으로 지식을 전달하는 교수자 중심 체제에서부터 훈련생 주도의 교육훈련의 형태로 변화되고 있다. 즉, 강의식 · 주입식 학습에서 훈련생이 스스로 경험하면서 배우는 체험식 · 토론식 · 참여식 학습으로 방향이 전환되고 있다.

24 난도 ★☆☆

정답 ③

재무행정론 > 예산제도

정답의 이유

③ 예산집행의 유효기간인 회계연도는 1년이지만 '예산편성 – 예산심의 · 의결 – 예산집행 – 예산결산'으로 이루어진 예산 주기는 3년이다.

오답의 이유

① 예산결산특별위원회는 소관 상임위원회의 예비심사 내용을 존중하여야 하며, 소관 상임위원회에서 삭감한 세출예산 각 항의 금액을 증가하게 하거나 새 비목을 설치할 경우에는 소관 상임위원회의 동의를 받아야 한다. 다만, 새 비목의 설치에 대한 동의 요청이 소관 상임위원회에 회부되어 회부된 때부터 72시간 이내에 동의 여부가 예산결산특별위원회에 통지되지 아니한 경우에는 소관 상임위원회의 동의가 있는 것으로 본다(국회법 제84조 제5항).

② 기획재정부장관은 예산배정요구서에 따라 분기별 예산배정계획을 작성하여 국무회의의 심의를 거친 후 대통령의 승인을 얻어야 한다(국가재정법 제43조 제1항).

④ 2007년부터 시행된 국가재정운용계획은 다년간의 재정수요와 가용재원을 예측하여 거시적 관점에서 기획과 예산을 연계함으로써 합리적으로 자원을 배분하기 위한 제도로서 단년도 예산의 기본틀이 된다. 전체 재정계획 5년 기간을 유지하면서 중심연도를 기준으로 1년씩 움직여가는 연동계획(rolling plan) 형태로 작성된다.

⑤ 예산이 효력을 갖는 일정기간을 회계연도라 한다. 국가의 회계연도는 매년 1월 1일에 시작하여 12월 31일에 종료된다(국가재정법 제2조).

25 난도 ★★☆

정답 ④

인사행정론 > 인사행정의 기초이론

정답의 이유

④ 교육혜택을 받지 못한 소외계층에게 공직진출의 기회를 보장하는 대표관료제는 능력 중심 임용인 실적주의 원칙에 반하므로 행정능률성을 저해할 수 있다.

행정학

국회직

행정학 | 2022년 국회직 8급

✓ **빠른 정답**

01	02	03	04	05	06	07	08	09	10
①	⑤	⑤	④	③	③	②	③	①	④
11	12	13	14	15	16	17	18	19	20
⑤	①	②	②	④	⑤	③	②	②	⑤
21	22	23	24	25					
③	③	②	④	①					

✓ **점수 체크**

구분	1회독	2회독	3회독
맞힌 문항 수	/ 25	/ 25	/ 25
나의 점수	점	점	점

01 난도 ★★☆　　　　　　　　　　　정답 ①

행정학총론 > 행정의 이념(가치)

정답의 이유

㉠ 공익의 과정설은 공익을 타협과 협상의 결과로 인식하기 때문에
십난이기주의의 폐단이 발생할 수 있다.

㉡ 롤스(J. Rawls)는 정의의 제1원리(평등한 자유의 원리)와 제2원
리(기회균등의 원리 및 차등의 원리)가 충돌할 때 제1원리가 우
선하고, 제2원리 중에서 기회균등의 원리와 차등의 원리가 충돌
할 때는 차등의 원리가 우선한다고 주장하였다.

오답의 이유

㉢ 공익을 현실주의, 경험주의 혹은 개인주의적인 개념으로 접근하
는 것은 공익의 과정설이다.

㉣ 롤스(J. Rawls)의 정의관은 자유방임주의에 의거한 전통적 자유
주의와 생산수단의 사회적 소유를 주장하는 사회주의의 양극단
을 지양하고 평등의 조화를 추구하는 중도적(절충적) 입장을 취
한다.

02 난도 ★★☆　　　　　　　　　　　정답 ⑤

조직론 > 조직관리

정답의 이유

⑤ 셍게(P. Senge)가 제시한 학습조직 구축을 위한 다섯 가지 수련
방법은 자기완성, 사고의 틀, 공유된 비전, 집단학습, 시스템적
사고이다. 학습효과를 극대화하기 위한 관리자의 리더십은 이에
해당하지 않는다.

03 난도 ★★☆　　　　　　　　　　　정답 ⑤

재무행정론 > 예산과정

정답의 이유

⑤ 현금주의 회계방식은 화폐자산과 차입금 등 현금을 측정대상으
로 하지만, 발생주의 회계방식은 재무자원(현금성 유동자원)과
비재무자원(고정자산, 고정부채, 감가상각비 등 비유동성자원)
을 포함한 모든 형태의 경제적 자원을 측정대상으로 한다.

오답의 이유

① 재정상태표와 재정운영표 모두 현금주의가 아닌 발생주의가 적
용된다.

② 현금주의 회계방식은 정보의 적시성을 확보할 수 없으며, 발생
주의 회계방식은 회계처리의 객관성 확보가 곤란하다.

③ 현금주의 회계방식은 재정 건전성 확보가 곤란하며, 발생주의
회계방식은 이해와 통제가 곤란하다.

④ 의회통제를 회피하기 위해 악용될 가능성이 있는 회계제도는 현금주의가 아니라 발생주의 회계방식이다. 발생주의는 복잡하고 객관성이 결여되어 의회의 재정통제가 용이하지 않다.

04 난도 ★★☆   정답 ④

정책론 > 정책결정

정답의 이유

ⓒ 경로분석은 연장적 예측인 경향분석과 달리 인과경로를 분석하는 것으로 회귀분석의 일종이다. 따라서 이론적 예측, 즉 예견에 해당한다.

ⓜ 자료전환법은 투사에 해당하는 경향분석의 일종으로 회귀직선을 성장과정이나 쇠퇴과정에 적용하는 기법이다.

ⓢ 격변예측기법은 투사에 해당하는 경향분석의 일종으로 한 변수의 작은 변화에 의한 다른 변수의 극적인 변화를 추정하는 기법이다.

더 알아보기

정책대안 예측유형

예측유형	접근방법	근거	기법
투사	추세 연장적 예측	지속성과 규칙성	• 시계열분석 • 선형경향추정 • 비선형경향추정(지수가중, 자료변환) • 불연속추정(격변예측방법론) • 최소자승경향추정
예견	이론적 예측	이론	• 선형계획 • 회귀분석 • 상관관계 분석 • 이론지도작성(구조모형) • 인과모형화 • 구간추정 • 경로분석
추측	주관적 예측	주관적 판단	• 델파이기법 • 패널기법 • 브레인스토밍 • 교차영향분석 • 실현가능성평가 • 명목집단기법 • 스토리보딩 • 변증법적 토론

05 난도 ★★☆   정답 ③

인사행정론 > 사기양양과 근무규율

정답의 이유

③ 퇴직공무원도 규약으로 정하는 자는 공무원노조에 가입할 수 있다(공무원의 노동조합 설립 및 운영 등에 관한 법률 제6조 제1항 제4호).

제6조(가입 범위)

① 노동조합에 가입할 수 있는 사람의 범위는 다음 각 호와 같다.

1. 일반직 공무원
2. 특정직 공무원 중 외무영사직렬 · 외교정보기술직렬 외무공무원, 소방공무원 및 교육공무원(다만, 교원은 제외한다)
3. 별정직 공무원
4. 제1호부터 제3호까지의 어느 하나에 해당하는 공무원이었던 사람으로서 노동조합 규약으로 정하는 사람

오답의 이유

① 노동조합과 그 조합원은 정치활동을 하여서는 아니 된다(공무원의 노동조합 설립 및 운영 등에 관한 법률 제4조).

② 직급 제한이 폐지되어 모든 일반직 공무원은 공무원노조에 가입할 수 있게 되었다(공무원의 노동조합 설립 및 운영 등에 관한 법률 제6조 제1항 제1호).

④ 소방공무원과 교육공무원도 공무원의 노동조합 설립 및 운영 등에 관한 법률상 공무원노조에 가입 가능하다. 다만, 교원은 교원의 노동조합 설립 및 운영 등에 관한 법률에 따라 공무원 노동조합이 아닌 교원노조에 가입할 수 있다.

⑤ 교정 · 수사 등에 관한 업무에 종사하는 공무원은 노동조합에 가입할 수 없다(공무원의 노동조합 설립 및 운영 등에 관한 법률 제6조 제2항 제3호).

제6조(가입 범위)

② 제1항에도 불구하고 다음 각 호의 어느 하나에 해당하는 공무원은 노동조합에 가입할 수 없다.

3. 교정 · 수사 등 공공의 안녕과 국가안전보장에 관한 업무에 종사하는 공무원

06 난도 ★★★   정답 ③

정책론 > 정책결정

정답의 이유

③ 비용효과분석은 효과를 금전 및 비금전으로 표시할 수 있으므로 시장가격에 대한 의존도가 낮아 민간부문의 사업대안 분석보다는 외부효과나 무형적 가치 등을 분석해야 하는 공공부문(국방, 치안 등)의 사업분석에 더 유용하다.

오답의 이유

① 모든 관련 요소를 공통의 가치 단위인 금전으로 측정하는 것은 비용효과분석이 아니라 비용편익분석이다.

② 비용효과분석은 정책대안의 기술적 합리성을 강조하며, 경제적 합리성은 비용편익분석에서 강조된다.

④ 비용효과분석은 효과를 금전으로 표시하지 않아도 되므로 외부효과나 무형적 가치 분석에 적합하다.

⑤ 변동하는 비용과 효과의 분석(변동비용효과분석)은 비용도 다르고 효과도 다른 사업들을 서로 비교 · 분석하는 것으로 비용효과분석에는 적합하지 않다. 비용효과분석은 비용이 동일하거나(고정비용분석) 효과가 동일한 경우(고정효과분석)에만 활용 가능하다.

행정학총론 > 행정학의 주요 이론

정답의 이유

② 오스본(D. Osborne)과 개블러(T. Gaebler)의 「정부재창조론」에서 정부 운영의 원리는 기업가적 정부로서 규칙 및 역할 중심 관리방식에서 사명(임무) 지향적 관리방식으로 전환되어야 함을 강조한다.

오답의 이유

① 정부의 새로운 역할로 노젓기보다는 방향잡기를 강조한다.

③ 치료 중심적 정부보다는 예방적 정부로 바뀌어야 함을 강조한다.

④ 독점적 공급보다는 행정서비스 제공에 경쟁 개념 도입을 강조한다.

⑤ 서비스를 정부가 직접 제공하기보다는 주민에게 권한을 부여하는 방향으로 전환되어야 함을 강조한다.

08 난도 ★★★　　　　　　　　　　　　　　　　정답 ③

정책론 > 정책집행과 기획

정답의 이유

③ 정책지지연합모형은 정책을 둘러싼 지지연합들의 신념체계, 정책학습 등의 요인으로 인하여 경쟁하는 과정에서 정책변동이 발생한다고 보는 모형으로, 정책하위체제에 초점을 두고 정책변화를 이해하려고 한다.

09 난도 ★★☆　　　　　　　　　　　　　　　　정답 ①

행정학총론 > 행정학의 이론전개

정답의 이유

(가) 행정조직의 공식적 측면을 강조한 행정관리학파는 윌슨(Wilson)의 「행정의 연구」(1887) 이후 19세기 말부터 1930년대까지의 전통적인 초기 행정학파로, 베버(Weber)의 관료제를 미국 조직구조의 틀로 이해하였다.

(나) 신공공관리론은 시장주의와 신관리주의의 결합으로, 1980년대 거대정부의 문제점을 극복하기 위한 신자유주의를 기반으로 등장하였다.

(다) 행정과학의 적실성에 대한 논쟁은 1940년대 행정학의 학문적 성립 가능성에 의문을 제기한 다알(Dahl)과 가치와 사실을 구분하여 행정학의 과학화를 중시한 사이먼(Simon) 간의 논쟁을 말한다.

(라) 거버넌스 이론은 공공부문의 일방적 축소를 강조한 신공공관리론에 대한 반발로 진보주의를 바탕으로 1990년대에 등장하였다.

(마) 가치문제를 중시하는 신행정론은 1960년대 말 미국 사회의 수많은 사회문제(빈곤, 차별, 폭동 등)를 해결하기 위하여 후기행태론에 근거하여 등장하였다.

(바) 비교행정론과 발전행정론은 제2차 세계대전 이후 개발도상국의 행정 현상을 진단하고 실천적인 발전전략을 모색하기 위하여 1950년대 말에 등장하였다.

따라서 미국 행정학의 발달과정을 순서대로 나열한 것은 ① (가) − (다) − (바) − (마) − (나) − (라)이다.

10 난도 ★★☆　　　　　　　　　　　　　　　　정답 ④

조직론 > 조직관리기법

정답의 이유

④ 재무적 관점은 매출액, 수익률 등 과거지향적 관점으로 전통적인 후행 성과지표이다.

오답의 이유

① 균형성과표는 재무적 관점과 비재무적 관점을 모두 포함함으로써 결과에만 초점을 둔 재무지표 방식의 성과관리에 대한 대안으로 개발되었다.

② 균형성과표는 재무적 관점과 비재무적 관점의 균형, 단기적 관점과 장기적 관점의 균형을 중시한다.

③ 균형성과표는 고객관점의 성과지표로 고객만족도, 민원인의 불만율, 신규고객의 증감 등을 제시한다.

⑤ 균형성과표는 조직이 구성원에게 전하는 메시지가 성과지표의 형태로 전달된다는 점에서 의사소통도구로 기능한다.

더 알아보기

균형성과표의 4대 관점과 성과지표

4대 관점	성과지표
재무적 관점	선행적 지표가 아닌 후행적 지표로서 순익이나 매출액, 매출, 자본 수익률, 예산 대비 차이
고객관점	고객만족도, 정책순응도, 민원인의 불만율, 신규 고객의 증감
내부적(업무처리) 관점	의사결정 과정의 시민참여, 적법적 절차, 커뮤니케이션 구조
학습 성장 관점	학습동아리의 수, 제안건수, 직무만족도

11 난도 ★☆☆　　　　　　　　　　　　　　　　정답 ⑤

인사행정론 > 인사행정의 기초이론

정답의 이유

⑤ 계급제는 인간 중심의 공직분류제도로 담당할 직무와 관계없이 특정인의 능력과 신분, 학력에 따라 인사를 할 수 있어 인사배치의 신축성과 융통성을 기할 수 있다.

오답의 이유

① 직위분류제는 업무 분담과 직무분석으로 합리적인 정원관리 및 사무관리에 유리하다.

② 직위분류제는 권한과 책임의 명확화를 통해 전문화되고 체계적인 조직관리가 가능한 인사제도이다.

③ 직위분류제는 동일 직무에 대한 동일 보수의 원칙을 따르는 직무급 제도를 통해 합리적인 보수체계를 확립할 수 있다.

④ 직위분류제는 직무의 종류 · 책임도 · 곤란도에 따라 공직을 분류하므로 시험 · 임용 · 승진 · 전직을 위한 합리적인 기준을 제공해줄 수 있다.

12 난도 ★☆☆　　　　　　　　　　정답 ①

지방행정론 > 지방자치단체와 주민

정답의 이유

① 주민참여예산제는 지방자치법이 아닌 지방재정법에 규정되어 있다(지방재정법 제39조 제1항).

> **제39조(지방예산 편성 등 예산과정의 주민 참여)**
> ① 지방자치단체의 장은 대통령령으로 정하는 바에 따라 지방예산 편성 등 예산과정(「지방자치법」 제47조에 따른 지방의회의 의결사항은 제외한다. 이하 이 조에서 같다)에 주민이 참여할 수 있는 제도(이하 이 조에서 "주민참여예산제도"라 한다)를 마련하여 시행하여야 한다.

오답의 이유

② 주민투표제는 지방자치법 제18조에 근거를 두고 있다.

> **제18조(주민투표)**
> ① 지방자치단체의 장은 주민에게 과도한 부담을 주거나 중대한 영향을 미치는 지방자치단체의 주요 결정사항 등에 대하여 주민투표에 부칠 수 있다.
> ② 주민투표의 대상·발의자·발의요건, 그 밖에 투표절차 등에 관한 사항은 따로 법률로 정한다.

③ 주민감사청구제는 지방자치법 제21조에 근거를 두고 있다.

> **제21조(주민의 감사 청구)**
> ① 지방자치단체의 18세 이상의 주민으로서 다음 각 호의 어느 하나에 해당하는 사람(「공직선거법」 제18조에 따른 선거권이 없는 사람은 제외한다. 이하 이 조에서 "18세 이상의 주민"이라 한다)은 시·도는 300명, 제198조에 따른 인구 50만 이상 대도시는 200명, 그 밖의 시·군 및 자치구는 150명 이내에서 그 지방자치단체의 조례로 정하는 수 이상의 18세 이상의 주민이 연대 서명하여 그 지방자치단체와 그 장의 권한에 속하는 사무의 처리가 법령에 위반되거나 공익을 현저히 해친다고 인정되면 시·도의 경우에는 주무부장관에게, 시·군 및 자치구의 경우에는 시·도지사에게 감사를 청구할 수 있다.
> 　1. 해당 지방자치단체의 관할 구역에 주민등록이 되어 있는 사람
> 　2. 「출입국관리법」 제10조에 따른 영주(永住)할 수 있는 체류자격 취득일 후 3년이 경과한 외국인으로서 같은 법 제34조에 따라 해당 지방자치단체의 외국인등록대장에 올라 있는 사람

④ 주민소송제는 지방자치법 제22조에 근거를 두고 있다.

> **제22조(주민소송)**
> ① 제21조 제1항에 따라 공금의 지출에 관한 사항, 재산의 취득·관리·처분에 관한 사항, 해당 지방자치단체를 당사자로 하는 매매·임차·도급 계약이나 그 밖의 계약의 체결·이행에 관한 사항 또는 지방세·사용료·수수료·과태료 등 공금의 부과·징수를 게을리한 사항을 감사 청구한 주민은 다음 각 호의 어느 하나에 해당

하는 경우에 그 감사 청구한 사항과 관련이 있는 위법한 행위나 업무를 게을리한 사실에 대하여 해당 지방자치단체의 장(해당 사항의 사무처리에 관한 권한을 소속 기관의 장에게 위임한 경우에는 그 소속 기관의 장을 말한다. 이하 이 조에서 같다)을 상대방으로 하여 소송을 제기할 수 있다.
> 　1. 주무부장관이나 시·도지사가 감사 청구를 수리한 날부터 60일(제21조 제9항 단서에 따라 감사기간이 연장된 경우에는 연장된 기간이 끝난 날을 말한다)이 지나도 감사를 끝내지 아니한 경우
> 　2. 제21조 제9항 및 제10항에 따른 감사 결과 또는 같은 조 제12항에 따른 조치 요구에 불복하는 경우
> 　3. 제21조 제12항에 따른 주무부장관이나 시·도지사의 조치 요구를 지방자치단체의 장이 이행하지 아니한 경우
> 　4. 제21조 제12항에 따른 지방자치단체의 장의 이행 조치에 불복하는 경우

⑤ 주민소환제는 지방자치법 제25조에 근거를 두고 있고 청구요건과 절차 등 구체적인 사항은 주민소환법에 규정되어 있다.

> **제25조(주민소환)**
> ① 주민은 그 지방자치단체의 장 및 지방의회의원(비례대표 지방의회의원은 제외한다)을 소환할 권리를 가진다.

13 난도 ★★☆　　　　　　　　　　정답 ②

조직론 > 조직의 기초이론

정답의 이유

② 프랑스의 앙리 페이욜(H. Fayol)은 현장의 일선노동자의 직무관찰에 치중했던 미국의 테일러(F. Taylor)와는 달리 최고관리자의 관점에서 14가지 조직 관리의 원칙(분업, 계층제, 규율, 명령 일원화, 집권화, 단결의 원칙 등)을 제시하였다.

오답의 이유

① 테일러(F. Taylor)는 「과학적 관리법」(1911)에서 조직의 생산성과 능률성을 향상시키기 위해 관리자의 주먹구구식 직관보다는 과학적인 관리방법에 따를 것을 강조하였다.

③ 귤릭(L. Gulick)이 제시한 최고관리자의 기능 중에는 협력이 포함되어 있지 않다. 그가 주장한 POSDCoRB(최고관리자의 7대 기능) 중 Co는 협력(Cooperation)이 아닌 조정(Coordination)이다.

④ 베버(M. Weber)는 근대관료제가 카리스마적 지배가 아닌 합리적 합법적 지배를 받는다고 주장하였다. 카리스마적 지배를 바탕으로 하는 것은 과도기적 사회의 카리스마적 관료제이다.

⑤ 인간관계론을 대표하는 메이요(E. Mayo)의 호손실험은 공식조직이 아니라 비공식조직의 중요성을 강조하였다.

14 난도 ★☆☆　　　　　　　　　　　　　　　정답 ②

행정학총론 > 행정학의 이론전개

정답의 이유

② 피터스(B. Guy Peters)의 거버넌스모형 중 시장모형의 구조 개혁 방안은 분권화된 조직이다. 시장모형은 독점성을 정부실패의 원인으로 보고 아닌 분권화된 조직을 구조개혁의 처방으로 제시하였다.

오답의 이유

①·③ 참여정부모형은 기존 조직에 있어 계층제를 문제 삼으며 평면조직을 대안으로 제시하였다.

④ 가상조직은 영구성을 문제 삼는 신축적 정부모형의 조직개혁방안이다.

⑤ 기업가적 정부는 탈내부규제모형의 정책결정방안이다.

더 알아보기

피터스(B. Guy Peters)의 거버넌스모형

구분	전통적 정부	시장 정부	참여 정부	신축적 정부	탈규제 정부
문제 진단	전근대적 권위	독점	계층제	영속성	내부규제
구조의 개혁방안	계층제	분권화	평면 조직	가상조직	통제기관의 평가기 관화
관리의 개혁방안	직업공무 원제, 절차적 통제	민간부문 의 기법	TQM, 팀제	가변적 인사관리	관리재량 권의 확대
정책결정 개혁방안	정치·행정 이원론	내부시장, 시장적 유인	참여와 의사소통 의 활성화	실험	기업가적 정부
조정	명령	보이지 않는 손	하의상달	조직개편	관리자의 이익
공무원 제도	직업공무 원제	시장기제 로 대체	계층제의 축소	임시 고용제	내부규제 철폐
공익 기준	안정성	저비용	참여, 협의	저비용, 조정	창의성

15 난도 ★☆☆　　　　　　　　　　　　　　　정답 ④

정책론 > 정책의 본질과 유형

정답의 이유

④ 규제의 감지된 편익은 소수에게 집중되는 반면, 감지된 비용은 다수에게 분산되는 유형은 고객정치이다.

오답의 이유

① 대중정치는 규제의 감지된 비용과 편익 모두 다수에게 분산되는 유형이다.

② 이익집단정치는 규제의 감지된 비용과 편익이 모두 소수에게 집중되는 유형이다.

③ 과두정치는 윌슨(James Q. Wilson)의 규제정치이론에 해당하지 않는다.

⑤ 기업가정치는 규제의 감지된 비용은 소수에게 집중되지만, 감지된 편익은 다수에게 분산된다.

더 알아보기

윌슨(James Q. Wilson)의 규제정치이론

구분		감지된 규제의 편익	
		집중	분산
감지된 규제의 비용	집중	이익집단정치	기업가적 정치
	분산	고객정치	대중정치

16 난도 ★☆☆　　　　　　　　　　　　　　　정답 ⑤

조직론 > 조직관리

정답의 이유

⑤ 앨더퍼(C. Alderfer)는 매슬로우(A. Maslow)의 욕구계층이론을 수정하여 인간의 욕구를 생존(존재), 관계, 성장의 3단계로 구분하였다.

오답의 이유

① 브룸(V. Vroom)은 기대이론에서 동기의 강도가 행동이 일정한 결과로 이어진다는 기대감과 결과에 대한 선호의 정도에 달려 있다고 주장하였다.

② 맥그리거(D. McGregor)는 X·Y이론에서 X이론은 주로 하위욕구를, Y이론은 주로 상위욕구를 중요시한다고 주장하였다.

③ 매슬로우(A. Maslow)는 욕구계층이론에서 인간의 욕구는 생리적 욕구, 안전의 욕구, 소속의 욕구(사회적 욕구), 존경에 대한 욕구, 자아실현의 욕구의 순서에 따라 유발된다고 주장하였다.

④ 허즈버그(F. Herzberg)는 욕구충족 이원론에서 조직구성원에게 불만족을 주는 위생요인과 만족을 주는 동기요인이 각각 별개로 존재한다고 주장하였다.

17 난도 ★★☆　　　　　　　　　　　　　　　정답 ③

재무행정론 > 재무행정의 기초이론

정답의 이유

③ 세출예산은 소관·장·관·항·세항·세세항·목으로 구분하고, 세입예산은 관·항·목으로 구분한다.

오답의 이유

① 세입세출예산은 일반회계와 특별회계로 구분한다. 기금은 세입세출예산외로 운영된다.

② 헌법상 독립기관인 국회의 예산에는 예비비 외 별도의 예비금을 두며 국회사무총장이 이를 관리한다.

④ 국가가 특정한 목적을 위해 특정한 자금을 신축적으로 운영하기 위해 법률로써 설치하는 자금은 기금이다.

⑤ 국회에 예산안이 제출되면 본회의에서 대통령의 시정연설이 이루어진다.

18 난도 ★☆☆   정답 ②

재무행정론 > 재무행정의 기초이론

정답의 이유

㉠·㉣·㉧ 모두 국세에 해당한다. 증여세와 종합부동산세는 보통세이며, 농어촌특별세는 목적세이다.

오답의 이유

㉡·㉢·㉤·㉥·㉦ 모두 지방세에 해당한다.

19 난도 ★☆☆   정답 ②

지방행정론 > 지방자치단체의 조직

정답의 이유

② 교육기관의 설치, 이전 및 폐지는 지방자치단체의 장이 아니라 교육감의 권한이다(지방교육자치에 관한 법률 제32조).

> **제32조(교육기관의 설치)**
> 교육감은 그 소관 사무의 범위 안에서 필요한 때에는 대통령령 또는 조례로 정하는 바에 따라 교육기관을 설치할 수 있다.

오답의 이유

① 자치단체장은 지방의회에 조례안 등 의안을 제출할 수 있다(지방자치법 제76조).

> **제76조(의안의 발의)**
> ① 지방의회에서 의결할 의안은 지방자치단체의 장이나 조례로 정하는 수 이상의 지방의회의원의 찬성으로 발의한다.
> ② 위원회는 그 직무에 속하는 사항에 관하여 의안을 제출할 수 있다.
> ③ 제1항 및 제2항의 의안은 그 안을 갖추어 지방의회의 의장에게 제출하여야 한다.
> ④ 제1항에 따라 지방의회의원이 조례안을 발의하는 경우에는 발의 의원과 찬성 의원을 구분하되, 해당 조례안의 제명의 부제로 발의 의원의 성명을 기재하여야 한다. 다만, 발의 의원이 2명 이상인 경우에는 대표발의 의원 1명을 명시하여야 한다.
> ⑤ 지방의회의원이 발의한 제정조례안 또는 전부개정조례안 중 지방의회에서 의결된 조례안을 공표하거나 홍보하는 경우에는 해당 조례안의 부제를 함께 표기할 수 있다.

③ 지방자치단체의 장은 조례나 규칙으로 정하는 바에 따라 그 권한에 속하는 사무의 일부를 보조기관, 소속 행정기관 또는 하부 행정기관에 위임할 수 있다(지방자치법 제117조 제1항).

④ 지방자치단체의 장은 법령 또는 조례의 범위에서 그 권한에 속하는 사무에 관하여 규칙을 제정할 수 있다(지방자치법 제29조).

⑤ 지방자치단체의 장은 주민에게 과도한 부담을 주거나 중대한 영향을 미치는 지방자치단체의 주요 결정사항 등에 대하여 주민투표에 부칠 수 있다(지방자치법 제18조 제1항).

20 난도 ★★☆   정답 ⑤

지방행정론 > 지방행정의 기초이론

정답의 이유

⑤ 티부(C. Tiebout) 모형은 지방정부에 의한 행정의 효율성을 강조한 이론으로, 선택 가능한 다수의 마을이 존재해야 한다고 전제한다.

오답의 이유

① 지방정부의 재원에 외부에서 유입되는 국고보조금 등은 포함되지 않아야 한다고 전제한다.

② 지방정부의 공공서비스에 외부효과가 발생하지 않아야 한다. 즉, 당해 자치단체의 서비스 혜택은 당해 자치단체 지역주민들만 누려야 한다고 전제한다.

③ 고용기회와 관련된 제약조건은 거주지역 결정에 왜곡을 초래할 수 있으므로 모든 지역에서 동일하다고 가정하고 이를 고려하지 않아야 한다고 전제한다.

④ 개인은 자신의 선호에 따라 거주지역을 자유롭게 선택 또는 이동할 수 있어야 한다고 전제한다.

21 난도 ★★☆   정답 ③

조직론 > 조직의 구조형태

정답의 이유

③ 소속책임운영기관에는 대통령령으로 정하는 바에 따라 소속 기관을 둘 수 있다(책임운영기관의 설치·운영에 관한 법률 제15조 제1항).

오답의 이유

① 행정안전부장관은 5년 단위로 책임운영기관의 관리 및 운영 전반에 관한 기본계획(중기관리계획)을 수립하여야 한다(책임운영기관의 설치·운영에 관한 법률 제3조의2 제1항).

② 중앙책임운영기관의 장의 임기는 2년으로 하되, 한 차례만 연임할 수 있다(책임운영기관의 설치·운영에 관한 법률 제40조).

④ 중앙책임운영기관의 장은 고위공무원단에 속하는 공무원을 제외한 소속 공무원에 대한 일체의 임용권을 가진다(책임운영기관의 설치·운영에 관한 법률 제47조 제1항).

⑤ 행정안전부장관 소속하에 설치된 책임운영기관운영위원회는 위원장 및 부위원장 각 1명을 포함한 15명 이내의 위원으로 구성한다(책임운영기관의 설치·운영에 관한 법률 제50조 제1항).

22 난도 ★★☆   정답 ③

정책론 > 정책결정이론

정답의 이유

③ 최대최솟값 기준이란 최솟값 가운데 가장 큰 대안을 선택하는 의사결정원리로 최소극대화 의사결정원리라고도 한다. 최대최솟값 기준에 따르면 시민의 이용수요가 가장 낮을 경우에도 대안의 이득이 최소 20에 달하는 대안 A2가 최선의 대안이 된다. 만약 최대최댓값 기준에 따른 의사결정을 한다면 최댓값이 100으로 가장 큰 A3 대안이 선택되어야 할 것이다.

23 난도 ★★★   정답 ②

인사행정론 > 임용과 능력발전

[정답의 이유]

㉠ 멘토링은 조직 내 경험 있는 멘토가 1:1로 멘티를 지도함으로써 핵심 인재의 육성과 지식 이전, 구성원들 간의 학습활동을 촉진할 수 있는 방법으로, 조직 내 업무 역량을 조기에 배양할 수 있다.

㉢ 액션러닝은 참여와 성과 중심의 교육훈련을 지향하는 방법으로, 현장에서 발생하는 현안 문제를 가지고 자율적 학습 또는 전문가의 지원을 받아 구체적인 문제 해결 방안을 모색한다. 현재 5급 이상의 관리자 훈련 시 국가기관에서 사용되고 있다.

[오답의 이유]

㉡ 학습조직은 암묵지나 조직의 내부 역량을 끌어내어 이를 체계적으로 공유·관리하는 조직이다. 그러나 사전에 구체적이고 명확한 조직설계 기준을 제시하는 것이 용이하지 않다.

㉣ 워크아웃 프로그램은 전 구성원의 자발적 참여에 의한 행정혁신을 추진하는 방법으로, 관리자의 신속한 의사결정과 문제 해결을 도와준다는 장점이 있다.

24 난도 ★★☆   정답 ④

행정학총론 > 행정학의 기초이론

[정답의 이유]

④ 관료가 부서의 확장에만 집착하는 것은 관료의 내부성이다. 이는 공적 목표보다 사적 목표에 더 집착하는 현상으로 정부실패의 요인에 해당한다.

[오답의 이유]

① 시장은 배타성과 경쟁성을 모두 갖지 않는 재화, 즉 공공재를 충분히 공급하기 어렵다. 공공재는 시장에서 과소공급되므로 정부가 개입하여 직접 공급한다.

② 환경오염과 같은 부정적 외부효과로 인한 시장실패를 방지하기 위해 정부는 벌금, 과세 등의 규제를 통해 적정 공급과 소비가 이루어지도록 한다.

③ 공유지의 비극은 개인의 이기적이고 합리적인 행동으로 인해 공동자원이 훼손되는 현상을 설명하는 용어로 시장실패의 원인이다.

⑤ 정부의 독점적인 공공서비스 공급은 경쟁의 부재로 인해 생산성이 낮아져 정부실패를 초래할 수 있는데 이를 X비효율성이라 한다.

25 난도 ★★☆   정답 ①

재무행정론 > 예산제도

[정답의 이유]

① 예산안 첨부서류에 국가재정운영계획이 포함되어야 하는 것은 아니며, 예산안과 국가재정운용계획은 모두 회계연도 개시 120일 전까지 국회에 제출하여야 한다. 또한 예산안은 국회에서 심의·확정하지만, 국가재정운용계획은 기획재정부의 최종 결정으로 확정된다.

행정학 | 2021년 국회직 8급

✓ 빠른 정답

01	02	03	04	05	06	07	08	09	10
②	①	③	①	④	⑤	②	⑤	④	①
11	**12**	**13**	**14**	**15**	**16**	**17**	**18**	**19**	**20**
④	③	②	⑤	①	④	②	④	③	⑤
21	**22**	**23**	**24**	**25**					
②	③	④	②	①					

✓ 점수 체크

구분	1회독	2회독	3회독
맞힌 문항 수	/ 25	/ 25	/ 25
나의 점수	점	점	점

01 난도 ★☆☆ 정답 ②

인사행정론 > 사기앙양과 근무규율

[정답의 이유]

② 감봉은 1개월 이상 3개월 이하의 기간 동안 보수의 3분의 1을 감한다(국가공무원법 제80조 제4항).

[오답의 이유]

① 견책은 전과에 대하여 훈계하고 회개토록 하는 가장 경한 처분으로, 6개월간 승진과 승급이 정지된다(국가공무원법 제80조 제5항).

③ 강등은 1계급 아래로 직급을 내리며 공무원 신분은 보유하나 3개월간 직무에 종사하지 못하며 그 기간 중 보수는 전액을 감한다(국가공무원법 제80조 제1항).

④ 해임된 사람은 3년간 공무원 재임용자격이 제한된다(국가공무원법 제33조 제8호).

⑤ 파면된 사람은 5년간 공무원 재임용자격이 제한된다(국가공무원법 제33조 제7호).

02 난도 ★★☆ 정답 ①

지방행정론 > 지방재정

[정답의 이유]

① 지방교부세법 제4조 제1항 제1호 · 제2호 · 제3호

> **제4조(교부세의 재원)**
> ① 교부세의 재원은 다음 각 호로 한다.
> 　1. 해당 연도의 내국세(목적세 및 종합부동산세, 담배에 부과하는 개별소비세 총액의 100분의 45 및 다른 법률에 따라 특별회계의 재원으로 사용되는 세목의 해당 금액은 제외한다. 이하 같다) 총액의 1만분의 1,924에 해당하는 금액
> 　2. 「종합부동산세법」에 따른 종합부동산세 총액
> 　3. 「개별소비세법」에 따라 담배에 부과하는 개별소비세 총액의 100분의 45에 해당하는 금액

[오답의 이유]

② 부동산교부세는 2006년에 시행되었고, 가장 최근에 신설된 교부세는 2015년에 시행된 소방안전교부세이다.

③ 소방안전교부세는 담배 개별소비세 총액의 20을 재원으로 하였으나 2020년에 100분의 45로 상향 조정되었다.

④ 지방교부세법상 특별교부세의 교부주체는 행정안전부장관이다.

⑤ 국고보조금은 지정된 사업목적 이외의 용도로 사용할 수 없다.

03 난도 ★★☆ 정답 ③

정책론 > 정책평가

정답의 이유

③ 제시문의 사례는 실험기간 동안에 일어난 비의도적인 사건발생이 실험에 영향을 미치는 경우로 역사적 요인에 해당한다.

오답의 이유

① 호손효과는 실험에 참가한 개인이 자신이 관찰되고 있다는 사실을 알 때 자신의 행동을 바꾸거나 작업의 능률이 올라가는 현상을 말하며 외적 타당도 저해요인에 해당한다.

② 검사요인(측정요인)은 내적 타당도 저해요인으로 측정 그 자체가 실험에 영향을 주는 것처럼 동일한 시험문제를 사전·사후에 사용하게 되면 사후 시험에서는 점수가 높게 나타나는 현상을 말한다.

④ 회귀인공요인은 내적 타당도 저해요인으로 실험 직전의 측정 결과를 토대로 집단을 구성할 때, 평소와는 달리 유별나게 좋거나 나쁜 결과를 받은 사람(극단적인 점수를 받은 사람)이 선발되는 경우, 이들이 실험이 진행되는 동안에 자신의 원래 위치로 돌아가게 되는 현상을 말한다.

⑤ 오염효과는 통제집단의 구성원이 실험집단 구성원의 행동을 모방하는 오염 또는 확산효과로서 모방, 정책의 누출(이전), 부자연스러운 변이 등이 이에 포함된다.

04 난도 ★★☆ 정답 ①

재무행정론 > 재무행정의 기초이론

정답의 이유

① 다중합리성모형은 예산과정의 합리성은 하나의 관점에서 일관성 있게 전개되는 것이 아니라 경제적 측면뿐 아니라 정치·사회·법적 측면에서 다양한 형태로 존재하므로 관료들은 예산주기의 다양한 시점에서 단계별로 작용하는 합리적 기준에 따라 서로 다른 형태의 의사결정을 한다고 보았다.

오답의 이유

② 단절균형모형에 대한 설명이다.

③ 합리모형에 대한 설명이다.

④ 점증모형에 대한 설명이다.

⑤ 공공선택이론에 대한 설명이다.

05 난도 ★★☆ 정답 ④

행정환류 > 4차 산업혁명

정답의 이유

④ 정보의 공개와 유통으로 직접민주주의가 활성화되고 시민중심의 서비스가 제공된다.

오답의 이유

①·②·⑤ 4차 산업혁명의 핵심은 빅 데이터(Big Data), 인공지능(AI), 로봇공학, 사물 인터넷(IoT), 무인 운송 수단, 3D 프린팅, 연결 및 표시 기술 등이다. 따라서 4차 산업혁명에서는 정부가 투명하고 효율적으로 운영되며, 대규모 정보에 대한 분석으로 정책의 예측가능성은 높아지게 되고, 행정서비스의 종합적 제공을 위한 플랫폼 중심의 서비스가 발달한다.

06 난도 ★★☆ 정답 ⑤

인사행정론 > 사기양양과 근무규율

정답의 이유

⑤ 총경 이상의 경찰공무원과 경기도의 교육장은 공직자윤리법상 재산등록의무가 있다(공직자윤리법 제3조 제1항 제8호·제9호).

> **제3조(등록의무자)**
>
> ① 다음 각 호의 어느 하나에 해당하는 공직자(이하 "등록의무자"라 한다)는 이 법에서 정하는 바에 따라 재산을 등록하여야 한다.
>
> 　8. 교육공무원 중 총장·부총장·대학원장·학장(대학교의 학장을 포함한다) 및 전문대학의 장과 대학에 준하는 각종 학교의 장, 특별시·광역시·특별자치시·도·특별자치도의 교육감 및 교육장
>
> 　9. 총경(자치총경을 포함한다) 이상의 경찰공무원과 소방정 이상의 소방공무원

오답의 이유

① 품위 유지의 의무와 영리 업무 및 겸직 금지의 의무는 국가공무원법에 규정되어 있다(국가공무원법 제63조·제64조).

> **제63조(품위 유지의 의무)**
>
> 공무원은 직무의 내외를 불문하고 그 품위가 손상되는 행위를 하여서는 아니 된다.
>
> **제64조(영리 업무 및 겸직 금지)**
>
> ① 공무원은 공무 외에 영리를 목적으로 하는 업무에 종사하지 못하며 소속 기관장의 허가 없이 다른 직무를 겸할 수 없다.
>
> ② 제1항에 따른 영리를 목적으로 하는 업무의 한계는 대통령령 등으로 정한다.

② 재산등록의무자였던 퇴직공직자는 퇴직 전 5년 동안 소속하였던 부서 또는 기관의 업무와 밀접한 관련성이 있는 기관에 퇴직일로부터 3년간 취업이 제한된다(공직자윤리법 제17조 제1항).

> **제17조(퇴직공직자의 취업제한)**
>
> ① 제3조 제1항 제1호부터 제12호까지의 어느 하나에 해당하는 공직자와 부당한 영향력 행사 가능성 및 공정한 직무수행을 저해할 가능성 등을 고려하여 국회규칙, 대법원규칙, 헌법재판소규칙, 중앙선거관리위원회규칙 또는 대통령령으로 정하는 공무원과 공직유관단체의 직원(이하 이 장에서 "취업심사대상자"라 한다)은 퇴직일부터 3년간 다음 각 호의 어느 하나에 해당하는 기관(이하 "취업심사대상기관"이라 한다)에 취업할 수 없다. 다만, 관할 공직자윤리위원회로부터 취업심사대상자가 퇴직 전 5년 동안 소속하였던 부서 또는 기관의 업무와 취업심사대상기관 간에 밀접한 관련성이 없다는 확인을 받거나 취업승인을 받은 때에는 취업할 수 있다.

③ 육군소장은 공직자윤리법상 재산공개의무가 없다(공직자윤리법 제10조 제1항 제6호).

> **제10조(등록재산의 공개)**
> ① 공직자윤리위원회는 관할 등록의무자 중 다음 각 호의 어느 하나에 해당하는 공직자 본인과 배우자 및 본인의 직계존속·직계비속의 재산에 관한 등록사항과 제6조에 따른 변동사항 신고내용을 등록기간 또는 신고기간 만료 후 1개월 이내에 관보 또는 공보에 게재하여 공개하여야 한다.
> 6. 중장 이상의 장성급(將星級) 장교

④ 사립학교 교직원의 외부강의 사례금 상한액은 시간당 100만 원이다(부정청탁 및 금품 등 수수의 금지에 관한 법률 시행령 제25조).

07 난도 ★★★   정답 ②

정책론 > 정책평가

[정답의 이유]
② 공공기관 경영평가에 관한 심의·의결기구의 역할을 수행하는 것은 공공기관운영위원회이다.

[오답의 이유]
①·③ 공공기관의 운영에 관한 법률 제48조 제1항, 지방공기업법 제78조 제1항

> **제48조(경영실적 평가)**
> ① 기획재정부장관은 제24조의2 제3항에 따른 연차별 보고서, 제31조 제3항 및 제4항의 규정에 따른 계약의 이행에 관한 보고서, 제46조의 규정에 따른 경영목표와 경영실적보고서를 기초로 하여 공기업·준정부기관의 경영실적을 평가한다.
>
> **제78조(경영평가 및 지도)**
> ① 행정안전부장관은 제3조에 따른 지방공기업의 경영기본원칙을 고려하여 대통령령으로 정하는 바에 따라 지방공기업에 대한 경영평가를 하고, 그 결과에 따라 필요한 조치를 하여야 한다. 다만, 행정안전부장관이 필요하다고 인정하는 경우에는 지방자치단체의 장으로 하여금 경영평가를 하게 할 수 있다.

④ 경영평가 결과에 따라서 인사상 또는 예산상의 조치 등을 취하도록 요청할 수는 있지만 민영화대상 공기업이 결정되지는 않는다.

08 난도 ★★☆   정답 ⑤

행정학총론 > 행정학의 주요 이론

[정답의 이유]
⑤ 체제론적 접근 방법은 권력, 의사전달, 정책결정의 문제와 행정의 가치문제를 고려하지 못한다는 비판을 받고 있다.

[오답의 이유]
① 공공선택론은 공공부문의 시장경제화를 중시하므로 이로 국가의 역할을 지나치게 경시하고, 개인의 기득권을 유지하기 위한 보수주의적 접근에 불과하다는 비판을 받는다.

② 행태주의가 가치중립적 과학적 연구를 중시했고 후기행태주의는 가치평가적인 정책연구를 지향한다.
③ 가우스(Gaus), 리그스(Riggs) 등을 중심으로 행정연구에 생태론적 방법이 활용되기 시작했다.
④ 신제도론은 구제도론과 달리 제도를 비공식적·규범·규칙까지 포괄하는 개념으로 파악하였고 이를 위해 다양한 학문적 접근이 필요하다고 보았다.

09 난도 ★★☆   정답 ④

지방행정론 > 지방자치단체와 국가

[정답의 이유]
ⓒ 지방자치단체조합은 둘 이상의 지방자치단체가 사무의 일부를 공동으로 처리하기 위해 둘 이상의 자치단체의 합의에 의해 설립하는 법인격을 갖는 특별지방자치단체이다.
ⓜ 합병은 기존의 자치단체를 통폐합하여 새로운 법인격을 갖는 자치단체를 설립하는 방식이다.

[오답의 이유]
㉠ 사무위탁은 지방자치단체가 자기의 사무 또는 자치단체의 장의 권한에 속하는 기관위임사무의 일부를 다른 단체에 위탁하여 관리·집행하게 하는 방식으로 법인격을 갖춘 새 기관을 설립하지 않는다.
ⓛ 행정협의회는 독립된 법인격이 없고 여러 지방자치단체가 상호 연락·조정·협의 등을 통한 광역사무의 공동처리를 위하여 협의회를 설치하는 방식이다.
ⓔ 연합은 사회적·경제적으로 밀접한 관계에 있는 둘 이상의 지방자치단체가 각자 독립적인 법인격을 가지며 그 전역에 걸친 단체를 새로 창설하여 광역행정에 관한 일체의 사무를 처리하게 하는 방식이다.

10 난도 ★★★ ※개정·변경된 내용으로 선지 교체   정답 ①

행정학총론 > 행정학의 기초이론

[정답의 이유]
㉠ 경찰병원은 책임운영기관에 속한다.
ⓜ 우정사업본부는 정부기업에 속한다.

[오답의 이유]
ⓛ 한국관광공사는 위탁집행형 준정부기관에 속한다.
ⓒ 근로복지공단은 기금관리형 준정부기관에 속한다.
ⓔ 한국철도공사는 준시장형 공기업에 속한다.

책임운영기관의 유형

구분		책임운영기관
교육훈련형 기관		국립국제교육원, 국립통일교육원, 한국농수산대학, 해양수산인재개발원, 관세국경관리연수원
문화형 기관		국립중앙과학관, 국립과천과학관, 국방홍보원, 국립중앙극장, 국립현대미술관, 한국정책방송원, 국립아시아문화전당, 궁능유적본부
시설관리형 기관		해양경찰정비창, 국방전산정보원, 국가정보자원관리원, 국립자연휴양림관리소
의료형 기관		국립정신건강센터, 국립나주병원, 국립부곡병원, 국립춘천병원, 국립공주병원, 국립마산병원, 국립목포병원, 국립재활원, 경찰병원
조사 연구형 기관	조사 및 품질 관리형 기관	국립종자원, 화학물질안전원, 국토지리정보원, 항공교통본부, 국립해양측위정보원, 경인지방통계청, 동북지방통계청, 호남지방통계청, 동남지방통계청, 충청지방통계청, 항공기상청
	연구형 기관	국립재난안전연구원, 국립과학수사연구원, 국립소방연구원, 국립생물자원관, 국립수산과학원, 통계개발원, 국립문화재연구소, 국립해양문화재연구소, 국립원예특작과학원, 국립축산과학원, 국립산림과학원, 국립수목원, 국립기상과학원
기타 유형		고용노동부고객상담센터, 국세상담센터, 특허청 (중앙책임운영기관)

11 난도 ★★☆ 정답 ④

정책론 > 정책집행과 기획

정답의 이유

④ 시간과 정보 · 기술적인 지원 등 업무수행에 필요한 자원의 불충분은 일선관료가 체계적이고 계획적인 집행을 함에 있어 장애사유가 된다.

오답의 이유

① 모호하고 대립되는 기대는 일선행정관료들이 업무를 수행할 때 목표에 연계되는 객관적인 평가기준을 정하기 어려워 비현실적이거나 상호갈등을 일으키게 된다.

② 일선행정관료의 업무는 시민과 상호작용하는 업무가 다수이며 상당한 재량권과 자율성을 갖는다.

③ 일선관료들은 육체적 · 신체적 위협에 대처하기 위한 메커니즘으로는 잠재적 공격자의 특징을 사전에 정의함으로써 집행현장의 의사결정을 단순화하는 방법을 사용한다.

⑤ 일선관료들은 부족한 자원에 대처하기 위해 가장 빠른 지름길(빠른 의사결정)을 선택함으로써 시간을 절약하고, 정책대상집단과의 갈등이나 결정에 대한 심리적 불안을 피하려고 한다.

12 난도 ★★☆ 정답 ③

조직론 > 조직구조

정답의 이유

③ 톰슨(Thompson)의 기술유형론 중 중개형 기술과 관련된 상호의존성은 집합적 상호의존성이다. 집합적 상호의존성은 상호의존상태에 있는 고객들을 연결하는 활동에 쓰이는 기술로 부서들 사이의 과업은 관련성이 거의 없으며, 조직의 공동목표에 독립적으로 공헌하게 된다.

톰슨(Thompson)의 기술유형론 – 기술의 상호의존성

기술	의사전달의 빈도	상호의존성	조정형태
중개형 기술	낮음	집합적 상호의존성	표준화
연계형 기술	중간	연속적 상호의존성	계획
집약적 기술	높음	교호적 상호의존성	상호적응 (표준화 곤란)

13 난도 ★☆☆ 정답 ②

조직론 > 조직의 양태와 조직유형

정답의 이유

② 애드호크라시는 특정한 문제를 해결하기 위해 전문인들로 구성된 일시적인 조직이기 때문에 업무의 동질성은 낮다.

오답의 이유

① 애드호크라시는 복잡한 환경에 탄력적으로 대응하기 위한 조직이므로 업무수행방식을 경직화시키지 않는다.

③ 애드호크라시는 다양한 전문인들로 구성되어 있기 때문에 수평적 분화의 정도는 높은 반면 수직적 분화의 정도는 낮다.

④ 태스크포스는 특수한 과업완수를 목표로 하는 임시조직이므로 본래의 목적이 달성되면 해체된다.

⑤ 네트워크 조직은 다수의 협력업체들과 계약관계를 통하여 업무를 수행하므로 협력업체들은 하위조직이 아니며 별도의 독립된 조직들이다.

14 난도 ★☆☆ 정답 ⑤

지방행정론 > 지방자치단체와 주민

정답의 이유

⑤ 주민참여예산제도는 지방재정법상 지방자치단체의 의무이나 주민의견 반영 여부는 재량사항이다(지방재정법 제39조 제1항 · 동법 시행령 제46조 제2항).

제39조(지방예산 편성 등 예산과정의 주민 참여)

① 지방자치단체의 장은 대통령령으로 정하는 바에 따라 지방예산 편성 등 예산과정(「지방자치법」 제47조에 따른 지방의회의 의결사항은 제외한다)에 주민이 참여할 수 있는 제도(이하 이 조에서 "주민참여예산제도"라 한다)를 마련하여 시행하여야 한다.

시행령 제46조(지방예산 편성 등 예산과정에의 주민참여)

② 지방자치단체의 장은 제1항에 따라 수렴된 주민의견을 검토하고 그 결과를 예산과정에 반영할 수 있다.

오답의 이유

① 주민들이 해당 지방자치단체의 장에게 조례를 제정하거나 개정하거나 폐지할 것을 청구할 수 있는 제도인 주민조례개폐청구제도는 주민발안제도의 하나이다.

② 선출직 지방공직자의 임기만료일로부터 1년 미만인 경우 주민소환투표를 청구할 수 없다(주민소환에 관한 법률 제8조 제2호).

③ 주민들은 지방자치단체의 주요 현안을 직접 결정하기 위해 주민투표청구권자 총수의 20분의 1 이상 5분의 1 이하의 범위에서 지방자치단체의 조례로 정하는 수 이상의 서명으로 그 지방자치단체의 장에게 주민투표의 실시를 청구할 수 있다(주민투표법 제9조 제2항).

④ 주민소송은 민중소송·공익소송이므로 자신의 법익침해 여부와 관계없이 제기할 수 있다.

15 난도 ★☆☆   정답 ①

정책론 > 정책의제설정

정답의 이유

① 제시문은 동원형 정책의제 설정에 대한 설명이다. 동원형은 정책담당자들이 주도하여 정책의제를 만드는 경우로 정부의 힘이 강하고 민간의 힘이 약한 후진국에서 많이 볼 수 있으며 새마을운동은 국가주도 행정PR을 통한 동원형 의제의 대표적 사례로 볼 수 있다.

더 알아보기

정책의제설정모형

구분	내부접근형 (내부주도형, 음모형)	동원형	외부주도형
전개 방향	사회문제 → 정부 의제	사회문제 → 정부 의제 → 공중의제	사회문제 → 사회적 이슈 → 공중의제 → 정부의제
주도 세력	최고통치자보다 낮은 지위의 고위 관료가 주도	최고통치자나 고위 정책결정자가 주도	외부사람들의 주도
특징	강요된 정책문제	• 의제설정이 용이함 • 전문가의 영향력이 큼	• 행정PR이 없음 • 정부관료제 내부에서만 정책 의제화의 움직임이 있음

16 난도 ★★☆   정답 ④

재무행정론 > 예산과정

정답의 이유

④ 기획재정부장관은 회계연도마다 작성하여 대통령의 승인을 받은 국가결산보고서를 다음 연도 4월 10일까지 감사원에 제출하여야 한다(국가재정법 제59조).

오답의 이유

① 정부는 여성과 남성이 동등하게 예산의 수혜를 받고 예산이 성차별을 개선하는 방향으로 집행되었는지를 평가하는 성인지 결산서를 작성하여야 하며 성인지 결산서에는 집행실적, 성평등 효과분석 및 평가 등이 포함되어야 한다(국가재정법 제57조).

② 각 중앙관서의 장은 회계연도마다 작성한 결산보고서를 다음 연도 2월 말일까지 기획재정부장관에게 제출하여야 한다(국가재정법 제58조 제1항).

③ 국회의 사무총장, 법원행정처장, 헌법재판소의 사무처장 및 중앙선거관리위원회의 사무총장은 회계연도마다 예비금사용명세서를 작성하여 다음 연도 2월 말까지 기획재정부장관에게 제출하여야 한다(국가재정법 제58조 제2항).

⑤ 감사원은 제59조에 따라 제출된 국가결산보고서를 검사하고 그 보고서를 다음 연도 5월 20일까지 기획재정부장관에게 송부하여야 한다(국가재정법 제60조).

17 난도 ★★☆   정답 ②

행정학총론 > 행정학의 기초이론

정답의 이유

㉠ 공무원이 반응해야 하는 대상을 고객과 유권자 집단으로 보는 것은 전통행정이론이다.

㉡ 책임성 확보의 방법으로 개인이익의 총합을 공익으로 보는 것은 신공공관리론이다.

㉢ 공무원의 동기를 유발하는 수단은 정부규모를 축소하려는 이데올로기적 욕구와 사회봉사라고 보는 것은 신공공관리론이다.

18 난도 ★★★   정답 ④

정책론 > 정책론의 기초이론

정답의 이유

④ 법률안 내용의 위헌 여부, 관련 법률과의 저촉 여부, 같은 법률 내의 조항 간 모순·충돌 유무, 법률의 형식을 정비하는 것은 체계심사에 해당하고 법규용어의 적합성과 통일성 등을 심사하여 각 법률 간에 용어상의 통일을 기함으로써 법률문언의 정비를 수행하는 것은 자구심사에 해당하는데 체계심사와 자구심사는 모두 법제사법위원회의 업무에 해당한다.

오답의 이유

① 각 중앙행정기관의 장은 입법계획을 수립하여 전년도 11월 30일까지 법제처장에게 제출해야 한다.

② 'Pay-as-you-go'의 약어인 페이고(pay-go)는 '상응한 대가를 치르지 않고서 그냥 통과 할 수는 없다.'라는 뜻으로, 재정이 소

요되는 사업에 대한 입법을 추진할 때 재원 확보 방안도 함께 제출하도록 의무화하는 것을 말한다.

③ 국회는 위원회의 심사를 거치거나 위원회가 제안한 의안 중 정부조직에 관한 법률안, 조세 또는 국민에게 부담을 주는 법률안 등 주요 의안의 본회의 상정 전이나 본회의 상정 후에 재적의원 4분의 1 이상이 요구할 때에는 그 심사를 위하여 의원 전원으로 구성되는 전원위원회(全院委員會)를 개회할 수 있다. 다만, 의장은 주요 의안의 심의 등 필요하다고 인정하는 경우 각 교섭단체 대표의원의 동의를 받아 전원위원회를 개회하지 아니할 수 있다 (국회법 제63조의2 제1항).

⑤ 헌법 제53조 제1항·제2항

> **헌법 제53조**
> ① 국회에서 의결된 법률안은 정부에 이송되어 15일 이내에 대통령이 공포한다.
> ② 법률안에 이의가 있을 때에는 대통령은 제1항의 기간 내에 이의서를 붙여 국회로 환부하고, 그 재의를 요구할 수 있다. 국회의 폐회 중에도 또한 같다.

19 난도 ★★☆ 　　　　　　　　　　　　　정답 ③

인사행정론 > 임용과 능력발전

[정답의 이유]

ⓒ 일반직·특정직·별정직·임기제 공무원으로 보할 수 있는 고위공무원단 직위나 과장급 직위는 개방형직위로 운영할 수 있다.

ⓒ 중앙부처의 경우 소속장관은 개방형직위로 지정·변경·해제되는 직위와 지정범위에 대해 인사혁신처장과 협의해야 하고 지방자치단체장이 개방형직위 지정·변경 시 자치단체 인사위원회의 심의·의결을 얻으면 되고 중앙인사기관장과의 협의는 필요하지 않다.

ⓗ 개방형직위에 임용되는 공무원의 임용기간은 다른 법령에 특별한 규정이 있는 경우를 제외하고는 5년의 범위에서 소속 장관이 정하되, 최소한 2년 이상으로 해야 한다.

[오답의 이유]

㉠ 공모직위는 공직 내에서 기관 내외의 경쟁을 통해 임용하는 제도로서 공무원에게만 개방하며 민간인은 지원할 수 없다.

ⓔ 우리나라의 공무원 임용제도는 계급제를 기반으로 하며 부분적으로 고위공무원단 등 채용과 승진, 전직에서 직위분류제적 요소를 도입하고 있다.

20 난도 ★★☆ 　　　　　　　　　　　　　정답 ⑤

정책론 > 정책집행과 기획

[정답의 이유]

⑤ 관료적 기업가형의 경우 정책집행자가 정책 결정자의 결정권을 장악하고 정책 전반을 완전히 지배하는 유형이다. 정책결정자가 정책의 구체적인 내용을 수립할 수 없기 때문에 정책집행자에게 광범위한 재량을 위임하는 것은 재량적 실험가형에 해당한다.

21 난도 ★★★ 　　　　　　　　　　　　　정답 ②

재무행정론 > 예산과정

[정답의 이유]

② 사회간접자본(SOC)에 대한 대규모 민간투자사업은 주무관청이 결정하며 대통령령으로 정하는 일정 규모 이상의 대상사업의 경우에는 사업 타당성 분석 후 민간투자사업심의위원회의 심의를 거쳐 지정한다.

[오답의 이유]

① 총사업비가 500억 원 이상이고 국가재정 지원 규모가 300억 원 이상인 신규사업 중 지능정보화사업이나 건설공사가 포함된 사업 등은 예비타당성조사의 대상사업이 된다(국가재정법 제38조 제1항).

③ 각 중앙관서의 장은 예산의 집행방법 또는 제도의 개선 등으로 인하여 수입이 증대되거나 지출이 절약된 때에는 이에 기여한 자에게 성과금을 지급할 수 있으며, 절약된 예산을 다른 사업에 사용할 수 있다(국가재정법 제49조 제1항).

④ 총사업비가 500억 원 이상인 토목사업과 총사업비가 200억 원 이상인 건축사업이나 연구개발사업은 총사업비 관리제도의 대상사업이 될 수 있다.

22 난도 ★★☆ 　　　　　　　　　　　　　정답 ③

행정학총론 > 행정학의 기초이론

[정답의 이유]

㉠ 혼돈이론은 혼돈상태(chaos)를 연구하여 폭넓고 장기적인 변동의 경로와 양태를 찾아보려는 접근 방법으로 안정된 운동상태를 보이는 계(系)가 어떻게 혼돈상태로 바뀌는가를 설명하고, 또 혼돈상태에서 숨겨진 질서를 찾으려는 시도이다.

ⓒ 혼돈은 스스로 불규칙하게 변화할 뿐만 아니라 미세한 초기조건의 차이가 점차 증폭되어 시간이 얼마간 지나면 완전히 서로 다른 결과를 나타낸다.

ⓔ 자기조직화(self-organizing)는 비선형적 변화를 일으키는 사물 또는 현상들이 자기 스스로 구조와 질서를 갖추어나가는 것이고 공진화(coevolution)는 계를 구성하는 각 개체들이 끊임없이 서로에게 적응하면서 변화해가는 과정이다.

[오답의 이유]

ⓒ 뉴턴은 자연현상을 선형방정식으로 표현하여 예측가능하고 질서정연한 것으로 보았으나 혼돈이론은 원인과 결과가 비례하지 않는 변화가 불규칙적으로 전개되는 상황을 가정한다.

23 난도 ★★★ 　　　　　　　　　　　　　정답 ④

행정학총론 > 행정학의 주요 이론

[정답의 이유]

ⓒ 역사적 제도주의에서의 제도는 환경의 변화가 크지 않으면 안정적인 균형상태를 유지하다가 외부의 충격을 겪으면서 근본적인 변화를 경험하고 새로운 경로에서 다시 균형상태를 이루는데 이를 단절적 균형이라 한다.

ⓒ 사회학적 제도주의는 현대 조직의 많은 제도와 절차는 효율적이기 때문이라기보다는 문화적 관행이 확산되는 과정에서 발생한 결과이고 러한 변화가 사회적 정당성을 확보할 때 새로운 제도로 정착된다고 설명한다.

ⓔ 사회학적 제도주의에서는 조직이 제도에 영향을 받는 것은 개인적 역할 때문이 아니라 조직이 기반을 두고 있는 환경적 상황 때문이라고 한다. 따라서 개인은 자신의 의도에 따라 제도를 만들거나 변화시킬 수 없으며 제도에 종속될 뿐이라고 본다.

오답의 이유

ⓐ 역사적 제도주의가 제도의 종단면적 측면을 중시하면서 국가 간의 차이를 강조한다면 사회학적 제도주의는 횡단면적으로 서로 다른 국가나 조직에서 어떻게 유사한 제도가 나타나는지에 관심을 갖는다.

24 난도 ★★☆   정답 ②

재무행정론 > 예산과정

정답의 이유

ⓐ 총괄예산제도는 예산집행의 신축성을 위해 구체적 용도를 지정하지 않고 큰 항목을 기준으로 의회가 예산을 승인함으로써 행정부의 재량적·포괄적 지출을 허용하는 예산제도이다.

ⓒ 정부는 예측할 수 없는 예산 외의 지출 또는 예산초과지출에 충당하기 위해 일반회계 예산 총액의 100분의 1 이내의 금액을 예비비로 세입세출예산에 계상할 수 있다(국가재정법 제22조 제1항).

오답의 이유

ⓑ 계속비는 국회의 사전 의결을 얻어야 한다(국가재정법 제23조 제1항).

ⓔ 국고채무부담행위란 법률, 세출예산, 계속비의 총액의 범위 안의 것 외에 정부가 재원확보 없이 지출의 원인이 되는 계약행위 등을 통해 채무를 부담하는 행위이며 차관, 국공채 등은 국고채무부담행위에 해당하지 않는다.

25 난도 ★☆☆   정답 ①

행정학총론 > 행정학의 기초이론

정답의 이유

① 정부가 제시한 성과 기준만 충족하면 되기 때문에 이를 달성하는 수단과 방법의 선택은 피규제자가 자유롭게 선택할 수 있으며, 수단규제에 비해 피규제자가 많은 자율성을 갖는 것은 성과규제이다.

더 알아보기

규제의 대상에 의한 분류

수단규제 (투입규제)	• 특정 목표를 달성하기 위해 필요한 기술이나 행위에 대해 사전적으로 규제하는 것 • 정부의 규제 정도와 피규제자의 순응 정도를 파악하는 데 용이
성과규제 (산출규제)	• 정부가 특정한 사회문제 해결에 대한 목표달성 수준을 정하고 피규제자에게 이를 달성할 것을 요구하는 것 • 정부가 제시한 성과 기준만 충족하면 되기 때문에 이를 달성하는 수단과 방법은 피규제자가 자유롭게 선택할 수 있음
관리규제 (과정규제)	• 수단·성과가 아닌 과정을 규제하는 것으로, 정부는 피규제자가 만든 규제목표 달성계획의 타당성을 평가하고 그 이행을 요구 • 수단규제에 비해 자율성이 높음. 성과 달성 정도를 정하고 이를 확인해야 하는 성과규제를 적용하기 어려울 때 적합

행정학 | 2020년 국회직 8급

한눈에 훑어보기

✔ 영역 분석

행정학총론 14
1문항, 4%

정책론 01 07 23
3문항, 12%

조직론 04 08 13 15 16 18 19
7문항, 28%

인사행정론 05 06 09 17 20
5문항, 20%

재무행정론 03 12 24 25
4문항, 16%

지방행정론 02 10 11 21 22
5문항, 20%

✔ 빠른 정답

01	02	03	04	05	06	07	08	09	10
④	④	⑤	⑤	⑤	②	⑤	②	①	③
11	**12**	**13**	**14**	**15**	**16**	**17**	**18**	**19**	**20**
①	④	④	④	②	③	②	④	③	①
21	**22**	**23**	**24**	**25**					
③	①	①	⑤	③					

✔ 점수 체크

구분	1회독	2회독	3회독
맞힌 문항 수	/ 25	/ 25	/ 25
나의 점수	점	점	점

01 난도 ★☆☆ 정답 ④

정책론 > 정책평가

[정답의 이유]

④ 크리밍효과는 정책효과가 크게 나타날 우수한 집단을 실험집단으로 히어 정책효과를 부풀릴 경우 그 효과를 다른 상황에 일반화시킬 수 없는 것을 말한다. 즉, 효과가 크게 나타날 사람만을 실험집단에 포함시켜 실험을 실시하는 경우 크리밍효과가 나타난다고 볼 수 있다.

더 알아보기

내적타당도·외적타당도의 저해 요인

내적타당도 저해 요인	외적타당도 저해 요인
• 선발요소 • 역사적요소(사건효과) • 성숙효과 • 상실요소 • 회귀인공요소(통계적 회귀) • 측정도구의 변화 • 특정요소(검사요소) • 모방효과(오염효과)	• 호손(Hawthrone) 효과 • 크리밍(creaming) 효과 • 실험조작과 측정의 상호작용 • 표본의 비대표성 • 다수적 처리에 의한 간섭

02 난도 ★★☆ 정답 ④

지방행정론 > 지방자치단체와 국가

[정답의 이유]

④ 기관위임사무란 지방자치단체의 장은 개별법령의 근거가 없이도 조례나 규칙으로 정하는 바에 따라 그 권한에 속하는 사무의 일부를 보조기관, 소속 행정기관 또는 하부행정기관에 위임할 수 있다.

[오답의 이유]

① 기관위임사무의 경비는 원칙적으로 전액 국가가 부담한다.

② 기관위임사무의 예시로는 대통령·국회의원 선거, 경찰, 근로기준설정, 가족관계등록, 의·약사면허, 도량형, 외국인등록, 여권발급 등이 있다.

③ 단체위임사무는 지방자치단체의 장과 지방의회가 공동으로 위임받는 사무이다.

⑤ 기관위임사무는 국가사무이므로 지방의회가 지휘하거나 관여하지 못한다.

03 난도 ★★★ 정답 ⑤

재무행정론 > 예산제도

정답의 이유

⑤ 통합재정수지는 국가재정에서 지방재정까지, 일반회계와 특별회계 및 기금까지 모두 포함하여 정부의 예산규모와 재정활동을 정확하게 파악하는 데 용이하다.

오답의 이유

① 2004년 이전까지는 지방재정이 통합재정수지에 포함되지 않았다.
② 통합재정은 재정통제 강화수단이다.
③ 통합재정수지는 계산 시 국가재정에서 지방재정까지, 일반회계와 특별회계 및 기금까지 모두 포함한다. 하지만 금융성기금은 제외된다.
④ 통합재정수지는 정부부문의 모든 재정활동을 포함시켜 재정이 국민 경제에 미치는 효과를 파악하고자 하는 예산분류체계이다.

04 난도 ★★★ 정답 ⑤

조직론 > 조직의 변동

정답의 이유

⑤ '정보시스템'의 개념에 해당한다. 정보시스템은 정보의 수집·가공·저장·검색·송신·수신 및 그 활용과 관련되는 기기와 소프트웨어의 조직화된 체계를 말하며, '정보기술아키텍처'란 일정한 기준과 절차에 따라 업무, 응용, 데이터, 기술, 보안 등 조직 전체의 구성요소들을 통합적으로 분석한 뒤 이들 간의 관계를 구조적으로 정리한 체제 및 이를 바탕으로 정보 시스템을 효율적으로 구성하기 위한 방법을 말한다.

05 난도 ★★☆ 정답 ⑤

인사행정론 > 사기앙양과 근무규율

정답의 이유

⑤ 퇴직수당은 정부가 단독 부담한다.

오답의 이유

① 공무원연금제도는 인사혁신처가 관장하고 공무원연금기금은 공무원연금공단에서 관리·운용한다.
②·③ 우리나라 공무원연금은 기금제이자 기여제이다.
④ 기여금은 공무원으로 임명된 날이 속하는 달부터 퇴직한 날의 전날 또는 사망한 날이 속하는 달까지 월별로 내야 한다. 다만, 기여금 납부기간이 36년을 초과한 사람은 기여금을 내지 아니한다(공무원연금법 제67조).

06 난도 ★★★ 정답 ②

인사행정론 > 사기앙양과 근무규율

정답의 이유

② 징계 유형을 불리한 것부터 나열하면 '파면, 해임, 강등, 정직, 감봉'이다. 출석위원 7명 중 과반수는 4명 이상이며, 불리한 의견에 유리한 의견을 더해 갈 경우(파면: 2명, 해임: 2명) '해임'에서 누계 수가 4명이 되므로 '해임'으로 결정된다(공무원 징계령 제12조).

제12조(징계위원회의 의결)
① 징계위원회는 위원 5명 이상의 출석과 출석위원 과반수의 찬성으로 의결하되, 의견이 나뉘어 출석위원 과반수의 찬성을 얻지 못한 경우에는 출석위원 과반수가 될 때까지 징계 등 혐의자에게 가장 불리한 의견에 차례로 유리한 의견을 더하여 가장 유리한 의견을 합의된 의견으로 본다.

07 난도 ★★★ 정답 ⑤

정책론 > 정책집행과 기획

정답의 이유

⑤ 엘모어의 통합모형에서는 정책목표를 하향적으로 결정하고, 정책수단은 상향적으로 강구하는 것이 바람직하다고 주장하였다.

오답의 이유

① 버만의 적응적 집행은 명확한 정책목표를 전제로 하지 않는다.
② 엘모어의 전향적 집행은 정책결정자의 의도를 파악하는 데서 시작된다고 가정한다.
③ 상향식 접근방법에서는 공식적 정책목표가 중요한 변수로 취급되지 않는다.
④ 관료적 기업가형은 집행자가 정책결정자의 권한을 장악하고 정책과정의 통제권을 행사한다.

08 난도 ★★☆ 정답 ②

조직론 > 조직의 구조형태

정답의 이유

② ㉠, ㉡, ㉢은 옳은 지문이다.

오답의 이유

㉣ 처(處)는 모두 국무총리 소속하에 두도록 하고 있다.
㉤ 청(廳)은 행정각부 소속하에 두도록 하고 있다.

09 난도 ★★☆ 정답 ①

인사행정론 > 사기앙양과 근무규율

정답의 이유

① 공무원 노동조합 활동을 전담하는 전임자는 임용권자의 동의를 받아 노동조합의 업무에만 종사할 수 있다.

오답의 이유

② 공무원 노동조합 설립신고는 고용노동부장관에게 한다.
③ 2개 이상의 설립단위에 걸치는 노동조합이나 연합단체도 허용되고 있다.
④ 조합원의 보수·복지, 그 밖 근무조건에 대해서만 단체교섭이 가능하다.
⑤ 6급 이하의 일반직공무원만 공무원 노조에 가입이 가능하다.

10 난도 ★★☆　　　　　　　　　　　　　　　정답 ③

지방행정론 > 지방재정

정답의 이유

③ 국가가 정책상 또는 지방자치단체의 재정상 필요하다고 인정할 때 지급할 수 있는 것은 보조금이다.

오답의 이유

① · ② · ④ 지방재정법상 지방재정 운영에 관한 지문으로 옳은 설명이다.

⑤ 공무원의 인건비를 30일 이상 지급하지 못한 경우나, 상환기일이 도래된 채무의 원리금을 60일 이상 이행하지 못한 경우, 재정위기단체로 지정된 지 3년이 경과했음에도 재정위험이 현저히 악화된 경우에는 행정안전부장관이 긴급재정관리단체로 지정할 수 있다.

11 난도 ★★☆　　　　　　　　　　　　　　　정답 ①

지방행정론 > 지방자치단체와 주민

정답의 이유

㉠ 지방자치단체의 주민참여예산제도에 이어 중앙정부의 예산편성 과정에 국민이 참여하는 국민참여예산제도는 2019년도 예산편성부터 시행되었다.

㉡ 국민참여예산제도의 운영절차에 대한 설명으로 옳다.

오답의 이유

㉢ 행정안전부장관은 대통령령으로 정하는 바에 따라 지방자치단체별 주민참여예산제도의 운영에 대하여 평가를 실시할 수 있다.

㉣ 주민참여예산기구의 구성 · 운영과 그 밖에 필요한 구체적인 사항은 해당 지방자치단체의 조례로 정한다.

12 난도 ★★★　　　　　　　　　　　　　　　정답 ④

재무행정론 > 예산과정

정답의 이유

④ 총사업비 관리제도는 시작된 대형사업에 대한 총사업비를 관리해 재정지출의 생산성 제고를 도모한다. 국가재정법 제50조에 따라 각 중앙관서의 장은 완성에 2년 이상이 소요되는 사업으로서 대통령령이 정하는 대규모사업에 대하여는 그 사업규모 · 총사업비 및 사업기간을 정하여 미리 기획재정부장관과 협의하여야 한다.

오답의 이유

① 예산 재배정은 기획재정부장관으로부터 예산을 배정받은 중앙관서의 장이 하부기관으로 다시 배정하는 것을 말한다.

② 당초예산에 계상되지 않은 비목은 예산을 전용할 수 없다.

③ 공공청사, 교정시설, 초 · 중등 교육시설의 신 · 증축 사업, 문화재 복원사업, 국가안보에 관계되거나 보안을 요하는 국방 관련 사업 등은 예비타당성 조사대상에서 제외된다.

⑤ 채무 이행에 대한 국가 보증을 받고자 하는 채무자 또는 채권자는 소속 중앙관서 장의 의견을 받아야 한다.

13 난도 ★★☆　　　　　　　　　　　　　　　정답 ④

조직론 > 조직의 구조형태

오답의 이유

㉡ 상대방(민원인)의 지위나 신분, 여건 등을 무시하고 법규와 규정에 따라 업무를 객관적으로 처리하는 비개인화(impersonalism)를 특징으로 한다.

> **더 알아보기**
>
> **근대 관료제의 특징(Weber)**
> - 문서주의
> - 업무의 법규기속성 및 권한의 명확성
> - 계층제 조직
> - 비정의성
> - 전문성과 전임직
> - 근무연한, 연공서열

14 난도 ★★☆　　　　　　　　　　　　　　　정답 ②

행정학총론 > 현대 행정 국가의 성립과 특성

정답의 이유

② 내부성(사적 목표)은 관료들이 국민이나 사회가 요구하는 공적 목표보다 자신의 이익이나 자신이 속한 부서의 이익에 집착하여 공익을 훼손하는 사례를 설명하는 것으로, 이는 정부실패의 요인이다.

> **더 알아보기**
>
> **정부실패 요인**
> - 내부성(사적 목표): 관료가 공적 목표보다 사적 목표에 집착하는 현상
> - 파생적 외부효과: 정부규제나 유인이 의도하지 않은 부작용을 초래하는 현상
> - 비용과 수익의 절연: 공공재는 수익자부담주의가 적용되지 않는 현상
> - X-비효율성: 경쟁의 결여로 인하여 비용이 상승하는 현상
> - 권력의 편재에 의한 분배의 불공평: 권력과 특혜에 분배가 왜곡되는 현상

15 난도 ★★☆　　　　　　　　　　　　　　　정답 ②

조직론 > 조직의 구조형태

정답의 이유

② 의사결정권한이 상층부에 집중되면 집권화, 중 · 하위층에 나누어지면 분권화라고 말한다.

오답의 이유

① 단순하고 반복적 직무이고 조직의 규모가 크고 안정된 환경일수록 공식화가 높아진다.

③ 지나친 전문화는 구성원을 비인간화시키고 조직 구성원 간의 조정을 어렵게 한다.

④ 공식화는 안정된 환경에서 비용 절감, 행정의 일관성 확보 등에
   는 유리하지만 불확실한 환경에서는 탄력적 대응성이 저하된다.
⑤ 유기적 구조는 수평적·수직적으로 책임관계가 명확하지 않다
   는 단점이 있다.

16 난도 ★★☆　　　　　　　　　　　　　　　정답 ③

조직론 > 조직의 구조형태

정답의 이유

③ 소속책임운영기관의 장은 공개모집절차에 따라 5년 범위 내에서
   최소한 2년 이상의 임기제공무원으로 채용된다.

오답의 이유

① 책임운영기관은 책임운영기관의 설치·운영에 관한 법률 및 책
   임운영기관의 설치·운영에 관한 법률 시행령에 근거하여 설
   치·운영된다.
② 기본운영규정은 소속책임운영기관장이 자율적으로 제정하여야
   한다.
④ 소속 공무원에 대한 일체의 임용권은 중앙행정기관장이 가진다.
⑤ 공무원의 종류별·계급별 정원은 총리령 또는 부령으로 정한다.

17 난도 ★★★　　　　　　　　　　　　　　　정답 ②

인사행정론 > 임용과 능력발전

정답의 이유

② 일관적(규칙적)오차란 다른 평정자들보다 항상 후하거나 나쁜
   점수를 주는 현상이다.

오답의 이유

① 연쇄적 착오는 평정 요소에 대한 평정자의 판단이 다른 평정 요
   소에도 영향을 주는 현상을 말한다.
③ 유사성의 착오는 선입견과 고정관념에 의한 오차를 말한다.
④ 근본적 귀속의 착오는 타인의 성공을 평가할 때에는 개인적 요
   인보다는 상황적 요인을 높게 평가하고, 실패를 평가할 때에는
   상황적 요인보다는 개인적 요인을 높게 평가하려는 경향이다.
⑤ 이기적 착오란 자신의 성공을 평가할 때에는 개인적인 요인을
   높게 평가하고 실패를 평가할 때에는 상황적 요인을 높게 평가
   하려는 경향이다.

18 난도 ★★☆　　　　　　　　　　　　　　　정답 ④

조직론 > 조직관리

정답의 이유

④ 경쟁가치모형에서 퀸과 로바우(Quinn&Rohrbaugh)는 조직과
   인간, 통제와 유연성의 경쟁적 가치기준에 따라 네 가지 평가모
   형을 제시하고 조직의 성장단계에 따라 각 모형을 적용하였다.

더 알아보기

효과성 평가모형

구분	외부(조직)	내부(인간)
통제	합리목표모형 (목적: 능률성, 생산성)	내부과정모형 (목적: 안정성, 통제와 감독)
유연성 (신축성)	개방체제모형 (목적: 성장, 자원획득, 환경적응)	인간관계모형 (수단: 사기, 응집력)

---

19 난도 ★★★　　　　　　　　　　　　　　　정답 ③

조직론 > 조직관리

정답의 이유

티모시와 저지(Timorthy&Judge)는 갈등의 대상을 기준으로 갈등
을 업무의 내용과 목표에 관련된 과업(직무)갈등, 대인관계에 관련
된 관계갈등, 그리고 업무수행방법에 관련된 과정갈등으로 구분하
였다.
③ 과업갈등(직무갈등)이란 업무의 내용이나 목표에 관련된 갈등으
   로 업무 간 상호의존성이나 지나친 분업, 목표 간 차이 등에서
   비롯되는 갈등이다. 따라서 업무의존성(접촉필요성)을 줄이거나
   상위목표를 제시, 또는 계층제적 권위를 활용하는 등의 방법으
   로 해결하는 것이 적절하다.

오답의 이유

① 갈등의 순기능으로는 해결과정에서 조직의 문제해결능력, 창의
   력, 융통성 향상 등이 있다.
② 관계갈등을 해결하기 위한 방법으로는 의사전달의 장애요소를
   제거하고 직원들 간 소통기회를 제공하는 것이 있다.
④ 과정갈등을 해결하기 위한 방법으로는 상호 의사소통 증진, 조
   직구조의 변경이 있다.
⑤ 갈등은 조직 구성원의 사기를 저하시키고 부서 간 적대감이나
   위화감을 조성할 수 있는 역기능이 있다.

20 난도 ★★☆　　　　　　　　　　　　　　　정답 ①

인사행정론 > 사기앙양과 근무규율

정답의 이유

① 재택근무형은 탄력근무제에 포함되지 않고 원격근무제에 속한
   다. 탄력근무제는 필수 근무 시간대(10:00~16:00)를 제외하
   고는 출퇴근 시간을 자유롭게 조정하는 시간적 유연근무제를
   말한다.

오답의 이유

②·③·④·⑤ 탄력근무제에 포함된다.

21 난도 ★★★
정답 ③

지방행정론 > 지방자치단체와 국가

정답의 이유

③ 엘콕의 동반자모형은 중앙과 지방이 상호 대등한 입장에 놓이는 형태로 지방자치단체는 자치권과 고유사무를 가진다. 중앙정부는 간섭을 최소화하고 지방자치단체와 기능적 협력을 해야 한다.

오답의 이유

①·②·④·⑤ 학자들의 정부 간 관계이론모형에 대한 옳은 설명이다.

22 난도 ★★★
정답 ①

시방행정론 > 시방자치단체의 조직

정답의 이유

① 지방자치단체나 그 장은 소관 사무의 일부를 다른 지방자치단체나 그 장에게 '위탁'하여 처리하게 할 수 있다. '위임'은 하급기관이나 소속기관에 위임하는 것을 의미하고, '위탁'은 동일수준의 행정기관, 자치단체 또는 민간단체에 위임하는 것을 의미한다.

오답의 이유

② 지방자치단체는 두 개 이상의 지방자치단체에 관련된 사무의 일부를 공동으로 관리·처리하기 위해서 행정협의회를 구성할 수 있다.

③ 지방자치단체장 상호간의 교류와 협력을 위해 전국적 협의체를 설립할 수 있다.

④ 중앙과 지방 사이의 분쟁조정절차를 거치기 위해 국무총리 소속으로 행정협의조정위원회를 설치한다.

⑤ 지방자치단체 조합은 법인격을 가지고 있으며 조합의 사무 처리의 효과는 지방자치단체 조합에 귀속된다.

23 난도 ★★☆
정답 ①

정책론 > 정책평가

정답의 이유

① 정부업무평가제도의 소관부처는 행정안전부가 아니라 국무총리실이다. 국무총리는 평가제도의 운영실태를 확인·점검하고, 그 결과에 따라 제도개선 방안의 강구 등 필요한 조치를 취할 수 있다.

오답의 이유

②·③·④·⑤ 정부업무평가기본법상 평가결과의 환류 및 활용에 대한 옳은 설명이다.

더 알아보기

정부업무평가의 의의와 활용

• 정부업무평가 기본법(2006년 제정)은 정부업무평가에 관한 기본적인 사항을 정함으로써 중앙행정기관 등의 통합적인 성과관리체제의 구축과 자율적인 평가역량의 강화를 통하여 국정운영의 능률성·효과성 및 책임성을 향상시키는 것을 목적으로 하고 있다.

• 평가담당기관의 장은 평가결과를 인터넷 홈페이지 등을 통하여 공개해야 하며, 국무총리는 매년 각종 평가결과보고서를 종합하여 국무회의에 보고 또는 평가보고회를 개최하여야 한다.

• 중앙행정기관의 장은 자체평가결과를 지체 없이 국회 소관 상임위원회에 보고하여야 한다.

• 중앙행정기관의 장은 평가결과를 조직·예산·인사 및 보수체계에 연계·반영하여야 한다.

• 평가의 결과에 따라 정책 등에 문제점이 발견된 때에는 지체 없이 조치계획을 수립하여 당해 정책 등의 집행 중단·축소 등 자체 시정 조치해야 한다.

24 난도 ★★☆
정답 ⑤

재무행정론 > 예산의 기초이론

정답의 이유

⑤ 수정예산은 예산이 제출된 후 성립되기 이전에 본예산에 수정을 가하는 예산이다. 설명은 추가경정예산에 대한 설명이다.

오답의 이유

① 본예산은 매 회계연도 개시 전에 국회의 심의·의결을 거쳐 성립되는 예산으로서 새로운 회계 연도를 위해 최초로 성립된 예산이다.

② 준예산은 회계연도 개시 전까지 예산이 의결되지 않을 경우 즉, 예산 불성립 시에 편성하는 예산이다.

③ 본예산이 성립되면 잠정예산은 그 유효기간이나 지출잔액 유무에 관계없이 본예산에 흡수된다.

④ 재정적자 시 재원보전방법에 대한 설명이다.

25 난도 ★★☆
정답 ③

재무행정론 > 예산과정

정답의 이유

③ 국회사무총장은 국가회계법이 정하는 바에 따라 다음 연도 2월 말까지 중앙관서 결산보고서를 기획재정부장관에게 제출하여야 한다.

오답의 이유

① 각 중앙관서의 장은 매년 5월 말일까지 예산요구서를 기획재정부장관에게 제출하여야 한다.

② 국회는 정부의 동의 없이 예산을 증액하거나 새로운 비목을 설치하지 못한다.

④ 모두 예산안 첨부서류에 해당한다.

⑤ 출납기한은 2월 10일까지이다.

행정학 | 2019년 국회직 8급

✔ 빠른 정답

01	02	03	04	05	06	07	08	09	10
②	③	④	③	①	②	⑤	②	⑤	①
11	12	13	14	15	16	17	18	19	20
①	⑤	④	②	①	③	④	⑤	③	⑤
21	22	23	24	25					
①	②	④	③	①					

✔ 점수 체크

구분	1회독	2회독	3회독
맞힌 문항 수	/ 25	/ 25	/ 25
나의 점수	점	점	점

---

01 난도 ★★☆ 　　　　　　　　　정답 ②

행정학총론 > 행정환경

정답의 이유

② 정보기술아키텍처: 건축물의 설계도처럼 조직의 정보화 환경을 정확히 묘사한 밑그림으로서 조직의 비전, 전략, 업무, 정보기술 간 관계에 대한 현재와 목표를 문서화 한 것이다.

오답의 이유

① 블록체인 네트워크: 가상화폐를 거래할 때 해킹을 막기 위한 기술망으로 출발한 개념이며, 블록에 데이터를 담아 체인 형태로 연결, 수많은 컴퓨터에 동시에 이를 복제해 저장하는 분산형 데이터 저장 기술을 말한다.

③ 제3의 플랫폼: 전통적인 ICT 산업인 제2플랫폼(서버, 스토리지)과 대비되는 모바일, 빅데이터, 클라우드, 소셜네트워크 등으로 구성된 새로운 플랫폼을 말한다.

④ 클라우드-클라이언트 아키텍처: 인터넷에 자료를 저장해 두고, 사용자가 필요한 자료 등을 자신의 컴퓨터에 설치하지 않고도 인터넷 접속을 통해 언제나 이용할 수 있는 서비스를 말한다.

⑤ 스마트워크센터: 공무용 원격 근무 시설로 여러 정보통신기기를 갖추고 있어 사무실로 출근하지 않아도 되는 유연근무시스템 중 하나를 말한다.

02 난도 ★☆☆ 　　　　　　　　　정답 ③

조직론 > 조직관리

정답의 이유

ⓒ · ⓔ 강제배분법은 점수의 분포비율을 정해놓고 평가하는 상대평가 방법으로 집중화, 엄격화, 관대화 오차를 방지하기 위해 도입되었다.

오답의 이유

ⓖ 첫머리 효과: 시간적 오차 방지

ⓔ 선입견에 의한 오류: 고정관념에 기인한 오차 방지

03 난도 ★★★ 　　　　　　　　　정답 ④

행정환류 > 행정책임과 통제

정답의 이유

④ 위탁집행형 준정부기관에 해당하는 기관으로는 도로교통공단, 건강보험심사평가원, 국민건강보험공단 등이 있다.

오답의 이유

① 정부기업은 형태상 일반부처와 동일한 형태를 띠는 공기업이다.

② 지방공기업의 경우 지방공기업법의 적용을 받는다.

③ 총수입 중 자체수입액의 비율이 총수입액의 50% 이상인 것은 공기업으로 지정한다.
⑤ 공기업은 정부조직에 비해 인사 및 조직운영에 많은 자율권이 부여된다.

04 난도 ★★☆
정답 ③

조직론 > 조직의 기초이론

정답의 이유

㉠ 신공공관리론은 기업경영의 논리와 기법을 정부에 도입·접목하려는 노력이다.

㉢ 신공공관리론은 거래비용이론, 공공선택론, 주인–대리인이론 등을 이론적 기반으로 한다.

㉣ 신공공관리론은 가격과 경쟁에 의한 행정서비스 공급으로 공공서비스의 생산성을 강조하기 때문에 형평의 저해 가능성이 있다.

오답의 이유

㉡ 신공공관리론은 법규나 규칙중심의 관리보다는 임무와 사명중심의 관리를 강조한다.

㉥ 중앙정부의 감독과 통제를 강화하는 것은 전통적인 관료제 정부의 특징이다. 신공공관리론은 분권을 강조한다.

05 난도 ★★★
정답 ①

행정학총론 > 현대 행정 국가의 성립과 특성

정답의 이유

① 소청 사건의 결정은 재적 위원 3분의 2 이상의 출석과 출석위원 과반수의 합의에 따른다.

오답의 이유

② 국가공무원법 제76조 제1항
③·⑤ 국가공무원법 제9조 제1항, 제3항

제9조(소청심사위원회의 설치)

① 행정기관 소속 공무원의 징계처분, 그 밖에 그 의사에 반하는 불리한 처분이나 부작위에 대한 소청을 심사·결정하게 하기 위하여 인사혁신처에 소청심사위원회를 둔다.

③ 국회사무처, 법원행정처, 헌법재판소사무처 및 중앙선거관리위원회사무처에 설치된 소청심사위원회는 위원장 1명을 포함한 위원 5명 이상 7명 이하의 비상임위원으로 구성하고, 인사혁신처에 설치된 소청심사위원회는 위원장 1명을 포함한 5명 이상 7명 이하의 상임위원과 상임위원 수의 2분의 1 이상인 비상임위원으로 구성하되, 위원장은 정무직으로 보한다.

④ 국가공무원법 제14조 제7항

06 난도 ★★★ ※ 법령 개정·변경된 내용으로 선지 교체
정답 ②

지방행정론 > 지방행정의 기초이론

정답의 이유

② 지방자치분권 및 지역균형발전을 추진하기 위하여 대통령 소속으로 지방시대위원회를 둔다(지방자치분권 및 지역균형발전에 관한 특별법 제62조 제1항).

더 알아보기

지방분권 관련 근거 법률과 추진기구

정부	근거법률	추진기구
김대중	중앙행정권한의 지방이양촉진 등에 관한 법률	지방이양추진위원회
노무현	지방분권특별법	정부혁신지방분권위원회
이명박	지방분권촉진에 관한 특별법	지방분권촉진위원회
박근혜	지방분권 및 지방행정체제 개편에 관한 특별법	지방자치발전위원회
문재인	지방자치분권 및 지방행정 체제개편에 관한 특별법	자치분권위원회
윤석열	지방자치분권 및 지역균형 발전에 관한 특별법	지방시대위원회

07 난도 ★☆☆
정답 ⑤

재무행정론 > 예산제도

정답의 이유

⑤ 품목별 예산제도는 지출대상 중심으로 분류를 사용하기 때문에 지출의 대상은 확인할 수 있으나, 지출의 주체나 목적은 확인할 수 없다.

08 난도 ★☆☆
정답 ②

조직론 > 조직의 기초이론

정답의 이유

② (가) 1910년대 과학적 관리론 → (다) 1930년대 인간관계론 → (나) 1940년대 행정행태론 → (라) 1990년대 후반 신공공서비스론의 순이다.

09 난도 ★★☆
정답 ⑤

조직론 > 조직관리

정답의 이유

⑤ 고객 관점은 행동지향적 관점이 아니라 외부지향적 관점에 해당한다. 기업에서는 BSC의 성과지표 중 재무 관점을 인과적 배열의 최상위에 둔다. 그러나 공공영역에서는 재무적 가치가 궁극적 목적이 될 수 없기 때문에 기업과는 다른 BSC의 인과구성이 필요하다. 구체적으로 기관의 특성이 사기업에 가까운 경우, 재무 관점이 포함되는 것이 당연하겠지만, 기관 외적인 메커니즘에 의해 예산이 할당되는 경우 재무측면은 하나의 제약조건으로 보고 사명달성의 성과 또는 고객 관점을 가장 상위에 두는 것이 바람직하다. 하지만 공공부문의 고객 확정이 어렵다는 난점이 있다.

균형성과표(BSC: Balanced Score Card)

- 재무 관점: 우리 조직은 주주들에게 어떻게 보일까?

  (매출신장률, 시장점유율, 원가절감률, 자산보유 수준, 재고 수준, 비용 절감액 등)

- 고객 관점: 재무적으로 성공하기 위해서는 고객들에게 어떻게 보여야 하나?

  (외부시각/고객확보율, 고객만족도, 고객유지율, 고객 불만 건수, 시스템 회복시간 등)

- 내부프로세스 관점: 프로세스와 서비스의 질을 높이기 위해서는 어떻게 해야 하나?

  (전자결재율, 화상회의율, 고객 대응 시간, 업무처리시간, 불량률, 반품률 등)

- 학습 및 성장관점: 우리 조직은 지속적으로 가치를 개선하고 창출할 수 있는가?

  (미래시각/성장과 학습지표, 업무숙련도, 사기, 독서율, 정보시스템 활용력, 교육훈련 투자 등)

10 난도 ★★★　　　　　　　　정답 ①

재무행정론 > 예산의 기초이론

정답의 이유

① 밀러(Miller)의 모호성 모형은 대학조직(느슨하게 연결된 조직), 은유와 해석의 강조, 제도와 절차의 영향(강조) 등을 특징으로 한다. Miller는 목표의 모호성, 이해의 모호성, 역사의 모호성, 조직의 모호성 등을 전제로 하며, 예산결정이란 해결해야 할 문제, 그 문제에 대한 해결책, 결정에 참여해야 할 참여자, 결정의 기회 등 결정의 요소가 우연히 서로 잘 조화되어 합치될 때 이루어지며 그렇지 않은 경우 예산결정이 이루어지지 않는다고 주장한다.

11 난도 ★★☆　　　　　　　　정답 ①

지방행정론 > 지방행정의 기초이론

정답의 이유

① 합병, 흡수통합, 전부사무조합 등은 광역행정의 방식 중 통합방식에 해당한다. 일부사무조합은 공동처리방식에 해당하며, 도시공동체는 연합방식에 해당한다.

조합 방식

특정사무를 자치단체 간 협력적으로 처리하기 위하여 독립된 법인격을 부여하여 설치한 특별자치단체로서 다음 세 가지가 있다.

- 일부사무조합: 한 가지 사무처리(공동처리방식과 유사)
- 복합사무조합: 둘 이상 사무처리(연합방식과 유사)
- 전부사무조합: 모든 사무처리(사실상 통합방식·종합적 처리방식)

12 난도 ★★☆　　　　　　　　정답 ⑤

행정학총론 > 현대 행정 국가의 성립과 특성

정답의 이유

ⓒ 경찰청과 소방청은 행정안전부 소속이다.

ⓜ 조달청은 기획재정부 소속이다.

ⓗ 해양경찰청은 해양수산부 소속이다.

오답의 이유

ⓖ 관세청은 기획재정부 소속이다.

ⓒ 특허청은 산업통상자원부 소속이다.

ⓔ 산림청과 농촌진흥청은 농림축산식품부 소속이다.

13 난도 ★★☆　　　　　　　　정답 ④

정책론 > 정책결정이론

정답의 이유

ⓒ 킹던의 정책창 모형은 쓰레기통 모형을 한층 발전시켜 우연한 기회에 이루어지는 결정을 흐름으로 설명하고 있다.

ⓒ·ⓔ 킹던은 정책과정을 문제 흐름, 정책 흐름, 정치 흐름 등 세 가지 독립적인 흐름으로 개념화될 수 있으며, 각 흐름의 주도적인 행위자도 다르다고 보았다. 킹던은 정치 흐름과 문제 흐름이 합류할 때 정책의제가 설정되게 되고, 정책 흐름에 의해서 만들어진 정책대안은 이들 세 개의 흐름이 서로 같이 만나게 될 때 정책으로 결정될 기회를 갖게 된다고 보았다. 이러한 복수 흐름을 토대로 정책의 창이 열리고 닫히는 이유를 제시하고 그 유형을 구분하였는데, 세 흐름을 합류시키는 데 주도적인 역할을 담당하는 정책기업가의 노력이나, 점화장치가 중요하다고 보았다.

오답의 이유

ⓖ 방법론적 개인주의와 정책의 창 모형은 관련성이 없다.

ⓜ 표준운영절차는 회사모형을 설명하는 주요 개념이다.

14 난도 ★★☆　　　　　　　　정답 ②

재무행정론 > 예산제도

정답의 이유

② 수입대체경비란 국가가 용역 또는 시설을 제공하여 발생하는 수입과 관련되는 경비를 의미한다. 여권발급 수수료나 공무원시험 응시료와 같이 공공 서비스 제공에 따라 직접적인 수입이 발생하는 경우 해당 용역과 시설의 생산·관리에 소요되는 비용을 수입대체경비로 지정하고, 그 수입의 범위 내에서 초과지출을 예산 외로 운용할 수 있다(통일성, 완전성원칙의 예외).

오답의 이유

⑤ 수입금 마련지출제도는 정부기업예산법상의 제도로서 특정 사업을 합리적으로 운영하기 위해 예산초과수입이 발생하거나 예산초과수입이 예상되는 경우 이 수입에 직접적으로 관련하여 발생하는 비용에 지출하도록 하는 제도로서 수입대체경비와는 구별된다.

행정환류 > 행정책임과 통제

정답의 이유

① 대통령령으로 설치한다(책임운영기관 설치·운영에 관한 법률 제4조 제1항).

제4조(책임운영기관의 설치)

① 책임운영기관은 그 사무가 다음 각호의 기준 중 어느 하나에 맞는 경우에 대통령령으로 설치한다.

1. 기관의 주된 사무가 사업적·집행적 성질의 행정서비스를 제공하는 업무로서 성과측정기준을 개발하여 성과를 측정할 수 있는 사무

2. 기관운영에 필요한 재정수입의 전부 또는 일부를 자체확보할 수 있는 사무

더 알아보기

자문위원회, 의결위원회, 행정위원회

유형	개념	의결	집행	사례
자문위원회	• 자문기능만 수행 • 구속력 있는 의결기능은 없음	×	×	노사정위원회
의결위원회	• 구속력 있는 의결기능만 수행 • 집행기능은 없음	○	×	공직자윤리위원회, 징계위원회
행정위원회	구속력 있는 의결기능과 집행기능을 모두 수행	○	○	금융위원회, 공정거래위원회

---

16 난도 ★★☆ 　　　　　　　　　　정답 ③

행정환류 > 행정책임과 통제

정답의 이유

㉠ 행정통제는 통제시기의 적시성과 통제내용의 효율성이 고려되어야 한다(통제의 비용과 통제의 편익 중 편익이 더 커야 함).

㉡ 옴부즈만 제도는 사법 통제의 한계를 보완하기 위해 도입되었다.

㉢ 선거에 의한 통제와 이익집단에 의한 통제 등은 외부통제에 해당한다.

오답의 이유

㉣ 합법성을 강조하는 통제는 사법통제이다. 또한 사법통제는 부당한 행위에 대한 통제는 제한된다.

---

17 난도 ★★☆ 　　　　　　　　　　정답 ④

재무행정론 > 예산제도

정답의 이유

㉡·㉣·㉮ 주세, 부가가치세, 개별소비세는 국세이며, 간접세에 해당한다.

오답의 이유

㉠ 자동차세는 지방세이며, 직접세이다.

㉢ 담배소비세는 지방세이며, 간접세이다.

㉯ 종합부동산세는 국세이며, 직접세이다.

더 알아보기

직접세, 간접세

구분	직접세	간접세
과세대상	소득이나 재산 (납세자=담세자)	소비 행위 (납세자≠담세자)
세율	누진세	비례세
조세종류	소득세, 법인세, 재산세 등	부가가치세, 특별소비세, 주세 등 담배소비세
장점	소득 재분배 효과, 조세의 공정성	조세 징수의 간편, 조세 저항이 작음
단점	조세 징수가 어렵고 저항이 큼	저소득 계층에게 불리함

---

18 난도 ★★★ 　　　　　　　　　　정답 ⑤

재무행정론 > 예산의 기초이론

정답의 이유

⑤ 리바이어던(Leviathan)은 구약성서에 나오는 힘이 강하고, 몸집이 큰 수중동물로 정부재정의 과다팽창을 비유한다. 현대의 대의민주체제가 본질적으로 정부부문의 과도한 팽창을 유발하고 일반대중이 더 큰 정부지출에 적극적으로 반대하지 않는 투표성향(투표의 거래나, 담합)을 보이므로, 현대판 리바이어던의 등장을 초래한다.

오답의 이유

① 로머와 로젠탈(Tomas Romer & Howard Rosenthal)의 회복수준이론은 투표자와 관료의 상호작용을 다음과 같은 단순한 상황에서 검토하였다. 관료들은 국민투표에서 유권자들 앞에 제시될 각 부처의 재원조달계획을 마련하며, 그것은 다수결투표에 의해 가부가 결정된다. 제안이 부결되면 지출수준은 외생적인 어떤 방법으로 결정된 회귀(reversion)수준에서 확정된다. 예를 들면, 회귀수준은 지난해의 예산규모일 수도 있고 혹은 영일 수도 있고(이 경우 부처예산안의 부결은 부처의 폐쇄를 의미한다), 혹은 좀 더 복잡한 어떤 방법으로 결정될 수도 있다. 로머와 로젠탈은 관료들의 문제, 즉 유권자 앞에 제시되는 예산안을 편성하는 문제, 또 지출수준이 최종적으로 어떻게 결정되는지를 설명하는 문제를 검토하였다.

② 파킨슨(Parkinson)이 1914년부터 28년간 영국의 행정조직을 관찰한 결과 제시된 법칙으로 공무원 수는 본질적 업무량(행정수요를 충족시키기 위한 업무량)의 증감과 무관하게 일정비율로 증가한다는 것이다.

③ 니스카넨(Niskanen)이 1971년에 제기한 가설을 말하며, 관료들은 자신들의 영향력과 승진기회를 확대하기 위해 예산규모의 극대화를 추구한다는 것을 의미한다. 관료들이 오랜 경험 등을

활용하여 재정선택과정을 독점한다는 점에서 재정선택의 독점모형이라고도 한다.

④ 지대추구이론은 정부의 규제가 반사적 이득이나 독점적 이익(지대)을 발생시키고 기업은 이를 고착화시키기 위해 로비활동을 한다는 것을 말한다.

19 난도 ★★★ ※ 법령 개정·변경된 내용으로 문제 교체   정답 ③

재무행정론 > 예산제도

정답의 이유

㉠ 기획재정부장관은 국가회계법에서 정하는 바에 따라 회계연도마다 작성하여 대통령의 승인을 받은 국가결산보고서를 다음 연도 4월 10일까지 감사원에 제출하여야 한다(국가재정법 제59조).

㉢ 정부는 예산이 여성과 남성에게 미칠 영향을 미리 분석한 보고서[이하 "성인지(性認知)예산서"라 한다]를 작성하여야 한다(국가재정법 제26조 제1항).

㉣ 각 중앙관서의 장은 제31조 제1항에 따라 예산요구서를 제출할 때에 다음 연도 예산의 성과계획서 및 전년도 예산의 성과보고서(국가회계법 제14조 제4호에 따른 성과보고서를 말한다. 이하 이 조에서 같다)를 기획재정부장관에게 함께 제출하여야 하며, 기금관리주체는 제66조 제5항에 따라 기금운용계획안을 제출할 때에 다음 연도 기금의 성과계획서 및 전년도 기금의 성과보고서를 기획재정부장관에게 함께 제출하여야 한다(국가재정법 제8조 제2항).

오답의 이유

㉡ 차관물자대(借款物資貸)의 경우 전년도 인출예정분의 부득이한 이월 또는 환율 및 금리의 변동으로 인하여 세입이 그 세입예산을 초과하게 되는 때에는 그 세출예산을 <u>초과하여 지출할 수 있다</u>(국가재정법 제53조 제3항).

더 알아보기

차관물자대

차관물자대(借款物資貸)란 외국의 실물자본을 일정기간 사용하거나 대금결제를 유예하면서 도입하는 것으로, 차관물자대를 예산에 계상하도록 하되, 전년도 인출예정분의 부득이한 이월 또는 환율 및 금리의 변동으로 인하여 세입이 그 세입예산을 초과하게 되는 때에는 그 세출예산을 초과하여 지출할 수 있도록 하고 있다.

20 난도 ★☆☆   정답 ⑤

정책론 > 정책결정이론

정답의 이유

⑤ 점증모형은 수단과 목표가 명확히 구분되지 않으므로 흔히 목표-수단의 분석이 부적절하거나 제한되는 경우가 많으며, 목표달성의 극대화를 추구하지 않는다. 정책목표달성을 극대화하는 정책을 최선의 정책으로 평가하는 모형은 합리모형이다.

더 알아보기

합리모형과 점증모형의 특징비교

구분	합리모형	점증모형
의사결정자	합리적 경제인	정치인
목표수단, 상호작용	• 목표와 수단의 엄격구분 (선후·계층성) • 수단은 목표에 합치되도록 선택 • 목표의 명확한 정의, 목표-수단분석 활용	• 목표와 수단의 상호의존성·연쇄관계 • 목표를 수단에 합치되도록 재조정·수정 • 목표의 불명확성·목표-수단분석은 제한적
대안의 범위	대안 수는 무한정, 현실의 제약조건이 없다는 가정	대안 수는 한정, 현실의 제약조건 수용
분석의 범위	포괄적 분석, root method	제한적 분석, branch method(지분법: 支分法)
접근방식	• 이상적·규범적·연역적 접근 • 이론의존도 강함, OR·SA(BC분석) 활용 • Algorithm, 체계적·과학적 접근	• 현실적·실증적·귀납적 접근 • 이론의존도 약함 • Heuristic, 주먹구구식, 이전투구식(泥田鬪狗式) 결정
분석·결정의 특징	포괄적·총체적·단발적·1회적 결정, 하향적 결정	분절적·분할적·계속적·점진적·지속적 결정, 상향적 결정
결정양식	• 전체 최적화 (부분의 합≠전체) • 거시적·하향적·집권적	• 부분 최적화 (부분의 합=전체) • 미시적·상향적·분권적
현실 (기득권)	기득권 불인정 (매몰비용 고려안함)	기득권 인정 (매몰비용 고려)
적용사회	전체주의·권위주의 사회	다원주의 사회
관련이론	공익의 실체설(적극설)	공익의 과정설(소극설), 다원주의

21 난도 ★★☆   정답 ①

인사행정론 > 임용과 능력발전

정답의 이유

① 원칙적으로 승진후보자명부는 근무성적평정 90%, 경력평정 10%를 고려하여 작성된다(공무원 성과평가 등에 관한 규정 제30조 제2항).

제30조(승진후보자 명부의 평정점 등)
② 임용권자는 근무성적평가 점수의 반영비율은 90퍼센트, 경력평정점의 반영비율은 10퍼센트로 하여 승진후보자 명부를 작성하되, 근무성적평가 점수의 반영비율은 95퍼센트까지 가산하여 반영할 수 있고, 경력평정점의 반영비율은 5퍼센트까지 감산하여 반영할 수 있다. 이 경우 변경한 반영비율은 그 변경일부터 1년이 지난 날부터 적용한다.

22 난도 ★☆☆　　　　　　　　　　　　　　정답 ②

조직론 > 조직관리

정답의 이유

② 갈등 당사자들에게 공동의 상위목표를 제시하거나 공동의 적을 설정하는 것은 갈등의 해소전략에 해당한다.

더 알아보기

갈등조장 전략
① 공식적·비공식적 의사전달통로의 의도적 변경
② 경쟁의 조성
③ 조직 내 계층 수 및 조직단위 수 확대와 의존도 강화
④ 계선조직과 막료조직의 활용
⑤ 정보전달의 통제(정보량 조절: 정보전달억제나 과잉노출)
⑥ 의사결정권의 재분배
⑦ 기존구성원과 상이한 특성을 지닌 새로운 구성원의 투입(구성원의 유동), 직위 간 관계의 재설정

---

23 난도 ★★★　　　　　　　　　　　　　　정답 ④

행정학총론 > 행정의 이념(가치)

정답의 이유

④ 행정의 양대가치인 민주성과 능률성에 대해 규정하고 있다.

국가공무원법 제1조(목적)
이 법은 각급 기관에서 근무하는 모든 국가공무원에게 적용할 인사행정의 근본 기준을 확립하여 그 공정을 기함과 아울러 국가공무원에게 국민 전체의 봉사자로서 행정의 민주적이며 능률적인 운영을 기하게 하는 것을 목적으로 한다.

지방공무원법 제1조(목적)
이 법은 지방자치단체의 공무원에게 적용할 인사행정의 근본 기준을 확립하여 지방자치행정의 민주적이며 능률적인 운영을 도모함을 목적으로 한다.

지방자치법 제1조(목적)
이 법은 지방자치단체의 종류와 조직 및 운영에 관한 사항을 정하고, 국가와 지방자치단체 사이의 기본적인 관계를 정함으로써 지방자치행정을 민주적이고 능률적으로 수행하고, 지방을 균형있게 발전시키며, 대한민국을 민주적으로 발전시키려는 것을 목적으로 한다.

---

24 난도 ★☆☆　　　　　　　　　　　　　　정답 ③

정책론 > 정책의 본질과 유형

정답의 이유

ⓛ 다원주의에서의 정부는 집단들 간에 조정자 역할 또는 심판자의 역할을 할 것으로 기대된다.
ⓒ 이슈네트워크는 참여자 간의 상호의존성이 낮고 불안정하며, 상호간의 불평등 관계가 존재하기도 한다.

오답의 이유

ⓘ 일시적이고 느슨한 형태의 집합체라는 것은 정책공동체와 비교되는 이슈네트워크의 특징이다.
ⓔ 사회조합주의에 대한 설명이다.

더 알아보기

정책공동체와 이슈네트워크 특징 비교

차원		정책공동체	이슈네트워크
구성원	참여자 수	• 매우 제한됨 • 일부 집단은 의식적으로 배제됨	다수
	이익 유형	경제적 및 또는 전문적 이해가 지배적임	다양한 범위의 이해관계를 모두 포함
통합	상호작용 빈도	정책이슈에 관련된 모든 사항에 대해 모든 집단이 빈번하고 높은 수준의 상호작용을 함	접촉빈도와 강도가 유동적임
	연속성	구성원, 가치, 결과가 장기간 지속됨	접근의 변화가 매우 유동적임
	합의	모든 참여자가 기본가치를 공유하고 결과의 정통성을 수용함	일정한 합의가 있으나 갈등이 역시 존재
자원	네트워크 내 자원배분	모든 참여자가 자원을 보유함: 관계는 교환관계가 기본임	일부 참여자가 자원을 보유하지만 제한적 합의관계가 기본임
	참여조직 간 자원배분	계층적: 지도자가 구성원에게 자원을 배분할 수 있음	구성원을 규제할 수 있는 자원과 능력의 배분이 다양하고 가변적임
	권력	• 구성원 간 균형이 이루어짐 • 한 집단이 지배적일 수 있으나, 공동체가 유지되려면 포지티브섬 게임임	• 자원보유, 접근성의 불균등을 반영하여 권력이 균등하지 않음 • 권력은 제로섬 게임 (승자와 패자 존재)

---

25 난도 ★☆☆　　　　　　　　　　　　　　정답 ①

행정학총론 > 행정현상에 대한 주요접근방법

정답의 이유

① 권력 문화적 접근은 권력남용에 의해 부패가 유발된다고 보는 접근이며, 공직자들의 잘못된 의식구조를 공무원 부패의 원인으로 보는 접근은 구조적 접근에 해당한다.

행정학 | 2018년 국회직 8급

한눈에 훑어보기

✓ 영역 분석

행정학총론 06 10
2문항, 8%

정책론 05 08 11 20 25
5문항, 20%

조직론 02 03 13 16 17 18 19 23
8문항, 32%

인사행정론 12 24
2문항, 8%

재무행정론 01 04 15 22
4문항, 16%

지방행정론 07 14
2문항, 8%

행정환류 09 21
2문항, 8%

✓ 빠른 정답

01	02	03	04	05	06	07	08	09	10
①	③	②	⑤	③	③	②	④	②	④
11	12	13	14	15	16	17	18	19	20
①	⑤	①	④	⑤	②	⑤	①	④	③
21	22	23	24	25					
③	③	④	①	②					

✓ 점수 체크

구분	1회독	2회독	3회독
맞힌 문항 수	/ 25	/ 25	/ 25
나의 점수	점	점	점

01 난도 ★★☆ 　　　　　　　　　　　정답 ①

재무행정론 > 예산제도

정답의 이유

① 제시된 개별소비세, 인지세, 부가가치세, 주세는 간접세에 해당한다.

오답의 이유

② 증여세, 상속세는 직접세에 해당한다.
③ 취득세, 재산세, 자동차세, 등록면허세는 지방세에 해당한다.
④ 종합부동산세, 법인세, 소득세, 상속세는 직접세에 해당한다.
⑤ 레저세, 담배소비세는 지방세에 해당한다.

더 알아보기

국세와 지방세

• 국세

내국세	보통세	직접세	소득세
			법인세
			종합부동산세
			상속세
			증여세
		간접세	부가가치세
			개별소비세
			주세
			인지세
			증권거래세
	목적세	교육세	
		교통 · 에너지 · 환경세	
		농어촌특별세	
관세	—		

• 지방세

구분	광역자치단체		기초자치단체	
	특별시·광역시세	도세	시·군세	자치구세
보통세	취득세, 레저세, 담배소비세, 지방소비세, 주민세, 지방소득세, 자동차세	취득세, 등록면허세, 레저세, 지방소비세	담배소비세, 주민세, 지방소득세, 재산세, 자동차세	등록면허세, 재산세
목적세	지역자원시설세, 지방교육세	지역자원시설세, 지방교육세	–	–

02 난도 ★☆☆   정답 ③

조직론 > 조직의 기초이론

정답의 이유

③ 해외일정을 핑계로 책임과 결정을 미루는 행위 등의 해당 사례는 관료들이 위험 회피적이고 변화 저항적이며 책임 회피적인 보신주의로 빠지는 행태를 말한다.

03 난도 ★☆☆   정답 ②

조직론 > 조직의 기초이론

정답의 이유

② 공공선택이론은 유권자, 정치가, 그리고 관료를 포함하는 정치제도 내에서 자원배분과 소득분배에 대한 결정이 어떻게 이루어지는지를 분석하고, 그것을 기초로 하여 정치적 결정의 예측 및 평가를 목적으로 한다.

오답의 이유

① 최소의 비용으로 최대의 성과를 달성하고자 하는 민간기업의 경영합리화 운동으로서, 객관화된 표준과업을 설정하고 경제적 동기 부여를 통하여 절약과 능률을 달성하고자 하였던 고전적 관리연구이다.

③ 행태론이란 면접이나, 설문조사 등을 통해 인간행태에 대한 규칙성과 유형성·체계성 등을 발견하여 이를 기준으로 종합적인 인간관리를 도모하려는 과학적·체계적인 연구를 말한다.

④ 발전행정론은 환경을 의도적으로 개혁해 나가는 행정인의 창의적·쇄신적 능력을 중요시한다. 또한 행정을 독립변수로 간주해 행정의 적극적 기능을 강조한 이론이다.

⑤ 현상학은 사회적 행위의 해석에 있어서 이러한 현상 및 주관적 의미를 파악하여 이해하는 철학적·심리학적 접근법, 주관주의적 접근(의식적 지향성 중시)으로, 실증주의·행태주의·객관주의·합리주의를 비판하면서 등장하였다.

04 난도 ★★☆   정답 ⑤

재무행정론 > 예산제도

정답의 이유

⑤ 국가재정법 제16조는 예산의 편성 및 집행에 있어서 준수해야 할 사항을 규정하고 있고 재정건전성의 확보, 국민부담의 최소화, 재정을 운영함에 있어 재정지출의 성과 제고, 예산과정에의 국민참여 제고를 위한 노력을 규정하고 있지만 재정의 지속가능성 확보에 대한 내용은 규정하고 있지 않다.

> **국가재정법 제16조(예산의 원칙)**
> 정부는 예산의 편성 및 집행에 있어서 다음 각 호의 원칙을 준수하여야 한다.
> 1. 정부는 재정건전성의 확보를 위하여 최선을 다하여야 한다.
> 2. 정부는 국민부담의 최소화를 위하여 최선을 다하여야 한다.
> 3. 정부는 재정을 운용함에 있어 재정지출 및 조세특례제한법 제142조의2 제1항에 따른 조세지출의 성과를 제고하여야 한다.
> 4. 정부는 예산과정의 투명성과 예산과정에의 국민참여를 제고하기 위하여 노력하여야 한다.
> 5. 정부는 예산이 여성과 남성에게 미치는 효과를 평가하고, 그 결과를 정부의 예산편성에 반영하기 위하여 노력하여야 한다.

05 난도 ★★☆   정답 ③

정책론 > 정책집행과 기획

정답의 이유

③ 정책집행의 상향적 접근에 대한 내용으로 옳은 것은 ㉡, ㉢, ㉣이다. 상향식 접근의 전반적인 특징을 살펴보면 다음과 같다.

• 정책집행과정의 상세한 기술과 집행과정의 인과관계 파악이 가능하다. 집행현장연구를 통하여 실질적 집행효과, 복수의 집행업무를 담당하는 집행자의 우선순위와 집행전략, 반대세력의 전략과 입장, 집행의 부작용 및 부수효과를 파악하는 것이 가능하다.

• 정책집행현장을 연구하면서 공식적 정책목표 외에도 의도하지 않았던 효과를 분석할 수 있다.

• 공공부문과 민간부문의 조직 등 다양한 집행조직의 상대적 문제해결능력을 파악하는 것이 가능하다.

• 집행현장에서 다양한 공공프로그램과 민간부문의 프로그램이 적용되는 집행영역을 다룰 수 있다.

• 시간의 경과에 따른 행위자들 간의 전략적 상호작용과 변화를 다룰 수 있다.

오답의 이유

㉠ 상향적 접근은 제한된 합리성, 적응적 합리성을 추구하는 입장이며, 합리모형의 선형적 시각을 반영하지 않으므로 옳지 않다.

㉤ 하향식 집행의 특징에 해당한다. 상향식 집행에서는 공식적 정책목표가 무시되므로 집행결과에 대한 객관적인 평가가 용이하다는 것은 잘못된 내용이다.

상향적 접근과 하향적 접근의 비교

비교	하향적 · 전방향적 접근	상향적 · 후방향적 접근
학자	1970년대, Van Meter, Van Horn, Sabatier, Mazmanian, Edwards	1970년대 말~80년대 초, Elmore, Lipsky, Berman
분석 목표	성공적 집행의 좌우요인 탐구(예측/정책건의)	집행현장의 실제 상태를 기술 · 설명
정책과정 모형	단계주의자 모형	융합주의자 모형
집행과정 특징	계층적 지도	분화된 문제해결
민주주의 모형	엘리트 민주주의	참여 민주주의
평가기준	• 공식적 목표의 달성도(효과성) • 정책결정자의 의도를 실현하는 것이 성공적 정책집행이라고 파악 • 정치적 기준과 의도하지 않은 결과도 고찰하지만 이는 선택기준	• 평가기준 불명확(집행과정에서의 적응성 강조) • 집행의 성공은 결정자의 의도에의 순응 여부보다는 집행자가 주어진 여건하에서 역할의 충실한 수행이라는 상황적 기준을 중시
전반적 초점	정책결정자가 의도한 정책목표를 달성하기 위해 집행체계를 어떻게 운영하는지에 초점을 둠	집행네트워크 행위자의 전략적 상호작용
적응상황	핵심정책이 있고 비교적 구조화된 상황에 적합	핵심정책이 없고 독립적인 다수행위자가 개입하는 동태적 상황에 적합
Berman	정형적 집행	적응적 집행
Elmore	전방향적 집행(Forward Mapping)	후방향적 집행(Backward Mapping)
Naka mura	고전적 기술자형, 지시적 위임가형	재량적 실험가형, 관료적 기업가형

06 난도 ★★☆ 정답 ③

행정학총론 > 현대 행정 국가의 성립과 특성

정답의 이유

③ 교육 · 소방 · 경찰 공무원 및 법관, 검사, 군인 등 특수 분야의 업무를 담당하는 공무원은 특정직 공무원(경력직)에 해당한다.

오답의 이유

① 특수경력직 공무원은 정무직과 별정직 공무원으로, 직업 공무원제나 실적주의의 획일적 적용을 받지 않는다.

② 특수경력직 공무원에 대하여는 이 법이나 다른 법률에 특별한 규정이 없으면 한정적으로 국가공무원법의 적용을 받고, 적용범위에 보수(제5장)와 복무규율(제7장)이 포함된다.

④ 국회수석전문위원, 감사원 사무차장 등은 특수경력직 중 별정직 공무원에 해당한다.

⑤ 선거에 의해 취임하는 공무원은 특수경력직 중 정무직 공무원에 해당한다.

국가공무원과 지방공무원

구분		국가공무원		지방공무원
법적 근거		국가공무원법		지방공무원법
임용 권자		• 5급 이상–대통령 • 6급 이하–소속 장관 또는 위임된 자		지방자치단체의 장
보수 재원		국비		지방비
공직 분류	일반직	직군, 직렬별로 분류되는 공무원	일반직	직군 직렬별로 분류되는 공무원
		연구 · 지도직: 2계급		연구 · 지도직: 2계급
	특정직	법관, 검사, 경찰공무원, 소방공무원, 군인, 군무원, 헌법재판소 헌법 연구관, 국가정보원 직원 등	특정직	자치경찰공무원 등
	정무직	대통령, 국무총리, 국회의원 등	정무직	지방자치단체장 특별시의 정무부시장
	별정직	국회수석 전문위원	별정직	광역시 특별자치시의 정무부시장
공무원 구성		• 전체 공무원 중에 차지하는 비중이 65% • 국가공무원 중 특정직이 가장 많음		• 전체 공무원 중에 차지하는 비중이 35% • 지방공무원 중 일반직이 가장 많음

07 난도 ★★☆ 정답 ②

지방행정론 > 지방자치단체와 조직

정답의 이유

② 재의요구권은 자치단체장의 권한에 속하는 사항으로 단체장이 위법 · 부당한 지방의회의 의결사항에 재의를 요구하는 것이다. 지방자치단체장의 재의요구 사유는 다음과 같다.

• 조례안에 이의가 있는 경우

• 지방의회의 의결이 월권 또는 법령에 위반되거나 공익을 현저히 해한다고 인정된 때

• 지방의회의 의결에 예산상 집행할 수 없는 경비가 포함되어 있는 경우, 의무적 경비나 비상재해복구비를 삭감한 경우

• 지방의회의 의결이 법령에 위반되거나 공익을 현저히 해한다고 판단되어 주무부장관 또는 시 · 도지사가 재의요구를 지시한 경우

오답의 이유

① · ③ · ④ · ⑤ 모두 지방의회 의결 사항이다.

지방자치법 제47조(지방의회의 의결사항)

1. 조례의 제정 · 개정 및 폐지
2. 예산의 심의 · 확정
3. 결산의 승인
4. 법령에 규정된 것을 제외한 사용료 · 분담금 · 지방세 또는 가입금의 부과와 징수
5. 기금의 설치 · 운용
6. 대통령령으로 정하는 중요 재산의 취득 · 처분
7. 대통령령으로 정하는 공공시설의 설치 · 처분
8. 법령과 조례에 규정된 것을 제외한 예산 외의 의무부담이나 권리의 포기
9. 청원의 수리와 처리
10. 외국 지방자치단체와의 교류협력에 관한 사항
11. 그 밖에 법령에 따라 그 권한에 속하는 사항

분권화에 내재하는 문제	권위의 분산	집행과정의 문제
	재정적 외부효과	지역공공재의 불공평한 배분

08 난도 ★★☆　　　　　　　정답 ④

정책론 > 정책결정이론

정답의 이유

④ 점증적 정책결정은 지식과 정보의 불완전성, 미래예측의 불확실성을 전제하는 의사결정 모형으로 그 자체가 정부 실패 요인으로 거론되는 것은 아니다.

오답의 이유

① · ② · ③ · ⑤ 모두 정부실패 요인에 대한 설명이다.

더 알아보기

Weimer&Vining의 정부실패 원천

구분	유형	의미
직접 민주주의에 내재하는 문제	투표의 역설	투표자의 선택이 애매함
	선호정도의 일괄처리	다수의 독재, 소수집단이 비용부담
대의정부에 내재하는 문제	조직화되고 동원화된 이익집단의 영향력	지대추구와 지대 낭비
	지역구 유권자	비효율적인 나누어 먹기
	선거주기	사회적으로 과다한 할인율
	일반국민의 관심사에 영향	의제의 제약과 비용에 대한 왜곡된 인식
관료적 공급에 내재하는 문제	대리인의 손실 (agency loss)	X-비효율성
	산출물 값 산정의 어려움	배분적 비효율성과 X-비효율성
	제한된 경쟁	동태적 비효율적
	공무원 제약을 포함한 사전적 규칙	비신축성에 따른 비능률
	시장실패로서의 관료실패	조직자원의 비능률적 활용

09 난도 ★★☆　　　　　　　정답 ②

행정환류 > 행정책임과 통제

정답의 이유

② 규제피라미드는 규제가 규제를 낳은 결과 피규제자의 규제 부담이 점점 증가하는 현상이다.

오답의 이유

① · ③ · ④ · ⑤ 모두 규제의 역설에 대한 설명이다.

10 난도 ★★☆　　　　　　　정답 ④

행정학총론 > 행정현상에 대한 주요접근방법

정답의 이유

④ 역사학적 신제도주의는 각국에서 채택된 정책의 상이성과 효과를 역사적으로 형성된 제도에서 찾으려는 접근방법을 말한다.

오답의 이유

① 행태론은 인간을 사물과 같은 존재로 인식하기 때문에 인간의 자유와 존엄을 강조하기 보다는 인간을 수단적 존재로 인식한다.
② 자연현상과 사회현상을 동일시하여 자연과학적인 논리실증주의를 강조한 것은 행태론적 연구의 특성이다.
③ 후기 행태주의의 입장이다.
⑤ 행태주의는 보수성이 강한 이론이며, 제도변화와 개혁을 지향하지 않는다.

더 알아보기

행태론과 신제도론의 비교

비교	행태론	신제도론
차이점	방법론적 개체주의, 미시주의	거시와 미시의 연계
	제도의 종속변수성(제도는 개인행태의 단순한 집합)	제도의 독립변수성(제도와 같은 집합적 선호가 개인의 선택에 영향을 줌)
	정태적	동태적(제도의 사회적 맥락과 영속성 강조)
공통점	제한된 합리성 인정, 공식적 구조(제도)에 대한 반발	

11 난도 ★★☆　　　　　　　　　　　　　　정답 ①

정답의 이유

① 교통체증 완화를 위한 차량 10부제 운행은 불특정 다수의 국민이 이익을 보고 불특정 다수의 국민이 비용을 부담하는 상황에 해당하기 때문에 대중정치상황의 사례가 된다.

오답의 이유

② 기업가정치상황은 고객정치상황과 반대로 환경오염규제, 소비자보호입법 등과 같이 비용은 소수의 동질적 집단에 집중되어 있으나 편익은 불특정 다수에게 넓게 확산되어 있는 경우이다. 사회적 규제가 여기에 속한다.

③ 이익집단정치상황은 정부규제로 예상되는 비용, 편익이 모두 소수의 동질적 집단에 귀속되고 그것의 크기도 각 집단의 입장에서 볼 때 대단히 크기 때문에 양자가 모두 조직화와 정치화의 유인을 강하게 갖고 있고 조직력을 바탕으로 각자의 이익확보를 위해 상호 날카롭게 대립하는 상황이다. 규제가 경쟁적 관계에 있는 강력한 두 이익집단 사이의 타협과 협상에 따라 좌우되는 특징을 보이며 일반적으로 소비자 또는 일반국민의 이익은 거의 무시된다.

④ 고객정치상황은 수혜집단은 신속히 정치조직화하며 입법화를 위해 정치적 압력을 행사하며 정책의제화가 비교적 용이하게 이루어진다. 경제적 규제가 여기에 속한다.

⑤ 윌슨(Wilson)의 규제정치모형에 소비자정치는 포함되지 않는다.

더 알아보기

윌슨(Wilson)의 규제정치모형

구분		규제의 편익	
		집중	분산
규제 비용	집중	이익집단 정치	운동가의 정치 (기업가적 정치)
	분산	고객의 정치	다수의 정치

12 난도 ★★☆　　　　　　　　　　　　　　정답 ⑤

정답의 이유

⑤ 정직은 1개월 이상 3개월 이하의 기간으로 하고, 정직처분을 받은 자는 그 기간 중 공무원의 신분은 보유하나 직무에 종사하지 못하며 보수는 전액을 감한다.

오답의 이유

① 직위해제는 신분을 박탈하는 처분은 아니고, 신분은 유지하되 직위만을 해제한다.

② 직권면직은 정원의 변경으로 직위의 폐지나 과원 등의 사유가 발생한 경우에 직권으로 신분을 박탈하는 면직처분을 말한다.

③ 해임은 공무원을 강제로 퇴직시키는 처분으로 3년 간 재임용이 불가하다. 연금법에는 크게 영향을 주지 않으나, 금품 및 향응수수, 공금의 횡령·유용으로 징계 해임된 경우에는 퇴직급여의 1/8 내지는 1/4을 감한다.

④ 파면은 공무원을 강제로 퇴직시키는 처분으로 5년간 재임용 불가 퇴직급여의 1/4 내지는 1/2을 지급을 제한한다.

더 알아보기

징계의 종류

- **견책(譴責)**: 전과(前過)에 대하여 훈계하고 회개하게 한다.
- **감봉**: 1개월 이상 3개월 이하의 기간 동안 보수의 3분의 1을 감한다.
- **정직**: 1개월 이상 3개월 이하의 기간으로 하고, 정직처분을 받은 자는 그 기간 중 공무원의 신분은 보유하나 직무에 종사하지 못하며 보수는 전액을 감한다.
- **강등**: 1계급 아래로 직급을 내리고(고위공무원단에 속하는 공무원은 3급으로 임용하고, 연구관 및 지도관은 연구사 및 지도사로 한다) 공무원신분은 보유하나 3개월간 직무에 종사하지 못하며 그 기간 중 보수는 전액을 감한다.
- **해임**: 공무원을 강제로 퇴직시키는 처분으로 3년간 재임용이 불가하다. 연금법에는 크게 영향을 주지 않으나, 금품 및 향응수수, 공금의 횡령·유용으로 징계 해임된 경우에는 퇴직급여의 1/8 내지는 1/4을 감한다.
- **파면**: 공무원을 강제로 퇴직시키는 처분으로 5년간 재임용 불가 퇴직급여의 1/4 내지는 1/2을 지급제한

13 난도 ★★★　　　　　　　　　　　　　　정답 ①

정답의 이유

① 형평성이론(equity theory)에서 공정성의 개념은 아리스토텔레스의 정의론, 페스팅거의 인지 부조화이론, 호만즈(G. Homans) 등의 교환이론에 그 근거를 둔 것으로 아담스(J. S. Adams)가 개발하였다. 이 이론은 모든 사람이 공정하게 대접받기를 원한다는 전제에 기초를 두고 있으며 동기 부여, 업적의 평가, 만족의 수준 등에서 공정성이 중요한 영향을 미친다고 본다.

오답의 이유

②·③·④·⑤ 모두 내용이론으로 욕구와 동기유발사이의 관계를 설명하고 있다.

14 난도 ★★☆　　　　　　　　　　　　　　정답 ④

정답의 이유

④ 주민소환투표권자 총수의 3분의 1 이상의 투표와 유효투표 총수 과반수의 찬성으로 확정된다.

오답의 이유

① 시·도지사의 주민소환투표의 청구 서명인 수는 해당 지방자치단체 주민소환청구권자 총수의 100분의 10 이상이다.

② 주민이 직선한 공직자가 주민소환투표 대상이다.

③ 주민소환투표권자는 주민소환투표인명부작성기준일 현재 해당 지방자치단체의 장과 지방의회의원에 대한 선거권을 가지고 있는 자로 한다.

⑤ 주민소환이 확정된 때에는 주민소환투표대상자는 그 결과가 공표된 시점부터 그 직을 상실한다.

더 알아보기

주민소환투표의 청구요건
- 특별시장·광역시장·도지사: 해당 지방자치단체의 주민소환투표청구권자 총수의 100분의 10 이상
- 시장·군수·자치구의 구청장: 해당 지방자치단체의 주민소환투표청구권자 총수의 100분의 15 이상
- 지역구 시·도의회의원 및 지역구 자치구·시·군의회의원: 해당 지방의회의원의 선거구 안의 주민소환투표청구권자 총수의 100분의 20 이상

15 난도 ★★☆   정답 ⑤

재무행정론 > 예산과정

정답의 이유

⑤ 예산의 이체는 정부조직 등에 관한 법령의 제정·개정 또는 폐지로 인하여 그 직무와 권한에 변동이 있는 경우 관련되는 예산의 귀속을 변경하여 예산집행의 신축성을 부여하는 제도이다. 사업내용이나 규모 등에 변경을 가하지 않고 해당 예산의 귀속만 변경하는 것으로써, 어떤 과목의 예산부족을 다른 과목의 금액으로 보전하기 위하여 당초 예산의 내용을 변경시키는 예산의 이·전용과는 구분된다.
이체의 절차는 기획재정부장관이 중앙관서의 장의 요구에 따라 예산을 이체할 수 있도록 규정하고 있다. 정부조직법 개편 시 국회의 의결을 얻었기 때문에 이체 시 별도의 국회의 의결을 받을 필요는 없다.

오답의 이유

① 명시이월은 세출예산 중 경비의 성질상 연도내 지출을 끝내지 못할 것으로 예견되는 경우, 다음 연도로 이월할 수 있다는 취지를 명백히 하여 미리 국회의 의결을 거쳐 다음 연도에 이월하는 제도이다.

② 정부가 예비비로 사용한 금액의 총괄명세서를 다음 연도 5월 31일까지 국회에 제출하여 승인을 얻도록 한다(총액으로 사전에 의결을 받지만, 구체적인 사용 용도는 사후 승인을 받는다. 이런 이유로 견해에 따라 사전의결의 원칙에 예외로 보는 견해도 있고, 예외가 아니라고 보는 견해도 있다).

③ 예산의 이용은 예산이 정한 장·관·항 간(입법과목)에 각각 상호 융통하는 것을 말한다. 예산 이용제도는 국가재정법 제45조에 따른 예산의 목적 외 사용금지 원칙의 예외로서, 예산집행에 신축성을 부여하여 예산집행주체가 집행과정에서 발생한 여건 변화에 탄력적으로 대응할 수 있도록 미리 국회의 의결을 받은 경우에 한하여 허용되고 있다.

④ 계속비는 완성에 수년도를 요하는 공사나 제조 및 연구개발사업은 그 경비의 총액과 연부액(年賦額)을 정하여 미리 국회의 의결을 얻은 범위 안에서 수년도에 걸쳐서 지출할 수 있는 제도로, 수년간의 예산이 안정적으로 집행되어 재정투자의 효율성을 높일 수 있는 제도이다.

16 난도 ★★☆   정답 ②

조직론 > 조직관리

정답의 이유

② BSC 방법론은 성과평가 시스템으로, 현재 세계적으로 각광을 받고 있는 새로운 경영방법론으로써, Renaissance Solutions사의 David. P Norton 박사와 Havard 경영 대학의 Robert S. Kaplan 교수가 공동으로 개발한 균형 성과측정 기록표를 의미한다. BSC는 독창적인 4가지 관점(재무적, 고객, 내부 비즈니스 프로세스, 그리고 학습과 성장의 관점)에 의하여 조직의 전략과 비전을 가시화 하고, 목표를 달성할 수 있게끔 이끌어 준다. 프로그램 관점은 균형성과지표의 요소에 포함되지 않는다.

오답의 이유

① 재무적 관점: 우리 조직은 주주들에게 어떻게 보일까?(매출신장률, 시장점유율, 원가절감률, 자산보유 수준, 재고 수준, 비용 절감액 등)

③ 고객 관점: 재무적으로 성공하기 위해서는 고객들에게 어떻게 보여야 하나? (외부시각/고객확보율, 고객만족도, 고객유지율, 고객 불만 건수, 시스템 회복시간 등)

④ 내부프로세스 관점: 프로세스와 서비스의 질을 높이기 위해서는 어떻게 해야 하나? (전자결재율, 화상회의율, 고객 대응 시간, 업무처리시간, 불량률, 반품률 등)

⑤ 학습과 성장 관점: 우리 조직은 지속적으로 가치를 개선하고 창출할 수 있는가? (미래시각/성장과 학습지표, 업무숙련도, 사기, 독서율, 정보시스템 활용력, 교육훈련 투자 등)

17 난도 ★☆☆   정답 ⑤

조직론 > 조직관리

정답의 이유

⑤ 등급에 대한 설명에 해당한다. 등급은 직무의 종류는 다르지만 직무의 곤란도 및 책임도나 자격요건이 유사하여 동일한 보수를 줄 수 있는 모든 직위의 집단을 의미한다.

직위분류제의 구성요소

구분	내용	예시
직위	한 사람의 근무를 필요로 하는 직무와 책임의 양	기상통보관, 예보관
직급	직무의 종류와 곤란성·책임도가 유사한 직위의 군(동일 직급에 속하는 직위에 대해서는 임용자격·시험·보수 등에 있어서 동일한 취급)	행정 7급
등급	직무의 종류는 다르지만 직무의 곤란도·책임도가 유사하여 동일한 보수를 줄 수 있는 직위의 군	9급 서기보
직군	직무의 성질이 유사한 직렬의 군	행정직군, 기술직군
직렬	직무의 종류가 유사하고 그 책임과 곤란성의 정도가 서로 다른 직급의 군	행정직군 내 행정직렬, 세무직렬
직류	같은 직렬 내에서 담당분야가 같은 직무의 군	행정직렬 내 일반행정직류, 법무행정직류

18 난도 ★★☆ 정답 ①

조직론 > 조직의 기초이론

정답의 이유

① 보기에서 옳은 지문은 ㉠과 ㉡이다.

㉠ 인간관계론은 인간을 사회적·심리적 존재로 가정하기 때문에 사회적 규범이 생산성을 좌우한다고 본다.

㉡ 과학적 관리론은 과학적 분석을 통해 업무수행에 적용할 유일 최선의 방법을 발견할 수 있다고 전제한다.

오답의 이유

㉢ 체제론은 하위의 단순 체제는 복잡한 상위의 체제에 속한다고 이해함으로 계서적 관점을 지지한다.

㉣ 발전행정론은 정치·사회·경제를 균형적으로 발전시키기 보다는 행정체제가 다른 분야의 발전을 이끌어 나가는 불균형적인 접근법을 중시한다.

19 난도 ★☆☆ 정답 ④

조직론 > 조직의 구조형태

정답의 이유

④ 관료제는 업무의 수행은 안정적이고 세밀하게 이루어져야 하며 규칙과 표준화된 운영절차에 따라 이루어지도록 되어 있다. 따라서 이념형으로서의 관료는 직무를 수행하는 데 증오나 애정과 같은 감정을 갖지 않는 비정의적(impersonality)이며 형식 합리성의 정신에 따라 수행해야 한다.

오답의 이유

①·②·③·⑤ 모두 관료제에 대한 옳은 설명이다.

20 난도 ★★☆ 정답 ③

정책론 > 정책평가

정답의 이유

③ 해당 효과는 호손효과가 아니라 크리밍효과이다. 크리밍 효과는 정책효과가 나타날 가능성이 높은 집단을 의도적으로 실험집단으로 선정함으로써 정책의 영향력이 실제보다 과대평가된다. 호손효과는 실험집단 구성원이 실험의 대상이라는 사실로 인해 평소와 달리 특별한 심리적 또는 감각적 행동을 보이는 현상으로 외적타당도를 저해하는 대표적 요인이다. 실험조작의 반응효과라고도 하며 1927년 호손 실험결과로 발견되었다.

21 난도 ★★☆ 정답 ③

행정환류 > 행정개혁

정답의 이유

③ 탈신공공관리론은 신공공관리의 역기능적 측면을 교정하고 통치 역량을 강화하여 정치행정 체제의 통제와 조정을 개선하기 위해 재집권화와 재규제를 주장한다.

더 알아보기

신공공관리론과 탈신공공관리론의 비교

비교국면		신공공관리론	탈신공공관리론
정부기능	정부-시장 관계의 기본 철학	시장지향주의 (규제완화)	정부의 정치·행정력 역량 강화 • 재규제의 주장 • 정치적 통제 강조
	주요 행정 가치	능률성, 경제적 가치 강조	민주성·형평성 등 전통적 행정가치 동시 고려
	정부규모와 기능	정부규모와 기능 감축 (민간화·민영화·민간 위탁)	민간화·민영화의 신중한 접근
	공공서비스 제공 방식	시장 메커니즘의 활용	민간-공공부문의 파트너십 강조
조직구조	기본모형	탈관료제모형	관료제모형과 탈관료제 모형의 조화
	조직구조의 특징	비항구적·유기적 구조, 분권화	재집권화(분권과 집권의 조화)
	조직개편의 방향	소규모의 준자율적 조직으로 행정의 분절화 (책임운영기관)	• 분절화 축소 • 총체적 정부 강조 • 집권화, 역량 및 조정의 증대

22 난도 ★★☆　　　　　　　　　　정답 ③

재무행정론 > 예산과정

정답의 이유

③ 기획재정부 장관은 국무회의 심의를 거쳐 대통령 승인을 얻은 다음 연도의 예산안편성지침을 매년 3월 31일까지 각 중앙관서의 장에게 통보하여야 한다.

23 난도 ★☆☆　　　　　　　　　　정답 ④

조직론 > 조직관리

정답의 이유

④ 근무성적평정은 과거의 실적과 능력에 대한 평가이며, 미래 잠재력까지 측정한다고 볼 수 없다. 미래 행동에 대한 잠재력측정이 가능한 평가는 역량평가이다.

24 난도 ★★☆　　　　　　　　　　정답 ①

인사행정론 > 임용과 능력발전

정답의 이유

① 내용타당성은 시험이 특정한 직위에 필요한 능력이나 실적과 직결되는 실질적인 능력요소(태도, 기술 등)를 포괄적으로 측정하였는가에 관한 기준이다. 따라서 내용타당성을 확보하려면 직무분석을 통해 선행적으로 실질적인 능력요소를 파악해야 한다.

오답의 이유

② 구성타당성: 시험이 이론적(추상적)으로 구성된 능력요소를 얼마나 정확하게 측정할 수 있느냐에 관한 기준이다. 즉, 추상적 능력요소를 구체적인 측정요소로 전환했을 때 구체적인 측정요소가 추상적 능력요소를 얼마나 잘 대변하는가의 문제이다.

③ 개념타당성: 감정과 같은 추상적인 개념 또는 속성을 측정도구가 얼마나 적합하게 측정하였는가를 나타내는 타당성을 말한다.

④ 예측적 기준타당성: 신규채용자를 대상으로 그의 채용시험성적과 업무실적을 비교하여 양자의 상관관계를 확인하는 방법(측정의 정확성은 높으나, 비용과 노력이 많이 소모된다는 점, 시차가 존재한다는 점, 성장효과 및 오염 효과가 존재한다는 점이 한계)

⑤ 동시적 기준타당성: 재직자를 대상으로 그들의 업무실적과 시험성적을 비교하여 그 상관관계를 보는 방법(측정의 정확성은 낮으나, 신속하고 비용과 노력이 절감)

25 난도 ★☆☆　　　　　　　　　　정답 ②

정책론 > 정책의 본질과 유형

정답의 이유

② 재분배 정책의 설명에 해당한다.

오답의 이유

① 분배정책

③ 구성정책

④ 분배정책

⑤ 규제정책

인생이란 결코 공평하지 않다. 이 사실에 익숙해져라.

− 빌 게이츠 −

좋은 책을 만드는 길, 독자님과 함께하겠습니다.

2024 SD에듀 기출이 답이다 8급 공무원 국회직 전과목 6개년 기출문제집 한권으로 끝내기

개정8판1쇄 발행	2024년 01월 05일 (인쇄 2023년 09월 13일)
초 판 발 행	2016년 01월 15일 (인쇄 2015년 09월 15일)
발 행 인	박영일
책 임 편 집	이해욱
편 저	SD 공무원시험연구소
편 집 진 행	박종옥 · 이병윤
표지디자인	박수영
편집디자인	김예슬 · 채현주
발 행 처	(주)시대고시기획
출 판 등 록	제10-1521호
주 소	서울시 마포구 큰우물로 75 [도화동 538 성지 B/D] 9F
전 화	1600-3600
팩 스	02-701-8823
홈 페 이 지	www.sdedu.co.kr

I S B N	979-11-383-5840-8 (13350)
정 가	29,000원

SD에듀가 합격을 준비하는 당신에게 제안합니다.

성공의 기회! **SD에듀**를 잡으십시오.
성공의 Next Step!

결심하셨다면 지금 당장 실행하십시오.
SD에듀와 함께라면 문제없습니다.

기회란 포착되어 활용되기 전에는
기회인지조차 알 수 없는 것이다.

– 마크 트웨인 –

SD에듀의
지텔프 최강 라인업

1주일 만에 끝내는 **지텔프 문법**   10회 만에 끝내는 **지텔프 문법 모의고사**   답이 보이는 **지텔프 독해**

스피드 **지텔프 레벨2**   지텔프 Level2 실전 모의고사 6회분

※ 도서의 이미지는 변동될 수 있습니다.

나는 이렇게 합격했다

여러분의 힘든 노력이 기억될 수 있도록
당신의 합격 스토리를 들려주세요.

합격생 인터뷰
상품권 증정

추첨을 통해
선물 증정

베스트 리뷰자 1등
갤럭시탭 S8 증정

베스트 리뷰자 2등
갤럭시 버즈2 증정

SD에듀 합격생이 전하는 합격 노하우

**"기초 없는 저도 합격했어요
여러분도 가능해요."**
검정고시 합격생 이*주

**"불안하시다고요?
시대에듀와 나 자신을 믿으세요."**
소방직 합격생 이*화

**"강의를 듣다 보니
자연스럽게 합격했어요."**
사회복지직 합격생 곽*수

**"선생님 감사합니다.
제 인생의 최고의 선생님입니다."**
G-TELP 합격생 김*진

**"시험에 꼭 필요한 것만 딱딱!
시대에듀 인강 추천합니다."**
물류관리사 합격생 이*환

**"시작과 끝은 시대에듀와 함께!
시대에듀를 선택한 건 최고의 선택"**
경비지도사 합격생 박*익

합격을 진심으로 축하드립니다!
합격수기 작성 / 인터뷰 신청

QR코드 스캔하고 ▷ ▷ ▷
이벤트 참여하여 푸짐한 경품받자!

합격의 공식
SD에듀